JN434693

Ross의 기업재무관리 12e

Corporate Finance

12e

Ross의 기업재무관리

| 변진호 · 신정순 · 이관영 공역 |

Corporate Finance

Stephen A. **Ross** | Randolph W. **Westerfield**
Jeffrey F. **Jaffe** | Bradford D. **Jordan**

Corporate Finance, Twelfth Edition

Korean Language Edition Copyright © 2021 by McGraw-Hill Education Korea, Ltd.
All rights reserved. No part of this publication may be reproduced or distributed in any form or by any means, or stored in a database or retrieval system, without prior written permission of the publisher.

2 3 4 5 6 7 8 9 10 MHE-KOREA 20 23

Original: Corporate Finance, Twelfth Edition
By Stephen A. Ross, Randolph W. Westerfield,
Jeffrey Jaffe, Bradford D. Jordan
ISBN 978-1-259-91894-0

Korean ISBN 979-11-321-0659-3 93320

Printed in Korea

Ross의 12e
기업재무관리

발 행 일 | 2021년 1월 5일 1쇄
2023년 2월 10일 2쇄
저 자 | Stephen A. Ross, Randolph W. Westerfield,
Jeffrey Jaffe, Bradford D. Jordan
역 자 | 변진호, 신정순, 이관영
발 행 처 | 맥그로힐에듀케이션코리아 유한회사
발 행 인 | SHARALYN YAP LUYING(샤랄린얍루잉)
등록번호 | 제 2013-000122호(2012.12.28)
주 소 | 서울시 마포구 양화로 45, 8층 801호(서교동, 메세나폴리스)
전 화 | (02)325-2351
편집 · 교정 | (주)우일미디어디지텍

I S B N | 979-11-321-0659-3

판 매 처 | ㈜생능
문 의 | (031)955-0761
정 가 | 39,000원

◆ 잘못된 책은 바꾸어 드립니다.
◆ 이 책은 맥그로힐에듀케이션코리아 유한회사가 한국어판에 대한 출판, 판매의 독점계약에 의해 발행한 것이므로 내용, 사진, 그림 등의 전부나 일부의 무단 복제 및 무단 전사를 금합니다.
◆ 역자와의 합의 하에 인지는 생략합니다.

저자소개

스티븐 로스(Stephen A. Ross)

MIT대학교 경영대학(Sloan School of Management)

로스 교수는 MIT대학교 경영대학의 재무학과 석좌교수(Franco Modigliani Professor)이며 재무분야에서 가장 널리 출판된 교재 중 하나의 저자이다. 정보신호 이론, 대리인 이론, 옵션가격 결정, 이자율 기간구조 이론 등의 연구를 통해서 관련 분야에 상당한 공헌을 했을 뿐만 아니라 차익거래이론(APT)을 개발한 것으로 유명하다. 미국재무학회(AFA)의 전임 회장이며 다수의 학술지와 전문잡지의 편집위원, 그리고 칼텍(CalTech) 기금의 이사로 활동하였다. 로스 교수는 2017년 3월 갑작스레 세상을 떠났다.

랜돌프 웨스터필드(Randolph W. Westerfield)

USC대학교 경영대학(Marshall School of Business)

웨스터필드 교수는 USC대학교 경영대학교의 명예 학장이며 재무학과 석좌교수(Charles B. Thornton Professor)이다. 펜실베니아 대학교의 와튼(Wharton) 스쿨에서 USC로 이직했다. 와튼에서 그는 20년간 재무학과 교수였으며 재무학과 학과장을 역임했다. 그는 Oak Tree Capital Mutual Funds 펀드회사에서 이사를 역임했다. 전문 분야는 기업 재무정책, 투자관리, 주식시장 가동향이다.

제프리 제피(Jeffrey F. Jaffe)

펜실베니아 대학교 경영대학(Wharton School of Business)

제피 교수는 *Quarterly Economic Journal, Journal of Finance, Journal of Financial and Quantitative Analysis, Journal of Financial Economics, Financial Analysts Journal* 등의 재무금융 분야 학술지에 자주 논문을 실어왔다. 가장 잘 알려진 그의 업적은 내부자 거래이다. 그는 회사의 내부자가 내부자 거래를 통해서 비정상 이익을 얻으며 이런 이익에는 규제의 효과가 적다는 것을 보여주었다. 그는 또한 기업공개(IPO), 유틸리티 산업 규제, 시장조성자의 행동, 금가격의 변동, 이자율에 대한 인플레이션의 이론적 영향, 자본자산가격에 인플레이션이 미치는 영향, 소기업 효과와 1월 효과, 그리고 자본구조 결정에 관련하여 공헌을 하였다.

브래포드 조단(Bradford D. Jordan)

캔터기 대학교 경영대학(Gatton College of Business and Economics)

조단 교수는 캔터기 대학교 재무금융 석좌교수(Professor of Finance and holder of the duPont Endowed Chair in Banking and Financial Services)이다. 그는 오랫동안 기업재무 분야의 이론과 응용에 관심을 가져 왔으며, 기업재무와 재무관리 정책에 관한 모든 수준의 강의에 수많은 경험을 가지고 있다. 조단 교수는 자본비용, 자본 구조, 증권가격의 행태에 관한 여러 편의 논문을 게재하였다. 그는 남부재무학회(Southern Finance Association)의 회장을 역임했으며 McGraw-Hill Education에서 출판한 핵심투자론: 가치 평가와 관리의 공동저자이다.

저자서문

기업재무관리의 교육과 실무는 그 어느 때보다 더욱 도전적이며 흥미로운 일이 되었다. 지난 십여 년 동안 우리는 자본시장과 금융상품의 근본적인 변화를 목격하였다. 21세기 초반, 우리는 인수합병, 정크본드, 자본구조 재조정, 기업공개, 파산, 파생상품에 대한 경제신문의 기사를 여전히 볼 수 있다. 그리고 "실물" 옵션, 사모펀드 및 벤처캐피탈, 서브프라임 모기지, 긴급구제 금융, 신용스프레드에 대하여 새롭게 인식하게 되었다. 최근 세계적인 신용위기와 주식시장 붕괴에서 배운 것처럼 세계 자본시장은 그 어느 때보다 더욱 통합되었다. 기업재무관리에 대한 이론과 실무는 모두 상당한 속도로 진행되고 있으며 교육은 이 속도를 따라가야만 한다.

이러한 자본시장의 발전은 기업재무관리 교육에 새로운 부담을 주고 있다. 한편으로 변화하는 자본시장의 상황 때문에 최신 자료를 계속 유지하는 것이 어려워지고 있다. 다른 한편으로, 강의를 담당한 교수는 일시적인 변화와 영구적인 변화를 구분해야 하고 유행을 따르려는 유혹을 피해야 한다. 이런 문제에 대한 우리의 해결책은 재무이론의 기본을 강조하고 최신 사례에 이론이 활발하게 사용될 수 있도록 만드는 것이다. 갈수록 이러한 사례가 미국 밖에서 일어나고 있다.

재무관리를 처음 접하는 학생은 흔히 기업재무관리를 단지 '하나의 교재로 묶여 있기에 통합되어 있을 뿐 서로 연관되지 않은 듯 보이는 내용의 모음'으로 간주한다. 우리는 이 교재가 재무의 주요 원칙을 포괄하고 반영하기를 원한다. 즉, 훌륭한 재무 의사결정은 기업과 주주에게 가치를 더하고 잘못된 재무 의사결정은 가치를 훼손한다. 어떻게 가치가 추가되거나 파괴되는지 이해하기 위한 핵심 현금흐름이다. 가치를 더하기 위해 기업은 사용하는 현금보다 더 많은 현금을 창출해야만 한다. 이 간단한 원칙이 이 교재의 모든 부분에서 분명하게 보이기를 희망한다.

이 교재가 의도하는 독자

이 교재는 MBA 수준에서 기업재무관리의 입문 과정으로 그리고 학부에서 중급 이상 과정을 위해 집필되었다. 일부 강사는 이 교재가 학부 수준의 입문 과정에도 적합하다고 생각할 수도 있다.

대부분의 학생이 회계학, 통계학, 경제학을 이미 수강했거나 동시에 수강할 것이라고 가정하였다. 이러한 과목을 통해 학생들은 좀 더 어려운 내용을 이해하는 데 도움이 될 것이다. 그러나 이 교재는 학습에 필요한 모든 내용을 포함하고 있기 때문에 위에 언급한 과목에 대한 사전지식이 필수적이지는 않다. 단지 기본적인 계산 능력은 반드시 필요하다.

12판의 새로운 내용

세금 감면 및 일자리 법(TCJA)은 전반적으로 반영된다.

6가지 주요 변경된 영역이 있으며 12판에 반영된다.

1. **법인세.** 새로운 기업의 고정 세율 21%에 대해 논의하고 기존의 누진 과세 체계와 비교한다. 새로운 세율은 교재 전체의 예제와 문제에서 사용된다. C-Corporation(C 주식회사) 이외의 법인은 여전히 누진 과세에 직면하고 있으므로 한계 세율 대 평균 세율에 대한 논의는 관련성이 있으며 포함된다.
2. **보너스 감가상각.** 한시적으로 기업은 부동산이 아닌 MACRS 적격 투자에 대해 첫해에 100% 감가상각을 받을 수 있다. 이 "보너스 감가상각"은 몇 년 후에 종료되고 MACRS가 다시 적용되므로 MACRS 대한 내용은 관련성이 있어 포함된다. 보너스 감가상각의 영향은 다양한 문제에서 설명된다.
3. **이자 공제 제한.** 세금 목적으로 공제될 수 있는 이자의 금액은 제한되어 있다. 공제할 수 없는 이자는 향후 과세 연도로 이월될 수 있다(소급되지 않음, 다음 참조).
4. **소급.** 순운영손실(NOL)의 소급은 폐지되었으며 NOL 이월 공제는 과세 연도 1년에 제한된다.
5. **배당금 수입의 세금 감면.** 법인이 받는 배당금에 대한 세금 감면이 축소되어 과세 대상 부분이 늘어났다.
6. **송환.** 미국 내의 이익과 미국 외의 이익에 대한 구분은 궁극적으로 사라졌다. 모든 "해외" 자산(유동 및 비유동)에는 일회성 "인정"세금이 부과된다.

12판에는 다음과 같은 내용도 포함되었다.

- 반전.
- 마이너스 이자율.
- NYSE 시장 운영.
- 직접 상장 및 암호 화폐 초기 코인 공모(ICOs).
- Regulation CF(소액공모 등 완화된 규제).
- Brexit.
- 송환.
- 리스 회계의 변경.

또한 각 장이 업데이트되었으며 해당되는 경우 "국제화"되었다. 최근 사례, 인용구, 서문 등을 통해 기업재무관리에 대한 흥미를 일으키려고 노력하였다. 스프레드시트 응용 프로그램은 전반적으로 분포되어 있다.

학생 여러분은 더 효율적으로 공부하고 더 많이 기억하고 더 좋은 성적을 거두세요. 교육자 여러분은 학생들을 가르치는 일에 집중할 수 있습니다.

Connect로 성공적인 한 학기를 보내세요

FOR INSTRUCTORS

당신만의 코스를 만들어보세요

여러분만의 코스를 개설하고 싶으세요? 맥그로힐의 전문 컨설턴트들이 미리 구성해놓은 코스를 활용하고 싶으세요? 학기 동안 변화를 만들고 싶으세요? 자동 채점 시스템을 통해 시간을 절약하고 싶으세요? Connect는 이 모든 게 가능합니다!

65%
Less Time Grading

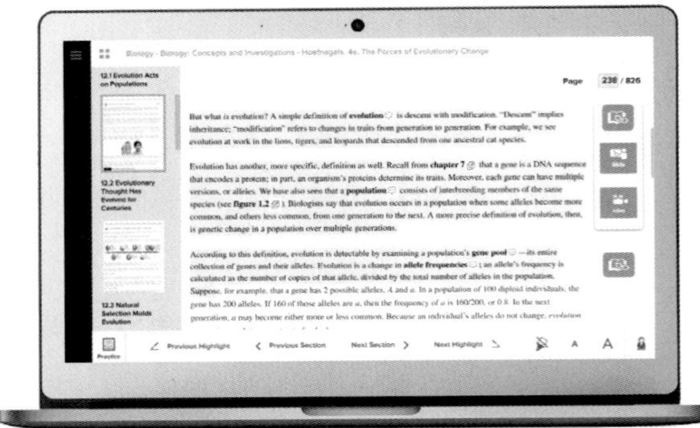

강의법은 진화하고 있습니다

SmartBook®과 같은 개인맞춤형(adaptive) 학습 도구는 여러분의 학생들이 더 적은 시간을 들여 수업을 더 잘 준비할 수 있도록 도와줍니다. 여러분의 수업 시간을 단순한 개념을 가르치는 것에서 역동적인 토론이 가능하도록 바꿀 수 있습니다. **www.mheducation.com/highered/connect**에서 다른 교육자들이 Connect의 장점에 대해 이야기하는 걸 확인해보세요.

더 간편하게, 더 저렴하게

Connect는 Blackboard®, Canvas, D2L 등을 비롯한 주요한 학사관리시스템(Learning Management System)과 아주 매끄러운 통합이 가능합니다. 즉, 여러분들의 코스를 한 곳에서 편리하게 관리할 수 있다는 것을 의미합니다. 맥그로힐의 Connect를 통해 학생들에게 다양한 디지털 학습경험을 제공할 수 있습니다. 더 자세한 정보는 맥그로힐 영업 담당자에게 문의하세요.

©Hill Street Studios/Tobin Rogers/Blend Images LLC

지속적인 고객 서포트

이 제품만으로는 해결책이 될 수 없습니다. 진정한 해결책은 가격적으로 합리적이고 신뢰할 수 있어야 하며, 제품 트레이닝과 지속적인 서포트가 여러분이 필요로 할 때 언제든 함께 제공되어야 합니다. 우리의 고객 서포트 팀은 여러분이 기술적인 문제를 해결할 수 있도록 도와줍니다. **status.mheducation.com**를 직접 확인해보세요!

FOR STUDENTS

©Shutterstock/wavebreakmedia

효과적이고 효율적인 학습

Connect는 SmartBook을 이용하여 여러분이 학습 시간을 더 생산적으로 활용하고 더 좋은 점수를 받을 수 있도록 도와줍니다. SmartBook은 우선적으로 학습해야 할 개념을 하이라이트하여 학습 시간을 단축해주고 개인에게 맞춰진 학습 플랜을 제공합니다. 이제 자신감 있게 수업에 참여하고 더 좋은 성적을 거두세요.

"저는 이 앱이 정말 좋아요. 교과서를 당장 가지고 있지 않을 때에도 쉽게 공부할 수 있거든요."

- Jordan Cunningham,
Eastern Washington University

언제나 어디서나!

무료로 제공되는 ReadAnywhere 앱을 다운받고 여러분이 편리할 때, 그리고 오프라인일 때에도 eBook에 접속해보세요. 앱은 자동으로 Connect에 있는 eBook과 연동되기 때문에 eBook을 열 때마다 모든 노트가 반영되어 있습니다. **www.mheducation.com/readanywhere**에서 더 자세한 정보를 확인해보세요.

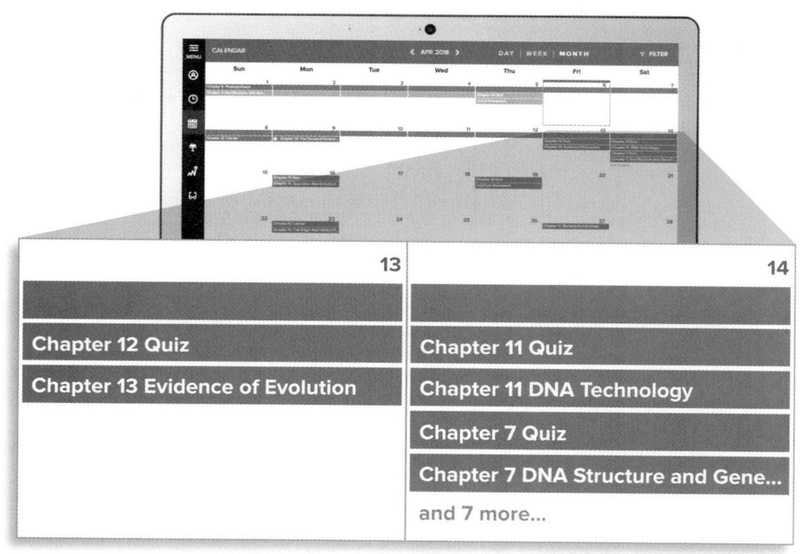

효율적인 스케줄 관리

Connect 캘린더와 리포트 기능은 제출해야 될 과제를 계속 순조롭게 진행해 나갈 수 있도록 해줍니다. Connect는 여러분이 매일 바쁘게 지내는 일상 속에서도 계속 학습할 수 있게 도와줍니다.

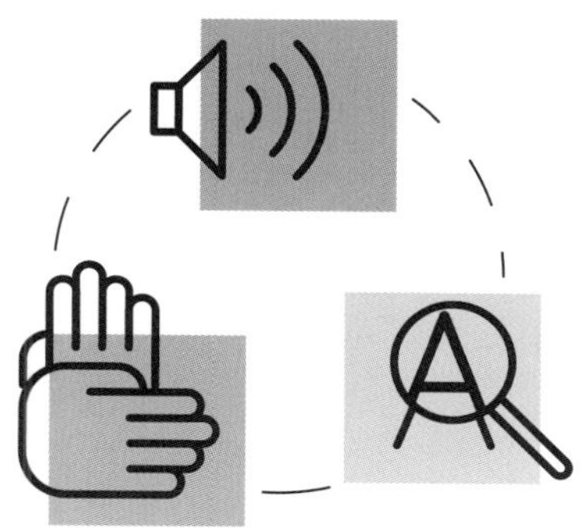

모두를 위한 학습

맥그로힐은 모든 학생의 학습 욕구에 부응하기 위해 Accessibility Services Department 그리고 교수진과 직접 작업한다. 더 많은 정보를 얻으려면 당신의 Accessibility Services 사무소에 연락해 accessibility@mheducation.com에 이메일 보내도록 요청하거나 **www.mheducation.com/about/accessibility.html**을 방문하세요.

교재의 구성

기업재무관리 이번 판에서 우리는 이해하기 쉽게 자료를 보여주기 위해서 여러 특징을 보완하고 개선하였다. 또한 기업재무관리는 학생들이 재무관리의 기본을 학습하는 데 성공할 수 있도록 학습에 도움을 주는 가치 있는 학습도구를 풍부하게 담고 있다.

각 장을 여는 작은 사례

각 장은 해당 장의 개념을 강조하고 현실적으로 관련성 있는 최신의 사례로 시작한다.

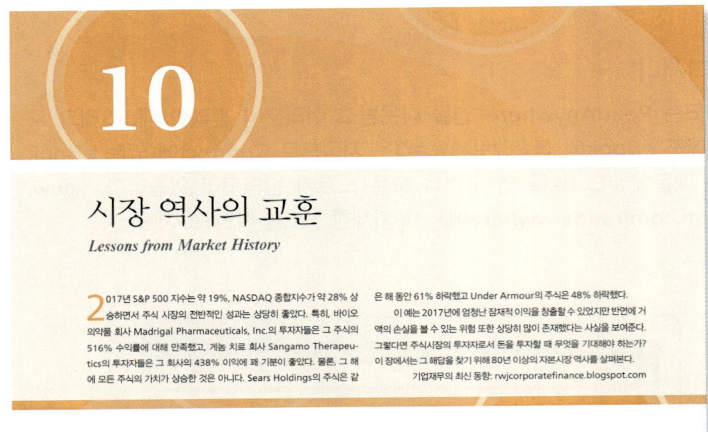
10

시장 역사의 교훈

Lessons from Market History

2017년 S&P 500 지수는 약 19%, NASDAQ 종합지수가 약 28% 상승하면서 주식 시장의 전반적인 성과는 상당히 좋았다. 특히, 바이오 의약품 회사 Madrigal Pharmaceuticals, Inc.의 투자자들은 그 주식의 516% 수익률에 대해 만족했고, 게놈 치료 회사 Sangamo Therapeutics의 투자자들은 그 회사의 438% 이익에 꽤 기분이 좋았다. 물론, 그 해에 모든 주식의 가치가 상승한 것은 아니다. Sears Holdings의 주식은 같은 해 동안 61% 하락했고 Under Armour의 주식은 48% 하락했다.

이 예는 2017년에 엄청난 잠재적 이익을 창출할 수 있었지만 반면에 거액의 손실을 볼 수 있는 위험 또한 상당히 많이 존재했다는 사실을 보여준다. 그렇다면 주식시장의 투자자로서 돈을 투자할 때 무엇을 기대해야 하는가? 이 장에서는 그 해답을 찾기 위해 80년 이상의 자본시장 역사를 살펴본다.

기업재무의 최신 동향: rwjcorporatefinance.blogspot.com

10.1 수익

수익금

Video Concept Company는 발행주식 수가 수천 주 정도이고 당신은 그 회사의 주주라고 가정하자. 또한 당신은 연초에 이 회사 주식을 일부 구입하였다고 가정하자. 지금은 연말이고 당신은 투자가 얼마나 좋은 성과를 내었는지 알고 싶다. 당신이 주식에 투자하여 얻는 수익은 채권이나 다른 투자들과 마찬가지로 두 가지 형태로 나타난다.

Video Concept Company 주식의 소유자로서, 당신은 회사의 일부를 소유하고 있다. 만약 회사가 이익을 창출하였다면, 그 이익의 일부를 주주들에게 배분하는 것이 일반적이다. 따라서 주식의 소유자로서, 당신은 연중 **배당(dividend)**이라고 불리는 현금을 받을 수 있다. 이러한 현금은 당신 수익의 **소득 부분(income component)**이 된다. 배당금과 더불어에 더, 수익의 다른 부분은 투자에 대한 **자본이득(capital gain)**[만약 음수(−)이면 **자본손실(capital loss)**, 음의 자본이득]이다.

예를 들어, 우리는 연초에 주당 $37의 가격으로 100주를 매수하여 〈그림 10.1〉에서와 같은 현금흐름을 가지는 투자를 고려하고 있다고 가정하자. 그렇다면 당신의 총투자액은 다음과 같다.

$$C_0 = \$37 \times 100 = \$3{,}700$$

ExcelMaster 아이콘

종합적인 ExcelMaster 보충 자료(Connect 참조)에서 다루는 주제는 여백에 아이콘으로 표시된다.

예제 6.5

할당된 비용 Voetmann Consulting Corp.은 사무실의 일부를 유지하는 데 매년 $100,000의 현금유출이 필요한 도서관으로 사용한다. 어떤 제안된 자본예산 프로젝트는 전체 기업매출의 5%의 수익을 창출할 것으로 예상된다. 이 회사 경영자인 David Pedersen은 $5,000(= 5% × $100,000)를 이 제안된 프로젝트의 도서관 비용의 몫으로 처리해야 한다고 주장한다. 자본예산을 위해서 이런 방식은 적합한가?

정답은 '아니다'이다. 기업 전체 입장에서 프로젝트를 하는 경우와 하지 않는 경우의 현금흐름의 차이가 무엇인지 생각해야만 한다. 기업은 제안된 프로젝트의 수행여부와 관계없이 도서관을 유지하기 위해 $100,000을 지출할 것이다. 제안된 프로젝트의 채택이 현금흐름에 영향을 미치지 않기 때문에, 이 현금흐름은 프로젝트의 NPV 계산에서 무시되어야 한다. 예를 들어, 사업안이 할당된 비용이 없으면 양의 NPV를 가지지만 할당된 비용 때문에 기각될 수 있다. 기각되는 경우, 기업은 얻을 수 있었던 잠재적인 가치를 상실하게 된다.

6.2 Baldwin Company: 예제

다음으로 우리는 기계 및 관련 제품에 대하여 제안된 투자안의 예제를 고려하고자 한다. 이번 예제는 Baldwin Company와 컬러 볼링공과 관련되어 있다.

Baldwin Company는 원래 풋볼용 공을 만들기 위해 16년 전에 설립되었고 지금은 테니스공, 야구공, 풋볼공, 골프공의 선두 제조업체이다. 이 회사는 9년 전에 첫 번째 고성능 골프공인 'High Flite'를 출시했다. Baldwin 경영진은 잠재적으로 현금흐름을 창출할 수 있는 사업기회라면 무엇이든 늘 찾고 있었다. 최근에 Baldwin Company의 부사장인 W. C. Meadows는 전망은 밝지만 대형 제조사가 생산하기에는 부적합하다고 판단되는 또 다른 스포츠 공 시장을 찾아냈다. 그 시장은 밝은 컬러 볼링공이었고, 그는 많은 볼링 애호가들이 공의 성능보다는 외관과 스타일에 가치를 부여한다고 판단했다. 그는 또한 Baldwin의 비용우위와 잘 발달된 마케팅 기술 때문에 다른 경쟁사들이 이 기회를 활용하기는 어려울 것으로 믿었다.

그 결과 Baldwin Company는 밝은 컬러 볼링공의 시장 잠재성에 관한 조사에 착수했다. Baldwin은 3개 시장(Philadelphia, LA, New Haven)의 소비자들에게 설문지를 보냈다. 설문결과는 기대 이상이었고 밝은 컬러 볼링공 시장에서 10~15%의 시장점유율을 달성할 수 있다는 결론을 얻었다. 물론 Baldwin의 일부 사람들은 $250,000에 이르는 시장조사 비용에 대해 불만을 제기했다(나중에 보겠지만 이것은 매몰비용이며 프로젝트 평가에 포함되어서는 안 된다).

어찌되었건 이제 Baldwin Company는 볼링공을 생산하기 위한 기계에 투자하는 것을 고려하고 있다. 볼링공은 기업이 보유하고 있는 LA 근처에 위치한 창고시설에서 생산될 것이다. 이

이자율위험

이자율 변동으로 인해 채권 보유자에게 발생하는 위험을 **이자율위험(interest rate risk)**이라고 한다. 채권이 이자율위험을 얼마나 가지는가는 채권가격이 이자율 변화에 얼마나 민감하게 반응하느냐에 달려 있다. 민감도는 만기까지의 기간과 표면이자율, 두 가지 요소에 의해 결정된다. 곧 살펴볼 것이지만 채권과 관련해서는 다음 사항을 염두에 두어야 한다.

1. 다른 조건이 동일하다면, 만기까지 기간이 길면 길수록 이자율위험은 더 커진다.
2. 다른 조건이 동일하다면, 표면이자율이 낮으면 낮을수록 이자율위험은 더 커진다.

〈그림 8.2〉는 두 가지 요점 중에서 첫 번째 것을 보여준다. 그림은 10%의 표면이자를 지급하는 1년 만기와 30년 만기 채권의 이자율 변화 시나리오에 따른 채권가격을 계산한 그래프를

그림 8.2
이자율위험과 만기까지 기간

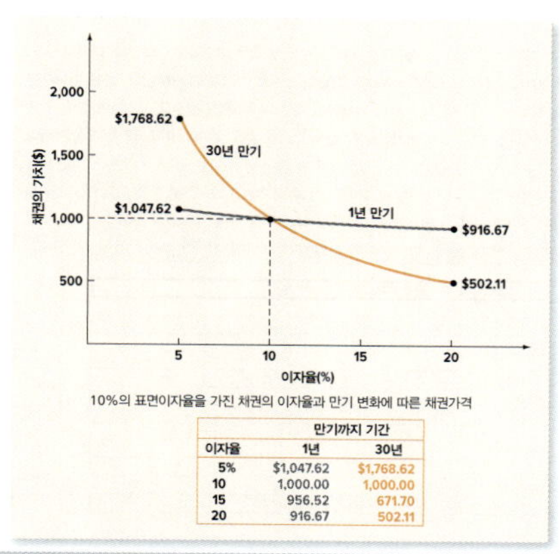

10%의 표면이자율을 가진 채권의 이자율과 만기 변화에 따른 채권가격

	만기까지 기간	
이자율	1년	30년
5%	$1,047.62	$1,768.62
10	1,000.00	1,000.00
15	956.52	671.70
20	916.67	502.11

그림과 표

이 교재는 실제 자료를 풍부하게 사용하고 다양한 그림과 표로 표현한다. 직접 설명을 하는 것처럼 서술하고 있고, 예제와 장 후반부에 위치한 문제는 이러한 도표를 많이 언급할 것이다.

예제

별도의 예제가 모든 장에 걸쳐서 통합되어 있다. 각 예제는 직관적인 설명이나 수학적 응용을 단계별로 알려주고 있다. 예제는 학생들이 추가적인 정보를 다른 곳에서 찾아볼 필요가 없을 만큼 충분히 상세하게 구성하였다.

예제 9.5

요구수익률 계산 앞의 〈예제 9.4〉에서 살펴본 Pagemaster Enterprises의 발행주식수는 1백만 주이다. 주식은 현재 $10에 거래되고 있다. 이 주식의 요구수익률은 얼마인가?

배당성향은 배당금/이익의 비율이다. 유보율이 40%이므로 배당성향(= 1 − 유보율)은 60%이다. Pagemaster가 $2백만의 이익을 공시했고 성장률은 6.4%였음을 기억하자.

1년 후 이익은 $2,128,000(= $2,000,000 × 1.064)이 되고, 배당금은 $1,276,800(= 0.60 × $2,128,000)이 될 것이다. 주당 배당금은 $1.28(= $1,276,800/1,000,000)일 것이다. 성장률 g = 0.064를 가지고, 수식 (9.9)를 이용하면 수익률 R을 다음과 같이 구할 수 있다.

$$0.192 = \frac{\$1.28}{\$10.00} + 0.064$$

의견 직접 보기

지속가능한 성장에 대하여 Robert C. Higgins

대부분의 재무 임원들은 직관적으로 돈을 벌기 위해서는 돈이 필요하다는 사실을 알고 있다. 빠른 매출 성장은 매출채권, 재고, 고정자산 등과 같은 형태의 자산 증가를 수반한다. 이는 즉 이러한 자산을 구입하기 위한 돈이 필요하다는 것을 뜻한다. 그들은 또한 만약 회사가 필요한 돈을 가지고 있지 않으면, 성장이 '부러질' 수 있다는 것을 알고 있다. 지속가능성장률에 대한 수식은 이러한 직관적인 진실을 명쾌하게 나타낸 것이다.

지속가능한 성장은 흔히 은행가나 다른 외부 분석가들이 한 기업의 신용도를 평가하는 데도 사용한다. 그들은 이러한 분석을 위해 연평균 지속가능성장률을 포함한, 기업의 과거 재무정보의 자세한 분석을 제공해주는 몇 개의 복잡한 컴퓨터 소프트웨어의 도움을 받기도 한다.

은행가들은 이러한 정보를 몇 가지 방식으로 이용한다. 어떠한 기업의 실제 성장률과 지속가능성장률을 비교함으로써 은행가들은 최고경영진의 재무 어젠다에 어떠한 이슈가 가장 우선순위에 놓여 있는지 추정할 수 있다. 만약 실제 성장률이 계속해서 지속가능성장률을 상회한다면, 경영진의 문제는 어디서 성장을 위한 현금을 조달할 수 있느냐가 될 것이다. 이에 따라 은행가는 대출상품에 대한 수요를 예상할 수 있다. 반대로, 만약 지속가능성장률이 계속해서 실제 성장률을 상회한다면, 은행가는 경영진의 문제가 어떻게 하면 쌓여가는 현금을 효율적으로 사용할 수 있느냐에 있음을 파악하고 투자 상품에 대해 이야기할 것을 준비하는 것이 좋을 것이다.

또한 지속가능성장률에 대한 수식은 재무적으로 경험이 적은 중소기업의 소유주와 과도하게 낙관적인 기업가에게 기업의 장기 생존을 위해서는 성장과 수익성 사이에 적절한 균형이 필요하다는 점을 설명하기에 매우 유용하다.

마지막으로, 지속가능성장률과 실제 성장률의 비교는 대출신청자가 돈이 필요한 이유와 돈이 필요한 기간에 대하여 은행가가 이해할 수 있게 해준다. 한 가지 예로, 대출신청자가 몇몇 공급자에게 지급하기 위해 $100,000을 요청하고, 만기가 돌아오는 매출채권을 수금하여 몇 달 내로 상환하기로 약속한다고 하자. 지속가능성장률 분석에 의하면 이 기업은 지속가능성장률의 4~6배로 성장하고 있으며, 이러한 패턴이 당분간 반복될 것임을 보여준다. 결국 독촉하는 공급자의 문제는 지나치게 빠른 성장의 근본적인 문제를 보여주는 증상일 뿐이고, $100,000 대출은 앞으로 더 큰 장기 자금투입의 시작이라는 점을 은행가에게 경고해준다.

자료: Robert C. Higgins는 University of Washington의 재무 교수이다. 그는 재무적 분석에 대한 도구로 지속가능성장률을 사용한 창시자이다.

의견 직접 보기

여러 장에 걸친 '의견 직접 보기'는 교재의 핵심 주제에 관한 저명한 학자나 실무자에 의해 작성된 글을 싣고 있다.

박스는 Edward Altman, Robert Hansen, Robert Higgins, Michael Jensen, Merton Miller, 그리고 Jay Ritter의 에세이를 포함한다.

스프레드시트 기법

몇 개의 장에 포함되어 있는데, 스프레드시트 기법은 학생들에게 일반적인 재무 문제를 분석하기 위해서 어떻게 스프레드시트를 사용할 것인지를 보여주는 엑셀(Excel)의 사용법을 소개한다. 모든 경영학 전공 학생의 교육에서 반드시 필요한 것이다.

스프레드시트 기법

화폐의 시간가치 계산을 위한 스프레드시트 사용

점점 많은 직장인들은 현실에서 생기는 다양한 유형의 문제를 해결하기 위해 스프레드시트를 사용하고 있다. 우리는 이 장에서 제시하는 여러 화폐의 시간가치 문제를 다루기 위해 스프레드시트 사용법을 보이고자 한다. Microsoft의 엑셀 프로그램을 이용할 것이지만 명령어는 여타 다른 소프트웨어에도 유사하게 쓰이고 있다. 독자들이 기본적인 스프레드시트의 작동원리는 이해하고 있다고 가정한다.

독자들은 네 가지 기본적인 변수에 대해 해답을 찾을 수 있을 것이다: 미래가치, 현재가치, 할인율, 기간. 스프레드시트는 각각의 시간가치 변수에 따라서 다른 공식을 사용하는데 박스에 그 공식들을 나열하였다.

찾고자 하는 값	다음 공식을 입력
미래가치	= FV (rate,nper,pmt,pv)
현재가치	= PV (rate,nper,pmt,fv)
할인율	= RATE (nper,pmt,pv,fv)
기간의 수	= NPER (rate,pmt,pv,fv)

이 공식에서 pv는 현재가치, fv는 미래가치이고, nper은 기간, rate는 할인율 혹은 이자율을 의미한다. 여기서 두 가지는 조금 복잡하다. 첫째로, 재무계산기와는 달리, 스프레드시트는 이자율이 소수로 기입이 되어야 한다. 둘째로, 대부분의 재무 계산기와 마찬가지로, 이자율 혹은 기간을 계산하기 위한 현재가치 혹은 미래가치를 음수로 기입해야 한다. 같은 이유로, 미래가치를 음수로 입력하지 않는다면, 현재가치 계산을 할 때 음수의 값을 얻을 것이다. 미래가치를 계산할 때에도 마찬가지이다.

이 공식들을 사용하는 법을 설명하기 위해, 이 장에서 제시된 예를 사용할 것이다. 12% 연 수익률에 $25,000을 투자하는 경우, $50,000에 도달하기까지 얼마나 걸릴까? 독자들은 스프레드시트를 다음과 같이 사용할 것이다.

	A	B	C	D	E	F	G	H
1								
2	스프레드시트를 이용한 화폐의 시간적 가치 계산							
3								
4	$25,000을 12%로 투자한다면, $50,0000이 되는데 걸리는 시간은?							
5	미지수 기간을 풀기위해 NPER(rate,pmt,pv,fv) 공식을 이용한다.							
6								
7	현재 가치(pv):	$25,000						
8	미래 가치(fv):	$50,000						
9	이자율(rate):	0.12						
10								
11	기간:	**6.1162554**						
12								
13	셀 B11에 입력된 공식은 =NPER(B9,0,-B7,B8)이다.							
14	pmt는 0이고 pv는 음(−)의 부호마다 이자율은 백분율이 아니라 소수로 입력한다.							

25.5 이자율(금리) 선물계약

이 절에서 우리는 이자율 선물계약에 대하여 생각해볼 것이다. 우리는 재무부채권의 높은 인기로 인하여 이에 대한 선물계약을 예제로 다루려 한다. 먼저 재무부채권과 재무부채권 선도계약의 가격을 책정한다. 그 후 선물과 선도계약의 차이점을 살펴볼 것이고, 그 다음으로 헷징 예제가 제시될 것이다.

재무부채권의 가격책정

이 교재에서 앞서 언급하였듯이, 재무부채권은 그 수명 동안 반기마다 이자를 지급한다. 게다가 이 채권의 액면가는 만기일에 지급된다. 20년짜리 8% 쿠폰의 채권이 3월 1일에 발행되었다고 생각해보자. 첫 번째 지급은 6개월 뒤에 일어난다—즉, 9월 1일에 일어난다. 이 채권의 가치는 다음과 같이 결정될 수 있다:

재무부채권의 가격책정

$$P_{TB} = \frac{\$40}{1 + R_1} + \frac{\$40}{(1 + R_2)^2} + \frac{\$40}{(1 + R_3)^3} + \cdots + \frac{\$40}{(1 + R_{39})^{39}} + \frac{\$1{,}040}{(1 + R_{40})^{40}} \qquad (25.1)$$

수식

핵심적인 수식에 번호를 매겨 쉽게 찾을 수 있도록 정리하였다.

요약 및 결론 _Summary and Conclusions

이번 장은 채권, 채권수익률, 이자율에 대해 학습했다.

01. 채권의 가격과 수익률을 결정하는 것은 기본적으로 현금흐름의 할인 원칙을 적용하는 것이다.

02. 채권의 가치는 이자율과 반대방향으로 움직이기 때문에, 채권 투자자에게 잠재적인 이익이나 손실을 가져다준다.

03. 채권은 채무불이행 위험에 기초하여 등급이 정해진다. 미국 재무부채권(T-bond) 같이 어떤 채권은 채무불이행 위험이 없는 반면에 소위 정크본드는 상당한 채무불이행 위험이 있다.

04. 거의 모든 채권은 시장투명성이 결여된 장외시장(OTC)에서 거래된다. 따라서 채권에 따라서 채권 가격과 거래량 정보를 구하기 어렵다.

05. 채권수익률과 이자율은 6개의 요소를 반영한다. 실질이자율과 5개의 프리미엄이다. 프리미엄은 투자자가 인플레이션, 이자율위험, 채무불이행 위험, 세금부과, 유동성 부족에 대한 보상으로 요구한다.

요약을 끝내면서 채권이 정부와 기업의 필수적인 자금조달 원천이라는 것을 강조한다. 채권의 가격과 수익률은 중요한 주제이고 교재에서 하나의 장으로 다룬 것은 반드시 알아야 하는 가장 중요한 개념과 내용만을 포함한다.

개념확인 _Concept Questions

01. 미재무부채권 미국 재무부채권이 무위험이라는 것이 사실인가?

02. 이자율위험 30년 재무부채권과 30년 BB등급 회사채 중 어느 쪽의 이자율위험이 큰가?

03. 재무부채권의 가격 재무부채권의 매수가(bid price)와 매도가(ask price)를 고려하면 매수가가 높은 것이 가능한가? 그 이유는?

요약 및 결론

요약은 각 장의 핵심 개념에 대한 간단한 복습을 제공한다.

개념확인과 연습문제

문제의 답을 찾는 것은 학생의 학습에서 중요하기 때문에 새로운 질문과 문제가 추가되었다. 그리고 기존 질문과 문제는 수정되었다. 또한 모든 문제는 정확성을 위해서 철저하게 검증하고 검토되었다.

문제는 난이도 수준에 따라 기초, 중급, 고급으로 그룹을 나누었다. 추가적으로 가치, 위험, 자본 구조와 같이 특별히 어렵고 흥미로운 각 장의 핵심적인 "개념"에 관한 질문을 개념확인으로 두었다.

교재의 뒷부분에는 선택된 몇 개의 문제들에 대한 해답이 부록 B에 수록되었다.

Excel Master It! Problems

Excel을 직접 사용하고 각 장의 ExcelMaster 보충 자료에서 배운 새로운 팁과 기술를 적용할 수 있는 문제는 웹사이트에서 이용할 수 있다.

Ch.02 Excel Master It! Problem

Excel을 사용하여 한계세율을 찾는 작업은 VLOOKUP 기능을 사용하여 할 수 있다. 그러나 총 세금 납부액을 계산하는 과정은 조금 더 어렵다. 아래에 2018년 IRS의 개인 세금표를 옮겨두었다(소득의 임곗값은 물가지수를 반영하였고 시간에 따라 변한다).

과세소득_ 초과	이하	세금
$ 0	9,525	$0 이상에 대하여 10%
9,525	38,700	$952.50 + $9,525 이상 소득에 대하여 12%
38,700	82,500	$4,453.50 + $38,700 이상 소득에 대하여 22%
82,500	157,500	$14,089.50 + $82,500 이상 소득에 대하여 24%
157,500	200,000	$32,089.50 + $157,500 이상 소득에 대하여 32%
200,000	500,000	$45,689.50 + $200,000 이상 소득에 대하여 35%
500,000		$150,689.50 + $500,000 이상 소득에 대하여 37%

Excel 문제

Excel 문제는 거의 모든 장 연습문제 여백에 Excel 아이콘으로 표시하였다. Connect Finance에 *Corporate Finance* 12e의 각 문제의 Excel 템플릿이 이용가능하다.

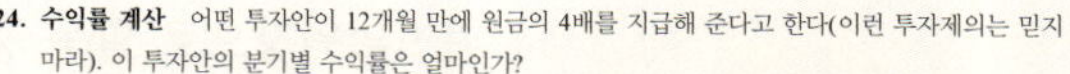

24. 수익률 계산 어떤 투자안이 12개월 만에 원금의 4배를 지급해 준다고 한다(이런 투자제의는 믿지 마라). 이 투자안의 분기별 수익률은 얼마인가?

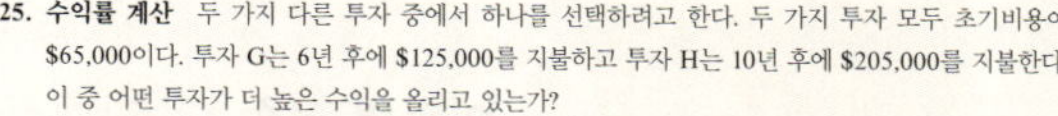

25. 수익률 계산 두 가지 다른 투자 중에서 하나를 선택하려고 한다. 두 가지 투자 모두 초기비용이 $65,000이다. 투자 G는 6년 후에 $125,000를 지불하고 투자 H는 10년 후에 $205,000를 지불한다. 이 중 어떤 투자가 더 높은 수익을 올리고 있는가?

26. 성장영구연금 Mark Weinstein은 레이저 안과수술에 있어 진보된 기술을 위한 연구 중에 있으며, 그의 기술은 조만간 상용화될 것으로 기대된다. 그는 이 기술로부터 2년 후 처음으로 $175,000의 현금흐름을 창출하고 이후 영구적으로 매년 3.8%의 성장을 거듭할 것으로 예상한다. 할인율이 9.7%라고 한다면 이 기술의 현재가치는 얼마인가?

27. 영구연금 저명한 투자 은행은 영구적으로 $2.25의 분기 배당금을 지급하는 새로운 유가 증권을 설계했다. 첫 번째 배당금은 오늘부터 1분기 후에 발생한다. APR이 3.8%이고 분기복리로 계산될 경우 증권의 가격은 얼마인가?

장 말미에 있는 Mini Case

거의 모든 장의 끝에 Mini Case를 수록하여 기업재무관리의 중요한 주제를 담고 있는 일반회사의 상황에 초점을 맞추었다. 각 Mini Case는 새로운 시나리오, 자료, 그리고 기업이 직면한 난관을 제시한다. 사례별로 몇 개의 질문이 주어지는데, 학생들은 교재에서 배운 모든 내용을 이용하여 분석하고 해결책을 찾아야 한다.

Mini Case

BETHESDA MINING COMPANY

Bethesda Mining은 Ohio, Pennsylvania, West Virginia, Kentucky에서 20여 개의 광산을 운영하고 있는 중규모의 석탄 광산회사이다. 이 회사는 노천광산(strip mines)뿐만 아니라 갱도광산(deep mines)도 운영하고 있다. 채굴된 석탄의 대부분은 계약으로 판매하고, 초과생산량에 대해서는 현물시장에 매도한다.

석탄 광산업은, 특히 Bethesda와 같이 고유황 석탄영업을 하는 경우 환경규제에 심각한 영향을 받는다. 하지만 최근에 석탄에 대한 수요증가와 새로운 공해절감기술로 인해 고유황 석탄에 대한 시장 수요가 개선되고 있다. Bethesda는 최근 Mid-Ohio Electric Company로부터 향후 4년간 전력 발전을 위한 석탄 공급요청에 대한 교섭을 받았다. Bethesda Mining은 기존에 영업 중인 광산으로 그 계약 물량을 보장할 만큼 충분한 초과생산량을 보유하고 있지 못하다. 따라서 회사는 10년 전에 $4백만을 주고 구입한 Ohio 주에 있는 5,000에이커 규모의 노천광산의 채굴을 시작할 것인가를 고려하고 있다. 최근의 감정평가에 근거하여 이 회사는 지금 이 땅을 매각하는 경우 세후로 $6.5백만을 받을 수 있을 것으로 생각하고 있다.

역자소개

변진호 교수 이화여자대학교 경영대학 재무전공 교수이다. 연세대학교에서 경영학 학사 및 석사, 위스콘신 대학교(University of Wisconsin-Madison)에서 재무금융 석사학위를 받고, 뉴욕주립 대학교(SUNY-Buffalo)에서 재무금융 박사학위를 취득한 후에 자본시장연구원에서 연구위원으로 재직하였다. 주요 연구 분야는 기업재무, 투자론 및 행태재무학(Behavioral Finance)이며 *Journal of Finance*, *Asia-Pacific Journal of Financial Studies*를 비롯한 국내외 학회지에 다수의 논문을 게재하였다. 국내외 저널의 편집위원 및 재무관리연구의 편집위원장을 역임했으며, 증권학회지의 편집위원장, 한국증권학회, 한국재무학회, 한국재무관리학회, 파생상품학회 이사 및 금융위원회 회계제도심의위원회 위원, 국민연금 투자정책전문위원, 한국거래소 코스닥시장 기업심사 위원으로 활동하고 있다.

신정순 교수 이화여자대학교 경영대학의 재무전공 교수이다. 고려대학교 경영학과를 졸업하고, 미국 로체스터 대학교(University of Rochester)에서 경영학석사(MBA) 학위를 취득한 후 삼성생명에서 근무한 후, 미시건 대학교(University of Michigan)에서 통계학 석사학위를, 뉴욕주립 대학교(SUNY-Buffalo)에서 재무금융 전공으로 박사학위를 취득하였다. 주요 연구 분야는 미시구조(Market Microstructure), 신용평가(Credit Ratings) 및 펀드 등이며 *Emerging Markets Finance and Trade*, *Asia-Pacific Journal of Financial Studies* 등의 외국저널과 증권학회지, 재무연구, 재무관리연구 등 국내저널에 다수의 연구논문을 게재하였다. 한국증권학회 간사, 금융공학 연구지의 편집위원 및 법무법인 광장과 공기업 기금자산관리 자문교수, 재무관리연구 편집위원장으로 활동 중이다.

이관영 교수 중앙대학교 경영경제대학 경영학부 재무전공 교수이다. 중앙대학교에서 경영학 학사 및 석사, 뉴욕주립 대학교(SUNY-Buffalo)에서 경영학석사(MBA) 및 재무금융 박사학위를 취득하였고 Salomon Smith Barney와 미국 오토바인 대학(Otterbein University)에서 재무금융 교수로 재직하였다. 주요 연구 분야는 기업재무 중에서 부실채권, 신규공모(IPO), 인수합병(M&A), 기업지배구조, 시장미시구조(Market Microstructure) 등이며 *Journal of Business, Finance, and Accounting*, *Global Economic Review*를 비롯한 국내외 학술지에 다수의 연구논문을 게재하였다. 증권학회지, 재무관리연구 등의 편집위원으로 활동하였으며, 증권학회 부회장, 재무관리연구의 편집위원장, 경영학연구의 재무분야 편집위원장, 파생상품학회 및 재무학회 이사, 지역난방공사 및 한강수계관리기금의 리스크관리 위원, 예탁결제원의 글로벌사업 자문위원으로 활동하고 있다.

역자서문

이번에 번역한 "기업재무관리"는 어느덧 12판이 나올 정도로 재무관리를 가르치는 학자들 사이에서는 가장 믿을 만한 교과서라고 할 수 있습니다. 특히 이 책은 동일 저자들이 발간한 엣센셜 기업재무(Essentials), 핵심재무관리(Core), Ross의 재무관리(Fundamentals)의 최상위 종합판 혹은 "정본(Original Text)"이라고 할 수 있습니다. 따라서 이 책은 기초부터 심화 내용까지 모두 다루고 있으며, 저자가 "대학원(MBA) 과정의 재무관리 교재"로 언급하고 있지만, 학부 과정에서도 충분히 활용할 수 있을 만큼 기본 개념이 상세하게 설명되어 있습니다.

우리나라 독자와 재무관리 최고의 교과서를 우리말로 읽고 싶다는 의욕에서 출발한 번역이 2013년에 9판을 처음으로 시작하여 어느덧 많은 세월이 흘렀습니다. 11판에 이어 이번에 12판을 번역하면서, 원서 곳곳에 스며있는 저자의 세심한 마음이 역자의 오역으로 훼손되지 않기를 바랐습니다. 그동안의 오역이 수정되고 내용의 전달력도 개선되었다고 스스로 믿고 싶지만, 아직도 오류가 남아있을 것입니다. 독자 여러분의 아낌없는 의견을 구합니다.

이 책이 다루고 있는 풍부한 내용과 저자의 정확한 식견은 12판에서도 여전히 돋보입니다. 재무의 이론과 개념을 이해하기 쉽게 설명하고 있어서 미국의 주요 대학과 대학원에서 교재로 채택되고 있으며 그 위치는 여전히 확고합니다. 하지만 너무 두껍고 한 학기 재무관리 교재로 사용하기에는 분량이 많아 보인다는 의견을 반영하여 이번에는 보편적인 내용을 다루는 장을 모아 책으로 발간하고 전문적이고 비교적 덜 다루는 내용은 e-챕터로 구분하여 독자들의 편의를 도모하였습니다. 이 책은 재무와 관련된 거의 모든 문제에 대하여 해답의 실마리를 가지고 있습니다. 실무 독자께서도 재무의사결정의 중요성을 이해하고 현실에서 직면하는 문제를 해결하는 데 도움받기를 바랍니다.

미래를 예측하는 것은 어려운 일입니다. 마치 예측의 어려움을 보여주듯이 이 책의 핵심 저자이며 차익거래가격결정이론(APT)의 창시자인 MIT 대학의 Ross 교수가 2017년에 작고하였습니다. 향후 이 책의 개정이 어떻게 진행될 것인지 미리 알 수 없지만, 호기심과 유연한 마음을 가지고 깊이 사고하는 즐거움을 찾는 재무관리 독자들에게 그는 영원한 스승으로 남아있을 것입니다. 이 책의 출판을 위해 애써주신 한국 맥그로힐 에듀케이션의 편집부에게 감사드립니다. 마지막으로 함께 해야 할 소중한 가족과의 시간을 번역 작업에 사용한 미안함을 담아 이경림, 조민균, 민병임 님께 사랑과 고마움을 전합니다.

2020. 12.

역자 일동

총목차

Part V
장기 자금조달

Part VI
옵션, 선물 및 기업재무

Part VII
단기 재무관리

Part VIII
특별 주제

목차

Part III 위험

Chapter 10
시장 역사의 교훈 325

Chapter 11
수익률과 위험, 자본자산가격결정모형(CAPM) 355

Chapter 12
위험과 수익률의 대안적 시각: 차익거래가격결정이론(APT) 401

Chapter 13
위험, 자본비용, 그리고 가치평가 425

Part IV 자본구조와 배당정책

Chapter 17
자본구조: 부채사용의 한계 563

Chapter 18
차입기업의 가치평가와 자본예산 599

Chapter 19
배당금과 기타 현금배분 623

Part V 장기 자금조달

Part VI 옵션, 선물 및 기업재무

Chapter 22 옵션과 기업재무

Chapter 23 옵션과 기업재무: 확장과 응용

Chapter 24 워런트와 전환사채

Chapter 25 파생상품과 위험의 헷징

Part VII 단기 재무관리

Part VIII 특별 주제

이 책의 e-chapter는 생능출판사 홈페이지(www.booksr.co.kr)에서 제공합니다.
(e-chapter 7, 12, 21, 25, 26, 27, 28, 31장, 각 chapter 뒤에 나오는 Excel Master It! Problems)

CORPORATE FINANCE

I

CORPORATE FINANCE

개관
Overview

1

기업재무의 소개

Introduction to Corporate Finance

2009년부터 Travis Kalanick과 Garrett Camp는 승차 공유 서비스 앱(app) Uber를 시작하였고, 2017년 중반까지 50억 회 이상의 승차 공유를 성사시켰다. Uber는 분기당 $1억 이상의 손실이 발생했으나 Kalanick의 개인 자산은 $6십억을 넘어섰고 Uber의 시장가치는 $70십억까지 상승했다. 그러나 불행히도 Kalanick은 사내의 성희롱 문제를 알고도 아무런 조치를 취하지 않은 이유로 비난을 받았고 Uber 운전사 한 명을 질책하는 동영상이 공개되면서 이사회 의장직은 유지했지만 결국 2017년 6월 회사의 CEO에서 물러났다. 그리고 2017년 8월, 제어가 안 되는 자동차와 같았던 Kalanick은 사기, 계약 위반 및 신탁 의무 위반으로 주요 주주에 의해 고소되었다.

승차 공유 앱의 창립자에서 기업 임원으로, 그리고 궁지에 몰린 이사회 의장으로 이어진 Kalanick의 역정을 보면 이 장에서 논의할 기업 형태, 기업 목표 및 기업 통제 등의 주제와 연결된다. 여러분이 우리와 승차 공유를 한다면, 여러분이 이 교재에서 읽는 아주 많은 것들을 학습할 수 있을 것이다.

기업재무의 최신 동향: rwjcorporatefinance.blogspot.com

1.1 기업재무란 무엇인가?

당신이 테니스공을 만드는 회사를 시작한다고 가정하자. 이를 위해 원자재를 구입할 관리자를 고용해야 하고, 완성된 테니스공을 생산하고 판매하기 위한 인력도 구성할 것이다. 재무용어로는 재고자산, 기계류, 토지, 그리고 노동력 등과 같은 자산에 투자한다고 한다. 이들 자산에 투자하는 현금의 규모는 조달하는 현금의 규모와 대등해야 한다. 당신이 테니스공을 판매하기 시작하면서 회사는 현금을 창출하게 된다. 이것이 가치 창조의 원리이다. 회사의 목표는 소유자인 당신을 위해 가치를 창조하는 것이다. 그 가치는 회사의 간단한 재무상태표 혹은 재무상태변동표(balance sheet) 모형의 체계에 반영된다.

기업의 재무상태표 모형

어느 특정 시점에서 기업의 재무적 상황과 활동을 살펴본다고 가정하자. 〈그림 1.1〉은 재무상태표의 개념을 도표로 보여주는데, 이는 기업재무를 소개하는 데 도움이 될 것이다.

기업의 자산은 재무상태표의 좌변에 위치한다. 이 자산은 유동자산(current assets)과 고정자산(fixed assets)으로 구분될 수 있다. **고정자산**은 건물과 같이 긴 수명을 가진 자산이다. 고정

그림 1.1
재무상태표 모형

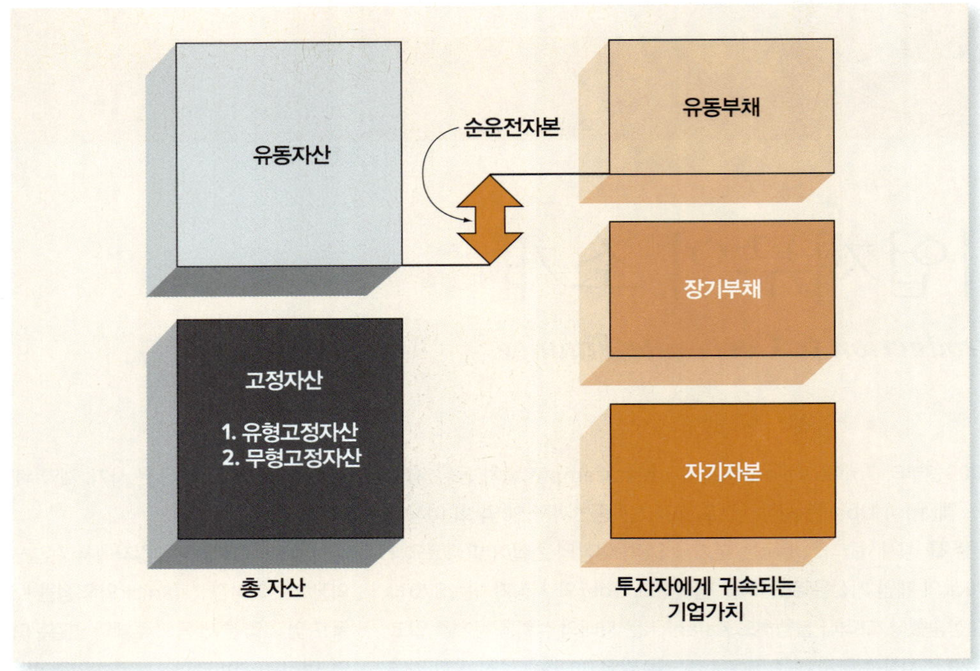

자산은 기계나 장비와 같은 유형(tangible)자산과 특허나 상표와 같은 무형(intangible)자산으로 구분된다. 한편 재고자산과 같이 짧은 수명을 가진 자산을 유동자산(current assets)이라고 한다. 제조를 했으나 아직 판매되지 않은 테니스공은 재고자산의 일부이다. 만약 과잉생산하지 않았다면 테니스공은 곧 판매되고 재고는 없어질 것이다.

기업이 특정 자산에 투자하기 위해서는 자금이 필요하다. 자금조달의 형태는 재무상태표의 우변에 나타나며 부채(debt)와 출자지분(equity shares)으로 구성된다. 기업은 대출계약서에 해당하는 부채나 주식 증서에 해당하는 자기자본을 발행한다. 부채도 자산처럼 장기 또는 단기로 구분된다. 단기부채는 유동부채(current liability)라고도 불리며, 1년 이내에 상환해야 할 대출과 기타 의무를 나타낸다. 장기부채는 1년 이내에 상환할 필요가 없는 부채이다. 자기자본은 자산가치와 기업부채의 차이로, 기업의 자산에 대한 잔여 청구권을 의미한다.

기업의 재무상태표 모형을 보면 기업재무는 다음 세 가지 질문에 대하여 연구하는 분야라는 것을 쉽게 알 수 있다.

1. 기업은 어떤 장기자산에 투자해야 하는가? 이 질문은 재무상태표의 좌변과 관련된다. 물론 기업이 필요로 하는 자산의 유형과 비중은 사업의 속성에 따라 정해지는 경향이 있다. 장기자산에 대한 지출을 실행하고 관리하는 과정을 **자본예산**(capital budgeting)이라 부른다.
2. 기업은 필요한 자본지출을 위해 현금을 어떻게 조달할 수 있는가? 이 질문은 재무상태표의 우변과 관련된다. 이에 대한 해답은 유동부채 및 장기부채와 자기자본의 상대적 비율에 해당하는 **자본구조**(capital structure)와 관련이 있다.
3. 단기 영업현금흐름은 어떻게 관리해야 하는가? 이 질문은 재무상태표의 상단부와 연

관된다. 영업활동에서 발생하는 현금유입과 현금유출은 종종 시차가 존재한다. 더욱이 영업현금흐름의 규모와 시점은 확실하게 알 수 없으므로 재무관리자는 현금흐름의 갭(gap)을 잘 관리해야 한다. 재무상태표에서 단기적 현금흐름관리는 기업의 유동자산과 유동부채의 차이로 정의되는 **순운전자본**(net working capital)과 연관되어 있다. 재무적 측면에서 단기현금흐름의 문제는 현금유입과 현금유출의 불일치에서 기인한다. 이것이 단기재무관리의 주제이다.

재무관리자

대기업에서 재무활동은 대체로 부사장이나 최고재무관리자(chief financial officer: CFO)와 같은 최상위경영자 및 그 하위 관리자와 연관되어 있다. 〈그림 1.2〉는 재무활동을 중시하는 기업

그림 1.2
가상의 조직도

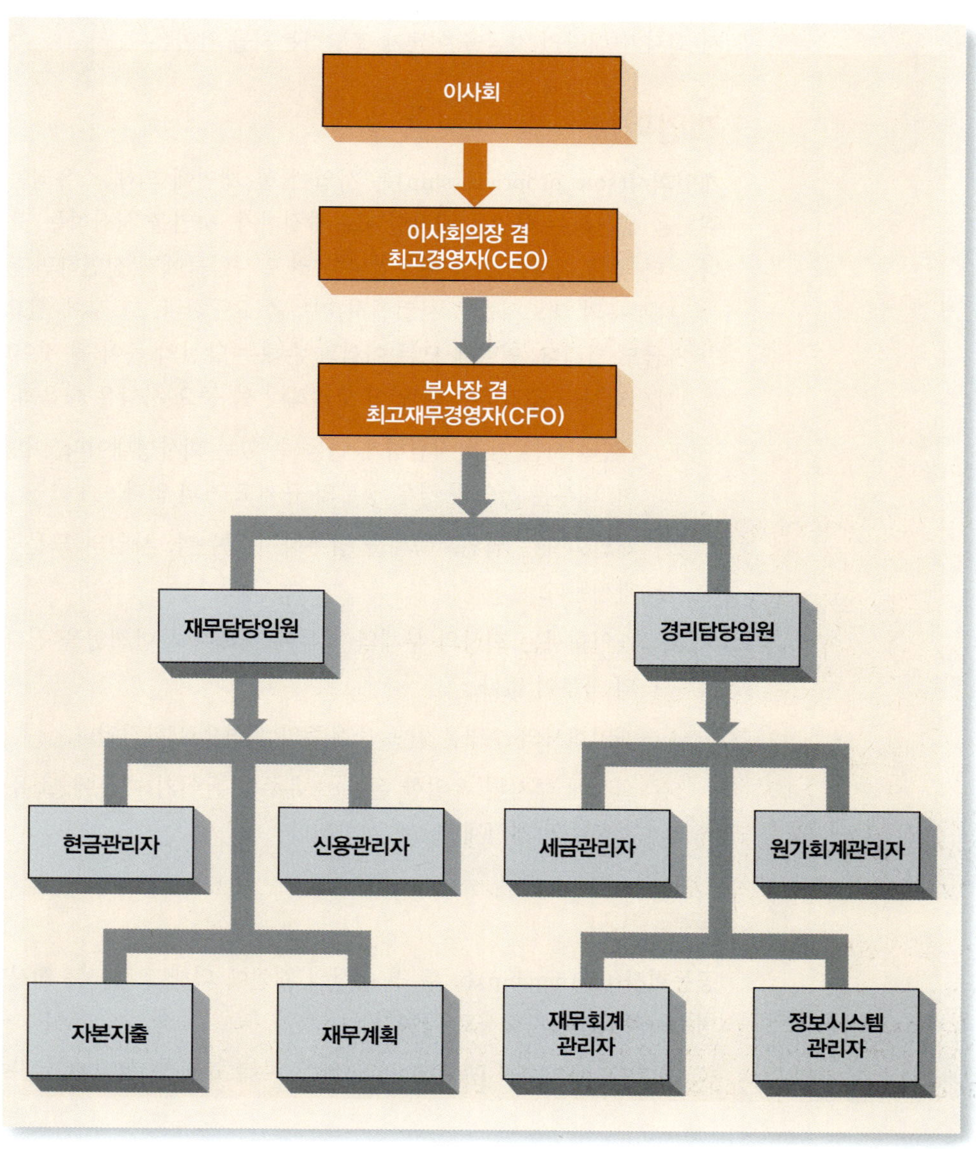

의 일반적인 조직구조를 보여준다. 재무담당관리자(treasurer)와 경리담당관리자(controller)는 최고재무관리자에게 보고를 한다. 재무담당관리자는 현금흐름관리, 자본지출결정, 재무계획수립 등을 담당하고, 경리담당관리자는 세금, 원가 및 재무회계, 정보시스템 등과 같은 회계 기능을 담당한다.

1.2 기업의 형태

회사는 많은 개인의 경제활동을 조직화하는 한 방법이다. 회사의 기본적 문제는 어떻게 현금을 조달하는가이다. 회사를 주식회사의 형태로 회사를 조직하는 것이 대규모의 현금을 조달하는 데 있어서 직면하는 문제들을 해결할 수 있는 표준적 방법이다. 그러나 다른 형태의 회사들도 있다. 이 절에서는 기업을 조직하는 세 가지 기본적인 법적 형태를 살펴보고, 각각의 형태 하에서 회사가 대량의 자금을 어떻게 조달하는지를 알아본다.

개인회사

개인회사(sole proprietorship)는 사업이 한 개인에 의해 소유되는 형태이다. 이를테면 당신이 쥐덫을 생산하는 사업을 시작한다고 가정하자. 사업을 시작하는 것은 아주 간단하다. "오늘부터 나는 더 좋은 쥐덫을 만들 예정입니다"라고 사람들에게 선언하면 된다.

대부분의 대도시들은 사업면허 취득을 요구한다. 그 후에 필요한 사람들을 고용하고, 필요한 자금도 빌린다. 연말에 모든 이익과 손해는 당신의 몫이 될 것이다.

개인회사를 조직하는 데 있어 고려해야 할 중요 사항은 다음과 같다.

1. 개인회사는 가장 저렴하게 만들 수 있는 회사형태이다. 어떤 정식 정관도 요구되지 않으며, 대부분 산업의 경우 정부의 규제도 거의 없다.
2. 개인회사는 법인소득세를 납부하지 않는다. 사업의 모든 이익은 개인소득세 명목으로 과세된다.
3. 개인회사는 회사의 부채와 채무에 대해서 무한책임을 진다. 개인자산과 회사자산 사이의 구분이 없다.
4. 개인회사의 수명은 단독 소유주의 수명으로 한정된다.
5. 회사에 투자된 유일한 돈은 소유주의 돈이기 때문에, 소유주가 조달할 수 있는 자본은 소유주의 개인재산으로 제한된다.

공동회사

공동회사(partnership)는 두 명 이상의 개인에 의해 조직되는 회사형태이다. 공동회사는 (1) 합명회사와 (2) 합자회사로 나뉜다.

합명회사(general partnerships)에서 모든 동업자(partner)는 노동력과 현금을 제공하고, 이익과 손실을 공유한다. 각 동업자는 회사의 모든 부채에 대해 책임을 진다. 동업자들 간의 계약은 구두 또는 정식 서류로 이루어질 수 있다.

합자회사(limited partnerships)에서는 일부 동업자의 책임을 자신의 출자액으로 한정한다. 합자회사의 일반적인 요건은 (1) 무한책임사원(general partner)이 최소한 한 명 이상 있어야 하는 것과 (2) 유한책임사원(limited partner)은 회사의 경영에 관여하지 않아야 하는 것이다. 공동회사를 설립하는 데 있어 고려해야 할 중요 사항은 다음과 같다.

1. 공동회사는 보통 설립하는 데 비용이 많이 들지 않고 용이하다. 합명회사와 합자회사의 복잡한 계약체결을 위해 서류작성이 요구된다. 사업면허와 신청비용이 필요할 수 있다.
2. 무한책임사원은 모든 부채에 대하여 무한책임을 진다. 유한책임사원은 보통 회사에 출자한 정도로 그 책임이 국한된다. 무한책임사원이 자신의 책무를 다하지 못할 경우, 잔여 부분은 다른 무한책임사원에게 전가된다.
3. 합명회사의 결성은 한 명의 무한책임사원이 사망하거나 탈퇴하면 종결된다. 이는 유한책임사원의 경우에는 적용되지 않는다. 공동회사는 동업관계를 해체하지 않고서 소유권을 이전하기는 어렵다. 왜냐하면 모든 무한책임사원이 동의해야 하기 때문이다. 그러나 유한책임사원은 공동회사에 대한 자신의 지분을 팔 수 있다.
4. 공동회사는 대규모의 현금을 조달하기 어렵다. 자본의 출자 규모는 대체로 동업자의 출자 능력과 열망에 한정된다. 그러므로 Apple사와 같은 많은 회사들은 개인회사나 공동회사로 시작하지만, 어느 시점에는 결국 주식회사 형태로 전환한다.
5. 공동회사로부터 발생한 이익은 동업자들의 개인소득으로서 과세된다.
6. 경영지배권은 무한책임사원에게 있다. 회사에 유보할 이익의 규모와 같은 중요한 문제에 대해서는 보통 다수표결이 요구된다.

대규모 사업조직은 개인회사나 공동회사의 형태로 존재하기 매우 어렵다. 개인회사나 공동회사의 주요 장점은 사업을 시작하는 데 비용이 적게 든다는 것이다. 그러나 이후에는 (1) 무한책임, (2) 회사의 제한적 수명, (3) 소유권 이전의 어려움 등의 단점들이 점점 심각해진다. 그리고 이러한 단점들이 (4) 현금조달의 어려움을 초래한다.

주식회사

주식회사(corporation)는 여러 기업의 형태 중에서 가장 중요하다. 주식회사는 독특한 법인으로서 자연인처럼 이름을 가질 수 있으며 많은 법적권리를 행사할 수 있다. 예를 들어, 주식회사는 재산을 취득하고 교환할 수 있고 계약을 할 수 있으며 소송의 당사자가 될 수도 있다. 재판관할의 목적상 주식회사는 설립된 주(state)의 주민이다(물론 투표는 할 수 없다).

주식회사는 개인회사나 공동회사보다 시작하기가 훨씬 복잡하다. 발기인(incorporators)은 정관(articles of incorporation)과 일련의 내규(bylaws)를 준비해야 한다. 정관은 다음 항목을 포함해야 한다.

1. 주식회사의 이름
2. 주식회사의 수명(무한대로 할 수 있음)
3. 사업목적
4. 여러 종류주식(classes of shares)의 권리와 한계에 관한 공표와 발행할 수 있는 주식의 수
5. 주주에게 부여된 권리의 속성
6. 최초 이사회의 구성원 수

내규는 자체 규제를 위해 사용될 규정으로 주주, 이사, 경영자 등에 관한 것이다. 내규는 경영진에 대한 아주 간략한 규칙에서 시작하여 수백 페이지에 이르는 것도 있다.

주식회사를 구성하는 이해집단으로는 주주(소유자), 이사, 경영자(최고경영진) 등이 있다. 전통적으로 주주는 회사의 방향, 정책, 활동 등을 통제하며, 이사회의 구성원들을 선임하여 이들이 최고경영진을 선출할 수 있도록 한다. 최고경영진은 회사의 경영자 역할을 수행하며, 주주의 이해에 가장 부합하도록 회사를 경영한다. 소수의 주주가 소유하는 회사에서는 주주, 이사, 최고경영자 등이 겹칠 수 있지만, 대규모의 회사에서 이들은 아마 별개의 집단일 것이다.

소유와 경영의 분리가 가능한 주식회사는 개인회사나 공동회사에 비하여 다음의 이점을 제공한다.

1. 주식회사에서 소유권은 주식으로 대변되므로 소유권은 새로운 소유자에게 쉽게 양도될 수 있다. 주식회사는 주식을 소유한 사람들과 독립적으로 존재하므로 공동회사의 경우와는 달리 주식의 양도에 어떠한 제한도 없다.
2. 주식회사의 수명은 영원하다. 회사는 소유자로부터 독립적이기 때문에 소유자의 사망이나 탈퇴는 회사의 법적 존재에 영향을 미치지 않는다. 주식회사는 최초 소유자가 자금을 찾아가더라도 지속될 수 있다.
3. 주주의 책임은 소유주식에 투자된 금액으로 한정된다. 예를 들어, 주주가 주식회사의 주식을 $1,000을 구매했다면, 잠재적 최대손실은 $1,000이 될 것이다. 공동회사에 $1,000을 출자한 무한책임사원은 $1,000 손해는 물론 회사의 다른 채무도 책임질 수도 있다.

유한책임, 소유권 이전의 용이성, 영속성 등은 주식회사의 주요한 장점들이다. 이러한 장점들로 인해서 주식회사는 현금을 한결 용이하게 조달할 수 있다.

그러나 큰 단점이 하나 있다. 연방정부는 법인소득에 대해 과세한다(주정부도 마찬가지다). 법인세는 주주들이 수령하는 배당금에 대해서 지불하는 개인소득세 이외에 추가로 부담해야 하는 세금이다. 이는 개인회사나 공동회사의 경우와는 달리 주주들에 대한 이중과세(double taxation)에 해당한다. 〈표 1.1〉은 공동회사와 주식회사에 대한 지금까지의 논의를 요약하여 보여준다.

오늘날 미국의 모든 50개 주에서 비교적 새로운 형태의 사업조직인 유한책임회사(limited liability company: LLC)의 설립을 허용하는 법률을 제정하였다. 이 법인체는 공동회사와 같이 운영되고 과세되지만, 소유자는 유한책임만을 보유하는 것이 목적이다. 따라서 LLC는 본질적으로 공동회사와 주식회사의 혼성체로 볼 수 있다. 주마다 LLC에 대해 다르게 정의하고 있지만

표 1.1 공동회사와 주식회사의 비교

	주식회사	공동회사
유동성과 시장성	주식은 회사의 해산이 없어도 교환이 가능하다. 보통주는 거래소에 상장될 수 있다.	지분양도에는 상당한 제한이 있다. 보통 지분거래를 위한 정해진 규격화된 거래시장이 없다.
의결권	대체로 보통주 한 주는 소지자에게 의결을 요구하거나 이사를 선임하는 경우에 하나의 의결권을 부여한다. 이사들은 최고경영진을 선출한다.	유한책임사원도 일부 의결권을 가질 수 있지만, 무한책임사원이 회사운영에 대해 배타적인 통제와 관리를 한다.
과세	이중과세된다. 법인소득도 과세되고 주주에게 지급되는 배당금도 또한 과세된다.	공동회사는 과세되지 않는다. 동업자는 공동회사의 이익에 대해 개인소득세를 낸다.
재투자와 배당지불	배당지불 결정의 재량이 넓다.	회사이익을 재투자하는 것은 일반적으로 금지되어 있으며 모든 이익은 동업자들에 분배된다.
책임	주주는 회사의 책무에 개인적으로 책임지지 않는다.	유한책임사원은 회사의 책무에 책임을 지지 않으나 무한책임사원은 무한책임을 진다.
존재의 영속성	기업은 영구적이다.	공동회사의 수명은 제한적이다.

미국 국세청(Internal Revenue Service: IRS)의 정의가 가장 중요하다. 미국 국세청은 유한책임회사가 특정 기준을 충족하지 않으면 주식회사로 간주하여 이중과세를 한다. 결국 유한책임회사는 주식회사와 유사하지 않거나 미국 국세청에 의해 과세목적으로 주식회사로 분류된다. 유한책임회사는 흔히 볼 수 있게 되었다. 예를 들면, 월스트리트에 남아 있는 마지막 공동회사들 중 하나인 Goldman-Sachs는 유한책임회사로 전환했다(후에 '기업공개'를 하여 주식회사가 됨). 대형 회계법인과 로펌들도 대부분 유한책임회사로 전환했다.

주식회사의 다른 명칭

주식회사 형태에는 세계적으로 다양한 변형이 있다. 물론 관련 법규와 규정은 나라마다 다르지만, 소유권의 공유와 유한책임은 여전히 그 본질적 특징으로 남아 있다. 이들 회사는 그 속성과 소속국가에 따라 무한책임 주식회사(joint stock companies), 공개유한회사(public limited companies), 유한책임회사(limited liability companies) 등으로 불린다.

〈표 1.2〉는 국제적으로 잘 알려진 몇몇 주식회사의 이름, 국적, 회사형태를 지칭하는 원어(회사명 뒤에 붙어 있음)와 영어 표현을 보여준다.

표 1.2 국제적 주식회사

		회사의 종류	
회사명	국적	원어	영어표현
Bayerische Motoren Werke (BMW) AG	Germany	Aktiengesellschaft	Corporation
Red Bull GmbH	Austria	Gesellschaft mit Beschränkter Haftung	Limited liability Company
Rolls-Royce PLC	United Kingdom	Public limited company	Public Ltd. Company
Shell UK Ltd.	United Kingdom	Limited	Corporation
Unilever NV	Netherlands	Naamloze Vennootschap	Joint stock company
Fiat SpA	Italy	Società per Azioni	Joint stock company
Volvo AB	Sweden	Aktiebolag	Joint stock company
Peugeot SA	France	Société Anonyme	Joint stock company

1.3 현금흐름의 중요성

재무관리자의 가장 중요한 임무는 기업의 자본예산, 자금조달, 순운전자본과 관련된 활동으로부터 가치를 창조하는 것이라고 할 수 있다. 재무관리자는 어떻게 가치를 창조하는가?

1. 구입비용보다 더 많은 현금을 창출하는 자산구입을 위해 노력하라.
2. 조달비용보다 더 많은 현금을 조달할 수 있는 채권(bonds), 주식(stocks) 그리고 기타 금융수단을 팔아라.

따라서 기업은 사용하는 것보다 더 많은 현금을 창출해야 한다. 채권자와 주주에게 지급된 현금흐름은 그들이 기업에 투자한 현금흐름보다 많아야 한다. 이를 보기 위해 기업과 금융시장 간의 현금흐름을 추적할 필요가 있다.

기업활동과 금융시장의 상호작용은 〈그림 1.3〉에서 설명된다. 그림에 있는 화살표는 기업과 금융시장 간의 현금흐름을 추적한다. 먼저 기업의 자금조달활동에서 시작해 보자. 현금을 조달하기 위해 기업은 금융시장에서 투자자에게 채권과 주식을 발행한다. 이는 금융시장에서 기업으로의 현금흐름을 의미한다(A). 경영진은 이 현금을 투자활동(자산)에 투입한다(B). 기업에 의해 창출된 현금(C)은 주주와 채권자에게 지급된다(F). 주주는 배당금의 형태로 현금을 받고, 채권자는 이자와 만기에 원금을 수령한다. 기업의 현금이 모두 외부로 지급되는 것은 아니다. 현금의 일부는 기업 내에 유보되며(E), 다른 일부는 세금으로 정부에 지급된다(D).

시간의 흐름에 따라 주주와 채권자에게 지급된 현금(F)이 금융시장에서 조달한 현금(A)보다 많으면 가치가 창조된 셈이다.

그림 1.3
기업과 금융시장 간의 현금흐름

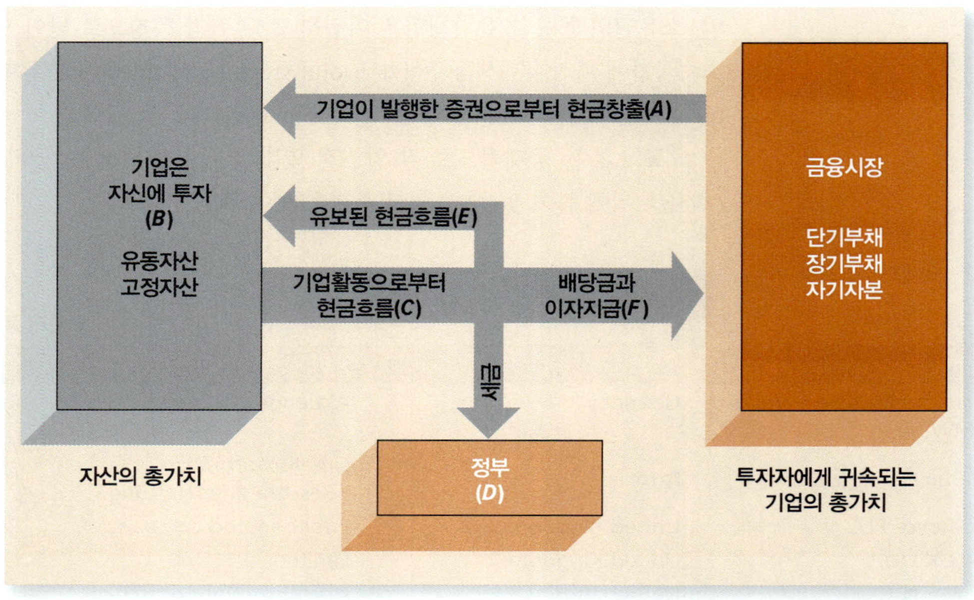

현금흐름의 확인

불행하게도 현금흐름을 직접적으로 관찰하기는 쉽지 않다. 우리는 재무제표로부터 많은 정보를 얻고 있으므로 재무제표의 현금흐름 정보를 추출하여 재무분석을 할 수 있다. 다음 예제는 이를 어떻게 하는지를 보여준다.

예제 1.1

회계적 이익 대 현금흐름 Midland Company는 금을 정제하고 거래하는 기업이다. 이번 연도 말에, 이 회사는 2,500온스의 금을 $1백만에 판매하였다. 이 회사는 연초에 금을 $900,000에 획득하였다. 이 회사는 금 구매 시 구매대금을 현금으로 지불하였으나, 금을 판매한 소비자로부터 아직 판매대금을 받지 못하였다. 다음은 연말에 Midland의 재무 상황에 대한 표준화된 회계이다.

Midland Company 회계적 관점 손익계산서 12월 31일 연도 말	
매출액	$1,000,000
−비용	−900,000
이익	$ 100,000

일반적으로 인정된 회계원칙(GAAP)에서, 매출액은 소비자가 아직 대금을 지불하지 않았음에도 불구하고 기록된다. 이것은 소비자가 곧 대금을 지불할 것을 가정한다. 회계적 관점에서, Midland는 수익성이 있는 듯 보인다. 그러나 기업의 재무적 관점으로는 다르다. 그것은 현금흐름에 초점을 둔다.

Midland Company 재무적 관점 손익계산서 12월 31일 연도 말	
현금유입	$ 0
현금유출	−900,000
	−$900,000

기업재무의 관점은 현금흐름이 Midland의 금 거래 영업으로 인하여 창출되었는지 아닌지에 관심을 둔다. 가치 창출은 현금흐름에 의존한다. Midland에서 가치 창출은 이 회사가 실질적으로 $1백만을 받았는가의 여부와 그 시기에 달려 있다.

현금흐름의 시점

기업이 행하는 투자의 가치는 현금흐름의 시점에 달려 있다. 재무관리에서 가장 중요한 원칙들 중 하나는 개인들은 현금을 가능한 한 빨리 받기를 원한다는 것이다. 오늘 받은 $1은 내년에 받을 $1보다 더 가치가 있기 때문이다.

예제 1.2

현금흐름 시점 Midland Company는 두 개의 신제품 중 하나를 선택하려 하고 있다. 두 제품 모두 4년 동안 추가적인 현금흐름을 제공할 것이며 초기 비용은 $10,000이다. 두 제품으로부터의 현금흐름은 다음과 같다.

연도	신제품 A	신제품 B
1	$ 0	$ 4,000
2	0	4,000
3	0	4,000
4	20,000	4,000
총계	$20,000	$16,000

처음에는 신제품 A가 가장 좋을 것으로 보인다. 그러나 신제품 B로부터 나오는 현금흐름은 신제품 A의 현금흐름보다 더 빨리 시작된다. 더 이상의 정보가 없다면, 우리는 어떤 현금흐름의 집합이 채권자와 주주에게 최상의 가치를 창출하게 될 것인지 결정할 수 없다. 이것은 신제품 B로부터 현금을 더 빨리 얻는 것의 가치가 신제품 A로부터 추가적인 총현금을 더 얻게 되는 것의 가치보다 더 비중이 있는지 여부에 달려 있다.

현금흐름의 위험

기업은 위험을 고려해야 한다. 현금흐름의 규모와 시점은 보통 확실하게 알려져 있지 않으며, 대부분의 투자자는 위험회피 성향을 지닌다.

예제 1.3

위험 Midland Company는 영업을 해외로 확장하는 것을 고려하고 있으며 유럽과 일본을 가능한 장소로 평가 중이다. 유럽은 상대적으로 안전할 것으로 고려되고, 반면 일본에서의 영업은 매우 위험할 것으로 보인다. 두 경우 모두 이 화사는 1년 뒤에 영업을 중지할 것이다.

충분한 재무적 분석을 거쳐, Midland는 세 가지 시나리오—비관적, 일반적, 긍정적—하에서의 확장 계획에 대한 다음의 현금흐름을 얻었다.

	비관적	일반적	긍정적
유럽	$75,000	$100,000	$125,000
일본	0	150,000	200,000

만약 우리가 비관적 시나리오를 무시한다면, 아마도 일본이 더 좋은 대안이 될 것이다. 우리가 비관적 시나리오를 고려한다면, 선택은 불확실해진다. 일본은 더 위험한 것으로 보이지만, 또한 더 높은 기대수준의 현금흐름을 제공한다. 위험은 무엇이며, 그것은 어떻게 정의될 수 있는가? 우리는 이 중요한 질문에 답을 하기 위해 노력해야 한다. 기업재무는 위험한 투자 대안들에 대하여 대응할 수밖에 없고, 우리 교재의 많은 부분을 이러한 위험한 투자기회들을 평가하는 발전된 방법들에 대하여 할애할 것이다.

1.4 재무관리의 목표

영리기업에 있어서 재무관리의 목표는 소유주를 위해 돈을 벌거나 부가 가치를 창출하는 것이다. 그러나 이 목표는 다소 모호하기 때문에 보다 정확한 정의를 찾아내기 위해서는 재무관리의 목표를 명확하게 말하는 다른 방법들을 먼저 살펴볼 필요가 있다. 이러한 정의는 재무적 의사결정과 평가를 위한 객관적 기초가 되기 때문에 중요하다.

가능한 목표

재무관리의 목표들로서 다음과 같은 것들을 고려해 볼 수 있다.

- 회사의 생존
- 재무적 곤경과 파산 방지
- 경쟁에서 승리
- 매출액 혹은 시장점유율 극대화
- 비용 최소화
- 이익 극대화
- 지속적인 이익성장의 유지

이러한 목표는 우리가 생각할 수 있는 몇 가지일 뿐이고 더욱이 재무관리자의 목표가 되기에는 문제점을 가지고 있다.

예를 들면, 시장점유율이나 매출액을 증가시키는 것은 쉽다: 가격을 낮추거나 신용조건을 완화하기만 해도 달성할 수 있다. 유사하게, 연구개발을 하지 않음으로써 비용을 절감할 수 있다. 차입을 전혀 하지 않거나 위험을 전혀 택하지 않음으로써 파산을 피할 수 있다. 그러나 이와 같은 행위가 주주의 이익을 가장 잘 대변하는지는 분명하지 않다.

이익 극대화는 아마 가장 보편적으로 언급되는 목표이지만 심지어 이것도 아주 정확한 목표는 아니다. 올해 이익의 극대화를 의미하는 것인가? 그렇다면 유지비를 이연시키고, 재고를 줄이며, 단기비용을 절감하는 방식을 채택함으로써 현재 이익을 인상시킬 수 있다. 그러나 이러한 행위는 반드시 바람직한 것은 아니다.

이익 극대화라는 목표는 "장기" 또는 "평균" 이익의 극대화를 의미할 수도 있지만, 이 역시 여전히 확실하지 않다. 첫째, 이익이 회계적 순이익이나 주당이익(earnings per share)을 의미하는가? 다음 장에서 자세히 살펴보겠지만 이들 회계적 수치는 기업에게 유리거나 불리한 것과는 거의 무관할 수 있다. 둘째, 장기는 무엇을 의미하는가? 유명한 경제학자가 "장기적으로 우리 모두는 죽는다!"라고 언급하였듯이 이 목표는 현재이익과 미래이익의 적절한 상충관계가 무엇인가를 말해주고 있지 않다.

여기에 열거된 목표들은 모두 다르지만 두 부류로 구분될 수 있다. 첫째는 수익성과 관련이 있다. 매출액, 시장점유율, 그리고 비용통제 등과 같은 목표들은 최소한 잠재적으로는 이익을 얻거나 증가시키는 여러 방법들과 관련이 있다. 파산방지, 안정, 안전 등과 같은 두 번째 그룹의 목표들은 어떤 면에서 위험통제와 관련이 있다. 불행하게도 이들 두 부류의 목표는 다소 상호 모순이 된다. 이익의 추구는 통상적으로 어떤 위험요소를 수반하므로 안전과 이익을 동시에 극대화하는 것은 실제로 가능하지 않다. 그러므로 양쪽 요인들을 망라하는 하나의 목표가 필요하다.

재무관리자의 목표

주식회사에서 재무관리자는 주주들을 위한 의사결정을 한다. 그렇다면 재무관리자의 목표들을 열거하는 대신에 '주주의 관점에서 좋은 재무관리 의사결정이란 무엇인가?'라는 보다 근본적 질문에 대답할 필요가 있다.

주주들이 재무적으로 이익을 얻기 위해 주식을 산다고 가정하면, 그 대답은 명확하다. 좋은 의사결정은 주식의 가치를 증가시키고 나쁜 의사결정은 주식의 가치를 감소시킨다.

실제로 관찰한 바에 따르면, 재무관리자는 주식의 가치를 증가시키는 의사결정을 함으로써 주주의 이익에 가장 부합되도록 행동한다는 것이다. 따라서 재무관리자의 적절한 목표는 다음과 같이 아주 쉽게 이야기될 수 있다.

재무관리의 목표는 기존 주식의 주당 현재가치를 극대화하는 것이다.

주식가치의 극대화라는 목표는 앞서 열거된 다른 목표들이 지니고 있는 문제들을 피할 수 있다. 이 기준은 모호하지도 않고 단기나 장기의 문제도 없다. 이 목표는 현재 주식가치의 극대화를 명시하고 있다.

이 목표가 강한 표현이고 단편적으로 보일 수도 있지만, 기업에서 주주는 잔여가치를 가지는 소유자라는 점을 생각해보라. 즉, 주주는 종업원, 공급자, 채권자(그리고 기타 합법적인 청구권을 가진 모든 자)에게 마땅히 지불해야 할 것을 지불하고 남은 부분에 대하여 소유권을 가진다. 주주는 이들에게 먼저 지불하지 않고서는 어떤 것도 얻지 못한다. 그래서 잔여 부분이 증가하여 주주에게 이득이 된다면, 다른 모든 사람에게도 분명히 이득이 되는 셈이다. 즉, 재무관리자는 주주가 가장 이득을 보는 셈이므로 기업의 가치가 극대화될 수 있다고 생각되는 의사결정을 해야 한다.

재무관리의 목표는 주식가치의 극대화이기 때문에 주식가치에 유리하게 영향을 주는 투자 및 자금조달 방법을 알아볼 수 있도록 학습할 필요가 있다. 이것이 바로 앞으로 공부하게 될 부분이다. 앞 절에서는 가치창출에 있어서 현금흐름의 중요성에 대하여 강조하였는데, 사실상 기업재무는 재무적 의사결정과 현금흐름과 주식가치의 관계를 살펴보는 학문이라고 정의할 수 있다.

보다 일반적인 목표

앞에서 언급된 목표(주식가치의 극대화)와 관련하여 '시장에서 거래되는 주식이 없을 때 기업의 적절한 목표는 무엇인가?'라는 질문이 당연히 떠오를 수 있다. 주식회사만이 기업의 유일한 형태는 아니며, 주식회사라도 주식이 거의 거래되지 않는 경우가 있으므로 주당가치가 특정시점에 얼마인지를 말하기 어려울 수 있다.

하지만 영리를 추구하는 기업이라면 약간의 수정만 하면 된다. 주식회사에서 주식의 총가치는 단순히 자기자본의 가치와 같다. 그러므로 재무관리의 보다 일반적인 목표는 **현재 자기자본**

의 **시장가치를 극대화**하는 것이라고 할 수 있다.

이렇게 생각한다면, 회사의 형태가 개인회사, 공동회사, 주식회사인지는 중요하지 않다. 이들 모든 경우에 좋은 재무적 의사결정은 자기자본의 시장가치를 증가시키고 나쁜 재무적 의사결정은 시장가치를 감소시킨다. 사실상 앞으로는 주식회사에 초점을 두겠지만 논의될 여러 원칙들은 다른 형태의 기업에도 적용되며, 심지어 비영리 부분에도 대부분 적용된다.

마지막으로, 이 목표는 기업의 주식가치를 증가시키기 위해서라면 재무관리자가 불법적이거나 비윤리적인 행위를 해도 된다는 것을 의미하지는 않는다. 대신에 재무관리자는 기업에 가치를 부가할 수 있는 상품과 서비스를 찾고 개발함으로써 소유주의 이익을 가장 잘 대변할 수 있음을 의미한다. 왜냐하면 이러한 활동들이 결국 자유시장에서 합법적으로 원하고 소중하다고 여겨지기 때문이다.

1.5 대리인문제와 기업 지배권

재무관리자는 주식의 가치를 증가시키는 조치들을 취함으로써 주주의 이익을 가장 잘 대변한다는 것을 보았다. 그러나 대기업의 소유권은 보통 수많은 주주에게 분산되어 있으며, 이와 같은 소유권의 분산으로 인하여 경영진은 기업을 효과적으로 지배할 수 있게 된다. 이 경우에 경영진이 반드시 주주의 이익을 최대한으로 대변하여 행동하겠는가? 다시 말하면, 경영진이 주주의 비용으로 자신의 목표들을 추구하지 않겠는가? 이 문제와 관련된 몇몇 논점들을 간단하게 살펴보자.

기업지배구조는 국가별로 상당한 차이를 보인다. 예를 들면, 미국과 영국을 제외한 거의 모든 국가에서는 공개된 상장사라 하더라도 한 명 내지는 소수의 대주주에 의해 지배된다.[1] 게다가 강력한 주주 보호제도를 갖춘 미국이나 영국과 비교하여 주주 보호제도가 제한적인 국가에서는 대주주가 소액주주의 이익을 침해할 기회가 많을 수 있다. 최근 연구에 따르면 국가별 소액주주 보호 체계가 기업의 현금보유와 배당지불을 설명하는 중요한 요인이다. 가령, 소액주주 보호가 강한 미국에 비하여 소액주주 보호가 약한 국가의 주주는 기업이 현금을 많이 보유하는 것에 대해 가치를 높게 평가하지 않는다.

보통의 경우에는 주주가 이사회 구성원을 선출하고 이사회는 다시 CEO와 같은 최고경영진을 선임한다. 일반적으로 CEO는 이사회의 구성원이다. 최근에 기업지배에 대하여 주목하게 된 한 부분은 이사회 의장에 관한 것이다. 대부분의 미국 기업은 CEO가 이사회 의장(board chair)인 경우가 많다. 이렇게 한 사람이 CEO와 이사회 의장을 동시에 맡게 되면 기업지배구조에 문제가 발생할 수 있다는 주장이 제기되었다. 한편, 영국의 경우는 90%를 넘는 기업에서 CEO가 아닌 사외 이사가 이사회 의장을 맡고 있다. 영국과 미국의 기업지배구조를 비교할 때 영국이 조금 더 높은 점수를 얻게 되는 이유는 바로 여기에 있다. 미국의 많은 기업들이 직면하고 있는 논쟁의 여지가 있는 이슈이다. 이러한 문제의식이 반영된 듯, 2016년 기준 S&P 500기업 중 34%가 사외 이사를 이사회 의장으로 임명하였는데 5년 전에는 이 비율이 10%에 불과했다.

[1] 미국과 전 세계의 주주 소유권 집중에 대한 상반된 견해는 다음의 논문 참조. "The Myth of Diffuse Ownership in the United States." *The Review of Financial Studies*, volume 22, number 4, April 2009.

대리인관계

주주와 경영진 사이의 관계를 대리인관계(agency relationships)라고 부른다. 이러한 관계는 주인(principal)이 자신의 이익을 대변할 대리인(agent)을 고용할 때 발생한다. 예를 들면, 당신이 학교를 떠나 있는 동안 당신의 차를 팔아줄 대리인을 고용할 수 있다. 이러한 관계에서는 주인과 대리인 간의 이해상충의 가능성이 있으며, 그러한 갈등을 **대리인문제**(agency problem)라고 부른다.

당신이 차를 팔아줄 누군가를 고용하면서 고정수수료(flat fee)를 지불하기로 했다고 가정하자. 그러면 그 대리인은 당신의 차를 최고의 가격으로 판매하려는 노력은 하지 않고 그냥 최대한 빠른 시일 내에 판매만 하면 된다고 생각할 수 있다. 그러나 고정수수료 대신에 판매대금의 10%를 수수료로 제공한다면 이러한 문제는 발생하지 않을 것이다. 이 예는 대리인에게 보상하는 방법이 대리인문제에 영향을 미치는 한 요인이라는 것을 보여준다.

경영목표

경영진과 주주의 이해가 어떻게 다를 수 있는지를 보기 위해 새로운 투자를 고려하고 있는 기업을 가정해 보자. 이 새로운 투자는 주가에 유리한 영향을 미칠 것으로 기대되지만 비교적 위험한 모험투자이다. 기업의 소유주는 주가가 오를 것이기 때문에 투자를 희망하지만, 경영진은 상황이 나빠지면 직장을 잃을 가능성이 있기 때문에 이 투자를 원하지 않을 수 있다. 경영진이 투자를 하지 않으면 주주는 가치 창출의 기회를 잃게 되므로, 이러한 것이 대리인비용(agency cost)의 한 예이다.

일반적으로 대리인비용이라는 용어는 주주와 경영진 간의 이해상충으로 야기되는 비용이다. 이들 비용은 직접적 또는 간접적으로 발생할 수 있다. 간접 대리인비용(indirect agency cost)은 앞에서 기술한 것과 같은 가치 있는 기회의 상실로 인한 비용이다.

직접 대리인비용(direct agency costs)에는 두 가지 형태가 있다. 첫 번째 유형은 경영진에게는 이익이 되지만 주주에게는 손실이 되는 회사지출이다. 예컨대 호화스럽고 불필요한 회사 비행기의 구입이 이 유형에 속할 것이다. 두 번째 유형은 경영진의 행동을 감시하기 위해 요구되는 지출이다. 재무제표 정보의 정확성을 평가하기 위해 지급하는 외부감사 비용이 이에 해당할 수 있다.

간섭하지 않고 내버려두면 경영자들은 그들이 통제하는 자원, 더 일반적으로는 기업의 영향력과 기업의 부를 극대화할 것이라는 주장이 가끔 제기된다. 이러한 목표는 기업의 규모와 성장이 지나치게 강조되는 결과를 초래하기도 한다. 예를 들면, 경영진은 단지 사업규모를 늘리거나 기업의 영향력을 과시할 목적으로 다른 기업을 인수하는 데 과도하게 인수비용을 지급하여 비난을 받는 경우가 드물지 않다. 분명히 이러한 과도한 지급은 인수 기업의 주주들에게 이익이 되지 않는다.

이러한 논의는 경영진이 자신의 고용보장을 위하여 조직의 생존을 지나치게 강조하는 경향이 있음을 의미한다. 또한 경영진은 외부간섭을 싫어할 수 있으며, 따라서 그들에게는 독립성과 기업의 자족이 중요한 목표가 될 수 있다.

경영자들이 주주의 이익을 위해서 행동하는가?

경영자들이 실제로 주주의 이익을 최우선으로 여기고 행동하는가는 다음의 두 요인에 달려 있다. 첫째, 경영자의 목표가 주주의 목표와 얼마나 잘 합치되는가? 이 질문은 부분적으로는 경영자가 보상받는 방법과 관련된다. 둘째, 경영자가 주주의 목표를 추구하지 않으면 교체될 수 있는가이다. 이 문제는 기업의 지배와 관련된다. 앞으로 논의하겠지만, 심지어 대기업에서도 경영진이 주주의 이익을 위해 행동할 상당한 인센티브가 있다고 생각할 만한 이유가 있다.

경영자 보상 경영진은 두 가지 이유에서 주식가치를 증가시킬 상당한 경제적 인센티브를 가진다. 첫째, 경영자 보상, 특히 최고경영자의 보상은 일반적으로 재무적 성과, 그중에서도 주로 주가에 연계되어 있다. 예를 들면, 경영자는 자신의 기업주식을 할인된 가격으로 살 수 있는 옵션을 자주 부여받는다. 주식의 가치가 상승할수록 이 옵션의 가치도 증가하게 된다. 사실상 이들 옵션은 최고경영자뿐만 아니라 모든 종업원들에게 동기를 부여하기 위해 종종 사용된다. 예를 들면, 2017년에 Alphabet은 주식 관련 보상으로 약 $6.87십억을 지출하였는데 종업원 1인당 약 $95,400 정도를 지불한 셈이다. *Bloomberg*에 보고된 금액을 기준으로, Apple의 CEO인 Tim Cook이 받은 2016년 총 보수는 $150백만을 조금 상회하였다. 그의 기본급은 $3백만이고, 보너가 $5.4백만이며, 주식옵션(stock option)과 양도제한부주식(restricted stock)으로 받은 주식기준보상이 총 $141.3백만이었다. 높은 수준의 CEO 보상에 대한 비판이 많지만, 주주의 입장에서는 보상이 기업의 성과에 미치는 영향이 더 중요하다.

경영자가 가지는 두 번째 인센티브는 일자리 전망과 관계된다. 기업에서 성과가 더 좋은 사람은 승진할 것이다. 일반적으로 주주의 목표를 추구하는 데 성공한 경영자는 노동시장에서 더욱 필요로 하게 되므로 더 높은 봉급을 받을 것이다.

실제로 주주의 목표를 추구하는 데 성공한 경영자는 막대한 보상을 받을 수 있다. 2016년에 미국 상위 500대 기업 CEO의 보상액 중간값은 $10.8백만이었고, 가장 많은 보상을 받은 사람은 Walmart의 CEO, Marc Lore로 *Bloomber*에 보고된 기준으로 $237백만이었다. 비교해보면, 프로농구 스타인 LeBron James가 $77.2백만을 벌었고, 가수 Taylor Swift가 약 $170백만을 벌었다.[2]

기업의 지배권 기업의 지배권은 궁극적으로 주주들의 권한에 속한다. 주주들은 이사회의 구성원을 선임하고 이사회가 다시 경영진을 고용하거나 해고한다.

불만이 있는 주주들은 **위임장대결**(proxy fight)이라 불리는 중요한 장치를 통하여 기존 경영진을 교체할 수 있다. 위임장(proxy)이란 다른 주주를 대신해서 투표할 수 있는 권한이다. 위임장대결은 특정집단이 기존 이사회를 교체하고 결국 기존 경영진도 교체하기 위해 위임장을 간

[2] 이것은 최고경영진의 봉급 수준과 다른 종업원들과의 상관관계에 대한 논의를 일으킨다. *Economic Policy Institute*에 따르면, CEO 보상의 평균은 종업원들의 보상 평균보다 1978년엔 30배 정도 더 컸으나, 2016년에는 271배 이상 더 큰 것으로 나타났다. 그러나 최고경영진의 보상과 종업원의 보상 차이를 규정하는 정확한 공식은 존재하지 않는다. 2018년부터 대기업은 CEO의 보상과 다른 종업원들의 보상 중간값과의 비율(pay ratio, wage ratio)을 산출하여 보고해야 한다.

청할 때 일어난다. 2017년 7월에 행동주의 투자자인 Nelson Peltz가 이끄는 Trian Partners는 이사회에 한 자리를 차지하기 위하여 Proctor & Gamble과 위임장대결을 벌였다. 이것이 역사상 가장 큰 규모의 위임장대결이었는데, Trian은 기업의 총규모 $223십억 중에서 $3.3십억 정도의 지분을 보유하였다. Peltz는 부실한 재무적 성과, 낮은 주주 수익률, 시장점유율 감소, 과도한 비용과 관료성 등을 위임장대결의 이유로 들었다. 2012년에 William Ackman이 이사회의 의석 하나를 차지하려고 시도한 것이 최근 위임장대결이었고 P&G가 승리하였다. Ackman은 결국 패배했고 2014년 5월에 자신이 보유한 마지막 P&G 주식을 처분하였다.

경영진이 교체될 수 있는 또 다른 방법은 기업인수(takeover)에 의해서이다. 잘 경영되는 기업보다 부실하게 경영되는 기업은 인수기업의 입장에서 얻을 수 있는 잠재적 이익이 더 크기 때문에 인수대상으로 더 매력적이다. 따라서 다른 기업에 의해 인수되지 않도록 경영진은 주주의 이익을 위해 행동할 인센티브를 가진다. 불만족스러운 유력한 주주들은 기업의 최고경영진에게 다른 전략을 제시할 수도 있다. 예를 들어, 2017년 6월에 Verizon은 Yahoo!를 $4.5십억에 인수하였다. Yahoo!의 경영진은 회사의 부진한 성과로 인하여 수년간 비난을 받아왔다. Verzon은 합병된 회사가 디지털 광고시장에서 Google과 Facebook에 도전할 제3의 대안을 창조해 낼 수 있기를 기대하였다. Yahoo!의 CEO인 Marissa Mayer는 해고 당시에 $1억 2,700만을 받았지만 진행되는 계획에는 참여하지 못하였다.

결론 현재의 이론과 증거는 주주가 기업을 지배하고 주주의 부의 극대화가 기업의 적절한 목표라는 견해와 일치하고 있다. 그렇다 하더라도, 경영진이 최소한 일시적으로나마 주주를 희생하여 자신의 목표를 추구하는 경우가 있을 수 있다는 데는 의심할 여지가 없다.

이해관계자

지금까지의 논의에서는 경영진과 주주가 기업의 의사결정에 이해관계를 가진 유일한 집단이었다. 이것은 너무 단순화된 가정이다. 왜냐하면, 종업원, 고객, 공급자, 심지어 정부도 기업에 재무적 이해관계를 가지고 있기 때문이다.

이 다양한 집단을 총체적으로 기업의 **이해관계자**(stakeholders)라고 부른다. 일반적으로 이해관계자는 주주나 채권자 이외에 기업의 현금흐름에 대한 잠재적 청구권을 가진 집단이다. 아마 이들 집단은 소유주의 이익에 반하여 기업에 대해 통제권을 행사하려고도 할 것이다.

1.6 규제

지금까지 우리는 주주와 이사회가 자신들과 경영진들 간의 이해상충을 완화시켜주는 조치들에 대해 언급하였다. 하지만 규제에 대해서는 살펴보지 않았다.[3] 최근까지 규제의 핵심은 기업들이

[3] 여기서는 기업지배구조에 대한 규제에 초점을 둔다. 연방준비제도이사회(Federal Reserve Board)와 같은 규제기관들이 내놓는 다른 규제들에 대해서는 언급하지 않도록 한다. 8장에서는 Fitch Ratings, Moody's, 그리고 Standard & Poor's와 같이 시장에서 공인된 신용평가기관들(nationally recognized statistical rating organizations: NRSROs)에 대하여 논의할 것이다. 이들의 기업평가등급은 시장 참여자들에게 회사채와 같은 유가증권들의 가치평가에 도움을 주기 위하여 사용된다. 그러나 2007~2009년의 서브프라임 모기지 사태를 신용평가회사들이 제대로 예견하지 못하는 사례가 나오면서 많은 사람들은 신용평가기관에 대한 엄격한 규제가 필요하다는 의견을 내놓고 있다.

모든 관련 정보를 (잠재적) 투자자에게 공시하라는 것이다. 기업이 관련 정보를 공시하게 하는 의도는 투자자들이 정보에 대하여 동등해지도록 하여 결국 이해상충의 문제를 줄이려는 것이다. 물론 규제는 기업의 입장에서는 비용이고 따라서 규제는 비용과 편익을 모두 포함하는 논의가 되어야 한다.

1933년의 증권법과 1934년의 증권거래법

1933년의 증권법(the 1933 Act)과 1934년의 증권거래법(the 1934 Act)은 미국에서 공개적으로 거래되는 증권들에 대한 기본적인 규제의 체계를 제공한다.

1933년 증권법은 신규 증권의 발행에 초점을 두고 있다. 기본적으로 1933년 증권법은 기업들이 모든 신규 증권의 매수자들이 볼 수 있도록 미국 증권거래위원회(SEC)에 유가증권계출서(registration statement)를 제출하도록 요구하고 있다. 이 유가증권계출서의 목적은 잠재적 주주들에게 합리적인 의사결정을 위해 필요한 정보들을 제공하는 것이다. 1934년 증권거래법은 1933년 증권법에서의 공시 요건을 발행된 이후 시장에서 거래되는 증권들에 대하여 확장한 것이다. 1934년 증권거래법은 SEC의 설립과 기업 보고, 공개 매수, 내부자거래를 포함하여 많은 논의들을 다루고 있다. 1934년 증권거래법은 기업들이 SEC에 연간 기준(Form 10K), 분기 기준(Form 10Q), 그리고 월간 기준(Form 8K)으로 보고서를 제출하도록 요구하고 있다.

언급하였듯이, 1934년 증권거래법은 내부자거래에 대한 중요한 논의들을 다루고 있다. 불법적인 내부자거래는 비공개된 특별한 정보(즉, 내부정보)를 가진 사람이 그 정보에 근거하여 증권을 매도하거나 매수하였을 때 발생한다. 1934년 증권거래법의 한 조항(section)은 이사, 임원, 그리고 대주주와 같은 내부자들에 대하여 다루고 있으며, 다른 조항에서는 내부정보를 획득할 수 있는 모든 사람들에 대하여 다루고 있다. 1934년 증권거래법에서 이 절의 목적은 내부자 또는 내부정보를 가진 사람들이 외부자와 거래를 할 때 이 정보로 불공정한 이익을 얻지 못하도록 하는 것이다.

이에 대한 설명을 위해서, 당신이 ABC 기업이 곧 다른 기업에 의하여 현재 주가보다 훨씬 높은 가격에 인수될 것이고, 그것이 곧 공개적으로 발표될 것임을 알게 되었다고 가정하자. 이것은 내부정보의 한 예이다. 1934년 증권거래법은 당신이 이 정보를 가지고 있지 않은 주주로부터 ABC 주식을 매수하는 것을 금지하고 있다. 이러한 금지는 만약 당신이 ABC 기업의 CEO라면 더욱 강하게 적용될 것이다. 다른 종류의 내부정보로는 최초로 배당금이 곧 지급된다는 것, 암을 치료하는 약품의 발견, 또는 채무불이행과 같은 것들이 될 수 있다.

사베인스-옥슬리 법

Enron, WorldCom, Tyco, Adelphia 같은 기업들의 스캔들을 차후에 방지하는 차원에서 미국 의회는 2002년에 사베인스-옥슬리(Sarbanes-Oxley) 법을 제정하였다. “Sarbox”로 더 잘 알려진 이 법은 기업들의 부정행위로부터 투자자들을 보호하기 위해 만들어졌다. 예를 들면, 이 법의 한 조항은 WorldCom의 CEO인 Bernie Ebbers가 받았던 것과 같이, 회사가 임원에게 대출하는 것을 금지하고 있다.

2004년 11월 15일부터 발효된 이 법의 주요한 조항 중 하나인 404조는 회사의 연차보고서에 기업의 내부통제구조와 재무보고서에 대한 평가를 포함해야 한다고 명시하였다. 또한, 감사인은 이러한 사안에 대한 경영진의 평가를 검토하고 입증해야 한다. Sarbox는 공개기업회계감독위원회(Public Companies Accounting Oversight Board: PCAOB)를 창설하여 감사지침과 윤리기준을 확립하였다. 공개기업은 독립적인 사외이사를 이사회의 감사위원회에 선임하여 연차감사를 감독하도록하고 위원회에 재무전문가가 있는지를 공시하도록 하였다(만약에 없다면 사유를 공시).

Sarbox는 다른 몇 가지 주요한 규정도 포함하고 있다. 예를 들면, 회사의 임원들은 연차보고서를 검토한 후 서명을 해야 한다. 그리고 다음의 사항들을 명시적으로 선언해야 한다: '연차보고서에는 어떠한 거짓이나 중대한 누락사항이 없다.' '재무제표가 재무적 결과를 공정하게 나타내고 있다.' '임원들은 기업의 내부통제에 책임이 있다.' 마지막으로 내부통제의 결함을 연차보고서에 나열하도록 하고 있다. 본질적으로 이 법은 재무제표의 정확성에 경영진이 책임을 지도록 하고 있다.

물론 다른 법과 마찬가지로 상당한 비용이 수반되기 마련이다. Sarbox는 기업감사 비용을 상당히 증가시켰는데, 예를 들면 2004년에 대기업의 평균 준수(compliance)비용은 $451만이었다(그 이후로 감소하기는 하였다). 이 법을 준수하는 데 추가된 이러한 비용들은 의도하지 않은 결과로 이어졌다. 예를 들면, 2003년에 198개의 회사가 상장을 철회하거나 등록을 철회하였고, 2004년에도 비슷한 양상을 보였다. 1999년에 30개의 회사가 상장철회한 것과 비교하면 상당히 증가하였다. 상장철회하는 많은 기업들이 Sarbox를 준수하는 데 따르는 비용을 피하기 위함이라는 이유를 들었다.[4]

상장 및 등록을 철회한 회사는 분기별 혹은 연차별 보고서를 제출할 의무도, 독립적인 감사인에 의한 연차감사를 받을 의무도, 경영진은 재무제표의 정확성을 입증할 필요도 없으므로 많은 비용이 절감될 수 있다. 물론 상장철회에 다른 비용도 만만치 않다. 상장 및 등록 철회 발표 이후로 주가는 일반적으로 하락하고 자본시장의 접근이 제한적일 것이며 은행대출 시 높은 금리를 부담해야 할 것이다.

Sarbox는 미국에서 상장하려는 회사의 수에 아마도 영향을 미쳤을 것이다. 예를 들면, Florida 주의 Boynton Beach를 본거지로 하는 Peach Holdings는 2006년에 미국에서의 상장을 피하고 영국 증권거래소의 Alternative Investment Market (AIM)을 선택하였다. 미국에서 상장을 시도했다면, $100,000의 수수료 외에 $2백만의 준수비용을 지불했어야 했다. 대신에 영국을 선택함으로써 단지 $500,000을 지불했다.

[4] 그러나 "Has New York Become Less Competitive in Global Markets? Evaluating Foreign Listing Choices Over Time" Journal of Financial Economics, volume 91, number 3, March 2009, pp. 253-77에서 Craig Doidge, Andrew Karolyi, and René Stulz는 상장폐지의 감소가 직접적으로 Sarbanes-Oxley와 관련이 되지는 않음을 발견하였다. 저자들은 대부분의 New York 상장폐지는 인수 · 합병, 재무적 곤경, 그리고 기업 구조조정으로 인한 것으로 결론지었다.

요약 및 결론 _Summary and Conclusions

이 장은 다음과 같은 기업재무의 기본적 아이디어를 소개하였다.

01. 기업재무의 세 가지 주요한 관심분야는 다음과 같다:

a. **자본예산**: 기업은 어떠한 장기투자를 선택해야 하는가?

b. **자본구조**: 기업은 투자에 필요한 장기자금조달을 어떻게 할 것인가? 또한, 기업운영을 위한 자금조달을 위해 부채와 자본을 어떠한 비율로 사용할 것인가?

c. **운전자본관리**: 기업은 일상적인 재무활동을 어떻게 관리해야 하는가?

02. 영리기업의 재무관리 목표는 주식의 가치를 증가시키는, 더 일반적으로는 자기자본의 가치를 증가시키는 의사결정을 하는 것이다.

03. 주식회사는 자금조달과 소유권의 양도 측면에서 다른 기업의 형태보다 우수하지만 이중과세라는 중대한 불이익이 있다.

04. 대기업에서는 주주와 경영진 사이에 이해상충의 가능성이 존재한다. 이러한 갈등을 대리인문제라고 하며 이를 어떻게 통제하고 줄일 수 있는지를 논의했다.

05. 주식회사의 장점들은 금융시장의 존재로 인해 더욱 부각될 수 있다.

지금까지 논의한 주제 중에서 가장 중요한 것은 재무관리의 목표이다: 주식의 가치 극대화. 교재 전반에 걸쳐 다양한 재무 의사결정을 분석할 것이지만 항상 같은 질문을 하게 될 것이다: 고려하고 있는 의사결정이 주식의 가치에 어떻게 영향을 미칠 것인가?

개념확인 _Concept Questions

01. 대리인문제 주식회사를 소유하는 것은 누구인가? 주식회사의 소유주들이 기업의 경영을 어떻게 통제하는가를 설명하라. 주식회사에서 대리인관계가 존재하는 주된 이유는 무엇인가? 이러한 맥락에서 어떤 문제가 발생할 수 있는가?

02. 비영리기업의 목표 당신이 비영리법인(예: 비영리 병원)의 재무관리자라고 가정하자. 이 경우 재무관리자의 목표로 어떤 목표가 적절하다고 생각하는가?

03. 기업의 목표 다음의 표현을 평가하라: 경영자는 현재의 주식가치에 초점을 맞추어서는 안 된다. 그러면 장기적 이익을 희생하더라도 단기적 이익만 지나치게 강조하게 되기 때문이다.

04. 윤리와 기업목표 주식가치의 극대화라는 기업의 목표는 비윤리적이거나 불법적인 행위를 하지 않는 목표와 상충하는가? 특히 고객이나 종업원의 안전, 환경, 사회 전체의 행복과 같은 목표들은 이러한 틀에서 적합한 것인가, 아니면 근본적으로 무시되고 있는 것인가? 당신의 답을 설명하기 위해서 구체적인 시나리오들을 생각해보라.

05. 국제적 기업의 목표 주식가치의 극대화라는 재무관리의 목표는 나라마다 다른가? 왜 그런가, 또는 왜 그렇지 않은가?

06. 대리인문제 당신이 어떤 기업의 주식을 소유하고 있다고 하자. 현재 주가는 주당 $25이다. 다른 회사가 당신 회사를 인수하기 원하며 현재 발행되어 있는 모든 주식에 대해서 주당 $35에 매수하겠다고 발표했다. 당신 회사의 경영진은 곧바로 이러한 적대적 매수제의에 대해 대응하기 시작한다.

경영진의 이러한 행동은 주주의 이익을 극대화하는 것인가? 왜 그런가, 왜 그렇지 않은가?

07. 대리인문제와 기업의 소유구조 기업의 소유구조는 국가들마다 다르다. 미국의 경우에는 역사적으로 개인들이 상장기업 주식의 대부분을 소유하고 있다. 그러나 독일이나 일본에서는 은행이나 기타 대형 금융기관, 다른 회사들이 상장기업 주식의 대부분을 소유하고 있다. 당신은 미국에서보다 독일이나 일본에서 대리인문제가 더 심각할 것이라고 생각하는가 아니면 덜 심각할 것이라고 생각하는가? 그 이유는?

08. 대리인문제와 기업의 소유구조 최근 미국에서도 뮤추얼펀드나 연금기금(pension fund) 등 대형 금융기관들이 주식의 지배적인 소유주들이 되고 있고, 또한 이러한 기관들은 기업의 활동에 더 적극적으로 개입하고 있다. 이러한 추세가 대리인문제와 기업지배권의 측면에서 의미하는 것은 무엇인가?

09. 임원에 대한 보상 미국에서는 최고경영자에 대한 보상이 너무 높기 때문에 삭감해야 한다는 비판이 제기되었다. 대기업만 본다면, Dara Khosrowshahi(현 Uber의 CEO, 전 Expedia의 CEO)는 미국에서 가장 높은 보상을 받는 CEO 중 한 명인데, 2016년에 약 $95백만을 받았다. 이 정도 금액이 과도한가? 답을 하기 전에 크리스티아누 호날두(Cristiano Ronaldo)와 같은 스타운동선수, 제임스 카메론(James Cameron)이나 오프라 윈프리(Oprah Winfrey)와 같은 정상급 연예인, 그리고 기타 각 분야에서 정상의 위치에 있는 다른 사람들이 (훨씬 더 많지는 않아도) 최소한 그 정도는 벌었다는 것을 고려하면 도움이 될 것이다.

10. 재무관리의 목표 재무관리의 목표는 왜 회사의 현재 주가를 극대화하는 것인가? 다시 말해서, 왜 미래 주가의 극대화는 목표가 아닌가?

2

재무제표와 현금흐름

Financial Statements and Cash Flow

2017년 12월에 세금감면 및 고용법이 제정되어 2018년부터 발효되었다. 새로운 법은 미국의 법인세를 크게 바꾸는 것이었다. 예를 들어, 세금 목적으로 시간이 지남에 따라 자산을 감가상각하지 않고 회사는 첫해에 전체 구매 가격을 감가상각할 수 있게 되었다. 또 다른 변화는 이자 비용의 세금 공제에 대한 제한이었다. 그러나 가장 큰 변화는 15~39%의 범위 내에 있었던 법인 소득 세율 구조를 없애고 21%의 일률과세로 전환한 것이었다.

법인세율의 변화는 순이익에 영향을 미치지만 더 중요한 영향이 있다. 투자 의사결정을 내리는 데 세금이 주요 고려사항이므로, 세율의 변동으로 인하여 기업의 투자 및 자금조달 의사결정은 크게 달라질 수 있다. 이러한 내용을 이해하는 것은 궁극적으로 이 장의 주요 주제, 즉 가장 중요한 본질인 현금흐름으로 이어진다.

기업재무의 최신 동향: rwjcorporatefinance.blogspot.com

2.1 재무상태표

재무상태표[statement of financial position, 혹은 **대차대조표**(balance sheet)]는 특정 시점에 어떤 기업의 회계적 가치를 보여주는 스냅사진이다. 재무상태표는 두 변으로 구성된다. 좌변에는 자산(assets), 우변에는 부채(liabilities)와 자기자본(stockholder's equity)이 위치한다. 재무상태표는 기업이 무엇을 소유하고 있으며, 어떻게 자본을 조달하였는가를 보여준다. 재무상태표의 기초를 이루는 회계적 정의는 아래와 같다.

$$\text{자산} \equiv \text{부채} + \text{자기자본}$$

재무상태표에서 상기 등식은 정의에 의해 항상 성립해야 하므로 세 줄 등호를 사용하였다. 사실 자기자본은 자산과 부채의 차이로서 정의된다. 원칙적으로 자기자본이란 기업이 모든 채무를 다 청산하고 나서 주주에게 남겨진 것을 의미한다.

〈표 2.1〉은 2018년과 2019년 말 현재 가상기업인 U.S. Composite Corporation의 재무상태표이다. 재무상태표에서 자산은 현금화하는 데 걸리는 시간순으로 배열된다. 자산은 회사가 영위하는 사업의 속성과 경영진이 그 사업을 하기 위해 어떠한 선택을 하는가에 달려 있다. 경영진은 현금 혹은 유가증권, 신용 혹은 현금판매, 직접 제조 혹은 구매, 비품의 매입 혹은 임대, 사업의 형태 등에 관해 결정해야 한다. 부채와 자기자본은 일반적으로 지급되는 순으로 나열된다.

표 2.1 U.S. Composite Corporation의 재무상태표

U.S. COMPOSITE CORPORATION
2018년과 2019 재무상태표
(단위: $백만)

자산	2018	2019	부채와 자기자본	2018	2019
유동자산			유동부채		
현금과 등가물	$ 157	$ 198	외상매입금	$ 455	$ 490
외상매출금	270	294	계	$ 455	$ 490
재고자산	280	269			
계	$ 707	$ 761	장기부채		
			이연세금	$ 104	$ 113
			장기부채*	458	471
			계	$ 562	$ 584
고정자산			자기자본		
유형자산	$1,274	$1,423	우선주	$ 39	$ 39
차감: 감가상각 누계액	460	550	보통주(액면가 $1)	32	55
순유형자산	$ 814	$ 873	자본잉여금	327	347
무형자산	221	245	누적 이익잉여금	347	390
계	$1,035	$1,118	차감: 자사주†	20	26
			계	$ 725	$ 805
자산총계	$1,742	$1,879	부채 및 자기자본 총계‡	$1,742	$1,879

* 장기부채는 $13백만 증가함($471백만−$458백만). 이는 새로운 부채 $86백만과 기존 부채 상환액인 $73백만의 차이임.
† 자사주(treasury stock)는 $6백만 증가함. 이는 U.S. Composite의 $6백만의 자사주 매입을 반영함.
‡ U.S. Composite사는 $43백만의 신주 발행을 보고함. 동사는 주당 $1.87의 가격으로 23백만 주를 발행함. 이에 따라 보통주의 액면가치는 $23백만 증가하였으며, 동시에 자본잉여금도 $20백만 증가함.

부채와 자기자본은 자본조달의 유형과 비율을 반영하며, 이는 경영진의 자본구조에 대한 선택에 따라 다르다. 경영진은 부채와 자본의 조합을 결정하고, 부채의 경우 단기 및 장기 부채의 조합을 결정한다.

재무상태표를 분석할 때 재무관리자는 세 가지 주요 관심사, 즉 유동성, 부채와 자기자본, 가치 대비 비용에 대하여 잘 알고 있어야 한다.

유동성

유동성(liquidity)이란 중대한 가치손실 없이 자산이 현금으로 얼마나 쉽고 빠르게 전환될 수 있는지를 의미한다. **유동자산**(current assets)은 유동성이 가장 높은 자산으로 1년 이내에 현금으로 전환될 수 있는 현금 및 자산을 포함한다. **외상매출금**(accounts receivable) 혹은 매출채권은 판매한 상품과 서비스에 대하여 고객으로부터 아직 회수되지 않은 대금이다(잠재적 대손 조정 후). **재고자산**(inventory)은 생산에 사용될 원자재, 재공품, 완제품 등으로 구성된다. **고정자산**(fixed assets)은 유동성이 가장 낮은 자산이다. 유형고정자산(tangible fixed assets)은 설비자산(property, plant, equipment) 등의 유형자산을 포함한다. 고정자산은 통상적인 영업활동을 통해서는 현금화되지 않으며, 급여와 같은 비용을 지급하기 위하여 사용되지도 않는다.

일부 고정자산은 무형자산이다. 무형자산(intangible assets)은 어떤 물리적 형태를 가지고 있지 않으나 중요한 가치를 가지고 있다. 예를 들어 무형자산에는 상표권이나 특허권의 가치가 포함된다. 기업의 유동성이 높을수록, 그 회사가 단기 부채상환에 어려움을 겪을 가능성은 줄어든다. 재무적 위기를 벗어날 확률은 기업의 유동성과 연계될 수 있다. 그러나 불행히도 유동자산은 고정자산 대비 수익률이 낮은 경우가 많다. 예를 들어, 현금은 어떠한 투자수익을 창출하지 않는다. 즉, 기업이 유동자산에 투자하는 것은 수익성이 높은 투자기회를 희생하는 셈이 된다.

부채 vs. 자기자본

부채(liabilities)란 규정된 기간 내에 현금을 지급해야 하는 기업의 의무를 뜻한다. 대부분의 부채는 특정 기간에 걸쳐 표시된 금액과 이자를 상환해야 하는 계약적 의무이다. 따라서 부채는 빚이고 **채무 변제**(debt service)라 일컫는 고정적 현금부담을 말하며, 만약 기업이 지불하지 못하면 계약불이행 상태로 전락한다. **자기자본**(stockholders' equity)은 기업의 잔여자산에 대한 청구권이고 고정적이지 않다. 일반적으로 기업이 부채로 자금을 조달하면, 채권자는 기업의 현금흐름에 대한 우선청구권을 가진다.[1] 채권자는 기업이 계약을 이행하지 않는 경우 기업을 상대로 소송을 제기할 수 있으며, 결국 기업을 파산하게 할 수 있다. 자기자본은 자산에서 부채를 차감한 잔여분이다.

$$\text{자산} - \text{부채} \equiv \text{자기자본}$$

이는 회계적 용어로 표시된 기업의 주주의 몫(지분)이다. 자기자본의 회계적 가치는 이익잉여금(유보이익)이 더해지면 증가한다. 즉, 기업이 이익을 모두 배당으로 지급하는 대신 이익 일부를 기업 내에 유보할 때 발생한다.

가치 vs. 원가

한 기업의 자산의 회계적 가치(accounting value)는 종종 자산의 **보유가치**(carrying value) 또는 **장부가치**(book value)[2]라고 한다. **일반적으로 인정된 회계원칙**(Generally Accepted Accounting Principles: GAAP) 하에서 미국 기업의 (감사를 받은) 재무제표는 자산을 취득원가로 기록한다.[3] 따라서 '**보유가치**' 혹은 '**장부가치**'라는 단어는 유감스럽게도 혼동을 초래하여 재무제표를 보는 사람들로 하여금 기업의 자산이 진정한 시장가치에 따라 기록되어 있다고 착각하게 만든다. **시장가치**(market value)는 매도자와 매수자가 자산을 거래하고 싶어 하는 가격이다. 회계적 가치가 시장가치와 같다면 단지 우연일 것이다. 사실상 경영진의 임무는 원가를 초과하는 기업의 가치를 창출하는 것이다.

[1] 채권소지자(bondholders)는 기업의 부채에 투자한 투자자이고 그 기업의 채권자(creditor)이다. 그러므로 **채권소지자**와 **채권자**는 같은 의미로 사용된다.

[2] 많은 재무회계 용어들이 같은 의미이기 때문에 혼동이 자주 생긴다. 예를 들어 **자산에서 부채를 차감한 것**(asset minus liabilities), **순자산**(net worth), **자기자본**(stockholders' equity), **주주자본**(owners's equity), **장부가치**(book equity), **자기자본**(equity capitalization) 등은 모두 같은 뜻이다.

[3] 일반적으로 GAAP는 원가와 시장가치 중에서 더 낮은 것으로 기록하도록 요구한다. 대부분의 경우에 원가는 시장가치보다 낮다. 그러나 적정 시장가치가 용이하게 정해질 수 있는 경우에는 그 자산은 적정 시장가치를 반영하도록 기록되어야 한다.

많은 사람들이 재무상태표를 사용하지만 보고 싶어 하는 정보는 서로 다르다. 은행가는 회계적 유동성과 운전자본에 대하여 알고 싶어 하고, 물품 공급자는 매입채무의 규모와 대금지급의 신속성에 주목한다. 경영진과 투자자 등을 포함한 많은 재무제표 이용자들은 기업의 원가가 아닌 기업의 가치를 알고 싶어 한다. 이와 같은 정보는 재무상태표에서 찾을 수 없다. 사실 기업의 진정한 자원의 상당 부분, 즉 우수한 경영진, 사유자산, 유리한 경제조건 등은 재무상태표에 나타나지 않는다. 그러므로 본 교재에서 자산의 가치 또는 기업의 가치를 언급할 때는 그 기업의 시장가치를 의미한다. 예를 들어, 기업 재무관리자의 목표가 그 주식의 가치를 높이는 것이라고 표현할 경우, 여기서의 가치는 장부가치가 아닌 주식의 시장가치를 의미하는 것이다.

비즈니스의 글로벌화가 진전됨에 따라, 각국의 회계기준을 비교가능하게 만들자는 요구가 증가하였다. 최근 미국의 회계기준은 국제회계기준(IFRS)과 매우 밀접하게 연결되었다. 특히, 미국의 GAAP 정책을 책임지는 미국재무회계기준심의회(FASB)와 IFRS 정책을 담당하는 국제재무회계기준심의회(IASB)는 정책의 일치를 위해 협력해왔다. GAAP와 IFRS는 여러 분야에서 비슷해졌지만, 회계 정책의 완전한 일치는 적어도 현재로서는 더는 고려하고 있지 않다.

예제 2.1

시장가치 vs. 장부가치 Cooney Corporation은 장부가치 $700, 시장가치 추정 $1,000으로 평가되는 고정자산을 가지고 있다. 장부상 순운전자본은 $400으로 기록되어 있으나, 만약 모든 유동자산과 유동부채가 청산되면 약 $600이 실현될 것으로 보인다. Cooney의 장기부채는 $500이며 장기부채의 장부가치와 시장가치는 같다. 자기자본의 장부가치는 얼마인가? 그리고 시장가치는 얼마인가?

두 개의 단순화된 재무상태표는, 즉 하나는 회계적(장부가치) 관점, 하나는 경제적(시장가치) 관점에서 작성될 수 있다.

COONEY CORPORATION
재무상태표
장부가치 대 시장가치

자산			부채 및 자기자본		
	장부가치	시장가치		장부가치	시장가치
순운전자본	$ 400	$ 600	장기부채	$ 500	$ 500
순고정자산	700	1,000	자기자본	600	1,100
	$1,100	$1,600		$1,100	$1,600

이 예제에서 자기자본의 시장가치는 장부가치의 약 두 배에 달한다. 이렇듯 장부가치는 시장가치와 크게 다를 수 있기 때문에 장부가치와 시장가치의 차이를 정확히 이해하는 것은 매우 중요하다.

2.2 손익계산서

손익계산서(income statement)는 특정 기간(예: 1년)에 걸친 기업의 성과를 측정한 것이다. 이

익에 대한 회계적 정의는 아래와 같다.

$$수익 - 비용 \equiv 이익$$

재무상태표가 스냅사진과 같다고 표현한다면, 손익계산서는 두 사진 사이에서 회사가 무엇을 하였는지를 기록하는 비디오 녹화와 같은 것이다. 〈표 2.2〉는 2019년 U.S. Composite Corporation의 손익계산서이다.

손익계산서는 보통 몇 가지 부문으로 나누어져 있다. 영업 부문에서는 기업의 주된 영업으로부터 발생하는 수입과 지출이 보고된다. 특히 중요한 수치는 세금과 금융비용 차감전이익을 나타내는 이자 및 법인세 차감전이익(earings before interest and taxes: EBIT)이다. 손익계산서의 비영업 부문에는 이자비용과 같은 모든 금융비용이 포함된다. 보통 이익에 부과된 세금은 따로 분리되어 기록된다. 손익계산서의 마지막 항목은 마지막 줄에 나타나는 순이익(net income)이다. 순이익은 흔히 보통주의 주당순이익(earnings per share)으로 표시된다.

표 2.2
U.S. Composite의 손익계산서

U.S. COMPOSITE CORPORATION 2019년 손익계산서 (단위: $백만)	
총영업수익	$2,262
매출원가	1,715
판매 및 일반관리비	327
감가상각비	90
영업이익	$ 130
기타이익	29
이자 및 법인세 차감전이익(EBIT)	$ 159
이자비용	49
세전이익	$ 110
세금	24
당기분: $15	
이연분: 9	
순이익	$ 86
이익잉여금 증가	$ 43
배당	43

주: 발행주식수는 29백만 주임. 주당순이익(EPS)과 주당배당금(DPS)은 아래와 같이 계산됨.

$$주당\ 순이익 = \frac{순이익}{총발행주식수} = \frac{\$86}{29} = \$2.97(주당)$$

$$주당\ 배당금 = \frac{배당금}{총발행주식수} = \frac{\$43}{29} = \$1.48(주당)$$

손익계산서를 분석할 때 재무관리자는 GAAP, 비현금성 항목, 시간, 비용 등을 염두에 두어야 한다.

일반적으로 인정된 회계원칙(GAAP)

매출은 수익획득과정이 완료되고 상품 및 용역의 교환이 발생하였을 때 손익계산서에 인식된다. 그러므로 소유자산으로부터 발생한 미실현 평가이익은 이익으로 인식되지 않는다. 이는 평가된 자산을 적절한 시기에 매각함으로써 이익을 조정(smoothing)하는 장치로 이용될 수 있다. 예를 들어 가치가 두 배로 증가한 나무농장을 소유하고 있는 기업은 다른 사업으로부터 이익이 저조한 해에 가치가 상승한 나무의 일부를 매각함으로써 전반적인 이익을 증가시킬 수 있다. GAAP의 수익비용 대응원칙(matching principle)은 수익 인식과 비용이 대응되어야 한다는 것이다. 따라서 현금흐름이 반드시 발생하지 않더라도, 이익은 발생했을 때 기록된다(예를 들어 상품이 외상으로 판매되더라도 상품이 판매된 시점에 매출은 기록된다).

비현금성 항목

자산의 경제적 가치는 자산으로부터 창출되는 미래 현금흐름의 증가분과 밀접하게 연결되어 있다. 그러나 현금흐름은 손익계산서상에 나타나지 않는다. 수입과 대응되는 비용이지만 현금흐름에 영향을 주지 않는 **비현금성 항목**(noncash item)들이 있다. 이 중 가장 중요한 항목은 감가상각비(depreciation)이다. 감가상각비는 생산과정에서 사용된 설비비용에 대한 회계사의 추정치를 반영한다. 예를 들어, 수명이 5년이며 잔존가치가 없는 자산을 $1,000에 구입했다고 가정하자. 회계사에 의하면 $1,000의 원가는 자산의 수명에 걸쳐 비용처리되어야 한다. 정액법(straight-line depreciation)에 의하면 5년에 걸쳐 매년 균등하게 비용처리되어 매년 $200의 감가상각비가 발생할 것이다. 재무적 관점에서 볼 때, 자산의 비용은 자산을 취득할 때 유출한 현금흐름(즉, 회계사가 평준화하여 처리한 연 $200의 감가상각비가 아닌) $1,000이다.

또 다른 비현금성 항목은 이연세금(deferred taxes)이다. 이연세금은 회계이익과 실제 과세이익의 차이로부터 기인한다.[4] U.S. Composite Corporation의 손익계산서에서 회계적 세금은 $24백만이었다. 그 세금은 당기세금과 이연세금으로 나누어질 수 있다. 당기세금은 실제로 세무당국(예를 들면, 국세청: Internal Revenue Service)에게 지급되지만, 이연세금은 그렇지 않다. 그러나 이론적으로 현재 회계연도에 과세이익이 회계이익보다 적으면, 나중에 과세이익은 회계이익보다 더 커지게 될 것이다. 결과적으로 당기에 지급하지 않은 세금은 미래에 지급해야 할 기업의 부채가 된다. 이는 재무상태표상에서 이연세금 부채로 나타난다. 이렇듯 현금흐름의 관점에서 이연세금은 현금유출이 아니다.

실제로, 현금흐름과 회계이익의 차이는 아주 크므로 그 차이를 이해하는 것은 매우 중요하다. 예를 들면, 무선 인프라 회사 Westell Technologies는 2017년 3분기에 $14.5백만의 순손실을 발표하였다. 이는 매우 좋지 않은 실적으로 보이나, 사실상 동 분기 회사는 $26.6백만의 양

[4] 과세이익이 회계이익보다 작을 수 있는 상황 중 하나는 기업이 국세청(IRS)신고를 위해 가속상각(accelerated depreciation expense procedures)을 사용하지만 보고목적을 위해서 GAAP이 허용하는 정액법을 사용하는 경우이다.

(+)의 현금흐름을 보고하였다. 이 차이는 무려 $41.1백만이었다.

시간과 비용

미래의 시간을 두 가지 다른 관점, 즉 단기(short run)와 장기(long run)로 나누어 생각하는 것은 종종 유용하다. 단기는 기업의 설비, 자원, 계약 등이 고정되어 있는 기간이지만, 기업이 노동과 원재료를 더 많이 투입하여 생산량을 변화시키기에 충분한 기간이다. 단기라는 기간은 산업에 따라 다를 수 있다. 그러나 모든 기업의 단기의사결정은 어떠한 고정비(fixed costs), 즉 고정된 계약 때문에 변화하지 않는 비용을 수반한다. 고정비의 예로는 채권이자, 간접비(overhead), 재산세 등이 있다. 고정되지 않은 비용은 변동한다. 변동비(variable costs)는 기업의 생산량에 따라 변하며, 예로는 원재료, 생산직 종업원들에 대한 임금 등이 있다.

장기적으로 보면, 모든 비용은 변동한다. 재무 회계사들은 변동비와 고정비를 구분하지 않는다. 대신 회계비용을 제품원가(product costs)와 기간원가(period costs)로 구분할 수 있다. 제품원가는 특정 기간 동안 발생한 총생산비용으로서 원재료, 직접노무비, 제조간접비 등을 포함하며, 손익계산서에는 매출원가로 보고된다. 변동비와 고정비 모두 생산비용에 포함된다. 기간원가는 특정 기간에 할당된 비용으로, 판매비와 관리비(selling, general, and administrative expenses)라고 불린다. 예를 들어 사장의 월급은 기간비용에 해당된다.

2.3 세금

세금(taxes)은 기업에게 가장 큰 현금흐름 중 하나일 수 있다. 예를 들면, 미국 상무성에 따르면 2016년 미국 기업의 총 세전이익은 약 $6.72조였고, 법인세는 약 $1.88조, 대략 세전이익의 28%에 해당하였다. 세금은 종종 개정되는 세법에 의해 결정된다. 이 절에서는 법인세율과 세금 계산 방법에 대해 살펴본다.

다양한 과세규정이 다소 기묘하고 복잡하게 보인다면, 세법이 경제적이 아닌 정치적 영향력의 산물이라는 것을 유념할 필요가 있다. 따라서 과세규정의 경제적인 의미를 따질 필요는 없다. 법인세의 복잡성을 한눈에 파악해 보면, General Electric의 2011년 세금 보고서에는 인쇄하기에는 너무 많은 57,000페이지가 필요했다.

법인세율

이번 장 서론에서 논의한 바와 같이, 2017년 세금감면 및 고용법이 통과된 후 미국의 연방 법인세율은 21%로 일률화(flat-rate)되었다. 그러나 개인회사, 파트너십 및 LLC와 같은 다른 형태의 기업에 대한 세율은 일률과세로 변하지 않았다. 그러한 기업 형태에게 적용되는 세금에 대한 몇 가지 중요한 사항을 설명하기 위해 〈표 2.3〉의 개인 세율을 살펴본다. 보이는 바와 같이 2018년에는 10%에서 최고 37%까지 7개의 세금 구간이 있으며 최고 세율은 2017년 39.6%에서 낮아진 것이다.

표 2.3
2018년 개인 세율
(미혼 개인)

과세소득	법인세율
$ 0 – 9,525	10%
9,525 – 38,700	12
38,700 – 82,500	22
82,500 – 157,500	24
157,500 – 200,000	32
200,000 – 500,000	35
500,000 +	37

평균세율 vs. 한계세율

재무적 의사결정을 할 때 평균세율과 한계세율을 구별하는 것은 매우 중요하다. **평균세율**(average tax rate)은 세금청구액을 과세소득으로 나눈 값, 즉 소득 중에서 세금으로 납부하는 비율을 말한다. **한계세율**(marginal tax rate)은 $1을 더 번다면 그 추가적으로 적용되는 세율이다. 〈표 2.3〉에 나타난 세율은 모두 한계세율이다. 달리 말하면, 한계세율은 전체 소득이 아니라 표시된 범위의 소득분에 대해서만 적용된다.

평균과 한계세율의 차이는 간단한 예를 통해 가장 잘 설명될 수 있다. 개인 과세소득이 $100,000라고 가정하자. 세금얼마인가? 〈표 2.3〉을 사용하여 다음과 같이 세금을 계산할 수 있다.

$$
\begin{aligned}
0.10(\$\ \ 9{,}525) &= \$\ \ \ \ 953 \\
0.12(\$\ 38{,}700 - 9{,}525) &= \ \ \ 3{,}501 \\
0.22(\$\ 82{,}500 - 38{,}700) &= \ \ \ 9{,}636 \\
0.24(\$100{,}000 - 82{,}500) &= \ \ \ 4{,}200 \\
&= \$18{,}290
\end{aligned}
$$

즉, 총 $18,290의 세금을 내야 한다.

상기 예에서 평균세율은 얼마인가? 과세소득이 $100,000이고, 총 세금이 $18,290이라면, 평균세율은 0.1829 혹은 18.29%(=$18,290/100,000)이다. 한계세율은 얼마인가? 여러분이 $1을 더 번다면 그 $1에 대해 내야 할 세금은 ¢24이므로 한계세율은 24%이다.

예제 2.2

세금 심층 분석 미혼의 개인이 소유하고 있는 개인회사 Algernon의 과세소득은 $80,000이다. 세금은 얼마인가? 평균세율과 한계세율은 얼마인가?

〈표 2.3〉을 보면, 처음 $9,525에 대해서는 10%, 그 이상부터 $38,700까지는 12%, 그 이상부터 $80,000까지는 22%의 세율이 적용된다는 것을 알 수 있다. 그래서 Algernon은 0.10 × $9,525 + 0.12 × ($38,700 − 9,525) + 0.22 × (80,000 − 38,700) = $13,540의 세금을 내야 한다. 평균세율은 0.1692 혹은 16.92%(= $13,540/80,000)이다. 또한 Algernon의 과세소득이 $1 더 증가하면 세금을 ¢22 더 내야 하므로 한계세율은 22%이다.

일반적으로 재무적 의사결정과 관련이 있는 세율은 한계세율이다. 새로운 현금흐름은 한계세율로 과세될 것이기 때문이다. 재무적 의사결정은 보통 새로운 현금흐름이나 기존 현금흐름의 변화를 수반하기 때문에, 한계세율은 어떠한 의사결정이 세금 납부액에 미치는 한계 효과를 말해준다.

미국 연방정부 법인세(2018년 기준)와 같은 정액세(일률과세)의 경우 세율이 하나만 있으므로 모든 소득 수준에 대해 동일하다. 이러한 세금체계에서 한계세율은 항상 평균세율과 동일하다.

다음으로 넘어가기 전에 이 절에서 논의한 세율은 연방정부 세금에만 적용된다는 점을 주목해야 한다. 주, 지방 및 기타 세금을 고려하면 전체 세율이 높아질 수도 있다.

2.4 순운전자본

순운전자본(net working capital)은 유동자산에서 유동부채를 차감한 것이다. 순운전자본이 양(+)의 값을 가진다는 것은 유동자산이 유동부채보다 크다는 사실을 의미한다. 즉, 향후 12개월간 이용 가능한 현금이 지급해야만 하는 현금보다 크다는 것을 의미한다. U.S. Composite Corporation의 순운전자본은 2018년에 $252백만이며, 2019년에는 $271백만이었다.

	유동자산 ($백만)	−	유동부채 ($백만)	=	순운전자본 ($백만)
2018	$707	−	$455	=	$252
2019	761	−	490	=	271

기업은 고정자산에 투자(즉, 자본지출)할 뿐만 아니라 순운전자본에도 투자할 수 있다. 이를 **순운전자본의 변동**(change in net working capital)이라고 부른다. 2019년 순운전자본의 변동은 2019년과 2018년 순운전자본의 차이,즉 $271백만 − $252백만 = $19백만을 의미한다. 순운전자본의 변동은 보통 성장하는 기업에 있어서 양(+)의 숫자로 나타난다.[5]

2.5 기업의 현금흐름

재무제표로부터 추출할 수 있는 가장 중요한 항목은 기업의 실제 **현금흐름**(cash flow)일 것이다. 현금흐름표(statement of cash flows)라 불리는 공식적인 회계 재무제표가 현금 및 현금등가물의 변화를 이해하는 데 도움을 주기는 한다. U.S. Composite의 경우 2019년 동안 현금 및 현금등가물의 변화는 $41백만이었다(2.6절 참고). 〈표 2.1〉을 보면 현금과 현금등가물이 2018년 $157

[5] 기업의 유동부채에 때로는 지급어음(note payable)과 같은 단기 이자부 채무를 포함한다. 그러나 재무 분석가는 종종 이자부 단기부채와 무이자부 단기부채(예: 외상매입금)를 구분한다. 이러한 구분이 이루어지면, 순운전자본의 계산에는 일반적으로 무이자부 단기부채만 포함된다. 이 버전의 순운전자본을 "영업"순운전자본이라고한다. 이자부 단기부채는 재무활동으로 인한 현금흐름에 포함되며 이자는 자본에 대한 수익으로 간주된다. 재무 분석가는 때때로 "여유"현금 및 단기 투자를 순운전자본 계산에서 제외하기도 하는데, 이 초과분은 기업의 현금흐름에 일시적인 불균형을 나타낼 수 있고 기업의 정상적인 영업 또는 재무활동과 직접 관련이 없을 수도 있기 때문이다.

백만에서 2019년 $198백만으로 증가하였다. 그러나 우리는 현금흐름을 다른 관점, 즉 재무적 관점에서 볼 것이다. 재무적인 관점에서 보면, 기업의 가치는 현금흐름을 창출시킬 수 있는 능력을 이야기한다(이후에 재무적 현금흐름에 대해 추가로 논의할 것이다).

첫 번째로, 현금흐름은 순운전자본과 같지 않다. 예를 들어 재고자산 증가는 현금지출을 수반한다. 재고자산과 현금 모두 유동자산이기 때문에, 이는 순운전자본에 영향을 주지 않는다. 그러나 이 경우에 재고자산과 같은 특정 운전자본 계정의 증가는 현금흐름의 감소를 초래한다.

기업의 자산 가치는 항상 부채의 가치와 자기자본의 가치의 합과 일치하는 것과 같이, 자산으로부터 창출되는 현금흐름(즉, 영업활동) CF(A)는 그 기업의 채권자에게 지급되는 현금흐름 CF(B)과 주주에게 지급되는 현금흐름 CF(S)의 합과 같아야 한다.

$$\text{CF}(A) \equiv \text{CF}(B) + \text{CF}(S)$$

기업의 현금흐름을 결정하는 첫 번째 단계는 **영업으로부터 현금흐름**(cash flow from operations)을 계산해내는 것이다. 〈표 2.4〉에서 볼 수 있듯이 영업현금흐름은 상품과 서비스의 판매와 같은 영업활동으로부터 발생한 현금흐름이다. 영업현금흐름에는 세금지급은 반영되지만 금융비용, 자본지출, 순운전자본의 변동은 반영되지 않는다.

단위: $백만	
이자 및 법인세 차감전이익	$159
감가상각비	90
법인세	−15
영업현금흐름	$234

표 2.4
U.S. Composite Corporation의 재무적 현금흐름

U.S. COMPOSITE CORPORATION 현금흐름 2019년 (단위: $백만)	
기업에서 발생한 현금흐름	
영업현금흐름	$234
(이자 및 법인세 차감전이익 + 감가상각비 − 세금)	
자본지출	−173
(고정자산 취득 − 고정자산 매각)	
순운전자본의 변동	−19
계	$ 42
기업의 투자자에게 귀속되는 현금흐름	
부채	$ 36
(이자 + 부채상환 − 부채발행)	
자기자본	6
(배당금 + 자사주 매입 − 신규 주식발행)	
계	$4 42

현금흐름을 구성하는 또 다른 중요한 요소는 **고정자산의 변동**(changes in fixed assets)이다. 예를 들어, U.S. Composite은 2019년에 발전 시스템 자회사를 매각하여 $25백만의 현금흐름을 창출하였다. 고정자산의 순 변동은 고정자산의 매각에서 고정자산의 취득을 차감한 것으로, 이는 자본지출(capital spending)을 위해 사용된 현금흐름이다.

고정자산 취득	$198	
고정자산 매각	−25	
자본지출	$173	($149 + 24 = 토지, 공장 및 설비의 증가 + 무형자산의 증가)

또한 자본지출은 다음과 같이 간단히 계산할 수 있다.

$$\begin{aligned}\text{자본지출} &= \text{기말 순 고정자산} - \text{기초 순 고정자산} + \text{감가상각비}\\ &= \$1{,}118 - 1{,}035 + 90\\ &= \$173\end{aligned}$$

현금흐름은 또한 순운전자본에 투자하기 위해 사용될 수 있다. 2019년 U.S. Composite Corporation의 **순운전자본 증가**는 아래와 같다.

순운전자본의 증가	$19

이 $19백만은 앞에서 계산했던 순운전자본의 변동을 의미한다.

기업의 자산에서 발생한 총현금흐름은 아래와 같다.

영업현금흐름	$234
자본지출	−173
순운전자본의 증가	−19
기업의 총현금흐름	$ 42

기업에서 나가는 총현금흐름은 채권자에게 지급되는 현금과 주주에게 지급되는 현금흐름으로 나누어질 수 있다. 채권자에게 귀속되는 현금흐름을 파악하기 위해 먼저 〈표 2.4〉의 자료를 재분류하여 이자비용을 명시할 필요가 있다. 채권자들은 일반적으로 **채무상환**(debt service)이라고 하는 금액, 즉 약속된 이자와 원금 상환액을 지급받는다(즉, 채무의 변제).

채권자에게 귀속되는 현금흐름의 또 다른 원천은 신규부채의 발행이다. U.S. Composite의 장기부채는 $13백만(신규부채의 발행 $86백만과 기존부채 상환 $73백만의 차이)만큼 증가했다.[6] 따라서 장기부채의 증가는 신규차입, 만기 채무상환, 이자비용 지급의 순효과이다.

[6] 신규부채의 발행과 기존부채의 상환은 보통 재무상태표의 주석에 보고된다. 표 2.1의 경우에는 각주에 기록되어 있다. 부채의 증감은 재무상태표의 장기부채 항목의 변동으로도 알 수 있는데 $458백만에서 $471백만으로 증가하였다.

채권자에게 귀속되는 현금흐름 (단위: $백만)	
이자비용	$ 49
부채상환	73
총 채무상환(debt service)	122
장기채권 발행에 따른 유입	−86
계	$ 36

채권자에게 귀속되는 현금흐름은 또한 다음과 같이 계산될 수 있다.

채권자에 귀속되는 현금흐름 = 지급된 이자 − 순 신규차입
= 지급된 이자 − (기말 장기부채 − 기초 장기부채)
= $49 − (471 − 458)
= $36

기업에서 발생한 현금흐름은 주주에게도 지급된다. 주주에게 귀속되는 현금흐름은 배당금 지급, 자사주 매입, 신주 발행의 순효과이다.

주주에게 귀속되는 현금흐름 (단위: $백만)	
배당금	$43
자사주 매입	6
주주에게 지급된 현금	49
신주 발행에 따른 유입	−43
계	$ 6

일반적으로 주주에게 귀속되는 현금흐름은 아래와 같이 결정된다.

주주에게 귀속되는 현금흐름 = 지급된 배당금 − 순 신주 발행
= 지급된 배당금 − (주식 발행 − 자사주 매입)

주식 발행으로 조달한 금액을 알아보기 위해, 보통주와 자본잉여금 계정이 $23 + 20 = $43만큼 증가하였다는 것을 주목해야 한다. 즉, 이 기업이 $43백만 가치의 주식을 발행했다는 의미이다. 둘째, 자사주는 $6 증가하였다. 즉, 이 기업이 $6백만 상당의 자사주를 매입했음을 알 수 있다. 따라서 순 신주 발행으로 조달한 금액은 $37(= $43 − 6)이다. 지급된 배당금이 $43백만이므로 주주에게 귀속되는 현금흐름은 다음과 같다. 이 금액은 이전에 계산한 수치와 같다.

주주에게 귀속되는 현금흐름 = $43 − (43 − 6) = $6

현금흐름에 대한 우리의 논의로부터 도출된 몇 가지 중요한 사항들은 다음과 같다:

1. 기업의 재무적 상황을 이해하는 데는 몇 가지 유형의 현금흐름이 적절하다. **영업현금흐름**(operating cash flow)은 [이자 차감 전 이익 + 감가상각비 − 세금]으로 정의되는데

영업에서 창출되는 현금흐름을 측정한다. 여기에는 자본지출이나 운전자본의 소요를 감안하지 않는다. 영영업현금흐름은 보통 양(+)의 값을 가진다. 만약 어떤 기업의 영업현금흐름이 오랫동안 음(−)의 값을 가진다면 그 기업은 운영비용을 지불할 수 있는 충분한 현금을 창출하지 못해서 어려움에 처하게 된다. **기업의 총현금흐름**(total cash flow of the firm)은 영업현금흐름에 자본지출과 순운전자본의 변동분을 반영한 현금흐름이다. 기업의 총현금흐름은 때로는 음(−)의 값으로 나타날 수도 있다. 어떠한 기업이 급성장할 때는 재고자산과 고정자산에 대한 지출이 영업현금흐름보다 더 클 수 있다.

2. 순이익은 현금흐름이 아니다. 2019년 U.S. Composite Corporation의 순이익은 $86백만이었지만 현금흐름은 $42백만이었다. 이 두 수치는 보통 같지 않다. 기업의 경제적 상태와 재무적 상태를 판단하는 데는 현금흐름이 훨씬 더 효과적이다.

기업의 총현금흐름은 가끔 **가용현금흐름**(free cash flow)으로도 불린다. 물론 '공짜'(free) 현금과 같은 것은 없다. 이러한 명칭은 기업이 운전자본이나 고정자산 투자를 위해 더 이상 현금이 필요하지 않기 때문에 채권자와 주주들에게 자유롭게 나누어줄 수 있는 현금을 의미한다. 앞으로 이 중요한 개념에 대해 "기업의 총현금흐름"이라는 단어를 사용하기로 한다. 왜냐하면 가용현금흐름은 실제로 그 계산방법에 여러 가지 변형이 있기 때문이다. 그럼에도 불구하고 "가용현금흐름"이란 말이 나오면, 이를 자산에서 발생한 현금흐름 중에서 투자자에게 배분될 수 있는 현금흐름으로 이해하면 된다.

2.6 회계상의 현금흐름표

앞에서 언급한 것처럼 현금흐름표(statement of cash flows)라고 불리는 공식적 회계보고서가 있다. 이 보고서는 회계적 현금의 변동을 설명해준다. 상기한 U.S. Composite의 경우 2019년에 $41백만에 해당한다. 이는 재무적 현금흐름을 이해하는 데 매우 유용하다.

현금의 변동을 보는 첫 번째 단계는 영업활동에서 발생한 현금흐름을 알아내는 것이다. 이는 상품과 서비스를 생산하고 판매하는 기업의 통상적인 활동으로부터 발생한 현금흐름이다. 두 번째 단계는 투자활동에서 발생한 현금흐름을 조정하는 것이다. 마지막 단계는 재무활동에서 발생한 현금흐름을 조정하는 것이다. 재무활동은 한 해 동안 채권자와 주주에게 (이자비용을 제외하고) 귀속된 순 지급액을 뜻한다.

현금흐름표의 세 가지 구성요소는 다음과 같다.

영업활동에서 발생한 현금흐름

영업활동에서 발생한 현금흐름의 계산은 순이익에서 시작한다. 순이익은 손익계산서에서 $86백만임을 알 수 있다. 여기에 비현금비용을 더하고 유동자산과 유동부채(현금과 지급어음 제외)의 변동에 대한 조정을 한다. 그 결과는 다음과 같다.

U.S. COMPOSITE CORPORATION 영업활동에서 발생한 현금흐름 2019년 (단위: $백만)	
순이익	$ 86
감가상각비	90
이연세금	9
자산과 부채의 변동	
외상매출금	−24
재고자산	11
외상매입금	35
영업활동에서 발생한 현금흐름	$207

투자활동에서 발생한 현금흐름

투자활동에서 발생한 현금흐름은 고정자산의 취득과 처분(즉, 순자본지출)과 같은 자본자산의 변동과 관련된다. U.S. Composite의 경우는 다음과 같다.

U.S. COMPOSITE CORPORATION 투자활동에서 발생한 현금흐름 2019년 (단위: $백만)	
고정자산 취득	−$198
고정자산 매각	25
투자활동에서 발생한 현금흐름	−$173

재무활동에서 발생한 현금흐름

채권자와 주주에게 귀속되는 현금흐름은 자기자본과 부채의 변동을 포함한다.

U.S. COMPOSITE CORPORATION 재무활동에서 발생한 현금흐름 2019년 (단위: $백만)	
장기부채 상환	−$73
장기부채 발행으로 조달한 금액	86
배당금	−43
자사주 매입	−6
신주 발행으로 조달한 금액	43
재무활동에서 발생한 현금흐름	$ 7

현금흐름표는 영업활동에서 발생한 현금흐름, 투자활동에서 발생한 현금흐름, 재무활동에서 발생한 현금흐름을 합친 것으로 〈표 2.5〉에 작성되어 있다. 모든 현금흐름을 다 더하면 재무상태표상의 현금변동인 $41백만을 얻을 수 있다.

표 2.5
U.S. Composite Corporation의 연결 현금흐름표

U.S. COMPOSITE CORPORATION 현금흐름표 2019년 (단위: $백만)	
영업활동	
순이익	$ 86
감가상각비	90
이연부채	9
자산 및 부채의 변동	
외상매출금	−24
재고자산	11
외상매입금	35
영업활동에서 발생한 현금흐름 계	$207
투자활동	
고정자산 취득	−$198
고정자산 매각	25
투자활동에서 발생한 현금흐름 계	−$173
재무활동	
장기부채 상환	−$ 73
장기부채 발행으로 조달한 금액	86
배당금	−43
자사주 매입	−6
신주 발행으로 조달한 금액	43
재무활동에서 발생한 현금흐름 계	$ 7
현금의 변동(재무상태표상)	$ 41

현금흐름표라 불리는 공식적 회계보고서와 재무관리에서 사용되는 기업의 총현금흐름은 밀접한 관계가 있다. 그러나 약간의 개념적 문제에 주의해야 한다. 이자지급은 재무활동 부문 아래에 놓여 있어야 하지만 회계에서는 그렇게 처리하지 않는다. 그 이유는 순이익을 계산할 때 이자는 이미 비용으로 공제되기 때문이다. 결과적으로 회계적 현금흐름과 재무적 현금흐름의 주된 차이(표 2.4 참조)는 이자비용이다.

2.7 현금흐름 관리

현금흐름 분석이 인기가 있는 이유 중 하나는 현금흐름을 조작하거나 과장하기 어렵기 때문이다. GAAP 회계원칙은 여러 가지 부분에서 주관적 판단이 가능하도록 허용한다. 기업을 평가하기 위하여 현금흐름을 사용하는 것은 상대적으로 숫자를 조정하기 더 어렵다는 생각에 기인한다. 그러나 최근 몇몇 경우에서 기업들은 여전히 숫자를 조정하기 위해 여러 가지로 방법을 찾아내고 있다는 것을 보여준다.

Tyco는 현금흐름을 조정하기 위해 몇 가지 계책을 사용했다. 예를 들면, 거래업체로부터 $800백만이 넘는 보안경보계정을 구입하고, 이 거래를 현금흐름표의 재무활동으로 인한 현금

부분에 보고하였다. 그러나 Tyco가 고객에게 그 제품을 판매함으로써 유입되는 현금은 영업현금으로 보고하였다. Tyco가 사용한 다른 방법은 인수할 기업에게 영업비용을 선불로 지급하게 한 것이다. 다시 말하면, Tyco가 인수한 기업은 아직 물품도 받지 않고 거래 상대방에게 대금을 지급했으며 그 지급액이 총 $50백만에 달했다. 인수대상 기업이 Tyco에게 인수된 후 연결재무제표가 작성되면, 그 선급금은 Tyco의 현금유출을 줄여주고 영업현금흐름을 증가시키게 된다.

거대 에너지업체인 Dynegy는 복잡한 왕복거래(round trip trade)를 하여 기소되었다. 이 왕복거래의 본질은 거래 상대방에게 천연자원을 판매하고 동일한 상대방으로부터 같은 가격으로 그 자원을 재매입하는 것이었다. Dynegy는 $100에 어떤 자산을 팔고 매수자로부터 같은 자산을 즉시 $100에 재매입하였다. 문제는 이러한 거래로부터 발생하는 현금흐름의 처리에 있었다. Dynegy는 자산의 판매로부터 유입되는 현금흐름은 영업현금흐름으로, 재매입 시 수반되는 현금지출은 투자현금흐름으로 분류하였다. 이러한 왕복거래의 규모는 $300백만에 달했다.

Adelphia Communications도 현금흐름을 명백하게 조작한 기업이다. 이 기업은 케이블 설치를 위해 필요한 인건비를 자본화하였다. 다시 말하면, 인건비를 고정자산화하였다. 이 관행은 통신업계에서는 꽤 보편적이었으나 Adelphia의 경우는 그 정도가 너무 지나쳤다. 이렇게 분류함으로써 인건비를 투자현금흐름으로 처리하였으며 결국 영업현금흐름을 증가시키는 효과를 거두었다.

상기한 예에서 기업들은 현금흐름의 분류 항목들을 바꾸어 영업현금흐름을 과대계상하기 위해 노력하였다. 주목해야 할 점은 이러한 행위가 기업의 총현금흐름에는 영향을 미치지 않는다는 것이다. 바로 이 점이 영업현금흐름만이 아닌 기업의 총현금흐름에도 초점을 두어야 하는 이유이다.

요약 및 결론 _*Summary and Conclusions*

이번 장의 목적은 기업의 회계를 소개할 뿐만 아니라, 일반 기업의 회계보고서로부터 현금흐름을 파악하는 방법을 보여주는 것이다.

01. 기업에 의해 창출된 현금흐름은 채권자와 주주에게 지급된다. 현금흐름은 다음과 같이 분류된다.

- **a.** 영업에서 발생한 현금흐름
- **b.** 고정자산의 변동에서 발생한 현금흐름
- **c.** 운전자본의 변동에서 발생한 현금흐름

02. 현금흐름을 계산하는 것은 어렵지 않으나 감가상각비와 이연세금과 같은 비현금비용에 대한 회계처리에 주의와 특별한 관심이 요구된다. 특히 현금흐름을 순운전자본의 변동이나 순이익과 혼동하지 말아야 한다.

개념확인 _Concept Questions

01. 유동성 모든 자산은 어떤 가격에서는 유동적이다. 이 말은 참인가 거짓인가?

02. 회계와 현금흐름 표준 손익계산서에 표기된 수익과 비용들이 왜 동 기간 동안 실제로 발생한 현금 유입과 유출을 나타내지 않는가?

03. 회계상의 현금흐름표 현금흐름표에서 맨 마지막 줄의 숫자는 무엇을 의미하는가? 이 수치는 기업을 분석하는 데 얼마나 유용한가?

04. 현금흐름 재무적 현금흐름은 현금흐름표와 어떻게 다른가? 기업을 분석할 때 어느 것이 더 유용한가?

05. 장부가치 vs. 시장가치 표준 회계원칙하에서 기업의 부채는 자산을 초과할 수도 있다. 이때 자기자본은 음(−)의 값을 가진다. 이러한 상황은 시장가치로 측정한 경우에도 발생할 수 있는가? 왜 그런가, 아니라면 왜 아닌가?

06. 자산에서 발생한 현금흐름 자산에서 발생한 현금흐름이 특정 기간에 대해 음(−)의 값을 가진다고 할 때 왜 이것이 꼭 나쁘지만은 않을 수 있는가?

07. 영업현금흐름 특정 기간의 영업현금흐름이 음(−)의 값을 가진다고 할 때 왜 이것이 꼭 나쁘지만은 않을 수 있는가?

08. 순운전자본과 자본지출 기업의 순운전자본의 변동이 어떤 해에 음(−)의 값을 가질 수 있는가? (힌트: 있다.) 그렇게 될 수 있는 이유를 설명하라. 순자본지출의 경우는 어떠한가?

09. 주주와 채권자에게 귀속되는 현금흐름 기업에서 주주에게 귀속되는 현금흐름이 어떤 해에 음(−)의 값을 가질 수 있는가? (힌트: 있다.) 그렇게 될 수 있는 이유를 설명하라. 채권자에게 귀속되는 현금흐름의 경우는 어떠한가?

10. 기업가치 2017년 2월 Toshiba는 1년 전에 인수한 원자력 발전소 건설 회사인 CB&I Stone & Webster로 인하여 $63억을 상각한다고 발표했다. 우리는 Toshiba의 주주들이 손실보고 때문에 더 나빠지지 않을 것이라고 주장할 것이다. 우리 결론의 기초가 무엇이라고 생각하는가?

연습문제 _Questions and Problems

기초
(Questions 1~10)

01. 재무상태표 작성 Alesha, Inc.의 유동자산은 $4,300, 순고정자산은 $24,000, 유동부채는 $2,900, 장기부채는 $10,700이다. 이 기업의 자기자본 가치는 얼마인가? 순운전자본은 얼마인가?

02. 손익계산서 작성 Gia, Inc.의 매출은 $473,000, 매출원가는 $275,000, 감가상각비는 $42,000, 이자비용은 $23,000, 세율은 21%이다. 기업의 순이익은 얼마인가? 기업이 현금배당으로 $25,000를 지급했다고 가정하면, 이익잉여금은 얼마나 증가하는가?

03. 시장가치와 장부가치 Klingon Cruisers, Inc.는 3년 전에 $9.6백만에 새로운 클로킹 장비를 구입했다. 이 장비는 오늘 Romulans에 $6.4백만에 판매될 수 있다. Klingon의 현재 재무상태표에는 순고정자산 $4.9백만, 유동부채 $2.2백만 및 순운전자본 $0.85백만이다. 모든 유동자산과 유동부채가 오늘 청산되면 기업은 $2.7백만의 현금을 받을 것이다. Klingon이 보유하고 있는 자산의 현재 장부

가는 얼마인가? 순운전자본과 고정자산의 시장가치의 합은 얼마인가?

04. 세금 계산 Terri Simmons는 독신이며 과세소득이 $189,000이다. 이 장의 표 2.3의 세율을 사용하여 Terri의 소득세를 계산하면 얼마인가? 평균세율은 얼마인가? 한계세율은 얼마인가?

05. 영업현금흐름 계산 Sheaves, Inc.의 매출액은 $22,400, 매출원가는 $11,600, 감가상각비는 $2,200, 이자비용은 $1,370이다. 세율이 22%인 경우 영업현금흐름 또는 OCF는 얼마인가?

06. 순자본지출 계산 Earnhardt Driving School의 2018년 재무상태표는 순고정자산이 $1.28백만이고, 2019년 재무상태표는 순고정자산이 $1.43백만이다. 이 회사의 2019년 손익계산서에는 감가상각비 $146,000가 표시되었다. 2019년 이 회사의 순자본지출은 얼마인가?

07. 재무상태표 작성 다음은 Information Control Corp.의 1년 전 장기부채와 자기자본을 보여 주는 표이다.

장기부채	$ 45,000,000
우선주	2,900,000
보통주(액면가 $1)	11,000,000
누적 이익잉여금	107,000,000
자본잉여금	49,000,000

작년에 이 기업은 4.5백만 주의 신주를 총 $58백만 가격으로 발행하였으며, 동시에 신규 장기부채 $30백만을 발행하였다. 이 기업은 $7.5백만의 순이익을 기록하였고, 배당금으로 $1.7백만을 지급했다. 한 해 동안 이 기업에서 발생한 변화들을 반영한 새로운 재무상태표를 작성하라.

08. 채권자에게 귀속되는 현금흐름 Spieth's Golf Shop, Inc.의 장기부채는 2018년 재무상태표에서 $1.565백만이고, 2019년 재무상태표에서 $1.645백만이다. 2019년 손익계산서에서 이자비용이 $170,000일 때, 2019년에 채권자에게 귀속되는 현금흐름은 얼마인가?

09. 주주에게 귀속되는 현금흐름 Spieth's Golf Shop, Inc.의 2018년 재무상태표에서 보통주는 $490,000, 자본잉여금은 $3.4백만이었다. 2019년 재무상태표에서 같은 두 계정은 각각 $525,000와 $3.75백만이었다. 2019년에 이 기업이 현금배당으로 $335,000를 지급했다면, 주주들에게 귀속되는 현금흐름은 얼마인가?

10. 총 현금흐름 계산 8~9번 문제에서 주어진 Spieth's Golf Shop, Inc.에 대한 정보와 더불어 2019년의 순자본지출이 $735,000이었고 순운전자본에 대한 투자는 $96,000만큼 감소하였다고 가정하자. 이 기업의 2019년 영업현금흐름 또는 OCF는 얼마인가?

중급
(Questions 11~22)

11. 현금흐름 Ritter Corporation의 회계사들은 2019년 말 재무제표를 다음과 같이 작성하였다.

a. 2019년 현금의 변동을 설명하라.

b. 2019년 순운전자본의 변동은 얼마인가?

c. 2019년 이 기업의 자산에서 발생한 현금흐름은 얼마인가?

RITTER CORPORATION 손익계산서 2019년	
수익	$797
비용	576
감가상각비	92
순이익	$129
배당금	$ 97

RITTER CORPORATION 재무상태표 12월 31일 현재		
	2018	2019
자산		
현금	$ 63	$ 84
기타 유동자산	175	192
순고정자산	398	417
자산총계	$636	$693
부채와 자기자본		
외상매입금	$129	$146
장기부채	155	163
자기자본	352	384
부채 및 자기자본 총계	$636	$693

12. **재무적 현금흐름** Stancil Corporation에 대한 현재 정보는 다음과 같다. 고정자산과 순운전자본에 사용된 총현금흐름과 기업의 투자가에게 귀속되는 현금흐름을 나타내라.

장기차입으로 조달한 금액	$16,400
보통주 발행으로 조달한 금액	4,000
고정자산 구입	29,000
재고자산 구입	2,400
배당금 지급	13,100

13. **손익계산서 작성** 한 해 동안 Senbet Discount Tire Company의 총매출액은 $865,000이다. 매출원가와 판매비는 각각 $455,000과 $210,000이다. 또한 기업의 지급어음은 $680,000이며 이에 대한 이자율은 4%이다. 감가상각비는 $105,000이며, 세율은 21%이다.
    a. Senbet의 순이익은 얼마인가?
    b. Senbet의 영업현금흐름은 얼마인가?

14. **총 현금흐름 계산** Schwert Corp.의 2019년 손익계산서는 다음과 같다: 매출액 = $246,000, 매출원가 = $135,000, 기타비용 = $7,100, 감가상각비 = $19,100, 이자비용 = $10,000, 법인세 = $18,876, 배당금 = $9,800. 이외에도 이 기업은 2019년에 $7,900의 신주를 발행했고, $6,800의 장기부채를 상환하였다.
    a. 2019년 영업현금흐름은 얼마인가?
    b. 2019년 채권자에게 귀속되는 현금흐름은 얼마인가?
    c. 2019년 주주에게 귀속되는 현금흐름은 얼마인가?
    d. 순고정자산이 한 해 동안 $41,900 증가했다면, 순운전자본의 증가분은 얼마인가?

15. **손익계산서 이용** O'Hara Marine Co.에 대한 다음 정보를 이용하여 감가상각비를 계산하라: 매출액 = $54,000, 매출원가 = $29,500, 이익잉여금의 증가 = $5,300, 배당금 지급 = $1,720, 이자비용 = $2,050, 세율 = 21%.

16. **잔여청구권** Stark, Inc.는 채권자에게 $10,700를 곧 상환해야 한다.
    a. 자산의 시장가치가 $11,900이라면 자기자본의 시장가치는 얼마인가?
    b. 자산의 시장가치가 $9,400이라면 자기자본의 시장가치는 얼마인가?

17. 순이익과 영업현금흐름 2019년 Rainbow Umbrella Corp.의 매출액은 $630,000이고, 매출원가, 판매 및 관리비, 감가상각비는 각각 $465,000, $85,000, $135,000이다. 추가로, 이자비용은 $70,000이고, 세율은 21%이다. (이자는 전액 공제처리될 수 있다고 가정한다.)

a. 이 기업의 2019년 순이익은 얼마인가?

b. 영업현금흐름은 얼마인가?

c. (a)와 (b)의 결과를 설명하라.

18. 회계적 가치와 현금흐름 17번 문제에서 Rainbow Umbrella Corp.이 $34,000의 현금배당을 하였다고 하자. 이것이 가능한가? 만약 순고정자산과 순운전자본에 지출이 없고 그해에 신주를 발행하지 않았다면, 이 기업의 장기부채는 얼마나 변동하였겠는가?

19. 현금흐름 계산 Cusic Industries의 2019년 영업 결과는 다음과 같다: 매출액 = $24,360, 매출원가 = $17,600, 감가상각비 = $3,400, 이자비용 = $860, 배당금 지급 = $790. 연초에 순고정자산은 $18,650, 유동자산 $5,560, 유동부채는 $3,040이었다. 기말 순고정자산은 $21,180, 유동자산은 $6,410, 유동부채는 $3,445이었다. 2019년도 세율은 21%이다.

a. 2019년 순이익은 얼마인가?

b. 2019년 영업현금흐름은 얼마인가?

c. 2019년 자산에서 발생한 현금흐름은 얼마인가? 이것은 가능한가? 설명하라.

d. 그해에 신규 부채가 발행되지 않았다면, 채권자에게 귀속되는 현금흐름은 얼마인가? 주주에게 귀속되는 현금흐름은 얼마인가? (a)~(d)에서 대답들이 양(+) 혹은 음(−)의 값인 이유를 설명하고 해석하라.

20. 현금흐름 계산 Weston Enterprises의 요약 재무제표는 다음과 같다.

WESTON ENTERPRISES 재무상태표의 일부

자산	2018	2019	부채 및 자기자본	2018	2019
유동자산	$1,157	$1,411	유동부채	$ 481	$ 534
순고정자산	5,261	6,125	장기부채	2,856	3,256

WESTON ENTERPRISES 2019년 손익계산서

매출액	$17,688
매출원가	7,118
감가상각비	1,478
이자지급	392

a. 2018년과 2019의 자기자본은 얼마인가?

b. 2019 순운전자본의 변동은 얼마인가?

c. 2019년에 Weston Enterprises는 $2,820의 고정자산을 새로 구입하였다. 그렇다면 이 기업은 고정자산을 얼마나 처분하였는가? 그해 동안 자산에서 발생한 현금흐름은 얼마인가? 세율은 22%이다.

d. 2019년에 이 기업은 $545의 장기부채를 신규로 발행하였다. 그렇다면 이 기업은 그해에 기존 장기부채를 얼마나 상환하였는가? 채권자에게 귀속되는 현금흐름은 얼마인가?

Ingersoll, Inc.의 다음 정보를 이용하여 문제 21과 문제 22에 답하라. 세율은 21%이다.

	2018	2019
매출액	$ 8,462	$9,082
감가상각비	1,215	1,216
매출원가	2,912	3,305
기타비용	690	577
이자	567	652
현금	4,438	5,620
외상매출금	4,874	6,617
단기지급어음	858	806
장기부채	14,537	17,334
순고정자산	37,211	39,049
외상매입금	4,661	4,520
재고자산	10,444	10,733
배당금	1,032	1,135

21. 재무제표 이 기업의 2018년과 2019년 손익계산서와 재무상태표를 작성하라.

22. 현금흐름 계산 2019년에 자산에서 발생한 현금흐름, 채권자에게 귀속되는 현금흐름, 주주에게 귀속되는 현금흐름을 계산하라.

고급
(Questions 23~24)

23. 현금흐름 Time Manufacturing을 분석하면서 아래와 같은 최근 연도의 회계상의 현금흐름표를 발견하였다. 또한 이 기업이 세금으로 $81백만을, 이자비용으로 $38백만을 지급하였다는 것도 알게 되었다. 아래와 같은 현금흐름표를 이용하여 재무적 현금흐름표를 작성하라.

TIME MANUFACTURING 현금흐름표 (단위: $백만)	
영업활동	
순이익	$187
감가상각비	74
이연세금	11
자산과 부채의 변동	
외상매출금	−12
재고자산	15
외상매입금	11
미지급비용	−6
기타	2
영업에서 발생한 현금흐름 계	$282
투자활동	
고정자산 취득	−$194
고정자산 매각	19
투자활동에서 발생한 현금흐름 계	−$175
재무활동	
장기부채 상환	−$145
장기부채 발행으로 조달한 금액	110
배당금	−67
자사주 매입	−32

(계속)

신주 발행으로 조달한 금액	39
재무활동에서 발생한 현금흐름 계	−$ 95
현금의 변동(재무상태표상)	$ 12

24. 순고정자산과 감가상각비 재무상태표에서 순고정자산(Net Fixed Assets 혹은 NFA)은 고정자산의 취득원가를 나타내는 총고정자산(Fixed Assets 혹은 FA)에서 누적감가상각비(Accumulated Depreciation 혹은 AD)를 차감한 금액이다. NFA = FA − AD라는 사실을 이용하여 이 장에서 배운 순자본지출에 대한 공식(= $_{기말}$NFA − $_{기초}$NFA + 감가상각비)이 $_{기말}$FA − $_{기초}$FA와 동일하다는 것을 보여라.

Mini Case

Warf Computers, Inc.의 현금흐름

Warf Computers, Inc.는 Nick Warf라는 컴퓨터 프로그래머에 의해 15년 전에 설립되었다. 설립 시 Nick과 그의 친구들은 매우 소규모로 초기 투자를 하였다. 수년간 Nick과 친구들은 회사에 필요한 자금을 자기자본과 장단기 부채의 형태로 투자하였으나 규모는 제한적이었다. 최근 이 회사는 가상 키보드(VK)를 개발하였다. VK는 정교한 인공지능 알고리즘을 사용하여 사용자가 자연스럽게 이야기하면 컴퓨터가 문자로 입력하고, 철자와 문법적 오류를 수정하며, 미리 설정된 사용자의 지침에 따라 문서를 서식화할 수 있다. VK는 심지어 대체 문구와 문장 구조를 제안하고, 상세한 문체에 대한 진단도 제공한다. 독점적인 고도의 소프트웨어/하드웨어 하이브리드 기술을 기반으로하는 이 시스템은 시장에 있는 기술보다 한 세대 앞서 나가는 것이다. VK를 출시하려면 Warf Computers, Inc.는 큰 규모의 외부 투자가 필요할 것이다.

Nick은 새로운 지분 투자와 은행 대출을 통해 외부에서 자금을 조달하기로 결정하였다. 당연히, 신규 투자자와 은행은 자세한 재무분석을 요구할 것이다. 당신의 고용주인 Angus Jones & Partners, LLC는 Nick에 의해 제공된 재무제표를 점검하도록 요청하였다. 최근 2년간의 재무상태표와 최근 연도의 손익계산서는 다음과 같다.

WARF COMPUTERS
재무상태표
(단위: $천)

	2018	2019		2018	2019
유동자산			유동부채		
현금 및 현금 등가물	$ 469	$ 542	외상매입금	$ 582	$ 623
외상매출금	802	859	미지급비용	481	296
재고자산	795	769	유동부채 계	$1,063	$ 919
기타	94	110	장기부채		
유동자산 계	$2,160	$2,280	이연법인세	$ 191	$ 257
고정자산			장기차입금	1,379	1,415
토지, 공장 및 설비	$3,815	$4,978	장기부채 계	$1,570	$1,672
차감: 누적 감가상각	1,310	1,608	자기자본		
순 토지, 공장, 및 설비	$2,505	$3,370	우선주	$ 25	$ 25
무형자산 및 기타	851	953	보통주	151	155
고정자산 계	$3,356	$4,322	자본잉여금	934	949
			누적 이익잉여금	1,924	3,112
			차감: 자사주	151	230
			자기자본 계	$2,883	$4,011
자산 총계	$5,516	$6,602	총 부채 및 자기자본	$5,516	$6,602

WARF COMPUTERS 손익계산서 (단위: $천)	
매출	$9,068
매출원가	5,347
판매 및 관리비	848
감가상각비	298
영업이익	$2,575
기타 이익	90
이자 및 세전이익(EBIT)	$2,665
이자비용	164
법인세차감전이익	$2,501
법인세	625
당기: $559	
이연: $66	
순이익	$1,876
배당금	$ 688
이익잉여금	$1,188

Nick은 또한 다음과 같은 정보를 제공하였다. 동 기간에 회사는 $274,000의 신규 장기부채를 발행하였으며, $238,000의 장기부채를 상환하였다. 이 회사는 또한 $19,000의 신주를 발행하였고 $79,000의 자사주를 매입하였다. 이 회사는 $1,778,000의 고정자산을 매입하였고, $514,000의 고정자산을 매각하였다.

Angus는 당신에게 재무적 현금흐름표와 회계상의 현금흐름표를 각각 준비하도록 요구하였다. 그는 또한 다음과 같은 질문을 하였다.

01. Warf Computers의 현금흐름에 대해 어떻게 생각하는가?

02. 어떠한 현금흐름표가 이 회사의 현금흐름을 보다 정확하게 설명하는가?

03. 앞 질문에 대한 대답을 고려하여, Nick의 투자확장계획에 대해 의견을 표명하라.

3

재무제표 분석과 재무모형

Financial Statements Analysis and Financial Models

Apple 주식의 주가는 2018년 1월 19일 약 $178로 마감했다. 그 가격에서 Apple의 PE 배수는 20배였다. 이는 투자자들이 Apple이 벌어들인 수익 $1에 대하여 기꺼이 $20을 지불할 용의가 있다는 것을 의미한다. 동시에 투자자들은 각각 Ford, Coca-Cola, Amazon.com이 벌어들인 수익 $1에 대하여 각각 $11, $45, $330를 기꺼이 지불했다. 다른 극단적 사례는 Citigroup과 Tesla이다. 두 기업은 모두 전년도에 마이너스 수입(순손실)을 기록했으나 Citigroup은 주당 $78, Tesla는 주당 $345에 거래되고 있다. 실적이 마이너스이므로 PE 배수 또한 마이너스였으므로 보고되지 않았다. 당시 대형주로 구성된 S&P 500 지수의 전형적인 주식 배수는 22배의 PE 수준에서 또는 수익의 22배 수준에서 거래되었다.

가격 – 수익 비교는 재무비율 사용의 예이다. 이 장에서는 기업의 재무상태에 대한 구체적 측면을 보여주도록 고안된 다양한 재무비율에 대하여 살펴볼 것이다. 또한, 재무제표를 분석하고 재무비율을 해석하는 방법을 논의한 후에, 이 정보를 사용하는 사람과 그 이유에 대해서도 다룰 것이다.

기업재무의 최신 동향: rwjcorporatefinance.blogspot.com

3.1 재무제표 분석

2장에서는 재무제표와 현금흐름의 몇 가지 핵심적인 개념을 논의했다. 이번 장에서는 2장에 이어서 논의한다. 이번 장의 목표는 재무제표 정보의 사용(및 남용)에 대한 이해를 넓히는 것이다.

재무제표와 이들 재무제표로부터 도출된 수치들은 회사 안팎에서 재무정보를 주고받는 주요한 수단이므로 재무제표를 잘 이해하는 것은 바람직하다. 간단히 말하면, 기업재무에서 사용되는 많은 용어들은 이 장에서 논의하는 개념에 그 뿌리를 두고 있다.

회계사의 중요한 목표 중의 하나는 재무정보를 의사결정을 하는 데 유용한 형태로 사용자에게 보고하는 것이다. 그러나 재무정보는 유용한 형태로 사용자에게 제공되지 않는다. 다시 말하면, 재무제표에는 사용자 가이드가 존재하지 않는다. 이 장은 이러한 결함을 메워주기 위한 첫 번째 단계이다.

재무제표의 표준화

한 기업의 재무제표를 이용할 한 가지 방법은 이 기업의 재무제표를 다른 유사한 기업의 재무제표와 비교하는 것이다. 하지만 문제가 있다. 두 기업의 재무제표를 직접 비교하는 것은 거의 불가능한데 이는 두 기업의 규모의 차이 때문이다.

예를 들면, Tesla와 GM은 자동차 시장에서 분명히 심각한 경쟁 관계에 있지만 GM이 더 큰 회사이므로 직접 비교하기가 어렵다. 이러한 이유로 규모가 변한다면 같은 기업이라도 다른 시점에서의 재무제표를 비교하기란 어려운 일이다. 규모의 문제는 GM과 Toyota를 비교할 때 더욱 복잡해진다. Toyota의 재무제표가 엔화로 표시되어 있다면 규모의 차이 외에도 통화의 차이도 발생하게 된다.

기업을 비교하기 위해서는 재무제표를 어떻게든 표준화할 필요가 있다. 표준화를 위한 매우 보편적이고 유용한 방법은 절대 금액 대신에 비율로 표시하는 것이다. 이렇게 작성된 재무제표를 **표준규모 재무제표**(common-size statements)라고 부른다.

표준규모 재무상태표

참조를 위해, Prufrock Corporation의 2018년과 2019년 재무상태표가 〈표 3.1〉에 표시되어 있다. 이들 수치를 이용하여 각 항목을 총자산의 비율로 표현함으로써 표준규모 재무상태표를 작성할 수 있다. Prufrock의 2018년과 2019년의 표준규모 재무상태표는 〈표 3.2〉에 나타나 있다.

일부 총계는 반올림 오차 때문에 정확하지 않을 수 있다. 또한, 위에서 아래까지 수치들의 합이 100%가 되어야 하기 때문에 이들 간의 변동의 합은 0이어야 한다.

이러한 표준화된 재무제표는 읽고 비교하기가 쉽다. 예를 들면, Prufrock의 두 재무제표로부터 유동자산이 총자산에서 차지하는 비중은 2018년 19.0%에서 2019년 19.7%로 증가했음을

표 3.1

PRUFROCK CORPORATION
2018년 및 2019년 12월 31일 재무상태표
(단위: $백만)

자산	**2018**	**2019**
유동자산		
현금	$ 84	$ 98
매출채권	165	188
재고자산	393	422
계	$ 642	$ 708
고정자산		
순 설비와 장비	$2,731	$2,880
자산 총계	$3,373	$3,588
부채 및 자기자본		
유동부채		
매입채무	$ 312	$ 344
지급어음	231	196
계	$ 543	$ 540
장기부채	$ 531	$ 457
자기자본		
보통주와 자본잉여금	$ 500	$ 550
유보이익	1,799	2,041
계	$2,299	$2,591
부채 및 자기자본 총계	$3,373	$3,588

표 3.2

PRUFROCK CORPORATION
표준규모 재무상태표
2018년 및 2019년 12월 31일

자산	2018	2019	변동
유동자산			
현금	2.5%	2.7%	+0.2%
매출채권	4.9	5.2	+0.3
재고자산	11.7	11.8	+0.1
계	19.0	19.7	+0.7
고정자산			
순 설비와 장비	81.0	80.3	−0.7
자산 총계	100.0%	100.0%	0.0%
부채 및 자기자본			
유동부채			
매입채무	9.2%	9.6%	+0.3%
지급어음	6.8	5.5	−1.4
계	16.1	15.1	−1.0
장기부채	15.7	12.7	−3.0
자기자본			
보통주와 자본잉여금	14.8	15.3	+0.5
유보이익	53.3	56.9	+3.5
계	68.2	72.2	+4.1
부채 및 자기자본 총계	100.0%	100.0%	0.0%

알 수 있다. 같은 기간에 유동부채는 부채와 자기자본 총계의 16.1%에서 15.1%로 감소했다. 마찬가지로, 자기자본 총계는 부채 및 자기자본 총계의 68.2%에서 72.2%로 증가했다.

전체적으로, 유동부채 대비 유동자산으로 측정된 Prufrock의 유동성은 한 해 동안 증가했다. 동시에 Prufrock의 총자산에서 부채가 차지하는 비중은 감소했다. 따라서 우리는 재무상태표는 '건실해졌다'고 결론내릴 수도 있다.

표준규모 손익계산서

〈표 3.3〉은 일반적으로 사용되는 이익의 측정치들을 나타낸다. 〈표 3.4〉에서 나타난 손익계산서를 표준화하는 유용한 방법은 〈표 3.5〉의 Prufrock에 대하여 설명한 것처럼 각 항목을 총매출액의 비율로 표시하는 것이다.

표준규모 손익계산서는 매출액 단위금액당($1당) 각 항목이 차지하는 비율을 보여준다. Prufrock의 경우 매출액 $1당 이자비용으로 $0.061, 세금으로 $0.042이 소진되었다. 최종적으로 매출액 $1당 순이익은 $0.157이 발생했으며, 이 중 $0.105가 사내에 유보되었고 $0.052는 배당으로 지급되었다.

이 비율들은 비교를 위해 유용하다. 비용이 차지하는 비율이 좋은 예인데, Prufrock에서 매출액 단위금액당 $0.621가 매출원가에 해당한다. Prufrock이 원가비용을 얼마나 잘 통제하는지를 알기 위해 주요 경쟁기업들에 대해서도 같은 비율을 계산해 볼 필요가 있다.

표 3.3
이익의 측정치

투자자들과 분석가들은 특정 연도에 기업의 성과가 얼마나 좋았는지에 대한 근거로 손익계산서를 면밀하게 살펴본다. 여기 일반적으로 사용되는 이익의 측정치들이 있다.

순이익(Net Income)	최종 결산 결과(bottom line)라고 불리는 순이익은 총 수익에서 총 비용을 차감한 것으로 정의된다. 가장 최근 기간 동안 Prufrock의 순이익은 $363백만이다. 순이익은 기업의 영업이익뿐만 아니라 기업의 자본구조와 법인세의 차이를 반영한다. 순이익의 계산에서 이자비용과 법인세는 영업이익으로부터 차감된다. 주주들은 배당금의 지급과 이익잉여금(유보이익)이 순이익과 밀접하게 연결되어 있으므로 순이익을 면밀하게 검토한다.
주당순이익(EPS)	순이익을 발행주식 수로 나눈 것이다. 이것은 1주당 순이익으로 표현할 수 있다. Prufrock에서 EPS = (순이익)/(발행주식 수) = $363/33 = $11이다.
EBIT	EBIT는 이자 및 법인세 차감전이익이다. EBIT는 일반적으로 손익계산서에서 "영업으로부터의 이익"으로 불리며 일반적이지 않은 항목들, 영업에 대한 할인 또는 특별 항목의 이전 이익이다. EBIT를 계산하기 위해서는, 영업비용을 총 영업이익으로부터 차감해야 한다. 분석가들은 기업의 자본구조(이자비용)와 법인세로부터 나오는 이익 차이로 인한 효과를 제거한 것이므로 EBIT를 선호한다. Prufrock의 EBIT는 $600백만이다.
EBITDA	EBITDA는 이자, 법인세, 감가상각비, 무형자산상각비 차감전 이익이다. EBITDA = EBIT + 감가상각비 + 무형자산상각비. 여기서 무형자산상각비(amortization)는 유형자산(기계와 같은)보다는 무형자산(특허와 같은)에 적용된다는 점을 제외하면 감가비(depreciation)와 유사한 비현금 비용을 의미한다. 여기서 *상각*이라는 단어는 부채에 대한 지불을 의미하는 것이 아니다. Prufrock의 손익계산서에서는 상각이 존재하지 않는다. Prufrock의 EBITDA = $600 + $276 = $876백만. 분석가들은 EBITDA가 EBIT에 두 항목(감가상각비와 무형자산상각비)이 더해져서 법인세전의 영업현금흐름을 더욱 잘 측정할 수 있으므로 EBITDA를 사용하는 것을 선호한다.

때로는 이익의 측정치들 앞에 LTM이라는 문자가 붙게 되는데, 이것의 의미는 지난 12개월(last twelve months)을 의미한다. 예를 들어 LTM EPS는 지난 12개월의 EPS이고 LTM EBITDA는 지난 12개월의 EBITDA를 의미한다. 때로는 TTM (trailing twelve months)이 사용되기도 하는데, LTM과 TTM의 의미는 동일하다.

표 3.4

PRUFROCK CORPORATION 2019년 손익계산서 (단위: $백만)		
매출액		$2,311
매출원가		1,435
감가상각비		276
이자 및 법인세 차감전 이익		$ 600
지급이자		141
법인세 차감전 이익		$ 459
세금 (21%)		96
순이익		$ 363
배당금	$121	
유보이익 증가	242	

표 3.5

PRUFROCK CORPORATION 2019년 표준규모 손익계산서		
매출액		100.0%
매출원가		62.1
감가상각비		11.9
이자 및 법인세 차감전 이익		26.0%
지급이자		6.1
법인세 차감전 이익		19.9%
세금 (21%)		4.2
순이익		15.7%
배당금	5.2%	
유보이익 증가	10.5	

3.2 비율분석

규모가 다른 기업들을 비교할 때 발생되는 문제점들을 회피하기 위한 또 다른 방법은 **재무비율**(financial ratios)을 계산해서 비교하는 것이다. 재무비율이 다른 재무정보들 사이의 관계를 비교하고 조사하는 수단이다. 여기서는 보편적 비율에 대하여 다룰 것이다(여기에서 논의하지 못하는 수많은 비율들이 존재한다).

비율과 관련된 하나의 문제점은 이용자들이 다르고 자료의 출처도 다르며 종종 비율을 계산하는 방법도 정확하게 같지 않아서 혼동이 심하다는 것이다. 여기에서 사용하는 특정 정의들은 다른 곳에서 보았거나 볼 수 있는 정의들과 같지 않을 수도 있다. 따라서 만약 분석의 도구로써 비율을 사용하고 있다면, 각 비율을 어떻게 계산했는지를 명확히 기록해 둘 필요가 있다. 또한, 이 수치를 다른 출처의 수치와 비교하기 위해서는 다른 수치가 어떻게 계산되었는지를 알아야한다.

비율들이 어떻게 사용되는지와 사용하는 데 발생할 수 있는 문제점에 대한 논의는 이 장의 후반부에서 다루기로 하고, 우선 논의할 각각의 비율들에 대해 다음과 같은 질문을 생각해보자.

1. 비율은 어떻게 계산되는가?
2. 비율은 무엇을 측정하기 위함인가? 왜 우리는 비율에 관심을 가지는가?
3. 측정단위는 무엇인가?
4. 비율이 높거나 낮다는 것은 무엇을 의미하는가? 비율이 높거나 낮다는 것은 어떻게 오도될 수 있는가?
5. 이러한 측정은 어떻게 개선될 수 있는가?

재무비율은 전통적으로 다음의 다섯 가지로 분류된다.

1. 단기지급능력 비율 혹은 유동성 비율
2. 장기지급능력 비율 혹은 재무레버리지 비율
3. 자산관리 비율 혹은 회전율 비율
4. 수익성 비율

5. 시장가치 비율

이 비율들을 순서대로 살펴볼 것이며, Prufrock에 대한 이 비율들을 계산하는 데 있어 특별한 언급이 없는 한 2019년도 말 재무상태표를 사용하게 될 것이다.

단기지급능력 또는 유동성 척도

용어에서 알 수 있듯이 단기지급능력 비율은 기업의 유동성에 대한 정보를 제공하며 **유동성 비율(liquidity ratios)**이라고도 한다. 주요 관심은 과도한 스트레스 없이 단기 채무를 상환할 수 있는 기업의 능력이다. 결과적으로 이러한 비율은 유동자산과 유동부채에 중점을 둔다.

명백한 이유로 유동성 비율은 특히 단기 채권자에게 관심이 높을 것이다. 재무관리자는 은행 및 기타 단기 대출기관과 지속적인 업무관계에 있으므로 이러한 비율을 필히 이해하고 있어야 한다.

유동자산과 유동부채를 살펴보는 장점은 이들의 장부가치와 시장가치가 아마도 많은 경우에 유사할 것이라는 데 있다. 항상 그런 것은 아니지만, 종종 이들 자산과 부채는 장기간 재무제표상에 남아 있지 않으므로 장부가치와 시장가치의 차이가 크게 나타나지 않는다. 반면에 유사현금(near-cash)과 마찬가지로, 유동자산과 유동부채는 상당히 빠르게 변동할 수 있으므로 오늘의 총액 가치로는 미래가치를 예측할 수 없을 수도 있다.

유동비율 가장 잘 알려지고 널리 사용되는 비율 중의 하나는 **유동비율(current ratio)**이다. 유동비율은 아래와 같이 정의된다.

$$\text{유동비율} = \frac{\text{유동자산}}{\text{유동부채}} \tag{3.1}$$

Prufrock의 2019년 유동비율은 다음과 같다.

$$\text{유동비율} = \frac{\$708}{\$540} = 1.31\text{배}$$

유동자산과 유동부채는 원칙적으로 향후 12개월 이내에 현금화되기 때문에 유동비율은 단기유동성의 척도이다. 측정단위는 금액 또는 배수이다. 따라서 Prufrock은 유동부채 $1당 유동자산 $1.31을 보유하고 있다고 말할 수도 있고 유동자산이 유동부채의 1.31배 많다고 말할 수도 있다. 특별한 경우를 제외하면 유동비율은 1 이상이 될 것으로 예상된다. 유동비율이 1보다 작으면 순운전자본(유동자산 − 유동부채)이 음수(−)라는 것을 의미한다.

다른 비율들과 마찬가지로 유동비율도 다양한 유형의 거래에 따라 영향을 받는다. 예를 들면 기업이 자금을 장기로 조달한다고 가정하자. 단기적인 효과는 조달자금이 유입되어 현금이 증가하고 장기부채가 증가하게 될 것이다. 이 거래로 인해 유동부채는 영향을 받지 않으므로 유동비율은 상승하게 된다.

예제 3.1

유동비율 어떤 기업이 일부 공급업체와 단기채권자들에게 채무를 상환한다고 가정하면 유동비율은 어떻게 되겠는가? 어떤 기업이 재고자산을 구입한다고 가정하면 유동비율은 어떻게 되겠는가? 어떤 기업이 제품을 판매한다면 어떻게 되겠는가?

첫 번째 경우는 대답하기 곤란한 질문이다. 대답은 유동비율이 1로부터 더 멀어지게 된다는 것이다. 유동비율이 1보다 크면(일반적인 경우), 그 비율은 더 커질 것이다. 그러나 유동비율이 1보다 작으면, 그 비율은 더 작아질 것이다. 이를 확인하기 위해 기업의 유동자산이 $4이고 유동부채가 $2여서 유동비율이 2라고 가정하자. 유동부채를 줄이기 위해 현금 $1을 사용한다면, 새로운 유동비율은 ($4 − $1)/($2 − $1) = 3이 될 것이다. 반대로 기업의 유동자산이 $2이고 유동부채가 $4라고 한다면, 채무상환으로 인한 새로운 유동비율은 1/2에서 1/3로 하락할 것이다.

두 번째 경우는 그다지 까다롭지는 않다. 총유동자산은 영향을 받지 않으며—즉, 재고자산이 증가하는 반면에 현금이 감소하기 때문에—유동비율에도 변화가 없다.

세 번째 경우는 재고자산은 원가로 표시되고 매출액은 통상적으로 원가보다 더 크기 때문에(차이는 이윤이다) 유동비율은 보통 상승할 것이다. 즉, 현금이나 매출채권의 증가는 재고자산의 감소보다 더 크므로, 유동자산이 증가하게 되어 유동비율이 상승한다.

마지막으로, 차입여력이 충분한 기업에 대해서는 외견상 낮은 유동비율이 나쁜 신호가 아닐 수도 있다.

당좌(또는 산성시험)비율 재고자산은 종종 유동성이 가장 낮은 유동자산으로 분류된다. 또한 재고자산의 질은 고려되지 않기 때문에 장부가치로 시장가치를 측정하기에는 신뢰성이 가장 떨어지는 유동자산이다. 일부 재고자산은 나중에 손상되었거나, 쓸모가 없게 되었거나, 또는 분실된 것으로 판명 날 수도 있다.

중요한 점은, 재고자산의 규모가 커지는 것은 종종 단기적인 문제의 신호일 수도 있다. 기업은 매출을 과대 추정하여 재고자산을 과다구매했거나 과잉생산했을지도 모른다. 이 경우에 기업 유동성의 상당부분이 움직임이 더딘 재고자산에 묶여 있을 수 있다.

기업의 유동성을 더 자세히 평가하기 위해 **당좌비율**(quick ratio) 또는 **산성시험비율**(acid-test ratio)이 사용된다. 재고자산이 빠진다는 점을 제외하고 유동비율과 동일하게 계산된다.

$$\text{당좌비율} = \frac{\text{유동자산} - \text{재고자산}}{\text{유동부채} } \quad (3.2)$$

현금으로 재고자산을 구입하면 유동비율은 변하지 않지만 당좌비율은 감소하게 된다. 이 역시 재고자산이 현금과 비교해서 상대적으로 유동성이 떨어진다는 점에 기인한다.

Prufrock의 2019년 당좌비율은 아래와 같다.

$$\text{당좌비율} = \frac{\$708 - 422}{\$540} = 0.53\text{배}$$

여기서 당좌비율은 유동비율과 다소 상이하다는 것을 알 수 있다. 왜냐하면 Prufrock에서 재고자산이 유동자산의 반 이상을 차지하기 때문이다. 다소 과장된 예시를 들어, 이 재고자산이 팔리지 않은 핵발전소들로 구성되어 있다면, 이는 근심의 원인이 될 것이다.

최근 재무제표에 근거하여 유동비율과 당좌비율에 대한 예를 들면 Walmart와 ManpowerGroup은 각각 0.85와 1.39의 유동비율을 가지고 있으나, ManpowerGroup은 딱히 이렇다 할 재고자산이 없는 반면에 Walmart의 유동자산은 사실상 모두 재고자산이다. 그러므로 Walmart의 당좌비율은 단지 0.22인 반면에, Manpower의 당좌비율은 1.39로 유동비율과 같다.

현금비율 초단기채권자는 **현금비율**에 관심이 있을 수 있다.

$$\text{현금비율} = \frac{\text{현금}}{\text{유동부채}} \tag{3.3}$$

Prufrock의 현금비율은 0.18배임을 확인할 수 있다.

장기지급능력 척도

장기지급능력(long-term solvency) 비율은 기업의 채무, 더 일반적으로는 재무레버리지를 충족시킬 수 있는 기업의 장기적 능력을 의미한다. 이들 비율은 가끔 **재무레버리지 비율(financial leverage ratios)** 또는 **레버리지 비율(leverage ratios)**이라고도 한다. 보편적으로 사용되는 세 가지 비율들과 그 변형들을 알아보기로 하자.

총부채비율 **총부채비율(total debt ratio)**은 모든 채권자들에게 상환해야 하는 모든 만기의 모든 채무를 고려한다. 이 비율은 여러 방법으로 정의될 수 있으나, 가장 간단한 방법은 아래와 같다.

$$\begin{aligned}\text{총부채비율} &= \frac{\text{총자산} - \text{총자기자본}}{\text{총자산}} \\ &= \frac{\$3{,}588 - 2{,}591}{\$3{,}588} = 0.28\text{배}\end{aligned} \tag{3.4}$$

Prufrock은 28%의 부채를 사용한다고 말할 수 있다.[1] 이 비율이 높은지 낮은지, 혹은 어떤 차이가 있는지에 대한 판단은 자본구조가 중요한지 여부에 달려있고, 이 주제는 이후에 논의하게 될 것이다.

Prufrock은 자산 $1당 $0.28의 부채를 보유하고 있으므로, 부채 $0.28에 대해 자기자본은 $0.72(= $1 − 0.28)이다. 이 점을 염두에 두면서 총부채비율에 대한 두 가지 유용한 변형인 **부채–자기자본 비율(debt-equity ratio)**과 **자기자본승수(equity multiplier)**를 다음과 같이 정의할 수 있다.

$$\begin{aligned}\text{부채–자기자본 비율} &= \text{총부채}/\text{총자기자본} \\ &= \$0.28/\$0.72 = 0.38\text{배}\end{aligned} \tag{3.5}$$

$$\begin{aligned}\text{자기자본승수} &= \text{총자산}/\text{총자기자본} \\ &= \$1/\$0.72 = 1.38\text{배}\end{aligned} \tag{3.6}$$

자기자본승수가 (1 + 부채–자기자본 비율)이라는 사실은 우연이 아니다.

[1] 우선주가 있는 경우에는 총자기자본에 우선주도 포함된다. 같은 값을 갖는 분자는 (유동부채 + 장기부채)이다.

$$
\begin{aligned}
\text{자기자본승수} &= \text{총자산}/\text{총자기자본} = \$1/\$0.72 = 1.38\text{배} \\
&= (\text{총자기자본} + \text{총부채})/\text{총자기자본} \\
&= 1 + \text{부채}-\text{자기자본 비율} = 1.38\text{배}
\end{aligned}
$$

여기서 주목해야 할 것은 이들 세 비율 중 어느 한 비율만 알면 다른 두 비율도 계산할 수 있다는 것이다. 즉, 이들은 모두 동일한 것을 말해주고 있다.

이자보상배율 장기지급능력을 측정하는 또 다른 일반적인 비율은 **이자보상배율**(times interest earned ratio: TIE ratio)이다. 이 비율도 여러 방법으로 정의할 수 있지만 가장 전통적인 정의를 따르기로 한다.

$$
\begin{aligned}
\text{이자보상배율} &= \frac{\text{EBIT}}{\text{이자비용}} \\
&= \frac{\$600}{\$141} = 4.26\text{배}
\end{aligned}
\tag{3.7}
$$

이 비율은 기업이 이자지급 의무를 얼마나 잘 보상할 수 있는지를 측정하며, 종종 **이자보상비율**(interest coverage ratio)이라고도 불린다. Prufrock의 경우 이자의 4.26배를 보상할 수 있다.

현금보상비율 이자보상배율의 문제점은 이자지급을 위한 실제로 가용한 현금이 아닌 이자 및 법인세 차감전 이익(EBIT)에 근거하고 있다는 것이다. 그 이유는 비현금성 비용인 감가상각비와 무형자산상각비가 차감되어 있기 때문이다. 이자는 가장 확실한 현금유출(채권자에게)이므로 **현금보상비율**(cash coverage ratio)을 아래와 같이 정의할 수 있다.

$$
\begin{aligned}
\text{현금보상비율} &= \frac{\text{EBIT} + (\text{감가상각비} + \text{무형자산상각비})}{\text{이자비용}} \\
&= \frac{\$600 + 276}{\$141} = \frac{\$876}{\$141} = 6.21\text{배}
\end{aligned}
\tag{3.8}
$$

여기서 분자인 EBIT + (감가상각비 + 무형자산상각비)는 종종 EBITDA(이자, 법인세, 감가상각비, 무형자산 상각비 차감전 이익)로 축약되어 표현된다. 이는 영업활동으로부터 현금을 창출할 수 있는 기업의 능력의 기본적인 척도이고, 재무적 의무를 충족하기 위해 이용 가능한 현금흐름의 척도로서도 자주 사용된다.

최근에 또 다른 장기지급능력 척도가 소개되어 재무제표 분석과 채권계약에 자주 쓰이고 있는데 EBITDA와 이자부 부채(interest bearing debt)를 이용한다. Prufrock의 경우에는 다음과 같다.

$$
\frac{\text{이자부 부채}}{\text{EBITDA}} = \frac{\$196\text{백만} + 457\text{백만}}{\$876\text{백만}} = 0.75\text{배}
$$

이 식에서 분자에는 지급어음(대개는 은행부채)과 장기부채가 포함되며 분모에 EBITDA를 사용한다. 비율이 1 미만인 경우 매우 건실한 상태로 여겨지며 5 이상인 경우는 부실하다고 판단된다. 하지만 회사들을 비교할 때에는 이 비율의 적절한 해석이 요구된다.

자산관리 또는 회전율 척도

다음으로 Prufrock이 자산을 얼마나 효율적으로 이용하는지를 주목해보자. 이 절에서 살펴 볼 척도를 때로는 **자산관리**(asset management) 혹은 **자산활용비율**(asset utilization ratios)이라고 한다. 여기서 논의하는 특정 비율들은 모두 회전율(turnover)의 척도로서도 해석될 수 있다. 결국 의미하는 바는 기업이 측정하는 자산을 얼마나 효율적으로 또는 집중적으로 사용하는지 이다. 우선 두 가지 중요한 유동자산인 재고자산과 매출채권에 대해 살펴보자.

재고자산회전율과 재고일수 Prufrock의 당해 연도 매출원가는 $1,435이고 연도 말 재고자산은 $422이다. 이들 수치를 이용하여 **재고자산회전율**을 다음과 같이 계산할 수 있다.

$$\text{재고자산회전율} = \frac{\text{매출원가}}{\text{재고자산}} = \frac{\$1,435}{\$422} = 3.40\text{회} \tag{3.9}$$

어떤 의미에서 당해 연도에 기업이 전체 재고자산을 3.40회 팔았거나 회전시켰다고 할 수 있다. 재고가 소진되어 판매를 포기하지 않는 한, 이 비율이 높을수록 기업이 재고자산을 보다 효율적으로 관리했다고 할 수 있다. 그러나 높은 재고자산 회전은 운송비를 많이 지급했다는 의미로 해석될 수도 있다.

기업이 당해 연도 재고자산을 3.40회 회전시켰다는 것을 안다면, 재고자산을 한 번 회전시키는 데 평균적으로 얼마나 걸리는지를 바로 계산해낼 수 있다. 이를 **평균 재고일수**(day's sales in inventory)라고 하고, 다음과 같이 구할 수 있다.

$$\text{재고일수} = \frac{365\text{일}}{\text{재고자산회전율}} = \frac{365}{3.40} = 107.35\text{일} \tag{3.10}$$

즉, 재고자산을 한 번 판매하는 데 평균 107일이 소요된다. 또는 가장 최근의 재고자산과 매출원가로 재고자산회전율을 계산하면 현재의 재고자산을 모두 처분하는 데 107일이 걸린다.

실제로, 재고자산은 최적의 수준에서 급격히 변동될 수 있다. 예를 들면, 2017년 9월 당시 미국의 자동차산업은 74일 공급분의 수준이었는데 이는 정상 수준인 60일 공급분보다 높은 것이다. 이 수치는 당시 판매율에서 가용 공급을 소진하는 데 74일이 걸렸음을 의미한다. 물론, 재고일수는 자동차 제조사마다 차이는 있다. BMW는 재고가 40일 공급분밖에 되지 않지만 Mitsubishi는 125일이 재고일수이다.

매출채권회전율과 매출채권일수 재고자산 척도는 기업이 얼마나 빨리 생산품을 팔 수 있는지를 알려준다. 이제는 얼마나 빨리 매출채권을 회수하는지에 대해 살펴보자. **매출채권회전율**(receivables turnover)은 재고자산회전율과 같은 방법으로 정의된다.

$$\text{매출채권회전율} = \frac{\text{매출액}}{\text{매출채권}} = \frac{\$2{,}311}{\$188} = 12.29\text{회} \tag{3.11}$$

대략, 당해 연도에 매출채권을 회수하고 다시 12.29회 그 대금을 대여하였다.[2]

이 비율은 다음과 같이 **매출채권일수**(day's sales in receivables)로 변환하면 더 이해가 수월하다.

$$\text{매출채권일수} = \frac{365\text{일}}{\text{매출채권회전율}} = \frac{365}{12.29} = 29.69\text{일} \tag{3.12}$$

평균적으로 신용매출금을 회수하는 데 30일 걸렸다. 이 비율은 **평균회수기간**(average collection period: ACP)이라고도 한다. 가장 최근의 수치로 계산하면, 현재 30일분에 해당하는 매출 대금을 회수하지 못하고 있다는 의미이다.

예제 3.2

매입채무회전율 매출채권일수에 대한 한 변형이다. Prufrock Corporation이 (단기)채무를 지급하는 데 평균적으로 얼마나 걸리는가? 이를 대답하기 위해 매출원가를 사용하여 매입채무회전율을 계산하면 된다. Prufrock은 모든 것을 신용으로 구매한다고 가정한다.

매출원가는 $1,435이고 매입채무는 $344이다. 회전율은 4.17회(= $1,435/$344)로 계산된다. 따라서, 매입채무는 대략 87.50일(= 365/4.17)마다 지급되었다. 다시 말해, Prufrock은 채무를 지급하는 데 평균적으로 88일이 걸린다. 잠재적인 채권자들은 아마도 이 수치에 주목할 것이다.

총자산회전율 재고자산이나 매출채권과 같은 특정 계정과는 달리 **총자산회전율**(total asset turnover)은 중요한 큰 그림을 보여준다. 그 명칭에서도 알 수 있듯이 총자산회전율은 다음과 같이 계산된다.

$$\text{총자산회전율} = \frac{\text{매출액}}{\text{총자산}} = \frac{\$2{,}311}{\$3{,}588} = 0.64\text{회} \tag{3.13}$$

다시 말하면, 자산 $1당 $0.64의 매출을 창출했다는 의미이다.

[2] 여기서 모든 매출은 신용매출이라 가정한다. 그렇지 않다면 총매출액 대신에 총 신용매출액을 사용할 것이다.

예제 3.3

총자산회전율 어떤 기업이 총자산 \$1당 \$0.40의 매출을 창출한다고 가정하자. 이 기업이 얼마나 자주 자산을 한 번 회전시키겠는가?

총자산회전율이 0.40회이므로, 자산을 한 번 완전히 회전시키는 데 2.5년(= 1/0.40)이 걸린다.

수익성 척도

여기서 다루는 네 가지 척도는 재무비율 중에서 아마도 가장 잘 알려지고 가장 널리 사용되는 지표일 것이다. 어떤 형태로든 이 비율들은 기업이 얼마나 효율적으로 자산을 사용하고, 얼마나 효율적으로 운영하는지 측정하는 것이다.

순이익률 기업들은 순이익률(profit margin)에 초점을 맞춘다.

$$\text{순이익률} = \frac{\text{순이익}}{\text{매출액}} = \frac{\$363}{\$2{,}311} = 0.1571 \text{ 또는 } 15.71\% \tag{3.14}$$

이는 Prufrock이 회계적 의미에서 매출 \$1당 ¢16에 근소한 이익을 창출한다는 것을 보여준다.

EBITDA 이익률 일반적으로 사용되는 또 다른 수익성 척도는 EBITDA 이익률이다. EBITDA는 세전 영업현금흐름의 측정치이다. EBITDA는 영업이익에 비현금성 비용들을 다시 더하고 이자비용 및 세금은 포함하지 않는다. 따라서 EBITDA 이익률은 순이익보다 더 직접적으로 영업현금흐름에 영향을 미치고, 자본구조나 세금 효과를 반영하지 않는다. Prufrock의 경우 EBITDA 이익률은 아래와 같다.

$$\frac{\text{EBITDA}}{\text{매출액}} = \frac{\$876}{\$2{,}311} = 0.3791 \text{ 또는 } 37.91\%$$

모든 다른 조건이 일정하다면 상대적으로 높은 이익률은 분명히 바람직하다. 이는 매출 대비 비용 구조가 낮다는 것을 의미한다. 그러나 사실 다른 조건이 일정하지 않을 경우가 많다.

예를 들어, 판매가를 낮추면 판매량은 보통 증가하지만 이익률은 통상적으로 줄어든다. 그러나 총이익(또는 영업현금흐름)은 증가할 수도 있고 감소할 수도 있으므로, 낮은 이익률이 반드시 나쁜 것은 아니다. 그래서 사람들이 이야기하듯 "우리는 너무 싸게 팔아서 판매할 때마다 손해를 보고 있지만, 이를 판매량으로 보상하고 있다"는 말이 가능하지 않은가?[3]

이익률은 산업에 따라 매우 큰 차이가 난다. 예를 들면, 식료품업의 순이익률은 일반적으로 대략 2%로 매우 낮다. 반면에 제약업의 이익률은 약 15%이다. 예를 들어, Kroger와 Abbott Laboratories의 순이익률이 각각 1.5%와 11.8%라는 것은 별로 놀랄 일이 아니다.

[3] 그건 사실이 아니다.

총자산이익률 총자산이익률(return on assets: ROA)은 자산 \$1당 창출하는 이익을 측정한다. 이 비율은 여러 방법으로 정의할 수 있지만 가장 흔하게 사용되는 방법은 아래와 같다.[4]

$$\begin{aligned}\text{총자산이익률} &= \frac{\text{순이익}}{\text{총자산}} \\ &= \frac{\$363}{\$3,588} = 0.1012 \text{ 또는 } 10.12\%\end{aligned} \tag{3.15}$$

자기자본이익률 자기자본이익률(return on equity: ROE)은 한 해 동안 주주들이 얼마나 돈을 잘 벌었는지 측정한다. 주주들에게 수익을 거두어 주는 것이 목표이기 때문에, ROE는 회계적인 의미에서 진정한 성과 측정치이다. ROE는 다음과 같이 계산한다.

$$\begin{aligned}\text{자기자본이익률} &= \frac{\text{순이익}}{\text{총자기자본}} \\ &= \frac{\$363}{\$2,591} = 0.1401 \text{ 또는 } 14.01\%\end{aligned} \tag{3.16}$$

따라서 Prufrock은 자기자본 \$1마다 ₵14의 이익을 창출하였다. 그러나 다시 말하지만, 이는 오로지 회계적으로 그렇다는 것이다.

ROA와 ROE는 일반적으로 인용되는 비율들이므로, 이들이 회계적 수익률임을 기억하라고 강조하고 싶다. 이 측정치들은 장부상의 **총자산이익률**(return on book assets)과 장부상의 **자기자본이익률**(return on book equity)로 부르는 것이 더 올바르다. 또한, ROE는 가끔 **순자산이익률**(return on net worth)이라고도 부른다. 이 비율들을 무엇이라고 부르든 간에, 그 값을 금융시장에서 관찰된 이자율 등과 비교하는 것은 적절치 않다.

ROE가 ROA를 초과한다는 것은 Prufrock이 재무레버리지를 사용하고 있음을 반영한다. 이 두 비율 간의 관계에 대해 다음 단락에서 자세히 살펴볼 것이다.

시장가치 척도

마지막으로 언급될 척도는 재무제표에 포함되어 있지 않은 정보, 즉 주가에 기반하고 있다. 당연하게도 이 척도들은 오로지 상장기업에 대해서만 계산될 수 있다.

Prufrock의 발행주식수는 33백만 주, 연도 말 주가는 \$88이라고 가정하자. Prufrock의 순이익이 \$363백만이었으므로, 주당 순이익을 다음과 같이 계산할 수 있다.

$$\text{EPS} = \frac{\text{순이익}}{\text{발행주식수}} = \frac{\$363\text{백만}}{33\text{백만 주}} = \$11 \tag{3.17}$$

[4]예를 들어 자본구조(이자비용)와 법인세에 대하여 중립적인 총자산이익률을 측정하길 원할 수도 있다. 즉, 이자와 세금을 차감하기 이전의 이러한 측정을 Prufrock에서 다음과 같이 될 것이다:

$$\frac{\text{EBIT}}{\text{총자산}} = \frac{\$600}{\$3,588} = 0.1672 \text{ 또는 } 16.72\%$$

이 측정치는 매우 자연스럽게 해석된다. 만약 16.72%가 Prufrock의 차입이자율을 초과한다면, Prufrock은 채권자에게 지불해야 할 돈보다 더 많은 돈을 벌게 될 것이다. 잉여자금은 법인세 차감 후 Prufrock의 주주들에게 돌아갈 것이다.

주가이익비율 첫 번째 시장가치 척도는 주가이익비율(price-earnings ratio, PE ratio, PE multiple)이며 아래와 같이 정의된다.

$$\text{주가이익비율} = \frac{\text{주가}}{\text{주당순이익}} = \frac{\$88}{\$11} = 8\text{배} \tag{3.18}$$

전문용어로 말하자면, Prufrock의 주식은 이익의 8배로 매매된다고 하거나, Prufrock은 8배의 P/E 배수를 가지고(유지하고) 있다고 할 수 있다.

주가이익비율은 투자자가 현재 이익 $1에 대해 얼마나 많이 지불하려고 하느냐를 나타내기 때문에, 이 비율이 높을수록 기업의 미래성장에 대한 전망이 높다는 것으로 간주된다. 물론 기업이 이익을 전혀 내지 못하거나 거의 내지 못한다면, 주가이익비율은 아마 매우 높게 나타날 것이다. 따라서 이 비율을 해석할 때는 항상 주의가 요구된다.

주가/장부가 비율 두 번째로 흔히 사용되는 척도는 주가/장부가 비율(market-to-book ratio)이다.

$$\text{주가/장부가 비율} = \frac{\text{주당 시장가치}}{\text{주당 장부가치}} = \frac{\$88}{\$2{,}591/33} = \frac{\$88}{\$78.5} = 1.12\text{배} \tag{3.19}$$

주당 장부가치는 총자기자본(보통주만이 아닌)을 발행주식수로 나눈 것이다. 주당 장부가치는 회계적 수치이기 때문에 역사적 원가를 반영한다.

따라서 주가/장부가 비율은 기업이 행한 투자의 시장가치를 원가와 대략적으로 비교한다. 이 비율이 1보다 낮다는 것은 기업이 주주들을 위해 가치를 창출하는 데 있어서 전반적으로 성공적이지 못했다는 것을 의미할 수 있다.

시가총액 공개 기업의 시가총액(market capitalization)은 한 기업의 주가를 발행주식수로 곱한 것이다. Prufrock의 경우 다음과 같이 계산한다.

$$\text{주가} \times \text{발행주식수} = \$88 \times 33\text{백만 주} = \$2{,}904\text{백만}$$

이는 Prufrock의 잠재적 투자자들을 위해 유용한 숫자이다. Prufrock의 모든 발행주식을 매입하는 장래의 투자자는 (인수 혹은 합병의 형태로) 적어도 $2,904백만과 경영권 프레미엄을 더한 금액이 필요할 것이다.

기업가치 기업가치(enterprise value)는 시가총액과 매우 밀접한 관계가 있는 기업의 가치를 나타내는 척도이다. 발행주식의 시장가치만을 측정하는 대신, 이 척도는 총 발행주식의 시가총액 더하기 총 이자부 부채에서 현금 보유분을 뺀 것이다. 우리는 이미 Prufrock의 시가총액은 알고 있으나 이자부 부채의 시장가치를 모른다. 이럴 때 사용되는 흔한 방법은 이자부 부채의 장부가액에서 현금보유분을 차감하여 근삿값을 계산하는 것이다. Prufrock의 경우 기업가치는 다음과 같이 계산된다.

$$\begin{aligned} \text{EV} &= \text{시가총액} + \text{이자부 부채의 시가} - \text{현금} \\ &= \$2{,}904 + (\$196 + \$457) - \$98 = \$3{,}459\text{백만} \end{aligned} \quad (3.20)$$

EV 척도의 목적은 한 기업의 전체 주식을 다 매입하는 동시에 부채를 모두 탕감하는 데 얼마나 필요한지를 추정하는 것이다. 현금 보유분에 대한 차감은 만약 우리가 기업의 인수자가 될 경우, 현금을 즉시 부채상환이나 배당금 지급에 사용할 수 있다는 것을 반영하는 것이다.

기업가치 배수 재무분석가들은 주식가치보다 한 기업의 전체 사업가치를 추정하는 것이 목적일 경우 기업가치(enterprise value)에 근거한 평가 배수를 사용한다. 적절한 배수 계산을 위해, 기업가치를 EBITDA로 나눈다. Prufrock의 경우 기업가치 배수(enterprise value multiples)는 아래와 같이 계산한다.

$$\frac{\text{EV}}{\text{EBITDA}} = \frac{\$3{,}459}{\$876} = 3.95\text{배} \quad (3.21)$$

이 배수는 자본구조(이자비용), 세금, 자본지출이 다른 기업들을 서로 비교하는 데 특히 유용하다. 이 배수는 이러한 차이에 의해 직접적인 영향을 받지 않는다.

주가이익비율(P/E)과 마찬가지로 성장기회가 높은 기업의 EV 배수가 더 높을 것으로 예상된다.

이것으로 흔히 사용되는 재무비율에 대한 정의를 마친다. 더 많은 비율을 다룰 수 있지만 지금 현재로서는 이 정도면 충분하다. 이제 비율을 계산하는 것이 아니라, 사용하는 방법에 대하여 논의할 것이다. 〈표 3.6〉은 지금까지 논의한 비율들을 요약하여 보여준다.

예제 3.4

EV 배수

Atlantic Company, Inc.와 Pacific Depot, Inc.의 2019년 재무 데이터를 가지고 다음의 질문에 답하라(단위는 주가를 제외하고 $십억임).

	Atlantic Company, Inc.	Pacific Depot, Inc.
매출	$53.4	$78.8
EBIT	$ 4.1	$16.6
순이익	$ 2.3	$ 5.4
현금	$ 0.4	$ 2.0
감가상각	$ 1.5	$ 1.6
이자지급성 부채	$10.1	$14.7
총자산	$32.7	$40.5
주가(주당)	$53	$91
발행주식수	1.0	1.4
총자기자본	$11.9	$17.9

1. 순이익률, ROE, 시가총액, 기업가치(enterprise value), P/E 배수, EV 배수를 Atlantic Company, Inc.와 Pacific Depot, Inc.에 대해 각각 구하라.

	Atlantic Company, Inc.	Pacific Depot, Inc.
자기자본승수	$32.7/$11.9 = 2.75	$40.5/$17.9 = 2.26
자산회전율	$53.4/$32.7 = 1.63	$78.8/$40.5 = 1.95
순이익률	$2.3/$53.4 = 0.0431 또는 4.31%	$5.4/$78.8 = 0.0685 또는 6.85%
ROE	$2.3/$11.9 = 0.1933 또는 19.33%	$5.4/$17.9 = 0.3017 또는 30.17%
시가총액	1.0×$53 = $53십억	1.4×$91 = $127.4십억
기업가치	(1.0×$53)+$10.1−0.4 = $62.7십억	(1.4×$91)+$14.7−2.0 = $140.1십억
P/E 배수	$53/$2.3 = 23.04	$91/$5.4 = 16.856
EBITDA	$4.1+1.5 = $5.6	$16.6+1.6 = $18.2
EV 배수	$62.7/$5.60 = 11.20	$140.1/$18.2 = 7.70

2. 재무적 관점에서 볼 때, 당신은 이 두 회사에 대하여 어떻게 설명하겠는가? 2019년 Pacific Depot는 높은 ROE(부분적으로 더 높은 자산회전율과 더 높은 순이익률로 기인한)를 보였으나, Atlantic은 더 높은 EV 배수를 보였다. 두 회사의 P/E 배수는 전체 시장 대비 다소 높으므로, 미래 성장 가능성을 보여주고 있다.

표 3.6 일반적인 재무비율

I. 단기지급능력 또는 유동성 비율

$$\text{유동비율} = \frac{\text{유동자산}}{\text{유동부채}}$$

$$\text{당좌비율} = \frac{\text{유동자산} - \text{재고자산}}{\text{유동부채}}$$

$$\text{현금비율} = \frac{\text{현금}}{\text{유동부채}}$$

II. 장기지급능력 또는 재무레버리지 비율

$$\text{총부채비율} = \frac{\text{총자산} - \text{총자기자본}}{\text{총자산}}$$

$$\text{자기자본 부채비율} = \frac{\text{총부채}}{\text{총자기자본}}$$

$$\text{자기자본승수} = \frac{\text{총자산}}{\text{총자기자본}}$$

$$\text{이자보상배율} = \frac{\text{EBIT}}{\text{이자비용}}$$

$$\text{현금보상비율} = \frac{\text{EBITDA}}{\text{이자비용}}$$

III. 자산활용 또는 회전율 비율

$$\text{재고자산회전율} = \frac{\text{매출원가}}{\text{재고자산}}$$

$$\text{재고일수} = \frac{\text{365일}}{\text{재고자산회전율}}$$

$$\text{매출채권회전율} = \frac{\text{매출액}}{\text{매출채권}}$$

$$\text{매출채권일수} = \frac{\text{365일}}{\text{매출채권회전율}}$$

$$\text{총자산회전율} = \frac{\text{매출액}}{\text{총자산}}$$

$$\text{자본집약도} = \frac{\text{총자산}}{\text{매출액}}$$

IV. 수익성 비율

$$\text{순이익률} = \frac{\text{순이익}}{\text{매출액}}$$

$$\text{총자산이익률(ROA)} = \frac{\text{순이익}}{\text{총자산}}$$

$$\text{자기자본이익률(ROE)} = \frac{\text{순이익}}{\text{총자기자본}}$$

$$\text{ROE} = \frac{\text{순이익}}{\text{매출액}} \times \frac{\text{매출액}}{\text{총자산}} \times \frac{\text{총자산}}{\text{총자기자본}}$$

V. 시장가치 비율

$$\text{주가이익비율} = \frac{\text{주가}}{\text{주당순이익}}$$

$$\text{주가/장부가 비율} = \frac{\text{주당 시장가치}}{\text{주당 장부가치}}$$

$$\text{EV 배수} = \frac{\text{기업가치(enterprise value)}}{\text{EBITDA}}$$

3.3 듀퐁항등식

ROA와 ROE를 논의하면서 언급했듯이 이 두 수익성 척도의 차이는 부채 사용 또는 재무레버리지가 반영되기 때문에 발생한다. 여기서는 ROE를 구성요소로 분해하는 유명한 방법을 조사하여 이 비율들 사이의 관계를 설명한다.

ROE 자세히 살펴보기

먼저 ROE의 정의를 되짚어보자.

$$\text{ROE} = \frac{\text{순이익}}{\text{총자기자본}}$$

아무것도 변경하지 않고 위의 식에 총자산/총자산을 곱할 수 있다.

$$\begin{aligned}\text{ROE} &= \frac{\text{순이익}}{\text{총자기자본}} = \frac{\text{순이익}}{\text{총자기자본}} \times \frac{\text{총자산}}{\text{총자산}} \\ &= \frac{\text{순이익}}{\text{총자산}} \times \frac{\text{총자산}}{\text{총자기자본}}\end{aligned}$$

ROE는 이제 ROA와 자기자본승수의 곱으로 표시될 수 있다.

$$\text{ROE} = \text{ROA} \times \text{자기자본승수} = \text{ROA} \times (1 + \text{부채비율})$$

Prufrock의 경우, 자기자본승수는 1.38이고 ROA는 10.11%였다. 따라서 Prufrock의 ROE는 아래와 같이 계산될 수 있으며, 이는 앞에서 계산한 수치와 같다.

$$\text{ROE} = 10.11\% \times 1.38 = 0.1399 \text{ 또는 } 13.99\%$$

ROE와 ROA의 차이는 특정 업종에 있어서 상당히 클 수 있다. 예를 들면, 최근 재무제표에 따르면 Bank of America의 ROA는 0.82%에 불과하며, 이는 사실 은행업에서는 상당히 전형적인 수준이다. 그러나 은행들은 매우 많은 돈을 차입함에 따라, 그 결과로 높은 자기자본승수를 보인다. Bank of America의 경우 ROE는 약 6.71%였으며, 이는 8.18의 자기자본승수 때문이다.

ROE의 분자와 분모에 매출액을 곱하여 더 세분화할 수 있다.

$$\text{ROE} = \frac{\text{매출}}{\text{매출}} \times \frac{\text{순이익}}{\text{총자산}} \times \frac{\text{총자산}}{\text{총자기자본}}$$

위의 식을 재배열하면 아래와 같다.

$$\begin{aligned}\text{ROE} &= \underbrace{\frac{\text{순이익}}{\text{매출}} \times \frac{\text{매출}}{\text{총자산}}}_{\text{총자산이익률(ROA)}} \times \frac{\text{총자산}}{\text{총자기자본}} \qquad (3.22) \\ &= \text{순이익률} \times \text{총자산회전율} \times \text{자기자본승수}\end{aligned}$$

여기까지 종합해보면, ROA를 두 가지 요소, 즉 순이익률과 총자산회전율로 세분화하였다. 이 마지막 공식은 이를 널리 유행시킨 DuPont사의 이름을 따서 **듀퐁항등식**(DuPont identity)

이라 부른다.

Prufrock의 순이익률이 15.71%이고 총자산회전율이 0.64라는 점을 주목하면서 이러한 관계를 확인해 볼 수 있다. 따라서 ROE는 아래와 같이 되어야 한다.

$$\begin{aligned} \text{ROE} &= \text{순이익률} \times \text{총자산회전율} \times \text{자기자본승수} \\ &= 15.71\% \quad \times \quad 0.64 \quad \times \quad 1.38 \\ &= 0.1388 \text{ 또는 } 13.88\% \end{aligned}$$

이 13.99%의 ROE는 앞에서 계산한 수치와 똑같다.

듀퐁항등식은 ROE가 다음 세 가지에 영향을 받는다는 것을 말해준다.

1. 영업 효율성 (순이익률로 측정)
2. 자산활용 효율성 (총자산회전율로 측정)
3. 재무레버리지 (자기자본승수로 측정)

영업효율성이나 자산활용 효율성이 낮아지거나 또는 둘 다 낮아진다면 ROA의 감소로 나타날 것이고, 따라서 ROE의 하락으로 이어질 것이다.

듀퐁항등식에 따르면 ROE는 기업이 부채사용을 늘림으로써 증가시킬 수 있는 것으로 보인다. 그러나 부채가 증가함에 따라 이자비용도 증가하며, 이는 순이익률을 감소시켜 ROE를 낮추는 작용을 한다. 따라서 ROE는 경우에 따라 올라갈 수도 있고 내려갈 수도 있다. 더 중요하게는 자금조달 시 부채를 사용하면 많은 다른 효과가 유발될 수 있으며, 다음에 자세히 논의되겠지만 기업이 사용하는 레버리지의 크기는 그 기업의 자본구조 정책(capital structure policy)에 의해 결정된다.

이 절에서 논의한 ROE의 세분화는 재무제표를 체계적으로 분석하기 위한 편리한 접근 방법이다. ROE가 어떠한 이유로 만족스럽지 않다면, 듀퐁항등식은 그 원인을 찾기 위해 어디서부터 시작해야 하는지를 보여준다.[5]

듀퐁분석(및 일반 비율분석)을 사용하여 두 회사를 비교할 수 있다. Yahoo!와 Alphabet은 세계에서 잘 알려진 Internet 회사들이다. Yahoo!와 Alphabet은 한 기업의 재무적 성과에 대한 올바른 질문을 하는 데 듀퐁분석이 어떻게 유용하게 사용될 수 있는지를 보여주는 좋은 예일 것이다. Yahoo!와 Alphabet의 듀퐁분석이 〈표 3.7〉에 나와 있다.

표에서 볼 수 있듯이, 2015년 Yahoo!의 ROE는 2013년 10.4%에서 상당히 하락한 –15.0%였다. 반면, 2015년 Alphabet은 13.6%의 ROE를 기록하였으며, 이는 2013년 14.8%에서 하락한 것이었다. 이러한 정보를 가지고, 어떻게 Alphabet의 ROE가 Yahoo!보다 더 높을 수 있는지, Yahoo!의 ROE가 감소한 이유가 무엇인지 알 수 있을까?

듀퐁분석을 자세히 들여다보면 2015년 Yahoo!의 순이익률이 −87.5%로 매우 저조했던 것을 알 수 있다. 반면, 2015년 Alphabet의 순이익률은 연 21.8% 수준이었다. 두 회사의 ROE가

[5] 이 시점에서 재무평론가로 유명한 Abraham Briloff의 언급을 상기할 필요가 있겠다. "재무제표는 냄새를 맡을 수 있는 훌륭한 향수이지 삼킬 수 있는 것은 아니다."

표 3.7 Yahoo!와 Alphabet의 듀퐁분석

			Yahoo!				
회계연도 말	ROE	=	순이익률	×	총자산회전율	×	자기자본승수
12/15	−15.0%	=	−87.5%	×	0.110	×	1.56
12/14	0.4	=	3.1	×	0.075	×	1.59
12/13	10.4	=	29.2	×	0.279	×	1.29
			Alphabet				
회계연도 말	ROE	=	순이익률	×	총자산회전율	×	자기자본승수
12/15	13.6%	=	21.8%	×	0.509	×	1.23
12/14	13.6	=	21.4	×	0.511	×	1.24
12/13	14.8	=	21.6	×	0.539	×	1.27

순이익률 차이 때문이라고 할 수 있지만 Yahoo!와 Alphabet의 재무레버리지는 비슷한 수준이다. 그러나 Alphabet이 Yahoo!에 비하여 높은 ROE를 나타내는 또 다른 장점은 높은 자산활용도(asset utilization)라는 점도 주목해야 할 점이다.

재무제표 분석 시의 문제점

재무제표를 사용하는 데 있어 발생할 수 있는 추가적인 문제점들을 논의해보자. 재무제표 분석의 기본적인 문제점은 얼마나 많은 비율들을 확인해야 하고 어떻게 벤치마크를 설정해야 하는지에 대한 지침을 제공할 특정한 이론이 없다는 것이다.

다른 장에서 논의한 것처럼, 많은 경우에 가치와 위험에 대해 판단함에 있어서 재무적 이론과 경제적 논리는 유용한 지침을 제공한다. 그러나 재무제표를 분석하는 데는 이와 같은 유용한 이론과 논리가 거의 존재하지 않는다. 따라서 어느 비율이 가장 중요한지, 어느 정도의 비율을 높거나 낮다고 해야 하는지를 단언할 수 없다.

특히 심각한 문제는 많은 기업들이 다소 관련성이 없는 사업을 영위하고 있는 복합기업(conglomerate)이라는 것이다. GE가 대표적인 예이다. 이 기업의 연결재무제표(consolidated financial statements)를 보면 어떤 산업분류에도 깔끔하게 들어맞지 않는다는 것을 알 수 있다. 더 일반적으로 말하면 앞서 논의한 동종 집단 분석은 기업들이 엄밀하게 유사한 산업에 속해 있고, 그 산업이 상호 경쟁적이며, 운영방식이 유일한 경우에 가장 적합할 것이다.

점점 보편화되고 있는 또 다른 문제점은 산업 내의 주요 경쟁업체와 동종업체들이 전 세계적으로 흩어져 분포할 수도 있다는 것이다. 자동차 산업이 대표적인 예이다. 여기서 문제점은 미국 밖에서 작성되는 재무제표들은 반드시 GAAP를 준수할 필요가 없다는 것이다. 나라마다 기준과 절차가 서로 다르기 때문에 국경을 벗어나 재무제표를 비교하기는 매우 어렵다.

심지어는 같은 사업 군에 속해 있는 기업들도 비교할 수 없을지 모른다. 예를 들면, 전력생산을 주로 하는 발전회사들은 같은 그룹(SIC 4911)에 분류되어 있다. 이 그룹은 비교적 동질적이라고 여겨지고 있다. 그러나 대부분의 전력회사들은 정부나 법의 규제를 받는 독점회사들이기 때문에, 서로 간에 경쟁이 필요하지 않다. 또한 어떤 회사들은 주식회사이며, 또 어떤 회사들

은 주주가 없는 협동조합 형태이다. 전력을 생산하는 방법도 풍력, 수력에서 원자력에 이르기까지 다양해서, 이 회사들의 영업활동은 아주 다를 수밖에 없다. 마지막으로, 수익성은 규제 환경에 따라 크게 영향을 받으므로 다른 지역에 기반한 전력회사들은 비슷할 수도 있으나 다른 수익성을 보인다.

다른 일반적인 문제점들도 빈번하게 발생한다. 첫째, 각기 다른 기업은 각기 다른 회계기준을 사용한다. 예를 들어, 재고에 대한 회계 절차가 다르면 재무재표를 비교하기가 어려워진다. 둘째, 각 기업의 회계연도는 다르다. 계절성 사업을 하는 기업(크리스마스 시즌이 대목인 소매업자)의 경우에 재무제표 계정들의 값들이 심하게 변동하므로 특정 시점을 기준으로 재무상태를 비교하기가 어렵다. 마지막으로, 자산처분으로부터 발생하는 일회성 이익 등과 같이 통상적이지 않거나 일시적인 사건은 기업의 재무성과에 영향을 줄 수 있다. 따라서 이러한 사건들은 기업들을 비교하는 데 오류를 초래할 수 있다.

3.4 재무계획모형

재무계획은 재무제표의 또 다른 중요한 사용처이다. 대부분의 재무계획 모형은 추정재무제표(pro forma financial statements)를 산출한다. 프로 포마(pro forma)란 "형태로서(as a matter of form)"를 의미하므로, 추정재무제표는 기업의 추정된 미래 재무상황을 요약하기 위하여 사용하는 형태라는 것을 말해준다.

단순 재무계획모형

비교적 단순한 예를 가지고 재무계획모형에 대한 논의를 시작해보자. Computerfield Corporation의 가장 최근 재무제표는 다음과 같다.

특별한 언급이 없는 한 Computerfield의 재무계획자는 모든 변수들이 매출과 직접적으로 연결되어 있으며 현재의 상태가 최상이라고 가정한다. 이는 모든 항목들이 매출과 정확하게 같은 비율로 변한다는 것을 의미한다. 이 가정은 요점을 전달하기 위해서 단순화한 것이다.

COMPUTERFIELD CORPORATION
재무제표

손익계산서		재무상태표			
매출액	$1,000	자산	$500	부채	$250
비용	800			자기자본	250
순이익	$ 200	계	$500	계	$500

매출액이 $1,000에서 $1,200으로 20% 증가한다고 하자. 재무계획자는 비용도 $800에서 $960(= $800 × 1.2)으로 20% 증가할 것으로 추정한다. 따라서 추정손익계산서는 다음과 같이 될 것이다.

추정손익계산서	
매출액	$1,200
비용	960
순이익	$ 240

모든 변수들이 20% 증가할 것이라고 가정함으로써 역시 추정재무상태표를 쉽게 작성할 수 있다.

추정재무상태표					
자산	$600	(+100)	부채	$300	(+ 50)
			자기자본	300	(+ 50)
계	$600	(+100)	계	$600	(+100)

모든 항목이 단순히 20% 증가하였다는 데 주목하자. 괄호 안의 수치는 항목들의 증감액을 나타낸다.

이제 이들 두 추정재무제표를 조정해야 한다. 예를 들면, 순이익은 $240인데 어떻게 자기자본은 단지 $50 증가할 수 있는가? 아마도 Computerfield가 그 차이인 $190(= $240 − $50)을 현금배당으로 지급했음에 틀림없다. 이 경우 배당금은 "끼워넣는(plug)" 변수이다.

Computerfield가 $190을 지급하지 않았다고 가정하자. 이 경우에 유보이익은 240만큼 증가할 것이고, 자기자본은 $490(기초자기자본 $250 + 순이익 $240)으로 증가할 것이며, 부채는 총자산을 $600으로 맞추기 위해서 일부가 상환되어야 한다. 처음에 부채가 $250이었으므로 Computerfield는 $140($250 − $110)을 상환해야 할 것이다. 그 결과 추정재무상태표는 아래와 같이 조정될 것이다.

추정재무상태표					
자산	$600	(+100)	부채	$110	(−140)
			자기자본	490	(+240)
계	$600	(+100)	계	$600	(+100)

이 경우에는 부채가 총자산을 $600으로 맞추기 위해 사용된 조정 변수이다.

이 예는 매출액의 성장과 재무정책 사이의 상호작용을 보여준다. 매출액이 증가함에 따라 총자산도 증가한다. 이는 기업이 매출의 증가를 지원하기 위해서는 순운전자본과 고정자산에 투자해야 하기 때문이다. 자산이 증가하기 때문에 재무상태표의 우변인 부채 및 자기자본 총계도 역시 증가할 것이다.

이러한 단순한 예로부터 주목해야 할 것은 부채와 자기자본은 기업의 자금조달정책과 배당정책에 따라 변화한다는 점이다. 자산의 증가로 인하여 기업은 이를 위한 자금조달 방법을 결정해야 한다. 이는 엄밀하게는 경영의사 결정에 해당한다. 앞의 예에서는 기업이 외부로부터 자금을 조달할 필요가 없었다. 그러나 이는 일반적인 경우는 아닐 것이다. 따라서 더 자세한 상황은 다음에서 알아보기로 하자.

매출액비율법

앞에서는 모든 항목이 매출액과 같은 비율로 증가하는 단순 모형을 살펴보았다. 이는 어떤 항목들에 대해서는 합리적인 가정일 수 있지만, 장기차입과 같은 항목들에 대해서는 아마도 그렇지 않을 것이다. 왜냐하면, 장기차입 금액은 경영진이 정책에 따라 결정하는 것이므로 차입금액이 반드시 매출액 수준과 직접 관련될 필요는 없기 때문이다.

여기에서는 앞의 단순 모형을 확장한다. 기본적인 아이디어는 손익계산서와 재무상태표 계정들을 매출액과 직접 연관되어 변하는 부분과 그렇지 않은 부분으로 나누는 것이다. 그러면 예상 매출액이 주어졌을 때 이를 지원하기 위해 기업이 얼마나 많은 자금이 필요한지를 계산할 수 있을 것이다.

다음에 설명하는 재무계획모형은 **매출액비율법**(percentage of sales approach)에 근거하고 있다. 우리의 목표는 추정재무제표를 작성하는 빠르고 실질적인 방법을 개발하는 것이다. 일부 부차적인 사항에 대한 논의는 뒤로 미루도록 하겠다.

손익계산서 〈표 3.8〉에 나와 있는 Rosengarten Corporation의 가장 최근 손익계산서에서부터 시작하자. 단순화를 위해 비용, 감가상각비, 이자 등을 하나의 비용항목에 포함했다.

Rosengarten은 내년 매출액이 25% 증가하여 $1,250(= $1,000 × 1.25)이 될 것으로 예상한다. 추정손익계산서를 작성하기 위해서 총비용이 매출액의 83.3%(= $833/$1,000)로 유지될 것으로 가정한다. 이러한 가정하에서 작성된 Rosengarten의 추정손익계산서가 〈표 3.9〉에 나타나 있다.

표 3.8

ROSENGARTEN CORPORATION 손익계산서		
매출액		$1,000
비용		833
법인세 차감전 이익		$ 167
법인세 (21%)		35
순이익		$ 132
배당금	$44	
유보이익	88	

표 3.9

ROSENGARTEN CORPORATION 추정손익계산서	
매출액 (추정)	$1,250
비용 (매출액의 83.3%)	1,041
법인세 차감전 이익	$ 209
법인세 (21%)	44
순이익	$ 165

여기서 비용이 매출액의 일정 비율이라고 가정함으로써 순이익률을 일정하게 하는 효과를 거둘 수 있다. 이를 확인하기 위해 순이익률이 손익계산에서 13.2%(= $132/1,000)였으며, 추정손익계산서에서도 역시 13.2%(= $165/1,250)라는 것을 주목하자. 따라서 이 비율은 변하지 않았음을 알 수 있다.

다음으로 배당금 지급을 추정할 필요가 있다. 이 금액은 Rosengarten 경영진의 의사결정에 달려 있다. Rosengarten은 순이익의 일정 비율을 현금배당의 형태로 지급하는 정책을 사용한다고 가정하자. 가장 최근 연도의 **배당성향**(dividend payout ratio)은 다음과 같다.

$$\begin{aligned} \text{배당성향} &= \text{현금배당액}/\text{순이익} \\ &= \$44/132 = 0.3333 \text{ 또는 } 33.33\% \end{aligned} \quad (3.23)$$

또한 순이익에 대한 이익잉여금 증가의 비율을 다음과 같이 계산할 수 있다:

$$\text{이익잉여금 순증}/\text{순이익} = \$88/132 = 0.6667 \text{ 또는 } 66.67\%$$

이 비율은 **유보율**(retention ratio) 또는 **재투자율**(plowback ratio)이라고 부르며, 지급되지 않고 남아 있는 부분이기 때문에 (1 − 배당성향)과 같다. 배당성향이 일정하다고 가정하면 추정배당금과 추정유보이익은 다음과 같이 될 것이다.

$$\begin{aligned} \text{주주에게 지급된 추정배당금} &= \$165 \times 0.3333 = \$\ \ 55 \\ \text{추정유보이익} &= \$165 \times 0.6667 = \underline{\ \ 110} \\ &= \underline{\underline{\$165}} \end{aligned}$$

재무상태표 추정재무상태표를 작성하기 위해서 〈표 3.10〉에 주어진 가장 최근 재무상태표에서 시작하도록 하자.

재무상태표에서 일부 항목들은 매출액과 직접 연관되어 변하고, 다른 항목들은 그렇지 않다고 가정한다. 매출액과 연동되어 변하는 항목들은 각각 최근 매출액의 비율로서 표시되어 있으

표 3.10

ROSENGARTEN CORPORATION
재무상태표

자산			부채 및 자기자본		
	$	매출액의 비율		$	매출액의 비율
유동자산			유동부채		
현금	$ 160	16%	매입채무	$ 300	30%
매출채권	440	44	지급어음	100	n/a
재고자산	600	60	계	$ 400	n/a
계	$1,200	120	장기부채	$ 800	n/a
고정자산			자기자본		
순 공장 및 설비	$1,800	180	보통주와 자본잉여금	$ 800	n/a
			유보이익	1,000	n/a
			계	$1,800	n/a
자산 총계	$3,000	300%	부채 및 자기자본 총계	$3,000	n/a

며, 그렇지 않은 항목들은 '해당 없음'(n/a 혹은 not applicable)로 표시되어 있다.

예를 들면, 좌변의 자산에서 재고자산은 최근 매출액의 60%(=$600/1,000)와 같다. 이 비율이 다음 연도에도 적용된다고 가정하므로 매출액이 $1 증가하면 재고자산은 $0.60만큼 증가할 것이다. 매출액에 대한 총자산의 비율은 3배, 혹은 300%(=$3,000/1,000)이다.

자산의 매출에 대한 비율은 가끔 **자본집약도**(capital intensity ratio)로 불린다. 이 비율은 매출액 $1을 창출하기 위해 필요한 자산금액이며, 이 비율이 높을수록 더 자본집약적 기업이라고 할 수 있다. 또한, 이 비율은 앞에서 정의한 총자산회전율의 역수라는 데 주목하자.

Rosengarten의 경우 이 비율이 일정하다고 가정하면, 매출액 $1을 창출하기 위해 총자산 $3이 필요하다(분명히 Rosengarten은 상당히 자본집약적인 사업을 영위하고 있다). 그러므로 매출액이 $100 증가하려면 Rosengarten은 총자산을 그 세 배인 $300만큼 증가시켜야 할 것이다.

재무상태표 우변의 부채에서는 매입채무가 매출액과 연동되어 변화한다. 그 이유는 매출이 증가함에 따라 공급자에게 더 많은 주문을 해야 하기 때문이다. 반면에 지급어음은 은행차입과 같은 단기채무이다. 그 항목을 변화시키는 행위를 하지 않는 한, 이 항목은 변화하지 않는다. 따라서 이 항목은 'n/a'로 표시한다.

유사한 이유로, 장기부채도 매출액에 연동하여 자동적으로 변하지 않기 때문에 'n/a'로 표기한다. 이는 보통주와 납입(자본)잉여금에 대해서도 마찬가지이다. 우변의 마지막 항목인 이익잉여금은 매출액에 따라 변할 것이지만, 매출액에 대한 단순비율로 나타나지는 않을 것이다. 대신에 추정순이익과 추정배당금에 기초하여 이익잉여금의 변화를 계산할 것이다.

이제 Rosengarten의 추정재무상태표를 부분적으로 작성할 수 있다. 추정액을 계산할 수 있는 곳마다 산출한 비율을 사용한다. 예를 들면, 순고정자산은 최근 매출액의 180%이므로, 매출액이 $1,250으로 증가할 경우 순고정자산은 $2,250(= 1.80 × $1,250)이 될 것이며, 이는 설비와 장비에서 $450(= $2,250 − 1,800)의 증가를 의미한다. 매출액과 직접적으로 연동되어 있지 않은 항목에 대해서는 어떠한 변화도 없다고 가정하여 단순하게 기존 금액을 사용한다는 데 주의해야 한다. 결과는 〈표 3.11〉에 나타나 있다. 이익잉여금의 변화는 우리가 앞에서 계산한 추정 이익잉여금의 증가분인 $110과 같다.

추정재무상태표를 살펴보면, 자산이 $750 증가하도록 추정되어 있다는 것을 알 수 있다. 그러나 추가적인 자금조달이 없다면 부채와 자기자본은 단지 $185 증가하게 되므로 $565(= $750 − 185)가 부족하게 된다. 이 부족액을 **필요외부자금**(external financing needed: EFN)이라고 한다.

추정재무상태표를 작성하지 않고도 EFN을 다음과 같이 직접 계산할 수 있다.

$$\text{EFN} = \frac{\text{총자산}}{\text{매출}} \times \Delta\text{매출} - \frac{\text{자발적 부채}}{\text{매출}} \times \Delta\text{매출} - PM \times \text{추정매출액} \times (1 - d) \quad \textbf{(3.24)}$$

위 식에서 'Δ매출'은 매출의 추정 변동액(단위: $)을 뜻한다. 위의 예에서 내년 추정매출액은 전년도로부터 $250 증가한 $1,250이므로 'Δ매출'은 $250이다. '자발적 부채(spontaneous li-

표 3.11

ROSENGARTEN CORPORATION 추정재무상태표 일부					
자산			부채 및 자기자본		
	내년	올해 대비 변동치		내년	올해 대비 변동치
유동자산			유동부채		
현금	$ 200	$ 40	매입채무	$ 375	$ 75
매출채권	550	110	지급어음	100	0
재고자산	750	150	계	$ 475	$ 75
계	$1,500	$300	장기부채	$ 800	$ 0
고정자산			자기자본		
순 공장 및 설비	$2,250	$450	보통주와 자본잉여금	$ 800	$ 0
			유보이익	1,110	110
			계	$1,910	$110
자산 총계	$3,750	$750	부채 및 자기자본 총계	$3,185	$185
			필요외부자금	$ 565	$565

abilities)'란 매출액과 더불어 자연스럽게 증감하는 부채를 의미한다. Rosengarten의 자발적 부채는 $300의 매입채무이다. 마지막으로 *PM*과 *d*는 순이익률과 배당성향으로 이전에 각각 13.2%와 33.33%로 계산했다. 총자산과 매출액은 각각 $3,000과 $1,000이므로 EFN은 다음과 같이 계산된다.

$$\text{EFN} = \frac{\$3{,}000}{\$1{,}000} \times \$250 - \frac{\$300}{\$1{,}000} \times \$250 - 0.132 \times \$1{,}250 \times (1 - 0.3333) = \$565$$

이 계산이 세 부분으로 이루어져 있는 것을 주목하자. 첫 번째 부분은 자산의 추정된 증가분으로 자본집약도를 이용하여 계산한다. 두 번째 부분은 부채의 자발적 증가이다. 세 번째 부분은 순이익률과 추정매출액의 곱인 추정순이익에 유보율을 곱하여 계산한다. 따라서 세 번째 부분은 이익잉여금의 추정된 증가분이다.

특정 시나리오 우리의 재무계획 모형은 이제 "좋은 뉴스이기도 하고, 나쁜 뉴스이기도 하다"는 농담을 떠오르게 한다. 좋은 뉴스는 매출액이 25% 증가할 것으로 추정되고 있는 것이며, 나쁜 뉴스는 Rosengarten이 새로 $565의 자금을 조달하지 못한다면 이를 성취할 수 없다는 점이다.

이는 어떻게 재무계획 절차가 문제점과 잠재적인 갈등을 알아낼 수 있는지 보여주는 좋은 예이다. 예를 들어 Rosengarten이 부채를 추가로 조달하거나 새로 주식을 발행하지 않는다고 하면, 매출액 25%의 증가는 아마도 실현 가능하지 않을 것이다.

Rosengarten이 신규로 $565의 자금을 조달하기로 한다면 단기차입, 장기차입, 신주발행이라는 세 가지 방법을 이용할 수 있다. 이를 어떻게 배합할 것인가는 경영진의 결정에 달려 있으며, 여기서는 많은 가능성 중 하나만 설명하도록 한다.

Rosengarten이 필요한 자금을 차입하기로 했다고 가정하자. 이 경우 일부는 단기로 나머지

표 3.12

ROSENGARTEN CORPORATION 추정재무상태표					
자산			부채 및 자기자본		
	내년	올해 대비 변동치		내년	올해 대비 변동치
유동자산			유동부채		
현금	$ 200	$ 40	매입채무	$ 375	$ 75
매출채권	550	110	지급어음	325	225
재고자산	750	150	계	$ 700	$300
계	$1,500	$300	장기부채	$1,140	$340
고정자산			자기자본		
순 공장 및 설비	$2,250	$450	보통주와 자본잉여금	$ 800	$ 0
			유보이익	1,110	110
			계	$1,910	$110
자산 총계	$3,750	$750	부채 및 자기자본 총계	$3,750	$750

는 장기로 차입하는 것을 선택할 수 있다. 예를 들면, 유동자산은 $300 증가한 반면에 유동부채는 단지 $75 증가하였다. Rosengarten은 $225(= $300 − 75)를 단기지급어음으로 빌리고, 순운전자본이 변화하지 않도록 할 수 있다. 그렇다면 필요한 $565에서 나머지 $340(= $565 − 225)은 장기부채를 통해서 조달해야 할 것이다. 〈표 3.12〉는 Rosengarten의 완성된 추정재무상태표이다.

여기서는 단기부채와 장기부채 조합을 끼워넣기(plug)로 이용하였다. 그러나 이는 가능한 전략 중 하나에 불과하지 결코 최선의 전략이 아니라는 것을 강조하고 싶다. 이외에도 많은 가능한 다른 시나리오들이 존재한다. 이전에 논의한 다양한 재무비율들이 여기서 아주 편리하게 사용된다. 예를 들면, 앞의 시나리오에서 새로 추정된 부채 수준이 적절한지를 보기 위해 유동비율과 총부채비율을 살펴볼 수 있다.

3.5 외부자금조달과 성장

필요한 외부자금조달과 성장은 분명히 관련되어 있다. 다른 조건이 유지된다면, 매출액이나 자산의 성장률이 높을수록 외부자금조달에 대한 필요성은 더욱 커진다. 앞 절에서 우리는 성장률을 주어진 것으로 가정하고, 그 성장을 성취하기 위해 필요한 외부자금조달의 금액을 결정하였다. 이번 절에서는 상황을 바꾸어, 기업의 재무정책을 주어진 것으로 가정하고, 재무정책과 성장을 위한 투자자금을 조달할 수 있는 기업의 능력에 대한 관계를 살펴본다.

다만 우리가 성장에 초점을 맞추는 것은 성장이 적절한 목표이기 때문이 아니라, 목적상 성장이 투자와 재무의사결정의 상호작용을 살펴보는 편리한 수단이기 때문이다. 실제로 계획의 기초로 성장을 사용하는 것은 계획과정에서 활용된 높은 수준의 집적효과를 반영한 것으로 평가한다.

표 3.13

HOFFMAN COMPANY
손익계산서와 재무상태표

손익계산서

매출액		$500
비용		416
법인세 차감전 이익		$ 84
법인세 (21%)		18
순이익		$ 66
배당금	$22	
이익잉여금	44	

재무상태표

자산			부채 및 자기자본		
	$	매출액의 비율		$	매출액의 비율
유동자산	$200	40%	총부채	$250	n/a
순 고정자산	300	60	자기자본	250	n/a
자산총계	$500	100%	부채 및 자기자본 총계	$500	n/a

EFN과 성장의 관계

첫 번째로 해야 할 일은 필요외부자금(EFN)과 성장의 관계를 설정하는 것이다. 이를 위해 〈표 3.13〉에 있는 Hoffman Company의 간단한 손익계산서와 재무상태표를 살펴보자. 재무상태표를 단순화하기 위해 단기와 장기부채를 합쳐서 하나의 총부채로 표시하였다. 실제로는 어떠한 유동부채도 매출액과 연동되어 저절로 변하지 않는다고 가정한다. 이 가정은 들리는 만큼 그렇게 제한적인 것은 아니다. 유동부채(예, 매입채무)가 매출액과 연동되어 변한다면 그러한 계정은 유동자산에서 상계되었을 것으로 가정할 수 있다. 또한 손익계산서의 감가상각비, 이자, 매출원가 등도 합쳐서 하나의 비용으로 표시되어 있다.

Hoffman Company는 내년의 매출을 $100 증가한 $600으로 예상하고 있다. 매출액의 증가율은 20%(= $100/500)이다. 매출액비율법과 〈표 3.13〉의 수치를 사용하여 〈표 3.14〉와 같은 추정손익계산서와 추정재무상태표를 작성할 수 있다. 〈표 3.14〉에 보이듯이, 20%의 성장률에서 Hoffman은 $100의 새로운 자산이 필요하다. 예상되는 이익잉여금 $53.2을 고려하면, 외부자금조달(EFN)은 $46.8(= $100 − 53.2)가 필요하다.

Hoffman의 부채비율(〈표 3.13〉 참조)은 당초에 1.0(= $250/250)이었다. 만약 Hoffman이 신규로 주식을 발행하기를 원치 않는다고 하면, 필요외부자금 $46.8는 차입되어야 할 것이다. 그렇다면 새로운 부채비율은 얼마가 될 것인가? 〈표 3.14〉에서 총자기자본은 $303.2로 추정된다는 것을 알 수 있다. 새로운 총부채는 당초 $250에 신규차입분 $46.8를 합한 $296.8가 될 것이다. 따라서 부채비율은 1.0에서 0.98(= $296.8/$303.2)로 약간 하락한다.

〈표 3.15〉는 몇 개의 성장률 가정하에 추정한 EFN을 보여준다. 또한 각 시나리오에 대해

표 3.14

HOFFMAN COMPANY
추정 손익계산서와 재무상태표

손익계산서

매출액(추정)		$600.0
비용 (매출액의 83.2%)		499.2
법인세 차감전 이익		$100.8
법인세 (21%)		21.2
순이익		$ 79.6
배당금	$26.4	
이익잉여금 증가	53.2	

재무상태표

자산	$	매출액의 비율	부채 및 자기자본	$	매출액의 비율
유동자산	$240.0	40%	총부채	$250.0	n/a
순 고정자산	360.0	60	자기자본	303.2	n/a
자산총계	$600.0	100%	부채 및 자기자본 총계	$553.2	n/a
			필요외부자금	$ 46.8	n/a

추정이익잉여금 증가액과 추정부채비율도 나타나 있다(연습을 위해 이들 중 몇 개만 계산해보시오). 부채비율은 필요한 자금이 있으면 차입하고 잉여자금이 있으면 부채상환에 사용된다는 가정하에 결정된다. 따라서 무성장의 경우, 부채는 $250에서 $205.6으로 $44.4만큼 줄어든다. 〈표 3.15〉의 두 번째 열에 있는 요구 자산의 증가는 단순히 당초 자산 $500에 성장률을 곱한 것이다. 비슷한 방법으로 이익잉여금 증가는 당초 이익잉여금 $44에 ($1 + 성장률)을 곱해서 구한다.

〈표 3.15〉는 상대적으로 낮은 성장률에서 Hoffman이 잉여를 내어 부채비율이 하락하는 것을 보여준다. 그러나 성장률이 약 10% 수준까지 상승하면, 잉여는 부족으로 돌아서게 된다. 만약 성장률이 약 20%로 추가로 상승하게 되면, 부채비율은 당초 값인 1.0을 상회하게 된다.

〈그림 3.1〉은 매출액 성장률과 필요외부자금의 관계를 더욱 상세하게 설명하기 위해 〈표 3.15〉에 있는 요구 자산증가액과 이익잉여금의 증가를 성장률에 대비해서 그래프로 보여준다. 그림에 보이듯이, 신규자산에 대한 필요가 이익잉여금의 증가보다 훨씬 빠르게 커지므로 이익잉여금에 의해 공급되는 내부 자금조달은 빠르게 소진된다.

표 3.15
Hoffman의 성장과 추정 EFN

추정 매출성장률	요구 자산증가분	추정 유보이익 증가분	필요외부자금 (EFN)	추정 부채비율
0%	$ 0	$44.4	−$44.4	0.70
5	25	46.6	− 21.6	0.77
10	50	48.8	1.2	0.84
15	75	51.0	24.1	0.91
20	100	53.2	46.8	0.98
25	125	55.5	69.5	1.05

그림 3.1
Hoffman Company의 성장률과 관련된 필요자금

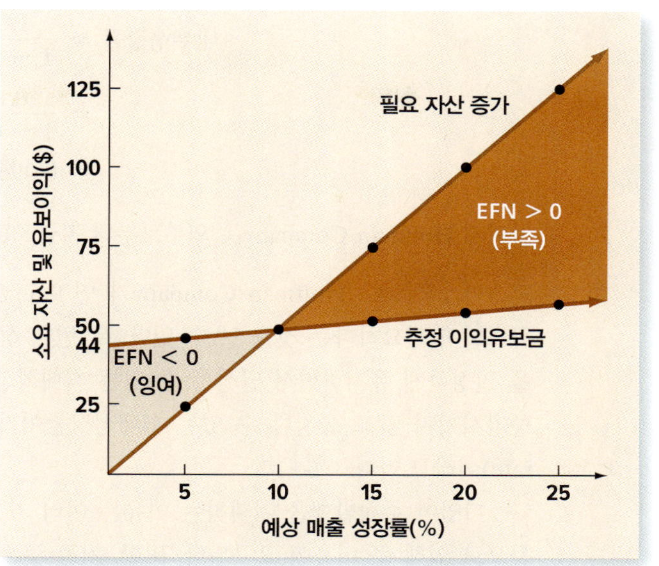

이와 같이 한 기업의 자금잉여나 자금부족은 성장에 달려 있다. Microsoft가 좋은 예이다. 1990년대 이 기업의 매출성장률은 10년간 연평균 30%를 훨씬 상회하는 놀라운 기록을 세웠다. 이러한 성장률은 2000~2010년 기간에는 현저하게 낮아졌지만, Microsoft의 성장은 높은 순이익률과 어우러져 엄청난 잉여현금을 창출하였다. Microsoft는 배당금도 거의 지급하지 않았기 때문에 현금은 그대로 축적되었고, 2017년 기준 현금 및 단기투자자산은 $133십억을 넘어섰다.

재무정책과 성장

이전 논의에서 외부자금조달과 성장 사이에는 직접적인 연결고리가 있는 것을 알았다. 이번에는 장기 계획에 특히 유용한 두 가지 성장률에 대해 논의하도록 하겠다.

내부성장률 첫 번째 성장률은 외부로부터 자금조달을 하지 않고 달성할 수 있는 최대성장률이다. 이는 기업이 내부자금조달만으로 유지할 수 있는 성장률이기 때문에 **내부성장률**(internal growth rate)이라고 불린다. 〈그림 3.1〉에서 내부성장률은 두 선이 교차하는 점에서의 성장률이며, 이 점에서 요구되는 자산 증가와 이익잉여금의 증가가 정확하게 일치하므로 EFN은 0이 된다. 이 현상은 성장률이 10%보다 약간 작을 때 발생한다. 간단한 수리적 조작을 통해서 내부성장률은 아래와 같이 더욱 정확하게 정의될 수 있다(연습문제 28번 참조).

$$\text{내부성장률} = \frac{\text{ROA} \times b}{1 - \text{ROA} \times b} \tag{3.25}$$

여기서 ROA는 총자산이익률이며, b는 재투자율 또는 유보율이다.

Hoffman Company의 예에서, 순이익은 $66이며 총자산은 $500이었다. 따라서 ROA는 13.2%(= $66/500)이다. 순이익 $66에서 $44는 유보되었으므로 재투자율 b는 0.6667 (= $44/66)이 된다. 이 수치들을 이용하여 다음과 같이 내부성장률을 계산할 수 있다.

$$\text{내부성장률} = \frac{\text{ROA} \times b}{1 - \text{ROA} \times b} = \frac{0.132 \times 0.6667}{1 - 0.132 \times 0.6667} = 0.0965 \text{ 또는 } 9.65\%$$

따라서 Hoffman Company는 외부로부터 자금조달을 하지 않고 연 최대 9.65% 성장할 수 있다.

지속가능성장률 Hoffman Company가 연 9.65%보다 더 빠르게 성장하기를 원한다면 외부자금조달이 필요하다는 것을 알 수 있다. 두 번째 성장률은 기업이 자기자본 조달 없이, 부채비율을 일정하게 유지하면서 달성할 수 있는 최대성장률이다. 이 성장률은 기업이 재무레버리지를 증가시키지 않고 유지할 수 있는 최대성장률이기 때문에 **지속가능성장률**(sustainable growth rate)이라고 한다.

기업이 주식발행을 기피하는 이유는 여러 가지이다. 예를 들어, 신주발행에는 높은 수수료 등으로 인해 큰 비용이 요구된다. 또한, 기존 주주들이 새로운 주주들을 맞이하거나, 혹은 스스로 추가 투자하는 것 모두 원하지 않을 수 있다. 기업마다 최적으로 여기는 특정 부채비율이 있을 수 있다는 점은 차후에 논의될 것이고, 여기서는 부채비율이 주어지는 것으로 가정하자.

〈표 3.15〉에서 Hoffman의 지속가능성장률은 약 20%이다. 왜냐하면 이 성장률에서 부채비율이 거의 1.0이기 때문이다. 정확한 값은 다음과 같이 계산될 수 있다(연습문제 28 참조).

$$\text{지속가능성장률} = \frac{\text{ROE} \times b}{1 - \text{ROE} \times b} \tag{3.26}$$

ROE가 ROA 대신 사용된다는 점을 제외하면 지속가능성장률의 공식은 내부성장률의 공식과 동일하다.

Hoffman의 순이익은 $66이고 총자기자본은 $250이었다. 따라서 ROE는 26.4%(= 66/250)이다. 재투자율 b는 여전히 0.6667이므로 지속가능성장률은 아래와 같이 계산할 수 있다.

$$\text{지속가능성장률} = \frac{\text{ROE} \times b}{1 - \text{ROE} \times b} = \frac{0.264 \times 0.6667}{1 - 0.264 \times 0.6667} = 0.2136 \text{ 또는 } 21.36\%$$

따라서 Hoffman은 외부로부터 자기자본을 조달하지 않고 연 최대 21.36%로 성장할 수 있다.

예제 3.5

지속가능성장 Hoffman이 정확하게 21.36%의 지속가능성장률로 성장한다고 가정하자. 추정재무제표는 어떠할 것인가?

성장률 21.36%로 매출액은 $500에서 $606.8로 오를 것이다. 추정손익계산서는 다음과 같다.

HOFFMAN COMPANY 추정손익계산서		
매출액 (추정)		$606.8
비용 (매출액의 83.3%)		505.4
법인세 차감전 이익		$101.4
법인세 (21%)		21.3
순이익		$ 80.1
배당금	$26.7	
이익잉여금 증가	53.4	

추정재무상태표도 다음과 같이 작성된다. 이 경우 유보이익 $53.4가 증가되기 때문에 자기자본은 $250에서 $303.4로 증가할 것이다. 결과에서 볼 수 있듯이 EFN은 $53.4이다.

HOFFMAN COMPANY
추정재무상태표

자산			부채 및 자기자본		
	$	매출액의 비율		$	매출액의 비율
유동자산	$242.7	40%	총부채	$250.0	n/a
순 고정자산	364.1	60	자기자본	303.4	n/a
자산총계	$606.8	100%	부채 및 자기 자본 총계	$553.4	n/a
			필요외부자금	$ 53.4	n/a

Hoffman이 이 금액을 차입한다면 총부채는 $303.4로 증가할 것이며, 부채비율은 정확하게 1.0이 되어 이전에 산출한 값과 일치하게 된다. 다른 성장률 가정하에서는 또 다른 변화가 수반될 것이다.

성장의 결정요인 앞에서 자기자본이익률(ROE)은 듀퐁항등식을 사용하여 몇 가지 구성요소로 나뉠 수 있다는 것을 배웠다. ROE는 지속가능성장률의 두드러진 결정요인이므로 ROE를 결정하는 중요한 요인들이 역시 성장의 중요한 결정요인들이라는 것은 명백하다.

이전 논의로부터 ROE는 세 가지 요소의 곱으로 표현될 수 있다는 것을 알고 있다.

$$\text{ROE} = \text{순이익률} \times \text{총자산회전율} \times \text{자기자본승수}$$

지속가능성장률의 식을 보면 ROE의 증가는 분자를 더 크게 하고 분모를 더 작게 하여 지속가능성장률을 증가시킨다는 것을 알 수 있다. 재투자율의 증가도 같은 효과를 가진다.

종합하면 지속적인 성장에 대한 기업의 능력은 다음의 네 가지 요소에 달려 있다.

1. **순이익률:** 순이익률의 증가는 내부적으로 자금을 창출하려는 기업의 능력을 증가키시므로 기업의 지속가능성장률을 상승시킨다.
2. **배당정책:** 순이익에서 배당금으로 지급하는 비율이 감소하면 유보율이 증가할 것이다. 이러한 증가는 내부적으로 자기자본을 창출하므로 지속가능성장률을 상승시킨다.
3. **재무정책:** 부채비율의 증가는 기업의 재무레버리지를 증가시킨다. 이는 부채의 추가적인

차입을 가능하게 하므로 지속가능성장률을 상승시킨다.

4. **총자산회전율**: 총자산회전율의 증가는 자산 $1당 더 많은 매출액을 창출한다는 것을 의미한다. 이는 매출의 증가에 따른 새로운 자산의 필요성을 감소시키므로 지속가능성장률을 상승시킨다. 총자산회전율의 증가는 자본집약도의 감소와 동일하다는 점을 명심해야한다.

지속가능성장률은 재무계획에 매우 유용한 정보이다. 이는 기업의 네 가지 주요 관심영역—순이익률로 측정한 영업의 효율성, 유보율로 측정한 배당정책, 부채비율로 측정한 재무정책, 총자산회전율로 측정한 자산활용의 효율성—사이의 명확한 관계를 보여준다.

예제 3.6

순이익률과 지속가능성장 Sandar Co.의 부채비율은 0.5, 순이익률은 3%, 배당성향은 40%, 자본집약도는 1이다. 지속가능성장률은 얼마인가? 만약 Sandar가 10%의 지속가능성장률을 목표로 하고 이를 순이익률 개선을 통해 이루고자 한다면, 이 계획에 대해 어떻게 생각하는가?

ROE는 4.5%(= 0.03 × 1 × 1.5)이다. 유보율은 0.6(= 1 − 0.4)이다.
따라서 지속가능성장률은 0.045(0.60)/[(1 − 0.045(0.60)] = 0.0277 또는 2.77%이다.

이 기업이 10%의 성장률을 달성하기 위해서는 순이익률이 향상되어야 한다. 이를 계산하기 위해 지속가능성장률은 10%로 두고 순이익률(PM)에 대해서 다음과 같이 푼다.

$$0.10 = PM(1.5)(0.6)/[1 - PM(1.5)(0.6)]$$
$$PM = 0.1/0.99 = 0.101 \text{ 또는 } 10.1\%$$

이 계획을 성공시키려면, 순이익률을 3%에서 약 10%로 크게 향상시켜야 한다. 따라서 이 계획은 실현가능성이 낮을 수 있다.

이들 네 가지 요인들이 모두 주어져 있다면 달성할 수 있는 성장률은 하나밖에 없다. 이는 매우 중요한 점이므로 다시 한 번 강조하기로 한다.

기업이 자기자본의 추가 발행을 원하지 않고, 순이익률, 배당정책, 재무정책, 총자산회전율(또는 자본집약도)이 고정되어 있다면, 달성할 수 있는 성장률은 단지 하나뿐이다.

재무계획으로부터 얻을 수 있는 주요한 혜택 중 하나는 기업이 다양한 목표들 사이에서 내부적 일관성을 확보할 수 있다는 점이다. 지속가능성장률의 개념은 이 요소를 멋지게 반영하고 있다. 또한, 재무계획 모형은 계획된 성장률의 실현 가능성을 검증하기 위해 사용될 수 있다. 매출이 지속가능성장률보다 더 빠르게 성장하기를 원한다면, 기업은 순이익률을 향상시키거나, 총자산회전율을 높이거나, 재무레버리지를 높이거나, 유보율을 높이거나, 자기자본을 추가로 조달하여야 한다.

〈표 3.16〉에 내부성장률과 지속가능성장률을 요약해 놓았다.

의견 직접 보기

지속가능한 성장에 대하여 Robert C. Higgins

대부분의 재무 임원들은 직관적으로 돈을 벌기 위해서는 돈이 필요하다는 사실을 알고 있다. 빠른 매출 성장은 매출채권, 재고, 고정자산 등과 같은 형태의 자산 증가를 수반한다. 이는 즉 이러한 자산을 구입하기 위한 돈이 필요하다는 것을 뜻한다. 그들은 또한 만약 회사가 필요한 돈을 가지고 있지 않으면, 성장이 '부러질' 수 있다는 것을 알고 있다. 지속가능성장률에 대한 수식은 이러한 직관적인 진실을 명쾌하게 나타낸 것이다.

지속가능한 성장은 흔히 은행가나 다른 외부 분석가들이 한 기업의 신용도를 평가하는 데도 사용한다. 그들은 이러한 분석을 위해 연평균 지속가능성장률을 포함한, 기업의 과거 재무정보의 자세한 분석을 제공해주는 몇 개의 복잡한 컴퓨터 소프트웨어의 도움을 받기도 한다.

은행가들은 이러한 정보를 몇 가지 방식으로 이용한다. 어떠한 기업의 실제 성장률과 지속가능성장률을 비교함으로써 은행가들은 최고경영진의 재무 어젠다에 어떠한 이슈가 가장 우선순위에 놓여 있는지 추정할 수 있다. 만약 실제 성장률이 계속해서 지속가능성장률을 상회한다면, 경영진의 문제는 어디서 성장을 위한 현금을 조달할 수 있느냐가 될 것이다. 이에 따라 은행가는 대출상품에 대한 수요를 예상할 수 있다. 반대로, 만약 지속가능성장률이 계속해서 실제 성장률을 상회한다면, 은행가는 경영진의 문제가 어떻게 하면 쌓여가는 현금을 효율적으로 사용할 수 있느냐에 있음을 파악하고 투자 상품에 대해 이야기할 것을 준비하는 것이 좋을 것이다.

또한 지속가능성장률에 대한 수식은 재무적으로 경험이 적은 중소기업의 소유주와 과도하게 낙관적인 기업가에게 기업의 장기 생존을 위해서는 성장과 수익성 사이에 적절한 균형이 필요하다는 점을 설명하기에 매우 유용하다.

마지막으로, 지속가능성장률과 실제 성장률의 비교는 대출신청자가 돈이 필요한 이유와 돈이 필요한 기간에 대하여 은행가가 이해할 수 있게 해준다. 한 가지 예로, 대출신청자가 몇몇 공급자에게 지급하기 위해 $100,000을 요청하고, 만기가 돌아오는 매출채권을 수금하여 몇 달 내로 상환하기로 약속한다고 하자. 지속가능성장률 분석에 의하면 이 기업은 지속가능성장률의 4~6배로 성장하고 있으며, 이러한 패턴이 당분간 반복될 것임을 보여준다. 결국 독촉하는 공급자의 문제는 지나치게 빠른 성장의 근본적인 문제를 보여주는 증상일 뿐이고, $100,000 대출은 앞으로 더 큰 장기 자금투입의 시작이라는 점을 은행가에게 경고해준다.

자료: Robert C. Higgins는 University of Washington의 재무 교수이다. 그는 재무적 분석에 대한 도구로 지속가능성장률을 사용한 창시자이다.

표 3.16
내부성장률과 지속가능성장률 요약

I. 내부성장률

$$\text{내부성장률} = \frac{\text{ROA} \times b}{1 - \text{ROA} \times b}$$

여기서
ROA = 총자산이익률 = 순이익/총자산
b = 재투자(유보)율
= 이익잉여금(유보이익) 증가분/순이익

내부성장률이란 외부로부터 자금조달을 하지 않고 달성할 수 있는 최대성장률이다.

II. 지속가능성장률

$$\text{지속가능성장률} = \frac{\text{ROE} \times b}{1 - \text{ROE} \times b}$$

여기서
ROE = 자기자본이익률 = 순이익/자기자본
b = 재투자(유보)율
= 이익잉여금(유보이익) 증가분/순이익

지속가능성장률은 부채비율을 일정하게 유지하면서, 외부로부터 자기자본을 추가로 조달하지 않고 달성할 수 있는 최대성장률이다.

지속가능성장률 계산에 대한 주석

매우 흔히, 지속가능성장률은 우리 식의 분자인 (ROE × *b*)만을 사용하여 계산하는 경우가 많다. 이는 혼란을 초래하므로 여기서 분명히 하고 지나가고자 한다. 문제는 ROE가 어떻게 계산되는지와 관련이 있다. ROE는 순이익을 자기자본으로 나누어서 계산된다. 만약에 기말 재무상태표상의 자기자본을 사용한다면 (우리가 사용해 온 방법이며 실제로도 흔하게 사용됨) 우리가 앞에서 사용한 공식이 맞다. 그러나 기초 자기자본을 사용한다면 상기 단순화된 식을 사용하여 계산해야 한다.

올바른 공식을 적용하여 ROE를 계산한다면, 계산방법에 관계없이 원칙적으로 같은 값의 지속가능성장률을 얻을 것이다. 실제로는 회계 관련 복잡성 때문에 다소 차이가 있을 수 있다. 만약 기초 자기자본과 기말 자기자본의 평균을 사용하면 또 다른 공식이 필요하다. 여기서 언급한 설명은 내부성장률의 경우에도 적용된다.

3.6 재무계획에 대한 단서

재무계획모형이 항상 올바른 질문을 던지는 것은 아니다. 가장 큰 이유는 재무계획모형은 재무적 관계가 아니라 회계적 관계에 의존하는 경향이 있다는 것이다. 특히 기업가치의 세 가지 기본적인 요소인 현금흐름의 크기, 위험, 그리고 시점이 빠져 있다.

이 때문에 재무계획모형이 사용자에게 어떤 전략이 기업가치의 증가로 이어질 것인지에 관한 의미있는 단서들을 제공하지 못하는 경우들이 종종 발생한다. 대신에 사용자의 관심을 부채비율과 기업성장의 연관성에 관한 문제로 돌린다.

Hoffman Company의 예에서 사용한 재무계획모형은 너무 단순화되었다. 오늘날 이용되고 있는 많은 모형들처럼 이 모형도 실제로는 회계보고서를 위한 모형이다. 이러한 모형들은 모순된 점을 지적하여 재무적 필요를 알려주는 데 유용하지만 문제점들을 어떻게 처리해야 하는지에 관하여는 지침을 거의 제공하지 못한다.

논의를 마무리하면서 재무계획은 반복적인 과정이라는 점을 덧붙이고자 한다. 계획들은 만들어져서 검토되고 반복해서 수정된다. 최종계획은 그 과정에 이르기까지 모든 다른 당사자들 사이에서 협의된 결과일 것이다. 대부분의 주식회사에 있어서 장기재무계획은 사실상 프로크루스테스(사전 기초점검, Procrustes) 접근법이라 불리는 방법으로 세워진다.[6] 최상위 경영진은 목표를 염두에 두고 있고, 그 목표를 만족시킬 수 있는 실현 가능한 계획을 만들어 전달하는 것은 계획 담당자의 역할이다.

그러므로 최종계획은 묵시적으로 다양한 분야의 다양한 목표를 담고 있으며 또한 많은 제약요건을 만족시킬 것이다. 이 때문에 그러한 계획이 미래에 달성될 어떤 것에 대한 냉정한 판단일 필요는 없다. 대신 재무계획은 다양한 그룹들이 계획한 활동들을 조정하는 수단이 되면서, 동

[6] 그리스 신화에 의하면, Procrustes는 관광객들을 잡아다가 철로 만들어진 침대에 묶었던 거인이다. 그들을 잡아 늘이거나 다리를 잘라서 침대 크기에 맞추었다.

시에 미래를 위해 공동의 목표를 설정하는 방법이 될 수 있다. 계획수립이 순전히 기계적인 계산에 의존되어서는 안 된다. 그리고 계획수립은 미래와 연관이 있어야 한다. 야구의 전설적인 명포수인 Yogi Berra가 이러한 점을 잘 표현하였다. "여러분들이 어디를 향해 가는지 모른다면 주의하라. 목표지점에 도달하지 못할 수도 있으니."[7]

[7] 우리는 이것이 의미하는 바를 정확하게 확신할 수는 없지만, 이것에 대한 대략적인 의미를 좋아한다.

요약 및 결론 _*Summary and Conclusions*

이 장은 재무제표에 담겨 있는 정보를 이해하는 데 초점을 두었다. 보다 구체적으로 말해, 표준 재무제표, 비율분석, 그리고 장기재무계획 등을 배웠다.

01. 기업 규모의 차이가 재무제표 비교를 어렵게 만든다. 비교를 더욱 쉽고 의미 있게 하기 위해 표준규모 재무제표를 작성하는 방법을 논의하였다.

02. 회계수치들의 비율을 평가하는 것은 재무제표의 정보를 비교하는 또 다른 방법이다. 우리는 가장 보편적으로 사용되는 비율에 대해 공부하였으며, 유명한 듀퐁항등식도 논의하였다.

03. 어떻게 추정재무제표가 만들어지고, 이것이 미래의 자금 수요 계획에 어떻게 사용되는지를 배웠다.

이 장을 학습한 후, 독자들이 재무제표 정보의 사용과 남용에 대한 어떤 관점을 가지게 되었기를 바란다. 또한 경영과 재무 용어에 대해 실력이 크게 향상되었기를 바란다.

개념확인 _*Concept Questions*

01. 재무비율 분석 재무비율은 산업에 따라 크게 변하기 때문에 그 자체로는 기업에 관하여 많은 것을 알려주지 못한다. 기업의 재무비율을 분석하는 데는 추세분석과 동종그룹 분석의 두 가지 방법이 있다. 추세분석방법은 일정 기간, 예를 들어 5년간 어떤 기업의 재무비율을 구하고 그 비율들이 그 기간 동안 어떻게 변하였는지를 분석하는 방법이다. 동종그룹 분석은 동종기업들 간의 재무비율을 비교하는 방법이다. 각각의 분석방법은 왜 유용한가? 각 방법은 기업의 재무적 건전성에 대해 무엇을 말해주는가?

02. 산업 특수 비율 소위 "동일매장 매출(same-store sales)"은 McDonald's나 Target같이 다양성이 높은 기업들에 대해 매우 중요한 척도이다. 그 이름에서 알 수 있듯이 동일매장 매출을 조사하는 것은 같은 매장이나 식당의 수입을 다른 두 시점에서 비교하는 것을 의미한다. 기업들이 총매출액보다 동일매장 매출에 주목하는이유는 무엇인가?

03. 매출액 예측 왜 대부분의 장기 재무계획이 매출액 예측으로부터 시작된다고 생각하는가? 달리 말해, 왜 미래 매출액이 핵심 가정이 되는가?

04. 지속가능성장 본문에서 Rosengarten Corporation의 예를 이용하여 EFN을 어떻게 계산하는가를 보았다. Rosengarten의 ROE는 약 7.3%이고 재투자율은 약 67%이다. Rosengarten의 지속가능성장률을 계산한다면 5.14%에 불과하다. EFN을 계산하는 데 25%의 성장률을 사용하였다. 이는 가능한가? (힌트: 그렇다. 어떻게?)

05. EFN과 성장률 Broslofski Co.는 유보율을 양(+)으로 유지하며 부채－자기자본 비율을 매년 일정하게 유지한다. 매출액이 20% 증가할 때 기업의 추정 EFN은 음(−)의 값을 가진다. 이는 기업의 지속가능성장률에 대해 무엇을 말해주는가? 내부성장률이 20%보다 크거나 작은지 확실하게 알 수 있는가? 왜 그런가? 유보율이 증가한다면 추정 EFN은 어떻게 되는가? 유보율이 감소한다면 어떻게 되는가? 유보율이 0이 되면 어떻게 되는가?

06. 표준규모 재무제표 표준규모 재무제표는 흔히 쓰이는 재무분석의 도구 중 하나이다. 표준규모 재무상태표와 손익계산서는 왜 사용되는가? 반면, 현금흐름표는 표준규모 재무제표로 전환되지 않는다. 왜 그러하다고 생각하는가?

07. 자산활용과 EFN 필요외부자금을 계산하는 데 있어서 내재적인 가정은 기업이 완전가동된다는 것이다. 기업의 조업이 완전가동 상태가 아니라면, 이는 필요외부자금에 어떠한 영향을 미치는가?

08. ROE와 ROA의 비교 ROA와 ROE는 모두 수익성을 측정한다. 두 기업을 비교하는 데 어느 것이 더 유용한가? 왜 그런가?

09. 비율분석 EBITDA/자산 비율은 무엇을 알려주는가? 왜 이 비율은 두 기업을 비교하는 데 있어서 ROA보다 더 유용하게 사용될 수 있는가?

10. 투자수익률 투자수익률(ROI)은 매우 광범위하게 사용되는 재무비율이다. 투자수익률은 순이익을 장기부채와 자기자본의 합으로 나누어 계산한다. 투자수익률은 무엇을 측정하기 위한 것인가? ROI와 ROA 사이에는 어떤 관계가 있는가?

다음의 정보를 이용하여 다음 5개 질문에 답하라. Grandmother Calendar Company라는 중소기업은 달력에 개인의 사진을 합성한 제품을 판매하기 시작했다. 그 제품은 히트를 쳤고 매출은 곧 예상치를 크게 상회하였다. 주문 폭주로 이 기업은 더 많은 공간을 임대하여 생산량을 늘렸지만, 여전히 수요를 따라잡을 수 없었다. 장비는 과도한 사용으로 고장이 났고, 이에 따라 제품의 질도 떨어졌다. 운전자본은 생산확장으로 인해 고갈되었고 동시에 고객들의 대금지급은 제품이 배송될 때까지 늦추어졌다. 주문받은 제품을 배달할 수 없게 되자 이 기업은 현금이 부족하게 되어 종업원들에게 급여로 지급한 수표조차 부도나기 시작하였다. 마침내 현금부족으로 이 기업은 3년 후 완전히 영업을 중단하게 되었다.

11. 제품 판매 Grandmother Calendar Company는 제품이 인기가 덜했더라도 같은 운명으로 고통받았을까? 왜 그런가, 혹은 왜 그렇지 않은가?

12. 현금흐름 Grandmother Calendar Company는 분명히 현금흐름에 문제가 있었다. 2장에서 언급된 현금흐름의 맥락에서, 주문상품이 배송될 때까지 고객들이 대금을 지불하지 않는다면 기업에 어떤 영향을 미치는가?

13. 기업의 차입 이 회사가 매우 성공적인 판매고를 기록하고 있었음에도 불구하고, 왜 은행이나 다른 대출기관이 이 회사에게 필요한 현금을 제공하지 않았는가?

14. 현금흐름 너무 많은 주문, 너무 적은 현금, 너무 적은 생산량 중에서 어떤 것이 가장 큰 문제요인인가?

15. 현금흐름 매출의 성장이 생산을 앞지르는 상황에 처해 있다는 것을 알게 되었다면, Grandmother Calendar Company와 같은 중소기업이 취할 수 있는 조치(생산능력 확장 외에)에는 어떤 것들이 있는가?

연습문제 _*Questions and Problems*_

기초
(Questions 1~10)

01. 듀퐁항등식 만약 Muenster, Inc.의 자기자본승수는 1.35, 총자산회전율은 1.87, 그리고 순이익률은 6.1%라고 하자. 이 회사의 ROE는 얼마인가?

02. 자기자본승수와 자기자본이익률 Synovec Company의 부채－자기자본 비율은 0.85, 총자산이익률은 7.3%, 총자기자본은 $910,000이다. 자기자본승수는 얼마인가? 자기자본이익률(ROE)은 얼마인가? 순이익은 얼마인가?

03. 듀퐁항등식의 활용 Y3K Inc.의 매출액은 $3,300, 총자산은 $1,520, 부채－자기자본 비율은 1.35이다. 만약 이 회사의 자기자본이익률(ROE)이 14%라면 순이익은 얼마인가?

04. EFN Bello, Inc.,의 최근 재무제표는 다음과 같다.

손익계산서		재무상태표			
매출액	$37,600	자산	$135,000	부채	$ 37,000
비용	26,100			자기자본	98,000
법인세 차감전 이익	$11,500	총계	$135,000	총계	$135,000
법인세(34%)	2,415				
순이익	$ 9,085				

자산과 비용은 매출액에 비례하지만 차입금과 자기자본은 그렇지 않다. 배당금 $2,700이 지급되었고, 이 회사는 배당성향을 일정하게 유지하기를 원한다. 내년도 매출액은 $42,112로 추정된다. 필요외부자금은 얼마인가?

05. 매출과 성장 Hailey Co.의 가장 최근의 재무제표는 아래와 같다.

손익계산서		재무상태표			
매출액	$49,000	유동자산	$ 27,000	부채	$ 59,000
비용	23,600	고정자산	120,000	자기자본	88,000
법인세 차감전 이익	$25,400	총계	$147,000	총계	$147,000
법인세(34%)	5,334				
순이익	$20,066				

자산과 비용은 매출액에 비례한다. 이 회사는 배당성향을 30%로 일정하게 유지하며 부채－자기자본 비율도 일정하게 유지한다. 외부로부터 자기자본을 추가로 조달하지 않고 지속될 수 있는 매출액의 최대성장률은 얼마인가?

06. 지속가능성장 Moran Corp.의 ROE가 11%이고, 배당성향이 20%라면 지속가능성장률은 얼마인가?

07. 지속가능성장 다음의 비율들이 일정하다고 가정하면 지속가능성장률은 얼마인가?

총자산회전율 = 2.65

순이익률 = 5.7%

자기자본승수 = 1.60

배당성향 = 70%

08. EFN의 계산 Williamson, Inc.의 가장 최근 재무제표는 아래와 같다(법인세는 없다고 가정).

손익계산서		재무상태표			
매출액	$8,300	자산	$19,100	부채	$ 8,400
비용	6,490			자기자본	10,700
순이익	$1,810	총계	$19,100	총계	$19,100

자산과 비용은 매출액에 비례하지만 부채와 자기자본은 그렇지 않다. 배당금은 없다. 내년 매출액은 $9,462으로 추정된다. 필요외부자금은 얼마인가?

09. 필요외부자금 Charming Florist Ltd.의 CFO인 Dahlia Colby는 내년 추정재무상태표를 작성하였다. 매출은 12% 성장한 $320백만에 이를 것으로 추정된다. 유동자산, 고정자산, 그리고 단기부채는 각각 매출의 20%, 70%, 15%이다. Charming Florist는 순이익의 30%를 배당으로 지급한다. 현재 장기 차입금이 $110백만이고, 보통주의 가치는 액면가 기준 $45백만이다. 순이익률은 9%이다.

a. 매출 추정치를 사용하여 이 기업의 현재 재무상태표를 추정하라.

b. Ms. Colby의 매출 성장 추정에 의하면, Charming Florist는 내년 회계연도에 얼마나 많이 외부자금 조달이 필요한가?

c. 내년 회계연도를 위한 추정재무상태표를 만들어보라. 그리고 (b)에서 계산한 필요외부자금과 맞추어보라.

10. 지속가능성장률 Raindrop Company의 ROE는 12.1%이며 배당성향은 25%이다.

a. 이 기업의 지속가능성장률은 얼마인가?

b. 이 기업의 실제 성장률은 지속가능성장률과 다를 수 있는가? 왜 그런가? 아니라면 왜 아닌가?

c. 이 기업은 지속가능성장률을 어떻게 높일 수 있는가?

중급
(Questions 11~23)

11. 자기자본이익률 회사 A와 회사 B는 각각 부채 비율이 각각 35%와 45%이며, 총자산이익률은 각각 8%와 7%다. 어느 회사의 자기자본이익률이 더 높은가?

12. 비율과 외국기업 Prince Albert Canning PLC는 279,386파운드의 매출액과 18,137파운드의 순손실을 기록하였다. 이 회사의 순이익률은 얼마인가? 이 수치가 외국통화로 표시된다는 사실로 인하여 비율계산이 달라지는가? 왜 그런가? 미국 달러로 계산하면, 매출은 $359,815이었다. 그렇다면 달러 기준 순손실은 얼마인가?

13. 필요외부자금 Optical Scam Company는 내년에 15%의 매출성장률을 예측했다. 현재 재무제표는 다음과 같다.

손익계산서

매출액		$21,860,000
비용		19,450,000
법인세 차감전 이익		$ 2,410,000
법인세		602,500
순이익		$ 1,807,500
배당금	$ 361,500	
이익잉여금	1,446,000	

재무상태표

자산		부채 및 자기자본	
유동자산	$ 6,900,000	단기부채	$ 5,100,000
		장기부채	$ 5,800,000
순 고정자산	17,300,000		
		보통주	$ 3,100,000
		누적 이익잉여금	10,200,000
		자기자본총계	$13,300,000
자산총계	$24,200,000	부채 및 자기자본 총계	$24,200,000

a. 이 장의 방정식을 사용하여 내년에 필요한 외부자금을 계산하라.

b. 내년에 회사의 추정 재무상태표를 작성하고 (a)에서 계산한 외부자금과 비교하라.

c. 회사의 지속가능성장률을 계산하라.

d. 회사는 배당정책을 변경하여 외부자금의 필요성을 없앨 수 있는가? 회사가 성장 목표를 달성하기 위해 사용할 수 있는 다른 선택은 무엇인가?

14. 매출채권일수 어떤 기업의 순이익은 $386,000, 순이익률은 8.6%, 매출채권 잔액은 $191,300이다. 매출의 80%가 외상으로 이루어진다면 이 기업의 매출채권일수는 얼마인가?

15. 비율과 고정자산 Rossdale Company의 총자산 대비 장기부채의 비율은 0.34이며 유동비율은 1.29이다. 유동부채가 $1,450이고, 매출은 $7,380, 순이익률은 8.1%, ROE는 14.3%이다. 그렇다면 이 회사의 순 고정자산은 얼마인가?

16. 현금보상비율 계산 Terrell Inc.의 최근 연도 순이익은 $13,150이었고 세율은 24%이었다. 이 회사가 이자비용으로 $3,460을 지급하였고 감가상각비로 $4,380을 차감하였다. 그해의 현금보상비율은 얼마인가?

17. 듀퐁항등식 이 장에 제시된 듀퐁항등식은 3요소 모델이다. 듀퐁항등식이 표현되는 또 다른 일반적인 방법은 5요소 모델이다.

$$\text{ROE} = \frac{\text{순이익}}{\text{EBT}} \times \frac{\text{EBT}}{\text{EBIT}} \times \frac{\text{EBIT}}{\text{매출액}} \times \frac{\text{매출액}}{\text{총자산}} \times \frac{\text{총자산}}{\text{총자기자본}}$$

5요소 듀퐁항등식을 도출하라(EBT는 이자를 차감한 세전 이익이다). 각 요소가 측정하는 것은 무엇인가?

18. 표준규모와 표준연도 재무제표 표준규모 재무제표와 더불어 표준연도 재무제표 또한 자주 사용된다. 표준연도 재무제표는 현재연도 계정의 값을 기준연도 계정의 값으로 나누어 작성한다. 따라서 그 결과는 계정의 성장률로 나타난다. 다음의 재무제표를 이용하여 표준규모 재무상태표와 표준연도 재무상태표를 작성하라. 2018년을 기준연도로 사용하라.

JARROW CORPORATION 2018년과 2019년 재무상태표					
자산			**부채 및 자기자본**		
	2018	**2019**		**2018**	**2019**
유동자산			유동부채		
현금	$ 11,459	$ 14,453	매입채무	$ 58,483	$ 66,623
매출채권	29,247	33,304	지급어음	24,973	24,735
재고자산	52,655	60,689	계	$ 83,456	$ 91,358
계	$ 93,361	$108,446	장기차입금	$ 34,500	$ 44,700
고정자산			자기자본		
순 공장 및 설비	$301,978	$353,330	보통주와 자본잉여금	$ 54,000	$ 56,500
			누적유보이익	223,383	269,218
			계	$277,383	$325,718
자산 총계	$395,339	$461,776	부채 및 자기자본 총계	$395,339	$461,776

문제 19, 20 및 22에 대해 다음 정보를 사용하라.

이 장에서 EFN에 대한 논의는 회사가 완전가동 중이라고 가정했다. 그러나 그렇지 않은 경우가 많다. Rosengarten이 90% 가동률로 운영되고 있다고 가정하자. 완전가동 상태의 매출은 $1,000/0.90 = $1,111이다. 재무상태표에는 고정자산 $1,800이 있다. 회사의 자본집약도는 다음과 같다.

$$\text{자본집약도} = \text{고정자산}/\text{완전가동 상태의 매출} = \$1{,}800/\$1{,}111 = 1.62$$

이것은 Rosengarten이 완전가동 상태에 도달할 때 매출 $1당 고정자산 $1.62가 필요하다는 것을 의미한다. 추정매출 $1,250 수준에서는 $2,025(= $1,250 × 1.62)의 고정자산이 필요하다. 이것은 추정 고정자산 $2,250보다 $225 낮다. 따라서 EFN은 $340(= $565 − 225)이다.

19. 완전가동 상태의 매출 Blue Sky Mfg., Inc.는 현재 고정자산의 90% 가동률로 운영되고 있다. 현재 매출이 $530,000이다. 현재 고정자산으로 매출을 얼마나 더 증가시킬 수 있는가?

20. 고정 자산 및 가동률 사용 앞의 문제에서 추정 고정자산이 $620,000, 추정 매출이 $605,000으로 증가한다고 가정하자. 이러한 매출증가를 지원하기 위해 신규 고정자산이 얼마나 필요한가?

21. EFN 계산 Scott, Inc.의 최신 재무제표는 다음과 같다. 2020년 추정 매출은 20% 증가한다. 이자비용은 일정하게 유지되고 세율과 배당성향도 일정하게 유지될 것이다. 비용, 기타 자산, 유동자산, 고정자산 및 매입채무가 매출에 따라 즉각적으로 증가한다. 회사가 완전가동 상태로 운영되고 있고 새로운 부채나 지분이 발행되지 않으면 매출의 20% 성장률을 지원하기 위해 어떤 외부금융이 필요한가?

SCOTT, INC. 2019 손익계산서		
매출액		$891,600
비용		727,900
기타 비용		18,240
이자 및 법인세 차감전 이익		$145,460
이자비용		13,400
법인세 차감전 이익		$132,060
법인세 (22%)		29,053
순이익		$103,007
배당금	$36,224	
이익잉여금	66,783	

(계속)

SCOTT, INC. 2019년 12월 31일 기준 재무상태표			
자산		**부채 및 자기자본**	
유동자산		유동부채	
현금	$ 24,280	매입채무	$ 65,200
매출채권	37,070	지급어음	16,320
재고자산	83,400	계	$ 81,520
계	$144,750	장기부채	$155,000
		자기자본	
고정자산		보통주 및 자본잉여금	$130,000
순 공장 및 설비	$396,500	이익잉여금	174,730
		계	$304,730
자산총계	$541,250	부채 및 자기자본 총계	$541,250

22. 가동률 사용 및 성장 앞의 문제에서 회사가 2019년에 가동률 80%로 운영하고 있다고 가정하자. 현재 EFN은 얼마인가?

23. EFN 계산 문제 21번에서 회사가 부채 – 자기자본 비율을 일정하게 유지하려 한다고 가정하자. 현재 EFN은 얼마인가?

고급
(Questions 24~30)

24. EFN 및 내부 성장 15%, 20%, 25%의 매출 성장률을 사용하여 문제 21번을 다시 풀어보라. EFN과 성장률 간의 관계를 그래프로 설명하라.

25. EFN 및 지속가능성장 20%, 30%, 35%의 매출 성장률을 사용하여 문제 23번을 다시 풀어보라. 회사가 부채 – 자기자본 비율을 일정하게 유지하려 한다고 가정하자. EFN과 성장률 간의 관계를 그래프로 설명하라.

26. 성장에 대한 제약 Suprenuk, Inc.는 연간 11%의 성장률과 부채 – 자기자본 비율 0.37을 유지하려 한다. 순이익률은 4.2%이며 총자산 대 매출의 비율은 0.80로 일정하다. 이 성장률이 가능한가? 이에 대하여 답하기 위해 배당성향이 얼마인지 결정하라. 이 결과를 어떻게 해석할 수 있겠는가?

27. EFN 아래와 같이 변수를 정의하자.

S = 전년도 매출액
A = 총자산
E = 총자기자본
g = 매출액의 추정성장률
PM = 순이익률
b = 유보율(재투자율)

모든 부채가 일정하다는 가정하에, EFN을 아래와 같이 나타낼 수 있음을 보여라.

$$\text{EFN} = -\text{PM(S)}b + [\text{A} - \text{PM(S)}b] \times g$$

힌트: 필요한 자산은 (A × g)가 될 것이다. 이익잉여금(유보이익)의 증가는 PM(S)b × (1 + g)와 같다.

28. 지속가능성장률 문제 27번의 결과를 바탕으로, 내부성장률 및 지속가능성장률은 수식 (3.25) 및 (3.26)에 제시된 것처럼 계산될 수 있음을 보여라.
(**힌트:** 내부성장률의 경우 EFN을 0으로 설정하고 g를 구하라.)

29. 지속 가능한 성장률 이 장에서는 다음과 같이 지속가능성장률의 계산 식을 논의하였다.

$$\text{지속가능성장률} = \frac{\text{ROE} \times b}{1 - \text{ROE} \times b}$$

실제로, 지속가능성장률의 가장 일반적으로 사용되는 계산은 ROE × b이다. 이 수식은 ROE가 기초 자기자본을 사용하여 계산되는 경우 이 장에서 제시된 지속가능성장률 수식과 동일하다. 이 수식을 이 장에서 제시된 수식에서 도출하라.

30. 지속가능한성장률 앞의 문제에서 제시된 지속가능성장률 수식을 활용하여 다음 질문에 답하라. Sourstone, Inc.는 연초에 총자산이 $430,000이고 자본이 $260,000였다. 연말에이 회사의 총자산은 $470,000였다. 한 해 동안 회사는 새로운 주식을 발행하지 않았다. 올해의 순이익은 $80,000이고 배당금은 $44,000이다. 회사의 지속가능성장률은 얼마인가? 기초 자기자본으로 ROE를 계산할 경우 지속가능성장률은 얼마인가?

Mini Case

East Coast Yachts의 재무비율과 재무계획

Dan Ervin은 East Coast Yachts의 단기 재무계획을 수립하고, 회사의 재무성과를 평가하기 위하여 최근 채용되었다. Dan은 재무 전공으로 대학을 5년 전에 졸업하였으며 이후 Fortune 500 기업 중 한 곳의 재무팀에서 근무했었다.

East Cost Yachts는 Larissa Warren에 의해 10년 전에 설립되었다. 회사는 South Carolina, Hilton Head Island 근처에 위치하고 있으며, 유한회사 형태이다. 이 회사는 맞춤형 중간 규모의 고성능 요트를 생산해 오고 있으며, 상품은 안정성과 신뢰성에서 높은 평가를 받고 있다. 최근에는 고객 만족도에서 큰 상을 받은 바도 있다. 이 회사의 주요 고객은 레저활동을 위한 부자 개인들이며, 가끔씩 기업이 사업 목적으로 구매하기도 한다.

주문제작 요트산업은 여러 제조업체로 매우 세분화되어 있다. 물론 다른 산업과 마찬가지로 시장 선도자 그룹이 있기는 하나, 산업의 특성상 어떤 한 업체가 시장 독과점적 지위를 누리고 있지는 못하다. 시장의 경쟁구도와 생산원가 때문에 섬세한 품질관리가 요구된다. 예를 들어, East Coast Yachts는 (도크나 다른 보트와 충돌할 수 있는 요트의 활에 있는 금속 캡)스테인리스 스틸 스템 아이언을 수동으로 갈아내는 데 80~100시간을 보낸다.

Dan이 필요한 분석을 시작하기 위해, Larissa는 위와 같은 재무제표를 주었다. Dan은 한편 요트 제조 산업의 평균 산업비율을 조사하였다.

EAST COAST YACHTS 2019년 손익계산서		
매출		$231,900,000
매출원가		170,157,000
기타 비용		27,711,200
감가상각		7,566,900
영업이익		$ 26,464,900
이자비용		4,170,100
세전이익		$ 22,294,800
법인세 (21%)		4,681,908
순이익		$ 17,612,892
배당금	$7,925,000	
이익유보금	$9,687,892	

EAST COAST YACHTS
2019년 12월 31일 기준 재무상태표

자산		부채 및 자기자본	
유동자산		유동부채	
현금	$ 3,614,200	매입채무	$ 6,977,700
매출채권	6,501,900	지급어음	15,776,900
재고자산	7,290,100	계	$ 22,754,600
계	$ 17,406,200		
고정자산		장기부채	$ 40,100,000
공장 및 설비	$111,629,300		
		자기자본	
		보통주	$ 6,140,000
		이익잉여금	60,040,900
		자기자본 계	$ 66,180,900
자본 총계	$129,035,500	부채 및 자기자본 총계	$129,035,500

요트 산업 비율

	하위 25%	중앙값	상위 75%
유동비율	0.50	1.43	1.89
당좌비율	0.21	0.38	0.62
총자산회전율	0.68	0.85	1.38
재고자산회전율	6.85	9.15	16.13
매출채권회전율	6.27	11.81	21.45
부채비율	0.44	0.52	0.61
차입-자기자본 비율	0.79	1.08	1.56
자기자본승수	1.79	2.08	2.56
이자보상배율	5.18	8.06	9.83
매출이익률	4.05%	6.98%	9.87%
총자산이익률	6.05%	10.53%	15.83%
자기자본이익률	9.93%	16.54%	28.14%

1. 산업비율표에 있는 모든 재무비율을 East Coast Yachts에 대해 계산하라.
2. East Coast Yachts를 산업 전체의 성과와 비교하라. 산업비율과 비교하여 각 비율들을 왜 긍정적인 것으로 볼 수 있는지 아니면 부정적인 것으로 볼 수 있는지에 대해 의견을 제시하라. 가령 재고자산을 유동부채로 나누어 재고자산비율을 구한다고 하자. 이 비율은 무엇을 말하는가? East Coast

Yachts와 산업평균을 비교해보라.

3. East Coast Yachts의 지속가능성장률을 계산하라. 정확하게 이 비율로 성장한다고 가정하고 이 회사의 필요외부자본을 계산하라. 또한 추정손익계산서와 추정재무상태표를 작성하라. 이후 문제 2의 비율들을 다시 계산해보라. 무엇을 발견할 수 있는가?

4. 실제로는 East Coast Yachts는 외부자본을 조달하고 싶어 하지 않을 가능성이 높다. 왜냐하면 대주주가 기존 소유권과 통제권이 희석되는 것을 원치 않기 때문이다. 그러나 East Coast Yachts는 내년 20%의 성장을 계획하고 있다. 이럴 경우 East Coast의 확장 전략의 실현 가능성에 대해 당신은 어떻게 생각하며, 어떠한 조언을 하겠는가?

5. 대부분의 자산은 매출액의 일정비율로 증가될 수 있다. 예를 들면, 현금은 어떠한 금액으로도 증가될 수 있다. 그러나 고정자산은 많은 경우 일정 금액만큼씩 증가되어야 하는데, 이는 새로운 공장이나 설비의 경우 일부분씩 구매하는 것이 불가능하기 때문이다. 이 경우 기업은 계단형 고정비용 구조를 가지게 된다. East Coast Yachts가 현재 100% 완전가동 상태라고 가정하자. 생산량을 증가시키기 위해 $30백만의 비용이 소요되는 완전히 새로운 생산라인을 설치하여야 한다. 이 가정에 기초하여 EFN을 계산하라. East Coast Yachts의 내년 생산용량에 대해 의미하는 바는 무엇인가?

II

CORPORATE FINANCE

가치평가와 자본예산수립

Valuation and Capital Budgeting

4

현금흐름의 할인

Discounted Cash Flow Valuation

유명 운동선수들의 계약은 화려한 팡파르를 수반하지만 계약금액은 가끔 오해를 불러일으킨다. 2017년 초, 프로야구 포수인 Matt Wieters은 Washington Nationals와 거액의 계약을 맺었다. 계약금액은 $21백만으로 보고되었다. "무지의 도구"(포수 장비에 대한 농담)를 생계로 사용하는 사람에게는 나쁘지 않은 계약이다. 또한 미국 프로풋볼 선수인 Eric Berry는 2017년 $78백만에 세이프티(safety) 포지션으로 Kansas City Chiefs 팀과 계약을 맺었다.

Matt와 Eric이 꽤 잘한 것처럼 보이지만, Edmonton Oilers와의 새로운 계약을 맺은 아이스 하키 선수 Connor McDavid가 있다. 센터 포지션인 Connor의 계약 가치는 $100백만이였지만 이 금액은 실제로 여러 해에 걸쳐 지급되는 조건이었다. 계약내용을 보면 $13백만은 계약체결 보너스(계약수락 보너스), $87백만은 2018년부터 2025년까지 지급되는 구성이었다. Matt와 Eric의 지불은 시간이 지남에 따라 비슷하게 퍼져있다. 세 계약 모두 미래에 여러 번에 걸쳐 지불되는 조건이므로 화폐의 시간가치를 고려해야한다. 즉, 세 선수 모두 계약서에 있는 금액만큼을 실제로 받은 것이 아니라는 의미이다. 그렇다면 이들은 실제로 얼마를 받은것일까? 이 장에서는 이 질문에 대답할 수 있도록 "**지식 도구**"를 제공한다.

기업재무의 최신 동향: rwjcorporatefinance.blogspot.com

4.1 가치평가: 단기간의 경우

Jim Ellis는 알래스카에 소유하고 있는 토지 일부를 매각하려고 한다. 그는 어제 이 토지를 $10,000에 매입하겠다는 제안을 받았다. 그는 이 토지를 $11,424에 매입하겠다는 새로운 매입자가 나타나기 전까지 그 제안을 받아들이려 했다. 그러나 두 번째 나타난 매입자의 제안은 대금을 지금으로부터 1년 후에 지급한다는 것이다. Jim은 두 매입자 모두 정직하고 재정적으로 지불능력이 충분하다는 것을 알고 있고 따라서 어떤 매입자를 선택하든 계약이 실패하지 않을 것이라 생각한다. 〈그림 4.1〉에 두 매입자의 제안이 현금흐름의 형태로 나타나 있다. Jim은 어느 제안을 선택해야 하는가?

재무조언자인 Mike Tuttle은 만약 Jim이 첫 번째 제안을 선택한다면, 확정이자 12%를 지급하는 은행에 $10,000을 예금할 수 있다고 조언하였다. 그렇다면 1년 후 그가 얻을 수 있는 금액은 다음과 같다:

$$\underbrace{\$10{,}000}_{\text{원금}} + \underbrace{(0.12 \times \$10{,}000)}_{\text{이자}} = \$10{,}000 \times 1.12 = \$11{,}200$$

이 금액은 Jim이 두 번째 제안을 선택했을 때 얻을 수 있는 $11,424보다 적으므로 Mike는 Jim

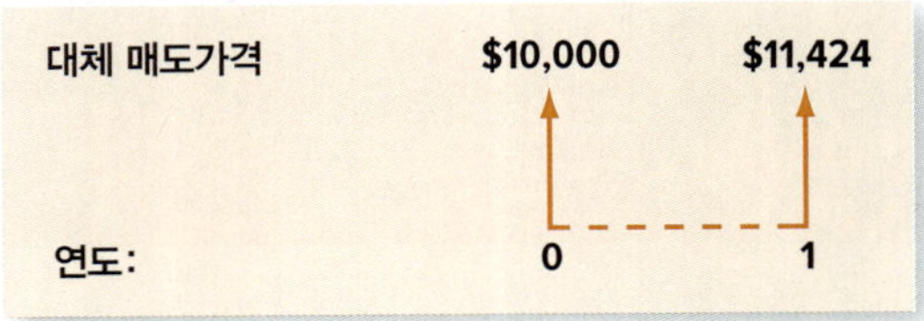

그림 4.1
Ellis's의 토지 매각 현금흐름

에게 두 번째 제안을 선택하라고 추천하였다. 이 분석은 **미래가치**(future value: **FV**) 또는 **복리가치**(compound value)의 개념을 사용한 것으로서, 이는 한 기간 또는 그 이상의 기간을 투자한 후의 합산된 가치를 의미한다. 즉, 연 12%의 금리로 계산된 $10,000의 복리가치 또는 미래가치는 $11,200이 되는 것이다.

또 다른 가치평가 방법으로는 **현재가치**(present value: **PV**)의 개념을 사용하는 방법이 있다. 현재가치는 다음과 같은 질문을 통해서 측정될 수 있다. 은행의 금리가 연 12%이라고 할 때, 내년에 Jim이 $11,424를 얻기 위해서는 오늘 은행에 얼마를 예금해야 하는가? 우리는 이것을 다음과 같이 수식으로 표현할 수 있다.

$$\text{PV} \times 1.12 = \$11{,}424$$

우리는 오늘 12%의 이자율로 투자했을 때 $11,424만큼의 돈을 얻게 되는 투자안의 PV를 구하려고 하므로 PV를 계산하면 다음과 같다.

$$\text{PV} = \frac{\$11{,}424}{1.12} = \$10{,}200$$

현재가치(PV)를 구하는 공식은 다음과 같이 표현된다.

투자의 현재가치:

$$\text{PV} = \frac{\text{FV}_1}{1 + r} \tag{4.1}$$

여기서 FV_1은 시점 1에서의 미래가치이고, r은 Jim Ellis가 토지 매각에 대하여 요구하는 수익률이다. 이 수익률은 때때로 할인율(discount rate)로 사용되기도 한다.

현재가치 분석을 이용하면 내년에 받을 $11,424는 오늘 $10,200의 가치를 가진다는 것을 알 수 있다. 다시 말해서, 연 12%의 금리에서, Jim에게 오늘 $10,200이나 내년의 $11,424는 무차별한 것이다. 만약 당신이 그에게 $10,200을 준다면, 그는 돈을 은행에 예금하고 내년에 $11,424를 받을 것이다.

첫 번째 제안이 $10,000인데 비하여 두 번째 제안의 현재가치는 $10,200이므로, 현재가치 분석은 또한 Jim에게 두 번째 제안을 선택하도록 제시한다. 다른 말로, 미래가치 분석이나 현재가치 분석 모두 같은 결정을 이끌었다. 앞에서 나타나듯이 현재가치 분석이나 미래가치 분석은 항상 동일한 방향으로 의사결정을 이끌어야 한다.

이 예제는 간단하지만 이후 논의될 내용의 기본적인 원리를 포함하고 있다. 이제 순현재가치(net present value) 개념을 알기 위해 다른 예를 살펴보기로 하자.

종종 재무분석가들은 의사결정에 대한 정확한 비용과 이익의 산출을 원한다. 〈예제 4.1〉에서 금년도 토지를 매입하고 내년에 매도하는 의사결정은 다음과 같이 평가될 수 있다.

예제 4.1

현재가치 재무분석가인 Diane Badame는 부동산 기업인 Kaufman & Broad에 현재 $85,000의 비용이 드는 토지 투자 추천에 대하여 생각하고 있다. 그녀는 내년에 이 토지 가격이 $91,000이 되어 $6,000의 이익을 볼 것이라고 확신하고 있다. 만약 대체투자 수단인 은행의 예금 금리가 연 10%라고 한다면, Kaufman & Broad는 그 토지에 투자해야 하는가? Diane의 선택은 〈그림 4.2〉의 현금흐름 시간차트에 나타나 있다.

그림 4.2 토지 투자 관련 현금흐름

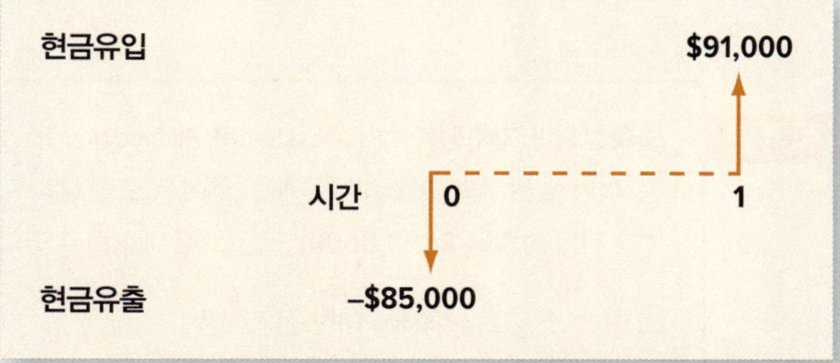

조금만 더 생각해보면 그녀의 투자안이 그다지 매력적이지 않음을 알 수 있다. 현재 그녀가 토지를 $85,000에 매입하면 내년에 $91,000을 얻을 수 있다. 그러나 대신 Kaufman & Broad가 동일한 금액인 $85,000을 은행에 예금한다고 가정하자. 예금 금리가 10%이라면, 이 $85,000은 내년에 다음과 같이 불어난다.

$$(1 + 0.10) \times \$85,000 = \$93,500$$

금융시장에서 $85,000의 동일한 금액을 투자하였을 때 $2,500의 초과수입(은행에 예금해서 얻게 되는 $93,500에서 토지 투자로부터 얻게 되는 $91,000을 차감한 금액)을 얻을 수 있음에도 토지 매입을 하는 것은 어리석은 결정이 될 것이다. 이것이 미래가치 계산이다.

다른 대안으로, 그녀는 내년의 토지 매도가격에 대한 현재가치를 다음과 같이 계산할 수 있다.

$$\text{현재가치} = \frac{\$91,000}{1.10} = \$82,727.27$$

오늘 토지를 매입한 결정에 대한 혜택은 다음과 같다.

$$-\$2,273 = \underset{\text{오늘 토지의 매입가격}}{-\$85,000} + \underset{\text{내년 매도가격에 대한 현재가치}}{\frac{\$91,000}{1.10}}$$

토지의 내년도 매도가격에 대한 현재가치는 현재 매입 가능한 가격인 $85,000보다 적으므로, 현재가치 분석에서도 그녀는 토지구입을 추천해서는 안 된다.

NPV를 구하는 식은 다음과 같이 표현할 수 있다.

투자의 순현재가치:

$$\text{NPV} = -\text{비용} + \text{현재가치} \tag{4.2}$$

식 (4.2)는 시점 0(현재)에서 모든 비용과 모든 이익을 감안한 후의 투자가치가 −$2,273임을 보여주고 있다. 우리는 이 −$2,273을 투자의 **순현재가치**(net present value: NPV)라 한다. 즉, 순현재가치는 미래 현금흐름의 현재가치에서 투자비용의 현재가치를 차감한 것이다. 의사결정의 순현재가치는 음(−)이므로, Diane Badame는 토지매입을 추천해서는 안 된다.

앞의 Ellis와 Badame의 예제는 모두 완벽한 확실성 하에서 논의된 것이다. 즉, Jim Ellis는 그가 토지를 내년에 $11,424에 매각할 수 있으리라는 사실을 확실히 알고 있었다. 유사하게 Diane Badame도 Kaufman & Broad가 내년에 토지를 매각하는 경우 $91,000을 받을 수 있다는 사실을 확실히 알고 있었다. 그러나 불행히도 많은 경우에 있어 미래 현금흐름에 대해 확실히 알 수 있는 경우는 드물다. 이러한 불확실성은 다음의 예에서 다루어질 것이다.

예제 4.2

불확실성과 가치평가 Professional Artworks, Inc.는 현대 미술작품을 거래하는 회사이다. 회사의 관리자는 피카소 원작의 그림 하나를 1년 후에 매도할 생각으로 $400,000에 구입할 것을 고려하고 있다. 매니저는 1년 뒤에 그림이 $480,000이 될 것으로 예상하고 있다. 이와 관련된 현금흐름은 〈그림 4.3〉에 나타나 있다.

그림 4.3 그림 투자에 대한 현금흐름

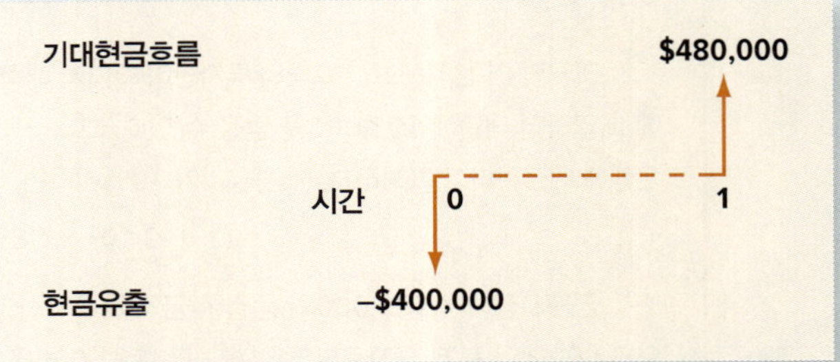

물론 이것은 단지 예측에 불과하다. 그림 가치는 $480,000보다 더 비싸질 수도 더 싸질 수도 있다. 은행에서 보장해주는 금리가 연 10%라고 가정하자. 이 회사는 그림을 구입해야 하는가?

이자율로 할인해 본다면 1년 후의 $480,000은 현재가치로

$$\frac{\$480,000}{1.10} = \$436,364$$

가 된다. $436,364는 $400,000보다 크므로 얼핏 생각하면 그림을 구입해야 하는 것처럼 보인다. 그러나 10%의 수익률은 은행이 보장하고 있으므로, 무위험투자에 대한 수익률이라고 할 수 있다. 그림은 투자위험이 상당히 높으므로, 무위험이자율보다 더 높은 할인율을 적용해야 할 것이다. 만약 매니저가 이 위험을 감안해서 25%의 할인율을 적용한다고 하자. 이것은 다른 말로, 관리자가 그림과 같이 위험도가 높은 투자에 대하여 25%의 기대수익률을 요구하는 것이 위험에 대한 적절한 보상이라고 주장하는 것과 같다.

그림의 현재가치는 다음과 같이 될 것이다.

$$\frac{\$480,000}{1.25} = \$384,000$$

따라서 매니저는 현재 $400,000인 그림가격이 과대평가되어 있다고 판단하고 그림 매입을 하지 않을 것이다.

실제 벌어지는 상황은 물론 훨씬 더 복잡하겠지만, 앞의 예제는 오늘날 기업들의 의사결정과 관련된 전형적인 예라고 할 수 있다. 불행히도, 위험을 내포하는 모든 투자안은 무위험투자안이 직면하지 않는 문제를 가지고 있다. 개념적으로 예상되는 현금흐름에 대한 정확한 할인율은 동일한 위험의 다른 투자안에 대한 예상수익률이다. 이는 투자자에게 경제적인 기회비용을 나타내기 때문에 적절한 할인율이라 할 수 있다. 또한 어떤 투자안에 투자하기 앞서 투자자들이 요구하는 예상수익률이기도 하다. 하지만 위험 투자와 관련된 할인율의 선택은 상당히 난해한 작업이라고 할 수 있다. 앞에서 살펴보았던 예제에서 우리는 그림에 대한 할인율이 11%인지, 15%인지, 25%인지, 또는 다른 이율이어야 하는지 알 수 없다.

할인율의 선택은 꽤 어려운 것이므로, 우리는 여기서 할인율이라는 주제에 대하여 조금이나마 다루어 보았다. 이와 관련된 내용은 후반부의 위험과 수익률 부분에서 다시 자세히 다루어질 것이다.

4.2 다기간의 경우

앞 절에서는 단기간에 대한 미래가치와 현재가치의 계산방식에 대하여 다루었다. 본 절에서는 다기간의 경우에 대한 계산을 해보려 한다.

미래가치와 복리계산

한 개인이 $1의 대출을 받았다고 가정하자. 1년 뒤, 차입자는 대출자에게 $1의 원금과 r의 이자율로 대출금에 대한 이자를 지불해야 한다. 이자율이 9%라고 가정하는 경우, 차입자는 대출자에게 다음과 같은 금액을 차입한 셈이 된다.

$$\$1 \times (1 + r) = \$1 \times 1.09 = \$1.09$$

1년 후에, 대출자는 두 가지의 선택을 할 수 있다. $1.09—좀 더 일반적으로 말하면 $(1 + r)$만큼—를 금융시장으로부터 받든지 아니면, 그 돈을 그대로 두고 다시 1년을 더 빌려 줄 수 있다. 돈을 금융시장에 그대로 두고 다시 1년을 더 빌려 주는 과정을 **복리계산**(compounding)이라고 한다.

대출자가 대출을 1년 더 연장하기로 했다고 가정하자. 그럼 첫 번째 1년 후에 받을 돈 $1.09를 그 다음 해에 빌려준 것과 같아진다. 다음 해 연말에, 차입자는 대출자에게 다음과 같은 금액을 차입한 셈이 된다.

$$\$1 \times (1 + r) \times (1 + r) = \$1 \times (1 + r)^2 = 1 + 2r + r^2$$
$$\$1 \times (1.09) \times (1.09) = \$1 \times (1.09)^2 = \$1 + \$0.18 + \$0.0081 = \$1.1881$$

이 금액이 대출자가 대출금의 복리계산을 통해 2년 후에 받을 수 있는 금액이다.

다시 말해서, 자본시장은 투자자에게 대출의 기회를 제공함으로써 오늘 $1에 대해 2년 후에 $1.1881을 받을 수 있도록 한다. 3년 후에 이 금액은 $\$1.2950(= \$1 \times 1.09^3)$이 된다.

그림 4.4
단리와 복리

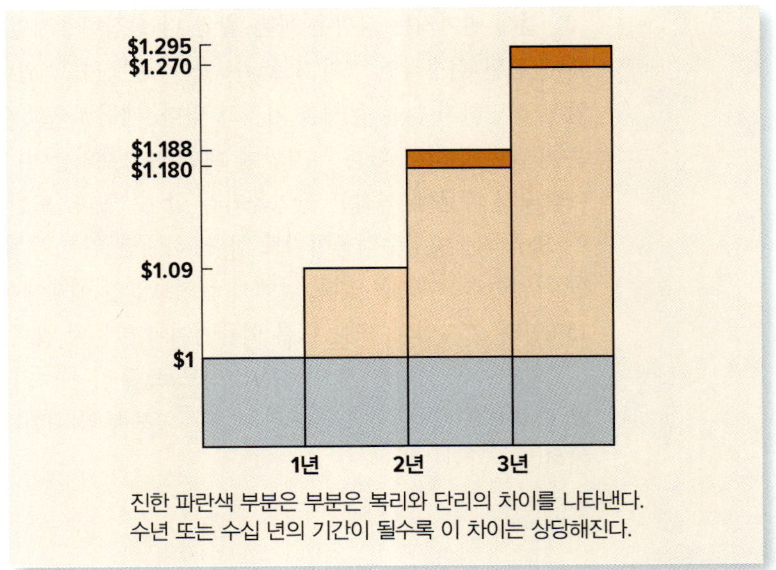

진한 파란색 부분은 부분은 복리와 단리의 차이를 나타낸다. 수년 또는 수십 년의 기간이 될수록 이 차이는 상당해진다.

여기서 주목해야 할 가장 중요한 핵심은 대출자가 받는 금액은 원금 $1과 $1에 대한 2년간의 이자를 단순히 합한 금액이 아니라는 사실이다.

$$2 \times r = 2 \times \$0.09 = \$0.18$$

대출자는 r^2만큼의 돈을 더 받을 수 있는 것인데 이 금액은 첫 번째 1년 후에 받게 되는 이자에 대한 두 번째 1년의 이자분이다. $2 \times r$은 2년에 걸친 **단리**(simple interest)에 해당하고, r^2은 이자에 대한 이자로 해석할 수 있다. 앞의 예에서 이자에 대한 이자는 정확하게 다음과 같이 계산된다.

$$r^2 = (\$0.09)^2 = \$0.0081$$

현금이 **복리**(compound interest)로 투자될 때 이자지급액은 재투자되는 것이다. 단리로 계산할 때는 물론 이자가 재투자되지 않는다. Benjamin Franklin의 "돈은 돈을 벌고 돈이 번 돈은 더 많은 돈을 벌게 한다."는 말은 복리를 개념적으로 잘 설명하고 있다. 복리와 단리의 차이점이 〈그림 4.4〉에서 나타나 있다. 이 예제에서는 대출금이 단지 $1에 그쳐 단리와 복리의 차이가 많아 보이지 않는다. 그러나 만약 대출금이 $1백만이라면, 대출자는 2년 후에 $1,188,100을 받게 된다. 이 경우 $8,100이 이자에 대한 이자이다. 즉, 원금이 거액인 경우 소수점 이하의 적은 수치도 큰 금액이 될 수 있는 것이다. 게다가 대출이 장기적으로 지속되는 경우 혹은 이자율이 높은 경우에는 이자에 대한 이자가 더욱 더 중요하게 된다.

여러 기간에 걸친 투자에 대한 일반적인 공식은 다음과 같다.

투자의 미래가치:

$$\text{FV} = \text{PV} \times (1 + r)^t \qquad (4.3)$$

여기서 PV는 현재가치이고, r은 기간당 이자율, t는 현금이 투자된 기간이다.

예제 4.3

이자에 대한 이자 Suh-Pyng Ku는 First National Bank of Kent 예금 계좌에 $500을 예금했다. 이 계좌는 연 7%의 이자를 지급하며 연 단위 복리로 계산된다. Ku씨는 3년 후에 얼마를 받을 수 있을까? 답은 다음과 같다.

$$\$500 \times 1.07 \times 1.07 \times 1.07 = \$500 \times (1.07)^3 = \$612.52$$

〈그림 4.5〉는 Ku씨의 계좌가 증가하는 것을 보여준다.

그림 4.5 Suh-Pyng Ku의 예금 계좌

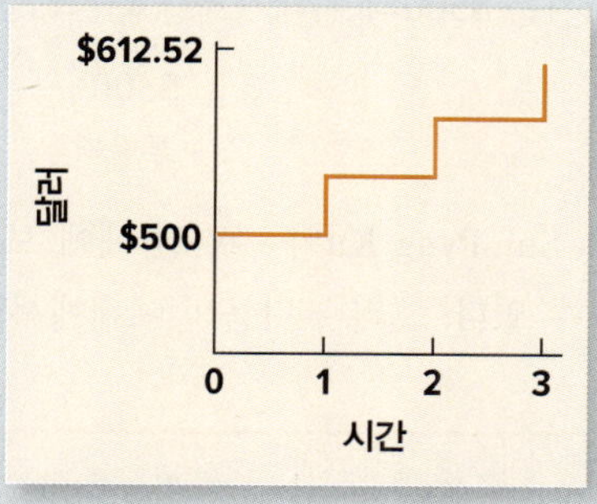

예제 4.4

복리에 의한 성장 Jay Ritter는 SDH Company의 주식에 $1,000을 투자했다. 이 회사는 최근 $2의 배당금을 지급하였고, 향후 2년간 배당금을 매년 20%씩 증가시킬 계획이다. 2년 후 SDH Company의 배당금은 얼마가 될까? 미래가치 계산으로 다음과 같이 얻을 수 있다.

$$\$2 \times (1.20)^2 = \$2.88$$

〈그림 4.6〉은 SDH 배당금의 성장을 설명해주고 있다.

그림 4.6 SDH 배당금 성장

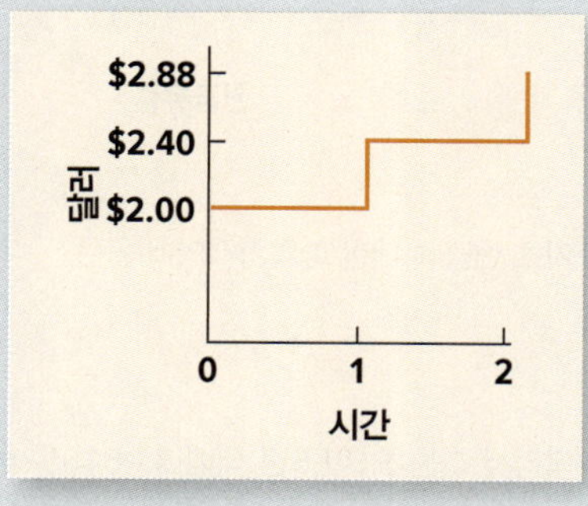

앞의 두 예제는 여러 방법으로 계산될 수 있다. 계산은 손, 계산기, 스프레드시트(spreadsheet) 또는 표를 활용하여 할 수 있다. 스프레드시트 사용법은 곧 설명할 것이다. 재무계산기를 사용해서 쉽게 문제를 풀 수도 있다(재무계산기 사용법은 부록 C 참조). 이 책 끝의 표 A.3이 활용할 수 있는 표이다. 이 표는 t기간 후의 $1의 미래가치를 보여준다. 표의 행은 이자율, 열은 기간을 표시하므로 해당하는 이자율과 기간을 감안해 미래가치를 산출할 수 있다. 예를 들어, Suh-Pyng Ku는 표 A.3의 일부분인 다음 표의 네모 부분을 참고해야 할 것이다.

이자율			
기간	6%	7%	8%
1	1.0600	1.0700	1.0800
2	1.1236	1.1449	1.1664
3	1.1910	1.2250	1.2597
4	1.2625	1.3108	1.3605

Ku씨는 $500의 미래가치를 다음과 같이 계산할 수 있다.

$$\underset{\text{투자액}}{\$500} \times \underset{\$1\text{의 미래가치}}{1.2250} = \$612.50$$

Suh-Pyng Ku와 관련된 예에 보이듯이 우리는 투자액과 이자율이 주어지면 미래가치를 구할 수 있다. 그러나 다음의 예제에서와 같이 이자율을 알지 못하는 경우도 있을 수 있다.

예제 4.5

이자율 산출 Fernando Zapetero는 최근 복권에서 $10,000이 당첨되었고 5년 후에 차를 구입하려고 한다. Fernando가 사려는 차는 5년 후 가격이 $16,105로 추정된다. Fernando의 현금흐름은 〈그림 4.7〉에 나타나 있다.

Fernando가 차를 구입하기 위해서는 이자율이 어느 정도 되어야 할까?

그림 4.7 Fernando Zapetero의 차 구입을 위한 현금흐름

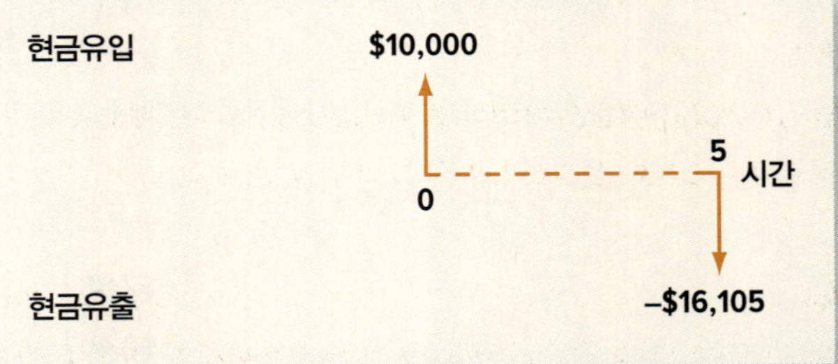

기초 현금에 대한 매입가격의 비율은

$$\frac{\$16,105}{\$10,000} = 1.6105$$

따라서 그는 $1이 5년 내에 $1.6105가 되는 이자율을 구해야 한다. 표 A.3는 금리가 연 10%가 되면 그가 차를 구입할 수 있다는 것을 보여준다.

이 문제를 다음과 같이 수식으로 표현할 수 있다.

$$\$10,000 \times (1 + r)^5 = \$16,105$$

여기서 r은 차를 구입하는 데 필요한 이자율이다. $16,105/$10,000 = 1.6105이므로 우리는

$$(1 + r)^5 = 1.6105$$
$$r = 10\%$$

표, 스프레드시트, 계산기로도 r을 구할 수 있다.

복리의 위력

복리의 경험을 가진 대부분의 사람들, 특히 오랜 기간을 투자하는 경우의 복리의 위력에 대해 놀란다. 주식시장을 예를 들면 Ibbotson and Sinquefield는 1926년부터 2017년까지의 전체 주식시장의 수익률이 어느 정도가 되는지 조사해보았다. 조사결과 1926년에 $1을 미국 대형주에 투자했다면 2017년 말에는 $7,346.15를 받을 수 있다고 밝혀졌다.[1] 이 결과는 92년간 연 10.16%로 복리계산한 결과이다. 반올림으로 인한 오류를 무시할 경우 $(1.1016)^{92} = \$7,346.15$가 된다.

이 예는 복리와 단리가 엄청난 차이가 발생한다는 사실을 보여준다. 만약 10.16%의 단리를 적용한다면, $1의 이자는 ¢10.16가 되고 92년간의 이자는 단지 $10.35(= $1 + 92 × $0.1016) 밖에 되지 않는다. 이 금액은 배당과 자본이득이 매년 재투자된다는 것을 가정하는 복리계산으로 계산할 때의 $7,346.15와는 비교도 안 될 정도로 적은 금액이다.

복리의 효과는 기간이 길면 더욱 확연하게 드러난다. 복리의 경험이 없는 사람이라면 연간 수익률이 동일하다는 가정하에 184년 후의 $1의 가치는 92년 후보다 2배가 클 것이라고 생각할 수 있다. 하지만 실제로 184년 후의 $1의 가치는 92년 후의 $1의 가치를 정확하게 제곱한 값이 될 것이다. 즉, 연수익률이 동일할 경우, 보통주에 $1을 투자하면 184년 후의 가치는 $53,965,919.82[= $1 × (7,346.15 × 7,346.15)]이 된다.

몇 년 전에 한 고고학자는 Julius Caesar가 로마시대에 ¢1에 해당하는 금액을 누군가에게 빌려주었다고 적힌 유물을 발굴한 적이 있다. 고고학자는 그 후에 ¢1이 상환되었다는 기록이 없으므로, 만약 20세기에 Caesar의 후손이 차입자의 후손에게 상환을 요구한다면 원금과 이자를 합쳐 얼마가 될지 의문을 가지게 되었다. 고고학자는 연 이자율이 6%가 적당할 것이라고 생각했고, 계산결과 놀랍게도 2,000년 후의 원금과 이자의 합은 현재 지구상의 모든 부의 합보다도 크다는 사실을 발견했다.

복리의 위력은 왜 부유층의 부모들이 한 세대를 뛰어넘어 그들의 자식이 아닌 손자에게 증여를 하는가에 대한 이유를 설명할 수 있다. 부모는 자식을 보통 부자로 만들 수 있지만 손자는 갑부를 만들 수 있는 것이다. 즉, 자식보다 손자가 복리의 위력을 더 누릴 수 있는 것이다.

예제 4.6

섬의 가격은 얼마인가? 여기 부동산 거래 역사상 가장 훌륭한 거래로 손꼽히는 예가 있다. 네덜란드 서인도 회사의 북미 식민지인 New Netherlands의 총독인 Peter Minuit는 1626년 60길더 가치의 장신구를 주고 원주민으로부터 맨해튼 섬을 구입했다. 1667년 네덜란드는 영국과의 계약을 통해 이 섬을 지금의 수리남(남미의 국가)과 교환했다(역사상 최악의 부동산 계약일 것이다). 얼핏 보기에는 상당히 저렴한 계약으로 보이는데 네덜란드는 과연 성공적인 매매를 한 것일까? 60길더는 그 당시 화폐가치를 감안했을 때 $24에 해당되는 금액이었다. 만약, 원주민이 장신구를 공정한 시장가격으로 매도하고 $24를 연 5%로 투자했다면(세금은 면세라고 가정한다), 392년이 지난 현재 $48.6억보다 조금 많은 것이다. 오늘날 맨해튼의 가격은 $48.6억보다 훨씬 크므로, 5%의 수익률이라고 한다면 원주민들은 최악의 계약을 맺은 것이 된다. 그러나 만약 연 수익률이 10%

[1] R. G. Ibbotson and R. A. Sinquefield, *Stocks, Bonds, Bills, and Inflation* [SBBI] (Charlottesville, VA: Financial Analysis Research Foundation, 1982). Updated by Morningstar, 2018.

라고 가정한다면 원주민이 받은 금액은 약

$$\$24(1+r)^t = 24 \times 1.1^{392} \cong \$403.8\text{천조}$$

가 된다. 이 금액은 오늘날 지구상의 모든 부동산을 사고도 남을 만큼 엄청나게 큰 금액이다. 역사상 그 누구도 392년 동안 연 10%의 수익률을 보장하는 투자대상을 찾을 수는 없었을 것이다.

현재가치와 할인

앞의 예에서 우리는 연 9%의 이자율이 투자자에게 현재 $1을 2년 후 $1.1881이 되도록 해주는 것을 알게 되었다. 여기에 더해, 우리는 다음을 알기를 원한다.

지금으로부터 2년 후에 $1을 받기 위해서 투자자는 오늘 얼마를 투자해야 하는가?

이 질문은 수학적으로 다음과 같이 나타낼 수 있다.

$$\text{PV} \times (1.09)^2 = \$1$$

여기서 PV는 우리가 2년 후에 $1을 받기 위해 오늘 투자해야만 하는 현재가치를 나타낸다.

이 식에서 PV를 풀면:

$$\text{PV} = \frac{\$1}{1.1881} = \$0.84$$

이렇게 미래 현금흐름의 현재가치를 구하는 과정을 **할인**(discounting)이라고 하며, 이는 복리계산과 반대되는 것이다. 복리계산과 할인의 차이는 〈그림 4.8〉에 나타나 있다.

2년 후에 받게 되는 $1의 현재가치가 $0.84라는 것을 확실하게 하기 위해서는 $0.84를 투자하고 2년간 기간을 연장하는 경우 정확하게 $1을 받을 수 있는지를 확인하면 된다. 이를 위해 정확한 수치를 대입하면:

$$\$0.84168 \times 1.09 \times 1.09 = \$1$$

다시 말해 자본시장이 연 9%의 이자율을 보장한다면, 오늘 $0.84나 2년 후의 $1은 차이가 없는 것이다. 즉, 현재 $0.84를 가지고 있고 그것을 2년간 투자한 후 $1을 받을 수 있다면 두 가지 방법을 상이하게 다룰 필요가 없다. 0.84[$= 1/(1.09)^2$]의 수치를 **현재가치계수**(present value factor)라고 부르고, 이는 미래 현금흐름의 현재가치를 계산하는 데 사용된다.

다기간의 경우 PV를 구하는 식은 다음과 같이 표현된다.

투자의 현재가치:

$$\text{PV} = \frac{\text{FV}_t}{(1+r)^t} \tag{4.4}$$

여기서 FV_t는 t시점의 현금흐름을, r은 적정할인율을 나타낸다.

그림 4.8
복리계산과 할인

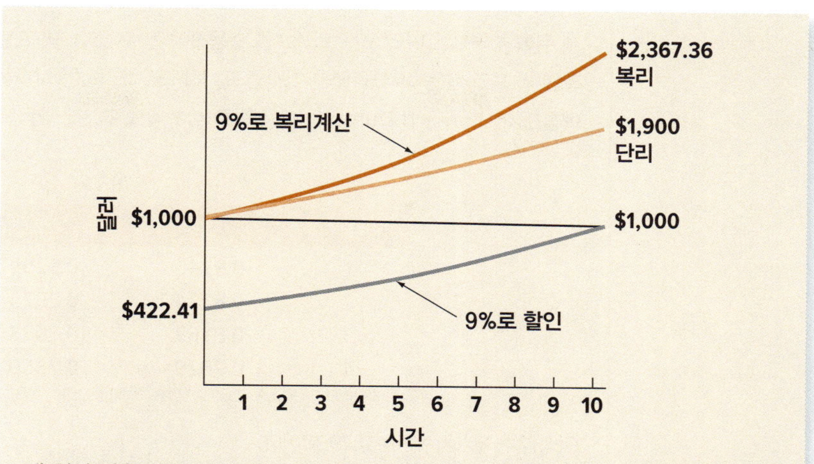

맨 위의 선은 자금이 연 9%의 복리로 투자되는 경우 10년 후의 $1,000에 대한 가치 변화를 보여준다. $\$1,000 \times (1.09)^{10} = \$2,367.36$. 다음의 선은 단리로 투자되는 경우이다. $\$1,000 + [10 \times (\$1,000 \times 0.09)] = \$1,900$. 맨 아래 선은 이자율이 연 9%인 경우 $1,000에 대하여 할인된 가치이다.

예제 4.7

다기간에 대한 할인 Bernard Dumas는 3년 후에 $10,000을 받을 예정이다. Bernard가 그의 투자에 대하여 연 8%를 벌 수 있다면 적정할인율은 8%가 된다. 그의 미래 현금흐름의 현재가치는?

$$
\begin{aligned}
PV &= \$10,000 \times \left(\frac{1}{1.08}\right)^3 \\
&= \$10,000 \times 0.7938 \\
&= \$7,938
\end{aligned}
$$

〈그림 4.9〉는 Bernard의 투자에 대한 현재가치계수의 응용을 도식화한 것이다.

그림 4.9 Bernard Dumas의 기회에 대한 할인

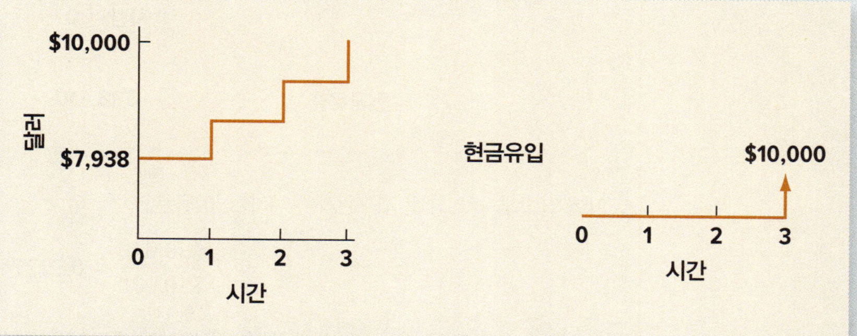

Bernard Dumas의 투자가 8%의 이자율로 성장한다면, 그는 현재의 $7,938과 3년 후의 $10,000을 동일하게 선호할 수 있다. 결국 그는 오늘 받는 $7,938을 8%의 이자율로 대출해주면 3년 후에 $10,000을 받을 수 있는 것이다.

Bernard Dumas는 현재가치를 여러 가지 방법으로 계산할 수 있다. 계산은 손, 계산기, 스프레드시트,

책 뒤에 부록으로 나와 있는 표 A.1을 활용하여 할 수 있다. 이 표는 *t기간 후에 받게 되는 $1의 현재가치를 나타낸다.* 표의 행은 이자율, 열은 기간을 표시하므로 해당하는 이자율과 기간을 감안해 현재가치를 구할 수 있다. 예를 들어, Bernard Dumas는 다음의 표 A.1 네모 부분에 해당되는 것이다.

	이자율		
기간	7%	8%	9%
1	0.9346	0.9259	0.9174
2	0.8734	0.8573	0.8417
3	0.8163	0.7938	0.7722
4	0.7629	0.7350	0.7084

적정한 현재가치계수는 0.7938이다.

앞의 예제에서 이자율과 미래 현금흐름이 주어졌다. 이제 이자율을 알지 못하는 경우에 대해 살펴보기로 하자.

예제 4.8

이자율 산출 오늘 Chaffkin Corp.의 고객은 예인선을 구입하려고 한다. 그런데 이 고객은 오늘이 아닌 3년 후에 $50,000을 지불하려고 한다. 예인선의 제조원가는 오늘 현재 $38,610이다. Chaffkin Corp.과 관련된 현금흐름은 〈그림 4.10〉에 나타나 있다. 몇 %의 이자율을 적용하면 Chaffkin Corp.이 예인선 판매에 대해 손해도 보지 않고 이익도 실현하지 않을 수 있을까?

그림 4.10 예인선을 위한 현금흐름

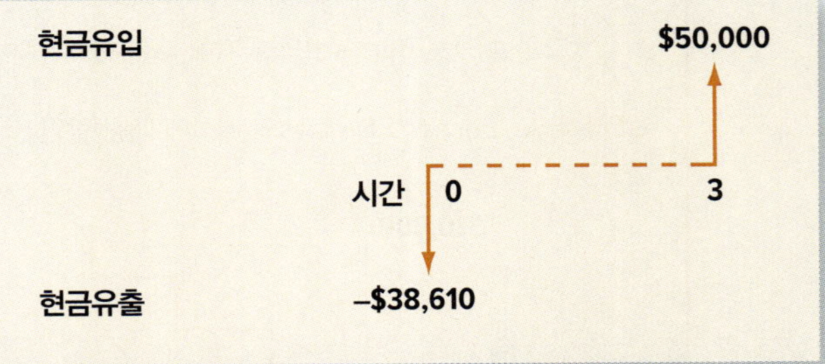

판매가(미래가치) 대비 제조원가(현재가치) 비율은

$$\frac{\$38,610}{\$50,000} = 0.7722$$

3년 경과 후에 $1을 받을 수 있는 금액의 현재가치가 $0.7722가 되도록 하는 이자율을 결정해야 한다. 표 A.1을 보면 그 이자율은 9%가 되는 것을 알 수 있다.

스프레드시트 기법

화폐의 시간가치 계산을 위한 스프레드시트 사용

점점 많은 직장인들은 현실에서 생기는 다양한 유형의 문제를 해결하기 위해 스프레드시트를 사용하고 있다. 우리는 이 장에서 제시하는 여러 화폐의 시간가치 문제를 다루기 위해 스프레드시트 사용법을 보이고자 한다. Microsoft의 엑셀 프로그램을 이용할 것이지만 명령어는 여타 다른 소프트웨어에도 유사하게 쓰이고 있다. 독자들이 기본적인 스프레드시트의 작동원리는 이해하고 있다고 가정한다.

찾고자 하는 값	다음 공식을 입력
미래가치	= FV (rate,nper,pmt,pv)
현재가치	= PV (rate,nper,pmt,fv)
할인율	= RATE (nper,pmt,pv,fv)
기간의 수	= NPER (rate,pmt,pv,fv)

독자들은 네 가지 기본적인 변수에 대해 해답을 찾을 수 있을 것이다: 미래가치, 현재가치, 할인율, 기간. 스프레드시트는 각각의 시간가치 변수에 따라서 다른 공식을 사용하는데 박스에 그 공식들을 나열하였다.

이 공식에서 pv는 현재가치, fv는 미래가치이고, nper은 기간, rate는 할인율 혹은 이자율을 의미한다. 여기서 두 가지는 조금 복잡하다. 첫째로, 재무계산기와는 달리, 스프레드시트는 이자율이 소수로 기입이 되어야 한다. 둘째로, 대부분의 재무계산기와 마찬가지로, 이자율 혹은 기간을 계산하기 위한 현재가치 혹은 미래가치를 음수로 기입해야 한다. 같은 이유로, 미래가치를 음수로 입력하지 않는다면, 현재가치 계산을 할 때 음수의 값을 얻을 것이다. 미래가치를 계산할 때에도 마찬가지이다.

이 공식들을 사용하는 법을 설명하기 위해, 이 장에서 제시된 예를 사용할 것이다. 12% 연 수익률에 $25,000을 투자하는 경우, $50,000에 도달하기까지 얼마나 걸릴까? 독자들은 스프레드시트를 다음과 같이 사용할 것이다.

	A	B	C	D	E	F	G	H
1								
2	스프레드시트를 이용한 화폐의 시간적 가치 계산							
3								
4	$25,000을 12%로 투자한다면, $50,000이 되는 데 걸리는 시간은?							
5	미지수 기간을 풀기 위해 NPER(rate,pmt,pv,fv) 공식을 이용한다.							
6								
7	현재가치(pv):	$25,000						
8	미래가치(fv):	$50,000						
9	이자율(rate):	0.12						
10								
11	기간:	**6.1162554**						
12								
13	셀 B11에 입력된 공식은 =NPER(B9,0,-B7,B8)이다.							
14	pmt는 0이고 pv는 음(−)의 부호마다 이자율은 백분율이 아니라 소수로 입력한다.							

기간의 계산

우리가 $50,000의 비용이 드는 어떤 자산에 대한 구매에 관심이 있다고 가정하자. 우리는 현재 $25,000을 보유하고 있다. 만약 우리가 이 $25,000에 대하여 연 12%의 수익률을 올릴 수 있다면, 이 금액이 $50,000이 되기까지 얼마의 시간이 걸릴까? 이에 대한 답을 찾는 것은 기본적인 현재가치 공식에서 마지막 변수인 기간이 얼마인지 알아내는 것과 같다. 특히 이 문제에 대하여 대략적인 답을 찾을 수 있는 간단한 방법이 있다. 돈을 두 배로 불려야 한다는 것에 주목하자.

72의 법칙(이 장 뒷부분의 문제 74번 참조)에 의해서, 이자율이 12%라 한다면, 대략 72/12 = 6년이 걸릴 것이다.

현재가치 기본공식을 변형하여 정확한 답을 찾을 수 있다. 현재가치는 $25,000이고, 미래가치는 $50,000이다. 이자율이 12%일 때, 기본공식은 다음과 같다.

$$\$25{,}000 = \$50{,}000/1.12^t$$
$$\$50{,}00/25{,}000 = 1.12^t = 2$$

이자율 12%에 대하여 미래가치계수가 2이므로 t에 대하여 풀기만 하면 된다. 표 A.3의 12%에 해당하는 열을 찾아보면, 6번째 기간에 대한 미래가치계수가 1.9738(2의 근삿값)인 것을 알 수 있을 것이다. 따라서 우리가 계산한 것처럼 대략 6년이 걸릴 것이다. 정확한 정답을 얻기 위해서, 재무계산기나 스프레드시트를 이용해서 t를 계산해야 한다. 이를 계산해보면, 우리가 대략적으로 계산했던 값과 매우 근사한 6.1163년이라는 답을 얻을 수 있다.

예제 4.9

Godot를 위한 기다림 당신은 Godot Company를 인수하기 위하여 예금을 하고 있다. 총 비용은 $10백만이 될 것이다. 당신은 현재 $2.3백만을 보유하고 있다. 만약 당신이 보유한 돈에 대하여 연 5%씩 벌 수 있다면, 당신은 얼마 동안을 기다려야 하는가? 만약 16%라면, 얼마가 되겠는가?

5%일 때, 당신은 매우 오랜 시간을 기다려야 할 것이다. 현재가치 기본공식으로부터 다음과 같이 구할 수 있다.

$$\$2.3\text{백만} = \$10\text{백만} / 1.05^t$$
$$1.05^t = 4.35$$
$$t = 30\text{년}$$

16%일 때, 상황은 조금 더 나아진다. 이 경우 10년이 소요되는 것을 증명해보라.

흔히 투자나 사업의 경우 1회 이상의 현금흐름이 발생한다. 여러 현금흐름의 현재가치는 단순히 개별 현금흐름의 현재가치의 합이라고 할 수 있다. 이 관계는 다음 두 가지 예제에서 설명된다.

예제 4.10

현금흐름 가치평가 Kyle Mayer는 Kentucky 주 복권에 당첨되어 앞으로 2년간 다음과 같은 현금흐름으로 당첨금을 받게 되었다.

연도	현금흐름
1	$20,000
2	50,000

Mr. Mayer는 현재 단기금융시장에서 6%의 금리를 얻을 수 있으므로, 적정할인율은 6%라고 생각한다. 현금흐름의 현재가치는 다음과 같다.

연도	현금흐름 × 현재가치계수 = 현재가치
1	$\$20{,}000 \times \frac{1}{1.06} = \$18{,}867.92$
2	$\$50{,}000 \times \frac{1}{1.06^2} = \$44{,}499.82$
	총 $63, 367.75

다시 말해서, Mr. Mayer는 오늘 $63,367.75를 받는 것과 $20,000과 $50,000을 2년에 걸쳐 받는 것은 동일하게 된다.

예제 4.11

NPV Finance.com은 $50,000의 비용이 드는 새로운 초고속 컴퓨터에 투자할 기회를 가지고 있다. 새 컴퓨터는 1년 후 $25,000, 2년 후 $20,000, 3년 후 $15,000의 현금흐름을 창출할 것으로 예상된다. 3년 후 컴퓨터는 더 이상 가치가 없고, 추가적인 현금흐름 또한 발생하지 않을 것으로 전망된다. Finance.com은 이 투자를 위한 적정할인율을 7%로 결정했다. Finance.com은 새로운 초고속 컴퓨터에 투자를 해야 하는가? 이 투자안에 대한 순현재가치는 얼마인가?

현금흐름과 제안된 컴퓨터의 현재가치계수는 다음과 같다.

연도	현금흐름	현재가치계수
0	−$50,000	$1 = 1$
1	$25,000	$\frac{1}{1.07} = 0.9346$
2	$20,000	$\left(\frac{1}{1.07}\right)^2 = 0.8734$
3	$15,000	$\left(\frac{1}{1.07}\right)^3 = 0.8163$

현금흐름의 현재가치는 다음과 같다.

현금흐름 × 현재가치계수 = 현재가치

연도			
0	−$50,000 × 1	=	−$50,000.00
1	$25,000 × 0.9346	=	$23,364.49
2	$20,000 × 0.8734	=	$17,468.77
3	$15,000 × 0.8163	=	$12,244.47
		총:	$ 3,077.73

Finance.com은 미래 현금흐름의 현재가치가 그 비용보다 크므로 새로운 초고속 컴퓨터에 투자를 해야 한다. 투자에 대한 순현재가치(NPV)는 $3,077.73이다.

산술식

현금흐름의 순현재가치를 위한 산술식을 도출해내기 위해서, 지금으로부터 1년 후 받게 되는 현금흐름의 현재가치(PV)를 다시 생각해보자.

$$\text{PV} = C_1/(1 + r)$$

그리고 지금으로부터 2년 후에 받게 되는 현금흐름의 현재가치는,

$$\text{PV} = C_2/(1 + r)^2$$

그러므로 t기간 동안의 프로젝트 순현재가치(NPV)를 다음과 같이 나타낼 수 있다.

$$\text{NPV} = -C_0 + \frac{C_1}{1 + r} + \frac{C_2}{(1 + r)^2} + \cdots + \frac{C_t}{(1 + r)^t} = -C_0 + \sum_{i=1}^{t} \frac{C_i}{(1 + r)^i} \quad \textbf{(4.5)}$$

최초 현금흐름인 $-C_0$는 투자를 의미하므로 음(−)으로 가정한다. $\sum$는 현금흐름들의 합을 간단히 나타낸 것이다.

하키선수 Connor McDavid의 계약과 관련된 이번 장의 서론에서 제기한 질문에 답을 하면서 이 절을 마치고자 한다. 이 계약에서는 계약보너스로 즉시 $13백만을 지급하고 나머지 총 $87백만에 대하여은 2018년에 $2백만, 2019년에 $14백만, 2020년에 $13백만, 2021년에 $15백만, 2022년에 $12백만, 2023년에 $11백만, 2024년에 $10백만, 2025년에 $10백만을 지급하기로 하였다. 만약 12%가 적정할인율이라고 한다면, Oilers팀의 센터(McDavid)는 어떤 계약을 맺은 것인가?

이에 대하여 대답하기 위해서, 우리는 매년 지급하는 연봉을 현재가치로 할인함으로써 계약금의 현재가치를 구할 수 있다(연봉은 매년 말에 지급하는 것으로 가정한다).

연도 0 (2017): $13,000,000 = $13,000,000.00
연도 1 (2018): $\$2{,}000{,}000 \times 1/1.12^1$ = $ 1,785,714.29
연도 2 (2019): $\$14{,}000{,}000 \times 1/1.12^2$ = $ 11,160,714.29
...
연도 8 (2025): $\$10{,}000{,}000 \times 1/1.12^8$ = $ 4,038,832.28

만약 위에서 생략된 행들을 모두 채우면 Connor가 맺은 계약은 $65.7백만의 현재가치를 갖는 것을 알 수 있다. 이는 보고된 $100백만의 2/3 정도밖에 안 되는 금액이지만 여전히 큰 금액이다.

4.3 복리계산 기간

지금까지 복리계산과 할인은 연 단위로 발생한다고 가정했다. 그러나 때때로 복리계산은 1년에 한 번보다 더 자주 이루어질 수 있다. 예를 들어 은행이 10%의 이자율을 "반년 단위로복리계산" 하여 지급한다고 가정해보자. 이것은 은행에 $1,000 예금한 것이 6개월 후에 $1,000 × 1.05 =

\$1,050이 되고, 1년 후에는 \$1,050 × 1.05 = \$1,102.50이 되는 것을 의미한다.

따라서 1년 후 가치는 다음과 같이 나타낼 수 있다.

$$\$1{,}000\left(1 + \frac{0.10}{2}\right)^2 = \$1{,}000 \times (1.05)^2 = \$1{,}102.50$$

물론 \$1,000 예금액은 연 단위로 복리계산을 하면 \$1,100(= \$1,000 × 1.10)의 가치를 갖는다. 여기서 우리는 반년 단위의 복리계산이 연 단위의 복리계산보다 1년 후 미래가치가 더 크다는 점에 주목해야 한다. 연 단위 복리의 경우 초기 투자금 \$1,000은 1년 투자기간 동안 줄곧 투자원금의 역할을 하는 반면, 반년 단위의 복리계산의 경우는 투자금 \$1,000이 첫 6개월 동안만 투자원금 역할을 하고 나머지 6개월 동안은 \$1,050이 투자원금이 된다. 즉, 반년 단위의 복리계산의 경우 이자에 대한 이자를 얻을 수 있는 것이다.

\$1,000 × 1.1025 = \$1,102.50이기 때문에 10%의 반년 단위 복리계산은 10.25%의 연 단위 복리계산과 동일하게 된다. 다시 말해서 합리적인 투자자는 10%의 반년 단위 복리계산과 10.25%의 연 단위 복리계산을 동일하게 생각할 수 있다.

만약 10%를 분기별로 복리계산하면, 1년 후의 수익률은 다음과 같다.

$$\$1{,}000\left(1 + \frac{0.10}{4}\right)^2 = \$1{,}103.81$$

이를 일반화시켜서 연중 m회 복리계산이 이루어지는 경우 1년 후의 자산가치는 다음과 같다.

$$C_0\left(1 + \frac{r}{m}\right)^m \tag{4.6}$$

여기서 C_0는 초기투자금액이고, r은 **표시이자율**(annual percentage rate: **APR**)이다. 이는 복리계산이 고려되지 않는 연이자율(annual interest rate)이다. 은행과 여러 금융기관에서는 표시이자율을 다른 용어로 대체해 사용하기도 한다.

예제 4.12

EARs Jane Christine이 \$1을 월 단위로 복리계산이 이루어지는 연 24%의 표시이자율을 지급하는 곳에 투자했을 경우 1년 후에 받게 되는 금액은 얼마인가?

식 (4.6)을 이용하면, Jane의 부는 다음과 같다.

$$\$1\left(1 + \frac{0.24}{12}\right)^2 = \$1 \times 1.02^{12}$$
$$= \$1.2682$$

이 경우 연 수익률은 26.82%에 이른다. 이 수익률은 **유효이자율**(effective annual rate: **EAR**) 또는 **유효수익률**(effective annual yield: **EAY**)이라고 불린다. 복리계산으로 인해 유효이자율은 표시이자율인 24%보다 더 높게 나타난다. 산술적으로 유효이자율은 다음과 같이 나타낼 수 있다.

$$\textbf{유효이자율}: \left(1 + \frac{r}{m}\right)^m - 1 \tag{4.7}$$

학생들이 식 (4.7)에서 주의할 점은 1을 차감하는 것에 종종 혼동을 느낀다는 것이다. 그러나 1년 후의 가치는 원금과 이자로 구성되기 때문에 원금은 제외해야 하므로, 우리는 위의 식 (4.7)에서 1을 차감해주었음을 기억하자.

예제 4.13

복리계산 빈도 만약 표시이자율이 8%이고 분기별로 복리계산이 된다고 한다면, 유효이자율은 얼마가 되는가?

식 (4.7)을 이용하면 우리는 다음과 같이 구할 수 있다.

$$\left(1+\frac{r}{m}\right)^m - 1 = \left(1+\frac{0.08}{4}\right)^4 - 1 = 0.0824 = 8.24\%$$

앞의 예제에서 C_0 = \$1,000, r = 10%를 참고하면 다음과 같은 표를 만들 수 있다.

C_0	복리 주기(m)	C_1	유효이자율 $= \left(1+\frac{r}{m}\right)^m - 1$
\$1,000	1년 (m = 1)	\$1,100.00	0.10
1,000	6개월 (m = 2)	1,102.50	0.1025
1,000	3개월 (m = 4)	1,103.81	0.10381
1,000	매일 (m = 365)	1,105.16	0.10516

표시이자율과 유효이자율의 차이

표시이자율(APR)과 유효이자율(EAR)의 구분은 자주 문제가 된다. 표시이자율은 복리기간이 주어진 경우에만 의미가 있다는 점을 기억한다면 두 개념 사이의 혼동을 줄일 수 있을 것이다. 예를 들어, 표시이자율이 10%이고 반년 단위의 복리계산을 하는 경우 1년 후의 미래가치는 $[1 + (0.10/2)]^2 = 1.1025$가 된다. 분기별로 복리계산을 한다면 그 미래가치는 $[1 + (0.10/4)]^4 = 1.1038$이다. 그러나 만약 표시이자율은 10%인데 복리기간이 주어지지 않는다면 우리는 미래가치를 구할 수 없게 된다. 다시 말해서, 복리가 반년 단위로 되는지, 분기별로 되는지, 아니면 어떤 다른 기간으로 되는지 알 수가 없는 것이다.

이와 대조적으로, 유효이자율은 복리계산 기간이 없어도 의미가 있다. 예를 들어, 유효이자율이 10.25%라고 하면 \$1을 투자하면 1년 후에 \$1.1025의 가치를 얻을 수 있다는 것을 의미한다. 이것은 반년 단위로 복리계산이 되는 10% 표시이자율, 연 단위로 복리계산이 되는 10.25% 표시이자율, 또는 다른 표시이자율로 나타낼 수 있다.

이자율이 높다면 표시이자율과 유효이자율 간에 큰 차이가 생길 수 있다. 예를 들어, "초고금리 단기소액대출(payday loans)"을 고려해보자. 초고금리 단기소액대출이란 Check Into Cash나 AmeriCash Advance 같은 사금융 전문금융기관이 2주 이내의 단기간 동안 제공하는 대출을 의미한다. 이 대출에 대해서 설명하자면 다음과 같다. 당신은 오늘 선일자 수표(postdated check: 미래의 어느 날짜를 발행일로 하여 미리 발행하는 수표)를 발행한다. 수표 기일(발행일)이 도래하면, 당신은 이 수표를 취급하는 상점에 가서 수표에 대한 금액을 지불하거나 또는 사금융기관이 당신이 발행한 수표에 대해 현금화(cash)한다. 예를 들어, Check Into Cash가 오늘 당신이 14일 후에 $115를 갚겠다는 선일자 수표를 발행할 수 있게 하고 AmeriCash Advance는 오늘 당신에게 $100을 줄 수 있다. 그렇다면 이 같은 계약의 연이자율과 명목이자율은 얼마인가? 먼저 이자율을 구하기 위해 미래가치 공식을 이용하면 다음과 같다.

$$\text{FV} = \text{PV} \times (1 + r)^1$$
$$\$115 = \$100 \times (1 + r)^1$$
$$1.15 = (1 + r)$$
$$r = 0.15 \text{ 또는 } 15\%$$

이자율이 14일간의 금리라는 것을 인지하지 않는다면, 이자율은 그렇게 높아 보이지는 않는다. 그러나 본 대출금의 표시이자율은

$$\text{APR} = 0.15 \times 365/14$$
$$\text{APR} = 3.9107 \text{ 또는 } 391.07\%$$

그리고 연 유효이자율은

$$\text{EAR} = (1 + \text{표시이자율}/m)^m - 1$$
$$\text{EAR} = (1 + 0.15)^{365/14} - 1$$
$$\text{EAR} = 37.2366 \text{ 또는 } 3{,}723.66\%$$

위의 값이 바로 이자율이다! 이번에는 수수료의 작은 차이가 얼마나 큰 이자율 차이를 발생시키는가를 살펴보자. AmeriCash Advance가 당신에게 $117.50의 선일자 수표를 발행할 수 있게 해주고 $100을 지급해 준다면 연이자율은 456.25%가 되고 유효이자율은 6,598.65%가 된다. 여전히 추천할 수 없는 대출이다.

법률적으로 대출자는 표시이자율을 보고하도록 의무화하고 있다. 표시이자율은 기간당 이자율에 1년 이내에 기간 수를 곱하여 계산한다. 연방법에 따르면, 표시이자율(APR)은 소비자금융의 연 단위 비용에 대한 측정치이고 이자와 비이자 비용 및 수수료 등을 포함한다. 실제로, 대출자가 연방법에 의해 규정된 상당한 수수료를 부과한다면 표시이자율은 대출이자율보다 훨씬 높아질 수 있다.

장기간에 대한 복리계산

식 (4.6)은 1년 동안 투자하는 경우 적용될 수 있는 식이다. 1년 또는 t년 이상을 투자한다고 할 때, 공식은 다음과 같다.

복리계산을 통한 미래가치:

$$\text{FV} = \text{PV}\left(1 + \frac{r}{m}\right)^{mt} \quad (4.8)$$

예제 4.14

장기간에 대한 복리계산 Harry DeAngelo는 $5,000을 5년간 연 12%의 표시이자율로 분기별로 복리계산되는 상품에 투자하였다. 5년 후 그가 받게 되는 금액은 얼마인가?

식 (4.8)을 이용하면 그가 받을 금액은

$$\$5{,}000 \times \left(1 + \frac{0.12}{4}\right)^{4\times5} = \$5{,}000 \times (1.03)^{20} = \$5{,}000 \times 1.8061 = \$9{,}030.56$$

이다.

연속복리계산

앞의 논의에서 복리계산은 1년에 한 번 이상 될 수 있다는 것을 보였다. 복리계산은 반년 단위, 분기별, 매월, 매일, 매시간, 매분, 심지어 그보다 더 짧은 기간 단위로 할 수 있다. 제한적인 경우에 미분의 기간에 대해서 복리계산을 적용하기도 하며, 이것을 **연속복리계산**(continuous compounding)이라고 한다. 놀랍게도 종종 은행이나 몇몇 금융기관들은 연속복리계산을 통한 금리를 공시하며, 이것이 우리가 이에 대해서 공부해야 할 이유가 된다.

연속복리계산의 개념은 사람들에게 상당히 어려울 수 있지만, 상당히 간단한 공식으로 표현할 수 있다. 연속복리계산을 적용하였을 때, t년 후의 가치는 다음과 같이 표현된다.

$$C_0 \times e^{rt} \tag{4.9}$$

여기서, C_0는 초기 투자액이고, r은 표시이자율, t는 투자기간이다. e는 상수이고 그 값이 대략 2.718이므로, C_0, r, t와는 다르게 알 수 있는 수치이다.

예제 4.15

연속복리계산 Linda DeFond는 $1,000을 1년 동안 10% 이율의 연속복리로 계산되는 금융상품에 투자했다. 1년 후 그녀의 투자에 대한 가치는 얼마가 되는가?

식 (4.9)로부터 우리는 다음과 같이 구할 수 있다.

$$\$1{,}000 \times e^{0.10} = \$1{,}000 \times 1.1052 = \$1{,}105.17$$

이 숫자는 표 A.5를 통해서 쉽게 찾을 수 있다. 표의 열은 이자율인 r을, 행은 투자기간인 t를 나타낸다. 이 문제와 관련된 부분이 다음의 표에 나타나 있다.

	연속복리 이자율(r)		
기간(t)	9%	10%	11%
1	1.0942	1.1052	1.1163
2	1.1972	1.2214	1.2461
3	1.3100	1.3499	1.3910

여기서 10%의 연속복리 이자율은 연복리로 10.52%에 해당되는 것에 주목하자. 다시 말하면, Linda에게 은행이 연속복리 이자율로 10%를 지급하든 또는 연복리로 10.52%를 지급하든 상관없게 되는 것이다.

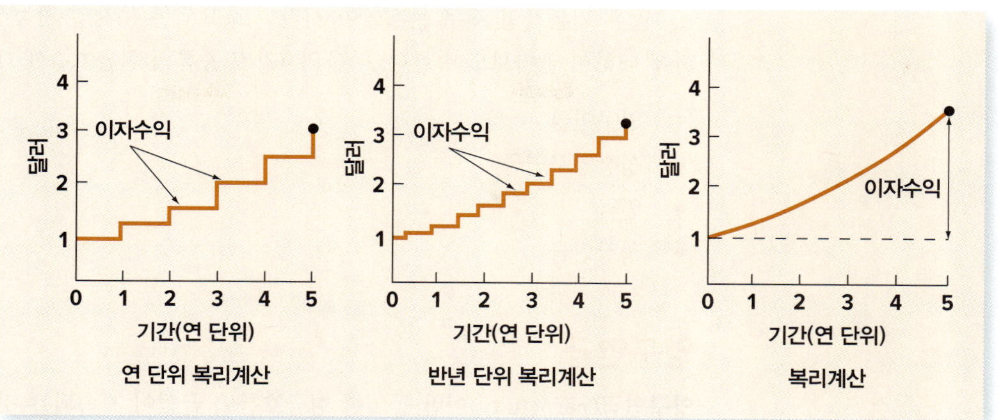

그림 4.11
연 단위, 반년 단위, 연속복리계산

예제 4.16

연속복리계산 (계속) Linda DeFond의 형제인 Mark는 2년간 $1,000을 10%의 연속복리 이자율로 투자했다.

이에 적합한 공식은 다음과 같다.

$$\$1{,}000 \times e^{0.10 \times 2} = \$1{,}000 \times e^{0.20} = \$1{,}221.40$$

앞의 예제에서 보았던 연속복리 이자율의 표를 사용하면, 우리는 그 값이 1.2214가 되는 것을 알 수 있다.

〈그림 4.11〉은 연 단위, 반년 단위, 그리고 연속복리계산 간의 관계를 보여주고 있다. 반년 단위 복리의 경우 연 단위 복리보다 더 부드러운 곡선을 보이고 최종가치도 더 큰 것을 알 수 있다. 연속복리의 경우는 세 가지 중 가장 부드러운 곡선의 형태를 보이고 또 가장 높은 최종가치를 보인다.

예제 4.17

연속복리계산에 대한 현재가치 Michigan 주 복권이 당신에게 4년 후에 $100,000을 지급하려고 한다. 만약 8%의 연 단위 연속복리가 적용된다면, 이 지급액의 현재가치는 얼마가 되는가?

$$\$100{,}000 \times \frac{1}{e^{0.08 \times 4}} = \$100{,}000 \times \frac{1}{1.3771} = \$72{,}614.90$$

4.4 단순화

이 장의 첫 부분에서는 미래가치와 현재가치의 개념에 대해 알아보았다. 이와 같은 개념은 화폐의 시간가치와 관련된 문제의 해답을 제공함에도 불구하고, 많은 노력이 필요하다. 예를 들어, 은행의 20년짜리 월 모기지 상품에 대한 현재가치를 구한다고 가정해보자. 이 모기지는 총 240회(= 20 × 12) 납입되므로, 개념적으로 매우 단순한 이 일이지만 수행하기 위해 많은 시간이 필요하다.

많은 기본적인 재무 문제들이 시간이 소요되는 문제일 가능성이 있으므로, 이 절에서 단순화에 대하여 알아보도록 한다. 다음의 4가지 종류의 현금흐름에 대한 단순화 공식을 제시한다.

- 영구연금
- 성장영구연금
- 연금
- 성장연금

영구연금

영구연금(perpetuity)이란 동일한 현금흐름이 끝없이 지속되는 것을 일컫는다. 영구연금은 현실과는 관련이 없는 것이라고 생각할 수도 있지만, 영구적인 현금흐름을 가지는 유명한 상품이 존재한다는 것을 알면 놀라게 될 것이다. 바로 **콘솔**(consols)이라 불리는 영국의 채권이다. 이 콘솔을 구매한 투자자들은 영국 정부로부터 영구적으로 매년 이자를 지급받게 된다.

그렇다면 이 콘솔의 가격은 어떻게 결정되야 할까? 콘솔이 표면이자 C달러를 매년 영구히 지급한다고 생각해보자. 현재가치(PV) 수식에 단순하게 적용시켜보면 다음과 같다.

$$\text{PV} = \frac{C}{1+r} + \frac{C}{(1+r)^2} + \frac{C}{(1+r)^3} + \cdots$$

여기서 수식 맨 뒤에 있는 점들은 표면이자 지급이 무한히 계속된다는 것을 의미한다. 위와 같은 형태를 등비급수(geometric series)라고 부른다. 이것은 무한대의 항을 가지고 있지만, 각 항은 이전 항의 일부로 나타낼 수 있으므로 무한등비급수의 식을 이용해 전체의 합을 구할 수 있다. 미적분 교재로 돌아가기 전에, 만약 어느 정도의 재무적 직관이 PV를 찾는 데 도움을 준다면 그 기본 원리에 대하여 살펴보는 것이 가치가 있을 것이다.

콘솔의 현재가치는 미래에 지급되는 모든 표면이자의 현재가치이다. 다시 말해서 투자자가 콘솔을 보유하고 있다면, 투자자가 표면이자 금액만큼의 돈으로 매년 같은 패턴의 지출이 가능하도록 해주는 것이다. 투자자가 매년 일정하게 C달러를 지출하기 원한다고 가정하자. 만약 투자자가 콘솔을 보유하고 있다면, 매년 일정하게 C달러를 지출할 수 있을 것이다. 그렇다면 그가 매년 동일한 금액을 지출하기 위해서 현재 얼마를 보유하여야 하는가? 명백히, 그는 투자자금에 대한 이자가 매년 C달러가 될 수 있을 만큼의 돈이 필요할 것이다. 만약 투자자가 그 이상의 자금을 보유하고 있다면, C달러 이상 지출할 수 있을 것이고, 만약 그보다 적다면 그는 결국 C달러만큼의 지출하기에 부족할 것이다.

투자자가 매년 C달러를 받을 수 있도록 하는 콘솔의 현재가치는 단순히 다음과 같다.

$$\text{PV} = \frac{C}{r} \tag{4.10}$$

앞의 수식이 옳다는 것을 확인하기 위해, 만약 우리가 C/r만큼을 대출해주었다고 한다면, 이것으로부터 얻을 수 있는 이자는 다음과 같다.

$$\text{이자} = \frac{C}{r} \times r = C$$

이것은 정확히 콘솔의 지급금액이다. 우리는 콘솔에 대하여 다음과 같은 공식에 도달하였다.

영구연금의 현재가치 식:

$$\begin{aligned}\text{PV} &= \frac{C}{1+r} + \frac{C}{(1+r)^2} + \frac{C}{(1+r)^3} + \cdots \\ &= \frac{C}{r}\end{aligned} \tag{4.11}$$

이는 우리가 이와 같은 수학문제를 해결하는 데 있어 재무적 직관을 활용하는 것이 얼마나 도움이 되는지 보여준다.

예제 4.18

영구연금 매년 \$100을 지급하는 영구연금을 생각해보자. 만약 이자율이 8%이라면, 이 콘솔의 가치는 얼마가 되겠는가?

식 (4.10)을 이용하여 우리는 다음과 같이 구할 수 있다.

$$\text{PV} = \frac{\$100}{0.08} = \$1{,}250$$

이제 이자율이 6%로 하락했다고 가정해보자. 식 (4.10)을 이용하면 영구연금의 가치는 다음과 같다.

$$\text{PV} = \frac{\$100}{0.06} = \$1{,}666.67$$

여기서 영구연금의 가치는 이자율이 하락하면 증가하게 되는 것에 주목하자. 반대로, 영구연금의 가치는 이자율이 상승하면 하락하게 된다.

성장영구연금

내년에 비용을 차감 후 임대인에게 들어오는 현금흐름이 \$100,000로 예상되는 아파트가 있다고 가정하자. 이 현금흐름은 매년 5%씩 상승할 것으로 예상된다. 만약 이 상승률이 무한히 지속된다고 한다면, 이 현금흐름을 **성장영구연금**(growing perpetuity)이라고 부른다. 적정할인율이 11%일 때, 이 현금흐름의 현재가치는 다음과 같이 나타낼 수 있다.

$$\begin{aligned}\text{PV} = &\frac{\$100{,}000}{1.11} + \frac{\$100{,}000(1.05)}{(1.11)^2} + \frac{\$100{,}000(1.05)^2}{(1.11)^3} + \cdots \\ &+ \frac{\$100{,}000(1.05)^{N-1}}{(1.11)^N} + \cdots\end{aligned}$$

산술적으로 우리는 이 공식을 다음과 같이 나타낼 수 있다.

$$\text{PV} = \frac{C}{1+r} + \frac{C\times(1+g)}{(1+r)^2} + \frac{C\times(1+g)^2}{(1+r)^3} + \cdots + \frac{C\times(1+g)^{N-1}}{(1+r)^N} + \cdots$$

여기서 C는 한 기간 동안에 받게 될 현금흐름, g는 %로 표시되는 기간당 성장률이고, r은 적정할인율이다.

다행히도, 이 공식은 다음과 같이 단순하게 줄일 수 있다.

성장영구연금의 현재가치 식:

$$\text{PV} = \frac{C}{r - g} \tag{4.12}$$

식 (4.12)에 의해 아파트로부터 발생하는 현금흐름의 현재가치는 다음과 같다.

$$\frac{\$100{,}000}{0.11 - 0.05} = \$1{,}666{,}667$$

성장영구연금 수식과 관련하여 세 가지의 중요한 점이있다.

1. 분자(numerator): 식 (4.12)에서 분자는 0년도에서가 아닌 한 기간 동안의 현금흐름이다. 다음의 예제를 고려해보자.

예제 4.19

배당금 지급 Popovich Corporation은 현재 주당 \$3.00의 배당금을 지급하려고 한다. 투자자는 이 배당금이 매년 6%씩 영구히 성장할 것으로 예상하고 있다. 적정할인율이 11%라고 한다면, 오늘 이 주식의 가격은 얼마가 되겠는가?

식 (4.12)의 분자는 다음 기간에 받게 될 현금흐름이다. 성장률이 6%이므로, 내년에 받게 될 배당금은 \$3.18(= \$3.00 × 1.06)이 된다. 따라서 이 주식의 오늘 가격은 다음과 같다.

$$\$66.60 = \underset{\text{현재 배당금}}{\$3.00} + \underset{\text{지금으로부터 1년 뒤에 시작하여 받게 될 모든 배당금의 현재가치}}{\frac{\$3.18}{0.11 - 0.06}}$$

이 주식가격 \$66.6은 즉시 받게 될 배당금과 지금으로부터 시작하여 매년 받게 될 모든 배당금의 현재가치를 더한 값이다. 식 (4.12)는 1년 후부터 받게 될 모든 배당금의 현재가치의 계산을 가능하게 한다. 반드시 이 예제를 이해하도록 하라. 주식가격을 계산할 때 배당금의 현재가치를 명심해라.

2. 할인율(discount rate)과 성장률(growth rate): 성장영구연금 수식이 성립하기 위해서는 할인율 r이 성장률 g보다 항상 커야 한다. 성장률이 할인율에 근접해지는 경우를 고려해보자. 그렇게 되면 성장영구연금 수식에서 분모는 매우 작아지게 되고, 현재가치는 무한히 큰 금액으로 산출된다. 또한 할인율이 성장률보다 작은 경우에는 아예 현재가치를 구할 수 없게 된다.
3. 시간 가정(timing assumption): 현실에서 기업의 현금 유입과 유출 흐름은 무작위로, 그리고 연속적으로 이루어지는 것이 일반적이다. 그러나 식 (4.12)는 현금흐름이 정기적으

로 그리고 일정 시점에서 발생한다고 가정하고 있다. 앞의 아파트 예제에서도 우리는 순 현금흐름 $100,000이 1년에 한 번만 발생한다고 가정했다. 하지만 임대료는 일반적으로 매달 받게 된다. 또한 유지관리비와 다른 비용들은 연중 어느 시점에나 발생할 수 있다.

우리는 성장영구연금 수식 (4.12)를 현금흐름이 정기적이고 일정 시점에서 발생한다고 가정하는 경우에 한해서 적용시킬 수 있다. 이 수식이 많은 시간을 절약하여 주기 때문에 이 같은 가정이 합리적이라 할지라도, 사용자들은 이것이 "가정"이라는 것을 반드시 잊지 말아야 한다.

용어와 관련하여 몇 가지 언급이 필요하다. 재무교재는 일반적으로 시간에 대하여 두 가지의 관행 중 하나를 사용한다. 소수의 재무교재는 현금흐름을 정확한 시점(exact dates)에 발생하는 것으로 간주한다. 예를 들어 시점 0, 시점 1 등을 사용하고, 이 경우 시점 0은 현재시점을 의미한다. 그러나 1년은 시간에서 특정 순간이 아니라 하나의 기간이므로, 대부분의 교재에서는 현금흐름이 연도 말(기간 말)에 발생하는 것으로 간주한다. 이러한 경우에, 0년도 말(end-of-year 0)은 현재를 의미하고, 1년도 말(end-of-period 1)은 지금으로부터 한 기간 후를 의미한다 (0년도의 시작은 이미 지나간 것이므로 일반적으로 언급되지 않는다).[2]

이 두 가지 관행의 상호교환 가능성이 다음의 도표에 나타나 있다.

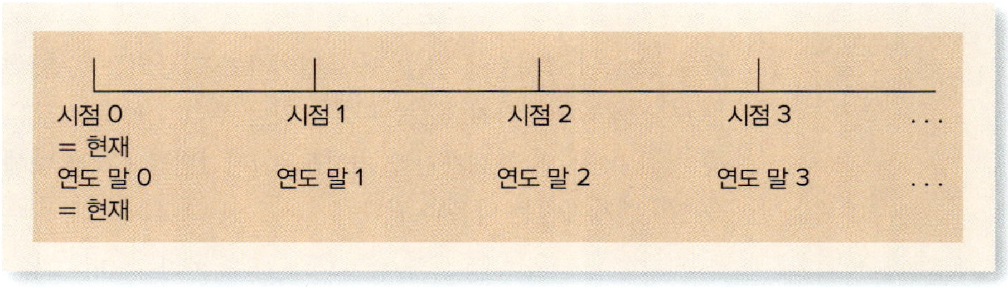

연도 말(end-of-year) 관행을 더 선호하지만 이후 과정에서 시점(date) 관행을 사용할 수도 있으므로 두 가지 관행을 함께 사용하기로 한다.

연금

연금(annuity)이란 고정된 기간 동안 정기적으로 일정 수준의 금액이 지급되는 현금흐름을 말한다. 놀라울 것 없이, 연금은 가장 일반적인 금융상품 중의 하나이다. 사람들이 퇴직 후에 받는 퇴직연금이 흔히 연금의 형태를 가진다. 또한 리스와 모기지도 연금의 형태이다.

연금의 현재가치를 알아보기 위해 우리는 다음의 공식을 평가해보아야 한다.

$$\text{PV} = \frac{C}{1+r} + \frac{C}{(1+r)^2} + \frac{C}{(1+r)^3} + \cdots + \frac{C}{(1+r)^t}$$

[2] 때때로 재무교재의 저자들은 단순히 x년도의 현금흐름이라고만 언급한다. 이 용어는 모호하지만 일반적으로 저자들은 x년도의 말을 의미하는 것이다.

t기간 동안 받는 표면이자의 현재가치는 콘솔의 현재가치보다 적어야 한다. 그러나 얼마나 더 적어야 하는 것일까? 이에 답하기 위해서, 우리는 콘솔의 예를 좀 더 자세히 살펴보기로 하자.

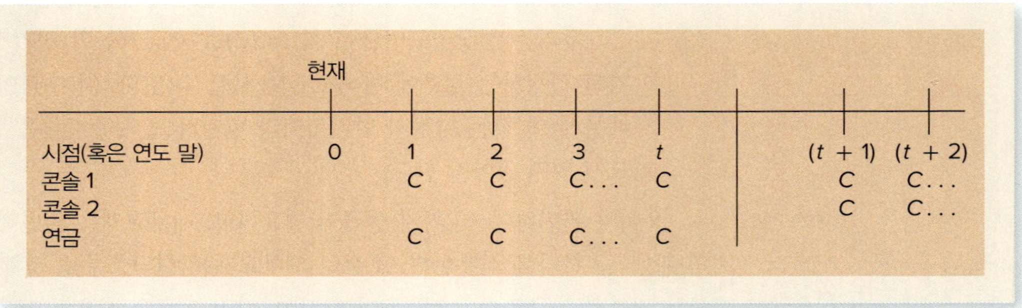

콘솔 1은 첫 번째 표면이자가 시점 1에 지급되는 일반적인 형태이다. 콘솔 2는 첫 번째 표면이자가 $t + 1$시점에 지급된다.

t기간 동안 일정하게 발생하는 C 현금흐름의 현재가치는 콘솔 1의 현재가치에서 콘솔 2의 현재가치를 차감한 값과 같다. 콘솔 1의 현재가치는 다음을 통해 주어진다.

$$\text{PV} = \frac{C}{r} \tag{4.13}$$

콘솔 2는 $t + 1$시점에 첫 번째 표면이자가 지급되는 콘솔이다. 영구연금 수식으로부터, 콘솔 2는 t시점에 C/r의 가치를 갖는다.[3] 그러나 우리가 원하는 값은 t시점이 아니다. 우리는 현재 시점, 즉 시점 0에서의 현재가치를 원하므로 t기간만큼 C/r에 대해 할인을 해주어야 한다. 따라서 콘솔 2의 현재가치는 다음과 같다.

$$\text{PV} = \frac{C}{r}\left[\frac{1}{(1 + r)^t}\right] \tag{4.14}$$

t기간 동안 현금흐름의 현재가치는 1시점에 첫 번째 표면이자가 지급되는 콘솔의 현재가치에서 $t + 1$시점에 첫 번째 표면이자가 지급되는 콘솔의 현재가치를 차감한 값이 된다. 따라서 연금의 현재가치는 식 (4.13)에서 식 (4.14)를 차감한 가치가 된다. 이것은 다음과 같이 쓸 수 있다.

$$\text{PV} = \frac{C}{r} - \frac{C}{r}\left[\frac{1}{(1 + r)^t}\right]$$

이를 단순화시키면 다음과 같다.

연금의 현재가치 식:

$$\text{PV} = C\left[\frac{1}{r} - \frac{1}{r(1 + r)^t}\right] \tag{4.15}$$

[3] 학생들은 종종 콘솔의 첫 번째 지불이 시점 $t + 1$에 발생하므로, C/r는 시점 $t + 1$에서의 현재가치라고 생각한다. 그러나 이 공식은 첫 번째 지불에서 한 기간 앞선 시점에서 콘솔의 가치를 평가한다.

이는 또한 다음과 같이 나타낼 수 있다.

$$\text{PV} = C\left[\frac{1 - \frac{1}{(1+r)^t}}{r}\right]$$

예제 4.20

복권의 가치 Mark Young은 주정부의 복권에 당첨되어 앞으로 20년간 연 $50,000씩 받게 되었다. 그는 첫 번째 당첨금을 1년 후에 받기로 했다. 주에서는 이 복권이 $1,000,000 = $50,000 × 20이기 때문에 백만 달러짜리 복권이라고 광고하고 있다. 만약 금리가 8%라고 한다면, 이 복권의 현재가치는 얼마인가?

식 (4.15)로 우리는 다음을 구할 수 있다.

$$\begin{aligned}\text{백만 달러 복권의 현재가치} &= \underbrace{\$50{,}000}_{\text{기간당 지급금액}} \times \underbrace{\left[\frac{1 - \frac{1}{(1.08^{20})}}{0.08}\right]}_{\text{연금계수}} \\ &= \$50{,}000 \times 9.8181 \\ &= \$490{,}907\end{aligned}$$

당첨된 사실에 과하게 기뻐하기보다는, Mr. Young은 주를 상대로 허위와 사기혐의로 고소를 해야 할 것이다. 그는 법적으로 $1백만을 약속받았지만 겨우 $490,907를 받게 되는 것이기 때문이다.

t기간 동안 매년 일정하게 지급받는 C의 총 현재가치를 계산하기 위해 사용되는 항을 연금의 현재가치계수(present value interest factor for annuities) 혹은 연금계수(annuity factor)라고 부른다. 앞의 예에서 연금계수는 9.8181이다. 연금계수는 현재가치 계산 시 매우 자주 사용되기 때문에, 교재 뒤편의 표 A.2에 연금계수를 포함하였다. 표는 이자율 r과 만기까지의 기간 t에 따른 연금계수의 가치를 나타낸다.

식 (4.15)의 괄호 안에 나타난 연금계수는 복잡한 공식이다. 이의 단순화를 위해서, 우리는 때때로 연금계수를 다음과 같이 나타내기도 한다.

$$\text{PVIFA}_{(r,t)}$$

이 표현은 금리가 r인 경우 t기간 동안 매회 $1을 지급하는 연금의 현재가치를 나타낸다.

우리는 또한 연금의 미래가치에 대한 식을 다음과 같이 나타낼 수 있다.

$$\text{FV} = C\left[\frac{(1+r)^t}{r} - \frac{1}{r}\right] = C\left[\frac{(1+r)^t - 1}{r}\right] \tag{4.16}$$

연금의 현재가치계수와 마찬가지로, 연금의 미래가치계수도 교재 뒤에 있는 표 A.4에 함께 포함시켰다.

예제 4.21

퇴직연금투자 당신이 개인퇴직연금계좌(Roth IRA)에 매년 $3,000을 예치한다고 가정하자. 이 계좌가 매년

6%의 이자를 지급한다면, 30년 후 당신이 은퇴할 때 받을 수 있는 금액은 얼마인가?

이 문제는 연 6%의 금리로 30년간 연 $3,000을 예치하는 연금에 대한 미래가치를 구하는 것으로 우리는 다음과 같이 계산할 수 있다.

$$FV = C\left[\frac{(1+r)^t - 1}{r}\right] = \$3,000 \times \left[\frac{(1.06)^{30} - 1}{0.06}\right]$$
$$= 3,000 \times 79.0582$$
$$= \$237,174.56$$

따라서 당신은 이 계좌로부터 $25만에 가까운 금액을 받을 수 있게 된다.

연금수식은 이해하기가 어렵지는 않지만 재무를 처음 공부하는 학생들에게는 까다로울 수 있다. 이에 대한 네 가지 요령이 다음에 나타나 있다.

TRICK 1: 지연된 연금 연금이나 영구연금을 다룰 때 적용할 수 있는 하나의 요령은 정확한 타이밍을 얻는 것이다. 이것은 연금이나 영구연금이 미래 특정 시점 이후에 지급되는 경우에 특히 그러하다. 우리는 똑똑한 학생들조차도 이것에서 실수를 하게 되는 것을 발견하였다. 다음의 예를 고려해보자.

예제 4.22

지연된 연금 Danielle Caravello는 시점 6으로부터 시작하여 4년간 매년 $500씩 연금을 받을 것이다. 만약 금리가 연 10%라면 이 연금의 현재가치는 얼마가 되는가? 이 상황은 다음의 그래프와 같이 나타낼 수 있다.

스프레드시트 기법

연금의 현재가치

연금의 현재가치 계산을 위한 스프레드시트 사용법은 다음과 같다.

	A	B	C	D	E	F	G	H
1								
2	스프레드시트를 이용한 연금의 현재가치 계산							
3								
4	3년 동안 연 $500의 현금흐름을 10%로 할인한다면							
5	현재가치는 얼마인가?							
6								
7	기간별 지급액:	$500						
8	지급 횟수:	3						
9	할인율:	0.1						
10								
11	연금의 현재가치:	**$1.243.43**						
12								
13	셀 B11에 입력된 공식은 =PV(B9,B8−B7,0)이다.							
14	pmt는 음(−)의 부호이다. 이자율은 백분율이 아니라 소수로 입력한다.							

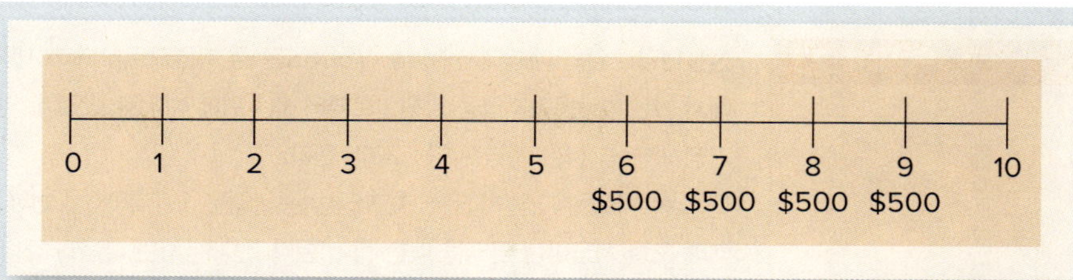

분석은 다음의 두 단계로 이루어진다.

1. 식 (4.15)를 이용해 연금의 현재가치를 구한다.

5년도에서의 연금의 현재가치:

$$\$500\left[\frac{1-\frac{1}{(1.10)^4}}{0.10}\right] = \$500 \times \text{PVIFA}_{(0.10,4)}$$
$$= \$500 \times 3.1699$$
$$= \$1{,}584.93$$

$1,584.93은 5년도에서의 현재가치를 나타내는 것에 유의하자.

흔히 학생들은 연금이 6년도부터 지급되므로 $1,584.93가 6년도에서의 현재가치라고 잘못 이해하는 경우가 있다. 하지만 연금을 구하는 식은 첫 번째 연금 지급시점보다 한 시점 앞에서의 연금의 가치를 구해준다. 앞에서 살펴본 바와 같이 대부분의 경우 첫 번째 연금 지급은 1년도에서부터 이루어지고 이에 대한 연금의 가치는 현재시점(0년도)을 기준으로 계산된다.

2. 연금의 가치를 0년도의 가치로 할인한다.

0년도에서의 현재가치:

$$\frac{\$1{,}584.93}{(1.10)^5} = \$984.12$$

다시 한번, 연금을 구하는 식은 향후 5년 시점의 Danielle의 연금가치를 나타내므로 현재시점의 가치를 구하기 위해서는 5년에 대한 할인을 해주어야 한다. 이 두 단계에 걸친 계산과정이 〈그림 4.12〉에 그래프로 나타나 있다.

그림 4.12 Danielle Caravello 연금의 할인

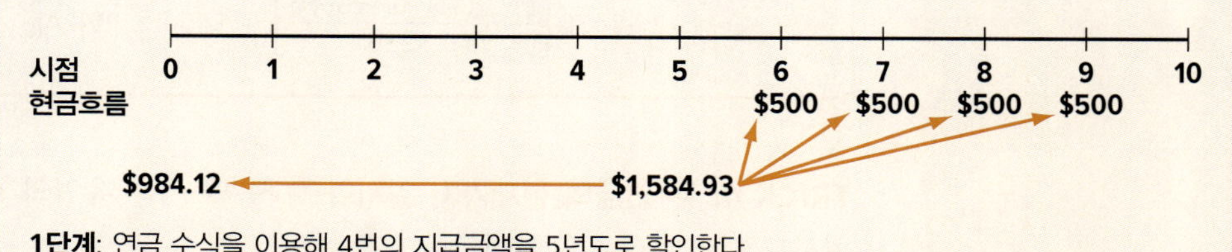

1단계: 연금 수식을 이용해 4번의 지급금액을 5년도로 할인한다.
2단계: 5년도에서의 현재가치($1,584.93)를 0년도의 현재가치가 되도록 할인한다.

TRICK 2: 선불연금 식 (4.15)에서의 연금 수식은 첫 번째 지급액이 한 기간 지난 후에 시작되는 것으로 가정한다. 이러한 형태의 연금을 **보통연금**(ordinary annuity)이라고 부른다. 만약 연금이 오늘 즉, 시점 0에 시작된다면 어떻게 될까?

예제 4.23

선불연금 앞의 예제에서 Mark Young은 주 복권으로부터 20년간 매년 $50,000을 받기로 하였다. 이 예제에서 그는 첫 번째 지급을 당첨일로부터 1년 뒤에 받기로 했었다. 만약 첫 번째 당첨금 지급이 즉시 일어났다고 가정하자. 총 남은 지급횟수는 20이 된다.

이 새로운 가정 하에서, 총 지급받는 금액은 1년 후에 첫 번째 지급이 이루어지는 연금을 19년간 받는 금액에 오늘 지급받는 금액을 더한 합이 된다. 현재가치는 다음과 같다.

$$\underset{\text{시점 0의 지급금}}{\$50{,}000} + \underset{\text{19년간 연금}}{\$50{,}000 \times \frac{[1 - 1/(1.08)^{19}]}{0.08}}$$

$$= \$50{,}000 + (\$50{,}000 \times 9.6036)$$

$$= \$530{,}180$$

이 예제에서 현재가치는 $530,180이 되어서 이전 복권예제에서의 현재가치인 $490,907보다 커진다. 이것은 위 예제에서 연금지급이 한 기간 앞서 발생하였으므로 예상할 수 있는 결과이다. 이처럼 첫 번째 지급이 오늘 이루어지는 연금을 *선불연금*(an annuity in advance, an **annuity due**)이라고 한다. 이 교재에서 식 (4.15)와 표 A.2는 선불연금이 아닌 *보통연금*(an ordinary annuity)에 관한 것이라는 사실을 기억하라.

TRICK 3: 저빈도 연금 다음의 예제는 1년에 한 번 미만으로 지급이 이루어지는 연금을 다룬다.

예제 4.24

저빈도 연금 Ann Chen은 매 2년마다 $450의 연금을 받는다. 연금은 20년간 지급될 것이고, 첫 번째 지급은 시점 2에 이루어진다. 즉 지금으로부터 2년 후. 금리는 연 6%이다.

여기서 주의할 점은 2년의 기간에 대한 이자율을 구하는 것이다. 2년간의 이자율은 다음과 같다.

$$(1.06 \times 1.06) - 1 = 12.36\%$$

즉, 2년간 $100을 투자하면 $112.36을 얻게 된다.

우리가 구하고자 하는 것은 금리가 연 12.36%이고 10년간 $450을 지급받는 연금의 현재가치이므로 다음의 식과 같이 구할 수 있다.

$$\$450\left[\frac{1 - \dfrac{1}{(1 + 0.1236)^{10}}}{0.1236}\right] = \$450 \times \text{PVIFA}_{(0.1236,10)} = \$2{,}505.57$$

TRICK 4: 두 연금의 현재가치 일치화 다음의 예는 유입의 현재가치와 유출의 현재가치를 일치하도록 만드는 것을 보여준다.

예제 4.25

두 연금의 가치 일치화 Harold와 Helen Nash는 새로 태어난 딸 Susan의 대학 등록금 마련을 위해 저축을 하기로 했다. Nash는 Susan이 18살에 대학생이 되었을 때 대학 등록금이 연 $30,000에 이를 것으로 추산한다. 향후 몇십 년간 이자율이 연 14%로 예상될 때, Susan이 4년제 대학을 마치려면 그들이 매년 은행에 저축해야 하는 금액은 얼마인가?

계산의 단순화를 위해 Susan이 오늘 태어났다고 가정하자. Susan의 부모의 1번째 대학 등록금을 그녀의 18번째 생일날 주기 위해 첫 번째 생일부터 17번째 생일까지 동일한 금액을 저축하려고 한다. 그녀의 부모는 그녀의 17번째 생일까지 매년 동일한 금액을 예금할 것이지만 시점 0에서는 예금을 하지 않는다. 이를 그래프로 나타내면 다음과 같다.

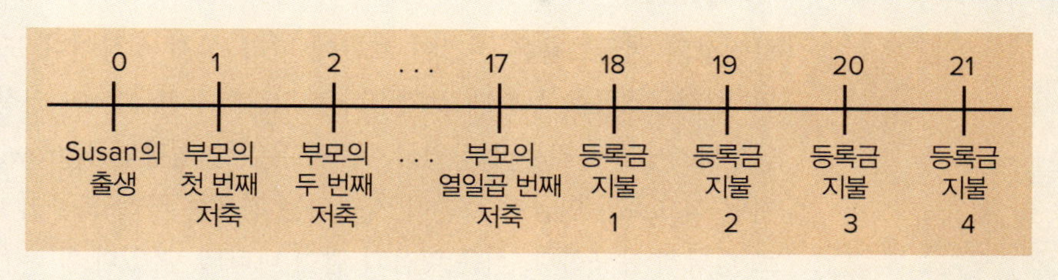

Mr. Nash와 Ms. Nash는 향후 17년간 은행에 예금을 할 것이다. 그리고 그 다음 4년간은 연 $30,000을 인출할 계획이다. 저축한 금액의 현재가치와 4년간 년 $30,000씩 인출하게 될 금액의 현재가치가 동일하다면 Nash 부부의 목표는 달성될 것이다.

이 계산은 3단계로 이루어진다. 처음 두 단계는 인출금의 현재가치를 결정하는 것이고 마지막 단계는 인출금의 현재가치와 동일한 현재가치를 가질 수 있는 연 저축액을 정하는 것이다.

1. 우리는 연금 수식을 이용해 4년간 등록금에 대한 대학 입학시점의 현재가치를 구한다.

$$\$30,000 \times \left[\frac{1 - \frac{1}{(1.14)^4}}{0.14}\right] = \$30,000 \times \text{PVIFA}_{(0.14,4)}$$
$$= \$30,000 \times 2.9137 = \$87,411.37$$

   여기서 우리는 Susan이 18번째 생일에 대학에 입학한다고 가정한다. 앞의 트릭 1에서 논의한 것과 같이, $87,411.37은 시점 17의 현재가치를 의미한다.

2. 우리는 대학 등록금의 시점 0에서의 현재가치를 다음과 같이 구한다.

$$\frac{\$87,411.37}{(1.14)^{17}} = \$9,422.92$$

3. Harold와 Helen Nash가 17년 동안 매년 말에 은행에 저축을 한다고 가정하면, 우리는 연간 저축액이 총 $9,422.92의 현재가치를 가지는 것으로 계산할 수 있다.

$$C \times \text{PVIFA}_{(0.14,17)} = \$9,422.92$$

   $\text{PVIFA}_{(0.14,17)} = 6.3729$이므로

$$C = \frac{\$9,422.92}{6.3729} = \$1,478.60$$

따라서 17년간 매년 말에 $1,478.60씩 14%의 이자율로 저축을 하면, 그 후 4년간 연 $30,000의 등록금을 내기에 충분한 돈을 받을 수 있다.

〈예제 4.25〉에서 또 다른 방법으로는 (1) Susan의 18번째 생일 시점의 등록금의 현재가치를 구하는 것, (2) 그녀의 18번째 생일 시점의 저축금액의 미래가치가 당일의 등록금 현재가치

와 동일하게 되는 연간 저축금액을 구하는 것이 있다. 이러한 방법을 사용하면 옳은 답을 구할 수 있기는 하지만 오류로 이끌 가능성이 더 높다. 따라서 우리는 현재가치의 비교를 통한 방법에 대해서만 논의하도록 한다.

성장연금

사업상의 현금흐름은 시간이 흐름에 따라 실제 성장이나 또는 인플레이션으로 인해 성장하게 된다. 현금흐름을 무한대로 가정하는 성장영구연금은 이 성장을 다룰 수 있는 하나의 공식을 제공한다. 이제 우리는 성장연금흐름이 유한한 **성장연금**(growing annuity)을 고려해보도록 한다. 어떤 식으로든 연금이 무한히 지속되는 경우는 극히 드물기 때문에, 성장연금을 위한 식은 실제로 상당히 유용하다. 식은 다음과 같이 나타낼 수 있다.

성장연금의 현재가치 식:

$$PV = C\left[\frac{1}{r-g} - \frac{1}{r-g} \times \left(\frac{1+g}{1+r}\right)^t\right] = C\left[\frac{1-\left(\frac{1+g}{1+r}\right)^t}{r-g}\right] \qquad (4.17)$$

앞에서처럼, C는 첫 번째 기간 말에 발생되는 지급금이고, r은 금리, g는 기간별 성장률, t는 기간을 나타낸다.

예제 4.26

성장연금 2년차 MBA학생인 Stuart Gabriel은 연봉이 $80,000인 일자리를 제안받았다. 그는 40년 후에 그가 퇴직할 때까지 임금이 연 9%로 증가할 것으로 예상하고 있다. 이자율이 연 20%라고 할 경우 그의 평생 연봉에 대한 현재가치는 얼마인가?

그는 정확히 1년 후부터 연봉 $80,000을 받을 것이고 연봉은 연 단위로 연말에 지급된다고 가정하자. 할인율이 20%이라면, 식 (4.17)로부터 다음과 같이 계산된다.

$$\text{생애 봉급의 현재가치} = \$80{,}000 \times \left[\frac{1-\left(\frac{1.09}{1.20}\right)^{40}}{0.20-0.09}\right] = \$711{,}730.71$$

성장연금 수식은 상당히 유용함에도 불구하고, 다른 단순화시킨 식에 비해 다소 답답한 느낌이 있다. 많은 계산기가 영구연금, 영구성장연금, 연금을 위한 단순 프로그램을 가지고 있는 데 반해 성장연금을 위한 프로그램은 없다. 따라서 성장연금을 계산하기 위해서는 식 (4.17)에 있는 모든 항을 직접 계산해야 한다.

예제 4.27

성장연금 앞의 예제에서 Helen과 Harold Nash는 그들의 딸 Susan의 대학 등록금을 마련하기 위해 동일한 금액을 17번 예금할 것을 계획하고 있다. 만약 그 대신 그들이 매년 4%씩 저축액을 증가시키는 것으로 계획한다면, 그들의 첫 번째 예금액은 얼마가 될까?

앞의 Nash 가족 예의 처음 2단계에 보이듯이, 대학 등록금의 현재가치는 $9,422.92이다. 여기에서도 앞의 두 단계는 동일하다. 그러나 세 번째 단계는 달라져야 한다. 만약 예금액이 매년 4%씩 증가한다면 모든 예금액의 현재가치가 $9,422.92가 되게 하기 위한 첫 번째 저축액은 얼마가 되는가?

우리는 성장연금 식을 $9,422.92로 놓고 C를 구한다.

$$C\left[\frac{1-\left(\frac{1+g}{1+r}\right)^{t}}{r-g}\right]=C\left[\frac{1-\left(\frac{1.04}{1.14}\right)^{17}}{0.14-0.04}\right]=\$9{,}422.92$$

여기서 C는 $1,192.75가 된다. 따라서 그들은 딸의 첫 생일에 $1,192.75, 두 번째 생일에 $1,240.46(= 1.04 × $1,192.75)과 같이 저축하면 되는 것이다.

4.5 대출 상환

대출기관이 대출을 승인할 때는 항상 원금(최초 대출금액)의 상환에 대한 조건이 명시된다. 예를 들어, 대출금은 동일한 금액으로 분할하여 상환할 수도 있고, 또는 전체 금액을 한 번에 상환할 수도 있다. 원금과 이자의 상환방법은 거래와 관련된 상대방에 따라 결정되는 것이므로 사실상 다양한 상환방법이 존재한다.

이 절에서는 분할상환대출에 대해서 논의하며 현재가치 원리를 매우 간단하게 적용할 수 있다.

분할상환대출(amortized loan)은 대출자에게 대출금의 일부를 일정 기간에 걸쳐 상환하도록 할 것이다. 이렇게 정기적으로 대출 원금을 줄여나감으로써 대출금을 상환하는 것을 분할상환(amortizing)이라고 한다.

대출금을 분할상환하는 가장 간단한 방법은 대출자에게 매 기간마다 이자와 원금의 일부를 고정금액으로 함께 지불하도록 하는 것이다. 이러한 접근법은 기업의 중기 대출에서 일반적으로 사용된다. 예를 들어, 어떤 기업이 9%의 이율로 5년짜리 $5,000의 대출을 받았다고 가정하자. 대출계약은 차입자가 매년 $1,000의 원금과 남아 있는 원금에 대한 이자를 지급하는 조건이다. 이 경우 원금은 매년 $1,000씩 상환되므로 5년이 지나면 원금은 전액 상환될 것이다.

이 경우에 총 지불액이 매년 감소할 것이라는 점을 유의해야 한다. 그 이유는 원금이 매년 $1,000씩 일정하게 감소함에 따라 대출 잔액이 줄어들어 매년 지불해야 하는 이자가 적어지기 때문이다. 예를 들어, 첫 해의 이자는 $450(= $5,000 × 0.09)이 되며 이에 따라 총 지불액은 $1,450(= $1,000 + 450)이 된다. 두 번째 해에 대출 잔액은 $4,000이 되고, 따라서 이자는 $360(= $4,000 × 0.09)이 되므로 총 지불액은 $1,360이 된다. 우리는 잔여기간에 각각에 대한 매년 총 지불액을 구하여 다음과 같은 분할상환표(amortization schedule)를 만들 수 있다.

연도	기초 잔액	총 지불액	지급 이자	지급 원금	기말 잔액
1	$5,000	$1,450	$ 450	$1,000	$4,000
2	4,000	1,360	360	1,000	3,000
3	3,000	1,270	270	1,000	2,000
4	2,000	1,180	180	1,000	1,000
5	1,000	1,090	90	1,000	0
총계		$6,350	$1,350	$5,000	

여기서 매년 이자 지불액은 주어진 기초 잔액에 이자율을 곱하여 구한다. 또한 기초 잔액은 그 전년도의 기말 잔액으로부터 주어지는 것에 유의하자.

아마도 분할상환의 가장 일반적인 방법은 대출자가 매 기간마다 동일한 금액으로 상환해나가는 방법일 것이다. 거의 모든 가계 대출(자동차 대출과 학생 대출 등)이나 모기지 대출이 이러한 방식으로 운영된다. 예를 들어, 5년 동안 9%의 금리로 $5,000을 대출받았으며 위와 같은 방식으로 상환한다고 가정하자. 그렇다면 분할상환표는 어떻게 작성할 수 있겠는가?

우리는 먼저 지불금액을 결정해야 한다. 이 장의 앞부분에서 설명한 바와 같이, 이러한 대출의 현금흐름은 보통연금(ordinary annuity) 형태인 것을 알 수 있다. 이 경우 우리는 다음과 같이 지불금액을 구할 수 있다.

$$
\begin{aligned}
\$5{,}000 &= C \times \{[1 - (1/1.09^5)]/0.09\} \\
&= C \times [(1 - 0.6499)/0.09]
\end{aligned}
$$

따라서,

$$
\begin{aligned}
C &= \$5{,}000/3.8897 \\
&= \$1{,}285.46
\end{aligned}
$$

이에 따라 대출자는 $1,285.46의 동일한 금액을 5회에 걸쳐 지불할 것이다. 이렇게 하면 대출금이 모두 상환되는가? 우리는 분할상환표를 통해 이를 살펴볼 것이다.

앞의 예제에서 우리는 대출 원금이 매년 감소하는 것을 알았다. 그리고 그에 따른 총 지급액을 구하기 위한 이자금액을 계산할 수 있었다. 지금 이 예제에서는 총 지급액을 알고 있다. 따라서 우리는 이자금액을 구한 후 총 지급액에서 이를 차감하면 매년 상환되는 원금규모를 알 수 있다.

첫 번째 연도의 이자 지급액은 우리가 앞서 계산한 것과 같이 $450이다. 총 지급액이 $1,285.46이므로 첫해의 원금상환액은 다음과 같다.

$$\text{원금상환액} = \$1{,}285.46 - \$450 = \$835.46$$

따라서 기말 잔액은

$$\text{기말 잔액} = \$5{,}000 - \$835.46 = \$4{,}164.54$$

두 번째 연도의 이자 지급액은 $\$4{,}164.54 \times 0.09 = \$374.81$이고, 따라서 대출 잔액은 $\$1{,}285.46 - 374.81 = \$910.65$만큼 감소한다. 우리는 이러한 계산과정으로부터 다음과 같은 대출상환표를 만들 수 있다.

연도	기초 잔액	총 지급액	지급 이자	지급 원금	기말 잔액
1	$5,000.00	$1,285.46	$ 450.00	$ 835.46	$4,164.54
2	4,164.54	1,285.46	374.81	910.65	3,253.88
3	3,253.88	1,285.46	292.85	992.61	2,261.27
4	2,261.27	1,285.46	203.51	1,081.95	1,179.32
5	1,179.32	1,285.46	106.14	1,179.32	0.00
총계		$6,427.31	$1,427.31	$5,000.00	

대출 잔액이 0으로 감소였으므로, 5회에 걸친 지급은 대출금을 모두 상환하였다. 여기서 이자 지급액이 매 기간 감소한 것을 주목하자. 이는 대출 잔액이 계속 감소하였으므로 별로 놀라울 것이 아니다. 총 지급액이 고정되어 있다면, 매 기간 원금상환액은 증가하게 된다.

이 절에서 다룬 두 종류의 분할상환 방법을 비교해보면, 총 지급액이 동일한 경우의 총 이자 지급액($1,427.31)이 원금상환액이 동일한 경우의 총 이자 지급액($1,350)보다 더 많다는 것을 알 수 있다. 그 이유는 초기에 원금상환이 더 천천히 진행되어 이자 지급액이 더 많기 때문이다. 이것은 어떤 대출상환 방식이 다른 방식보다 더 낫다는 것을 의미하는 것은 아니며, 단지 다른 대출방식보다 더 효과적으로 빨리 상환했다는 사실을 의미한다. 예를 들어 총 지급액이 동일한 경우의 첫해 원금감소분은 $835.46으로 원금상환액이 동일한 경우의 $1,000보다 더 적음을 알 수 있다.

예제 4.28

부분 분할상환 부동산 대출의 가장 일반적인 대출계약은 15년 분할상환조건에 5년 대출기간이라 할 수 있다. 이는 15년의 분할상환기간 동안에 매달 일정 금액을 고정적으로 내는 것을 의미한다. 그러나 60개월 후에 대출자는 "풍선(balloon)" 또는 "총알(bullet)"이라고 불리는 훨씬 큰 금액을 대출금을 갚기 위하여 지불해야 한다. 매달 고정적으로 지불하는 금액으로는 대출금 전체를 상환하지 못하므로 이 대출조건을 부분 분할상환(partially amortized)이라고 일컫는다.

예를 들어 당신이 12%의 표시이자율과 20년(240개월)의 분할상환을 계약조건으로 $100,000 상업용 모기지 대출을 받았다고 가정하자. 또한 이 모기지는 5년 후 일괄적으로 상환해야 한다. 이 경우 매달 지불해야 하는 금액은 얼마인가? 또한 5년 후 일괄 상환해야 할 금액은 얼마인가?

월 지불액은 $100,000의 현재가치를 갖는 보통연금을 기반으로 구할 수 있다. 지불 횟수는 총 240회이고, 월 금리는 1%이므로 지불금액은 다음과 같다.

$$\begin{aligned} \$100{,}000 &= C \times [1 - (1/1.01^{240})]/0.01 \\ &= C \times 90.8194 \\ C &= \$1{,}101.09 \end{aligned}$$

이제 일괄상환액을 구하는 방법은 쉬운 방법과 어려운 방법이 있다. 어려운 방법은 실제로 60개월에 대해 분할상환을 한 후 그 시점에 남아 있는 원금 잔액을 계산하는 것이다. 쉬운 방법은 60개월 후에 우리가 이 대출이 240 − 60 = 180개월짜리 대출이 된다는 사실을 기억하는 것이다. 월 지불액은 여전히 $1,101.09가 되고 금리는 월 1%이므로, 남아 있는 지불액의 현재가치가 바로 원금 잔액이 된다.

$$\begin{aligned} \text{원금 잔액} &= \$1{,}101.09 \times [1 - (1/1.01^{180})]/0.01 \\ &= \$1{,}101.09 \times 83.3217 \\ &= \$91{,}744.33 \end{aligned}$$

일괄상환액은 $91,744로 상당히 큰 금액이다. 왜 이렇게 큰 금액이 되는가? 이를 이해하기 위해 첫 번째 지불액을 생각해보자. 첫 달의 이자는 $100,000 × 0.01 = $1,000이고 첫 달의 상환액은 $1,101.09이므로, 원금은 겨우 $101.09만큼만 감소한 것이다. 따라서 대출 원금의 감소가 매우 천천히 일어나기 때문에, 5년간 누적되는 상환 액수는 크지 않게 된다.

우리는 관련된 흥미로운 사례를 살펴보고 이 장을 마치려 한다. 연방 스태포드(Federal Stafford) 대출은 많은 대학생들에게 등록금, 책, 자동차, 기숙사 등에 드는 비용을 지원해 주는 중요한 대출 프로그램이다. 때때로 학생들은 스태포드 대출의 심각한 단점에 대해 충분히 이해하지 못하는 듯 보인다. 그들은 보통 그들이 학교를 졸업한 이후 6개월부터 매월 일정 금액으로 대출금을 상환해야 한다.

어떤 스태포드 대출은 보조를 받기 때문에 상환이 시작되기 전까지 이자를 지불하지 않는다(이것은 좋은 것이다). 만약 당신이 피부양자이고 특정 조건에 부합하는 학부학생이라면, 당신이 대출받을 수 있는 총 대출금액은 최대 $23,000이다. 2017~2018년 기간 동안 연이자율은 4.45%이고 월이자율은 4.45/12 = 0.3708%이다. '표준형 상환계획'(standard repayment plan)에서 대출금은 10년간 분할상환된다(최소 지불액은 $50이라는 전제 조건에서).

당신이 이 프로그램에서 최대 금액을 대출받고 최고 금리를 적용하여 대출을 받는다고 가정하자. 당신이 졸업한 후(또는 학교를 떠난 지) 6개월 뒤부터 매월 지불해야 하는 금액은 얼마인

스프레드시트 기법

스프레드시트를 이용한 분할상환

분할상환 금액은 스프레드시트를 이용해 쉽게 구할 수 있다. 이를 설명하기 위해서, 우리는 앞서 살펴본 예제로 문제를 설정하도록 한다. 5년 동안 9% 금리로 $5,000을 대출받고 매년 동일한 금액을 상환하는 경우 다음과 같다.

	A	B	C	D	E	F	G	H
1								
2	스프레드시트를 이용한 분할상환 계산							
3								
4			대출금액:	$5,000				
5			이자율:	0.09				
6			대출기간:	5				
7			상환금액:	**$1,285.46**				
8				주: 상환금액은 PMT(rate, nper, -pv, fv)로 계산됨.				
9			*분할상환 표:*					
10								
11		연도	초기	총 상환	지급	지급	연말	
12			잔액	액	이자	원금	잔액	
13		1	$5,000.00	$1,285.46	$450.00	$835.46	$4,164.54	
14		2	4,164.54	1,285.46	374.81	910.65	3,253.88	
15		3	3,253.88	1,285.46	292.85	992.61	2,261.27	
16		4	2,261.27	1,285.46	203.51	1,081.95	1,179.32	
17		5	1,179.32	1,285.46	106.14	1,179.32	0.00	
18		합계		6,427.31	1,427.31	5,000.00		
19								
20				*분할상환 표 공식:*				
21								
22		연도	초기	총 상환	지급	지급	연말	
23			잔액	액	이자	원금	잔액	
24		1	=+D4	=$D$7	=+$D$5*C13	=+D13-E13	=+C13-F13	
25		2	=+G13	=$D$7	=+$D$5*C14	=+D14-E14	=+C14-F14	
26		3	=+G14	=$D$7	=+$D$5*C15	=+D15-E15	=+C15-F15	
27		4	=+G15	=$D$7	=+$D$5*C16	=+D16-E16	=+C16-F16	
28		5	=+G16	=$D$7	=+$D$5*C17	=+D17-E17	=+C17-F17	
29								
30		주: 분할상환 표의 합계는 SUM 공식으로 계산됨.						
31								

가? 4년 동안 상환금을 지불한 이후에 남아 있는 대출금은 얼마가 되는가?

앞의 논의에서 주어진 대로, 총 대출금이 $23,000인 경우 월 상환액은 $237.81가 되는지 확인해보라. 또한 〈예제 4.28〉에서 설명하였듯이, 4년 동안 대출금을 상환한 후에도 그 나머지 잔액의 현재가치만큼이 여전히 남아 있게 된다. 총 120회의 지불 횟수 중에서 48번을 지불한 후(첫 4년간)에도 여전히 72번이 남아 있게 된다. 72개월 동안 월 0.3708%의 이자율로 월 $237.81의 상환액의 현재가치를 계산하면 $15,003인 것은 쉽게 확인할 수 있지만 여전히 해결할 것이 많이 남아있다.

물론 대출금이 더 클 수도 있다. 미 연방준비은행 의장인 Ben Bernanke의 아들은 $40만 이상의 빚더미 속에서 의과대학을 졸업한 것으로 보고되었다. 미국 의과대학 협회에 따르면 2017년 졸업한 의대생들의 평균 대출 잔액은 $190,694이다. 과연 학생들이 이 의과대학 대출금을 모두 갚으려면 얼마의 기간이 걸릴 것인가?

월 상환액이 $1,300이고 이자율이 연 7%, 즉 월 0.5833%라고 한다면, 대략 332개월 또는 28년이 조금 안되는 기간 동안 상환해야 함을 알 수 있다. 의학박사(MD)는 "엄청난 부채(Mucho Debt)"를 의미한다고 할 수 있다.

4.6 기업의 가치는 얼마인가?

당신이 작은 기업들의 가치를 평가하는 기업가치평가사라고 가정하자. 당신은 기업의 가치를 어떻게 결정하겠는가? 한 가지 생각해 볼 수 있는 방법은 기업의 미래 현금흐름의 현재가치를 계산하는 것이다.

예를 들어, 어떤 기업의 순현금흐름(현금유입에서 현금유출을 차감한 금액)은 첫해에 $5,000, 그리고 다음 5년간은 매년 $2,000으로 예상된다. 이 기업은 지금으로부터 7년 후 $10,000에 매각될 수 있다. 기업의 소유자는 이 기업의 투자에 대하여 10%의 수익률을 기대하고 있다.

기업의 가치는 단순히 기간별 순현금흐름의 현재가치의 합으로 구할 수 있다.

순현금흐름의 현재가치가 다음과 같다.

기업의 현재가치

연도 말	기업의 순현금흐름	현재가치계수 (10%)	순현금흐름의 현재가치
1	$ 5,000	0.90909	$ 4,545.45
2	2,000	0.82645	1,652.89
3	2,000	0.75131	1,502.63
4	2,000	0.68301	1,366.03
5	2,000	0.62092	1,241.84
6	2,000	0.56447	1,128.95
7	10,000	0.51316	5,131.58
		기업의 현재가치	$16,569.38

수식으로 다음과 같이 표현할 수 있다.

$$\$5{,}000/1.1 + 2{,}000/(1.1)^2 + \cdots + 2{,}000/(1.1)^6 + 10{,}000/(1.1)^7$$

또한 단순화된 연금수식을 이용할 수도 있다.

$$\frac{\$5{,}000}{1.1} + \frac{(\$2{,}000 \times \text{PVIFA}(0.10,\ 5)}{1.1} + \frac{\$10{,}000}{(1.1)^7} = \$16{,}569.38$$

여기서

$$\text{PVIFA}(0.10,\ 5) = [1 - 1/(1.1)^5]/0.10$$

이 기업을 $12,000에 인수할 수 있는 기회가 있다면 이 회사를 취득할 것인가? 해답은 순현재가치가 양(+)이므로 '인수해야 한다'이다.

$$\text{NPV} = \text{PV} - \text{비용}$$
$$\$4{,}569.38 = \$16{,}569.38 - \$12{,}000$$

기업의 인수로 인해 $4,569.38의 추가적인 가치를 얻을 수 있기 때문이다.

예제 4.29

기업 가치평가 Trojan Pizza Company는 Los Angeles에 신규로 개점한 네 곳의 아웃렛에 $1백만의 투자를 고려하고 있다. 이 회사의 CFO인 Andrew Lo는 이 투자가 향후 9년간 매년 $200,000의 현금흐름을 창출하고 그 이후에는 더 이상의 현금흐름이 발생하지 않을 것으로 추산하였다. Mr. Lo는 이 투자에 대하여 적정할인율을 15%로 결정하였다. 이 할인율은 기업의 비교할 만한 다른 프로젝트의 요구수익률과 비슷한 수준이다. Trojan Pizza Company는 새로운 아웃렛에 대한 투자를 해야 하는가?

투자 의사결정은 다음과 같이 평가될 수 있다.

$$\begin{aligned}\text{NPV} &= -\$1{,}000{,}000 + \frac{\$200{,}000}{1.15} + \frac{\$200{,}000}{(1.15)^2} + \cdots + \frac{\$200{,}000}{(1.15)^9}\\ &= -\$1{,}000{,}000 + \$200{,}000 \times \text{PVIFA}_{(0.15,\ 9)}\\ &= -\$1{,}000{,}000 + \$954{,}316.78\\ &= -\$45{,}683.22\end{aligned}$$

4곳의 새로운 아웃렛에 대한 현재가치는 겨우 $954,316.78이다. 이 아웃렛은 투자비용보다 그 가치가 적다. 따라서 순현재가치가 −$45,683.22이므로 Trojan Pizza Company는 이에 대한 투자를 하지 말아야 한다. 만약 Trojan Pizza Company가 15%의 수익률을 요구한다면, 아웃렛 투자는 좋은 투자가 되지 못하는 것이다.

스프레드시트 기법

스프레드시트를 이용하여 미래의 다수 현금흐름을 현재가치로 환산하는 방법

우리는 각각의 현금흐름의 현재가치를 다음과 같이 계산할 수 있다.
우리는 각각의 현금흐름의 현재가치를 구한 후 더하여 총 현재가치를 얻는다.

	A	B	C	D	E
1					
2	**스프레드시트를 이용한 미래의 다수 현금흐름의 현재가치 계산**				
3					
4	1년 후 $200, 2년 후 $400, 3년 후 $600, 4년 후 $800이				
5	발생한다면 할인율이 12%일 때 현재가치는 얼마인가?				
6					
7	이자율:	0.12			
8					
9	연도	현금흐름	현재가치	공식	
10	1	$200	$178.57	=PV($B$7,A10,0,−B10)	
11	2	$400	$318.88	=PV($B$7,A11,0,−B11)	
12	3	$600	$427.07	=PV($B$7,A12,0,−B12)	
13	4	$800	$508.41	=PV($B$7,A13,0,−B13)	
14					
15		총 현대가치:	**$1,432.93**	=SUM(C10:C13)	
16					
17	주: PV 공식에 음(−)의 부호를 입력하면 수식을 복사하여 붙여 넣을 때마다 같은 셀을 참조하기 위해				
18	현재가치는 양의 값을 나타낸다.				
19	셀 B7의 할인율은 $B$7의 형태로 입력한다. 대신에 "0.12"를 입력할 수도 있으나, 앞의 방식이 더 유연하다.				
20					
21					
22					

요약 및 결론 _*Summary and Conclusions*

01. 화폐의 시간가치와 관련한 두 가지 기본적인 개념인 미래가치와 현재가치에 대해 이 장의 앞에서 살펴보았다. 10%의 할인율이라면, 투자자는 오늘의 $1로 1년 후에 $1.10의 미래가치를 얻을 수 있고, 2년 후에는 $1.21[= $1 × (1.10)^2]의 가치를 창출할 수 있다. 반대로, 현재가치 분석은 미래 현금흐름에 대한 현재의 가치 산출을 가능하게 해준다. 10%의 할인율이라면, 1년 후에 $1을 받게 되는 투자의 현재가치는 $0.909(= $1/1.10)가 되고, 2년 후에 $1을 받게 되는 투자의 현재가치는 $0.826[= $1/(1.10)^2]이 된다.

02. 일반적으로 이자율은 연 12%와 같은 방식으로 표현되지만, 분기당 3%라고 표현하기도 한다. 이 경우 표시이자율은 12%(= 3% × 4)이지만, 유효이자율은 12.55%[= (1.03)^4 − 1]가 된다. 즉, 복리계산 과정은 투자의 미래가치를 증가시킨다. 복리계산은 극단적으로 시간을 미분하여 복리가 이루어진다고 가정하는 연속복리의 경우도 있을 수 있다.

03. 재무의사결정에 있어 가장 기본적인 계량적 방법은 순현재가치이다. 미래 기간에 현금흐름(C_i)을 창출하는 투자에 대한 순현재가치 수식은 다음과 같다.

$$\text{NPV} = -C_0 + \frac{C_1}{(1+r)} + \frac{C_2}{(1+r)^2} + \cdots + \frac{C_t}{(1+r)^t} = -C_0 + \sum_{i=1}^{t} \frac{C_i}{(1+r)^i}$$

위 식에서 0년도의 현금흐름은 초기투자(현금유출)이라고 가정한다.

04. 실제 현재가치의 계산은 시간이 많이 소요되고 지루하다. 매월 상환하는 장기 모기지에 대한 현재가치를 산출하는 것이 좋은 예일 것이다. 따라서 다음과 같은 단순식을 이용할 수 있다.

$$\text{영구연금: PV} = \frac{C}{r}$$

$$\text{성장영구연금: PV} = \frac{C}{r-g}$$

$$\text{연금: PV} = C\left[\frac{1 - \frac{1}{(1+r)^t}}{r}\right]$$

$$\text{성장연금: PV} = C\left[\frac{1 - \left(\frac{1+g}{1+r}\right)^t}{r-g}\right]$$

05. 위 식들을 응용하는 데 있어 실무적으로 고려해야 할 몇 가지 사항은 다음과 같다.

a. 각 식의 분자에 있는 C는 한 기간 동안에 받게 되는 현금흐름이다.

b. 현금흐름은 실무적으로 볼 때 일반적으로 일정하지 않다. 복잡하고 다루기 힘든 문제를 피하기 위해 이 책에서는 현금흐름이 보다 정기적으로 이루어진다고 가정한다.

c. 현재가치를 계산할 때 가장 오류가 많이 발생하는 것은 일정 기간 후부터 지급이 시작되는 연금이다. 이 문제를 해결하기 위해서는 연금관련식과 할인식을 조합한 연습을 많이 해야 한다.

d. 연금(영구연금)은 1년에 한 번이 아닌 매 2년 또는 매 n년 단위로 이루어질 수 있다. n년 단위의 유효이자율을 활용하면 연금(영구연금)식을 이와 같은 조건에서도 충분히 활용할 수 있다.

e. 어떤 연금의 현재가치를 다른 연금의 현재가치와 동일하게 하는 문제를 자주 마주하게 될 것이다.

개념확인 _*Concept Questions*

01. 복리기간 기간이 길어질수록 미래가치는 어떻게 되는가? 현재가치는 어떻게 되는가?

02. 이자율 이자율(r)이 인상되면 연금의 미래가치는 어떻게 되는가? 현재가치는 어떻게 되는가?

03. 현재가치 두 운동선수가 10년간 $80백만을 받는 계약을 체결했다고 하자. 한 선수는 $80백만을 10번에 걸쳐 균등하게 지급받고, 다른 선수는 $80백만을 10번에 걸쳐 지급받지만 매년 받는 금액이 5%씩 증가한다면 누가 더 유리한 계약을 체결한 것인가?

04. 표시이자율(APR)과 유효이자율(EAR) 대출기관이 대출금리를 APR이 아닌 EAR로 표시하도록 대출 관련 법규를 개정해야 하는가? 그렇다면 혹은 그렇지 않다면 그 이유에 대해 설명하라.

05. 시간가치 대학생을 위한 일반적인 재정적 지원 수단인 Stafford loans은 상환이 시작될 때까지 이자가 가산되지 않는다. 이 대출의 경우 1학년생과 4학년생이 동일한 금액을 대출받는다면 누가 더 많은 보조금을 받게 되는 것인가?

다음의 다섯 문제를 풀기 위하여 아래의 내용을 활용하라.

Toyota Motors의 자회사인 Toyota Motor Credit Corporation (TMCC)은 2008년 3월 28일 신규로 증권을 발행, 일반투자자들에게 매각하기로 했다. 발행조건은 TMCC가 증권소지자에게 2038년 3월 28일에 $100,000을 지불하는 것으로, 투자자는 만기 전까지 아무런 현금도 받지 못하며 증권의 가격은 이날 현재 $24,099이다. 즉, 투자자는 30년 후에 $100,000을 받는 것을 조건으로 2008년 3월 28일 $24,099를 포기하는 것이다.

06. 화폐의 시간가치 TMCC는 미래에 현재보다 9배가량 더 많은 $100,000을 지불할 약속을 하면서 왜 현재 $24,099 정도의 적은 금액을 기꺼이 받으려고 하는가?

07. 콜조항 TMCC는 청구일에 발행할 때 정한 가격으로 증권을 되살 수 있는 권리(콜조항)를 부가하였다. 이 조건이 증권의 투자가치에 미치는 영향은 무엇인가?

08. 화폐의 시간가치 당신은 30년 후에 $100,000을 받는 조건으로 오늘 기꺼이 $24,099를 지불하겠는가? 이 질문에 답변하기 위해 고려해야 할 핵심사항들은 무엇인가? 누가 30년 후에 지급하는가에 따라 당신의 대답은 달라질 수 있는가?

09. 투자 비교 만약 TMCC가 증권을 $24,099에 매도하려고 할 때, 미국 재무부도 본질적으로 동일한 증권을 발행했다고 가정하자. 미국 재무부가 발행한 증권과 TMCC가 발행한 증권 중 어느 증권이 더 가격이 높겠는가? 그 이유는 무엇인가?

10. 투자기간 TMCC 증권은 뉴욕거래소(NYSE)에서 거래된다. 당신이 오늘 이 증권의 가격을 살펴본다면 증권가격은 발행가격인 $24,099보다 높을 것이라고 생각되는가? 그 이유는 무엇인가? 만약 당신이 이 증권의 가격을 2019년에 살펴본다면 증권의 가격은 오늘 가격보다 높을 것인가 낮을 것인가? 그 이유는 무엇인가?

연습문제 _*Questions and Problems*_

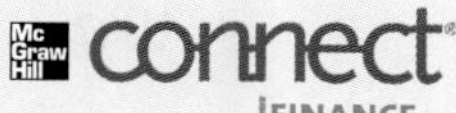

기초
(Questions 1~20)

01. 단순이자 대 복리이자 First City Bank는 저축 계좌 잔고에 대해 7.7%의 단리를 지급하는 반면, Second City Bank는 7.7%의 연 복리를 지급한다. 각 은행에 $7,800의 예금을 입금했다면 10년 후 Second City Bank 계정에서 얼마나 더 많은 돈을 벌 수 있는가?

02. 미래가치 계산 $1,250이 다음과 같이 연 복리계산된다고 할 때 미래가치를 구하라.

a. 연 5%로 10년간

b. 연 10%로 10년간

c. 연 5%로 20년간

d. (c)문항에서 산출된 이자가 왜 (a)문항에서 계산된 이자의 2배가 아닌가?

03. 현재가치 계산 다음 각각의 경우 현재가치를 구하라.

현재가치	연도	이자율	미래가치
	6	7%	$ 13,827
	11	15	43,852
	19	11	725,380
	29	18	590,710

04. 이자율 계산 다음 각각의 경우 이자율을 구하라.

현재가치	연도	이자율	미래가치
$ 189	4		$ 287
410	8		887
51,700	14		152,184
21,400	27		538,600

05. 기간 계산 다음 각각의 경우 기간(연도)을 구하라.

현재가치	연도	이자율	미래가치
$ 625		7%	$ 1,104
810		12	5,275
16,500		17	245,830
21,500		8	215,000

06. 기간 계산 이자율이 6.25%일 경우 투자금액이 두 배가 되는 데 걸리는 시간은 얼마인가? 또한 네 배가 되는 데 걸리는 시간은 얼마인가?

07. 현재가치 계산 Imprudential, Inc.는 20년 안에 지불해야 하는 미 연금부채가 $425백만이다. 재무분석가는 회사의 주식가치를 평가하기 위해 이 부채를 현재로 다시 할인하려고 한다. 적절한 할인율이 5.9%인 경우 이 부채의 현재가치는 얼마인가?

08. 수익률 계산 더 세련된 기호에 맞더라도, 소장품으로서의 예술품은 항상 수익성이 좋은 것은 아니다. Deutscher-Menzies는 2010년 호주의 유명한 화가 Brett Whiteley가 그린 그림 *Arkie under the Shower*를 $1,100,000의 가격으로 경매에 팔았다. 불행히도 전 소유자는 3년 전에 $1,680,000에 구매했다. 이 그림으로부터 얻은 전 소유자의 연간 수익률은 얼마인가?

09. 영구연금 영국국채 콘솔을 구입한 투자자는 영국 정부로부터 영원히 매년 이자 지급액을 받을 자격이 있다. 다음 지급일이 오늘부터 1년 후이고 매년 $75를 지급하는 콘솔의 가격은 얼마인가? 시장 이자율은 3.1%이다.

10. 연속 복리계산 다음과 같은 조건으로 연속적으로 복리가 되는 경우 $2,350의 미래가치를 구하라.

a. 표시이자율 12%로 9년간 투자
b. 표시이자율 8%로 5년간 투자
c. 표시이자율 5%로 17년간 투자
d. 표시이자율 9%로 10년간 투자

11. 현재가치 및 다중 현금흐름 Specter Co.는 다음과 같은 현금흐름으로 투자 프로젝트를 분류했다. 할인율이 10%인 경우 이러한 현금흐름의 현재가치는 얼마인가? 18%인 경우에는 현재가치가 얼마인가? 24%에는 얼마인가?

연도	현금흐름
1	$ 795
2	945
3	1,325
4	1,860

12. 현재가치와 다기간 현금흐름 투자안 X에 투자하면 9년간 매년 $4,350을 받을 수 있고, 투자안 Y에 투자하면 5년간 매년 $6,900을 받을 수 있다. 할인율이 5%라면 어느 투자안의 현재가치가 더 크겠는가? 할인율이 22%인 경우는 어떻게 되는가?

13. 연금 현재가치 계산 투자는 15년 동안 매년 $5,200를 지급하며 첫 번째 현금흐름은 1년 후부터 발생한다. 요구수익률이 7%인 경우 투자의 가치는 얼마인가? 40년 동안 지급된다면 투자의 가치는 얼마인가? 75년 동안 지급된다면? 영원히 지급된다면?

14. 영구연금 가치 계산 Perpetual Life Insurance Co.는 당신과 당신의 상속자에게 매년 $15,000을 영원히 지급하는 투자 증서를 팔려고 한다. 이 투자에 대한 요구수익률이 3.8%라면 당신은 이 증서에 얼마를 지불할 것인가? 만약 Perpetual Life Insurance Co.가 $325,000에 이 증서를 팔려고 한다면 할인율(요구수익률)이 몇 %가 되어야 이 보험의 가격이 타당하다고 할 수 있겠는가?

15. 유효이자율(EAR) 계산 다음 각각의 경우 유효이자율(EAR)을 구하라.

표시이자율(APR)	복리 횟수	유효이자율(EAR)
7.1%	분기별	
13.2	월별	
8.9	일별	
8.1	무한대	

16. 표시이자율(APR) 계산 다음 각각의 경우 표시이자율(APR)을 구하라.

표시이자율(APR)	복리 횟수	유효이자율(EAR)
	분기별	10.1%
	월별	17.4
	주별	8.6
	무한대	11.3

17. 유효이자율(EAR) 계산 First National Bank는 기업대출에 11.4%의 이자율을 월 복리로 부과한다. First United Bank는 11.6%의 이자율을 6개월 복리로 부과한다. 잠재적인 대출자로서, 어느 은행에서 대출하겠는가?

18. 이자율 유명한 재무 관련 기고가인 Andrew Tobias는 상자 단위로 와인을 구매하는 것이 연 177%의 수익을 창출할 수 있다고 주장한다. 그는 12주 동안 매주 병당 $10의 훌륭한 보르도(Bordeaux) 와인을 한 병씩 소비할 것이라고 가정한다. 이를 위해 그는 매주 $10을 지불하거나 또는 오늘 12병이 든 와인 한 상자를 구매할 수 있다. 그가 상자로 구입하는 경우 10%의 할인을 받을 수 있으며 이에 따라 177%의 수익률을 올릴 수 있다는 주장이다. 그가 오늘 와인 상자를 구입하고 첫 번째 병을 마신다고 가정한다면, 당신의 그의 분석에 동의하는가? 그의 분석에 문제점은 없는가?

19. 기간 계산 고객 중 한 명이 자신의 매입채무 잔액이 연체되었다. 당신과 고객은 한 달에 $400의 상환 일정에 동의했다. 연체 잔액에 대해 월 1.1%의 이자를 부과한다. 현재 매입채무의 잔고가 $16,450인 경우 상환하는 데 얼마나 걸리는가?

20. EAR 계산 Friendly's Quick Loans, Inc.는 "three for four or I knock on your door" 조건의 대출상품을 판매하고 있다. 이 의미는 오늘 $3을 빌려가고 일주일 후 월급을 받는 날 $4를 갚으면 된

다는 의미이다. 이 대출상품의 유효연이자율은 얼마인가? 당신이 용감하게도 이 대출에 대해 문의한다면, Friendly's는 표시이자율이 얼마라고 하겠는가?

중급
(Questions 21~50)

21. **미래가치** APR이 8.9%인 계좌에 투자한 $1,000의 11년 후 미래가치는 얼마인가?

a. 연복리

b. 6개월(반년)복리

c. 월복리

d. 연속복리

e. 복리기간이 짧아질수록 미래가치가 증가하는 이유는 무엇인가?

22. **단리와 복리** First Simple Bank는 투자계좌에 대해 연 5.3%의 단리를 지급한다. 반면 First Complex Bank는 동일한 계좌에 대하여 연복리로 이자를 지급하려 한다면, 10년 후 First Simple Bank의 투자잔고와 동일하게 되기 위해서는 이자율을 얼마로 정해야 하는가?

23. **연금 계산** 향후 30년 동안 은퇴를 위해 저축할 계획이다. 이렇게 하려면 매월 $850를 주식 계좌에, 매월 $350를 채권 계좌에 투자하려고 한다. 주식 계좌의 수익률은 연 10%로 예상되며 채권 계좌는 연 6%로 예상된다. 은퇴하면 수익률이 연 7%인 계좌에 합치고 25년 동안 매월 인출할 예정이다. 매달 얼마나 인출할 수 있을 것인가?

24. **수익률 계산** 어떤 투자안이 12개월 만에 원금의 4배를 지급해 준다고 한다(이런 투자제의는 믿지 마라). 이 투자안의 분기별 수익률은 얼마인가?

25. **수익률 계산** 두 가지 다른 투자 중에서 하나를 선택하려고 한다. 두 가지 투자 모두 초기비용이 $65,000이다. 투자 G는 6년 후에 $125,000를 지불하고 투자 H는 10년 후에 $205,000를 지불한다. 이 중 어떤 투자가 더 높은 수익을 올리고 있는가?

26. **성장영구연금** Mark Weinstein은 레이저 안과수술에 있어 진보된 기술을 위한 연구 중에 있으며, 그의 기술은 조만간 상용화될 것으로 기대된다. 그는 이 기술로부터 2년 후 처음으로 $175,000의 현금흐름을 창출하고 이후 영구적으로 매년 3.8%의 성장을 거듭할 것으로 예상한다. 할인율이 9.7%라고 한다면 이 기술의 현재가치는 얼마인가?

27. **영구연금** 저명한 투자 은행은 영구적으로 $2.25의 분기 배당금을 지급하는 새로운 유가 증권을 설계했다. 첫 번째 배당금은 오늘부터 1분기 후에 발생한다. APR이 3.8%이고 분기복리로 계산될 경우 증권의 가격은 얼마인가?

28. **연금 현재가치** 연 $7,300의 연금이 3년 후부터 30년 후까지 지급된다면 현재가치는 얼마인가? 7%의 할인율을 적용하라.

29. **연금 현재가치** 15년 동안 매년 $750을 지급하는 연금의 현재가치는 얼마인가? 연금의 첫 번째 지급은 오늘부터 6년 후이다. 할인율은 1년부터 5년까지 8%이고 그 이후에는 11%이다.

30. **일괄상환(Balloon Payments)** Amanda Rice는 바하마에 있는 $725,000짜리 집을 별장으로 구입하려고 한다. 모기지 조건은 집값의 20%를 계약금으로 내야 하고 표시이자율은 연 5.4%이며 월복리가 적용된다. 향후 30년간 매월 원리금을 균등하게 상환해야 하며 다음 달이 첫 번째 상환 달이다. 하지만 이 모기지는 8년 일괄상환 조건을 가지고 있다. 8년 일괄상환이란 8년 후에 잔액을 일괄상환해야 하는 것을 의미한다. 다른 거래비용이나 재무비용은 없다고 가정할 경우 Amanda Rice가 8년 후에 지급해야 하는 일괄상환액은 얼마인가?

31. **이자 비용 계산** Shady Banks Savings and Loan의 신용카드 신청서에 의하면 처음 6개월간 연 1.99%의 이자율을 월복리로, 적용하고 그 이후부터 연 18%의 이자율을 월복리로 적용한다고 한다. 기존 신용카드의 잔액 $12,400를 이체하고 다른 거래가 없었다고 가정하면 첫해 말에 얼마나 많은 이자가 발생하겠는가?

32. **영구연금** Young 제약회사는 오늘 $2.75백만을 투자하면 매년 말에 $273,000의 현금흐름이 영원히 지속되는 약품개발 프로젝트의 시행 여부를 고민하고 있다. 이 프로젝트를 시행하는 것과 시행하지 않는 것이 무차별하게 되는 할인율은 얼마인가?

33. **성장하는 연금** Southern California Publishing Company는 인기있는 교재 *Financial Psychoanalysis Made Simple*을 개정할 것인지 결정하려고 한다. 이 회사는 개정 비용으로 $153,000을 추정했다. 매출 증가로 인한 현금흐름은 첫해에 $41,000가 될 것이다. 이 현금흐름은 매년 4%씩 증가한다. 이 책은 5년 후에 절판될 것이다. 초기비용은 지금 지출되어야 하고 수입은 매년 말에 유입된다고 가정하고, 이러한 투자에 대하여 회사가 10%의 수익을 요구한다면, 개정을 수행해야 하는가?

34. **성장연금** 당신은 봉급을 연말에 12개월치를 한꺼번에 받는다. 12월 31일인 오늘 당신은 1년치 연봉 $74,500을 받았고 이를 모두 사용하려 계획하고 있다. 그러나 내년부터는 퇴직에 대비하여 저축을 시작하려고 한다. 이에 따라 당신은 내년부터 연봉의 5%를 연 9.4%의 이자를 받을 수 있는 계좌에 저축하기로 결정했다. 당신의 연봉이 매년 3.7%씩 증가한다면 40년 후 당신이 퇴직할 때 받을 수 있는 금액은 얼마인가?

35. **현재가치와 할인율** 연금의 가치와 할인율의 관계는 무엇인가? 20년간 매년 $4,700을 지급하는 연금을 연 10%로 할인하여 구입했다고 가정하자. 할인율이 갑자기 5%로 떨어지면 투자가치는 어떻게 되는가? 할인율이 갑자기 15%로 증가하면 어떻게 되는가?

36. **상환(납입) 횟수 계산** 이번 달 말부터 매달 $350을 납입할 준비가 되었다. 이 계좌는 10%의 이자율을 월복리로 계산한다. 계좌의 잔고가 $40,000이 될 때까지 몇 회를 납입해야 하는가?

37. **연금의 현재가치 계산** 새 요트를 사기 위해 은행에서 $88,000를 빌리려고 한다. 당신은 매월 최대한 $1,725까지 상환할 수 있다. 월복리를 가정할 때 60개월 만기 대출에서 감당할 수 있는 가장 높은 APR은 얼마인가?

38. **대출상환 계산** 당신은 $275,000짜리 새 집을 구입하기 위해 30년 만기 고정금리 모기지가 필요하다. 모기지 대출 은행은 당신에게 이 360개월 대출에 대해 4.8%의 APR을 적용하겠다고 한다. 하지만 당신은 월 $1,025를 상환할 수 있어 대출 종료 시 남아 있는 잔액에 대해 일괄적으로 상환하겠다고 제안했다. 당신이 월 $1,025의 상환액을 유지하기 위한 일괄상환액은 얼마가 되어야 하는가?

39. **현재가치 및 미래가치** 다음 현금흐름의 현재가치는 할인율이 7.1%일 때 $6,700이다. 누락된 현금흐름의 가치는 얼마인가?

연도	현금흐름
1	$1,400
2	?
3	2,300
4	2,700

40. 현재가치 계산 당신은 TVM 로또에 당첨됐다. 이에 따라 당신은 오늘 $1백만을 받고 앞으로 10년간 매년 $335,000씩 증가된 금액을 더 받게 된다. 즉, 1년 후에 $1.335백만을 받고, 2년 후에 $1.67백만을 받는 식이다. 적정금리가 5.8%라고 한다면 당첨된 로또의 현재가치는 얼마인가?

41. EAR 대 APR 당신은 새로운 창고를 구입했다. 구입 자금을 조달하기 위해 구입가격 $5,500,000의 80%를 30년 모기지로 설정하였다. 이 대출에 대한 매월 상환액은 $26,500이다. 이 대출에 대한 APR은 얼마인가? EAR은 얼마인가?

42. 현재가치와 손익분기점 이자율 3년 후 자산을 $165,000에 매각하기로 계약한 기업이 있다. 이 자산의 제조비용은 현재 $103,000이 소요된다. 적정할인율이 연 13%라고 한다면 기업은 이 자산의 판매로부터 이익을 창출할 수 있을까? 또는 손익분기점에 도달하기 위해서는 할인율이 얼마가 되어야 하는가?

43. 현재가치와 여러 현금흐름 첫 번째 현금흐름이 지금부터 6년이 지난 후에 발생하고 마지막 현금흐름이 25년 후에 발생하는 연 $8,500의 연금을 연 6.7%로 할인할 경우 현재가치는 얼마인가?

44. 변동이자율 $1,940을 매월 말에 지급해주는 15년 만기 연금이 있다. 이자율이 첫 7년간은 월 복리로 연 11%이고, 이후에는 월 복리로 연 6%인 경우, 이 연금의 현재가치는 얼마인가?

45. 현금흐름의 비교 두 개의 투자계정 중에서 하나를 선택하려고 한다. 투자 A는 월말에 $1,175을 지급하고 연 6.4%의 이자율이 월복리로 적용되는 15년 만기 연금이다. 투자 B는 만기에 일시불로 지급하고 7%의 이자율을 연속복리로 적용되는 15년 만기 투자이다. 15년 후에 투자 A만큼 가치가 있으려면 오늘날 투자 B에 얼마를 투자해야 하는가?

46. 영구연금의 현재가치 계산 이자율이 6.3%인 경우, 15년 후부터 지급이 시작되는 연 $2,350의 영구연금의 7년 후 가치는 얼마인가?

47. EAR 계산 지역 금융회사는 1년 대출에 대해 연 16.3 %의 이자율을 제시한다. 따라서 $26,000를 빌리면 해당 연도의 이자는 $4,238가 된다. 1년에 총 $30,238을 상환해야 하므로 금융회사는 향후 12개월 동안 매월 $30,238/12 또는 $2,519.83을 상환하라고 요구할 것이다. 이 대출에 대한 이자율은 16.3%인가? 법적으로 표시해야 하는 이자율은 얼마인가? 유효이자율은 얼마인가?

48. 현재가치 계산 6개월마다 $5,230를 5년간 지급하는 연금(10회 지급)이 9년 후부터 시작된다. 즉, 지금으로부터 9.5년 후에 첫 지급액을 받게 되는 것이다. 할인율이 월 복리로 계산되고 연 10%라면 지금부터 5년 후 이 연금의 가치는 얼마인가? 지금부터 3년 후의 가치는 얼마인가? 현재가치는?

49. 선불연금 계산 5년 동안 매년 $13,250를 받을 것이라고 가정하자. 적정 이자율은 7.8%이다.

a. 연금의 지급이 일반연금 형태라면 현재가치는 얼마인가? 연금의 지급이 선불연금 형태라면 현재가치는 얼마인가?

b. 지급액을 5년 동안 투자할 계획이라고 가정하자. 연금의 지급이 일반연금일 경우 미래가치는 얼마인가? 연금의 지급이 선불연금일 경우 미래가치는 얼마인가?

c. 선불연금과 일반연금 중에서 현재가치가 더 높은 것은 어느 것인가? 미래가치가 더 높은 것은 어느 것인가? 이것은 항상 참인가?

50. 선불연금 계산 당신은 $84,000짜리 Muscle Motors의 새로운 스포츠카를 구입하려고 한다. 만약 6.08%의 표시이자율(APR)로 60개월 선불연금 형태의 계약을 체결하였다고 한다면 당신의 월 상환액은 얼마인가?

고급
(Questions 51~75)

51. 선불연금 계산 Pings Ltd.에서 골프 클럽 세트를 임대하려고 한다. 임대계약은 24개월 동안 매월 균등상환액의 형태이고 월복리로 APR 10.7%이다. 클럽의 소매가는 $3,350이므로 Pings는 임대료의 PV가 $3,350가 되기를 원한다. 첫 상환액이 즉시 지불되는 경우라면 월 임대료는 얼마인가?

52. 연금 당신은 두 자녀의 대학교육을 위해 저축을 하고 있다. 자녀들은 두 살 차이로 첫째는 15년 후에, 둘째는 17년 후에 대학에 진학할 예정이다. 한 자녀당 대학교육을 위해서 학년 초에 연 $72,000의 비용이 소요될 것이고 이자율은 연 7.9%로 예상된다. 자녀의 대학교육을 위해 당신은 매년 얼마씩 저축해야 하는가? 저축은 내년부터 시작해 둘째가 대학에 입학할 때까지 할 계획이다. 대학은 4년제 대학이라고 가정하라.

53. 성장하는 연금 Tom Adams는 대형 투자은행에서 서기로 일할 것을 제안받았다. 기본 급여는 $71,000이다. 첫 연봉은 일을 시작한 날로부터 1년 후에 지급된다. 또한 회사에 합류하면 즉시 $10,000의 보너스를 받는다. 연봉은 매년 3.8%씩 증가하고 연봉의 10%에 해당하는 보너스도 받는다. Mr. Adams는 25년간 일할 수 있고 할인율이 7.1%인 경우 제안의 현재가치는 얼마인가?

54. 연금계산 당신은 최근 Washington 주 복권에서 슈퍼잭팟에 당첨되었다. 당첨자 주의사항을 읽어보던 중에 당신은 다음과 같은 두 가지 옵션 중 하나를 선택할 수 있다는 사실을 알았다.

a. 당신은 $250,000의 연 지급액을 31번 받을 수 있다. 첫 번째는 오늘 지급된다. 소득세는 28%의 세율이 적용되며 지급될 때 원천징수된다.

b. 당신은 오늘 $530,000을 지급받을 수 있고 이 금액에 대해 세금을 낼 필요가 없다. 또 1년 후부터 매년 $200,000을 30년간 받을 수 있다. 이 연금에 대한 현금흐름은 28%의 세금이 부과된다.

5.85%의 할인율을 적용한다면, 당신은 어떤 옵션을 선택해야 하는가?

55. 성장연금 계산 은퇴할 때까지 30년 남았고 $2.5백만을 가지고 은퇴하고자 한다. 연봉은 매년 지불되고, 올해 말에 $86,000를 받게 된다. 연봉이 매년 3%씩 증가하고 투자한 돈으로 9.4%의 수익을 올릴 수 있다. 일정 비율의 연봉을 저축하는 경우 매년 몇 퍼센트의 연봉을 저축해야 하는가?

56. 일괄상환 2018년 9월 1일에 Susan Chao는 모터사이클을 $17,000에 구입했다. 그녀는 $1.500을 계약금으로 지급하고 나머지 잔액에 대해서는 표시이자율 6.8%의 월복리로 5년간 대출을 받았다. 모터사이클 구입하고 한 달 후(2018년 10월 1일)부터 월 상환액을 지급하기 시작했다. 2년 후인 2020년 10월 말, Susan Chao는 새로운 직장을 구했고 대출금 전액을 상환하기로 했다. 은행이 중도상환금에 대해 1%의 패널티 수수료를 부과하는 경우 그녀가 2020년 11월 1일 은행에 지불해야 하는 금액은 얼마인가?

57. 연금의 가치 계산 Bilbo Baggins는 세 가지 목표를 달성하기 위해 저축하고자 한다. 첫째, 그는 30년 후에 은퇴할 때 한 달에 $17,500의 퇴직 소득을 20년 동안 받을 수 있기를 원한다. 첫 번째 퇴직 소득은 오늘부터 30년 1개월 후이다. 둘째, Rivendell의 오두막을 10년 후에 약 $350,000에 매입하기 원한다. 셋째, 20년의 인출이 끝난 후, 그는 조카 Frodo에게 $1,500,000의 상속재산을 남기고자 한다. 그는 향후 10년간 한 달에 $1,800를 저축할 수 있고, 은퇴하기 전에 11%의 EAR을, 은퇴 후에 8%의 EAR을 얻을 수 있다면, 11년부터 30년까지는 매달 얼마나 저축해야 하는가?

58. 연금의 가치 계산 당신은 새차를 마련하려고 하는데 3년간 차를 리스하거나 또는 3년 대출을 통해 구입할 수가 있다. 당신이 구입하고자 하는 차의 가격은 $37,000이다. 딜러는 오늘 $2,400을 지급하고 이후 3년간 매월 $580을 지급하는 특별 리스 프로그램을 가지고 있다. 만약 당신이 차를 구입한다면, 6%의 APR로 향후 3년간 매월 상환하면 된다. 당신은 3년 후 이 차를 $22,000에 매각할

수 있을 것이라고 믿는다. 당신은 이 차를 구입하겠는가 또는 리스하겠는가? 3년 후 차의 매도가격이 얼마가 되면 차를 구입하는 것과 리스하는 것이 무차별해지는가?

59. **연금의 가치 계산** All-Pro 수비수 라인맨이 계약 협상 중이다. 팀은 다음과 같은 연봉계획을 제공했다.

시간	연봉
0	$7,900,000
1	4,300,000
2	4,900,000
3	5,700,000
4	6,700,000
5	7,300,000
6	8,400,000

모든 연봉은 일시불로 지급된다. 선수는 당신에게 자신의 에이전트로서 조건을 다시 협상하도록 요청했다. 그는 오늘 $10백만의 계약보너스와 $3,500,000 계약금 인상을 원한다. 또한 3개월마다 균등한 급여를 받기를 원하며 첫 급여는 지금부터 3개월 후에 시작되기 원한다. 할인율이 5.7%이고 일복리인 경우 분기별로 받는 수표의 금액은 얼마인가? 1년은 365일이라고 가정한다.

60. **할인이자 대출** 이 문제는 **할인이자**로 알려진 것에 대한 설명이다. 당신이 부도덕한 대여자와 대출에 대해 논의하고 있다고 가정하자. 당신은 1년 동안 16.4%의 이자로 $20,000을 빌리기를 원한다. 당신과 대여자가 대출이자에 대해 합의한 금액은 0.164 × $20,000 = $3,280이다. 따라서 대여자는 이자금액을 제외하고 당신에게 $16,720을 지급한다. 이 경우 $3,280이 할인되었다고 말한다. 무엇이 잘못되었는가?

61. **연금의 가치 계산** 배심원의 역할을 하고 있다. 원고는 거리청소차 탈선 사고로 부상을 당하여 시 당국을 고소하고 있다. 재판에서 의사들은 원고가 직장으로 복귀하기까지 5년이 걸릴 것이라고 증언했다. 배심원은 이미 원고를 지지하기로 결정했다. 귀하는 배심원장이며 배심원이 다음을 포괄하는 지급판정을 원고에게 주도록 제안한다. (1) 2년간 과거 연봉의 현재가치. 지난 2년간 원고의 연봉은 각각 $39,000과 $43,000였다. (2) 5년간 미래 연봉의 현재가치. 연봉이 $47,000라고 가정한다. (3) 고통과 피해에 대하여 $150,000. (4) 법원(소송) 비용으로 $25,000. 급여는 매월 말에 균등하게 지급되고 선택한 적절한 유효이자율이 7.4%인 경우, 합의금의 규모는 얼마인가? 당신이 원고라면 더 높거나 더 낮은 이자율을 원하는가?

62. **포인트 EAR 계산** 당신은 1년 만기로 $10,000을 대출받으려 하고 있다. 이자율은 8%에 3포인트가 부가되어 표시된다. 대출금에서 1포인트는 단순히 대출금의 1%를 의미한다. 이와 같은 표시방법은 주택저당대출에서는 매우 흔한 것이다. 이 예제에서 이자율 표시는 차입자가 대여자에게 우선 3포인트를 지급하고 후에 8%의 이자와 함께 차입금액을 상환한다는 의미이다. 만약 11%에 2포인트가 부가될 경우의 EAR은 얼마인가? 이 경우 당신이 실제로 지불하는 이자율은 얼마인가?

63. **EAR 대 APR** 이 지역의 두 은행은 30년 만기의 모기지 대출, $300,000을 5.3%로 권유하면서 $2,900의 대출 신청 수수료를 받는다. 그러나 대출 신청이 거절되면 Insecurity Bank and Trust는 신청 수수료를 환불해 주지만 I. M. Greedy and Sons Mortgage Bank는 환불해 주지 않는다. 현행 공시법에 따르면 대출 신청이 거절된 경우 환불 수수료는 APR 계산에 포함되어야 하지만 환불

불가 수수료는 포함될 필요가 없다(환불되는 수수료는 수수료가 아닌 대출의 일부이기 때문일 것이다). 이 두 대출에 대한 EAR은 얼마인가? APR은 얼마인가?

64. **부가이자 EAR 계산** 이 문제는 부가이자(add-on interest)라고 부르는, 사람을 현혹시키는 이자율 표시방법에 대한 설명이다. 당신은 Crazy Judy's Stereo City의 다음과 같은 광고문구를 보았다: "$1,000 즉시대출! 18.4% 단리이자율! 만기는 3년! 아주 저렴한 월 상환금!" 당신은 이 모든 조건에 대해 확신이 들지 않고 APR에 대해 잘못 이해하고 있는 것 같아, 이를 명확하게 하기 위해 매니저에게 질문을 하였다.

    Judy는 만약 당신이 $1,000을 18.4%의 금리로 3년간 빌린다면, 3년 후 당신이 갚아야 할 돈은 다음과 같다고 설명한다.

$$\$1{,}000 \times 1.184^3 = \$1{,}000 \times 1.65980 = \$1{,}659.80$$

    Judy는 $1,618.10을 일시에 상환하는 것은 힘들 수 있으므로, 자기가 추가적인 장부정리를 하더라도 "아주 저렴"하게 월 $1,659.80/36 = $46.11를 상환하면 된다고 말한다.

    이것이 이자율 18.4%의 대출인가? 왜 그런가 아니면 왜 그렇지 않은가? 이 대출의 APR은 얼마인가? EAR은 얼마인가? 이것을 부가이자라고 부르는 이유는 무엇이라고 생각하는가?

65. **기간 계산** 당신은 크리스마스 스키 휴가를 즐겁게 보냈지만 불행하게도 예산을 약간 초과했다. 하지만 다행히 신용카드 회사로부터 현재 표시이자율 18.6%가 적용되는 기존 카드에서 표시이자율 8.2%가 적용되는 새로운 신용카드로 $12,000 대출잔액을 옮겨줄 수 있다는 제안을 받았다. 새로운 신용카드 대출을 이용하여 월 $250를 상환하는 경우 기존 대출에 비해 얼마나 빨리 상환할 수 있는가? 만일 이전 관련 수수료가 2%라고 한다면 어떻게 되는가?

66. **미래가치 및 여러 현금흐름** 보험 회사는 고객에게 새로운 상품을 제공하고 있다. 일반 보험상품은 자녀의 출생시 자녀를 위해 부모 또는 조부모가 구매한다. 이 상품의 경우 구매자, 즉 부모는 보험회사에 다음 6회의 납입을 한다.

첫 번째 생일:	$ 500
두 번째 생일:	$ 600
세 번째 생일:	$ 700
네 번째 생일:	$ 800
다섯 번째 생일:	$ 900
여섯 번째 생일:	$1,000

    어린이의 여섯 번째 생일이 지나면 더 이상 납입을 하지 않는다. 자녀가 65세가 되면 $300,000를 받는다. 적용 이자율이 첫 6년 동안 11%이고 이후 모든 연도 동안 7%인 경우, 보험상품이 구매할 가치가 있는가?

67. **연금의 현재가치와 유효이자율** 당신은 방금 복권에 당첨되었다. 당첨금은 오늘 $5,500,000을 받고, 이후에 $1,900,000씩 40차례에 걸쳐 지급받는다. 이 금액은 1년 후부터 매 6개월마다 지급된다. Greenleaf Investment 관계자는 당첨금 전부를 $35,000,000에 매입하겠다는 제안을 했다. 만약 적정이자율이 일복리로 APR 9%라고 한다면 당신은 이 제의를 받아들이겠는가? 1년은 12달이며 한 달은 30일이라고 가정한다.

68. **수익률 계산** 금융계획 서비스는 대학 저축 프로그램을 제시한다. 이 계획은 자녀의 12번째 생일인

오늘, 첫 납입을 시작하고 매년 $9,000씩 6회의 납입을 요구한다. 자녀의 18번째 생일부터 4년 동안 연간 $20,000이 제공된다. 이 투자제안의 수익률은 얼마인가?

69. 손익분기 투자수익률 당신의 재무설계사는 두 가지 다른 투자안을 제안하였다. 투자안 X는 $25,000을 매년 영구히 지급하는 것이고, 투자안 Y는 10년간 $51,000의 연금을 매년 지급하는 것이다. 두 투자안 모두 첫 번째 지급액은 1년 후이다. 이 두 가지 투자안이 무차별하게 되는 할인율은 무엇인가?

70. 영구 현금흐름 첫 지급이 오늘부터 1년 후에 발생하고 2년마다 영원히 $50,000를 지급하는 투자의 현재가치는 얼마인가? 할인율은 9%이고 일복리로 적용된다. 첫 지급이 오늘부터 4년 후에 발생하면 투자의 현재가치는 얼마인가? 1년은 365일이라고 가정한다.

71. 일반연금과 선불연금 본문에서 설명한 것과 마찬가지로, 선불연금은 지급액이 매 기간 말이 아닌 기간 초에 이루어진다는 점을 제외하고는 일반연금과 동일하다. 일반연금의 가치와 선불연금의 가치가 다음과 같은 관계를 가진다는 것을 보여라.

$$\text{선불연금 가치} = \text{일반연금 가치} \times (1 + r)$$

현재가치와 미래가치에 대해 이 관계를 보여라.

72. EAR 계산 Check-cashing 상점(지급일이 도래하지 않은 수표를 현금으로 할인해주는 상점)은 개인대출을 하는 사업이다. 이 상점은 주당 7.1%의 이자율로 일주일간 대출을 한다.

a. 상점은 고객에게 어떤 APR을 보고해야 하는가? 고객이 실제로 지불하는 EAR은 얼마인가?

b. 상점이 주당 7.1% 할인이자로 대출을 한다고 가정하자(문제 60번 참조). APR은 얼마인가? EAR은 얼마인가?

c. 상점이 주당 7.1% 할인이자에 1개월 부가이자 대출을 한다. 1개월(4주) 동안 $100를 빌리면 이자는 $31.57[= ($100 × 1.071^4) − 100]이 된다. 이것은 할인이자이므로 오늘 순대출금은 $68.43이 된다. 그리고 다음 달 말에 상점에 $100를 상환해야 한다. 고객의 편의를 위하여 상점은 매주 $25씩 할부로 $100을 갚을 수 있도록 허용하고 있다. 이 대출의 APR은 얼마인가? EAR은 얼마인가?

73. 성장영구연금의 현재가치 지급액이 매기 C만큼 성장하고 다음 기부터 지급이 시작되는 지급액이 C인 성장연금의 현재가치를 나타내는 식은 무엇인가?

74. 72법칙(rule of 72) 투자금액이 복리계산을 통해 2배가 되는 기간을 계산하는 유용한 방법을 '72법칙'이라고 한다. 72법칙이란 가치가 오늘의 2배가 되기 위해 필요한 기간을 간단하게 72를 이자율로 나누어 구할 수 있다는 규칙이다. 예를 들어, 이자율이 6%인 경우 72법칙에 따르면 투자금이 2배가 되기 위해서는 72/6 = 12년이 걸린다. 이것은 정확한 답인 11.90년과 거의 비슷하다. 72법칙은 특정한 기간에 투자금액이 두 배가 되기 위해서 필요한 이자율을 산정하는 데에도 활용될 수 있다. 이 방법은 많은 이자율과 기간을 구하는 데 유용한 근사치를 제공한다. 72법칙의 보다 정확한 비율은 얼마인가?

75. 69.3법칙 72법칙에 대한 종결은 69.3법칙이다. 69.3법칙은 연속복리일 때의 반올림을 제외하고 정확하다. 연속복리에 대하여 69.3법칙을 증명하라.

Mini Case

MBA 의사결정

Ben Bates는 6년 전 재무를 전공으로 대학을 졸업하였다. 그는 현재의 직업에 만족하고 있음에도 불구하고, 그의 목표는 투자은행가가 되는 것이다. 그는 MBA 학위가 이러한 목표를 달성할 수 있도록 해 줄 것으로 생각한다. 여러 학교들을 살펴본 후, 그는 선택의 폭을 Wilton University 또는 Mount Perry College로 좁혔다. 이 두 대학 모두 인턴십을 하도록 요구하고 있으며, 인턴십을 이수하는 동안에는 급여가 지급되지 않는다. 또한 두 대학 모두 MBA 프로그램에 등록하는 기간 동안에는 일을 하지 못하도록 하고 있다.

Ben은 현재 자금관리기업인 Dewey and Louis에서 근무하고 있다. 회사에서 그의 연봉은 $65,000이며, 그의 연봉은 은퇴시점까지 매년 3%씩 증가할 것으로 예상된다. 그는 현재 28세이며 앞으로 40년 동안 일할 것으로 예상된다. 그는 건강보험에 가입되어 있으며, 현재 그의 평균세율은 26%이다. Ben은 MBA 프로그램의 전체 비용을 감당할 수 있을 만한 충분한 예금을가지고 있다.

Wilton University의 Ritter College of Business는 미국에서 상위 MBA 프로그램 중 하나이다. 이 대학에서 MBA 학위를 취득하는 데는 2년이 걸린다. 연간 등록금은 $70,000이며, 매년 학기가 시작할 때 지불해야 한다. 책과 기타 용품을 위한 비용은 매년 $3,000이 될 것으로 예상된다. Ben은 Wilton을 졸업한 이후, 계약보너스 $20,000과 함께 매년 $110,000의 연봉을 받는 직장 제안을 받을 것이다. 이 직장의 연봉은 매년 4%씩 증가할 것이다. 높은 연봉으로 인해 Ben의 평균 소득세율은 31%로 상승한다.

Mount Perry College의 Bradley School of Business의 MBA 프로그램은 16년 전부터 시작되었다. Bradley School은 Ritter College보다는 규모가 작고 덜 알려져 있다. Bradley는 1년짜리 MBA 프로그램을 제공하고 있다. 학비는 $85,000이며 입학이 허가되면 바로 지불해야 한다. 책과 기타 용품을 위한 비용은 $4,500이 될 것으로 예상된다. Ben은 이 학교를 졸업하면 계약보너스 $18,000과 함께 매년 $92,000의 연봉을 받는 직장을 얻을 것으로 생각한다. 이 직장에 대한 연봉은 매년 3.5%씩 증가할 것이다. 이 정도의 소득 수준에서 Ben의 평균 소득세율은 29%가 될 것이다.

두 대학 모두 건강보험을 제공하며 연간 $3,000의 비용을 매년 초에 지불해야 한다. Ben은 또한 두 대학 모두 숙식을 위한 비용이 현재 지출보다 많은 연간 $2,000 또는 그 이상이 될 것으로 예상한다. 적정할인율은 4.7%이다.

01. Ben의 나이는 MBA를 취득하려는 그의 의사결정에 어떤 영향을 미치는가?

02. Ben이 MBA를 취득하려는 의사결정에 영향을 미치는 계량화할 수 없는 다른 어떤 요소들이 있는가?

03. 모든 연봉이 연말에 지급된다고 가정할 때, 금전적 측면에서 Ben이 택할 수 있는 최선의 선택은 어떤 것인가?

04. Ben은 각 선택의 미래가치를 계산하는 것이 적절한 분석이라고 생각한다. 당신은 이 점에 대하여 어떻게 평가하는가?

05. Wilton University에 다니는 것과 현재 자리에 머무르는 것이 Ben에게 차이가 없게 되려면 그의 초봉은 얼마가 되어야 하는가?

06. 그가 MBA 비용을 지불할 여력이 있는 것이 아니라, 반드시 차입을 해야만 한다고 가정하자. 그의 현재 차입이자율은 4.3%이다. 이는 Ben의 의사결정에 어떠한 영향을 미치겠는가?

5

순현재가치법과 기타 투자평가방법

Net Present Value and Other Investment Rules

회사가 새로운 프로젝트에 투자를 결정할 때, 많은 액수의 자금은 위험에 처할 수 있다. 예를 들면, 10년이 넘는 기간 동안 그 도시에서 리조트를 개척해온 Resorts World Las Vegas의 $40억 리조트 건설이 2017년 3/4분기에 시작된다고 발표하였다. 새 리조트는 3,000개의 호텔 객실과 10만 제곱피트 이상의 게임 공간, 레스토랑, 상점, 극장 등을 갖출 것이다. 그리고 Lamprell PLC는 2017년 5월 사우디 아라비아 동해안에 있는 Ras AlKhair에 $52억 규모의 해안접안시설을 건설하기 위해 Saudi Arabian Oil Co.와 합작투자를 발표했다. 이 시설은 이 지역에서 가장 크며 해양 석유 및 가스 굴착 장치, 해양 지원 선박, 해양 상업용 선박 등이 사용한다. 그러나 두 발표의 규모는 모두 ExxonMobil의 발표보다 크지 않았는데, 이 발표는 US Gulf Coast의 11곳에 $200억을 투자하여 이 지역의 화학 및 정유 용량을 확장한다는 것이다. 이 프로젝트는 35,000개의 임시 건설 일자리와 12,000개의 영구 일자리를 만들어 낼 것이다. 수십억 달러의 가격표가 붙는 이러한 프로젝트들은 당연히 주요 사업이며, 위험과 보상은 신중하게 평가되어야 한다. 이 장에서는 그러한 의사결정을 내리는 데 사용되는 기본 도구에 대해 논의할 것이다.

1장에서 우리는 주식가격의 상승이 재무담당자의 목표임을 보였다. 따라서 특정한 투자가 이 목표를 달성하는지를 구별하는 방법에 대하여 알아야 할 필요가 있다. 이 장에서 재무분석가들이 일상적으로 사용하는 다양한 기법들을 살펴본다. 더욱이 이러한 기법들이 때때로 잘못된 의사결정에 도달케 할 수도 있다는 점을 배우며 순현재가치법 접근이 왜 적절한 기법인지를 알아본다.

기업재무의 최신 동향: rwjcorporatefinance.blogspot.com

5.1 왜 순현재가치를 사용하는가?

coverage online

이 장과 다음 두 장에서는 프로젝트(projects)의 채택 여부에 대한 의사결정 과정인 자본예산(capital budgeting)에 대해서 살펴보려 한다. 이 장에서는 자본예산의 기본적인 방법에 대해서 배울 것이고, 실무적인 부분들은 다음 장을 위해 남겨두도록 한다. 그러나 이러한 방법들에 대하여 처음부터 전개할 필요는 없다. 우리는 4장에서 미래에 받을 $1는 오늘 받는 $1에 비해 그 가치가 적음을 논의하였다. 그 이유는 오늘 $1는 재투자될 수 있으므로, 미래에 더 많은 수익을 얻을 수 있기 때문이다. 그리고 4장에서 우리는 미래에 받게 될 $1의 정확한 가치는 그것의 현재가치임을 보였다. 또한 4.1절에서는 프로젝트의 순현재가치(net present value)를 계산하는 방법에 대하여 제안하였는데, 그것은 어떤 프로젝트에 대한 미래 현금흐름의 현재가치 합과 초기비용과의 차이를 계산하는 것이었다.

순현재가치(NPV) 방법은 이 장에서 첫 번째로 고려할 방법이다. 우리는 간단한 예제를 통해 이 접근법에 대하여 살펴본 후, 왜 이 방법이 좋은 결정을 내릴 수 있도록 하는가에 대하여 논의할 것이다.

예제 5.1

순현재가치 Alpha Corporation은 $100의 비용이 드는 무위험 프로젝트에 투자할 것을 고려하고 있다. 이 프로젝트는 1년 후 $107을 창출할 것이고 다른 현금흐름은 없다. 할인율은 2%이다.

이 프로젝트의 NPV는 다음과 같이 쉽게 계산할 수 있다.

$$\$4.90 = -\$100 + \frac{\$107}{\$1.02} \tag{5.1}$$

4장으로부터, 우리는 이 프로젝트는 NPV가 양수이므로 채택되어야 함을 알 수 있다. $100을 투자하는 유사한 투자안이 단지 $102를 창출함에 비해 이 투자안은 $107을 발생시키기 때문이다.

기본적인 투자규칙은 다음과 같이 일반화할 수 있다.

만약 NPV가 0보다 크면 프로젝트를 채택한다.
만약 NPV가 0보다 작으면 프로젝트를 기각한다.

우리는 이것을 **NPV 규칙**이라고 한다.

그렇다면 왜 NPV 규칙이 좋은 의사결정으로 이끄는가? 다음의 Alpha Corporation 경영진에게 주어진 두 가지 가능한 전략에 대하여 생각해보자.

1. 프로젝트에 기업의 현금 $100을 투자한다. 1년 뒤에 배당금으로 $107을 받을 것이다.
2. 프로젝트를 포기하고 배당금으로 기업의 현금 $100을 오늘 지급한다.

만약 두 번째 전략이 채택된다면, 주주들은 배당금을 은행에 1년간 예금할 것이다. 2%의 이자율에서, 두 번째 전략은 1년 후에 $102(= $100 × 1.02)를 창출하게 될 것이다. 이는 1년 후 첫 번째 전략의 $107보다 적은 금액이므로 주주들은 첫 번째 전략을 더 선호하게 될 것이다.

우리의 기본적인 요점은 다음과 같다.

양(+)의 NPV 프로젝트를 채택하는 것은 주주들을 이롭게 한다.

우리는 $4.90의 NPV를 어떻게 해석해야 하는가? 이는 프로젝트로부터 증가된 기업의 가치로 생각할 수 있다. 예를 들어, 이 기업이 현재 $V의 가치를 가지는 생산 자산과 현금 $100을 보유하고 있다고 생각해보자. 만약 프로젝트를 포기한다면, 오늘 이 기업의 가치는 단순히 다음과 같다.

$$\$V + \$100$$

만약 이 기업이 프로젝트를 채택한다면, 1년 뒤에 $107을 받게 되지만 현재 보유한 현금은 사라진다. 따라서 현재 이 기업의 가치는 다음과 같이 될 것이다.

$$\$V + \frac{\$107}{1.02}$$

이 식들의 차이는 앞의 식 (5.1)의 순현재가치와 동일하게 $4.90이 된다. 따라서

기업의 가치는 프로젝트의 NPV만큼 증가한다.

기업의 가치는 단순하게 프로젝트들, 부서들, 그리고 기업 내 다른 기관들의 가치를 합한 것이라는 것을 알아두자. 이러한 속성을 **가치가산**(value additivity)이라고 부르며 이는 상당히 중요한데, 기업의 가치에 대한 어떤 프로젝트의 기여도는 단순히 프로젝트의 NPV를 의미한다. 우리가 나중에 알게 되겠지만, 이 장에서 논의되는 다른 방법들은 일반적으로 이러한 훌륭한 속성을 가지고 있지 않다.

NPV 규칙은 정확한 할인율을 사용한다.

세부사항 하나가 더 남아 있다. 우리는 프로젝트가 무위험이라는 비현실적인 가정을 했다. 현실 세계 프로젝트의 미래 현금흐름은 언제나 위험을 가지고 있다. 다시 말해서, 현금흐름은 오직 추산되는 것이지, 알려져 있는 것이 아니다. Alpha의 매니저가 내년에 프로젝트의 현금흐름이 $107일 것으로 기대하고 있다고 하자. 즉, 현금흐름은 더 높을 수도($117이라고 하자) 또는

스프레드시트 기법

스프레드시트를 이용한 NPV 계산

스프레드시트는 NPV 계산을 위해 흔히 사용된다. 스프레드시트 이용과 관련해 중요한 경고사항들을 살펴본다. 다음의 예제를 고려하라.

	A	B	C	D	E	F	G	H
1								
2	스프레드시트를 이용한 순현재가치(NPV) 계산							
3								
4	프로젝트의 비용은 $10,000이다. 현금흐름은 첫 2년간 $2,000이고							
5	다음 2년간 $4,000이며 마지막 해에 $5,000이다. 할인율은 10%이다.							
6	NPV는 얼마인가?							
7								
8		연도	현금흐름					
9		0	−$10,000		할인율 =	10%		
10		1	2,000					
11		2	2,000		**NPV =**	**$2,102.72**	*(옳지 않은 답)*	
12		3	4,000		**NPV =**	**$2,312.99**	*(옳은 답)*	
13		4	4,000					
14		5	5,000					
15								
16	셀 F11에 입력된 공식은 =NPV(F9,C9:C14)이다. 그러나 NPV 공식은 NPV가 아니라							
17	현재가치를 계산하기 때문에 옳지 않은 답을 나타낸다.							
18								
19	셀 F12에 입력된 공식은 =NPV(F9,C10:C14) + C9이다. 이 경우 NPV 공식으로 현재가치를 계산한 후							
20	초기 비용을 차감하므로 옳은 답을 나타낸다. 여기서 C9은 이미 음(−)의 값이므로 더하면 된다.							
21								

스프레드시트 예제에서, 두 개의 답이 나온 것에 주목하자. 첫 번째 답은 NPV 식을 사용했음에도 오답이다. 스프레드시트에서 NPV 함수는 실제로는 PV 함수이다. 불행히도 여러 해 전에 개발된 윈도우 스프레드시트의 한 부분이 잘못 정의되었고 이후 스프레드시트가 그것을 그대로 복사해서 사용하고 있다. 두 번째 답은 식을 어떻게 적절히 사용하는가를 보여주고 있다.

이 예제는 내용에 대한 아무런 이해 없이 계산기나 컴퓨터를 사용했을 경우의 위험성에 대해 설명하고 있다. 현실에서 이와 같이 잘못된 함수의 사용을 근거로 얼마나 많은 자본예산 관련 의사결정이 이루어지고 있는가를 생각하면 끔찍하다.

더 낮을 수도($97이라고 하자) 있다. 이러한 작은 변화로 프로젝트는 위험한 것이다. 프로젝트가 전체적으로 대략 올해 기대수익률이 10%인 주식시장만큼 위험하다고 가정해보자. 그렇다면 이 10%는 할인율이 되고, 이 프로젝트의 NPV는 다음과 같음을 의미한다.

$$-\$2.73 = -\$100 + \frac{\$107}{1.10}$$

NPV가 음수이므로 이 프로젝트는 기각되어야 한다. 이것은 논리에 맞다. Alpha의 주주들은 오늘 받은 $100을 10%의 수익률을 기대할 수 있는 주식시장에 투자할 수 있기 때문이다. 왜 같은 위험 수준을 가지고 있는데 기대수익률이 단지 7%인 프로젝트를 채택하는가?

개념적으로 위험 프로젝트에 대한 할인율은 금융자산에 상응하는 위험에 대하여 얻을 것으로 기대하는 수익률이다. 이 할인율은 종종 기회비용(opportunity cost)으로 언급되는데 그 이유는 기업이 프로젝트에 투자하는 것은 주주들이 배당금을 개인적으로 투자할 기회를 빼앗아가는 것이 되기 때문이다. 개념적으로는 자본시장에서 유사한 위험을 가진 투자안의 기대수익률을 찾아야 한다. 할인율의 계산이 완전히 불가능한 것은 아니다. 우리는 이 장에서 이 계산에 대해선 언급하지 않을 것이지만 책의 후반부에서 다룰 것이다.

NPV가 합리적인 접근방법임을 보였으나, 다른 대안 방법들은 NPV만큼 좋은 방법인지 어떻게 알 수 있을까? NPV의 세 가지 주요 속성을 살펴보자.

1. **NPV는 현금흐름을 이용한다.** 프로젝트로부터 발생하는 현금흐름은 기업의 다른 목적으로도 사용될 수 있다(예를 들어, 배당금 지급, 다른 자본예산 프로젝트, 이자 지불 등). 이와 대조적으로, 이익은 인위적인 구조를 가지고 있다. 즉, 이익은 회계사들에게는 유용할지 몰라도, 현금을 나타내는 것은 아니기 때문에 자본예산에 사용되어서는 안 된다.
2. **NPV는 프로젝트의 모든 현금흐름을 이용한다.** 다른 접근방식은 특정일 이후의 현금흐름은 고려하지 않는다. 이러한 접근방식에 유의하라.
3. **NPV는 현금흐름을 적당히 할인한다.** 다른 접근방식은 현금흐름을 고려할 때 화폐의 시간가치를 무시하기도 한다. 이러한 접근방식 또한 유의하라.

NPV를 직접 손으로 구하는 것은 지루한 일이 될 수 있다. 앞의 박스에 있는 **스프레드시트**는 쉽게 NPV를 구하는 방법을 보여주고 있으며, 또한 계산 시 중요한 **주의사항**에 대하여 설명하고 있다.

5.2 회수기간법

규칙의 정의

NPV의 대안 중 하나는 **회수기간법**(payback period method)이다. 회수기간법이 어떻게 적용되는지 보자. 초기투자비용이 −$50,000인 프로젝트를 고려해보자. 현금흐름은 첫 3년간 각각 $30,000, $20,000, 그리고 $10,000이다. 이 흐름은 〈그림 5.1〉에 나타나 있다. 투자에 대한 현

그림 5.1
투자 프로젝트의 현금흐름

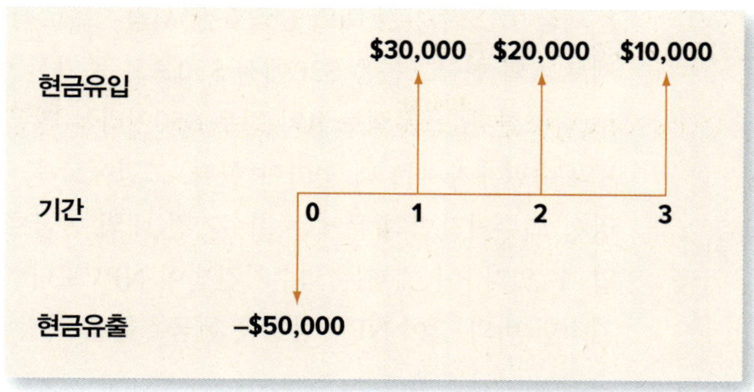

금흐름을 나타내는 유용한 방법은 부호를 사용하는 것이다.

(−$50,000, $30,000, $20,000, $10,000)

$50,000 앞에 있는 마이너스 부호는 현금의 유출을 의미하고 다른 수치 사이에 있는 콤마는 그것들이 다른 시기에 받게 되는 것(만약 현금유출인 경우 지급하는 것)을 나타낸다. 이 예제에서 현금흐름은 1년에 한 번 발생하고 첫 번째 현금흐름은 투자를 하기로 결정하였을 때 발생한다고 가정한다.

기업이 첫 두 해에 받게 될 현금흐름이 $30,000과 $20,000이고 초기 투자액인 $50,000에 달한다. 이는 기업이 2년 내에 투자 원금을 회수했다는 것을 의미한다. 이 경우에 2년이 이 투자안의 **회수기간**(payback period)이 된다.

투자 결정을 위한 **회수기간법의 규칙**(payback period rule)에 의하면, 미리 정해놓은 기간(예를 들어 2년)보다 짧으면 프로젝트를 채택할 수 있다. 이에 따라 회수기간이 2년 또는 그 이하인 모든 투자 프로젝트는 채택되고 회수기간이 2년 이상인 프로젝트는 기각된다.

회수기간법의 문제점

회수기간법은 최소한 세 가지의 문제점을 가지고 있다. 처음 두 가지 문제점을 설명하기 위하여, 〈표 5.1〉에 있는 세 가지 프로젝트를 생각해보자. 세 프로젝트 모두 3년의 동일한 회수기간을 가지고 있으므로, 모두 동등하게 매력적인 투자안이어야 한다. 맞는가?

그러나 사실 프로젝트의 다른 조합(pairs) 간의 비교를 통해서 이 프로젝트들이 실질적으로 동일한 매력을 갖고 있지 않다는 것을 알 수 있다.

표 5.1
프로젝트 A~C의 기대현금흐름

연도	A	B	C
0	−$100	−$100	−$100
1	20	50	50
2	30	30	30
3	50	20	20
4	60	60	$100
회수기간(연도)	3	3	3
NPV	21.5	26.3	53.6

문제점 1: 회수기간 내의 현금흐름 시점 프로젝트 A와 B를 비교해보자. 1년에서 3년까지 프로젝트 A의 현금흐름은 $20에서 $50으로 증가한 반면, 프로젝트 B의 현금흐름은 $50에서 $20으로 감소한다. 프로젝트 B의 경우 $50이라는 많은 현금흐름이 투자 초기에 발생하므로 프로젝트 B의 순현재가치는 더 높아야 한다. 그럼에도 불구하고, 두 프로젝트의 회수기간은 동일하다. 따라서 회수기간법의 문제는 회수기간 내의 현금흐름의 발생시점을 고려하지 않는다는 점인 것을 알 수 있다. 이 예제는 회수기간법이 NPV보다 열등함을 보여주는데, 그 이유는 우리가 앞에서 지적한 바와 같이 NPV 방법은 현금흐름을 적정하게 할인하기 때문이다.

문제점 2: 회수기간 후의 현금흐름 이제 회수기간 내에 동일한 현금흐름을 가지는 프로젝트 B와 C를 비교해보자. 그러나 프로젝트 C는 4년째에 $100의 현금흐름이 예상되므로 명백히 프로젝트 C가 더 선호될 것이다. 따라서 회수기간법의 또 다른 문제점은 회수기간 후에 발생하는 모든 현금흐름을 고려하지 않는 것이다. 회수기간법의 단기 프로젝트 편향성 때문에 일부 중요한 장기 프로젝트는 기각될 수 있다. 반면 우리가 이미 지적하였듯이 NPV는 프로젝트의 모든 현금흐름을 활용하기 때문에 이 같은 단점을 가지고 있지 않다.

문제점 3: 회수기간에 대한 자의적 기준 우리는 회수기간법의 세 번째 문제점을 고려할 때 〈표 5.1〉을 참고할 필요는 없다. 자본시장은 NPV 방법에 사용되는 할인율을 추산하는 데 도움을 준다. 무위험자산 수익률은 아마도 정부가 발행한 채권의 수익률을 대용치로 사용하여 산출할 수 있다. 이 책의 후반부에서는 위험 프로젝트의 할인율을 측정하기 위해 자본시장에서 과거 수익률을 어떻게 이용하는지에 대해 설명한다. 그러나 회수기간의 기준이 되는 일자를 선택하는 데 있어서는 비교할 만한 지침이 없으므로 회수기간법은 어느 정도 자의적이다.

회수기간법의 문제를 설명하기 위해 〈표 5.1〉을 참고해보자. 유사한 위험투자안의 예상수익률이 10%라면 할인율 10%를 사용할 것이다. 이 경우, A, B, C의 NPV는 각각 $21.5, $26.3 그리고 $53.6이 될 것이다. 회수기간은 모두 3년으로 동일하지만 프로젝트 B는 현금흐름의 타이밍 때문에 A보다 높은 NPV를 보이고 있다. 그리고 3년의 회수기간 이후에는 $100의 현금흐름 때문에 C가 가장 높은 NPV를 가지는 프로젝트이다.

경영적 관점

회수기간법은 대기업에서도 상대적으로 중요도가 적은 의사결정 시에 종종 사용된다. 예를 들어, 작은 창고를 건설하거나 또는 트럭의 개조를 위해 대금을 지불할 것인가에 대한 의사결정은 하위 수준의 관리자들에 의해 이루어진다. 이들은 예를 들어 개조비용이 $200이고 연료비를 절약해서 매년 $120을 조달할 수 있다면, 2년 안으로 그 비용을 복구할 수 있을 것이다. 이 같은 원리로 회수기간법에 의한 의사결정은 이루어진다.

비록 기업의 재무담당자들이 이러한 방식으로 의사결정을 하지 않을 수도 있지만, 기업은 이 같은 의사결정방식을 지지한다. 그렇다면 왜 상위 관리자들은 이 방법을 용납하거나 심지어 시대에 역행하는 방법을 장려할까? 한 가지 답은 의사결정이 쉽다는 점이다. 만약 위의 개조 결정의 예와 같은 의사결정이 한 달에 50번 이상 이루어진다고 가정한다면, 이 단순한 방법을 사용하는 이유가 명확해질 수 있을 것이다.

회수기간법은 또한 관리적 통제를 위해서도 바람직한 특징을 가지고 있다. 투자의사결정이 중요한 만큼 관리자의 의사결정능력을 평가하는 기업의 능력도 중요하다. NPV법에서는 의사결정이 올바른 것인가를 판단하기 위해서는 상당한 시간의 경과가 필요하다. 반면 회수기간법의 경우 현금흐름에 대한 관리자의 접근방식이 옳았는가에 대한 판단이 2년 내에 이루어질 수 있다.

또한 좋은 투자기회를 가지고는 있지만 활용 가능한 현금이 없는 기업의 경우에도 회수기간법 사용이 정당화될 수 있다. 예를 들어, 회수기간법은 좋은 성장기회를 가지고 있지만 자본시장에서 자본조달에 제약이 있는 소규모 개인소유의 기업에서 사용될 수 있다. 이와 같은 기업의 경우 빠른 현금회수로 기업의 재투자 가능성을 높일 수 있다.

마지막으로, 실무자들은 현실을 감안할 때 학계에서 회수기간법에 대해 지나치게 비판적이라고 지적한다. 예를 들어, 교과서에서는 프로젝트의 초기에 적은 현금유입이 되고 기준일 이후 거대한 현금유입이 일어나는 프로젝트의 예를 드는 것으로 회수기간법을 우습게 만들고 있다. 이와 같은 프로젝트는 회수기간법으로 추정하면 기각될 것으로 보이지만 실제로 채택하는 것이 기업에 이익을 가져다준다. 〈표 5.1〉의 프로젝트 C가 그와 같은 예이다. 그러나 실무자들은 이 예제의 현금흐름 패턴은 현실적이라고 하기에는 너무 인위적이라고 지적한다. 실제로, 많은 임원들은 현실적으로 대부분의 주요 프로젝트에서 NPV와 회수기간법이 동일한 의사결정을 이끈다고 이야기한다. 게다가 이들은 프로젝트 C와 같은 투자안이 현실에서 존재한다면 의사결정자들은 거의 대부분 회수기간규칙에 대한 특별한 조정을 통해 이 프로젝트가 채택되도록 할 것이라고 지적한다.

앞의 모든 논리적 설명에도 불구하고, 기업이 더 큰 프로젝트를 고려할 때 의사결정의 중요성이 커짐에 따라, NPV 방법이 선호된다는 사실을 발견하는 것은 그다지 놀랄 일이 아니다. 관리자를 통제하고 평가하는 것이 올바른 투자의사결정을 하는 것보다 더 중요하지는 않으므로 회수기간법은 그만큼 덜 사용되고 있다. 기계구입, 공장설립, 기업인수 등 중대한 의사결정 앞에서 회수기간법의 사용은 극히 제한적일 수밖에 없다.

회수기간법의 요약

회수기간법은 NPV와 다르며 개념적으로 적절하지 않다. 자의적인 기준일과 기준일 이후의 현금흐름에 대해 고려하지 않기 때문에, 이 방법을 있는 그대로 사용할 경우 명백하게 잘못된 의사결정을 내릴 수 있다. 그럼에도 불구하고, 앞에서 언급한 여러 가지 장점과 그 단순함으로 인해 기업들은 그들이 계속해서 직면하는 무수히 많은 사소한 투자결정을 위한 스크린 수단으로 자주 활용하고 있다.

직장에서 마주하게 되는 투자회수법과 같은 접근방식을 변경할 때 주의해야 하지만, 한편으로는 이러한 접근방식들이 대변하는 간소화된 재무적 사고 방식을 받아들이지 않도록 주의해야 한다. NPV 대신 회수기간법을 선택한다면 당신은 당신 회사에게 피해를 주는 셈이 될 수도 있다.

5.3 할인회수기간법

회수기간법의 단점에 대하여 인식하여, 어떤 의사결정자들은 **할인회수기간법**(discounted payback period method)이라는 약간 변형된 형태의 투자의사결정 방법을 사용한다. 이 접근법하에서는, 우선 현금흐름을 할인한다. 그러고 나서 이 할인된 현금흐름이 기초 투자액과 동일해지는 데 걸리는 시간을 계산한다.

예를 들어, 할인율이 10%이고 프로젝트의 현금흐름이 다음과 같이 주어졌다고 가정하자.

$$(-\$100, \$50, \$50, \$20)$$

이 투자안의 회수기간은 투자액이 모두 회수될 수 있는 기간인 2년이다.

할인회수기간을 계산하기 위해서는, 우선 현금흐름을 10%로 할인한다. 할인된 현금흐름은 다음과 같다.

$$[-\$100, \$50/1.1, \$50/(1.1)^2, \$20/(1.1)^3] = (-\$100, \$45.45, \$41.32, \$15.03)$$

최초 투자의 할인회수기간은 이들 할인현금흐름에 대한 단순한 회수기간이다. 할인된 현금흐름의 회수기간은 3년간 할인된 현금흐름이 $101.80(= $45.45 + 41.32 + 15.03)이므로 3년보다는 약간 짧을 것이다(정확히는 2.88년). 현금흐름과 할인율이 양수일 때 할인은 현금흐름의 가치를 감소시키므로 할인회수기간이 회수기간보다 절대로 짧아질 수는 없다.

언뜻 보기에는 할인회수기간법이 좋은 대안처럼 보이지만, 좀 더 자세히 살펴보면 회수기간법과 비슷한 중대한 결점을 가지고 있다. 할인회수기간법도 회수기간법과 같이 기준일을 선택하는 것이 자의적이고 또한 기준일 이후의 모든 현금흐름이 고려되지 않는다.

이미 현금흐름할인을 했다면 할인된 현금흐름을 더하고 NPV를 구하여 의사결정을 하는 편이 더 나을 것이다. 할인회수기간법은 NPV 방법과 유사해 보이지만 회수기간법과 NPV를 잘못 절충한 것이다.

5.4 내부수익률법(IRR)

이제 우리는 NPV 방법의 가장 중요한 대안이 되는 방법을 학습할 차례인데, 그것은 IRR (Internal Rate of Return)이라고 알려져 있는 내부수익률법이다. IRR은 실제로 NPV를 구하지 않고 NPV와 유사한 결과를 도출하게 해 준다. IRR 방법의 기본적 원리는 프로젝트의 장점을 요약할 수 있는 단순 수치를 제공하는 것이다. 그 수치는 자본시장에서 보편화되어 있는 이자율에 의해 결정되지 않는다. 이것은 이를 내부수익률이라고 부르는 이유이다; 이 수치는 프로젝트에 대해 내부적 또는 본질적인 것으로 프로젝트의 현금흐름을 제외하고 어떤 것에도 영향을 받지 않는다.

예를 들어, 〈그림 5.2〉의 간단한 프로젝트(−$100, $110)를 고려해보자. 주어진 할인율에서, 이 프로젝트의 순현재가치는 다음과 같이 표현될 수 있다.

그림 5.2
단순한 프로젝트의 현금흐름

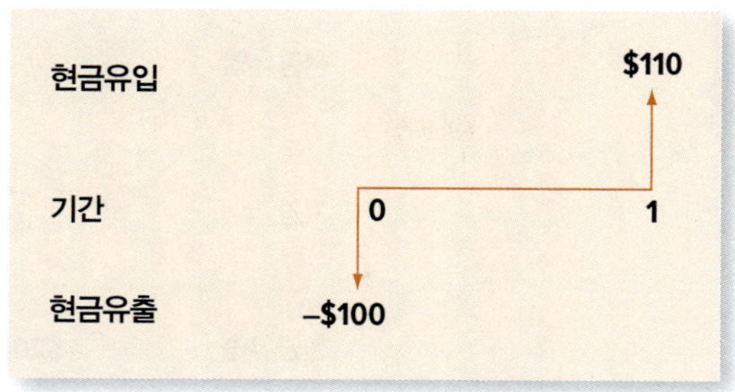

$$\text{NPV} = -\$100 + \frac{\$110}{1+r}$$

여기서 r은 할인율이다. 그렇다면 프로젝트의 NPV가 0이 되게 하는 할인율은 무엇인가?

자의적인 할인율인 8%를 적용하여 시작해보면 다음과 같은 결과를 얻을 수 있다.

$$\$1.85 = -\$100 + \frac{\$100}{1.08}$$

이 식에서 NPV는 양수(+)가 나왔으므로, 더 높은 할인율 12%를 적용하여 보자. 그럼 다음과 같은 결과를 얻는다.

$$-\$1.79 = -\$100 + \frac{\$100}{1.12}$$

이 식에서는 NPV가 음수(−)가 나왔으므로, 할인율을 10%로 조금 낮추어 적용해보자.

$$0 = -\$100 + \frac{\$100}{1.10}$$

이 시행착오법을 통해 프로젝트의 NPV는 r이 10%일 때 0이 되는 사실을 알 수 있다.[1] 따라서 우리는 이 10%를 **내부수익률**(internal rate of return: IRR)이라고 한다. 일반적으로 IRR은 프로젝트의 NPV를 0으로 만드는 할인율이다. 이 내부수익률이 의미하는 것은 매우 간단하다. 만약 할인율이 10%라면 내부수익률이 10%이므로 기업은 프로젝트를 채택하는 것이나 기각하는 것이나 동일하다. 기업은 할인율이 10% 이하면 프로젝트를 채택해야 하고, 만약 10% 이상이면 기각하여야 한다.

일반적인 투자규칙은 명확하다.

IRR이 할인율보다 높으면 프로젝트를 채택하라.
IRR이 할인율보다 낮으면 프로젝트를 기각하라.

이것을 기본적 IRR 규칙(basic IRR rule)이라고 한다. 이제 〈그림 5.3〉에서 우리는 좀 더 복잡한 예제(−$200, $100, $100, $100)를 시도해보기로 하자.

[1] 초기 현금유출과 연속된 4기간까지 현금흐름이 발생하는 경우에는 IRR을 직접 계산할 수 있다. 예를 들어, 2기간까지 현금흐름이 발생하는 경우에는 이차방정식을 필요로 한다. 그러나 초기 현금유출과 5기간 이상의 현금흐름이 발생하는 경우에는 시행착오법, 재무계산기, 스프레드시트 등을 사용해야만 IRR을 계산할 수 있다.

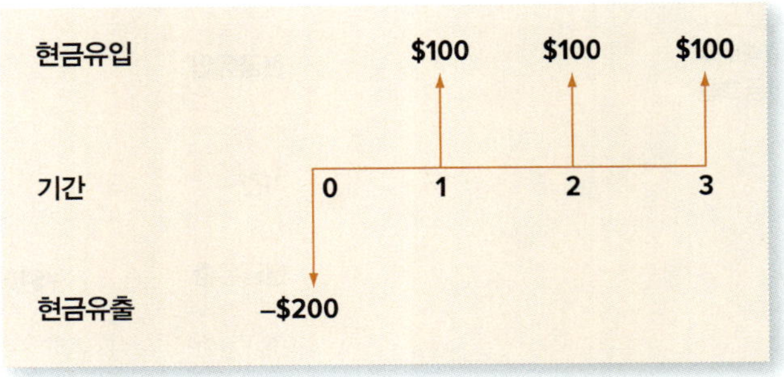

그림 5.3
다소 복잡한 프로젝트의 현금흐름

우리가 앞에서 그러했듯이, 내부수익률을 구하기 위해 시행착오법을 사용해보자. 우리는 20%와 30%를 사용하여 다음과 같은 결과를 얻었다.

할인율	NPV
20%	$10.65
30%	−18.39

더 많은 시행착오를 통해, 우리는 할인율이 23.38%가 될 때 프로젝트의 NPV가 0이 되는 것을 발견했다. 따라서 IRR은 23.38%이다. 할인율이 20%라면 양의 NPV를 갖게 되어 이 프로젝트는 채택될 것이다. 하지만 할인율이 30%라면 이 프로젝트는 기각될 것이다.

수학적으로 IRR은 다음의 식에서 알려지지 않은 값이다.[2]

$$0 = -\$200 + \frac{\$100}{1 + \text{IRR}} + \frac{\$100}{(1 + \text{IRR})^2} + \frac{\$100}{(1 + \text{IRR})^3}$$

〈그림 5.4〉는 프로젝트에서 IRR이 어떤 의미인지를 설명하고 있다. 이 그림은 NPV 단면도(NPV profile)라고 하는데 NPV와 할인율의 함수로 나타난다. 곡선이 수평선을 교차하는 지점이 NPV가 0이 되는 할인율을 의미하므로 IRR은 23.38%가 된다.

또한 할인율이 IRR보다 낮으면 NPV는 양수가 되고 할인율이 IRR보다 높으면 NPV가 음수가 되는 것도 명확하다. 만약 우리가 할인율이 IRR보다 낮아 프로젝트를 채택하게 되면, 이는 양의 NPV 프로젝트를 채택하는 것과 같다. 따라서 IRR 규칙은 NPV 규칙과 정확하게 일치한다.

만약 이것이 IRR의 전부라면 IRR 규칙은 항상 NPV 규칙과 일치할 것이다. 그러나 재무의 세계는 그렇게 친절하지 않다. 불행히도, IRR 규칙과 NPV 규칙은 우리가 언급한 예제와 같은 상황—즉 현금흐름이 초기 현금유출과 이후에 현금유입으로만 이루어져 있는 전통적인 상황—에서만 일치한다. 좀 더 복잡한 상황에서 IRR 방법은 몇몇 문제점을 나타내며, 이에 대해서 다음 절에서 살펴볼 것이다.

앞의 예제에서 IRR은 시행착오법으로 계산되었다. 이 수고로운 과정은 스프레드시트 방법으로 피할 수 있다. 다음의 스프레드시트 기법에서 이에 대하여 보여줄 것이다.

2 초기 현금유출과 수차례 이어지는 현금유입과 관련된 문제에서는 IRR을 직접 구할 수 있다. 예를 들어, 두 번의 현금유입은 이차방정식을 필요로 한다. 그러나 일반적으로 계산기나 스프레드시트의 사용을 권장한다.

그림 5.4
더 복잡한 프로젝트의
순현재가치(NPV)와 할인율

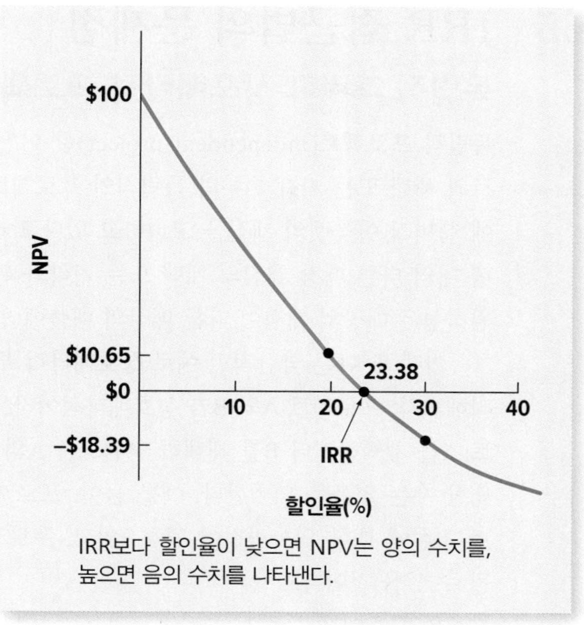

스프레드시트 기법

스프레드시트를 이용한 IRR 계산

IRR을 손으로 계산하는 것은 상당히 지루하므로, 재무계산기나 특별히 스프레드시트를 사용한다. 다양한 종류의 재무계산기를 사용하는 방법은 계산기에 따라 상당히 달라서 설명하기 어렵기 때문에, 여기서 우리는 스프레테시트 이용방법에 초점을 둔다. 아래의 예에 보이듯이 스프레드시트 이용방법은 매우 쉽다.

	A	B	C	D	E	F	G	H
1								
2	스프레드시트를 이용한 내부수익률(IRR) 계산							
3								
4	4년 동안 지속되고 비용이 $500인 프로젝트가 있다. 4년 동안 현금흐름은							
5	$100, $200, $300, $400이라면 IRR은 얼마인가?							
6								
7		연도	현금흐름					
8		0	−$500					
9		1	100		IRR =	27.3%		
10		2	200					
11		3	300					
12		4	400					
13								
14								
15	셀 F9에 입력된 공식은 =IRR(C8:C12)이다. 0년도의 현금흐름은 음(−)의 부호가							
16	붙어 프로젝트의 비용을 나타낸다.							
17								

5.5 IRR 접근법의 문제점

독립적 그리고 상호배타적 프로젝트의 정의

독립적 프로젝트(independent project)란 어떤 프로젝트의 채택 또는 기각 여부가 다른 프로젝트의 채택 또는 기각 여부와 독립적인 프로젝트이다. 예를 들어, McDonald's가 멀리 떨어진 섬에 햄버거 아웃렛의 개점을 고려하고 있다고 하자. 이 아웃렛의 개점 여부는 McDonald's 시스템 내의 다른 매장 개점의 채택 또는 기각과 관련이 없을 가능성이 높다. 이 문제에서 아웃렛의 원격성은 매장의 개점이 다른 매장의 매출에 영향을 미치지 않는다는 점을 확실히 하고 있다.

이제 또 다른 극단적인 예로 **상호배타적 투자**(mutually exclusive investments)에 대하여 고려해보자. 프로젝트 A와 B가 상호배타적이라는 것은 무엇을 의미하는가? 이것은 당신이 프로젝트 A를 채택하거나 B를 채택하거나 또는 A와 B 모두 기각할 수 있지만 두 프로젝트를 모두 채택할 수는 없음을 의미한다. 예를 들어, 프로젝트 A는 당신이 소유하고 있는 땅의 한켠에 아파트 건설에 대한 의사결정이 될 수 있고, 프로젝트 B는 그곳에 영화관 건설에 대한 의사결정이 될 수 있을 것이다.

우리는 이제 독립적 프로젝트와 상호배타적 프로젝트 모두에 영향을 주는 IRR 방법의 두 가지 일반적인 문제점에 대해 살펴보려 한다. 그 후에 우리는 상호배타적인 프로젝트에만 영향을 미치는 두 가지 문제점에 대해 논의한다.

독립적 그리고 상호배타적 프로젝트에 영향을 미치는 두 가지 일반적 문제점

우리는 다음의 현금흐름을 갖는 프로젝트 A로 논의를 시작하려 한다.

$$(-\$100, \$130)$$

프로젝트 A의 IRR은 30%이다. 〈표 5.2〉는 이 프로젝트에 대한 관련 정보를 제공하고 있다. NPV와 할인율 간의 관계는 〈그림 5.5〉에 나타나 있다. 당신이 알 수 있듯이, NPV는 할인율이 상승함에 따라 감소한다.

문제점 1: 투자 또는 자금조달? 이제 다음의 현금흐름을 갖는 프로젝트 B를 고려해보자.

$$(\$100, -\$130)$$

표 5.2 내부수익률과 순현재가치

	프로젝트 A			프로젝트 B			프로젝트 C		
시점 :	0	1	2	0	1	2	0	1	2
현금흐름	−$100	$130		$100	−$130		−$100	$230	−$132
IRR	30%			30%			10%와 20%		
NPV @10%	$ 18.2			−$ 18.2			0		
채택되기 위한 시장금리	<30%			>30%			>10%~<20%		
자금조달 또는 투자	투자			자금조달			혼합		

그림 5.5 프로젝트 A, B와 C의 NPV와 할인율

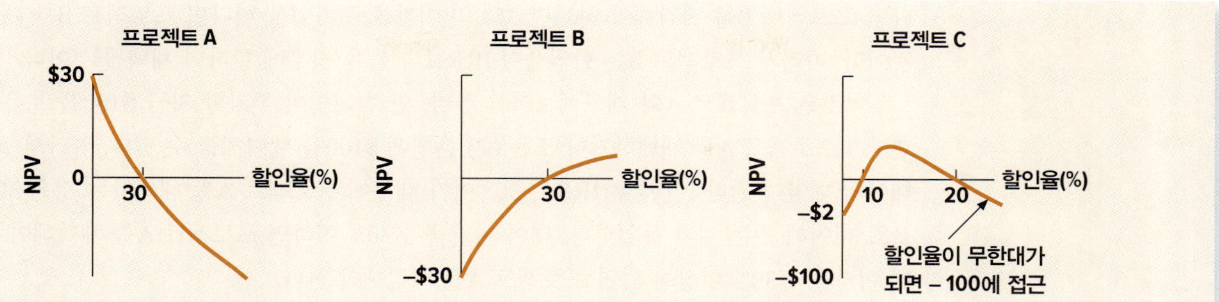

프로젝트 A는 0년도에서 현금유출이, 1년도에서는 현금유입이 발생한다. NPV는 할인율과 음의 관계를 나타낸다.
프로젝트 B는 0년도에서 현금유입이, 1년도에서는 현금유출이 발생한다. NPV는 할인율과 양의 관계를 나타낸다.
프로젝트 C는 현금흐름에서 두 번 부호가 바뀐다. 0년도에서는 현금유출이, 1년도에서는 현금유입이, 2년도에서는 다시 현금유출이 발생한다. 현금흐름과 관련해서 두 번 이상 부호가 바뀌면 복수의 IRR를 갖게 된다.

이 현금흐름은 프로젝트 A의 현금흐름과 정확하게 반대이다. 프로젝트 B에서 기업은 자금을 먼저 받고 후에 자금을 지불한다. 일반적이지는 않지만 이 같은 형태의 프로젝트는 존재한다. 예를 들어, 참석자들이 먼저 참가비를 지급하는 세미나의 경우를 생각해보자. 세미나 당일에 많은 자금이 소요되므로 현금유입이 현금유출보다 선행될 것이다.

IRR의 계산을 위해서 시행착오법을 고려해보자.

$$-\$4 = +\ \$100 - \frac{\$130}{1.25}$$

$$\$3.70 = +\ \$100 - \frac{\$130}{1.35}$$

$$\$0 = +\ \$100 - \frac{\$130}{1.30}$$

프로젝트 A와 마찬가지로 IRR은 30%이다. 그러나 할인율이 30%보다 낮을 때 NPV는 음수(−)가 되는 것에 유의하라. 반대로 할인율이 30%보다 높으면 NPV는 양수(+)가 된다. 의사결정규칙은 앞의 예와 정확하게 반대가 된다. 이러한 형태의 프로젝트에 대해서, 다음의 규칙을 적용할 수 있다.

IRR이 할인율보다 낮으면 프로젝트를 채택한다.
IRR이 할인율보다 높으면 프로젝트를 기각한다.

이와 같은 일반적이지 않은 의사결정규칙은 〈그림 5.5〉의 프로젝트 B의 NPV 단면도를 따른다. 곡선은 우상향을 나타내고 있으며 이것은 NPV가 할인율과 양(+)의 관계를 보이고 있음을 의미한다.

이 그래프는 직관적이다. 어떤 기업이 즉시 $100를 구한다고 가정하자. 이 기업은 (1) 프로젝트 B를 채택하거나 또는 (2) 은행으로부터 $100을 차입한다. 따라서 프로젝트는 사실상 차입의 대안이 될 수 있다. 이 경우 IRR이 30%라면 프로젝트 B를 채택하는 것은 은행에서 30%의

이자율로 차입하는 것과 동일하다. 만약 기업이 은행으로부터 25%의 이자율로 차입을 할 수 있다면 프로젝트 B를 기각해야 하지만 35%의 이자율로 차입을 한다면 프로젝트 B를 채택해야 할 것이다. 따라서 프로젝트 B는 할인율이 IRR보다 높은 경우에 한하여 채택될 것이다.[3]

이것은 프로젝트 A와 대조해보아야 한다. 만약 기업이 투자할 자금 $100을 보유하고 있다면 (1) 프로젝트 A를 채택하거나 또는 (2) 은행에 $100을 대여해줄 수 있다. 따라서 프로젝트는 대여의 대안이 된다. 이 경우 IRR은 30%이기 때문에 프로젝트 A를 채택하는 것은 30%의 이자율로 대여해 주는 것과 동일하다. 대여 이자율이 30% 이하면 프로젝트 A를 채택해야 하지만 대여 이자율이 30% 이상이 되면 프로젝트 A를 기각해야 한다.

기업이 초기에 프로젝트 A에 대해서는 자금을 지불하지만 프로젝트 B에서는 자금을 지급받으므로, 프로젝트 A는 **투자 형태의 프로젝트**(investing type project)라고 하고, 프로젝트 B는 **자금조달 형태의 프로젝트**(financing type project)라고 한다. 보통 투자 형태의 프로젝트가 일반적이다. IRR의 경우 자금조달 형태의 프로젝트에서는 반대의 결과가 나오므로 이러한 형태의 프로젝트에 대한 의사결정시 주의해야 한다.

문제점 2: 복수의 수익률 프로젝트의 현금흐름이 다음과 같다고 가정하자.

$$(-\$100,\ \$230,\ -\$132)$$

이 프로젝트는 음(−)의 현금흐름, 양(+)의 현금흐름, 다시 음(−)의 현금흐름을 보이므로, 우리는 이 프로젝트의 현금흐름이 두 차례 부호가 변했다고 하거나 또는 급격히 바뀌었다(flip-flops)고 할 수 있을 것이다. 이러한 패턴의 현금흐름은 처음에는 다소 이상하게 보일 수도 있으나, 많은 프로젝트가 현금유입 후에 현금유출을 요한다. 이에 대한 예로 광산개발을 들 수 있다. 이러한 프로젝트의 첫 번째 단계는 광산발굴을 위한 초기투자이다. 광산 운영으로부터 나오는 이익을 얻는 것이 두 번째 단계이고, 세 번째 단계는 땅을 복구하고 환경보호 규제를 만족시키기 위한 투자이다. 이 단계에서 현금흐름은 음수가 된다.

리스계약을 통해 자금조달이 이루어진 프로젝트 또한 비슷한 패턴의 현금흐름을 창출한다. 리스는 종종 상당한 세금 보조를 제공하므로, 초기투자 이후에 현금유입을 창출할 수 있다. 그러나 세금 보조는 시간이 경과함에 따라 감소하며 후년도로 갈수록 음의 현금흐름을 이끄는 경우가 많다(리스에 관한 보다 자세한 내용은 나중에 언급할 것이다).

이 프로젝트가 한 개가 아닌 10%와 20%의 IRR을 가진다는 것을 증명하는 것은 쉽다.[4] 이와

[3] 이 문단에서는 내재적으로 프로젝트의 현금흐름이 무위험인 것으로 가정한다. 이런 방식으로, 우리는 기업이 필요한 $100에 대하여 대출 이자율을 할인율로 간주할 수 있는 것이다. 만약 현금흐름이 위험을 수반한다면, 다른 할인율을 선택할 것이다. 그러나 이 경우에도 IRR이 할인율보다 낮은 경우에 한해 프로젝트가 채택된다는 의사결정의 직관은 여전히 적용될 것이다.

[4] 이에 대한 계산은 다음과 같다.

$$-\$100 + \frac{\$230}{1.1} - \frac{\$132}{1.1^2}$$

$$-\$100 + 209.09 - 109.09 = 0$$

그리고

$$-\$100 + \frac{\$230}{1.2} - \frac{\$132}{1.2^2}$$

$$-\$100 + 191.67 - 91.67 = 0$$

따라서 우리는 복수의 수익률을 갖는다.

같은 경우에, IRR은 이치에 맞지 않는다. 10%와 20% 둘 중 어떤 IRR을 사용해야 하는가? 둘 중 하나가 다른 하나보다 더 나은 어떤 이유가 없으므로, 이러한 경우에는 IRR을 사용할 수 없다.

왜 이 프로젝트는 복수의 수익률을 가지는가? 프로젝트 C는 최초 투자 이후에 현금유입과 현금유출이 모두 발생하기 때문에 복수의 수익률을 가지게 된다. 일반적으로, 이같이 현금유출입의 부호가 두 차례 이상 바뀌는 경우 복수의 IRR을 갖게 된다. 이론적으로 부호가 *K*번 바뀌는 현금흐름의 경우 *K*개의 IRR을 갖게 된다.[5] 따라서 프로젝트 C는 부호가 두 차례 바뀌었으므로 두 개의 IRR을 갖게 된다. 우리가 앞서 지적했듯이, 현실에서 현금흐름의 부호가 계속하여 바뀌는 프로젝트는 얼마든지 일어날 수 있다.

NPV 규칙 물론 우리는 복수의 수익률에 대해 너무 걱정하지 않아도 된다. 결국 우리는 항상 NPV 규칙으로 돌아오면 된다. 〈그림 5.5〉는 프로젝트 C의 NPV를 할인율의 함수로 나타낸 것이다. 그림이 보여주듯이, NPV는 10%와 20%에서 0이 되며, 그 범위를 벗어나면 음수가 된다. 따라서 NPV 규칙은 우리에게 적정할인율이 10~20% 사이인 경우 이 프로젝트를 채택하도록 알려준다. 할인율이 이 범위를 벗어나면 프로젝트는 기각되어야 한다.

수정 IRR

NPV의 대안으로, 우리는 현금흐름을 한 번의 부호변경이 될 때까지 통합하여 복수의 IRR 문제를 해결하는 수정 IRR(modified IRR: MIRR)에 대해 소개하려 한다. 앞으로 살펴보겠지만 수정 IRR을 계산하는 방법에는 여러 가지가 있으나 기본 아이디어는 먼저 현금흐름을 수정한 다음 수정된 현금흐름을 사용하여 IRR을 계산하는 것이다.

이것이 어떻게 적용되는지를 보기 위하여, 다음의 프로젝트 D를 고려해보자.

$$(-\$60,\ \$155,\ -\$100)$$

이 프로젝트의 IRR은 25%와 33.33%로 계산된다. 다음에 세 가지 MIRR을 계산하는 방법을 설명할 것인데 세 가지 방법은 모두 하나의 결과 값만 계산되므로 복수의 IRR 문제는 제거된다.

방법 #1: 할인 접근법 할인 접근법은 모든 음(−)의 현금흐름을 요구수익률로 할인하여 초기 비용에 추가하는 것이다. 그런 다음 IRR을 계산한다. 첫 번째 수정된 현금흐름만 음수이므로 하나의 IRR만 계산된다. 사용된 할인율은 요구수익률이거나 다른 외부조달이자율일 수도 있다. 우리는 프로젝트의 요구수익률을 활용한다. 요구수익률이 20%일 경우, 수정 현금흐름은 다음과 같다.

$$0\text{년도: } -\$60 - \frac{\$100}{1.20^2} = -\$129.44$$

$$1\text{년도: } \$155$$

$$2\text{년도: } \$0$$

MIRR을 계산하면 19.74%이다.

[5] 정확하게 말하면, −100%보다 큰 IRR의 수는 부호 변경 횟수와 같거나 짝수만큼 부호 변경 횟수가 차이가 난다. 예를 들어, 5회의 부호 변경이 있는 경우 5개의 IRR, 3개의 IRR 또는 1개의 IRR이 있다. 부호 변경이 2회인 경우 2개의 IRR이 있거나 IRR이 없다.

방법 #2: 재투자 접근법 재투자 접근법은, 첫 번째 현금흐름을 제외하고, 모든 현금흐름(양수 및 음수)을 프로젝트 종료 시점의 미래가치로 복리계산한 후 IRR을 계산하는 것이다. 현금흐름을 "재투자"하고 프로젝트가 끝날 때까지 인출하지 않는다는 의미이다. 사용하는 이자율은 프로젝트의 요구수익율이거나 별도로 지정된 "재투자 수익율"일 수도 있다. 프로젝트의 요구수익률을 사용하여 수정된 현금흐름은 다음과 같다.

0년도: −$60
1년도: $0
2년도: −$100 + ($155 × 1.2) = $86

이 현금흐름을 기준으로 MIRR을 계산하면 19.72%이고, 할인 접근법으로 계산한 MIRR보다 다소 낮다.

방법 #3: 조합 접근법 이름에서 알 수 있듯이 조합 방식은 처음 두 가지 방법을 혼합한 것이다. 음(−)의 현금흐름은 현재가치로 할인하고, 양(+)의 현금흐름은 프로젝트가 끝나는 시점까지 미래가치로 복리계산한다. 실제로 다른 할인율 또는 수익률이 사용될 수 있지만 프로젝트의 요구수익률을 계속 사용한다.

조합 접근법에 의한 수정 현금흐름은 다음과 같다.

$$0\text{년도}: -\$60 - \frac{\$100}{1.20^2} = -\$129.44$$

1년도: $0
2년도: $155 × 1.2 = $186

MIRR은 19.87%로 계산되는데 세 가지 방법 중에서 가장 높게 나타난다.

MIRR 또는 IRR: 어느 것이 나은가? MIRR은 논란의 여지가 있다. 한편의 주장에 의하면 MIRR이 IRR보다 월등하다고 주장한다. 의도적으로 수식을 수정하였기 때문에 복수의 수익률 문제는 발생하지 않는다.

다른 한편은 MIRR을 "의미없는 내부 수익률: Meaningless Internal Rate of Return"의 약자라고 주장한다. 앞의 예제에서 알 수 있듯이 MIRR의 한 가지 문제점은 MIRR을 계산하는 방법이 다르며 세 가지 방법 중 하나가 다른 방법보다 우수하다는 명확한 이유도 없다는 것이다. 간단한 현금흐름의 경우에는 차이가 작지만, 복잡한 프로젝트에서는 그 차이가 훨씬 더 클 수 있다. 또한 MIRR을 해석하는 방법이 확실하지 않다. MIRR은 수익률처럼 보일 수 있지만 프로젝트의 실제 현금흐름이 아닌 수정 된 현금흐름 집합에 대한 수익률이다.

우리는 어느 편도 들지 않을 것이다. 그러나 MIRR을 계산하려면 할인, 복리계산, 혹은 둘 다 필요하다는 사실은 두 가지 확실한 의견을 제시한다. 첫째, 적정 할인율을 안다면 NPV를 계산하면 되지 않겠는가? 둘째, MIRR은 외부조달이자율(또는 복리이자율)에 의해 결정되므로 프로젝트의 현금흐름에 의해 결정되는 진정한 "내부"수익률은 아니다.

우리는 이러한 맥락에서 자주 발생하는 한 가지 문제에 대해서는 입장을 분명히 할 것이다. 프로젝트의 가치는 회사가 해당 프로젝트에 의해 창출되는 현금흐름으로 무엇을 하는가에 좌우

되지 않는다. 회사는 프로젝트의 현금흐름을 사용하여 다른 프로젝트에 자금을 제공하거나, 배당금을 지급불하거나, 이그제큐티브 제트를 구매할 수 있다. 중요하지 않다: 미래에 현금흐름이 어떻게 지출되는지는 오늘날의 가치에 영향을 미치지 않는다. 결국, 일반적으로 중간 현금흐름의 재투자를 고려할 필요가 없다.

복수의 IRR이 발생하지 않는 것에 대한 보장 만약 프로젝트의 첫 번째 현금흐름이 음수이고(초기투자로 인한 유출), 나머지 모든 현금흐름이 양수라면, 프로젝트의 지속기간과 상관없이 단일 IRR을 가질 수 있다. 이는 화폐의 시간가치의 개념을 사용하여 쉽게 이해할 수 있다. 예를 들어 〈표 5.2〉 프로젝트 A의 경우 30%의 할인율을 적용하면 NPV가 다음과 같으므로 IRR이 30%가 되는 것을 쉽게 증명할 수 있다.

$$\begin{aligned} \text{NPV} &= -\$100 + \$130/(1.3) \\ &= \$0 \end{aligned}$$

우리는 이것이 유일한 IRR이라는 것을 어떻게 알 수 있는가? 우리가 30%보다 더 큰 할인율을 적용시키려 한다고 가정하자. NPV를 계산하는 데 있어, 할인율 변화가 첫 번째 현금흐름이 −$100의 가치에는 영향을 미치지 않는다. 왜냐하면 첫 번째 현금흐름은 할인이 되지 않기 때문이다. 할인율 상승은 미래 현금흐름의 현재가치를 낮출 수 있다. 다시 말해, 할인율이 30%일 때 NPV는 0이기 때문에 할인율의 상승은 NPV를 음의 범위로 끌어내린다. 유사하게, 30% 이하의 할인율을 적용시킨다면 프로젝트의 전반적인 NPV는 양수가 된다. 이 예제는 현금유입이 단 한 번만 있었지만 초기투자 이후 많은 현금유입이 있었던 경우(현금유출은 없음)에도 IRR이 유일함을 의미한다.

만약 초기 현금흐름이 양수이면—나머지 모든 현금흐름이 음수인 경우에도—단일 IRR을 가질 수 있다. 이 결과는 비슷한 이유로부터 나온다. 두 경우 모두 현금흐름이 한 차례만 부호가 변경되고 있다. 따라서 현금흐름에서 한 차례의 부호만 변경되는 경우에는 복수의 IRR에 대해 염려하지 않아도 된다.

일반적인 규칙 다음의 차트는 우리의 규칙들을 요약한 것이다.

흐름	IRR 수	IRR 기준	NPV 기준
첫 번째 현금흐름은 음수이고 나머지 모든 현금흐름은 양수	1	IRR > R이면 채택 IRR < R이면 거부	NPV > 0이면 채택 NPV < 0이면 거부
첫 번째 현금흐름은 양수이고 나머지 모든 현금흐름은 음수	1	IRR < R이면 채택 IRR > R이면 거부	NPV > 0이면 채택 NPV < 0이면 거부
첫 번째 이후의 현금흐름은 일부 음수이고 일부 양수	아마도 1번 이상	IRR 사용불가	NPV > 0이면 채택 NPV < 0이면 거부

NPV 기준은 세 가지 경우 모두에서 동일하다. 다시 말해, NPV 분석은 항상 적절하다. 반면에 IRR은 특정한 경우에만 사용될 수 있다. NPV를 사용한다면 '당신은 내가 사용한 것을 이용하면 손해 보지는 않을 것'이라는 설교자의 말을 적용시킬 수 있을 것이다.

상호배타적 프로젝트에 대한 구체적인 문제점

앞서 언급하였듯, 만약 기업이 둘 또는 그 이상의 프로젝트 중 하나만을 선택해야 한다면 그들을 상호배타적인 프로젝트라고 하였다. 우리는 이제 상호배타적인 프로젝트에 IRR를 적용하는 것과 관련된 두 가지 문제점을 논의해보려고 한다. 이들 두 문제점은 논리적으로는 구별되지만, 상당히 유사한 것이다.

규모 문제 우리가 아는 어떤 교수는 이 주제에 대하여 다음과 같은 이야기로 수업 토론의 동기를 부여한다. "학생 여러분, 나는 여러분 중 한 사람이 두 개의 상호배타적인 사업기회 중 하나를 선택하도록 준비했습니다. 기회 1—여러분이 나에게 지금 $1을 주고 수업이 끝날 때 내가 여러분에게 $1.50을 돌려줄 것입니다. 기회 2—여러분이 나에게 지금 $10을 주고 수업이 끝날 때 내가 여러분에게 $11을 돌려줄 것입니다. 여러분은 이 두 기회 중 하나만을 선택할 수 있습니다. 그리고 여러분은 1개 이상의 선택권은 없습니다. 첫 번째 자원자를 고르겠습니다."

당신은 어떤 것을 선택할 것인가? 정답은 기회 2이다.[6] 이에 대하여 이해하기 위해, 다음의 표를 보자.

	수업 시작 시 현금흐름	수업 종료 시 현금흐름 (90분 후)	NPV[7]	IRR
기회 1	−$1	+$1.50	$0.50	50%
기회 2	−10	+11.00	1.00	10

우리가 앞에서 강조한 것과 같이, 학생들은 가장 높은 NPV를 가진 기회를 선택해야 한다. 이 예제에서 그것은 기회 2이다. 또는 그 교수의 학생 중 한 명은 다음과 같이 설명할 것이다. "저는 교수님보다 힘이 더 세니까 돈을 받아낼 수 있을 거라고 확신해요. 그리고 현재 내 수중에 $10이 있으니까 두 가지 제안 중 하나를 선택할 수 있어요. 수업이 끝날 때, 저는 기회 2를 택함으로써 iTunes에서 노래 한 곡을 살 수 있을 것이고 여전히 나의 초기 투자를 안전하고 건전하게 유지할 수 있죠. 기회 1에 대한 이익은 오직 노래 반곡에 대한 가치밖에 안됩니다."

이 사업 제안은 내부수익률의 기준의 결점에 대하여 설명해준다. 기본적인 IRR 규칙은 기회 1의 IRR이 50%임을 제시한다. 기회 2의 IRR은 겨우 10%이다.

IRR은 어디서 잘못되었는가? IRR의 문제는 규모(scale)의 문제를 고려하지 않은 데 있다. 기회 1은 더 높은 IRR을 가지고 있지만, 투자는 훨씬 작다. 다시 말해, 기회 2에서 훨씬 규모가 큰 투자에 대한 적절한 수익을 창출하는 능력이 기회 1의 높은 수익률을 상쇄[8]시키고도 남는 것이다.

여기서 IRR은 투자의사결정을 잘못 인도하는 것같이 보이는데, 이를 우리는 조정하거나 정정할 수 있을까? 우리는 다음 〈예제 5.2〉에서 이에 대해 설명한다.

[6] 교수는 여기서 실제 돈을 사용한다. 지난 몇 년간 많은 학생들이 이 교수의 테스트에서 좋은 성적을 거두지는 못하였으나, 그 어떤 학생도 기회 1을 선택하지 않았다. 교수는 그의 학생들을 "money players"이라고 주장한다.

[7] 우리는 그의 수업시간이 90분에 불과하므로 이자율은 제로 금리로 가정한다. (수업이 좀 더 긴 것 같긴 하지만)

[8] 10%의 수익률은 90분 동안에 대한 적정 수준보다 많다.

예제 5.2

NPV vs. IRR Stanley Jaffe와 Sherry Lansing은 '*기업재무: 영화*(Corporate Finance: The Motion Picture)'의 판권을 구입했다. 그들은 이 영화를 저예산 또는 고예산으로 제작하려고 한다. 다음은 추정된 현금흐름이다.

	0년도의 현금흐름	1년도의 현금흐름	NVP @25%	IRR
저예산	−$10백만	$40백만	$22백만	300%
고예산	−25백만	65백만	27백만	160

고위험으로 인해, 25%의 할인율이 적절할 것으로 고려된다. Sherry는 고예산이 NPV가 더 높으므로 이를 선택하기를 원한다. 반면 Stanley는 IRR이 더 높은 저예산을 선택하기를 원한다. 누가 옳은가?

앞의 교실에서의 예에서 지적한 이유와 같은 규모의 문제로 인해 NPV가 더 옳다고 할 수 있다. 따라서 Sherry가 옳다. 그러나 Stanley는 IRR을 고려하는 것에 매우 완강하다. Sherry는 Stanley에게 IRR 접근법을 사용하여 어떻게 고예산을 정당화시킬 수 있겠는가?

여기서 *증분 IRR*(incremental IRR) 개념이 나온다. Sherry는 저예산 대신 고예산을 선택함으로써 다음과 같은 증분현금흐름을 구할 수 있다.

	0년도의 현금흐름 (단위: $백만)	1년도의 현금흐름 (단위: $백만)
소자본 대신 대자본을 선택함으로써 증분되는 현금흐름	−$25 − (−10) = −$15	$65 − 40 = $25

이 표는 증분현금흐름이 0년도에서는 −$15백만, 1년도에서는 $25백만임을 보여준다. Sherry는 증분 IRR을 다음과 같이 계산하였다.

증분 IRR을 계산하는 식:

$$0 = -\$15\text{백만} + \frac{\$25\text{백만}}{1 + \text{IRR}}$$

이 식에서 IRR은 66.67%로, **증분 IRR**(incremental IRR)이 66.67%임을 의미한다. 증분 IRR은 작은 프로젝트 대신 큰 프로젝트를 선택함으로부터 증가하는 투자에 대한 IRR이다.

게다가 증분현금흐름에 대한 NPV를 계산할 수 있다.

증분현금흐름의 NPV:

$$-\$15\text{백만} + \frac{\$25\text{백만}}{1.25} = \$5\text{백만}$$

우리는 저예산 영화의 NPV가 0보다 크므로 독립적 프로젝트로서는 채택될 만하다는 것을 안다. 우리는 저예산 영화 대신 고예산 영화를 제작하기 위해 추가적으로 $15백만을 투자하는 것이 유익한지 아닌지를 알고 싶다. 즉, 내년에 $25백만을 더 받기 위해 $15백만을 추가로 투자하는 것이 유익한 일인가? 첫째로 앞의 계산에서 증분투자에 대한 NPV는 양수로 나타났다. 둘째로 증분 IRR은 66.67%로 할인율 25%보다 높다. 두 가지 모두의 이유로 증분투자는 정당화될 수 있다. 따라서 고예산 영화가 제작되어야 한다. 두 번째 이유는 Stanley가 들어야 할 설명이다.

다시 살펴보면, 우리는 이 예제를(또는 어떤 상호배타적인 경우) 세 가지 방법 중 하나로 다룰 수 있다.

1. 두 선택의 NPV 비교. 고예산 영화의 NPV가 저예산 영화의 NPV보다 더 크다. 즉, $27백만이 $22백만보다 크다.
2. 저예산 영화 대신 고예산 영화 제작으로 인한 증분 NPV 계산. 증분 NPV가 $5백만이므로 고예산 영화제작을 선택한다.
3. 증분 IRR과 할인율의 비교. 증분 IRR이 66.67%이고 할인율은 25%이므로 우리는 고예산 영화제작을 선택한다.

세 가지 접근법 모두 동일한 결정을 하게 해 준다. 그러나 우리는 두 대안의 IRR을 비교하면 안 된다. 만약 그랬다면, 우리는 잘못된 의사결정을 하게 될 수 있다. 즉, 우리는 저예산 영화제작을 채택하게 될 것이다.

학생들은 규모의 문제가 상대적으로 중요하지 않다고 생각할지 모르지만, 사실은 그 정반대이다. 현실적으로 볼 때 정확한 규모를 측정할 수 있는 프로젝트는 없다. 대신 기업이 프로젝트를 위한 최선의 규모를 결정해야만 한다. $25백만의 영화제작예산은 고정된 것이 아니다. 유명배우를 출연시키거나 또는 좋은 장소에서 촬영하기 위해 추가로 $1백만을 지급하면 영화제작비는 늘어날 것이다. 유사하게, 제조업체들은 창고를 50만 $feet^2$으로 할지 60만 $feet^2$으로 할지를 결정해야 한다. 그리고 이 장 앞에서 논의한 McDonald's 점포개설과 관련해서도 점포를 얼마나 크게 개설할지 결정해야만 한다. 대부분의 프로젝트에서 기업에 있는 누군가는 프로젝트의 규모를 결정해야만 한다. 이는 현실적으로 규모의 문제에 많이 직면한다는 것을 의미한다.

마지막으로 주의할 점이 있다. 학생들은 자주 증분흐름을 계산할 때 어떤 프로젝트에서 어떤 프로젝트를 차감하여야 하는가를 질문한다. 우리는 현금흐름이 큰 프로젝트에서 작은 프로젝트의 현금흐름을 차감하는 것에 유의하자. 이것은 0년도에서 현금의 유출을 만든다. 그리고 나서 우리는 증분흐름에 대해 기본적인 IRR 규칙을 활용한다.[9]

시점의 문제 다음으로 우리는 상호배타적인 프로젝트를 평가할 때 IRR 방법이 가지는 또 다른 문제점에 대해 설명할 것이다.

예제 5.3

상호배타적인 투자 Kaufold는 창고 사용과 관련한 두 가지 대안을 가지고 있다고 가정하자. 하나는 유독성 폐기물 컨테이너를 보관하는 것이고(투자안 A), 다른 하나는 전기 장비를 보관하는 것(투자안 B)이다. 현금흐름은 다음과 같다:

	연도별 현금흐름				NPV			
연도:	0	1	2	3	@0%	@10%	@15%	IRR
투자안 A	−$10,000	$10,000	$1,000	$ 1,000	$2,000	$669	$109	16.04%
투자안 B	−10,000	1,000	1,000	12,000	4,000	751	−484	12.94

[9] 대안적으로, 우리는 작은 프로젝트에서 큰 프로젝트의 현금흐름을 차감한다. 이것은 0년도에서 현금유입을 남겨두어 자금을 조달해야 하는 상황에서의 IRR 규칙을 사용하도록 한다. 이는 가능하지만 더 혼란스러울 수 있다.

우리는 낮은 할인율에서 투자안 B의 NPV가 높고, 높은 할인율에서는 투자안 A의 NPV가 더 높음을 알 수 있다. 현금흐름의 패턴을 자세히 살펴본다면 놀라울 것이 없다. A의 현금흐름은 일찍 발생하는 반면, B의 현금흐름은 나중에 발생한다. 화폐의 시간가치를 고려하면, 초기의 현금흐름이 높은 할인율에 영향을 덜 받으므로 A의 1년도 현금흐름이 더 가치가 있다. 반면 B의 현금흐름은 3년도에 크게 발생하므로 낮은 할인율에서 상대적으로 기다리는 비용이 낮기 때문에 더 높은 가치를 갖게 된다.

두 프로젝트의 NPV 단면도는 〈그림 5.6〉에 나타나 있다. 프로젝트 A는 할인율이 0%일 때 $2,000의 NPV를 갖는다. 이는 할인 없이 현금흐름을 단순히 합쳐서 계산된다. 프로젝트 B는 0%의 할인율에서 $4,000의 NPV를 생성한다. 그러나 할인율이 증가함에 따라 프로젝트 B의 NPV는 프로젝트 A의 NPV보다 더 급격하게 감소한다. 앞에서 언급한 바와 같이 이는 B의 현금흐름이 나중에 발생하기 때문이다. 두 프로젝트는 할인율이 10.55%일 때 동일한 NPV를 갖는다. IRR은 NPV를 0으로 만드는 할인율이며 B의 NPV가 더 빠른 속도로 감소하기 때문에 더 낮은 IRR를 갖는다.

앞에서 설명한 영화 예제에서와 같이, 우리는 세 가지 다른 방법 중 하나로 더 나은 프로젝트를 선택할 수 있다.

1. 두 프로젝트의 NPV 비교. 〈그림 5.6〉은 우리의 결정을 도와준다. 만약 할인율이 10.55% 이하이면, 프로젝트 B가 더 높은 NPV를 나타내므로 B를 선택해야 한다. 반면 할인율이 10.55% 이상이면, 더 높은 NPV를 가진 프로젝트 A를 선택해야 한다.
2. 증분 IRR과 할인율의 비교. 방법 1은 NPV를 사용한다. B가 더 나은 프로젝트라는 것을 알기 위한 또 다른 방법은 B의 현금흐름에서 A의 현금흐름을 차감하여 IRR을 구하는 것이다. 이것이 앞에서 언급한 증분 IRR법이다.

   증분현금흐름은 다음과 같다.

그림 5.6
상호배타적 프로젝트의 순현재가치와 내부수익률

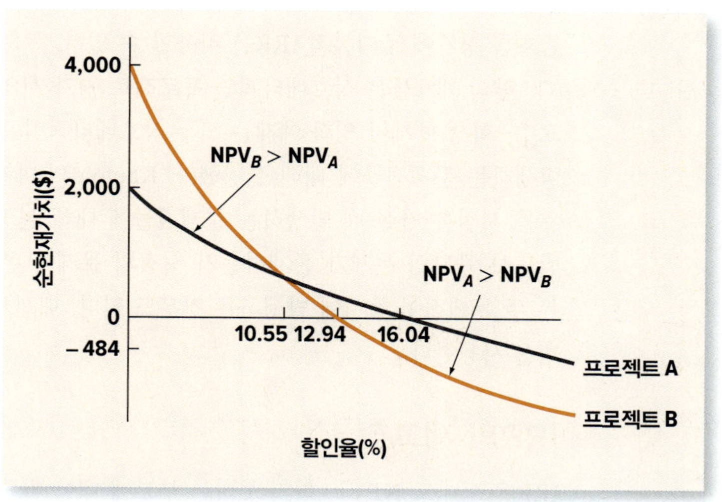

	증분현금흐름의 NPV							
연도:	0	1	2	3	증분 IRR	@0%	@10%	@15%
B−A	0	−$9,000	0	$11,000	10.55%	$2,000	$83	−$593

이 도표에서 증분 IRR은 10.55%이다. 다른 말로, 증분투자에 대한 NPV는 할인율이 10.55%일 때 0이 된다. 따라서 만약 적정할인율이 10.55%보다 낮으면 프로젝트 B가 A보다 선호되고 적정할인율이 10.55%보다 높으면 프로젝트 A가 B보다 선호된다.

〈그림 5.6〉은 이 두 프로젝트의 NPV가 할인율이 10.55%일 때 동일함을 보여준다. 다시 말해, 〈그림 5.6〉에서 **교차점이 되는 이자율**이 10.55%이다. 증분현금흐름표는 증분 IRR이 또한 10.55%임을 보여준다. 교차 이자율과 증분 IRR이 동일한 것은 우연이 아니며, 이 동일함은 항상 유지된다. 증분 IRR은 증분현금흐름이 0이 되도록 한다. 증분현금흐름은 두 프로젝트가 동일한 NPV를 가지고 있을 때 0이 된다.

3. 증분현금흐름의 NPV 계산. 마지막으로, 우리는 증분현금흐름에 대한 NPV를 계산할 수 있다. 앞의 방법을 나타낸 도표에서 이에 대한 NPV를 보여주고 있다. 증분 NPV는 할인율이 0%이나 10%일 때는 양수인 것을 알 수 있다. 할인율이 15%일 때 증분 NPV는 음수이다. 만약 증분현금흐름에 대해 NPV가 양의 값을 가지면 투자안 B를 선택해야 하고, 음의 값을 가지면 투자안 A를 선택해야 한다.

요약하면 우리는 (a) 두 프로젝트의 NPV 비교, (b) 증분 IRR과 적정할인율의 비교, (c) 증분현금흐름에 대한 NPV 계산을 통해서 같은 의사결정에 도달한다. 그러나 앞에서 언급하였듯이, 프로젝트 A와 B의 IRR을 비교해서는 안 된다.

앞의 예제에서 규모가 큰 프로젝트의 현금흐름에서 작은 프로젝트의 현금흐름을 차감해야 한다고 언급한 바 있다. 두 프로젝트의 초기투자 규모가 동일한 이 예에서는 어떻게 해야 할까? 이런 경우에는 0이 아닌 첫 번째 현금흐름이 음수가 되게 차감을 실시하면 된다. 예를 들어, Kaufold의 경우 프로젝트 B에서 A를 차감함으로써 이 결과를 얻었다. 이 같은 방법을 통해 현금흐름 평가에서 기본적 IRR을 사용할 수 있다.

앞의 예제들은 상호배타적인 프로젝트 평가 시의 IRR법의 문제점들에 대해 설명하고 있다. 교수–학생 예제나 영화 예제는 모두 상호배타적인 프로젝트가 상이한 초기투자 규모를 가질 때 발생하는 문제점들에 대해 설명했다. Kaufold의 예제는 상호배타적인 프로젝트가 상이한 현금흐름 시점을 가질 때 발생하는 문제점들에 대해 설명했다. 상호배타적인 프로젝트를 평가할 때 반드시 규모의 문제가 존재하는지 시점의 문제가 존재하는지를 결정할 필요는 없다. 현실에서는 두 문제점이 동시에 발생하는 경우도 많다. 대신, 실무자들은 단순히 증분 IRR이나 NPV 방법을 사용한다.

IRR의 재고찰

IRR은 아마도 NPV는 하지 못하는 부분에 대한 필요성을 충족시켜 줄 수 있기에 살아남았을 것이다. 사람들은 프로젝트에 대한 정보를 단일 수익률로 정리하는 규칙을 원하는 것 같다. 이 단일 수익률은 사람들에게 프로젝트를 논의하는 간단한 방법을 제공한다. 예를 들어, 기업의 관리자는 다른 사람에게 "북쪽 부분의 리모델링에 대한 IRR은 20%이다"라고 말할 것이다.

그러나 대단하게도, IRR 접근법을 사용하는 기업들은 그것의 단점을 이해하고 있는 것으로 보인다. 예를 들어, 기업들은 자주 초기에 음수이고 나중에 양수가 되는 현금흐름에 대한 관리자의 추정을 제한한다. 그러나 아마도, 하나의 수치로 복잡한 투자안에 대해 평가를 할 수 있고, 또 그 수치를 통해 설명이 용이하다는 점에서 IRR은 생존을 설명할 수 있을 것이다.

테스트

당신의 지식을 시험하기 위해서, 다음의 두 문장을 고려해보자.

1. 당신은 프로젝트의 NPV를 구하기 위해서 반드시 할인율을 알아야 하지만 IRR은 할인율의 참고 없이도 계산할 수 있다.
2. 따라서 IRR 적용 시에 할인율을 사용하지 않으므로, IRR 규칙이 NPV보다 적용하기 더 쉽다.

첫 번째 문장은 참이다. NPV를 계산하기 위해서 할인율을 필수적이다. IRR은 NPV가 0이 되는 할인율을 구함으로써 계산된다. 단순 계산시 할인율에 대한 언급은 없다. 그러나 두 번째 문장은 거짓이다. IRR을 적용하기 위해서는 내부수익률과 할인율을 비교해야 한다. 따라서 NPV 또는 IRR 접근법 모두에서 의사결정을 위한 할인율이 필요하다.

5.6 수익성 지수

프로젝트를 평가하는 데 사용되는 또 다른 방법으로는 **수익성 지수**(profitability index)가 있다. 이는 초기투자 후의 미래 기대현금흐름의 현재가치를 초기투자액으로 나눈 비율이다. 수익성 지수는 다음과 같이 나타낼 수 있다.

$$\text{수익성 지수(PI)} = \frac{\text{초기투자 후의 현금흐름의 현재가치}}{\text{초기투자액}}$$

예제 5.4

수익성 지수 Hiram Finnegan Inc. (HFI)는 두 투자기회에 대해 12%의 할인율을 적용한다.

프로젝트	현금흐름 ($백만) C_0	C_1	C_2	초기투자 후 현금흐름의 현재가치 @12%($백만)	수익성 지수	NPV@12% ($백만)
1	−$20	$70	$10	$70.47	3.52	$50.47
2	−10	15	40	45.28	4.53	35.28

수익성 지수의 계산

다음에는 프로젝트 1에 대한 수익성 지수가 계산되어 있다. 초기투자 이후의 현금흐름에 대한 현재가치는 다음과 같다.

$$\$70.47 = \frac{\$70}{1.12} + \frac{\$10}{(1.12)^2}$$

수익성 지수는 위 식에서 얻은 결과에 초기투자액 $20으로 나누어 주는 것으로 구할 수 있다. 이로 다음과 같은 값을 얻을 수 있다.

$$3.52 = \frac{\$70.47}{\$20}$$

수익성 지수의 적용 우리는 이 수익성 지수를 어떻게 사용할 수 있을까? 세 가지 상황을 고려해보자.

1. **독립적 프로젝트:** HFI의 두 프로젝트는 서로 독립적이라고 가정하자. NPV 규칙에 따르면 두 프로젝트의 NPV는 모두 양수이므로 채택되어야 한다. NPV가 양수이면 수익성 지수(PI)는 1보다 크다. 따라서 수익성 지수의 **의사결정규칙**은 다음과 같다.
   - 약 독립적 프로젝트의 PI > 1이라면 채택하라.
   - 만약 PI < 1이라면 기각하라.
2. **상호배타적 프로젝트:** 이번에는 HFI가 두 프로젝트 중 오직 한 프로젝트만을 채택할 수 있다고 가정하자. NPV 분석을 하면 프로젝트 1이 더 큰 NPV를 가지고 있으므로 이 프로젝트를 채택해야 한다. 프로젝트 2가 더 높은 PI를 보이므로 수익성 지수는 잘못된 선택으로 이끈다.

   상호배타적인 프로젝트에 대하여, 수익성 지수는 앞에서 언급한 IRR의 규모 문제와 동일한 문제점을 겪는다. 프로젝트 2는 프로젝트 1보다 작다. PI는 비율이므로, 이것은 프로젝트 1이 더 큰 투자라는 사실을 무시하고 있다. 따라서 IRR과 마찬가지로 PI도 상호배타적인 프로젝트의 경우 규모의 차이를 무시하고 있다.

   그러나 IRR과 마찬가지로, PI 접근법으로 인한 단점은 증분분석을 통해 해결될 수 있다. 우리는 프로젝트 1에서 프로젝트 2를 차감한 증분현금흐름을 다음과 같이 정리하였다.

프로젝트	현금흐름 ($백만) C_0	C_1	C_2	초기투자 후 현금흐름의 현재가치 @12%($백만)	수익성 지수	NPV@12% ($백만)
1−2	−$10	$55	−$30	$25.19	2.52	$15.19

증분현금흐름에 대한 수익성 지수는 1.0보다 크므로, 우리는 더 큰 프로젝트—즉, 프로젝트 1을 채택해야 한다. 이 결정은 NPV법에 의한 의사결정과 동일한 결과를 갖게 한다.

3. **자본할당**: 처음 두 사례에서 HFI는 수익성 있는 투자 기회에 대해서 투자할 수 있는 충분한 자본이 있다고 가정했다. 이제 이 기업이 모든 양의 NPV 프로젝트를 수행할 충분한 자본을 가지고 있지 않은 경우를 고려해보자. 이러한 경우를 **자본할당**(capital rationing)이라고 한다.

   이 기업은 처음 두 가지 프로젝트뿐 아니라 세 번째 프로젝트도 고려하고 있다. 프로젝트 3의 현금흐름은 다음과 같다.

프로젝트	현금흐름 ($백만)			초기투자 후 현금흐름의 현재가치 @12%($백만)	수익성 지수	NPV@12% ($백만)
	C_0	C_1	C_2			
3	−$10	−$5	$60	$43.37	4.34	$33.37

   더 나아가서, 이제 (1) Hiram Finnegan Inc.의 프로젝트가 독립적이고 (2) 투자할 자금이 오직 $20백만이라고 가정해보자. 프로젝트 1은 초기투자비용이 $20백만이므로 이 프로젝트와 다른 프로젝트를 동시에 선택할 수는 없다. 역으로, 프로젝트 2와 3의 경우는 초기투자비용이 각각 $10백만이므로 두 프로젝트는 동시에 선택될 수 있다. 다시 말해서, 자금의 제약으로 인해 기업은 프로젝트 1 또는 프로젝트 2와 3 중 하나를 선택해야 한다.

   이 기업은 어떻게 해야 하는가? 프로젝트 2와 3은 개별적으로 프로젝트 1보다 NPV가 더 낮다. 하지만 프로젝트 2와 3을 합친 NPV는 프로젝트 1보다 더 크다. 따라서 프로젝트 2와 3을 채택하는 것이 상식적일 것이다.

우리는 NPV 규칙과 PI 규칙에 대해 어떻게 결론 내려야 하는가? 자금이 제한된 경우, NPV법을 이용해서는 프로젝트의 우선순위를 정할 수 없다. 대신 그들 프로젝트에 대해 초기투자액 대비 현재가치의 비율을 구하면 우선순위를 정할 수 있다. 이것이 PI법이다. 프로젝트 2와 3 모두 프로젝트 1에 비해 높은 PI를 가지고 있다. 따라서 자본할당 시 프로젝트 1에 앞서 프로젝트 2와 3에 우선 배분해야 한다.

자본할당에서의 수익성 지수의 유용성은 군사용어로 설명될 수 있다. 미 국방부는 "본전을 뽑을 수 있을 만한 가치(bang for the buck)"를 많이 가진 무기에 대해 많이 언급한다. 자본예산에서 수익성 지수는 투자한 본전(buck)에 대한 가치(bang)를 측정한다. 따라서 이는 자본할당 시에 유용하다.

그러나 수익성 지수는 만약 자금이 초기시점 이후에도 여전히 제한적이라면 사용할 수 없음에 유의해야 한다. 예를 들어, 이 기업이 시점 1에 다른 곳에서 거액의 현금유출이 발생한다면 1년도에 현금유출이 발생하는 프로젝트 3은 기각될 필요가 있는 것이다. 다른 말로, 수익성 지수는 여러 기간 동안의 자본할당에 대해서는 다루지 못한다.

또한 경제학자들의 용어인 무분할성(indivisibilities)은 PI법의 유효성을 감소시킨다. HFI가 자본투자를 위해 $20백만이 아닌 $30백만이 가능하다고 가정해보자. 이 기업은 이제 프로젝트 1과 2를 수행하기 위한 충분한 자금을 확보하게 된다. 이들 두 프로젝트의 NPV 합이 프로젝트

2와 3의 NPV 합보다 크기 때문에, 이 기업은 프로젝트 1과 2를 채택하는 것이 더 유리할 것이다. 그러나 프로젝트 2와 3은 여전히 가장 높은 수익성 지수를 보이고 있기 때문에 PI 규칙은 잘못된 의사결정으로 이끈다. 왜 여기서 PI 규칙은 잘못된 결과를 이끄는가? 그 열쇠는 프로젝트 1과 2의 투자금액은 $30백만이지만 프로젝트 2와 3의 투자금액은 $20백만(= $10 + $10)이기 때문이다. 만약 프로젝트 2와 3을 채택한다면 나머지 $10백만은 은행에 남아 있을 것이다.

이러한 상황은 우리가 현실에서 수익성 지수를 사용할 때 고려되어야 할 부분을 지적하고 있다. 수익성 지수가 완벽하지 않음에도 불구하고, 자본할당을 통제하는 측면에서 쓸모가 있다.

5.7 자본예산의 실제 사용

이제까지 우리는 다음과 같은 질문을 했다. “어느 자본예산 방법을 사용하여야 하는가?” 이와 동일하게 중요한 질문은 다음과 같다. “기업들은 어느 자본예산 방법들을 사용하고 있는가?” 〈표 5.3〉은 이 질문에 대한 답을 돕고 있다. 표로부터 알 수 있듯이, 미국과 캐나다 기업의 약 3/4은 IRR과 NPV 방법을 사용한다. 이는 이 접근법들의 이론적인 장점들을 감안했을 때 놀라운 것이 아니다. 이들 기업들의 절반 이상은 회수기간법을 사용하여, 이 방법의 개념적인 문제점을 고려했을 때 의외의 결과라고 할 수 있다. 반면 할인회수기간법은 일반회수기간법에 비해 이론적으로 발전되었음에도 불구하고, 그 사용은 매우 적다. 아마도 기업들은 회수기간법의 사용자 편의성에 매료되는 것 같다. 또한 앞에서 언급한 바와 같이 이 방법의 결점은 비교적 쉽게 보완될 수가 있다. 예를 들어, 회수기간법은 회수기간 이후의 모든 현금흐름을 고려하지 않지만, 주의 깊은 경영자는 이후 현금흐름을 갖는 프로젝트에 대해 특별한 수정을 실시할 수 있다.

개별 기업들의 자본적 지출이 합쳐지면 경제 전체적으로 상당히 큰 금액이 된다. 예를 들어, 2018년 ExxonMobil은 약 $25십억의 자본지출이 예상된다고 발표했다. 이는 총 $42.5십억을 지출한 2013년의 자본지출에서 하락한 규모이다. 동시에 경쟁사인 Chevron도 2018년에 $18.3십억의 감축된 자본예산을 발표하였는데, 이는 2017년에 $19.1십억에서 줄어든 규모이다. 자본지출 예산이 큰 다른 회사로는 2018년 자본지출이 약 $6.9십억인 Walmart와 2018년 자본지출이 약 $16십억인 Apple이 있다.

대규모 자본지출은 종종 산업 전반에서 발생한다. 예를 들어, 2018년에 반도체 산업의 자본

표 5.3 주어진 방법을 항상 또는 거의 사용하는 CFO의 비율

	항상 적용하거나 거의 적용하는 비율
내부수익률법(IRR)	75.6%
순현재가치법(NPV)	74.9
회수기간법	56.7
할인회수기간법	29.5
수익성 지수	11.9

출처: John R. Graham and Campbell R. Harvey, “The Theory and Practice of Corporate Finance: Evidence from the Field,” *Journal of Financial Economics* 60 (2001)의 그림 2. 392명의 CFO에 대한 설문결과에 근거함.

표 5.4
다양한 자본예산 방법들의 사용빈도

	대기업	중소기업
내부수익률법(IRR)	3.41	2.87
순현재가치법(NPV)	3.42	2.83
회수기간법	2.25	2.72
할인회수기간법	1.55	1.58
수익성 지수	0.75	0.78

기업의 사용빈도를 0(전혀 사용하지 않음)에서 4(항상 사용)로 표현함. 숫자는 응답자의 평균임.
출처: Graham and Harver (2001)의 표 2.

지출은 $77.4십억에 이를 것으로 예상되었다. 2017년에도 업계에서 이 상당한 금액 지출되었다.

2017년 미국 상무부 센서스국이 공개한 정보에 따르면, 경제 전체적으로 투자된 자본은 2013년에 $1.401조, 2014년에 $1.507조, 2015년에 $1.545조였다. 따라서 3년 동안 총 투자된 자본은 대략 $4.4조가 이상이다! 이 같은 합계로 볼 때, 성공적인 기업들은 자본적 지출에 대한 세밀한 분석이 필요한 것을 알 수 있다.

아마도 누군가는 대기업의 자본예산방법이 소기업의 방법에 비해 좀 더 복잡하고 정교한 것으로 예상할 것이다. 결국 대기업들은 좀 더 숙련된 직원을 고용하기 위한 재무적 자원을 보유하고 있다. 〈표 5.4〉는 이 같은 생각을 뒷받침하고 있다. 여기서는 기업들의 다양한 자본예산방법의 사용빈도에 대해, '전혀 사용하지 않는다'의 0에서부터 '항상 사용한다'의 4에 이르는 척도로 표시했다. 대기업에서는 소기업과 비교하였을 때 IRR과 NPV 방법 둘 다 더 자주 사용되고 회수기간법은 덜 사용되었다. 반면에, 마지막 두 가지 방법에 대해서는 대기업이나 중소기업의 차이가 별로 없었다.

자본예산에서 정량적 기법의 사용은 산업별로 다양하게 나타난다. 현금흐름을 더 잘 추정할 수 있는 기업들은 NPV 방법을 더 많이 사용할 것이라고 생각할 수 있다. 예를 들어 석유산업의 경우 어떤 측면에서 볼 때는 현금흐름의 추정을 꽤 현실적으로 할 수 있다. 이 같은 이유로 인해 에너지 관련 기업들은 NPV 분석을 먼저 사용하는 산업 중의 하나이다. 반면에 영화산업의 현금흐름은 추정하기가 매우 어렵다. *Spiderman*, *Harry Potter*, *Star Wars*와 같은 영화들은 사람들의 예상보다도 훨씬 크게 흥행에 성공했다. 반면, *King Arthur*: *Legend of the Sword*와 *Deepwater Horizon* 같은 영화의 큰 실패도 예측하지 못했다. 이러한 이유로 영화산업에서 NPV 방법은 그다지 각광 받지 못한다.

그렇다면 할리우드에서는 자본예산을 어떻게 수행하는가? 영화사가 영화 아이디어를 채택 또는 기각하는 의사결정에 사용하는 정보는 pitch 미팅으로부터 얻는다. 독립영화 감독은 영화를 위한 그의 생각을 전달하기 위해 영화사와 아주 짧은 미팅(pitch 미팅)을 갖는다. 다음의 *Reel Power*라는 매우 재미있는 책으로부터 인용된 네 문단에 대하여 생각해보자.[10]

[10] Mark Litwak, *Reel Power: The Struggle for Influence and Success in the New Hollywood* (New York: William Morrow and Company, Inc., 1986), pp. 73, 74, and 77.

"그들[스튜디오 관리자들]은 너무 많은 것을 원하지 않는다."라고 Ron Simpson은 말했다. "그들은 개념을 알기를 원한다. … 그들은 광고 캠페인에 쓸 만한 세 줄이 무엇인지 알기를 원한다. 그들은 제목을 원한다. … 그들은 어떠한 난해함을 원하는 것이 아니다. 그리고 만약 미팅이 5분을 넘긴다면, 그들은 아마 그 프로젝트를 진행하려 하지 않을 것이다."

"어떤 사람이 들어와서 바로 이것이 내 아이디어라고 말한다. '우주선의 죠스'"라고 Clay Fohman 작가가 말한다. "그리고 그들은 '훌륭해, 환상적이야'라고 말한다. 이것은 *Alien*이 되었다. 그것은 결국 최종적으로 우주선의 죠스가 되었다. … 그리고 그걸로 끝이다. 그것이 그들이 듣기 원하는 모든 것이다. 그들의 태도는 '이야기의 세부사항들로 우리를 혼란스럽게 하지 말아라.' 이다."

"…어떤 고개념 이야기들은 다른 것들보다 스튜디오에 더 매력적으로 다가온다. 사람들의 사랑을 받은 아이디어는 관객들에게 그들이 이미 영화를 본 것 같은 느낌이 들지 않도록 하는 기본에 충분히 충실하고 있는 것이다. 그러나 유사하게 과거의 히트작들은 관계자들이 너무 난해한 것에 대한 걱정을 안심시키는 충분한 역할을 한다. 시골의 *Flashdance* (*Footloose*) 또는 외부 공간의 *High Noon* (*Outland*)."

"…정점에서 한 수를 사용하지 않는 것." 관계자인 Barbara Boyle은 말한다, "그것은 당신의 스토리가 만들어낼 대형 박스오피스 수익에 대한 이야기이다. 관계자들은 영화가 어느 정도의 돈을 벌어들이게 될지 예측하는 것은 불가능하다고 생각하며, 이에 대한 선언은 허튼소리로 치부된다."

요약 및 결론 _*Summary and Conclusions*

01. 이 장에서 우리는 여러 다른 투자 의사결정 방법에 대하여 살펴보았다. 우리는 NPV에 대하여 가장 일반적인 대안들을 평가하였다: 회수기간법, 할인회수기간법, 내부수익률법, 그리고 수익성 지수법. 이를 통해 우리는 NPV에 대하여 더 알아볼 수 있었다.

02. 우리가 이 대안들이 서로 결점을 보완할 어떤 장점들을 가지고 있음을 발견하였음에도 불구하고, 모든 것들을 고려했을 때에 NPV 방법이 가장 최선의 것이다. 재무적으로 이것들은 분명 차선책으로 사용되어야 한다.

03. NPV의 경쟁자로 IRR은 회수기간법보다 상위에 있어야 한다. 실질적으로 IRR은 독립적 투자안에서 기초에만 현금유출이 발생하고 그 이후에는 현금유입이 나타나는 정상적인 경우 NPV와 항상 동일한 의사결정에 도달한다.

04. 우리는 IRR의 단점을 두 가지 형태로 분류할 수 있다. 첫째로, 우리는 독립적 투자안과 상호배타적인 투자안을 동시에 적용시키는 일반적인 경우를 고려하였다. 여기서 두 가지 문제점이 나타났다.

a. 어떤 프로젝트는 현금유입 후에 한 번 이상의 현금유출이 발생한다. 이 경우 IRR 규칙은 반대가 된다. IRR이 할인율보다 낮을 때 프로젝트를 채택해야 한다.

b. 어떤 프로젝트는 현금흐름의 부호가 여러 차례 바뀐다. 여기서 복수의 IRR이 존재할 수 있다. 이 경우 실무자들은 NPV나 수정 IRR을 사용해야 한다.

05. 다음으로, 우리는 상호배타적인 프로젝트에서 NPV와 관련된 특별한 문제점에 대하여 고려하였다. 우리는 규모와 시점의 차이로 인하여 높은 IRR을 보인 프로젝트가 반드시 높은 NPV를 나타내지는 않음을 보였다. 따라서 IRR법이 적용되어서는 안 된다(물론 여전히 NPV법은 적용될 수 있다).

그러나 우리는 증분현금흐름을 계산하였다. 계산의 편의를 위해 우리는 대규모 프로젝트의 현금흐름에서 상대적으로 소규모인 프로젝트의 현금흐름을 차감할 것을 제안하였다. 이러한 방법은 초기 증분현금흐름을 음수가 되도록 한다. 만약 증분 IRR이 할인율보다 높은 경우 대규모 프로젝트를 채택한다면 항상 올바른 의사결정에 도달할 수 있다.

06. 우리는 투자자금이 제한적인 경우 어떻게 투자안을 선택할 것인가에 대한 자본할당에 대해서도 설명하였다. 자본할당에서는 수익성 지수가 NPV의 적용에 유용한 방법이 된다.

개념확인 _*Concept Questions*

01. 회수기간법과 순현재가치 만약 전통적인 현금흐름을 갖는 프로젝트의 회수기간이 프로젝트 기간보다 짧다면 NPV가 양수를 나타낼 것이라고 확신할 수 있는가? 왜 그러한가, 또는 왜 그렇지 않은가? 만약 할인회수기간법이 프로젝트의 기간보다 짧다면 NPV가 어떻게 나타난다고 할 수 있는가? 설명하라.

02. 순현재가치 전통적인 현금흐름을 가지면서 양수의 NPV를 보이는 프로젝트가 있다고 가정하자. 이 프로젝트의 회수기간에 대해 무엇을 알 수 있는가? 할인회수기간은? 수익성 지수는? IRR은? 이에 대하여 설명하라.

03. 투자안 평가방법의 비교 각각의 투자안 평가방법에 대해 정의하고 각 방법의 잠재적 단점에 대해 논의하라. 또한 독립적 투자안의 경우 각 방법의 채택 및 기각과 관련된 의사결정규칙에 대해 논하라.

a. 회수기간법

b. 내부수익률법

c. 수익성 지수

d. 순현재가치법

04. 회수기간법과 내부수익률법 어떤 프로젝트는 기간당 C의 현금흐름을 영원히 발생시키고 초기투자비용은 I, 요구수익률은 r이다. 프로젝트의 회수기간과 IRR은 어떤 관계를 갖는가? 상대적으로 일정하게 현금흐름이 나타나는 장기 프로젝트에 대하여 이러한 관계가 의미하는 바는 무엇인가?

05. 국제적 투자안 2017년 6월, 자동차 제조업체인 BMW는 South Carolina 주에 있는 공장의 생산능력을 확대하기 위해 $600백만의 투자계획을 발표했다. 그 공장은 BMW의 신형 X 모델 SUV에 대하여 준비할 수 있었다. BMW는 미국 기반시설을 통해 경쟁하고 가치를 창출할 수 있다고 생각했다. 실제로, BMW는 South Carolina에서 생산된 차량의 70%를 수출할 것으로 예상했다. 또한 2017년 대만의 아이폰 공급 업체인 Foxconn은 Wisconsin에 $10십억 규모의 공장 건설 계획을 발표했고, 중국 타이어 제조업체 Wanli Tire Corp.는 South Carolina에 $1십억 규모의 공장 건설 계획을 발표했다. 자동차, 휴대폰, 타이어 등 다양한 제품을 생산하는 외국 제조업체가 미국에 공장을 건설하는 동일한 결론에 도달한 이유는 무엇인가?

06. 자본예산 문제 이 장에서 논의한 다양한 투자안 평가방법들을 실제로 적용할 경우 발생할 수 있는 어려움에는 어떠한 것들이 있는가? 실제로 적용할 때 응용하기가 가장 쉬운 방법은 무엇인가? 가장 어려운 방법은 무엇인가?

07. 비영리기관의 자본예산 이 장에서 논의한 자본예산 평가방법을 비영리기관에도 적용할 수 있는가? 그러한 단체는 어떻게 자본예산 결정을 내려야 하는가? 미국정부에는 어떠한가? 이 방법들을 통해 미국정부의 지출계획서를 평가할 수 있는가?

08. 순현재가치 프로젝트 A의 투자액은 $1백만이고 프로젝트 B의 투자액은 $2백만이다. 두 프로젝트는 20%의 단일 내부수익률을 가지고 있다. 이 경우 다음 문장은 사실일까?

할인율이 0~20% 사이에서 프로젝트 B는 프로젝트 A보다 2배 큰 NPV값을 갖게 된다.

답변에 대해 설명하라.

09. 순현재가치와 수익성 지수 다음의 Global Investment가 고려하고 있는 상호배타적인 두 가지 투자안을 살펴보라.

	C_0	C_1	C_2	수익성 지수	NPV
A	−$1,000	$1,000	$500	1.32	$322
B	−500	500	400	1.57	285

프로젝트에 적절한 할인율은 10%이다. Global Investment는 프로젝트 A를 수행하기로 선택했다. 주주들을 위한 점심시간에, 이 기업 주식의 상당부분을 소유하고 있는 연금펀드매니저가 당신에게 수익성 지수가 더 높은 프로젝트 B 대신 왜 프로젝트 A를 선택했냐고 질문한다.

CFO인 당신은 어떻게 이러한 기업의 결정을 정당화할 수 있는가? Global Investment가 프로젝트 B를 선택해야 하는 어떤 특수한 사정이 있는가?

10. 내부수익률 프로젝트 A와 B는 다음과 같은 현금흐름을 갖는다.

연도	프로젝트 A	프로젝트 B
0	−$1,000	−$2,000
1	C1A	C1B
2	C2A	C2B
3	C3A	C3B

a. 만약 두 프로젝트의 현금흐름이 동일하다면, 어떤 프로젝트의 IRR이 더 높을까? 그 이유는?

b. 만약 C1B = 2C1A, C2B = 2C2A, 그리고 C3B = 2C3A라면 $IRR_A = IRR_B$인가?

11. 순현재가치 당신은 두 개의 프로젝트 A와 B를 평가하고 있다. 프로젝트 A는 단기간의 미래 현금흐름을 가지고 있는 반면, 프로젝트 B는 상대적으로 장기간의 미래 현금흐름을 보인다. 어떤 프로젝트가 요구수익률 변화에 더 민감하게 반응할 것인가? 그 이유는 무엇인가?

12. 수정내부수익률 수정내부수익률법에 회의적인 사람들은 MIRR을 수정(modified)이 아닌 "의미없는(meaningless) IRR"이라고 해석하기도 한다. 왜 MIRR을 의미 없다고 할까?

13. 순현재가치 다음과 같은 말이 종종 거론된다. "순현재가치 방법은 투자안에서 발생하는 중간의 현금흐름을 요구수익률로 재투자하는 것으로 보는 것이다." 이 주장은 맞는가? 이에 답하기 위해서 어떤 투자안의 NPV를 구한 다음에 다음과 같이 해보라.

a. 투자수명이 끝날 때까지 초기비용을 제외한 투자안의 모든 현금흐름을 요구수익률로 재투자한다고 가정하고 그 투자안의 미래가치(프로젝트의 종료 시점)를 구하라.

b. 앞에서 구한 투자안의 미래가치와 초기비용을 가지고 그 투자안의 NPV를 구하라. 이렇게 구한 NPV는 재투자수익률로 요구수익률을 사용하였을 경우에만 처음 구한 NPV와 동일하게 나타난다는 것을 확인해보라.

14. 내부수익률 다음과 같은 말이 종종 거론된다. "내부수익률 방법은 투자안에서 발생하는 중간의 현금흐름을 그 투자안의 내부수익률로 재투자하는 것으로 가정하는 것이다." 이 주장은 맞는가? 이에 답하기 위해서 어떤 투자안의 IRR을 구한 다음에 다음과 같이 해보라.

a. 투자수명이 끝날 때까지 초기비용을 제외한 투자안의 모든 현금흐름을 IRR로 재투자한다고 가정하고 그 투자안의 미래가치(프로젝트의 종료 시점)를 구하라.

b. 앞에서 구한 투자안의 미래가치와 초기비용을 가지고 그 투자안의 IRR을 구하라. 이렇게 구한 IRR은 재투자수익률로 IRR을 사용하였을 경우에만 처음 구한 IRR과 동일하게 나타난다는 것을 확인해보라.

연습문제 _Questions and Problems

기초
(Questions 1~8)

01. 회수기간과 NPV 계산 Novell, Inc.에는 다음과 같은 상호배타적인 프로젝트가 있다.

	현금흐름($)	
연도	프로젝트 A	프로젝트 B
0	−$15,000	−$19,000
1	10,400	12,700
2	5,900	6,100
3	2,100	5,300

a. 회사의 투자회수 기준일이 2년이라고 가정하자. 이 두 프로젝트 중 어떤 것을 선택해야 하는가?

b. 회사가 NPV 규칙을 사용하여 두 프로젝트의 순위를 정한다고 가정하자. 적정할인율이 15%인 경우 어떤 프로젝트를 선택해야 하는가?

02. 할인회수기간 계산 어떤 투자안이 8년 동안 매년 $640의 현금유입을 창출할 것으로 예상한다. 만약 초기비용이 $2,700이라고 한다면, 이 프로젝트의 회수기간 얼마인가? 초기비용이 $3,900이라면? $6,800이라면?

03. 할인회수기간 계산 어떤 투자안의 연간 현금흐름이 $5,000, $5,500, $6,000, $7,000이고 할인율이 11%이다. 초기비용이 $8,000이라면 이 투자안의 할인회수기간은 얼마인가? 초기비용이 $12,000이라면? $16,000이라면?

04. 할인회수기간 계산 어떤 투자안의 초기비용이 $15,100이고 6년 동안 $3,900의 현금흐름을 갖는다. 할인율이 0%일 때 이 투자안의 할인회수기간은 얼마인가? 할인율이 10%라면? 17%라면?

05. IRR 계산 Vital Silence, Inc.는 다음과 같은 현금흐름을 갖는 프로젝트가 있다 .

연도	현금흐름
0	−$27,000
1	13,100
2	17,200
3	8,400

이 회사는 모든 프로젝트를 IRR 규칙으로 평가한다. 적정할인율이 9%일 때, 이 프로젝트를 채택해야 하는가?

06. IRR 계산 다음 두 프로젝트 현금흐름의 내부수익률(IRR)을 계산하라.

연도	프로젝트 A	프로젝트 B
0	−$7,300	−$4,390
1	3,940	2,170
2	3,450	2,210
3	2,480	1,730

07. 수익성 지수 계산 Bill은 매장에 셀프 서비스 그루밍 센터를 열 계획이다. 그루밍 장비는 $325,000이고 비용은 즉시 지불해야 한다. Bill은 7년 동안 세후 현금유입이 매년 $67,000로 예상한다. 그 후 장비를 폐기하고 Nevis 해변으로 퇴직할 계획이다. 첫 번째 현금유입은 첫해 말에 발생한다. 요구수익률이 13%라고 가정하면, 프로젝트의 PI는 얼마인가? 계획을 채택해야 하는가?

08. 수익성 지수 계산 Fitz, Inc.은 다음의 두 가지 독립적인 투자기회를 가지고 있다고 가정하자. 적정할인율은 8.5%이다.

연도	프로젝트 Alpha	프로젝트 Beta
0	−$2,700	−$4,100
1	1,500	900
2	1,300	2,600
3	1,100	3,200

a. 두 프로젝트 각각의 수익성 지수를 구하라.
b. 수익성 지수 규칙에 따르면 Fitz, Inc은 어떤 프로젝트를 채택해야 하는가?

중급
(Questions 9~21)

09. 현금흐름 직관 어떤 프로젝트는 초기비용은 I이고, 요구수익률은 r이며, 매년 C의 현금흐름을 N년간 지불한다.
a. 프로젝트의 수명과 동일한 회수기간을 갖도록 I와 N을 이용하여 C를 찾으라.
b. NPV 규칙에 따라 수익성이 있는 프로젝트가 되도록 I, N, r을 이용하여 C를 찾으라.
c. 프로젝트의 이익−비용 비율이 2가 되도록 I, N, r을 이용하여 C를 찾으라.

10. IRR 관련 문제점 당신은 오늘 $8,700을 지급받고 이후 계속해서 현금유출이 발생하는 다음과 같은 제안을 받았다고 가정하자.

연도	현금흐름($)
0	$ 8,700
1	−3,900
2	−2,900
3	−2,300
4	−1,800

a. 이 제안의 IRR은 얼마인가?

b. 적정할인율이 10%라고 한다면, 당신은 이 제안을 받아들여야 하는가?

c. 적정할인율이 20%라고 한다면, 당신은 이 제안을 받아들여야 하는가?

d. 적정할인율이 10%일 때 또는 20%일 때 이 제안의 NPV는 얼마인가?

e. (d)에서 NPV에 의한 의사결정이 IRR에 의한 의사결정과 일치하는가?

11. NPV 대 IRR Bahamas Recreation Corporation (BRC)은 두 개의 상호배타적인 프로젝트에 대한 다음 현금흐름을 고려하고 있다. 두 프로젝트 모두 요구수익률이 14%이다.

연도	바다 낚시	신형 잠수함 타기
0	−$725,000	−$1,450,000
1	270,000	820,000
2	420,000	650,000
3	380,000	540,000

BRC의 재무분석가로서 다음과 같은 질문을 받는다.

a. IRR이 더 큰 프로젝트를 채택하는 것이 의사결정의 규칙이라면, 어떤 프로젝트를 선택해야 하는가?

b. IRR법이 가지고 있는 규모의 문제를 잘 알고 있으므로 현금흐름에 대한 증분 IRR을 계산한다. 계산에 따라 어떤 프로젝트를 선택해야 하는가?

c. 신중하게 두 프로젝트의 NPV를 계산한다. 어떤 프로젝트를 선택해야 하는가? 증분 IRR 규칙과 일치하는가?

12. 수익성 지수와 관련된 문제점 Cori's Sausage Corporation은 다음과 같은 두 상호배타적인 디자인 프로젝트에 대해 고려하고 있다.

연도	현금흐름 (프로젝트 I)	현금흐름 (프로젝트 II)
0	−$45,000	−$19,800
1	23,200	11,700
2	23,200	11,700
3	23,200	11,700

a. 만약 요구수익률이 10%이고 수익성 지수를 사용하는 경우, 이 회사는 어떤 프로젝트를 채택해야 하는가?

b. 회사가 NPV법을 사용하는 경우에는 어떤 프로젝트를 선택해야 하는가?

c. (a)와 (b)에서 답이 달라지는 이유에 대해 설명하라.

13. IRR 관련 문제점 Howell Petroleum, Inc.는 다음과 같은 현금흐름이 예상되는 발전 프로젝트를 평가하려고 한다.

연도	현금흐름
0	−$65,000,000
1	92,000,000
2	−11,000,000

a. 회사가 투자에 대하여 10%의 수익을 요구한다면 이 프로젝트를 채택해야 하는가? 이유를 설명하라.

b. 이 프로젝트의 IRR을 계산하라. IRR은 몇 개인가? IRR 규칙을 적용하는 경우 프로젝트를 채택해야 하는가, 기각해야 하는가? 어떻게 된 것인가?

14. 투자안 평가방법 비교 게임기 생산업체인 Wil Brothers는 어드벤처 게임에 대한 새로운 아이디어를 가지고 있다. 이 게임은 전통적인 보드게임이나 쌍방향의 DVD 형태로 출시될 수 있지만 동시에 두 가지 형태로 제품화할 수는 없다. 따라서 상호배타적인 투자안에 대한 다음의 현금흐름을 고려하라. Wie Brothers의 할인율은 10%라고 가정하자.

연도	보드게임	DVD
0	−$850	−$1,700
1	670	1,300
2	510	750
3	90	350

a. 회수기간법에 의하면 어떤 프로젝트를 채택해야 하는가?

b. NPV법에 의하면 어떤 프로젝트를 채택해야 하는가?

c. IRR법에 의하면 어떤 프로젝트를 채택해야 하는가?

d. 증분 IRR법에 의하면 어떤 프로젝트를 채택해야 하는가?

15. 수익성 지수 대 NPV 가전 기업인 Hanmi Group은 무선 기술의 연간 예산을 검토하고 있다. 무선 통신 장치를 개발하기 위해 세 가지 기술에 대한 투자를 고려하고 있다. 회사가 이용할 수 있는 세 가지 독립적인 프로젝트의 현금흐름은 다음과 같다. 모든 프로젝트의 할인율이 10%라고 가정한다. 또한 이 회사는 올해 새로운 프로젝트에 투자 할 자금이 $43백만에 불과하다.

	현금흐름($백만)		
연도	CDMA	G4	Wi-Fi
0	−$18	−$25	−$43
1	23	21	39
2	16	51	66
3	6	41	42

a. 수익성 지수 규칙을 기준으로 투자의 순위를 정하라.

b. NPV 규칙을 기준으로 투자의 순위를 정하라.

c. (a)와 (b)에서 찾은 결과를 바탕으로 회사의 CEO에게 무엇을 추천하겠는가? 그 이유는 무엇인가?

16. **투자안 평가방법 비교** AZ-Motorcars의 다음과 같은 두 개의 상호배타적인 현금흐름을 고려하라. AZ-Motorcars의 할인율은 10%라고 가정한다.

연도	AZM Mini-SUV	AZF Full-SUV
0	−$575,000	−$980,000
1	373,000	395,000
2	219,000	477,000
3	185,000	339,000

a. 회수기간법에 의하면 어떤 프로젝트를 채택해야 하는가?
b. NPV법에 의하면 어떤 프로젝트를 채택해야 하는가?
c. IRR법에 의하면 어떤 프로젝트를 채택해야 하는가?
d. 앞의 분석을 근거로 증분 IRR 분석이 필요한가? 만약 그렇다면 그 분석방법을 수행하라.

17. **투자안 평가방법 비교** Amaro Canned Fruits, Inc.의 재무담당자는 프로젝트 A, B, C의 현금흐름을 다음과 같이 예상했다.

연도	프로젝트 A	프로젝트 B	프로젝트 C
0	−$225,000	−$450,000	−$225,000
1	165,000	300,000	180,000
2	165,000	300,000	135,000

적절한 할인율이 연 12%라고 가정한다.

a. 세 가지 프로젝트 각각에 대한 수익성 지수를 계산하라.
b. 세 가지 프로젝트 각각에 대한 NPV를 계산하라.
c. 세 가지 프로젝트가 독립적이라고 가정하자. Amaro는 수익성 지수 규칙에 따라 어떤 프로젝트를 채택해야 하는가?
d. 세 가지 프로젝트가 상호배타적이라고 가정하자. Amaro는 수익성 지수 규칙에 따라 어떤 프로젝트를 채택해야 하는가?
e. 이 프로젝트에 대한 Amaro의 예산이 $450,000라고 가정하자. 프로젝트는 나눌 수 없다. Amaro는 어떤 프로젝트를 채택해야 하는가?

18. **투자안 평가방법 비교** Tokyo Rubber Company는 다음과 같은 두 개의 상호배타적인 프로젝트의 현금흐름을 고려하고 있다. 이 회사의 할인율은 8%이다.

연도	건조 프리프레그	용해 프리프레그
0	−$1,500,000	−$650,000
1	900,000	345,000
2	700,000	570,000
3	725,000	360,000

a. 회수기간법에 의할 경우 어떤 프로젝트를 채택해야 하는가?

b. NPV에 의할 경우 어떤 프로젝트를 채택해야 하는가?

c. IRR에 의할 경우 어떤 프로젝트를 채택해야 하는가?

d. 위의 분석을 근거로 증분 IRR 분석이 필요한가? 만약 그렇다면 그 분석방법을 수행하라.

19. 투자안 평가방법 비교 Nagano Golf는 두 개의 상호배타적인 신제품 출시 프로젝트를 고려하고 있다. 두 제품의 할인율이 15%라고 가정한다.

프로젝트 A: Nagano NP-30.
0년도에 $735,000의 초기투자가 필요한 전문클럽
향후 5년간(1~5년) 매출은 연 $239,000의 일정한 현금흐름을 창출
6년도에 신제품이 출시되면 이 프로젝트의 현금흐름은 종료됨

프로젝트 B: Nagano NX-20.
0년도에 $460,000의 초기투자가 필요한 고급 아마추어 클럽
1년도 현금흐름은 $130,000이고, 이후 매년 현금흐름은 10%씩 증가함
6년도에 신제품이 출시되면 이 프로젝트의 현금흐름은 종료됨

연도	NP-30	NX-20
0	−$735,000	−$460,000
1	239,000	130,000
2	239,000	143,000
3	239,000	157,300
4	239,000	173,030
5	239,000	190,333

다음 표의 빈칸을 채워라.

	NP-30	NX-20	결과
회수기간법			
내부수익률법			
수익성 지수법			
순현재가치법			

20. MIRR Solo Corp.은 다음과 같은 현금흐름을 창출하는 프로젝트를 고려하고 있다.

연도	현금흐름
0	−$47,000
1	− 16,900
2	20,300
3	25,800
4	19,600
5	− 9,500

이 회사는 모든 프로젝트에 10%의 할인율을 적용한다. 세 가지 방법을 모두 사용하여 프로젝트의 MIRR을 계산하라.

21. MIRR 앞 문제의 회사가 모든 프로젝트에 11%의 할인율과 8%의 재투자율을 적용한다고 가정하자. 세 가지 방법 모두에 대해 이 비율을 사용하여 프로젝트의 MIRR을 계산하라.

고급
(Questions 22~30)

22. NPV 및 복수의 IRR 오늘 투자비용이 $75,000 발생하는 프로젝트를 평가하고 있다. 이 프로젝트는 1년에 $155,000의 현금유입과 2년에 $65,000의 현금유출이 있다. 이 프로젝트의 IRR은 무엇인가? 이 프로젝트의 최대 NPV를 산출하는 할인율은 몇 %인가? 이것이 최대 NPV인지 어떻게 알 수 있는가?

23. 회수기간과 NPV 고려 중인 투자안은 투자 회수기간이 6년이고 초기투자비용이 $573,000이다. 요구수익률이 11%라고 가정한다. 최악의 경우 NPV는 얼마인가? 최고의 경우 NPV는 얼마인가? 설명하라. 현금흐름이 전통적(일반적)이라고 가정한다.

24. 복수의 IRR 이는 재무용 계산기와 컴퓨터의 엑셀(스프레드시트) 프로그램을 다룰 수 있는 능력을 시험하는 데 유용한 문제이다. 다음과 같은 현금흐름을 고려하자. 몇 개의 IRR을 구할 수 있는가? (힌트: 20~70% 사이를 찾아라.) 이 프로젝트는 언제 채택해야 하는가?

연도	현금흐름
0	−$ 6,058
1	34,344
2	− 72,840
3	68,400
4	− 24,000

25. NPV 가치평가 Yurdone Corporation은 개인 장묘 사업을 시작하려고 한다. CFO인 Barry M. Deep에 의하면, 사업은 나아지고 있다고 한다. 그 결과, 장묘 프로젝트는 첫해 동안 $415,000의 순현금유입을 제공할 것이며, 현금흐름은 매년 3.8%의 비율로 영원히 성장할 것으로 예상된다. 이 프로젝트에는 $4,700,000의 초기투자가 필요하다.

a. 회사가 사업에 대해 11%의 수익을 요구한다면, 장묘 사업을 시작해야 하는가?

b. 회사는 현금흐름에 대한 3.8%의 성장률 가정을 확신하지 못한다. 여전히 11%의 투자 수익이 요구되는 경우 회사는 어느 정도의 성장률을 유지해야 손익분기점인가?

26. IRR 계산 Utah Mining Corporation은 Utah Provo 근처의 금광발굴을 시작하려고 한다. 재무담당자인 Monty Goldstein에 따르면 이것은 절호의 찬스이다. 광산개발을 시작하기 위해서는 $3,400,000의 비용이 들고 이 광산의 경제적 내용연수는 11년이다. 이 광산은 1년도 말에 $575,000의 현금유입을 창출하고 이 현금흐름은 향후 10년간 연 8%의 성장세를 보일 것으로 예측된다. 11년 후에 이 광산은 폐광된다. 폐광비용은 $450,000으로 11년도 말에 발생한다.

a. 금광투자안에 대한 IRR은?

b. Utah Mining Corporation은 위 사업에 대해 13%의 수익률을 요구한다면 광산개발을 해야 하는가?

27. NPV와 IRR Butler International Limited는 Erewhon에서 어떤 프로젝트를 평가하고 있다. 이 프로젝트는 다음과 같은 현금 흐름을 창출한다.

연도	현금흐름
0	−$945,000
1	295,000
2	325,000
3	413,000
4	240,000

모든 현금 흐름은 Erewhon에서 발생하며 달러로 표시된다. Erewhonian 정부는 경제를 개선하기 위해 외국 회사가 창출 한 모든 현금흐름은 차단되어 1년 동안 재투자해야 한다고 선언했다. 이 펀드의 재투자 이자율은 4%이다. Butler가 이 프로젝트에서 11%의 요구수익률을 사용하는 경우 프로젝트의 NPV와 IRR은 얼마인가? 계산한 IRR이 프로젝트의 MIRR을 계산한 것인가? 왜 그러한가? 또는 왜 그렇지 아니한가?

28. IRR 계산 두 가지 현금흐름 A와 B가 있다. A의 첫 번째 현금흐름은 $11,600이고 오늘부터 3년 후에 받는다. A 현금흐름은 영구적으로 4%씩 증가한다. B의 첫 번째 현금흐름은 −$13,000이고 오늘로부터 2년 후에 발생하며 영구적으로 지속된다. 적절한 할인율은 12%라고 가정한다.

a. 각 현금흐름의 현재가치는 얼마인가?

b. 두 개의 현금흐름이 C라는 하나의 프로젝트로 결합되었다고 가정하자. 프로젝트 C의 IRR은 얼마인가?

c. 프로젝트 C에 대한 올바른 IRR 규칙은 무엇인가?

29. 증분현금흐름 계산 MakeMoney.com의 CFO인 Darin Clay는 다음 두 프로젝트 중에서 결정해야 한다.

연도	프로젝트 백만	프로젝트 십억
0	−$1,200	$-\$I_0$
1	$I_0 + 160$	$I_0 + 400$
2	960	1,200
3	1,200	1,600

두 프로젝트 중 하나에 대한 기대수익률은 12%이다. 프로젝트 십억이 프로젝트 백만보다 재무적으로 더 매력적인 투자안이 되기 위한 초기투자 범위(I_0)는 얼마인가?

30. IRR 관련 문제점 McKeekin Corp.은 다음과 같은 현금흐름을 창출하는 프로젝트를 고려하고 있다.

연도	현금흐름
0	$20,000
1	−26,000
2	13,000

이 프로젝트 IRR은 얼마인가? 무엇이 문제인가?

Mini Case

BULLOCK GOLD MINING

Bullock Gold Mining의 소유주인 Seth Bullock은 South Dakota의 신규 금광에 대한 평가작업을 하고 있다. 이 회사의 지질학자인 Dan Dority은 이 금광에 대한 분석을 마쳤다. 그는 이 광산에서 금이 완전히 채굴될 때까지 8년 동안 채굴이 가능할 것으로 추산하였다. Dan은 그가 추정한 금 매장량을 이 회사의 재무담당자인 Alma Garrett에게 알려주었다. Seth는 Alma에게 신규 금광에 대해 분석을 수행하여 이 금광의 개발 여부에 대한 그녀의 조언을 요청하였다.

Alma는 Dan의 추산치들을 가지고 광산으로부터 기대되는 수익에 대하여 추정하였다. 그녀는 또한 금광을 개발하는 데 드는 비용과 연간 운영비용에 대해서도 추정하였다. 만약 이 회사가 금광을 개발한다면, 오늘 당장 $950백만의 비용이 들고, 금광을 폐쇄하고 주변을 복구하기 위해서 오늘로부터 9년 뒤에 $75백만의 비용이 들 것으로 추정했다. 이 광산으로부터 기대되는 현금흐름이 다음의 표에 나타나 있다. Bullock Mining은 모든 금광에 대해 12%의 요구수익률을 적용하고 있다.

연도	현금흐름
0	−$950,000,000
1	190,000,000
2	215,000,000
3	225,000,000
4	285,000,000
5	275,000,000
6	235,000,000
7	205,000,000
8	165,000,000
9	− 75,000,000

01. 이 금광에 투자가 갖는 회수기간, 내부수익률, 수정내부수익률, 순현재가치를 계산하기 위한 스프레드시트를 작성하라.

02. 당신의 분석에 의하면, 이 기업은 이 금광을 개발해야 하는가?

03. 추가 문제: 대부분의 스프레드시트는 회수기간법을 계산하기 위한 내장함수가 존재하지 않는다. 프로젝트에 대한 회수기간법을 계산하는 VBA 스크립트를 적어보아라.

6

자본투자 의사결정

Making Capital Investment Decisions

녹색으로 상징되는 친환경 전략안에 녹색의 직진 신호가 있는가? GE (General Electric)는 그렇다고 생각한다. "Ecomagination(친환경적 상상력)" 프로그램을 통해 GE는 녹색 제품의 연구개발비를 2배로 늘릴 계획이다. 2016년까지 GE는 Ecomagination program에 $20십억을 투자했고, 현재 회사의 R&D 예산 절반을 녹색 프로젝트에 사용하고 있다. 예를 들어, GE의 Evolution® Series Locomotive는 개발에 $600백만 이상이 필요했지만, 1갤런(약 4리터)의 연료로 1톤의 화물을 480마일(768 km) 이상 철도로 운송할 수 있게 되었다. GE의 녹색 계획(green initiative)이 성과를 거두고 있는 것 같다. 녹색 제품의 판매액은 2005년 처음 시작한 이래로 총 $270십억을 넘어섰고 2016년에만 $36십억이다. 지금까지 Ecomagination 제품의 매출은 나머지 회사의 매출액 성장률의 2배로 성장하여 왔다. 2011년에는 2020년까지 온실가스 배출량과 물 소비량을 20% 더 줄이겠다는 목표를 발표하면서 녹색에 대한 내부의 노력이 증가했다. 2016년까지 온실가스 배출량은 18% 감소하였고, 물 소비량은 29% 감소하였다.

앞 장에서 배운 바와 같이, 녹색기술의 개발 및 마케팅에 대한 GE의 의사결정은 자본예산 결정이다. 이 장에서는 초기투자, 순운전자본, 운영현금흐름을 포함하여 프로젝트와 관련된 현금흐름을 알아본다. 또한 감가상각과 세금의 영향을 살펴본다. 마지막으로 인플레이션의 영향을 검토하고 인플레이션이 있을 때 프로젝트를 평가하는 방법을 보일 것이다.

앞 장에서는 순현재가치, 내부수익률, 투자회수기간과 같은 자본예산 접근법의 기본 원칙에 대해 논의했다. 우리는 이 세 가지 접근법이 모두 현금흐름을 사용하고 있음을 강조하였다. 그러나 현실세계에서 현금흐름이 어떻게 추정되는지는 밝히지 않았다. 이것이 6장에서 다룰 과제이다. 우리는 증분적 현금흐름을 추정해야 한다는 생각에서부터 시작한다.

기업재무의 최신 동향: rwjcorporatefinance.blogspot.com

6.1 증분현금흐름: 자본예산의 핵심

현금흐름–회계적 이익이 아님

재무와 회계가 비슷하다고 생각하겠지만, 재무와 회계학 수업은 큰 차이가 있다. 기업재무 기법에서는 일반적으로 현금흐름을 사용하는 반면에, 회계에서는 이익 혹은 순이익을 강조한다. 물론 이 교재도 순현재가치 기법에서 이익이 아닌 현금흐름을 할인하기 때문에 재무의 전통을 그대로 따라간다. 단일 프로젝트를 고려할 때 우리는 회사가 프로젝트에서 얻게 되는 현금흐름을 할인한다. 기업 전체의 가치를 평가할 때에는, 배당이 투자자가 받는 현금흐름이기 때문에 우리는 이익이 아닌 배당을 할인한다.

예제 6.1

관련된 현금흐름 Weber-Decker는 새로운 자본예산 프로젝트의 하나로 빌딩 건설을 위해 $1백만을 지불했다. $1백만은 즉시 현금으로 유출된다. 그러나 20년의 정액 감가상각법으로 상각한다면, 당해 연도 회계 비용은 단지 $50,000(= $1백만/20)에 불과하다. 따라서 당해 연도 이익은 단지 $50,000 감소된다. 나머지 $950,000은 향후 19년간에 걸쳐 비용으로 처리된다. 자본예산 목적에서 0년도의 관련된 현금흐름은 $1백만이며, 이익에서 차감되는 $50,000은 관련 현금흐름이 아니다.

자본예산 계산을 수행할 때 이익이 아니라 항상 현금흐름을 할인해야 한다. 이익은 실제 현금을 표현하는 것이 아니다. 당신은 이익을 소비할 수도 없고, 이익으로 먹을 수도 없으며, 이익으로 배당금을 지급할 수도 없다. 이 모든 것을 할 수 있는 것은 오직 현금흐름이다.

프로젝트의 NPV를 계산하는 데 있어 프로젝트와 관련된 증분(incremental)현금흐름만을 이용하여야 한다. 이 현금흐름은 프로젝트를 채택한 결과로 인해 직접적으로 발생하는 기업의 현금흐름 변화분이다. 즉, 우리는 프로젝트를 수행하는 경우의 기업 현금흐름과 수행하지 않는 경우의 기업 현금흐름의 차이에 관심이 있다.

증분현금흐름을 사용하는 것이 쉬워 보이지만, 현실에서는 한계점을 지니고 있다. 아래에서 증분현금흐름을 결정하는 데 나타나는 문제점을 피할 수 있는 방법에 대해 설명한다.

매몰비용

매몰비용(sunk cost)은 이미 발생한 비용이다. 매몰비용은 과거의 것이기 때문에, 프로젝트의 채택과 기각 결정에 의해 바뀔 수 없다. "지나간 것은 지나간 것"이라고 말하는 것처럼 그런 비용은 무시해야만 한다. 매몰비용은 증분현금유출이 아니다.

예제 6.2

매몰비용 General Milk Company (GMC)는 초코우유 생산라인을 개설하는 프로젝트의 NPV를 평가하고 있다. 평가의 일부분으로 회사는 시장조사를 위해서 컨설팅 회사에 작년에 $100,000을 지불했다. 이 비용은 GMC 경영진이 직면하고 있는 자본예산 결정을 위한 관련 비용인가?

정답은 '아니다'이다. $100,000은 회복할 수 있는 비용이 아니라 매몰비용 혹은 이미 엎지른 우유이다. 다시 말해서, "초코우유 프로젝트를 가진 기업의 현금흐름과 초코우유 프로젝트를 가지지 않은 기업의 현금흐름 사이에 차이는 무엇인가?"를 질문해 보아야 한다. 이미 $100,000은 지출되었고 프로젝트의 채택은 이 현금흐름에 영향을 주지 않는다. 따라서 현금흐름은 자본예산 목적에서 무시되어야 한다.

물론 시장분석을 위해 $100,000을 사용한 결정은 자본예산 결정 그 자체였고 매몰되기 이전에는 완전히 관련된 비용이었다. 핵심은 일단 회사가 발생시킨 비용은 미래의 결정을 위해서는 관련이 없다는 것이다.

기회비용

당신의 회사는 매각하거나 리스하거나 또는 사업상 다른 곳에 사용될 수 있는 자산을 가지고 있을 수 있다. 만약 이 자산이 새로운 프로젝트에 사용된다면, 대체용도로 얻을 수 있는 잠재적인 수익을 잃게 된다. 이렇게 잃어버린 수익은 의미있는 비용으로 간주될 수 있다. 프로젝트를 택함으로써 기업은 자산을 사용할 다른 기회를 잃어버리기 때문에, 이를 **기회비용**(opportunity costs)이라고 한다.

예제 6.3

기회비용 Stiles Trading Company는 새로 생산하는 제품인 전자 핀볼기계를 보관할 수 있는 비어 있는 창고를 필라델피아에 가지고 있다. 회사는 이 기계를 부유한 북동부 소비자들에게 팔려고 한다. 비어 있던 이 창고는 기계를 파는 의사결정에서 비용으로 간주되어야 하는가?

정답은 '그렇다'이다. 이 회사가 핀볼기계를 시장에 내놓지 않는다면 회사는 창고를 매각할 수 있다. 따라서 창고의 판매가격은 핀볼기계 의사결정에서 기회비용이다.

부수적 효과

증분현금흐름을 결정하는 데 있어서 또 다른 어려움은 제안된 프로젝트로 인해 기업의 다른 부분에 미치는 부수적 효과(side effect)에서 온다. 부수적 효과는 **잠식**(erosion)이나 **시너지**(synergy)로 분류된다. 잠식은 새로운 상품이 기존 제품의 매출이나 현금흐름을 감소시킬 때 발생한다. 예를 들어, Paris Disneyland를 건설할 때 Walt Disney Company의 우려 중 하나는 유럽인들에게 인기 있는 휴가지인 Florida park에서 새로운 공원으로 방문객을 빼앗길 것이라는 것이었다. 시너지는 신제품이 기존 프로젝트의 현금흐름을 증가시킬 때 나타난다. 쉐이빙 서플라이 회사는 새로운 면도기에서 돈을 잃는 것처럼 보일 수 있지만, 새로운 면도기 날의 판매 증가가 면도기 판매의 증가로 이어질 수 있다.

예제 6.4

잠식 Innovative Motors Corporation (IMC)이 새로운 컨버터블 스포츠카의 NPV를 결정한다고 하자. 이 차를 구입할 소비자 중 일부는 IMC의 소형 승용차 소유자들이다. 새로운 컨버터블 스포츠카의 매출과 이익 모두 증분이라고 할 수 있나?

정답은 '아니다'이다. 왜냐하면 현금흐름의 일부는 다른 IMC 생산라인으로부터 이전해 온 것이기 때문이다. 이것이 잠식이며 이는 NPV 계산에 포함되어야만 한다. 잠식을 고려하지 않으면, IMC는 스포츠카의 NPV를 예를 들어 $100백만으로 잘못 계산할 수 있다. 만약 고객의 절반이 승용차로부터 옮겨온 것이고 승용차 매출감소의 NPV가 −$150백만이라면, 진정한 NPV는 −$50백만(= $100백만 − $150백만)이다.

시너지 IMC는 또한 레이싱 팀 결성을 고려하고 있다. 팀은 가까운 미래에 손실을 볼 것으로 예상되는데, 최상의 경우라도 운영에 −$35백만의 NPV가 될 것이다. 그러나 IMC의 경영자는 이 팀이 모든 IMC 제품에 대해 훌륭한 홍보효과를 창출할 것이라고 확신한다. 컨설턴트는 기업 내 다른 부서의 현금흐름 증가로 현재가치 $65백만을 추정한다. 컨설턴트의 시너지 예상이 믿을 만하다면, 팀의 순현재가치는 $30백만(= $65백만 − $35백만)이 된다. 따라서 경영자는 레이싱 팀을 만들어야만 한다.

할당된 비용

특정 지출이 흔히 여러 프로젝트에 도움이 되는 경우가 있다. 회계담당자는 이익을 결정할 때 이런 비용을 여러 프로젝트에 할당한다. 하지만 자본예산 목적에서 어떤 프로젝트의 증분비용인 경우에 한하여 **할당된 비용**(allocated cost)을 현금유출로 고려해야 한다.

예제 6.5

할당된 비용 Voetmann Consulting Corp.은 사무실의 일부를 유지하는 데 매년 $100,000의 현금유출이 필요한 도서관으로 사용한다. 어떤 제안된 자본예산 프로젝트는 전체 기업매출의 5%의 수익을 창출할 것으로 예상된다. 이 회사 경영자인 David Pedersen은 $5,000(= 5% × $100,000)를 이 제안된 프로젝트의 도서관 비용의 몫으로 처리해야 한다고 주장한다. 자본예산을 위해서 이런 방식은 적합한가?

정답은 '아니다'이다. 기업 전체 입장에서 프로젝트를 하는 경우와 하지 않는 경우의 현금흐름의 차이가 무엇인지 생각해야만 한다. 기업은 제안된 프로젝트의 수행여부와 관계없이 도서관을 유지하기 위해 $100,000을 지출할 것이다. 제안된 프로젝트의 채택이 현금흐름에 영향을 미치지 않기 때문에, 이 현금흐름은 프로젝트의 NPV 계산에서 무시되어야 한다. 예를 들어, 사업안이 할당된 비용이 없으면 양의 NPV를 가지지만 할당된 비용 때문에 기각될 수 있다. 기각되는 경우, 기업은 얻을 수 있었던 잠재적인 가치를 상실하게 된다.

6.2 Baldwin Company: 예제

다음으로 우리는 기계 및 관련 제품에 대하여 제안된 투자안의 예제를 고려하고자 한다. 이번 예제는 Baldwin Company와 컬러 볼링공과 관련되어 있다.

Baldwin Company는 원래 풋볼용 공을 만들기 위해 16년 전에 설립되었고 지금은 테니스공, 야구공, 풋볼공, 골프공의 선두 제조업체이다. 이 회사는 9년 전에 첫 번째 고성능 골프공인 'High Flite'를 출시했다. Baldwin 경영진은 잠재적으로 현금흐름을 창출할 수 있는 사업기회라면 무엇이든 늘 찾고 있었다. 최근에 Baldwin Company의 부사장인 W. C. Meadows는 전망은 밝지만 대형 제조사가 생산하기에는 부적합하다고 판단되는 또 다른 스포츠 공 시장을 찾아냈다. 그 시장은 밝은 컬러 볼링공이었고, 그는 많은 볼링 애호가들이 공의 성능보다는 외관과 스타일에 가치를 부여한다고 판단했다. 그는 또한 Baldwin의 비용우위와 잘 발달된 마케팅 기술 때문에 다른 경쟁사들이 이 기회를 활용하기는 어려울 것으로 믿었다.

그 결과 Baldwin Company는 밝은 컬러 볼링공의 시장 잠재성에 관한 조사에 착수했다. Baldwin은 3개 시장(Philadelphia, LA, New Haven)의 소비자들에게 설문지를 보냈다. 설문결과는 기대 이상이었고 밝은 컬러 볼링공 시장에서 10~15%의 시장점유율을 달성할 수 있다는 결론을 얻었다. 물론 Baldwin의 일부 사람들은 $250,000에 이르는 시장조사 비용에 대해 불만을 제기했다(나중에 보겠지만 이것은 매몰비용이며 프로젝트 평가에 포함되어서는 안 된다).

어찌되었건 이제 Baldwin Company는 볼링공을 생산하기 위한 기계에 투자하는 것을 고려하고 있다. 볼링공은 기업이 보유하고 있는 LA 근처에 위치한 창고시설에서 생산될 것이다. 이 창고시설은 현재 비어 있으며 토지는 세후 $150,000에 매각될 수 있다.

참모진들과 함께 Meadows는 제안된 신제품의 분석을 준비하고 있다. 이 프로젝트에 대하여 그는 다음과 같은 가정을 하고 있다. 볼링공 기계의 비용은 $100,000이며 5년 동안 사용할 수 있다. 이 기계의 5년 후 시장가치는 $30,000로 추정된다. 기계의 내용연수인 5년 동안 생산량은 각각 5,000개, 8,000개, 12,000개, 10,000개 그리고 6,000개로 예상된다. 첫해 볼링공의 가격은 $20이 될 것이다. 볼링공 시장은 매우 경쟁이 치열하기 때문에, Meadows는 볼링공 가격이 일반 물가상승률 예상치인 5%에 비교할 때 단지 매년 2%만 상승할 것으로 생각한다. 반대로 볼링공 생산에 사용되는 플라스틱 가격은 매우 빠른 속도로 상승하고 있다. 이 때문에 생산 관련 현금유출은 매년 10% 증가할 것으로 추정된다. 첫해 생산비용은 개당 $10이 될 것이다. Meadows는 Baldwin의 과세 이익에 근거하여 볼링공 프로젝트의 적절한 증분 법인세율을 21%로 결정하였다.

순운전자본(net working capital)은 유동자산에서 유동부채를 차감한 것으로 정의한다. 다른 제조기업과 마찬가지로, Baldwin은 순운전자본에 대한 투자를 유지해야 한다는 것을 안다. 생산과 판매 이전에 원재료를 구입할 것이며 이는 재고에 대한 투자 증가를 가져온다. 또 예상하지 못한 지출에 대비한 현금을 유지하여야 하며, 외상판매는 나중에 상환이 이루어질 때까지 현금을 창출하지 못할 것이다. 경영진은 순운전자본으로 최초 (연도 0) 투자에서 $10,000이 필요하다고 결정했다. 매년 말 순운전자본은 그해 매출액의 10%가 될 것이다. 프로젝트의 마지막 연도에 순운전자본은 프로젝트가 끝나면서 0으로 감소할 것이다. 다시 말해서 운전자본에 대한 투자는 프로젝트의 수명이 끝나면서 완전히 회수된다.

이 같은 가정과 Meadows의 분석을 기초로 한 예상이 〈표 6.1〉에서 〈표 6.4〉까지 나타나 있다. 이들 표에서 모든 현금흐름은 **연말**에 발생한다고 가정한다. 표에는 많은 정보가 있기 때문에, 표들이 서로 어떻게 연관되어 있는지를 보는 것이 중요하다. 〈표 6.1〉은 투자와 이익을 위한 기초적인 자료를 보여준다. 〈표 6.2〉와 〈표 6.3〉에 제시된 운영 및 감가상각에 관한 보충적인 스케줄은 〈표 6.1〉의 수치들이 어떻게 산출되었는지를 설명해준다. 우리의 목적은 현금흐름의 추정치를 얻는 것이다. 〈표 6.1〉의 자료는 〈표 6.4〉에 보이는 바와 같이 관련 현금흐름을 산출하기 위해 필요한 모든 정보를 담고 있다. 각 분석 사항에 대한 세부적인 논의는 다음 절에서 하기로 한다.

프로젝트 분석

대부분의 프로젝트에서 현금흐름은 일반적인 패턴을 보여준다. 첫째, 기업은 프로젝트 초반에 투자를 하여 현금유출이 일어난다. 둘째, 제품판매는 프로젝트 생존기간 동안 현금유입을 만든다. 셋째, 기계설비는 프로젝트 종료 시에 매각되어 현금유입을 창출한다. 이제 3단계를 통해 Baldwin의 현금흐름을 논의하자.

투자 프로젝트를 위한 투자지출은 〈표 6.1〉 상단에 정리되어 있으며 세 부분으로 구성된다.

1. 볼링공 기계: 기계 매입은 즉시 (연도 0) $100,000의 현금유출을 발생시킨다. 회사는 연

표 6.1 Baldwin의 현금흐름을 위한 워크시트(단위: $1,000) (모든 현금흐름은 연말에 발생)

	연도 0	연도 1	연도 2	연도 3	연도 4	연도 5
투자 :						
(1) 볼링공 기계	−$100.00					$ 24.91*
(2) 누적 감가상각비		$ 20.00	$ 52.00	$ 71.20	$ 82.72	94.24
(3) 감가상각 후 기계의 조정가치(연말)		80.00	48.00	28.80	17.28	5.76
(4) 기회비용(창고)	−150.00					150.00
(5) 순운전자본(연말)	10.00	10.00	16.32	24.97	21.22	
(6) 순운전자본의 변동	−10.00		−6.32	−8.65	3.75	21.22
(7) 투자관련 총 현금흐름[(1) + (4) + (6)]	−260.00		−6.32	−8.65	3.75	192.98
이익 :						
(8) 매출수익		$100.00	$163.20	$249.70	$212.24	$129.89
(9) 영업비용		−50.00	−88.00	−145.20	−133.10	−87.85
(10) 감가상각비		−20.00	−32.00	−19.20	−11.52	−11.52
(11) 세전이익 [(8) + (9) + (10)]		$ 30.00	$ 43.20	$ 85.30	$ 67.62	$ 30.53
(12) 21% 세금		−6.30	−9.07	−17.91	−14.20	−6.41
(13) 순이익		$ 23.70	$ 34.13	$ 67.38	$ 53.42	$ 24.12

*연도 5에 볼링공 기계의 판매가격은 $30(단위 1,000)으로 가정한다. 그때까지 기계는 $5.76의 가치로 감가상각된다. 따라서 기계 매각으로 인한 과세대상 이익은 $24.24(= $30 − $5.76)이고, 세후 잔존가치는 $30 − [0.21 × ($30 − $5.76)] = $24.91이다.

표 6.2 Baldwin의 영업수익과 비용

(1) 연도	(2) 매출량	(3) 가격	(4) 매출수익	(5) 단위당 원가	(6) 영업비용
1	5,000	$20.00	$100,000	$10.00	$ 50,000
2	8,000	20.40	163,200	11.00	88,000
3	12,000	20.81	249,696	12.10	145,200
4	10,000	21.22	212,242	13.31	133,100
5	6,000	21.65	129,892	14.64	87,846

가격은 매년 2%씩 상승한다. 단위당 원가는 매년 10%씩 상승한다. 가격과 원가는 (3과 5) 소수점 2자리에서 반올림했으며, 매출수익과 영업비용은 (4와 6) 정확하게 계산했다.

도 5에 기계가 매각될 때 현금유입을 실현한다. 이러한 기계의 현금흐름은 〈표 6.1〉의 1행에 나타나 있다. 표의 주석에서 지적한 바와 같이 자산이 매각될 때는 세금이 발생된다.

2. 매각하지 않은 창고시설의 기회비용: Baldwin이 볼링공 프로젝트를 채택하기로 결정하는 경우에는 매각할 수 있는 창고시설과 토지를 사용할 것이다. 따라서 창고시설과 토지의 추정 매각대금은 4행에 제시된 바와 같이 연도 0에 기회비용으로 포함된다. 기회비용은 자본예산 목적에서 현금유출로 취급된다. 하지만 프로젝트가 채택되면 경영자는 이 창고를 연도 5에 세후 $150,000에 매각할 것이라고 가정하고 있다.

$250,000의 시장조사 비용은 포함되지 않는다. 조사비용은 과거에 발생했기 때문에 매몰비용으로 봐야 한다.

표 6.3
수정가속상각법(MACRS)의 감가상각비율

	내용연수 분류					
연도	3년	5년	7년	10년	15년	20년
1	0.3333	0.2000	0.1429	0.1000	0.0500	0.03750
2	0.4445	0.3200	0.2449	0.1800	0.0950	0.07219
3	0.1481	0.1920	0.1749	0.1440	0.0855	0.06677
4	0.0741	0.1152	0.1249	0.1152	0.0770	0.06177
5		0.1152	0.0893	0.0922	0.0693	0.05713
6		0.0576	0.0892	0.0737	0.0623	0.05285
7			0.0893	0.0655	0.0590	0.04888
8			0.0446	0.0655	0.0590	0.04522
9				0.0656	0.0591	0.04462
10				0.0655	0.0590	0.04461
11				0.0328	0.0591	0.04462
12					0.0590	0.04461
13					0.0591	0.04462
14					0.0590	0.04461
15					0.0591	0.04462
16					0.0295	0.04461
17						0.04462
18						0.04461
19						0.04462
20						0.04461
21						0.02231

감가상각은 자산 초기비용의 %로서 표시된다. 이 감가상각 스케줄은 미국 국세청(IRS)이 발간한 Publication 946인 *'자산의 감가상각 방법'*에 기초한다. 감가상각에 대한 보다 자세한 논의는 이번 장 뒤에서 제시된다. IRS는 자산이 연도 중간(midyear)에 매입된다고 가정하기 때문에 5년 감가상각은 실제로 6년에 걸쳐서 발생한다.

표 6.4 Baldwin의 증분현금흐름(단위: $1,000)

	연도 0	연도 1	연도 2	연도 3	연도 4	연도 5
(1) 매출수익[행 8, 〈표 6.1〉]		$100.00	$163.20	$249.70	$212.24	$129.89
(2) 영업비용[행 9, 〈표 6.1〉]		−50.00	−88.00	−145.20	−133.10	−87.85
(3) 세금[행 12, 〈표 6.1〉]		−6.30	−9.07	−17.91	−14.20	−6.41
(4) 영업활동으로부터 현금흐름 [(1) + (2) + (3)]		$ 43.70	$ 66.13	$ 6.58	$ 4.954	$ 35.64
(5) 투자의 총 현금흐름[행 7, 〈표 6.1〉]	−$260.00		−6.32	−8.65	3.75	196.13
(6) 프로젝트의 총 현금흐름[(4) + (5)]	−$260.00	$ 43.70	$ 59.81	$ 77.93	$ 68.69	$231.77

NPV @		
	4%	$155.81
	10%	$ 78.53
	15%	$ 28.97
	18.54%	$ 0.00
	20%	−$ 10.68

3. **운전자본에 대한 투자:** 필요한 운전자본은 5행에 나타나 있다. 프로젝트의 초기에 생산 확장이 일어나면서 운전자본이 발생한다. 하지만 일반적으로 자본예산에서 모든 운전자본은 프로젝트 종료 시에 회수되는 것으로 가정한다. 즉, 모든 재고자산은 프로젝트 마지막에 매각되고, 비상시 자금으로 보유하던 현금잔액은 청산되고, 모든 매출채권은 회수된다.

   사업 초기의 운전자본 증가는 기업의 다른 부문에서 창출된 현금으로 조달되어야 한다. 따라서 이러한 증가는 현금유출로 간주한다. 다시 말해, 어떤 해의 운전자본 증가는 해당 연도의 현금유출을 이끈다. 운전자본의 금액이 많더라도 연중 일정한 수준을 유지한다면 당해 연도에 현금유출은 발생하지 않는다. 반대로 후반부의 운전자본 감소는 현금유입으로 간주한다. 모든 운전자본의 변동과 관련된 현금흐름은 〈표 6.1〉의 6행에 나타나 있다. 운전자본에 대한 보다 자세한 논의는 이 절 후반부에 다시 다룬다.

다시 요약하면, 이 예제에는 3가지 투자가 있다: 볼링공 기계(〈표 6.1〉의 행 1), 창고시설의 기회비용(행 4), 그리고 운전자본의 변동(행 6)이다. 그리고 이 3가지 투자로부터 발생하는 총 현금흐름은 행 7에 나타나 있다.

이익과 세금 이익을 결정하는 내용은 〈표 6.1〉 하단에 나타나 있다. 우리가 궁극적으로 관심 있는 것은 이익이 아니라 현금흐름이긴 하지만 세금을 결정하기 위해서는 이익을 계산할 필요가 있다. 〈표 6.1〉의 8행과 9행은 매출수익과 영업비용을 각각 보여준다. 이 수치들의 추정은 〈표 6.2〉의 4열과 6열에서 계산된 매출수익과 영업비용을 근거로 한다. 수익과 비용의 추정치는 Baldwin의 계획 참모들이 세운 가정에 따라 계산된다. 즉, 추정치는 제품가격은 연 2%, 단위당 원가는 연 10% 상승한다는 것을 근거로 계산되었다.

자본투자액 $100,000에 대한 감가상각비는 〈표 6.1〉의 10행에서 볼 수 있다. 이 수치들은 어떻게 나온 것일까? 미국 기업의 세금 목적 감가상각비는 수정가속상각법(Modified Accelerated Cost Recovery System: MACRS)에 근거한다. 개별 자산은 MACRS에 따라 내용연수가 정해지고 〈표 6.3〉의 감가상각 스케줄이 주어진다. 국세청(IRS) 기준에 따르면 Baldwin은 자본투자를 5년간 상각하는데, 이 예제의 경우 〈표 6.3〉의 2열이 적용된다. 표에서 감가상각은 자산 매입비용의 %로서 표시되기 때문에, $100,000에 해당 열의 %를 곱하면 감가상각비를 금액단위로 구할 수 있다. 〈표 6.3〉의 각 열의 합계가 100%가 되는 것은 IRS가 자산의 가치가 0이 되도록 감가상각하는 것을 허용한다는 것을 의미한다.

세전이익은 〈표 6.1〉의 11행에서 계산되었다. 세금은 표의 12행에, 순이익은 13행에 계산되어 있다.

잔존가치 자산을 매각할 때, 자산의 매각가격과 장부가격의 차이에 대해 세금을 납부해야만 한다. 앞에서 언급했듯이, Baldwin은 볼링공 기계를 연도 5의 말에 매각할 계획이고 매각대금으로 $30,000을 받을 것으로 예상된다.

5년 말에 기계의 장부가치가 〈표 6.1〉의 3행에 보이듯이 $5,760이다. 만일 기계가 $30,000에 팔렸다면 매각가격과 장부가치인 $5,760의 차이에 대해 세금을 내야 할 것이다. 21%의 세율에서 세금은 0.21 × ($30,000 − 5,760) = $5,090가 된다. 따라서 기업의 현금유입인 기계의 세후 잔존가치는 〈표 6.1〉의 1행에서처럼 $30,000 − 5,090 = $24,910이 된다.

만일 장부가치가 시장가격을 초과하면 차이는 세금 목적에서 손실로 처리된다. 예를 들어, Baldwin이 기계를 $4,000에 팔았다면 장부가격은 시장가격을 $1,760 초과하게 된다. 이 경우 0.21 × $1,760 = $370의 세금이 절약된다.

현금흐름 최종적으로 현금흐름은 〈표 6.4〉에서 확정된다. 우선 〈표 6.1〉의 행 8, 9, 12를 〈표 6.4〉의 행 1, 2, 3으로 다시 입력한다. 매출액에서 영업비용과 세금을 차감한 영업활동으로부터의 현금흐름은 〈표 6.4〉의 4행에 나타나 있다. 〈표 6.1〉의 7행에서 얻은 총 투자의 현금흐름은 〈표 6.4〉의 5행에서 볼 수 있다. 영업활동으로부터의 현금흐름과 투자의 총 현금흐름의 합은 프로젝트의 총 현금흐름과 같고 〈표 6.4〉의 6행에 나타나 있다.[1]

순현재가치 Baldwin의 볼링공 프로젝트의 NPV는 6행에 있는 현금흐름으로부터 계산할 수 있다. 〈표 6.4〉의 하단에서 볼 수 있듯이 적정할인율이 10%일 때 NPV는 $78,533, 할인율이 20%일 경우 −$10,682이다. 만약 할인율이 18.54%가 되면 프로젝트는 0의 NPV를 갖게 된다. 다시 말해서, 프로젝트의 내부수익률(IRR)은 18.54%이다. 만약 Baldwin의 볼링공 프로젝트의 할인율이 18.54%보다 높으면 NPV가 음수가 되기 때문에 프로젝트를 채택하면 안 된다.

어떤 장부인가?

기업은 주주와 세무 당국 모두에게 이익과 손실의 계산을 보고해야만 한다. 양쪽 모두에게 제공되는 수치가 같을 것이라고 생각하겠지만 그렇지 않다. 실제로 미국 기업은 두 종류의 장부를 가지고 있다. 하나는 국세청을 위한 **세무용 장부**(tax books), 다른 하나는 주주를 위한 **주주용 장부**(stockholders' books)이며 두 장부는 다른 숫자를 가진다.

어떻게 이럴 수 있을까? 두 종류의 장부는 별도의 두 기관에서 만든 규칙에 따르기 때문에 다르다. 세무용 장부는 국세청의 규칙을 따르고 주주용 장부는 회계규칙을 정하는 재무회계기준위원회(Financial Accounting Standards Board: FASB) 규칙을 따른다. 예를 들어, 지방채(munis)의 이자는 세금 목적에서는 무시하지만 FASB는 이익으로 처리한다. 또한 기업은 세금 목적에서는 가속상각법을 사용하지만 주주용 장부에서는 균등상각법을 사용한다.

두 장부의 차이로 기업은 거의 항상 유리하게 된다. 세무용 장부의 이익보다 주주용 장부에서 이익을 높일 수 있다. 주주에게 보고되는 이익에 전부 세금을 내야 하는 것은 아니기 때문에 주주에게 이익이 돌아가는 것처럼 보이게 할 수 있다. 사실 많은 대기업들이 국세청에는 손실을 보고하면서 주주에게는 일관되게 이익을 보고한다. 비판적인 해석은 세금정책을 만드는 의회 의원들이 지역민을 위해 우호적인 법규를 만들었다는 것이다. 이러한 해석이 맞든 틀리든 한 가지는 확실하다. 두 권의 장부를 만드는 기업은 법률을 위반하는 것이 아니라 법률에 따르고 있다는 것이다.

[1] 프로젝트의 총 현금흐름은 회사 전체가 아닌 프로젝트의 현금흐름을 계산한다는 점을 제외하고는 2장에서 계산한 자산의 현금흐름과 동일하다.

어떤 회계장부가 이번 장의 학습과 관련이 있을까? 세금을 납부한 이후에만 현금흐름을 산출할 수 있기 때문에, 세무용 장부의 수치가 관련된 장부이다. 주주용 장부는 자본예산 목적에서 사용되지 않으며 회계와 재무분석가와 관련된다.

마지막으로 미국 기업은 두 권의 장부를 만들어도 되지만, 다른 나라에서는 거의 혹은 대부분 허용되지 않는다. 해외 현금흐름을 추정하기 전에 각 지역의 법규를 확인할 필요가 있다.

순운전자본에 대한 주의점

순운전자본(net working capital)은 유동자산과 유동부채의 차이이다. 순운전자본에 대한 투자는 현금흐름에 영향을 주기 때문에 자본예산 분석에서 중요한 부분이다. 〈표 6.1〉의 5행과 6행에서 순운전자본을 고려했음에도 불구하고, 학생들은 어떻게 이런 숫자가 얻어졌는지에 대해 의문을 가질 수 있다. 자본예산에서 우리는 재고자산, 매출채권, 매입채무, 그리고 현금에 대해 관심을 가진다. 순운전자본에 대한 투자는 (1) 재고자산을 매입하거나, (2) 예상치 못한 지출에 대비한 현금을 보유하거나, (3) 현금 대신에 매출채권을 발생시키는 신용매출이 이루어질 때 증가한다. (반대로 매입채무를 발생시키는 외상매입이 있을 때는 순운전자본 투자는 감소한다.) 순운전자본에 대한 투자는 기업의 다른 부문에서 발생한 현금이 해당 프로젝트에 묶이게 되기 때문에 현금유출을 나타낸다.

순운전자본에 대한 투자가 순운전자본의 구성 부분에서 어떻게 만들어지는지를 알아보기 위하여 연도 1을 살펴보자. 〈표 6.1〉에서 Baldwin의 경영자가 연도 1의 매출액이 $100,000이고 영업비용을 $50,000으로 추정하고 있음을 알 수 있다. 만약 매출과 비용이 모두 현금거래였다면 회사는 $50,000(= $100,000 − $50,000)을 얻을 것이다. 앞에서 언급한 대로, 이 현금흐름은 연도 1의 말에 발생할 것이다.

이제 더 많은 정보를 고려해보자. 경영자는 아래와 같이 생각하고 있다.

1. 매출 중 $9,000은 신용매출이라서 연도 1의 말에는 단지 $91,000(= $100,000 − $9,000)을 받을 것으로 추정한다. 매출채권 $9,000은 연도 2의 말에 회수될 것이다.
2. 비용 $50,000 중 $3,000은 지급을 연기할 수 있다고 생각한다. 따라서 연도 1의 말에는 $47,000(= $50,000 − $3,000)만 현금으로 지급하면 된다. Baldwin은 연도 2의 말에 매입채무 $3,000을 지급할 것이다.
3. 품절(재고자산의 부족)을 막기 위해 $2,500의 재고자산을 연도 1의 말에 남기기로 한다.
4. 현금부족을 피하기 위해 연도 1의 말에 프로젝트를 위해 $1,500의 현금을 확보하기로 결정한다.

따라서 연도 1의 말에 순운전자본은 다음과 같다.

$9,000	−	$3,000	+	$2,500	+	$1,500	=	$10,000
매출채권		매입채무		재고자산		현금		순운전자본

회사의 다른 곳에서 창출된 현금 $10,000이 순운전자본을 위한 필요금액으로 사용되어야 하기 때문에, Baldwin의 경영진은 순운전자본에 대한 투자를 프로젝트의 현금유출로 보는 것

이 맞다. 시간이 지나고 프로젝트가 성장하면서 순운전자본을 위한 필요금액도 늘어난다. 매해 발생하는 순운전자본의 변동(changes)은 추가적인 현금흐름을 나타내며, 이는 〈표 6.1〉의 6행에서 프로젝트의 초기 몇 해 동안 음수로 표시되고 있다. 하지만 프로젝트가 만기에 가까워짐에 따라 순운전자본은 감소하게 되고 결국 0이 된다. 즉, 매출채권은 회수되고 프로젝트의 현금 보유액은 기업의 다른 부분으로 환원되고 모든 남아 있는 재고자산은 매각된다. 이에 따라 6행의 연도 4와 연도 5에 양(+)의 수로 볼 수 있듯이, 프로젝트 후반에는 묶여 있던 현금이 자유로워진다.

일반적으로 (〈표 6.1〉과 같은) 기업의 워크시트는 순운전자본을 통합해서 하나로 다룬다. 즉, 매출채권, 재고자산 등과 같이 운전자본의 개별 항목으로 워크시트에 표현되지 않는다. 그러나 워크시트에 있는 운전자본 숫자는 허공에서 끌어낸 것이 아니라는 것을 기억해야 한다. 오히려 그것은, 연도 1에서 설명했듯이, 구성 항목에 대한 세심한 추정의 결과인 것이다.

감가상각비에 대한 주의점

Baldwin 예제는 감가상각비에 대해 몇 가지 가정을 하였다. 이러한 가정들은 어디에서 온 것일까? 감가상각 규정은 IRS Publication 946인 '자산의 감가상각 방법'에 제시되어 있다. 이 규정은 세금 목적으로 감가상각의 내용연수를 결정하기 위해서 재산의 유형을 몇 개의 종류(class)로 정리하고 있다. 예를 들면 다음과 같다.

- 3년짜리 종류는 특별히 단기의 수명을 가진 재산을 포함한다. 2년 이상의 트랙터나 2살 이상의 경주마 등이 이 종류에 해당한다.
- 5년짜리 종류는 자동차, 트럭, 컴퓨터 및 주변기기, 사무기계, 연구용 품목을 포함한다.
- 7년짜리 종류는 사무용 가구 설비, 농업용 기계 설비 등을 포함한다.
- 10년짜리 종류는 상선, 바지선, 예인선, 농업 및 원예 구조물 등을 포함한다.
- 15년짜리 종류는 관목, 울타리, 도로, 보도, 교량 등의 토지에 대한 개선과 특정 레스토랑 재산을 포함한다.
- 20년짜리 종류는 농장용 건물과 전기설비 시설과 같은 토지 개선 등을 포함한다.
- 부동산은 거주용과 비거주용 두 가지 종류로 구분되어 감가상각된다. 거주용 부동산은 27.5년에 걸쳐, 비거주용 부동산은 39년에 걸쳐 상각된다.

3년, 5년, 7년, 10년, 15년, 그리고 20년의 종류에 속하는 자산은 〈표 6.3〉의 스케줄에 따라서 감가상각을 한다. 모든 부동산은 균등상각(정액법) 기준으로 감가상각한다.

감가상각의 계산은 중간연도 관행을 따른다. 즉, 모든 상각대상 재산이 연중에 취득된 것처럼 처리한다. 일관성을 위해서 국세청은 상각대상 재산을 처분하거나 퇴출하는 경우 해당 연도에 반년 단위의 감가상각을 허용한다. 이 결과 상각대상 자산의 분류에서 지정된 상각기간보다 1년을 더 길게 상각하게 된다. 예를 들어, 5년 재산은 6년을 상각한다.

2018년 이전 몇 년 동안 "보너스" 감가상각을 허용하는 다양한 세금규칙과 규정이 제정되었다. 2015년 미국의 세금인상방지법(PATH)에 따라 2017년 보너스 규모는 50%였다. 이는 기업이 첫해에 적격 자산에 대한 비용의 50%를 감가상각 처리하여 세금공제를 받은 다음 나머지 50%를 MACRS에 따라 감가상각할 수 있다는 것을 의미한다. 2017년 말 의회는 세금감면및고용법(TCJA)을 통과하여 2018년부터 2022년 말까지 보너스 상각액을 100%로 늘렸다. 그 이후에는 매년 20%씩 감소하여 2026년 이후에는 0%가 된다. 결과적으로 대부분의 기업은 원하지 않는 한 2023년까지 MACRS를 사용하지 않을 것이다(보너스 감가상각이 가능함). 물론, 미래의 법률은 상황을 다시 바꿀 수도 있다.

이자비용

Baldwin 예제에서 이자비용이 고려되지 않은 것에 대해 불편함을 느낄 수 있다. 사실 대부분의 프로젝트는 최소한 필요 자금의 일부라도 부채를 통해 조달한다. 특히 볼링공 기계는 기업의 부채 사용량을 크게 늘렸을 것이다. 부채를 통한 자금조달의 조정은 현금흐름이 아니라 할인율에 반영된다. 자본예산에서 부채 관련 내용은 13장에서 보다 자세히 다룬다.

6.3 영업현금흐름에 대한 여러 가지 정의

이번 장의 예제에서 본 것처럼, 현금흐름의 적절한 계산이 자본예산의 핵심이다. 프로젝트의 영업현금흐름에 대한 다양한 정의가 일반적으로 사용되고 있어서 기업재무관리를 학습하는 학생들을 괴롭히고 있다. 그러나 한 가지 위안이 되는 소식은 다양한 정의가 서로 일관되는 것이다. 바르게 사용하기만 하면 주어진 문제에 대하여 동일한 해답에 이른다는 것이다. 이제 영업현금흐름에 대한 몇 가지 일반적인 정의를 살펴보고, 서로 동일하다는 것을 과정을 통해 보여줄 것이다.

앞으로의 논의에서, 우리가 현금흐름을 말할 때 그것은 글자 그대로 현금유입에서 현금유출을 차감한 것을 의미한다는 것을 기억하자. 현금의 유출입이 우리가 고려하는 모든 것이다.

우리가 고려 중인 어떤 특정 프로젝트에 대해 다음과 같이 추정한다고 하자.

$$\begin{aligned} \text{매출액} &= \$1{,}500 \\ \text{현금비용} &= \$700 \\ \text{감가상각비} &= \$600 \end{aligned}$$

이 추정치에 의해, 세전이익(EBT)은 다음과 같이 계산된다.

$$\begin{aligned} \text{세전이익(EBT)} &= \text{매출액} - \text{현금비용} - \text{감가상각비} \\ &= \$1{,}500 - 700 - 600 \\ &= \$200 \end{aligned} \tag{6.1}$$

자본예산에서 관습적으로 이자비용은 없는 것으로 가정한다. 따라서 세금은 다음과 같다.

$$\begin{aligned} \text{세금} &= (\text{매출액} - \text{현금비용} - \text{감가상각비}) \times T_C = \text{EBT} \times T_C \\ &= (1{,}500 - 700 - 600) \times 0.21 = \$200 \times 0.21 = \$42 \end{aligned} \tag{6.2}$$

여기서 T_C는 법인세율로 21%로 가정했다.

이제 수식 (6.1)의 세전이익과 수식 (6.2)에서 세금을 가지고 어떻게 영업현금흐름(OCF)을 결정할 수 있을까? 아래에서 보여줄 3가지 방법은 서로 일관성이 있다.

하향식 접근방식

아마도 영업현금흐름을 계산하는 가장 확실한 방법은 다음과 같다.

$$\begin{aligned} \text{영업현금흐름(OCF)} &= \text{매출액} - \text{현금비용} - \text{세금} \\ &= \$1{,}500 - 700 - 42 \\ &= \$758 \end{aligned} \tag{6.3}$$

이런 방식은 손익계산서의 맨 위에서 시작해서 비용, 세금, 기타 비용을 차감하여 아래로 내려가면서 현금흐름을 계산하기 때문에 **하향식(top-down)** 접근방식이라고 한다.

이런 과정에서 감가상각비는 내버려둔다. 왜 그럴까? 감가상각비는 현금유출이 아니기 때문이다. 감가상각비는 회계 개념이지만 현금흐름은 아니다. 그럼에도 불구하고 감가상각비는 현금흐름 계산에서 간접적으로 영향을 준다. 현재 세법에서 감가상각비는 공제가 되어서 과세대상 이익을 줄여준다. 줄어든 이익은 낮은 세금을 이끌고 결국 현금흐름을 높이게 된다.

상향식 접근방식

프로젝트 영업현금흐름 계산에서 이자와 같은 자금조달비용을 무시하고 있으므로 프로젝트 순이익은 다음과 같이 계산된다.

$$\begin{aligned} \text{프로젝트의 순이익} &= \text{세전이익(EBT)} - \text{세금} \\ &= \$200 - 42 \\ &= \$158 \end{aligned}$$

다음으로 감가상각비를 순이익에 다시 더해준다.

$$\begin{aligned} \text{영업현금흐름(OCF)} &= \text{순이익} + \text{감가상각비} \\ &= \$158 + 600 \\ &= \$758 \end{aligned} \tag{6.4}$$

순이익을 항목별로 상세히 표현하면 우리는 OCF를 다음과 같이 상세히 쓸 수 있다.

$$\begin{aligned} \text{OCF} &= (\text{매출액} - \text{현금비용} - \text{감가상각비})(1 - T_C) + \text{감가상각비} \\ &= (1{,}500 - 700 - 600)(1 - 0.21) = \$758 \end{aligned} \tag{6.4$'$}$$

수식 (6.4)이든 (6.4′)로 표현하든 이것은 **상향식(bottom-up)** 접근방식이다. 이는 손익계산서의 가장 아래 줄(순이익)에서 시작해서 감가상각비와 같은 비현금 차감항목을 다시 더해주는 것이다. 순이익에 감가상각비를 더하는 영업현금흐름의 정의는 순이익 계산에서 이자지급액의 차감이 없는 경우에만 성립한다는 것을 중요하게 기억해야 한다.

여기서 한 것처럼 감가상각비를 왜 다시 더하는지 직관적으로 설명할 수 있는가? 회계 교재는 상향식 접근법의 이면에 있는 직관을 설명하기 위해 많은 지면을 할애하고 있기 때문에 우리는 굳이 반복하지 않으려고 한다. 그러나 두 문장으로 한번 설명해 보려고 한다. 앞서 말했듯이 감가상각비는 이익을 줄이지만 현금유출이 아니다. 따라서 이익에서 현금흐름으로 돌아가려면 감가상각비를 더해주어야만 한다.

세금절감액 접근방식

세금절감액(tax shield) 접근방식은 수식 (6.3)에서 표현된 하향식 접근방식의 변형이다. 수식 (6.3)에서 OCF를 구성하는 항목의 하나는 수식 (6.2)에서 정의된 세금이다. (6.2)의 세금을 수식 (6.3)에 대입하면 다음 수식을 얻는다.

$$\text{OCF} = \text{매출액} - \text{현금비용} - (\text{매출액} - \text{현금비용} - \text{감가상각비}) \times T_C$$

이것을 단순화하면 수식 (6.5)를 얻는다.

$$\text{OCF} = (\text{매출액} - \text{현금비용}) \times (1 - T_C) + \text{감가상각비} \times T_C \tag{6.5}$$

여기서 T_C는 법인세율이다. $T_C = 21\%$를 가정하면 OCF로 다음을 얻는다.

$$\begin{aligned} \text{OCF} &= (\$1{,}500 - 700) \times 0.79 + 600 \times 0.21 \\ &= \$632 + 126 \\ &= \$758 \end{aligned}$$

이는 앞서 결과와 동일하다.

이 방법은 OCF를 2개의 항목으로 구성된 것으로 본다. 첫 번째 부분은 감가상각비가 없는 경우에 프로젝트 현금흐름이다. 이 부분의 현금흐름은 $632이다.

OCF의 두 번째 부분은 감가상각비에 법인세율을 곱한 것이다. 이것을 **감가상각비 세금절감액**(depreciation tax shield)이라고 한다. 감가상각비는 현금을 수반하지 않는 비현금 비용이다. 차감한 감가상각비에 대한 유일한 현금흐름 효과는 세금절감액이다. 현행 21%의 법인세 체제에서는 감가상각비 $1당 21센트의 세금절감 효과를 갖는다. 따라서 이 예제에서 $600의 감가상각비는 총 $600 × 0.21 = $126의 세금절감 효과를 얻는다.

수식 (6.4)에서는 감가상각비 전체를 더해주고 수식 (6.5)에서는 감가상각비의 세금절감액만 더해주기 때문에 세금절감액 접근법이 상향식 접근법과 서로 모순된다고 생각할 수도 있다. 그러나 수식 (6.4′)와 수식 (6.5)를 비교해보면 두 수식이 완전히 일치하는 것을 알 수 있다. 감가상각비는 수식 (6.4′)의 우변의 첫 번째 항목에서 차감되었다. 유사한 차감이 수식 (6.5)의 우변에서는 발생하지 않는다. 우리는 수식 (6.4′)의 마지막 항목에 감가상각비를 [수식 (6.4)의 마지막 항목에서 그런 것처럼] 완전히 더해주는데, 그것은 수식의 앞에서 차감되었기 때문이다.

결론

지금까지 우리는 여러 접근법이 결국 동일하다는 것을 보았는데, 왜 한 가지 방법으로 통일하여 사용하지 않는 것일까? 가장 큰 이유는 서로 다른 방법은 각기 다른 상황에서 유용하게 사용될 수 있기 때문이다. 제일 좋은 접근법은 주어진 문제에서 가장 편리하게 사용할 수 있는 방법이다.

6.4 할인현금흐름 분석의 몇 가지 특별 사례

이제 할인현금흐름 분석과 관련된 세 가지 특별 사례를 살펴보자. 첫 번째 사례는 비용절감 투자를 다룬다. 두 번째는 경쟁이 있는 입찰가격 결정이다. 마지막 세 번째는 제품 수명이 다른 설비를 비교한다.

이외에도 특별 사례가 있겠으나 특히 이 세 가지가 널리 알려진 경우이다. 또한 이 사례들은 현금흐름분석과 할인현금흐름(DCF) 가치평가의 다양한 응용을 보여준다.

비용절감 제안의 평가

기업은 종종 기존 설비를 비용 측면에서 효과적으로 개선할 수 있는지를 결정해야만 한다. 문제는 비용절감액이 개선에 필요한 자본지출을 정당화할 만큼 충분히 큰가이다.

예를 들어, 기존의 생산과정 일부를 자동화하려고 고려 중이라고 하자. 필요한 설비의 구매 및 설치비용은 $80,000이다. 자동화는 임금과 재료비 감소로 연간 (세전) $22,000을 절약할 것이다. 단순화를 위해서 이 설비는 5년의 내용연수를 가지고 이 기간에 걸쳐 잔존가치 없이 정액법으로 균등하게 감가상각을 한다고 가정하자. 실제로는 5년 뒤에 $20,000의 잔존가치가 있을 것이다. 자동화를 해야만 할까? 법인세율은 21%이고 할인율은 10%이다.

먼저 관련 현금흐름을 정의해 보자. 관련 자본지출을 정하는 것은 비교적 쉽다. 초기비용은 $80,000이다. 세후 잔존가치는 5년 뒤 장부가치가 영이기 때문에 $20,000 × (1 − 0.21) = $15,800이다. 여기서 순운전자본은 고려하지 않기 때문에 순운전자본의 변동은 걱정하지 않는다.

영업현금흐름(OCF)이 고려되어야 한다. 새로운 설비를 구매하는 것은 영업현금흐름에 3가지 측면에서 영향을 준다. 첫째, 매년 세전 $22,000을 절약한다. 다시 말해서 기업의 영업이익이 $22,000 증가하고 이것은 프로젝트의 관련 증분현금흐름이다. 둘째, (이것은 간과하기 쉽다) 우리는 추가적인 감가상각비를 가지게 된다. 이 경우에 연간 감가상각비는 $80,000/5 = $16,000이다.

이 프로젝트가 $22,000의 (연간 세전 비용절감액) 이익과 $16,000의 감가상각비를 발생시키기 때문에, 프로젝트는 EBIT를 $22,000 − $16,000 = $6,000 증가시킬 것이다. 다시 말해서 프로젝트의 EBIT는 $6,000이다.

셋째, EBIT가 증가하기 때문에 세금이 늘어난다. 세금 증가액은 $6,000 × 0.21 = $1,260이다. 이러한 정보를 가지고 우리는 영업현금흐름을 아래와 같이 계산할 수 있다.

EBIT	$ 6,000
+감가상각비	16,000
−세금	1,260
영업현금흐름	$20,740

따라서 우리의 세후 영업현금흐름은 $20,740이다.

영업현금흐름을 다른 방식으로 계산할 수도 있다. 실제로 이 방법은 매우 간편하다. 첫째, 세전 비용절감 증가 이익은 $22,000이다. 이 금액에 대해 세금을 내야 하기 때문에 세금은 0.21 × $22,000 = $4,620이다. 다시 말해서, $22,000의 세전이익은 세후 $22,000 × (1 − 0.21) = $17,380이다.

둘째, 추가적인 $16,000의 감가상각비는 현금지출액이 아니라서 세금을 $16,000 × 0.21 = $3,360 절약해준다. 이 두 가지 요소를 결합하면 $17,380 + $3,360 = $20,740으로 앞에서 얻은 금액과 같다. 감가상각비 세금절감액 $3,360은 이전에 논의했던 것임을 기억하자. 세금절감액 접근법을 여기서 유용하게 사용했다.

이제 우리의 분석을 마무리할 수 있다. 지금까지 논의에 근거해서, 아래의 관련 현금흐름을 얻을 수 있다.

	연도					
	0	1	2	3	4	5
영업현금흐름		$20,740	$20,740	$20,740	$20,740	$20,740
자본지출액	−$80,000					15,800
총 현금흐름	−$80,000	$20,740	$20,740	$20,740	$20,740	$36,540

할인율 10%에서 NPV는 $8,431이고 자동화를 추진해야 한다.

예제 6.6

구매할 것인가, 구매하지 않을 것인가 우리는 $200,000의 컴퓨터기반 재고관리 시스템 구매를 고려 중이다. 내용연수 4년에 잔존가치 없이 정액법으로 감가상각할 것이다. 실제로 4년 말에 잔존가치는 $30,000이 될 것이다. 이 시스템은 재고와 관련된 비용을 세전 $60,000 절감할 것이다. 관련된 법인세율은 21%이다. 새로운 설비가 효과적이어서 재고자산이 줄어들고 재고자산에 묶여있던 약 $45,000의 순운전자본이 줄어들 수 있다. 할인율 16%일 때 NPV는 얼마인가? 이 투자안의 IRR은 얼마인가?

우선 영업현금흐름을 계산하자. 세후 비용절감액은 연간 $60,000 × (1 − 0.21) = $47,400이다. 감가상각비는 연간 $200,000/4 = $50,000이다. 따라서 감가상각비 세금절감액은 $50,000 × 0.21 = $10,500이다. 영업현금흐름은 따라서 연간 $47,400 + 10,500 = $57,900이다.

이 시스템의 구매설치비용은 $200,000이다. 세후 잔존가치는 $30,000 × (1 − 0.21) = $23,700이다. 마지막으로 이것은 약간 까다로운 부분인데, 이 시스템 도입으로 인해 운전자본이 자유로워지기 때문에 순운전자본(NWC)의 초기투자는 $45,000의 유입(inflow)이다. 우리는 프로젝트의 종료 시점에 이 금액을 되돌려 놓아야 할 것이다. 이것은 사실 단순한 의미를 가진다. 이 시스템을 가동하는 동안 우리는 $45,000을 다른 곳에 사용할 수 있는 것이다.

우리의 분석을 끝내기 위해서, 총 현금흐름을 계산하자.
16%에서 NPV는 −$4,749이고 내부수익률(IRR)은 14.36%이므로, 투자안은 매력적이지 않다. 그러므로 기각되어야 한다.

	연도				
	0	1	2	3	4
영업현금흐름		\$57,900	\$57,900	\$57,900	\$57,900
NWC의 변동	\$ 45,000				−45,000
자본지출액	− 200,000				23,700
총 현금흐름	−\$155,000	\$57,900	\$57,900	\$57,900	\$36,600

입찰가격의 결정

일반적으로 NPV 접근법은 새로운 프로젝트를 평가할 때 사용한다. 그런데 NPV 방법이 사업실행을 위해 경쟁입찰가격을 제시하는 상황에서도 사용될 수 있다. 이때 가장 낮은 입찰가격을 제시한 사람이 승리하는 상황이다.

이러한 과정을 설명하는 오래된 농담이 있다. 가장 낮은 가격을 제시한 사람이 가장 큰 잘못을 저지른 것이다. 이것을 승자의 저주(winner's curse)라고 한다. 다시 말해서, 경쟁에서 이겼다면 너무 낮은 가격을 제시했을 가능성이 있다. 이번 절에서 우리는 어떻게 승자의 저주를 피할 수 있게 입찰가격(bid price)을 결정할 것인지 살펴본다. 이 과정은 제품이나 서비스의 가격을 결정하는 모든 경우에 유용하다.

다른 자본예산 프로젝트에서처럼, 우리는 모든 관련된 현금흐름을 세심하게 고려해야 한다. 예를 들어, 산업분석가는 마이크로소프트의 Xbox 360의 비용이 조립 전에 \$470이라고 추정하였다. 케이블, 게임컨트롤러, 전력공급장치 등 다른 부품의 추가비용은 \$55였다. 소매가격이 \$399라면, 마이크로소프트는 Xbox 360 판매로 인해 상당한 손실을 입게 된다. 제조사는 왜 손익분기점 아래의 가격에 제품을 판매하는 것일까? 마이크로소프트의 대변인은 게임 소프트웨어 판매로 인해서 Xbox 360의 제조가 이익이 남는 사업이 될 것이라고 밝혔다.

어떻게 판매가격을 결정하는지를 살펴보기 위해서 다음과 같은 사업을 가정하자. 우리는 트럭의 기본차체를 구입해서 고객이 원하는 스펙으로 개조하여 판매한다. 앞으로 4년 동안 매년 5대씩 총 20대의 완성 트럭을 사겠다는 트럭 판매상이 입찰을 요청했다.

우리는 트럭의 판매가격을 정해야 한다. 우리의 목적은 이익을 낼 수 있는 가장 낮은 가격을 결정하는 것이다. 승자의 저주를 피하면서 계약을 체결하는 가능성을 극대화하는 것이다.

트럭의 기본차체를 1대당 \$10,000에 매입할 수 있다고 가정하자. 필요한 시설을 임대하는 비용으로 연간 \$24,000이 필요하다. 임금과 재료비용이 트럭 1대당 \$4,000이 필요하고, 연간 총 비용은 $\$24,000 + 5 \times (10,000 + 4,000) = \$94,000$이 된다.

새로운 기계설비에 \$60,000을 투자해야 할 것이다. 이 설비는 잔존가치 0까지 정액법으로 4년간 감가상각을 할 것이다. 4년 뒤 실제 잔존가치는 \$5,000이 될 것이다. 원재료 재고와 기타 운전자본 항목에 \$40,000이 필요하다. 관련 세율은 21%이다. 만일 이러한 투자에서 우리가 20%의 수익률을 요구한다면 트럭의 가격을 얼마로 정해야 할까?

자본지출액과 순운전자본부터 시작해보자. 오늘 새로운 설비에 \$60,000을 투자해야 한다.

세후 잔존가치는 $5,000 × (1 − 0.21) = $3,950이다. 또한 오늘 운전자본에 $40,000을 투자해야 한다. 운전자본 투자액은 4년 뒤 회수될 것이다.

판매가격을 모르기 때문에 영업현금흐름(OCF)을 구할 수 없다. 따라서 지금까지 구한 정보로 시간선(time line)을 그리면 아래와 같다.

	연도				
	0	1	2	3	4
영업현금흐름(OCF)		+ OCF	+ OCF	+ OCF	+ OCF
NWC의 변동	−$ 40,000				$40,000
자본지출액	− 60,000				3,950
총 현금흐름	−$100,000	+ OCF	+ OCF	+ OCF	+OCF + $43,950

다음과 같은 핵심적인 결론을 염두에 두자. 즉, 이익을 낼 수 있는 가장 낮은 판매가능 가격에서는 20% 할인율에서 0의 NPV가 될 것이다. 즉, 그 가격에서 우리는 트럭사업 투자에서 정확하게 20%를 벌게 된다.

주어진 결론 아래, NPV를 0으로 만들 수 있는 영업현금흐름을 우선 결정할 필요가 있다. 이를 위해 우리는 종료 시점의 $43,950의 비영업현금흐름의 현재가치를 구하고 초기투자 $100,000을 차감한다.

$$\$100,000 - 43,950/1.20^4 = \$100,000 - 21,195 = \$78,805$$

이 계산이 끝나면 새로운 시간선은 아래와 같다.

	연도				
	0	1	2	3	4
총 현금흐름	−$78,805	+ OCF	+ OCF	+ OCF	+ OCF

시간선에서 알 수 있듯이, 영업현금흐름은 이제 일반적인 연금이 된다. 20%에서 4년의 연금할인요소인 $PVIFA_{(0.20,\ 4)}$는 2.58873이며, 따라서 아래 관계를 얻는다.

$$NPV = 0 = -\$78,805 + OCF \times 2.58873$$

이것을 OCF에 대해 정리하면 다음과 같다.

$$OCF = \$78,805/2.58873 = \$30,442$$

따라서 매년 OCF는 $30,442가 필요하다.

아직 끝나지는 않았다. 최종 문제는 매년 영업현금흐름 $30,442를 얻을 수 있는 판매가격을 알아내는 것이다. 가장 쉬운 방법은 영업현금흐름을 순이익에 감가상각비를 합산하여 (상향식 접근법) 구할 수 있다. 감가상각비는 여기서 $60,000/4 = $15,000이다. 이제 순이익을 결정할 수 있다.

$$
\begin{aligned}
\text{영업현금흐름} &= \text{순이익} + \text{감가상각비} \\
\$30{,}442 &= \text{순이익} + \$15{,}000 \\
\text{순이익} &= \$15{,}442
\end{aligned}
$$

이제 손익계산서를 역산하여 만들 수 있다. 순이익이 $15,442이면 손익계산서는 다음과 같다.

매출액	?
비용	$94,000
감가상각비	15,000
세금(21%)	?
순이익	$15,442

손익계산서를 이용하여 매출액을 구하면 아래와 같다.

$$
\begin{aligned}
\text{영순이익} &= (\text{매출액} - \text{비용} - \text{감가상각비}) \times (1 - \text{세율}) \\
\$15{,}442 &= (\text{매출액} - \$94{,}000 - \$15{,}000) \times (1 - 0.21) \\
\text{매출액} &= \$15{,}442/0.79 + 94{,}000 + 15{,}000 \\
&= \$128{,}546
\end{aligned}
$$

연 매출액은 $128,546가 되어야 한다. 계약은 연간 5대이기 때문에 판매가격은 $128,546/5 = $25,709이어야 한다. 만일 반올림으로 가격을 약간 조정하면, 트럭 1대당 가격은 $26,000이라고 할 수 있다. 이 가격에 계약을 체결하게 되면 수익률은 20%를 약간 상회하게 될 것이다.

제품 수명이 다른 투자안 평가: 균등연간비용 방법

어떤 기업이 수명이 다른 두 개의 기계 중 하나를 선택해야 한다고 가정하자. 두 기계는 동일한 업무를 수행하지만 영업비용이 다르고 사용기간이 다르다. NPV 방법을 단순히 적용하면 비용의 현재가치가 더 낮은 기계를 선택하면 될 것이다. 하지만 낮은 비용의 기계는 다른 기계보다 먼저 교체해야만 할 필요성이 있기 때문에 잘못된 선택이 될 수 있다.

예제를 보자. Downtown 스포츠클럽은 두 개의 자동 테니스볼 투구 기계 중 하나를 선택해야 한다. 기계 A는 기계 B보다 저렴하지만 수명이 더 짧다. 두 기계의 현금유출은 다음과 같다.

기계	0	1	2	3	4
A	−$500	−$120	−$120	−$120	
B	−$600	−$100	−$100	−$100	−$100

기계 A는 $500의 비용이 소요되고 3년간 사용한다. 세후 유지비는 3년간 매년 말에 $120이 지불된다. 기계 B는 $600의 비용이 소요되고 4년간 사용한다. 세후 유지비는 4년간 매년 말에 $100이 지불된다. 두 기계의 연간 수익은 동일하다고 가정하므로 분석에서 제외한다.

의사결정을 위해 두 기계의 비용에 대한 현재가치를 구해보자. 할인율을 10%로 가정하면 아래 현재가치를 얻는다.

$$\text{기계 A: } -\$798.42 = -\$500 - \frac{\$120}{1.1} - \frac{\$120}{(1.1)^2} - \frac{\$120}{(1.1)^3}$$

$$\text{기계 B: } -\$916.99 = -\$600 - \frac{\$100}{1.1} - \frac{\$100}{(1.1)^2} - \frac{\$100}{(1.1)^3} - \frac{\$100}{(1.1)^4}$$

현금유출의 현재가치는 기계 B가 더 높다. 쉽게 생각하면 기계 A가 더 낮은 비용을 가지기 때문에 기계 A를 선택해야 하는 것처럼 보인다. 그러나 기계 B의 수명이 더 길기 때문에 연간 비용은 실제 더 낮을 수도 있다.

두 기계를 비교할 때 사용기간의 차이를 어떻게 적당히 조정할 수 있을까? 아마 가장 쉬운 방법은 각 기계의 균등연간비용(equivalent annual cost)이라는 비용의 계산일 것이다. 이 방법은 비용을 연간기준으로 만든 것이다.

앞의 식에서 기계 A의 ($500, $120, $120, $120)의 지급액이 연도 0의 단일지급액 $798.42와 같다는 것을 보여주었다. 이제 연도 0의 단일지급액 $798.42를 3년 만기 연금(annuity)과 동일하게 만들어보자. 이전 장에서 학습한 기법을 이용하면 된다.

$$-\$798.42 = C \times \text{PVIFA}_{(0.10,\ 3)}$$

$\text{PVIFA}_{(0.10,\ 3)}$은 3년 동안 10%로 할인된 연간 $1에 대한 연금의 현재가치이다. C는 미지수이다. 모든 연금지급액의 현재가치가 −$798.42가 되는 연간 연금지급액이 C이다. $\text{PVIFA}_{(0.10,\ 3)}$는 2.4869이므로 C는 −$321.06(= −$798.42/2.4869)가 된다. 따라서 ($500, $120, $120, $120)의 지급흐름은 3년 동안 매년 말에 지급되는 $321.06의 연금지급액과 동일하게 된다. 이 −$321.06를 기계 A의 균등연간비용(EAC)이라고 한다.

이 아이디어는 아래의 표와 같이 정리될 수 있다.

	0	1	2	3
기계 A의 현금유출	−$500	−$120	−$120	−$120
기계 A의 균등연간비용		− 321.06	− 321.06	− 321.06

Downtown 스포츠클럽은 ($500, $120, $120, $120)과 ($0, $321.06, $321.06, $321.06)의 현금유출이 무차별해야 한다. 다시 말하면 기계 구입은 재무적으로 연 $321.06의 리스계약과 동일하다고 말할 수 있다.

이제 기계 B에 대해 살펴보면 균등연간비용은 다음과 같이 구할 수 있다.

$$-\$916.99 = C \times \text{PVIFA}_{(0.10,\ 4)}$$

$\text{PVIFA}_{(0.10,\ 4)}$는 연금계수 3.1699이므로 C는 −$916.99/3.1699인 −$289.28이 된다.

기계 A와 마찬가지로 기계 B에 대해서도 다음과 같은 표를 만들 수 있다.

	0	1	2	3	4
기계 B의 현금유출	−$600	−$100	−$100	−$100	−$100
기계 B의 균등연간비용		− 289.28	− 289.28	− 289.28	− 289.28

두 기계의 표를 비교하면 의사결정은 쉬워진다. 연간 리스비용으로 $321.05가 저렴한가, 아니면 $289.28이 저렴한가? 이렇게 설명하면 아주 쉬운 결정이다. 합리적인 사람이라면 낮은 리스료를 원할 것이고 따라서 기계 B가 선택될 것이다.

EAC 분석은 두 기계가 모두 무한정 교체될 수 있을 때에만 적용할 수 있다. 만약 교체가 불가능하다면 분석은 달라질 수 있다. 예를 들어, 테니스볼 투구 기계를 제조하는 유일한 회사가 사업에서 손을 떼고 새로운 제조업자가 나타나지 않을 것으로 예상된다고 가정해 보자. 이 예제에서 기계 B는 4차 연도에 수익을 창출하지만 기계 A는 그렇지 않다. 그렇다면 수익과 비용이 모두 고려된 상호배타적 프로젝트의 순현재가치 분석이 적절할 것이다.

6.5 인플레이션과 자본예산

이번 장을 끝내기 위해서 인플레이션이 자본예산에 미치는 영향을 살펴본다. 인플레이션(혹은 디플레이션)은 현금흐름과 할인율에 모두 영향을 줄 수 있다. 이자율과 인플레이션의 관계를 고려하면서 인플레이션에 대한 검토를 시작한다.

이자율과 인플레이션

은행이 1년 이자율로 10%를 제안한다고 가정하자. 이것은 $1,000을 예금하는 사람이 1년 뒤에 $1,100(= $1,000 × 1.10)을 받는다는 것을 뜻한다. 10%가 매력적인 이자율로 보이지만, 인플레이션율을 검토한 이후에 판단할 수 있다.

인플레이션율이 1년에 6%이고 모든 상품에 적용된다고 생각해보자. 예를 들어, 오늘 햄버거를 $1.00에 파는 식당이 같은 햄버거를 1년 말에 $1.06으로 팔 것이다. 오늘 (연도 0) 햄버거 1,000개를 매입하는 데 $1,000을 사용할 수 있다. 대신에 당신은 은행에 예금을 하면 1년 뒤인 시기 1에 햄버거 1,038개(= $1,100/$1.06)를 살 수 있다. 따라서 예금은 햄버거 소비를 단지 3.8%만 증가시킨다.

모든 상품의 가격이 6% 오르기 때문에, 10%의 예금은 개별 상품이든 상품의 조합이든 소비를 3.8% 늘릴 수 있게 만들어준다. 따라서 3.8%는 인플레이션을 조정하고 난 이후 예금을 통해 실제로 얻는 것이다. 경제학자는 3.8%를 **실질이자율**(real interest rate)이라고 하고, 10%를 **명목이자율**(nominal interest rate) 혹은 단순히 **이자율**(interest rate)이라고 한다. 이에 대한 논의는 〈그림 6.1〉에서 설명하고 있다.

우리는 특정 명목이자율과 인플레이션율을 예제로 사용했다. 일반 실질이자율과 명목이자율 사이의 공식은 다음과 같이 쓸 수 있다.

그림 6.1
실질이자율의 계산

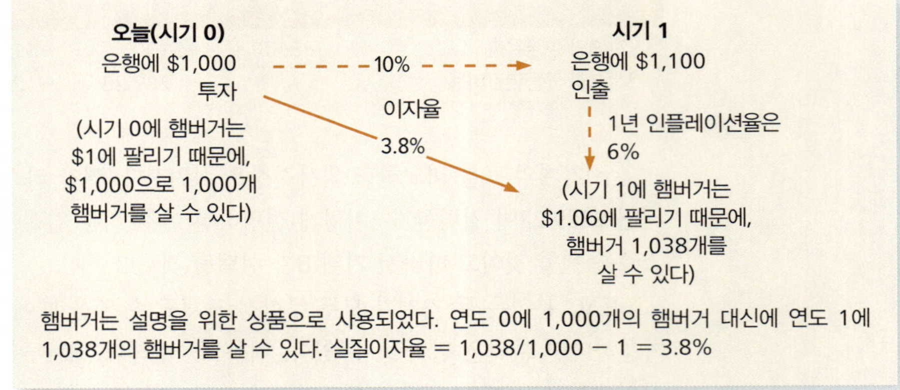

$$1 + \text{명목이자율} = (1 + \text{실질이자율}) \times (1 + \text{인플레이션율})$$

이 수식을 다시 실질이자율로 정리하면 아래와 같다.

$$\text{실질이자율} = \frac{(1 + \text{명목이자율})}{(1 + \text{인플레이션율})} - 1 \qquad \textbf{(6.6)}$$

이 공식은 우리 예제의 실질이자율이 3.8%(= 1.10/1.06 − 1)라는 것을 보여준다.

수식 (6.6)은 실질이자율을 정확하게 계산하는 데 사용된다. 아래 공식은 근사치를 얻는다.

$$\text{실질이자율} \cong \text{명목이자율} - \text{인플레이션율} \qquad \textbf{(6.7)}$$

여기서 ≅ 표기는 수식이 근사치로 참이라는 것을 가리킨다. 두 번째 공식으로 실질이자율을 계산하면 4%가 된다.

$$4\% = 10\% - 6\%$$

수식 (6.7)이 수식 (6.6)보다 좀 더 직관적으로 보일지라도 식 (6.7)은 단지 근사치이기 때문에 사용에 주의해야 한다. 이자율이나 인플레이션율이 낮을 때는 근사치의 정확도는 높아진다. 우리 예제에서 정확한 수치와 근사치의 차이는 단지 0.2%(= 4% − 3.8%)에 불과하다. 그러나 비율이 커지면 오차는 커진다.

예제 6.7

실질과 명목이자율 Gerberovia 왕국은 최근 명목이자율 300%와 인플레이션율 280%를 기록했다. 수식 (6.7)에 따르면 실질이자율은 20%가 된다.

300% − 280% = 20% (근사치 공식)

그러나 수식 (6.6)에 따르면 실질이자율은 5.26%이다.

[(1 + 300%)/(1 + 280%)] − 1 = 0.0526 또는 5.26% (정확한 공식)

두 번째 공식이 정확하다는 것을 어떻게 확신할 수 있을까? 햄버거로 돌아가 보자. Gerberovia 은행에 1년 전에 $1,000을 예금했다면, 오늘 그 가치는 $4,000[= $1,000 × (1 + 300%)]이 되었을 것이다. 그러나 1년 전 $1이었던 햄버거 가격은 오늘 $3.80(= 1 + 280%)이다. 따라서 당신은 오늘 1,052.6(= $4,000/$3.80)개의 햄버거를 살 수 있고 그것은 이자율이 5.26%라는 것을 의미한다.

현금흐름과 인플레이션

앞의 분석에서 2가지 형태의 이자율인 명목이자율과 실질이자율을 정의하였고 수식 (6.6)에서 둘 사이의 관계를 보여주었다. 자본예산을 위해서는 이자율뿐만 아니라 현금흐름의 자료도 필요하다. 이자율과 마찬가지로 현금흐름도 명목 또는 실질의 형태로 표시할 수 있다.

명목현금흐름(nominal cash flow)은 실제로 받게 되는 (지급하는) 금액을 의미하고, **실질현금흐름**(real cash flow)은 기준연도와 관련된 현금흐름의 구매력을 일컫는다. 대부분의 다른 정의와 마찬가지로 이 정의도 예제를 통해 잘 설명될 수 있다.

예제 6.8

명목과 실질현금흐름 Burrows Publishing은 유명한 로맨틱 소설가 Barbara Musk의 차기 작품에 대한 판권을 구입했다. 아직 집필 전이지만 이 책은 4년 뒤에 대중에게 출판될 것이다. 현재 로맨틱 소설은 종이 표지(softcover)인 경우 $10에 판매되고 있다. 출판사는 인플레이션율이 향후 4년 동안 매년 6%일 것이라고 믿고 있다. 로맨틱 소설은 매우 대중적이어서 출판사는 4년 동안 책 가격이 인플레이션율보다 매년 2% 더 상승할 것으로 기대하고 있다. Burrows Publishing은 소설책을 지금부터 4년 후에 $13.60[= (1.08)^4 × $10.00]에 100,000부를 판매할 계획이다.

4년째 기대현금흐름인 $1.36백만(= $13.60 × 100,000)은 *명목현금흐름*이다. 즉, 이 출판사는 그 시점에 $1.36백만을 받을 것으로 기대한다. 명목현금흐름은 미래에 받게 되는 실제 금액(달러)을 의미한다.

4년 후 $1.36백만의 구매력은 아래와 같다.

$$\$1{,}077{,}635 = \frac{\$1{,}360{,}489}{(1.06)^4}$$

$1.077백만의 금액은 구매력으로 표현되었기 때문에 실질현금흐름이다. 우리의 햄버거 예제로 확장해보자. 4년 뒤 받게 되는 $1.36백만으로는 햄버거 1.077백만 개를 살 수 있다. 왜냐하면 햄버거의 가격은 그 기간 동안 $1에서 $1.26[= $1 × (1.06)^4]으로 올랐기 때문이다.

예제 6.9

감가상각비 Burrows의 경쟁사인 EOBII Publishers는 최근 인쇄기를 $2백만에 구입했고 이 기계를 5년간에 걸쳐서 잔존가치 0까지 정액법(균등)으로 감가상각할 것이다. 이것은 매년 $400,000(= $2,000,000/5)을 상각한다는 것을 의미한다. 그렇다면 $400,000은 실질적인 수치인가 명목적인 수치인가?

감가상각비는 명목적인 수치이다. 왜냐하면 $400,000은 향후 5년간 매년 실제 세금감면이 되기 때문이다. 감가상각비는 구매력으로 조정될 때 실질적인 수치가 된다. 연간 인플레이션율이 6%라면 연도 4의 감가상각비는 실질적 수치로 표현하면 $316,837[= $400,000/(1.06)^4]이다.

할인: 명목 혹은 실질?

이제까지의 논의는 이자율이 명목 또는 실질 개념으로 표현될 수 있다는 것을 보여준다. 마찬가지로, 현금흐름도 명목 또는 실질 개념으로 표시될 수 있다. 그렇다면 자본예산을 평가할 때 이자율과 현금흐름은 어떻게 표시해야 하는가?

맞는 말이지만, 재무 실무자들은 현금흐름과 할인율 간의 일관성 유지를 강조한다.

명목현금흐름은 명목이자율로 할인되어야 한다.
실질현금흐름은 실질이자율로 할인되어야 한다.

일관성을 유지한다면 어느 방법이라도 맞다. 계산상의 오류를 최소화하기 위해서, 실무적으로는 더 쉬운 접근방법을 택하는 것이 바람직하다. 이에 대하여 다음 두 가지 예제에서 설명하고 있다.

이자율, 할인율 및 수익률과 같은 금융 요율은 거의 항상 명목상으로 인용된다. 이를 상기하기 위해, 앞으로 대부분의 논의에서 기호 r(실질이자율) 대신 기호 R(명목이자율)을 사용한다.

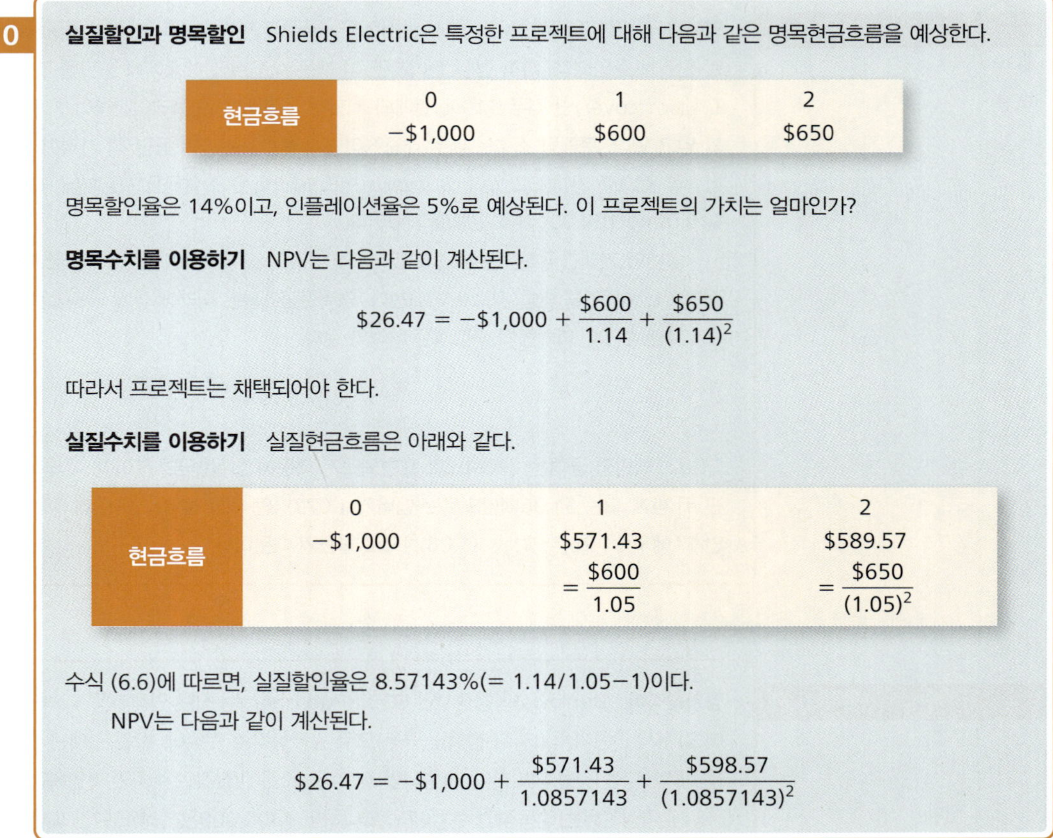

예제 6.10

실질할인과 명목할인 Shields Electric은 특정한 프로젝트에 대해 다음과 같은 명목현금흐름을 예상한다.

현금흐름	0	1	2
	−\$1,000	\$600	\$650

명목할인율은 14%이고, 인플레이션율은 5%로 예상된다. 이 프로젝트의 가치는 얼마인가?

명목수치를 이용하기 NPV는 다음과 같이 계산된다.

$$\$26.47 = -\$1,000 + \frac{\$600}{1.14} + \frac{\$650}{(1.14)^2}$$

따라서 프로젝트는 채택되어야 한다.

실질수치를 이용하기 실질현금흐름은 아래와 같다.

현금흐름	0	1	2
	−\$1,000	\$571.43	\$589.57
		$= \frac{\$600}{1.05}$	$= \frac{\$650}{(1.05)^2}$

수식 (6.6)에 따르면, 실질할인율은 8.57143%(= 1.14/1.05−1)이다.

NPV는 다음과 같이 계산된다.

$$\$26.47 = -\$1,000 + \frac{\$571.43}{1.0857143} + \frac{\$598.57}{(1.0857143)^2}$$

NPV는 현금흐름을 명목 수치로 표현하든 실질 수치로 표현하든 동일하다. 두 가지 방법 하에 NPV가 동일하다는 것은 항상 성립한다.

두 방법이 항상 동일한 결과를 산출한다면 어떤 방법을 사용해야 하는가? 간단한 방법이 일반적으로 계산상 오류를 줄일 수 있기 때문에 기왕이면 좀 더 간단한 방법을 사용하면 된다. Shields Electric 예제는 명목현금흐름에서 시작했으므로 여기서는 명목 수치가 더 간단한 계산이 된다.

예제 6.11

실질과 명목 NPV Altshuler, Inc.은 자본예산 프로젝트와 관련하며 다음과 같은 추정을 하고 있다.

	연도 0	연도 1	연도 2
자본지출	$1,210		
수익 (실질기준)		$1,900	$2,000
현금지출 (실질기준)		950	1,000
감가상각비 (정액법)		605	605

사장인 David Altshuler는 향후 2년간 인플레이션율이 매년 10%가 될 것으로 예측한다. 또한 프로젝트의 현금흐름은 15.5%의 명목이자율로 할인되어야 한다고 믿는다. 이 기업의 법인세율은 21%이다.

Altshuler 씨는 모든 현금흐름을 명목 개념으로 예측하고 그 결과를 NPV 계산과 함께 다음과 같이 정리하였다.

	연도 0	연도 1		연도 2	
자본지출	−$1,210				
수익		$2,090	(=1,900 × 1.10)	$2,420	[=2,000 × (1.10)²]
−비용		−1,045	(= 950 × 1.10)	−1,210	[= 1,000 × (1.10)²]
−감가상각비		−605	(= 1,210/2)	−605	
과세대상이익		$ 440		$ 605	
−세금(21%)		−92		−127	
세후이익		$ 348		$ 478	
+감가상각비		605		605	
현금흐름		$ 953		$1,083	

$$\text{NPV} = -\$1,210 + \frac{\$953}{1.155} + \frac{\$1,083}{(1.155)^2} = \$427$$

이 회사의 CFO인 Stuart Weiss는 실질 개념으로 계산하는 것을 선호한다. 그는 먼저 실질이자율을 5%(= 1.155/1.10 − 1)로 계산하고 아래와 같이 실질 수치를 만든다.

	연도 0	연도 1		연도 2	
자본지출	−$1,210				
수익		$1,900		$2,000	
−비용		−950		−1,000	
−감가상각비		−550	(= 605/1.10)	−500	[= 605 × (1.10)²]
과세대상이익		$ 400		$ 500	
−세금(21%)		−84		−105	
세후이익		$ 316		$ 395	
+ 감가상각비		550		500	
현금흐름		$ 866		$ 895	

Mr. Weiss는 프로젝트의 가치를 아래와 같이 계산한다.

$$\text{NPV} = -\$1{,}210 + \frac{\$866}{1.05} + \frac{\$895}{(1.05)^2} = \$427$$

Mr. Weiss는 Mr. Altshuler에게 자신의 계산을 설명하면서 다음과 같은 사실을 설명한다.

1. 자본지출은 연도 0(오늘)에서 발생하므로, 그것의 명목가치와 실질가치는 동일하다.
2. 연간 감가상각금액인 $605는 명목 수치이므로, 인플레이션율 10%로 할인하여 실질 수치로 전환한다.

Mr. Altshuler와 Mr. Weiss가 동일한 NPV에 도달하게 된 것은 우연이 아니다. 두 방법은 항상 동일한 NPV를 산출해야만 한다.

요약 및 결론 _*Summary and Conclusions*

이번 장에서 자본예산의 여러 가지 실제 적용을 논의하였다.

01. 자본예산은 증분 기준으로 실행해야만 한다. 매몰비용은 무시되어야만 하고, 반면에 기회비용과 부수적 효과는 고려되어야만 한다는 것을 의미한다.

02. Baldwin 사례에서 우리는 다음 2단계에 걸쳐 NPV를 계산했다.

a. 각 기간에 모든 출처로부터 순현금흐름을 계산한다.

b. 이러한 현금흐름을 이용하여 NPV를 계산한다.

03. 할인현금흐름 방법은 여러 자본예산 영역에서 적용될 수 있다. 이번 장에서 우리는 비용절감 투자, 경쟁적 입찰가격, 수명이 다른 설비 간의 선택 등에 적용하였다.

04. 영업현금흐름(OCF)은 여러 다른 방법으로 계산될 수 있다. 우리는 OCF 계산에 세 가지 방법을 제시했다. 하향식 접근법, 상향식 접근법, 그리고 세금절감액 접근법이며 세 가지 방법은 일관된 결과를 보여준다.

05. 인플레이션은 일관되게 처리해야 한다. 한 가지 방법은 현금흐름과 할인율을 모두 명목기준으로 하는 것이다. 다른 방법은 현금흐름과 할인율을 모두 실질기준으로 하는 것이다. 어느 방법이든 동일한 NPV를 산출하기 때문에 더 쉬운 방법을 사용한다. 더 쉬운 방법이라는 것은 대개 주어진 자본예산 문제의 유형에 따라 달라진다.

개념확인 _*Concept Questions*

01. 기회비용 자본예산의 맥락에서 기회비용은 무엇인가?

02. 증분현금흐름 투자의 NPV를 계산할 때 다음 중 증분현금흐름으로 처리해야만 하는 것은 무엇인가?

a. 투자로 인해서 유발된 회사 내 다른 제품의 매출 감소
b. 프로젝트가 채택될 경우에만 발생할 아직 발생하지 않은 공장설비비용
c. 지난 3년 동안 제품과 관련하여 들어간 연구개발비용
d. 투자에 대한 연간 감가상각비용
e. 회사의 배당금 지급액
f. 프로젝트의 종료 시 공장설비의 매각 가치
g. 프로젝트가 채택될 경우에만 고용될 생산부서 노동자의 임금과 의료비용

03. 증분현금흐름 당신의 회사는 스틸 샤프트 골프채를 생산하여 판매하고 있다. 이사회는 그라파이트 샤프트를 장착한 새로운 티타늄 우드 생산라인 도입을 검토하라고 제안했다. 다음 중 관련된 비용이 아닌 것은 무엇인가?

a. 프로젝트를 위해 사용될 토지, 이미 보유하고 있으며 사용하지 않을 경우 시장가치 $700,000에 매각될 수 있음
b. 그라파이트 샤프트를 장착한 티타늄 우드를 시판할 경우 감소하게 될 스틸 샤프트 골프채의 매출액 $300,000
c. 새로운 그라파이트 샤프트 개발을 위해 작년에 지출한 $200,000의 연구개발비

04. 감각상각비 선택할 수 있다면 가속상각법(MACRS)과 정액(균등)상각법 중 기업은 어느 것을 선호하는가? 그 이유는?

05. 순운전자본 자본예산 예제에서, 우리는 기업이 프로젝트에 투자한 모든 운전자본을 말기에 회수한다고 가정했다. 이것은 합리적인 가정인가? 어떤 때 타당하지 않은가?

06. 독립평가의 원칙 어느 재무관리자가 다음 문구를 인용했다고 하자. "우리 회사는 독립평가의 원칙을 사용한다. 프로젝트 평가과정에서 프로젝트를 하나의 작은 기업처럼 처리한다. 기업 수준에는 자본조달 비용이 관련되기 때문에 관련된 자본조달 비용을 프로젝트 평가에 포함한다." 이 진술에 대해 비평하라.

07. 균등연간비용 언제 EAC 분석 방법이 둘 이상의 프로젝트 비교에 적합한가? 이 방법은 왜 사용하는가? 이 방법을 사용하는 데 필요한 암묵적인 가정으로 문제가 있는 것은 없는가? 설명하라.

08. 현금흐름과 감가상각비 "프로젝트를 평가할 때, 우리는 관련 증분 세후 현금흐름만을 고려한다. 따라서 감가상각비는 비현금 비용이기 때문에 프로젝트를 평가할 때 그 효과를 무시해야만 한다." 이 설명에 대하여 비판하라.

09. 자본예산 고려 주요 대학 교재 출판사들은 이미 기존 재무관리 교재를 가지고 있다. 출판사는 좀 더 간략한 (따라서 싼 가격의) 의미를 가지는 "핵심" 버전의 교재를 출판하는 것을 고려하고 있다. 이러한 교재 출판을 고려하면서 무엇을 염두에 두어야 하는가?

아래 3가지 질문에 대하여 답하기 위해 필요한 다음 예제를 설명하려고 한다. 2003년에 Porsche는 Cayenne이라는 새로운 SUV 차량을 선보였다. Cayenne의 가격은 $40,000이 넘었고 8.5초 만에 시속 100 km에 도달하였다. SUV 시장에 진입하는 Porsche의 결정은 Mercedes-Benz M class와 같은 고가 SUV의 성공에 대한 대응이었다. 이 부류의 고가 자동차는 매우 높은 이익을 창출하였다. Cayenne은 확실히 2006년의 시장에서 흥미를 일으켰다. Porsche는 100 km에 도달하는 데 4.8초가 걸리고 최고 시속 270 km를 내는 Cayenne Turbo S를 출시하였다. 2018년에 이 차의 기본형 가격은 무려 $125,000이었다!

Porsche의 고급 SUV 시장 진입에 대해 일부 분석가는 부정적이었다. 분석가들은 Porsche가 시장

에 가장 늦게 진입한 것도 문제지만 Cayenne의 도입은 고성능 자동차 제조사인 Porsche의 명성에 피해를 줄 것이라고 우려했다.

10. **잠식** Cayenne을 평가하면서 Porsche의 명성에 잠재적 피해를 주는 것을 잠식이라고 볼 수 있는가?

11. **자본예산** Porsche는 SUV 시장에 늦게 진입한 제조사 중의 하나이다. 다른 회사들이 처음에는 시장에 관심을 가지지 않을 때 왜 한 회사는 제품을 추진하기로 결정을 하는 것일까?

12. **자본예산** Cayenne을 평가할 때, Porsche는 이 시장에 존재하는 상당한 이윤에 대해 어떻게 가정해야 한다고 생각하는가? 시장의 경쟁이 치열해지더라도 높은 이윤이 유지될 수 있을 것이라고 생각하는가? 혹은 Cayenne의 성능과 이미지 때문에 Porsche가 이윤을 유지할 수 있을 것이라고 생각하는가?

연습문제 _*Questions and Problems*

기초
(Questions 1~12)

01. **프로젝트 NPV의 계산** Paul Restaurant은 $7,500에 수플레 제조기를 구매하는 것을 고려 중이다. 수플레 제조기는 5년의 수명을 가지고 정액상각법으로 전액 감가상각될 것이다. 기계는 연간 1,400개의 수플레를 만들 것이고 개당 $4.95에 판매하는 데 개당 $1.97의 비용이 발생할 것이다. 할인율은 14%이고 세율은 21%이다. 이 회사는 구매를 해야 하는가?

02. **프로젝트 NPV의 계산** Best Manufacturing Company는 새로운 투자를 고려 중이다. 투자의 재무적 예측치는 아래 표로 요약된다. 법인세율은 22%이다. 모든 매출은 현금으로 판매되며 영업비용과 소득세도 현금으로 지급한다. 모든 현금흐름은 연말에 발생한다. 순운전자본은 프로젝트 종료 시에 회복된다.

	연도 0	연도 1	연도 2	연도 3	연도 4
투자	$26,300				
매출수익		$13,400	$15,000	$16,400	$12,900
영업비용		2,900	3,100	4,200	2,800
감가상각비		6,575	6,575	6,575	6,575
순운전자본 지출	300	200	225	150	?

a. 매년 투자의 증분 순이익을 계산하라.
b. 매년 투자의 증분현금흐름을 계산하라.
c. 적절한 할인율이 12%라고 가정하자. 프로젝트의 NPV는 얼마인가?

03. **프로젝트 NPV의 계산** Down Under Boomerang, Inc.은 초기 고정자산 투자에 $1.42백만이 필요한 3년짜리 확장 프로젝트를 고려 중이다. 고정자산은 3년 과세기간에 0으로 정액상각되고 실제 가치도 0이 될 것이다. 프로젝트는 연간 매출액으로 $1.09백만을 창출할 것으로 예상된다. 비용은 $475,000이 될 것이다. 세율은 25%이고 요구수익률은 12%이다. 프로젝트의 NPV는 얼마인가?

04. **프로젝트의 현금흐름 계산** 앞의 문제에서, 프로젝트는 초기 순운전자본으로 $250,000의 투자가 필요하고 프로젝트 종료시점에 고정자산은 $230,000의 시장가치를 가진다고 가정하자. 프로젝트의 연도 0의 순현금흐름은 얼마인가? 연도 1에는? 연도 2에는? 연도 3에는? 새로운 NPV는 얼마인가?

05. NPV와 수정 ACRS 앞의 문제에서, 고정자산이 3년의 MACRS class에 속한다고 가정하자. 모든 정보는 그대로 동일하다. 연도 1에 프로젝트의 순현금흐름은 얼마인가? 연도 2에는? 연도 3에는? 새로운 NPV는 얼마인가?

06. NPV와 보너스 감가상각 앞의 문제에서, 고정자산이 100% 보너스 감가상각을 받을 수 있다고 가정하자. 다른 모든 사실은 동일하다. 프로젝트의 연도 1 순현금흐름은 얼마인가? 연도 2에는? 연도 3에는? 새로운 NPV는 얼마인가?

07. 프로젝트의 평가 당신의 회사는 새로운 컴퓨터 기반 주문시스템을 $575,000에 구매하려고 고려 중이다. 이 시스템은 정액상각법으로 5년에 걸쳐 0으로 감가상각될 것이다. 5년 말에 $60,000의 가치가 있을 것이다. 주문처리 비용에서 연간 세전 $176,000을 절감할 것이고 운전자본은 $80,000(일회성 감소)만큼 절감할 수 있을 것이다. 세율이 23%이면, 이 프로젝트의 IRR은 얼마인가?

08. 프로젝트 평가 Dog Up! Franks는 설치 비용이 $375,000인 새로운 소시지 시스템을 찾고 있다. 이 비용은 프로젝트 기간인 5년 동안 0으로 정액상각되며 소시지 시스템은 프로젝트 종료 시 $25,000에 폐기될 수 있다. 소시지 시스템은 세전 운영비용으로 연간 $95,000를 절약할 것이며, 순운전자본에 $15,000의 초기투자가 필요하다. 세율이 24%이고 할인율이 10%인 경우 이 프로젝트의 NPV는 얼마인가?

09. NPV와 보너스 감가상각 앞의 문제에서, 고정자산이 100% 보너스 감가상각을 받을 수 있다고 가정하자. 다른 모든 사실은 동일하다. 새로운 NPV는 얼마인가?

10. 잔존가치의 계산 4년 프로젝트에 사용될 어떤 자산이 세금 목적으로 5년짜리 MACRS class에 속한다. 자산은 취득원가가 $7.6백만이고 프로젝트 종료 시점에 $1.4백만에 매각될 것이다. 세율이 21%라면, 자산의 세후 잔존가치는 얼마인가?

11. NPV 계산 Thurston Petroleum은 기존 사업을 보완하는 새로운 프로젝트를 고려하고 있다. 이 프로젝트에 필요한 기계 비용은 $4.1백만이다. 마케팅 부서는 이 프로젝트와 관련된 매출이 향후 4년간 매년 $2.35백만이 될 것으로 예상하고 그 이후 시장은 더 이상 존재하지 않을 것으로 예상한다. 기계는 정액상각법을 사용하여 4년의 경제적 수명 동안 0으로 감가상각 된다. 프로젝트와 관련된 매출원가와 영업비용은 매출의 25%로 예상된다. 이 회사는 또한 즉시 $150,000의 순운전자본을 추가로 투자해야 하고 프로젝트의 수명이 다하면 추가 순운전자본은 완전히 환수된다. 법인세율은 25%이고 프로젝트의 요구수익률은 13%이다. 회사는 프로젝트를 진행해야 하는가?

12. EAC의 계산 당신은 2개의 실리콘 웨이퍼 가공기계를 평가하고 있다. Techron I은 비용이 $265,000이고 3년의 수명을 가지고 연간 세전 운영비용으로 $41,000이 소요된다. Techron II는 비용이 $330,000이고 5년 수명에 세전 운영비용으로 $52,000이 필요하다. 두 기계는 정액상각법으로 프로젝트의 수명 동안 0으로 감가상각되지만 잔존가치는 $25,000으로 예상된다. 만일 세율이 21%이고 할인율이 9%이면 두 기계의 EAC는 얼마인가? 어느 기계를 선호하는가? 그 이유는?

중급
(Questions 13~31)

13. 비용절감 제안 Starset Machine Shop은 생산 효율성을 개선하기 위해 4년 프로젝트를 고려하고 있다. 새로운 기계 프레스의 구매는 $670,000이 필요하지만 연간 세전 비용절감이 $245,000으로 예상된다. 이 프레스 기계는 MACRS의 5년 class에 속하고 프로젝트 종료 시점에 잔존가치는 $55,000을 가질 것이다. 기계는 부품 재고비용으로 $20,000의 초기투자가 필요하고 매년 추가적으로 $2,500의 비용이 소요된다. 회사의 세율은 23%이고 할인율은 8%이다. 이 회사는 이 기계를 설치해야 하는가?

14. **NPV 및 보너스 감가상각** 앞의 문제에서 고정자산이 100% 보너스 감가상각을 받을 수 있다고 가정하자. 다른 모든 사실은 동일하다. 새로운 NPV는 얼마인가?

15. **상호배타적인 프로젝트의 비교** Hagar Industrial Systems Company (HISC)는 2개의 서로 다른 컨베이어 벨트 시스템을 고려 중이다. 시스템 A는 비용이 $265,000이고 4년 수명에 세전 연간 운영비용은 $73,000이 필요하다. 시스템 B는 비용이 $380,000이고 6년 수명에 세전 연간 운영비용으로 $64,000이 필요하다. 두 시스템은 정액상각법으로 수명기간 동안 잔존가치 0으로 감가상각된다. 어느 시스템이 선택되든 완전히 마모되면 교체되지는 않는다. 세율이 23%이고 할인율은 7.5%라면, 어느 시스템을 선택해야 할까?

16. **상호배타적인 프로젝트의 비교** 앞의 문제에서, HISC는 항상 컨베이어 벨트 시스템이 필요하다고 가정하자. 완전히 마모되면 교체되어야 한다. 어느 시스템을 선택해야만 할까?

17. **NPV와 보너스 감가상각** Eggz, Inc.는 회사가 판매 목적으로 빠진 암탉 깃털을 모으는 새로운 장비를 구매하려고 고려 중이다. 장비의 비용은 $425,000이며 100% 보너스 감가상각을 받을 수 있다. 이 장비는 5년 후에 프로젝트 종료 시 $45,000에 판매될 수 있다. 연간 고정비는 $47,000이고 변동비는 매출의 35%에 해당하며, 연간 매출은 $275,000이다. 이 프로젝트는 NWC에 $25,000의 투자가 필요하며 프로젝트 종료 시 반환될 것이다. 세율은 22%이고 요구수익률은 9%이다. 프로젝트의 NPV는 얼마인가?

18. **상호배타적인 프로젝트 비교** Vandelay Industries는 라텍스 생산을 위한 새로운 기계 구매를 고려하고 있다. 기계 A의 가격은 $1,98백만이며 수명은 6년이다. 변동비는 매출의 35%이고 고정비는 연간 $187,000이다. 기계 B의 비용은 $5,400,000이며 수명은 9년이다. 이 기계의 변동비는 매출의 30%이며 고정비는 연간 $145,000이다. 각 기계의 매출은 연간 $1.24백만이다. 요구수익률은 10%이고 세율은 21%이다. 두 기계 모두 정액상각된다. 회사가 영구 마모될 때 기계를 교체할 계획이라면 어떤 기계를 선택해야 하는가?

19. **인플레이션이 있는 자본예산** 상호배타적인 2개의 프로젝트 현금흐름이 아래와 같다.

연도	프로젝트 A	프로젝트 B
0	−$42,000	−$53,000
1	21,000	24,000
2	19,000	25,000
3	17,000	23,000

프로젝트 A의 현금흐름은 실질기준(real term)으로, 프로젝트 B의 경우는 명목기준(nominal term)으로 표현되어 있다. 적절한 명목이자율은 11%이고 인플레이션율은 4%이다. 어느 프로젝트를 선택해야 하는가?

20. **인플레이션과 기업가치** Sparkling Water Inc.는 매년 3.4백만 병의 생수를 영구히 판매할 것으로 추정한다. 올해 병당 실질기준으로 $0.85의 비용으로 실질기준 $1.43의 가격에 판매할 것이다. 매출수입과 비용은 연말에 발생한다. 매출액은 실질비율로 연간 1.3% 증가할 것이고 비용은 연간 0.9% 실질비율로 증가할 것이다. 실질할인율은 6%이고 법인세율은 21%이다. 이 회사의 가치는 얼마인가?

21. 명목현금흐름의 계산 Lo, Inc.는 5년의 경제적 수명을 가지는 자산에 $435,000을 투자하는 것을 고려 중이다. 회사는 명목 연간 현금매출과 비용이 첫해 말에 각각 $275,000과 $87,000이 될 것으로 추정한다. 매출과 비용은 모두 그 이후 매년 3%의 인플레이션율로 증가할 것이다. 이 회사는 정액상각법으로 자산을 5년간 0이 되도록 감가상각할 것이다. 자산의 잔존가치는 5년 말에 명목가치로 $55,000이 될 것으로 예상된다. 일회성 순운전자본 투자액은 $15,000이고 즉시 필요하며 프로젝트 종료 시점에 회수될 것이다. 세율은 21%가 적용된다. 프로젝트의 자산으로부터의 매년 총 명목현금흐름은 얼마인가?

22. 현금흐름의 가치평가 Phillips Industries는 소규모 제조업을 운영하고 있다. 이번 회계연도에 회사는 실질 순현금흐름으로 $345,000을 기대한다. Phillips가 운영하는 동안 경쟁압력으로 실질 순현금흐름은 연간 3%씩 영구적으로 감소할 것이다. 적절한 실질할인율은 4%이다. 모든 순현금흐름은 연말에 받게 된다. Phillips의 운영에서 발생하는 순현금흐름의 현재가치는 얼마인가?

23. 균등연간비용 Bridgton Golf Academy는 골프연습 설비를 평가하고 있다. "Dimple-Max" 설비는 비용이 $97,000이고 3년의 수명으로 매년 $10,600의 비용이 발생한다. 관련된 할인율은 12%이다. 정액감가상각법이 사용되고 설비는 0으로 상각된다고 가정한다. 또한 프로젝트의 종료 시점에 설비의 잔존가치는 $7,500으로 가정한다. 관련된 세율은 23%이다. 모든 현금흐름은 연말에 발생한다. 이 설비의 균등연간비용(EAC)은 얼마인가?

24. 프로젝트 NPV의 계산 Market Top Investors, Inc.는 경제적 수명이 5년인 $385,000의 컴퓨터 구매를 고려 중이다. 컴퓨터는 정액법으로 5년에 걸쳐 상각될 것이다. 5년 뒤에 컴퓨터의 시장가치는 $30,000이 될 것이다. 컴퓨터는 합쳐서 연봉이 $90,000인 2명의 종업원으로 대체될 수 있다. 컴퓨터는 회사의 순운전자본의 필요금액을 즉시 $70,000만큼 줄일 수 있다. 절약된 순운전자본의 금액은 컴퓨터가 판매되면 대체하기 위해서 필요할 것이다. 법인세율은 22%이다. 할인율이 9%이면 이 컴퓨터를 구매하는 것이 가치가 있는가?

25. 자산대체의 NPV와 IRR의 계산 회사가 기존 기계를 대체하는 $15.6백만의 가격인 새로운 기계에 투자하는 것을 고려 중이다. 현재의 기계는 장부가치 $5.4백만을 가지고 시장가치 $4.1백만을 가지고 있다. 새로운 기계는 4년의 수명을 가질 것으로 예상되며 구기계는 사용할 수 있는 기간이 4년 남았다. 만일 기업이 구기계를 신기계로 대체하면 운영비용에서 4년간 매년 $6.3백만을 절약할 수 있을 것으로 예상된다. 4년 뒤에 두 기계는 모두 잔존가치를 갖지 않을 것이다. 만일 회사가 신기계를 구매하면 순운전자본에 $250,000을 투자해야 할 것이다. 투자의 요구수익률은 10%이고 세율은 21%이다. 구기계 대체결정의 NPV와 IRR은 얼마인가?

26. 프로젝트 분석과 인플레이션 Amazing Manufacturing, Inc.는 새로운 제조설비를 $650,000에 구매하는 것을 고려 중이다. 설비는 정액상각법으로 7년 동안 완전히 상각될 것이다. 7년 뒤에 재판매가치는 없을 것이다. 설비로부터의 매출은 명목가치로 연말에 $565,000으로 기대된다. 매출은 5%의 인플레이션율로 증가할 것이다. 생산비용은 연말에 명목가치로 $345,000이 될 것이고, 연간 4%로 증가할 것으로 예측된다. 실질할인율은 7%이다. 법인세율은 24%이다. 이 회사는 이 프로젝트를 채택해야 하는가?

27. 프로젝트 NPV 계산 캐주얼 서핑 프린트 의류의 인기가 높아짐에 따라 최근 2명의 MBA 졸업생들이 이 캐주얼 서핑 콘셉트를 "가정용 서핑 라이프 스타일"로 확대하기로 결정했다. 제한된 자본으로 사람들의 집을 강조하기 위해 서핑 프린트 테이블과 플로어 램프에 집중하기로 결정했다.

이 램프의 판매량은 첫해에 10,400대가 될 것으로 추정되며, 향후 5년간 매년 8%씩 성장할 것으로 예상된다. 이 램프를 생산하기 위해 순운전자본으로 $45,000이 필요하다. 총 고정비용은 연간 $125,000이고, 단위당 변동비는 $19이며, 가격은 개당 $61이다. 생산을 시작하는 데 필요한 장비 비용은 $575,000이고, 이 장비는 5년 동안 정액법으로 감가상각되며 잔존가치는 예상되지 않는다. 세율은 21%이고 요구수익률은 18%이다. 이 프로젝트의 NPV는 얼마인가?

28. 프로젝트 NPV 계산 당신은 고급 치터 제조업체인 PUTZ (Pristine Urban-Tech Zither, Inc.)의 컨설턴트로 고용되었다. 치터 시장이 빠르게 성장하고 있다. 이 회사는 3년 전에 유독성 폐기물 처리장으로 사용할 목적으로 $1백만에 토지를 매입했으나 최근에는 모든 유독성 물질을 처리하기 위해 다른 회사를 고용했다. 최근 감정평가를 바탕으로 토지를 세후 $900,000에 매각할 수 있다고 생각한다. 4년 후에는, 토지를 세후 $1.2백만에 매각할 수도 있다. 이 회사는 또한 $125,000의 비용을 지불하고 마케팅 회사를 고용하여 치터 시장을 분석하였다. 마케팅 보고서의 일부는 다음과 같다.

> 치터 산업은 향후 4년 동안 급속히 확장할 것이다. PUTZ의 브랜드 인지도를 통해 회사는 향후 4년 동안 매년 7,100, 7,900, 9,200, 6,100대를 판매할 수 있다고 생각한다. 다시 한번 PUTZ의 브랜드 인지도를 활용하여, 치터를 프리미엄 가격인 $305에 판매할 수 있다고 생각한다. 치터는 유행처럼 보이기 때문에 4년이 지나면 판매가 중단될 것이라고 생각한다.

PUTZ는 프로젝트의 고정비가 연간 $375,000이고 변동비가 매출의 15%라고 생각한다. 생산에 필요한 장비는 $3.4백만이며 3년-MACRS에 따라 감가상각된다. 프로젝트가 끝나면 장비를 $310,000에 폐기할 수 있다. $225,000의 순운전자본이 즉시 투자되어야 한다. PUTZ의 세율은 23%이며 프로젝트 요구수익률은 13%이다. 프로젝트의 NPV는 얼마인가?

29. NPV와 보너스 감가상각 앞의 문제에서 고정자산이 100% 보너스 감가상각을 받을 수 있다고 가정하자. 다른 모든 사실은 동일하다. 새로운 NPV는 얼마인가?

30. 프로젝트 NPV 계산 Calligraphy Pens는 기존 기계를 교체할 시기를 결정하고 있다. 기계의 현재 잔존가치는 $2.8백만이다. 현재 장부가액은 $1.6백만이다. 처분되지 않을 경우 기존 기계는 향후 5년간 연말에 $855,000의 유지보수비용이 발생한다. 기존 기계의 감가상각은 연간 $320,000이다. 5년 후, 잔존가치는 $140,000이고 장부가치는 $0이다. 교체 기계의 가격은 현재 $4.5백만이며, 5년의 경제 수명 동안 매년 말에 $350,000의 유지 보수 비용이 필요하다. 5년 후 새 기계의 잔존가치는 $900,000이다. 정액법으로 완전히 감가상각된다. 5년 안에 교체 기계의 비용은 $3,400,000이다. 회사는 오늘 어떤 선택을 하든지 이 기계를 구입해야 한다. 법인세율은 21%이고 적절한 할인율은 8%이다. 회사는 감가상각으로 인한 세금절감 효과를 누리기에 충분한 매출을 올릴 것으로 가정한다. 회사가 지금 또는 5년 후에 기존 기계를 교체해야 하는가?

31. 프로젝트 분석과 인플레이션 Dickinson Brothers, Inc.는 컴퓨터 키보드 생산을 위해 기계 투자를 고려하고 있다. 기계의 가격은 $1.2백만이 될 것이며 경제적 수명은 5년이다. 기계는 정액법으로 완전히 감가상각된다. 이 기계는 매년 25,000개의 키보드를 생산한다. 각 키보드의 가격은 첫해에 $47이고 매년 3%씩 증가할 것이다. 키보드당 생산비용은 첫해 $17이며 매년 4%씩 증가할 것이다. 이 프로젝트의 연간 고정비는 $235,000이며 순 운전자본에 $200,000이 즉시 투자되어야 한다. 회사의 법인세율은 21%이고 적절한 할인율이 11%라면 투자의 NPV는 얼마인가?

고급
(Questions 32~42)

32. 프로젝트 평가 Aday Acoustics Inc. (AAI)는 다음과 같이 새로운 7옥타브 음성모방기구의 판매량을 추정하고 있다.

연도	판매량
1	73,000
2	79,000
3	84,000
4	82,000
5	68,000

음성모방기구의 제조에는 초기에 순운전자본 $1.5백만의 투자가 필요하고, 매년 추가적으로 투자되는 순운전자본은 다음 해의 추정된 매출 증가액의 15%가 될 것이다. 총 고정비는 연간 $3.4백만이고, 단위당 변동비는 $145이며, 단위당 가격은 $325이다. 제조를 시작하는 데 필요한 설비는 $18.5백만의 설치비용이 소요된다. 음성모방기구는 전문적인 가수를 대상으로 하기 때문에, 설비는 산업기계이고 7년-MACRS에 해당된다. 5년 뒤에 이 설비는 취득비용의 약 20%에 판매될 수 있다. AAI는 23%의 한계세율에 해당되고 프로젝트의 요구수익률은 18%이다. 추정된 예측에 근거할 때, 이 프로젝트의 NPV는 얼마인가? IRR은 얼마인가?

33. **필요한 절감액의 계산** 제안된 비용절감기구의 설치비용은 $645,000이다. 이 기구는 5년 프로젝트에 사용될 것이고, 세금 목적상 3년-MACRS 종류에 속한다. 필요한 초기 순운전자본 투자액은 $55,000이고 한계세율은 21%이며 할인율은 12%이다. 이 기구는 연도 5에 잔존가치가 $50,000으로 예측된다. 이 프로젝트가 수익성을 가지려면 세전 비용절감액의 수준은 얼마가 되어야 하는가?

34. **입찰 가격 계산** Guthrie Enterprises는 향후 5년 동안 제조에 필요한 기계나사를 매년 145,000상자씩 공급해 줄 사람을 필요로 하고, 당신이 이 계약에 입찰하려고 한다. 생산을 시작하는 데 필요한 장비를 설치하기 위해 $2.1백만이 소요될 것이고, 이 장비는 프로젝트 기간 동안 정액상각법에 따라 잔존가치 0으로 상각된다. 이 장비는 5년 후에 $150,000에 매각할 수 있다고 예상한다. 고정비는 연간 $650,000이며 상자당 변동비는 $9.45이다. 또한 순운전자본 $325,000이 초기에 투자되어야 한다. 세율이 21%이고 11%의 투자수익률이 요구될 경우 입찰가격을 얼마로 제출해야 하는가?

35. **재무 손익분기점 분석** 입찰가격을 계산하는 기법은 다른 많은 유형의 문제로 확장될 수 있다. 입찰가격을 설정하는 것과 동일한 기법을 사용하여 다음 질문에 답하라. 즉, 프로젝트 NPV를 0으로 설정하고 해당 변수를 해결하라.
    a. 앞의 문제에서, 상자당 가격이 $20일 때, 프로젝트 NPV는 얼마인가? 입찰가격에 대한 답변은 무엇인가? 여전히 손익분기점 상태에서 판매할 수 있는 상자의 수는 몇 개인가? 비용은 어느 정도인가?
    b. 가격이 여전히 $20일 때, 앞의 문제를 다시 해결하라. 단, 여전히 손익분기점 상태에서 매년 공급할 수 있는 상자의 수량을 찾으라. (**힌트**: 145,000상자 미만)
    c. (b)를 $20의 가격과 연간 145,000상자로 반복하고, 손익분기점 상태에서 감당할 수 있는 최고 수준의 고정비를 찾으라. (**힌트**: $650,000 이상)

36. **입찰 가격 계산** 회사는 4년간 매년 18,000대의 음성인식(VR) 컴퓨터 키보드를 판매하는 계약에 입찰했다. 기술 향상으로 인해 시간이 지나면 구식이 되어 판매가 불가능하다. 생산에 필요한 장비는 $3.6백만이 소요되며, 정액상각법으로 잔존가치 0까지 감가상각된다. 생산에 필요한 순운전자본 투자 $125,000는 프로젝트 종료 시에 반환되고, 장비는 생산 종료 시 $250,000에 판매될 수 있다. 고정비는 연간 $775,000이고 단위당 변동비는 $43이다. 이 계약 외에도 회사는 향후 4년 동안

$135의 가격으로 4,000, 12,000, 14,000, 7,000개를 추가로 다른 국가의 회사에 판매할 수 있다고 생각한다. 이 가격은 고정되어 있다. 세율은 24%이며 요구수익률은 13%이다. 또한 회사의 대표는 NPV가 $100,000인 경우에만 프로젝트를 수행할 것이다. 계약에 대해 어떤 입찰가격을 설정해야 하는가?

37. 교체 결정 기존 컴퓨터를 새 컴퓨터로 교체하려 한다고 가정하자. 기존 컴퓨터의 가격은 $450,000이었고, 새 컴퓨터의 가격은 $580,000이다. 새 컴퓨터는 5년 동안 정액상각법으로 잔존가치 0까지 감가상각된다. 5년 후에는 아마도 $130,000 정도의 가치가 있을 것이다.

기존 컴퓨터는 연간 $90,000씩 감가상각되고 있다. 3년 안에 완전히 상각될 것이다. 지금 교체하지 않으면 2년 후에 교체해야 한다. 지금 $230,000에 팔 수 있고, 2년 후에는 $60,000 정도의 가치가 있을 것이다. 새 컴퓨터는 연간 $85,000의 운영비를 절약할 것이다. 세율은 21%이고 할인율은 14%이다.

a. 지금 컴퓨터를 교체하지 않으면 2년 후에 컴퓨터를 교체할 것임을 알고 있다고 가정한다. 지금 교체해야 하는가 아니면 기다려야 하는가? (힌트: 우리가 효과적으로 내려야 하는 결정은 기존 컴퓨터에 투자—팔지 않음으로써—하거나, 또는 새 컴퓨터에 투자하거나 둘 중 하나이다. 두 투자는 수명이 서로 다르다는 점에 주목하라.)

b. 2년 안에 어떤 일이 일어날 것인지 걱정하지 않고 기존 컴퓨터를 교체해야 하는지만 고려한다고 가정해 보자. 관련 현금흐름은 무엇인가? 교체해야 하는가? (힌트: 교체했을 경우에 세후 현금흐름의 순변동을 고려하라.)

38. 프로젝트 분석 Hardwick Enterprises는 $1.45백만에 구입 한 3층짜리 제조 및 창고 건물에 대한 대체용도를 평가하고 있다. 회사는 현재 임차인에게 건물을 임대하여 계속해서 연간 $75,000의 임대료를 벌 수 있다. 현재 임차인은 적어도 15년 동안 건물을 임차할 의향을 나타냈다. 대안으로는, 기존 구조를 개조하여 자체적으로 제조 및 창고 요구를 충족하기 위하여 사용할 수 있다. 이 회사의 생산 엔지니어는 이 건물이 두 개의 새로운 제품 라인 중 하나에 적합하다고 생각한다. 두 가지 제품 대안에 대한 비용 및 수익 데이터는 다음과 같다.

	제품 A	제품 B
건물 수정을 위한 초기 투자비용	$115,000	$160,000
장비를 위한 초기 투자비용	340,000	345,000
연간 세전 현금 수입(15년간)	275,000	295,000
연간 세전 비용(15년간)	115,000	130,000

건물은 제품 A 또는 제품 B에 대해 15년 동안만 사용된다. 15년 후에는 건물이 너무 작아서 어느 제품 라인도 생산에 비효율적이 될 것이다. 그때가 되면 회사는 현재 임차인과 유사한 회사에게 건물을 임대할 계획이다. 건물을 다시 임대하려면 현재 구조로 건물을 복원해야 한다. 제품 A를 제조한 경우 건물을 복원하는 데 예상되는 현금비용은 $75,000이다. 제품 B를 제조한 경우 현금비용은 $85,000이다. 이러한 현금비용은 지출이 발생한 해에 세금 목적으로 공제될 수 있다.

이 회사는 어떤 대안을 선택하든 30년 동안 원래 건물 외부를 0으로 감가상각할 예정이다. 두 제품 모두에 대한 건물 개조 및 장비 구매는 15년의 수명이 있는 것으로 추정되고 정액법으로 감가상각한다. 이 회사의 세율은 21%이며 각 대안에 요구수익률은 12%이다.

모든 현금흐름은 연말에 발생한다고 가정한다. 개조 및 장비에 투입되는 초기비용은 오늘 발생하고 복원비용은 15년 말에 발생한다. 건물을 어떤 용도로 사용할 것을 경영진에게 권하겠는가?

39. **프로젝트 분석과 인플레이션** Biological Insect Control Corporation (BICC)는 고려 중인 두꺼비 농장의 NPV를 분석하기 위해서 당신을 컨설턴트로 고용하였다. BICC는 해충을 통제하기 위해서 두꺼비를 키워 분양하는 친환경 계획을 수립하였다. BICC는 영구적으로 이 사업이 진행될 것으로 예상한다. 시작하는 비용은 무시할 만큼 작고, 아래와 같은 명목현금흐름을 연말에 기대한다.

매출액	$415,000
인건비	209,000
기타비용	73,000

회사는 연간 $160,000에 기계를 임대할 것이다. 임대비용은 연도 1의 말에 지불되고 명목가치이다. 매출액은 실질가치로 연간 4% 성장할 것이다. 인건비는 실질가치로 연간 3% 증가할 것이다. 기타비용은 실질가치로 연간 1% 증가할 것이다. 인플레이션율은 연간 6%로 예상된다. BICC의 요구수익률은 실질가치로 10%이다. 회사는 22%의 세율을 가진다. 모든 현금흐름은 연말에 발생한다. BICC의 두꺼비 농장의 NPV는 얼마인가?

40. **프로젝트 분석과 인플레이션** Kopperud Electronics는 새로운 HDTV를 생산할 수 있는 투자기회를 가지고 있다. 올해 1월 1일에 필요한 투자금액은 $115백만이다. 회사는 4년 동안 정액법을 사용하여 투자액을 0으로 감가상각할 것이다. 투자는 프로젝트 완료 후 재판매 가치가 없다. 회사는 21% 세금 구간에 있다. 제품의 가격은 실질가치로 $415이며 프로젝트 기간 동안 변경되지 않는다. 연도 1의 인건비는 실질가치로 시간당 $15.70이고 실질가치로 연간 2%씩 증가할 것이다. 연도 1의 에너지 비용은 실질가치로 물리적 단위당 $4.10이고 실질가치로 연간 3%씩 증가할 것이다. 인플레이션율은 연간 5%이다. 수익과 비용은 연말에 발생한다. 생산 일정은 다음 표와 같다.

	연도 1	연도 2	연도 3	연도 4
물리적 생산 (단위)	145,000	165,000	180,000	155,000
노동력 투입 (시간)	1,120,000	1,200,000	1,360,000	1,280,000
에너지 투입 (물리적 단위)	210,000	225,000	255,000	240,000

프로젝트의 실질 할인율은 4%이다. 이 프로젝트의 NPV를 계산하라.

41. **프로젝트 분석과 인플레이션** Pill, Inc.는 광범위한 의료 및 마케팅 연구를 통해 진통제 시장에 침투할 수 있다고 믿고 있다. 두 가지 대체 제품을 고려하고 있다. 첫 번째는 두통 치료제이고, 두 번째는 두통과 관절염 치료제이다. 두 제품 모두 패키지당 $8.25의 가격에 판매된다. 두통 전용 치료제는 연간 3.2백만 패키지를 판매할 것으로 예상되는 반면, 두통 및 관절염 치료제는 연간 4.9백만 패키지를 판매할 것으로 예측된다. 첫해의 생산비용은 두통 전용 치료제의 경우 실질가치로 패키지당 $3.60이 예상되고, 두통과 관절염 치료제의 경우 실질가치로 $4.55이 예상된다. 모든 가격과 비용은 일반적인 인플레이션율 3%로 상승할 것이다.

어느 제품이든 추가 투자가 필요하다. 두통 전용 치료제는 $28백만의 장비가 있어야 생산이 가능하고, 이 장비는 3년간 사용이 가능하며, 재판매가치가 없다. 보다 광범위한 치료제를 생산하는데 필요한 기계류는 $36백만이며 3년간 사용이 가능하다. 이 장비는 3년 후에 재판매 가치가 $1백만(실제가치)으로 예상된다.

회사는 정액상각법을 사용하고 세율은 22%이며 적절한 실질 할인율은 5%일 때, 회사는 어떤 진통제를 생산해야 하는가?

42. 프로젝트 NPV 계산 J. Smythe, Inc.는 고급 가구를 제조한다. 이 회사는 새로운 마호가니 식탁 세트를 시판할지 여부를 결정하고 있다. 이 세트는 8개의 의자를 포함하여 $5,900에 판매될 것이다. 회사는 향후 5년간 매년 1,800, 2,150, 2,600, 2,350, 2,200 세트가 판매될 것이라고 생각한다. 변동비는 매출의 37%에 달하고 고정비는 연간 $2.05백만이다. 새 식탁은 판매 전년도에 생산 및 비축된, 판매량의 10%에 해당하는 재고를 필요로 한다. 새 식탁을 시판하면 회사가 생산하는 오크 식탁의 연간 매출은 250세트 정도 감소할 것으로 예상된다. 오크 식탁 세트의 판매 가격은 $4,300이고 변동비는 매출의 40%이다. 오크 식탁 세트의 재고도 판매량의 10%이다. 오크 식탁 매출은 영구히 계속될 것이다. J. Smythe는 현재 충분한 생산능력을 가지고 있다. 회사가 오늘 필요한 장비를 구입하면 $16백만이 소요될 것이지만 충분한 생산능력의 의미는 새로운 장비 구입 없이 새 식탁을 생산할 수 있다는 것을 의미한다. 회사의 회계담당자는 현재 생산을 2년간 지속한다면 충분한 생산능력은 소진될 것이라고 말했다. 즉, 회사가 새 식탁에 현재의 충분한 생산능력을 사용하는 경우 현재 제품의 판매 증가를 수용하기 위해 2년 안에 $16백만을 지출해야 한다는 것을 의미한다. 오늘 새 장비를 구입한다면 5년 후의 시장가치는 $2.9백만이 될 것이고, 2년 후에 구입한다면 5년 후의 시장가치는 $4.8백만이 될 것이다. 이 장비는 7년-MACRS에 따라 감가상각된다. 이 회사의 세율은 21%이며 프로젝트의 요구수익률은 11%이다.

a. J. Smythe가 새 프로젝트를 수행해야 하는가?

b. 이 프로젝트에서 IRR 분석을 수행할 수 있는가? 몇 개의 IRR을 찾을 수 있는가?

c. 수익성 지수를 어떻게 해석하겠는가?

Mini Case

BETHESDA MINING COMPANY

Bethesda Mining은 Ohio, Pennsylvania, West Virginia, Kentucky에서 20여 개의 광산을 운영하고 있는 중규모의 석탄 광산회사이다. 이 회사는 노천광산(strip mines)뿐만 아니라 갱도광산(deep mines)도 운영하고 있다. 채굴된 석탄의 대부분은 계약으로 판매하고, 초과생산량에 대해서는 현물시장에 매도한다.

석탄 광산업은, 특히 Bethesda와 같이 고유황 석탄영업을 하는 경우 환경규제에 심각한 영향을 받는다. 하지만 최근에 석탄에 대한 수요증가와 새로운 공해절감기술로 인해 고유황 석탄에 대한 시장 수요가 개선되고 있다. Bethesda는 최근 Mid-Ohio Electric Company로부터 향후 4년간 전력 발전을 위한 석탄 공급요청에 대한 교섭을 받았다. Bethesda Mining은 기존에 영업 중인 광산으로 그 계약 물량을 보장할 만큼 충분한 초과생산량을 보유하고 있지 못하다. 따라서 회사는 10년 전에 $4백만을 주고 구입한 Ohio 주에 있는 5,000에이커 규모의 노천광산의 채굴을 시작할 것인가를 고려하고 있다. 최근의 감정평가에 근거하여 이 회사는 지금 이 땅을 매각하는 경우 세후로 $6.5백만을 받을 수 있을 것으로 생각하고 있다.

노천채굴은 석탄광맥 위에 있는 토사층을 제거한 후 노출된 석탄을 채굴하는 과정을 말한다. 몇 년 전만 해도 광산회사는 단순히 석탄을 채굴하고 대지를 사용 불가능한 상태로 그대로 방치해 놓곤 했다. 하지만 광산 규제의 변화에 따라 이제는 광산회사들이 토지를 매립하여 정상적인 상태로 되돌려 놓아야 한다. 즉, 채굴이 끝나면 토지는 원래 상태로 복구되어야 한다. 그렇게 해야 토지를 다른 목적으로 사용할 수 있기 때문이다. Bethesda는 현재 생산시설을 완전가동하고 있으므로 $95백만의 추가적인 설비구입이 필요하다. 이 설비는 MACRS로 7년짜리 재산으로 분류되어 상각될 것이다. Mid-Ohio와의 계약은 단지 4년 동안만 유효하며 그때 석탄 매장량은 고갈될 것이다. 회사는 이 설비가 4년 뒤에 최초 구입가의 60%에 매각될 수 있을 것으로 예측한다. 하지만 Bethesda는 그 시점에 새로운 노천광산의 채굴을 시작하여 새로운 광산에서 이 설비를 사용할 계획을 가지고 있다.

이 계약은 톤당 $86의 가격에 연간 50만 톤의 석탄을 공급하는 것이다. Bethesda Mining은 향후 4년간 석탄생산량이 62만 톤, 68만 톤, 73만 톤, 59만 톤이 될 것으로 예상한다. 초과생산량은 톤당 평균 $77로 현물시장에서 팔릴 것이다. 변동비용은 톤당 $31이며 고정비용은 연간 $4.1백만이다. 이 광산은 매출액의 5%를 순운전자본에 투자해야 한다. 순운전자본은 매출 발생 전년도에 확보될 것이다.

Bethesda는 광산 폐쇄 시 토지를 매립해야 할 책임이 있을 것이다. 매립은 5년째 일어날 것이다. 회사는 모든 노천광산의 매립에 외부 기업을 활용한다. 매립비용은 $2.7백만으로 추정된다. 노천광산의 채굴 허락을 얻기 위해서 회사는 이 땅을 공원이나 레크레이션 용도로 사용할 수 있도록 주정부에 매립 후 토지를 기증해야 한다. 기부는 연도 6에 발생할 것이며 회사는 $6백만의 기부금 비용을 공제받을 것이다. 이 회사의 세율은 25%이고 새로운 광산 프로젝트에 대한 요구수익률은 12%이다. 어떤 해라도 손실이 발생하면 세금공제가 일어난다고 가정한다.

당신은 이 회사 사장의 요청에 따라 프로젝트 분석에 착수하게 되었다. 새로운 노천광산에 대한 회수기간(payback period), 수익성 지수(PI), 순현재가치(NPV), 내부수익률(IRR)을 계산하라. Bethesda Mining은 이 계약을 체결하고 광산채굴을 시작해야 하는가?

GOODWEEK TIRES, INC.

오랜 연구개발 끝에 Goodweek Tires Inc.는 최근에 새로운 타이어인 SuperTread를 개발했고, 이제 생산에 필요한 투자와 시장개척에 나서야 할 것인지를 결정해야만 한다. 이 타이어는 정상적인 고속도로 주행뿐만 아니라 젖은 노면이나 비포장도로에서도 이상적인 것이다. 이제까지 연구개발비용은 총 $10백만이다. SuperTread는 올해에 출시될 것이고, Goodweek는 총 4년 동안 시장에서 팔릴 것으로 예상된다. 비용 $5백만이 들어간 시장조사 결과는 상당한 규모의 SuperTread 타이어 시장이 있다는 것을 보여주고 있다.

Goodweek Tires의 재무분석가인 당신은 CFO인 Adam Smith로부터 SuperTread 프로젝트를 평가하고 투자를 진행할 것인지 말 것인지에 대한 의견을 제출하라고 지시를 받았다. 즉시 발생할 초기 투자를 제외하고 모든 현금흐름은 연말에 발생할 것이다.

Goodweek는 SuperTread를 만들기 위한 생산설비를 위해 $160백만을 초기에 투자해야만 한다. 이 설비는 4년 뒤에 $65백만에 매각할 수 있다. Goodweek는 2개의 분리된 시장에서 SuperTread를 판매하려고 한다.

01. OEM시장: OEM시장은 (GM 같은) 대형 자동차 회사로 주로 구성되며 그들은 신차를 위한 타이어로 구매할 것이다. OEM시장에서 SuperTread는 개당 $41로 팔릴 것으로 예상된다. 생산 변동비용은 타이어당 $29이다.

02. 교체시장: 교체시장은 자동차가 생산공장을 떠난 이후의 모든 차에 해당된다. 이 시장은 마진이 높다. Goodweek는 SuperTread를 개당 $62에 판매할 계획이다. 변동비는 OEM시장과 같다.

Goodweek는 인플레이션율에 1%를 더해서 가격을 올릴 생각이다. 변동비용도 인플레이션율보다 1% 더 늘어날 것이다. 추가적으로 SuperTread 프로젝트는 첫해의 판매 및 일반관리비로 $43백만을 발생시킬 것이다. 이 비용은 향후 인플레이션율만큼 증가할 것으로 추정된다.

Goodweek의 법인세율은 23%이다. 연간 인플레이션율은 3.25%로 일정하다고 가정한다. 회사는 새로운 프로젝트 평가에 13.4%의 할인율을 적용한다. 자동차 산업분석가들은 자동차 제조업의 신차 생산이 올해 6.2백만이 될 것이고 앞으로 매년 2.5%씩 생산량이 증가할 것으로 예상한다. 모든 신차는 4개의 타이어가 필요하다(스페어 타이어는 크기가 작고 다른 분류에 속한다). Goodweek는 SuperTread가 OEM시장의 11%를 점유할 것으로 기대하고 있다.

산업 분석가들은 교체타이어시장의 규모가 올해 32백만 타이어가 되고 연간 2%씩 성장할 것으로 예상한다. Goodweek는 SuperTread가 교체시장에서 8%의 시장점유율을 차지할 것으로 예상한다.

생산설비에 대한 적절한 감가상각방법은 7년-MACRS이다. 당장의 초기투자 필요액은 $9백만이다. 그 이후 순운전자본 필요액은 매출액의 15%가 될 것이다. 이 프로젝트의 NPV, 회수기간, 할인 회수기간, IRR, 그리고 PI는 얼마인가?

8

이자율과 채권의 가치평가

Interest Rates and Bond Valuation

일반적으로 투자할 때는 오늘 투자한 것보다 미래에 더 많은 돈을 받을 것으로 기대한다. 그러나 2017년 12월에는 많은 채권 투자자에게는 해당되지 않았다. 5년 만기 독일 정부채권의 수익률이 약 −0.20%였으며, 2년 및 5년 만기 일본 정부채권의 수익률은 각각 −0.14% 및 −0.09%이었다. 실제로 2016년에 마이너스 수익률을 기록한 전 세계 부채 규모는 $13.4조를 기록했다! 초콜릿 제조업체인 Nestlé가 발행한 채권의 수익률도 마이너스였기 때문에 마이너스 수익률은 국채에만 국한된 것은 아니었다.

이 장에서는 채권에 대해 소개한다. 먼저 채권의 가치를 평가하기 위해 4장에 설명한 기법을 사용한다. 다음으로 채권의 특징과 어떻게 채권이 거래되는지에 대하여 논의하다. 채권의 가치가 대부분 이자율에 의해 결정된다는 중요한 점이다. 따라서 이 장의 마지막 절에서는 이자율의 움직임을 다룰 것이다.

기업재무의 최신 동향: rwjcorporatefinance.blogspot.com

8.1 채권과 채권의 가치평가

기업이나 정부가 일반 대중들로부터 장기로 자금을 차입하려고 할 때 일반적으로 채권(bond)이라고 불리는 채무증권을 발행하여 판매한다. 이번 절에서는 회사채의 다양한 특징을 설명한다. 또한 채권과 관련된 현금흐름과 현금흐름 할인 절차를 이용하여 채권의 가치를 평가하는 방법에 대해 알아본다.

채권의 특징과 가격

채권은 일반적으로 차입자가 매 기간 이자를 지급하고 원금은 만기에 상환하는 이자우선상환 대출(interest-only loan) 형식을 가진다. 예를 들어, Beck Corpooration은 30년 동안 $1,000을 차입하려고 한다. 유사 기업이 발행하는 채권의 이자율이 12%이다. Beck는 30년 동안 매년 $120(= 0.12 × $1,000)을 이자로 지불할 것이고 만기에 원금 $1,000을 상환할 것이다. 이 예를 통해 채권발행은 매우 단순한 자금조달 방식임을 알 수 있다. 그러나 채권과 관련된 많은 전문용어가 있다.

앞의 예에서 $120의 정기적인 이자지급액을 채권의 **표면이자(이표**, coupon)라고 한다. 표면이자는 일정한 금액이고 매년 지급되기 때문에 이러한 채권을 균일이표채(level coupon bond)라고 한다. 만기에 상환되는 금액을 채권의 **액면**(face value 또는 **par value**)이라고 한다. 미국에서 발행되는 회사채의 액면가치는 보통 $1,000이고 액면가로 판매하는 채권을 액면채(par value bond)라고 한다. 미국의 회사채의 액면가치는 $1,000이 일반적이었으나 최근에는 $2,000의 액면가치를 일반적으로 사용하고 있다. 미국에서 국채는 회사채보다 액면가치가 큰 경우가 많다. 마지막으로, 매년 지급되는 표면이자를 액면가로 나눈 것을 채권의 **표면이자율**(**이표율**, coupon rate)이라고 한다. Beck 채권의 경우 표면이자율은 12%(= $120/1,000)가 된다.

액면가치가 상환되는 때까지 소요되는 기간을 채권의 **만기**(maturity)까지의 기간이라고 한다. 미국의 경우 회사채의 만기는 대개 최초 발행일로부터 30년이지만 다양할 수 있다. 일단 채권이 발행되면 만기까지의 기간은 시간이 지남에 따라 줄어든다.

채권의 가치와 수익률

시간이 경과함에 따라 시장에서 이자율은 변화한다. 채권으로부터 발생하는 현금흐름은 동일하기 때문에, 채권의 가치가 변동한다. 이자율이 상승하면 채권의 남아 있는 현금흐름의 현재가치는 하락하고 채권의 가치는 감소한다. 반대로 이자율이 하락하면 채권의 가치는 상승한다.

특정 시점에서 채권의 가치를 구하기 위해서는 만기까지의 잔존기간, 액면가치, 표면이자, 그리고 비슷한 특징을 가진 채권에 적용되는 시장이자율을 알아야 한다. 채권에 요구되는 시장의 이자율을 채권의 **만기수익률**(yield to maturity: YTM)이라고 한다. 이 이자율은 간단하게 채권의 수익률(yield)이라고도 한다. 이러한 정보가 주어지면 채권의 현재 시장가치의 예측으로 현금흐름의 현재가치를 계산할 수 있다.

예를 들어, Xanth("잰쓰"로 발음) Co.가 만기 10년의 채권을 발행했다고 가정하자. Xanth 채권은 연간 $80의 표면이자를 가지는데, 그것은 향후 10년 동안 연간 $80의 표면이자를 지급한다는 것을 의미한다. 추가적으로 Xanth는 10년 뒤에 채권자에게 $1,000을 지불할 것이다. 채권으로부터 발생하는 현금흐름은 〈그림 8.1〉에 나타나 있다. 그림에 보이듯이, 채권의 현금흐름은 연금 부분(표면이자)과 일시금 총액(만기에 지급되는 액면가치)을 가지고 있다.

유사한 채권이 8%의 수익률을 가진다고 가정하면, Xanth 채권은 얼마에 팔릴 것인가? 두 부분의 현재가치를 각각 계산하여 이를 합산하면 채권의 시장가치를 예측할 수 있다. 첫째, 이자율이 8%라면 10년 후에 지급되는 $1,000의 현재가치는 다음과 같다.

그림 8.1 Xanth Co. 채권의 현금흐름

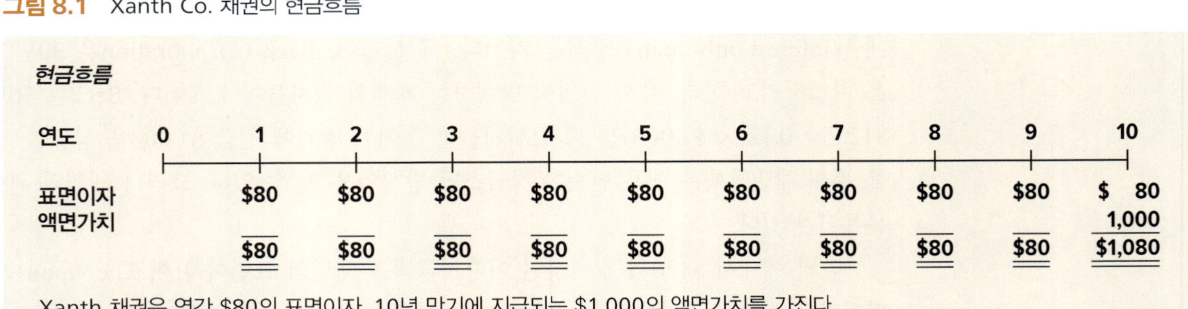

Xanth 채권은 연간 $80의 표면이자, 10년 만기에 지급되는 $1,000의 액면가치를 가진다.

$$현재가치 = \$1,000/1.08^{10} = \$1,000/2.1589 = \$463.19$$

둘째, 채권은 10년 동안 연간 $80의 현금흐름을 제공한다. 따라서 이러한 연금의 현재가치는 다음과 같다.

$$\begin{aligned} 연금의\ 현재가치 &= \$80 \times (1 - 1/1.08^{10})/0.08 \\ &= \$80 \times (1 - 1/2.1589)/0.08 \\ &= \$80 \times 6.7101 \\ &= \$536.81 \end{aligned}$$

이제 두 부분의 가치를 합하면 채권의 가치를 구할 수 있다.

$$총\ 채권가치 = \$463.19 + 536.81 = \$1,000$$

이 채권은 정확하게 액면가치로 판매된다. 이것은 우연의 일치가 아니다. 시장의 현행 이자율이 8%이다. 이자우선상환 대출로 보면 이 채권이 가진 이자율은 무엇인가? $80의 표면이자를 가진 이 채권이 $1,000에 팔릴 때 정확하게 8%의 이자를 지불한다.

이자율이 변하면 어떤 일이 생기는지를 살펴보기 위해 1년이 경과했다고 가정하자. Xanth 채권은 이제 만기까지 9년을 가진다. 시장이자율이 10%로 상승하면 채권의 가치는 얼마나 될까? 이를 알아보기 위해서 10년 대신에 9년으로, 8% 대신에 10%의 수익률을 적용하여 현재가치 계산을 다시 한다. 첫째, 10%의 이자율로 9년 후에 지급되는 $1,000의 현재가치는 아래와 같다.

$$현재가치 = \$1,000/1.10^{9} = \$1,000/2.3579 = \$424.10$$

둘째, 채권은 9년 동안 매년 $80을 지급하므로 10%의 할인율로 이러한 연금 흐름의 현재가치를 구하면 된다.

$$\begin{aligned} 연금의\ 현재가치 &= \$80 \times (1 - 1/1.10^{9})/0.10 \\ &= \$80 \times (1 - 1/2.3579)/0.10 \\ &= \$80 \times 5.7590 \\ &= \$460.72 \end{aligned}$$

이제 두 부분의 가치를 합산하면 채권의 총 채권가치는 다음과 같다.

$$총\ 채권가치 = \$424.10 + 460.72 = \$884.82$$

그러므로 이 채권은 약 $885에 거래되어야 한다. 이를 업계 용어로 표현하면, 8%의 표면이자를 갖는 채권이 10% 수익률을 내기 위해서는 $885에 가격이 형성된다고 말할 수 있다.

Xanth Co.의 채권은 이제 $1,000의 액면가치보다 낮은 가격에 판매된다. 왜 그런가? 시장이자율은 10%이다. 표면이자율로 8%를 지급하는 $1,000의 이자우선상환 채권을 고려해 보자. 이 채권은 시장에서 형성된 이자율보다 낮은 이자율을 지급하기 때문에 투자자는 상환받기로 한 $1,000보다 낮은 가격이어야 채권을 매입하려 할 것이다. 이같이 액면보다 낮은 가격에 판매되는 채권을 **할인채**(discount bond)라고 한다.

채권 매입자가 이자율을 10%까지 얻을 수 있는 유일한 방법은 $1,000 아래로 채권가격을 낮추어서 매입자가 실질적으로 채권에 붙어있는 내재된(built-in) 이득을 얻는 것이다. Xanth가 발행한 채권의 경우 채권가격은 $885로 액면가치보다 $115 적어서 이 채권을 매입하여 보유하는 투자자는 매년 $80을 받고 만기에는 $115의 이득도 얻을 수 있다. 이 이득은 시장이자율보다 낮은 표면이자율을 가진 투자자에게 주는 보상이다.

채권이 $115 할인되어 판매되는 이유를 살펴볼 수 있는 또 다른 방법은 $80의 표면이자가 현재의 시장상황, 즉 10%의 이자율을 기반으로 새로 발행되는 액면채의 표면이자 $100보다 $20이 적다는 것에 주목하는 것이다. 채권은 연 $100의 표면이자를 지급하는 경우에만 $1,000의 가치를 가질 수 있다. 그러한 관점에서 채권을 매입하여 보유하는 투자자는 9년 동안 매년 $20을 포기하는 셈이 된다. 10%의 이자율을 적용하는 경우 이와 같은 연금의 현재가치는 다음과 같다.

$$\begin{aligned}\text{연금의 현재가치} &= \$20 \times (1 - 1/1.10^9)/0.10 \\ &= \$20 \times 5.7590 \\ &= \$115.18\end{aligned}$$

이 금액은 할인된 금액과 정확하게 일치한다.

만약 이자율이 2% 상승하는 대신에 반대로 2% 하락한다면 Xanth 채권은 얼마에 팔리겠는가? 추측하는 바와 같이 이 채권은 $1,000보다 비싼 가격에 거래가 될 것이다. 이 경우 채권이 할증되어 거래된다. 이와 같은 채권은 **프리미엄(premium)**으로 팔린다고 말하거나 **할증채(premium bond)**라고 한다.

이 경우 할인채와는 완전히 정반대이다. 시장이자율은 단지 6%인데 비해 Xanth의 채권은 8%의 표면이자를 지급한다. 투자자는 이와 같은 추가적 표면이자를 얻기 위해 기꺼이 프리미엄을 지급할 것이다. 이 경우 적절한 할인율은 6%가 되고 9년간의 잔존기간이 남아 있다. 따라서 액면 $1,000의 현재가치는 다음과 같다.

$$\text{현재가치} = \$1{,}000/1.06^9 = \$1{,}000/1.6895 = \$591.90$$

표면이자 흐름의 현재가치는 아래와 같다.

$$\begin{aligned}\text{연금의 현재가치} &= \$80 \times (1 - 1/1.06^9)/0.06 \\ &= \$80 \times (1 - 1/1.6895)/0.06 \\ &= \$80 \times 6.8017 \\ &= \$544.14\end{aligned}$$

두 부분의 가치를 합산하면 채권의 가치를 얻는다.

$$\text{총 채권가치} = \$591.90 + 544.14 = \$1{,}136.03$$

그러므로 총 채권가치는 액면가치보다 $136 초과하게 된다. 여기서 다시 우리는 이 금액이 현재의 시장상황, 즉 6%의 이자율을 기반으로 했을 때 표면이자가 $20 많다는 것에 주목하자. 6%의 이자율에 9년 동안 연간 $20의 현재가치는 다음과 같다.

$$\text{연금의 현재가치} = \$20 \times (1 - 1/1.06^9)/0.06$$
$$= \$20 \times 6.8017$$
$$= \$136.03$$

이 금액은 위에서 우리가 계산한 금액과 같다.

이 예를 통해서 이제 우리는 채권의 가치를 나타내는 일반적인 공식을 도출할 수 있다. 만일 (1) 만기에 지급되는 F의 액면가, (2) 매기에 지급되는 C의 표면이자, (3) 만기까지의 기간 t, 그리고 (4) 기간당 수익률 R이라고 한다면 채권의 가치는 아래 식으로 나타낼 수 있다.

$$\text{채권의 가치} = C \times [1 - 1/(1 + R)^t]/R + F/(1 + R)^t$$
$$\text{채권의 가치} = \text{표면이자(이표)의 현재가치} + \text{액면금액의 현재가치} \quad (8.1)$$

예제 8.1

반년마다 지급되는 표면이자 실무적으로 미국에서 발행되는 채권은 대개 표면이자를 1년에 2번 지급한다. 따라서 일반채권의 표면이자율이 14%라면 채권보유자는 1번에 $70씩 2번에 걸쳐 $140을 받게 된다.

위 채권의 만기수익률(시장이자율)이 16%로 표시되었다고 가정하자. 채권수익률은 일반적으로 연간표시이자율(APRs) 방식으로 표기된다. 즉, 표시이자율은 기간당 실제 이자율을 기간 수로 곱해준 것과 동일하다. 16%의 표시이자율에 반년마다 표면이자가 지급되는 채권의 실제수익률은 6개월에 8%가 된다. 만일 채권의 만기가 7년이라면 이 채권의 가격은 얼마인가? 또한 이 채권의 실효연간수익률은 얼마인가?

시장에서는 매 6개월마다 8%의 금리를 요구하는 데 비해 이 채권의 표면이자율은 7%이므로 앞에서 살펴본 바와 같이 이 채권은 할인되어 거래될 것이다. 따라서 채권가격이 $1,000을 넘는다면 이는 계산이 잘못된 것이다.

정확한 채권가격 산출을 위해서, 먼저 7년 후에 지급될 액면 $1,000에 대한 현재가치를 구한다. 7년을 6개월 단위로 계산하면 14회가 된다. 기간당 8%의 이자율이 적용되면 가치는 다음과 같다.

$$\text{현재가치} = \$1{,}000/1.08^{14} = \$1{,}000/2.9372 = \$340.46$$

표면이자는 기간당 $70으로 14회 지급되는 연금으로 간주할 수 있다. 8%의 할인율을 적용하면 이 연금의 현재가치는 아래와 같다.

$$\text{연금의 현재가치} = \$70 \times (1 - 1/1.08^{14})/0.08$$
$$= \$70 \times (1 - 0.3405)/0.08$$
$$= \$70 \times 8.2442$$
$$= \$577.10$$

총 현재가치는 채권이 얼마에 판매되어야 하는가를 알려준다.

$$\text{총 현재가치} = \$340.46 + \$577.10 = \$917.56$$

이 채권의 실효수익률을 구하기 위해서는 6개월에 8%의 이자가 연이율로는 다음과 같다는 것을 알면 된다.

$$\text{실효연간이자율} = (1 + 0.08)^2 - 1 = 0.1664 \text{ 또는 } 16.64\%$$

따라서 실효수익률은 16.64%가 된다.

이 절에서 살펴본 바와 같이 채권의 가격과 이자율은 항상 서로 반대방향으로 움직인다. 이자율이 상승하면 다른 현재가치와 마찬가지로 채권의 가치는 하락한다. 마찬가지로, 이자율이 하락하면 채권의 가치는 상승한다. 채무자가 확실하게 모든 의무를 상환한다고 해도, 여전히 채권 소유의 위험은 존재한다. 이제 우리는 채권의 위험을 논의한다.

이자율위험

이자율 변동으로 인해 채권 보유자에게 발생하는 위험을 **이자율위험**(interest rate risk)이라고 한다. 채권이 이자율위험을 얼마나 가지는가는 채권가격이 이자율 변화에 얼마나 민감하게 반응하느냐에 달려 있다. 민감도는 만기까지의 기간과 표면이자율, 두 가지 요소에 의해 결정된다. 곧 살펴볼 것이지만 채권과 관련해서는 다음 사항을 염두에 두어야 한다.

1. 다른 조건이 동일하다면, 만기까지 기간이 길면 길수록 이자율위험은 더 커진다.
2. 다른 조건이 동일하다면, 표면이자율이 낮으면 낮을수록 이자율위험은 더 커진다.

〈그림 8.2〉는 두 가지 요점 중에서 첫 번째 것을 보여준다. 그림은 10%의 표면이자를 지급하는 1년 만기와 30년 만기 채권의 이자율 변화 시나리오에 따른 채권가격을 계산한 그래프를

그림 8.2
이자율위험과 만기까지 기간

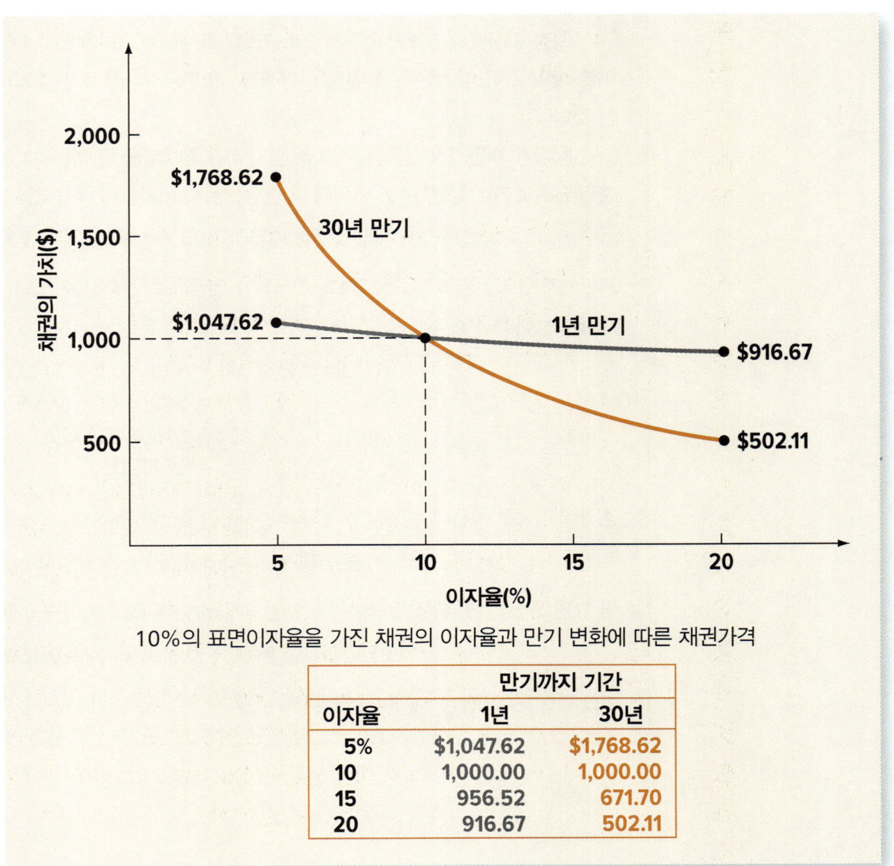

10%의 표면이자율을 가진 채권의 이자율과 만기 변화에 따른 채권가격

	만기까지 기간	
이자율	1년	30년
5%	$1,047.62	$1,768.62
10	1,000.00	1,000.00
15	956.52	671.70
20	916.67	502.11

보여준다. 채권가격을 연결한 선의 기울기가 1년 만기 채권보다 30년 만기 채권이 더 가파르다는 것에 주목하자. 기울기가 가파르다는 것은 이자율이 조금만 변하더라도 채권가치는 큰 폭으로 변화한다는 것을 의미한다. 반면 1년 만기 채권가격은 이자율 변화에 상대적으로 덜 민감하다.

직관적으로 볼 때, 액면금액인 $1,000을 더 빨리 받기 때문에 단기채권이 이자율에 대해 덜 민감하다. 예를 들어, 1년 뒤에 액면금액을 받게 된다면 이자율의 작은 변화에 의해 이 금액의 현재가치는 큰 영향을 받지 않는다. 하지만 소폭의 이자율 변화라고 하더라도 이것이 30년 동안 복리계산된다면 현재가치에 상당한 영향을 미칠 수 있다. 결국 액면금액의 현재가치는 장기채권의 경우 좀 더 변동폭이 클 것이다.

이자율위험과 관련하여 알아야 할 또 다른 사실은 대부분의 재무나 경제학에서 언급하는 바와 같이 이자율위험은 체감적으로 증가한다는 것이다. 예를 들어, 10년 만기 채권이 1년 만기 채권에 비해 더 큰 이자율위험을 가진다. 그러나 30년 만기 채권은 10년 만기 채권에 비해 이자율위험이 아주 조금만 더 크다.

낮은 표면이자를 지급하는 채권의 이자율위험이 더 큰 이유도 본질적으로 만기까지 기간과 같다. 앞서 논의한 바와 같이 채권의 가치는 표면이자와 액면금액의 현재가치에 의해 결정된다. 동일한 만기에 다른 표면이자율을 가지는 2개 채권의 경우를 보면, 더 낮은 표면이자를 지급하는 채권의 가치는 만기에 받는 액면금액에 의해 상대적으로 더 많이 좌우된다. 결과적으로 낮은 표면이자를 가지는 채권은 이자율 변화에 대해 가치가 더 많이 변동할 것이다. 다시 말해서 높은 표면이자를 가지는 채권은 상환기간 동안 초기에 더 많은 현금흐름을 갖게 되고 따라서 이러한 채권의 가치는 할인율에 덜 민감하다.

예외는 있지만 30년 이상의 만기를 가지고 발행되는 채권은 드물다. 1990년대에 Walt Disney는 100년 만기를 가진 '잠자는 공주(Sleeping Beauty)' 채권을 발행하였다. 이와 유사하게 BellSouth, Coca-Cola, 네덜란드 대형은행인 ABN AMRO는 모두 100년 만기 채권을 발행하였다. 이러한 기업은 확실히 역사적으로 낮은 이자율을 오랫동안 묶어놓으려고 했던 것이다. 현재까지 최장 만기 채권을 발행한 기업은 Republic National Bank로 1997년에 1,000년 만기 채권을 판매하였다. 최근의 저금리로 인해 만기가 길어진 장기채권들이 발생했다. 예를 들어, 2017년 7월, 일본 통신회사인 SoftBank는 $4.5십억 영구채를 발행했다.

BellSouth가 발행한 100년 만기 채권을 이용해 이자율위험의 효과에 대해 알아볼 수 있다. 다음 표는 이 채권을 발행한 1995년 12월 31일과 그 후 2008년 5월 6일, 그리고 2018년 2월 1일의 채권가격에 대한 기본정보를 제공하고 있다.

만기	표면이자율	1995/12/31 가격	2008/05/06 가격	가격변화율 1995~2008	2018/2/1 가격	가격변화율 2008~2018
2095	7.00%	$1,000	$1,008.40	+0.84%	$1,164.21	+15.45%

이 표를 통해 몇 가지 사실을 알 수 있다. 먼저 이자율이 1995년 12월 31일과 2008년 5월 6

일 사이에 분명히 하락했다는 사실이다(어떻게 알 수 있나?). 그러나 채권의 가격은 처음에는 0.84% 상승했고, 그 후에는 추가로 15.45% 상승했다.

만기수익률 계산: 시행착오법

채권의 가격이나 표면이자율, 만기일은 알 수 있지만 만기까지의 수익률인 만기수익률(YTM)은 그렇지 않다. 예를 들어, 8%의 표면이자율에 6년 만기 채권에 관심이 있다고 가정하자. 채권의 가격이 시장에서 $955.14에 거래되고 있다면 이 채권의 수익률은 얼마일까?

채권의 가격은 앞에서 설명한 바와 같이 연금의 합과 일시에 지급되는 금액의 합계로 계산된다. 6년 동안 $80의 표면이자와 액면금액이 $1,000이라는 것을 알고 있다면 채권의 가격은 다음과 같이 계산될 것이다.

$$\$955.14 = \$80 \times [1 - 1/(1 + R)^6]/R + 1{,}000/(1 + R)^6$$

여기서 R은 알려지지 않은 할인율, 즉 만기수익률이다. 미지수가 하나인 식이지만 재무계산기나 스프레드시트를 사용하지 않고서 직접 R을 구할 수는 없다. 대신에 우리는 시행착오법(trial and error)을 사용해야만 한다.

채권가격과 수익률에 대해 알고 있는 사실을 이용하면 시행착오법을 좀 더 빠르게 수행할 수 있다. 이 예에서 채권은 $80의 표면이자를 지급하고 현재 할인되어 거래되고 있다. 따라서 수익률은 8%보다 높다는 것을 알 수 있다. 만약 10%를 적용한다면 가격은 아래와 같다.

$$\begin{aligned} \text{채권가치} &= \$80 \times (1 - 1/1.10^6)/0.10 + 1{,}000/1.10^6 \\ &= \$80 \times 4.3553 + 1{,}000/1.7716 \\ &= \$912.89 \end{aligned}$$

10%에서 계산한 채권가격은 실제 가격보다 낮기 때문에 10%는 너무 높다. 실제 수익률은 8%와 10% 사이 어디쯤일 것이다. 이제 정답을 구하기 위해서 숫자를 "집어넣고 확인"하는 방식을 택한다. 다음으로 아마 9%를 적용해 볼 수 있을 것이다. 다행히 9%가 바로 채권의 만기수익률임을 확인할 수 있게 될 것이다.

채권의 만기수익률과 채권의 연간 표면이자금액을 채권가격으로 단순하게 나누는 **현행수익률(경상수익률**; current yield)을 혼동해서는 안 된다. 위 예에서 채권의 연간 표면이자는 $80이고 채권가격은 $955.14이다. 이 수치를 적용하면 현행수익률은 $80/955.14 = 8.38%가 되어 만기수익률인 9%보다 낮다. 현행수익률이 이렇게 낮은 이유는 채권의 총수익률 중에서 표면이자 부분만을 고려하고, 가격할인으로 인한 내재된 이익은 고려하지 않기 때문이다. 반면 할증채권의 경우에는 가격할증으로 인한 내재된 손실을 반영하지 않기 때문에 현행수익률이 만기수익률보다 더 높다.

채권가치에 대한 이와 같은 논의는 〈표 8.1〉에 정리되어 있다. 뒤에서 설명되는 스프레드시트 기법을 이용하면 채권가격과 수익률을 좀 더 쉬운 방법으로 구할 수 있다.

표 8.1
채권가치 계산 요약

I. 채권가치 구하기

채권가치 = $C \times [1 - 1/(1 + R)^t]/r + F/(1 + R)^t$

여기서
C = 기간별 표면이자(이표) 금액
R = 기간별 할인율
t = 기간의 수
F = 채권의 액면가치

II. 채권의 수익률 구하기

채권가치, 표면이자, 만기까지 기간, 그리고 액면가치가 주어진 상태에서 시행착오법을 이용해서 내재할인율 또는 만기수익률을 구할 수 있다. 이를 위해서는 계산된 채권가치가 주어진 가치와 동일해질 때까지 여러 할인율을 시도해야 한다(혹은 스프레드시트를 활용하자). 이자율을 증가시키면 채권가격은 하락한다는 것을 기억하자.

예제 8.2

현행수익률 액면가치는 $1,000이고 6개월에 1번씩 이자를 $30씩 지급하며 만기는 5년인 채권이 현재 시장에서 $1,080.42에 거래되고 있다. 이 채권의 현행수익률은 얼마인가? 또한 이 채권의 만기수익률은? 어느 것이 더 높은가? 이유는?

이 채권은 6개월에 1번씩 $30을 지급하므로 연간 표면이자 지급액은 $60이 된다. 따라서 현행수익률은 $60/1,080.42 = 5.55%이다. 만기수익률을 계산하기 위해서는 〈예제 8.1〉을 참고하라. 이번 예제의 경우 채권은 매 6개월마다 $30을 지급하므로 5년 만기까지는 총 6개월 단위로 10번의 이자지급이 이루어진다. 따라서 다음과 같은 방법으로 만기수익률인 R을 구할 수 있다.

$$\$1{,}080.42 = \$30 \times [1 - 1/(1 + R)^{10}]/R + 1{,}000/(1 + R)^{10}$$

몇 차례의 시행착오를 통해 R이 2.1%인 것을 알 수 있다. 하지만 주의해야 할 점은 2.1%는 6개월에 대한 수익률이라는 사실이다. 그러므로 만기수익률은 이것의 2배인 4.2%가 되어 현행수익률보다 낮다. 그 이유는 현행수익률은 현재 채권가격과 만기 액면가치의 차이인 프리미엄($80.42)의 내재된(built-in) 손실을 무시하기 때문이다.

예제 8.3

채권의 수익률 표면이자와 가격을 제외하고 모든 것이 동일한 2개의 채권이 있다. 채권은 모두 만기는 12년이다. 첫 번째 채권은 10%의 표면이자율로 현재 $935.08에 거래되고 있고, 두 번째 채권은 12%의 표면이자율을 지급하고 있다. 두 번째 채권은 얼마에 거래될 것으로 생각되는가?

두 채권은 매우 유사하므로 거의 같은 수익률을 가지는 가격에 거래가 될 것으로 가정한다. 먼저 10%의 표면이자를 지급하는 채권의 수익률을 계산하면 앞에서 살펴본 바와 같이 채권이 할인되어 판매되고 있기 때문에 수익률은 10%보다 높을 것이다. 또한 이 채권의 만기는 12년으로 상당히 길다고 할 수 있다. 장기채권의 경우 이자율 변화에 비교적 민감하다는 사실을 배웠기 때문에 수익률은 아마도 10%에 가까울 것이다. 약간의 시행착오를 거치면 수익률이 11%인 것을 알 수 있다.

$$\begin{aligned}\text{채권의 가격} &= \$100 \times (1 - 1/1.11^{12})/0.11 + 1{,}000/1.11^{12} \\ &= \$100 \times 6.4924 + 1{,}000/3.4985 \\ &= \$649.24 + 285.84 \\ &= \$935.08\end{aligned}$$

수익률이 11%라면 두 번째 채권은 $120의 표면이자를 지급하므로 할증되어 판매될 것이다.

$$\begin{aligned}\text{채권의 가격} &= \$120 \times (1 - 1/1.11^{12})/0.11 + 1{,}000/1.11^{12} \\ &= \$120 \times 6.4924 + 1{,}000/3.4985 \\ &= \$779.08 + 285.84 \\ &= \$1{,}064.92\end{aligned}$$

무이표채

표면이자를 전혀 지급하지 않는 채권은 액면가격보다 훨씬 낮은 가격에 판매되어야만 한다. 그러한 채권을 **무이표채**(zero coupon bonds) 혹은 제로(zeroes)라고 한다.[1]

예제 8.4

연간 복리계산에 따른 무이표채의 만기수익률 Geneva Electronics Co.가 8년 만기 $1,000의 액면가치를 가진 무이표채를 발행했다고 가정하자. 만일 채권이 $627에 거래된다면 채권의 만기수익률은 얼마인가? 연간 복리계산을 가정한다.

만기수익률 R은 다음 수식처럼 계산할 수 있다.

$$\frac{\$1{,}000}{(1+R)^8} = \$627$$

수식을 풀면, 우리는 R이 6%임을 알 수 있다. 따라서 만기수익률은 6%이다.

〈예제 8.4〉는 실효연간수익률로 표현한다. 그러나 채권에 이자 지급이 없더라도 무이표채는 이표채의 계산과 일관성을 위해서 반년 계산을 사용한다. 다음 예제에서 설명한다.

예제 8.5

반년 복리계산의 현실 관행에 따른 무이표채의 수익률 Eight-Inch Nails (EIN)가 액면가 $1,000의 5년 만기 무이표채를 발행했다고 가정하자. 최초 가격은 $508.35로 정해졌다. 반년 복리계산을 이용할 때 수익률은 얼마인가?

수익률은 아래와 같이 표현할 수 있다.

$$\frac{\$1{,}000}{(1+R)^{10}} = \$508.35$$

분모의 지수가 10제곱인 것은 5년은 10번의 반년 기간을 가지기 때문이다. 수익률 R는 7%이다. R이 반년 기준의 수익률이기 때문에, 연 기준의 만기수익률은 14%이다.

8.2 정부채와 회사채

지금까지는 정부채와 회사채의 차이에 대한 논의 없이 채권의 기본적인 가치평가 원칙에 대해

[1] 매우 낮은 표면이자율(무이표와 대조적으로)로 발행되는 채권은 최초(당초)할인발행채권(original-issue discount: OID bond) 혹은 고할인채(deep discount bond)라고 한다.

스프레드시트 기법

스프레드시트를 이용한 채권가격 및 수익률 계산 방법

대부분의 스프레드시트는 채권의 가치와 수익률을 계산하기 위한 상당히 정교한 프로그램을 가지고 있다. 스프레드시트에는 우리가 논의하지 않았던 자세한 내용을 다루는 프로그램이 많이 있다. 그러나 다음의 두 개의 스프레드시트에서 보는 바와 같이 채권가격이나 수익률을 구하기 위해 사용하는 스프레드시트는 상당히 단순하다.

	A	B	C	D	E	F	G	H
1								
2	**스프레드시트를 이용한 채권가치 계산하기**							
3								
4	22년 만기, 표면이자율 8%, 만기수익률 9%인 채권이 있다. 만약 이 채권이							
5	반년마다 표면이자를 지급한다면, 채권가격은 현재 얼마인가?							
6								
7	결제일:	1/1/15						
8	만기일:	1/1/37						
9	연간 표면이자율:	0.08						
10	만기수익률:	0.09						
11	액면가치(액면가격의 %):	100						
12	연간 표면이자 지급횟수:	2						
13	채권가격(액면가격의 %):	**90.49**						
14								
15	셀 B13에 입력된 공식은 = PRICE(B7,B8,B9,B10,B11,B12)이다.							
16	액면가치와 채권가격은 액면가격의 %임을 주의하라.							

	A	B	C	D	E	F	G	H
1								
2	**스프레드시트를 이용한 채권의 수익률 계산하기**							
3								
4	22년 만기, 표면이자율 8%, 채권가격 $960.17인 채권이 있다.							
5	만약 이 채권이 반년마다 표면이자를 지급한다면, 만기수익률은 얼마인가?							
6								
7	결제일:	1/1/15						
8	만기일:	1/1/37						
9	연간 표면이자율:	0.08						
10	채권가격(액면가격의 %):	96.017						
11	액면가치(액면가격의 %):	100						
12	연간 표면이자 지급횟수:	2						
13	만기수익률:	**0.084**						
14								
15	셀 B13에 입력된 공식은 = YIELD(B7,B8,B9,B10,B11,B12)이다.							
16	액면가치와 채권가격은 액면가격의 %임을 주의하라.							
17								

스프레드시트에서 결제일과 만기일, 두 날짜를 입력한 것에 주목하자. 결제일은 채권에 대해 실제로 대금을 지급한 일자이며 만기일은 채권의 만기가 도래하는 일자이다. 지금까지 살펴본 대부분의 문제에서는 이와 같은 날짜를 지정하지 않았지만 스프레드시트 이용을 위해서는 날짜를 입력해야 한다. 예를 들어 본 예제의 채권만기는 22년이므로 결제일을 2015년 1월 1일로 하고 만기일을 2037년 1월 1일로 한다. 두 일자가 정확하게 22년 차이가 나기만 하면 어떤 일자를 입력하든지 상관없다. 표면이자율, 연간 기준의 만기수익률 그리고 연간 표면이자 지급횟수를 입력하는 것도 잊지 말아야 한다.

알아보았다. 이번 절에서는 정부채와 회사채의 차이에 대해 살펴보기로 한다.

정부채

세계에서 가장 큰 차입자는 모든 사람의 친구인 엉클 샘이다(United States의 앞 스펠링을 따서 미국을 Uncle Sam이라고도 한다). 2018년 초에 미국 정부의 총 부채는 $20.6조에 이르렀으며 이는 국민 1인당 약 $63,000에 해당하는 금액이다(액수는 증가하고 있다). 정부가 자금을 1년 이상 차입하려고 하는 경우 미국 재무부채권(중기: T-note, 장기: T-bond)을 대중에게 판매한다(사실상, 이 채권들은 매달 발행된다). 현재 발행된 미국 재무부 중기 및 장기 채권의 원래 만기는 2년에서 30년까지 다양하다.

대부분의 미국 재무부채권은 일반적인 이표채(표면이자를 갖는 채권)이며, 미국 재무부채권과 관련해서는 두 가지 사항을 기억하자. 첫째, 미국 재무부채권은 다른 채권과는 달리 재무부가 항상 원리금을 지급하기 위한 자금을 마련할 수 있기 때문에 채무불이행 위험이 없다는 점이다. 둘째, 미국 재무부채권은 주(州)소득세가 면제된다는 점이다(물론 연방소득세는 과세한다). 즉, 재무부채권에 대해 지급받는 표면이자에는 연방소득세만이 부과된다.

주정부와 지방정부도 중기채와 장기채의 발행을 통해 자금을 조달한다. 이와 같은 채권은 **지방채**(municipal notes 또는 bonds)라고 하며 간단히 "**무니스**(munis)"라고도 한다. 재무부채권과는 달리 지방채는 다양한 수준의 채무불이행 위험을 가지고 있다. 투자자가 지방채에 대해 가장 흥미로운 점은 연방소득세가 면제된다는 것이다(주(州)소득세는 항상 면제되는 것은 아니다). 이는 고소득의 고세율 구간에 속하는 투자자에게 매우 매력적인 상품이 될 수 있다. 이러한 엄청난 세금감면 효과 때문에 지방채의 수익률은 과세되는 채권에 비해 훨씬 낮다.

예제 8.6

세후수익률 비교 장기 재무부채권(T-bond) 액면채는 6.07%의 수익률에 매매되는 반면에 장기 지방채(muni) 액면채는 4.21%의 수익률에 매매된다고 가정하자.[2] 부도위험의 차이를 무시하고, 24%의 세율 구간에 속하는 투자자는 중앙정부 채권인 재무부채권과 지방채 중 어느 것을 더 선호할 것인가?

이에 대한 답을 구하기 위해서는 두 채권의 세후수익률(aftertax yield)을 비교해야 한다. 주세와 지방세를 감안하지 않는 경우 지방채는 세전 및 세후에 4.21%를 지급한다. 반면 재무부채권은 세전에는 6.07%를 지급하지만 24%의 세금을 감안하면 수익률은 0.0607 × (1 − 0.24) = 0.0461, 또는 4.61%로 하락한다. 결과적으로 재무부채권이 높은 수익률을 제공하는 셈이 된다.

예제 8.7

과세대상 채권과 지방채 과세대상 채권의 현재 수익률이 8%이고 이 채권과 동일한 위험 및 만기를 가지고 있는 지방채의 수익률은 6%라고 가정하자. 세율 구간이 35%에 해당하는 투자자에게 더 매력적인 채권은 어느 것인가? 또한 손익분기 세율은 얼마인가? 이 세율은 어떻게 해석되어야 하는가?

[2] 지방채에 대한 자본이득(capital gains)은 분석이 다소 복잡하지만 과세된다. 모든 채권을 액면채로 하여 자본이득이 없다고 가정했다.

35% 세율구간에 속하는 투자자의 경우 세후수익률은 8 × (1 − 0.35) = 0.052 또는 5.2%가 되어 지방채가 더 매력적인 채권이 된다. 손익분기 세율은 과세대상 채권과 비과세대상 채권의 수익률을 동일하게 만드는 세율이다. 만약 T^*를 손익분기 세율이라고 한다면 다음의 식을 통해 답을 구할 수 있다.

$$0.08 \times (1 - T^*) = 0.06$$
$$1 - T^* = 0.06/0.08 = 0.75$$
$$T^* = 0.25 \text{ 또는 } 25\%$$

따라서 25%의 세율 구간에 속하는 투자자들은 두 채권 모두에서 6%의 세후수익률을 갖게 된다.

회사채

미국 재무부는 채무불이행 위험이 없는(default-free) 무위험채권을 발행하지만 지방채는 채무불이행의 위험이 있다. 회사채 역시 채무불이행 가능성을 가진다. 이러한 가능성은 채권의 **약정수익률**(promised yield)과 **기대수익률**(expected return) 간의 차이로 반영된다.

두 용어를 이해하기 위해서 $80의 연간 표면이자를 가진 1년 만기 액면가치 $1,000의 회사채를 생각해보자. 또한 채권 분석가들은 이 채권이 10%의 채무불이행 위험을 가지고 있으며 채무불이행시에 모든 채권자는 $800을 받는다고 가정하자. (채권자는 청산이나 구조조정으로 발생하는 금액을 먼저 받기 때문에 채무불이행 이후에도 어느 정도 보상을 받을 것이다. 주주는 특성상 채권자가 완전히 보상을 받은 이후에 받게 된다.) 채권이 완전히 상환될 확률이 90%이고 10%는 채권의 채무불이행이 발생할 가능성을 가지고 있기 때문에 만기 시점의 채권의 기대손익은 다음과 같다.

$$0.90 \times \$1{,}080 + 0.10 \times \$800 = \$1{,}052$$

위와 같은 위험 채권의 할인율이 9%라고 가정하면 채권의 가치는 다음과 같다.

$$\frac{\$1{,}052}{1.09} = \$965.14$$

채권의 기대수익률은 얼마인가? 9%가 위 수식에서 할인율이기 때문에 기대수익률은 확실히 9%이다. 다시 말해서 오늘 $965.14의 투자가 만기에 $1,052의 손익을 발생시키면 기대수익률은 9%를 의미한다.

약정수익률은 얼마인가? 채권의 표면이자가 $80이기 때문에 회사는 1년 뒤에 $1,080을 약속한 것이다. 채권의 가격이 $965.14이기 때문에 약정수익률은 아래와 같이 계산된다.

$$\$965.14 = \frac{\$1{,}080}{1 + R} \tag{8.2}$$

수식에서 R는 약정수익률로 11.9%이다. 약정수익률은 왜 기대수익률보다 높은가? 약정수익률은 채권자가 완전히 $1,080을 모두 받을 것이라고 가정한다. 다시 말해서 약정수익률의 계산에서 채무불이행의 확률(부도확률)을 무시한다. 반면에, 기대수익률 계산은 특별하게 채무불이행의 확률을 고려한다. 무위험(risk-free) 증권의 경우는 어떠한가? 무위험 증권은 정의에 의해 무위험채권이고 채무불이행의 확률이 0이기 때문에 약정수익률과 기대수익률은 같다.

수식 (8.2)에서 계산한 것처럼 회사채의 약정수익률은 앞의 절에서 만기수익률을 의미한다. 회사채든 정부채든 모든 채권의 약정수익률을 계산할 수 있다. 필요한 것은 표면이자율, 액면가치, 만기이다. 약정수익률의 계산에서 채무불이행 위험을 알 필요는 없다. 회사채의 약정수익률을 계산하는 것은 정부채의 만기수익률을 계산하는 것처럼 쉽다. 사실, 두 계산은 같은 것이다. 그러나 회사채의 약정수익률(혹은 만기수익률)은 오해를 불러올 수 있다. 약정수익률 11.9%는 채무불이행이 없을 때 채권자가 11.9%를 받을 것이라는 것을 의미한다. 약정수익률은 채권자가 받을 것으로 기대하는 것을 말해주는 것은 아니다.

예를 들어, Vanguard Intermediate-Term Treasury Bond Fund (TB Fund)는 2018년 2월에 2.82%의 수익률을 가진 중기 정부채로 구성된 뮤추얼펀드이다. Vanguard High Yield Corporate Bond Fund (HY Fund)는 같은 날에 4.81%의 수익률을 가진 채무불이행 확률이 높은 중기 회사채로 구성된 뮤추얼펀드이다. HY Fund는 TB Fund의 수익률에 비해 1.71배(= 4.81/2.82) 높은 수익률을 가졌다. 그렇다고 이것이 HY Fund에 투자하는 것이 TB Fund에 투자하는 것보다 1.71배의 수익률을 더 받을 것이라고 기대할 수 있다는 것을 의미하는가? 절대로 아니다. 위에 표시된 수익률은 약정수익률이다. 그것은 채무불이행의 기회를 고려하지 않고 있다.

전문 분석가는 채무불이행 확률이 높기 때문에 HY Fund의 기대수익률이 TB Fund의 기대수익률보다 사실상 낮다는 것을 매우 잘 알 수도 있다. 그러나 우리는 어느 쪽이 높은지는 쉽게 알 수는 없다. 회사채의 기대수익률 계산은 채무불이행 확률을 평가해야 하기 때문에 상당히 어렵다. 그러나 기대수익률을 계산할 수 있으면 이것은 매우 의미가 있을 것이다. 이름이 암시하듯이 그것은 채권자가 실제 받을 것으로 기대하는 수익률을 알려준다.

회사채에 대한 우리의 논의가 채무불이행 확률의 개념에 크게 의존하고 있지만 채무불이행 확률의 예측은 이번 장의 범위를 확실히 넘어선다. 그러나 채권의 신용등급은 채무불이행 위험의 질적인 평가를 얻을 수 있는 쉬운 방법을 제공한다.

예제 8.8

정부채와 회사채의 수익률 무위험 2년 만기 정부채와 2년 만기 회사채가 모두 7%의 표면이자를 지급한다. 그러나 정부채는 액면가격($1,000)에 거래되고 회사채는 $982.16에 거래되고 있다. 두 채권의 수익률은 얼마인가? 이러한 수익률의 차이는 왜 존재하는가? 이것은 약정수익률인가? 표면이자는 연간 기준으로 지급된다고 가정한다.

두 채권은 연간 $70의 표면이자를 지급한다. 정부채의 수익률은 다음 수식으로 계산된다.

$$\$1,000 = \frac{\$70}{1+R} + \frac{\$1,070}{(1+R)^2}$$

정부채의 수익률 R는 7%이다.

회사채의 수익률은 아래와 같이 계산할 수 있다.

$$\$982.16 = \frac{\$70}{1+R} + \frac{\$1,070}{(1+R)^2}$$

회사채의 수익률 R는 8%이다.

회사채는 채무불이행 위험이 있고 정부채는 무위험이기 때문에 정부채의 수익률은 회사채의 수익률보다 낮다.

두 채권에서 표면이자가 약속된 이자이기 때문에 계산된 수익률은 모두 약정수익률이다. 이러한 표면이자가 완전히 지급되지 않으면 채무불이행이 발생한다. 정부채에는 채무불이행의 경우가 없기 때문에 정부채의 약정수익률은 기대수익률과 같다. 그러나 회사채의 경우에 채무불이행의 가능성이 있기 때문에 회사채의 약정수익률은 기대수익률보다 크다.

채권의 신용등급

기업은 발행한 채권에 대한 신용등급을 받기 위해서 평가회사에 대금을 지불한다. 2개의 대표적인 채권등급 평가회사는 Moody's와 S&P (Standard & Poor's)이다. 채권의 신용등급은 회사채 발행회사의 신용도에 대한 평가이다. Moody's와 S&P가 사용하는 신용도의 정의는 기업의 채무불이행 가능성과 채무불이행 시 채권자에 대한 보호를 얼마나 하는가에 기반하고 있다.

채권의 신용등급은 단지 채무불이행 가능성만을 고려한다는 것을 인식하는 것이 중요하다. 우리는 앞에서 이자율 변화에 의한 채권가치의 변화 위험으로 정의한 이자율위험을 학습하였다. 채권의 신용등급은 이자율위험과 관련이 없다. 따라서 높은 등급의 채권도 여전히 상당히 높은 가격변동성을 가질 수 있다.

채권 등급은 기업 혹은 기타 여러 출처에서 제공되는 정보를 근거로 결정된다. 신용등급의 종류와 등급별 관련 정보는 다음 표에 나타나 있다.

	투자 채권등급				투기 채권등급('정크'본드 등급)					
	상위등급		중위등급		하위등급		매우 낮은 등급			
Standard & Poor's	AAA	AA	A	BBB	BB	B	CCC	CC	C	D
Moody's	Aaa	Aa	A	Baa	Ba	B	Caa	Ca	C	

Moody's	S&P	
Aaa	AAA	Aaa와 AAA는 가장 높은 최상등급이다. 이자와 원금을 지급할 능력이 지극히 강하다.
Aa	AA	Aa와 AA는 이자를 지급하고 원금을 상환할 매우 강한 능력을 가진다. 최상등급 채권과 함께 이 그룹은 상위등급 채권으로 분류된다.
A	A	A는 상위등급 범주에 속한 채권보다 환경 변화나 경제적 상황 변화에 따른 부정적 효과가 나타날 가능성이 있지만 이자와 원금을 상환할 강한 능력을 가진다.
Baa	BBB	Baa와 BBB는 이자와 원금을 상환할 적절한 능력을 가진 것으로 판단된다. 일반적으로 적절한 보호장치가 마련되어 있지만 상위등급 채권에 비해 환경 변화나 경제적 상황 변화에 의해 원리금 상환능력이 저하될 수 있다. 이 채권은 중위등급 채권으로 구분된다.
Ba; B Caa Ca C	BB; B CCC CC C	원리금 상환능력이 기본적으로 투기적이라고 할 수 있다. BB와 Ba는 낮은 투기등급을, Ca, CC와 C는 높은 투기등급을 나타낸다. 약간의 보호장치가 마련되어 있지만 환경이 악화될 경우 불확실성이 커지고 위험수위가 높아질 가능성이 높다. Moody's의 C등급은 대체로 채무불이행이 발생된다.
	D	D등급은 채무불이행 상태에 해당하며, 이자와 원금의 상환이 지체된다.

주: Moody's와 S&P는 이들 등급을 좀 더 세분화하기도 한다. S&P는 플러스와 마이너스를 사용한다: A+는 A등급 중 최상등급을, A−는 최하등급을 나타낸다. Moody's는 1, 2 또는 3의 부호를 사용하며 1이 최상급을 나타낸다. Moody's는 D등급은 사용하지 않는다.

가장 높은 등급의 회사채는 AAA 또는 Aaa이다. 이러한 채권은 최상의 품질을 가지며 가장 낮은 위험도를 가진 것으로 판단된다. 예를 들어, 2018년 2월 기준으로 Microsoft와 Johnson & Johnson은 AAA 신용등급을 가진 유일한 미국 기반의 비금융 회사이다. AA 또는 Aa는 매우 양질의 채권을 의미하고 보다 비교적 보편적으로 주어지는 등급이다.

기업 자금의 상당 부분은 낮은 등급 또는 "정크본드(junk bond)"의 형태로 조달된다. 낮은 등급 회사채가 평가를 받는다면, 주요 신용평가사에 의해 투자등급 아래로 평가받는다. 투자등급은 최소한 S&P의 BBB 또는 Moody's의 Baa이다.

신용평가사들이 항상 서로 같은 신용등급을 매기는 것은 아니다. "크로스오버(cross over)" 또는 "5B"라고 불리는 채권이 있다. 한 신용평가사가 BBB(또는 Baa) 등급을 부여한 반면 다른 신용평가사는 BB(또는 Ba)를 부여하여 "엇갈린 평가(split rating)"가 일어난 것을 의미한다. 예를 들어, 2016년 2월에 인도의 섬유 및 화학 회사인 Standard Industries는 10년 만기의 중기채를 발행했는데 S&P는 BBB 등급을, Moody's는 Ba2 등급을 부여하였다.

채권의 신용등급은 발행기업의 재무건전성이 개선되거나 저하되는 정도에 따라 변화할 수 있다. 예를 들어, 2017년 5월에 Moody's는 거대 네트워킹 회사인 Ericsson의 채권을 Ba1으로 강등했다. 주요 원인은 구조조정 비용 및 충당금 증가로 2017년과 2018년의 영업이익과 현금흐름에 부정적인 영향이 있었기 때문이다. Ericsson은 2016년 중반에 A3 등급을 받은 이후로 4번의 하향 조정을 경험했다.

신용등급은 채무불이행이 실제로 발생할 수 있고 발생하면 투자자는 큰 손해를 보기 때문에 중요하다. 예를 들어, 2000년에 Burger King 같은 식당에 버거에서부터 사은품 장난감까지 모든 제품을 납품하던 AmeriServe Food Distribution, Inc.는 발행한 $200백만에 이르는 정크본드에 대해 채무를 상환하지 못했다. 채무불이행 이후 채권은 $1당 불과 18센트에 거래되었으며 투자자들은 $160백만 이상의 손실을 보았다.

AmeriServe 사례에서 더욱 심각한 점은 이 채권은 불과 4달 전에 발행되어 NCAA 챔피언이 되었다는 것이다. 물론 대학농구팀에게 NCAA (National Collegiate Athletic Association) 챔피언이 좋은 일이겠지만 채권시장에서 NCAA는 '이자가 전혀 없다(No Coupon At All)'는 의미로 투자자에게 좋은 일이 아니다.

8.3 채권시장

coverage online

엄청난 양의 채권이 매일 거래된다. 특정한 날의 채권 거래량이 주식 거래량의 몇 배에 이른다는 것을 알면 놀랄 것이다(거래량은 거래를 통해 주인이 바뀐 거래금액을 의미한다). 여기 재무상식 퀴즈를 풀어보자: 세계에서 가장 큰 증권시장은? 대부분의 사람들은 뉴욕증권거래소(NYSE)라고 생각할 것이다. 사실 거래량 규모로 볼 때 세계에서 가장 큰 증권시장은 미국 재무부채권시장이다.

채권의 거래방식

대부분의 채권거래는 장외시장(over the counter: OTC)에서 이루어진다. 이는 채권의 매매가 이루어지는 특정한 장소가 없다는 것을 의미한다. 대신에 전국(전 세계)의 딜러들이 항상 채권 매매를 할 준비가 되어 있다. 다양한 형태의 딜러들이 전자적으로(electronically) 연결되어 있다.

채권시장이 거대한 이유 중의 하나는 채권의 발행물량이 주식 발행물량에 비해 훨씬 많기 때문이다. 거기에는 2가지 이유가 있다. 첫째, 예외가 있기는 하지만, 일반적으로 기업은 오직 한 종류의 보통주식을 발행한다. 그러나 한 개의 회사에서 수십 종류의 중기와 장기 채권을 발행한다. 둘째, 연방정부나 주정부, 지방정부가 발행하는 채권도 상당히 많다. 예를 들어, 중소도시도 하수처리나 도로, 학교건설을 위한 자금조달을 위해 다양한 종류의 중장기 채권을 발행한다. 미국에 이와 같은 중소도시가 얼마나 많은가를 생각한다면 채권시장에 대한 큰 그림을 그릴 수 있을 것이다.

채권시장은 거의 대부분 장외시장이므로 역사적으로 볼 때 **투명성**(transparency)이 상당히 떨어진다. 금융시장은 금융상품의 가격이나 거래량을 쉽게 알 수 있을 때 투명하다고 할 수 있다. 예를 들어, 뉴욕증권거래소(NYSE)의 경우는 모든 개별 거래에 대해 가격과 거래량을 알 수 있다. 반면에 채권시장에서는 이 같은 정보를 알 수 없는 경우가 많다. 거래가 대부분 당사자 간 사적인 협상에 의해 이루어지고 일원화된 거래보고 체계가 거의 갖추어져 있지 않다.

채권의 거래량이 주식 거래량보다 많음에도 불구하고, 어떤 날에 실제 거래가 이루어지는 것은 전체 채권 발행물량의 극히 일부분이다. 이러한 사실을 채권시장의 투명성 결여와 함께 고려하면 개별 채권에 대한 최근 가격정보를 얻는 것이 얼마나 어려운가를 알 수 있다. 특히 중소기업의 회사채나 지방채의 경우는 더욱 그렇다. 따라서 일반적으로 다양한 정보출처를 사용하여 채권가격을 추정한다.

채권가격 보고

2002년부터 회사채 시장에서 투명성이 큰 폭으로 개선되기 시작했다. 새로운 규정에 따라서 회사채 딜러들은 TRACE (Trade Report and Compliance Engine)라고 불리는 시스템을 통해 거래정보를 보고하게 되었다.

TRACE의 채권 제시가격 자료는 웹사이트(finra-markets.morningstar.com/BondCenter/Default.jsp)에서 얻을 수 있다. 이 사이트에서 우리는 세계적 IT 기업인 Cisco Systems가 발행한 채권을 알기 위해서 "Cisco"를 입력했다. 총 24종류의 채권이 발행된 사실을 알 수 있다. 다음은 Cisco 발행 채권의 일부이다.

Issuer Name	Symbol	Callable	Sub-Product Type	Coupon	Maturity	Ratings Moody's®	S&P	Last Sale Price	Yield
CISCO SYS INC	CSCO.GD	Yes	Corporate Bond	5.900	02/15/2039	A1	AA-	130.794	3.790
CISCO SYS INC	CSCO.GE	Yes	Corporate Bond	4.950	02/15/2019	A1	AA-	104.844	1.570
CISCO SYS INC	CSCO.GG	Yes	Corporate Bond	5.500	01/15/2040	A1	AA-	126.655	3.732
CISCO SYS INC	CSCO.GF	Yes	Corporate Bond	4.450	01/15/2020	A1	AA-	106.481	1.652
CISCO SYS INC	CSCO4101278		Corporate Bond	1.702	03/01/2019	A1	AA-	100.708	
CISCO SYS INC	CSCO4101280	Yes	Corporate Bond	2.125	03/01/2019	A1	AA-	100.835	1.559
CISCO SYS INC	CSCO4100888	Yes	Corporate Bond	2.900	03/04/2021	A1	AA-	103.263	1.935
CISCO SYS INC	CSCO4101281	Yes	Corporate Bond	3.625	03/04/2024	A1	AA-	106.570	2.524
CISCO SYS INC	CSCO4257975	No	Corporate Bond	1.556	06/15/2018	A1	AA-	100.233	

사이트에 표시된 특정 채권을 클릭하면 신용등급, 최초발행 정보 및 거래정보 등 해당 채권에 대한 많은 정보를 얻을 수 있다.

〈그림 8.3〉에 보이는 바와 같이 증권업계 자율규제기구(Financial Industry Regulatory Authority: FINRA)는 TRACE로부터 제공받은 채권거래자료 중 가장 활발히 거래된 종목을 중심으로 매일 채권거래정보를 제공한다. 보고된 정보는 대부분 따로 설명이 필요하지 않다. 그림에서 Gilead Sciences 회사채 가격이 이날에 0.34% 하락한 점에 주목하자. 이 회사채의 만기수익률은 어떻게 되었을까? 〈그림 8.3〉은 투자등급 중 가장 거래가 활발한 채권 위주로 나타나 있지만 이 웹사이트를 이용하면 가장 활발히 거래가 이루어지는 고수익 채권이나 전환사채에 대한 정보도 알 수 있다.

앞서 언급한 바와 같이 미국 재무부채권시장은 세계에서 가장 큰 증권시장이다. 일반적인 채권시장과 마찬가지로 이 시장도 장외시장이어서 투명성이 제한적이다. 하지만 다른 채권시장

그림 8.3 TRACE의 채권 제시가격 자료 샘플

Most Active Investment Grade Bonds

Issuer Name	Symbol	Coupon	Maturity	Moody's®/S&P	High	Low	Last	Change	Yield%
CREDIT SUISSE AG NEW YORK BRH MEDIUM TER	CS4206224	1.750%	01/29/2018	A1/A	100.15400	100.05100	100.08039	−0.029615	1.550810
GILEAD SCIENCES INC	GILD4404927	4.150%	03/01/2047	A3/A	101.21400	100.50600	100.89500	−0.340000	4.096975
PLAINS ALL AMERN PIPELINE L P/PAA FIN	PAA4426643	4.500%	12/15/2026	Baa3/BBB−	102.86500	101.23300	102.33300	0.153000	4.187092
MORGAN STANLEY	MS.HHO	7.300%	05/13/2019	A3/BBB+	108.90100	108.48456	108.48456	−1.015438	2.185696
ORANGE S A	ORAN4419464	1.625%	11/03/2019	Baa1/	99.50300	99.37800	99.50300	0.002000	1.859110
TOYOTA MTR CR CORP MEDIUM TERM NTS BOOK	TM4415138	1.550%	10/18/2019	Aa3/AA−	99.70900	99.61600	99.61600	−0.041000	1.734055
TARGET CORP	TGT3869508	4.000%	07/01/2042	A2/A	100.75300	100.19900	100.75300	0.522000	3.951852
ARES CAP CORP	ARCC4186049	3.875%	01/15/2020	/BBB	102.81000	102.75900	102.75900	0.020000	2.624812
Southern California Edison Company	EIX.IN	5.500%	08/15/2018	Aa3/A	103.69500	103.63000	103.69500	−0.001000	1.587480
CITIGROUP INC	C4432872	2.900%	12/08/2021	Baa1/BBB+	102.82500	101.51900	101.63100	0.126000	2.487050

출처: FINRA의 TRACE 가격 공시(2017년 8월 27일).

과는 달리 미국 재무부채권시장에서 거래되는 채권, 특히 최근 발행된 국채 거래는 거래량도 상당히 크다. 따라서 발행된 국채를 대표하는 가격이 매일 보고된다.

〈그림 8.4〉는 월스트리트 저널 사이트(wsj.com)에 나타나 있는 어느 날의 미국 재무부채권 일부를 보여주고 있다. 그림에서 "8/15/2027"으로 되어 있는 것을 검토해보자. 왼쪽에서부터 08/15/2027은 채권의 만기가 2027년 8월이라는 의미고 6.375는 채권의 표면이자율이다.

다음 두 가지 정보는 **매수가**(bid price)와 **매도가**(asked price 또는 ask price)이다. 일반적으로 장외시장이나 딜러시장에서 매수가는 딜러가 증권을 사기 위해 지불하려는 가격을 의미하고, 매도가는 딜러가 증권을 판매하려는 가격을 의미한다. 두 가격의 차이를 **매수매도 가격차**

그림 8.4
*월스트리트 저널*의 U.S. 재무부채권가격 샘플

Maturity	Coupon	Bid	Asked	Chg	Asked Yld
11/15/2018	3.75	102.7266	102.7422	–0.0313	1.342
3/31/2019	1.625	100.3828	100.3984	–0.0078	1.36
3/15/2020	1.625	100.3516	100.3672	–0.0078	1.474
10/31/2021	1.25	98.0469	98.0625	–0.0313	1.74
2/15/2023	7.125	126.8516	126.8672	–0.0625	1.872
5/15/2024	2.5	102.7969	102.8125	–0.1094	2.045
8/15/2027	6.375	137.0625	137.0781	–0.1016	2.189
11/15/2028	5.25	129.1328	129.1953	–0.1484	2.272
2/15/2029	5.25	129.5469	129.6094	–0.1719	2.285
2/15/2036	4.5	129.7578	129.8203	–0.2344	2.473
5/15/2037	5	137.8594	137.9219	–0.2031	2.537
5/15/2038	4.5	130.2656	130.3281	–0.2109	2.594
2/15/2039	3.5	113.8672	113.9297	–0.1719	2.644
11/15/2039	4.375	128.4063	128.4688	–0.1875	2.665
5/15/2040	4.375	128.5781	128.6406	–0.2266	2.68
8/15/2040	3.875	119.9922	120.0547	–0.1953	2.696
11/15/2041	3.125	106.8203	106.8516	–0.1641	2.735
5/15/2042	3	104.4063	104.4375	–0.1797	2.751
8/15/2042	2.75	99.7188	99.75	–0.1875	2.764
11/15/2042	2.75	99.6484	99.6797	–0.125	2.768
2/15/2043	3.125	106.4844	106.5156	–0.1172	2.766
5/15/2043	2.875	101.7344	101.7656	–0.1328	2.778
5/15/2044	3.375	111.1953	111.2266	–0.2266	2.776
11/15/2044	3	103.9375	103.9688	–0.1875	2.79
2/15/2045	2.5	94.1172	94.1484	–0.1719	2.808
5/15/2045	3	103.8438	103.875	–0.1875	2.798
8/15/2045	2.875	101.3438	101.375	–0.1719	2.804
11/15/2045	3	103.8125	103.8438	–0.1797	2.802
5/15/2046	2.5	93.75	93.7813	–0.1797	2.818
11/15/2046	2.875	101.2188	101.25	–0.1719	2.812
5/15/2047	3	103.8125	103.8438	–0.1719	2.808
8/15/2047	2.75	98.7422	98.7734	–0.1484	2.811

출처: www.wsj.com. September 20, 2017.

(bid-ask spread 또는 단순히 spread)라고 하고 이 가격 차이는 딜러의 이익이 된다.

미국 국채가격은 액면가치의 %로 표시된다. 따라서 매수가 혹은 딜러가 지불할 의도가 있는 8/15/2027 채권의 가격이 137.0625로 나타난다. $1,000의 액면가치를 갖는다면, 이 제시가격은 달러가격으로 $1,370.625를 의미한다. 매도가 혹은 딜러가 판매하려는 가격은 137.0781 혹은 $1,370.781이다.

다음 보고되는 숫자는 전날대비 매도가의 변화를 액면가치의 %로 나타낸다. 따라서 채권의 매도가는 전날에 비해서 0.1016% 혹은 $1.016 감소했다는 것을 의미한다. 마지막으로 가장 끝에 있는 수치는 매도가에 기초한 만기수익률이다. 이 채권은 액면가격보다 높게 판매되고 있는 할증채라는 사실에 주목하자. 따라서 만기수익률(2.189%)은 표면이자율(6.375%)보다 낮다.

마지막 줄에 있는 채권 '8/15/2047'은 흔히 "대표(bellwether)" 채권이라고 불린다. 이 채권의 수익률은 일반적으로 저녁 뉴스시간에 보고되는 수익률이다. 예를 들어, 장기금리가 상승했다는 뉴스를 들으면 이 채권의 수익률이 상승했다는 의미이다(물론 채권가격은 하락한다). 2001년 초 미국 재무부는 30년 만기 채권을 더 이상 발행하지 않겠다고 발표해 10년 만기 채권이 가장 긴 장기채권이 되었다. 하지만 2006년에 30년 만기 채권이 다시 발행되었고 이에 따라 30년 만기 채권이 다시 대표채권의 지위를 누리고 있다.

〈그림 8.4〉의 여러 종류의 채권수익률을 살펴보면 수익률은 만기에 따라 변한다는 것을 알 수 있다. 왜 이 같은 현상인 벌어지고 이것이 의미하는 바가 무엇인가에 대해 다음 절에서 논의하기로 한다. 정부채(국채) 수익률은 나라마다 다르다. 여기서 우리는 몇 개 국가의 10년 만기 수익률을 보여주려고 한다. 수익률은 채무불이행 위험과 환위험에 따라 상이하다(교재의 후반부에서 논의할 것이다.).

국가별 10년 만기 국채 수익률

	수익률(%)
미국	2.20
영국	1.09
일본	0.02
독일	0.42
오스트레일리아	2.62
그리스	5.51
스페인	1.42
인도	6.53
브라질	10.17

출처: www.bloomberg.com, August 17, 2017.

예제 8.9

미국 국채 제시가격 〈그림 8.4〉에서 만기가 2021년 10월인 국채를 찾아보라. 이 국채의 표면이자율은? 매수가는? 전일의 매도가는?

표면이자율은 1.25 또는 액면가치의 1.25%이다. 매수가는 98.0469 또는 액면가의 98.0469%이다. 매도가는 98.0625로 전일에 비해 0.0313% 하락했다. 이것은 전일의 매도가는 98.0625 + 0.0313 = 98.0938을 의미한다.

채권가격 표시에 대한 유의점

만약 채권을 표면이자 지급일과 지급일 사이에 매입한다면, 채권의 매입가격으로 지급하는 금액은 일반적으로 표시된 가격보다 크다. 그 이유는 채권시장에서의 표준화된 가격표시 관행은 "발생이자(accrued interest)"를 고려하지 않고 표시하기 때문이다. 다시 말해 발생이자는 표시가격에서 제외된 상태이다. 이와 같은 표시가격을 **클린가격**(clean price, **순가격**)이라고 하고, 발생된 이자를 포함하여 실제로 지급하는 가격은 **더티가격**(dirty price, **총가격**), 풀(full) 또는 청구(invoice)가격이라고 한다.

이와 관련된 내용을 쉽게 이해할 수 있는 예제가 있다. 연 12%의 표시이자를 반년 단위로 지급하는 채권을 매입했다고 하자. 이 채권의 매입을 위해 $1,080을 지급했다면 이 금액이 총가격 또는 청구가격이 된다. 만일, 채권을 매입한 날을 기준으로 4개월 후에 다음번 표면이자 지급이 이루어진다면, 당신은 표면이자의 지급일 사이에 채권을 매입한 것이다. 다음번 표면이자가 $60이라는 것을 기억하자.

채권의 발생이자는 이미 시간이 지나간 이자 기간을 고려하여 계산된다. 본 예제에서는 6개월 중 이미 2개월이 경과하였으므로, 이 부분을 다음 기에 지급받을 표면이자인 $60에 곱해서 발생이자를 산출할 수 있다. 즉, 발생이자는 $20(= 2/6 × $60)이 된다. 따라서 채권의 표시가격(순가격)은 $1,060(= $1,080 − $20)이 된다.[3]

8.4 인플레이션과 이자율

지금까지 이번 장에서 이자율에 대한 인플레이션의 영향은 고려하지 않았다. 그러나 6.5절에서 이러한 관계를 학습했다. 여기서 이전에 논의했던 주제에 대해 다시 간단히 복습한다.

실질이자율과 명목이자율

1년 이자율이 15.5%라서 오늘 $100을 은행에 예금하면 내년에 $115.50을 얻게 된다고 가정하자. 또한 오늘 피자가격이 1판에 $5라고 하면 $100을 가지고 20판을 구입할 수 있다. 마지막으로 인플레이션율이 5%라고 가정하면 내년에 피자가격은 1판에 $5.25가 된다. 만약 투자

[3] 발생이자를 산출하는 방식은 실제로 표시되는 채권의 종류에 따라 달라진다. 예를 들어, 국채나 회사채의 경우 표면이자 기간의 경과부분을 어떻게 산출하느냐에 따라 약간의 차이가 발생한다. 위 예제에서 한 달은 동일한 기간으로 가정하였고(한 달에 30일, 1년에 360일) 회사채의 경우 이와 같은 방식이 활용된다. 반면 국채의 경우는 실제 정확한 날짜를 기준으로 경과이자를 계산한다. 쿠폰 결제 사이의 날짜 계산에 대한 자세한 내용은 이 장의 Excel Master를 확인하라.

자가 \$100을 오늘 예금한다면 내년에 얼마나 많은 피자를 구입할 수 있을까? 확실히 22판의 (= \$115.50/5.25) 피자를 구입할 수 있다. 이 숫자는 20판보다 많은 것으로 10%의 구매력 상승을 의미한다. 경제학자들은 15.5%를 **명목**(nominal)이자율이라고 부르는 반면에 10%를 **실질**(real)이자율이라고 한다.

명목이자율과 실질이자율의 차이는 중요하므로 다음 사항을 다시 반복한다.

투자에 대한 명목이자율은 당신이 가지고 있는 금액의 변화율을 의미한다. 투자에 대한 실질이자율은 당신이 가지고 있는 금액을 가지고 구입할 수 있는 물량의 변화율이다. 즉, 구매력의 변화율을 의미한다.

우리는 명목이자율과 실질이자율 그리고 인플레이션의 관계를 다음과 같이 일반화할 수 있다.

$$1 + R = (1 + r) \times (1 + h)$$

여기서 R은 명목이자율, r은 실질이자율, h는 인플레이션율이다.

앞의 예에서 명목이자율은 15.50%이고 인플레이션율은 5%였다. 그렇다면 실질이자율은 얼마인가? 다음과 같이 위 수식에 대입하여 답을 도출할 수 있다.

$$1 + 0.1550 = (1 + r) \times (1 + 0.05)$$
$$1 + r = 1.1550/1.05 = 1.10$$
$$r = 0.10 \text{ 또는 } 10\%$$

이 실질이자율은 앞에서 구한 답과 동일하다.

우리는 위 수식을 다음과 같이 정리할 수 있다.

$$1 + R = (1 + r) \times (1 + h)$$
$$R = r + h + r \times h \qquad \textbf{(8.3)}$$

이 식을 통해 명목이자율은 세 가지 부분으로 구성된다는 것을 알 수 있다. 먼저 투자에 대한 실질이자율인 r과 인플레이션 때문에 기초에 투자된 자금의 가치가 감소하는 것에 대한 보상부분인 h이다. 그리고 세 번째 요소는 투자로 인해 얻는 가치가 인플레이션으로 인해 감소한다는 사실에 대한 보상부분 $r \times h$이다.

하지만 세 번째 부분은 규모가 크지 않아 대체로 고려되지 않는다. 따라서 명목이자율은 간단히 실질이자율과 인플레이션의 합으로 나타낼 수 있다.

$$R \approx r + h \qquad \textbf{(8.4)}$$

이자율, 할인율, 투자수익률 등 금융 이자율은 대부분 명목 개념으로 표시된다는 사실에 주목하자. 따라서 앞으로 이자율과 관련해 r 대신 R을 사용하기로 한다.

예제 8.10

명목이자율 대 실질이자율 투자가들이 10%의 실질이자율을 요구하고 인플레이션은 8%라면, 이때 대략적인 명목이자율은 얼마가 되어야 하는가? 또한 정확한 명목이자율은 얼마인가?

우선 명목이자율은 대략 실질이자율과 인플레이션의 합으로 보면 10% + 8% = 18%이다. 정확한 수식 (8.3)을 이용하면 다음과 같다.

$$\begin{aligned} 1 + R &= (1 + r) \times (1 + h) \\ &= 1.10 \times 1.08 \\ &= 1.1880 \end{aligned}$$

따라서 명목이자율은 19%에 근접하게 된다.

인플레이션 위험과 물가연계채권

표면이자율이 8%인 20년 만기 국채를 생각해보자. 만일 액면가치 혹은 원금이 $1,000이라면 채권 보유자는 20년 동안 매년 $80을 받고 20년 뒤에 $1,000을 받을 것이다. 미국 정부가 채무불이행을 하지 않을 것이기 때문에 채권자는 약속된 지불금을 받는 것이 보장된다. 따라서 이 경우 무위험채권이라고 할 수 있다.

그러나 채권이 정말 무위험일까? 그것은 위험을 어떻게 정의하는가에 달려 있다. 만일 인플레이션의 변화가 없이 피자가 항상 $5라는 것을 의미하는 상황을 가정하자. 우리는 만기에 $1,080($1,000의 원금과 $80 이자)을 확실히 받게 되고 216개(= $1,080/$5) 피자를 살 수 있다. 이번에는 20년 동안 인플레이션이 없을 확률이 50%이고, 매년 10%의 인플레이션이 발생할 확률이 50%라고 가정하자. 10%의 인플레이션율이면 20년 뒤에는 개당 피자가격이 $\$5 \times (1.10)^{20} = \$33.64$가 된다. $1,080의 금액은 인플레이션이 없는 세상에서 216개의 피자가 아니라 이제 채권자에게 $1,080/$33.64 = 32.1개의 피자만을 허용할 것이다. 불확실한 인플레이션율이 주어지면 투자자는 **인플레이션 위험**(inflation risk)에 직면한다. 즉, 만기에 $1,080을 받는 것이 확실하더라도, 216개 피자인지 혹은 32.1개 피자인지를 알 수 없는 것이다.

이제 명목과 실질의 수치로 된 용어에 대해 이야기하자. 만기 시점에 지급되는 금액의 **명목가치**(nominal value)는 실제 투자자가 받게 될 현금이기 때문에 $1,080이다. 인플레이션율을 10%로 가정하면, 지급되는 금액의 **실질가치**(real value)는 불과 $\$1,080/(1.10)^{20} = \$160.54$이다. 실질가치는 지급액의 구매력을 측정한다. 채권자는 채권 지급액의 구매력에 관심을 가지기 때문에 명목가치가 아니라 실질가치를 궁극적으로 고려한다. 인플레이션은 지급액의 실질가치를 떨어뜨리는데, 그것은 인플레이션 위험이 중대한 관심대상이라는 것을 의미한다. 특히 높은 인플레이션이나 변동성이 심한 인플레이션 시기에 더욱 그렇다.

인플레이션 위험을 피할 수 있는 채권은 없을까? 사실은 있다. 미국 정부는 약속된 지급액이 명목가치가 아닌 실질가치로 정해진 재무부 물가연동국채(Treasury inflation-protected securities: TIPS)를 발행한다. 다른 많은 나라에서도 물가연계채권(inflation-linked bond)을 발행한다. 액면가치와 표면이자가 모두 실질가치로 되어 있는 2% 표면이자를 지급하는 $1,000 액면가치를 가진 2년 만기 물가연계채권을 고려해보자. 연간 지급을 가정하면 채권자는 다음과 같이 실질지급액을 받을 것이다.

1 연도 말	2 연도 말
$20	$1,020

따라서 발행회사는 실질가치로 약속된 지급을 한다.

채권자가 받게 될 명목가치로 표시된 금액은 얼마인가? 첫해의 인플레이션율이 3%이고 두 번째 해의 인플레이션율이 5%라고 가정하자. 채권자는 다음 명목지급액을 받을 것이다.[4]

1 연도 말	2 연도 말
$20 × 1.03 = $20.60	$1,020 × 1.03 × 1.05 = $1,103.13

채권자가 채권을 매입할 때 실질가치로 지급액 규모를 아는 반면에 각 기간별로 인플레이션 수치가 알려지기 전까지는 명목가치의 지급액 규모는 알지 못한다. TIPS와 기타 물가연계채권이 실질가치로 지급액을 보증하기 때문에 이러한 채권은 인플레이션 위험을 제거한다.

물가지수연계 채권은 실질수익률로 표시한다. 예를 들어 $971.50에 거래되는 채권을 가정하자. 수익률 y는 다음 수식으로 풀 수 있을 것이다.

$$\$971.50 = \frac{\$20}{1 + y} + \frac{\$1{,}020}{(1 + y)^2}$$

이 예제에서 y는 3.5%이다. 따라서 우리는 채권의 실질수익률이 3.5%라고 할 수 있다.

일반적인 재무부채권의 수익률이 TIPS의 수익률과 관련이 있을까? 2018년 2월에 20년 만기 TIPS의 수익률은 0.77%였고, 20년 만기 T-bond의 수익률은 2.93%였다. 근사치로 봤을 때 둘 사이의 차이인 2.16%(= 2.93 − 0.77)는 시장에서는 앞으로 20년 동안 연간 인플레이션율을 2.16%로 기대한다는 것을 의미한다.[5]

투자의 주요 목적은 현재보다 미래에 더 많은 소비를 할 수 있도록 하는 것이므로 투자자는 항상 양의 실질수익률을 요구할 것으로 예상한다. 이는 디플레이션이거나 마이너스 인플레이션인 경우에만 한시적으로 투자자가 음의 수익률인 채권을 수용한다는 것을 의미한다. 이 장의 시작 부분에서 음의 수익률에 대한 논의로 돌아가서, 당시 인플레이션율은 낮았지만 마이너스는 아니었는데 투자자들은 음의 실질수익률을 기꺼이 받아들였다. 왜 그랬는가? 결국, 현금을 보유하는 것은 실질수익률이 0이므로 더 좋다. 막대한 양의 현금을 보관하는 것이 비용이 많이 들고 어렵기 때문에 약간의 음의 수익률을 기꺼이 받아들인다는 것 한 가지 대답이다.

피셔효과

우선 인플레이션이 없고 명목이자율이 2%인 세상을 가정하자. 예를 들어, 중앙은행의 조치나 환

[4] 이 예제는 단순화된 것이다. 실제 지급금액의 계산은 종종 복잡하고 국가에 따라 다르다. 예를 들어 TIPS는 반년마다 이자지급을 하고 인플레이션 조정에는 기간 차이(lag)가 있다.

[5] 앞에서 언급했듯이, TIPS는 인플레이션 위험이 없는 대신에 일반적인 T-bond는 인플레이션 위험을 가진다. 두 채권의 위험이 같지 않기 때문에 이러한 접근법은 기대 인플레이션에 대한 일차적인 예측으로만 봐야만 한다.

율의 변화가 기대하지 않았던 인플레이션율 5%를 촉발했다고 하자. 명목이자율은 어떻게 될 것이라고 생각하는가? 이자율이 2%에 머물면 실질이자율은 음의 수익률이 되기 때문에 당신은 우선 명목이자율이 증가할 것을 예상할 것이다. 은행 예금 $100은 연말에 $102가 되겠지만, $1의 햄버거 가격은 내년에 $1.05가 되어서 당신은 $102로 단지 97개(= 102/1.05) 햄버거만 살 수 있게 될 것이다. 따라서 초기 $100으로 100개의 햄버거를 살 수 있었는데 구매력 감소가 발생한다.

이자율은 얼마나 올라야 할까? 유명한 경제학자 Irving Fisher는 이미 수십 년 전에 명목이자율이 실질이자율 2%를 충분히 유지하기 위해서 상승해야만 한다고 추론했다. 우리는 수식 (8.4)로 새로운 명목이자율을 (대략) 결정할 수 있다.

$$2\% + 5 \cong 7\%$$

Fisher의 생각은 투자자가 어리석지 않다는 것이다. 투자자는 인플레이션이 구매력을 감소시키기 때문에 돈을 대여해줄 때 명목이자율의 상승을 요구할 것이다. **피셔효과**(Fisher effect)라고 불리는 Fisher의 가정은 다음과 같이 말할 수 있다.

인플레이션율의 증가는 실질이자율이 영향을 받지 않을 만큼까지 명목이자율이 오르도록 만든다. 다시 말해서, 실질이자율은 인플레이션율의 변동과 관련이 없다.

Fisher의 논리가 이치에 맞지만 명목이자율이 7.0%까지 오를 것이라는 주장은 단지 가정이다. 실제 세상에서 그것은 맞을 수도 있지만 맞지 않을 수도 있다. 진짜 그렇게 되어야만 하는 것은 아니다. 예를 들어, 투자자가 어리석어서 인플레이션이 있는데도 명목이자율이 2%에 머물 수도 있다. 혹은 대신에 투자자가 인플레이션의 영향을 이해하더라도 명목이자율이 7.0%까지 오르지 않을 수도 있다. 즉, 완전한 상승을 막는 알 수 없는 힘이 있을 수 있다.

피셔효과를 실증적으로 검증할 수 있는가? 정확한 실증 분석은 이번 장의 범위를 넘어서지만, 〈그림 8.5〉는 최소한의 증거를 보여준다. 그림은 2개의 곡선을 보여주는데 하나는 지난 57년 동안의 1개월 만기 T-bill의 연간수익률이고, 다른 하나는 같은 기간 동안 인플레이션율이다. 두 곡선이 함께 움직이는 것으로 확실하게 보여준다. 이자율과 인플레이션율은 1950년대에서 1980년까지 함께 증가했고 그 이후에는 감소했다. 따라서 정확한 관계를 설정하기 위해서 통계적인 작업이 필요하지만 그림은 인플레이션이 명목이자율의 중요한 결정요인이라는 것을 보여준다.

8.5 채권수익률의 결정요인들

이제 채권수익률의 결정요인들에 대해 논의하기로 하자. 특정한 채권의 수익률은 다양한 요소들을 반영한다.

이자율의 기간구조

단기이자율(단기금리)과 장기이자율(장기금리)은 어떤 시점에서 측정하느냐에 따라 다르게 나

그림 8.5
1개월 만기 T-bill 연간수익률과 인플레이션의 관계

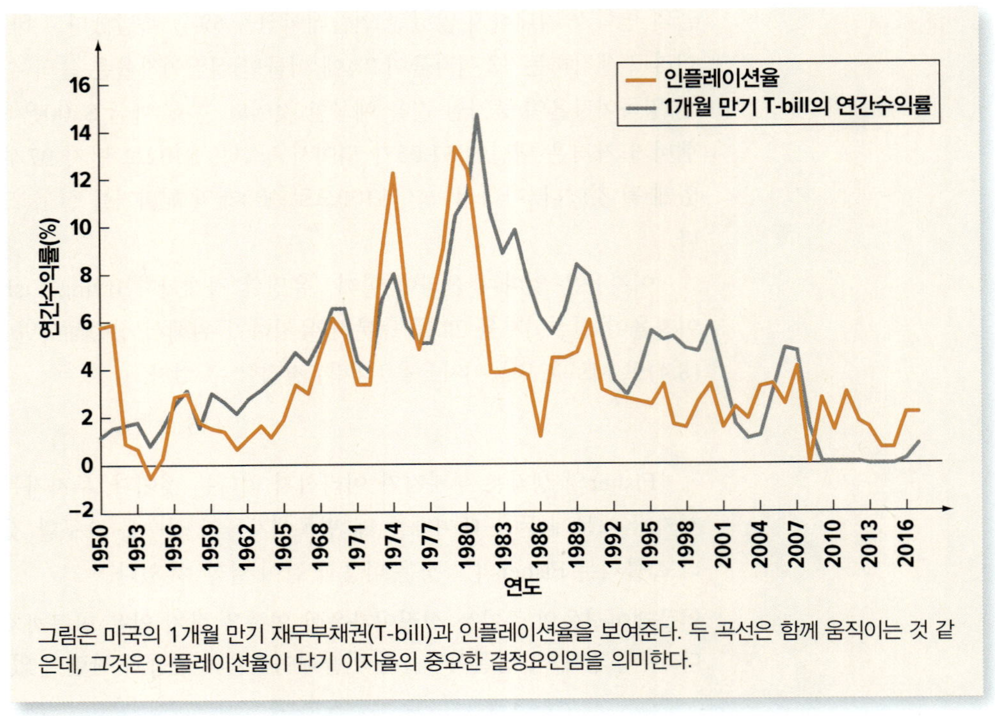

그림은 미국의 1개월 만기 재무부채권(T-bill)과 인플레이션율을 보여준다. 두 곡선은 함께 움직이는 것 같은데, 그것은 인플레이션율이 단기 이자율의 중요한 결정요인임을 의미한다.

출처: Morningstar, 2017, author calculations.

타난다. 단기금리가 더 높기도 하고 때로는 더 낮기도 하다. 〈그림 8.6〉은 장기적 관점에서 지난 2세기 동안 장기와 단기 금리 변화추이를 보여주고 있다. 그림에 보이는 바와 같이 장단기금리 차이는 거의 없을 때도 있고 몇 %씩 장기금리가 더 높거나 혹은 단기금리가 더 높은 적도 있었다.

단기금리와 장기금리의 관계는 **이자율의 기간구조**(term structure of interest rates)로 알려져 있다. 좀 더 정확하게는 이자율의 기간구조란 채무불이행 위험이 없는(default-free) 순수할인(pure discount) 채권의 모든 만기에서 나타나는 명목이자율을 말한다. 이 금리들은 채무불이행 위험이 없고 만기에 일시 지급되는 채권의 이자율이므로 본질적으로 '순수(pure)' 이자율이다. 다시 말해서 기간구조는 서로 다른 기간에 대한 화폐의 순수한 시간가치를 말한다.

장기금리가 단기금리보다 높을 때 기간구조는 우상향한다고 하고, 단기금리가 장기금리보다 높을 때 기간구조는 우하향한다고 말한다. 기간구조는 "볼록한 형태(humped)"를 보이기도 하는데, 처음에는 이자율이 상승하다가 만기가 장기로 갈수록 하락하는 경우이다. 기간구조의 가장 일반적인 형태는 특히 근래에 와서 우상향이지만 기울기는 측정시점에 따라 상당히 다르게 나타난다.

무엇이 기간구조의 형태를 결정할까? 세 가지 기본적인 요소가 있다. 두 가지는 이미 앞 절에서 설명한 실질이자율과 인플레이션율이다. 실질이자율은 투자자들이 그들의 자금을 사용하지 않은 것에 대한 보상으로, 인플레이션 효과를 조정한 후의 화폐의 순수한 시간 가치로 생각할 수 있다.

그림 8.6 미국의 이자율: 1800~2016년

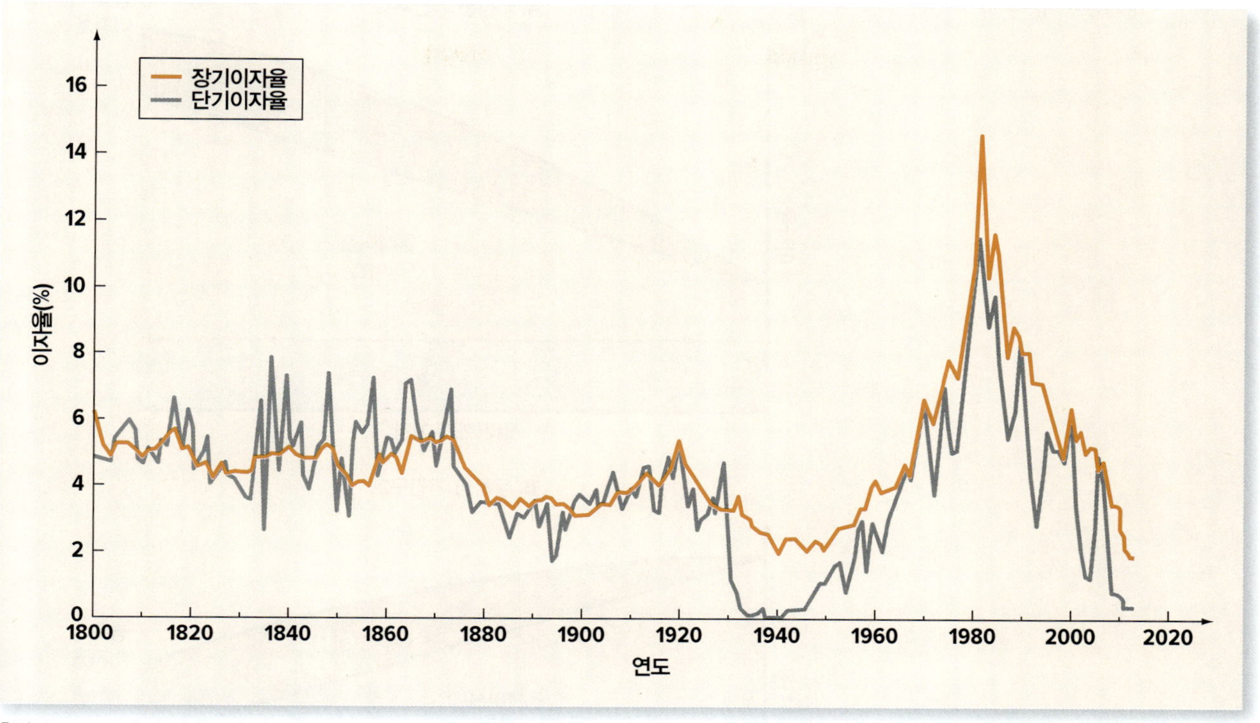

출처: Jeremy J. Stegel, *Stocks for the Long Run*, 4th ed., New York, NY: McGraw-Hill, 2008, updated by the authors.

실질이자율은 여러 가지 요소의 함수이다. 예를 들어, 기대 경제성장률을 고려해보자. 높은 기대성장률은 실질이자율을 높일 것이고, 낮은 기대성장률은 실질이자율을 낮출 것이다. 다른 요소들의 기대성장률이 변동하기 때문에 실질이자율은 만기에 따라 다를 수 있다. 예를 들어, 시장이 장기보다 단기에 낮은 경제성장률을 기대하면 실질이자율은 단기 채권에서는 낮고 장기 채권에서는 높을 수 있다. 그러나 실질이자율은 기간구조의 형태에 작은 영향을 미치는 요소라고 할 수 있다.

반면 미래 인플레이션의 전망은 기간구조 형태에 상당히 큰 영향을 미친다. 각기 다른 기간 동안 자금을 대여해주려는 투자자는 인플레이션이 미래에 상환받을 금액의 가치를 절하시킨다는 것을 알고 있다. 그 결과 투자자는 높은 명목이자율의 형태로 이러한 손실에 대한 보상을 요구한다. 이 같은 추가적 보상을 **인플레이션 프리미엄**(inflation premium)이라고 한다.

투자자들이 인플레이션율이 미래에 상승할 것이라고 믿는다면 장기 명목이자율은 단기 명목이자율에 비해 높은 경향을 보일 것이다. 따라서 우상향 기간구조는 인플레이션율의 증가 기대를 반영한 것이라고 할 수 있다. 마찬가지로 우하향 기간구조는 인플레이션율이 미래에 하락할 것이라는 믿음을 반영한 것이다.

기간구조의 마지막 세 번째 구성요소는 이자율위험과 관련이 있다. 이번 장의 전반부에서 논의한 바와 같이 장기 채권은 단기 채권에 비해 이자율의 상승으로 인한 손실 위험이 훨씬 더

그림 8.7
이자율의 기간구조

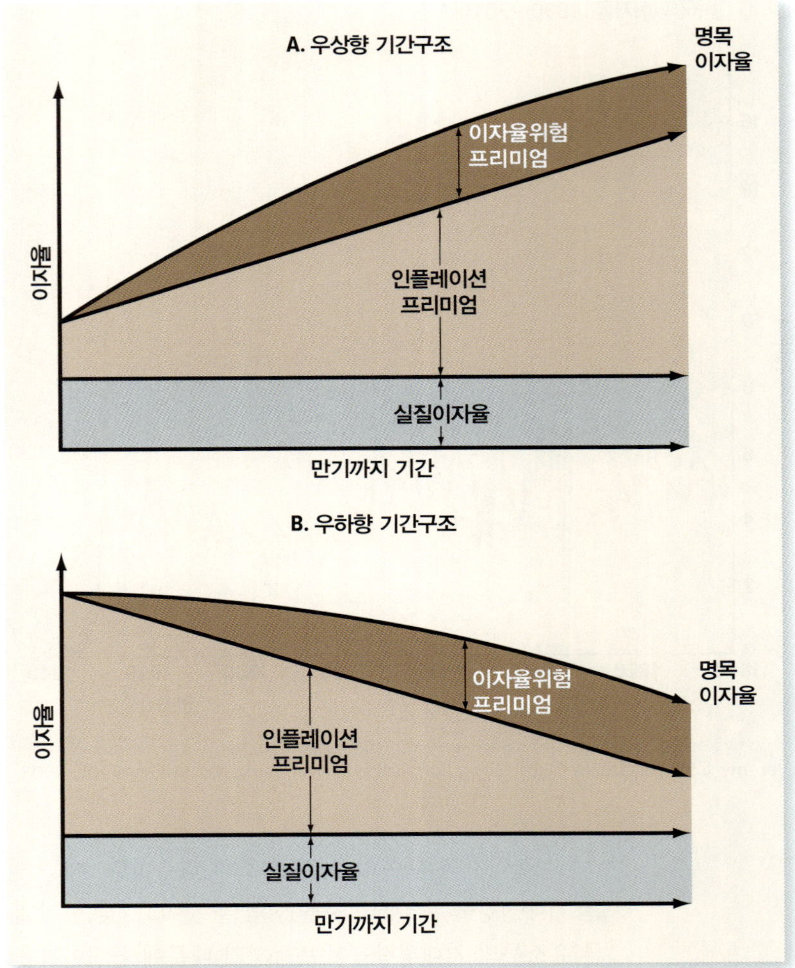

크다. 투자자는 이 위험을 인지하고 이 위험을 감수하는 것에 대해 더 높은 이자율의 형태로 추가적인 보상을 요구한다. 이 추가적인 보상을 **이자율위험 프리미엄**(interest rate risk premium)이라 한다. 만기가 길면 길수록 이자율위험은 더 커지므로 이자율위험 프리미엄은 만기에 따라 증가한다. 그러나 앞에서 논의한 바와 같이 이자율위험은 점차 줄어들면서 증가하기 때문에 이자율위험 프리미엄도 성장률이 줄면서 증가한다.[6]

지금까지 논의한 것을 종합하면, 기간구조는 실질이자율, 인플레이션 프리미엄, 그리고 이자율위험 프리미엄이 결합된 효과를 반영한다. 〈그림 8.7〉은 이와 같은 요소들이 어떻게 상호작용하여 우상향 기간구조를 만드는지(〈그림 8.7〉의 위 그림) 혹은 우하향 기간구조를 만드는지(〈그림 8.7〉의 아래 그림)를 보여주고 있다.

[6] 과거에는 이자율위험 프리미엄을 **유동성**(liquidity) **프리미엄**이라고 불렀다. 오늘날 유동성 프리미엄은 다음 장에서 살펴볼 것이지만 전혀 다른 의미로 사용된다. 또한 이자율위험 프리미엄은 종종 만기위험 프리미엄이라고도 한다. 여기서 사용되는 용어는 기간구조에 대한 최근 견해를 반영하고 있다.

〈그림 8.7〉의 위쪽 그림에서 인플레이션율이 점차 상승하는 것으로 기대되고 있음을 보자. 동시에 이자율위험 프리미엄이 감소하는 비율로 증가하기 때문에 결합된 효과는 뚜렷한 우상향의 기간구조를 만든다. 〈그림 8.7〉의 아래쪽 그림에서는 인플레이션율이 미래에 하락할 것으로 기대되고, 기대되는 감소폭은 이자율위험 프리미엄을 상쇄하기에 충분하기 때문에 우하향의 기간구조를 나타낸다. 만약 인플레이션율이 소폭 감소할 것으로 예상된다면 이자율위험 프리미엄 때문에 우상향하는 기간구조가 나타날 수 있다는 사실도 기억하자.

〈그림 8.7〉에서 실질이자율은 동일하다고 가정하고 있다. 그러나 미래의 기대 실질이자율은 현재 실질이자율에 비해 더 높을 수도 있고 낮을 수도 있다. 또한 단순화를 위해 미래 기대 인플레이션율이 직선으로 상승하거나 하락한다고 가정하였으나 반드시 그런 것은 아니다. 예를 들어, 인플레이션율은 상승했다가 하락할 수 있고, 그 결과 볼록한 혹 모양의 수익률곡선을 만들 수도 있다.

채권수익률과 수익률곡선: 종합

〈그림 8.4〉에서 서로 다른 만기를 가진 미국 국채의 수익률은 다르다는 사실을 보았다. **월스트리트 저널**은 매일 〈그림 8.4〉와 같은 국채가격과 수익률뿐만 아니라 만기에 따른 국채수익률 그래프를 제공하고 있다. 이 그래프는 **미국 국채수익률곡선**(Treasury yield curve)이라고 한다(간단히 수익률곡선이라고도 한다). 〈그림 8.8〉은 2018년 2월의 수익률곡선을 보여준다.

이제 여러분도 눈치챘듯이, 수익률곡선의 형태는 이자율의 기간구조를 반영한다. 사실 미국

그림 8.8 미국 국채수익률곡선: 2018년 2월

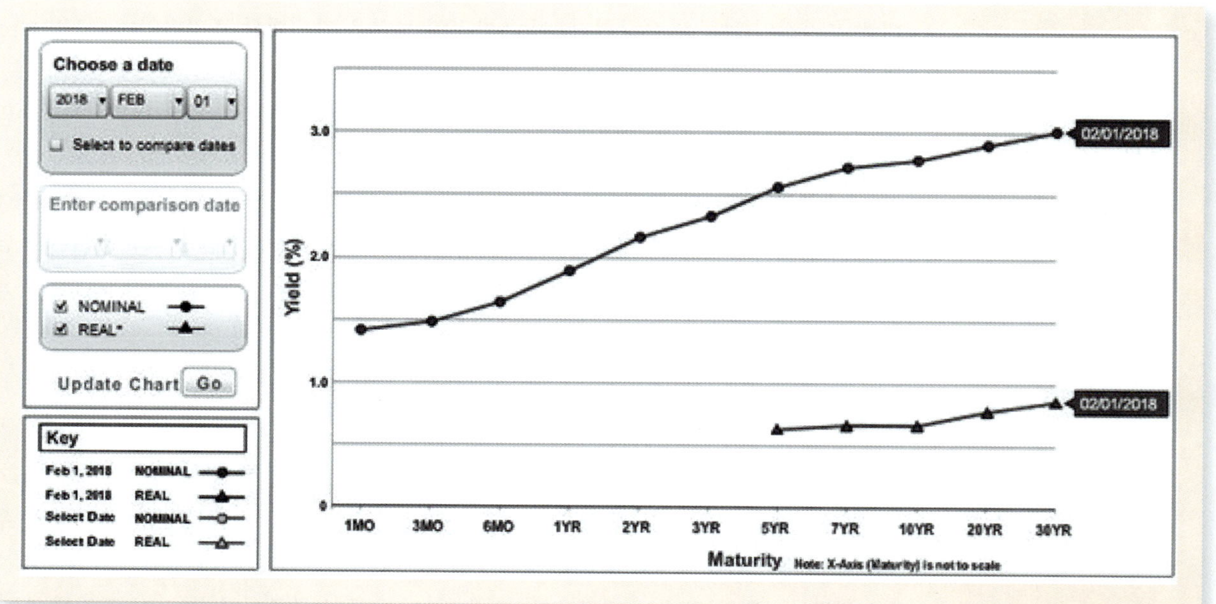

출처: https://www.treasury.gov/resource-center/data-chart-center/interest-rates/Pages/Historic-Yield-Data-Visualization.aspx, February 1, 2018.

국채수익률곡선과 이자율의 기간구조는 거의 같은 것이다. 유일한 차이점은 기간구조는 순수할인채권을 기초로 하는 반면 수익률곡선은 표면이자를 지급하는 이표채를 기초로 한다는 점이다. 따라서 국채수익률은 기간구조에서 논의되었던 세 가지 요소인 실질이자율, 기대 미래 인플레이션, 이자율위험 프리미엄에 의해 좌우된다.

미국 국채는 기억해야 할 세 가지 중요한 특징을 지니고 있다. 즉, 채무불이행 위험이 없고, 세금부과 대상이고, 유동성이 높다. 이는 채권의 일반적 특징은 아니므로 회사채나 지방채를 살펴볼 때에는 어떤 추가적인 요소들을 고려해야 할 것인지 검토할 필요가 있다.

첫째, 일반적으로 신용위험이라고 불리는 채무불이행의 가능성을 고려한다. 투자자는 미국 재무부 이외의 발행자가 채권을 발행하는 경우 채권이 약속한 지급액 전액을 지급하지 못할 수 있다는 사실을 알기 때문에, 이 위험에 대한 보상으로서 높은 수익률을 요구한다. 이 같은 추가적인 보상을 **채무불이행 위험 프리미엄**(default risk premium)이라고 한다. 이번 장의 전반부에서 우리는 어떻게 발행자의 신용위험에 따라 채권의 등급이 결정되는지를 보았다. 다른 등급의 채권을 보면 낮은 등급의 채권이 높은 수익률을 가진다는 것을 발견할 수 있다.

이번 장에서 살펴보았듯이, 채권수익률은 모든 약속된 지급액이 실행된다는 가정 아래에서 계산된다. 따라서 채권수익률은 약정수익률이고 투자자가 실제로 얻는 수익률이 아닐 수도 있다. 특히 발행자가 채무불이행을 하게 되면 실제 수익률은 상당히 낮아질 것이다. 이 같은 사실은 정크본드를 고려할 때 더욱 중요할 수 있다. 마케팅의 도움으로 정크본드는 이제 훨씬 듣기 좋은 표현인 고수익채권으로 불리고 있다. 하지만 이들은 단지 높은 수익률을 약속한(promised) 채권이라는 사실을 잊지 말아야 한다.

다음으로, 앞서 논의한 바와 같이 지방채는 대부분 세금면제가 되어 세금부과 채권에 비해 수익률이 낮다는 점을 기억하라. 투자자는 불리한 세금 적용에 대한 보상으로 세금 부과 채권에 대해 추가적인 보상을 요구한다. 이 추가적인 보상을 **과세대상 프리미엄**(taxability premium)이라고 한다.

마지막으로, 채권은 다양한 수준의 유동성을 갖는다. 앞서 논의한 바와 같이 수많은 채권이 발행되고 있고 대부분의 채권은 정기적으로 거래가 이루어지지 않는다. 결과적으로 채권을 급하게 매각하려고 한다면 받을 수 있는 가격을 충분히 받지 못할 수 있다. 투자자는 비유동적인 자산보다 유동성이 높은 자산을 선호하므로 지금까지 논의했던 다른 프리미엄들에 더불어서 **유동성 프리미엄**(liquidity premium)을 요구한다. 그 결과 모든 다른 조건이 동일한 경우 유동성이 낮은 채권은 유동성이 높은 채권에 비해 높은 수익률을 갖게 된다.

결론

채권수익률과 관련해 이 장에서 논의한 내용들을 종합하면, 채권수익률은 적어도 6가지 요인들의 결합된 효과를 보여준다. 첫째 요인은 실질이자율이다. 실질이자율 이외에 각종 위험에 대한 보상을 반영하는 5가지의 프리미엄이 있는데, 이는 (1) 기대 미래 인플레이션, (2) 이자율위험, (3) 채무불이행 위험, (4) 세금부과, 그리고 (5) 유동성 부족이다. 따라서 채권에 대한 적절한 수익률을 결정하기 위해서는 이들 효과에 대한 세심한 분석이 요구된다.

요약 및 결론 _Summary and Conclusions

이번 장은 채권, 채권수익률, 이자율에 대해 학습했다.

01. 채권의 가격과 수익률을 결정하는 것은 기본적으로 현금흐름의 할인 원칙을 적용하는 것이다.

02. 채권의 가치는 이자율과 반대방향으로 움직이기 때문에, 채권 투자자에게 잠재적인 이익이나 손실을 가져다준다.

03. 채권은 채무불이행 위험에 기초하여 등급이 정해진다. 미국 재무부채권(T-bond) 같이 어떤 채권은 채무불이행 위험이 없는 반면에 소위 정크본드는 상당한 채무불이행 위험이 있다.

04. 거의 모든 채권은 시장투명성이 결여된 장외시장(OTC)에서 거래된다. 따라서 채권에 따라서 채권 가격과 거래량 정보를 구하기 어렵다.

05. 채권수익률과 이자율은 6개의 요소를 반영한다. 실질이자율과 5개의 프리미엄이다. 프리미엄은 투자자가 인플레이션, 이자율위험, 채무불이행 위험, 세금부과, 유동성 부족에 대한 보상으로 요구한다.

요약을 끝내면서 채권이 정부와 기업의 필수적인 자금조달 원천이라는 것을 강조한다. 채권의 가격과 수익률은 중요한 주제이고 교재에서 하나의 장으로 다룬 것은 반드시 알아야 하는 가장 중요한 개념과 내용만을 포함한다.

개념확인 _Concept Questions

01. 미재무부채권 미국 재무부채권이 무위험이라는 것이 사실인가?

02. 이자율위험 30년 재무부채권과 30년 BB등급 회사채 중 어느 쪽의 이자율위험이 큰가?

03. 재무부채권의 가격 재무부채권의 매수가(bid price)와 매도가(ask price)를 고려하면 매수가가 높은 것이 가능한가? 그 이유는?

04. 만기수익률(YTM) 재무부채권의 매수가와 매도가의 표시(제시)는 때로는 수익률로 주어지는데 매수 수익률과 매도 수익률이 있는가? 어느 것이 더 크다고 생각하는가? 설명하라.

05. 표면이자율(Coupon Rate) 채권 발행자는 채권에 적절한 표면이자율은 어떻게 결정하는가? 표면이자율과 채권의 요구수익률의 차이를 설명하라.

06. 실질이자율과 명목이자율 투자자가 실질이자율보다 명목이자율에 대해 더 관심을 가지는 상황이 있는가?

07. 채권등급 채권 발행회사는 Moody's나 S&P와 같은 신용평가기관에 채권등급의 평가를 위해 상당한 비용을 지급한다. 그러나 채권등급을 받는 것이 필수적인 것은 아니며, 엄격하게 말하면 자발적으로 그렇게 한다. 왜 채권등급을 받는다고 생각하는가?

08. 채권등급 미국 재무부채권은 등급을 받지 않았다. 그 이유는? 가끔 정크본드는 등급을 받지 않는다. 그 이유는?

09. 기간구조 이자율의 기간구조와 수익률곡선의 차이는 무엇인가?

10. 크로스오버 채권 이번 장에서 논의했던 크로스오버 채권을 보면, 등급의 엇갈린 평가가 왜 일어난

다고 생각하는가?

11. **지방채** 지방채에 연방세가 과세되지 않으면서 주(州) 경계를 넘으면 과세되는 이유는 무엇인가? 미국 재무부채권이 주(州) 소득세가 면제되는 이유는 무엇인가? (미국 역사책을 한번 참고할 필요가 있다.)

12. **채권시장** 채권시장의 투명성 결여가 채권 투자자에게 주는 의미는 무엇인가?

13. **국채시장** 〈그림 8.4〉를 다시 보자. 표면이자율의 범위가 넓다. 왜 그런가?

14. **신용등급평가기관** 일부 채권등급평가기관이 의뢰하지 않은 평가를 하고 있다고 등급평가기관에 대한 논란이 일고 있다. 이러한 논란이 왜 문제라고 생각하는가?

15. **주식으로서의 채권** 이번 장에서 논의한 100년 만기 채권은 정크본드와 공통점이 있다. 두 채권 모두, 발행회사가 사실은 변형된 주식을 매도하는 것이라는 주장이 있다. 여기서 문제가 되는 것은 무엇인가? 회사는 왜 "변형된 주식"을 매도하려고 하는가?

16. **채권가격과 수익률**
    a. 채권의 가격과 YTM의 관계는 무엇인가?
    b. 일부 채권은 액면가치보다 할인되어 팔리고 일부는 할증되어 팔린다. 할증채에서 표면이자율과 YTM 사이에 무슨 관계가 있는가? 할인채의 경우는? 액면채의 경우는?
    c. 할증채의 현행수익률과 YTM 사이에 어떤 관계가 있는가? 할인채는? 액면채는?

17. **이자율위험** 다른 모든 것이 일정할 때, 장기채권과 단기채권 중 어느 쪽의 이자율위험이 큰가? 표면이자가 낮은 채권과 높은 채권의 경우는 어떠한가? 장기의 높은 표면이자를 가진 채권과 단기의 낮은 표면이자를 가진 채권의 경우는 어떠한가?

연습문제 _Questions and Problems

기초
(Questions 1~16)

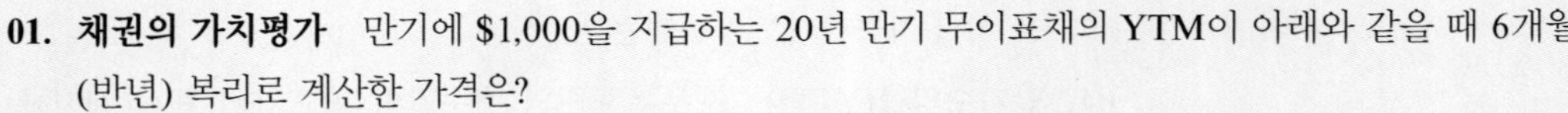

01. **채권의 가치평가** 만기에 $1,000을 지급하는 20년 만기 무이표채의 YTM이 아래와 같을 때 6개월(반년) 복리로 계산한 가격은?
    a. 6%
    b. 8%
    c. 10%

02. **채권의 가치평가** Microhard는 다음과 같은 채권을 발행하였다.
    액면가: $1,000
    만기까지 기간: 15년
    표면이자율: 7%
    반기(반년) 이자지급

    YTM이 아래와 같을 때 이 채권의 가격은 얼마인가?
    a. 7%
    b. 9%
    c. 5%

03. 채권수익률 Watters Umbrella Corp.는 15년 만기 표면이자율 6.2%의 채권을 2년 전에 발행하였다. 채권은 반기마다 이자지급을 한다. 만일 채권이 현재 액면가의 98%에 거래된다면, YTM은 얼마인가?

04. 표면이자율 Rhiannon Corporation은 만기까지 11.5년, 6.8%의 YTM, $1,000의 액면가, $1,055의 현재 가격을 가지는 채권을 발행하였다. 채권은 반기마다 이자지급을 한다. 이 채권의 표면이자율은 얼마인가?

05. 채권의 가치평가 대부분의 미국 회사채가 반기마다 이자를 지불하지만, 다른 나라의 경우에 연 이자를 지불하는 경우도 있다. 독일회사가 액면가치 €1,000, 15년 만기, 표면이자율 5.1%로 연 이자를 지급하는 채권을 발행했다고 가정하자. 만기수익률이 4.3%이면 채권의 현재가치는 얼마인가?

06. 채권수익률 일본기업이 ¥100,000 액면가의 106%에 판매되는 채권을 발행하였다. 채권의 표면이자율은 2.8%이고 연 이자가 지급되며 만기까지 기간은 17년이다. 이 채권의 만기수익률을 얼마인가?

07. 무이표채 13년 만기이고 액면가 $10,000인 무이표채를 발견하였다 이 채권의 만기수익률이 4.5%일 때 채권의 가격은 얼마인가? 반기 복리계산을 가정한다.

08. 채권의 가치평가 Yan Yan Corp.는 액면가 $2,000, 표면이자율 4.9%, 반기마다 이자지급하는 13년 만기 채권을 발행하고 있다. 이 채권의 만기수익률은 5.4%일 때 채권의 현재 가격은 얼마인가?

09. 채권의 가치평가 Union Local School District는 2.9%의 이자를 반기마다 지불하는 12년 만기 채권을 발행하고 있다. 이 채권의 만기수익률은 3.4%이며 채권의 액면가는 $5,000이다. 채권의 현재 가격은 얼마인가?

10. 실질수익률의 계산 T-bill은 현재 4.15%를 이자율로 지급하고 인플레이션율은 2.7%이다. 대략적인 실질이자율은 얼마인가? 정확한 실질이자율은?

11. 인플레이션과 명목수익률 실질이자율이 2.25%이고 인플레이션율이 3.2%라고 가정하자. T-bill에서 얼마의 이자율을 기대할 수 있는가?

12. 명목수익률과 실질수익률 어떤 투자는 다음 해에 12%의 총 수익률을 제안하고 있다. 그러나 Jerome Dowell은 투자의 총 실질수익률이 단지 7%일 것이라고 생각한다. Jerome은 내년의 인플레이션율이 얼마라고 믿고 있는가?

13. 명목수익률과 실질수익률 지난해의 총 수익률이 12.08%인 자산을 보유하고 있다. 만일 작년의 인플레이션율이 4.6%이면, 실질수익률은 얼마였는가??

14. 재무부 표시(제시)가격 사용 〈그림 8.4〉에서 2028년 11월에 만기가 되는 재무부채권을 찾아라. 표면이자율은 얼마인가? 매수가는 얼마인가? 전날의 매도가는 얼마인가? 액면가는 $10,000이라고 가정한다.

15. 재무부 표시(제시)가격 사용 〈그림 8.4〉에서 2039년 11월에 만기가 되는 재무부채권을 찾아라. 이 채권은 할증채인가 또는 할인채인가? 현행수익률은 얼마인가? 만기수익률은 얼마인가? 매수-매도 스프레드는 얼마인가? 액면가는 $10,000이라고 가정한다.

16. 무이표채 연초에 액면가 $1,000, YTM 5.7%, 만기까지 20년인 무이표채를 매입한다. 1년 내내 채권을 보유한 경우, 세금보고서에 얼마의 이자소득을 신고해야 하는가? 반기 이자지급을 가정한다.

중급
(Questions 17~28)

17. **채권 가격 변동** Miller Corporation은 반기마다 이자지급하는 할증채를 보유하고 있다. 이 채권은 6.5%의 표면이자를 지급하고, YTM은 5.3%이며, 만기까지는 13년이다. Modigliani Company는 반기마다 이자지급하는 할인채를 보유하고 있다. 이 채권은 5.3%의 표면이자를 지급하고, YTM은 6.5%이며, 만기까지는 13년이다. 두 채권의 액면가는 $1,000이다. 이자율이 변하지 않는다면, 이 채권의 가격이 지금부터 1년 후에 얼마가 될 것인가? 3년 후에? 8년 후에? 12년 후에? 13년 후에? 왜 이러한가? 채권가격과 만기까지의 시간과의 관계를 그래프에 표시하고 답변을 설명하라.

18. **이자율위험** Laurel, Inc.와 Hardy Corp.는 모두 5.8% 표면이자율로 반기마다 이자지급하는 채권을 발행하였고, 현재 가격은 모두 액면가이다. Laurel, Inc.는 3년 만기를 Hardy Corp.는 20년 만기를 가진다. 이자율이 갑자기 2% 상승하면 이들 채권의 가격 변화율은 얼마인가? 만일 이자율이 갑자기 2% 하락하면 이들 채권의 가격 변화율은 얼마인가? 채권가격과 YTM의 관계를 그래프로 표시하여 답변하라. 이 문제가 장기 채권의 이자율위험에 대해 어떤 결론을 알려주는가?

19. **이자율위험** Faulk Corp.는 7%의 표면이자를 지급하는 채권을 발행하고 있다. Yoo Company는 11%의 표면이자를 지급하는 채권을 발행하고 있다. 두 채권 모두 만기까지 12년, 반기마다 이자지급, YTM은 9%이다. 이자율이 갑자기 2% 상승하면 이들 채권의 가격 변화율은 얼마인가? 이자율이 갑자기 2% 하락하면 이들 채권의 가격 변화율은 얼마인가? 이 문제가 낮은 표면이자율 채권의 이자율위험에 대해 어떤 결론을 알려주는가?

20. **채권수익률** Hacker Software는 5.9%의 표면이자율을 가진 13년 만기의 채권을 발행하였다. 채권은 반기마다 이자를 지급하고 현재 액면가의 104%에 거래되고 있다. 이 채권의 현행수익률(current yield)은 얼마인가? YTM은? 실효연간수익률은?

21. **채권수익률** RAK Co.는 20년 만기 채권으로 프로젝트의 확장에 필요한 자금을 조달하려고 한다. 회사는 현재 20년 만기, 5.7% 표면이자를, 반기마다 이자지급, 액면가 $1,000, 현재 가격 $1,048인 채권을 발행하고 있다. 새롭게 발행하는 채권을 액면가에 발행하려면 표면이자율을 얼마로 정해야 할까?

22. **발생이자** 당신은 액면가 $1,000인 채권을 총가격(invoice price) $943에 매입하였다. 채권의 표면이자율은 6.4%이고 다음 반기 이자지급일까지 2개월이 남아 있다. 이 채권의 클린가격(clean price)은 얼마인가?

23. **발생이자** 당신은 표면이자율이 7.1%이고 클린가격(순가격)이 $992인 채권을 매입하였다. 다음 반기 이자지급일까지는 4개월이 남아 있다. 이 채권의 총가격은?

24. **채권 만기의 계산** Paul's Dogs Corp.는 9%의 표면이자율로 연 이자를 지급하는 YTM 7.81%의 채권을 발행하였다. 이 채권의 현행수익률(current yield)은 8.42%이다. 만기까지 얼마나 많은 기간이 남아 있는가?

25. **채권 표시(제시)가격 사용** IOU Corporation에 대한 채권 표시가격이 오늘 신문의 재무 페이지에 나와 있다고 가정하자. 채권의 액면가가 $1,000라고 가정하고 반기마다 표면이자를 지급하며 현재 날짜는 2019년 4월 15일이다. 채권의 만기수익률은 얼마인가? 현행수익률은 얼마인가?

회사 (주식코드)	표면이자율	만기	최근 가격	최근 수익률	예상 거래량 (000s)
IOU (IOU)	7.240	2031년 4월 15일	96.412	??	1,827

26. **채권 만기의 계산** 당신은 액면가로 시장에서 팔리는 10% 표면이자율의 채권을 발견하였다. 이 채권의 만기는 얼마인가?

27. **Zeroes에 대한 이자** Edison Corporation은 공장 확장을 위한 자금을 조달하기 위해 25년 만기 무이표채를 발행하기로 결정하였다. 이 채권의 요구수익률은 5.9%이며 액면가는 $1,000이다.
   a. 이 채권은 발행 시 얼마에 판매하는가?
   b. IRS의 상각 규칙을 사용하면, 회사는 첫해에 채권으로 인하여 얼마의 이자 공제를 받을 수 있는가? 마지막 해에는 이자 공제 규모가 얼마인가?
   c. 이자 공제에 정액법을 사용하여 (b)를 반복하라.
   d. (b)와 (c)의 답변을 바탕으로 회사는 어떤 이자 공제 방법을 선호하는지 설명하라? 왜 그런가?

28. **무이표채** 회사에서 $50백만을 조달해야 하기 위하여 30년 만기 채권을 발행하려 한다고 가정하자. 채권발행에 대한 요구수익률이 7%이고 두 가지 발행 대안을 평가한다고 가정하자. 첫 번째는 7%의 표면이자와 반기마다 이자지급이고 두 번째는 무이표 채권이다. 회사의 세율은 21%이고 두 채권의 액면가는 $1,000이다.
   a. $50백만을 조달하려면 이표 채권을 얼마나 발행해야 하는가? 무이표 채권은 얼마나 발행해야 하는가?
   b. 이표 채권을 발행하면 30년 후에 회사가 상환할 금액은 얼마인가? 무이표 채권을 발행하면 얼마인가?
   c. (a)와 (b)의 답변을 바탕으로 왜 무이표 채권을 발행하고 싶은지 답변하라. 답변하기 위해 두 가지 시나리오에서 회사의 첫해 세후 현금유출을 계산하라. IRS 상각 규칙이 무이표 채권에 적용된다고 가정한다.

고급
(Questions 29~35)

29. **채권수익률의 구성요소** Bond P는 할증채로 8%의 이표(표면이자)를 가진다. Bond D는 5%의 이표를 가지는 할인채이다. 두 채권은 모두 연 이자를 지급하고 YTM은 6.5%이며 10년 만기를 가진다. Bond P의 현행수익률은 얼마인가? Bond D는? 만일 이자율이 변하지 않고 일정하다면 Bond P의 내년 자본이득 수익률은 얼마로 예상되는가? Bond D는? 다양한 수익률들 사이의 상호관계를 가지고 당신의 해답을 설명하라.

30. **보유기간 수익률** 채권의 YTM은 이자율이 변하지 않을 때 투자에서 얻는 이자율이다. 만일 만기 이전에 채권을 실제로 매도하면, 실현된 수익률은 보유기간 수익률(HPY)이라고 한다.
   a. 오늘 5.4%의 연간 이표채를 $940에 매입할 수 있다고 하자. 채권은 10년 만기이다. 투자에서 얻을 것으로 기대하는 수익률은 얼마인가?
   b. 오늘부터 2년 뒤에, 채권의 YTM이 1% 하락하였고 당신은 매도하기로 했다. 채권은 얼마의 가격에 매도할 수 있는가? 투자의 HPY는 얼마인가? 채권을 매입했을 때의 YTM과 비교하라. 왜 두 수익률은 다른가?

31. **채권의 가치평가** Change Corporation은 두 개의 채권을 발행하였다. Bond M은 액면가는 $30,000이고 만기는 20년이다. 채권은 처음 6년간 이자를 지급하지 않고, 그 이후 8년 동안 6개월마다 $800을 지급하고, 그 이후 6년 동안은 6개월마다 $1,000을 지급한다. Bond N은 액면가는 역시 $30,000이고 만기도 20년이다. 이 채권은 무이표채이다. 채권의 요구수익률이 5.6%이고 6개월 복리계산이면, Bond M의 현재 가격은 얼마인가? Bond N은?

32. **재무부채권** 다음의 재무부채권 표시가격이 *Wall Street Journal*에 실렸다.

2004년 5월 11일 :

9.125	May 09	100:03	100:04	--	-2.15

왜 만기수이률이 마이너스인 이 재무부채권을 매입하는가? 어떻게 이것이 가능한가?

33. 실질현금흐름 Marilyn Monroe가 죽었을 때 전 남편 Joe DiMaggio는 매주 일요일마다 그녀의 무덤에 신선한 꽃을 놓겠다고 맹세했다. 그녀가 1962년에 사망하고 일주일 후, 전 야구선수가 스타에게 적합하다고 생각한 신선한 꽃 다발이 약 $8였다. 보험계리표를 기준으로, "Joltin' Joe"는 Marilyn가 사망한 후 30년을 더 살 것으로 예상되었다. EAR이 7.5%라고 가정하자. 또한 꽃 가격이 EAR로 표시될 때 매년 3.2%씩 증가한다고 가정하자. 매년 정확히 52주가 있다고 가정하면, 이 약속의 현재가치는 얼마인가? Joe는 Marilyn이 사망한 다음 주에 꽃을 구입하기 시작했다.

34. 실질현금흐름 향후 30년 동안 은퇴를 대비하여 저축할 계획이다. 은퇴를 대비하여 저축하기 위해 매월 $900을 주식 계좌에 실질가치로 투자하고 매월 $300을 채권 계좌에 실질가치로 투자한다. 주식 계좌의 유효연간수익률은 12%이며 채권 계좌은 7%이다. 은퇴하면 실질수익률이 8%인 계좌에 두 계좌가 합쳐진다. 이 기간 동안의 인플레이션율은 4%로 예상된다. 25년 동안 매월 인출한다면 실질가치로 얼마씩 인출할 수 있겠는가? 마지막 인출의 명목금액은 얼마인가?

35. 실질현금흐름 Paul Adams는 L.A. 시내에 헬스 클럽을 운영하고 있다. Paul은 회원에게 연회비 $400를 청구하고 기존 회원은 700명 정도이다. Paul은 매년 6%씩 연회비를 인상할 계획이며 향후 5년 동안 클럽 회원 수가 3%로 꾸준히 증가할 것으로 예상된다. 헬스 클럽 운영비는 연간 $125,000이며 매년 2%의 인플레이션율로 증가할 것으로 예상된다. 5년 후 Paul은 $500,000에 고급 보트를 구입하고 헬스 클럽을 폐관하며 평생 보트를 타고 세계를 여행할 계획이다. Paul이 죽을 때 은행에 돈이 남아 있지 않을 경우, 세계여행 중 지출할 수 있는 연간 금액은 얼마인가? Paul이 은퇴 후 25년 더 살 수 있을 것으로 예상되고 저축액에 대하여 9%의 수익을 올린다고 가정한다.

Mini Case

채권발행을 통한 EAST COAST YACHTS의 확장 계획

East Coast Yachts에 대한 Dan의 EFN 분석(3장의 'Mini Case'를 참조) 이후에, Larissa는 회사의 운영을 확장하기로 결정했다. 그녀는 Dan에게 새로운 건설에 필요한 자금을 20년 만기 회사채 $50백만을 판매하기 위해 도와 줄 인수회사(underwriter)를 찾아보라고 지시했다. Dan은 인수회사인 Crowe & Mallard의 Kendahl Shoemaker와 회사가 판매할 채권의 특성과 표면이자율(coupon rate) 등에 관하여 협의에 들어갔다. Dan이 채권의 특성에 대해 알고는 있지만 일부 내용과 관련된 비용과 효익에 대해서는 확신이 없어서, 어떻게 각 특성이 발행 채권의 표면이자율에 영향을 주는지 스스로 명확하지 않은 상태이다.

01. 당신은 Kendahl의 부원으로 다음의 제시된 채권의 특성이 각각 채권의 표면이자율에 어떻게 영향을 미치는지 Dan에게 전해줄 메모를 준비해야 한다. 또한 각 특성의 장점과 단점에 대해서도 준비하라는 지시도 받았다.

a. 채권의 안정성, 즉 채권이 담보(collateral)를 가졌는지 아닌지의 여부

b. 채권의 우선순위(seniority)

c. 감채기금(sinking fund)의 존재

d. 수의상환 일자와 가격이 정해진 수의상환 조항(call provision)
e. 수의상환 조항에서 특정 날짜 이전에 상환할 수 없는 조항(deferred call)
f. 완전보상 수의상환 조항(make-whole call provision)
g. 강행적 보호조항(positive covenants). 또한 East Coast Yachts가 택할 수 있는 강행적 보호조항을 논의할 것
h. 부정적 보호조항 혹은 금지조항(negative covenants). 또한 East Coast Yachts가 택할 수 있는 금지조항을 논의할 것
i. 주식으로 전환할 수 있는 특성(conversion feature). East Coast Yachts는 비상장회사임을 주의할 것
j. 변동금리 표면이자(floating rate coupon)

Dan은 또한 이표채권을 발행할 것인지 혹은 무이표채권을 발행할 것인지를 고민하고 있다. 어느 채권이든 YTM은 7.5%가 될 것이다. 이표채권은 6.5%의 표면이자율을 가질 것이고 회사의 법인세율은 21%이다.

02. $50백만을 조달하기 위해서 East Coast Yachts는 얼마나 많은 이표채권(coupon bond)를 발행해야 하는가? 혹은 얼마나 많은 무이표채권(zero coupon bond)을 발행해야만 하는가?

03. East Coast Yachts가 이표채권을 발행한다면 20년 뒤 원금 지급액은 얼마인가? 무이표채권을 발행한다면 어떻게 되는가?

04. 이표채권과 무이표채권을 발행하는 데 회사가 고려해야 하는 것은 무엇인가?

05. East Coast Yachts가 완전보상 수의상환 조항(make-whole call provision)을 가진 이표채권을 발행했다고 가정하자. (역주: 수의상환이 이루어질 때 채권 발행자는 투자자가 받지 못할 남아 있는 미래의 표면이자의 현재가치를 투자자에게 완전히 보상.) 이때 완전보상 이자율은 국채이자율에 0.40을 더한다. 만일 East Coast가 국채이자율이 4.8%인 7년 뒤에 채권 상환을 하게 되면 채권의 상환가격(call price)은 얼마인가? 국채이자율이 8.2%라면 어떻게 되는가?

06. 투자자는 완전보상 수의상환 조항에서 정말 완전보상을 받는 것인가?

07. 모든 관련된 요인을 고려한 후에, 당신은 무이표채권의 발행을 권유하겠는가 아니면 정상적인 이표채권을 권하겠는가? 그 이유는? 일반적인 수의상환 조항과 완전보상 수의상환 조항 중에서 어느 쪽을 권하겠는가? 그 이유는?

9

주식의 가치평가

Stock Valuation

2018년 2월 1일 주식시장이 마감되었을 때 비디오 게임 소매업체 GameStop의 보통주 주가는 주당 $16.66였다. 같은 날, 대기업인 General Electric의 주가는 $16.02로 마감되었으며 생명공학회사인 Amicus Therapeutics의 주가는 $16.63에서 마감되었다. 이 세 회사의 주가가 비슷했기 때문에 주주들에게 비슷한 배당금을 지급할 것으로 예상할 수 있지만 그렇지 않다. 실제로 GameStop의 연간 배당금은 주당 $1.52, General Electric은 주당 $0.48, Amicus Therapeutics는 배당금을 전혀 지급하지 않았다!

이 장에서 볼 수 있듯이 현재 배당금은 보통주를 평가하는 주요 요소 중 하나이다. 그러나 Amicus Therapeutics를 보면 현재 배당금이 전부는 아니라는 것이 분명하다. 이 장에서는 배당, 주식 가치 및 이 둘 사이의 관계를 살펴본다.

앞 장에서 채권 및 채권 가치평가를 소개하였다. 이 장에서는 기업의 다른 주요한 외부 자금조달 원천인 보통주에 대하여 알아본다. 먼저 주식의 지분과 관련된 현금흐름을 설명하고 잘 알려진 배당성장모형을 도출한다. 다음으로, 상대비교법을 이용하여 주식의 가격이 자주 평가되고 있음을 설명한다. 또한 5장과 6장에서 소개된 현금흐름 할인법이 프로젝트뿐만 아니라 회사 전체와 주식의 평가에도 적용되는 것을 살펴본다. 마지막으로 주식의 거래 방법과 주식 가격 및 기타 중요 정보가 언론 등에 어떻게 공시되는지에 대하여 알아본다.

기업재무의 최신 동향: rwjcorporatefinance.blogspot.com

9.1 보통주의 현재가치

배당과 자본이득

이 절에서 살펴볼 것은 보통주(common stock)의 가치평가이다. 앞 장에서 자산의 가치는 자산의 미래 현금흐름의 현재가치에 의해 결정된다고 배웠다. 주식은 두 가지 종류의 현금흐름을 제공한다. 첫째, 대부분의 주식이 정기적으로 배당금을 지급한다. 둘째, 주주는 주식을 매도하면 매각대금을 받는다. 따라서 보통주의 가치를 측정하기 위해서는 다음과 같은 질문에 답할 필요가 있다. 다음 중 주식 가격과 같은 가치를 가지는 것은 무엇인가?

1. 다음 기 배당과 주식 가격의 합을 할인한 현재가치
2. 모든 미래 배당금을 할인한 현재가치

이 문제는 (1)과 (2)가 모두 정답이기 때문에 학생들이 좋아하는 형태의 객관식 시험 문제이다.

(1)과 (2)가 동일하다는 것을 보여주기 위해서, 주식을 매입해서 1년 동안 보유한 사람에서 시작한다. 다시 말해서 그 사람은 1년의 보유기간(holding period)을 가진다. 추가적으로 그는

오늘 주식을 매입하기 위해서 P_0를 지급한다. 주식가격은 다음과 같이 계산한다.

$$P_0 = \frac{D_1}{1 + R} + \frac{P_1}{1 + R} \tag{9.1}$$

D_1은 연말에 지급되는 배당금이고, P_1은 연말의 가격이다. P_0는 보통주 투자의 현재가치이다. 분모인 R은 주식에 대한 적정할인율이다. 이것은 주식에 자금을 제공하는 데 필요한 투자자의 기대수익률(혹은 요구수익률)을 나타낸다.

수식은 충분히 이해할 수 있을 만큼 쉬워 보이지만, P_1은 어디서 왔을까? P_1은 근거 없이 만들어진 것이 아니다. 1년 말에 P_1을 지급하고 그 주식을 매수하고자 하는 사람이 있을 것이다. 그때 매수자는 주식 가격을 아래와 같이 결정한다.

$$P_1 = \frac{D_2}{1 + R} + \frac{P_2}{1 + R} \tag{9.2}$$

수식 (9.2)에 있는 P_1을 수식 (9.1)에 대입하면 아래 식을 얻는다.

$$\begin{aligned} P_0 &= \frac{1}{1 + R}\left[D_1 + \left(\frac{D_2 + P_2}{1 + R}\right)\right] \\ &= \frac{D_1}{1 + R} + \frac{D_2}{(1 + R)^2} + \frac{P_2}{(1 + R)^2} \end{aligned} \tag{9.3}$$

우리는 수식 (9.3)에서 유사한 질문을 할 수 있다. P_2는 어떻게 산출되었는가? 2년 말에 투자자는 3년 뒤 배당금과 주가를 고려해 기꺼이 P_2를 지불할 것이다. 이와 같은 과정은 지루하게 (ad nauseam)[1] 반복될 수 있다. 결국 우리는 다음과 같은 식으로 정리할 수 있다.

$$P_0 = \frac{D_1}{1 + R} + \frac{D_2}{(1 + R)^2} + \frac{D_3}{(1 + R)^3} + \cdots = \sum_{t=1}^{\infty} \frac{D_t}{(1 + R)^t} \tag{9.4}$$

따라서 투자자에게 보통주 주식의 가격은 모든 기대되는 미래 배당금의 현재가치와 같다.

이것은 매우 유용한 결과이다. 주식에 현재가치 분석을 적용하는 것에 대한 일반적인 반론은 투자자는 매우 근시안적이라 장기적인 배당금의 흐름을 고려하지 않는다는 것이다. 투자자는 일반적으로 자신의 투자기간을 넘어서까지 보지 않는다는 것이다. 따라서 단기 투자자들이 지배하는 시장 가격은 단지 가까운 기간의 배당금만을 반영할 것이다. 그러나 투자자가 단기 투자기간을 가지고 있더라도 우리의 설명은 장기 배당할인모형이 성립된다는 것을 보여준다. 투자자가 초기에 현금을 회수하기를 원하더라도 그는 매수하려는 다른 투자자를 찾아야만 한다. 이 두 번째 투자자가 지불하는 가격은 그가 주식을 매수한 날 이후의 배당금에 달려 있다.

다양한 형태의 주식에 대한 가치평가

앞서 주식의 가치는 미래 배당금의 현재가치로 표현할 수 있다는 것을 보여주었다. 그렇다면 이

[1] 이 절차는 우주의 기원에 대해 강의하는 물리학자를 떠오르게 한다. 강의에 동의하지 않는 청중 중 한 노신사가 그에게 다가갔다. 노신사는 우주가 거대한 거북이 등 위에 받쳐져 있다고 이야기했다. 물리학자가 그 거북이가 무엇에 앉아 있냐고 물었더니 노신사는 다른 거북이가 받치고 있다고 말했다. 물리학자의 반론을 예상한 노신사는 "고생하지 말게나. 젊은 친구. 다른 거북이들이 밑으로 계속 주욱 받치고 있다네."라고 말했다.

그림 9.1
배당금의 무성장, 일정성장, 차등성장 유형

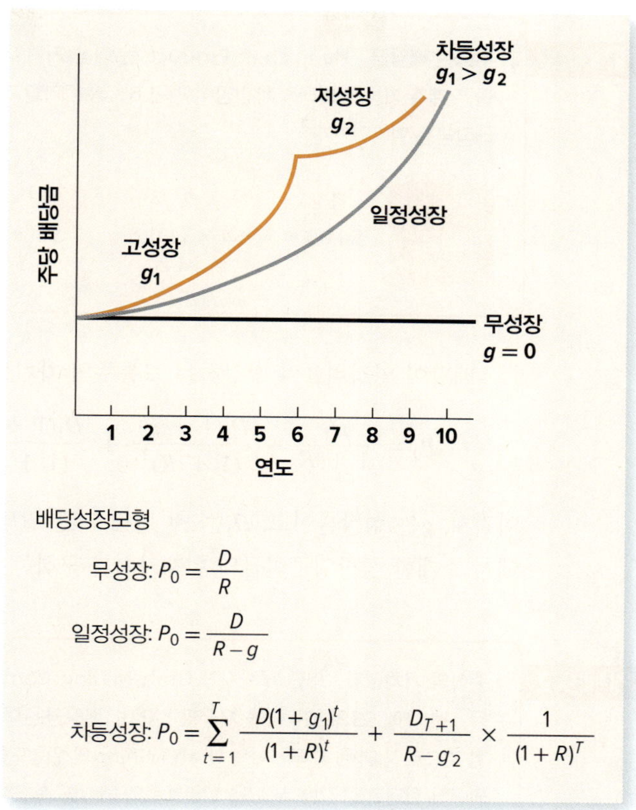

생각을 어떻게 현실에 적용시킬 수 있을까? 수식 (9.4)는 일반모형으로 배당금이 성장, 하락, 일정한 것과 관계없이 모두 적용될 수 있다. 이 일반모형은 배당금을 (1) 무성장, (2) 일정성장, (3) 차등성장의 세 가지 기본 유형으로 가정하면서 단순화될 수 있다. 〈그림 9.1〉은 이러한 세 가지 유형을 보여주고 있다.

유형 1 (무성장) 일정한 배당금을 지급하는 주식의 가치는 다음과 같은 식을 통해 산출된다.

$$P_0 = \frac{D_1}{1+R} + \frac{D_2}{(1+R)^2} + \cdots = \frac{D}{R}$$

여기서 $D_1 = D_2 = \cdots = D$이라고 가정한다. 이것은 4장에서 논의된 영구연금의 단순한 응용이다. 그리고 배당금이 일정하게 지급되는 우선주 가치평가에 유용하다.

유형 2 (일정성장) 배당금이 매년 g의 비율로 성장하는 경우이다.

연말	1	2	3	4	…
배당금	D_1	$D_1(1+g)$	$D_1(1+g)^2$	$D_1(1+g)^3$	…

D_1는 첫 번째 기간 말의 배당금이라는 사실에 유의하라.

예제 9.1

추정된 배당금 Hampshire Products는 다음 기인 내년에 주당 $4의 배당금을 지급할 것이다. 재무분석가들은 예측 가능한 미래의 배당금이 매년 6%씩 증가할 것으로 믿는다. 처음 5년 동안 매년 말에 기대되는 주당 배당금은 얼마인가?

연말	1	2	3	4	5
배당금	$4.00	$4 × (1.06) = $4.24	$4 × $(1.06)^2$ = $4.4944	$4 × $(1.06)^3$ = $4.7641	$4 × $(1.06)^4$ = $5.0499

배당이 일정비율로 성장하는 보통주의 가치는 다음과 같은 식을 통해 구할 수 있다.

$$P_0 = \frac{D_1}{1+R} + \frac{D_1(1+g)}{(1+R)^2} + \frac{D_1(1+g)^2}{(1+R)^3} + \frac{D_1(1+g)^3}{(1+R)^4} + \cdots = \frac{D_1}{R-g}$$

여기서, g는 성장률이고, D_1는 첫 번째 기간 말의 주식에 대한 배당금이다. 이 수식은 앞의 4장에서 소개한 성장영구연금의 현재가치를 구하는 식과 동일하다.

예제 9.2

주식의 가치평가 어떤 투자자가 Utah Mining Company의 주식 매입을 고려하고 있다고 가정하자. 주식은 1년 후에 $3의 배당금을 지급할 것이며, 배당금은 예측 가능한 미래기간 동안 매년 10%(g = 10%) 성장할 것으로 기대된다. 투자자는 Utah Mining의 위험도를 평가해 볼 때 이 주식의 요구수익률(R)은 15% 정도 되어야 한다고 생각한다. (R은 할인율로도 해석할 수 있다.) Utah Mining Company 주식의 주당 가치는 얼마인가?

유형 2의 일정성장 공식을 이용하면 주식가치는 $60이 된다.

$$\$60 = \frac{\$3}{0.15 - 0.10}$$

P_0는 성장률 g에 상당히 영향을 많이 받는다. 만약 g가 12.5%로 추정된다면, 주식가치는 $120이 될 것이다.

$$\$120 = \frac{\$3}{0.15 - 0.125}$$

성장률 g가 10%에서 12.5%로 단지 25% 증가했는데, 주식가치는 $60에서 $120으로 두 배 늘어났다. g에 대한 P_0의 의존성 때문에 일정성장 배당모형을 사용할 경우에는 건전한 회의론적 시각을 유지해야만 한다.

또한 성장률 g가 할인율 R과 동일하다면, 현재가치 P_0는 무한대가 된다는 점에 주의하라. 주식 가격은 무한대가 될 수 없기 때문에 R과 같거나 높은 성장률 g는 예측 오류를 의미한다. 이 점에 대해서는 나중에 더 자세히 논의한다.

일정한 배당성장이라는 가정은 다소 이상하다고 생각할 수 있다. 배당성장률이 어떻게 항상 일정할 수 있을까? 그것은 많은 기업이 배당의 일정한 성장을 명확한 목표로 삼고 있기 때문이다. 예를 들어, 2017년 Cincinnati에 소재한 개인 및 가정용품 제조업체인 P&G (Procter & Gamble)는 배당금을 3% 증가시켜 주당 $2.76을 지급했다. P&G는 61번째 연속으로 배당금을 증가시켰기 때문에 이 배당금 증가는 상당히 유명했다. 배당성장은 배당정책에서 주로 다루는 주제이므로 심도 있는 논의는 뒤에 있을 장에서 다시 하기로 한다.

만일 성장률 g가 할인율 R보다 크다면 배당성장모형에 어떤 일이 일어날지 생각해보자. 그것은 $R - g$가 영(0)보다 작다는 것이며 주식 가격이 음(negative)의 값을 가지게 된다는 것인데, 그것은 일어날 수 없는 일이다.

그 대신에 일정성장률이 할인율보다 크다면 주식 가격은 무한대로 커지게 된다. 왜 그런가? 만일 성장률이 할인율보다 크다면, 배당금의 현재가치는 점점 더 커지게 된다. 만일 성장률과 할인율이 같아도 동일한 현상이 일어난다. 이런 두 가지 경우에 무한한 배당금 흐름을 배당성장모형으로 대체하는 단순화는 유효하지 않으므로, 배당성장모형을 이용해서 얻은 해답은 무의미하다. 즉, 배당성장모형은 성장률이 할인율보다 작은 경우에만 사용할 수 있다.

유형 3 (차등성장) 이 경우의 산식은 다루기 어려우므로 대신 〈예제 9.3〉을 제시한다.

예제 9.3

차등성장 새로운 등마사지 크림을 개발하여 빠른 성장세를 보이고 있는 Elixir Drug Company의 주식을 고려해 보자. 주당 배당금은 1년 후에 \$1.15가 될 것이고, 4년간 배당금은 연간 15%씩 상승할 것이다(g_1 = 15%). 이후 성장률(g_2)은 매년 10%가 될 것이다. 요구수익률(R)이 15%일 때 이 주식의 현재가치를 구하라.

〈그림 9.2〉는 Elixir 배당금의 성장을 보여주고 있다. 이 배당금을 현재가치화하기 위해서는 2단계의 과정을 적용해야 한다. 첫째, 연간 15% 성장하는 배당금의 현재가치를 구한다. 즉, 처음 5년간의 매년 배당금의 현재가치를 구한다. 둘째, 6년 말부터 시작되는 배당금의 현재가치를 구한다.

그림 9.2 Elixir Drug Company의 배당금 성장

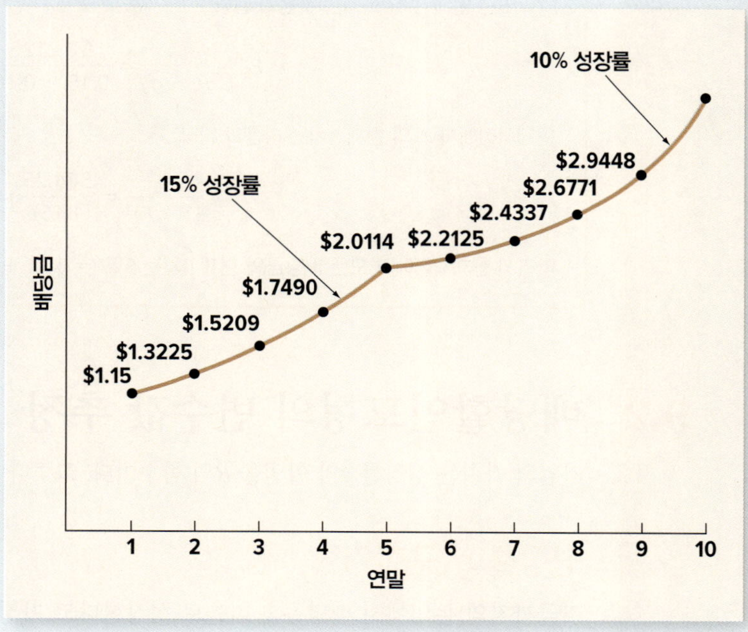

처음 5년간 배당금의 현재가치 계산 1년 말부터 5년 말까지 배당금의 현재가치는 다음과 같다.

미래 연도	성장률(g_1)	기대 배당금	현재가치
1	0.15	$1.1500	$1
2	0.15	1.3225	1
3	0.15	1.5209	1
4	0.15	1.7490	1
5	0.15	2.0114	1
연도 1~5		배당금의 현재가치 = $5	

앞 장에서 학습한 성장 연금공식을 일반적인 경우라면 1단계에서 사용할 수 있을 것이다. 그러나 배당금이 연간 15%로 성장하기 때문에 할인율과 같다. $g = R$이기 때문에 성장 연금공식은 이 예제에서 사용할 수 없다. 각 연도별로 배당금의 현재가치를 구하여 합산하였다.

6년 말에 시작하는 배당금의 현재가치 계산 지연된 영구연금과 지연된 연금을 계산하는 절차를 4장에서 학습했다. 배당금은 6년 말에 시작되기 때문에 아래와 같다.

연도 말	6	7	8	9	...
배당금	$D_5 \times (1 + g_2)$ $2.0114 × 1.10 = $2.2125	$D_5 \times (1 + g_2)^2$ $2.0114 × $(1.10)^2$ = $2.4337	$D_5 \times (1 + g_2)^3$ $2.0114 × $(1.10)^3$ = $2.6771	$D_5 \times (1 + g_2)^4$ $2.0114 × $(1.10)^4$ = $2.9448	... ...

4장에서 보았듯이, 성장하는 영구연금의 공식은 첫 번째 지급시기 1년 전의 현재가치를 계산한다. 배당지급이 6년 말에 이루어지기 때문에 공식은 5년 말의 현재가치를 계산한다.

5년 말의 주식 가격은 다음과 같다.

$$P_5 = \frac{D_6}{R - g_2} = \frac{\$2.2125}{0.15 - 0.10} = \$44.25$$

현재시점에서 P_5의 현재가치는 다음과 같다

$$\frac{P_5}{(1 + R)^5} = \frac{\$44.25}{(1.15)^5} = \$22$$

따라서 현재시점에서 모든 배당금의 현재가치는 $27(= $22 + $5)이 된다.

9.2 배당할인모형의 변수값 추정

기업의 가치는 성장률 g와 할인율 R의 함수이다. 그렇다면 이 변수들은 어떻게 측정해야 하는가?

성장률 g 구하기

지금까지의 논의에서 배당은 g 비율로 성장한다고 가정했다. 이제 이 성장률을 어떻게 측정하는지 알아보자. 순투자(net investment)가 이루어지지 않으며 내년의 이익이 올해의 이익과 동일한 사업을 고려해 보자. 순투자는 총투자(gross 또는 total investment)에서 감가상각비를 차감한 것이기 때문에 이런 상황은 흔히 발생할 수 있다. 즉, 총투자와 감가상각비가 동일하면 순투자는 0이 된다. 만일 총투자와 감가상각비가 같으면, 기업은 물리적으로 공장을 유지하고 있지만 이익의 성장은 멈추게 된다.

순투자액은 이익의 일부가 배당금으로 지급되지 않은 경우에만, 즉 이익이 유보되는 경우에만 양(+)이 될 것이다.[2] 이 논리는 다음 수식으로 나타낼 수 있다.

$$\text{내년 이익} = \text{올해 이익} + \underbrace{\text{올해 유보이익} \times \text{유보이익 이익률}}_{\text{이익의 증가}} \tag{9.5}$$

이익의 증가는 유보이익(이익잉여금; retained earnings)과 유보이익 이익률(return on the retained earnings)의 함수로 타나낼 수 있다. 수식 (9.5)의 양변을 올해의 이익으로 나누면 아래 식을 얻는다.

$$\frac{\text{내년 이익}}{\text{올해 이익}} = \frac{\text{올해 이익}}{\text{올해 이익}} + \left(\frac{\text{올해 유보이익}}{\text{올해 이익}}\right) \times \text{유보이익 이익률} \tag{9.6}$$

수식 (9.6)의 좌변은 간단히 1 + 이익성장률(g)로 나타낼 수 있다. 이익에 대한 유보이익 비율을 **유보율**(retention ratio)이라고 한다. 따라서 수식 (9.6)은 다음과 같이 나타낼 수 있다.

$$1 + g = 1 + (\text{유보율} \times \text{유보이익 이익률}) \tag{9.7}$$

향후 전개되는 프로젝트에 대한 구체적인 사항은 공적인 정보가 아니므로 재무분석가가 현재 유보이익에 대한 기대수익률을 예측하기란 쉽지 않다. 대신 올해 선택한 프로젝트의 기대수익률은 과거 프로젝트의 수익률과 동일하다고 가정하곤 한다. 따라서 현재 유보이익에 대한 기대수익률은 과거 **자기자본이익률**(return on equity 또는 ROE)을 통해 측정할 수 있다. 결국 ROE는 간단하게 기업의 전체 자본에 대한 수익률, 즉 기업의 모든 누적된 과거 프로젝트에 대한 수익률로 해석할 수 있다.

수식 (9.7)로부터 성장률을 측정할 수 있는 간단한 방법이 있다.

기업의 성장률을 위한 공식:

$$g = \text{유보율} \times \text{유보이익 이익률(ROE)} \tag{9.8}$$

이익에 대한 배당의 비율이 일정하게 유지된다는 일반적인 가정하에서, 이익성장률의 추정치인 g는 또한 배당성장률의 추정치이다.[3]

예제 9.4

이익의 성장 Pagemaster Enterprises는 순이익이 $2백만이라고 방금 공시하였다. 이 기업은 지금부터 계속하여 이익의 40%를 유보할 계획이다. 다시 말해서 유보율은 40%이다. 따라서 60%의 이익이 배당으로 지급된다고 할 수 있다. 이익에 대한 배당의 비율을 **배당성향**(payout ratio)이라고 한다. Pagemaster의 배당성향은 60%이다. 과거의 자기자본이익률(ROE)은 16%였고, 회사의 이익률은 미래에도 지속될 것으로 기대된다. 내년의 이익성장률(g)은 얼마가 될까?

[2] 신주 발행이나 기존 주식의 환매는 무시한다. 배당할인모형은 두 상황 모두에서 유효하다. 이 같은 가능성에 대해서는 추후에 논의한다.
[3] 3장에서 g의 계산을 위한 방법도 논의하였다.

먼저 수식 (9.8)의 도움 없이 답을 구하고, 확인을 위해 수식 (9.8)을 이용한다.

수식 (9.8)을 참고하지 않고 계산하기 기업은 $800,000(= 40% × $2백만)을 사내에 유보할 것이다. 과거 ROE가 미래 이익을 예측하는 데 적합하다면 기대되는 이익의 증가는 다음과 같다.

$$\$800{,}000 \times 0.16 = \$128{,}000$$

따라서 이익의 성장률을 구할 수 있다.

$$\frac{\text{이익 변화(증가)}}{\text{총이익}} = \frac{\$128{,}000}{\$2\text{백만}} = 0.064 \text{ 또는 } 6.4\%$$

이것은 1년 말의 이익이 $2,128,000(= $2,000,000 × 1.064)이라는 것을 의미한다.

수식 (9.8)을 이용해 정답 확인 g = 유보율 × ROE를 이용하면 다음을 얻는다.

$$g = 0.40 \times 0.16 = 0.064$$

Pagemaster의 배당성향이 향후 일정하기 때문에, 0.064의 성장률은 이익과 배당의 성장률이 된다.

할인율 *R* 구하기

지금까지 요구수익률 또는 할인율 R이 주어진 것으로 간주했다. 개념적으로 요구수익률은 기업의 주식과 동일한 위험을 가진 자산에 대한 수익률이다. R의 추정에 관해서는 13장에서 자세히 논의할 것이다. 지금은 배당성장모형이 요구수익률에 대해 의미하는 바가 무엇인지를 살펴본다. 앞서 주식의 현재가치 P_0는 다음과 같이 계산되었다.

$$P_0 = \frac{D_1}{R - g}$$

이 식을 R에 대해 정리하면, 다음을 얻는다.

$$R - g = \frac{D_1}{P_0}$$

$$R = \frac{D_1}{P_0} + g \tag{9.9}$$

수식 (9.9)는 요구수익률 R이 2개의 요소로 구성되어 있음을 말하고 있다. 첫 번째 부분은 D_1/P_0로 **배당수익률**(dividend yield)이라고 불린다. 이는 기대현금배당을 현재가격으로 나누어 계산했기 때문에 개념적으로 채권의 현행수익률과 유사하다.

총 수익률의 두 번째 부분은 성장률 g이다. 간단하게 증명하겠지만 배당성장률은 주가 성장률과 동일하다. 따라서 배당성장률은 투자의 가치가 증가한 비율인 **자본이득률**(capital gains yield)로 해석될 수 있다.

요구수익률의 구성요소를 설명하기 위해 주당 $20에 거래되고 있는 주식을 살펴보기로 하자. 다음 기 배당금이 주당 $1로 예상된다. 배당은 영구적으로 연간 10% 성장할 것이라고 생각하고 있다. 이 주식이 제공하는 기대수익률은 얼마인가?

배당성장모형을 이용하여 총 수익률을 구하면 다음과 같다.

$$R = \text{배당수익률} + \text{자본이득률}$$
$$R = \frac{D_1}{P_0} + g$$

이 예제에서 총 수익률은 다음과 같다.

$$\begin{aligned} R &= \$1/\$20 + 10\% \\ &= 5\% + 10\% \\ &= 15\% \end{aligned}$$

따라서 이 주식의 기대수익률은 15%이다.

해답을 확인하려면 15%의 요구수익률을 사용하여 1년 후의 주식가격 P_1을 구해보면 알 수 있다. 1년 뒤에 배당금은 $1이고 10% 성장률이 기대되기 때문에 2년 뒤 배당금 D_2로 $1.10을 받을 것으로 예상된다. 배당성장모형에 의하면 1년 뒤 주식가격은 다음과 같다.

$$\begin{aligned} P_1 &= D_2/(R - g) \\ &= \$1.10/(0.15 - 0.10) \\ &= \$1.10/0.05 \\ &= \$22 \end{aligned}$$

$22는 $20 × 1.1이므로 주식가격은 10% 증가한 셈이다. 따라서 자본이득률은 10%가 되고 이는 배당성장률과 같다.

투자자의 총 수익률은 얼마인가? 오늘 $20을 지불하면 연말에 배당금으로 $1을 받고 자본이득으로 $22 − $20 = $2의 이득을 얻는다. 배당수익률은 $1/$20 = 5%이고, 자본이득률은 $2/$20 = 10%이기 때문에 총 수익률은 5% + 10% = 15%로 계산한 값과 같다.

논의된 내용의 현실적 응용을 위해 실제 숫자를 사용해보면, 2017년 Value Line 투자보고서(Investment Survey)에 따르면 P&G의 배당금은 향후 5년 이상 6.5%의 성장을 할 것으로 기대되었다. 이전 5년 동안 6.0%의 성장률을 그리고 이전 10년 동안에는 8.5%의 성장률을 보인 바 있다. 2017년에 다음 연도 배당금은 $2.85으로 추정되었다. 당시 주가는 주당 $94.40이었다. 투자자가 P&G에 요구하는 수익률은 얼마인가? 여기서 P&G의 배당수익률이 3.0%(= $2.85/$94.40), 자본이득률은 6.5%, 총 수익률은 9.5%이다.

예제 9.5

요구수익률 계산 앞의 〈예제 9.4〉에서 살펴본 Pagemaster Enterprises의 발행주식수는 1백만 주이다. 주식은 현재 $10에 거래되고 있다. 이 주식의 요구수익률은 얼마인가?

배당성향은 배당금/이익의 비율이다. 유보율이 40%이므로 배당성향(= 1 − 유보율)은 60%이다. Pagemaster가 $2백만의 이익을 공시했고 성장률은 6.4%였음을 기억하자.

1년 후 이익은 $2,128,000(= $2,000,000 × 1.064)이 되고, 배당금은 $1,276,800(= 0.60 × $2,128,000)이 될 것이다. 주당 배당금은 $1.28(= $1,276,800/1,000,000)일 것이다. 성장률 $g = 0.064$를 가지고, 수식 (9.9)를 이용하면 수익률 R을 다음과 같이 구할 수 있다.

$$0.192 = \frac{\$1.28}{\$10.00} + 0.064$$

건전한 회의론적 시각

우리의 접근방식이 단지 성장률 g를 추정(estimates)할 뿐 정확하게 결정(determine)하는 것은 아니라고 강조하고자 한다. 성장률의 추정이 여러 가지 가정에 기초를 두고 있음을 언급한 바 있다. 예를 들어, 우리는 미래 유보이익의 재투자수익률이 기업의 과거 ROE와 동일하다고 가정한다. 또한 미래의 유보율이 과거의 유보율과 같다고 가정한다. 이러한 가정이 잘못된 것으로 밝혀지면 g의 추정은 의미가 없어질 것이다.

불행하게도 수익률 R의 결정은 성장률 g에 상당히 영향을 많이 받는다. 예를 들어, Pagemaster의 g가 0으로 추정되면 R은 12.8%(= $1.28/$10.00)이다. 만일 g가 12%로 추정되면 R은 24.8%(= $1.28/$10.00 + 12%)가 된다. 따라서 건전한 회의론적 시각을 가지고 R의 추정치를 고려해야 할 것이다.

이런 이유로 일부 재무학자는 개별 증권에 대한 R의 추정오차가 너무 커서 실무적으로 적용하기 어렵다고 주장한다. 따라서 그들은 전체 산업의 평균 R을 계산하는 것을 제안한다. 산업 평균 R을 같은 산업에 속한 개별 주식의 배당금 할인에 사용할 수 있을 것이다.

개별 증권에 대한 R의 추정에서 두 가지 상반대되는 경우에 대해서 특히 주의를 기울여야 한다. 첫째, 현재 배당을 하지 않는 기업을 고려해보자. 어느 시점에 처음으로 배당을 시작하면 배당성장률은 무한대가 된다. 따라서 수식 (9.9)는 아주 주의해서 사용하여야 한다. 이 점에 대해서는 이번 장의 후반부에서 강조한다.

둘째, 앞에서 언급했듯이 g와 R이 같으면 주가는 무한대가 된다. 주가는 현실에서 결코 무한대가 될 수 없기 때문에 g를 R과 같거나 크다고 추정한 분석가는 실수를 저지른 것이다. 대부분 그렇듯이, 분석가의 성장률에 대한 높은 추정치는 초기 몇 년간은 가능하다. 그러나 기업은 비정상적으로 높은 성장률을 영원히 유지할 수 없다. 분석가의 오류는 영구 성장률이 필요한 모형에서 g의 추정에 단기 추정치를 사용하여 발생한 것이다.

배당 또는 이익: 어느 것을 할인할 것인가?

앞서 언급한 바와 같이 이번 장에서는 성장영구연금 공식을 주식의 가치평가에 적용하고 있다. 적용과정에서 우리는 이익이 아닌 배당을 할인하고 있다. 투자자는 현금을 얻기 위해서 주식을 선택하기 때문에 배당을 할인하는 것은 일리가 있다. 사실 주식에서 투자자는 두 가지를 얻게 되는데, 그것은 배당금과 주식의 매도가격이다. 이때 주식의 매도가격은 미래의 투자자들이 배당금으로 받을 것으로 기대하는 것에 의해 결정된다.

만약 배당 대신에 이익을 할인하게 되면 계산된 주식가격은 너무 높게 산출될 것이다. 기업의 성장률 예측에서 보았듯이 이익의 일부만 배당금으로 주주에게 돌아간다. 나머지는 미래의 배당을 창출하기 위해 회사 내에 유보된다. 우리의 모형에서 유보이익은 기업의 투자금액과 같다. 따라서 배당 대신에 이익을 할인하게 되면, 미래의 이익과 배당을 창출하기 위해 오늘 출자해야 하는 투자를 무시하는 것이 된다.

무배당기업

학생들은 가끔 다음과 같이 질문하기도 한다. 배당할인모형이 맞는다면, 왜 무배당기업의 주식은 $0으로 거래되지 않는가? 이것은 기업의 목적을 생각하게 만드는 질문이기에 좋은 질문이다. 많은 성장기회를 가진 기업은 딜레마에 직면한다. 기업은 현재의 배당을 지급할 수도 있고, 배당을 포기하고 미래에 더 많은 배당을 창출할 수 있는 투자를 할 수도 있다.[4] 이것은 때로는 고통스런 선택이다. 왜냐하면 배당을 지연하는 전략이 최적일 수 있지만 일부 주주에게는 확실히 인기가 없기 때문이다.

많은 기업이 무배당을 선택한다. 그리고 이러한 기업의 주식가격은 양수이다. 예를 들어, Amazon.com, Alphabet, eBay, Facebook과 같은 대부분의 인터넷 기업은 배당금을 지급하지 않는다. 합리적인 주주라면 어느 시점 이후부터는 배당금을 받게 되거나 혹은 아주 좋은 보상을 얻을 것이라 생각할 것이다. 예를 들어, 기업이 좋은 조건에 합병될 수도 있는데, 그렇게 되면 주주는 현금이나 합병기업의 주식을 받게 된다.

물론 무배당기업에 대해 배당할인모형을 실제 적용하는 것은 어렵다. 분명히 일정성장 배당모형은 적용할 수 없다. 이론적으로 차등성장 모형이 가능하지만, 첫 번째 배당일과 그 이후 배당성장률, 궁극적인 합병가격 등에 대한 추정의 어려움 때문에 실제로 모형을 적용하는 것은 매우 어렵다.

실증적인 증거에서, 높은 성장률을 가진 기업이 낮은 배당을 지급하는 경향이 있다. 예를 들어, Microsoft Corporation의 경우 1975년에 설립되었고 여러 해 동안 빠른 성장을 거듭해 왔다. 하지만 회사의 매출액이나 주주의 시장가치가 모두 수십억 달러를 이미 넘었는데도 불구하고 2003년이 되어서 처음으로 배당금을 지급하였다. 배당금을 지급하기 위해 왜 그렇게 긴 시간을 기다려야 했을까? 그것은 Microsoft가 새로운 소프트웨어 제품과 같은 많은 양(+)의 성장기회에 자금을 투자해야 했기 때문이다.

9.3 상대비교법

이번 장에서 지금까지 우리는 배당금을 할인하여 주식의 가치를 평가하였다. 실무에서는 상대비교법(comparables)이 가치평가에 자주 이용된다. 상대비교법은 부동산의 가치평가와 유사하다. 이웃의 집이 $250,000에 팔렸다면 유사한 규모와 환경을 가진 당신의 집도 $250,000 정도의 가치를 가질 것이다. 상대비교가 되는 기업은 주식시장에서 유사한 배수(multiple)를 가진다고 가정할 수 있다. 상대비교법이 어떻게 작동하는지 살펴보기 위해서 가장 보편적인 배수인 주가수익비율(PE ratio)을 살펴보자.

[4] 세 번째 대안으로는 주식을 발행해서 배당지급과 투자를 위해 충분한 자금을 확보하는 것이다. 이 가능성에 대해서는 이 교재의 후반부에서 다루기로 한다.

주가수익비율

주가수익비율(price-earnings ratio: PER)은 그 이름이 말하듯이 주식 가격을 주당이익(EPS)에 대한 비율로 나타낸 것이다. 예를 들어, Sun Aerodynamic Systems (SAS)의 주가는 $27.00이고 지난해 주당이익(EPS)은 $4.50이었다. SAS의 PE 비율은 6(= $27/$4.50)이 될 것이다.

일반적으로 유사한 기업은 유사한 PE 비율을 가진다고 가정된다. 예를 들어, 모든 소매업종의 상장기업 평균 PE 비율이 12이고 이 산업에 속한 어느 기업이 $10백만의 이익을 얻었다고 하자. 만일 이 회사가 산업 내의 다른 기업과 유사하다고 판단된다면, 기업의 가치는 $120백만(= 12 × $10백만)으로 추정될 수 있다.

배당할인법은 매년의 배당금을 추정해야 하기 때문에, PE를 이용한 가치평가는 배당금을 할인하는 평가법보다 쉬워 보인다. 그러나 PE 접근법이 우수할까? 그것은 상대비교 기업의 유사성에 달려 있다.

2018년 2월 1일에 *Wall Street Journal*은 Alphabet의 PE 비율이 39라고 보도했다. 같은 날에 IBM은 27, Hewlett-Packard는 80, Apple은 18, Microsoft는 65이었다. 동일한 산업에 있는 주식이 다양한 PE 비율로 거래되는 이유는 무엇인가? 차이점이 Hewlett-Packard가 고평가되었고 Apple이 저평가되었다는 것을 의미하는가? 혹은 이러한 차이에 합리적인 이유가 있는가?

수식 (9.1)과 (9.4)의 배당할인모형에 따르면 기업의 PE 비율은 미래 사업의 가치와 관련되었다는 것을 의미한다. 예를 들어, 동일한 주당이익 $1을 공시한 두 개의 기업을 고려해보자. 그러나 하나의 기업은 양의 NPV를 가지는 여러 가지 새로운 프로젝트를 가지고 있고, 다른 기업은 새로운 프로젝트가 없다고 하자. 투자자들은 현재의 $1 이익과 새로운 프로젝트를 모두 사는 것이기 때문에 가치가 있는 프로젝트를 가진 기업의 주식이 높은 가격에 거래될 것이다.

프로젝트를 가진 기업이 $16에, 없는 기업은 $8에 거래된다고 가정하자. 주당이익 $1은 두 기업 모두 PE 비율의 분모가 된다. 따라서 가치 있는 프로젝트를 가진 기업의 PE 비율은 16이고 다른 기업은 8이 된다.

이러한 설명은 현실 세계에서 꽤 설득력이 있다. 전자 또는 하이테크 관련 주식은 높은 성장률을 가진 것으로 인식되기 때문에 일반적으로 높은 PE 비율에 거래된다. 사실 일부 기술주의 경우 이익이 전혀 없음에도 불구하고 높은 주가를 형성하기도 한다. 이러한 기업의 PE 비율은 무한대이다. 반대로 철도, 전기 · 가스, 철강 회사는 낮은 성장 전망으로 인해 낮은 PE 비율에 거래된다. 〈표 9.1〉은 잘 알려진 기업들과 S&P 500 지수의 2017년 PE 비율을 보여주고 있다. 산업별로 비율이 다르다는 점에 주목하자.

PE 비율을 설명하는 두 가지 추가적인 요인이 있다. 첫 번째는 할인율인 *R*이다. 할인율 *R*은 배당할인모형의 분모에 나타나는데[수식 (9.1)], 공식은 PE 비율이 기업의 할인율과 역(negative)의 관계를 가지고 있음을 보여준다. 우리는 할인율이 주식의 위험이나 변동성과는 양의 관계를 가지고 있다는 사실은 이미 언급한 바 있다. 따라서 PE 비율은 주식의 위험과 음의 관계를 가진다. 이 같은 의미 있는 결과를 보기 위해서 두 개의 기업 A와 B를 고려해보자. 주식시장은 이들이 두 기업이 매년 $1의 이익을 영원히 실현할 것으로 기대한다. 하지만 A기업의 이익은 확

표 9.1
2018년 기업들의 PER

기업명	산업	PER
Chubb	Insurance	19
Pepsico	Beverages	25
Ford	Automotive	6
Goldman Sachs	Financial services	32
Whirlpool	Home appliances	40
Facebook	Technology	36
S&P 500 평균	n/a	23

실하지만 B기업의 이익은 상당히 유동적이다. 합리적인 투자자라면 위험이 없는 A기업의 주식에 더 높은 가격을 지불하려고 할 것이다. A기업의 주식이 높은 가격에 거래가 되고 두 기업이 같은 EPS를 가진다면, A기업의 PE 비율이 더 높게 나타난다.

두 번째 추가적인 요인은 기업의 회계방법 선택문제이다. 현행 회계기준상 기업들은 여러 회계처리 방법 중 자의적으로 선택할 수 있는 항목이 상당히 많다. 예를 들어, 동일한 두 개의 기업 C와 D가 있다고 하자. C기업은 후입선출법(LIFO)을 사용하고 주당이익을 $2로 보고한다. D기업은 덜 보수적인 방법인 선입선출법(FIFO)을 사용하여 $3의 주당이익을 보고한다. 시장은 두 기업이 동일하다는 것을 알고 주가도 $18로 같다. 하지만 PE 비율의 경우 C기업은 9(= $18/$2)가 되고 D기업은 6(= $18/$3)이 된다. 따라서 더 보수적인 기업이 더 높은 PE 비율을 가지게 된다.

결론적으로 우리는 주식의 PE 비율이 다음 세 가지 요인의 함수라는 것을 강조하였다.

1. 투자기회(investment opportunities): 양(+)의 NPV를 가지는 투자기회가 많은 기업이 높은 PE 비율을 가질 것이다.
2. 위험(risk): 낮은 위험의 주식이 높은 PE 비율을 가질 것이다.
3. 회계처리 방법(accounting practices): 보수적인 회계처리 방법을 따르는 기업이 높은 PE 비율을 가질 것이다.

이러한 요인 중 현실 세계에서 가장 중요한 것은 무엇일까? 재무금융 전문가들은 투자기회가 일반적으로 PE 비율에 가장 큰 영향을 준다는 점에서 동의하고 있다. 예를 들어, 하이테크 기업은 전기 · 가스 회사보다 일반적으로 높은 PE 비율을 가진다. 그 이유는 전기 · 가스 회사가 위험은 낮지만 투자기회가 거의 없기 때문이다. 그리고 산업 내에서 투자기회의 차이는 PE 비율의 차이를 만들어낸다.

PE 비율과 같은 배수가 주식의 가격을 평가하는 데 사용될 수는 있지만, 주의하여 사용해야 한다. 동일한 산업에 속한 기업이라도 다른 투자기회, 위험수준, 회계처리 방법을 가지고 있다면 다른 배수를 가지게 된다. 어떤 산업의 모든 기업에게 평균 배수가 모두 적용되어서는 안 된다. 평균 배수는 산업 내에 동일한 특성을 가진 기업에게만 적용되어야 한다.

어떤 분모를 사용하느냐에 따라서 PE 비율을 계산하는 여러 가지 방법이 있다. 어느 기업의 주식이 현재 $20에 거래되고 작년에 보고된 주당이익(EPS)이 $2라고 하자. 그러나 분석가들은 내년 주당이익을 $2.50으로 예측하고 있다. 어떤 경우에는 PE 비율을 지난 12개월 동안의 EPS와 현재 주가의 비율로 계산한다. 위 예에서 지난 12개월(trailing twelve months: TTM) 이익은 $2이고, 후행(trailing) PE 비율은 10(= $20/$2)이 될 것이다. 이제 내년의 예측된 이익인 선행이익으로 PE 비율을 계산하는 것을 살펴보자. 선행(forward) PE는 8(= $20/$2.50)이다. 앞의 예제로 돌아가서 Hewlett-Packard의 지난 12개월 이익은 $0.07로 PE 비율이 너무 높았다. 내년에 회사의 예상 수입은 $1.10이므로 보다 현실적인 PE 비율로 12가 계산된다.

어느 방법이 더 적합할까? 정답은 없다. 한편으로 보면 투자자들은 과거가 아닌 미래의 현금흐름을 할인해야 하기 때문에 주식의 가치평가에 선행 PE가 더 의미가 있다. 다른 한편으로 보면 선행 이익은 단순한 예측에 불과하고 후행 이익이 실제 일어난 이익이다. 따라서 우리는 어느 PE 비율이 어떤 상황에서 더 적합하다고 할 수는 없지만, PE 비율이 어떻게 산출되었는지 항상 주의를 기울여야 한다.

때로는 우리는 배당을 지불하지 않거나 이익이 없거나 적자인 신생기업의 가치를 평가해야 하는 경우가 있다. 어떻게 해야 할까? 한 가지 방법은 가격/매출액 비율[price-sales (PS) ratio]을 사용하는 것이다. 이름이 말하듯이 주식가격을 주당매출액으로 나눈 비율이다. 주당이익 대신에 주당매출액을 사용할 뿐 PE 비율을 사용하는 것과 동일하게 이 비율을 사용할 수 있다. PE 비율에서처럼 PS 비율은 기업의 연혁과 산업에 따라 다르다. 전형적인 값은 0.8~2.0의 범위에 속하지만 신생기업이나 고속성장 기업의 경우에 이 비율은 더 높을 수 있다.

회사가치 비율(EV Ratio)

PE 비율은 자기자본의 비율이다. 즉, 분자는 주식(stock)의 주당가격이고 분모는 주식(stock)의 주당이익이다. 이에 추가적으로, 실무자들은 종종 자기자본과 부채를 포함하는 비율을 사용한다. 아마도 가장 보편적으로 사용하는 것은 회사가치(enterprise value: EV)를 EBITDA로 나눈 비율이다. 회사가치는 자기자본의 시장가치와 부채의 시장가치를 더한 값에서 현금을 차감한 것이다. EBITDA (Earnings Before Interest, Taxes, Depreciation and Amortization)는 이자, 세금, 감가상각비와 무형자산상각비를 차감하기 전의 이익이다.

예를 들어, Illinois Food Products Co. (IFPC)는 자기자본 가치로 $800백만, 부채 가치로 $300백만, 그리고 현금으로 $100백만을 가지고 있다. 회사가치는 $1십억(= 800 + 300 − 100)이다. 또한 이 회사는 다음의 손익계산서를 가진다.

수익	$700백만
− 매출원가	−500백만
EBITDA	$200백만
− 감가상각비와 상각비	−100백만
− 이자비용	− 24백만
세전이익	$ 76백만
− 세금(세율 21%)	− 16백만
세후이익	$ 60백만

EV/EBITDA 비율은 5(= $1십억/$200백만)이다. 손익계산서에서 EBITDA 아래에 있는 모든 항목은 비율계산에서 무시된다.

PE 비율처럼, 유사한 기업은 유사한 EV/EBITDA를 가진다고 가정한다. 예를 들어, 어떤 산업의 평균 EV/EBITDA가 6이라고 하자. 만일 이 산업에 속한 QRT Corporation의 EBITDA가 $50백만이고 산업 내의 다른 기업과 유사하다고 판단된다면, 회사가치는 $300백만(= 6 × $50)으로 추정될 수 있다. 만일 QRT가 $75백만의 부채와 $25백만의 현금을 가지고 있다면 주어진 QRT의 회사가치를 가정하여, QRT의 주식가치는 $250백만(= $300 − 75 + 25)이라고 추정된다.

회사가치 비율을 이용한 가치평가에 대하여 여러 질문이 생긴다.

1. **PE 비율에 비해 EV/EBITDA가 가지는 장점이 있는가?** 있다. 동일한 산업 내에 있는 기업이라도 레버리지(부채/자기자본 비율)가 다를 수 있다. 16장에서 배우겠지만, 레버리지는 자기자본의 위험을 증가시키고 그것은 할인율 *R*에 영향을 준다. 따라서 동일 산업에 있어서 비교대상이 될 수 있더라도 서로 다른 레버리지로 인해서 PE 비율이 다를 수 있다. 회사가치(EV)는 부채와 자기자본을 모두 포함하기 때문에 EV/EBITDA에 대한 레버리지의 영향은 작다.[5]
2. **왜 EBITDA가 분모로 사용되는가?** 배수 비율에서 분자와 분모는 일정해야만 한다. PE 비율의 분자는 주식의 가격이고, 분모는 주식의 주당이익이다. 즉, 이자비용은 EPS 계산 이전에 차감된다. 반면에 EV는 부채와 자기자본의 합이기 때문에 분모가 이자비용 때문에 영향을 받아서는 안 된다. 말 그대로 이자가 지급되기 전에 계산되는 이익이기 때문에 EBITDA가 사용되는 것이다.
3. **분모는 왜 감가상각비와 무형자산상각비를 제외하는가?** 많은 실무 전문가들은 감가상각비와 무형자산상각비는 현금흐름이 아니기 때문에 이익은 이들을 차감하기 전에 계산되어야 한다고 주장한다. 다시 말해서, 감가상각비와 무형자산상각비는 단순히 과거에 했던 구매의 매몰비용을 반영할 뿐이다. 그러나 이 관점에 모두 동의하지는 않는다. 일부에서는 상각가능한 자산이 영속사업에서 결국은 대체될 것이라는 점을 지적한다. 감가상각비는 미래 대체비용을 반영하기 때문에 이익의 계산에서 고려되어야 한다고 주장하기도 한다.
4. **가치평가 비율 계산에서 분모에 사용되는 다른 변수가 있는가?** 실무에서는 EBIT (earnings before interest and taxes), EBITA (earnings before interest, taxes, and amortization), 그리고 잉여현금흐름(free cash flow)을 사용하기도 한다.
5. **현금을 차감하는 이유는 무엇인가?** 많은 기업들이 필요한 현금을 초과하여 현금을 보유하고 있다. 예를 들어, Microsoft는 2017년 말에 $161십억의 현금 및 단기투자금을 보유하였는데, 많은 애널리스트들이 최적이라고 생각하는 것을 훨씬 초과하였다. 회사가치 비

[5] 그러나 레버리지는 EV/EBITDA에 다른 방식으로 영향을 준다. 16장에서 배우겠지만, 레버리지는 세금감면효과가 있고 EV를 증가시킨다. 레버리지는 EBITDA에 영향을 주지 않기 때문에 전체 비율은 레버리지와 함께 증가한다.

율은 생산성 있는 자산이 이익이나 현금흐름을 창출할 수 있는 능력을 반영해야 하기 때문에 현금은 비율계산에서 제외한다. 그러나 모든 현금이 무시되어야 하는지에 대해 비판의 관점이 있다. 일부 현금보유는 사업을 위해 필수적이고 이러한 현금은 EV 계산에 포함되어야 한다.

9.4 잉여현금흐름을 이용한 주식의 가치평가

5장과 6장에서 우리는 현금흐름을 할인하여 기업의 프로젝트의 가치를 평가하였다. 현금흐름은 수익과 비용의 추정에서 시작하는 하향식 접근법에 의해 결정되었다. 이번 장에서 지금까지 우리는 주식의 가치평가를 위해서 배당금을 할인했다. 그러나 대안적으로, 5장과 6장에서 프로젝트의 가치평가에 사용했던 방식과 같은 방법으로 잉여현금흐름을 할인하여 전체 기업의 가치를 평가할 수 있다.

이를 이해하기 위한 사례로 Global Harmonic Control Systems (GHCS)를 고려해보자. 수익은 1년 뒤에 $500백만으로 추정되며 연간 10%씩 2년간 성장한 뒤에 8%로 다시 2년 동안 성장하고 그 이후에는 매년 6%로 성장할 것으로 예상된다. 감가상각비를 포함한 비용은 수익의 60%이다. 순운전자본과 자본투자액에서 감가상각비를 차감한 순투자액은 수익의 10%이다. 모든 비용은 수익에 비례하기 때문에 잉여현금흐름도 수익과 같은 비율로 성장한다. GHCS는 부채 없이 자기자본만으로 조달된 기업이고 12백만 주의 주식이 발행되어 있다. GHCS의 위험에 적절한 할인율은 16%이다.

처음 5년간 수익과 잉여현금흐름은 아래 표와 같으며 소수점 둘째 자리로 반올림했다.

	1	2	3	4	5
수익	500.00	550.00	605.00	653.40	705.67
− 비용	300.00	330.00	363.00	392.04	423.40
세전이익	200.00	220.00	242.00	261.36	282.27
− 세금(세율 21%)	42.00	46.20	50.82	54.89	59.28
세후이익	158.00	173.80	191.18	206.47	222.99
− 순투자액	50.00	55.00	60.50	65.34	70.57
잉여현금흐름	108.00	118.80	130.68	141.13	152.43

잉여현금흐름은 5년 뒤부터는 연간 6%로 성장하기 때문에, 6년 말의 순현금흐름은 $161.57백만(= $152.43 × 1.06)으로 추정된다. 성장영구연금의 공식을 이용하면, 모든 미래 현금흐름의 5년 말 가치는 $1,615.71백만(= $161.57/(0.16 − 0.06))으로 계산된다.

오늘날의 현재가치로 전환하면 이러한 5년 말 시점의 최종가치는 아래와 같다.

$$\$1{,}615.71\text{백만} \times \frac{1}{(1.16)^5} = \$769.26\text{백만}$$

처음 5년 동안 현금흐름의 현재가치는 아래와 같다.

$$\frac{\$108}{1.16}+\frac{\$118.80}{1.16^2}+\frac{\$130.68}{1.16^3}+\frac{\$141.13}{1.16^4}+\frac{\$152.43}{1.16^5}=\$415.63\text{백만}$$

여기에 최종가치를 합하게 되면 현재 기업의 가치는 $1,184.89백만(= 415.63 + 769.26)이다. 주어진 발행주식수를 고려하면, 주당 가격은 $98.74(= $1,184.89/12)이다.

위의 계산은 5년 뒤부터 성장영구연금을 가정한다. 그러나 앞에서 배수를 이용하여 주식의 가치를 평가하는 것을 배웠다. 투자자는 GHCS의 최종가치를 성장영구연금 공식이 아니라 배수를 이용하여 추정할 수 있다. GHCS가 속한 산업의 상대비교 기업이 가진 PE 비율이 7이라고 가정하자.

5년 말에 세후이익이 $222.99이기 때문에, PE 배수 7을 이용하면 5년 말의 가치는 $1,560.95백만(= $222.99 × 7)으로 추정된다.

기업의 현재가치는 아래와 같다.

$$\frac{\$108}{1.16}+\frac{\$118.80}{1.16^2}+\frac{\$130.68}{1.16^3}+\frac{\$141.13}{1.16^4}+\frac{\$152.43}{1.16^5}+\frac{\$1,560.95}{1.16^5}=\$1,158.82\text{백만}$$

발행주식수가 12백만 주이고, GHCS의 주당 가격은 $96.57(= $1,158.82/12)이다.

이제 GHCS 주식가치에 대한 2개의 추정치가 있다. 각각의 추정치는 최종가치 계산의 차이를 반영한다. 최종가치를 일정성장 현금흐름 할인방법을 사용한 GHCS의 주식가치는 $98.74이고, PE 상대비교법을 이용한 추정치는 $96.57이다. 최상의 방법이란 없다. 만일 상대비교 기업이 GHCS와 완전히 동일하다면 PE 방법이 최상일 것이다. 불행히도, 기업은 동일하지 않다. 반면에 만일 최종시점과 이후에 발생하는 현금흐름의 성장에 대해 확신할 수 있다면 아마도 일정성장 모형이 최상일 것이다. 실제로는 두 방법이 모두 사용된다.

개념적으로, 배당할인모형, 상대비교법, 잉여현금흐름 모형은 모두 상호 일관되며, 주식의 가치를 결정하기 위해 사용될 수 있다. 실무에서 배당할인모형이 일정한 배당금을 지급하는 기업에게 특히 유용하며, 상대비교법은 유사한 투자기회를 가진 기업에게 유용하다. 잉여현금흐름 모형은 외부 자금조달의 필요성을 가진 무배당기업에게 유용하다.

9.5 주식시장

주식시장은 **발행시장**(primary market)과 **유통시장**(secondary market)으로 구성된다. 발행시장은 새로운 발행이 일어나는 1차 시장으로 주식이 처음으로 시장으로 들어오고 투자자에게 팔린다. 유통시장은 2차 시장으로 기존의 주식이 투자자 사이에서 거래된다. 발행시장에서 기업은 자금을 조달하기 위해서 증권을 매도한다. 우리는 이러한 과정을 뒤에 다른 장에서 자세히 논의할 것이다. 그러므로 여기서는 주로 유통시장의 활동에 대해 중점을 둔다. 이번 장 마지막에서는 어떻게 주식가격이 언론 등에 공시되는지에 대해 알아본다.

딜러와 브로커

대부분의 증권거래에 딜러와 브로커가 개입하기 때문에 딜러와 브로커의 용어가 무슨 의미인지를 정확하게 이해할 필요가 있다. **딜러**(dealer)는 증권을 보유하고 있으며 언제라도 증권을 매매할 준비가 되어 있는 주체를 일컫는다. 반면에 **브로커**(broker)는 매도자와 매수자를 연결시켜줄 뿐 증권을 보유하고 있지 않는다. 이에 대한 이해를 돕기 위해 중고차 딜러와 부동산 중개업자(브로커)를 생각해보자. 중고차 딜러는 자동차를 보유하고 있지만 부동산 중개업자는 부동산을 보유하고 있지 않다.

증권시장에서 딜러는 증권을 팔려는 투자자에게는 매수할 준비가, 증권을 사려는 투자자에게는 매도할 준비가 되어 있다. 딜러가 지불하려는 금액은 매수가(bid price)이고, 받으려는 금액은 매도가(ask price)이다(때로는 *asked*, *offered* 또는 *offering price*라고 부르기도 한다). 매수가와 매도가의 차이를 스프레드(spread)라고 하며 이는 딜러가 얻는 이익의 기본적인 원천이다.

딜러는 주식시장뿐만 아니라 경제활동과 관련된 모든 분야에 존재한다. 예를 들어, 새 책뿐만 아니라 중고 책도 사고파는 미국 대학의 교내서점은 발행시장 및 유통시장의 교재 딜러 역할을 한다. 당신이 새 책을 산다면 발행시장 거래이고, 중고 책을 산다면 유통시장 거래이며, 이때 서점에서 제시한 매도가를 지불한다. 당신이 책을 팔려고 한다면 서점의 매수가로 팔 수 있는데 대개 이는 서점 매도가의 반 정도에 지나지 않는다. 따라서 서점의 스프레드는 이 두 가격의 차이가 된다.

반면에 증권브로커는 투자자들 사이의 거래를 주선해 주식을 매수하려는 투자자와 매도하려는 투자자를 연결시켜준다. 증권브로커의 차별화된 특징은 그들 자신의 계정으로 증권을 매매하지 않는다는 점이다. 타인 간의 거래를 촉진하는 것이 그들의 사업이다.

뉴욕증권거래소(NYSE) 조직

뉴욕증권거래소(New York Stock Exchange: NYSE)는 몇 해 전 개장 200주년을 맞은 소위 빅보드(Big Board)로 알려진 거래소이다. 뉴욕증권거래소는 20세기로 접어들면서 월스트리트에 있는 현재 위치에 자리 잡았다. 거래량(거래대금)이나 상장회사의 총 시가총액 면에서 뉴욕증권거래소는 세계에서 가장 큰 주식시장이다.

회원 뉴욕증권거래소는 1,366기관의 **회원**(members)을 보유하고 있다. 2006년 이전에는 거래소에 자신의 "자리(seats)"를 소유한 대상을 회원이라고 불렀고 이들 회원은 집단적으로 거래소의 소유자들이었다. 이런 이유로 인해 자리(회원권)는 가치가 있었고 정기적으로 매매되었다. 회원권 가격은 2005년에 $4백만에 이르기도 하였다.

2006년 NYSE는 공개를 하게 되면서 모든 것이 바뀌었다. 당연히 NYSE의 주식은 NYSE에 상장되었다. 이제 거래소의 회원은 회원권을 구입하는 대신 거래 면허를 구입해야만 하는데 거래면허는 여전히 1,366개로 제한되었다. 2014년에 면허 비용은 연간 $40,000이다. 면허를 구입하면 거래소 객장에서 증권을 매매할 권한을 부여받는다. 회원은 거래소에서 각기 다른 역할을 수행하고 있다.

2007년 4월 4일, NYSE는 더욱 성장하여 Euronext와 합병하여 NYSE Euronext를 구성하였다. Euronext는 Amsterdam에 있는 주식거래소로 벨기에, 프랑스, 포르투갈, 영국에 자회사를 두고 있다. 합병으로 인해 NYSE Euronext는 세계에서 "첫 번째 전 세계 거래소"가 되었다. 2008년에 NYSE Euronext는 American Stock Exchange를 합병하여 더욱 확장되었다. 그리고 2013년 11월 Intercontinental Exchange (ICE)에 의한 NYSE의 인수가 완료되었다. ICE는 2000년 5월에 설립되었는데, 원래는 상품거래소였으며, 빠른 성장 덕분에 NYSE 인수 대금 $8.2조를 지불할 수 있었다.

NYSE의 운영방식을 간략하게 설명하면, NYSE Euronext 및 ICE의 다른 시장과는 다르게 운영될 수도 있다. NYSE를 다소 독특하게 만드는 것은 하이브리드 시장이라는 점이다. 하이브리드 시장에서 거래는 전자거래와 대면거래가 모두 이루어진다.

전자거래를 통해서 매수 주문과 매도 주문은 거래소로 제출된다. 주문은 컴퓨터에 의해 검토되고 일치되는 것이 있을 때 주문은 인간의 간섭 없이 체결된다. NYSE의 대부분 거래가 이렇게 일어난다. 전자적으로 처리되지 않는 주문은 면허 소지자에 의해 처리된다. 면허 소지자는 3가지 유형이 있는데, **지정 시장조성자**(designated market maker: **DMM**), **객장 브로커**(floor broker), **추가적 유동성 공급자**(supplemental liquidity provider: **SLP**)가 있다.

지정 시장조성자(DMM)는 이전에는 "스페셜리스트(specialist)"로 알려졌었는데, 특정 주식에 대하여 딜러로 행동한다. 일반적으로 NYSE에 상장된 모든 증권에는 한 명의 DMM에게 배정된다. 딜러로서 DMM은 쌍방호가시장(two-sided market)을 유지하는데, 그것은 매수와 매도 가격을 끊임없이 공시하는 것이다. 이렇게 함으로써 DMM은 항상 매수자와 매도자가 존재하게 유지해주고 시장의 유동성을 증진시킨다.

객장 브로커(floor broker)는 고객을 위해 최선의 가격으로 거래를 체결하려고 노력한다. 객장 브로커는 일반적으로 Merrill Lynch와 같은 대형 브로커 회사와 Bank of America의 재산관리부서의 직원이다. 객장 브로커와 DMM 사이의 접촉이 NYSE의 비전자적 거래의 핵심이다. 이들 사이의 접촉에 대해 잠시 후 살펴보자.

SLP는 그들에게 지정된 주식의 거래에 적극적으로 참가하는 투자회사이다. 그들의 업무는 정기적으로 일방호가시장(매수 혹은 매도의 주문)을 만드는 것이다. 그들은 순수하게 자신의 계정으로 (자신의 자금으로) 거래하고 고객을 대신하지 않는다. 그들은 자신의 매수와 매도에 대해 약간의 리베이트를 받기 때문에 좀 더 공격적으로 행동한다. NYSE의 목적은 유동성을 되도록 많이 공급하는 것이다. 유동성을 통해 일반 투자자들이 주어진 가격에 빠르게 매수와 매도를 쉽게 할 수 있다. DMM이나 객장 브로커와는 달리, SLP는 거래소의 객장에서 활동하지 않는다.

최근에는 전자적으로 직접 주문이 DMM에게 전송될 수 있는 효율적인 Pillar System으로 인해 거래소 객장에서 객장 브로커의 중요성이 사라지고 있다. 추가적으로 NYSE는 전자적 거래 플랫폼으로 Arca를 도입했다. 전자거래는 이제 모든 NYSE 거래에서 상당한 비중을 차지하고, 특히 소량 주문에서 더욱 큰 비중을 차지하고 있다. NYSE Arca의 평균 거래시간은 1초 미만이다.

마지막으로 NYSE 회원 중 소수는 그들 자신의 계정으로 독립적인 거래를 하는 객장 트레이더(floor traders)이다. 객장 트레이더는 단기적 가격변동을 예상하여 낮은 가격에 매수하고 높은 가격에 매도하여 이익을 창출한다. 최근에는 객장에서 단기거래를 통한 이익창출이 어려워짐에 따라 객장 트레이더 수는 현격하게 줄어들고 있다.

운영 NYSE가 어떻게 조직되고 누가 주요 참가자인지에 대한 기초적인 아이디어를 갖게 되었으므로 이제 실제로 거래가 어떻게 이루어지는지에 대해 살펴보기로 하자. 기본적으로 NYSE의 주 업무는 **주문흐름**(order flow)을 유도하고 처리하는 것이다. 주문흐름이란 주식을 매수하고 매도하는 고객 주문들의 흐름을 의미한다. NYSE의 고객은 NYSE에 상장된 주식에 대해 매매주문을 내는 수백만의 개인투자자들과 수만의 기관투자자들이다. NYSE는 이들 주문흐름을 유도하는 데 꽤 성공을 거두고 있다. 최근에는 하루에 10억 주 이상 거래되는 것이 일상적이다.

객장 활동 NYSE의 객장에서 기자가 TV 방송하는 것을 보았거나 NYSE를 직접 방문하여 관람석에서 앉아 객장에서 벌어지는 일을 구경해 봤을 것이다. 어느 경우이든 농구장만한 크기의 "빅룸(the Big Room)"이라고 불리는 큰 방을 보았을 것이다. 거래소에는 화면에는 잘 보이지 않지만 작은 방도 여러 개 있다. 그 중에서 하나는 "차고(the Garage)"로 부르는데 이 방은 거래를 위해 사용되기 전에 실제로 차고로 사용되었다.

거래소 객장에서 8각형 모양으로 생긴 여러 개의 스테이션이 있고, 이 스테이션에는 위 아래로 수많은 터미널 스크린을 갖춘 여러 개의 카운터가 있다. 사람들은 카운터 앞과 뒤에서 비교적 정적인 상태로 업무를 처리한다.

다른 사람들은 객장 벽면에 설치된 전화기를 자주 사용하면서 객장을 돌아다니는데 얼핏 보면 개미집 주위를 움직이는 일개미를 연상시킨다. 따라서 "저 사람들이 아래에서 무엇을 하나?" 그리고 "많은 사람들이 왜 저렇게 우습게 생긴 상의를 입고 있나?" 하는 의문을 가지는 것은 당연하다.

거래소 객장에서 어떤 일이 벌어지고 있는지를 간략하게 살펴보자. 8각형 모양의 스테이션의 개별 카운터는 **DMM 포스트**(DMM's post)이다. DMM은 대개 포스트 앞에 서서 지정된 주식의 거래를 관찰하고 관리한다. DMM을 위해 일하는 사무직원들은 카운터 뒤에서 업무를 본다. 거래소 벽면에 설치되어 있는 전화선을 따라 이동하다가 다시 객장으로 돌아오는 사람들은 객장 브로커로 고객의 주문을 받고 주문을 체결하기 위해 DMM 포스트로 걸어왔다가 주문체결을 확인하고 새로운 주문을 받기 위해 다시 돌아가곤 한다.

NYSE 객장의 활동을 더 잘 이해하기 위해 당신이 객장 브로커라고 생각해보자. 당신을 고용한 증권사 고객의 Walmart 주식 20,000주 매도 주문을 당신의 전화 담당직원이 당신에게 넘겨주었다. 고객은 가능한 빨리 주식이 최고의 가격으로 매도되기를 원할 것이다. 당신은 즉시 Walmart 주식이 거래되고 있는 DMM 포스트로 걸어간다(뛰는 것은 거래규칙 위반이다).

당신은 Walmart가 거래되는 DMM 포스트에 가서 현재의 시장가격에 대한 정보를 터미널 스크린을 통해 확인한다. 스크린을 통해 가장 최근에 체결된 거래가격은 $60.10이었고 DMM의 매수가는 현재 $60이라는 것을 확인한다. 당신은 즉시 DMM에게 $60에 매도할 수 있으나 이것은 너무 쉬운 결정이다.

대신에 당신은 고객의 대리인으로 최상의 가능한 가격으로 매도해야 할 의무가 있다. 당신의 역할은 주문을 "하는 것(work)"이고 역할의 충실한 수행 여부는 만족할 만한 주문체결 서비스를 제공했는가에 달려 있다. 그래서 당신은 Walmart 주식의 잠재적인 매수자를 대표하는 다른 브로커를 둘러본다. 운 좋게 DMM 포스트에 20,000주 매수 주문을 하는 다른 브로커를 발견한다. DMM의 매도가가 주당 $60.10인 것을 인지하고 당신과 그 브로커는 당신의 주문을 $60.05에 체결하기로 합의한다. 이 가격은 정확하게 DMM의 매도매수 스프레드의 절반이고 각 고객은 고시된 가격에 비해 0.05 × 20,000 = $1,000만큼의 혜택을 본다.

매우 활발하게 거래되는 주식의 경우 DMM 포스트 주변에는 많은 매도인과 매수인이 모이고 대부분의 거래는 브로커 사이에서 직접 이루어진다. 이 같은 거래를 "군중(crowd)" 거래라고 한다. 이 경우 DMM의 책임은 주문을 유지하고 모든 매도인과 매수인이 공정한 가격으로 거래할 수 있도록 하는 것이다. 다시 말해서 DMM은 본질적으로 심판의 역할을 하는 셈이다.

하지만 DMM 포스트에 군중이 모이지 않는 경우가 더 많다. Walmart의 예로 돌아가 보면, 만약 20,000주를 매수할 다른 브로커를 빨리 찾을 수 없었다고 가정해보자. 당신은 즉시 팔아야 할 주문을 가지고 있기 때문에 DMM의 매수가인 $60에 매도할 수밖에 없었을 것이다. 이 경우 주문이 체결되는 것이 우선이고, DMM은 주문이 즉시 체결될 수 있도록 유동성을 공급한 것이다.

마지막으로 거래소 객장에서 색깔 있는 상의를 입고 있는 많은 사람들을 주목하자. 상의의 색깔은 사람들의 직무나 포지션을 나타낸다. 사무직원, 보조원, 방문자, 거래소직원 등은 그들을 구별하기 위해 특정한 색깔의 옷을 입고 있다. 또한 바쁜 일상에 업무가 빡빡하여 좋은 옷이라도 오래 견디지 못하기 때문에 저렴한 코트로 보호를 받는 것이다.

주문의 유형

앞의 Walmart 주식의 예에서 NYSE에 주문이 어떻게 제출되는지 고려해보자. 이제 다음과 관련된 내용을 논의하려고 한다. 투자자는 어떤 종류의 거래를 할 수 있는가? Walmart 사례에서, 우리는 고객이 20,000주의 Walmart 주식을 "가능한 가장 빨리 최선의 가격으로 주식을 팔기를 원하는" 매도 주문을 냈다고 알고 있다. 이러한 주문을 **시장가주문**(market order)이라고 하는데, 그것은 주식이 현재의 시장가격에 혹은 시장가격과 가까운 가격에 매도될 것이기 때문이다. 다른 투자자는 Apple Inc. 주식 10,000주를 동일한 조건으로 매수하기를 원할 수 있다. 이런 주문은 시장가 매수 주문이 된다.

이러한 유형의 주문이 고객이 낼 수 있는 유일한 주문일까? 아니다. 어떤 이유인지 알 수 없지만, Walmart 주식을 원하는 어느 투자자가 주당 $60 이상은 지불하지 않으려고 한다. 그는 주식을 예를 들어 $55에 매수하기 위해서 **지정가주문**(limit order)을 할 수 있다. 이것은 고객이 브로커에게 주식의 매수를 위해서 $55 이하의 가격을 지시하는 것을 의미한다. 고객은 주식 가격이 $55보다 높다면 주식을 결코 매수하지 않을 것이다. 반대로, 다른 투자자가 Walmart 주식을 매도하려고 하는데 아무리 낮아도 $60 아래의 가격으로는 팔지 않으려고 한다. 그녀는 매도하는 지정가주문으로 $65를 낼 수 있을 것이다. 그 의미는 가격이 $65 이상인 경우에만 주문을 체결하라는 것이다.

다른 유형의 주문은 더 없는가? 있다. Walmart 주식의 소유자는 대체로 Walmart의 사업전망에 대해 긍정적이지만 그럼에도 불구하고 큰 폭의 가격 하락을 걱정하고 있다. 그는 매도의 손절주문(stop order)을 $50에 낼 수 있다. 여기서 이 주문은 주식의 가격이 특정가격, 즉 $50에 도달하게 되면 매도를 위한 시장가주문으로 체결될 것이다. 이것은 일단 시장에서 다른 거래가 $50 이하에서 이루어지면 브로커는 주식을 가능한 빨리 최선의 가능한 가격으로 주식을 매도하기 위해 노력할 것임을 의미한다. 고객은 최소한 $50의 가격을 보장받을 수 있을까? 불행히도 아니다. 급락하는 시장에서 일단 가격이 $50에 도달하게 되면, 다음 체결 가격은 $50보다 훨씬 아래일 수 있다. 즉, 고객은 $50보다 낮은 가격을 받을 수 있다. 반대로 다른 고객은 매수의 손절주문으로 $60을 제출할 수 있다. 이때 손절주문은 주식 가격이 $60에 도달하게 되면 매수하는 시장가주문으로 바뀌게 될 것이다.

한 가지 언급할 내용이 남아 있다. 지정가주문과 손절주문에는 시간적인 측면이 있다. 예를 들어, 당일주문(day order)을 제출할 수 있는데, 이 주문에서는 지정가주문과 손절주문이 거래일의 종료시점까지 체결되지 않으면 취소된다. 반대로 GTC주문(good-til-canceled order)이 있는데, 이름이 의미하듯이 고객이 주문을 취소할 때까지 유효하게 남아 있는 주문이다.[6]

나스닥의 운영

총거래대금 기준으로 볼 때 미국에서 두 번째로 큰 주식시장은 나스닥(NASDAQ, "Naz-dak"으로 발음)이다. 다소 특이한 이름을 가진 이유는 원래 National Association of Securities Dealers Automated Quotations System의 첫 글자를 가지고 만들었기 때문이다. 하지만 NASDAQ은 이제 고유의 이름이 되었다.

1971년에 도입된 NASDAQ 시장은 전 세계 컴퓨터 스크린에 증권가격을 적시에 제공하는 증권딜러와 기타 참가자 간의 컴퓨터 네트워크이다. NASDAQ 딜러는 NASDAQ에 상장된 증권의 시장조성자 역할을 수행한다. 시장조성자로서 딜러는 매도와 매수 거래를 받아들일 매수가와 매도가를 각각 고시한다. 가격과 함께 딜러는 제시된 가격에 거래될 수 있는 주식수도 고시한다.

NYSE의 DMM처럼 NASDAQ 시장조성자는 보유한 증권(주식재고)을 기초로 거래한다. 즉, 매수와 매도 주문의 불균형을 해소하기 위한 완충장치로 보유증권을 활용한다. NYSE DMM 시스템과는 달리 NASDAQ은 활발하게 거래되는 주식에 대해 복수의 시장조성자가 있다. 따라서 NYSE와 NASDAQ 사이에는 두 가지 주요 차이점이 있다.

1. NASDAQ은 컴퓨터 네트워크로서, 거래가 이루어지는 물리적인 장소를 가지고 있지 않다.

6 주식 주문과 관련하여 좀 더 자세한 논의는 Bradford Jordan, Thomas Miller, Steve Dolvin의 *Fundamentals of Investments*, 8th ed. (New York: McGraw-Hill, 2018)에서 찾을 수 있음.

2. NASDAQ은 DMM 시스템과 달리 복수의 시장조성자를 가진다.

전통적으로 자신이 보유한 증권을 기초로 매매를 하는 딜러에 의해 거래가 이루어지는 시장을 **장외시장(OTC market**: over-the-counter market)이라고 한다. 따라서 NASDAQ은 장외시장이라고 불리기도 한다. 하지만 NASDAQ 직원들은 NASDAQ의 차별화된 이미지를 위해 NASDAQ 시장을 지칭할 때 장외시장이라는 용어가 사용되는 것을 꺼려한다. 그럼에도 불구하고 오랜 습관으로 많은 사람이 아직도 NASDAQ을 장외시장이라고 부르고 있다.

NASDAQ 네트워크는 정보 접근의 세 가지 수준으로 운영된다. Level 1은 적시에 정확한 가격정보를 제공한다. 이러한 가격은 인터넷을 통해 무료로 얻을 수 있다. Level 2의 사용자는 모든 NASDAQ 시장조성자의 가격정보를 볼 수 있다. 특히, 이 수준에서는 **내부가격**(inside quote)에 접근할 수 있다. 내부가격은 나스닥 상장 증권의 최고 매수가격과 최저 매도가격이다. Level 2는 현재 약간의 수수료를 지불하고 Web으로 볼 수 있다. Level 3은 시장조성자만 볼 수 있다. 이러한 접근 수준에서는 NASDAQ 딜러가 자신의 가격정보를 입력하거나 변경할 수 있다.

NASDAQ은 실제로 NASDAQ Global Select Market, NASDAQ Global Market, 그리고 NASDAQ Capital Market 등 3개의 분리된 시장으로 구성되어 있다. 규모가 비교적 크고 활발하게 거래되는 증권으로 이루어진 Global Select Market에는 2018년 현재 Microsoft, Intel과 같이 세계적으로 잘 알려진 약 1,600개의 기업이 상장되어 있다. NASDAQ Global Market에는 다소 작은 규모의 약 810개의 기업이 상장되어 있다. 마지막으로 가장 규모가 작은 약 820개의 기업이 NASDAQ Capital Market에 상장되어 있다. 물론 NASDAQ Capital Market에 상장되어 있는 기업이 점차 성장하게 되면 Global Market이나 Global Select Market으로 이전하게 된다.

ECNs 1990년대 말 매우 중요한 발전과정의 하나로 NASDAQ 시스템은 소위 **전자거래시스템**(electronic communications networks: **ECNs**)에게 네트워크를 열었다. ECN은 기본적으로 투자자들이 서로 직접 거래를 할 수 있게 해주는 웹사이트이다. ECN 투자자의 매수 · 매도 주문은 NASDAQ으로 전송되어 시장조성자의 매수 · 매도 가격과 함께 표시된다. ECN은 시장조성자뿐 아니라 개인투자자에게도 본질적으로 NASDAQ에 주문을 입력할 수 있게 하였다. 따라서 ECN은 유동성과 경쟁을 증가시키는 역할을 한다.

주식시장 정보 보도

최근 주식가격과 이와 관련된 주요 정보에 대한 보도는 월스트리트 저널과 같은 전통적인 인쇄매체에서 다양한 온라인 웹사이트로 옮겨가고 있다. Yahoo! Finance (finance.yahoo.com)가 좋은 예이다. 이 사이트에 가서 NASDAQ에 상장되어 있는 창고형 할인매장인 Costco의 주가를 확인하면 다음과 같은 정보를 얻을 수 있다.

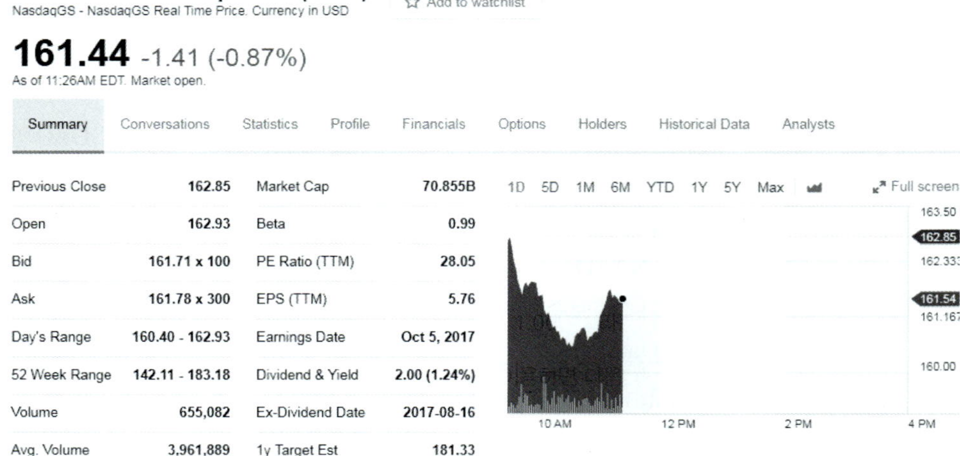

대부분의 정보는 설명이 필요 없을 정도로 명백한 것들이다. $161.44는 가장 최근의 실거래 가격이다. 실시간 가격에 대한 무료 접근성은 비교적 최근의 발전상이다. 가격 변화는 전일종가(Prev Close)로부터의 변화이다. 시가(Open)는 당일 첫 거래가격이다. 매수가(Bid)와 매도가(Ask)는 각각 $161.71와 $161.78이고 그 옆의 수치는 시장 "깊이(depth)"로 해당 가격에 거래가 이루어지기를 기다리고 있는 물량이다. 다음으로, 일일 변동범위(Day's Range)와 지난 52주 동안의 변동범위(52wk Range)가 나타나 있다. 거래량(Volume)은 당일 거래된 주식수이고 이어 지난 3개월간 일별 평균거래량(Avg Volume) 정보가 제공된다.

두 번째 열에서 보면 시가총액(Market Cap)은 총발행주식수(가장 최근의 분기 재무제표에 나타난 수)에 현재 주가를 곱해서 구할 수 있다. PE 비율은 이번 장에서 배운 주가수익비율(PE 비율)이고 EPS는 주당순이익이다. PE 비율과 EPS는 "과거 12개월(trailing twelve month: TTM)"을 이용하여 계산된다. 마지막으로, 주식의 배당금(Dividend)이 있고 이는 가장 최근 분기에 실제로 지급된 배당금에 4를 곱해서 산출한다. 배당수익률(Yield)은 배당금을 현재가격으로 나눈 수치인 $2.00/$161.44 = 0.0124 또는 1.24%이다. "1년 목표가(1y Target Est)"는 투자 분석가의 추정을 근거로 1년 후 예상되는 주가의 평균치이다.

요약 및 결론 _*Summary and Conclusions*

이번 장은 주식에 대한 기본지식과 주식의 가치평가를 학습했다.

01. 주식은 배당금을 할인하여 가치를 평가한다. 우리는 3가지 유형을 말할 수 있다.

a. 배당이 무성장인 경우

b. 배당이 일정성장인 경우

c. 배당이 차등성장인 경우

02. 배당금의 성장률에 대한 추정은 배당할인모형에 필요하다. 성장률에 대한 유용한 예측은 다음과 같다.

$$g = \text{유보율} \times \text{유보이익 이익률(ROE)}$$

회사가 배당성향을 일정하게 유지하면, g는 배당과 수익 모두의 성장률이다.

03. 회계를 통해서 우리는 순이익이 배당금과 유보이익의 두 개 부분으로 나뉜다는 것을 알고 있다. 대부분의 기업은 미래의 배당금을 창출하기 위해서 계속하여 순이익을 유보한다. 순이익의 일부는 재투자되기 때문에 주가를 계산하기 위해서 순이익을 할인해서는 안 된다. 배당금만이 주주에게 돌아가기 때문에 주가를 계산하기 위해서 배당금만을 할인해야 한다.

04. 일부 분석가들은 주가수익비율과 같은 배수를 통해서 주식의 가치를 평가한다. 그러나 유사한 기업에만 동일한 배수를 적용해야 한다는 점을 주의해야 한다.

05. 우리는 기업의 주가수익비율을 세 가지 요소의 함수로 제시한다.

a. 기업의 가치 있는 투자기회의 주당 금액

b. 주식의 위험

c. 기업이 채택한 회계방법의 종류

06. 배당금을 할인하거나 상대비교를 통한 가치평가의 대안으로 현금흐름을 할인하여 기업 전체의 가치를 평가할 수 있다.

07. 미국의 양대 주식시장은 NYSE와 NASDAQ이다. 우리는 이들 시장의 조직과 운영 그리고 어떻게 주가 정보가 공시되는지에 대해 살펴보았다.

개념확인 _*Concept Questions*

01. 주식의 가치평가 주식의 가치는 왜 배당금에 의존하는가?

02. 주식의 가치평가 NYSE와 NASDAQ에 상장한 많은 기업이 배당금을 지급하지 않지만, 투자자는 주식을 매입하려고 한다. 앞의 문제에 대한 당신의 답변 하에서 이것이 어떻게 가능한가?

03. 배당정책 앞의 문제를 참고하여, 어떤 환경에서 회사는 배당을 지급하지 않는 선택을 하게 되는가?

04. 배당성장모형 주식의 가치를 구하기 위해 이번 장에서 제시된 배당성장모형을 사용하는 두 가지 가정은 무엇인가? 이러한 가정에 대한 타당성에 대해 평가하라.

05. 보통주와 우선주 우선주와 보통주를 발행한 기업을 가정하자. 두 주식은 모두 $2의 배당금을 방금 지급했다. 우선주와 보통주 사이에 어느 쪽이 더 높은 가격을 가진다고 생각하는가?

06. 배당성장모형 배당성장모형에 근거하여 주식의 총수익률의 두 가지 구성요소는 무엇인가? 어느 쪽이 일반적으로 더 크다고 생각하는가?

07. 성장률 배당성장모형의 관점에서 배당의 성장률과 주가의 성장률이 동일하다는 것이 진실인가?

08. 주가수익비율 기업의 주가수익비율을 결정하는 세 가지 요인은 무엇인가?

09. **기업윤리** 회사가 불평등 투표권을 가진 주식의 종류를 만드는 것이 불공평하거나 비도덕적인가?

10. **주식의 가치평가** 다음 문장에 대해 평가하라. '경영자는 현재의 주식가격에 집중해서는 안 된다. 왜냐하면 그렇게 하면 장기 이익을 희생하고 너무 단기 이익에만 중심을 두기 때문이다.'

연습문제 _*Questions and Problems*

기초
(Questions 1~10)

01. **주식의 가치** Nearside Co.는 주당 $2.07의 배당금을 방금 지급하였다. 배당금은 연간 4.3%로 일정하게 영구히 성장할 것으로 예상된다. 만일 투자자가 주식에 대해 11%를 요구한다면 현재주가는 얼마인가? 3년 후 주가는 얼마인가? 15년 후에는?

02. **주식의 가치** Skippy, Inc.의 다음 번 배당금은 주당 $2.95이다. 배당금은 영원히 4.8%의 성장률을 유지할 것으로 예상된다. 만일 주식이 현재 주당 $53.10으로 거래된다면 요구수익률은 얼마인가?

03. **주식의 가치** 앞의 문제에서 배당수익률은 얼마인가? 자본이득률은 얼마로 예상되는가?

04. **주식의 가치** Saine Corporation은 내년에 주당 배당금으로 $3.25를 지불할 것이다. 배당금을 매년 5%씩 영구적으로 인상한다고 선언하였다. 만일 당신이 투자에 대해 10.5%를 요구한다면 이 회사의 주식에 대해 오늘 얼마를 지불하겠는가?

05. **주식의 가치** Change, Inc.는 배당금의 성장률을 4.9%로 영구히 유지할 것으로 예상된다. 만일 배당수익률이 5.2%이면 이 회사 주식의 요구수익률은 얼마인가?

06. **주식의 가치** 회사 주식에 대한 요구수익률이 9.9%이고 주식은 현재 주당 $74에 거래되고 있다고 가정하자. 주식의 전체 수익률은 자본이득률과 배당수익률로 균등하게 나눌 수 있다. 만일 회사의 배당정책이 일정한 배당성장률을 유지하는 것이라면 현재 주당 배당금은 얼마가 될까?

07. **주식의 가치** Gruber Corp.는 일정한 배당금으로 $8.50를 지불한다. 회사는 향후 11년간 배당금을 유지할 것이고 그 이후에는 배당지급을 영원히 중단할 것이다. 만일 요구수익률이 9.5%라면 현재 주가는 얼마인가?

08. **우선주의 가치** Meteora, Inc.는 매년 $3.75를 영구히 배당금으로 지불하는 우선주를 가지고 있다. 만일 주식이 현재 $81이라면 요구수익률은 얼마인가?

09. **성장률** 지난주에 신문은 Bennington Enterprises가 올해에 $17.5백만의 순이익을 얻었다고 보도했다. 보도는 또한 회사의 ROE가 13%라고 말하였다. Bennington은 순이익의 80%를 유보한다. 회사의 성장률은 얼마인가? 내년의 순이익은 얼마가 될까?

10. **주식의 가치와 PE** Rose Co.의 주당 수익은 $3.41이다. 회사의 벤치마크 PE는 18이다. 적절한 주가는 얼마라고 생각하는가? 벤치마크 PE가 21인 경우는 어떠한가?

중급
(Questions 11~28)

11. **주식의 가치** Bretton, Inc.는 주식에 대해 $3.15의 배당금을 방금 지불했다. 배당의 성장률은 영구적으로 매년 4%가 될 것으로 예상된다. 투자자는 처음 3년 동안 주식에 대해 15%의 수익률을, 그 다음 3년 동안 13%를, 그리고 그 이후에는 11%를 요구한다. 주식의 현재 가격은 얼마인가?

12. **일정하지 않은 성장** Metallica Bearings, Inc.는 신생기업이다. 향후 9년간 주식에 대한 배당금은 지급되지 않을 것이다. 회사는 성장을 위해 재투자해야 하기 때문이다. 이 회사는 10년 후 주당 $15.75의 배당금을 지급하고 그 후 매년 4.8%의 성장률로 배당금을 증가시킬 것이다. 이 주식의 요

구수익률이 12%인 경우 현재 주가는 얼마인가?

13. **일정하지 않은 배당금** Stoneworks, Inc.는 배당정책이 특이하다. 이 회사는 방금 주당 $15의 배당금을 지급했고 향후 5년마다 배당금을 주당 $3씩 늘린 다음 다른 배당금을 지급하지 않을 것이라고 발표했다. 이 회사 주식에 대해 11%의 수익을 요구할 경우, 현재 주식에 대해 얼마를 지불하겠는가?

14. **일정하지 않은 배당금** Upton Corporation은 4년 동안 배당금을 다음과 같이 지급할 것으로 예상된다. $9, $7, $5.75, $2.55이다. 그 이후 회사는 영구히 배당금을 일정한 4.5%의 성장률로 증가시킬 것이다. 주식의 요구수익률이 10%이면 현재 주가는 얼마인가?

15. **차등성장** Fuji Co.는 가파른 성장을 경험하고 있다. 배당금은 처음 3년 동안 20%로 성장한 후, 영구히 5%로 성장할 것으로 예상된다. 주식의 요구수익률은 11%이고 현재 $3.24의 배당금을 지급했다고 할 때, 현재 주가는 얼마인가?

16. **차등성장** Synovec Corp.는 급속한 성장을 경험하고 있다. 배당금은 향후 3년간 매년 25%, 그 다음 해에는 17%, 그 이후에는 매년 5%로 영구히 증가할 것으로 예상된다. 이 주식의 요구수익률은 11%이며 현재 주당 $65에 판매된다. 내년의 예상 배당금은 얼마인가?

17. **음의 성장률** Antiques R Us는 성숙한 제조기업이다. 회사는 방금 $12의 배당금을 지급하였지만, 배당금을 매년 4%씩 영구적으로 줄여나갈 것으로 예상된다. 주식에 대한 요구수익률이 9%라면 주식의 가치는 오늘 얼마인가?

18. **배당금 계산** Cardinal Corporation 주식은 현재 주당 $74.32이다. 시장은 주식에 대해 10.5%를 요구하고 있다. 회사는 배당금의 성장률을 4%를 유지할 것이다. 가장 최근에 지급된 배당금은 얼마인가?

19. **우선주 가치평가** Fifth National Bank는 방금 우선주를 발행했다. 우선주는 5년 뒤부터 매년 배당금으로 $4를 영구히 지급할 것이다. 만일 시장이 이러한 투자에 대해 4.3%의 수익률을 요구한다면 우선주는 오늘 얼마일까?

20. **주가 사용** RWJJ Enterprises, Inc.에 대한 다음 주가는 오늘 신문의 금융페이지에서 찾을 수 있다. 연간배당은 얼마인가? 어제 신문에 실린이 이 주식의 종가는 얼마이겠는가? 이 회사가 현재 3천만 주를 발행하고 있다면 가장 최근 4분기 동안의 순이익은 얼마인가?

YTD %Chg	주식명	주식코드	YLD	PE	Last	Net Chg
8.7	RWJJ Enterp.	RWJ	1.9	23	45.18	−0.13

21. **일정하지 않은 성장과 분기 배당금** Pasqually Mineral Water, Inc.는 분기 배당금으로 $0.85를 향후 12분기 동안 지급할 것이다. 그 이후에 배당금은 분기별 1%씩 영구적으로 증가할 것이다. 이 주식에 대한 적절한 연간 수익률은 10%로 분기별 복리계산된다. 현재의 주가는 얼마인가?

22. **배당금의 계산** Newkirk, Inc.는 동일한 배당금을 2년 동안 연말에 지불할 것으로 예상된다. 그 이후에 배당금은 일정한 3.5%의 성장률로 영구히 성장할 것이다. 현재의 주가는 $59이다. 요구수익률이 11%라면 내년의 배당금은 얼마인가?

23. **요구수익률의 계산** Jupiter Satellite Corporation은 연말인 어제 $29백만의 이익을 벌었다. 회사는 역시 어제 순이익의 30%를 배당금으로 지급했다. 회사는 연간 순이익의 30%를 연말에 배당으로

계속 지급할 것이다. 순이익의 나머지 70%는 프로젝트에 사용되기 위해서 유보될 것이다. 회사는 2.6백만 주의 발행주식이 있다. 현재의 주가는 $105이다. 역사적인 ROE인 11%는 미래에도 지속될 것으로 기대된다. 이 주식의 요구수익률은 얼마인가?

24. 배당 성장 4년 전 Bling Diamond, Inc.는 주당 $1.65의 배당금을 지급했다. 이 회사는 어제 주당 $2.10의 배당금을 지급했다. 배당금은 향후 5년 동안 지난 4년 동안 성장한 것과 동일한 비율로 성장할 것이다. 이후 배당금은 매년 5%씩 증가할 것이다. 회사의 배당금은 7년 후에 얼마인가?

25. 주가수익비율 Pacific Energy Company와 Atlantic Energy, Inc.는 모두 $720,000의 이익을 보고하였다. 새로운 프로젝트 없이 두 기업은 영구적으로 동일한 $720,000의 이익을 계속 창출할 것이다. 모든 이익은 배당금으로 지급되고 두 기업의 요구수익률은 11%로 가정된다.

a. 두 기업의 현재 PE 비율은 얼마인가?

b. Pacific Energy Company는 새로운 프로젝트를 시작하여, 매년 $150,000의 추가 이익을 영구히 창출할 것이다. 이 기업의 새로운 PE 비율을 구하라.

c. Atlantic Energy는 매년 $300,000의 추가 이익을 영구히 증가시키는 새로운 프로젝트를 시작하였다. 이 기업의 새로운 PE 비율을 구하라.

26. 주식의 가치와 PE Rise Above This Corp.는 현재 주당순이익(EPS)이 $3.47이고 회사의 벤치마크 PE는 19이다. 수익은 매년 6%씩 증가할 것으로 예상된다.

a. 현재 주가를 추정한다면 얼마인가?

b. 1년 후 목표 주가는 얼마인가?

c. 회사가 배당금을 지급하지 않는다고 가정하면 내년에 회사의 주식에 대한 내재적 수익률은 얼마인가? 이것을 통해 PE 평가법에 내포된 주식 수익률에 대하여 무엇을 알 수 있는가?

27. 주식의 가치와 EV FFDP Corp.의 연간 매출은 $48백만이고 비용은 $15백만이다. 회사의 재무상태표에는 $64백만의 부채와 $23백만의 현금이 있다. 1.95백만 주가 발행되었으며 업계 EV/EBITDA 배수는 6.4이다. 회사의 기업 가치(enterprise value)는 얼마인가? 주가는 주당 얼마인가?

28. 주식의 가치와 현금흐름 Full Boat Manufacturing은 내년 매출을 $115백만으로 예상했다. 비용은 $67백만, 순투자는 $12백만으로 예상된다. 이러한 각각의 수치는 다음 해에 14% 성장할 것으로 예상되고, 성장률이 6%에 도달할 때까지 매년 2%씩 성장률이 감소할 것이다. 성장률이 6%가 된 이후에는 영구히 유지될 것으로 예상된다. 발행주식은 5.5백만 주가 있으며 투자자는 회사의 주식에 대해 13%의 수익률을 요구한다. 법인세율은 21%이다.

a. 현재 주가를 추정한다면 얼마인가?

b. PE 배수를 사용하여 회사의 최종가치를 추정한다고 가정하자. 업계 PE 배수는 11이다. 회사의 주가를 새로 추정한다면 얼마인가?

고급
(Questions 29~32)

29. 자본이득과 이익 요구수익률은 15%이고 가장 최근의 배당금은 $3.25인 4개의 각기 다른 주식을 고려해보자. W, X, Y는 배당금의 일정한 성장률로 매년 7.5%, 0%, −5%를 유지할 것이다. 주식 Z는 2년 동안 30%의 성장률을 가지고 그 이후에 8%의 일정 성장률을 유지할 것이다. 4개 주식의 배당수익률은 각각 얼마인가? 자본이득률은 어떻게 예상되는가? 이들 주식에 대해서 알게 된 다양한 수익률 간의 관계를 논의하라.

30. 주식의 가치 대부분의 기업은 보통주에 대해 연말 배당보다는 분기 배당을 지급한다. 연중 비정상적인 상황을 제외하고, 이사회는 1년에 한 번 현재 배당금을 높이거나 낮추거나 유지한 다음, 이 배

당금을 주주들에게 분기 단위로 균등하게 지급한다.

a. 회사가 현재 배당금을 연말 배당으로 $3.80 지급하고 있고 매년 4.5%씩 영구히 증가시킬 계획이다. 이 주식의 요구수익률이 11%인 경우 현재 주가는 얼마인가?

b. 이제 회사가 실제로 연간 배당금을 분기별로 분할지급한다고 가정하자. 따라서 이 회사는 지난 세 번의 분기와 마찬가지로 방금 주당 $0.95의 배당금을 지급했다. 현재 주가는 얼마인가? (힌트: 매년 균등한 연말 배당금을 찾으라.) 이 주식의 가치모형이 적절하다고 생각하는지에 대하여 의견을 논의하라.

31. 일정하지 않은 성장 Storico Co.는 방금 배당금으로 주당 $2.95을 지급했다. 회사는 내년에 배당금을 20% 증가시킨 후에, 산업평균 성장률인 5%가 될 때까지 매년 5%씩 성장률을 줄여나갈 것이다. 그리고 산업평균이 되면 성장률을 영구적으로 일정하게 유지할 것이다. 만일 요구수익률이 13%라면 오늘 주식은 얼마에 거래되겠는가?

32. 일정하지 않은 성장 앞의 문제에서 현재 주가가 $62.40이고 배당에 대한 모든 정보는 동일하다고 하자. Storico에 대한 투자자의 요구수익률은 얼마여야 하는가? (힌트: 모든 관련 현금흐름에 대한 가치평가 공식을 세우고 미지수인 수익률을 얻기 위해 시행착오법을 사용한다.)

Mini Case

RAGAN ENGINE의 주식 가치평가

Larissa는 East Coast Yachts의 미래에 대해서 회사의 경영진과 대화를 나누었다. 지금까지 회사는 엔진을 포함해서 요트의 다양한 핵심 부품에 대해서 외부 공급자를 이용해왔다. Larissa는 East Coast Yachts가 엔진 제조회사를 매입하여 공급망을 통합하고 엔진 특성을 좀 더 통제하는 것을 고려해야만 한다고 결정하였다. 몇 개의 후보 회사를 검토한 후에 Larissa는 Ragan Engine, Inc.을 매입하는 것이 가능하다는 생각을 가지게 되었다. 그녀는 Dan Ervin에게 Ragan Engine의 가치를 분석하도록 지시했다.

Ragan Engine, Inc.은 9년 전에 Carrington과 Genevieve Ragan 남매에 의해 설립되었으며 사기업으로 남아 있다. 회사는 다양한 종류의 선박용 엔진을 제조한다. Ragan은 성능 저하는 거의 없으면서 연료의 효율성을 높이는 특허기술로 급격한 성장을 경험했다. 회사는 남매가 동일한 지분을 소유하고 있다. 남매는 원래 계약으로 150,000주를 나누어 가졌다.

Larissa는 Dan에게 Ragan 주식의 주당가치를 계산하도록 하였다. 이를 위해서 Dan은 상장되어 거래되고 있는 Ragan의 경쟁회사들에 대한 다음 정보를 수집하였다.

	주당순이익 (EPS)	주당배당금 (DPS)	주가	ROE	R
Blue Ribband Motors Corp.	$1.19	$0.19	$16.32	10.00%	12.00%
Bon Voyage Marine, Inc.	1.26	0.55	13.94	12.00	17.00
Nautilus Marine Engines	(0.27)	0.57	23.97	N/A	16.00
산업 평균	$0.73	$0.44	$18.08	11.00%	15.00%

Nautilus Marine Engine은 작년에 있었던 결손처리로 음의 주당순이익(EPS)을 가지고 있다. 결손처리가 없었다면 EPS는 $2.07이 되었을 것이다. 작년에 Ragan은 $5.35의 EPS를 기록했고 Carrington과 Genevieve에게 각각 $320,000의 배당금을 지급했다. 회사는 또한 21%의 ROE를 기록했다. Larissa는

Dan에게 Ragan의 요구수익률로 18%가 적당하다고 조언한다.

01. 회사가 현재의 성장을 지속한다고 가정하면 회사 주식의 주당가치는 무엇인가?

02. Dan은 경쟁회사들의 재무제표와 더불어 Ragan의 재무제표를 분석하였다. 비록 Ragan이 지금은 기술적 우위에 있지만, Dan은 조사를 통해 경쟁회사들도 효율성을 올리는 다른 방법을 연구하고 있다는 것을 알게 되었다. Dan은 Ragan의 기술적 우위가 향후 5년만 지속될 것이라고 믿는다. 그 이후에 회사의 성장은 산업평균과 같아질 것이다. 덧붙여서 Dan은 회사의 요구수익률이 너무 높다고 믿는다. 그는 산업평균 요구수익률이 적당하다고 생각한다. Dan의 가정을 가지고 주식가격을 예측하면 어떻게 되는가?

03. 산업평균 주가수익비율은 얼마인가? Ragan의 주가수익비율은 얼마인가? 이들 사이의 차이에 대해 분석하고 왜 차이가 존재하는지 설명하라.

04. 회사의 성장률이 5년 뒤 산업평균으로 하락한다고 가정하자. 주식가치의 몇 %가 성장기회 때문인가?

05. 회사의 성장률이 5년 뒤 산업평균으로 하락한다고 가정하자. 이것은 어떤 미래 ROE를 의미하는가?

06. Carrington과 Genevieve는 이 회사를 매각하는 것에 대해 확신이 없다. 만일 그들이 회사를 East Coast Yachts에게 매각하지 않는다면 회사의 주가를 올리기 위해 노력할 것이다. 이 경우, 그들은 회사의 경영권을 유지하고 주식을 외부 투자자에게 매도하지 않으려고 한다. 그들은 또한 회사의 부채가 유지할 만한 수준이라고 판단하고 더 이상 차입을 원하지 않는다. 주가를 올리기 위해 그들이 취할 수 있는 단계는 무엇인가? 이 전략이 주가를 올리지 않는 어떤 상황이 있다면 그것은 무엇인가?

CORPORATE FINANCE

III

CORPORATE FINANCE

위험

Risk

10

시장 역사의 교훈

Lessons from Market History

2017년 S&P 500 지수는 약 19%, NASDAQ 종합지수가 약 28% 상승하면서 주식 시장의 전반적인 성과는 상당히 좋았다. 특히, 바이오 의약품 회사 Madrigal Pharmaceuticals, Inc.의 투자자들은 그 주식의 516% 수익률에 대해 만족했고, 게놈 치료 회사 Sangamo Therapeutics의 투자자들은 그 회사의 438% 이익에 꽤 기분이 좋았다. 물론, 그 해에 모든 주식의 가치가 상승한 것은 아니다. Sears Holdings의 주식은 같은 해 동안 61% 하락했고 Under Armour의 주식은 48% 하락했다.

이 예는 2017년에 엄청난 잠재적 이익을 창출할 수 있었지만 반면에 거액의 손실을 볼 수 있는 위험 또한 상당히 많이 존재했다는 사실을 보여준다. 그렇다면 주식시장의 투자자로서 돈을 투자할 때 무엇을 기대해야 하는가? 이 장에서는 그 해답을 찾기 위해 80년 이상의 자본시장 역사를 살펴본다.

기업재무의 최신 동향: rwjcorporatefinance.blogspot.com

10.1 수익

수익금

Video Concept Company는 발행주식 수가 수천 주 정도이고 당신은 그 회사의 주주라고 가정하자. 또한 당신은 연초에 이 회사 주식을 일부 구입하였다고 가정하자. 지금은 연말이고 당신은 투자가 얼마나 좋은 성과를 내었는지 알고 싶다. 당신이 주식에 투자하여 얻는 수익은 채권이나 다른 투자들과 마찬가지로 두 가지 형태로 나타난다.

Video Concept Company 주식의 소유자로서, 당신은 회사의 일부를 소유하고 있다. 만약 회사가 이익을 창출하였다면, 그 이익의 일부를 주주들에게 배분하는 것이 일반적이다. 따라서 주식의 소유자로서, 당신은 연중 **배당(dividend)**이라고 불리는 현금을 받을 수 있다. 이러한 현금은 당신 수익의 **소득 부분(income component)**이 된다. 배당금과 더불어에 더, 수익의 다른 부분은 투자에 대한 **자본이득(capital gain)**[만약 음수(−)이면 **자본손실(capital loss)**, 음의 자본이득]이다.

예를 들어, 우리는 연초에 주당 $37의 가격으로 100주를 매수하여 〈그림 10.1〉에서와 같은 현금흐름을 가지는 투자를 고려하고 있다고 가정하자. 그렇다면 당신의 총투자액은 다음과 같다.

$$C_0 = \$37 \times 100 = \$3{,}700$$

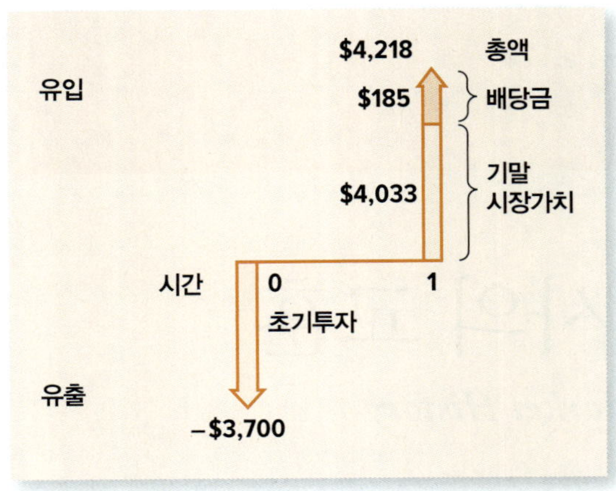

그림 10.1
수익금

1년 동안 이 주식이 주당 $1.85의 배당금을 지급했다고 가정하자. 그럼 이 한 해 동안 당신은 다음과 같은 소득을 얻었을 것이다.

$$\text{배당소득} = \$1.85 \times 100 = \$185$$

마지막으로, 연말에 이 주식의 시장가격이 주당 $40.33이 되었다고 가정해보자. 주가가 상승했으므로, 당신이 얻게 되는 자본이득은 다음과 같다.

$$\text{자본이득} = (\$40.33 - \$37) \times 100 = \$333$$

자본이득은 배당금과 마찬가지로 주주들이 Video Concept Company에 대한 투자를 유지하기 위하여 요구되는 수익의 일부분이다. 물론 Video Concept 주식의 가치가 예를 들어 $34.78로 떨어졌다면, 당신은 다음과 같은 자본손실을 기록할 것이다.

$$\text{자본손실} = (\$34.78 - \$37) \times 100 = -\$222$$

따라서 당신의 투자에 대한 **총수익금**(total dollar return)은 배당소득과 투자에 대한 자본이득 또는 손실의 합이다.

$$\text{총수익금} = \text{배당소득} + \text{자본이득(또는 손실)}$$

처음 예제에서 총수익금은 다음과 같다.

$$\text{총수익금} = \$185 + \$333 = \$518$$

만약 당신이 연말에 주식을 팔았다면, 당신이 가지게 되는 총현금은 초기투자금에 총수익금을 더한 합이 될 것이다. 앞의 예제에서는 다음과 같이 계산된다.

$$\begin{aligned}\text{주식을 매도했을 경우 총현금} &= \text{초기투자금액} + \text{총수익금} \\ &= \$3,700 + \$518 \\ &= \$4,218\end{aligned}$$

확인 차원에서, 위의 결과가 주식의 매도로부터 얻은 수익금에 배당금을 더한 것과 동일함을 주목하라.

$$\begin{aligned}\text{주식매도로부터 얻은 수익금} + \text{배당금} &= \$40.33 \times 100 + \$185 \\ &= \$4{,}033 + \$185 \\ &= \$4{,}218\end{aligned}$$

그러나 이번에는 당신이 연말에 Video Concept의 주식을 팔지 않고 보유하고 있다고 가정하자. 이때도 당신은 수익의 일부분으로서 자본이득을 고려해야 하는가? 이것은 오직 현금만이 중요하다는 현재가치의 규칙에 위배되는 것은 아닌가?

위의 질문에서 전자에 대한 대답은 강력히 '그렇다'이고 후자에 대한 대답은 강력히 '아니다'이다. 자본이득은 배당금과 마찬가지로 수익의 중요한 부분을 차지하므로 당연히 총수익의 일부로 고려해야 한다. 주식은 당신이 원한다면 현금화할 수 있으므로, 주식을 매도하지 않고 보유하는 것이나 매도하여 이득이나 손실을 실현한 것과의 차이가 없다. 결국 언제나 당신은 연말에 주식을 매도하고 그 즉시 다시 매수할 수 있는 것이다. 당신이 주식을 매도할 경우 연말에 보유하게 되는 총현금은 $518의 이득과 $3,700의 초기투자금액을 합한 것이다. 당신은 이 주식 100주를 다시 매수할 때 이 수익을 잃지 않을 것이다. 사실 당신은 주식을 매도하지 않았을 경우와 정확하게 동일한 상태가 된다(물론 주식매도와 관련된 세금과 중개수수료가 없다고 가정한다).

수익률

수익에 대한 정보를 요약하는 것은 수익금의 형태보다는 백분율의 형태로 표시하는 것이 더 편리한데, 이것은 백분율의 경우 투자된 어떤 금액에도 적용이 가능하기 때문이다. 우리가 답을 알고 싶은 질문은 이것이다. 투자한 $1에 대해 얼마의 수익을 얻을 수 있는가? 이에 대한 답을 찾기 위해서, t를 우리가 살펴볼 연도, P_t는 연초의 주가, D_{t+1}은 연중에 지급된 배당금이라고 하자. 〈그림 10.2〉의 현금흐름을 고려해 보자.

그림 10.2
수익률

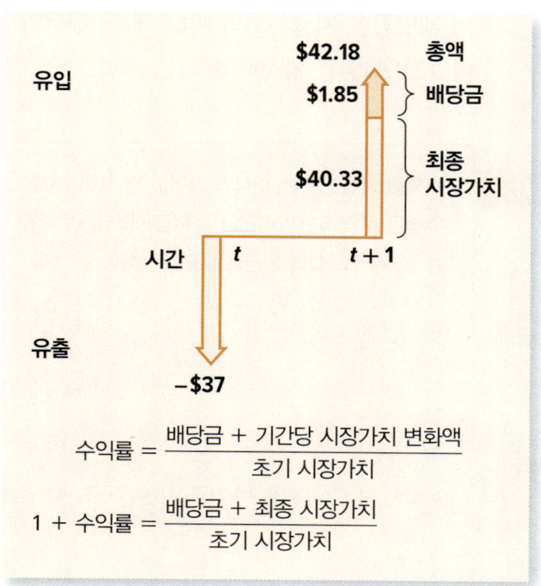

앞의 예제에서 연초의 주가는 주당 \$37이었고, 연중 지급된 배당금은 주당 \$1.85였다. 따라서 배당수익률(dividend yield)이라고 불리는 백분율 소득수익은 다음과 같다.

$$\begin{aligned}\text{배당수익률} &= D_{t+1}/P_t \\ &= \$1.85/\$37 \\ &= 0.05 \text{ 또는 } 5\%\end{aligned}$$

자본이득률(또는 손실률)은 주식가격의 변화분을 기초가격으로 나눈 것이다. P_{t+1}을 주식의 연말가격이라 하면, 우리는 자본이득률을 다음과 같이 계산할 수 있다.

$$\begin{aligned}\text{자본이득률} &= (P_{t+1} - P_t)/P_t \\ &= (\$40.33 - \$37)/\$37 \\ &= \$3.33/\$37 \\ &= 0.09 \text{ 또는 } 9\%\end{aligned}$$

이 두 결과를 종합하면, Video Concept 주식에 대한 1년간 투자의 **총수익률**(total return rate)인 R_{t+1}을 구할 수 있다.

$$\begin{aligned}R_{t+1} &= \frac{D_{t+1}}{P_t} + \frac{P_{t+1} - P_t}{P_t} \\ &= 5\% + 9\% \\ &= 14\%\end{aligned}$$

이제부터 우리는 수익에 대해서 언급할 때에 백분율을 사용할 것이다.

좀 더 구체적인 예를 제시하자면, Microsoft 주식은 2017년 초에 주당 \$62.14이었다. Microsoft는 2017년에 \$1.59의 배당금을 지급했으며 연말 주가는 \$85.54이다. 올해 Microsoft의 수익률은 얼마인가? 연습을 위하여 그 답이 40.22%인지 확인하여 보라. 물론 음의 수익률 또한 발생할 수 있다. 예를 들어, 2017년에 GameStop의 주식 가격은 연말에 주당 \$17.95이었고, \$1.52의 배당금을 지급하였다. 연초에 이 주식의 주가는 주당 \$25.26이었다. 이 경우 한 해 동안 손실이 22.92%임을 입증하라.

예제 10.1

수익률 계산 어떤 주식의 가격이 연초에는 주당 \$25였고 연말에는 \$35가 되었다고 가정하자. 한 해 동안 이 주식은 주당 \$2의 배당금을 지급하였다. 이 주식의 배당수익률, 자본이득률, 총수익률은 얼마가 되는가? 우리는 〈그림 10.3〉의 현금흐름을 생각해볼 수 있다.

$$\begin{aligned}R_1 &= \frac{D_1}{P_0} + \frac{P_1 - P_0}{P_0} \\ &= \frac{\$2}{\$25} + \frac{\$35 - 25}{\$25} = \frac{\$12}{\$25} \\ &= 8\% + 40\% = 48\%\end{aligned}$$

따라서 이 주식의 배당수익률, 자본이득률, 총수익률은 각각 8%, 40%, 48%가 된다.

그림 10.3 현금흐름: 투자 예제

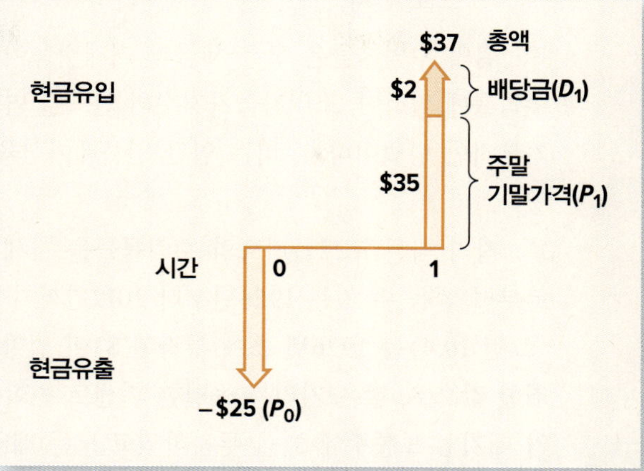

만약 당신이 $5,000을 투자했다고 가정한다면, 이 주식에 대한 투자의 총수익금은 $5,000 × 0.48 = $2,400이 된다. 주식투자에 대한 총수익금을 안다면, 당신은 $5,000의 투자에 대해 얼마나 많은 수익을 얻었는가를 알기 위해 몇 주의 주식을 매입했어야 했는가를 알 필요가 없다. 단순히 총수익금을 이용하면 된다.

10.2 보유기간 수익률

Roger Ibbotson과 Rex Sinquefield는 미국 금융 시장의 수익률에 관한 유명한 연구를 수행했다.[1] 미국의 중요한 5가지 금융상품에 대한 연도별 과거 수익률을 발표했다. 수익률은 다음의 포트폴리오를 보유한 경우에 얻을 수 있었던 수익으로 해석 된다.

1. 대기업 보통주(large-company common stocks): 이 포트폴리오는 Standard & Poor's (S&P) 500를 기초로 한다. S&P 500는 미국에서 500개의 대기업(시장가치로)을 포함한다.
2. 소기업 보통주(small-company common stocks): 이 포트폴리오는 뉴욕증권거래소(NYSE)에서 거래되는 주식을 시장가치(주식의 시장가격에 발행주식수를 곱한 값)로 순위를 정했을 때에 하위 20%의 주식으로 구성된다.
3. 장기 회사채(long-term corporate bonds): 이 포트폴리오는 만기가 20년인 우량회사의 채권으로 구성된다.
4. 장기 미국 국채(long-term U.S. government bonds): 이것은 만기가 20년인 미국 정부의 채권을 기본으로 한다.

[1] R. G. Ibbotson and R. A. Sinquefield, *Stocks, Bonds, Bills, and Inflation* [SBBI] (Charlottesville, VA: Financial Analysis Research Foundation, 1982)..

5. 미국 단기재정증권(U.S. Treasury bills): 이것은 만기가 1개월인 미국 재무부 채권을 기본으로 한다.

위의 수익률들은 모두 세금과 거래비용이 고려되지 않은 것이다. 이 금융상품들의 연도별 수익률에 더하여, 소비자물가지수의 연도별 변화도 함께 계산된다. 이는 인플레이션을 측정하는 기본적인 방법이다. 우리는 연간 인플레이션율을 차감함으로써 연도별 실질 수익률을 구할 수 있다.

각기 다른 포트폴리오의 수익률들을 자세히 살펴보기 전에, 우리는 먼저 미국 자본시장으로부터 얻을 수 있는 1926년부터 2017년까지 92년간의 수익률과 위험을 그래프로 나타내었다. 〈그림 10.4〉는 1926년 초에 투자된 $1이 얼마로 성장되는지를 보여준다. 여기서 Y축은 로그를 취한 값으로, 같은 거리는 동일한 퍼센트 변화를 의미한다는 점에 유의해야 한다. 이 그림은 만약 대기업 보통주에 $1을 투자하였고 모든 배당금이 재투자되었다면, 2017년 말에는 투자된 $1가 $7,346.15로 증가했음을 보여준다. 가장 큰 성장을 보인 것은 소기업 보통주로, 만약 1926년에 $1을 투자했다면 2017년 말 투자금액은 $36,931.00로 늘어났을 것이다. 그러나 〈그림 10.4〉를 주의깊게 살펴보면 소기업 보통주의 수익률에 대한 변동성이 상당히 높은 것을 알 수 있다.

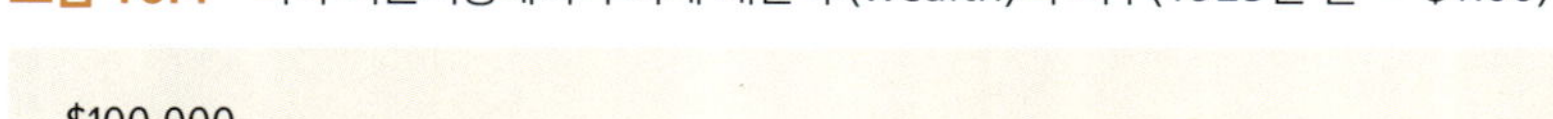
그림 10.4 미국 자본시장에서 투자에 대한 부(wealth)의 지수(1925년 말 = $1.00)

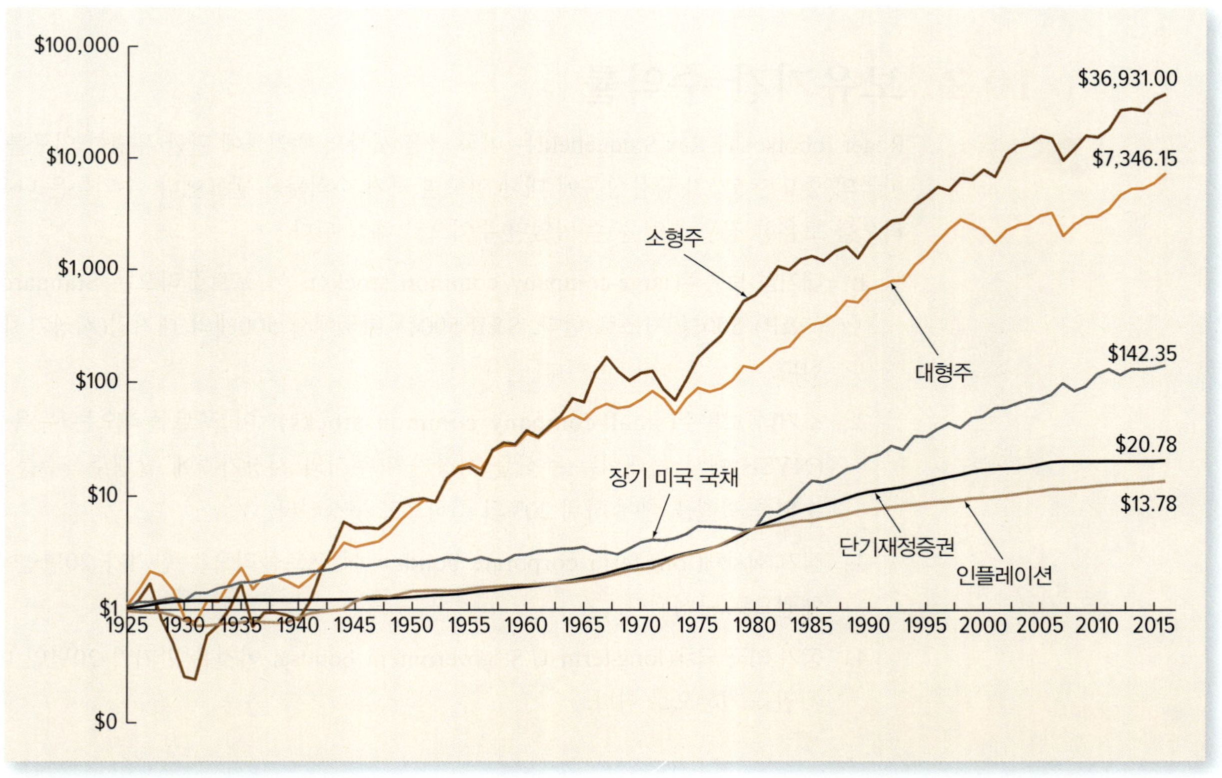

출처: *Morningstar*, 2018, author calculations.

그림 10.5 대형주의 연도별 총수익률

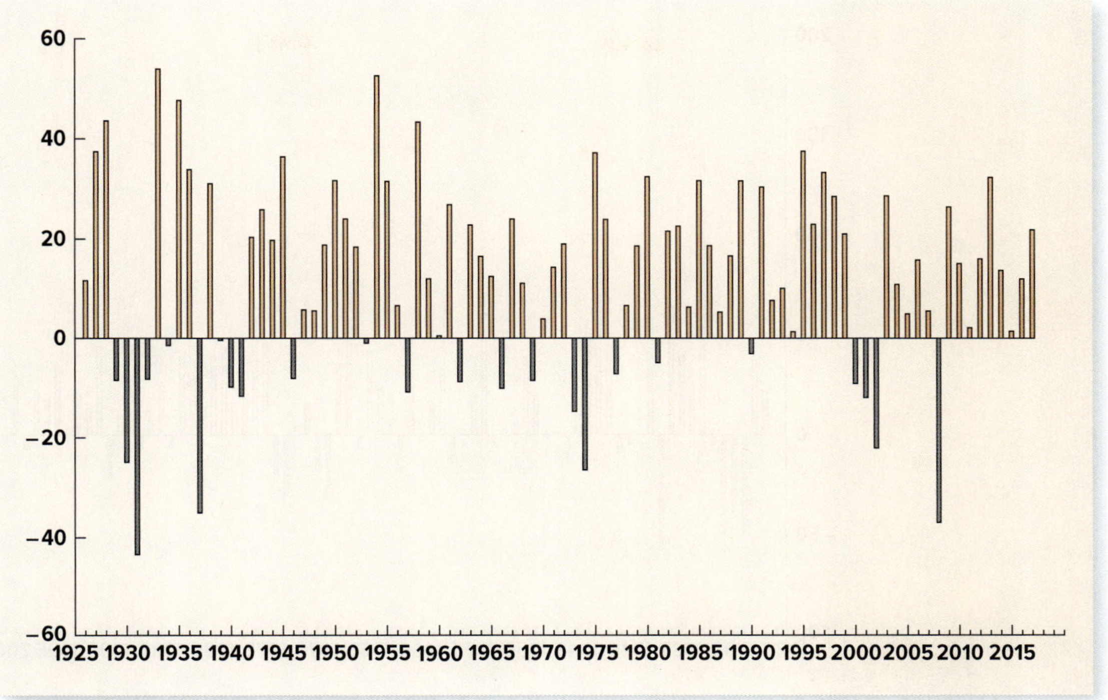

출처: *Morningstar*, 2018, author calculations.

특히 기간 초반에 더욱 그러하였다. 장기 미국 국채에 대한 수익률은 보통주의 수익률에 비하면 매우 안정적이다. 〈그림 10.5〉부터 〈그림 10.8〉까지 Y축은 각 연도별 수익률을, X축은 대기업 보통주, 소기업 보통주, 장기 미국 국채 및 단기채, 인플레이션을 각각 나타내고 있다.

〈그림 10.4〉는 1926년부터 2017년까지 주식시장에 투자된 $1의 성장을 보여준다. 다시 말해, 이 그림은 만약 투자된 달러가 주식시장에 그대로 남아 있고 매년 전년도에 받은 배당금을 더 많은 주식에 재투자한다면, 그 투자의 가치는 어떻게 되는가를 보여준다. R_t(소수로 표시)가 t 년도의 수익률이라면, T기간 말의 가치는 1에다가 각 연도별 수익률을 합한 것의 곱으로 나타낼 수 있다.

$$가치 = (1 + R_1) \times (1 + R_2) \times \cdots \times (1 + R_t) \times \cdots \times (1 + R_T)$$

예를 들어, 만약 3년 기간 동안 수익률이 11%, −5%, 9%라면, 기간 초에 투자된 $1은 3년 뒤에 다음의 가치를 갖게 된다.

$$\begin{aligned}(1 + R_1) \times (1 + R_2) \times (1 + R_3) &= \$1 \times (1 + 0.11) \times (1 - 0.05) \times (1 + 0.09) \\ &= \$1 \times 1.11 \times 0.95 \times 1.09 \\ &= \$1.15\end{aligned}$$

여기서 0.15 또는 15%는 총수익률이다. 이것은 1차연도의 배당금을 주식시장에 2년간 재투자한

그림 10.6 소형주의 연도별 총수익률

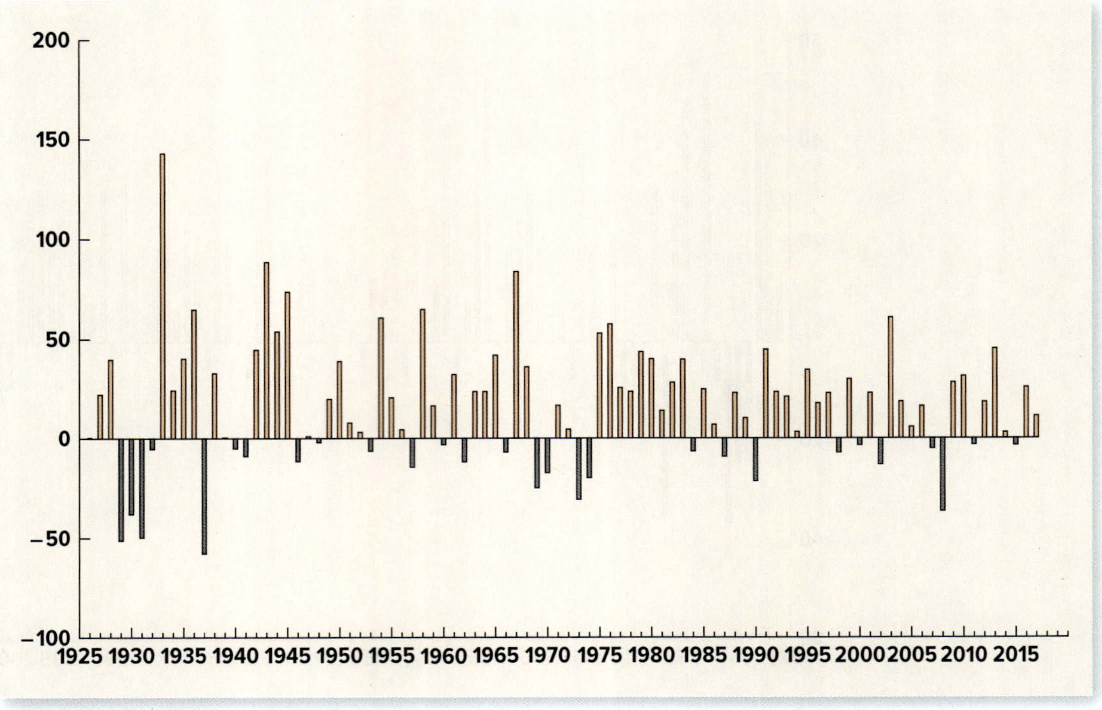

출처: *Morningstar*, 2018, author calculations.

수익률과 2차연도의 배당금을 마지막 해 동안 재투자한 수익률을 포함한다. 이 15%를 3년 **보유기간수익률**(holding period return)이라 부른다. 〈표 10.1〉은 1926년부터 2017년까지 선택된 투자안에 대한 각 연도별 수익률을 보여준다. 이 표로부터, 당신은 어떠한 기간의 조합에 대해서도 보유기간수익률을 계산할 수 있다.

10.3 수익률 통계

자본시장 수익률의 과거 자료들은 그대로 사용하기에는 상당히 복잡하다. 따라서 과거 자료를 이용하기 위해서는 이 구체적인 자료들을 간단한 몇 문장으로 압축하여 설명할 수 있을 만한 방법을 찾아야 한다.

여기 과거의 자료를 요약할 수 있는 두 가지 중요한 수치가 있다. 첫 번째이자 가장 자연스러운 수치는 주식시장의 과거 연수익률을 가장 잘 나타내는 어떤 단일 측정치이다. 다시 말해, 1926년부터 2017년까지의 기간 동안 어떤 특정 연도에 투자자가 실현할 수 있는 수익률의 가장 좋은 측정치는 무엇이 되는가? 이것이 바로 산술평균수익률(arithmetic average return)이다.

〈그림 10.9〉는 〈표 10.1〉에서 주어진 연도별 주식시장 수익률을 히스토그램으로 나타낸 것이다. 이 그림은 숫자들에 대한 **도수분포**(frequency distribution)이다. 그래프의 높이는 수평축

그림 10.7 장기 미국 국채 및 단기재정증권의 연도별 수익률

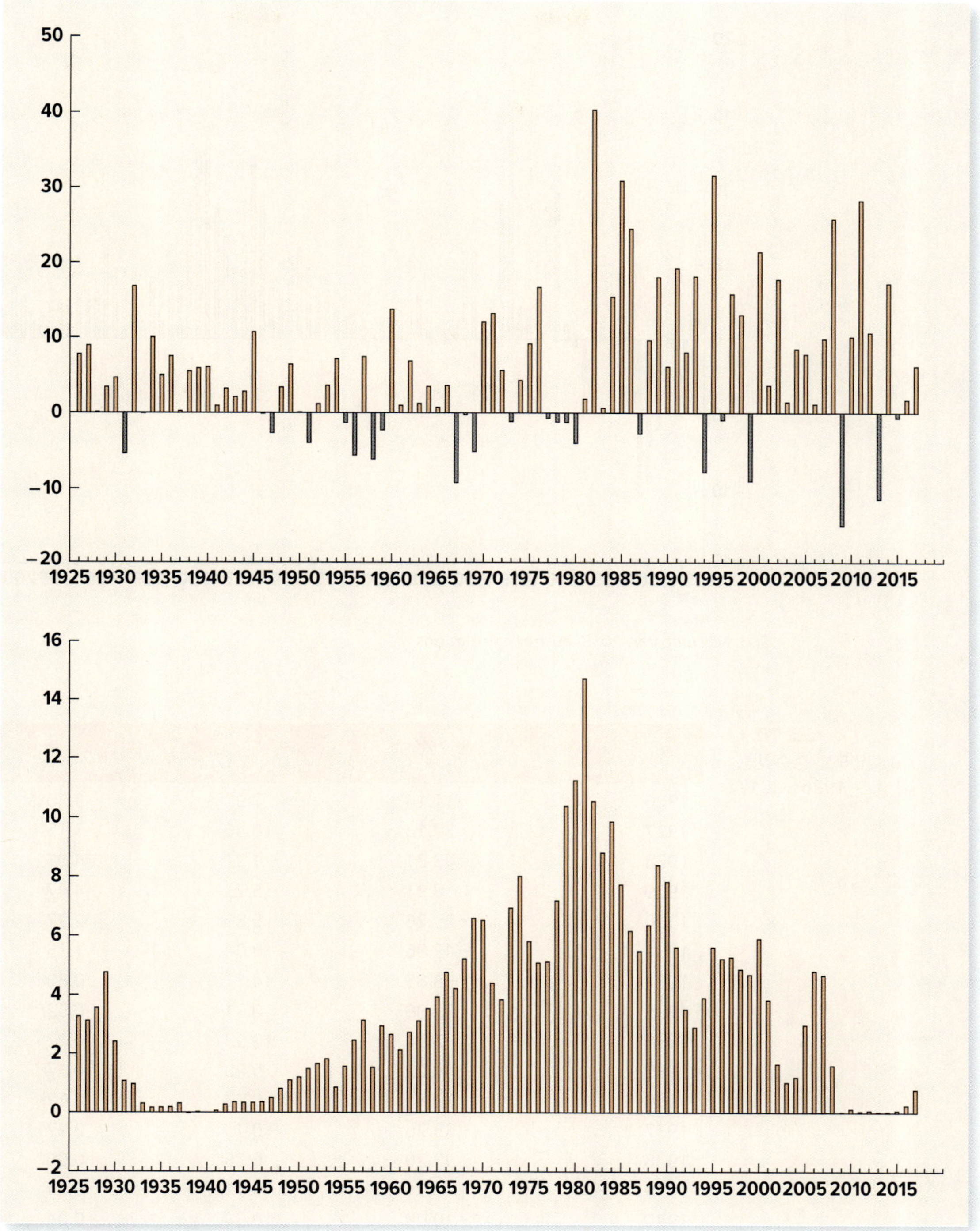

출처: *Morningstar*, 2018, author calculations.

그림 10.8 연도별 인플레이션

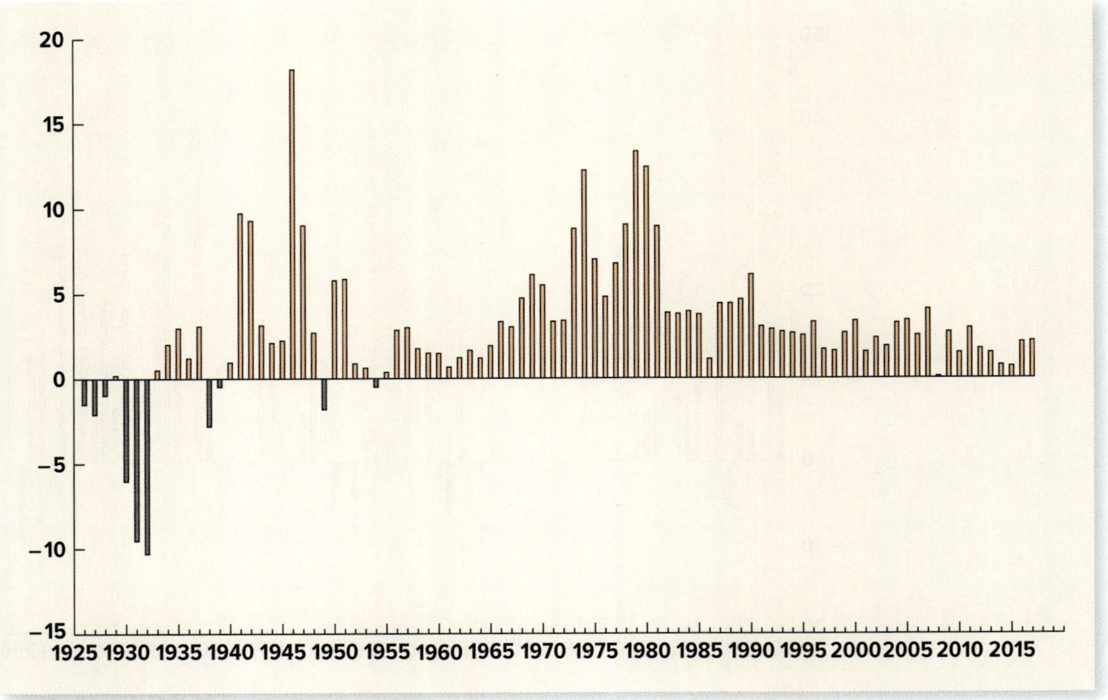

출처: *Morningstar*, 2018, author calculations.

표 10.1 연도별 총수익률, 1926~2017

연도	대기업 보통주	장기 미국 국채	미국 단기 재정증권	소비자 물가지수
1926	11.14%	7.90%	3.30%	−1.12%
1927	37.13	10.36	3.15	−2.26
1928	43.31	−1.37	4.05	−1.16
1929	−8.91	5.23	4.47	0.58
1930	−25.26	5.80	2.27	−6.40
1931	−43.86	−8.04	1.15	−9.32
1932	−8.85	14.11	0.88	−10.27
1933	52.88	0.31	0.52	0.76
1934	−2.34	12.98	0.27	1.52
1935	47.22	5.88	0.17	2.99
1936	32.80	8.22	0.17	1.45
1937	−35.26	−0.13	0.27	2.86
1938	33.20	6.26	0.06	−2.78
1939	−0.91	5.71	0.04	0.00
1940	−10.08	10.34	0.04	0.71
1941	−11.77	−8.66	0.14	9.93
1942	21.07	2.67	0.34	9.03
1943	25.76	2.50	0.38	2.96

(계속)

표 10.1
연도별 총수익률, 1926~2017
(*계속*)

연도	대기업 보통주	장기 미국 국채	미국 단기 재정증권	소비자 물가지수
1944	19.69%	2.88%	0.38%	2.30%
1945	36.46	5.17	0.38	2.25
1946	−8.18	4.07	0.38	18.13
1947	5.24	−1.15	0.62	8.84
1948	5.10	2.10	1.06	2.99
1949	18.06	7.02	1.12	−2.07
1950	30.58	−1.44	1.22	5.93
1951	24.55	−3.53	1.56	6.00
1952	18.50	1.82	1.75	0.75
1953	−1.10	−0.88	1.87	0.75
1954	52.40	7.89	0.93	−0.74
1955	31.43	−1.03	1.80	0.37
1956	6.63	−3.14	2.66	2.99
1957	−10.85	5.25	3.28	2.90
1958	43.34	−6.70	1.71	1.76
1959	11.90	−1.35	3.48	1.73
1960	0.48	7.74	2.81	1.36
1961	26.81	3.02	2.40	0.67
1962	−8.78	4.63	2.82	1.33
1963	22.69	1.37	3.23	1.64
1964	16.36	4.43	3.62	0.97
1965	12.36	1.40	4.06	1.92
1966	−10.10	−1.61	4.94	3.46
1967	23.94	−6.38	4.39	3.04
1968	11.00	5.33	5.49	4.72
1969	−8.47	−7.45	6.90	6.20
1970	3.94	12.24	6.50	5.57
1971	14.30	12.67	4.36	3.27
1972	18.99	9.15	4.23	3.41
1973	−14.69	−12.66	7.29	8.71
1974	−26.47	−3.28	7.99	12.34
1975	37.23	4.67	5.87	6.94
1976	23.93	18.34	5.07	4.86
1977	−7.16	2.31	5.45	6.70
1978	6.57	−2.07	7.64	9.02
1979	18.61	−2.76	10.56	13.29
1980	32.50	−5.91	12.10	12.52
1981	−4.92	−0.16	14.60	8.92
1982	21.55	49.99	10.94	3.83
1983	22.56	−2.11	8.99	3.79
1984	6.27	16.53	9.90	3.95
1985	31.73	39.03	7.71	3.80
1986	18.67	32.51	6.09	1.10
1987	5.25	−8.09	5.88	4.43

(*계속*)

표 10.1
연도별 총수익률, 1926~2017 *(계속)*

연도	대기업 보통주	장기 미국 국채	미국 단기 재정증권	소비자 물가지수
1988	16.61	8.71	6.94	4.42
1989	31.69	22.15	8.44	4.65
1990	−3.10	5.44	7.69	6.11
1991	30.46	20.04	5.43	3.06
1992	7.62	8.09	3.48	2.90
1993	10.08	22.32	3.03	2.75
1994	1.32	−11.46	4.39	2.67
1995	37.58	37.28	5.61	2.54
1996	22.96	−2.59	5.14	3.32
1997	33.36	17.70	5.19	1.70
1998	28.58	19.22	4.86	1.61
1999	21.04	−12.76	4.80	2.68
2000	−9.10	22.16	5.98	3.39
2001	−11.89	5.30	3.33	1.55
2002	−22.10	14.08	1.61	2.38
2003	28.68	1.62	1.03	1.88
2004	10.88	10.34	1.43	3.26
2005	4.91	10.35	3.30	3.42
2006	15.79	0.28	4.97	2.54
2007	5.49	10.85	4.52	4.08
2008	−37.00	19.24	1.24	0.09
2009	26.46	−25.61	0.15	2.72
2010	15.06	7.73	0.14	1.50
2011	2.11	35.75	0.06	2.96
2012	16.00	1.80	0.08	1.74
2013	32.39	−14.69	0.05	1.50
2014	13.7	12.9	0.03	0.8
2015	1.41	−0.64	0.04	0.74
2016	11.98	1.76	0.21	2.11
2017	19.57	5.78	0.75	1.58

출처: Authors' calculations based on data obtained from Global Financial Data and other sources.

의 범위 내에 있는 관찰표본의 숫자를 나타낸다.

〈그림 10.9〉와 같이 주어진 도수분포를 이용하여, 우리는 분포의 **평균**(average 또는 **mean**)을 구할 수 있다. 이 분포의 평균을 계산하기 위해서 우리는 모든 값을 더하고 그것을 총 숫자(T)로 나누면 된다(이 경우 우리는 92년간의 자료를 갖고 있으므로 92로 나눈다). R 위의 선은 이 수치가 평균임을 나타내주기 위해 사용되었으며, 평균을 구하는 일반적인 공식은 다음과 같다.

$$\text{평균} = \overline{R} = \frac{(R_1 + \cdots + R_T)}{T}$$

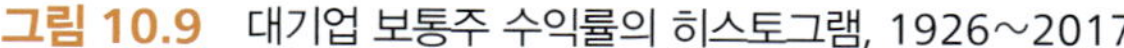

그림 10.9 대기업 보통주 수익률의 히스토그램, 1926~2017

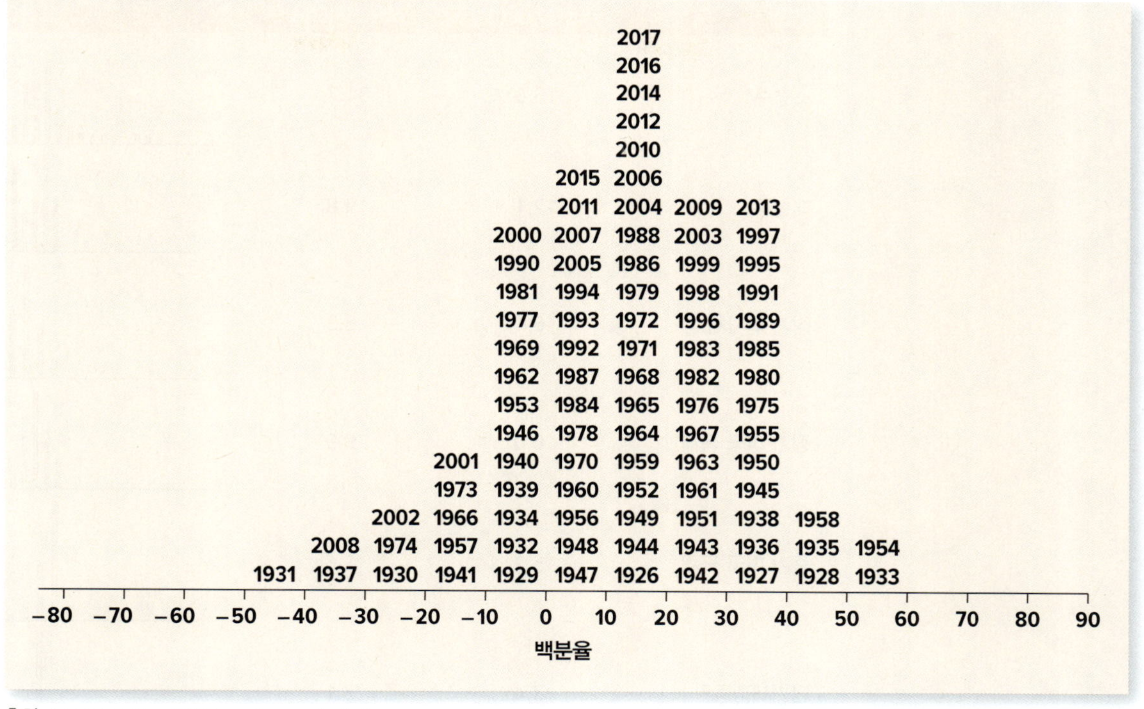

출처: *Morningstar*, 2018, author calculations.

1926년부터 2017년까지 92년간의 대기업 보통주의 연간 평균수익률은 12.1%이다.

예제 10.2

평균수익률 계산 4년 동안 보통주에 대한 수익률이 각각 0.1370, 0.3580, 0.4514, −0.0888이라고 가정하자. 이 4년간의 평균수익률은 다음과 같다.

$$\overline{R} = \frac{0.1370 + 0.3580 + 0.4514 - 0.0888}{4} = 0.2144 \text{ or } 21.44\%$$

10.4 평균 주식수익률과 무위험이자율

지금까지 주식시장의 평균수익률을 계산해보았으며, 이것을 다른 증권의 수익률과 비교해보는 것이 합리적일 것이다. 가장 명백한 비교대상은 수익률이 낮은 변동성을 보이는 국채시장의 수익률이다. 이 수익률은 주식시장에서 보았던 대부분의 변동성으로부터 자유롭다.

그렇다면 T-bill에 대한 무위험수익률과 보통주의 매우 위험한 수익률을 서로 비교해보는 것은 흥미로운 비교가 될 것이다. 위험수익률과 무위험수익률 간의 차이를 **위험자산에 대한 초과수**

표 10.2 총 연간수익률, 1926~2017

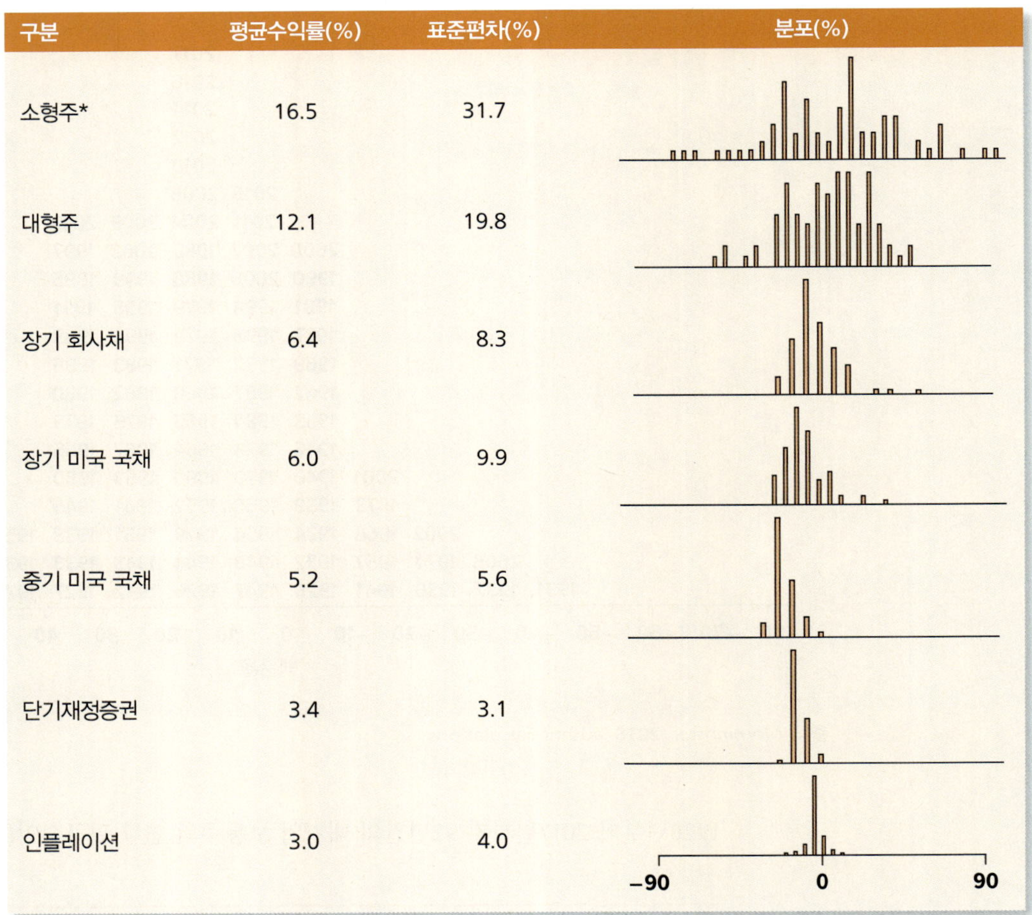

구분	평균수익률(%)	표준편차(%)	분포(%)
소형주*	16.5	31.7	
대형주	12.1	19.8	
장기 회사채	6.4	8.3	
장기 미국 국채	6.0	9.9	
중기 미국 국채	5.2	5.6	
단기재정증권	3.4	3.1	
인플레이션	3.0	4.0	

*1933년의 소형주 총 수익률은 142.9%였다.
출처: *Morningstar*, 2018, author calculations..

익률(excess return on the risky asset)이라고 부른다. 물론 어떤 특정 연도에서는 초과수익률은 양수 또는 음수가 될 수 있다.

〈표 10.2〉는 1926년부터 2017년까지 평균 주식수익률과 채권수익률, T-bill 수익률, 인플레이션율을 보여주고 있다. 이 표로부터 우리는 평균 초과수익률을 도출할 수 있다. 전체 기간 동안 대기업 보통주의 T-bill에 대한 평균 초과수익률은 8.7%(= 12.1% − 3.4%)이다. 이러한 보통주에 대한 평균 초과수익률을 **위험 프리미엄(risk premium)**이라고 부르며, 이것은 위험을 감내하는 것으로부터 얻게 되는 추가적인 수익을 의미한다.

주식시장의 자료에서 가장 의미 있는 관측 중의 하나는 무위험수익률에 대한 주식의 장기초과수익률이다. 이 기간 동안 투자자들은 단순히 T-bill에 투자함으로써 얻을 수 있는 수익률보다 추가적인 또는 그를 초과하는 수익률로 주식시장 투자에 대한 보상을 받았다.

그렇다면 왜 이와 같은 보상이 존재하는가? 이는 T-bill에는 절대 투자해서는 안 되며, 이미 주식시장 대신 T-bill에 투자한 사람들은 재무를 공부해야 할 필요성이 있다는 의미인가? 이 질문에 대한 완벽한 대답은 현대 재무학의 핵심에서 찾을 수 있다. 그러나 이 대답의 일부는 다양한 종류를 가진 투자들의 변동성에서 찾을 수 있다. T-bill의 투자수익률이 대기업 보통주에 대한 투자수익률보다 높았던 해가 여러 번 존재하였다. 또한 T-bill에 대한 투자는 결코 음의 수익을 낸 적이 없는 반면, 보통주에 대한 투자는 자주 음의 수익을 보이는 것에 주목하자. 따라서 우리는 이제 우리의 관심을 수익률의 변동성 측정으로 돌리고 위험에 대한 기초적인 논의를 해보도록 하자.

10.5 위험 통계

수익률의 분포를 특성화하는 데 사용하는 두 번째 수치는 수익률에 대한 위험을 측정하는 것이다. 위험의 개념에 대한 보편적인 합의는 없다. 보통주에 대한 수익률의 위험에 대하여 생각해볼 수 있는 한 가지 방법은 〈그림 10.9〉에서와 같이 도수분포가 얼마나 퍼져 있는지를 살펴보는 것이다. 분포의 스프레드(spread) 또는 산포(dispersion)는 특정 수익률이 평균 수익률에 얼마나 떨어져 있는가를 측정한다. 만약 분포가 매우 넓게 퍼져있다면, 발생하는 수익률은 매우 불확실할 것이다. 대조적으로, 수익률의 분포가 좁은 범위 내에서 밀집되어 있다면 수익률은 덜 불확실하다. 우리는 위험의 측정방법으로 분산과 표준편차에 대하여 논의할 것이다.

분산

분산(variance)과 그의 제곱근인 **표준편차**(standard deviation)는 변동성이나 산포를 측정하는 가장 일반적인 방법이다. 우리는 Var와 σ^2는 분산을 나타내기 위해서 사용하고, SD와 σ는 표준편차를 나타내기 위하여 사용할 것이다. σ는 물론 그리스 문자인 시그마이다.

예제 10.3

변동성 보통주에 대한 수익률이 각각(소수점으로) 0.1370, 0.3580, 0.4514, −0.0888이었다고 가정하자. 평균 수익률은 0.2144였음을 확인하라. 이 표본의 분산은 다음과 같이 계산된다.

$$\text{Var} = \frac{1}{T-1}[(R_1 - \overline{R})^2 + (R_2 - \overline{R})^2 + (R_3 - \overline{R})^2 + (R_4 - \overline{R})^2]$$

$$0.0582 = \frac{1}{3}[(0.1370 - 0.2144)^2 + (0.3580 - 0.2144)^2 + (0.4514 - 0.2144)^2 + (-0.0888 - 0.2144)^2]$$

$$\text{SD} = \sqrt{0.0582} = 0.2413 \text{ 또는 } 24.13\%$$

〈예제 10.3〉에 있는 공식은 어떻게 분산과 표준편차를 구할 수 있는지 알려주는데, T개의 개별 수익률(R_1, R_2, ⋯)에서 평균수익률 $\overline{R}$을 차감하고, 그 값을 제곱한 뒤에 이를 모두 더한다. 그리고 이 합을 수익률의 개수에서 1을 차감한 값($T-1$)으로 나누어준다. 표준편차는 항상 분산의 제곱근이다.

1926년부터 2017년까지 92년간의 주식수익률을 사용하여 위의 식으로 계산하면, 대기업 보통주의 표준편차는 19.8%가 된다. 표준편차는 표본의 스프레드에 대한 표준통계측정치이며, 우리는 이것을 앞으로 대부분의 경우에서 사용하게 될 것이다. 이에 대한 해석은 정규분포에 대한 논의를 통해 더 용이하게 될 수 있다.

표준편차는 뮤추얼펀드에서 널리 보고된다. 예를 들어, Fidelity Magellan Fund는 미국에서 가장 큰 뮤추얼펀드 중 하나이다. 이것의 변동성은 얼마일까? 이를 찾기 위해서 **www.morningstar.com**에 들어가 티커 심벌인 FMAGX를 입력하고 "Ratings & Risk"를 클릭해보라. 다음과 같은 정보를 얻을 수 있다.

MPT Statistics FMAGX

3-Year | 5-Year | 10-Year | 15-Year

3-Year Trailing	Index	R-Squared	Beta	Alpha	Treynor Ratio	Currency
vs. Best-Fit Index						
FMAGX	Russell 3000 Growth TR USD	94.52	0.99	-1.63	—	USD
vs. Standard Index						
FMAGX	S&P 500 TR USD	93.80	1.05	-0.41	10.48	USD
Category: LG	S&P 500 TR USD	81.74	1.02	-0.37	10.45	USD

12/31/2017

Volatility Measures FMAGX

3-Year | 5-Year | 10-Year | 15-Year

3-Year Trailing	Standard Deviation	Return	Sharpe Ratio	Sortino Ratio	Bear Market Percentile Rank
FMAGX	10.93	11.48	1.01	1.75	—
S&P 500 TR USD	10.06	11.41	1.08	2.00	—
Category: LG	11.40	11.06	0.95	1.69	—

12/31/2017

지난 3년간 Fidelity Magellan Fund 수익률의 표준편차는 10.93%였다. 평균적으로 주식의 표준편차가 50%인 것을 고려한다면, 이것은 낮은 듯 보인다. 그러나 Magellan Fund는 상대적으로 잘 분산된 포트폴리오로서, 이것은 우리가 추후에 자세히 논의할 주제인 '분산 효과'의 힘을 보여주고 있다. 수익률(Return)은 평균수익률이다. 지난 3년간 Magellan Fund의 투자자들은 매년 11.48%의 수익률을 얻었다. 또한 변동성 측정(Volatility Measures) 부분에서, **샤프비율**(Sharpe ratio)을 볼 수 있다. 이 샤프비율은 자산의 위험 프리미엄을 표준편차로 나누어 계산한다. 이는 보유한 위험수준에(표준편차로 측정) 대한 수익률 측정치이다. Fidelity Magellan Fund의 "베타(beta)"는 0.99이다. 우리는 이 숫자에 대해 다음 장에서 아주 자세히 논의할 것이다.

예제 10.4

샤프비율 샤프비율은 평균 위험 프리미엄을 그 기간 동안의 표준편차로 나누어 준 것이다. 1926년부터 2017년까지, 대기업 보통주의 평균 위험 프리미엄(Treasury bills에 대비)은 8.7%였으며, 표준편차는 19.8%였다. 이 표본에서의 샤프비율은 다음과 같이 계산될 수 있다.

$$샤프비율 = 8.7\%/19.8\% = 0.439$$

이 샤프비율은 때때로 위험에 대한 보상비율(reward-to-risk)로 언급되며, 여기서 보상은 평균 초과수익률이고 위험은 표준편차를 의미한다.

정규분포와 표준편차에 대한 함의

충분한 표본의 숫자로부터 나오는 **정규분포**(normal distribution)는 〈그림 10.10〉과 같이 종(bell) 형태를 보인다. 그림에서 볼 수 있듯이, 이 분포는 평균에 대해 대칭적(symmetric)이며, 어느 한쪽으로 치우치지(skewed) 않고, 〈그림 10.9〉에서 도출된 연도별 수익률의 실제 분포보다 훨씬 명확한 모습이다. 물론 만약 우리가 1,000년간의 주식시장 수익률을 관찰할 수 있다면 〈그림 10.9〉에서 고르지 않은 많은 부분을 채워 좀 더 부드러운 형태의 곡선을 만들 수 있을 것이다.

전통적인 통계학에서 정규분포는 핵심적인 역할을 하며, 표준편차는 정규분포의 분포를 측정하는 일반적인 방법이다. 정규분포에서, 어느 정도의 평균 이상 또는 이하의 수익률을 가질 것인가에 대한 확률은 표준편차에 달려 있다. 예를 들어, 분포에서 평균의 표준편차 한 단위 내에

그림 10.10
정규분포

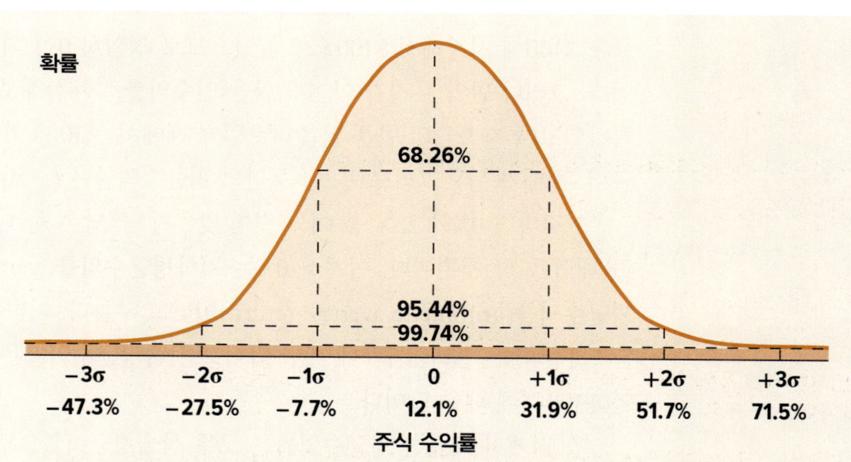

정규분포의 경우에서, 수익률이 평균의 표준편차 한 단위 내에 있을 확률은 68.26%이다. 이 예제에서 연수익률이 −7.7%에서 31.9% 사이에 존재할 확률은 68.26%이다.

수익률이 평균의 표준편차 두 단위 내에서 존재할 확률은 95.44%이다. 이 예제에서 연수익률이 −27.5%에서 51.7% 내에 있을 확률은 95.44%이다.

마지막으로 수익률이 평균의 표준편차 세 단위 내에서 있게 될 확률은 99.74%이다. 이 예제에서 연수익률이 −47.3%에서 71.5% 내에 존재할 확률은 99.74%이다.

서 수익률이 발생할 확률은 약 68% 또는 2/3이고, 평균의 표준편차 두 단위 내에서 수익률이 발생할 확률은 약 95%가 된다.

우리가 1926년부터 2017년의 기간 동안 찾은 주식 수익률에 대한 19.8%의 표준편차는 이제 다음과 같은 방식으로 해석될 수 있다. 만약 주식 수익률이 대체적으로 정규분포를 따른다면, 연수익률이 평균수익률 12.1%의 19.8% 범위 내에 있을 확률은 약 2/3이다. 즉, 연수익률은 2/3의 확률로 −7.7%에서 31.9% 사이에서 발생할 것이다(여기서 −7.7 = 12.1 − 19.8 그리고 31.9 = 12.1 + 19.8). 어느 연도에서든지 수익률이 표준편차 두 단위 내에서 존재할 확률은 95%이다. 즉, 연수익률의 95%는 −27.5%에서 51.7% 사이에서 발생할 것이다.

10.6 평균수익률에 대해 더 알아보기

이 장에서 지금까지 단순평균수익률에 대하여 자세히 살펴보았다. 그러나 평균수익률을 구하는 또 다른 방법이 존재한다. 이처럼 평균수익률이 두 가지 다른 방법으로 계산될 수 있다는 사실은 혼란을 초래할 수 있으므로, 이 절의 목표는 두 접근법에 대한 설명과, 어떠한 상황에서 어떤 방법이 적절한지 설명하는 것을 목표로 한다.

산술평균 대 기하평균

먼저 간단한 예제로 시작하자. 당신이 어떤 주식을 $100에 구입했다고 가정하자. 불행히도 당신이 그 주식을 소유하게 된 첫해에 주가가 $50으로 하락했다. 두 번째 해에 주가는 매입가인 $100으로 다시 상승하였다(배당금은 지급되지 않았다).

이 투자에 대한 당신의 평균수익률은 얼마가 되는가? 일반적 느낌으로는 당신의 평균수익률은 $100에 시작해서 $100으로 끝났으므로 정확히 0이 되어야 한다고 이야기할 수 있는 듯 보인다. 그러나 만약 우리가 이 수익률을 연수익률로 계산해보면, 당신은 첫해에 50%의 손실을 기록하였고(투자자금의 반을 잃음) 두 번째 해에서는 100%의 이익을 가졌음을 알 수 있다(투자자금이 두 배가 됨). 그러므로 2년 동안의 평균수익률은 (−50% + 100%)/2 = 25%가 된다!

그렇다면 0%와 25% 중 어느 것이 맞는가? 정답은 둘 다 맞다. 이 둘은 그저 다른 질문에 대한 대답을 한 것뿐이다. 여기서 0%는 **기하평균수익률**(geometric average return), 25%는 **산술평균수익률**(arithmetic average return)이라고 부른다. 기하평균수익률은 "일정 기간 동안 연간 평균복리수익률은 얼마인가?"에 대한 답이고 산술평균수익률은 "일정 기간 동안 연간 수익률의 평균은 얼마인가?"에 대한 답이다.

앞 절에서 계산한 평균수익률은 모두 산술평균이었으므로 이미 이를 어떻게 계산하는지 알고 있다. 지금 우리가 해야 할 것은 (1) 기하평균수익률을 계산하는 방법과 (2) 어떤 상황에서 어느 평균이 다른 평균보다 더 의미가 있는지를 알아보는 것이다.

기하평균수익률 계산

먼저, 어떻게 기하평균수익률을 계산하는지 설명하기 위해서, 지난 4년간 10%, 12%, 3%, −9%의 연수익률을 가진 투자안을 가정해보자. 이 4년 동안의 기하평균수익률은 $(1.10 \times 1.12 \times 1.03 \times 0.91)^{1/4} - 1 = 3.66\%$로 계산된다. 이와 대조적으로 산술평균수익률을 계산해보면 $(0.10 + 0.12 + 0.03 - 0.09)/4 = 4.0\%$가 된다.

일반적으로 만약 우리가 T년간의 수익률을 가지고 있다면, T기간 동안의 기하평균수익률은 다음의 공식을 사용하여 계산될 수 있다.

$$\text{기하평균수익률} = [(1 + R_1) \times (1 + R_2) \times \cdots \times (1 + R_T)]^{1/T} - 1 \qquad \textbf{(10.1)}$$

이 공식은 우리에게 네 단계의 과정이 요구되는 것을 알려준다.

1. T기간 중 매년 연간 수익률 R_1, R_2, ⋯, R_T를 구하고 각각에 1을 더한다(소수로 변환한 후).
2. 1단계에서 구한 모든 숫자들을 곱한다.
3. 2단계에서 나온 결과에 $1/T$ 지수를 취한다.
4. 마지막으로 3단계 결과에서 1을 차감한다. 이 결과가 기하평균수익률이다.

예제 10.5

기하평균수익률 계산 여기 주어진 값들을 이용하여 5년 동안의 S&P 500 대기업 보통주들의 기하평균수익률을 계산하라.

첫 번째로 백분율을 소수 형태의 수익률로 바꿔준 후에 1을 더하고, 그 다음으로 각각의 곱을 계산하면,

S&P 500 수익률	곱
13.75%	1.1375
35.70	× 1.3570
45.08	× 1.4508
−8.80	× 0.9120
−25.13	× 0.7487
	1.5291

1.5291이라는 숫자는 만약 $1로 투자를 시작하였을 때 5년 후에 투자가 어떠한 가치를 지니는지를 나타낸다는 점에 주목하라. 기하평균수익률은 다음과 같이 계산된다.

$$\text{기하평균수익률} = 1.5291^{1/5} - 1 = 0.0887, \text{ 또는 } 8.87\%$$

따라서 기하평균수익률은 8.87%가 된다. 여기 팁이 있다. 만약 당신이 재무용 계산기를 이용한다면, $1을 현재가치로, $1.5291을 미래가치로, 5를 기간수로 입력한다. 그러면 미지의 수익률 문제를 해결할 수 있다.

당신은 아마도 기하평균수익률이 더 작다는 점을 눈치챘을지도 모른다. 이것은 항상 사실이다(수익률이 모두 동일한 경우에만 두 "평균수익률"은 같다). 이를 설명하기 위해 〈표 10.3〉은 산술평균과 기하평균, 〈표 10.2〉의 표준편차를 함께 보여준다.

표 10.3
기하평균수익률과 산술평균수익률: 1926~2017

구분	기하평균	산술평균	표준편차
소기업 보통주	12.1%	16.5%	31.7%
대기업 보통주	10.2	12.1	19.8
장기 회사채	6.1	6.4	8.3
장기 미국 국채	5.5	6.0	9.9
중기 미국 국채	5.1	5.2	5.6
단기재정증권	3.4	3.4	3.1
인플레이션	2.9	3.0	4.0

출처: *Morningstar*, 2018, author calculations.

〈표 10.3〉에 보이듯이, 기하평균은 모두 더 작지만, 그 정도의 차이는 상당히 다르다. 그 이유는 변동성이 큰 투자일수록 그 차이가 더욱 커지기 때문이다. 사실 유용한 근사치가 존재한다. 모든 숫자가 소수점으로(백분율에 대응하여) 표현되었다고 가정한다면, 기하평균수익률은 산술평균수익률에서 분산의 절반을 차감한 것과 대략 비슷하다. 예를 들어, 대기업 보통주를 살펴보면, 산술평균은 12.1이고 표준편차는 0.198이며 이것은 분산은 0.039를 의미한다. 따라서 대략적인 기하평균은 $0.121 - 0.039/2 = 0.101(= 10.1\%)$이 되어 실제 값과 동일하다.

예제 10.6

기하평균에 대해 더 알아보기 〈그림 10.4〉를 다시 살펴보자. 우리는 $1의 투자가치가 92년 뒤에 어떻게 되는지를 보였다. 〈표 10.3〉에서 대기업 보통주의 투자에 대한 값을 사용하여 기하평균을 확인하라.

〈그림 10.4〉에서 대형주 투자는 92년 후 $7,346.15가 되었다. 따라서 기하평균수익률은 다음과 같다.

$$\text{기하평균수익률} = \$7{,}346.15^{1/92} - 1 = 0.102, \text{ 또는 } 10.2\%$$

이 10.2%라는 값은 〈표 10.3〉과 같다. 연습을 위하여 〈표 10.3〉의 다른 수치들도 동일한 방법으로 확인하라.

산술평균수익률 또는 기하평균수익률?

과거 수익률을 살펴볼 때, 기하평균수익률과 산술평균수익률의 차이를 이해하는 것은 그다지 어렵지 않다. 조금 다르게 표현하면, 기하평균은 연복리로 계산되었을 때 당신이 정확히 매년 평균적으로 얻게 되는 수익률을 말해준다. 산술평균은 일반적인 연도에 얻게 되는 수익률을 말해주며, 이것은 분포에서의 참 평균값의 불편추정치(unbiased estimate)가 된다. 기하평균은 실제 과거의 투자 경험들을 설명하는 데 매우 유용하다. 산술평균은 미래에 대한 예측치를 추산할 때 유용하다.[2]

[2] 미래의 특정 기간 동안의 투자수익률을 추정하는 또 다른 방법은 산술평균이 "표본"평균이라는 통계수업을 상기하는 것이다. 엄밀히 말하면, 이것은 참 평균값의 불편추정치이다. 산술 평균을 사용하여 미래 수익률을 추정하려면 미래 수익률 예측과 동일한 간격을 사용하여 과거 수익률을 측정해야 한다. 예를 들어, 우리는 연간 수익률을 내년의 수익률을 예측하는 데에 사용할 수 있다. 또한 만약 2년의 보유기간 수익률이 사용되었다면 산술평균은 향후 2년간의 수익률을 예측하는 데 좋은 기초가 될 것이다. 우리는 또한 과거 수익률의 분포는 미래의 분포와 동일하다는 점을 확실히 해야 한다.

10.7 미국의 주식 위험 프리미엄: 역사적 및 국제적인 관점에서

지금까지 이 장에서 1926년에서 2017년까지의 기간 동안 미국에 대하여 연구하였다. 우리가 이제까지 논의하였듯, 과거 미국 주식시장의 위험 프리미엄은 상당하였다. 물론 우리가 미래를 예측하기 위하여 과거를 사용하는 것은 언제나, 과거의 기간이 미래에 발생할 것을 대변하지 않는다는 위험(danger)이 존재한다. 아마도 미국 투자자들은 이 기간 동안 운이 좋아서 특별히 많은 수익률을 얻었는지 모른다. 그러나 초창기 미국의 자료들을 보면, 꼭 그렇지만은 않은 것을 알 수 있다. 이러한 점을 생각하며, 연구자들은 1802년까지의 수익률을 역추적하였고, 1926년대 이전의 미국의 주식 위험 프리미엄은 더 작았음을 알아내었다. 1802년부터의 미국 수익률 데이터를 사용하면, 과거 주식 위험 프리미엄은 5.4%이었다.[3]

또한 우리는 아직 다른 주요 국가들을 살펴보지 않았다. 사실 거래되는 주식가치의 절반 이상은 미국 내에서 거래되는 것이 아니다. 〈표 10.4〉로부터 우리는 2016년도에 세계 주식의 시가총액이 $65조인 것을 알 수 있으며, 이 중 42% 정도가 미국 내에 있음을 알 수 있다. Dimson, Marsh, 그리고 Staunton 덕분에, 우리가 주식 위험 프리미엄을 자세히 살펴보는 데 초창기 데이터와 다른 국가들의 자료들을 참고하는 것이 가능해졌다. 〈표 10.5〉와 〈그림 10.11〉은 1900년부터 2010년까지 17개 국가들의 과거 주식시장의 위험 프리미엄을 보여주고 있다. 숫자들을 살펴보면, 미국의 과거 주식 위험 프리미엄은 7.2%로 7번째로 높은 것을 알 수 있다(앞서 추산한 값과 다른 이유는 관찰기간이 다르기 때문이다). 전 세계적으로 평균 위험 프리미엄은 6.9%

표 10.4 2016년도 세계 주식 추정 시가총액

국가	$조 단위	백분율
미국	$27.4	42.2%
중국	7.3	11.3
유로 지역	6.2	9.6
일본	5.0	7.6
홍콩	3.2	4.9
캐나다	2.0	3.1
인도	1.6	2.4
전 세계	**$64.9**	**81.1%**

출처: **https://data.worldbank.org/indicator/CM.MKT.LCAP.CD**, January 24, 2018. 제외된 국가로 인하여 합산되지 않음.

[3] Jeremy J. Seigel은 1802년부터의 데이터로 미국 주식 위험 프리미엄을 추산하였다. 다음의 표에서 볼 수 있듯이, 1802년부터 2011년까지 과거 주식 위험 프리미엄은 5.4%였다.

	평균수익률 1802~2011 (%)
보통주	9.6
단기재정증권	4.2
주식 위험 프리미엄	5.4

J. Seigel, *Stocks for the Long Run*, 4판(New York: McGraw-Hill, 2008)을 보완.

표 10.5
17개 국가들의 연간 주식 위험 프리미엄과 샤프비율, 1900~2010

국가	과거 주식 위험 프리미엄(%) (1)	표준편차(%) (2)	샤프비율 (1)/(2)
호주	8.3%	17.6%	0.47
벨기에	5.5	24.7	0.22
캐나다	5.6	17.2	0.33
덴마크	4.6	20.5	0.22
프랑스	8.7	24.5	0.36
독일*	9.8	31.8	0.31
아일랜드	5.3	21.5	0.25
이탈리아	9.8	32.0	0.31
일본	9.0	27.7	0.32
네덜란드	6.5	22.8	0.29
노르웨이	5.9	26.5	0.22
남아프리카	8.3	22.1	0.30
스페인	5.4	21.9	0.25
스웨덴	6.6	22.1	0.30
스위스	5.1	18.9	0.27
영국	6.0	19.9	0.30
미국	7.2	19.8	0.36
평균	**6.9**	**23.0**	**0.30**

*독일은 1922-1923 누락.
출처: Elroy Dimson, Paul Marsh, and Michael Staunton, *Credit Suisse Investment Returns Sourcebook*, 2011, published by Credit Suisse Research Institute 2011. The Dimson-Marsh-Staunton data set is distributed by Morningstar, Inc.

그림 10.11
17개 국가들에 대한 주식시장 위험 프리미엄: 1900~2010

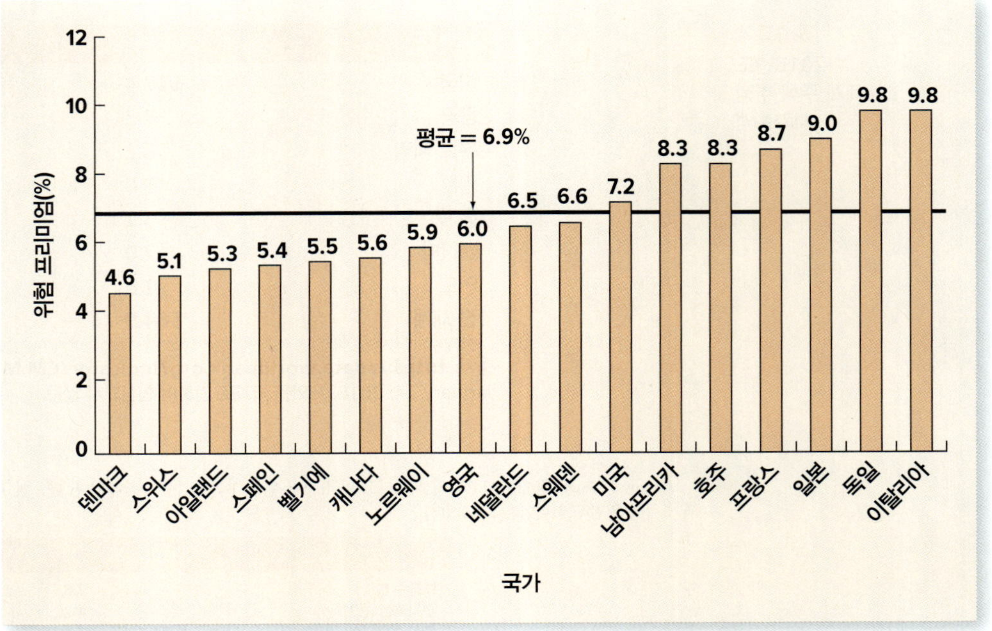

출처: Elroy Dimson, Paul Marsh, and Micheal Staunton, "Tho Worldwide Equity Premium: A Smaller Puzzle," in *Handbook of the Equity Risk Premium*, Rajnish Mehra, ed. (Elsevier, 2007).

이다. 이는 미국의 투자자들이 더 좋은 성과를 냈다는 것이 명확해 보이지만, 다른 많은 국가들과 상대적으로 비교하였을 때는 그렇지만은 않다. 샤프비율에 따른 최고의 성과를 낸 국가들은 미국, 호주, 남아공화국, 프랑스이며 반면 최악의 성과를 낸 국가들은 벨기에, 노르웨이, 덴마크이다. 독일, 일본 그리고 이탈리아는 이 기간 동안 가장 높은 주식수익률과 가장 높은 위험을 보여주고 있다(1차 세계 대전과 2차 세계 대전에도 불구하고).

그렇다면 미국 주식 위험 프리미엄이 앞으로 어떻게 될 것인가를 예측하는 가장 좋은 추정치는 무엇인가? 불행하게도, 투자자들이 미래에 기대하는 것을 확실하게 아는 사람은 아무도 없다. 만약 과거가 가이드의 역할을 한다면, 1900~2010년의 추정치를 근거로 미국의 기대 주식 위험 프리미엄은 7.2%가 될 수 있을 것이다. 여기서 우리는 같은 기간 동안 세계의 평균 주식 위험 프리미엄이 6.9%였다는 점을 기억해야 한다. 반면에, 더 최근의 기간(1926~2017)에서는 미국 주식 위험 프리미엄에 대한 추정치가 앞의 값보다 더 높았으며, 1802년까지 거슬러 올라간 초기의 기간 동안에는 이 추정치가 더 낮게 나타났다.

표준오차(SE)는 우리가 과거의 평균인 7.2%에 대하여 얼마나 신뢰할 수 있는지를 알려준다. SE는 과거 위험 프리미엄의 표준편차이며 다음과 같은 공식으로 구할 수 있다.

$$\text{SE} = \text{SD}(\overline{R}) = \frac{\text{SD}(R)}{\sqrt{\text{관찰개수}}}$$

만약 우리가 수익률의 분포가 정규분포라고 가정하고, 각 연도별 수익률이 다른 연도의 수익률과 서로 독립일 때, 우리는 95.4%의 확률로 평균수익률의 참값이 과거 평균의 표준편차 두 단위 내에 위치한다는 것을 알 수 있다.

더 구체적으로 이야기하면, 참 주식 위험 프리미엄에 대한 95.4% 신뢰구간은 과거의 평균 수익률 ±(2 × 표준오차)라고 할 수 있다. 우리가 1900년에서 2010년까지의 기간으로부터 보았듯이, 과거의 미국 주식 위험 프리미엄은 7.2%이고 표준편차는 19.8%였다. 따라서 95.4%의 정확도로 참 주식 위험 프리미엄은 3.44%와 10.96% 이내에 위치한다.

$$7.2 \pm 2\left(\frac{19.8}{\sqrt{111}}\right) = 7.2 \pm 2\left(\frac{19.8}{10.5}\right) = 7.2 \pm 3.76$$

다른 말로 표현하면, 우리는 과거의 데이터로부터 추정한 미국의 주식 위험 프리미엄이 95.4%의 신뢰도로 3.44%에서 10.96%의 범위 내에 있다고 할 수 있다.

조금 다른 접근방식으로, Ivo Welch는 226명의 재무 경제학자들에게 미래 미국의 주식 위험 프리미엄과 관련하여 그들의 의견을 물었고, 그 응답의 중위수(median)는 7%였다.[4]

우리는 과거의 대략 7% 정도인 미국 주식 위험수익률을 근거로 한 추정치에 익숙하다. 그러나 만약 과거가 미래를 대변하지 않는다는 것을 믿는다면, 미래의 미국 주식 위험 프리미엄에

4 다음을 참고하라. I. Welch, "Views of Financial Economists on Equity Risk Premium and Other Issue," *Journal of Business*, 73(2000), pp.501-537. Shannon P. Pratt and Roger J. Grabowski ("*Cost of Capital: Applications and Examples*," John Wiley, 2010)는 방대한 실증연구들을 분석한 후에 주식 위험 프리미엄은 3.5~6% 범위에 있다는 결론을 내렸다.

대한 추정치는 이보다 어느 정도 높거나 낮을 수 있다는 것이 합리적인 의견일 것이다.[5] 미래 주식 프리미엄에 대한 어떠한 추정치라도 그 요점은 결국, 미래 투자자들의 위험회피 정도뿐만 아니라 미래의 위험환경에 대한 가정 또한 수반해야 한다는 점일 것이다.

10.8 2008: 금융위기의 해

2008년은 미국 역사상 주식시장 투자자들에게 가장 최악의 해 중 하나로 기록되었다. 얼마나 안 좋았을까? 미국 기업 중 가장 큰 500개 기업의 시가총액을 추종하는 S&P 500 지수는 2008년 한 해 동안 37%가 하락하였다. 이 지수에 속한 500개의 기업 중 485개의 주가가 하락하였다.

1926~2008년의 기간 동안, 오직 1931년 한 해만이 2008년보다 낮은 수익률을 기록하였다(−43% vs. −37%). 하락세는 더 진행되었고 2009년 1월에 8.43%가 더 하락하였다. 2007년 11월(하락 시작)부터 2009년 1월까지 S&P 500은 그 가치의 45%가 사라졌다.

〈그림 10.12〉는 2008년 동안 S&P 500의 월별 성과를 보여주고 있다. 그림이 제시하듯이, 수익률은 12개월 중 8개월이 음수를 기록하고 있다. 가장 큰 하락은 가을에 나타났으며, 투자자들은 10월 한 달 동안에만 17%를 잃었다. 소기업 주식들은 더 나아지지 않았다. 소기업 주식은 1년 동안 37% 하락하였고(10월 한 달간 21%), 1937년 58%를 잃었던 이래로 가장 최악의 성과를 기록하였다.

〈그림 10.12〉가 제시하듯이, 주가는 매년 말에 변동성이 높은 것을 알 수 있다. 특이하게,

그림 10.12
S&P 500 월수익률, 2008

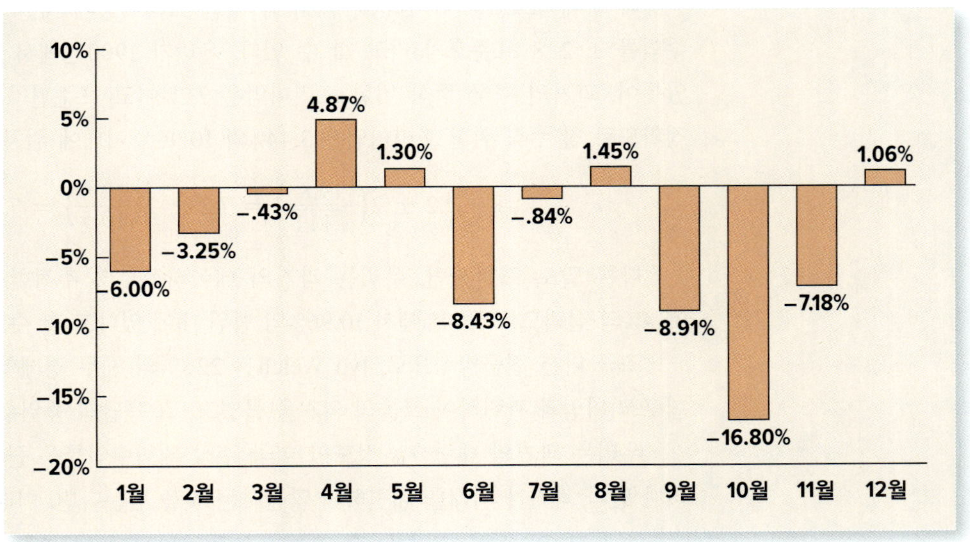

[5] Elroy Dimson, Paul Marsh, 그리고 Mike Staunton의 *Handbook of the Equity Risk Premium*, R. Mehra, ed.에서 "The Worldwide Equity Premium: A Smaller Puzzle"를 참고하면, 저자들은 향후 세계 주식 위험 프리미엄의 가장 좋은 추정치는 대략 5% 정도가 될 것으로 주장하였으며, 이것은 대부분 세계의 과거 수익률에 긍정적인 영향을 준 재현되지 않는 요인들 때문이다. 그러나 2008~2009년의 세계적인 금융위기는 주식시장에 부정적인 충격을 가져왔고 역사적 수준의 위험 프리미엄을 증가시켰다.

S&P는 126일 상승하고 126일 하락하였다(시장은 주말과 휴일에는 휴장하는 것을 기억하라). 물론 하락한 날이 평균적으로 더 심각하였다.

주가의 하락은 세계적인 현상이었고, 많은 세계의 주요 시장들이 S&P보다 훨씬 더 많이 하락하였다. 예를 들어, 중국, 인도, 러시아는 모두 50%가 넘는 하락을 경험하였다. 규모가 작은 아이슬란드는 한 해 동안 90%가 넘는 주가의 하락을 목격하였다. 아이슬란드 거래소는 10월 9일 일시적으로 거래를 중단하기도 하였다. 10월 14일에 다시 거래가 재개되었을 때, 주식은 단 하루에 76%가 떨어져 일일 하락률로 새로운 기록을 세우기도 하였다.

2008년에 성과가 좋았던 유가증권이 있는가? 대답은 '그렇다'이다. 왜냐하면 주식가치는 하락하였으나, 채권가치는 상승하였으며 특히 미국의 국채가 그러하였다. 실제로 장기 국채는 20%의 수익을 올렸으며 단기 국채는 13% 상승하였다. 더 높은 등급의 장기 회사채는 국채보다는 성과가 낮았으나 9%의 양(+)의 수익률을 얻을 수 있었다. 이 수익률들은 CPI에 의해 측정된 인플레이션율이 거의 0에 가까웠다는 점을 고려했을 때 상당히 인상적인 것이다.

물론 주가는 양방향으로 변동적일 수 있다. 2009년 3월부터 2011년 2월까지의 700여 일 동안, S&P 500 지수는 두 배 가까이 상승했다. 이 상승은 단 500일만에 두 배가 되었던 1936년 이후로 가장 빠르게 두 배가 된 것이다. 투자자들은 이러한 최근의 혼란스러운 자본시장역사로부터 어떤 교훈을 얻을 수 있는가? 첫 번째로, 가장 명백하게 주식은 상당한 위험을 가지고 있다는 점이다! 두 번째는 주식과 채권이 잘 분산되어 섞여 있는 포트폴리오는 아마도 2008년에 동일하게 어려운 시기를 겪었겠지만, 그 손실 규모는 모두 주식으로만 구성되어 있는 포트폴리오보다 훨씬 적었을 것이다. 즉, 분산투자가 중요하다는 것이고 다음 장에서 자세히 살펴보기로 한다.

요약 및 결론 _*Summary and Conclusions*

01. 이 장에서는 다양한 형태의 자산들의 수익률에 대하여 살펴보았다. 20세기 대부분에 걸쳐 주식이 채권보다 더 좋은 성과를 기록하였으나, 위험 또한 더 높았다는 일반적인 결론을 내릴 수 있다.

02. 이 장에서 설명된 통계적 측정치는 다음 세 장의 내용들을 이해하기 위해 필수적인 요소이다. 특히, 표준편차와 분산은 개별 증권과 증권들로 구성된 포트폴리오의 변동성을 측정한다. 다음 장에서는 만약 투자자의 포트폴리오가 특정 증권으로만 구성되는 경우, 그 증권의 표준편차와 분산이 개별 증권의 위험을 계산하는 적당한 측정치가 될 것인가에 대하여 논의할 것이다.

개념확인 _*Concept Questions*

01. 투자선택 Madrigal Pharmaceuticals가 2017년에 약 516% 증가했다면, 왜 모든 투자자가 Madrigal을 보유하지 않았는가?

02. 투자선택 2017년 Sears 주가가 약 61% 감소한 이유는 무엇인가? 투자자들은 가격이 급격히 하락하기 전에 왜 매도하지 않았는가?

03. 위험과 수익률 우리는 오랜 기간 동안 주식 투자가 채권 투자보다 더 높은 성과를 내는 경향이 있음을 보았다. 그러나 모든 투자를 채권에만 장기 투자하는 투자자들을 찾는 것은 그다지 특별한 일이 아니다. 이 투자자들은 비합리적인가?

04. 주식과 도박 다음의 문장을 비판적으로 평가하라: 주식시장에 투자하는 것은 마치 도박과 같다. 이러한 투기적 투자는 사람들이 도박으로부터 얻는 기쁨 이외의 사회적 가치를 갖지 못한다.

05. 인플레이션 효과 교재의 〈표 10.1〉과 〈그림 10.7〉을 살펴보라. 1926년부터 2017년의 기간 동안 T-bill 금리가 가장 높았던 때는 언제인가? 당신은 왜 이 기간 중 금리가 가장 높았다고 생각하는가? 당신의 답변은 어떤 관계에 근거하고 있는가?

06. 위험 프리미엄 투자를 실행하기 전에 위험 프리미엄이 음수가 될 수 있는가? 어떤 사실 이후에 위험 프리미엄이 음수가 될 수 있는가? 이에 대하여 설명하라.

07. 수익 2년 전, General Materials와 Standard Fixtures의 주가는 동일했다. 첫 번째 해에 General Materials의 주가는 10% 상승한 반면, Standard Fixtures의 주가는 10% 하락하였다. 두 번째 해에 General Materials의 주가는 10% 하락한 반면, Standard Fixtures의 주가는 10% 상승하였다. 현재 이들 두 주식의 주가는 동일한가? 설명하라.

08. 수익 2년 전, Lake Minerals와 Small Town Furniture의 주가는 동일했다. 지난 2년간 두 주식의 연수익률은 10%였다. Lake Minerals의 주가는 매년 10%씩 상승한 반면, Small Town Furniture의 주가는 첫 번째 해에 25% 상승했고, 둘째 해에는 5% 하락하였다. 현재 이들 두 주식의 주가는 동일한가?

09. 산술평균과 기하평균 수익률 산술평균과 기하평균 수익률의 차이점은 무엇인가? 당신이 지난 10년간 주식에 투자했다고 가정하자. 산술평균과 기하평균 중 어느 것이 더 중요한가?

10. 과거 수익률 이 장에서 설명된 여러 가지 자산의 과거 수익률은 인플레이션이 조정되지 않은 것이다. 만약 우리가 인플레이션을 반영하였다면 측정된 위험 프리미엄은 어떻게 되는가? 이 수익률은 또한 세금도 반영되지 않았다. 만약 세금을 반영한다면 수익률은 어떻게 되는가? 변동성은 어떻게 되는가?

연습문제 _Questions and Problems

기초
(Questions 1~18)

01. 수익률 계산 어떤 주식의 초기 가격은 주당 $76였고, 한 해 동안 주당 $1.95의 배당금이 지급되었으며, 기말 가격은 $84였다고 가정하자. 총수익률을 구하라.

02. 수익률 계산 문제 1에서, 배당수익률은 얼마인가? 자본이득률은 얼마인가?

03. 수익률 계산 기말 가격을 $68이라고 가정하고 문제 1, 2를 다시 구하라.

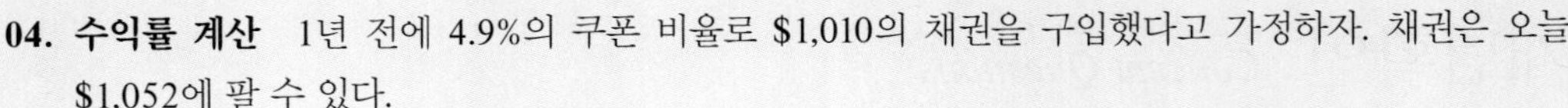

04. 수익률 계산 1년 전에 4.9%의 쿠폰 비율로 $1,010의 채권을 구입했다고 가정하자. 채권은 오늘 $1,052에 팔 수 있다.

a. 액면가가 $1,000라고 가정하면 지난 1년간 이 투자에 대한 총수익금은 얼마인가?

b. 지난 1년간 이 투자에 대한 총명목수익률은 얼마인가?

c. 작년 인플레이션율이 3%라면 이 투자에 대한 총실질수익률은 얼마인가?

05. 명목수익률과 실질수익률 1926년부터 2017년까지의 대기업 주식에 대한 산술평균 연수익률은 얼마인가?

a. 명목가치로는 얼마인가?

b. 실질가치로는 얼마인가?

06. 채권수익률 장기 미국 국채의 과거 실질수익률은 얼마인가? 장기 회사채 수익률은 얼마인가?

07. 수익률과 변동성 계산 다음의 수익률을 이용하여 X와 Y의 평균수익률과 분산, 표준편차를 계산하라:

	수익률	
연도	X	Y
1	12%	14%
2	24	29
3	−27	−33
4	14	17
5	19	37

08. 위험 프리미엄 본문의 〈표 10.1〉을 참조하여 1973년부터 1978년까지의 기간을 보라.

a. 이 기간에 대기업 주식 및 T-bill의 산술평균수익률을 계산하라.

b. 이 기간에 대기업 주식 및 T-bill 수익률의 표준편차를 계산하라.

c. 대기업 주식 vs. T-bill에 대해 매년 관찰된 위험 프리미엄을 계산하라. 이 기간에 산술평균 위험 프리미엄은 얼마인가? 이 기간에 위험 프리미엄의 표준편차는 얼마인가?

09. 수익률과 변동성 계산 SkyNet Data Corporation의 주식에 대한 지난 5년간 주식수익률은 다음과 같이 관찰되었다: 19%, 24%, 11%, −9%, 13%.

a. 지난 5년간 SkyNet 주식의 산술평균수익률은 얼마인가?

b. 이 기간 중 SkyNet의 수익률에 대한 분산은 얼마인가? 또 표준편차는 얼마인가?

10. 실질수익률과 위험 프리미엄 계산 문제 9에서, 이 기간 동안 평균 인플레이션율은 3.6%였고, T-bill의 평균수익률은 4.1%였다고 가정하자.

a. SkyNet 주식의 평균 실질수익률은 얼마인가?

b. SkyNet 주식의 평균 명목위험 프리미엄은 얼마인가?

11. 실질수익률 계산 문제 10의 주어진 정보에서, 이 기간 중 평균 실질 무위험이자율은 얼마가 되는가? 평균 실질 위험 프리미엄은 얼마인가?

12. 보유기간수익률 주식은 지난 5년 동안 각각 12.79%, 9.21%, 14.68%, 21.83%, −10.34%의 수익률을 보였다. 주식의 보유기간수익률은 얼마인가?

13. 수익률 계산 1년 전에 무이표채를 $273.82에 구입했다. 시장이자율은 6.4%이다. 채권을 처음 구입했을 때 만기가 21년이었다면, 지난 한 해 동안의 총수익률은 얼마인가? 반기복리계산을 가정한다.

14. 수익률 계산 지난 해 당신은 주당 액면의 3.1%를 지급하는 우선주를 $94.82에 구입했다. 현재 이 우선주의 가격은 $97.18이다. 지난 1년간 이 우선주의 총수익률은 얼마인가?

15. 수익률 계산 3개월 전에 주당 $82.18에 주식을 구입했다. 이 주식은 배당금을 지급하지 않았다. 현재 주가는 $91.45이다. 투자의 APR은 얼마인가? EAR은 얼마인가?

16. 실질수익률 계산 〈표 10.1〉을 참조하라. 1926년부터 1932년까지 단기재정증권(T-bills)의 평균 실질수익률은 얼마인가?

17. 수익률 분포 〈표 10.2〉를 다시 참조하라. 장기 회사채에 대하여 68%의 확률로 기대되는 수익률의 범위는 얼마인가? 또 95%의 확률로 기대되는 범위는 얼마인가?

18. 수익률 분포 〈표 10.2〉를 다시 참조하라. 대기업 주식에 대하여 68%의 확률로 기대되는 수익률의 범위는 얼마인가? 또 95%의 확률로 기대되는 범위는 얼마인가?

중급
(Questions 19~26)

19. 수익률과 변동성 계산 당신은 지난 5년 중 4개년도의 수익률이 각각 17%, −19%, 9%, 34%인 어떤 주식을 발견하였다. 만약 이 기간 동안 이 주식의 평균수익률이 10.1%였다면, 나머지 1개 연도의 주식수익률은 얼마인가? 이 주식수익률의 표준편차는 얼마인가?

20. 산술평균과 기하평균 어떤 주식의 지난 6년 동안의 수익률은 23%, 11%, 37%, −3%, 22%, −17%이다. 이 주식의 기하평균수익률과 산술평균수익률은 얼마인가?

21. 산술평균과 기하평균 어떤 주식의 기말주가와 배당금은 다음과 같다.

연도	주가	배당금
1	$64.12	−
2	68.13	$1.15
3	61.23	1.25
4	74.27	1.36
5	77.38	1.47
6	86.19	1.60

이 주식의 기하평균수익률과 산술평균수익률은 얼마인가?

22. 수익률 계산 〈표 10.1〉을 참조하여 1973년부터 1980년까지의 기간에 대하여 다음을 계산하라.

a. T-bills의 산술평균수익률과 평균 인플레이션율(소비자물가지수)을 계산하라.

b. T-bill 수익률과 인플레이션의 표준편차를 계산하라.

c. 매년 실질수익률을 계산하라. T-bills의 평균 실질수익률은 얼마인가?

d. 많은 사람들은 T-bills에 위험이 없다고 생각한다. 이 계산은 T-bills의 잠재적 위험에 대해 무엇을 설명하는가?

23. 투자수익률 계산 당신은 1년 전에 5.8%의 표면이자를 지급하는 Colton Manufacturing Co.의 채권을 $1,027.50에 구입하였다. 이 채권은 이자를 연단위로 지급하며, 만기는 지금으로부터 6년이 남았다. 당신이 이 채권을 오늘 팔기로 결정하였고, 현재 채권에 대한 요구수익률은 5.4%라고 가정하자. 지난 1년간 인플레이션율이 2.9%였다면 이 투자에 대한 총실질수익률은 얼마인가?

24. 수익률 분포의 사용 장기 정부 채권에 대한 수익률이 정규분포를 보인다고 가정하자. 과거 기록에 따르면, 이 채권에 대한 수익률이 주어진 연도에 −3.9% 미만일 것으로 예상되는 대략적인 확률은 얼마인가? 95%의 확률로 기대되는 수익률의 범위는 어느 정도인가? 99%의 확률로 나타날 수익률의 범위는 어느 정도인가?

25. 수익률 분포의 사용 소기업 주식을 보유한 수익률이 정규분포를 보인다고 가정하면 1년 동안 투

자금액 가치가 두 배로 증가할 확률은 얼마인가? 세 배로 증가할 확률은?

26. 분포 앞의 문제에서 수익률이 −100%보다 낮을 확률은 얼마인가? 이 수익률 분포가 의미하는 것은 무엇인가?

고급
(Questions 27~28)

27. 확률분포의 사용 대기업 보통주가 정규분포를 보인다고 가정하자. 앞에서 살펴본 과거자료를 근거로, Excel®의 NORMDIST 함수를 사용하여, 어떤 주어진 해에 보통주에 투자한 경우 손해를 볼 확률을 구하라.

28. 확률분포의 사용 장기 회사채 및 T-bills이 정규분포를 보인다고 가정하자. 앞에서 살펴본 과거자료를 근거로, Excel®의 NORMDIST 함수를 사용하여, 다음 질문에 대답하라.

a. 주어진 연도에 장기 회사채 수익률이 10%를 초과할 확률은 얼마인가? 0% 미만일 확률은?

b. 주어진 연도에 T-bills의 수익률이 10%를 초과할 확률은 얼마인가? 0% 미만일 확률은?

c. 1979년 장기 회사채 수익률은 −4.18%였다. 미래 어느 시점에서 이 최저 수준의 수익률이 재현할 가능성은 얼마인가? 같은 해 T-bills의 수익률은 10.56%였다. T-bills에서 이 최고 수준의 수익률이 미래 어느 시점에서 재현할 가능성은 얼마인가?

Mini Case

EAST COAST YACHTS에서의 일

당신은 최근 대학을 졸업하였으며, 일자리를 찾던 당신은 East Coast Yachts에 끌렸다. 당신은 이 회사의 사업이 적합하다고 느껴, 일자리 제안을 받아들였다. 근무 첫날, 당신이 고용과 관련된 서류작업을 마치고 있을 때, 재무 부서에서 근무하는 Dan Ervin이 회사의 401(k) 퇴직연금에 대해 알려주기 위해 당신에게 들렀다.

401(k) 연금은 많은 회사들이 제공하는 퇴직연금 프로그램이다. 이 연금은 세금이연 저축수단으로, 이 프로그램에 저축한 금액은 세전수익에서 차감되어 현시점에서 세금을 내지 않는다. 예를 들어, 당신의 봉급이 연 $50,000이라 가정하자. 만약 401(k) 연금에 $3,000을 납부하는 경우 당신은 $47,000의 소득에 대한 세금만을 납부하면 된다. 이 프로그램에 납입하는 동안 발생하는 어떠한 자본이득이나 이자에 대해서도 세금을 내지 않지만, 퇴직 시점에서 돈을 인출할 때에는 세금을 낸다. 상당히 일반적으로, 회사가 5% 정도를 맞추어준다. 이것은 회사가 당신 봉급의 5%까지 당신이 납입한 금액에 대해 대응자금을 납부해 주는 것을 의미하지만, 회사가 맞추어 지급하는 금액을 최대로 하기 위하여 당신도 한도 내에서 최대한 납입을 해야 한다.

401(k) 퇴직연금은 투자와 관련해 몇 가지 옵션을 가지고 있지만, 그들 중 대부분은 뮤추얼펀드이다. 뮤추얼펀드는 자산 포트폴리오이다. 당신이 뮤추얼펀드 몇 주를 매수하였을 때, 당신은 실제로 펀드 자산의 일부 소유권을 매수하는 것과 같다. 펀드수익률은 펀드가 보유한 자산의 가중평균수익률에서 비용을 차감한 값이 된다. 가장 큰 비용은 일반적으로 펀드매니저에게 지급되는 관리수수료이다. 이 관리비용은 펀드의 모든 투자의사결정을 하는 매니저에 대한 보상이다.

East Coast Yachts는 401(k) 퇴직연금 관리자로 Bledsoe Financial Services를 활용한다. 여기 직원들에게 제공되는 투자옵션이 다음과 같이 있다.

회사 주식 401(k) 퇴직연금의 한 가지 옵션은 East Coast Yachts의 주식이다. 이 회사는 아직 개인적으로 소유되고 있다. 그러나 당신이 회사 오너인 Larissa Warren과 인터뷰할 때 그녀는 향후 3~4년 내에 기업이 공개를 할 계획이라고 알려주었다. 그때까지 이 회사 주가는 이사회에 의해 매년 단순히 산정된다.

Bledsoe S&P 500 인덱스펀드 뮤추얼펀드는 S&P 500을 추종한다. 펀드에 속해 있는 주식들의 가중치는 S&P 500을 구성하는 주식의 가중치와 정확하게 일치한다. 따라서 펀드의 수익률은 S&P 500의 수익률에서 비용을 차감한 값과 거의 유사하다. 인덱스펀드는 펀드가 추종하는 인덱스의 구성 비율에 근거해 자산을 매입하므로 펀드 매니저는 주식에 대한 연구나 투자에 대한 의사결정을 반드시 할 필요가 없다. 펀드의 비용은 일반적으로 낮다. Bledsoe S&P 500 인덱스펀드는 매년 자산의 0.15%를 비용으로 부가한다.

Bledsoe 소형주 펀드 이 펀드는 우선적으로 소형주에 투자한다. 따라서 펀드수익률은 상당히 변동성이 높다. 이 펀드는 자산의 10%를 미국이 아닌 해외에 기반을 둔 회사에 투자할 수 있다. 펀드수수료는 1.70%이다.

Bledsoe 대형주 펀드 이 펀드는 우선적으로 미국에 기반을 둔 대형주에 투자한다. 이 펀드는 Evan Bledsoe가 관리하며 지난 8년 중 6년의 수익률이 시장수익률보다 높았다. 수수료는 1.50%이다.

Bledsoe 채권펀드 이 펀드는 미국소재 기업이 발행하는 장기회사채에 투자한다. 투자는 투자등급을 받은 회사채로 제한한다. 펀드수수료는 1.40%이다.

Bledsoe 머니마켓 펀드 이 펀드는 단기재정증권과 같은 신용도가 높은 단기 채권에 투자한다. 따라서 머니마켓 펀드의 수익률은 단기재정증권 수익률보다 약간 높다. 우량하고 단기를 지향하는 투자 특성상 마이너스 수익률이 나올 위험은 대단히 낮다. 펀드수수료는 0.60%이다.

01. 회사주식과 비교하여 뮤추얼펀드가 제공하는 이점은 무엇인가?

02. 당신은 봉급의 5%를 투자하고 East Coast Yachts로부터 5%의 최대 대응자금도 받았다고 가정하자. 당신이 이 대응자금으로부터 얻게 되는 EAR은 얼마인가? 대응자금 결과로부터 얻게 되는 결론은 무엇인가?

03. 당신은 자금의 일부를 미국에 기반을 둔 대형주에 투자하기로 했다고 가정하자. Bledsoe 대형주 펀드와 S&P 500 인덱스펀드와 비교하여 Bledsoe 대형주를 선택한 장점과 단점은 무엇인가?

04. Bledsoe 소형주 펀드는 401(k) 퇴직연금에서 제시한 모든 펀드 중 가장 변동성이 높다. 이 펀드에 투자하기를 원하는 사람들은 왜 그럴까? 뮤추얼펀드의 비용을 고려할 때 이 펀드의 비용이 제일 높다는 것도 알 수 있다. 이 같은 비용이 이 펀드에 대한 의사결정시 영향을 미치는가?

05. 샤프비율(Sharpe ratio)은 흔히 사용되는 위험조정성과 측정치이다. 샤프비율은 자산의 위험 프리미엄을 표준편차로 나누어 계산된다. 지난 10년간의 펀드 수익률과 표준편차는 아래 표와 같다. 각 펀드들의 샤프비율을 구하라. 이 회사 주식의 기대수익률과 표준편차는 16%와 58%가 될 것이라고 가정하자. 회사 주식의 샤프비율을 구하라. 이들 펀드의 샤프비율은 얼마나 적정한가? 당신은 언제 샤프비율을 사용하는가? 무위험이자율은 3.2%라고 가정한다.

	10년 연수익률	표준편차
Bledsoe S&P 500 인덱스펀드	11.04%	18.45%
Bledsoe 소형주 펀드	16.14	29.18
Bledsoe 대형주 펀드	12.15	24.43
Bledsoe 채권펀드	6.93	9.96

06. 어떤 포트폴리오 배분을 선택할 것인가? 그 이유는? 당신의 생각에 대하여 주의깊게 이야기해 보아라.

11

수익률과 위험, 자본자산가격결정모형(CAPM)

Return, Risk, and the Capital Asset Pricing Model

보통주에 대한 기대수익률은 상당히 달라질 수 있다. 한 가지 중요한 결정 요인은 회사가 속해 있는 산업이다. 예를 들어, NYU의 Aswath Damodaran 교수의 추정에 의하면, Coca-Cola와 PepsiCo 같은 회사가 포함된 청량음료 산업의 평균 기대수익률은 7.64%인 반면 Delta와 Southwest 같은 항공 운송회사의 평균 기대수익률은 8.83%이다. Nucor와 United States Steel과 같은 철강회사의 평균 기대수익률은 11.55%이다.

이 추정치들은 몇 가지 분명한 의문을 발생시킨다. 첫째로, 왜 이 산업들의 기대수익률은 상당히 다르며, 그 구체적인 수치들은 어떻게 계산이 되었는가? 또한 철강 산업 주식이 제공하는 더 높은 수익률은 투자자들로 하여금, 예를 들어 항공사 주식들보다 철강 산업 주식을 더 선호해야 한다는 것을 의미하는가? 우리가 이번 장에서 보게 되겠지만, 이 질문에 대하여 노벨상을 수상한 답변은 위험과 수익에 대한 현대적 이해의 근간을 형성하였다.

기업재무의 최신 동향: rwjcorporatefinance.blogspot.com

11.1 개별 증권

11장의 첫 번째 부분에서 개별 증권들의 특징을 살펴볼 것이다. 특히 다음에 대하여 논의할 것이다.

1. **기대수익률**(expected return): 이것은 개별 증권에 대하여 다음 기간 동안 얻을 것으로 기대하는 수익률이다. 물론 이것은 기대치이므로 실제수익률은 더 높거나 더 낮을 수도 있다. 개별적인 예측치는 단순히 해당 증권이 과거에 기록했던 기간별 평균수익률이 될 수 있다. 다른 대안으로 예측치는 기업의 전망에 대한 상세한 분석, 컴퓨터 기반 모형, 또는 특수한(또는 내부) 정보를 기반으로 구할 수 있다.

2. **분산**(variance)과 **표준편차**(standard deviation): 증권수익률의 변동성을 측정하는 방법은 많은 방법들이 존재한다. 가장 일반적인 방법 중 하나는 분산이며, 이것은 증권의 기대수익률로부터 표준편차를 측정한다. 표준편차는 분산의 제곱근이다.

3. **공분산**(covariance)과 **상관계수**(correlation coefficient): 개별적인 증권의 수익률은 다른 증권들과 연관이 되어 있다. 공분산은 두 증권 간의 상관관계를 측정하는 통계량이다.

다른 대안으로 이 관계는 두 증권 간의 상관계수와 같은 방법으로도 나타낼 수 있다. 공분산과 상관계수는 베타계수를 이해하기 위한 초석이 된다.

11.2 기대수익률, 분산, 그리고 공분산

기대수익률과 분산

재무분석가들이 경기 상황은 동일한 확률로 네 가지의 상황이 존재할 것으로 믿는다고 가정하자: 불황, 침체, 정상, 호황. Supertech Company의 수익률은 경기 상황을 밀접하게 따를 것으로 예상되지만 Slowpoke Company의 수익률은 그렇지 않다. 이들 수익률에 대한 예측은 다음과 같다.

	Supertech 수익률 R_{Super}	Slowpoke 수익률 R_{Slow}
불황	−20%	5%
침체	10	20
정상	30	−12
호황	50	9

분산은 네 단계로 계산되며 표준편차를 구하기 위해서는 추가적인 단계가 필요하다. 각 단계는 다음과 같다.

1. 기대수익률을 계산한다.

$$E(R_{Super}) = \frac{-0.20 + 0.10 + 0.30 + 0.50}{4} = 0.175 \text{ 또는 } 17.5\%$$

$$E(R_{Slow}) = \frac{0.05 + 0.20 - 0.12 + 0.09}{4} = 0.055 \text{ 또는 } 5.5\%$$

2. 〈표 11.1〉의 세 번째 열에서 보이는 바와 같이, 각 상황에서 회사의 수익률과 앞서 계산한 기대수익률과의 편차를 계산한다.
3. 편차(deviation)는 수익률의 분산(dispersion)을 알려준다. 그러나 이 편차가 양수값과 음수값을 모두 지니므로, 그대로 쓰기에는 어려움이 있다. 예를 들어, 만약 하나의 회사에 대한 편차를 모두 더하면 그 합으로 0을 얻게 될 것이다. 따라서, 편차가 의미를 가지려면 각각을 제곱해야 한다. 이제 모든 숫자들이 양수가 되었으므로, 그 합 또한 반드시 양수가 된다는 것을 의미한다. 편차의 제곱은 〈표 11.1〉의 마지막 열에 나타나 있다.
4. 각각의 회사에 대하여 편차 제곱의 평균을 계산한다. 이것이 바로 분산이다.[1]

[1] 이 예제에서 4개의 경기 상황은 각각 동일한 확률로 발생한다. 따라서 가능한 수익률의 확률가중평균을 이용하여 기대수익률을 계산한다. Supertech의 경우에는 다음과 같다.

$$0.25 \times (-0.20) + 0.25 \times 0.10 + 0.25 \times 0.30 + 0.25 \times 0.50 = 0.175 \text{ 또는 } 17.5\%$$

이 4가지 가능한 결과들은 동일한 확률로 발생하므로, 우리는 단순하게 가능한 결과들을 합하여 4로 나누어줄 수 있다. 만약 결과들이 동일한 확률이 아니라면, 이 단순화는 적용될 수 없다.

같은 종류의 계산이 분산에 대하여 요구된다. 우리는 편차의 제곱의 확률가중평균을 취한다. Supertech에 대하여,

$$0.25 \times 0.140625 + 0.25 \times 0.005625 + 0.25 \times 0.015625 + 0.25 \times 0.105625 = 0.066875$$

이것은 편차의 제곱을 합하여 4로 나누어준 것과 동일하다. 만약 우리가 과거의 데이터를 사용한다면(10장에서처럼), 나누어주는 숫자는 항상 과거의 관측수보다 1이 적다.

표 11.1
분산과 표준편차 계산

(1) 경기 상황	(2) 수익률	(3) 기대수익률로부터의 편차	(4) 편차의 제곱
	Supertech	(기대수익률 = 0.175)	
	R_{Super}	$R_{\text{Super}} - \text{E}(R_{\text{Super}})$	$[R_{\text{Super}} - \text{E}(R_{\text{Super}})]^2$
불황	−0.20	−0.375 (= −0.20 − 0.175)	0.140625 $[= (-0.375)^2]$
침체	0.10	−0.075	0.005625
정상	0.30	0.125	0.015625
호황	0.50	0.325	0.105625
	Slowpoke	(기대수익률 = 0.055)	
	R_{Slow}	$R_{\text{Slow}} - \text{E}(R_{\text{Slow}})$	$[R_{\text{Slow}} - \text{E}(R_{\text{Slow}})]^2$
불황	0.05	−0.005 (= 0.05 − 0.055)	0.000025 $[= (-0.005)^2]$
침체	0.20	0.145	0.021025
정상	−0.12	−0.175	0.030625
호황	0.09	0.035	0.001225

$$\sigma^2_{\text{Super}} = \frac{0.140625 + 0.005625 + 0.015625 + 0.105625}{4} = 0.066875$$

$$\sigma^2_{\text{Slow}} = \frac{0.000025 + 0.021025 + 0.030625 + 0.001225}{4} = 0.013225$$

따라서 Supertech의 분산은 0.066875이고, Slowpoke의 분산은 0.013225이다.

5. 분산에 제곱근을 취함으로써 표준편차를 구한다.

$$\sigma_{\text{Super}} = \sqrt{0.066875} = 0.2586 \text{ 또는 } 25.86\%$$

$$\sigma_{\text{Slow}} = \sqrt{0.013225} = 0.1150 \text{ 또는 } 11.50\%$$

수학적으로, 분산에 대한 수식은 다음과 같이 표현될 수 있다.

$$\text{Var}(R) = \sigma^2 = \sum[R - \text{E}(R)]^2 \tag{11.1}$$

여기서 E(R)은 증권에 대한 기대수익률이며, R은 실제 수익률이다.

분산을 위한 앞의 4 단계 계산과정을 살펴보면, 수익률의 스프레드를 측정했다는 것을 분명하게 알 수 있다. 각각의 관측치에 대하여 실제수익률과 기대수익률의 차이를 제곱하였다. 그리고 이 차이를 제곱한 것의 평균값을 구하였다. 차이를 제곱하는 것은 모든 값을 양수로 만들어 준다. 만약 각각의 수익률과 기대수익률 간의 차이를 그대로 쓴다면, 평균 이상의 값은 평균 이하의 값과 상쇄되어 버리므로 결국 0을 얻게 될 것이다.

분산은 여전히 제곱의 형태로 표현되기 때문에, 해석에 어려움이 있다. 10.5절에서 언급하였듯이 표준편차를 해석하는 것이 훨씬 간단하다. 표준편차는 단순히 분산의 제곱근을 취해준 것이다. 표준편차의 일반적인 공식은 다음과 같다.

$$SD(R) = \sigma = \sqrt{Var(R)}$$

공분산과 상관관계

분산과 표준편차는 개별 주식의 변동성을 측정한다. 우리는 이제 한 주식의 수익률과 다른 주식의 수익률 간의 관계를 측정해보려 한다. **공분산**(covariance)과 **상관관계**(correlation)를 살펴보자.

공분산과 상관관계는 두 확률변수가 얼마나 연관이 있는가를 측정한다. Supertech와 Slowpoke의 예를 확장시켜 이에 대하여 설명하도록 한다.

예제 11.1

공분산과 상관관계의 계산 우리는 이미 Supertech와 Slowpoke에 대한 기대수익률과 표준편차를 구하였다(Supertech와 Slowpoke에 대한 기대수익률은 각각 0.175와 0.055이다. 표준편차는 각각 0.2586와 0.1150이다). 또한, 각 회사에 대하여 기대수익률로부터 가능한 수익률의 편차도 계산하였다. 이 데이터들을 이용하여, 우리는 두 단계에 걸쳐 공분산을 계산할 수 있다. 상관관계를 계산하기 위해서는 추가적인 단계가 필요하다.

1. 각각의 경기 상황에 대하여, Supertech의 기대수익률로부터의 편차와 Slowpoke의 기대수익률로부터의 편차를 서로 곱하라. 예를 들어, 불황일 때 Supertech의 수익률은 −0.20이고, 이 기대수익률로부터 편차는 −0.375(= −0.20 − 0.175)가 된다. 또 마찬가지로 불황일 때 Slowpoke의 수익률은 0.05이고, 기대수익률로부터 편차는 −0.005(= 0.05 − 0.055)가 된다. 두 편차를 함께 곱하면 0.001875[= (−0.375) × (−0.005)]가 된다. 실제 계산은 〈표 11.2〉의 마지막 열에 나타나 있다. 이 과정은 수학적으로 다음과 같이 나타낼 수 있다.

$$[R_{Super} - E(R_{Super})] \times [R_{Slow} - E(R_{Slow})] \tag{11.2}$$

여기서 R_{Super}와 R_{Slow}는 Supertech와 Slowpoke의 수익률이고, $E(R_{Super})$와 $E(R_{Slow})$는 이 두 증권의 기대수익률이다.

2. 마지막 열에서 4가지 경기 상황에 대한 평균값을 계산한다. 이 평균은 공분산이다. 즉,[2]

$$\sigma_{Super,Slow} = Cov(R_{Super}, R_{Slow}) = \frac{-0.0195}{4} = -0.004875$$

우리는 Supertech와 Slowpoke의 공분산을 $Cov(R_{Super}, R_{Slow})$ 또는 $\sigma_{Super,Slow}$로 나타낸다. 식 (11.2)은 공분산에 대한 직관에 대하여 설명하고 있다. Slowpoke의 수익률이 Slowpoke의 평균보다 높을 때 Supertech의 수익률도 Supertech의 평균보다 높고, Slowpoke의 수익률이 Slowpoke의 평균보다 낮을 때 Supertech의 수익률이 Supertech의 평균보다 낮다고 가정하자. 이것은 두 수익률 간의 양(+)의 의존성 또는 양(+)의 상관관계를 보여주는 것이다. 식 (11.2)에서 이 값은 두 수익률이 모두 평균보다 높은 경기 상황에서 양수가 될 것이다. 또한 식 (11.2)에서 두 수익률이 평균보다 낮은 경기 상황에서도 마찬가지로 양수가 될 것이다. 따라서 두 수익률 간의 양(+)의 관계는 양수의 공분산을 나타낼 것이다.

[2] 분산에 대하여, 우리는 N(여기서는 4)으로 나누어 주었는데, 이는 발생 가능한 결과가 네 가지 경기상황에 동일한 확률로 발생하기 때문이다.

표 11.2 공분산과 상관관계 계산

경기 상황	Supertech의 수익률 R_{Super}	기대수익률로부터의 편차 $[R_{Super} - E(R_{Super})]$	Slowpoke의 수익률 R_{Slow}	기대수익률로부터의 편차 $[R_{Slow} - E(R_{Slow})]$	편차로부터의 최종산출물 $[R_{Super} - E(R_{Super})] \times [R_{Slow} - E(R_{Slow})]$
		(기대수익률 = 0.175)		(기대수익률 = 0.055)	
불황	−0.20	−0.375 (= −0.20 − 0.175)	0.05	−0.005 (= 0.05 − 0.055)	0.001875 (= −0.375 × −0.005)
침체	0.10	−0.075	0.20	0.145	−0.010875 (= −0.075 × 0.145)
정상	0.30	0.125	−0.12	−0.175	−0.021875 (= 0.125 × −0.175)
호황	0.50	0.325	0.09	0.035	0.011375 (= 0.325 × 0.035)
					−0.0195

이와 반대로, Slowpoke의 수익률이 Slowpoke의 평균보다 낮을 때 Supertech의 수익률이 Supertech의 평균보다 높고, Slowpoke의 수익률이 Slowpoke의 평균보다 높을 때 Supertech의 수익률이 Supertech의 평균보다 낮다고 가정하자. 이것은 두 수익률 간의 음(−)의 의존성 또는 음(−)의 상관관계를 보여주는 것이다. 식 (11.2)에서 이 값은 한 수익률이 평균보다 높고 다른 수익률이 평균보다 낮은 어떤 경기 상황에서도 음수가 될 것이다. 따라서 두 수익률 간의 음(−)의 관계는 음수의 공분산을 나타낼 것이다.

마지막으로, 두 수익률 간에 어떠한 관계도 없다고 가정하자. 이러한 경우, Supertech의 수익률이 기대수익률보다 높거나 낮음을 아는 것은 Slowpoke의 수익률에 대해 말해줄 수 있는 것이 없다. 그러므로 공분산 식에서 편차가 함께 양수 또는 음수가 되는 경향 또한 없을 것이다. 평균적으로, 그들은 서로 상쇄되어 없어져 공분산을 0으로 만든다.

물론 두 수익률이 서로 관련이 없다고 하더라도 실제로 과거자료를 사용하면 공분산식이 정확하게 0이 되지 않을 것이다. 0이 된다면 이는 표본선정의 오류 때문인데, 무작위 표본선정은 공분산이 양수나 음수로 나타나도록 한다. 하지만 충분히 오랜 기간 동안 두 주식의 수익률이 서로 관련이 되지 않았다면, 공분산이 0에 근접할 것으로 기대할 수 있다.

공분산식은 우리가 원하는 것을 잘 보여주는 것 같다. 두 수익률이 서로 양의 관련이 있는 경우 양의 공분산을 가지고, 음의 관련이 있으면 음의 공분산이 된다. 마지막으로 가장 중요한 것은 만약 그들이 서로 관련이 없다면 공분산은 0이 되어야 한다.

공분산에 대한 공식은 수학적으로 다음과 같이 나타낼 수 있다.

$$\sigma_{Super,Slow} = \text{Cov}(R_{Super}, R_{Slow}) = \sum[R_{Super} - E(R_{Super})] \times [R_{Slow} - E(R_{Slow})]$$

여기서 $E(R_{Super})$와 $E(R_{Slow})$는 두 증권에 대한 기대수익률이며, R_{Super}와 R_{Slow}는 실제 수익률이다. 두 변수의 순서는 중요하지 않다. 즉, Supertech와 Slowpoke에 대한 공분산은 Slowpoke와 Supertech에 대한 공분산과 같다. 이것을 좀 더 정식으로 표현하면 $\text{Cov}(R_A, R_B) = \text{Cov}(R_B, R_A)$ 또는 $\sigma_{AB} = \sigma_{BA}$가 된다.

우리가 계산한 공분산은 −0.004875이다. 이 같은 음수의 공분산은 한 주식의 수익률이 평균보다 낮을 때 다른 주식의 수익률은 평균보다 높을 가능성이 있다는 것을 의미하고, 반대로도 마찬가지임을 의미한다. 그러나 숫자의 크기에 대해서는 해석하기가 어렵다. 분산과 마찬가지로, 공분산은 편차의 제곱 형태로 나타낸다.

실상을 정확하게 파악하기 전까지, 공분산을 통해 무엇을 할 수 있는지 알지 못한다.

우리는 상관관계의 계산을 통하여 이 문제를 해결하도록 한다.

3. 상관관계를 구하기 위해서, 우리는 두 증권의 공분산을 표준편차로 나누어 구할 수 있다. 예를 들어, 우리는 다음과 같은 값을 얻을 수 있다.

$$\rho_{\text{Super,Slow}} = \text{Corr}(R_{\text{Super}}, R_{\text{Slow}}) = \frac{\text{Cov}(R_{\text{Super}}, R_{\text{Slow}})}{\sigma_{\text{Super}} \times \sigma_{\text{Slow}}} = \frac{-0.004875}{0.2586 \times 0.1150} = -0.1639 \quad \textbf{(11.3)}$$

여기서 σ_{Super}와 σ_{Slow}는 각각 Supertech와 Slowpoke의 표준편차이다. 우리는 Supertech와 Slowpoke의 상관관계는 $\text{Corr}(R_{\text{Super}}, R_{\text{Slow}})$ 또는 $\rho_{\text{Super,Slow}}$로 표현한다. 분산과 같이, 두 변수의 순서는 중요하지 않다. 즉, A에 대한 B의 상관관계는 B에 대한 A의 상관관계와 동일하다. 즉, $\text{Corr}(R_A, R_B) = \text{Corr}(R_B, R_A)$ 또는 $\rho_{AB} = \rho_{BA}$.

표준편차는 항상 양수이므로, 두 변수 간에 상관관계 부호는 두 변수의 공분산의 부호와 일치해야만 한다. 만일 상관관계(correlation)가 양수이면, 우리는 두 변수가 *양의 상관관계*(positively correlated)를 가진다고 할 수 있다. 만약 상관관계(correlation)가 음수이면, 두 변수는 *음의 상관관계*(negatively correlated)를 가진다고 할 수 있다. 또한 만약 상관관계가 0이면, 두 변수는 *서로 상관관계가 없다*고 할 수 있다. 게다가 상관관계는 항상 +1과 −1 사이의 값을 갖는 것이 밝혀졌다. 이는 두 표준편차로 나누어주는 표준화 과정을 거치기 때문이다.

우리는 서로 다른 증권의 *조합* 간의 상관관계를 비교해 볼 수 있다. 예를 들어, General Motors와 Ford의 상관관계는 General Motors와 IBM의 상관관계보다 더 높은 것으로 나타났다. 따라서 우리는 전자의 조합이 후자의 조합보다 서로 더 상호 관련되었다고 이야기할 수 있을 것이다.

〈그림 11.1〉은 두 자산에 대한 세 개의 벤치마크 사례를 보여주고 있다. 그림은 두 자산수익률의 상관관계가 +1, −1, 0인 경우를 보여준다. 이것은 완전한 양의 상관관계, 완전한 음의 상관관계, 0의 상관관계를 각각 보여주고 있다. 그래프는 시간에 따른 두 증권의 개별 수익률을 나타낸다.

그림 11.1 서로 다른 상관관계에 대한 예제: 시간에 따른 두 증권의 개별 수익률의 변동추이를 나타낸 그래프

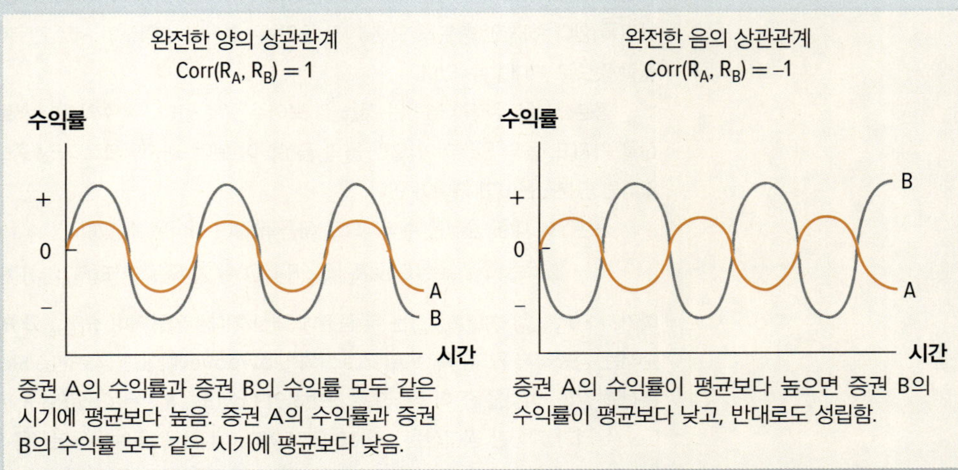

그림 11.1 (계속)

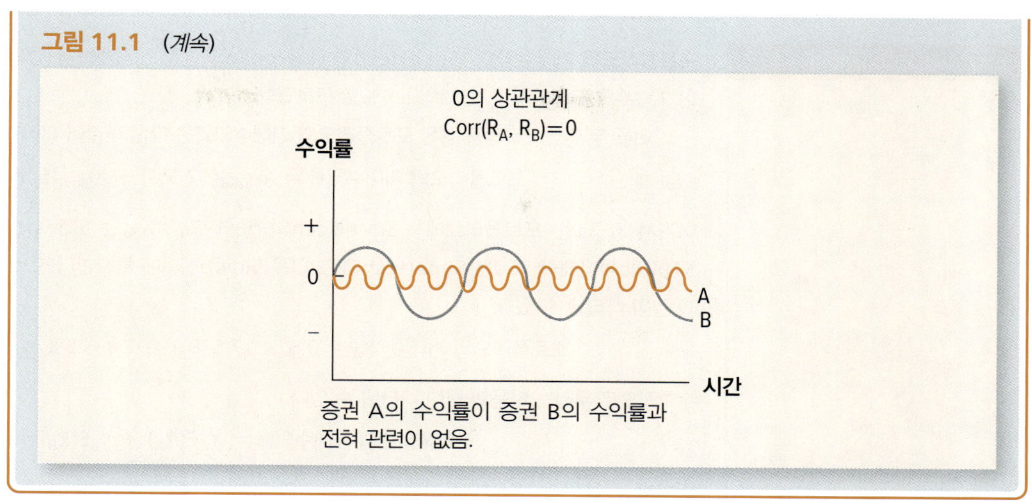

11.3 포트폴리오의 수익률과 위험

coverage online

한 투자자가 개별 증권에 대한 기대수익률과 표준편차, 그리고 증권들 간의 상관관계를 추산하고 있다고 하자. 이 투자자는 보유할 증권의 최상의 조합 또는 **포트폴리오**(portfolio)를 어떻게 결정할 수 있는가? 분명히 투자자는 높은 기대수익률과 낮은 표준편차를 갖는 포트폴리오를 원할 것이다. 따라서 다음 항목은 고려할 만한 가치가 있다.

1. 개별 증권의 기대수익률과 이들 증권으로 구성된 포트폴리오의 기대수익률 간의 관계
2. 개별 증권의 표준편차, 증권들 간의 상관관계, 그리고 이들 증권으로 구성된 포트폴리오의 표준편차 간의 관계

이 두 관계를 분석하기 위해서, 우리는 Supertech와 Slowpoke 예를 동일하게 사용할 것이다. 관련된 계산은 다음과 같다.

포트폴리오 기대수익률

포트폴리오의 기대수익률을 구하기 위한 식은 매우 간단하다.

포트폴리오의 기대수익률은 단순히 개별 증권 기대수익률의 가중평균이다.

Supertech와 Slowpoke의 관련 자료		
항목	표시	값
Supertech 기대수익률	$E(R_{Super})$	0.175 = 17.5%
Slowpoke 기대수익률	$E(R_{Slow})$	0.055 = 5.5%
Supertech 분산	σ^2_{Super}	0.066875
Slowpoke 분산	σ^2_{Slow}	0.013225
Supertech 표준편차	σ_{Super}	0.2586 = 25.86%
Slowpoke 표준편차	σ_{Slow}	0.1150 = 11.50%
Supertech와 Slowpoke의 공분산	$\sigma_{Super,Slow}$	−0.004875
Supertech와 Slowpoke의 상관관계	$\rho_{Super,Slow}$	−0.1639

예제 11.2

포트폴리오의 기대수익률 Supertech와 Slowpoke의 예를 생각해보자. 앞의 계산에서 우리는 두 증권에 대한 기대수익률을 각각 17.5%와 5.5%로 구하였다.

이들 두 증권으로만 구성된 포트폴리오의 기대수익률은 다음과 같이 나타낼 수 있다.

$$\text{포트폴리오의 기대수익률} = X_{Super}(17.5\%) + X_{Slow}(5.5\%) = E(R_P)$$

여기서 X_{Super}는 포트폴리오에서 Supertech의 비율이고, X_{Slow}는 Slowpoke의 비율이다. 만일 투자자가 $100의 투자에서 $60은 Supertech에, $40은 Slowpoke에 투자한다면, 포트폴리오의 기대수익률은 다음과 같이 나타낼 수 있다.

$$\text{포트폴리오의 기대수익률} = 0.6 \times 17.5\% + 0.4 \times 5.5\% = 12.7\% = E(R_P)$$

수학적으로 우리는 다음과 같이 나타낼 수 있다.

$$\text{포트폴리오의 기대수익률} = X_A E(R_A) + X_B E(R_B) = E(R_P) \qquad (11.4)$$

여기서 X_A와 X_B는 총 포트폴리오에서 자산 A와 자산 B가 각각 차지하는 비율이다(투자자는 두 자산에만 투자하므로, $X_A + X_B$는 1 또는 100%가 되어야 한다). $E(R_A)$와 $E(R_B)$는 두 증권에 대한 기대수익률이다.

이제 각각의 기대수익률이 10%인 두 주식을 고려해보자. 두 주식으로 구성된 포트폴리오의 기대수익률은 두 자산을 보유하는 비율에 상관없이 10%가 되어야 한다. 이 결과는 지금은 명확해 보이지만 나중에 중요해질 것이다. 이 결과는 많은 증권에 투자하더라도 기대수익률은 감소하지 않는다는 것을 의미한다. 포트폴리오의 기대수익률은 간단하게 포트폴리오를 구성하고 있는 개별 자산 기대수익률의 가중평균이다.

포트폴리오의 분산과 표준편차

분산 두 증권, A와 B로 구성된 포트폴리오의 분산을 위한 공식은 다음과 같다.

포트폴리오의 분산:

$$\sigma_P^2 = X_A^2 \sigma_A^2 + 2 X_A X_B \sigma_{A,B} + X_B^2 \sigma_B^2 \qquad (11.5)$$

여기서 식의 오른편에 세 개의 항이 있다는 점에 주목하자. 첫 번째 항은 A (σ_A^2)의 분산, 두 번째 항은 두 증권들 간의 공분산($\sigma_{A,B}$), 세 번째 항은 B (σ_B^2)의 분산을 나타낸다(이 장 앞에서 언급한 바와 같이 $\sigma_{A,B} = \sigma_{B,A}$이다. 즉, 두 증권의 공분산을 나타낼 때 변수의 순서는 중요하지 않다).

이 공식은 중요한 점을 알려주고 있다. 바로 포트폴리오의 분산은 개별 증권의 분산과 두 증권의 공분산에 따라 결정된다는 것이다. 증권의 분산은 개별 증권수익률의 변동성을 측정한다. 공분산은 두 증권 간의 상관관계를 측정한다. 개별 증권의 분산이 주어졌을 때, 두 증권 간에 양의 관계 또는 양의 공분산일 경우 전체 포트폴리오의 분산은 증가한다. 두 증권 간에 음의 관계 또는 음의 공분산일 경우 전체 포트폴리오의 분산은 감소한다. 만약 당신이 보유한 증권 하나의 수익률이 하락하는 반면 다른 하나는 상승하는 경향이 있다면, 또는 그 반대라면, 당신의 두 증권은 서로 상쇄된다. 당신은 재무에서 이야기하는 소위 헷지(hedge)를 달성한 것이며, 전체 포트폴리오의 위험은 낮아지게 된다. 그러나 만약 두 증권의 수익률이 동시에 함께 상승하고 하락한다면, 당신은 헷지를 전혀 하지 못한 것이 된다. 따라서 전체 포트폴리오의 위험은 높아지게 된다.

두 증권 Supertech와 Slowpoke에 대한 분산식은 다음과 같다:

$$\sigma_P^2 = X_{\text{Super}}^2 \sigma_{\text{Super}}^2 + 2X_{\text{Super}} X_{\text{Slow}} \sigma_{\text{Super,Slow}} + X_{\text{Slow}}^2 \sigma_{\text{Slow}}^2 \qquad (11.5')$$

앞서 우리가 가정하였던 총 투자금액 \$100 중 \$60은 Supertech에, \$40은 Slowpoke에 투자한다는 가정에 따라 $X_{\text{Super}} = 0.6$, $X_{\text{Slow}} = 0.4$가 된다. 이 가정과 앞의 계산에서의 관련 자료를 바탕으로 포트폴리오의 분산은 다음과 같이 계산된다.

$$0.023851 = 0.36 \times 0.066875 + 2 \times [0.6 \times 0.4 \times (-0.004875)] + 0.16 \times 0.013225 \qquad (11.5'')$$

행렬접근법 다른 대안으로, 식 (11.5′)는 다음의 행렬 형태로 표현될 수 있다.

	Supertech	Slowpoke
Supertech	$X_{\text{Super}}^2 \sigma_{\text{Super}}^2$ 0.024075 = 0.36 × 0.066875	$X_{\text{Super}} X_{\text{Slow}} \sigma_{\text{Super,Slow}}$ −0.00117 = 0.6 × 0.4 × (−0.004875)
Slowpoke	$X_{\text{Super}} X_{\text{Slow}} \sigma_{\text{Super,Slow}}$ −0.00117 = 0.6 × 0.4 × (−0.004875)	$X_{\text{Slow}}^2 \sigma_{\text{Slow}}^2$ 0.002116 = 0.16 × 0.013225

앞의 행렬에서 네 개의 칸이 있다. 우리는 두 증권들로 구성된 포트폴리오의 분산인 식 (11.5′)의 값을 얻기 위하여 위의 칸들의 항을 채운다. 좌측 상단의 항은 Supertech의 분산이다. 우측 하단은 Slowpoke의 분산이다. 다른 두 개의 칸은 공분산을 나타낸다. 이 두 칸의 항은 서로 동일하며, 식 (11.5′)에서 왜 공분산에 2를 곱하는가를 알려준다.

여기서, 학생들은 종종 식 (11.5″)보다 위의 행렬접근법을 더 혼란스러워 하곤 한다. 그러나 행렬접근법은 우리가 이 장에서 나중에 다루게 되겠지만 두 개 이상의 증권일 경우에 더 쉽게 일반화할 수 있을 것이다.

포트폴리오의 표준편차 식 (11.5″)로부터 이제 우리는 포트폴리오 수익률의 표준편차를 계산할 수 있다. 즉,

$$\sigma_P = \sqrt{\text{Var(portfolio)}} = \sqrt{0.023851} = 0.1544 \text{ 또는 } 15.44\% \qquad (11.6)$$

포트폴리오 표준편차에 대한 해석은 개별 증권의 해석과 동일하다. 포트폴리오의 기대수익률은 12.7%이다. 평균 아래에서 한 단위의 표준편차를 고려한 수익률은 −2.74% (= 12.7% − 15.44%)이고, 평균 위에서 한 단위의 표준편차를 고려한 수익률은 28.14% (= 12.7% + 15.44%)이다. 만일 포트폴리오의 수익률이 정규분포를 나타낸다면, 향후 포트폴리오의 수익률

이 −2.74%에서 +28.14% 사이에서 발생할 확률은 약 68%가 된다.[3]

분산효과 포트폴리오의 표준편차와 개별 증권의 표준편차를 비교하는 것은 유용하다. 개별 증권의 표준편차의 가중평균은 다음과 같다:

$$\text{표준편차의 가중평균} = X_{\text{Super}}\sigma_{\text{Super}} + X_{\text{Slow}}\sigma_{\text{Slow}} \tag{11.7}$$
$$0.2012 = 0.6 \times 0.2586 + 0.4 \times 0.115$$

이 장에서 가장 중요한 결과 중 한 가지는 식 (11.6)과 식 (11.7)의 차이와 관련된다. 우리의 예제에서 포트폴리오의 표준편차는 개별 증권 표준편차의 가중평균보다 작다.

앞서서 포트폴리오의 기대수익률은 개별 증권 기대수익률의 가중평균이라고 설명하였다. 그러므로 포트폴리오의 표준편차에서는 포트폴리오의 기대수익률과는 다른 결과를 나타내고 있다.

포트폴리오의 표준편차에 대한 결과는 분산효과 때문이다. 이 예에서, Supertech와 Slowpoke는 약간 음의 상관관계($\rho = -0.1639$)를 보인다. 즉, Slowpoke의 수익률이 평균보다 높으면 Supertech의 수익률은 평균보다 약간 낮게 나타날 가능성이 높다. 이와 유사하게, Slowpoke의 수익률이 평균보다 낮으면 Supertech의 수익률은 평균보다 약간 높게 나타날 가능성이 높다. 따라서 두 증권으로 구성되는 포트폴리오의 표준편차는 두 증권 표준편차의 가중평균보다 약간 작게 되는 것이다.

이 예의 두 증권은 음의 상관관계를 가지고 있다. 분명하게, 만약 두 증권이 양의 상관관계를 보인다면 분산의 효과는 다소 줄어들 수 있다. 분산효과가 완전히 제거되려면 어느 정도의 양의 상관관계를 보여야 하는가?

이에 대한 답을 위해서 식 (11.5′)를 공분산이 아닌 상관관계 형태로 다시 나타내보자. 공분산은 다음과 같이 나타낼 수 있다.[4]

$$\sigma_{\text{Super,Slow}} = \rho_{\text{Super,Slow}}\sigma_{\text{Super}}\sigma_{\text{Slow}} \tag{11.8}$$

이 식은 두 증권 간의 공분산은 단순히 두 증권 간의 상관관계와 각 증권에 대한 표준편차의 곱이라는 사실을 말해주고 있다. 다른 말로, 공분산은 (1) 두 자산 간의 상관관계와 (2) 표준편차로 측정되는 두 자산 각각에 대한 변동성을 함께 고려한 것이다.

이 장에서 앞의 계산으로부터 우리는 두 증권 간의 상관관계가 −0.1639임을 알았다. 식 (11.5″)에서 사용된 분산으로부터, 표준편차는 Supertech와 Slowpoke 각각에 0.2568과 0.115이다. 따라서 포트폴리오의 분산은 다음과 같이 나타낼 수 있다.

포트폴리오 수익률의 분산:

$$\sigma_P^2 = X_{\text{Super}}^2\sigma_{\text{Super}}^2 + 2X_{\text{Super}}X_{\text{Slow}}\rho_{\text{Super, Slow}}\sigma_{\text{Super}}\sigma_{\text{Slow}} + X_{\text{Slow}}^2\sigma_{\text{Slow}}^2 \tag{11.9}$$
$$0.023851 = 0.36 \times 0.066875 + 2 \times [0.6 \times 0.4 \times (-0.1639) \times 0.2586 \times 0.115] + 0.16 \times 0.013225$$

[3] Supertech와 Slowpoke에 대하여 오직 4가지의 수익률이 동일한 확률로 존재하므로, 정규분포를 따른다고 보기 어렵다. 따라서 이 예제에서 확률은 약간 다르게 나타날 수 있다.

[4] 공분산과 같이, 우리가 두 증권 간의 상관관계를 표현할 때 두 증권의 순서는 상관이 없다. 즉, $\rho_{\text{Super,Slow}} = \rho_{\text{Slow,Super}}$

우측의 가운데 항은 이제 공분산이 아닌 상관관계인 ρ항으로 나타내었다.

가장 높은 상관관계 값인 $\rho_{\text{Super,Slow}} = 1$을 가정해보자. 이 예제에서 다른 조건은 모두 동일하다고 가정하면 포트폴리오의 분산은 다음과 같다.

$$\text{포트폴리오 수익률의 분산} = 0.040466 = 0.36 \times 0.066875 + 2 \times [0.6 \times 0.4 \times 1 \times 0.2586 \times 0.115] + 0.16 \times 0.013225$$

표준편차는 다음과 같다:

$$\text{포트폴리오 수익률의 표준편차} = \sqrt{0.040466} = 0.2012 \text{ 또는 } 20.12\% \qquad (11.9')$$

식 (11.9′)와 (11.7)은 동일하다는 점에 주목하라. 즉, $\rho = 1$일 때, 포트폴리오 수익률의 표준편차는 개별 수익률 표준편차의 가중평균과 동일하게 된다. 식 (11.9)를 살펴보면 이것은 분산을 나타내므로 포트폴리오의 표준편차는 상관관계가 1 미만으로 떨어짐에 따라 하락할 것이다. 이는 다음과 같은 결과를 이끌어낸다.

ρ < 1과 같은 한, 두 증권의 포트폴리오의 표준편차는 개별 증권의 표준편차의 가중평균보다 낮다.

다시 말해서, 분산효과는 완전상관관계가 아닌 한(ρ < 1인 한) 존재하는 것이다. 따라서 우리의 Supertech-Slowpoke 예제는 과장된 것이다. 우리는 음의 상관관계를 가지는 예제로 분산효과를 설명하였다. 우리는 양의 상관관계를 가지는 경우의 분산효과도 설명할 수 있다—완전한 양의 상관관계가 아닌 한.

다수 자산으로 확장 앞의 통찰은 다수 자산의 경우로도 확대될 수 있다. 즉, 두 자산 간의 상관관계가 1보다 낮은 한, 다수의 자산으로 구성된 포트폴리오의 표준편차는 개별 증권 표준편차의 가중평균보다 낮다.

이제 지난 5년간 S&P 500 지수의 표준편차와 지수에 포함되어 있는 일부 개별 종목의 표준편차를 보여주고 있는 〈표 11.3〉을 살펴보자. 표에 있는 모든 개별 증권의 표준편차가 지수의 표준편차보다 높다는 점에 주목하자. 일반적으로 지수에 포함되어 있는 대부분 개별 종목의 표준편차는 지수 그 자체의 표준편차보다 높을 것이다. 그럼에도 불구하고 몇몇 소수 종목의 표준편차는 지수의 표준편차보다 낮을 수도 있다.

11.4 두 자산에 대한 효율적 집합

기대수익률과 표준편차에 대한 결과가 〈그림 11.2〉에 나타나 있다. 이 그림은 Slowpoke를 나타내는 점과 Supertech를 나타내는 점을 보여준다. 각각의 점은 개별 증권의 기대수익률 그림에서 보이듯이 Supertech가 더 높은 기대수익률과 표준편차를 가지고 있다.

그래프의 "□"는 Supertech에 60%, Slowpoke에 40% 투자한 포트폴리오를 나타내고 있다. 당신은 앞서 이 포트폴리오의 기대수익률과 표준편차에 대하여 계산했던 것을 떠올릴 것이다.

Supertech에 60%, Slowpoke에 40% 투자한 이 포트폴리오는 만들 수 있는 무한한 포트폴

표 11.3
Standard & Poor's 500 지수와 이 지수에서 선택된 주식들의 표준편차, 2013~2017

자산	표준편차
S&P 500	9.52%
Johnson & Johnson	12.86
Microsoft	20.92
Ford	20.99
Boeing	21.76
Amazon.com	26.36
Bank of America	26.80
Facebook	34.58
Tesla	57.38

출처: 두 증권 간의 상관계수가 1보다 낮은 한, 지수의 표준편차는 지수를 구성하고 있는 개별 증권의 표준편차의 가중평균보다 낮다.

그림 11.2
Supertech와 Slowpoke, 그리고 60%의 Supertech와 40%의 Slowpoke로 구성된 포트폴리오의 기대수익률과 표준편차

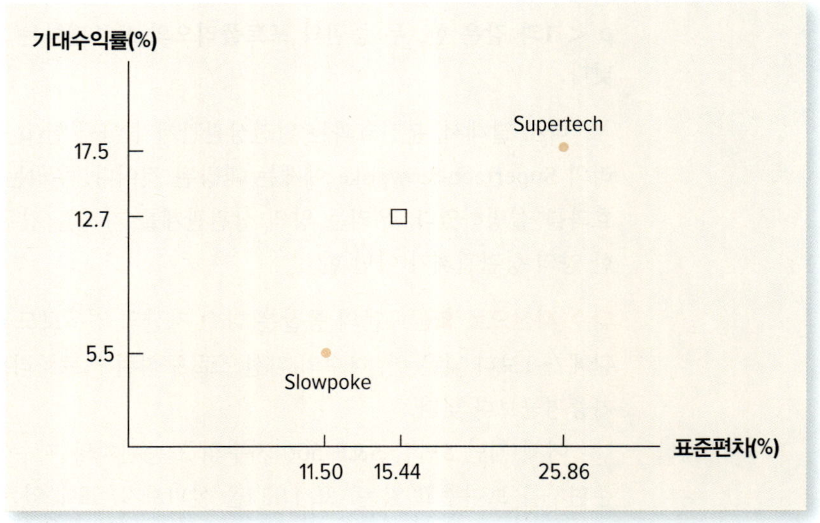

리오 중 하나이다. 포트폴리오의 집합은 〈그림 11.3〉과 같이 곡선으로 그려질 수 있다.

포트폴리오 1을 고려해 보자. 이 포트폴리오는 90%의 Slowpoke와 10%의 Supertech로 구성되어 있다. Slowpoke에 대한 가중치가 훨씬 높으므로 그래프에서 Slowpoke 점 부근에 표시된다. 포트폴리오 2는 50%의 Slowpoke와 50%의 Supertech로 구성되었으므로 포트폴리오 1보다는 곡선의 윗부분에 위치한다. 포트폴리오 3은 90%의 Supertech와 10%의 Slowpoke로 구성되었으므로 Supertech 점 부근에 위치한다.

여기 이 그래프와 관련하여 몇 가지 중요한 점들이 있다.

1. 우리는 앞서 두 증권 간의 상관관계가 1보다 낮다면 언제든지 분산효과가 발생한다고 언급하였다. Supertech와 Slowpoke 간의 상관계수는 −0.1639이다. 분산효과는 Supertech 점과 Slowpoke 점을 연결한 직선과의 비교를 통해 설명될 수 있다. 직선은 두

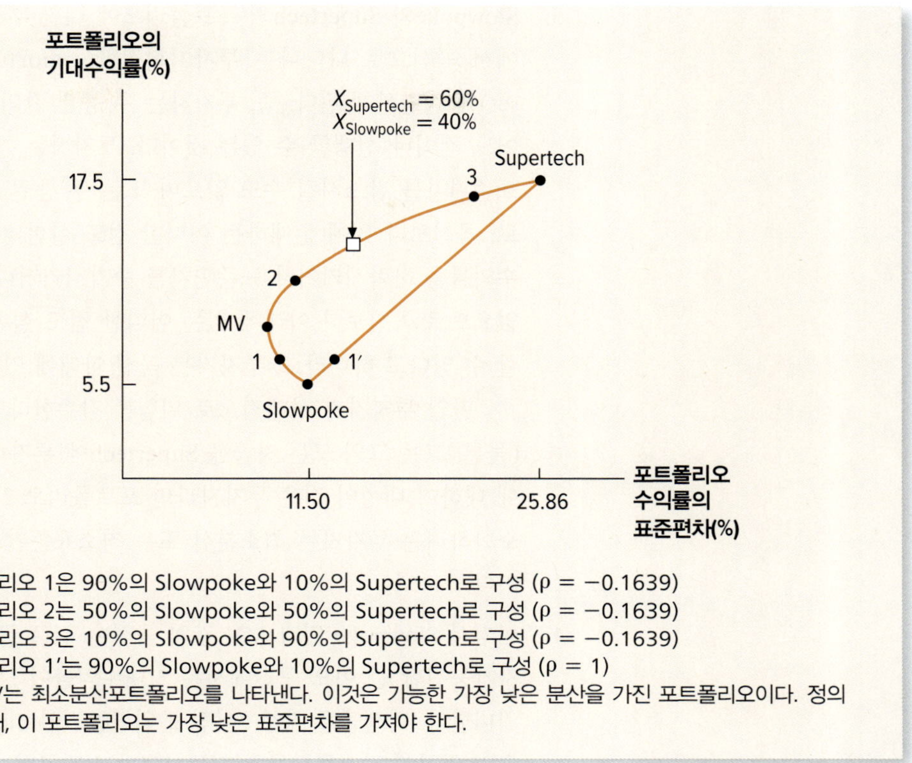

포트폴리오 1은 90%의 Slowpoke와 10%의 Supertech로 구성 (ρ = −0.1639)
포트폴리오 2는 50%의 Slowpoke와 50%의 Supertech로 구성 (ρ = −0.1639)
포트폴리오 3은 10%의 Slowpoke와 90%의 Supertech로 구성 (ρ = −0.1639)
포트폴리오 1′는 90%의 Slowpoke와 10%의 Supertech로 구성 (ρ = 1)
점 MV는 최소분산포트폴리오를 나타낸다. 이것은 가능한 가장 낮은 분산을 가진 포트폴리오이다. 정의에 의해, 이 포트폴리오는 가장 낮은 표준편차를 가져야 한다.

그림 11.3
Supertech와 Slowpoke의 구성 비율에 따른 포트폴리오의 집합 (두 증권 간의 상관계수는 −0.1639이다.)

증권 간의 상관계수가 1인 경우 두 자산의 구성비율에 따라 창출될 수 있는 포트폴리오들이다. 분산효과는 그림에서 곡선이 직선보다 항상 왼쪽에 있는 것으로 설명된다. 점 1′를 살펴보자. 이 점은 두 증권의 상관계수가 정확하게 1인 경우 90%의 Slowpoke와 10%의 Supertech로 구성된 포트폴리오이다. 만약 ρ = 1이라면 이 경우 분산효과는 없다. 그러나 분산효과는 점 1은 점 1′와 동일한 기대수익률을 갖지만 표준편차는 더 낮으므로 곡선에서는 적용이 가능하다(점 2′와 점 3′는 〈그림 11.3〉에서 군집되는 것을 줄이기 위해서 생략한다).

〈그림 11.3〉에서는 직선과 곡선이 둘 다 나타나고 있지만, 현실에서는 동시에 존재할 수가 없다. ρ = −0.1639이면서 곡선으로 존재하거나 ρ = 1이고 직선으로 존재한다. 다른 말로, 투자자는 ρ = −0.1639인 곡선상에서는 다른 점을 선택할 수 있지만, 곡선상의 점과 직선상의 점 사이에서 선택할 수는 없다.

2. 점 MV는 최소분산포트폴리오를 나타낸다. 이것은 가능한 가장 낮은 분산을 가진 포트폴리오이다. 정의에 의해, 이 포트폴리오는 가장 낮은 표준편차를 가져야 한다(최소분산포트폴리오라는 용어는 연구들에서 표준화되어 있으며 우리도 이 용어를 사용할 것이다. 아마도 〈그림 11.3〉의 x축에서 측정되는 것은 분산이 아니고 표준편차이므로 실제로는 '최소표준편차'가 더 나을 수도 있다).

3. Slowpoke와 Supertech의 포트폴리오에 대한 투자를 고려하고 있는 개인은 〈그림 11.3〉에서 곡선으로 나타나는 **투자기회집합**(opportunity set) 또는 **투자가능집합**(feasible set)에 직면하게 된다. 즉, 투자자는 두 증권 간의 적정한 비율을 선택함으로써 곡선상의 어느 점이나 선택할 수 있는 것이다. 투자자는 개별 증권의 수익률을 상승시킬 수 없고 표준편차를 감소시킬 수도 없으며 또는 두 증권 간의 상관관계를 감소시킬 수도 없으므로, 곡선보다 위에 존재하는 어떠한 점도 실현 가능하지 않다. 마찬가지로, 개별 증권의 수익률을 하락시키거나 표준편차를 증가시키거나 두 증권 간의 상관관계를 증가시킬 수 없으므로 곡선보다 아래에 있는 어떠한 점도 실현 가능하지 않다(물론 투자자가 그렇게 할 수 있다고 하더라도, 투자자는 곡선 아래에 있는 점을 원하지 않을 것이다).

   만일 투자자가 상대적으로 위험을 감수한다면, 그는 포트폴리오 3을 선택할 것이다(물론, 그는 그의 모든 자금을 Supertech에 투자해 마지막 점을 선택할 수도 있다). 위험에 대하여 내성이 적은 투자자라면 포트폴리오 2를 선택할 것이다. 가능한 한 위험을 최소화하려는 투자자는 최소분산 또는 최소표준편차를 가진 포트폴리오인 MV를 택할 것이다.

4. 여기서 Slowpoke 점과 MV 간의 곡선이 뒤로 굽어져 있다는 것에 주목하자. 이것은 투자가능집합 중 어느 구간에서는 기대수익률이 증가할수록 표준편차가 감소한다는 것을 의미한다. 학생들은 자주 "어떻게 위험증권인 Supertech의 비율이 증가하는데 포트폴리오의 위험이 감소하도록 이끄는가?"라고 질문한다.

   이 놀라운 발견은 바로 분산효과 때문이다. 두 증권의 수익률은 서로 음의 상관관계를 가지고 있다. 다른 증권의 가격이 하락할 때 한 증권의 가격은 상승하는 경향이 있으며 반대의 경우도 마찬가지로 성립한다. 따라서 Supertech 비중을 약간 늘리는 것은 오직 Slowpoke로만 구성된 포트폴리오에 대하여 헷지(hedge) 역할을 하는 것과 같다. 포트폴리오의 위험이 감소하는 것은 곡선이 후방굴절(backward bending) 형태라는 것을 의미한다. 실제로 $\rho \le 0$이면 항상 후방굴절 형태의 곡선이 나타난다. $\rho > 0$인 경우에는 발생할 수도 있고 그렇지 않을 수도 있다. 물론 후방굴절은 전체 곡선 중 일부에서 나타난다. 우리가 포트폴리오에서 Supertech의 비율을 늘릴수록, 이 증권의 높은 표준편차는 결국 전체 포트폴리오의 표준편차를 증가시키는 원인이 된다.

5. 그 어떤 투자자도 최소분산포트폴리오보다 아래의 기대수익률을 가지는 포트폴리오를 보유하려는 이는 없을 것이다. 예를 들어, 아무도 포트폴리오 1을 선택하지는 않을 것이다. 이 포트폴리오는 최소분산포트폴리오에 비해서 기대수익률은 더 낮고 표준편차는 더 높다. 우리는 포트폴리오 1과 같은 포트폴리오를 최소분산포트폴리오에 지배(dominate)당한다고 이야기한다. Slowpoke부터 Supertech에 이르는 전체 곡선이 투자가능집합(feasible set)이지만, 투자자는 MV부터 Supertech까지의 곡선만을 고려한다. 따라서 MV부터 Supertech까지의 곡선을 **효율적 집합**(efficient set) 또는 **효율적 투자선**(efficient frontier)이라고 부른다.

그림 11.4
Supertech와 Slowpoke로 구성된 투자기회집합

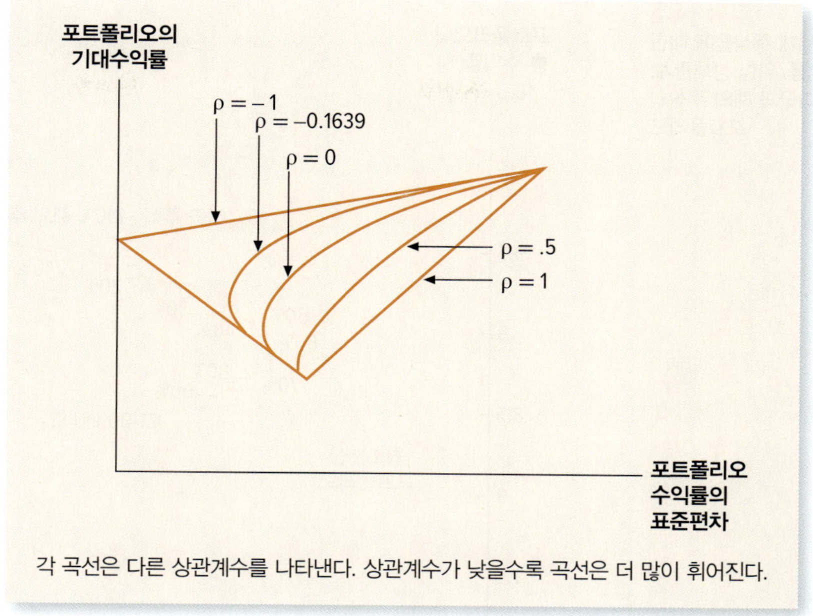

각 곡선은 다른 상관계수를 나타낸다. 상관계수가 낮을수록 곡선은 더 많이 휘어진다.

〈그림 11.3〉은 $\rho = -0.1639$일 때의 투자기회집합을 나타낸다. 두 증권 간의 상관관계가 다르면 곡선도 다르게 나타나는데, 〈그림 11.4〉를 살펴보면 이와 같은 관계를 보여주고 있다. 우리가 그림에서 알 수 있듯이, 상관관계가 낮을수록 곡선은 더 많이 휘어진다. 이는 ρ가 감소할수록 분산효과가 더 커지는 것을 알려준다. 제한적인 경우지만 $\rho = -1$일 때 가장 큰 휘어짐을 보이는데 이것은 완전한 음의 상관관계를 보일 때이다. $\rho = -1$인 극단적인 경우는 학생들에게 매혹적일 수 있지만, 실무적으로는 그 중요성이 적다. 대부분 증권들의 집합은 양의 상관관계를 보이기 때문이다. 완전한 음의 상관관계뿐만 아니라, 높은 음의 상관관계 또한 실제로는 자주 나타나지 않는다.[5]

두 증권 간에는 오로지 한 개의 상관관계만이 존재한다는 점에 유의하자. 우리는 Slowpoke와 Supertech 간의 상관관계가 −0.1639라고 언급하였다. 따라서 이 같은 관계를 나타내는 〈그림 11.4〉의 곡선에서 하나만 옳은 것이고 나머지 곡선들은 이론적 설명을 위해 보여준 것이다.

우리가 살펴본 그래프들은 단지 지적인 호기심으로 본 것은 아니다. 그보다 효율적 집합은 현실에서 쉽게 계산될 수 있다. 앞서 언급한 것과 같이 수익률, 표준편차, 그리고 상관계수의 가치는 비록 모수 추정 시에 주관적인 판단이 사용되기는 하지만 일반적으로 과거의 자료로부터 산출된다. 일단 모수의 값이 결정되면 컴퓨터 소프트웨어 패키지가 효율적 집합을 산출하여 준다. 그러나 이 효율적 집합 내에서 선호하는 포트폴리오를 선택하는 것은 당신에게 달려 있다. 어떤 직장을 선택할 것인지, 어떤 집이나 차를 구입할 것인지, 이 수업에 얼마나 많은 시간을 할당할 것인지를 선택하는 중요한 의사결정처럼,선호하는 포트폴리오를 선택해주는 컴퓨터 프로

[5] 주로 이에 대한 예외는 파생상품에서 나타난다. 예를 들어, 주식과 주식에 대한 풋옵션의 상관관계는 일반적으로 강한 음의 상관관계로 나타난다. 풋옵션에 관한 부분은 이 책의 후반부에서 다룰 것이다.

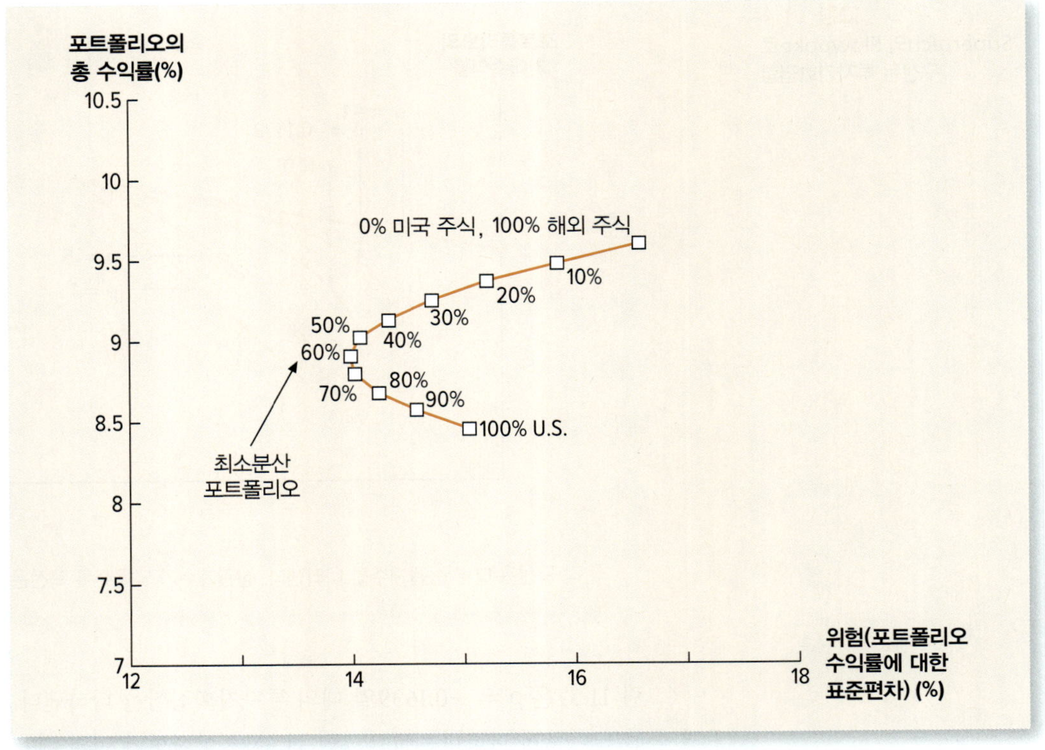

그림 11.5 세계 주식들에 대한 수익률/위험 상쇄관계: 미국과 해외 주식의 포트폴리오

그램은 없다.

효율적 집합은 두 개별 자산이 포트폴리오를 구성하는 곳에서 생성된다. 예를 들어, 〈그림 11.5〉의 두 자산은 미국 주식에 분산된 포트폴리오와 해외 주식에 분산된 포트폴리오이다. 기대수익률, 표준편차, 상관계수 등은 최근 과거의 자료를 근거로 계산되었다. 분석에서 주관적 판단은 제외한다. 미국 주식의 포트폴리오는 표준편차가 대략 0.151로 나타나, 약 0.166의 표준편차를 나타낸 해외 주식 포트폴리오보다 덜 위험한 것으로 나타났다. 그러나 이 해외 주식 포트폴리오를 작은 비율로 미국 주식의 포트폴리오와 결합시키면 실제 위험을 감소시켜 곡선이 뒤로 휘어지는 것을 볼 수 있다(후방굴절). 다시 말해, 서로 다른 두 개의 포트폴리오의 결합으로부터 발생하는 분산효과는 보다 위험한 주식을 편입시키는 데 따른 위험의 증가 폭보다 더 큰 것이다. 최소분산포트폴리오는 미국 주식에 60%를 보유하고 해외 주식에 40%를 보유하는 것으로 이룰 수 있다. 이 점을 초과하여 해외 주식을 추가하면 전체 포트폴리오의 위험은 증가한다. 〈그림 11.5〉의 후방굴절 형태의 곡선은 미국의 기관투자자들에게 중요한 정보를 제공한다. 최근 미국의 연금과 다른 기관투자자들은 해외에서의 투자기회를 찾고 있다.

11.5 다수 증권의 효율적 집합

앞의 논의는 두 증권에 관한 것이었다. 우리는 모든 가능한 포트폴리오를 나타내는 하나의 단

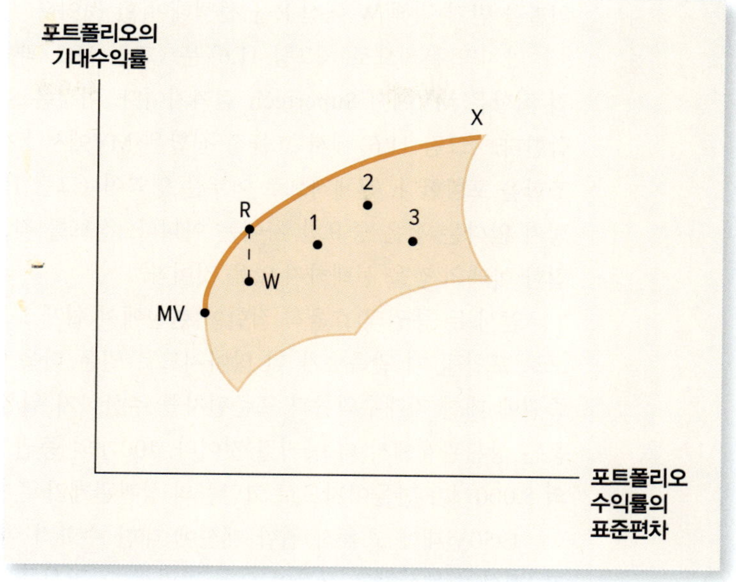

그림 11.6
다수의 증권으로부터 구성된 포트폴리오의 투자가능집합

순한 곡선을 발견하였다. 일반적으로 투자자들은 두 개 이상의 증권을 보유하고 있으므로, 우리는 두 개 이상의 증권을 보유할 때의 동일한 그래프를 살펴보아야 한다. 〈그림 11.6〉에서 어두운 부분은 다수의 증권을 고려할 때의 투자기회집합이나 투자가능집합을 나타낸다. 예를 들어, 전체적으로 100개의 증권이 있을 경우, 점 1은 40개의 증권으로 구성된 포트폴리오를 나타내고 점 2는 80개의 증권으로 구성된 포트폴리오를 나타낸다고 하자. 점 3은 다른 종류로 구성된 80개 증권을 나타내거나, 같은 80종류의 증권이지만 각기 다른 비율로 구성된 포트폴리오를 나타낼 수 있다. 물론 이러한 조합은 무한하다. 그러나 모든 가능한 조합은 제한된 영역 내에서 가능하다는 사실에 주목하자. 어떤 증권이나 포트폴리오도 어두운 부분 밖에서 나타날 수는 없다. 즉, 주어진 어두운 부분보다 높은 기대수익률을 갖는 포트폴리오를 선택할 수는 없다. 또한 어두운 부분보다 낮은 표준편차를 갖는 포트폴리오도 선택할 수 없다. 더 놀라울 수도 있는 것은, 그 누구도 주어진 영역 아래의 기대수익률을 선택할 수 없다는 사실이다. 다른 말로 자본시장은 실제로 자포자기한 투자자들이 이미 확정된 손실을 입게 되는 것을 방지하고 있다.[6]

지금까지 〈그림 11.6〉은 앞의 그래프들과는 다르다. 우리가 단지 두 개의 증권만을 고려하였을 때에는 모든 조합이 하나의 곡선 위에 위치하였다. 이와는 다르게, 많은 증권들로 구성된 조합은 영역 전체를 포괄한다. 그러나 개인투자자들은 MV와 X 사이의 상단 끝부분 어딘가를 원할 것이다. 〈그림 11.6〉에서 두꺼운 곡선으로 나타낸 상단 끝부분을 효율적 집합(efficient set)이라고 부른다. 효율적 집합선 아래 어느 점을 선택하든 효율적 집합상의 점에 비해 동일한 표준편차이지만 더 낮은 기대수익률을 갖게 될 것이다. 예를 들어, 효율적 집합상의 R과 그 바로 아래의 W를 살펴보라. 만일 W가 당신이 원하는 위험의 수준이라면, 당신은 더 높은 기대수

6 물론 누군가는 그의 자금을 사용하여 그렇게 할 수 있다. 예를 들어, 투자자들은 종종 아무런 목적 없이 거래를 할 수 있으며, 그렇게 함으로써 중개수수료가 포트폴리오의 양의 기대수익률을 상쇄하는 것보다 더 많아지기도 한다.

익률을 받기 위해 W 대신 R을 선택해야 할 것이다.

마지막 분석으로, 〈그림 11.6〉은 〈그림 11.3〉과 상당히 유사하다. 〈그림 11.3〉에서의 효율적 집합은 MV에서 Supertech 점까지이다. 이것은 Supertech와 Slowpoke의 다양한 조합을 포함한다. 〈그림 11.6〉에서 효율적 집합은 MV에서 X까지의 곡선이다. 이는 많은 증권의 다양한 조합을 포함한다. 전체적으로 어두운 영역이 〈그림 11.6〉에서 나타나지만 〈그림 11.3〉에서는 그렇지 않다는 점은 중요한 차이는 아니다. 정보를 갖고 있는 투자자는 〈그림 11.6〉에서 효율적 집합 아래의 점을 선택하지 않을 것이다.

앞서 두 증권의 효율적 집합이 현실에서 쉽게 도출될 수 있다고 언급하였다. 증권이 추가적으로 포함될 때 관측수가 더 많아지므로 일은 더욱 어려워진다. 예를 들어, 100개 또는 500개 증권에 대한 기대수익률과 표준편차를 추산하기 위한 분석은 매우 압도적일 수 있으며 그 어려움은 상관관계에서 더욱 커질 것이다. 100개의 증권으로부터 2개의 증권으로 구성된 조합이 거의 5,000개가 만들어지므로 그만큼의 상관관계가 존재한다.

1950년대에 효율적 집합 계산에 대한 수학적 이론이 상당히 많이 도출되었음에도 불구하고, 계산이 복잡하고 시간이 오래 걸려서 그 원칙들을 제한적으로 적용할 수밖에 없었다.[7] 최근에 이 비용은 극적으로 감소하였다. 수많은 소프트웨어 패키지들이 적정한 규모의 포트폴리오에 대한 효율적 집합을 계산하여준다. 이들 패키지는 상당히 활발하게 판매되고 있으므로 우리의 논의는 실무에서 중요하다는 점을 의미한다.

다수의 자산으로 이루어진 포트폴리오의 분산과 표준편차

우리는 앞에서 자산이 두 개일 경우의 분산과 표준편차에 대한 공식을 계산하였다. 〈그림 11.6〉에서 우리는 다수의 자산들로 이루어진 포트폴리오를 고려하고 있으므로, 다수 자산의 경우 분산과 표준편차에 대한 공식을 계산해보는 것은 의미가 있다. 다수의 자산으로 이루어진 포트폴리오의 분산을 구하는 공식은 두 개 자산의 분산에 대한 공식을 확장시킨 것으로 볼 수 있다.

공식을 발전시키기 위해서, 우리는 두 자산의 경우에서 사용하였던 행렬의 형식을 이용하도록 한다. 이 행렬은 〈표 11.4〉에 나타나 있다. N개의 자산이 있다고 가정하면, 우리는 수평축에 1부터 N까지의 수를 기록하고, 수직축에도 1부터 N까지의 숫자를 기록한다. 이것은 $N \times N = N^2$의 행렬을 만들어낸다. 이 포트폴리오의 분산은 행렬 안의 모든 상자의 값들을 합한 것이다.

예를 들어, 상자의 두 번째 행에 세 번째 열을 살펴보자. 이 상자의 항은 X_2X_3 Cov(R_2,R_3)이다. X_2와 X_3은 두 번째 자산과 세 번째 자산에 각각 투자하였을 때 전체 포트폴리오에서의 비율이다. 예를 들어, 만약 어떤 투자자가 $1,000을 투자한 포트폴리오에서 $100을 두 번째 자산에 투자하였다면, $X_2 = 10\%(= \$100/\$1,000)$이다. Cov$(R_2,R_3)$는 두 번째 자산의 수익률과 세 번째 자산의 수익률과의 공분산이다. 다음으로 세 번째 행과 두 번째 열의 상자를 살펴보자. 이 상

[7] 전통적인 논문은 Harry Markowitz의 *Portfolio Selection* (New York: John Wiley & Sons,1959)이다. Markowitz는 1990년에 그의 현대 포트폴리오 이론으로 노벨 경제학상을 수상하였다.

표 11.4
포트폴리오 분산의 계산을 위해 사용되는 행렬

주식	1	2	3	. . .	N
1	$X_1^2\sigma_1^2$	$X_1X_2\text{Cov}(R_1,R_2)$	$X_1X_3\text{Cov}(R_1,R_3)$		$X_1X_N\text{Cov}(R_1,R_N)$
2	$X_2X_1\text{Cov}(R_2,R_1)$	$X_2^2\sigma_2^2$	$X_2X_3\text{Cov}(R_2,R_3)$		$X_2X_N\text{Cov}(R_2,R_N)$
3	$X_3X_1\text{Cov}(R_3,R_1)$	$X_3X_2\text{Cov}(R_3,R_2)$	$X_3^2\sigma_3^2$		$X_3X_N\text{Cov}(R_3,R_N)$
.					
.					
.					
N	$X_NX_1\text{Cov}(R_N,R_1)$	$X_NX_2\text{Cov}(R_N,R_2)$	$X_NX_3\text{Cov}(R_N,R_3)$		$X_N^2\sigma_N^2$

포트폴리오의 분산은 모든 상자 안의 항들에 대한 합이다.
σ_i는 주식 i의 표준편차이다.
$\text{Cov}(R_i, R_j)$는 주식 i와 주식 j 사이의 공분산이다.
단일 증권의 표준편차와 관련된 항은 대각선상에 있다. 두 개의 증권 사이의 공분산과 관련된 항은 대각선 밖에 있다.

자의 항은 X_3X_2 $\text{Cov}(R_3,R_2)$이다. $\text{Cov}(R_3,R_2) = \text{Cov}(R_2,R_3)$이므로, 이 두 상자의 값은 서로 같다. 두 번째 증권과 세 번째 증권은 주식들의 한 쌍을 만든다. 사실, 모든 주식의 쌍이 표에서 두 번씩 나타난다. 좌측 하단에 한 번과 우측 상단에 한 번 나타난다.

이제 대각선에 있는 상자들을 고려하여 보자. 예를 들어, 대각선의 첫 번째에 있는 항은 X_1^2 σ_1^2이다. 여기서 σ_1^2은 첫 번째 증권에 대한 수익률의 분산이다.

따라서, 행렬의 대각선에 있는 항들은 서로 다른 주식들의 분산을 포함하고 있다. 대각선 밖의 항들은 공분산을 포함하고 있다. 〈표 11.5〉는 행렬의 규모에 따라 대각선과 대각선 밖의 요소들에 대한 숫자를 나타내고 있다. 대각선 항들의 수(분산 항의 수)는 항상 포트폴리오에서 주식들의 수와 동일하다. 비대각선(off-diagonal) 항들의 수(공분산 항의 수)는 대각선 항의 수보다 훨씬 빨리 증가한다. 예를 들어, 100개의 주식으로 구성된 포트폴리오는 9,900개의 공분산 항을 가진다. 다음의 결론을 얻을 수 있다.

다수의 증권들로 이루어진 포트폴리오 수익률의 분산은 개별 주식의 분산보다 개별 주식들의 공분산에 더욱 의존적이다.

표 11.5
포트폴리오에서 주식 수에 대한 함수로서 분산과 공분산 항들의 수

포트폴리오의 주식 수	항들의 총 수	분산 항들의 수 (대각선 항들의 수)	공분산 항들의 수 (대각선 밖 항들의 수)
1	1	1	0
2	4	2	2
3	9	3	6
10	100	10	90
100	10,000	100	9,900
.	.	.	.
.	.	.	.
.	.	.	.
N	N^2	N	$N^2 - N$

큰 포트폴리오에서, 두 증권들 사이의 공분산과 관련된 항들의 수는 한 개의 증권에 대한 분산과 관련된 항들의 수보다 많다.

11.6 분산효과

지금까지 이 장에서 개별 자산의 위험과 수익률이 어떻게 포트폴리오의 위험과 수익률에 영향을 미치는지 알아보았다. 또한 이 영향에 대한 하나의 관점인 분산효과에 대하여도 다루었다. 최근의 예를 들면, 미국에서 가장 잘 알려진 30개의 대형 주식으로 구성된 Dow Jones Industrial Average (DJIA)는 2017년에 평균보다 훨씬 높은 28% 상승하였다. 이 해에 가장 많이 상승한 종목은 Boeing (89% 상승), Caterpillar (69% 상승), Visa (46% 상승) 등이었고, 가장 많이 하락한 종목은, General Electric (43% 하락), ExxonMobil (4% 하락), IBM (4% 하락) 등이었다. 이미 알고 있듯이, 개별 주식 간의 변동성은 분산효과를 통해서 감소될 수 있다. 이 예는 분산효과가 좋다는 것을 보여준다면, 이제는 분산효과가 왜 좋은 것인지, 얼마나 좋은 것인지를 알아보려 한다.

뉴스의 기대 요소와 비기대 요소

우리는 Flyers라는 한 회사의 주식에 초점을 맞추어 분산효과에 대한 논의를 시작해보려 한다. 예를 들어, 내년에 이 주식의 수익률은 어떻게 결정되는가?

어느 주식이나 그 주식의 수익률은 두 가지 부분으로 구성된다. 먼저, 주식으로부터의 정상 또는 기대수익률은 시장에 있는 주주들이 기대하거나 예측하는 수익률의 일부이다. 이 수익률은 주주들이 주식과 관련되어 가지고 있는 정보에 따라 결정되며, 내년 주식에 영향을 미칠 중요한 요소에 대한 우리의 이해에 근거하여 산출된다.

두 번째 부분은 주식에 대한 불확실한 또는 위험한 수익률 부분이다. 이것은 올해 안에 발생한 기대하지 못한 정보로부터 발생한다. 이 같은 정보의 목록은 끝이 없지만, 여기 몇몇 예시가 있다.

- Flyers의 연구에 대한 뉴스
- 국민총생산(GNP)에 대한 정부 통계발표
- 최근의 군사통제회담에 대한 결과
- 경쟁사의 제품을 누를 수 있는 발견
- Flyers의 매출액이 예상보다 높았다는 뉴스
- 갑작스러운 이자율의 하락
- Flyers 창립자인 회장의 예상하지 못했던 사임

따라서 Flyers 주식의 다음 달 수익은 다음과 같이 표현할 수 있다.

$$R = \mathrm{E}(R) + U$$

여기서 R은 이달의 실제 총수익률을, $\mathrm{E}(R)$은 수익률의 기대부분을, U는 수익률의 부분 중 기대하지 못한 부분을 나타낸다. 즉, 실제 수익률 R은 연중 발생하는 서프라이즈(surprise) 때문에 기대수익률 $\mathrm{E}(R)$와 다르다는 것이다. 어떤 해에 기대하지 못한 수익률은 양수 또는 음수일 수 있지만, 시간이 지남에 따라 U의 평균값은 0이 된다. 결국 평균적으로 실제 수익률이 기대수익률과 같다는 것을 의미한다.

위험: 체계적과 비체계적

수익률의 기대하지 못했던 부분—서프라이즈의 결과로 발생하는 부분—은 투자의 진정한 위험이다. 결국 만약 우리가 기대했던 것을 그대로 가지게 된다면, 위험도 없으며 불확실성도 없을 것이다.

그러나 위험의 다양한 원천들 간에는 중요한 차이가 있다. 앞의 뉴스 목록으로 되돌아가 보자. 어떤 뉴스는 Flyers에 특별히 직접적으로 관련되어 있는 것도 있고 어떤 뉴스는 보다 일반적인 것도 있다. 어떤 종류의 뉴스가 Flyers에게 특별히 중요할까?

이자율이나 GNP와 같은 발표는 명백히 거의 대부분의 회사들에게 중요한 반면, Flyers의 회장 관련 뉴스, 연구개발, 매출액, 경쟁사의 업무에 관한 뉴스 등은 Flyers에만 해당하는 특별한 것이다. 우리는 이들 두 가지 형태의 뉴스와 그에 따른 위험을 두 가지 요소로 나눌 것이다. 체계적 위험(systematic risk)이라고 불리는 체계적 부분과 특정한(specific) 또는 비체계적 위험(unsystematic risk)이 바로 그것인데, 다음의 정의들은 그 차이를 설명하고 있다:

- **체계적 위험**은 수많은 자산 각각에 대해 크거나 혹은 작은 정도에서 영향을 미치는 위험이다.
- **비체계적 위험**은 하나의 자산 또는 작은 그룹의 자산에만 특별히 영향을 미치는 위험이다.

GNP와 금리, 인플레이션과 같은 일반적인 경제상황에 대한 불확실성은 체계적 위험의 예이다. 이러한 조건들은 거의 모든 주식(회사)에게 어느 정도의 영향을 미친다. 인플레이션의 예기치 못한 증가는 임금 및 회사가 구매하는 원재료 비용에 영향을 미치고, 기업이 소유하는 자산 가치에 영향을 미치며, 또한 기업이 판매하는 제품가격에 영향을 미친다. 모든 기업이 받아들이게 되는 그와 같은 영향들을 체계적 위험의 본질이라 할 수 있다.

대조적으로 한 기업이 소규모 석유파업을 했다는 발표는 기본적으로 해당 회사와 주요 경쟁자 및 공급업자 정도에만 영향을 미칠 것이다. 확실히 이것이 전 세계 석유시장에 영향을 미칠 확률은 거의 없을 것이다. 이러한 정보는 비체계적이며 오직 몇몇 특정 기업에만 영향을 준다는 점을 강조하여 이 위험을 때때로 특이위험(idiosyncratic or unique risk) 또는 자산고유위험(asset specific risk)이라고 부른다.

체계적 위험과 비체계적 위험의 차이는 앞에서 정의한 것과 같이 결코 정확하게 구분되지 않는다. 심지어 어떤 회사에 대한 매우 한정되고 특이한 뉴스도 경제에 파장을 일으킬 수 있다. 한 마리의 말이 굽을 잃어버려 전쟁에서 패배하였다는 이야기는 이를 잘 설명해준다. 심지어 작은 사건도 세계에 영향을 미칠 수 있다. 그러나 사소한 것의 정도를 따지는 것은 우리에게 큰 문제가 되지 않는다. 포르노그래피에 대한 연방대법원 판사의 말을 빌려 설명하자면, 우리는 체계적 위험과 비체계적 위험을 정확히 정의할 수는 없지만 우리는 그것들을 직접 보게 되면 알게 된다.

이것은 Flyers 주식의 수익률 위험을 두 개의 요소로 나누도록 한다: 체계적 위험과 비체계적 위험. 전통적으로 우리는 비체계적 위험을 나타내기 위하여 그리스 문자인 엡실론(epsilon) ε을 사용하여 다음과 같이 나타낼 수 있다.

$$\begin{aligned} R &= \mathrm{E}(R) + U \\ &= \mathrm{E}(R) + m + \varepsilon \end{aligned} \tag{11.10}$$

여기서 사용된 m은 체계적 위험을 나타낸다. 때때로 체계적 위험은 **시장위험(market risk)**이라고도 불린다. 이것은 m이 시장에 있는 모든 자산에 어느 정도 영향을 미친다는 점을 강조한다. E(R)은 Flyers 주식의 기대수익률이다.

총위험 U를 m과 ε, 이렇게 두 개의 구성 요소로 나눈 것에서 중요한 요점은, 비체계적 부분인 ε이 대부분의 다른 회사들의 고유 위험과는 관련이 없어 Flyers에게만 유일할 수 있다는 것이다. 예를 들어, Flyers 주식의 비체계적 위험인 ε_F는 General Electric 주식의 비체계적 위험인 ε_{GE}와 관계가 없다. Flyers 주식은 그들 연구부서의 발견이나 새로운 발견의 실패에 따라서 상승하거나 하락할 것이므로 이것은 General Electric의 주식과 관련이 없을 것이다. 이것은 Flyers 주식의 비체계적 위험과 General Electric 주식의 비체계적 위험이 서로 상관관계가 없음을 의미한다.

분산투자의 본질

이제 우리가 Flyers 주식을 다른 주식과 포트폴리오로 조합하였을 때 어떤 일이 일어나는지 알아보자. 비체계적 위험 또는 두 주식의 엡실론은 서로 상관관계가 없으므로, 다른 주식의 엡실론이 음수일 때 하나의 주식의 엡실론은 양수일 수 있다. 엡실론은 서로 상쇄되므로, 포트폴리오의 비체계적 위험은 두 증권 모두의 비체계적 위험보다는 낮을 것이다. 다시 말해, 분산투자의 시작을 볼 수 있다. 그리고 만약 포트폴리오에 세 번째 증권을 추가한다면, 포트폴리오의 비체계적 위험은 두 증권으로 이루어진 포트폴리오의 비체계적 위험보다 낮아질 것이다. 이 효과는 네 번째, 다섯 번째, 또는 여섯 번째 증권을 추가할 때도 계속된다. 사실 만약 가능하다면 이론적으로 무한한 수의 증권들을 조합하여 포트폴리오의 비체계적 위험을 제거할 수 있을 것이다.

이제 두 번째 증권을 추가하였을 때 포트폴리오의 체계적 위험에 어떠한 일이 생기는지 고려해 보자. 만약 두 번째 증권의 수익률이 식 (11.10)에 의해 표현된다면, 포트폴리오의 체계적 위험은 줄어들지 않을 것이다. 예를 들어, 인플레이션이 이전에 예측했던 것보다 높게 나타났다든지, 또는 GNP가 예상보다 낮게 나타났다고 가정하자. 두 주식 모두 하락하게 되므로, 이것은 포트폴리오의 하락을 의미한다. 그리고 우리는 3개, 4개, 또는 그 이상의 증권들에 대해서도 마찬가지의 결과를 얻을 것이다. 포트폴리오는 무한한 수의 증권으로 구성되어 있다고 가정하자. 경제에 대한 나쁜 소식은 모든 증권들에 부정적인 영향을 미칠 것이고, 이것은 포트폴리오에 부정적인 영향을 줄 것을 의미한다. 비체계적 위험과 달리, 체계적 위험은 분산되지 않는다.

이 통찰을 나타낸 것이 〈그림 11.7〉이다. 포트폴리오에서 증권들의 수에 따라 포트폴리오의 표준편차를 나타낸 이 그래프는 하나의 증권에 대해서는 높은 표준편차를 보여준다. 우리는 자주 포트폴리오의 표준편차를 **총위험** 또는 **위험**으로 이야기한다. 두 번째 증권의 추가는 표준편차

그림 11.7
Portfolio Diversification

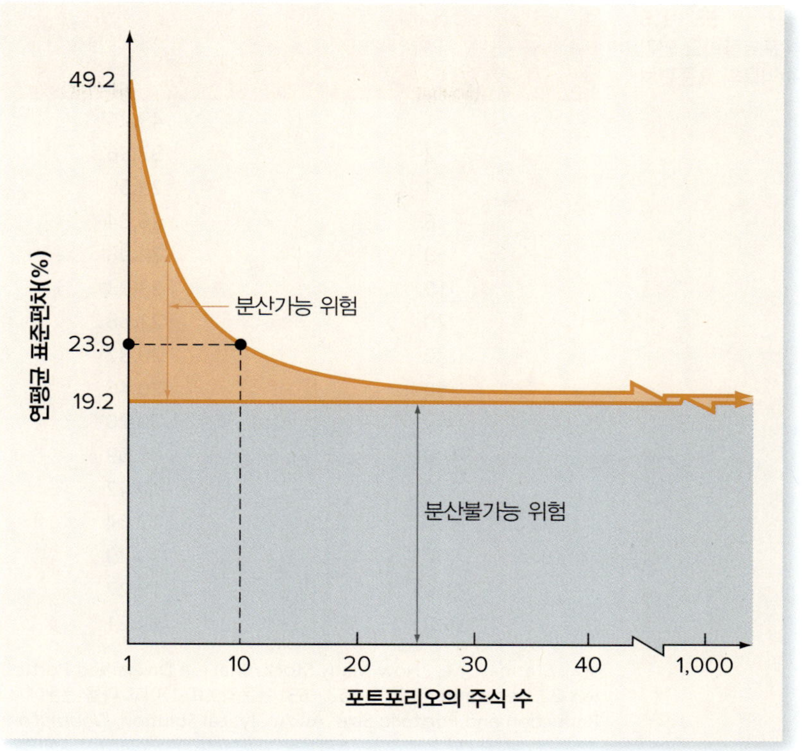

또는 위험을 감소시키고 세 번째 증권과 그 이상에서도 그러한 결과를 보여준다. 포트폴리오의 총위험은 분산투자에 따라서 점차 감소한다.

분산투자의 효과: 시장의 역사를 통한 교훈

포트폴리오 크기와 포트폴리오 위험 사이의 관계를 설명하기 위해 〈표 11.6〉은 서로 다른 수의 무작위로 선택된 NYSE 증권을 포함하는 동일 가중 포트폴리오에 대한 연간 평균 표준편차를 보여준다.

〈표 11.6〉의 2열에서 하나의 증권으로 구성된 "포트폴리오"에 대한 표준편차는 약 49%임을 알 수 있다. 이는 단일 NYSE 주식을 무작위로 선택하여 모든 돈을 주식에 투자할 경우 수익률의 표준편차는 연간 49%라는 것을 의미한다. 두 개의 주식을 무작위로 선택하고 각각에 절반의 돈을 투자하는 경우 평균 표준편차는 약 37%이다.

〈표 11.6〉에서 주목할 점은 증권의 수가 증가함에 따라 표준편차가 감소한다는 것이다. 100개의 무작위로 선택된 주식을 보유할 때까지 포트폴리오의 표준편차는 49%에서 20%로 약 60% 감소했다. 500개의 증권을 포함하고 있는 경우의 표준편차는 19.27%로, 앞 장에서의 대기업 보통주에 대한 표준편차 19.8%와 비슷하다. 검토된 포트폴리오와 기간이 동일하지 않기 때문에 작은 차이는 나타난다.

〈그림 11.7〉은 지금까지 논의한 요점을 보여준다. 그래프는 포트폴리오의 수익률의 표준편

표 11.6
포트폴리오 연간 수익률의 표준편차

(1) 포트폴리오의 주식 수	(2) 포트폴리오 연간 수익률의 평균 표준편차	(3) 포트폴리오 표준편차와 개별 주식 표준편차의 비율
1	49.24%	1.00
2	37.36	0.76
4	29.69	0.60
6	26.64	0.54
8	24.98	0.51
10	23.93	0.49
20	21.68	0.44
30	20.87	0.42
40	20.46	0.42
50	20.20	0.41
100	19.69	0.40
200	19.42	0.39
300	19.34	0.39
400	19.29	0.39
500	19.27	0.39
1,000	19.21	0.39

출처: Statman, M., "How Many Stocks Make a Diversified Portfolio?" *Journal of Financial and Quantitative Analysis 22*, September 1987, 353–63. 논문의 〈표 1〉이고 다음 논문에서 발췌되었음: Elton, E. J. and Gruber, M. J., "Risk Reduction and Portfolio Size: An Analytical Solution, "*Journal of Business* 50, October 1977, 415–37.

차와 포트폴리오의 주식 수를 대비하여 보여준다. 〈그림 11.7〉에서 증권의 추가로 인한 위험의 감소 폭은 증권을 점점 더 많이 추가함에 따라 점차 줄어든다. 10개의 증권을 추가했을 때, 그 효과의 대부분은 이미 실현되었다. 30개의 증권을 추가하면 효과는 매우 미미하게 나타난다.

〈그림 11.7〉은 두 가지 핵심 사항을 보여준다. 첫째, 포트폴리오를 구성함으로써 개별 자산과 관련된 일부 위험을 제거할 수 있다. 여러 자산에 투자를 분산시켜 포트폴리오를 구성하는 프로세스를 분산투자라고 한다. **분산투자의 원칙**은 많은 자산에 투자를 분산하면 일부 위험이 제거된다는 것이다. "분산가능 위험"이라고 표시된 〈그림 11.7〉에서 어두운 부분은 분산투자에 의해 제거될 수 있는 부분이다.

두 번째 핵심도 역시 중요하다. 분산투자를 통해 제거할 수 없는 최소 수준의 위험이 있다. 이 최소 수준은 〈그림 11.7〉에서 "분산불가능 위험"이라고 표시되어 있다. 이 두 가지 사항을 종합하면 자본시장 역사에서 또 하나의 중요한 교훈을 얻을 수 있다. 다시 말해, 어떤 위험은 분산가능하지만 그렇지 않은 위험도 있다.

앞의 논의는 모든 증권이 동일한 수준의 체계적 위험을 가지고 있다고 가정하였다. 본질적으로 모든 증권에는 체계적인 위험이 있지만 특정 증권에는 다른 증권보다 더 많은 체계적 위험이 있다. 체계적인 위험의 양은 11.8절에서 설명할 베타(beta)라는 개념으로 측정할 수 있다. 그러나 먼저 우리는 무위험 차입과 대출의 영향에 대하여 고려해 보아야 한다.

11.7 무위험 차입과 대출

〈그림 11.6〉은 효율적 집합에 있는 모든 증권들이 위험하다고 가정하고 있다. 대안으로, 투자자들은 위험증권에 대한 투자와 미국의 T-bill과 같은 위험이 없는 무위험(risk-free)증권에 대한 투자를 조합할 수 있다. 이것은 다음의 예제에서 설명된다.

예제 11.3

무위험 차입과 포트폴리오의 위험 Ms. Bagwell은 Merville Enterprises의 보통주에 투자를 고려하고 있다. 또한 Ms. Bagwell은 무위험이자율로 차입을 하거나 대출해 줄 수 있다. 이와 관련된 변수들은 다음과 같다.

	Merville의 보통주	무위험자산
기대수익률	14%	10%
표준편차	20	0

Ms. Bagwell은 총 $1,000의 투자 중에서 $350은 Merville Enterprises에, 나머지 $650은 무위험자산에 투자하려 한다고 가정하자. 그녀의 총투자에 대한 기대수익률은 단순히 두 수익률의 가중평균이다.

$$E(R_P) = 0.114 = (0.35 \times 0.14) + (0.65 \times 0.10)$$

포트폴리오의 기대수익률은 위험자산(Merville Enterprises)과 무위험자산 기대수익률의 가중평균이므로, 계산은 우리가 두 위험자산을 다루었던 방식과 유사하다. 다른 말로 하면, 식 (11.4)을 여기에 적용할 수 있다.

식 (11.5)를 이용하여 포트폴리오의 분산에 대한 공식은 다음과 같이 나타낼 수 있다.

$$\sigma_P^2 = X_{\text{Merville}}^2 \sigma_{\text{Merville}}^2 + 2X_{\text{Merville}} X_{\text{Risk-free}} \sigma_{\text{Merville,Risk-free}} + X_{\text{Risk-free}}^2 \sigma_{\text{Risk-free}}^2$$

그러나 정의에 의해 무위험자산은 변동성이 없다. 따라서 $\sigma_{\text{Merville,Risk-free}}$와 $\sigma^2_{\text{Risk-free}}$은 0과 같으므로 위의 표현을 다음과 같이 축약할 수 있다.

$$\begin{aligned}\sigma_P^2 &= X_{\text{Merville}}^2 \sigma_{\text{Merville}}^2 \\ &= (0.35)^2 \times (0.20)^2 \\ &= 0.0049\end{aligned} \tag{11.11}$$

포트폴리오의 표준편차는 따라서 다음과 같다.

$$\begin{aligned}\sigma_P &= X_{\text{Merville}} \sigma_{\text{Merville}} \\ &= 0.35 \times 0.20 \\ &= 0.07\end{aligned} \tag{11.12}$$

한 개의 위험자산과 무위험자산으로 구성된 포트폴리오의 위험과 기대수익률 간의 관계가 〈그림 11.8〉에 나타나 있다. Ms. Bagwell의 두 자산에 분할하여 투자하였을 때 포트폴리오는 무위험이자율과 순수하게 Mervill Enterprises에 투자하였을 수익률을 잇는 직선으로 나타난다. 두 위험자산의 경우와는 다르게 투자집합이 곡선이 아닌 직선으로 나타난다는 점에 주목하자.

다른 대안으로 Ms. Bagwell이 무위험이자율로 $200을 차입한다고 가정하자. 원래 그녀의 $1,000과 합쳐져 총 $1,200을 Merville에 투자하게 된다. 그녀의 기대수익률은 다음과 같이 될 것이다.

$$E(R_P) = 14.8\% = 1.20 \times 0.14 + (-0.2 \times 0.10)$$

그림 11.8 한 개의 위험자산과 무위험자산으로 구성된 포트폴리오의 기대수익률과 위험 사이의 상관관계

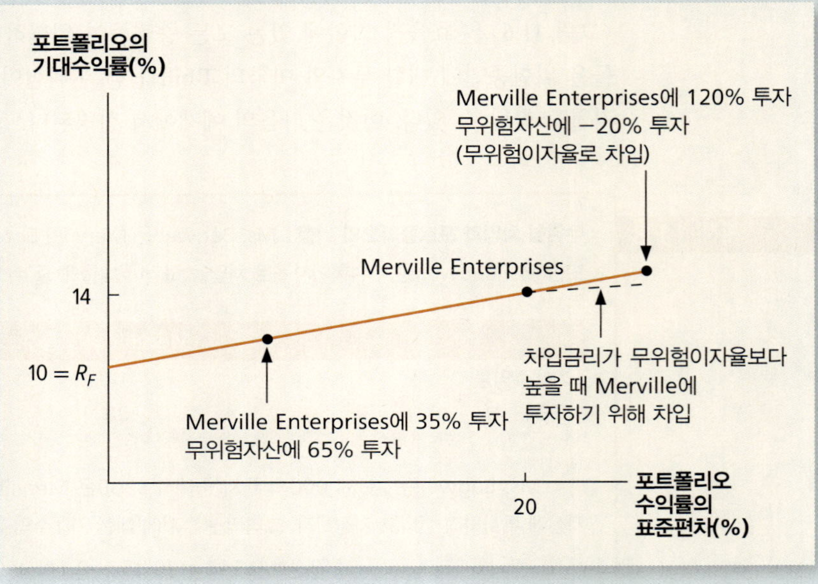

여기서 그녀는 원래의 투자금액의 20%를 차입하여 원래 투자금액인 $1,000의 120%를 투자하였다. 14.8%의 수익률은 Merville Enterprise에 대한 투자수익률 14%보다 더 높은 것에 주목해라. 이것은 그녀가 기대수익률이 10%보다 높은 증권에 투자하기 위해 10%의 이자율로 차입을 하였기 때문에 일어난다.

표준편차는 다음과 같다.

$$\sigma_P = 0.24 = 1.20 \times 0.2$$

차입은 투자의 변동성을 증가시키기 때문에, 표준편차는 0.24로 Merville Enterprises에 투자하였을 때의 표준편차인 0.2보다 더 크다. 이 투자는 〈그림 11.8〉에 또한 나타나 있다.

여기까지 우리는 Ms. Bagwell이 대여해줄 수 있는 금리와 동일한 금리로 차입할 수 있다고 가정했다.[8] 이제 차입금리가 대여금리보다 높은 경우를 고려해 보자. 〈그림 11.8〉은 이 같은 경우의 차입기회에 대한 투자기회집합을 보여주고 있다. 높은 차입금리는 투자에 대한 기대수익률을 낮게 하므로, 점선은 실선 아래에 위치하게 된다.

최적 포트폴리오

앞의 절은 무위험자산과 하나의 위험자산으로 형성된 포트폴리오에 관한 것이었다. 현실에서, 투자자는 무위험자산과 위험자산의 포트폴리오를 조합할 가능성이 더 크다. 이에 대한 설명이 〈그림 11.9〉에 나타나 있다.

증권의 포트폴리오를 나타내는 점 Q를 고려해 보자. 점 Q는 위험증권의 투자가능집합 내에

[8] 놀랍게도, 이것은 많은 투자자들이 주식을 구입할 때 증권회사로부터 자금을 차입할 수 있기 때문에(일명 신용거래라고 한다) 상당히 현실과 비슷하다. 여기서 차입금리는 무위험자산 수익률과 매우 유사하며 특히 대형투자자인 경우 더욱 그렇다. 이에 대해서는 이 장 후반에 더 자세히 언급할 것이다.

그림 11.9
위험자산과 무위험자산의 조합에 대한 투자의 기대수익률과 표준편차 간의 관계

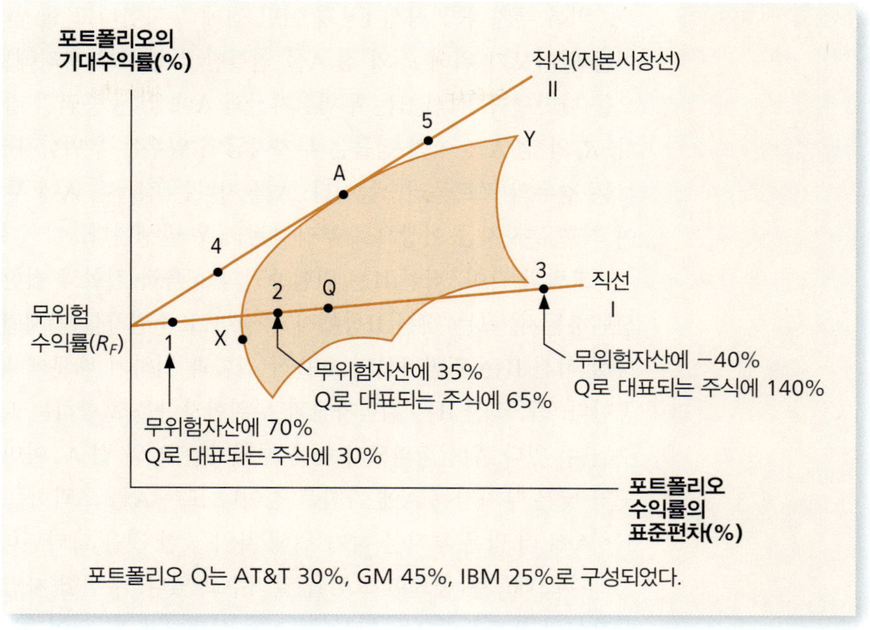

포트폴리오 Q는 AT&T 30%, GM 45%, IBM 25%로 구성되었다.

위치해 있다. 이 점은 30%의 AT&T, 45%의 GM, 그리고 25%의 IBM으로 구성된 포트폴리오를 나타낸다고 가정하자. 투자자들은 점 Q에 대한 투자와 무위험자산의 투자를 조합하여 R_F에서 점 Q로 이어지는 직선을 따라 투자를 할 수 있을 것이다. 우리는 이 직선을 I이라고 부를 것이다. 예를 들어, 이 직선상의 점 1은 무위험자산 70%와 Q로 대표되는 주식 30%로 구성된 포트폴리오를 나타낸다. $100을 가진 투자자가 그의 포트폴리오로 점 1을 선택했다면 그는 $70을 무위험자산에, $30을 Q에 투자하게 될 것이다. 이를 다시 정리하면, 무위험자산에 $70, AT&T에 $9(= 0.3 × $30), GM에 $13.50(= 0.45 × $30), IBM에 $7.50(= 0.25 × $30)을 투자한 것과 같다. 점 2는 무위험자산과 좀 더 많은 비율을 Q에 투자한(65%) 포트폴리오를 나타낸다.

점 3은 Q에 투자하기 위해 차입을 함으로써 얻을 수 있다. 예를 들어, $100을 가진 투자자는 그녀가 보유한 자금에 은행이나 증권사로부터 차입한 $40을 합하여 총 $140을 Q에 투자할 수 있다. 이것을 다시 정리하면, AT&T에 $42(= 0.3 × $140), GM에 $63(= 0.45 × $140), IBM에 $35(= 0.25 × $140)를 투자한 것과 같다.

이 투자는 다음과 같이 요약해볼 수 있다.

	점 Q	점 1 (대출 $70)	점 3 (차입 $40)
AT&T	$ 30	$9.00	$ 42
GM	45	13.50	63
IBM	25	7.50	35
무위험	0	70.00	−40
총 투자	$100	$ 100	$100

비록 투자자가 직선 I상의 어떤 점에 투자한다고 할지라도, I선상의 점들은 최적이 아니다. 이를 알아보기 위해 R_F와 점 A를 연결한 직선 II를 고려해보자. 점 A는 위험증권들의 포트폴리오를 나타낸다. 직선 II는 무위험자산과 A에 있는 증권의 결합으로 구성된 포트폴리오를 나타낸다. R_F와 점 A 사이의 점들은 투자자금의 일부는 무위험자산에 투자하고 나머지는 점 A에 투자하는 경우의 포트폴리오들이다. A를 지나는 점들은 A에 투자하기 위해 무위험이자율로 차입하여 최초 투자자금 이상으로 투자하는 경우 발생한다.

그림과 같이, 직선 II는 위험증권의 효율적 집합과 접한다. 투자자가 직선 I 위의 어느 점을 선택하든지, 그는 직선 II상에서 동일한 표준편차를 갖지만 더 높은 기대수익을 얻을 수 있다. 사실 직선 II는 위험자산의 효율적 집합과 접하기 때문에 투자자에게 최상의 가능한 기회를 제공한다. 즉, 직선 II는 위험자산과 무위험자산을 포함하는 모든 자산에 대한 효율적 집합으로 간주될 수 있다. 위험회피도가 높은 투자자는 R_F와 점 A, 아마도 점 4를 선택할 수 있다. 위험회피도가 낮은 투자자는 A에 가까운 점이나 또는 A를 초과하는 점을 선택할 수 있다. 예를 들어, 점 5는 A에 더 많은 투자를 하기 위해 차입을 한 것을 나타낸다.

이 그래프는 중요한 요점을 알려주고 있다. 무위험 차입과 대출을 통해, 어느 투자자든지 위험자산의 포트폴리오는 항상 점 A를 선택하게 될 것이라는 점이다. 투자자의 위험회피도에 관계없이 투자자는 위험자산의 효율적 집합(곡선 XAY로 나타나는) 내의 다른 점이나 또는 투자가능영역 내의 어떠한 다른 점도 결코 선택하지 않을 것이다. 그보다는 만약 투자자가 위험에 대한 회피도가 높다면, A의 증권과 무위험자산을 결합시킬 것이다. 만약 위험에 대한 회피도가 낮다면, A에 더 많은 자금을 투자하기 위해 무위험자산을 차입할 것이다.

이와 같은 결과를 재무경제학자들은 **분리원칙**(separation principle)이라고 부른다. 즉, 투자자의 투자의사결정규칙은 두 개의 분리된 단계로 구성된다는 것이다.

1. (a) 개별 증권의 기대수익률과 분산, 그리고 (b) 증권들 간의 공분산을 측정한 후에, 투자자는 〈그림 11.9〉에서 곡선 XAY로 나타나는 위험자산의 효율적 집합을 구한다. 그 다음에 투자자는 그 다음 무위험이자율과 위험자산의 효율적 집합(곡선 XAY)이 접하는 점 A를 결정한다. 점 A는 투자자가 보유하게 될 위험자산의 포트폴리오를 나타낸다. 이 점은 수익률, 분산, 공분산으로만 결정된 것이다. 위험회피도와 같은 개인적인 특성은 이 단계에서는 필요하지 않다.
2. 투자자는 이제 위험자산의 포트폴리오 A와 무위험자산을 어떻게 결합할 것인가를 결정해야 한다. 투자자는 무위험자산에 자금의 일부를 투자하고 나머지는 포트폴리오 A에 투자할 수 있다. 이 경우 투자자는 직선 R_F와 점 A 사이의 어느 지점에 위치하게 될 것이다. 또는 투자자는 무위험이자율로 차입하여 모든 자금을 포트폴리오 A에 투자할 수도 있다. 이 같은 경우, 투자자는 직선 II에서 A 윗부분 어느 지점에 위치할 것이다. 무위험자산에 대한 투자 비중은—직선상에 어느 점을 택할 것인가는—위험에 대한 태도와 같은 투자자의 특성에 의해 결정되는 것이다.

11.8 시장 균형

시장 균형 포트폴리오에 대한 정의

앞의 분석은 한 명의 투자자에 관한 것이었다. 기대수익과 개별 증권들에 대한 분산과 증권들 사이의 공분산에 대한 예측은 투자자 스스로의 것이었다. 다른 투자자들은 분명히 이 변수들에 대하여 다른 추정치를 가지고 있을 것이다. 그러나 모든 투자자들이 과거의 주가 움직임이나 다른 공개적인 가용 정보들을 통하여 예측하기 때문에 이 추정치는 많이 다르지 않을 것이다.

재무경제학자들은 자주 모든 투자자들이 동일한 기대수익률, 분산, 공분산을 가지고 있다고 현실을 상상한다. 이것은 결코 말처럼 진실이 될 수 없지만, 현실에서 투자자들이 비슷한 정보의 원천에 대하여 접근한다고 할 때 가정을 단순화시키는 데 유용하다. 이 가정을 **동질적 기대**(homogeneous expectations)라고 한다.[9]

만약 모든 투자자들이 동질적 기대를 가지고 있다면, 〈그림 11.9〉는 모든 투자자들에게 동일해야 할 것이다. 즉, 모든 투자자들은 동일한 정보를 가지고 판단할 것이므로, 위험자산에 대하여 동일한 효율적 집합을 그릴 것이다. 이 위험자산에 대한 효율적 집합은 곡선 XAY로 나타난다. 동일한 무위험이자율은 모두에게 적용가능하기 때문에, 모든 투자자들은 점 A를 보유해야 할 위험자산의 포트폴리오로 선택할 것이다.

이 점 A는 모든 투자자들이 위험증권을 대표하는 점으로 인식하고 A에서 증권을 구입할 것이기 때문에 매우 큰 중요성을 가진다. 위험회피도가 높은 투자자들은 아마도 A와 무위험자산의 투자를 조합한 점 4와 같은 투자를 선택할 것이고, 위험회피도가 낮은 다른 투자자들은 점 5와 같은 투자를 할 것이다. 이것은 매우 중요한 결론이기 때문에, 이를 다시 정리한다.

동질적 기대를 가진 시장에서, 모든 투자자들은 점 A로 대표되는 위험자산 포트폴리오를 보유할 것이다.

만약 모든 투자자들이 동일한 위험자산의 포트폴리오를 보유한다면, 그 포트폴리오가 무엇인지 결정할 수 있다. 상식적으로 그것은 존재하는 모든 증권들에 대한 시장가치 가중 포트폴리오이다. 그것이 바로 **시장 포트폴리오**(market portfolio)이다.

실제로, 경제학자들은 Standard & Poor's (S&P) 500과 같은 광범위한 지수를 시장 포트폴리오의 대용치로 사용한다. 물론 모든 투자자들이 실제로 동일한 포트폴리오를 보유하지 않을 수 있다. 그러나 우리는 많은 투자자들이 분산된 포트폴리오를 보유하고 있으며, 특히 뮤추얼펀드나 연금펀드들이 포함될 때 그러하다는 것을 알고 있다. 광범위한 지수는 많은 투자자들에게 잘 분산된 포트폴리오에 대한 좋은 대용치가 되고 있다.

투자자들이 시장 포트폴리오를 보유할 때 위험의 정의

이 장의 앞에서 우리는 주식의 위험 또는 표준편차는 체계적 그리고 비체계적 위험으로 나누어

[9] 이 동질적 기대에 대한 가정은 모든 투자자들이 수익률, 분산, 공분산에 대하여 동일한 믿음을 가지고 있음을 이야기한다. 이것은 모든 투자자들이 위험에 대하여 동일한 회피도를 가지고 있음을 의미하는 것이 아니다.

질 수 있다고 언급하였다. 비체계적 위험은 분산을 통해서 줄일 수 있으나 체계적 위험은 그렇게 할 수 없다. 따라서 분산된 포트폴리오의 투자자들은 포트폴리오에 있는 증권들의 비체계적 위험이 아닌 체계적 위험에 대한 고려를 해야 한다. 증권의 체계적 위험을 측정하는 방법이 존재하는가? 그렇다. 체계적 위험은 베타(beta)로 가장 잘 측정되며 다음의 예제에서 우리는 이에 대하여 설명할 것이다. 분산투자자의 관점으로부터 베타는 개별 증권의 위험을 가장 잘 측정하는 것으로 밝혀졌다.

예제 11.4

베타 다음의 Jelco, Inc. 주식과 시장에서의 가능한 수익률을 고려하라.

상태	경기 상황	시장의 수익률(%)	Jelco, Inc.의 수익률(%)
I	호황	15%	25%
II	호황	15	15
III	불황	−5	−5
IV	불황	−5	−15

시장에 대한 수익률은 오직 두 개의 가능한 수익률(15%와 −5%)만이 존재하지만, Jelco는 네 개의 가능한 수익률이 존재한다. 이것은 주어진 시장의 수익률에 대하여 기대수익률을 고려하는 데 도움을 준다. 각 상황이 동일하게 일어난다고 가정할 때, 우리는 다음을 얻는다.

경기 상황	시장의 수익률(%)	Jelco, Inc.의 기대수익률(%)
호황	15%	20% = 25% × 0.50 + 15% × 0.50
불황	−5%	−10% = −5% × 0.50 + (−15%) × 0.50

Jelco, Inc.는 기대수익이 경기가 불황일 때보다 호황일 때 더 높으므로 시장의 움직임에 반응한다고 할 수 있다. 우리는 이제 이 증권이 시장의 움직임에 정확이 어떻게 반응하는지 계산하도록 한다. 경기가 호황일 때 시장의 수익률은 불황일 때보다 20%[= 15% − (−5%)] 더 크다. 그러나 Jelco의 기대수익률은 불황일 때보다 호황일 때 30%[= 20% − (−10%)] 더 크다. 따라서 Jelco, Inc.는 1.5(= 30%/20%)의 반응계수를 가진다.

이러한 관계가 〈그림 11.10〉에 나타나 있다. 각 경기 상황에서 Jelco와 시장에 대한 수익률은 네 개의 점으로 그려져 있다. 게다가 우리는 시장의 가능한 두 수익률에 대하여 증권의 기대수익률을 그림에 표현하였다. 우리가 X로 지정한 이 두 개의 점은 **증권특성선**(characteristic line)으로 불린다. 이 직선의 기울기는 1.5이며 이 숫자는 앞의 그래프에서 계산되었다. 이 1.5의 반응계수를 Jelco의 **베타**(beta)라고 한다.

〈그림 11.10〉으로부터 베타에 대한 해석은 직관적이다. 이 그래프는 우리에게 Jelco의 수익률은 시장의 수익률에 대하여 1.5배로 확대됨을 말해주고 있다. 시장이 성과가 좋을 때, Jelco의 주식은 이보다 더 좋을 것으로 기대할 수 있다. 시장이 성과가 좋지 않을 때, Jelco의 주식은 이보다 더 나쁠 것으로 기대할 수 있다. 이제 거의 시장에 근접한 포트폴리오를 보유한 어떤 투자자가 그의 포트폴리오에 Jelco 주식을 추가하는 것을 고려하고 있다고 상상하자. Jelco의 배율상수가 1.5이므로 그는 이 주식을 포트폴리오의 위험을 높이는 것으로 볼 수 있다(우리는 시장 증권들에 대한 베타의 평균이 1임을 간단히 보일 것이다). Jelco는 시장의 움직임에 대하여 더 많이 반응하기 때문에 Jelco가 잘 분산된 큰 포트폴리오의 위험을 더 높일 것이다.

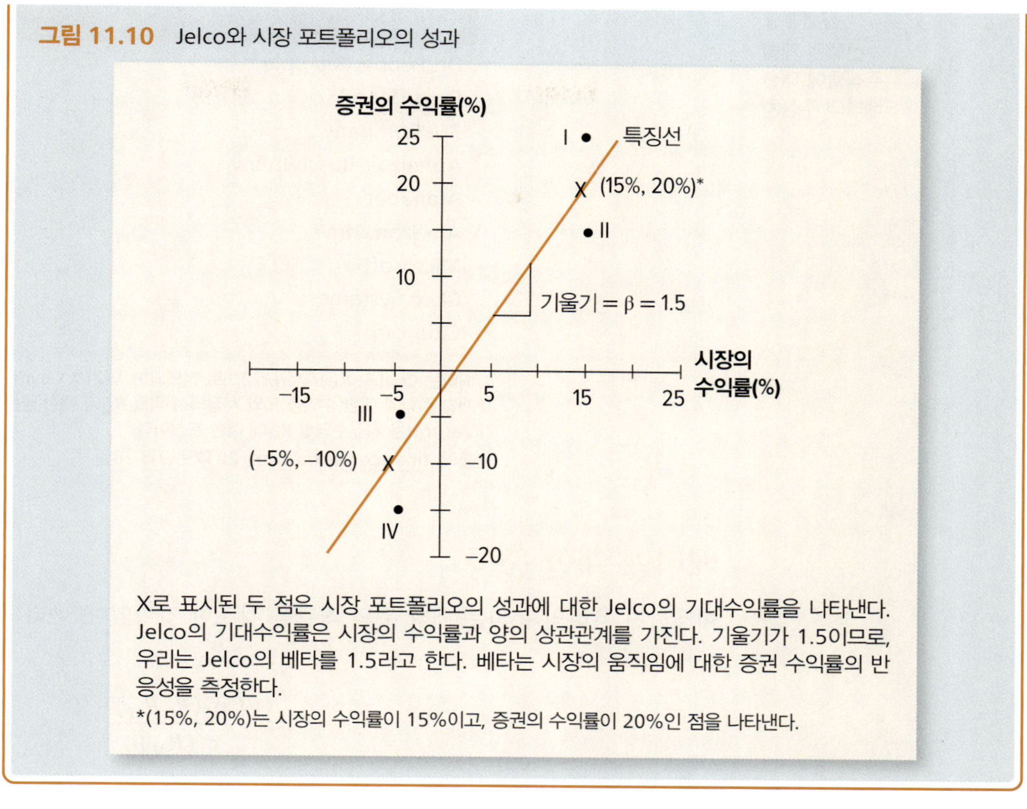

그림 11.10 Jelco와 시장 포트폴리오의 성과

X로 표시된 두 점은 시장 포트폴리오의 성과에 대한 Jelco의 기대수익률을 나타낸다. Jelco의 기대수익률은 시장의 수익률과 양의 상관관계를 가진다. 기울기가 1.5이므로, 우리는 Jelco의 베타를 1.5라고 한다. 베타는 시장의 움직임에 대한 증권 수익률의 반응성을 측정한다.

*(15%, 20%)는 시장의 수익률이 15%이고, 증권의 수익률이 20%인 점을 나타낸다.

이제 음의 베타를 가진 증권들을 살펴봄으로써 더 많은 통찰을 얻을 수 있다. 우리는 이 증권들을 헷지 또는 보험정책으로 봐야 한다. 이 증권들은 시장이 좋지 않을 때 성과가 좋고, 좋을 때 성과가 나쁘다. 이 때문에, 잘 분산된 큰 포트폴리오에 음의 베타 주식을 추가하는 것은 포트폴리오의 위험을 실제로 감소시켜준다.[10]

〈표 11.7〉은 개별 증권들에 대한 베타의 실제 추정치를 나타내고 있다. 우리가 알 수 있듯이, 어떤 증권들은 시장에 대하여 다른 것들보다 더 반응한다. 예를 들어, Citigroup은 1.63의 베타를 가지고 있다. 이것은 시장이 1% 움직일 때마다, Citigroup은 동일한 방향으로 1.63% 움직일 것으로 기대되는 것을 의미한다.[11] 반대로 ExxonMobil은 0.65의 베타를 가지고 있다. 이것은 시장이 1% 움직일 때마다, ExxonMobil은 동일한 방향으로 0.65% 움직일 것으로 기대되는 것을 의미한다.

우리는 베타에 대한 논의를 다음과 같이 요약할 수 있다.

베타는 어떤 증권의 시장 포트폴리오 움직임에 대한 반응성을 측정한다.

10 불행히도, 실제로 음의 베타를 가진 주식은 많지 않은 것으로 나타났다.
11 〈표 11.7〉에서 우리는 시장 포트폴리오의 대용치로 S&P 500 지수를 사용하였다.

표 11.7 선택된 개별 주식들에 대한 베타의 추정치

주식	베타
Dr. Pepper Snapple	0.49
ExxonMobil	0.65
3M Company	0.92
Anheuser-Busch InBev	0.96
Alphabet	0.98
Amazon.com	1.38
Microsoft	1.44
Cisco Systems	1.48
Citigroup	1.63

베타는 $Cov(R_i, R_M)/Var(R_M)$으로 정의되며, 여기서 $Cov(R_i, R_M)$은 개별 주식에 대한 수익률 R_i와 시장의 수익률 R_M에 대한 공분산이다. $Var(R_M)$은 시장수익률 R_M에 대한 분산이다.
출처: **finance.yahoo.com**, 2017년 9월 28일

베타에 대한 공식

이제까지 우리의 논의는 베타 뒤의 직관을 강조한 것이었다. 베타의 실질적인 정의는 다음과 같다.

$$\beta_i = \frac{\text{Cov}(R_i, R_M)}{\sigma^2(R_M)} \tag{11.13}$$

여기서 $\text{Cov}(R_i, R_M)$은 자산 i의 수익률과 시장 포트폴리오 수익률 사이의 공분산이고 $\sigma^2(R_M)$은 시장의 분산이다.

모든 증권들 사이의 평균 베타에서 유용한 한 가지 특징은, 시장 포트폴리오에서 각 증권의 시장가치만큼의 비율로 가중평균하면 그 값이 1이 된다는 것이다. 즉,

$$\sum_{i=1}^{N} X_i \beta_i = 1 \tag{11.14}$$

여기서 X_i는 시장 전체에서 증권 i의 시장가치의 비율을 의미하고, N은 시장에서 증권들의 수를 의미한다.

식 (11.14)는 직관적이다. 만약 당신이 모든 증권들을 그것들의 시장가치에 따라 가중한다면 포트폴리오의 결과는 시장이 될 것이다. 정의상 시장 포트폴리오의 베타는 1이다. 즉, 정의상으로는 시장의 1% 움직임에 대하여 시장은 반드시 1% 움직여야만 한다.

테스트

우리는 과거 기업재무 시험에서 다음과 같은 질문을 제시하였다.

1. 어떠한 투자자들이 이성적으로 개별 증권수익률의 분산(또는 표준편차)을 증권의 적절한 위험으로 볼 수 있을까?
2. 어떠한 투자자들이 이성적으로 개별 증권의 베타를 증권의 적절한 위험으로 볼 수 있을까?

이 두 질문에 대한 좋은 대답은 다음과 같은 것이 될 것이다.

> 합리적이고 위험회피적인 투자자들은 포트폴리오 수익률의 분산(또는 표준편차)을 포트폴리오의 위험을 측정하는 적절한 수단으로 볼 것이다. 만약 어떤 이유로 투자자가 오직 하나의 증권만을 보유할 수 있다면, 이 증권수익률의 분산이 포트폴리오 수익률의 분산이 될 것이다. 따라서 증권수익률의 분산은 증권 위험의 적절한 측정 수단이 된다.
>
> 만약 개인이 분산된 포트폴리오를 보유한다면, 그는 여전히 포트폴리오의 분산(또는 표준편차)을 포트폴리오 수익률의 위험을 적절히 측정하는 것으로 간주할 것이다. 그러나 그는 더 이상 개별 증권들의 수익률에 대한 분산에 관심을 두지 않는다. 그보다 그는 각 증권들이 포트폴리오의 분산에 기여하는 정도에 관심을 둘 것이다. 잘 분산된 포트폴리오에 증권이 기여하는 정도는 베타를 측정하는 가장 좋은 방법이다. 따라서 베타는 분산투자자들에게 개별 증권의 위험을 측정하는 적절한 수단이다.
>
> 베타는 증권의 체계적인 위험을 측정한다. 따라서 분산투자자는 각 증권의 체계적 위험에 주의를 기울여야 한다. 그러나 그들은 비체계적 위험은 포트폴리오에서 분산시킬 수 있으므로 개별 증권들의 비체계적 위험에 대해서는 무시한다.

11.9 위험과 기대수익률과의 관계(CAPM)

자산에 대한 기대수익이 그 위험과 양의 상관관계를 가진다고 이야기하는 것은 지극히 일반적인 이야기이다. 즉, 투자자들은 기대수익률이 그것의 위험에 보상을 해주는 위험자산을 보유할 것이다. 이 절에서 우리는 주식시장 전체에서 기대수익률을 추산해본다. 다음으로 우리는 개별 주식들의 기대수익률을 추산할 것이다.

시장에 대한 기대수익률

경제학자들은 자주 시장의 기대수익률이 다음과 같이 나타난다고 언급한다.

$$\mathrm{E}(R_M) = R_F + \text{위험 프리미엄}$$

시장의 기대수익률은 무위험이자율에 시장 포트폴리오에서 위험을 보유한 만큼에 대한 보상을 더한 것이 된다. 이 공식에서 시장에 대한 기대수익률은 특정 월이나 연도의 실제 수익률이 아님에 유의하라. 주식은 위험을 가지고 있기 때문에, 특정 기간 동안 시장의 실제 수익률은 물론 R_F보다 낮거나 심지어 음수가 될 수도 있다.

투자자들은 위험에 대한 보상을 원하므로, 위험 프리미엄은 짐작건대 양수가 될 것이다. 그러나 정확히 얼마나 양수가 될 것인가? 이것은 일반적으로 미래에 위험 프리미엄에 대하여 알아보는 것은 과거 위험 프리미엄의 평균을 구하는 것으로부터 시작한다고 주장할 수 있을 것이다. 10장에서 언급하였듯이 Dimson, Marsh, Staunton은 미국 보통주식의 무위험이자율에 대한 초과 연수익률이 1900~2010년의 기간에서 7.2%임을 발견하였다. 우리는 7.2%를 과거 미국 주식 위험 프리미엄이라고 언급하였다. 평균 과거 세계 주식 위험 프리미엄은 6.9%였다. 이 요소들의 숫자를 고려하면, 우리는 미래에 미국 주식 위험 프리미엄이 7%가 합리적인 추정치임을 알 수 있다.

예를 들어, 만약 무위험이자율이 1년 만기 재정증권의 최근 수익률로 추산되었으며 그 값이 1%라면, 시장의 기대수익률은 다음과 같다.

$$8\% = 1\% + 7\%$$

물론 미래의 주식 위험 프리미엄은 과거의 주식 위험 프리미엄보다 높거나 낮을 수 있다. 이것은 만약 미래 위험이 과거의 위험보다 높거나 낮다면, 또는 투자자의 위험회피도가 과거의 그것보다 높거나 낮다면 그렇게 될 것이다.

개별 증권에 대한 기대수익률

시장 전체에 대한 기대수익률을 추산해보았으니, 이제 개별 주식의 기대수익률은 어떠할지 알아보자. 우리는 증권의 베타가 잘 분산된 큰 포트폴리오에서 그 위험을 적절히 측정한다고 언급하였다. 대부분의 투자자는 분산투자를 하므로, 증권에 대한 기대수익률은 그 베타와 양의 상관관계를 가져야 한다. 이 개념은 〈그림 11.11〉에 설명되어 있다.

실제로, 경제학자들은 기대수익률과 베타 사이의 관계에 대하여 더욱 정밀하다. 그들은 타당한 조건 아래에서 기대수익률과 베타와의 관계를 제시하며 그것은 다음의 공식으로 나타낼 수 있다.[12]

자산가격결정모형

$$\mathrm{E}(R) = R_F + \beta \times [\mathrm{E}(R_M) - R_F] \qquad \textbf{(11.15)}$$

증권의 기대수익률	=	무위험 이자율	+	증권의 베타	×	시장의 수익률과 무위험이자율의 차이

이 공식은 **자산가격결정모형**(줄여서 CAPM)이라고 불리며, 증권의 기대수익률이 그것의 베타와 선형관계가 있음을 의미한다. 장기간에서 시장의 평균 수익률은 평균 무위험이자율보다 높으므로, $\mathrm{E}(R_M) - R_F$는 짐작건대 양수일 것이다. 따라서 이 공식은 증권의 기대수익률은 그것의 베타와는 양의 상관관계를 갖는 것을 의미한다. 이 공식은 몇 가지 특별한 경우들을 가정하는 것으로 설명될 수 있다.

- $\beta = 0$이라고 가정. 여기서 $\mathrm{E}(R_M) = R_F$, 즉 증권에 대한 기대수익률은 무위험이자율과 동일하다. 베타가 0인 증권은 관련된 위험이 없으므로, 이것의 기대수익률은 무위험이자율과 동일하다.
- $\beta = 1$이라고 가정. 식 (11.15)는 $\mathrm{E}(R) = \mathrm{E}(R_M)$으로 줄어든다. 즉, 증권에 대한 기대수익률은 시장의 기대수익률과 동일하다. 이것은 시장 포트폴리오의 베타가 1이므로 성립된다.

[12] 이 관계는 John Lintner와 William F. Sharpe에 의해서 처음으로 제시되었다.

그림 11.11
개별 증권의 기대수익률과 베타와의 관계

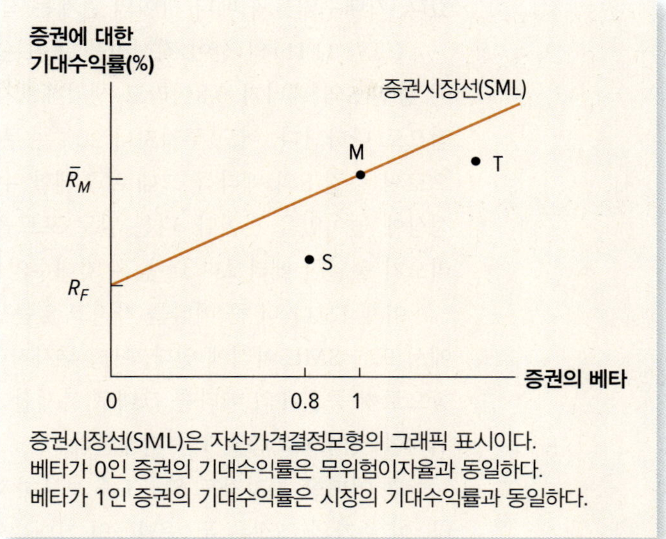

증권시장선(SML)은 자산가격결정모형의 그래픽 표시이다.
베타가 0인 증권의 기대수익률은 무위험이자율과 동일하다.
베타가 1인 증권의 기대수익률은 시장의 기대수익률과 동일하다.

식 (11.15)는 〈그림 11.11〉에서 기울기가 양인 직선으로 나타낼 수 있다. 이 직선은 R_F에서 시작하여 베타가 1일 때 $E(R_M)$까지 증가하는 것에 주목하라. 이 선은 **증권시장선**(SML)으로 불린다.

다른 직선과 마찬가지로, SML은 기울기와 절편을 가진다. R_F는 무위험이자율로 절편이다. 증권의 베타가 수평축이므로, $E(R_M) - R_F$는 기울기가 된다. 이 선은 시장의 기대수익률이 무위험이자율보다 큰 값을 가지는 한 위쪽으로 기울어질 것이다. 시장 포트폴리오는 위험자산이므로, 이론은 무위험이자율보다 높은 기대수익률이 앞의 실질적 증거들과 일치함을 제시하고 있다.

예제 11.5

Aardvark Enterprises 주식은 1.5의 베타를 가지고 있으며, Zebra Enterprises는 0.7의 베타를 가지고 있다. 무위험이자율은 3%라고 가정하고, 무위험이자율과 시장의 기대수익률 간의 차이는 8.0%라고 가정하자. 이 두 증권에 대한 기대수익률은 다음과 같다.

Aardvark에 대한 기대수익률

$$E(R_{\text{Aardvark}}) = 15.0\% = 3\% + 1.5 \times 8.0\%$$

Zebra에 대한 기대수익률

$$E(R_{\text{Zebra}}) = 8.6\% = 3\% + 0.7 \times 8.0\%$$

CAPM과 관련하여 세 가지 추가적인 요점이 언급되어야 한다.

1. 선형성: 위쪽으로 기울어진 곡선 뒤에 있는 직관은 명백하다. 베타는 위험을 적절하게 측정하므로, 높은 베타 주식은 낮은 베타 주식보다 기대수익률이 더 높아야 한다. 그러나 〈그림 11.11〉과 식 (11.15) 둘 모두가 위로 기울어진 곡선 이상의 무엇인가를 보여주고

있다. 기대수익률과 베타 사이의 관계는 직선으로 반응한다.

〈그림 11.11〉의 선이 직선임을 보이는 것은 쉽다. 이것을 알아보기 위해서, 예를 들어 증권 S의 베타가 0.8이라고 생각해보자. 이 증권은 이 그림에서 증권시장선 아래의 점으로 나타난다. 어느 투자자나 20%는 무위험자산에 80%는 베타가 1인 자산에 투자함으로써 증권 S의 베타를 그대로 복제할 수 있다. 그러나 직접 만든 포트폴리오는 SML 선상에 놓여있을 것이다. 다른 말로 포트폴리오는 증권 S를 지배하는데, 그것은 포트폴리오가 동일한 베타보다 더 높은 기대수익률을 가지고 있기 때문이다.

이제 1보다 더 큰 베타를 가지고 있는 증권 T를 생각해보자. 이 증권은 〈그림 11.11〉에서 또한 SML 아래에 있다. 어느 투자자라도 베타가 1인 증권에 투자하기 위해 차입을 함으로써 증권 T의 베타를 그대로 복제할 수 있다. 이 포트폴리오는 반드시 SML선상에 위치할 것이므로 증권 T를 지배한다.

그 어떠한 투자자도 S나 T를 보유하지 않을 것이므로, 그들의 주가는 하락할 것이다. 이 주가의 조정은 두 증권들의 기대수익률을 올릴 것이다. 가격조정은 두 증권이 증권시장선 위에 위치하게 될 때까지 진행될 것이다. 이 앞의 예제는 과대평가되어 있는 두 증권과 SML직선을 고려하였다. SML선보다 위에 놓여있는 증권은 과소평가(underpriced)된 것이다. 주가는 기대수익률이 선상에 위치할 때까지 상승해야 한다. 만일 SML이 곡선이라면, 많은 주식들은 가격이 제대로 평가되지 못할 것이다. 균형점에서, 모든 증권들은 가격이 변화하여 SML이 직선이 될 때에만 투자자들에 의해 보유될 것이다. 다른 말로, 선형성이 달성되는 것이다.

2. **증권들과 포트폴리오**: 우리의 CAPM에 대한 논의는 개별 증권을 고려한 것이다. 〈그림 11.11〉과 식 (11.15)에서의 관계가 포트폴리오에 대해서도 유지될 것인가?

   그렇다. 이를 알아보기 위하여, 〈예제 11.5〉로부터 두 증권 Aardvark와 Zebra에 동일하게 투자하여 형성된 포트폴리오를 고려하도록 하자. 이 포트폴리오에 대한 수익률은 다음과 같다.

포트폴리오의 기대수익률:

$$E(R_P) = 11.8\% = 0.5 \times 15.0\% + 0.5 \times 8.6\%$$

포트폴리오의 베타는 단순히 두 증권의 베타에 대한 가중평균이다. 따라서 우리는 다음을 얻는다.

포트폴리오의 베타:

$$\beta_P = 1.1 = 0.5 \times 1.5 + 0.5 \times 0.7$$

CAPM에서, 포트폴리오의 기대수익률은 다음과 같다.

$$E(R_P) = 11.8\% = 3\% + 1.1 \times 8.0\%$$

각 자산 수익률의 가중 평균으로 계산되는 포트폴리오의 기대수익률은 CAPM으로 계산되는 포트폴리오의 기대수익률과 동일하므로, CAPM이 개별 증권뿐만 아니라 포트폴리오에서도 적용되는 것을 알 수 있다.

3. **잠재적 혼동**: 학생들은 자주 〈그림 11.11〉의 SML과 〈그림 11.9〉의 선 II를 혼동한다. 사실, 이 선은 상당히 다르다. 선 II는 위험자산과 무위험자산으로부터 형성된 포트폴리오의 효율적 집합을 따르는 것이다. 선의 각 점은 전체 포트폴리오를 나타낸다. 점 A는 위험자산 전체로 구성된 포트폴리오이다. 선 위의 모든 다른 점들은 무위험자산과 A가 조합된 증권들의 포트폴리오를 나타낸다. 〈그림 11.9〉의 축 (X, Y)은 포트폴리오의 기대수익률과 포트폴리오의 표준편차이다. 개별 증권은 선 II에 놓이지 않는다.

   〈그림 11.11〉에서 SML은 기대수익률을 베타와 연관시킨다. 〈그림 11.11〉은 〈그림 11.9〉와는 최소한 두 가지 방식에서 다르다. 첫 번째로, 〈그림 11.11〉에서 수평축에 베타가 나타났으나, 〈그림 11.9〉에서는 수평축에 표준편차가 나타났다. 두 번째로, 〈그림 11.11〉에서 SML은 개별 주식과 모든 가능한 포트폴리오에 대하여 성립하였으나, 반면에 〈그림 11.9〉의 선 II는 오직 효율적 포트폴리오에만 성립된다.

앞에서 언급하였듯이, 동질적 기대 하에서 〈그림 11.9〉의 점 A는 시장 포트폴리오가 된다. 이러한 상황에서 선 II는 **자본시장선**(capital market line: CML)으로 언급된다.

요약 및 결론 _*Summary and Conclusions*

이 장에서는 현대 포트폴리오 이론(modern portfolio theory)의 기본에 대하여 알아보았다. 기본적 요점들은 다음과 같다.

01. 이 장에서는 개별 증권들의 기대수익률과 분산, 증권들 간의 공분산과 상관관계 등을 계산하는 방법을 보여주었다. 이 통계치들이 주어졌을 때, 두 증권 A와 B로 구성된 포트폴리오의 기대수익률과 분산은 다음과 같이 나타낼 수 있다:

$$\text{포트폴리오의 기대수익률} = X_A \mathrm{E}(R_A) + X_B \mathrm{E}(R_B)$$
$$\text{분산(포트폴리오)} = X_A^2\sigma_A^2 + 2X_A X_B \sigma_{AB} + X_B^2\sigma_B^2$$

02. 앞의 표기에서, X는 포트폴리오에서 한 주식의 구성비율을 나타낸다. X를 다양하게 변화시킴으로써 우리는 포트폴리오의 효율적 집합을 도출할 수 있다. 우리는 두 자산에 대하여 곡선으로써 효율적 집합을 그리고, 이 그래프에서 굴곡도나 휘어진 정도는 분산효과를 반영한다: 두 증권의 상관관계가 낮으면 낮을수록, 굴곡도는 더 커진다. 많은 자산을 고려했을 경우에도 효율적 집합의 동일한 형태가 나타난다.

03. 두 자산의 경우에서 2 × 2 행렬로 계산된 분산의 공식뿐만 아니라, N개의 자산의 경우에서도 또한 분산 공식은 $N \times N$ 행렬로 계산될 수 있다. 우리는 많은 수의 자산이 있을 경우, 행렬에서 분산보다 더 많은 공분산 항들이 존재함을 보였다. 사실 큰 포트폴리오에서 분산 항은 효과적으로 제거될 수 있으나, 공분산 항은 그렇지 않다. 따라서 분산된 포트폴리오는 개별 증권과 관련된 위험 중 전부가 아닌 일부를 제거할 수 있다.

04. 위험자산의 효율적 집합은 무위험 차입 및 대출과 결합될 수 있다. 이러한 경우, 합리적인 투자자는 〈그림 11.9〉에서 점 A로 나타나는 위험 증권의 포트폴리오의 보유를 항상 선택할 것이다. 그 후에 그림에서 직선 II상의 원하는 지점을 달성하기 위하여 무위험이자율로 차입이나 대출을 실시할 수 있다.

05. 규모가 크고 잘 분산된 포트폴리오 위험에 대한 개별 증권의 기여도(영향)는 시장수익률과 개별 증권수익률 간의 공분산과 비례한다. 여기서 이 기여도를 표준화시킨 것을 베타라고 부른다. 증권의 베타는 시장수익률에 대한 개별 증권수익률의 반응도로 해석할 수 있다.

06. CAPM은 다음과 같이 나타낼 수 있다.

$$E(R) = R_F + \beta(E(R_M) - R_F)$$

다시 말해, 증권에 대한 기대수익률은 증권의 베타와 양(그리고 선형)의 상관관계를 가진다.

개념확인 _*Concept Questions*

01. 분산가능위험과 분산불가능위험 넓은 의미에서, 왜 어떤 위험은 분산 가능한가? 또 왜 어떤 위험은 분산 불가능한가? 이는 투자자가 포트폴리오에서 체계적 위험이 아닌 비체계적 위험의 수준을 통제할 수 있다는 것을 의미하는가?

02. 체계적 위험과 비체계적 위험 다음의 사건들에 대해 대략적으로 체계적인지 비체계적인지 구분하라. 모든 경우에서 이 같은 구분은 명확한가?

a. 예상치 못한 단기금리의 상승

b. 은행의 기업에 대한 단기대출금리 인상

c. 예상치 못한 석유가격의 하락

d. 석유저장고의 파열로 인한 대규모의 석유유출

e. 한 제조업체가 수백만 달러의 제조품 책임 소송에서 패소

f. 대법원이 제품사용자의 부상에 대한 제조업자의 책임범위를 실질적으로 확대하는 판결을 내림

03. 기대 포트폴리오 수익률 만일 모든 자산에 투자한 포트폴리오가 있다면, 이 포트폴리오의 기대수익률은 포트폴리오를 구성하는 모든 자산의 수익률보다 높겠는가? 아니면 낮겠는가? 만약 당신이 이 질문 중 하나에 또는 둘 모두에 그렇다고 대답하였다면, 당신의 대답에 대한 설명을 제시하라.

04. 분산투자 다음 문장은 참인가 거짓인가: 포트폴리오를 구성하는 개별 자산의 분산은 잘 분산된 포트폴리오의 기대수익률을 결정하는 데 가장 중요한 특성이다. 이유를 설명하라.

05. 포트폴리오 위험 만약 포트폴리오에서 모든 자산에 대해 투자를 한다면, 이 포트폴리오의 표준편차는 포트폴리오를 구성하는 모든 자산의 표준편차보다 낮을 수 있는가? 포트폴리오 베타는 어떠한가?

06. 베타와 CAPM 위험자산이 0의 베타를 갖는 것이 가능한가? 설명하라. CAPM을 바탕으로 할 때 이와 같은 자산의 기대수익률은 얼마인가? 위험자산이 음의 베타를 갖는 것이 가능한가? CAPM에 의하면 이 같은 자산의 기대수익률은 얼마인가? 당신의 답에 대하여 설명할 수 있는가?

07. 공분산 왜 증권과 잘 분산된 포트폴리오 간의 공분산이 증권의 분산보다 증권의 위험을 더 적정하게 측정하는지에 대해 간략하게 설명하라.

08. 베타 유명한 투자관리자의 다음과 같은 발언에 대해 생각해보라: "Southern Co.의 주식은 지난 3년간 대부분 $12에 거래가 이루어졌다. Southern의 주식은 매우 적은 가격변화를 보였으므로, 이 주식의 베타는 낮다. 반면 Texas Instruments는 한때 $150에도 거래가 이루어졌으나 현재는 $75에 주가가 형성되어 있다. 이 주식은 큰 폭의 가격 움직임을 보였으므로 그 주식의 베타는 높다." 당신은 이 분석에 동의하는가? 설명하라.

09. 위험 한 브로커는 당신에게 석유산업 주식은 표준편차가 높으므로 투자하지 말라고 조언한다. 이 브로커의 조언은 당신과 같은 위험회피 투자자에게 논리적으로 맞는 이야기인가? 왜 그런가 또는 왜 그렇지 않은가?

10. 증권 선택 다음 문장은 참인가 거짓인가? 위험자산의 기대수익률은 균형상태에서 위험자산을 보유하려고 하는 위험회피 투자자가 존재하지 않을 것이므로 무위험이자율보다 낮을 수 없다. 이유를 설명하라.

연습문제 _*Questions and Problems*_

기초
(Questions 1~19)

01. 포트폴리오 가중치 계산 주당 $47에 거래되는 주식 A를 145주, 주당 $86에 거래되는 주식 B를 130주 보유한 포트폴리오의 가중치는 얼마인가?

02. 포트폴리오 기대수익률 주식 A에 $3,100, 주식 B에 $4,600을 투자한 포트폴리오가 있다. 만일 이들의 주식의 기대수익률이 각각 9.8%와 12.7%라면 이 포트폴리오의 기대수익률은 얼마인가?

03. 포트폴리오 기대수익률 주식 X에 20%, 주식 Y에 45%, 주식 Z에 35%를 투자한 포트폴리오를 보유하고 있다. 이 세 가지 주식에 대한 기대수익률은 각각 10.5%, 16.1%, 12.4%이다. 포트폴리오에 대한 기대수익률은 얼마인가?

04. 포트폴리오 기대수익률 주식 포트폴리오에 $10,000를 투자했다. 기대수익률 12.7%인 주식 X와 기대수익률은 9.1%인 주식 Y를 선택하였다. 목표 기대수익률이 11.2%인 포트폴리오를 만들기 위해 주식 X에 얼마를 투자할 것인가? 주식 Y에 얼마를 투자할 것인가?

05. 수익률과 표준편차 계산 다음의 정보를 바탕으로 두 주식의 기대수익률과 표준편차를 계산하라.

경기 상황	경기 상황별 발생확률	상황발생 시 기대수익률	
		주식 A	주식 B
불황	0.25	0.06	−0.20
정상	0.55	0.07	0.13
호황	0.20	0.11	0.33

06. 수익률과 표준편차 계산 다음의 정보를 바탕으로 주식의 기대수익률과 표준편차를 계산하라.

경기 상황	경기 상황별 발생확률	상황발생 시 기대수익률
침체	0.15	−0.148
불황	0.30	0.031
정상	0.45	0.162
호황	0.10	0.348

07. 기대수익률 계산 포트폴리오는 주식 G에 15%, 주식 J에 60%, 주식 K에 25% 투자한다. 주식에 대한 기대수익률은 각각 9%, 11%, 14%이다. 포트폴리오의 기대수익률은 얼마인가? 이것을 어떻게 해석하겠는가?

08. 수익률과 표준편차 다음의 정보들을 고려하라.

경제 상황	경제 상황별 발생확률	상황발생 시 기대수익률		
		주식 A	주식 B	주식 C
호황	0.75	0.06	0.16	0.33
불황	0.25	0.14	0.02	−0.06

a. 세 주식의 동일 가중 포트폴리오의 기대수익률은 얼마인가?

b. 주식 A와 B에 각각 20%씩, 주식 C에 60%를 투자한 포트폴리오의 분산은 얼마인가?

09. 수익률과 표준편차 다음의 정보들을 고려하라.

경제 상황	경제 상황별 발생확률	상황발생 시 기대수익률		
		주식 A	주식 B	주식 C
호황	0.20	0.24	0.45	0.33
좋음	0.35	0.09	0.10	0.15
나쁨	0.40	0.03	−0.10	−0.05
불황	0.05	−0.05	−0.25	−0.09

a. 주식 A와 C에 각각 30%씩, 주식 B에 40%를 투자한 포트폴리오의 기대수익률은 얼마인가?

b. 이 포트폴리오의 분산은 얼마인가? 표준편차는 얼마인가?

10. 포트폴리오 베타 계산 주식 Q에 20%, 주식 R에 30%, 주식 S에 15%, 주식 T에 35%를 투자하는 포트폴리오를 보유하고 있다. 이들 네 주식의 베타는 각각 0.75, 1.90, 1.38, 1.16이다. 이 포트폴리오의 베타는 얼마인가?

11. 포트폴리오 베타 계산 무위험자산과 두 개의 주식에 동일하게 투자한 포트폴리오를 보유하고 있다. 주식 중 하나의 베타가 1.61이고 전체 포트폴리오가 시장만큼 위험할 경우 포트폴리오의 다른 주식의 베타는 얼마인가?

12. CAPM 활용 어떤 주식의 베타는 1.15, 시장 기대수익률은 11.1%, 무위험이자율은 3.8%이다. 이 주식의 기대수익률은 얼마인가?

13. CAPM 활용 어떤 주식의 기대수익률은 10.4%, 무위험이자율은 3.8%, 시장 위험 프리미엄은 7%이다. 이 주식의 베타는 얼마가 되어야 하는가?

14. CAPM 활용 어떤 주식의 기대수익률은 12.7%, 베타는 1.20, 무위험이자율은 4.2%이다. 시장 기대수익률은 얼마인가?

15. CAPM 활용 어떤 주식의 기대수익률은 10.9%, 베타는 0.9, 시장 기대수익률은 11.8%이다. 무위험이자율은 얼마인가?

16. CAPM 활용 어떤 주식의 베타는 1.08, 기대수익률은 11.6%이다. 무위험자산은 현재 3.6%를 벌고 있다.

a. 두 자산에 동일하게 투자한 포트폴리오의 기대수익률은 얼마인가?

b. 두 자산의 포트폴리오의 베타가 0.50인 경우 포트폴리오 가중치는 얼마인가?

c. 두 자산의 포트폴리오 기대수익률이 10.5%인 경우 베타는 얼마인가?

d. 두 자산의 포트폴리오의 베타가 2.16인 경우 포트폴리오 가중치는 얼마인가? 이 경우 두 자산의 가중치를 어떻게 해석하는가? 설명하라.

17. SML 활용 자산 W의 기대수익률은 12.3%, 베타는 1.2이다. 만일 무위험이자율이 4%라고 한다면, 자산 W와 무위험자산으로 구성된 포트폴리오에 대한 다음의 표를 완성하라. 베타에 대한 기대수익률을 그래프에 표시함으로써 포트폴리오의 기대수익률과 포트폴리오의 베타 간의 관계를 설명하라. 이 결과 나타난 선의 기울기는 얼마인가?

포트폴리오에서 자산 W의 비율	포트폴리오의 기대수익률	포트폴리오의 베타
0%		
25		
50		
75		
100		
125		
150		

18. 위험보상 비율 주식 Y의 베타는 1.15, 기대수익률은 11.8%이다. 주식 Z의 베타는 0.85, 기대수익률은 10.7%이다. 무위험이자율이 4.5%이고 시장 위험 프리미엄이 7.1%일 때 이 주식의 가격이 적절하게 평가되었는가?

19. 위험보상 비율 앞의 문제에서 두 주식의 가격이 적절하게 평가되기 위해서는 무위험이자율이 어느 정도여야 하는가?

중급
(Questions 20~32)

20. 포트폴리오 수익률 앞 장의 과거 자본시장에 관한 정보를 활용하라. 대기업 주식과 장기 정부 채권에 동일하게 투자한 포트폴리오의 수익률은 얼마인가? 소기업 주식과 단기재정증권(T-bill)에 동일하게 투자한 포트폴리오의 수익률은 얼마인가?

21. CAPM CAPM을 활용하여 두 자산의 위험 프리미엄 비율이 그들의 베타비율과 동일하다는 것을 보여라.

22. 포트폴리오 수익률과 편차 다음 세 주식의 정보를 고려하라.

경제 상황	경제 상황별 발생확률	상황발생 시 기대수익률		
		주식 A	주식 B	주식 C
호황	0.25	0.25	0.35	0.40
정상	0.55	0.18	0.13	0.03
불황	0.20	0.03	−0.18	−0.45

a. 주식 A와 B에 각각 40%씩 투자하고 주식 C에 20%를 투자한 포트폴리오의 기대수익률은 얼마인가? 분산은 얼마인가? 표준편차는 얼마인가?

b. T-bill의 기대수익률(무위험이자율)이 3.80%인 경우, 포트폴리오의 기대 위험 프리미엄은 얼마인가?

c. 기대 인플레이션율이 3.50%인 경우, 포트폴리오의 대략적인 실질수익률과 정확한 실질수익률은

각각 얼마인가?

23. **포트폴리오 분석** 당신은 $1,000,000의 투자자금으로 시장과 동일한 위험을 갖는 포트폴리오를 만들고자 한다. 다음 주어진 정보를 가지고 다음 표의 빈칸을 채워라.

자산	투자액	베타
주식 A	$190,000	0.83
주식 B	$325,000	1.19
주식 C		1.45
무위험자산		

24. **포트폴리오 분석** 주식 X와 주식 Y를 포함하는 포트폴리오에 $100,000을 투자하려고 한다. 목표는 기대수익률 12.7%를 달성하는 포트폴리오를 구성하는 것이다. 주식 X의 기대수익률은 11.4%, 베타는 1.25이고, 주식 Y의 기대수익률은 8.68%, 베타는 0.85인 경우, 주식 Y에 얼마나 투자하겠는가? 답변을 어떻게 해석하겠는가? 이 포트폴리오의 베타는 얼마인가?

25. **공분산과 상관관계** 다음 정보를 근거로, 두 주식의 기대수익률과 표준편차를 계산하라. 각 경기 상황이 동일하게 일어날 수 있을 것이라고 가정한다. 두 주식 수익률 간의 공분산과 상관관계는 얼마인가?

경기 상황	주식 A	주식 B
약세장	0.099	−0.073
보통	0.113	0.128
강세장	0.059	0.293

26. **공분산과 상관관계** 다음의 정보를 근거로, 두 주식의 기대수익률과 표준편차를 계산하라. 두 주식 수익률 간의 공분산과 상관계수는 얼마인가?

경기 상황	각 상황이 발생할 확률	주식 J 수익률	주식 K 수익률
약세장	0.30	−0.050	0.029
보통	0.55	0.118	0.074
강세장	0.15	0.274	0.098

27. **포트폴리오의 표준편차** 증권 F의 연간 기대수익률은 10%이고 표준편차는 53%이다. 증권 G의 연간 기대수익률은 13%이고 표준편차는 79%이다.
   a. 40%는 증권 F이고 60%는 증권 G로 구성된 포트폴리오의 기대수익률은 얼마인가?
   b. 증권 F와 증권 G의 수익률 간의 상관관계가 0.35인 경우 (a)에 설명된 포트폴리오의 표준편차는 얼마인가?

28. **포트폴리오의 표준편차** 주식 A와 주식 B의 기대수익률과 표준편차가 $E(R_A) = 0.11$, $E(R_B) = 0.13$, $\sigma_A = 0.47$, $\sigma_B = 0.81$이라고 가정하자.
   a. 주식 A와 주식 B의 수익률 간의 상관관계가 0.5일 때 A와 B에 각각 40%, 60%를 투자한 포트폴리오의 기대수익률과 표준편차를 계산하라.
   b. 주식 A와 주식 B의 수익률 간의 상관계수가 −0.5일 때 (a)와 동일한 포트폴리오 가중치를 사용

하여 포트폴리오의 표준편차를 계산하라.

c. 주식 A와 주식 B의 수익률 간의 상관관계는 포트폴리오의 표준편차에 어떤 영향을 미치는가?

29. 상관관계와 베타 당신은 세 개 기업의 증권, 시장 포트폴리오, 그리고 무위험자산에 대하여 다음과 같은 데이터를 얻었다.

증권	기대수익률	표준편차	상관계수*	베타
기업 A	0.10	0.31	(i)	0.85
기업 B	0.14	(ii)	0.50	1.40
기업 C	0.16	0.65	0.35	(iii)
시장 포트폴리오	0.12	0.20	(iv)	(v)
무위험자산	0.05	(vi)	(vii)	(viii)

*시장 포트폴리오와의 상관계수

a. 표의 빈칸에 적절한 값을 넣어라.

b. CAPM 모형에 따르면 회사 A, B 그리고 C의 주식가치는 적절하게 평가되었는가? 이 회사들의 가치가 적절하게 평가되지 않았다면 잘 분산된 포트폴리오를 소유한 투자자에게 당신의 투자조언은 무엇인가?

30. CML 시장 포트폴리오의 기대수익률은 11.5%이며 표준편차는 19%이다. 무위험이자율은 4.1%이다.

a. 표준편차가 9%인 잘 분산된 포트폴리오의 기대수익률은 얼마인가?

b. 기대수익률이 20%인 잘 분산된 포트폴리오의 표준편차는 얼마인가?

31. 베타와 CAPM 무위험 자산과 시장 포트폴리오를 결합한 포트폴리오의 기대수익률은 9%이고 표준편차는 16%이다. 무위험이자율은 4.1%이고 시장 포트폴리오의 기대수익률은 11%이다. 자본자산가격결정모형이 성립할 경우, 시장 포트폴리오와 0.38 상관관계가 있고 표준편차가 60%인 증권의 기대수익률은 얼마인가?

32. 베타와 CAPM 무위험이자율은 4.4%, 시장 포트폴리오의 기대수익률은 10.9%라고 가정하자. 시장 포트폴리오의 분산은 0.0391이다. 포트폴리오 Z는 시장에 대하여 0.31의 상관계수와 0.3407의 분산을 가지고 있다. 자본자산가격결정모형에 따르면 이 포트폴리오 Z의 기대수익률은 얼마인가?

고급
(Questions 33~38)

33. 체계적 위험과 비체계적 위험 주식 I과 주식 II에 대한 다음의 정보를 고려하라.

경기 상황	경기 상황별 발생확률	상황발생 시 기대수익률	
		주식 I	주식 II
불황	0.15	0.12	−0.35
보통	0.55	0.17	0.12
비이성적 과열	0.30	0.06	0.33

시장위험 프리미엄은 7.5%이고, 무위험이자율은 4%이다. 어느 주식이 가장 높은 체계적 위험을 가지는가? 어떤 주식이 가장 높은 비체계적 위험을 가지는가? 어떠한 주식이 "더 위험한가?" 설명하라.

34. SML 당신이 다음과 같은 상황을 관찰하였다고 가정하자.

증권	베타	기대수익률
Pete Corp.	1.25	13.28%
Repete Co.	0.85	10.12

이 증권들은 균형가격이라고 가정하자. CAPM에 따르면, 시장의 기대수익률은 얼마인가? 무위험 이자율은 얼마인가?

35. **공분산과 포트폴리오의 표준편차** 시장에 세 가지 증권이 있고 다음은 이와 관련된 수익률 정보이다.

상황	상황별 발생확률	증권 1의 수익률	증권 2의 수익률	증권 3의 수익률
1	0.15	0.20	0.20	0.05
2	0.35	0.15	0.10	0.10
3	0.35	0.10	0.15	0.15
4	0.15	0.05	0.05	0.20

a. 각 증권의 기대수익률과 표준편차는 얼마인가?
b. 증권을 2개씩 짝지었을 때, 각 경우의 공분산과 상관관계는 얼마인가?
c. 증권 1에 50%, 증권 2에 50%를 투자하는 포트폴리오의 기대수익률과 표준편차는 얼마인가?
d. 증권 1에 50%, 증권 3에 50%를 투자하는 포트폴리오의 기대수익률과 표준편차는 얼마인가?
e. 증권 2에 50%, 증권 3에 50%를 투자하는 포트폴리오의 기대수익률과 표준편차는 얼마인가?
f. (a), (c), (d), (e)에 대한 답변은 분산투자에 대하여 무엇을 의미하고 있는가?

36. **SML** 당신이 다음과 같은 상황을 관찰하였다고 가정하자.

경기 상황	경기 상황별 발생확률	상황발생 시 기대수익률	
		주식 A	주식 B
불황	0.15	−0.13	−0.11
보통	0.60	0.12	0.10
호황	0.25	0.34	0.31

a. 각 주식에 대한 기대수익률을 계산하라.
b. 자본자산가격결정모형이 성립하고 주식 A의 베타가 주식 B의 베타보다 0.25 더 크다고 가정하자. 시장의 기대 위험 프리미엄은 얼마가 되는가?

37. **표준편차와 베타** 시장에는 주식 A와 주식 B 두 가지 주식이 있다. 주식 A의 오늘 가격은 $75이다. 내년에 주식 A의 가격은 경기 침체일 경우 $64, 경기가 정상일 경우 $87, 경기가 확장되는 경우 $97이다. 경기 침체, 정상, 확장 확률은 각각 0.2, 0.6, 0.2이다. 주식 A는 배당금을 지불하지 않으며 시장 포트폴리오와 0.7의 상관관계를 갖는다. 주식 B의 기대수익률은 14%, 표준편차는 34%, 시장 포트폴리오와의 상관관계는 0.24, 주식 A와의 상관관계는 0.36이다. 시장 포트폴리오의 표준편차는 18%이다. CAPM이 성립한다고 가정한다.

a. 잘 분산된 포트폴리오에 투자하고 있는 전형적인 위험회피 투자자라면 어떤 주식을 선호하겠는가? 왜 그런가?

b. 주식 A에 70%, 주식 B에 30%를 투자하여 구성한 포트폴리오의 기대수익률과 표준편차는 얼마인가?

c. (b)에서 구성한 포트폴리오의 베타는 얼마인가?

38. 최소 변동 포트폴리오 주식 A와 B에 다음과 같은 특성이 있다고 가정한다.

증권	기대수익률	표준편차
A	10%	41%
B	16	77

두 주식의 수익률 간 공분산은 0.001이다.

a. 투자자가 주식 A와 주식 B만으로 구성된 포트폴리오를 보유하고 있다고 가정하자. 포트폴리오의 분산이 최소화되도록 포트폴리오 가중치 X_A와 X_B를 찾으라.
(힌트: 가중치의 합은 1이어야 한다.)

b. 최소분산포트폴리오에 대한 기대수익률은 얼마인가?

c. 두 주식의 수익률 간의 공분산이 −0.05인 경우 최소분산가중치는 얼마인가?

d. (c)에서 구성된 포트폴리오의 분산은 얼마인가?

Mini Case

EAST COAST YACHTS에서의 일, PART 2

당신은 Dan Ervin과 당신의 401(k)에 대해 논의하고 있다. Dan이 Bledsoe Financial Services사의 대표인 Sarah Brown이 오늘 East Coast Yachts사를 방문한다고 언급하여 Dan의 주선으로 오늘 늦게 Sarah를 만나기로 결정하였다.

당신이 Sarah와 함께 앉았을 때, 그녀는 회사의 401(K)계좌에서 가능한 다양한 투자옵션을 설명하였다. 이 회사의 취업제안을 수락하기 전에 East Coast Yachts사에 대해 분석을 하였다고 말했다. 당신은 경영진이 회사를 이끌 수 있는 능력이 있다고 확신했다. 분석 결과, 이 회사가 성장하여 미래에 높은 시장점유율을 달성할 것이라고 판단했다. 또한 당신이 고용주를 지지해야겠다고 마음을 먹었다. 이러한 회사에 대한 고려와 보수적인 투자자라는 사실로 인해 당신은 401(K)계좌의 100%를 East Coast Yachts에 투자하는 방향으로 기울고 있다.

무위험이자율은 3.2%라고 가정하자. Bledsoe 채권펀드와 대기업 주식 펀드 간의 상관관계는 0.15이다. 참고: 스프레드시트의 그래프와 "해결(solver)" 기능이 당신이 다음 질문에 답하는 데 도움을 줄 것이다.

01. 분산효과를 고려할 때, 당신의 401(k)계좌 100%를 모두 East Coast Yachts 주식에 투자하려는 제안에 Sarah는 어떻게 반응해야 하는가?

02. 당신의 401(k)계좌의 전부를 East Coast Yachts 주식에 투자하려는 것에 대해 Sarah의 대답은 이것이 최상의 대안이 아닐 수도 있다고 당신을 설득시켰다. 당신은 보수적인 투자자이므로, Sarah에게 채권펀드에 100% 투자하는 것이 가장 최상의 대안이 될 수 있는지 묻는다. 과연 그런가?

03. Bledsoe 대기업 주식 펀드와 Bledsoe 채권펀드의 수익률을 이용하여 가능한 포트폴리오의 투자기회집합을 그래프로 그려보아라.

04. 투자기회집합을 살펴본 이후에, 당신은 채권펀드와 동일한 표준편차를 가지는 채권펀드와 대기업

주식으로 구성된 포트폴리오에 투자할 수 있음을 알았다. 이 포트폴리오는 또한 더 높은 기대수익률을 가지고 있다. 이 포트폴리오의 가중치와 기대수익률은 얼마인가?

05. 투자기회집합의 분석에서, 가장 낮은 표준편차를 가진 포트폴리오를 발견하였다. 이것이 최소분산 포트폴리오이다. 이 포트폴리오의 가중치와, 기대수익률, 그리고 표준편차는 얼마인가? 왜 이 최소분산 포트폴리오가 중요한가?

06. 위험조정 성과의 측정치로 샤프비율이 자주 사용된다. 샤프비율은 자산의 위험 프리미엄을 표준편차로 나누어 계산한다. 투자기회집합에서 가장 높은 샤프비율을 가진 포트폴리오를 샤프 최적 포트폴리오라고 한다. 이 포트폴리오의 가중치, 기대수익률, 표준편차는 얼마인가? 이 포트폴리오의 샤프비율은 채권펀드와 대기업 주식 펀드의 샤프비율과 비교하여 어떠한가? 샤프 최적 포트폴리오와 CAPM 간의 어떤 연관을 찾을 수 있는가? 그 연관은 무엇인가?

13

위험, 자본비용, 그리고 가치평가

Risk, Cost of Capital, and Valuation

5개 대륙에 114,000명 이상의 직원이 근무하는 독일계 BASF는 글로벌 기업이다. 농업, 오일 및 가스, 화학물질, 플라스틱을 포함한 다양한 산업에서 운영하고 있다. BASF는 기업가치를 높이기 위해 Vision 2020을 시작했다. 이 프로젝트는 회사 내의 모든 기능을 포함하는 포괄적인 계획이고, 모든 직원이 기업가적인 방식으로 행동하도록 도전하고 장려하였다. 이 전략의 주요 재무적 요소는 기업이 가중평균자본비용(WACC)과 프리미엄을 벌어들일 수 있도록 만드는 것이다. WACC란 정확히 무엇을 의미하는가?

WACC는 주주, 채권자, 우선주 주주를 포함한 모든 투자자를 만족시키기 위해 기업이 얻어야 하는 최소한의 수익률이다. 예를 들어, 2017년에 BASF는 2016년에 사용한 WACC와 동일한 10%로 자본비용을 고정했지만, 이것은 2015년에 사용한 11%보다 다소 감소한 것이다. 이 장에서는 기업의 자본비용을 계산하는 방법을 알아보고, 이것이 기업과 투자자에게 어떤 의미가 있는지 살펴본다. 또한 기업의 자본비용을 언제 사용해야 하는가와 아마도 더 중요하게는, 언제 사용해서는 안 되는가에 대해서 알아본다.

기업재무의 최신 동향: rwjcorporatefinance.blogspot.com

이번 장의 목표는 위험 프로젝트와 기업의 현금흐름의 할인율 결정에 대한 것이다. 프로젝트와 기업은 자기자본, 부채, 그 밖의 다른 자본으로부터 자금조달이 이루어지는데 우리는 적절한 할인율을 구하기 위해 이러한 각각 자본의 조달 비용을 추정하여야 한다. 먼저 자기자본비용부터 시작한다. 여기서의 분석은 베타(Beta)와 CAPM을 기반으로 하기 때문에 베타를 심도 있게 다룰 것이다. 이는 베타의 계산, 직관적인 의미, 그리고 결정요인 등을 포함한다. 다음으로 부채비용과 우선주비용을 논의한다. 이렇게 추정된 자금조달 원천별 비용들은 현금흐름의 할인을 위해 사용되는 가중평균자본비용(WACC)의 주요한 구성요소들이다. 우리는 실제 회사인 Eastman Chemical Co.의 가중평균자본비용을 계산한 후 프로젝트와 기업의 가치가 어떻게 평가되는지 보일 것이다. 마지막으로 발행비용을 소개한다.

13.1 자본비용

기업이 여유현금을 보유할 경우 두 가지 조치 중 하나를 취할 수 있다. 현금을 배당금으로 즉시 지급할 수 있고 혹은 미래 현금흐름을 창출할 수 있는 프로젝트에 투자할 수도 있다. 주주들은 어느 안을 더 원할까? 만약 투자자들이 프로젝트와 동일한 위험을 갖는 금융자산(주식이나 채

그림 13.1
여유현금을 보유한 기업의 선택

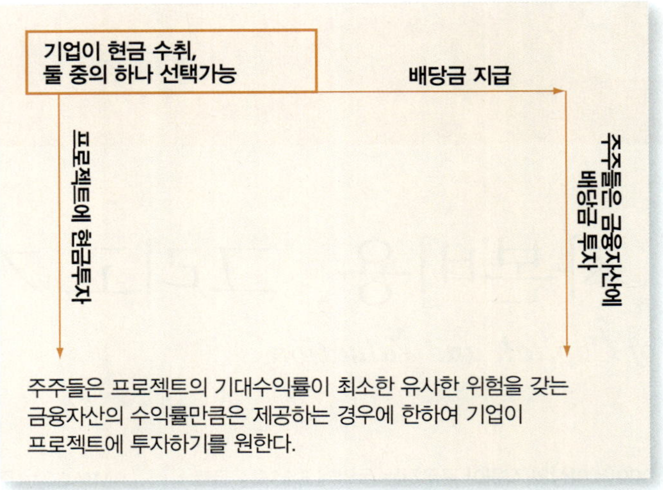

권)에 배당금을 재투자할 수 있다면, 주주들은 가장 높은 기대수익률을 창출할 수 있는 대체안을 바랄 것이다. 즉, 프로젝트는 기대수익률이 비슷한 위험을 갖는 금융자산보다 높은 경우에 한하여 수행되어야 한다. 〈그림 13.1〉은 이러한 내용을 도식화하였다.

이러한 논의는 매우 간단한 자본예산 규칙을 시사한다.

프로젝트의 할인율(discount rate)은 유사한 위험을 갖는 금융자산의 기대수익률이어야 한다.

할인율에 대해서는 다양한 동의어들이 있다. 예를 들면, 할인율은 종종 프로젝트의 **요구수익률** (required return)이라고 한다. 프로젝트는 요구수익률 이상의 수익률을 창출할 수 있는 경우에 한하여 채택되기 때문에 이것은 적절한 명칭이다. 한편 프로젝트의 할인율은 **자본비용**으로 불리기도 한다. 이는 프로젝트가 자본의 공급자(이 경우에는 주주)에게 충분히 보상할 만큼 수익을 창출하여야 한다는 의미에서 적절한 명칭이라 할 수 있다. 이 교재에서는 할인율, 요구수익률, 자본조달비용을 동의어로 사용할 것이다.

회사의 모든 프로젝트들이 동일한 위험을 가지고 있다고 가정하자. 이 경우에 할인율은 자본조달비용과 대체로 같다고 이야기할 수 있다. 그리고 자기자본으로만 자금조달이 이루어져 있다면, 할인율은 또한 회사의 자기자본비용과 같다.

13.2 CAPM으로 자기자본비용 추정

주주의 투자에 대한 요구수익률인 자기자본비용으로 시작하자. 문제는 주주는 요구하는 수익률을 회사에게 알리지 않는다는 점이다. 어떤 방법이 있을까? 다행히도 요구수익률을 구하기 위해 CAPM을 이용할 수 있다.

CAPM 하에서 주식의 기대수익률은 다음과 같이 도출된다.

$$R_S = R_F + \beta \times (R_M - R_F) \tag{13.1}$$

여기서 R_F는 무위험이자율이고 $R_M - R_F$는 시장 포트폴리오의 기대수익률과 무위험이자율의 차이이다. 이 차이는 종종 기대초과시장수익률 또는 시장 위험 프리미엄이라고 한다. 수식의 단순화를 위해 기대를 나타내는 "−"(bar) 혹은 "E"를 생략했지만 CAPM 하에서 기대수익률을 의미한다는 사실을 기억하라.

식 (13.1)에서 주식의 기대수익률은 베타로 측정되는 그 주식의 위험에 달려 있다. 이 기대수익률은 그 주식의 위험에 근거한 요구수익률이라고도 할 수 있다. 마찬가지로, 이 기대수익률은 회사의 자기자본비용으로 간주될 수도 있다.

주주에 대한 기대수익률과 회사의 자기자본비용과의 대칭관계를 살펴보는 것은 중요하다. 프로젝트에 대한 자금조달을 위해 새로운 주식을 발행하는 경우를 가정해보자. 새로운 주주의 수익은 배당과 자본이득인데 이들은 회사의 입장에서 보면 비용인 셈이다. 먼저 배당의 경우를 보면, 새로운 주주에게 지급된 어떤 배당도 구주주에게 지급될 수 없다. 자본이득도 회사에게는 비용이다. 그러나 자본이득 또한 회사에게는 비용으로 나타난다. 회사주식의 가치상승은 모든 주주가 공유한다. 자본이득의 일부를 새로운 주주의 몫이라 한다면 자본이득의 나머지만 구주주에게 돌아간다. 즉, 새로운 주주는 구주주의 자본이득을 희석화(dilution)한다. 이 중요한 점에 대하여는 잠시 후에 더 논의할 것이다.

자본예산 문제에 있어 CAPM의 사용에 대해 학계에서는 오랫동안 논쟁이 있어 왔다. 하지만 실제로 이 방법은 어느 정도 사용될까? 한 연구[1]에 따르면 미국 기업의 대략 75%는 자본예산에서 CAPM을 사용하고 있다. 이러한 결과를 보면 업계나 학교에서 주로 이 방법을 사용하고 있음을 알 수 있다. 그리고 이 비율은 증가할 것으로 예상이 된다. 왜냐하면 CAPM을 배운 학부나 MBA 졸업생들의 상당수가 회사에서 높은 자리에 현재 도달해 있기 때문이다.

기업의 자기자본비용을 측정하기 위한 도구들이 필요하고 이를 위해서는 세 가지 요소를 알아야 한다.

- 무위험이자율, R_F
- 시장 위험 프리미엄, $R_M - R_F$
- 주식의 베타, β

예제 13.1

자기자본비용 대학교재를 출판하는 Quatram Company의 주식 베타는 1.3이라고 가정해보자. 이 회사는 부채가 하나도 없는 100% 자기자본조달 기업이다. Quatram은 기업 규모를 2배로 증가시킬 수 있는 여러 자본예산 프로젝트를 고려하고 있다. 이들 새로운 프로젝트는 기업이 현재 시행하고 있는 사업과 비슷하므로 새로운 프로젝트의 평균 베타는 기존의 베타와 동일한 것으로 가정된다. 무위험이자율은 5%이고 시장 위험 프리미엄이 8.4%라고 가정한다면 이들 새로운 프로젝트의 적정한 할인율은 얼마인가?

Quatram의 자기자본비용, R_S는 다음과 같이 추정된다.

$$\begin{aligned} R_S &= 5\% + (8.4\% \times 1.3) \\ &= 5\% + 10.92\% \\ &= 15.92\% \end{aligned}$$

[1] John R. Graham and Campbell R. Harvey, "The Theory and Practice of Corporate Finance: Evidence from the Field," *Journal of Financial Economics* (2001)의 표 3에서는 그들 표본기업들의 73.49%가 자본예산을 위하여 CAPM을 사용한다고 발표하였다.

이 예제에서 두 가지 주요한 가정이 이루어졌다: (1) 새로운 프로젝트의 베타 위험은 기업의 기존 위험과 동일하다. (2) 기업은 완전 자기자본조달 기업이다. 이러한 가정 하에 새로운 프로젝트의 현금흐름은 15.92%로 할인되어야 한다.

예제 13.2

프로젝트 평가와 베타 Alpha Air Freight는 1.21의 베타를 갖는 완전 자기자본조달 기업이라고 가정하자. 시장 위험 프리미엄은 9.5%이고 무위험이자율은 5%이다. Alpha Air Freight 보통주의 기대수익률은 식 (13.1)로부터 다음과 같이 구할 수 있다.

$$5\% + (1.21 \times 9.5\%) = 16.495\%$$

이것은 1.21의 베타를 가지는 주식에 대해 주주들이 주식시장에서 기대할 수 있는 수익률이므로 그들이 Alpha Air Freight 주식에 대해 기대하는 수익률이다.

Alpha가 다음의 상호배타적이지 않은 프로젝트들을 고려하고 있다고 가정하자.

프로젝트	프로젝트 베타	프로젝트의 내년도 기대 현금흐름	프로젝트의 내부수익률	현금흐름이 16.495%로 할인되는 경우의 프로젝트의 NPV	채택 또는 기각
A	1.21	$140	40%	$20.2	채택
B	1.21	120	20	3.0	채택
C	1.21	110	10	−5.6	기각

각 프로젝트의 초기 투자비용은 $100이고 모든 프로젝트는 대체로 기업과 동일한 위험을 갖는 것으로 가정한다. 자기자본조달비용이 16.495%이므로 완전 자기자본조달 기업의 프로젝트는 이 이자율로 할인된다. 프로젝트 A와 B는 양의 NPV인 반면 C는 음의 NPV를 보인다. 따라서 프로젝트 A와 B만 채택될 것이다. 이러한 결과는 〈그림 13.2〉에서 설명되고 있다.

그림 13.2 위험 프로젝트의 위험조정 할인율을 측정하기 위한 증권시장선 활용

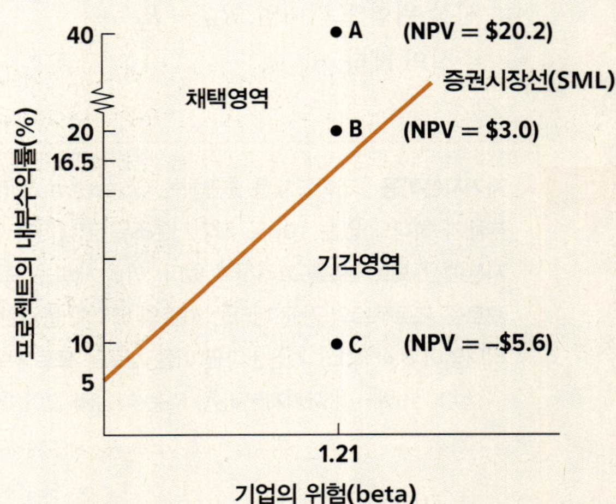

대각선은 자기자본비용과 기업의 베타 간의 관계를 나타낸다. 100% 자기자본조달 기업은 프로젝트의 내부수익률이 자기자본비용보다 높은 프로젝트를 채택해야 하고 내부수익률이 자기자본비용보다 낮은 프로젝트는 기각해야 한다(위 그래프는 모든 프로젝트의 위험은 기업의 위험과 동일하다고 가정한다).

앞의 두 예제에서 무위험이자율, 시장 위험 프리미엄 그리고 회사의 베타의 수치들은 가정으로 주어졌다. 실제로 이들의 모수는 어떻게 구할 수 있을까? 우리는 이 세 모수들에 대해 살펴보고자 한다.

무위험이자율(수익률)

지급불능(default)의 위험이 전혀 없는 채권은 없지만, 미국재정증권은 지급불능 위험이 거의 없다는 가정과 가깝다고 할 수 있다. 미국재정증권은 과거에 지급불능 상태에 처한 적이 없고 적어도 현재시점에서 볼 때에도, 미래 지급불능의 위험도 없는 것으로 보인다. 이러한 이유로 미국재정증권은 일반적으로 무위험으로 간주될 수 있다.

그러나 8장에서 이자율의 기간구조, 즉 국채의 수익률은 만기와 연관이 있다는 점을 학습하였다. 그렇다면 어떠한 만기에 해당하는 수익률이 무위험수익률로서 간주되어야 하는가? CAPM은 기간별 모형의 특성으로 인해 단기수익률, 대개 1년 만기 미국재정증권이 무위험수익률로 가장 자주 사용된다.[2] 다기간 모형에서는 평균 예상 1년 수익률이 사용될 수 있다.

또 다른 방법으로는, 프로젝트의 만기와 일치되는 미국재정증권을 선택하는 것이다. 미국재정증권은 지급불능 위험은 없다 하더라도 이자율위험이 있기 때문에 만기일치는 정확할 필요가 있다. 다기간 현금흐름이 발생하는 장기 투자에 대한 대체적인 규칙은 그 현금흐름의 평균 만기를 가진 미국재정증권의 수익률을 사용하는 것이다. 외국(non U.S.)의 채권평가의 경우에는 무위험수익률로 해당국 화폐(local currency)로 표시된 외국국채의 수익률을 사용하는 것이 상식이다. 물론 일부 외국국채는 실제로 무위험이 아닐 수도 있다.

시장 위험 프리미엄

방법 1: 과거 데이터(historical data) 이용 10장에서 언급했듯이, 시장 위험 프리미엄은 시장 포트폴리오의 기대수익률과 무위험이자율의 차이다. 10장에서 과거 데이터를 이용하여 시장 위험 프리미엄의 추정치를 7%라고 정했다. 물론 이 수치는 확정적인 것은 아니다.

현재의 논의에서, 시장 위험 프리미엄을 정의하기 위해 적절한 무위험이자율을 사용하는 것은 중요하다. 다시 말해, 일관성을 위해 무위험이자율과 시장 위험 프리미엄 추정 시 무위험에 대한 측정은 동일해야 한다.

방법 2: 배당할인모형(Dividend Discount Model: DDM) 사용 이 장의 앞부분에서 대부분의 기업들이 자본예산을 위해 CAPM을 사용한다는 연구결과를 언급하였다. CAPM은 위험 프리미엄이 과거의 수익률로부터 계산되어야 함을 의미하는가? 대답은 "아니오"이다. 위험 프리미엄을 추정하기 위하여 배당할인모형에 근거한 다른 방법이 있다.

[2] 어떻게 1년 수익률의 기대치를 추정할 수 있을까? 1년 만기 기대수익률의 평균을 이자율의 기간구조로부터 추정하는 것이다. 1926년부터 2017년까지 기간 동안 20년 만기 채권의 평균수익률은 6.0%이며, 1년 만기 단기재정증권 수익률은 3.4%였다. 따라서 기간 프리미엄(term premium)은 2.6%(= 6.0% − 3.4%)이다. 이 수치가 양(+)이라는 것은 놀랍지 않다. 왜냐하면 이자율 기간구조는 이자율위험을 반영하여 전형적으로 우상향 방향이기 때문이다. 20년 만기 재정증권의 수익률이 3.5%라고 가정하자. 이 수익률은 향후 20년 동안 평균적 1년 만기 이자율과 기간 프리미엄을 반영하고 있다. 따라서 향후 20년간 기대되는 평균적 1년 만기 이자율은 0.9%(= 3.5% − 2.6%)라고 주장할 수 있다.

9장에서 주식의 가격은 미래 모든 배당금의 현재가치와 일치한다고 지적했다. 더욱이 기업의 배당이 일정한 비율(g)로 상승한다면 주식의 가격 P_0는 다음과 같이 계산될 수 있다.

$$P_0 = \frac{D_1}{R_S - g}$$

여기에서 D_1은 다음 해에 지급될 주당 배당금, R_S는 할인율 그리고 g는 배당성장률이다. 위의 식은 다음과 같이 재조정될 수 있다.

$$R_S = \frac{D_1}{P_0} + g$$

다시 말해, 주식의 수익률은 배당수익률($=D_1/P_0$)과 배당성장률의 합이다.

위의 식이 주식의 총수익률을 추정하는 데 사용되듯이, 전체적으로 시장에 대한 총수익률의 추정에도 이용된다. 많은 출판물과 인터넷 서비스들은 시장에 대한 배당수익률을 계산하기 때문에 위의 식 오른 편의 첫 항(배당수익률)을 추정하기는 쉽다. 예를 들면, 2018년 초 S&P 500 지수에 포함되는 모든 주식의 평균 배당수익률은 약 1.8%이 없다. 미래의 예측 시에 이 수치를 사용할 수 있다.

다음으로, 모든 회사들의 주당 배당성장률을 추정할 필요가 있다. 대체로 투자은행, 자산관리회사, 독립 리서치기관들의 직원인 증권분석사들은 개별 주식들, 업종들, 그리고 시장 전체를 연구한다. 그들은 종목 추천뿐 아니라 배당금과 기업의 순이익을 추정한다. 예를 들어, Value Line (VL) *Investment Survey*의 수치들은 VL's Industrial Composite Index에 대해서 약 6%의 5개년도 배당성장률을 나타낸다고 가정하자. 1.8%의 배당수익률과 함께 시장의 기대수익률은 1.8% + 6% = 7.8%가 된다. 1.4%의 미국단기국채 평균 1년 기대수익률을 고려하면 시장 위험 프리미엄은 7.8% − 1.4% = 6.4%가 될 것이다.

1.5의 베타를 가진 회사의 자본비용은 다음과 같이 계산된다.

$$1.4\% + (1.5 \times 6.4\%) = 11\%$$

물론 Value Line은 미래예측을 위한 하나의 출처일 뿐이다. 아마도 회사는 여러 미래예측들의 의견일치에 의존하거나 자체의 주관적인 성장추정치를 사용할 것이다.

학계는 오랫동안 통계적 객관성 때문에 역사적 위험 프리미엄을 선호해왔다. 대조적으로, 배당할인모형에서의 미래 배당성장률의 추정은 오류발생이 쉽다. 그러나 배당할인모형의 지지자들은 장기 수익률은 당해 배당수익률과 미래 배당성장률에서 찾을 수 있다고 주장한다. 장기 수익률이 이 두 요소의 합보다 클 것이라고 주장하는 사람은 자신을 속이는 것이다.[3] 다음의 표현이 이 경우에 잘 들어맞는다. "순무(turnip)를 짜내어 혈액을 얻을 수 없다."

[3] 다음을 참조하라. Jay Ritter, "The Biggest Mistakes We Teach," *Journal of Financial Research* (Summer 2002); Eugene Fama and Kenneth French, "The Equity Premium," *Journal of Finance* (2002); and R. Jagannathan, E. R. McGrattan, and A. Scherbina, "The Declining U.S. Equity Premium," *Federal Reserve Bank of Minneapolis Quarterly Review* (2000).

13.3 베타 측정

앞 절에서 기업의 베타는 주어진 것으로 가정했다. 물론 베타는 현실에서서는 측정되어야 한다. 증권의 베타는 시장 포트폴리오 수익률과 증권수익률 간의 표준화된 공분산이라고 앞에서 지적한 바 있다. 증권 i의 베타를 구하는 식은 다음과 같다.

$$\text{증권 } i\text{의 베타} = \frac{\text{Cov}(R_i, R_M)}{\text{Var}(R_M)} = \frac{\sigma_{i,M}}{\sigma_M^2} \qquad (13.2)$$

기업의 베타 측정

기업의 베타를 측정하는 기본적인 방법은 다음과 같다.

$$\frac{\text{Cov}(R_i, R_M)}{\text{Var}(R_M)}$$

$t = 1, 2, \cdots, T$ 관찰치

문제점

1. 베타는 시간에 따라 변할 수 있다.
2. 표본크기가 적당하지 않을 수 있다.
3. 베타는 재무레버리지와 사업위험의 변화에 영향을 받는다.

해결책

1. 문제점 1과 2는 더 정교한 통계기법을 통해 완화될 수 있다.
2. 문제점 3은 사업위험과 재무위험의 변화에 대한 조정을 통해 줄여질 수 있다.
3. 동일한 산업에 속해 있는 여러 개의 유사한 기업의 평균 베타를 참조하라.

즉, 베타는 시장과 증권의 공분산을 시장의 분산으로 나눈 값이다. 공분산과 분산의 계산은 이미 앞 장에서 살펴보았으므로 베타 계산이 새로운 이야기는 아니다.

현실에서의 베타

실제 현실에서 기업들의 베타값이 어떻게 결정되는가를 살펴보는 것은 유익한 것이다. 〈그림 13.3〉은 S&P 500 지수의 월 수익률에 대한 4개 대기업의 월 수익률의 관계를 그림으로 나타낸 것이다. 회귀분석 기법을 통해 데이터의 나타나는 점들을 관통하는, 둘 간의 관계를 가장 잘 설명해주는 직선을 도출할 수 있다. 이 직선을 "**증권특성선**(characteristic line)"이라고 한다. 증권특성선의 기울기가 베타이다. 또한, 표에 포함하지는 않았지만, 일반적으로 알파(alpha)라고 부르는 절편값도 회귀분석을 통하여 구할 수 있다.

각 그래프를 도출하기 위해 5년간의 월별 데이터를 사용한다. 기간 선택은 자의적일 수 있으나 이는 현실에서 수행되는 계산방식이다. 실무자들은 관찰 수가 너무 적을 때 베타계수의 정확성이 문제가 된다는 것을 알고 있다. 역으로, 기업들은 시간이 지나면서 업종을 바꿀 수도 있

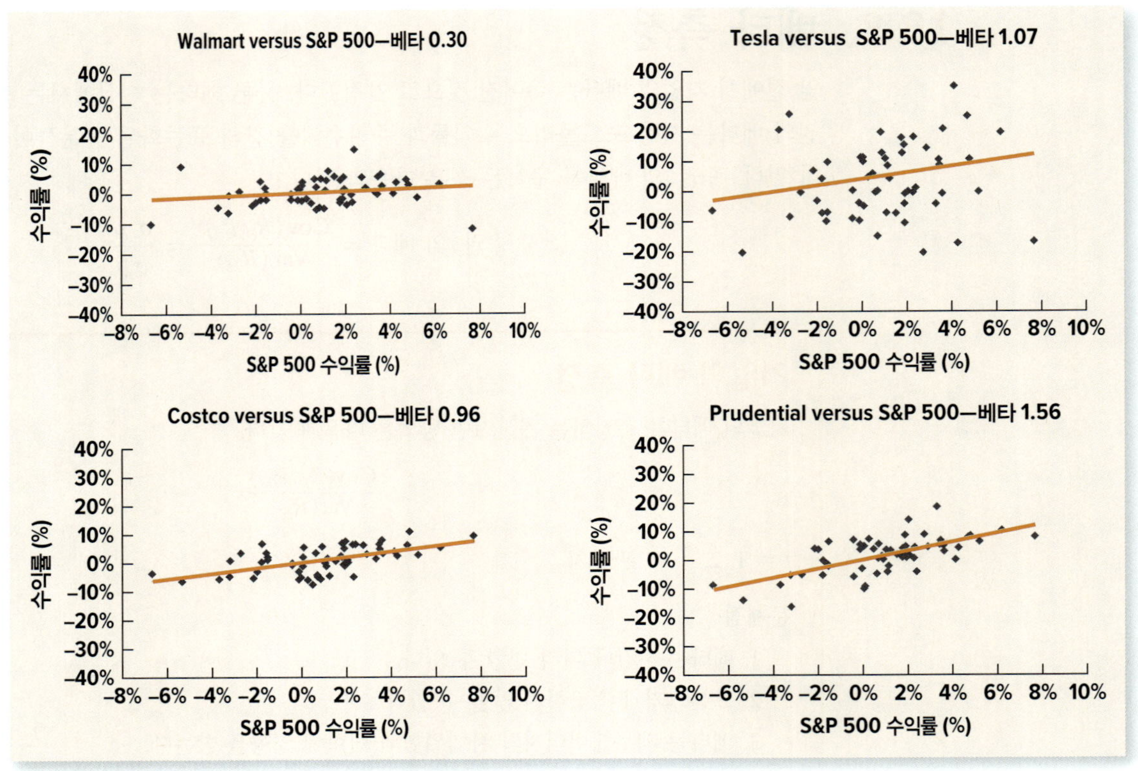

그림 13.3 S&P 500 지수의 5개년 월 수익률에 대한 4개 대기업의 5개년(2013~2017) 월 수익률 그래프

으므로 너무 오래된 자료는 쓸모가 없게 된다.

이전 장에서 지수를 구성하는 모든 주식의 평균 베타는 1이라고 하였다. 물론 지수의 일부만을 고려하는 경우 이것이 사실이 아닐 수도 있다. 예를 들어, 그림에 있는 4개의 주식 중, 2개의 베타는 1보다 크고, 2개는 1보다 작다. 베타는 크고 잘 분산된 포트폴리오를 보유하는 경우에 대한 단일 증권의 위험을 측정하는 것이므로 〈그림 13.3〉의 결과에 의하면 Walmart는 상대적으로 낮은 위험을, Prudential은 상대적으로 높은 위험을 나타낸다.

베타의 안정성

기업의 베타는 업종을 바꿀 경우 변화할 수도 있다고 이야기했다. 역으로 질문하는 것은 흥미로울 수 있다. 만약 업종을 바꾸지 않는다면 기업의 베타는 변하지 않고 동일할까?

수십 년간 동일한 업종을 유지했던 Microsoft의 예를 들어보자. 〈그림 13.4〉는 5년간의 S&P 500 수익률과 Microsoft의 수익률 간의 관계를 연속적으로 4기에 걸쳐 그래프로 나타낸 것이다. 그림에서 보는 바와 같이 Microsoft의 베타는 매 시기마다 변한다. 하지만 이 같은 베타의 움직임은 아마도 무작위적 변화일 수 있다. Microsoft의 베타는 초기에 변동이 있었지만, 후반 10년간 거의 일정하게 유지되었다고 할 수 있다. Microsoft는 한 기업의 경우이지만 대부분의 애널리스트들은 베타는 기업이 동일한 업종을 유지하면 일반적으로 안정적이라고 주장한다.

하지만 기업이 동일한 업종을 유지하는 한 베타가 결코(never) 변하지 않는다는 것을 의미

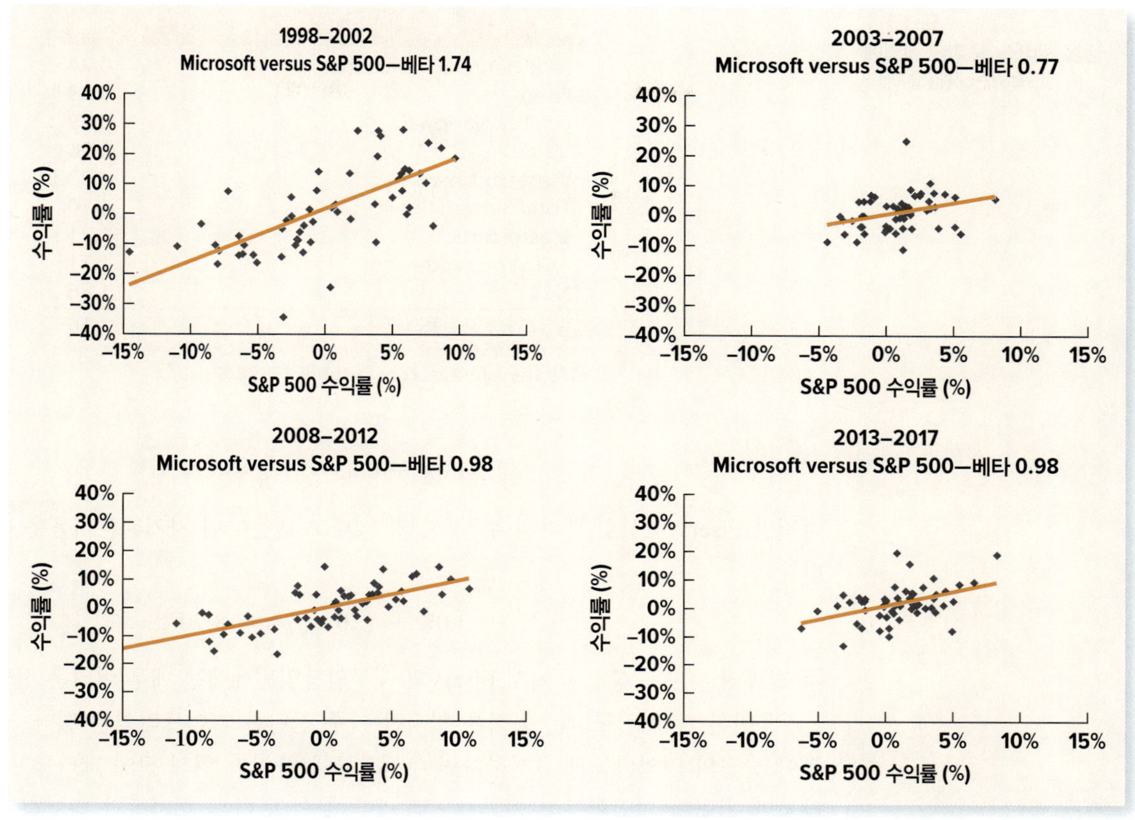

그림 13.4 4연속 5년 주기 S&P 500 지수와 Microsoft의 월별 수익률의 관계에 대한 그래프

하는 것은 아니다. 생산라인, 기술, 시장의 변화는 기업의 베타에 영향을 미칠 수 있다. 더구나 기업 레버리지(예를 들어, 자본구조에서 부채의 비율) 증가는 기업의 베타를 증가시킬 것이다.

산업베타 사용

과거 자료를 통해 기업의 베타를 구하는 방법은 상식적인 것으로 보일 수 있다. 하지만 해당 산업 전체를 포함하면 기업의 베타를 더 잘 측정할 수 있다는 주장은 자주 제기되어 왔다. 〈표 13.1〉은 금융 서비스 및 기술 산업에서 유명한 몇몇 기업들의 베타를 보여주고 있다. 이 표에 있는 모든 기업들의 평균 베타값은 1.10이다. Fiserv의 베타를 추정하려는 재무담당임원을 가정하자. 베타 추정치는 변동성 높은 이 산업에서 무작위적인 변동에 따라 달라지기 때문에 이 임원은 0.83의 추정치에 불편해 할 수도 있다. 그러나 단일 주식의 베타 추정치 오류는 포트폴리오의 추정치 오류보다 훨씬 크다. 따라서 Fiserv의 재무담당임원은 그 기업의 베타 추정치보다는 산업의 평균 베타인 1.10을 선호한다.[4]

무위험이자율이 1.0%이고 위험 프리미엄이 7%라면, Fiserv의 자기자본비용은 다음과 같이 계산된다.

[4] 실제로는 레버리지 비율이 심하게 다르지 않다 하더라도, 평균 베타를 구하기 전에 레버리지에 대해서 조정을 해야 한다. 레버리지 조정은 다른 장에서 논의될 것이다.

표 13.1
금융 서비스 및 기술 산업에 속하는 기업들 베타

기업	베타
Jack Henry & Associates	0.74
Fiserv	0.83
Fidelity National	0.89
Visa	0.96
Western Union	1.02
Total System Services	1.10
Mastercard	1.21
ACI Worldwide	1.31
NCR	1.86
동일 가중 포트폴리오	1.10

출처: www.reuters.com October 12, 2017.

$$1.0\% + 0.83 \times 7\% = 6.81\%$$

하지만 Fiserv가 산업 베타의 추정오류가 적다고 믿는다면 자기자본비용은 다음과 같이 계산된다.

$$1.0\% + 1.10 \times 7\% = 8.70\%$$

두 결과의 차이는 상당히 커서 Fiserv의 재무담당임원에게는 매우 어려운 선택이다.

올바른 베타를 구하는 공식은 없지만 아주 간단한 가이드라인은 있다. 만약 기업의 영업활동이 산업의 영업활동과 유사하다면 추정오류를 줄이기 위해 산업 베타를 사용해야 할 것이다. 하지만 기업의 영업활동이 기본적으로 같은 산업의 다른 회사들과 다르다고 믿는다면 기업의 베타를 사용해야 한다.

13.4 베타의 결정요인

13.3절에서 살펴본 회귀분석 방법은 베타가 어디서 도출되었는지에 대해서는 설명하지 않았다. 물론 주식의 베타가 갑자기 나타난 것은 아니다. 오히려 기업의 특성에 의해 결정된다. 여기서는 수익의 경기순환성, 영업레버리지, 재무레버리지와 같은 세 가지 요소를 생각해 보자.

수익의 경기순환성

일부 기업의 수익은 상당히 순환적이다. 즉, 이들 기업들은 경기순환상 확장기인 경우 많은 수익을 창출하는 반면 수축기에 접어들면 실망스런 실적을 보인다. 실증분석 결과 하이테크업, 소매업, 자동차업 등은 경기순환에 민감하게 반응하는 반면 전기 · 가스업, 철도업, 음식료업, 항공산업 등은 경기순환에 덜 민감한 것으로 나타났다. 베타는 시장수익률에 대한 주식수익률의 민감도를 측정하므로 경기순환 주식의 베타가 높게 나타나는 것은 놀라운 일이 아니다.

한 가지 중요한 점은 순환성이 변동성과 같은 개념이 아니라는 사실이다. 예를 들어, 영화사의 경우 흥행성공 여부를 쉽게 예측할 수 없으므로 수익에 있어서 변동성이 매우 크다. 하지만 영화사의 수익은 경기순환 측면보다는 출시되는 영화의 질에 더 큰 영향을 받으므로, 특별히 경기순환적이라고 이야기할 수 없다. 즉, 앞에서 강조한 바와 같이, 표준편차가 큰 주식이 반드시 높은 베타를 가진다고 말할 수는 없다는 점이다.

영업레버리지

7장에서 고정비와 변동비를 구분하여 설명하였다. 고정비는 수량변화에 따라 영향을 받지 않는다. 하지만 반대로 변동비는 생산물의 수량에 따라 증가한다. 기업들은 때때로 고정비와 변동비의 상충관계에 직면한다. 예를 들면, 어느 회사는 자체의 공장을 건설하여 막대한 고정비를 초래하기도 한다. 반면에, 생산을 공급회사와 같은 외부에 위탁할 수도 있다. 이 경우에는 고정비는 낮지만 높은 변동비를 발생시킨다. 고정비는 매출의 순환성의 효과를 증폭시키는 경향이 있다. 고정비는 매우 낮은 매출에도 반드시 지불되어야 하므로 큰 손실을 볼 가능성이 있다. 하지만 변동비를 고정비로 대체하면서, 추가적인 판매는 낮은 한계비용을 발생시키며 회사에 막대한 이익을 안겨줄 수 있다.

고정비가 높고 변동비가 낮은 회사는 일반적으로 **영업레버리지**가 높다고 한다. 반대로 고정비가 낮고 변동비가 높은 회사는 영업레버리지가 낮다. 영업레버리지는 회사수익의 순환성이 베타에 미치는 효과를 증폭시킨다. 즉, 고정비가 변동비를 대체하여 고정비 비중이 높아진다면, 매출 순환성이 있는 회사는 베타를 증가시킬 것이다.

재무레버리지와 베타

이름에서 암시하듯이, 영업레버리지와 재무레버리지는 유사한 개념이다. 영업레버리지는 생산(production)의 관점에서 고정비와 관련이 있다. 반면 재무레버리지는 기업의 부채의존 정도를 나타내며 부채사용(levered) 기업은 자본구조상 부채를 어느 정도 보유하고 있는 기업을 일컫는다. 부채사용 차입기업은 매출에 관계없이 이자를 지급해야 하므로 재무레버리지는 기업의 자금조달(finance) 측면에서의 고정비를 의미한다.

영업레버지의 증가가 베타를 증가시키는 것과 마찬가지로 재무레버리지의 증가(즉, 부채의 증가)는 베타를 증가시킨다. 이 점을 분명히 하기 위해서, 부채와 자본을 모두 사용하는 자본구조를 가진 회사를 가정하자. 뿐만 아니라 그 회사의 모든 부채와 자본을 소유하고 있는 개인을 역시 가정하자. 즉, 이 개인은 회사 전체를 소유하고 있다. 그 회사의 부채와 자본으로 구성된 포트폴리오의 베타는 얼마인가?

포트폴리오의 다른 베타 계산에서와 마찬가지로, 이 포트폴리오의 베타는 포트폴리오를 구성하는 개별 항목 베타의 가중평균이다. B가 기업 부채의 시장가치를 나타내고 S가 기업 자기자본의 시장가치를 나타낸다면, 포트폴리오 베타는 다음과 같이 계산된다.

$$\beta_{\text{Portfolio}} = \beta_{\text{Asset}} = \frac{S}{B+S} \times \beta_{\text{Equity}} + \frac{B}{B+S} \times \beta_{\text{Debt}} \qquad \textbf{(13.3)}$$

여기서 β_{Equity}는 부채가 있는 기업의 주식 베타 또는 자기자본 베타이다. 부채 베타 β_{Debt}는 자본구조에서 부채의 비율인 $B/(B+S)$와 곱해지고, 자기자본 베타는 자본구조에서 자기자본비율과 곱해진다. 이 포트폴리오는 기업의 부채와 자본으로 구성되어 있으나, 만약 기업이 자기자본으로만 자본을 조달하는 경우 보통주 베타로 간주할 수 있다. 실제로 이 베타는 가치가 회사의 자산에 의해서만 결정되기 때문에 **자산 베타**(asset beta)로 일컬어진다.

현실적으로 부채 베타는 매우 낮다. 부채 베타를 0이라고 가정한다면, 다음과 같은 식으로 재정리될 수 있다.

$$\beta_{\text{Asset}} = \frac{S}{B+S} \times \beta_{\text{Equity}} \tag{13.4}$$

부채사용기업에서 $S/(B+S)$는 1보다 낮으므로 $\beta_{\text{Asset}} < \beta_{\text{Equity}}$가 된다. 결국 다음과 같은 식이 도출된다.

$$\beta_{\text{Equity}} = \beta_{\text{Asset}}\left(1 + \frac{B}{S}\right)$$

자기자본 베타는 재무레버리지를 갖는 자산 베타보다 항상 클 것이다(자산 베타가 양이라고 가정한다).[5] 다시 말하면, 부채사용기업의 자기자본 베타는 자기자본으로만 자본조달을 한 회사의 자기자본 베타보다 항상 크다는 의미이다.

회귀분석은 자산 베타 혹은 자기자본 베타 중 어느 것을 추정하는가? 13.3절과 실제사례에서의 회귀분석은 자기자본 베타를 제공한다. 왜냐하면 분석기법이 데이터의 한 입력요소로 주식의 수익률을 사용하기 때문이다. 식 (13.4)를 이용하여 자기자본 베타를 자산 베타로 전환해야 한다(물론 두 베타는 100% 자기자본 기업일 때 동일하다).

예제 13.3

자산 베타와 자기자본 베타 수목회사인 Rapid Cedars, Inc.는 현재 100% 자기자본 기업이며 베타는 0.8이다. 이 회사는 1:2의 부채와 자기자본비율의 자본구조를 변경하기로 결정했다. 이 기업은 동일한 업종을 유지하고 있기 때문에 자산 베타는 동일한 0.8을 유지한다. 하지만 부채 베타가 0이라고 가정한다면 자기자본 베타는 다음과 같이 계산된다.

$$\beta_{\text{Equity}} = \beta_{\text{Asset}}\left(1 + \frac{B}{S}\right)$$
$$1.2 = 0.8\left(1 + \frac{1}{2}\right)$$

만일 부채와 자기자본비율이 1:1이 되게끔 자본구조를 변경한다면, 자기자본 베타는 다음과 같을 것이다.

$$1.6 = 0.8(1 + 1)$$

이 회사가 동일한 업종에 있는 한, 자산 베타는 0.8이 되고 따라서 레버리지의 효과는 자기자본 베타를 증가시킨다.

[5] 법인세를 감안한, 기업의 자산 베타와 자기자본 베타의 관계는 다음과 같이 나타낼 수 있다.

$$\beta_{\text{Equity}} = \beta_{\text{Asset}}\left[1 + (1 - T_C)\frac{B}{S}\right]$$

이 식에서 T_C는 법인세를 나타내고 세금효과에 대해서는 후반부에서 자세히 살펴본다.

13.5 배당할인모형

13.2절에서 CAPM이 회사의 자본조달비용을 어떻게 결정하는지 살펴보았고 시장 위험 프리미엄의 추정을 필요로 하였다. 배당할인모형(dividend discount model: DDM)을 사용하는 기법을 통해 시장의 기대수익률을 예측하였고 이는 위험 프리미엄 추정으로 이어졌다. 이제는 DDM을 사용하여 개별 주식의 기대수익률을 직접 구하기로 하자.

13.2절의 DDM에 관한 논의는 다음의 식으로 이어진다.

$$R_S = \frac{D_1}{P_0} + g$$

여기에서 P_0는 주당 현재가격, D_1는 다음 연도에 받게 될 주당 배당금, R_S는 할인율 그리고 g는 주당 배당금의 일정한 성장률이다. 이 방정식에 의하면, 주식의 할인율은 배당수익률($= D_1/P_0$)과 배당금 성장률의 합이다. 따라서 DDM을 특정 주식에 적용하려면, 배당수익률과 기대성장률을 추정하여야 한다.

배당수익률은 비교적 추정하기가 쉽다. 증권분석사는 많은 주식들의 내년도 배당 추정치를 관례대로 제공한다. 대안으로서, 지난해의 배당금에 $(1 + g)$를 곱하여 내년도 배당금을 구할 수 있다. g는 앞으로 설명할 추정 기법을 사용하여 구할 것이다. 공개적으로 거래되는 주식의 가격은 신문이나 인터넷을 통해 일반적으로 얻어질 수 있다.

배당의 성장률은 다음의 세 가지 방법으로 추정될 수 있다. 첫째, 과거의 데이터로 회사의 역사적 배당성장률을 계산할 수 있다. 일부의 회사들에게는 이 역사적 성장률이 불완전하나마 미래성장률의 유용한 추정치가 될 수 있다. 둘째, 9장에서 우리는 배당성장률을 다음과 같이 표현하였다.

$$g = \text{유보율} \times \text{ROE}$$

여기서, 유보율은 이익에 대한 사내에 유보되는 금액의 비율이고, ROE는 자기자본에 대한 이익률을 나타낸다. 자기자본이익률은 장부가치 자기자본에 대한 이익의 비율이다. 유보율과 자기자본이익률인 ROE를 추정하기 위한 변수들은 모두 손익계산서와 재무상태표에서 구할 수 있다. 셋째, 증권분석사들은 보통 미래성장률의 예측치를 제공한다. 그러나 DDM이 배당의 장기성장률이 필요한데 반해 그들은 일반적으로 5개 연도의 성장률을 추정한다.

예를 들어, 2018년 초 finance.yahoo.com에 보고된 Eastman Chemical에 대한 5개 연도의 연간 이익성장률의 시장 컨센서스는 8.8%이다. 일정한 배당성향을 유지하는 것을 가정하면, 8.8%는 배당의 기대성장률로 볼 수 있다. 배당수익률은 2.04%로 보고되었으므로, Eastman의 기대수익률, 결국 자기자본비용은 2.04% + 8.8% = 10.84%이다.

지금까지의 논의는 기업의 자본조달비용을 계산하기 위해 DDM을 어떻게 이용했는지를 잘 보여준다. CAPM과 비교하여 이 방법은 얼마나 정확한가? 이러한 의문을 다음 절에서 살펴보기로 하자.

DDM과 CAPM의 비교

배당할인모형과 자본자산가격결정모형은 내적으로 모순이 없는 모형들이다. 그럼에도 불구하고, 재무경제학자들은 일반적으로 DDM에 비해 CAPM을 선호해왔다. 덧붙여, 최근의 연구[6]는 기업의 3/4 정도는 자기자본비용의 추정을 위해 CAPM을 사용하고 있는 반면에 1/6 미만의 회사들은 배당할인모형을 활용하고 있다고 발표하였다. 왜 무게중심의 추가 CAPM으로 넘어갔는가? CAPM은 두 가지 주요 이점을 지니고 있다. 이 모형은 위험을 명시적으로 조정하고 있으며 배당을 하지 않거나 배당성장률을 추정하기 어려운 기업들에게도 적용이 가능하다. DDM의 주요 이점은 단순성에 있다. 불행하게도, DDM은 꾸준한 배당을 하는 기업들에게만 유용하고 명시적으로 위험을 고려하지 않는다.

우리가 이해하는 한, 두 방법의 체계적인 비교는 이루어지지 않았지만, DDM은 CAPM보다 측정오류를 더 범하는 것처럼 보인다. DDM는 개별회사의 성장률(g)을 추정하고 있고, 이 g를 추정하기 위해 제시된 방법은 모두 개별회사의 측정오류를 그대로 떠안고 있다는 문제점이 있다. 대조적으로, CAPM에서 베타 계산을 고려해보자. CAPM에도 분명히 측정오류는 존재하지만 그 오류는 g 측정보다는 훨씬 작게 나타난다.[7] DDM의 현실적 응용에 비판적임에도 불구하고, 다음 절에서 소개하듯이 DDM은 중요한 직관을 제공하고, CAPM 추정에 대한 유용한 검증이 될 수 있다.

13.6 사업부 및 프로젝트의 자본비용

앞 절에서는 새로운 프로젝트의 위험이 현재의 유사한 기업활동의 위험과 동일하다고 가정하였다. 기존의 기업활동 위험과는 다른 위험을 가진 프로젝트의 할인율은 어떻게 추정할까? 해답은 각 프로젝트 자체의 위험과 상응하는 이자율로 할인되어야 한다는 것이다. 할인율을 결정하기 위해 CAPM을 활용한다고 가정하자.[8] 프로젝트의 베타가 회사의 베타와 다르다면 프로젝트의 현금흐름은 프로젝트의 위험과 상응하는 이자율로 할인되어야 한다. 이는 중요한 점인데, 회사들은 자주 **기업 할인율**을 언급하기 때문이다(앞에서도 언급했듯이, 요구수익률과 자본비용은 동의어로 자주 사용된다). 회사의 모든 프로젝트가 동일한 위험을 갖지 않는 한, 모든 프로젝트에 대해 동일한 할인율을 선택하는 것은 잘못된 것이다.

동일한 논리가 전체 사업부에도 적용된다. 어느 회사가 수많은 사업부들을 각각 다른 산업별로 거느리고 있음에도 각 사업부에 동일한 할인율을 적용하는 것은 오류이다.

6 John R. Graham and Campbell R. Harvey, "The Theory and Practice of Corporate Finance: Evidence from the Field," *Journal of Financial Economics* (2001), 표 3 참고.

7 물론 CAPM 계산 시 세 가지 모수(무위험이자율, 시장 위험 프리미엄, 베타)가 필요하고 각 모수의 측정오류가 있다는 점은 인정한다. 각 개별 기업의 베타가 필요하기 때문에 베타 추정은 일반적으로 문제점을 내포하고 있다. 그러나 분석사들은 측정오류를 줄이기 위해 산업에 속해 있는 기업들의 평균베타를 자주 계산한다. 동일한 산업의 다른 기업들의 베타는 유사할 것으로 추정되기 때문이다. 하지만 같은 업종의 다른 회사들의 평균 g값을 계산해서는 안 된다. 동종 산업에 있다 하더라도 성장률은 크게 다를 수 있기 때문이다.

8 단순화를 위해 이 절에서는 CAPM만을 고려하기로 한다. 그러나 자본조달비용을 DDM으로 구했다면 유사한 방법이 적용될 것이다.

예제 13.4

프로젝트의 위험 출판사인 D. D. Ronnelley Co.는 컴퓨터 소프트웨어 사업과 관련된 프로젝트를 채택할 수도 있다. 컴퓨터 소프트웨어 회사들은 높은 베타를 가진다고 생각하기 때문에 이 출판사는 소프트웨어 벤처를 그들의 다른 사업에 비해 더 위험한 것으로 간주한다. 따라서 이 프로젝트를 소프트웨어 회사의 위험에 상응하는 이자율로 할인해야 한다. 예를 들어, 상장되어 거래되고 있는 소프트웨어 회사 포트폴리오의 평균베타를 사용할 수 있다. 대신에 만약 D. D. Ronnelley Co.가 수행하는 모든 프로젝트들이 동일한 이자율로 할인된다면, 편향된 결과가 발생할 것이다. 기업은 너무나 많은 고위험 프로젝트(소프트웨어 벤처)를 채택하고 너무나 많은 저위험 프로젝트(책이나 잡지)를 기각할 것이다. 이 같은 요점이 <그림 13.5>에 설명되어 있다.

그림 13.5 기업의 자본비용과 증권시장선과의 관계

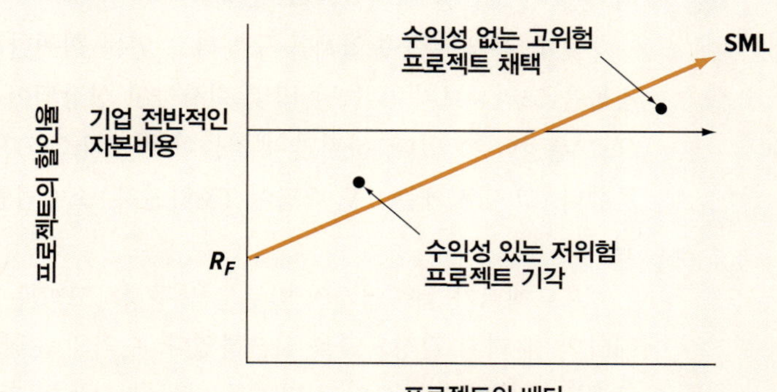

그림의 수평선에서 나타내진 것과 같이 모든 프로젝트에 단일 자본비용의 적용은 잘못된 자본예산 의사결정의 결과를 초래할 수 있다. 소프트웨어 벤처 같은 고위험 프로젝트는 높은 이자율로 할인되어야 한다. 회사의 자본비용을 적용하게 되면, 회사는 너무 많은 고위험 프로젝트를 채택할 것이다.

저위험 프로젝트는 낮은 이자율로 할인되어야 한다. 회사의 자본비용을 사용하게 되면, 회사는 너무 많은 저위험 프로젝트를 기각할 것이다.

D. D. Ronnelley (DDR)의 사례는 프로젝트의 현금흐름에 상응하는 이자율로 할인해야 한다는 점을 지적하고 있다. 하지만 현업에서는 세 가지 사안에 유의하여야 한다. 첫째, 적절한 산업을 선택해야 한다. 이는 쉬운 과업처럼 보이지만 문제는 회사들은 종종 다수의 비즈니스를 수행하고 있다는 점이다. 예를 들어, DDR은 컴퓨터 소프트웨어가 아닌 영화산업의 프로젝트를 고려하고 있다. 우선 생각할 일은 영화산업에서 가장 규모가 크고 중요한 회사들의 베타를 찾는 것이다. 가장 큰 여섯 회사는 Warner Brothers, Sony, Universal, Fox, Paramount, Disney이다. 그러나 첫 두 회사의 소유주들은 각각 Time-Warner와 Sony이다. 이 모회사들은 영화산업에서의 수입이 일부분일 정도로 분산투자가 잘 이루어지고 있다. Comcast, 21st Century Fox, Viacom, 그리고 다음 세 영화사의 소유주들도 뉴스, 스포츠, 케이블 TV, 네트워크 등의 지분에 상당히 관련되어 있다. 여섯 번째 영화사의 모회사는 Walt Disney라는 동일한 이름을 공유하지만, TV, radio, 테마파크, 크루즈에 지분이 있을 정도로 분산이 잘 되어 있다. 분산이 잘 되어 있기 때문에 여섯 모회사들의 베타로 순수 영화제작사의 베타를 결정하기란 매우 어렵다. 분석사들은 종종 한 종류의 사업에만 집중하는 **퓨어 플레이**(pure plays)의 파악에 집중하기도 한다. 때

때로 퓨어 플레이를 찾기 쉬운 상황도 있다.

둘째, 특정한 산업에 속해 있는 모든 회사들이 퓨어 플레이라 할지라도, 새로운 프로젝트의 베타는 현재 그 산업에서 존재하는 회사들의 베타보다 클 수 있다. 왜냐하면 새로운 프로젝트는 경제 전반의 움직임에 반응하기 때문이다. 예를 들어, 초기 단계의 컴퓨터 벤처는 불황 시 실패할 가능성이 높은 반면에 IBM, Microsoft, 혹은 Oracle 등은 여전히 굳건히 존재할 것이다. 반대로 경기가 호황일 때에는 벤처는 더 빠르게 성장한다.

운 좋게도 여기서는 미세한 조정만이 필요하다. 새로운 벤처는 추가 위험을 반영하기 위해 업계보다 다소 높은 베타를 적용해야 한다. 조정은 임시로 되는 것이므로 공식화될 수는 없다. 이 방법이 오늘날 널리 쓰이고 있다.

셋째, 문제는 동종업계를 구성하고 있는 희귀한 프로젝트에서 발생한다. 예를 들어, TV 쇼핑몰을 고려해보자. 오늘날 몇몇 회사들이 상장되어 거래되기 때문에 이 산업의 베타를 합리적으로 추정할 수 있다. 하지만 벤처들이 비즈니스를 시작했던 1980년대에는 어떠한 베타도 믿지 못했다. 그 당시에는 TV 쇼핑이 TV업인지, 소매업인지, 혹은 전혀 새로운 업종인지 알기 어려웠다.

프로젝트가 동종업계의 일부분을 구성하고 있는데 어떠한 베타를 사용해야 하는가? 앞에서 베타의 세 가지 결정요인을 서술하였다: 수익의 순환성, 영업레버리지, 재무레버리지 등이다. 프로젝트의 베타 결정요인의 가치를 다른 회사들의 가치와 비교하는 것은 프로젝트 베타에 대해 최소한 일반적인 느낌을 제공한다.

13.7 고정수익증권의 비용

이 절에서는 부채와 우선주의 비용을 검토한다. 부채비용을 먼저 고려하자.

부채비용

자기자본비용은 종종 추정하기 어렵다. 그 과제는 일반적으로 상당한 양의 데이터 축적이 필요하고 마지막으로 측정오류가 발생한다. 다행스럽게도 부채비용을 결정하는 것이 더 쉽다. 채무불이행 위험이 적은 채권의 경우, 현재의 만기 수익률은 투자자의 기대수익률과 차입 비용을 잘 추정한 것이다. 회사는 일반적으로 상장 채권의 수익률을 확인하거나 혹은 상업은행 혹은 투자은행에 질의를 통해서 이러한 정보를 얻을 수 있다.

2년 전에 Ritter Manufacturing Corp. (RMC)는 $100백만의 부채를 7% 표면이자율을 지불하는 조건으로 발행하였다. 최초에는 액면가로 발행이 되었지만 2년간에 걸친 이자율 상승으로 인해 할인된 가격으로 거래가 되었다. 현재의 채권수익률은 8%이다. 사업확장을 위한 자금조달을 하기 위해 RMC는 또 다른 대규모 채권발행을 고려하고 있다. 새로운 부채 비용은 얼마인가?

새로운 부채비용은 8% 정도여야 한다. 구 채권이 8%로 거래가 되고 있다면 새로운 채권이 낮은 수익률로 거래가 이루어지지는 않을 것이다. 7%는 단지 과거의 숫자일 뿐이고 오늘날 타당성이 없다.

대신에 처음으로 부채를 발행하는 회사를 고려해보자. 투자은행가는 일반적으로 회사의 재무담당 매니저에게 장래 발행될 채권의 수익률을 표명한다. 그 수익률이 부채비용이다. 혹은 아마도 회사는 상업은행에서 대출을 받을 것이다. 대출이자율이 부채비용이다.

논의해야 할 한 가지 문제가 있다. 지금까지 세금을 고려하지 않았는데 이는 현실에서 동떨어진 가정이다. 미국 세법에 의하면 이자지급은 EBIT의 30%까지는 세금공제를 받는다. 부채에서만 차이를 보이는 무부채기업과 부채기업의 사례를 고려해보자. 무부채기업은 부채가 전혀 없고 부채기업은 이자율이 10%인 $100의 부채가 있다.

2017년 세금감면 및 고용법(TCJA)에 따라 특정 상황에서 공제될 수 있는 이자금액에 제한이 생겼다. 이 장에서 우리는 모든 이자를 공제할 수 있다고 가정한다. 다음 장에서 이 문제에 대해 자세히 설명할 것이다.

무부채기업		부채기업	
매출	$180	매출	$180
비용	−70	비용	−70
법인세 차감전 이익	$110	이자 및 세전 이익	$110
법인세(21% 세율)	−23.1	이자비용($100 차입에 대하여 10%)	−10
법인세 차감후 이익	$ 86.9	법인세 차감전 이익	100
		법인세(21% 세율)	−21
		법인세 차감후 이익	$ 79

부채기업은 $10의 이자를 매해 지급하기 때문에 법인세차감전이익은 $10이 작지만, 세후이익은 무부채기업보다 단지 $7.9(= $86.9 − 79)만 적다. 이유는 이자지급은 세금공제를 받기 때문이다. 즉, 부채기업의 세전이익은 무부채기업보다 $10(= $110 − 100) 작지만 세금을 $2.1(= $23.1 − 21) 적게 내기 때문이다.

부채기업의 입장에서 $7.9의 세후이익 감소는 부채 $100의 7.9%에 해당된다. 따라서 세후 부채비용은 7.9%이다. 일반적으로 세후 부채비용은 다음과 같다.

$$\text{세후 부채비용} = (1 - \text{세율}) \times \text{이자율}$$
$$7.9\% = (1 - 0.21) \times 10\%$$

자기자본비용 계산시 고려하지 않았던 세금조정을 왜 부채비용에서는 적용하는가? 기업이 세금납부 전에 이자비용에 대해서는 세금공제를 할 수 있는 반면에 배당금은 세금공제 대상이 아니기 때문이다.

우선주비용

우선주의 명칭은 부적절하다. 왜냐하면 우선주는 보통주보다 채권과 더 유사하기 때문이다. 우선주는 영구적으로 일정한 배당을 지급한다. 비록 거의 모든 채권이 유한한 만기구조이지만, 채권의 이자지급도 우선주의 배당과 매우 유사하다. 그에 반해서, 보통주에 대한 배당은 일정하지 않다.

주당 \$17.16에 거래되고 \$1.50의 배당금을 지급하는 Polytech, Inc.의 우선주를 가정해보자. 우선주 배당은 영구적인 성격을 지니므로 영구연금 공식에 의해 가격을 구할 수 있다. $PV = D/R_P$, 여기서 PV는 현재가치 혹은 가격, D는 매년 지급되는 배당금, R_P는 수익률이다. 이 식을 재조정하면 다음과 같다.

$$R_P = D/\mathrm{PV}$$

위의 우선주 문제에 적용하면, 수익률은 8.7%(= \$1.50/\$17.16)이다. 우선주비용은 단지 이 수익률을 의미한다.

부채비용 계산 시 고려했던 세금조정을 왜 우선주에는 적용하지 않는가? 배당금지급은 세금공제 대상이 아니기 때문에 여기서는 세금조정을 하지 않았다.

13.8 가중평균자본비용

13.1과 13.2절에서, 자기자본으로만 자금이 조달된 프로젝트의 할인율을 추정하는 방법에 대해 알아보았다. 이 절에서는, 프로젝트가 부채와 자기자본으로 자금이 조달된 경우에 조정에 대해 논의하고자 한다.

어떤 기업이 투자를 위해 부채와 자기자본을 통해 자금조달을 한다고 가정하자. 기업은 부채로 자금조달 시 R_B를 지급하고, 자기자본으로 자금조달 시 R_S를 지급한다. 이 자본의 전체적인 또는 평균 자본비용은 얼마인가? 자기자본비용 R_S는 이 장 앞부분에서 논의되었다. 부채비용은 기업의 대출금리 R_B로, 기업의 부채에 대한 만기수익률로 구할 수 있다. 기업이 부채와 자기자본을 모두 사용한다면 자본비용은 각각의 가중평균으로 다음과 같이 나타낼 수 있다:

$$\frac{S}{S+B} \times R_S + \frac{B}{S+B} \times R_B$$

이 식에서 가중치는 각각 총 가치 중 자기자본가치와

$$\frac{S}{S+B}$$

총 가치 중 부채가치이다:

$$\frac{B}{S+B}$$

이 결과는 당연하다. 만일 기업이 부채발행이 없는 완전 자기자본조달 기업이라면 평균자본비용은 그 회사의 자기자본비용 R_S와 동일해진다. 또한 만일 기업이 상당히 많은 부채를 발행하여 자기자본의 가치가 무의미하다면 완전 부채조달기업의 평균자본비용은 부채비용 R_B가 된다.

이전 절에서 설명되었듯이, 이자지급은 기업 수준에서 세금공제가 되며 세후 부채비용은 다음과 같다.

$$\text{부채비용(법인세후)} = R_B \times (1 - T_C)$$

여기서 T_C는 법인세율이다.

이러한 결과들을 종합하면, 기업의 (세후) 평균자본비용은 다음과 같다.[9]

$$\text{평균자본비용} = \frac{S}{S+B} \times R_S + \frac{B}{S+B} \times R_B \times (1 - T_C) \qquad \textbf{(13.5)}$$

이 평균자본비용은 자기자본비용과 부채비용의 가중치이므로 **가중평균자본비용**(weighted average cost of capital: **WACC**)이라고 불리며 앞으로 이 용어를 사용할 것이다.

예제 13.5

WACC 부채의 시장가치는 $40백만이고 주식의 시장가치는 $60백만인 기업을 가정하자. 이 회사는 새로운 부채에 대해 5%의 이자를 지급하며 베타는 1.41이다. 법인세율은 21%이다. 증권시장선(SML)이 성립하고, 시장의 위험 프리미엄이 9.5%이고 현재 단기재정증권의 수익률이 1%라고 가정하자. 이 기업의 WACC는 얼마인가?

식 (13.5)를 이용해 WACC를 구하기 위해서는 (1) 세후 부채비용은 $R_B \times (1 - T_C)$이고, (2) 자기자본비용은 R_S이며, (3) 기업이 사용하는 부채와 자기자본비율 등을 알아야 한다. 이들 세 가지의 가치는 아래와 같이 계산된다.

1. 세전 부채비용은 5%이므로 세후 부채비용이 3.95% [= 5% × (1 − 0.21)]임을 알 수 있다.
2. SML을 이용해 자기자본비용을 구할 수 있다.

$$\begin{aligned} R_S &= R_F + \beta \times [R_M - R_F] \\ &= 1\% + 1.41 \times 9.5\% \\ &= 14.40\% \end{aligned}$$

3. 부채와 자기자본의 비율은 부채와 자기자본의 시장가치에 의해 계산된다. 기업의 시장가치는 $100백만 (= $40백만 + $60백만)이므로, 부채와 자기자본의 비율은 각각 40%와 60%이다.

자기자본비용 R_S는 14.40%이고, 세후 부채비용 $R_B \times (1 - T_C)$는 3.95%이다. 또한 B는 $40백만이고, S는 $60백만이다. 따라서,

$$\begin{aligned} \text{WACC} &= \frac{S}{B+S} \times R_S + \frac{B}{B+S} \times R_B \times (1 - T_C) \\ &= \left(\frac{60}{100} \times 14.40\right) + \left(\frac{40}{100} \times 3.95\right) = 10.22\% \end{aligned}$$

위의 계산과정은 표에 다음과 같이 요약된다.

(1) 자금조달 구성요소	(2) 시장가치	(3) 가중치	(4) 자본비용(법인세후)	(5) 가중자본 비용
부채	$ 40,000,000	0.40	5% × (1 − 0.21) = 3.95%	1.58%
자기자본	60,000,000	0.60	1% + 1.41 × 9.5% = 14.40	8.64
	$100,000,000	1.00		10.22%

[9] 단순화를 위해, 식 (13.5)는 우선주에 의한 자금조달을 간과했다. 우선주를 고려하면 다음과 같다.

$$\text{평균자본비용} = \frac{S}{S+B+P} \times R_S + \frac{B}{S+B+P} \times R_B \times (1 - T_C) + \frac{P}{S+B+P} \times R_P$$

여기서 P는 회사의 자본구조에서 우선주의 비율 그리고 R_P는 우선주비용이다.

상기 예제에서 사용된 가중치는 시장가치 기준이다. 증권의 시장가치가 매도 시 받을 수 있는 실제 금액에 더 근접하므로 장부가치 가중치보다 시장가치 가중치가 더 적절하다. 사실, '목표(target) 시장가중치'의 관점에서 생각하는 것이 유용하다. 이것들이 기업이나 프로젝트의 전 기간에 걸쳐 적용될 것으로 기대되는 시장가치이다.

13.9 WACC를 이용한 가치평가

이제 프로젝트와 기업의 가치를 평가하기 위해 가중평균자본비용(WACC)을 사용해보자. WACC는 기업이 그 가치를 유지하기 위해 기존 자산에 대해 반드시 벌어야 하는 전반적 기대수익률이라고 해석할 수 있다. WACC는 자산의 위험과 자본구조를 반영한다. 따라서 WACC는 기업 또는 프로젝트에 대한 적절한 할인율이다.

프로젝트 평가와 WACC

프로젝트를 평가하기 위해서 먼저 적절한 할인율을 정해야 하고, NPV를 계산하기 위해 프로젝트의 현금흐름을 할인해야 한다.

어떤 기업의 현재 및 목표 부채-자본비율은 60%이고, 부채비용은 5.15%, 자기자본비용은 10%라고 하자. 법인세율은 21%이다. 이 기업의 가중평균자본비용은 얼마인가?

첫 번째 단계는 부채-자기자본비율(B/S)을 부채-기업가치비율로 변환시키는 것이다. B/S가 60%라는 것은 부채 대 자기자본 비율이 6:10이라는 의미이다. 기업가치는 부채와 자기자본의 합이므로 부채-기업가치비율은 $6/(6 + 10) = 0.375$가 된다. 이와 유사하게, 자기자본-기업가치비율은 $10/(6 + 10) = 0.625$가 된다. 따라서 WACC는 다음과 같이 될 것이다.

$$\begin{aligned} \text{WACC} &= \left(\frac{S}{S+B}\right) \times R_S + \left(\frac{B}{S+B}\right) \times R_B \times (1 - T_C) \\ &= 0.625 \times 10\% + 0.375 \times 5.15\% \times 0.79 = 7.78\% \end{aligned}$$

이 기업은 $60백만의 비용이 소요되는 창고 리노베이션을 고려하고 있으며, 이를 통해 6년간 매년 $12백만의 비용을 절감할 수 있을 것으로 기대하고 있다. NPV 식을 사용하여 6년간 기대되는 현금흐름을 WACC로 할인하면 다음과 같은 결과를 얻게 된다.

$$\begin{aligned} \text{NPV} &= -\$60 + \frac{\$12}{(1+\text{WACC})} + \cdots + \frac{\$12}{(1+\text{WACC})^6} \\ &= -\$60 + \$12 \times \frac{\left[1 - \left(\frac{1}{1.0778}\right)^6\right]}{0.0778} \\ &= -\$60 + \$12 \times 4.6545 \\ &= -\$4.15 \end{aligned}$$

이 기업은 창고 리노베이션을 수행해야 하는가? 기업의 WACC를 사용하면 이 프로젝트의 NPV는 음(−)이 된다. 이는 금융시장에서 기업의 위험과 동일한 위험을 갖는 훨씬 나은 프로젝트를 찾을 수 있음을 의미한다. 따라서 기업은 이 프로젝트를 기각해야 한다.

물론 이 프로젝트는 기업과 동일 수준의 위험을 가지고 있다고 가정한다.

기업 가치평가와 WACC

완전한 사업체를 평가하는 데 있어 접근방법도 창고 리노베이션과 같은 개별 프로젝트를 평가하는 방법과 본질적으로 같다. 단지 기업평가의 경우 예측기간(horizon)을 사용하기 때문에 계산이 복잡하다. 구체적으로 말하면, 기업의 가중평균자본비용을 할인율로 사용하되, 기업의 잔여가치(최종가치) 및 일정기간 동안의 순현금흐름(분배 가능한 현금흐름, 잉여현금흐름, 총현금흐름 등으로도 불린다)을 예상하여 통상적인 현금흐름할인모형을 적용한다.

$$\text{PV}_0 = \frac{CFA_1^*}{1 + \text{WACC}} + \frac{CFA_2^*}{(1 + \text{WACC})^2} + \frac{CFA_3^*}{(1 + \text{WACC})^3} + \cdots + \frac{CFA_t^* + TV_t}{(1 + \text{WACC})^t}$$

이는 배당성장모형에서 성장률이 다를 때 사용하는 식과 유사하다. 잔여가치(terminal value: TV)[10]는 예측기간(t)을 지나 발생하는 영구적 현금흐름이 일정성장률로 증가한다고 가정함으로써 다음과 같이 추정된다.

$$TV_t = \frac{CF_{t+1}}{\text{WACC} - g_{CF}} = \frac{CF_t\,(1 + g_{CF})}{\text{WACC} - g_{CF}}$$

여기서, 순현금흐름(CFA^*) = 이자 및 법인세 차감전 이익(EBIT) − 법인세 − 자본지출 − 순운전자본의 증가 + 감가상각비이다.[11] g_{CF}는 t기간 후 현금흐름의 성장률이며, WACC는 가중평균자본비용이다. 순현금흐름을 계산하기 위해 부채를 사용하지 않는 기업의 세금이 얼마인지를 계산할 필요가 있다. 이를 위해 EBIT에 법인세율을 곱하여 가상의 법인세를 계산하고 "조정"된 법인세라고 하며 *를 붙인다.

캘리포니아 Barstow 시에 본부를 두고 있는 세계적인 식품서비스 소매기업인 Good Food 사를 고려해보자. 이 기업은 100여 개 국가에 약 10,000개의 레스토랑을 운영하고 있다. Good Food는 햄버거와 프렌치 프라이에 초점을 둔 가치기반(value-based)의 메뉴를 제공한다. 이 기업의 부채와 자기자본의 시장가치는 각각 $4십억과 $2십억이다. 법인세율은 20%이다. 이 기업은 부채비용을 5%로 자기자본비용을 10%로 생각하고 있으며, 가중평균자본비용은 다음과 같다.

자금조달 구성요소	시장 가치	가중치	자본비용	가중평균자본비용
부채	$4십억	2/3	5% × (1 − 0.2) = 4%	2/3 × 4%
자기자본	$2십억	1/3	10%	1/3 × 10%
	$6십억			6% = 가중평균자본비용

[10] 잔여가치 측정일을 예측기간으로 본다. 일반적으로 현금흐름이 그 후 일정성장률로 영구히 증가하는 예측기간을 택한다. 잔여(terminal)라는 말은 계속해서 운영하는 기업을 배재하는 것이 아니라 현금흐름 추정과정을 단순화하기 때문이다.

[11] 현금흐름의 정의는 6장 자본투자의 NPV를 결정하기 위해 사용한 것과 같다.

Good Food는 성장을 위해 타 기업을 인수하고자 한다. 이 기업의 투자은행은 잠재적 인수 후보로 Happy Meals, Inc.를 추천하였다. 주로 북미와 유럽에서 약 4,000개의 레스토랑을 운영하고 있는 Happy Meals는 현재 공개기업이 아니라서 공개적으로 거래되는 주식은 없다. 이 기업은 Good Food와 같은 제품믹스를 다루고 있으며 여러 시장에서 Good Food와 직접적 경쟁관계에 있다. 이 기업의 부채는 \$1,318.8백만이고 시장가치와 장부가치는 같다.[12] 발행주식수는 12.5백만 주이다. Happy Meals는 공개기업이 아니기 때문에 가치평가를 위해 필요한 주가데이터가 없다. 이 기업은 EBIT가 향후 5년간 연 10%씩 성장할 것으로 기대한다. 순운전자본의 증가와 자본지출은 EBIT의 24%가 될 것으로 예상한다. 감가상각비는 EBIT의 8%가 될 것이다. 5년 후 현금흐름은 2%씩 영구히 성장할 것으로 예상된다.

Good Food가 Happy Meals를 인수한다면, Good Food의 분석가들은 Happy Meals로부터의 순현금흐름(단위: \$백만)을 다음과 같이 예상하였다(소수점 첫째 자리 미만은 반올림).

연도	1	2	3	4	5
이자 및 법인세 차감전 이익(EBIT)	\$150	\$165	\$181.5	\$199.7	\$219.6
− 법인세* (20%)	30	33	36.3	39.9	43.9
= 세후이익	\$120	\$132	\$145.2	\$159.7	\$175.7
+ 감가상각비	12	13.2	14.5	16	17.6
− 자본지출	36	39.6	43.6	47.9	52.7
− 순운전자본 증가	36	39.6	43.6	47.9	52.7
= 순현금흐름(*CF*)	\$60	\$ 66	\$ 72.6	\$ 79.9	\$ 87.8

먼저 Happy Meals의 잔여가치를 계산하면 다음과 같다:

$$TV_5 = \frac{\$87.8 \times 1.02}{0.06 - 0.02} = \$2,240.1$$

다음으로, Happy Meals의 현재가치를 계산하면 다음과 같다:

$$PV_0 = \frac{\$60}{1.06} + \frac{\$66}{1.06^2} + \frac{\$72.6}{1.06^3} + \frac{\$79.9}{1.06^4} + \frac{\$87.8 + 2,240.1}{1.06^5} = \$1,979.1$$

따라서 Happy Meals의 총가치는 \$1,979.1이다.

자기자본의 가치는 총가치에서 부채의 가치를 빼주면 되므로 \$660.3(= \$1,979.1 − \$1,318.8)가 된다. 주당 자기자본의 가치는 자기자본의 가치를 발행주식수로 나누어주면 되므로 \$52.83(= \$660.3/12.5)가 된다. 주당 \$52.83보다 낮은 가격이면 Happy Meals는 인수대상으로 매력적이다.

Happy Meals, Inc.의 가치평가를 위해서 Happy Meals를 Good Food에 대한 퓨어 플레이 기업으로 가정하고 있다는 사실은 중요하다. 앞에서 계산한 가중평균자본비용은 Happy Meals와 Good Food의 사업위험이 같고, 부채비율도 일정할 것이라는 가정하에 유효하다.

12 분석가들은 종종 부채의 시장가치에서 잉여현금을 차감한 부분을 기업의 순부채라고 한다. Good Food와 Happy Meals는 잉여현금을 가지고 있지 않다.

앞의 계산에서 5년 이후(예측기간)에는 현금흐름이 영구히 성장할 것으로 가정했다. 한편, 3장과 9장에서 기업은 배수(multiples)를 사용하여 그 가치를 평가할 수 있다는 것을 배웠다. 예를 들어, Good Food의 분석가는 Happy Meals의 잔여가치를 성장영구연금(growing perpetuity) 대신에 EV/EBITDA 배수로 추정할지도 모른다. 이를 위해 식품서비스산업에 속하는 비교기업들의 EV/EBITDA가 10이라고 가정하자. 5년 후에 Happy Meals의 EBITDA (EBIT + 감가상각비)는 $237.2(= $219.6 + $17.6)가 될 것이다. EV/EBITDA 배수 10을 적용하면 Happy Meals의 5년 후 가치는 $2,371.8로 추정된다. 따라서 잔여가치 추정을 위해 EV/EBITDA 배수를 사용하여 Happy Meals의 현재가치는 다음과 같을 것이다:

$$PV_0 = \frac{\$60}{1.06} + \frac{\$66}{1.06^2} + \frac{\$72.6}{1.06^3} + \frac{\$79.9}{1.06^4} + \frac{\$87.8 + 2{,}371.8}{1.06^5} = \$2{,}077.6$$

Happy Meals의 자기자본의 가치는 다음과 같이 추정된다:

$$PV(\text{기업 전체}) - \text{부채} = \$2{,}077.6 - \$1{,}318.8 = \$758.8$$

발행주식수가 12.5백만 주이므로 자기자본의 주당가치는 다음과 같다:

$$\$758.8/12.5 = \$60.70$$

이제 Happy Meals의 주당 자기자본의 가치에 대한 두 개의 추정치가 있다. 추정치의 값이 다른 이유는 잔여가치를 계산하는 방법이 다르기 때문이다. 잔여가치 계산을 위해 일정성장 현금할인모형을 사용하면 주당 자기자본의 추정치는 $52.83이고 EV/EBITDA 비교기업 방법을 사용하면 그 추정치는 $60.70이다. 9장에서 언급한 바와 같이 완벽한 방법은 없다. 비교기업들이 모두 Happy Meals와 동일하다면 아마도 EV/EBITDA 방법이 최선일 것이다. 불행하게도 기업들은 동일하지 않다. 반면에 잔여가치와 그 후 현금흐름의 성장에 대해 확신한다면 아마 일정성장 방법이 더 나을 것이다. 실제에 있어서는 두 방법 모두 사용된다.

13.10 Eastman Chemical의 자본비용 추정

앞 절에서, 예제를 통해 자본비용을 계산했다. 이제 실제 기업의 자본비용을 구해보도록 하자. Eastman Chemical Co.는 세계적인 화학회사이며 음료용기에 사용되는 것과 같은 플라스틱 제품을 생산한다. 이 회사는 1993년에 설립되었는데 모회사인 Eastman Kodak에서 계열분리를 하였다.

Eastman의 자기자본비용 먼저 www.reuters.com에서 회사 심벌 혹은 주식코드(ticker)가 "EMN"인 Eastman을 찾아보자. 2018년 2월 현재 주당 가격과 발행주식수를 곱한 EMN의 시가총액은 $14.183십억이다. Eastman의 자기자본비용을 추정하기 위해 시장 위험 프리미엄은 11장에서 계산된 것과 유사한 7%로 가정한다. Reuters 사이트상의 Eastman의 베타는 1.34이다.

무위험이자율의 추정을 위한 미국 단기재정증권의 수익률은 최근 1.58%이다.

CAPM에서 Eastman의 베타를 이용하여 자기자본비용을 추정하면 다음과 같은 결과를 얻

는다.[13]

$$R_S = 0.0158 + (1.34 \times 0.07) = 0.1096, \text{ or } 10.96\%$$

Eastman의 부채비용 Eastman은 12종류의 채권을 발행하였다. 부채비용을 계산하기 위해 이들 12개 채권을 결합하여 가중평균을 산출할 것이다. 다음으로 finra-markets.morningstar.com/BondCenter 사이트를 방문해서 채권시세를 알아보자. 어느 회사의 모든 유통되는 채권의 만기수익률을 단 하루 만에 찾는다는 것은 매우 이례적인 일이라는 사실을 알아야 한다. 앞에서 논의한 바와 같이, 채권시장은 주식시장만큼 유동성이 크지 않기 때문에 개별 채권들은 여러 날에 걸쳐서도 거래되지 않을 수도 있다. 채권의 장부가치를 알기 위해서는 finra-markets.morningstar.com/BondCenter 혹은 www.sec.gov에 가서 최근 10K 보고서를 찾는다.

기본적인 정보는 다음과 같다:

표면이자율	만기	장부가치 (액면가치, $백만)	가격 (액면의 %)	만기수익률
5.50%	2019	$249	105.243%	2.47%
2.70	2020	797	100.265	2.55
4.50	2021	184	104.349	2.95
3.60	2022	739	101.756	3.18
1.50	2023	881	90.377	3.21
7.25	2024	197	122.693	3.27
7.625	2024	43	123.454	3.83
3.80	2025	691	102.593	3.46
1.875	2026	583	87.298	3.57
7.60	2027	195	124.995	4.23
4.80	2042	492	110.170	4.13
4.65	2044	871	108.727	4.10

가중평균부채비용을 구하기 위해서는 개별 부채가 총 부채에서 차지하는 비율을 개별 부채의 수익률에 곱해주면 된다. 그 다음에 이들을 합치면 가중평균부채비용을 구할 수 있다. 비교를 위해 장부가치와 시장가치를 모두 사용해 본다. 계산 결과는 다음과 같다.

표면이자율	장부가치 (액면가치, $백만)	총부채에 대한 비율	시장가치 ($백만)	총부채에 대한 비율	만기수익률	장부가치 가중치	시장가치 가중치
5.50%	$ 249	4.20%	$ 262.06	4.33%	2.47%	0.10%	0.11%
2.70	797	13.46	799.11	13.21	2.55	0.34	0.34
4.50	184	3.11	192.00	3.17	2.95	0.09	0.09
3.60	739	12.48	751.98	12.43	3.21	0.40	0.40
1.50	881	14.87	796.22	13.17	3.27	0.48	0.42

(계속)

[13] 대안으로, 레버리지를 적절히 조정한 후에 chemical 산업 내 모든 기업의 평균베타를 사용하는 방법이다. 이 접근방법이 더 정확하다고 주장하는 사람들이 있는데 개별 기업의 베타 추정에서 발생하는 오류를 줄일 수 있기 때문이다.

표면이자율	장부가치 (액면가치, $백만)	총부채에 대한 비율	시장가치 ($백만)	총부채에 대한 비율	만기수익률	장부가치 가중치	시장가치 가중치
7.25	197	3.33	241.71	4.00	3.27	0.11	0.13
7.625	43	0.73	53.09	0.88	3.83	0.03	0.03
3.80	691	11.67	708.92	11.72	3.46	0.40	0.41
1.875	583	9.84	508.95	8.42	3.57	0.35	0.30
7.60	195	3.29	243.74	4.03	4.23	0.14	0.17
4.80	493	8.32	543.14	8.98	4.13	0.34	0.37
4.65	871	14.71	947.01	15.66	4.10	0.60	0.634
	$5.923	100.00%	$6,047.91	100.00%		3.39%	3.41%

위의 표에 보이듯이, Eastman의 부채비용은 장부가치 기준으로 3.39%이고 시장가치 기준으로는 3.41%이다. 따라서 Eastman의 경우 시장가치이든 장부가치이든 둘의 차이는 거의 나타나지 않는다. 그 이유는 단지 시장가치와 장부가치가 비슷하기 때문이다. 기업들이 WACC 계산 시 장부가치로 부채를 사용하는 이유라고 할 수 있다. 그러나 여기에서는 현재의 가치를 반영하므로 시장가치를 사용하여 계산할 것이다.

Eastman의 WACC 이제 Eastman의 WACC를 계산하는 데 필요한 다양한 정보를 얻었다. 우선 자본구조 가중치를 계산할 필요가 있다.

시장가치 기준으로 Eastman의 자기자본과 부채가치는 각각 $6.048십억과 $14.183십억이다. 따라서 총 기업가치는 $20.231십억이 되고, 부채비율과 자기자본비율은 $6.048/$20.231 = 0.299와 $14.183/$20.231 = 0.701이 된다. 법인세율을 21%라고 한다면 Eastman의 WACC는 다음과 같다.

$$\text{WACC} = 0.299 \times 0.0341 \times (1 - 0.21) + 0.701 \times 0.1096 = 0.0849 \text{ 또는 } 8.49\%$$

13.11 발행비용과 가중평균자본비용

지금까지 가중평균자본비용에 대한 논의에서 발행비용은 포함하지 않았다. 새로운 프로젝트가 주식이나 채권으로 자금조달을 해야 한다면 비용이 발생하며 이를 **발행비용**(flotation costs)이라고 한다.

때때로 발행비용을 반영하기 위해서는 WACC를 상향 조정해야 한다는 의견이 제시되기도 한다. 투자에 대한 요구수익률은 자금의 원천이 아닌 투자의 위험에 따라 결정되는 것이기 때문에 이는 최상의 방법이 아니다. 하지만 이는 발행비용을 무시해도 된다는 말은 아니다. 이들 비용은 프로젝트를 채택하는 의사결정의 결과에서 발생하는 것이기 때문에 관련된 현금흐름이라고 할 수 있다. 그러므로 이들 비용을 프로젝트 분석 시 어떻게 포함시킬 것인가에 대해 간단히 논의하기로 한다.

기본적 접근

간단한 사례로 시작해보자. Spatt Company는 완전 자기자본조달 기업이며 자기자본비용은 20%이다. 이 기업은 100% 자기자본 기업이므로 WACC는 자기자본비용과 일치한다. Spatt는 기존의 생산라인을 확장하는 $100백만의 대규모 프로젝트를 고려하고 있다. 이 프로젝트의 자금조달은 새로운 주식의 발행으로 해결하려 한다.

투자은행 관계자와의 대화를 통해, Spatt는 발행비용이 발행금액의 10%에 달할 것으로 믿고 있다. 이는 주식 발행금액의 90%만이 수익금이 된다는 의미이다. 그렇다면 발행비용을 고려할 경우 생산라인 확장을 위한 실제 비용은 얼마가 되나?

Spatt는 발행비용을 감안한 후에 $100백만을 조달하기 위해서는 충분한 주식을 발행할 필요가 있다. 즉:

$$\$100\text{백만} = (1 - 0.10) \times \text{발행주식액}$$
$$\text{발행주식액} = \$100\text{백만}/0.90 = \$111.11\text{백만}$$

Spatt의 발행비용은 따라서 $11.11백만이므로 확장을 위한 실질적인 비용은 발행비용을 포함해 $111.11백만이 된다.

회사가 부채와 자기자본을 모두 사용한다면 문제는 약간 더 복잡해진다. 예를 들어, Spatt의 목표 자본구조가 자기자본 60%, 부채 40%라고 하자. 자기자본과 관련된 발행비용은 10%이지만 부채 관련 발행비용은 조금 낮은 5%라고 하자.

앞에서 부채와 자기자본의 자본비용이 다를 때, 목표 자본구조 가중치를 활용해 가중평균자본비용을 구했는데 여기서도 동일한 논리를 적용할 것이다. 우리는 전체 혹은 가중평균발행비용 f_A을 자기자본발행비용 f_S와 자본비용(S/V)을 곱하고, 부채발행비용 f_B와 부채비율(B/V)을 곱한 후 이를 더하여 도출할 수 있다.

$$\begin{aligned} f_A &= (S/V) \times f_S + (B/V) \times f_B \qquad (13.6) \\ &= 60\% \times 0.10 + 40\% \times 0.05 \\ &= 8\% \end{aligned}$$

그 결과 가중평균발행비용은 8%가 된다. 이는 새로운 프로젝트를 위해 외부에서 자금조달을 하는 경우 $1당 실제로는 $\$1/(1 - 0.08) = \$1.087$을 조달해야 한다는 의미이다. 이 사례에서 발행비용을 고려하지 않을 경우 프로젝트 비용은 $100백만이다. 하지만 발행비용을 포함하는 경우에는, 실제 비용은 $\$100\text{백만}/(1 - f_A) = \$100\text{백만}/0.92 = \$108.7\text{백만}$이 된다.

발행비용을 고려하는 경우, 기업은 잘못된 가중치를 사용하지 않도록 주의해야 한다. 기업은 부채나 자기자본 중 어느 하나로 프로젝트의 전체 비용을 조달할 수 있다 하더라도 목표 가중치를 사용해야 한다. 기업이 특정한 프로젝트를 부채나 혹은 자기자본을 통해 자금조달을 할 수 있다는 사실은 직접적으로 관련이 없다. 예를 들어, 기업의 목표 부채-자기자본비율(debs-equity ratio)은 1이지만 특정 프로젝트의 자금조달을 전부 부채로만 하는 경우 기업은 목표 부채-자기자본비율을 유지하기 위해 나중에 추가적인 자기자본을 통한 자금조달을 해야 할 것이다. 따라서 이 점을 고려한다면, 기업은 발행비용을 계산할 때에는 언제나 목표 가중치를 사용해야 한다.

예제 13.6

가중평균발행비용 계산 Weinstein Corporation의 목표자본구조는 자기자본 80%, 부채 20%이다. 자기자본발행비용은 발행금액의 20%이고, 부채발행비용은 6%이다. Weinstein사가 새로운 제조설비를 위해 $65백만이 필요하다면 발행비용을 포함한 실제 비용은 얼마인가?

우선 가중평균발행비용, f_A는 다음과 같이 구할 수 있다.

$$\begin{aligned} f_A &= (S/V) \times f_S + (B/V) \times f_B \\ &= 80\% \times 0.20 + 20\% \times 0.06 \\ &= 17.2\% \end{aligned}$$

가중평균발행비용은 17.2%이다. 발행비용을 고려하지 않는 경우 프로젝트의 비용은 $65백만이다. 가중평균발행비용을 포함한다면, 실제 비용은 $65백만/(1 − f_A) = $65백만/0.828 = $78.5백만이 된다. 이는 발행비용이 상당한 비용이 될 수 있다는 사실을 설명해준다.

발행비용과 NPV

발행비용이 NPV 분석에서 어떻게 포함될 수 있는가를 설명하기 위해 Tripleday Printing Company의 현재 목표 부채–자기자본비율이 100%라고 가정하자. 이 회사는 Kansas에 $500,000의 새로운 프린팅 공장 설립을 고려하고 있다. 이 신규 공장은 매년 $73,150의 세후 현금흐름을 영원히 창출할 수 있을 것으로 기대된다. 법인세율은 21%이고 두 가지 자금조달 옵션을 가지고 있다.

1. $500,000의 신주발행: 신주발행비용은 전체 발행금액의 10%에 이를 것이고 기업의 신규 자기자본에 대한 요구수익률은 20%이다.
2. 30년 만기의 $500,000 채권발행: 신규 채권발행비용은 판매대금의 2%가 될 것이고 새로운 채권에 대한 만기수익률은 10%이다.

새로운 프린팅 공장의 NPV는 얼마인가?

먼저 프린팅은 이 기업의 주요 사업분야이므로 새로운 프린팅 공장의 가치평가를 위해 기업의 가중평균자본비용(R_{WACC})을 사용한다:

$$\begin{aligned} \text{WACC} &= S/V \times R_S + B/V \times R_B \times (1 - T_C) \\ &= 0.50 \times 20\% + 0.50 \times 10\% \times (1 - 0.21) \\ &= 13.95\% \end{aligned}$$

현금흐름은 영원히 매년 $73,150이므로 13.95%의 할인율을 적용하면 현금흐름의 현재가치는 다음과 같이 계산된다:

$$\text{PV} = \frac{\$73{,}150}{0.1395} = \$524{,}373$$

발행비용을 고려하지 않으면, NPV는 다음과 같이 계산된다:

$$\text{NPV} = \$524,373 - 500,000 = \$24,373$$

발행비용을 고려하지 않는 경우 이 프로젝트의 NPV는 0보다 크므로 이 프로젝트는 채택되어야 한다.

자금조달과 발행비용은 어떻게 되나? 신규로 자금조달이 이루어지면 발행비용은 관련이 있게 된다. 주어진 정보로는 부채발행비용은 2%, 자기자본발행비용은 10%이다. Tripleday는 동일한 금액의 부채와 자기자본을 사용하기 때문에 가중평균발행비용(f_A)은 다음과 같이 계산된다.

$$\begin{aligned} f_A &= S/V \times f_S + B/V \times f_B \\ &= 0.50 \times 10\% + 0.50 \times 2\% \\ &= 6\% \end{aligned}$$

Tripleday가 100% 부채 혹은 100% 자기자본으로 프로젝트를 위한 자금조달을 할 수 있다는 사실은 관계가 없다는 사실을 명심하자. 신규 공장을 위해 $500,000의 자금이 필요하므로, 발행비용을 포함한 실제비용은 $\$500,000/(1 - f_A) = \$500,000/0.94 = \$531,915$가 된다. 현금흐름의 현재가치는 $550,000이므로 공장은 $550,000 − 531,915 = $18,085의 NPV를 갖는다. 발행비용을 고려하면 투자안은 음의 NPV를 갖게 되므로 기각해야 한다. 이와 같이 발행비용을 포함할 경우 투자안의 선택이 달라질 수 있으므로 주의해야 한다.

내부 자기자본과 발행비용

지금까지 발행비용과 관련된 논의는 기업들이 신규투자를 위해 항상 외부에서 자금을 조달해야 한다는 가정을 했다. 현실적으로, 대부분의 기업은 주식발행을 통해 자금을 조달하는 경우는 극히 드물다. 대신, 내부적으로 창출된 현금흐름으로 자본투자에 소요되는 자기자본조달 부분은 충분히 충당할 수 있다. 부채조달 부분만을 외부에서 자금조달을 한다.

내부 자기자본의 사용이 우리의 접근방식을 변화시키지 않는다. 하지만 주식발행을 통한 자기자본조달이 없기 때문에 자기자본의 발행비용은 0이 된다. Tripleday 예제에서 가중평균발행비용은 다음과 같이 계산된다:

$$\begin{aligned} f_A &= S/V \times f_S + B/V \times f_B \\ &= 0.50 \times 0\% + 0.50 \times 2\% \\ &= 1\% \end{aligned}$$

외부에서 자기자본을 조달하는 경우 높은 발행비용이 발생되므로 자기자본을 내부에서 조달하는지 또는 외부에서 조달하는지에 따라 큰 차이가 발생한다는 점에 주목하라.

요약 및 결론 _Summary and Conclusions

이 장에서는 자본예산 프로젝트에 사용되는 할인율인 자본비용에 대하여 설명했다. 회사의 WACC는 회사의 전체 위험과 동일한 위험이 있는 프로젝트에만 사용해야 한다. 그렇지 않으면 자본비용은 회사의 위험이 아닌 프로젝트의 위험에 달려 있다. 적절한 자본예산은 위험에 대한 조정을 잘 활용할 것이다.

01. 잉여현금을 보유하고 있는 기업은 배당금을 지급하든지 자본지출을 한다. 주주들은 배당금을 위험한 금융자산에 재투자할 수 있으므로, 자본예산 프로젝트에 대한 기대수익률은 최소한 비슷한 정도의 위험을 갖는 금융자산의 기대수익률보다 높아야 한다.

02. 어떤 자산에 대한 기대수익률은 베타에 따라 결정된다. 우리는 한 주식의 베타를 추정하는 방법을 살펴보았다. 베타를 구하는 적정한 방법은 과거 수익률에 대한 회귀분석을 실시하는 것이다.

03. 베타와 공분산은 모두 어떤 증권의 시장 움직임에 대한 민감도를 측정한다. 상관관계와 베타는 각각 다른 개념이다. 베타는 회귀분석의 기울기이며, 반면 상관관계는 회귀식의 밀접한 정도이다.

04. 프로젝트의 베타위험이 기업의 위험과 동일한 경우를 살펴보았다. 기업이 무차입 상태라면, 그 프로젝트의 할인율은 다음과 같다.

$$R_F + \beta \times (R_M - R_F)$$

여기서 R_M은 시장 포트폴리오에 대한 기대수익률이고, R_F는 무위험이자율이다. 즉, 프로젝트의 할인율은 CAPM을 통해 측정된 증권의 기대수익률과 동일하다.

05. 기업의 베타는 몇 가지 요인들의 함수이다. 아마도 다음 세 가지 요인이 가장 중요하다 하겠다.

- 수익의 경기순환성
- 영업레버리지
- 재무레버리지

06. 만약 어떤 프로젝트의 베타가 기업의 베타와 상이하다면, 할인율은 프로젝트의 베타에 근거하여 결정되어야 한다. 일반적으로 프로젝트 베타는 프로젝트 업종의 평균 베타에 의해 추정된다.

07. 가끔씩 프로젝트의 베타로서 프로젝트가 속해 있는 업종의 평균 베타를 사용할 수 없는 경우가 있다. 예를 들어, 새로운 프로젝트가 기존의 어느 산업에도 속하지 않을 수가 있다. 이 같은 경우, 프로젝트의 베타는 수익의 경기순환성과 영업레버리지를 고려해 추정해볼 수 있다. 다만, 이 같은 접근은 정성적이다.

08. 만약 어떤 기업이 부채를 사용하면 할인율은 WACC가 된다. WACC를 계산하기 위해서는 프로젝트에 사용된 자기자본비용과 부채비용을 추정하여야 한다. 프로젝트의 위험이 기업과 유사하다면 자기자본비용은 SML을 통해 추정될 수 있다. 개념적으로 배당성장모형도 사용되기는 하지만 실제로는 정확도에서 상당히 떨어질 가능성이 높다.

09. 신규 프로젝트는 흔히 채권이나 주식으로 조달된다. 발행비용(흔히 floatation cost라 불린다)은 NPV 분석 시 항상 포함되어야 한다.

개념확인 _*Concept Questions*

01. 프로젝트 위험 만약 당신이 어떤 프로젝트에 필요한 모든 자금을 6%에 빌릴 수 있다면, 그 프로젝트에 대한 자본비용이 6%라는 것을 의미하는가?

02. WACC와 세금 왜 부채비용에 대해서는 세금을 감안하고 자기자본비용에 대해서는 감안하지 않는가?

03. SML 자기자본비용 추정 프로젝트의 할인율을 계산하기 위해 주식 베타와 증권시장선을 이용하는 경우, 내재적으로 가정하고 있는 사항은 무엇인가?

04. SML 자기자본비용 추정 자기자본비용 계산 시 SML을 사용하는 것의 장점은 무엇인가? 단점은 무엇인가? 이 방법을 사용하기 위해 특별히 필요한 정보들은 무엇인가? 이들 변수들은 모두 관찰 가능한 것인가? 아니면 추정해야 하는가? 이들 값을 추정할 수 있는 방법들에는 어떤 것이 있는가?

05. 부채비용 추정 기업의 적정한 부채비용은 어떻게 계산하나? 부채비용은 기업의 공모 또는 사모 여부에 따라 달라지는가? 기업이 부채를 사모발행하여 일부 기관투자자만이 채권을 보유하고 있다면 부채비용을 어떻게 추정할 수 있는가?

06. 자본비용 Bedlam Products, Inc.의 사장인 Tom O'Bedlam이 자기자본비용과 부채비용을 계산하기 위하여 당신을 고용하였다고 가정하자.

a. 주식의 현재 주가는 $50이고 주당 배당금은 $5가 될 것으로 예상한다. Tom은 "올해 주주의 자금을 사용하는 것은 주당 $5의 비용이 소요될 것이므로 자기자본비용은 10% (= $5/50)이다."라고 한다. 이 결론에서 무엇이 잘못되었는가?

b. 가장 최근 재무제표에 따르면, Bedlam Products의 총 부채는 $8백만이다. 다음 해의 총 이자비용은 약 $1백만에 이를 것이다. 따라서 Tom은 "우리는 $8백만을 빌리고 있고, 여기에 $1백만의 이자를 지급할 것이다. 따라서 우리의 부채비용은 명백하게 '$1백만/$8백만 = 12.5%'이다"라고 하였다. 이 결론에서 무엇이 잘못되었는가?

c. 그의 분석을 근거로 Tom은 회사가 자기자본 조달을 늘려야 한다고 주장한다. 왜냐하면 "부채비용은 12.5%인 반면 자기자본비용은 10%이므로 자기자본이 더 저렴하기 때문"이라고 한다. 다른 방법을 고려하지 않는다고 할 때 자기자본비용이 부채비용보다 싸다는 Tom의 결론에 대해 어떻게 생각하는가?

07. 기업 위험 vs. 프로젝트 위험 거대 천연가스 소비업체인 Dow Chemical Company와 주요 천연가스 생산업체인 Superior Oil, 양사 모두 Houston 부근의 천연가스 유전에 투자할 것을 고려하고 있다. Dow와 Superior는 모두 100% 자기자본조달 기업이며 동일한 프로젝트에 대해 고려하고 있다. 양사는 각각의 투자에 대해 현재는 음의 현금흐름을 보이겠지만 미래에는 양의 현금흐름이 기대된다고 분석하였다. 이 현금흐름은 양사에 동일하게 발생할 것이다. 프로젝트의 자금조달을 위해 부채는 사용되지 않을 것이다. 양사는 할인율이 18%인 경우에는 $1백만의 순현재가치를, 할인율이 22%인 경우에는 −$1.1백만의 순현재가치를 창출할 것이라고 추정한다. Dow는 1.25의 베타를 가지고 Superior는 0.75의 베타를 갖는다. 시장의 기대위험 프리미엄은 8%이고 무위험채권의 수익률은 12%이다. 어떤 회사가 이 프로젝트를 채택해야 하는가? 두 회사 모두 채택해야 하는가? 설명하라.

08. 부문별 자본비용 기업들은 어떤 조건 하에서 각기 다른 부문에 대해 각각의 자본비용을 적용해야 하는가? 기업 전체적인 WACC가 모든 부문의 프로젝트 채택기준 금리로 사용된다면, 더 위험한 부서 또는 더 보수적인 부서 중 어느 부서가 더 많은 투자 프로젝트를 채택하는 경향이 나타날 것인가? 그 이유는 무엇인가? 각각 다른 부서에 대해 적정한 자본비용을 추정하려고 한다면 어떤 문제에 봉착할 수 있는가? 각 부서의 자본비용을 개략적으로 추정하기 위해 사용할 수 있는 두 가지 방법은 무엇인가?

09. 레버리지 기업 전체의 위험과 유사한 위험을 갖는 부채사용 기업의 프로젝트에 대해 생각해보자. 프로젝트의 할인율은 증권시장선을 통해 계산된 할인율보다 높은가 낮은가? 그 이유는 무엇인가?

10. 베타 주식의 베타를 결정짓는 요소에는 어떤 것들이 있는지 각각에 대해 정의하고 설명하라.

연습문제 _*Questions and Problems*

기초
(Questions 1~15)

01. 자기자본비용 계산 Nixon Corporation사 보통주의 베타는 0.95이다. 무위험이자율은 2.7%이고 시장의 기대수익률이 10%라면, Nixon의 자기자본비용은 얼마인가?

02. 부채비용 계산 One Step, Inc.는 부채비용을 결정하려고 한다. 회사는 만기까지 17년이고 액면가의 95%로 거래되는 채권을 발행했다. 이 채권은 반년마다 이표이자를 지급하며 표면이자율은 6%이다. 회사의 세전 부채비용은 얼마인가? 세율이 21%인 경우, 세후 부채비용은 얼마인가?

03. 부채비용 계산 Shanken Corp.은 3년 전에 5.9%의 표면이자를 6개월마다 지급하는 30년 만기 채권을 발행했다. 이 채권은 현재 액면가의 106%에 거래되고 있다. 세율은 22%이다.

a. 세전 부채비용은?

b. 세후 부채비용은?

c. 부채비용 계산 시, 세전 혹은 세후 어느 계산이 더 적절한가? 왜 그런가?

04. 부채비용 계산 앞의 문제에서 채권발행의 장부가액이 $25백만이라고 하자. 또한 이 회사는 이자를 지급하지 않고 잔존만기가 9년인 두 번째 채권도 보유하고 있다. 이 채권의 장부가액은 $60백만이고 현재는 액면가의 68%에 거래되고 있다. 회사 부채의 총 장부가치는 얼마인가? 총 시장가치는 얼마인가? 현재 세후 비용을 추정하는 가장 좋은 방법은 무엇이라고 생각하는가?

05. WACC 계산 Mullineaux Corporation의 목표 자본구조는 보통주 70%와 부채 30%이다. 자본비용은 10.9%이고 부채비용은 5.7%이다. 관련 세율은 23%이다. 이 회사의 WACC는 얼마인가?

06. 세금과 WACC Miller Manufacturing의 목표 부채-자기자본 비율은 40%이다. 자기자본비용은 11.8%이고 부채비용은 6.5%이다. 만약 세율이 21%라면, Miller의 WACC는 얼마인가?

07. 자본구조 찾기 Fama's Llamas는 가중평균자본비용이 9.1%이다. 회사의 자기자본비용은 11%이고 부채비용은 6.4%이다. 세율은 21%이다. 회사의 부채-자기자본 비율은 얼마인가?

08. 장부가치와 시장가치 Hero Manufacturing의 보통주 총 발행주식수는 7.6백만 주이다. 현재 주가는 $67이고, 주당 장부가치는 $4이다. Hero는 두 종류의 채권도 발행한 바 있다. 모두 반기마다 이자를 지급하는 채권이다. 첫 번째 채권은 액면가가 $80백만이고 표면이자율 6.8%로 현재 액면의 109.5%의 가격으로 거래되고 있다. 두 번째 채권은 액면가가 $65백만이고, 표면이자율 7.1%로 현재 액면의 112.4%의 가격으로 거래되고 있다. 첫 번째 채권은 9년 후, 두 번째 채권은 25년 후 만기

도래한다.

a. 장부가치 기준으로 Hero Manufacturing의 자본구조 가중치는 얼마인가?

b. 시장가치 기준으로 Hero Manufacturing의 자본구조 가중치는 얼마인가?

c. 장부가치 가중치와 시장가치 가중치 중 어느 것이 더 적절한가? 왜인가?

9. WACC 계산 앞의 문제에서 회사의 주식 베타가 1.10이라고 가정하자. 무위험이자율은 2.9%이고, 시장 위험 프리미엄은 7%이다. 총 부채비용은 발행된 두 채권의 가중평균이라고 가정한다. 두 채권 모두 이자를 반기 지급하고 세율은 23%이다. Hero의 WACC는 얼마인가?

10. WACC Kose, Inc.의 목표 부채-자기자본 비율은 0.38이다. WACC는 10.1%이고, 세율은 25%이다.

a. 회사의 자기자본비용이 12%라면 세전 부채비용은 얼마인가?

b. 세후 부채비용이 6.4%라는 것을 알고 있다면 자기자본비용은 얼마인가?

11. WACC 찾기 Huntington Power Co.에 대한 다음 정보를 가지고 WACC를 찾으라. 회사의 세율이 21%라고 가정한다.

부 채: 17,000주, 표면이자 4.9%, 액면가 $2,000, 20년 만기, 판매가는 액면가의 105%; 이자는 반년마다 지급

보통주: 425,000주, 주당 $67, 베타는 0.88

시 장: 시장 위험 프리미엄 7%, 무위험이자율 3.5%

12. WACC 계산 Titan Mining Corporation은 총 발행주식수가 6.4백만 주의 보통주와 액면이 $1,000인 연 6.2%의 표면이자를 6개월에 한 번씩 지급하는 채권 175,000주를 발행하고 있다. 보통주는 현재 주당 $53이며, 베타는 1.15이다. 채권의 만기는 25년이며, 현재 액면의 106%에 거래된다. 시장 위험 프리미엄은 6.8%이며, T-bill 수익률은 3.1%이고, 세율은 22%이다.

a. 이 회사의 시장가치 기준 자본구조는?

b. 이 회사의 일반적인 프로젝트와 유사한 위험을 가지는 새로운 투자 프로젝트를 고려하고 있다면, 프로젝트의 현금흐름을 할인하기 위해 어떠한 할인율을 이용해야 하는가?

13. SML과 WACC 100% 자기자본조달 기업이 다음과 같은 프로젝트를 고려하고 있다.

프로젝트	베타	기대수익률
W	0.75	9.4%
X	0.90	11.2
Y	1.15	14.1
Z	1.45	15.5

T-bill 수익률은 3.5%이고, 시장의 기대수익률은 12%이다.

a. 기업의 자본비용 12%보다 더 높은 기대수익률을 보이는 프로젝트는 어느 것인가?

b. 어느 프로젝트가 채택되어야 하는가?

c. 만일 기업의 종합적인 자본비용이 기준수익률로 사용된다면 어떤 프로젝트가 잘못 채택 또는 기각될 것인가?

14. 발행비용 계산 회사에 새로운 조립라인을 구축하기 위해 $43백만이 필요하다고 가정하자. 목표

부채-자기자본 비율은 0.65이다. 새로운 자본의 발행비용은 6%이고, 부채의 발행비용은 2%이다. 회사의 사장은 발행비용이 저렴하고 필요한 자금이 상대적으로 적기 때문에 돈을 빌려 프로젝트 자금을 조달하기로 결정했다.

a. 전체 금액을 차입하기로 한 이유에 대해 어떻게 생각하는가?

b. 모든 자본이 외부에서 조달된다고 가정할 때 회사의 가중 평균 발행비용은 얼마인가?

c. 발행비용을 고려한 후 새로운 조립라인을 구축하는 실제 비용은 얼마인가? 이 경우 전체 금액을 부채로 조달하는 것이 중요한가?

15. 발행비용 계산 Southern Alliance Company는 새 프로젝트를 시작하기 위해 $75백만을 조달해야 하고 새로운 채권을 발행하여 자금을 조달할 것이다. 회사는 가까운 미래에 내부 자본을 창출하지 않을 것이다. 이 회사는 보통주 70%, 우선주 5%, 부채 25%의 목표 자본구조를 가지고 있다. 새로운 보통주 발행을 위한 비용은 7%, 새로운 우선주 발행비용은 4%; 새로운 부채 발행비용은 3%이다. 회사가 프로젝트를 평가할 때 사용해야 하는 실제 초기 비용은 얼마인가?

중급
(Questions 16~21)

16. WACC와 NPV Och, Inc.는 1차연도 말에 세후 현금절감액이 $1.85백만이 발생하고, 이후 매년 3%씩 무한히 절감액이 증가하는 프로젝트를 고려하고 있다. 이 회사의 목표 부채-자기자본 비율은 0.65이며 자기자본비용은 11%, 세후 부채비용은 4.3%이다. 이 비용절감 프로젝트는 이 회사가 추진하는 일반적인 프로젝트에 비해 다소 더 위험하다. 따라서 경영진은 주관적인 방법을 적용하여 이 같은 위험 프로젝트에 대해서는 자본비용에 2%를 더해주는 조정을 실시한다. 어떤 조건 하에서 Och는 이 프로젝트를 채택해야 하는가?

17. 우선주와 WACC Saunders Investment Bank의 자금조달 현황은 다음과 같다. 이 회사의 WACC는 얼마인가?

부 채: 표면이자율이 4.9%이고 현재가격은 106.50, 잔존만기 15년인 채권 40,000주, 액면가 $1,000; 표면이자율 0%, 현재가격 21.8, 잔존만기 30년인 채권 40,000주, 액면가 $10,000 두 채권 모두 반기 복리계산.

우선주: 현재가 $87인 3.5% 우선주 135,000주. 액면가는 $100

보통주: 보통주 1,900,000주; 현재가 $73, 베타는 1.15

시 장: 법인세율 23%, 시장 위험 프리미엄 7%, 무위험이자율 3.6%

18. 발행비용 계산 Macfarlane, Inc.는 최근 새로운 TV 쇼를 위해 새로운 증권을 발행하였다. 총 프로젝트 비용은 $30백만이었고, 발행비용으로 $1.9백만을 지불하였다. 또한 신규 자기자본 발행비용은 총 발행금액의 7%인데 반해, 부채의 발행비용은 발행액의 3%에 불과하다. 만약 Macfarlane이 목표 자본구조와 같은 비율로 새로운 증권을 발행하였다면, 이 회사의 목표 부채-자기자본 비율은 얼마인가?

19. 자기자본비용 계산 Floyd Industries의 주가의 베타는 1.15이다. 이 회사는 $0.75의 배당을 지급하였으며, 배당금은 매년 4.5%씩 증가할 것이라고 예상된다. 시장의 기대수익률은 11%이고, Treasury bills의 수익률은 3.7%이다. Floyd의 가장 최근 주가는 $84이었다.

a. DDM 방법을 이용하여 자기자본비용을 계산하라.

b. SML 방법을 이용하여 자기자본비용을 계산하라.

c. 왜 (a)와 (b)의 추정치 결과가 다르게 나왔다고 생각하는가?

20. **기업의 가치평가** Schultz Industries는 Arras Manufacturing을 구매할 것인지 고려하고 있다. Arras는 현재 Schultz의 공급업체이며 이번 인수를 통해 Schultz는 자재 공급을 보다 잘 통제할 수 있게 된다. Arras 자산의 현재 현금흐름은 $7.1백만이다. 현금흐름은 향후 5년간 10%로 증가한 후에 영구히 4%로 유지될 것이 예상된다. Schultz와 Arras의 자본비용은 각각 11%와 9%이다. Arras는 현재 2.5백만 주 주식과 $22백만 부채를 발행했다. Schultz가 Arras에 지불해야 하는 최대 주당 가격은 얼마인가?

21. **기업의 가치평가** Happy Times, Inc.는 파티 매장을 동남쪽으로 확장하려고 한다. 이 지역에 즉각적인 입지를 확보하기 위해 회사는 비상장회사인 Joe's Party Supply를 인수하려고 고려 중이다. Happy Times는 현재 시장가치 $115백만, YTM 6%인 부채를 발행하고 있다. 회사의 시가총액은 $360백만이며 요구수익률은 11%이다. Joe's는 현재 시장가치 $45백만인 부채를 발행하고 있다. Joe's의 내년 EBIT는 $17.3백만으로 예상되고, 향후 5년 동안 매년 10%씩 성장하며, 이후 3%로 둔화되어 영구히 유지될 것이다. 순운전자본, 자본지출, 감가상각은 EBIT의 백분율로 각각 9%, 15%, 8%일 것으로 예상된다. Joe's의 발행주식 수는 1.95백만 주이고 두 회사의 세율은 21%이다.
    a. 이 추정치를 바탕으로 Happy Times가 기꺼이 지불 할 Joe's의 최대 주가는 얼마인가?
    b. 분석을 검토한 후, Happy Times의 CFO는 현금흐름의 지속적인 성장률을 사용하는 것을 꺼려했다. 대신 그는 EV/EBITDA 배수를 사용하여 잔여가치를 추정해야 한다고 생각한다. 적절한 EV/EBITDA 배수가 9인 경우 인수하기 위한 최대 주가의 새로운 추정치는 얼마인가?

고급
(Questions 22~24)

22. **발행비용과 NPV** Photochronograph Corporation (PC)은 시계열 사진장비를 생산한다. 이 회사의 현재 목표 부채-자기자본 비율은 0.40이다. 이 회사는 $60백만이 소요되는 제조설비 건설을 고려하고 있다. 새로운 시설은 연간 $9.6백만의 세후 현금흐름을 영구적으로 창출할 것으로 기대된다. 회사는 모든 자금을 외부에서 조달한다. 아래 세 가지 자금조달 대안이 있다.
    1. **보통주 신주발행**: 보통주 신주의 발행비용은 발행금액의 7%이다. 새로운 자기자본에 대한 요구수익률은 13%이다.
    2. **20년 만기 채권 발행**: 신주 발행 채권의 발행비용은 발행금액의 2%이다. 회사가 연 6%의 표면이자율로 새로운 채권을 발행한다면 채권은 액면가격으로 판매될 것이다.
    3. **매입채무 증가를 통한 자금조달**: 이 방법을 통한 자금조달은 회사의 지속적인 사업의 일부분이므로 발행비용은 없고 회사는 이 비용을 회사의 전반적인 WACC와 같이 취급한다. 경영진은 장기 차입금 대비 매입채무 비율의 목표를 20%로 잡고 있다(세전과 세후의 매입채무 비용은 차이가 없다고 가정한다).

    신규 공장의 NPV는 얼마인가? PC의 법인세율은 21%로 가정한다.

23. **발행비용** Breckenridge Corp.의 부채-자기자본 비율은 0.65이다. 이 회사는 $137백만이 소요되는 신규 공장 건설을 고려하고 있다. 회사가 신주를 발행할 경우, 발행비용은 8%이다. 채권 발행비용은 3.5%이다. 만약 회사가 모든 자금을 외부에서 조달할 경우 신규 공장의 비용은 얼마인가? 만약 동사가 보통 60%의 자금을 이익잉여금으로 충당하면 어떠한가? 만약 모든 자금을 이익잉여금으로 조달하면 어떻게 되는가?

24. **프로젝트 평가** 이 문제는 이 장과 앞 장에서 논의되었던 내용들을 모두 합친 종합적인 프로젝트 평가문제이다. 만약 당신이 레이더 감지 시스템(radar detection systems: RDS) 시장에서 수위 업체로서 대형 상장사인 Defence Electronics Inc. (DEI)에 재무 컨설턴트로 고용되었다고 하자. 이

회사는 새로운 RDSs를 생산하기 위한 제조공장의 해외 건설을 고려하고 있다. 이는 5년이 소요되는 프로젝트이다. 이 회사는 유독화학폐기물을 매립할 용도로 3년 전에 $7.3백만을 주고 대토지를 매입했으나, 대신 이들 폐기물을 안전하게 버릴 수 있는 파이프시스템을 구축했다. 이 토지는 지난주 감정결과 $7.5백만으로 평가되었다. 5년 후 이 토지의 세후가치는 $7.9백만이 될 것으로 추정된다. 회사는 이 토지에 새로운 제조공장을 설립하고자 한다. 공장과 설비에 $55백만이 소요될 것으로 보인다. DEI 주식에 대한 시장 자료는 다음과 같다.

부 채: 액면이 $2,000이고, 연 6.1%의 표면이자를 반년마다 지급, 잔존만기가 25년이고, 현재 액면의 104%로 거래되고 있는 채권 130,000주 발행

보통주: 총 발행주식수 9,900,000주, 주당 $68에 거래됨. 베타는 1.20

우선주: 총 발행주식수 400,000주, 4.20% 배당률, 주당 $87에 거래되며 액면가는 $100

시 장: 시장 위험 프리미엄 7%, 무위험이자율 3.1%

DEI는 G.M. Wharton을 주간사로 계약하였다. Wharton은 보통주 신주 발행에 6.5%, 우선주 신주 발행에 4.5%, 신규 채권발행에 3%의 발행비용을 부과한다. 이 발행비용(DEI spreads)에는 직 · 간접 비용이 모두 포함된다. Wharton은 공장 설립을 위해 필요한 자금을 보통주 발행을 통해 충당하라고 추천하였다. DEI의 법인세율은 25%이다. 영업을 시작하기 위해서는 초기에 $2.5백만의 초기 운전자본이 필요하다. Wharton은 새로운 프로젝트에 대해 모든 자기자본을 외부에서 조달하는 것으로 가정한다.

a. 모든 부수 효과를 고려하여, 이 프로젝트의 시점 0에서의 현금흐름을 계산하라.

b. 새로운 RDS 프로젝트는 공장이 외국에 설립되기 때문에 DEI의 일반적 프로젝트보다 다소 더 위험하다. 경영진은 증가된 위험에 대해 +2%의 조정을 할 것을 당신에게 요청했다. DEI의 프로젝트를 위한 적정한 할인율은 얼마인가?

c. 그 제조공장은 세금 관점에서 보면 8년의 경제적 수명을 가지고 있다. DEI는 정액 감가상각법을 사용한다. 프로젝트 마감 시(즉, 5년차 말), 공장과 설비는 $8.9백만에 처분될 수 있다. 공장 및 설비의 세후 잔존가치는 얼마인가?

d. 매년 $8.1백만의 고정비가 발생할 것으로 예상된다. 매년 18,500개의 RDS를 생신하고 개당 $11,600에 팔 계획이다. 변동 생산비용은 대당 $9,750이다. 이 프로젝트로부터 발생하는 연간 영업현금흐름은 얼마인가?

e. DEI의 감사는 DEI의 투자가 공표되는 회계이익에 미치는 영향에 대해 관심이 많다. RDS의 회계적 손익분기 수량은 얼마인가?

f. 마지막으로, DEI의 사장은 계산과정, 가정 등 모든 사항에 대해서 CFO를 위한 보고서에 적도록 하였다. 다만, 그가 알고 싶어 하는 것은 결국 RDS 프로젝트의 내부수익률(IRR)과 순현재가치(NPV)이다. 당신은 어떻게 보고하겠는가?

Mini Case

SWAN MOTORS의 자본비용

Swan Motors, INC. (SMI)는 최근 당신을 재무부서에 고용하였다. SMI는 8년 전 Joe Swan에 의해 설립되었고 기존의 가능한 기술보다 더 저렴하고 에너지밀도는 더 높은 배터리를 제조할 수 있는 방법을 발견하였다. 이 배터리는 충전 없이 700마일을 운행할 수 있다. SMI는 중형승용차도 제조하였는데 여타 제조사와 가격 면에서 충분히 경쟁력이 있다. 이 회사는 Joe와 가족에 의해 소유되어 있고 지난해에 $97백만의 매출액을 기록하였다.

SMI는 제한된 수의 회사소유 딜러들을 보유하고 있지만 주로 온라인 판매를 위주로 하고 있다. 고객은 주문제작을 선택할 수 있고 20%의 선수금을 내야 한다. 주문이 접수되면 대략 45일 안에 제조가 완성된다. 지금까지 SMI는 이익을 통해 자금을 조달하는 방식으로 성장해 왔다. 회사는 자금 여유가 있을 때마다 새로운 매장을 개설하였다. 자본예산 과정에서 정식적인 분석은 거의 이루어지지 않았다. Joe는 자본예산 기법들에 대해 알게 되었고 당신에게 도움을 요청하였다. 회사는 아직까지 자본비용에 대해 한 번도 산출해 보지 않았으며 당신이 그 분석을 수행해 주기를 원한다. 이 회사는 개인소유 기업이므로 기업의 자기자본비용을 결정하기가 어렵다. 당신은 SMI의 자본비용을 추정하기로 결정했으며 대표기업으로 Tesla Motors를 활용하기로 했다. 당신은 다음 절차를 통해 자본비용을 추정치를 계산할 것이다.

01. 대부분의 상장기업들은 직전 분기 또는 직전 연도 회사의 재무 영업상태를 상세히 나타내는 분기보고서(10Q)나 연차보고서(10K)를 SEC에 제출하게 되어 있다. 이 같은 기업파일들은 SEC 웹사이트인 www.sec.gov에서 확인할 수 있다. SEC 웹사이트에 가서 "Company Filings"를 클릭하고 Tesla가 작성한 SEC 파일들을 검색해보라. 가장 최근의 10Q와 10K를 찾아서 다운로드를 하라. 부채와 자기자본의 장부가치를 구하기 위해 재무상태표를 살펴보라. 보고서의 더 하단부를 보면 Tesla의 장기부채 내역이 나열되어 있는 "Long-term Debt"나 "Long-term Debt and Interest Rate Risk Management"라는 부분을 발견할 수 있다.

02. Tesla의 자기자본비용을 추정하기 위해 finance.yahoo.com에 가서 회사 심벌(주식코드)인 "TSLA"를 입력하라. 다음 질문에 답하기 위해 다양한 링크를 따라가 보라: Tesla의 가장 최근 주가는 얼마인가? 자기자본의 시장가치 또는 시가총액은 얼마인가? Tesla의 총 발행주식수는 얼마인가? Tesla의 베타는 얼마인가? 다시 finance.yahoo.com에 가서 "Markets"와 "U.S. Treasury Bonds Rates" 링크를 찾아보라. 3개월 만기 T-bill의 수익률은 얼마인가? 7% 시장 위험 프리미엄 정보를 이용하였을 때, CAPM을 사용하면 Tesla의 자기자본비용은 얼마인가?

03. www.reuters.com/finance에 가서 동종업계 경쟁사들의 리스트를 찾아보라. 이들 경쟁사 각각의 베타를 찾아서 산업의 평균 베타를 구하라. 산업평균베타를 사용한다면 자기자본비용은 얼마인가? 이 경우 Tesla의 베타나 산업평균베타 중 어느 것을 사용해도 문제가 없는가?

04. Tesla의 부채비용을 구해보자. firna-markets.morningstar.com/BondCenter에 가서 회사 이름으로 Tesla를 입력하고 Tesla가 발행한 각 채권의 만기수익률을 찾아보라. 장부가치를 사용하는 경우와 시장가치를 사용하는 경우의 Tesla의 가중평균부채비용은 얼마인가? 이 경우 장부가치 가중치를 사용하는 경우와 시장가치 가중치를 사용하는 경우 차이가 발생하는가?

05. 이제 Tesla의 가중평균자본비용을 구하기 위한 모든 정보를 가지고 있다. Tesla의 법인세율이 21%라고 가정하고 장부가치 가중치를 사용할 경우와 시장가치 가중치를 사용하는 경우의 Tesla의 가중평균자본비용을 구하라. 어느 자본비용이 더 적절한가?

06. 당신은 SMI의 자본비용을 추정하기 위해 Tesla를 대표기업으로 활용했다. 이 상황에서 이러한 접근방식의 잠재적 문제점은 무엇인가? 제안할 수 있는 개선방안은 무엇인가?

CORPORATE FINANCE

IV

CORPORATE FINANCE

자본구조와 배당정책

Capital Structure and Dividend Policy

14

효율적 자본시장과 행태주의의 도전

Efficient Capital Markets and Behavioral Challenges

1990년대 후반 NASDAQ 주식시장은 1996~1999년 사이에 각각 연 23%, 14%, 35%, 87%를 상승하였다. 물론 이러한 투기적 흐름은 삐걱거리며 멈추었고, NASDAQ 시장은 2000년에 40%, 다음 해인 2001년에 30%가 하락하였다. 인터넷 관련 주식 지수인 ISDEX는 1996년 1월에 100에서 2000년 2월에 1,100으로 올라 무려 1,000%의 수익률을 거두었다. 그리고 2000년 5월에 이르기까지 600으로 수직으로 떨어졌다. 물론 버블은 단일 자산에서도 존재할 수 있다. 예를 들어, 많은 투자자들은 2013년 3월 22일에서 2014년 2월 26일 사이에 590%가 상승한 Tesla Motors에서 기술주 버블이 반복되는 것을 목격하였다. 사실 기업의 가치평가를 했던 어느 분석가는 주식이 150% 정도 과대평가되었다고 지적했었다. 이후 4년 동안 수익률이 겨우 39% 정도이므로 Tesla의 주식은 여력이 다한 것으로 보인다.

기업공개(IPO) 시장만큼 기술주 버블이 뚜렷한 곳은 없었다. IPO 시장에서 기업은 처음으로 주식을 판매하고, 상장 후 첫날의 거래에서 발생하는 초기의 큰 이득은 일반적이다. 그러나 1999~2000년 사이에는 실로 엄청난 이득이 다반사였다. 예를 들어, VA Linux의 주식은 거래 첫날에 698%나 치솟았다. 이 기간에 194건의 IPO가 첫날 이득은 2배가 넘었다. 반면에 그 이전 24년 동안에는 단지 39개 회사만 2배 이상의 이득을 보았다.

이 기간 동안 NASDAQ 주식의 성과, 특히 인터넷 주식의 등락은 역사상 가장 큰 시장 "버블(bubble)" 중 하나라고 부르는 사람들이 많이 있다. 이들의 주장은 투자자들이 인지하기 전에 가격이 경제적으로 터무니없는 수준으로 부풀어졌으며, 이로 인해 결국 거품이 터지고 가격이 곤두박질쳤다는 것이다. 1990년대 후반의 주식시장이 정말로 버블이었는지에 관해서는 많은 논란이 있다. 이번 장에서는 이에 대한 상반된 견해들을 논의하고, 양측에서 주장하는 몇 가지 증거를 제시하며, 재무관리자에게 의미하는 바를 살펴볼 것이다.

기업재무의 최신 동향: rwjcorporatefinance.blogspot.com

14.1 자금조달 결정이 가치를 창출할 수 있는가?

이 교재의 전반부에서 순현재가치 기준에 따라 프로젝트를 어떻게 평가하는지 살펴보았다. 현실 세계는 경쟁적이어서 기업이 순현재가치가 양(+)인 프로젝트를 쉽게 찾을 수는 없다. 그러나 열심히 노력하거나 운이 좋으면 이득을 내는 프로젝트를 찾을 수 있다. 예를 들면, 자본예산 결정으로부터 가치를 창조하기 위하여 기업은 아마 아래와 같이 활동할 것이다.

1. 특정 제품이나 서비스에 대해 만족을 얻지 못한 수요를 찾아낸다.
2. 다른 기업이 경쟁하기에 더 어렵도록 장벽을 만든다.
3. 경쟁기업보다 낮은 비용으로 제품이나 서비스를 생산한다.
4. 신제품 개발에서 선두가 된다.

앞으로 논의할 8개의 장은 **자금조달**(financing) 결정과 관련된다. 전형적인 자금조달 결정은 부채와 자기자본을 얼마나 많이 그리고 언제 조달해야 하는지를 포함한다. 프로젝트의 자본예산을 평가하기 위해 사용한 순현재가치 기준을 이제 자금조달 결정을 평가하기 위해서 사용하고자 한다.

비록 자금조달 결정을 평가하기 위한 절차가 프로젝트를 평가하기 위한 절차와 같다고는 하지만 그 결과는 다르다. 일반적으로 기업은 순현재가치가 양(+)인 자금조달 기회보다는 순현재가치가 양(+)인 자본지출 기회를 더 많이 가진다. 사실, 그럴듯한 재무적 모형은 가치가 있는 재무적 기회가 존재하지 않는다는 것을 시사하게 된다.

이익이 되는 자금조달 기회가 부족하다는 것은 나중에 자세히 살펴보고 여기서는 몇 가지 관련 내용만 언급한다. 기본적으로 가치 있는 자금조달 기회를 만들기 위한 가능한 방법으로 세 가지를 생각할 수 있다.

1. **투자자를 기만한다.** 기업이 주식을 발행하거나 주식과 워런트를 혼합한 합성증권을 발행하여 자본을 조달할 수 있다고 하자. 주식 100주의 가치는 이 합성증권 50단위의 가치와 같다고 가정하자. 투자자들이 이 합성증권에 대해 오도되어 과도하게 낙관적인 견해를 가지고 있다면, 아마 그 50단위는 주식 100주보다 더 비싸게 팔릴 수 있다. 이 합성증권은 기업이 그 공정한 가치 이상을 받을 수 있으므로 분명히 가치 있는 자금조달 기회를 제공한다.

   재무관리자는 더 높은 가치를 받을 수 있는 증권을 합성하려고 한다. 이러한 행위를 투자자를 기만하려는 시도로 냉소적으로 보는 사람도 있을 수 있다.

   그러나 효율적 자본시장 이론은 투자자를 쉽게 속일 수 없다는 것을 의미한다. 증권은 항상 적절하게 가격이 매겨져 있으며, 전체적으로 시장은 정말로 매우 영리하다. 예에서 합성증권 50단위는 주식 100주와 같은 가격으로 팔릴 것이다. 따라서 기업의 경영자는 투자자를 기만함으로써 가치를 창조할 수 없다. 대신에 경영자는 다른 방법으로 가치를 창조해야만 한다.

2. **비용을 줄이거나 보조금을 늘린다.** 나중에 살펴보겠지만, 자금조달의 어떤 형태는 다른 형태보다 세금에서 유리하다. 세금을 줄이기 위해서 증권을 합성하는 것은 분명히 기업가치를 증가시킬 수 있다. 또한 모든 자금조달기법은 다른 비용이 수반된다. 예를 들어, 투자은행, 변호사, 회계사 등에게 비용을 지불해야 한다. 이러한 비용을 최소화하기 위해서 증권을 합성하는 것은 또한 기업의 가치를 증가시킬 수 있다.

예제 14.1

재무적 보조금의 가치결정 Vermont Electronics Company는 인건비가 더 저렴한 멕시코로 공장 이전을 고려하고 있다. 동시에 이 기업은 Vermont 주에 머물 수 있기를 희망하면서 $2백만에 달하는 5년 만기의 면세 산업수익채권을 발행하려는 신청서를 Vermont 주에 제출했다. Vermont에서 산업수익채권의 표면이자율은 5%이다. 현재 Vermont Electronics Company의 타인자본비용이 10%이기 때문에 이것은 매력적인 표면이자율이다. 회사는 연간 $200,000(= $2백만 × 10%)이 아니라 $100,000(= $2백만 × 5%)을 이자로 지급할 것이다. 이러한 잠재적 자금조달 거래의 NPV는 얼마인가?

신청서가 접수되어 Vermont Electronics Company가 산업수익채권을 발행한다면 NPV(법인세는 무시)는 아래와 같다.

$$\text{NPV} = \$2{,}000{,}000 - \left[\frac{\$100{,}000}{1.1} + \frac{\$100{,}000}{(1.1)^2} + \frac{\$100{,}000}{(1.1)^3} + \frac{\$100{,}000}{(1.1)^4} + \frac{\$2{,}100{,}000}{(1.1)^5}\right]$$

$$= \$2{,}000{,}000 - 1{,}620{,}921$$

$$= \$379{,}079$$

이 거래의 NPV는 양(+)이다. Vermont Electronics는 그 가치가 $379,079가 되는 보조금을 지원받은 셈이다.

3. 새로운 증권을 만든다. 최근에 재무적 혁신(financial innovation)들이 급증해 왔다. 예를 들면, 재무적 혁신에 관한 연설에서 노벨상 수상자인 Merton Miller는 다음과 같은 수사적인 질문을 했다. “최근 20년 동안 이룩한 여러 가지 새로운 발전의 1/10이라도 달성한 또 다른 20년이 역사상 존재하는가? 한때 일반사채와 일반적인 보통주만 발행했었던 기업들이 이제는—단지 몇 가지만 예를 들면—무이표채, 조정금리채권, 변동금리채권, 풋 채권, 신용강화채권, 매출채권유동화증권, 조정금리우선주, 전환조정우선주, 경매금리우선주, 단일조정금리주식, 전환교환우선주, 조정금리전환사채, 무이표전환사채, 의무적 보통주구입부 채권 등을 발행하고 있지 않은가?”[1] 그리고 재무적 혁신은 Miller의 연설 후에 더욱 가속화되었다.

   각 상품의 이점은 서로 다르지만, 이 새로운 증권은 기존 증권의 합성으로 쉽게 모방될 수 없다. 따라서 이전에는 만족하지 못했던 고객은 자신의 요구에 부응하는 전문화된 증권을 사기 위해 별도의 비용을 지불하려 할 수 있다. 예를 들면, 풋 채권은 구입자들이 채권을 고정된 가격으로 발행 기업에 되팔 수 있는 채권이다. 이러한 혁신적인 금융상품은 투자자로 하여금 가격하락의 위험을 줄일 수 있도록 해준다. 아마 위험회피형 투자자나 채권시장에 관한 지식이 거의 없는 투자자는 이러한 특징을 특히 매력적으로 여길 것이다.

   기업은 이러한 전문화된 증권을 비싸게 발행함으로써 이익을 볼 수 있다. 그러나 혁신가는 일반적으로 자신의 아이디어를 특허나 저작권으로 보호할 수 없기 때문에, 혁신가가 획득하는 가치는 장기적으로는 매우 작을지도 모른다. 곧바로 여러 기업이 같은 종류의 증권을 발행하게 되고 그 결과 증권의 가격은 하락할 것이다.

지금까지의 간단한 소개는 교재의 이후 여러 장을 위한 사전준비에 해당한다. 이번 장의 나머지 부분에서는 어떻게 효율적인 자본시장이 작동하는지를 살펴본다. 만일 자본시장이 효율적이라면 기업의 경영자는 투자자를 속여서 가치를 만들어낼 수 없다. 이 점은 매우 중요하다. 왜

[1] Merton Miller, “Financial Innovation: The Last Twenty Years and the Next,” *Journal of Financial and Quantitative Analysis* (December 1986).

냐하면 기업의 경영자는 아마 더 어려운 다른 방법으로 가치를 창조해야 하기 때문이다. 우리는 또한 완전한 효율적 자본시장에 대한 행태재무학의 도전을 설명할 것이다.

14.2 효율적 자본시장의 설명

효율적 자본시장(efficient capital market)은 주가가 해당 주식의 가치에 관련된 이용 가능한 정보를 완전히 반영하는 시장이다. 효율적 자본시장이 어떻게 작동하는지를 설명하기 위하여 F-stop Camera Co. (FCC)가 자동초점시스템 속도를 현재보다 2배로 할 수 있는 카메라를 개발하려 한다고 가정하자. FCC는 이 연구의 NPV가 양(+)이 될 것으로 믿고 있다.

이제 FCC의 주식에 대해 생각해보자. 무엇 때문에 투자자는 FCC 주식을 특정가격에 기꺼이 보유하려 할까? 하나의 중요한 요인은 FCC가 새로운 자동초점시스템을 개발한 최초기업이 될 확률이다. 효율적 시장에서는 이 확률이 커지면 FCC의 주가는 상승할 것이다.

FCC가 새로운 자동초점시스템을 개발하기 위해 잘 알려진 기술자를 고용했다고 하자. 효율적 시장에서 이러한 정보가 공시되면 FCC의 주가는 어떻게 될까? 고용된 과학자가 회사의 가치 증가에 대한 자신의 공헌을 완전하게 반영한 임금을 받는다면, 주가가 반드시 변화한다고 볼 수 없다. 그러나 기술자를 고용하는 것이 양(+)의 NPV 거래라고 하자. 이 경우에 기업은 기

그림 14.1
효율적 시장과 비효율적 시장에서 새로운 정보에 대한 주가반응

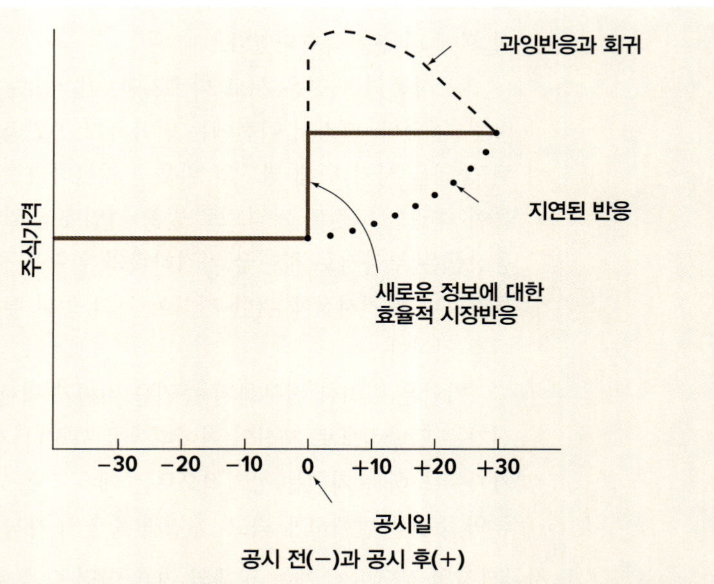

- **효율적 시장반응**: 가격이 새로운 정보에 즉각적으로 그리고 완전하게 조정되므로 그 후에는 상승하거나 하락하는 경향이 없다.
- **지연된 반응**: 가격이 새로운 정보에 느리게 조정되며, 그 새로운 정보를 완전히 반영하기까지는 30일이 걸린다.
- **과잉반응**: 가격이 새로운 정보에 과대 조정되며 일련의 가격에 버블이 존재한다.

술자에게 회사에 대한 그의 진정한 가치보다는 낮은 임금을 지급하기 때문에 FCC 주가는 상승할 것이다.

FCC의 주가상승은 언제 발생할까? 고용 발표가 수요일 오전에 언론에 보도된다고 가정하자. 효율적 시장에서 FCC의 주가는 이 새로운 정보에 즉각적으로 반응할 것이다. 투자자들은 수요일 오후에 주식을 사서 목요일에 이익을 얻을 수 없을 것이다. 이익을 얻을 수 있다면 이는 주식시장이 FCC의 언론보도를 반영하는 데 하루가 걸린다는 것을 의미한다. 효율적 시장가설은 수요일 오후의 FCC 주가가 수요일 오전의 언론보도에 담겨진 정보를 이미 반영할 것임을 예측한다.

효율적 시장가설(efficient market hypothesis: EMH)이 투자자와 기업에 대해서 의미하는 바는 다음과 같다.

- 정보는 가격에 즉각적으로 반영되기 때문에 투자자는 단지 정상적 수익률을 얻는 것을 기대하여야 한다. 정보가 보도될 때 정보를 인식하는 것은 투자자에게 아무런 이익이 되지 않는다. 가격은 투자자가 그 정보에 근거하여 거래하기 전에 이미 조정되어 있다.
- 기업은 자신이 매도하려는 증권에 대하여 공정한 가치를 기대해야만 한다. 공정(fair)하다는 것은 증권 발행에서 받는 가격이 그 증권의 현재가치라는 것을 의미한다. 따라서 기업은 투자자를 기만하여 생기는 가치 있는 자금조달의 기회를 효율적 자본시장에서는 찾을 수 없다.

〈그림 14.1〉은 몇 가지 발생가능한 주식가격의 조정 모습을 보여준다. 실선은 효율적 시장에서의 주가를 보여준다. 이 경우 가격은 새로운 정보를 즉각적으로 조정하고 더 이상 가격변화는 없다. 점선은 지연된 반응이다. 여기에서 시장이 정보를 완전히 반영하기까지 30일이 걸린다. 마지막으로 깨진 실선은 과잉반응 이후에 본질 가격으로 수정되어 돌아가는 것을 보여준다. 점선과 깨진 실선은 모두 비효율적 시장의 주가 움직임을 보여준다. 주가가 조정되는 데 며칠이 걸린다면, 투자자는 적절한 시기에 매수와 매도를 통해 거래이익을 얻을 수 있을 것이다.[2]

시장효율성의 근원

〈그림 14.1〉은 시장효율성의 결과를 보여준다. 그러나 시장효율성을 야기하는 조건은 무엇인가? Andrei Shleifer는 다음의 세 가지 조건들 중에서 하나만 만족되어도 효율성이 이뤄질 것이라고 주장한다.[3] 그것은 (1) 합리성(rationality), (2) 합리성으로부터의 독립적인 이탈, (3) 차익거래(arbitrage)이다. 이들 조건에 대한 논의는 아래와 같다.

[2] 다음의 상황을 생각해보자. 어떤 학생이 재무관리 교수와 함께 복도를 걷고 있었는데 바닥에 $20 지폐가 떨어져 있음을 함께 발견했다. 학생이 허리를 굽혀 지폐를 주웠더니, 교수는 고개를 천천히 저으며 실망한 표정을 지었다. 그리고 학생에게 말했다. "뭐하려고 귀찮게. 진짜 돈이면 다른 사람이 이미 집었을 거야."

이 이야기의 교훈은 효율적 시장가설의 논리를 반영한다. 만일 당신이 주식가격의 패턴을 발견했다거나 혹은 단순히 승자주식을 뽑을 수 있는 방법을 알게 되었다고 생각한다면, 아마 그것은 아닐 것이다. 그렇게 쉽게 돈을 벌 수 있다면, 다른 사람이 이미 과거에 발견했을 것이다. 또한 사람들이 정보를 캐내려고 노력하게 되면, 노력의 결과로 가격이 정보를 반영하게 될 것이고 그 패턴은 사라질 것이다.

[3] Andrei Shleifer, *Inefficient Markets: An Introduction to Behavioral Finance* (Oxford: Oxford University Press, 2000)

합리성 모든 투자자들이 합리적이라고 생각하자. 새로운 정보가 시장에 발표될 때 모든 투자자들은 주가에 그들의 예측치를 합리적인 방법으로 조정할 것이다. 앞의 예에서 투자자들은 FCC 신규사업의 NPV를 결정하기 위하여 이 기업에 대한 기존 정보와 함께 언론에 보도된 FCC의 정보를 이용할 것이다. 언론에 보도된 벤처사업의 NPV가 $10백만이고 발행주식수가 2백만 주라면, 투자자들은 NPV가 주당 $5라고 계산할 것이다. 만약 FCC의 기존 주가가 주당 $40이라고 한다면 이제 아무도 그 가격에 거래하지 않을 것이다. 매도하려는 사람은 최소한 $45(= $40 + 5)에 팔려고 할 것이며, 매수하려고 하는 사람은 이제 기꺼이 $45를 지불하려고 할 것이다. 다시 말해서 가격은 $5만큼 오를 것이다. 그리고 합리적인 투자자들은 그 새로운 가격에서 거래를 미룰 이유가 없으므로 주가는 즉시 오를 것이다.

물론 우리 모두는 완벽하게 합리적으로 행동하지 않을 때가 있다는 것을 알고 있다. 따라서 모든 투자자가 합리적으로 행동한다는 것을 요구하는 것은 아마 너무 과할 수 있다. 그러나 시장은 아래의 시나리오가 성립하면 여전히 효율적일 것이다.

합리성으로부터의 독립적인 이탈 FCC의 언론보도가 그렇게 명확하지는 않다고 가정하자. 얼마나 많은 새로운 카메라가 팔릴 것인가? 어떤 가격에? 한 대당 비용은 얼마가 될 것인가? 다른 카메라 회사들이 경쟁제품을 개발할 수 있을 것인가? 이는 얼마나 오래 걸릴 것인가? 이러한 여러 질문에 쉽게 대답할 수 없다면 NPV를 추정하기는 어려울 것이다.

많은 질문이 답이 없는 상태에서는 많은 투자자가 분명하게 판단하지 못할 수도 있다. 어떤 투자자는 기대감에 합리적인 수준 이상의 매출 추정을 믿으면서 신제품에 대한 애정에 사로잡혀 있을지 모른다. 이들은 새로운 주식에 과도하게 지불할 것이다. 그리고 이들이 현재의 소비를 위해 돈이 필요해서 주식을 팔 필요가 있으면 높은 가격에만 팔려고 할 것이다. 이러한 개인이 시장을 지배한다면 주가는 시장효율성이 예측하는 수준 이상으로 오를 것이다.

그러나 감정적인 저항 때문에 투자자는 새로운 정보에 대해서 쉽게 비관적인 태도로 반응할 수도 있다. 결국 경영의 역사를 보면 투자자는 전화기, 복사기, 자동차, 영화, 컴퓨터의 편익에 대해 처음에는 아주 회의적이었다. 확실히 새로운 카메라에 대해 투자자는 과도하게 회의적일 수 있다. 투자자의 유형이 주로 이렇다면, 주가는 아마 시장효율성이 예측하는 것보다 작게 오를 것이다.

이제 비합리적으로 비관적인 투자자들만큼 비합리적으로 낙관적인 투자자들도 많이 있다고 가정하자. 그러면 비록 대부분의 투자자가 완전한 합리성보다는 덜 합리적으로 분류되더라도, 가격은 아마 시장효율성에 일치하는 모양으로 오를 것이다. 따라서 시장효율성은 비합리성이 서로 상쇄되기만 하면 되지 합리적인 개인을 필요로 하지는 않는다.

그러나 비합리성이 항상 상쇄된다는 가정은 비현실적일 수 있다. 어떤 때에는 아마 대부분의 투자자가 과도한 낙관론으로 몰리고, 또 다른 때에는 극단적인 비관론에 사로잡힌다. 그러나 심지어 그렇더라도 효율성을 가능하게 하는 하나의 가정이 있다.

차익거래 비합리적인 아마추어와 합리적인 전문가라는 두 유형의 개인으로 구성된 세상을 상상해보자. 아마추어는 한때는 주식이 과소평가되어 있다고 비합리적으로 믿고, 다른 때에는 과대평가되어 있다고 비합리적으로 믿으면서 자신의 감정에 사로잡혀 있다. 여러 아마추어의 열정이 서로 상쇄되지 않는다면, 이들 아마추어는 주식을 효율적 가격 이상이나 이하로 보유하려는 경향이 있을 것이다.

이제 전문가를 생각해보자. 전문가는 체계적이고 합리적으로 자신의 일을 한다고 가정하자. 그들은 철저하게 기업들을 연구하며, 객관적으로 증거를 평가하고, 냉정하고 명확하게 주가를 추정하며 그에 따라 행동한다. 주식이 저평가되면 매수할 것이다. 주식이 고평가되면 매도할 것이다. 그리고 그들의 확신은 아마추어보다 더 클 것이다. 아마추어는 약간의 위험을 무릅쓰는 반면에, 전문가는 주식의 가격이 잘못 책정되어 있다는 것을 알기 때문에 큰 위험을 무릅쓸지 모른다. 더욱이 전문가는 이익을 위해서 그들의 모든 포트폴리오를 기꺼이 재조정하려고 할 것이다. 만약 그들이 GM의 주식이 저평가되어 있다는 것을 발견한다면 GM 주식을 사기 위하여 보유 중인 Ford의 주식을 팔지 모른다. **차익거래**(arbitrage) 용어가 여기에서 생각난다. 왜냐하면 차익거래는 서로 다른 대체 가능한 증권들을 동시에 매수하고 매도함으로써 이익을 발생시키는 거래이기 때문이다. 전문가의 차익거래가 아마추어의 투기거래를 지배한다면 시장은 여전히 효율적일 것이다.

14.3 효율성의 여러 가지 유형

이전 논의에서 시장은 이용 가능한 정보에 즉시 반응한다고 가정하였다. 실제에 있어서 확실한 정보는 다른 정보보다 주가에 더 빨리 영향을 줄지도 모른다. 반응속도의 차이를 다루기 위하여 학자들은 정보를 몇 가지 유형으로 분류한다. 가장 보편적인 분류체계는 세 가지 유형으로 구분하는 것이다. 즉, 과거 가격에 대한 정보, 공개적으로 이용가능한 정보, 모든 정보로 나눈다. 다음에서 이들 세 가지 정보집합이 가격에 미치는 영향을 살펴보기로 한다.

약형

주가가 3일 연속으로 오른 후에 주식을 사고 3일 연속으로 내린 후에 주식을 파는 거래전략을 생각해보자. 이 전략은 단지 과거의 가격에 기반을 둔 정보를 이용하며, 이익예측, 합병발표, 통화공급량과 같은 다른 정보를 이용하지 않는다. 자본시장이 과거 주가의 정보를 완전히 반영하고 있다면, 그 자본시장은 약하게 효율적이거나 **약형 효율성**(week form efficiency)을 만족한다고 말한다. 따라서 약형 효율성이 성립한다면 앞의 전략으로 이익을 낼 수 없을 것이다.

약형 효율성은 수학적으로 아래와 같이 표현할 수 있다.

$$P_t = P_{t-1} + \text{기대수익} + \text{무작위오차}_t \quad (14.1)$$

수식 (14.1)은 오늘의 가격이 지난번 관찰된 가격 더하기 주식의 기대(금액)수익 더하기 그 기간 동안 발생하는 무작위 요인의 합과 같다는 것을 보여준다. 지난번 관찰된 가격은 관찰기간에 따라서 어제, 지난주, 혹은 지난달에 발생했을 것이다. 기대수익은 증권의 위험에 대한 함수이고 앞의 장에서 학습한 바와 같이 위험과 수익의 모형에 따를 것이다. 무작위 요소는 주식에 대한

그림 14.2
순환적인 패턴을 제거하려는 투자자들의 행위

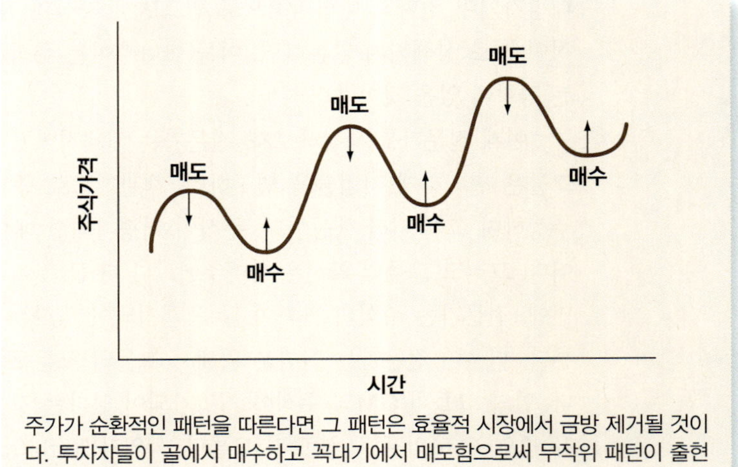

주가가 순환적인 패턴을 따른다면 그 패턴은 효율적 시장에서 금방 제거될 것이다. 투자자들이 골에서 매수하고 꼭대기에서 매도함으로써 무작위 패턴이 출현할 것이다.

새로운 정보 때문에 발생한다. 이것은 양수일 수도 음수일 수도 있으며 기댓값은 0이다. 어떤 기간의 무작위 부분은 다른 과거 기간의 무작위 부분과 관련이 없다. 따라서 과거 주가로 무작위 부분을 추정할 수 없다. 만일 주가가 수식 (14.1)을 따르게 되면 **무작위 행보**(random walk)를 따른다고 말한다.[4]

약형 효율성은 금융시장이 보여줄 것으로 기대되는 효율성의 가장 약한 형태이다. 왜냐하면 과거 가격정보는 주식에 관해 획득하기가 가장 쉬운 종류의 정보이기 때문이다. 단지 과거 주가의 움직임에 대한 패턴을 발견함으로써 특출한 이익을 내는 것이 가능하다면, 누구나 그렇게 할 것이고 결국 어떠한 이익도 싸움 속에서 금방 사라질 것이다.

이러한 경쟁의 효과는 〈그림 14.2〉에 나타나 있다. 주가가 물결 모양의 곡선에서와 같이 순환적인 패턴을 나타낸다고 하자. 기민한 투자자들은 저점에서 사려고 할 것이고 이는 가격상승을 유발할 것이다. 역으로 그들은 고점에서 팔려고 할 것이고 이는 가격하락을 초래할 것이다. 경쟁을 통하여 이러한 순환적인 규칙성들은 제거될 것이며 단지 무작위 변동만 남게 될 것이다.

준강형과 강형

약형 효율성이 논쟁의 여지가 있다면 효율성의 더 강한 두 유형인 **준강형 효율성**(semi-strong form efficiency)과 **강형 효율성**(strong form efficiency)은 더욱 그러하다. 가격이 과거 가격정보는 물론 발표된 기업의 회계보고서와 같은 정보를 포함해서 공개적으로 이용 가능한 모든 정보를 반영한다면 시장은 준강형 효율적이다. 가격이 공개된 정보든 사적인 정보든 모든 정보를 반영한다면 시장은 강형 효율적이다.

과거 가격의 정보집합은 공개적으로 이용 가능한 정보의 부분집합이며, 이 역시 모든 정보

[4] 교재의 목적상 무작위 행보를 약형 효율성과 동의어로 간주하였다. 기술적으로 무작위 행보는 좀 더 제한적인 가설이다. 왜냐하면 주식의 수익률이 시간에 따라 동일하게 분포한다고 가정하기 때문이다.

그림 14.3
세 가지 정보집합 사이의 관계

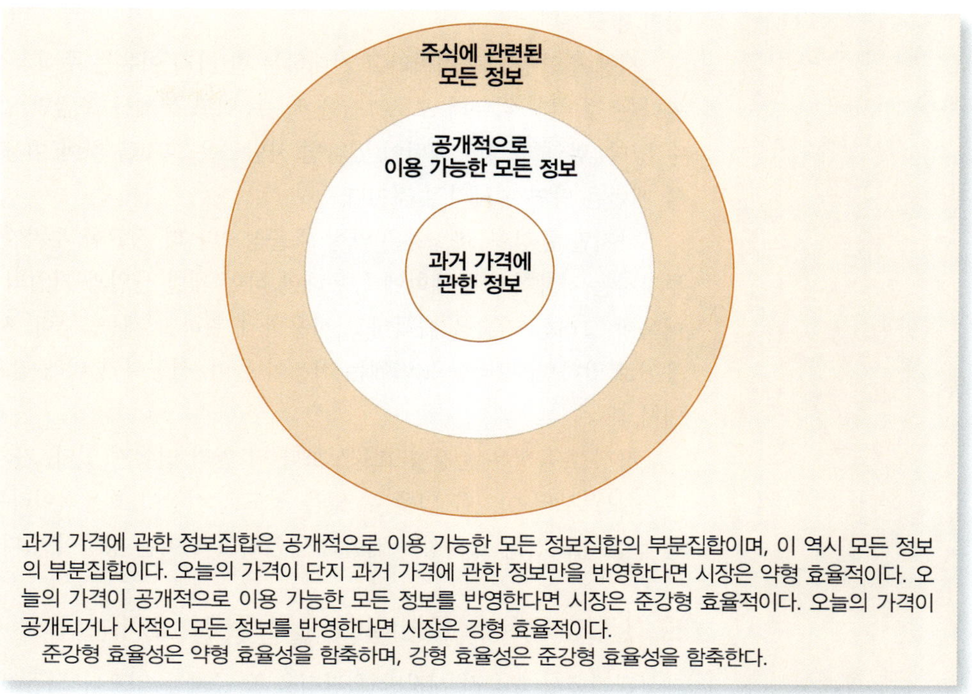

과거 가격에 관한 정보집합은 공개적으로 이용 가능한 모든 정보집합의 부분집합이며, 이 역시 모든 정보의 부분집합이다. 오늘의 가격이 단지 과거 가격에 관한 정보만을 반영한다면 시장은 약형 효율적이다. 오늘의 가격이 공개적으로 이용 가능한 모든 정보를 반영한다면 시장은 준강형 효율적이다. 오늘의 가격이 공개되거나 사적인 모든 정보를 반영한다면 시장은 강형 효율적이다.
준강형 효율성은 약형 효율성을 함축하며, 강형 효율성은 준강형 효율성을 함축한다.

의 부분집합이다. 이들은 〈그림 14.3〉에 나타나 있다. 따라서 강형 효율성은 준강형 효율성을 함축하고 준강형 효율성은 약형 효율성을 함축한다. 준강형 효율성은 시장이 과거 가격정보에 대해 효율적일 뿐만 아니라 공개적으로 이용 가능한 모든 정보가 가격에 반영되어야 한다는 점에서 약형 효율성과 구분된다.

여러 유형의 효율성을 설명하기 위하여 주가가 오른 후에 항상 주식을 매도하는 투자자를 상상해보자. 시장이 단지 약형 효율적이고 준강형 효율적이지는 않다고 하더라도 이러한 전략으로 여전히 초과적인 혹은 비정상 양(+)의 수익을 낼 수 없을 것이다. 약형 효율성에 따르면, 최근의 주가상승은 그 주식이 과대평가되어 있다는 것을 의미하지 않는다.

이제 증가된 이익을 보고하는 기업을 생각해보자. 어떤 개인투자자가 그러한 뉴스발표를 읽은 후에 그 주식에 투자하는 것을 고려할 수 있다. 그러나 시장이 준강형 효율적이라면 가격은 뉴스가 발표되는 즉시 상승해야 한다. 따라서 투자자는 비정상 수익을 얻을 가망성 없이 높은 가격으로 매입하는 셈이 될 것이다.

마지막 형태는 강형 효율성이다. 이 형태는 주식의 가치에 관련된 것이면 최소한 한 투자자에게 알려진 모든 것이 사실상 주가에 완전히 반영된다는 것을 말한다. 강형 효율성의 신봉자는 광산에서 금맥이 발견되었다는 것을 알고 있는 기업의 내부자가 이 정보로부터 이익을 얻을 수 있다는 것을 부인할 것이다. 이러한 강형 효율적 시장가설의 열광적인 신봉자는 내부자가 그 정보에 의거하여 거래하려고 하자마자 시장은 어떤 일이 일어나고 있는지를 인식할 것이고, 가격은 내부자가 그 주식을 매입하기 전에 폭등할 것이라고 주장할지 모른다. 아니면 대신에 이들 신봉자는 세상에는 어떤 비밀도 존재하지 않으며, 금이 발견되는 순간에 비밀은 사라진다고 주장할지 모른다.

시장이 약형 효율적이라고 기대하는 한 가지 이유는 주식가격의 패턴을 발견하는 것은 쉽고 싸다는 것이다. 컴퓨터 프로그램을 짤 수 있고 통계를 조금만 알면 누구든지 그런 패턴을 찾을 수 있다. 만약 그러한 패턴이 있다면 사람들은 그것을 찾아 이용하려 할 것이며 그 과정에서 이들 패턴은 당연히 사라질 것이다.

하지만 준강형 효율성은 약형 효율성보다 더 정교한 투자자들이 있어야 함을 전제로 한다. 투자자는 경제학과 통계학에 능통해야 하며 개별 산업과 기업의 특이성을 잘 알고 있어야 한다. 더욱이 그러한 기술을 습득하고 사용하기 위하여 재능, 능력, 시간 등이 필요하다. 경제학자의 용어로 말하면, 그러한 노력에는 비용이 들며, 성공하기 위해 필요한 능력은 아마 공급부족일 것이다.

강형 효율성은 준강형 효율성보다 더 멀리 떨어져 있다. 가치 있는 내부정보를 가진 사람이 그 정보로부터 이익을 얻을 수 없을 정도로 시장이 효율적이라는 것은 믿기 어렵다. 그리고 실증적 증거도 강형 효율성이 적합하지 않다고 보이는 경향이 있다.

효율적 시장가설에 대한 일반적인 오해

재무관리에서 효율적 시장만큼 관심을 끈 주제는 없으나 모든 사람들이 이 가설을 찬양해온 것은 아니다. 그러나 이것은 어느 정도까지는 효율적 시장가설이 의미하거나 의미하지 않는 바에 대한 오해로부터 기인한다. 세 가지 오해를 아래에서 설명하고자 한다.

다트(dart) 던지기의 효력 시장효율성의 개념이 처음 발표되어 대중적인 금융매체에서 논쟁이 되었을 때 종종 다음과 같은 인용으로 그 특징이 묘사되었다. "… 신문의 증권 면에 다트를 던져 선정된 포트폴리오는 전문적인 증권분석가가 관리하는 포트폴리오 못지않은 성과를 낼 수 있을 것이다."[5, 6] 이는 거의 맞지만, 완전히 옳지는 않다.

효율적 시장가설이 실제로 의미하는 바는 펀드매니저가 평균적으로 비정상 또는 초과수익을 달성할 수 없다는 것이다. 초과수익은 11장의 증권시장선(SML)에서 나온 것과 같이 벤치마크 기대수익에 대비한 수익으로 정의된다. 투자자는 여전히 자신이 얼마나 위험한 포트폴리오를 원하는지를 결정해야만 한다. 또한 무작위로 다트를 던지는 사람은 모든 다트를 유전공학을 다루는 한두 개의 고위험주식에 맞춰버릴지도 모른다. 당신은 정말로 이러한 주식에만 투자하기를 원하는가?

이것을 이해하지 못하게 되면 시장효율성에 대해 혼란에 이르게 된다. 예를 들면, 시장의 효율성이 신중치 못한 사람들을 보호해주기 때문에 시장효율성은 당신이 무엇을 하든 문제가 없다는 것을 의미한다고 오해를 받는다. 그러나 누군가가 언급했듯이 "효율적 시장은 늑대로부터 양들을 보호해주지만, 양 자체를 보호할 수 있는 것은 아무것도 없다."

[5] B. G. Malkiel, *A Random Walk Down Wall Street: The Time-Tested Strategy for Successful Investing*, 10th ed (New York: Norton, 2012).
[6] 예전 논문들은 이 벤치마크를 "dart-throwing monkeys"라고 언급했으나, 증권산업에 대한 정부의 관여가 커짐에 따라 이 벤치마크는 종종 "dart-throwing congressional representatives(국회의원)"으로 바뀌어 불리게 됨.

효율성은 투자자의 주식매수가격이 공정한 가격이라고 한다. 왜냐하면 기업에 관한 주어진 이용 가능한 정보를 바탕으로 가치를 반영하고 있다는 의미에서 공정하기 때문이다. 투자자는 저배당이나 혹은 기업의 어떤 특징을 근거로 내가 주식에 대해 너무 높은 가격을 지급하고 있는 것은 아닌지 걱정할 필요가 없다. 왜냐하면 이런 것들은 시장에서 가격에 이미 반영되어 있기 때문이다. 그러나 투자자는 자신의 위험노출 수준이나 분산 정도와 같은 것에 관해서는 여전히 염려를 해야 한다.

가격변동 많은 사람이 주가가 날마다 변동하고 있기 때문에 효율성에 대해 회의를 가지고 있다. 그러나 가격의 일별 움직임은 결코 효율성과 모순되지 않는다. 왜냐하면 효율적 시장에서 주가는 새로운 정보를 반영하여 변하기 때문이다. 엄청난 양의 정보가 매일 주식시장에 쏟아진다. 변화하는 세계에서 가격이 날마다 변동하지 않는다면, 이것이 바로 시장 비효율성을 의미할지 모른다.

주주의 무관심 어떤 특정일에 발행주식의 일부에서만 손바뀜이 일어난다면, 시장가격이 효율적이라는 것에 대해 의구심을 가질 만하다. 그리고 주어진 날에 특정 주식을 거래하는 사람들의 수는 그 주식에 관심을 가지고 있는 사람들의 수보다 일반적으로 훨씬 적다. 주가에 대한 평가가 중개수수료와 기타 거래비용을 정당화할 만큼 시장가격과 충분히 다를 때에만 개인은 거래를 할 것이기 때문에 그럴 수 있다. 심지어 주식을 거래하는 사람들의 수가 전체 주주의 수에 비하여 작다고 할지라도, 해당 주식에 관심을 가진 거래자들이 공개적으로 이용 가능한 정보를 사용하는 한 주가는 효율적으로 형성된다고 기대할 수 있다. 즉, 많은 주주들이 주식에 관심을 가지지 않고 가까운 미래에 매매를 고려하지 않는다고 하더라도 주가는 이용 가능한 정보를 반영할 수 있다.

14.4 실증적인 증거

약형, 준강형, 강형 효율성의 분류를 망라하는 효율적 시장가설의 증거가 되는 연구는 많이 있다. 첫 번째 약형에서는 주가의 변화가 무작위인지를 조사한다. 두 번째 준강형에서는 **사건연구**(event studies)와 뮤추얼펀드의 성과연구를 검토한다. 세 번째 강형은 기업 내부자의 성과를 살펴본다.

약형

약형 효율성은 과거 주가의 움직임이 미래 주가의 움직임과 관련이 없다는 것을 의미한다. 이를 검증하기 위해 11장의 내용을 기억해보자. 그 장에서 다른 두 주식의 수익률 사이의 상관관계에 관한 개념을 논의했다. 예를 들어, GM 주식과 Ford 주식수익률의 상관관계는 양 기업이 같은 산업에 속해 있기 때문에 비교적 높을 것이다. 역으로 GM 주식의 수익률과 유럽의 한 패스트푸드 체인의 수익률의 상관관계는 낮을 것이다.

재무학자는 종종 한 증권의 **시계열 상관**(serial correlation)에 대하여 이야기한다. 이는 한

표 14.1
일부 기업의
시계열 상관계수

기업	2017년의 시계열 상관계수
Qualcomm	0.0198
Chevron	0.0303
Bank of America	0.0202
AutoZone	0.0327
Colgate-Palmolive	−0.0032
AFLAC	−0.0743
Apple	−0.0308

Qualcomm의 계수 0.0198은 약한 양(+)의 값이므로, 오늘 수익률이 양(+)이면 내일도 수익률이 양(+)일 가망이 다소 높을 것으로 예상된다. Colgate-Palmolive의 계수는 음(−)의 값이므로, 오늘 수익률이 음(−)이면 내일은 수익률이 양(+)일 가망이 다소 높을 것으로 예상된다. 그러나 추정오류와 거래비용을 감안하면 계수의 크기가 너무 작아서 이들 결과는 일반적으로 약형 효율적 자본시장과 일관성이 있는 것으로 간주될 수 있다.

증권에 대한 현재의 수익률과 같은 증권에 대한 나중 기간의 수익률 사이의 상관관계이다. 특정 주식에 대한 양(+)의 시계열 상관계수는 **연속**(continuation)의 경향을 나타낸다. 즉, 오늘 수익률이 평균 이상이면 미래에도 수익률이 아마 평균 이상이 될 것이다. 유사하게 오늘 수익률이 평균 이하이면 미래에도 수익률이 아마 평균 이하가 될 것이다.

특정 주식에 대한 음(−)의 시계열 상관계수는 **반전**(reversal)의 경향을 나타낸다. 즉, 오늘 수익률이 평균 이상이면 미래에는 아마도 평균 이하의 수익률이 뒤따를 것이다. 유사하게 오늘 수익률이 평균 이하이면 미래에는 아마도 평균 이상의 수익률이 뒤따를 것이다. 의미 있는 양(+)이나 음(−)의 시계열 상관계수는 시장 비효율성을 나타내는 지표이며, 오늘 수익률이 미래의 수익률을 예측하기 위해 사용될 수 있다는 것을 의미한다.

주식수익률의 시계열 상관계수가 거의 0인 경우는 약형 효율성과 일관성이 있을 것이다. 따라서 현재 수익률이 평균 이상이라도 미래에는 수익률이 평균 이상이 될지 평균 이하가 될지 모른다. 유사하게 현재 수익률이 평균 이하라도 미래에는 수익률이 평균 이하가 될지 평균 이상이 될지 모른다.

〈표 14.1〉은 7개 미국 대형 기업의 일별 주가변화에 대한 시계열 상관계수를 보여준다. 이들 계수는 어제의 수익률과 오늘의 수익률 사이에 관계가 있는지 없는지를 나타낸다. 보는 바와 같이 3개 기업들은 음(−)의 상관계수를 가지므로, 오늘 수익률이 평균 이상이면 내일은 수익률이 평균 이상보다 평균 이하가 될 가망이 높을 것으로 예상된다. 반대로 다른 4개 기업의 상관계수는 약한 양(+)의 값을 가지므로, 오늘 수익률이 평균 이상이면 내일도 수익률이 평균 이상이 될 가망이 다소 높을 것으로 예상된다고 할 수 있다.

시계열 상관계수는 원칙적으로 −1과 +1 사이에서 변화하므로 보고된 계수의 크기는 아주 작은 셈이다. 사실상 이들 계수의 크기는 추정오류와 거래비용을 감안하면 너무 작으므로 이들 결과는 일반적으로 약형 효율성과 일관성이 있는 것으로 간주될 수 있다.

효율적 시장가설의 약형은 많은 다른 방법으로도 검증되어 왔다. 여러 문헌들에 따르면 증거들이 전체적으로 약형 효율성과 일관성을 보인다.

이러한 발견은 다음과 같은 흥미로운 생각을 가지게 한다. 가격이 정말 무작위적이라면 많

그림 14.4
주가의 가상 움직임과 실제 움직임

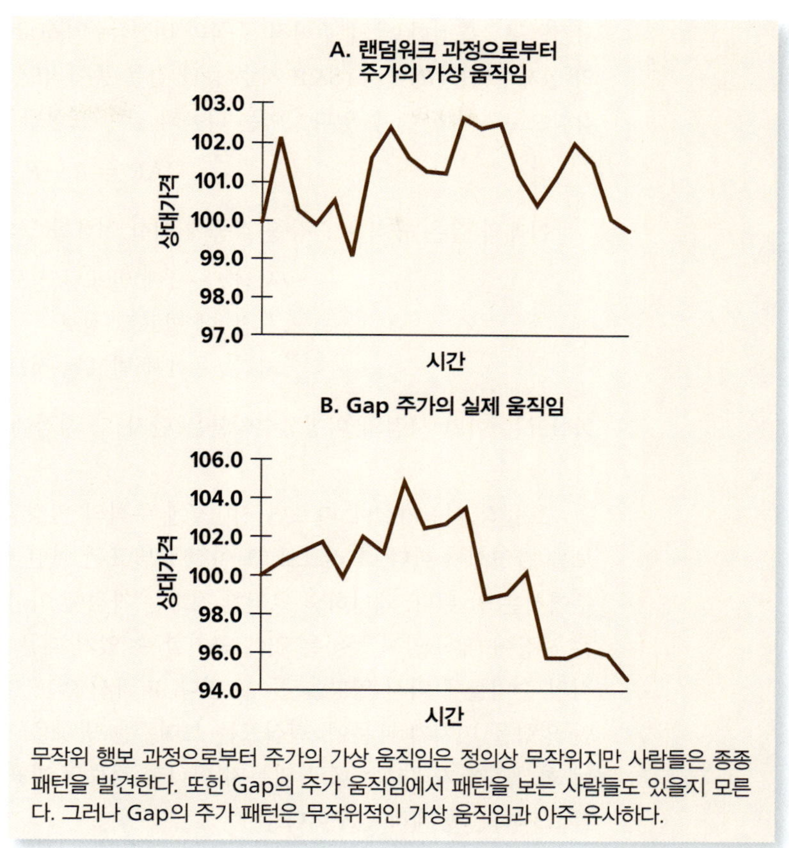

무작위 행보 과정으로부터 주가의 가상 움직임은 정의상 무작위지만 사람들은 종종 패턴을 발견한다. 또한 Gap의 주가 움직임에서 패턴을 보는 사람들도 있을지 모른다. 그러나 Gap의 주가 패턴은 무작위적인 가상 움직임과 아주 유사하다.

은 사람들은 왜 가격이 패턴을 따른다고 믿는 것인가? 심리학자와 통계학자들은 대부분의 사람들은 어떤 것이 무작위적인지를 모른다고 한다. 예를 들면, 〈그림 14.4〉를 생각해보자. 위에 있는 그래프는 난수와 수식 (14.1)을 사용하여 컴퓨터로 작성되었다. 그럼에도 불구하고 이 차트를 살펴보는 사람들은 일반적으로 패턴이 있다고 느낀다. 사람마다 보는 패턴이 다르므로 미래의 가격 움직임에 대한 예상도 다르다. 경험에 의하면 관찰자들은 모두 그들이 보는 패턴에 대해 아주 확신한다.

다음으로 Gap 주가의 실제 움직임을 추적하는 아래쪽 그래프를 생각해보자. 이 그래프는 일부 사람들에게는 전혀 무작위적이 아닌 것으로 보여서 약형 비효율성을 의미할 수도 있다. 그러나 가상으로 만들어진 시계열과 유사해보이지만 통계적으로 검증해보면 아주 무작위적으로 움직인다는 것을 알 수 있다. 따라서 주가자료에 패턴이 있다고 주장하는 사람들은 아마 착시현상 때문일 것이다.

준강형

효율적 시장가설의 준강형은 가격이 공개적으로 이용 가능한 모든 정보를 반영한다는 것을 의미한다. 다음에서 준강형에 대한 두 가지 종류의 검증을 살펴본다.

사건연구 특정한 날의 주어진 주식의 **비정상수익률**(abnormal return: AR)은 같은 날 그 주식의 실제수익률(R)에서 (S&P 지수 등과 같은 종합적인 지수에 바탕을 둔) 시장수익률(R_m)을 차감함으로써 계산할 수 있다.[7] 이는 다음과 같이 표현될 수 있다.

$$\text{AR} = R - R_m$$

아래와 같은 규칙은 준강형 검증에 대한 이해를 도와줄 것이다.

시점 $t - 1$에 발표된 정보 $\rightarrow \text{AR}_{t-1}$
시점 t에 발표된 정보 $\rightarrow \text{AR}_{t}$
시점 $t + 1$에 발표된 정보 $\rightarrow \text{AR}_{t+1}$

화살표는 어떤 시점의 비정상수익률은 단지 그 시점에 발표된 정보와 관련된다는 것을 나타낸다.

효율적 시장가설에 따르면 시점 t에 주식의 비정상수익률 AR_t는 같은 시점 t에 발표된 정보를 반영해야 한다. 그러므로 그 이전에 발표된 어떤 정보도 이 기간의 비정상수익률에 영향을 주어서는 안 된다. 왜냐하면 그러한 정보는 가격에 이미 반영되었을 것이다. 오늘 주식의 수익률은 시장이 아직 알지 못하는 것에 근거할 수 없기 때문에 단지 미래에 알려지게 될 정보는 그 주식의 수익률에 역시 영향을 줄 수 없다. 따라서 어느 기간의 정보는 그 기간의 비정상수익률에만 영향을 미치기 때문에, 화살표는 보여주는 방향을 가리키는 것이다. **사건연구**(event studies)는 화살표가 가리키는 대로 맞는지 아니면 정보의 발표가 다른 날의 수익률에 영향을 미치는지를 조사하는 통계적 연구이다.

이들 연구는 비정상수익률은 물론 **누적비정상수익률**(cumulative abnormal returns: CARs)에 관해서도 이야기한다. 한 예로서 기업의 발표일(시점 0) 대비 −1, 0, 1일에 AR이 각각 1%, −3%, 6%인 한 기업을 생각해보자. −1, 0, 1일에 이 기업의 CARs는 각각 1%, −2% [= 1% + (−3%)], 4% [= 1% + (−3%) + 6%]가 될 것이다.

예를 들어, Szewczyk, Tsetsekos, Zantout의 연구[8]는 배당누락에 대한 연구이다. 〈그림 14.5〉는 배당금 누락을 발표하는 기업 표본에 대한 CARs를 도표로 보여준다. 배당누락은 일반적으로 나쁜 사건으로 여겨지므로 발표 시점 근처에 비정상수익률은 음(−)의 값을 가질 것으로 예상된다. 실제로 그림에서 발표 전날(시점 −1)과 발표일(시점 0) 모두에서 CARs가 하락한 것을 볼 수 있다.[9] 그러나 발표 후의 날들에서는 CARs의 움직임이 사실상 없다. 이는 나쁜 뉴스가

[7] 비정상수익률을 시장모형(market model)을 이용하여 구할 수 있다. 이 경우 비정상수익률은 아래와 같다.

$$\text{AR} = R - (\alpha + \beta R_m)$$

[8] Samuel H. Szewczyk, George P. Tsetsekos, and Zaher Z. Zantout, "Do Dividend Omissions Signal Future Earnings or Past Earnings?" *Journal of Investing* (Spring 1997).

[9] 예리한 독자는 비정상수익률이 왜 시점 −1과 시점 0에 음(−)의 값을 가지는지를 의아해할 수 있다. 학문적 연구에서 일반적으로 사용하는 발표일은 *The Wall Street Journal* (*WSJ*)에 기사가 발표된 날이다. 그래서 화요일 정오에 언론보도를 통해 배당누락을 발표하는 한 기업을 생각해보자. 주가는 화요일에 떨어져야 한다. 그러나 *WSJ*의 화요일 판은 이미 인쇄가 끝났기 때문에 그 발표는 수요일 *WSJ*에 보도될 것이다. 이 경우에 기업의 주가는 *WSJ*에 보도되기 전날에 떨어진다.

대신에 화요일 오후 8시에 언론보도를 통해 배당누락을 발표하는 다른 기업을 생각해보자. 시장은 이 늦은 시간에는 마감되어 있는 상태이기 때문에 주가는 수요일에 떨어질 것이다. *WSJ*은 수요일에 그 발표를 보도할 것이기 때문에 주가는 *WSJ*에 발표되는 날에 하락한다.

기업들은 거래시간 중이나 거래종류 후에 발표를 할 수 있으므로 주가는 *WSJ*에 보도되는 날(시점 0)을 기준으로 시점 −1과 시점 0에 하락해야 한다.

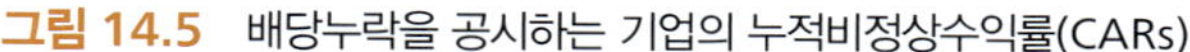
그림 14.5 배당누락을 공시하는 기업의 누적비정상수익률(CARs)

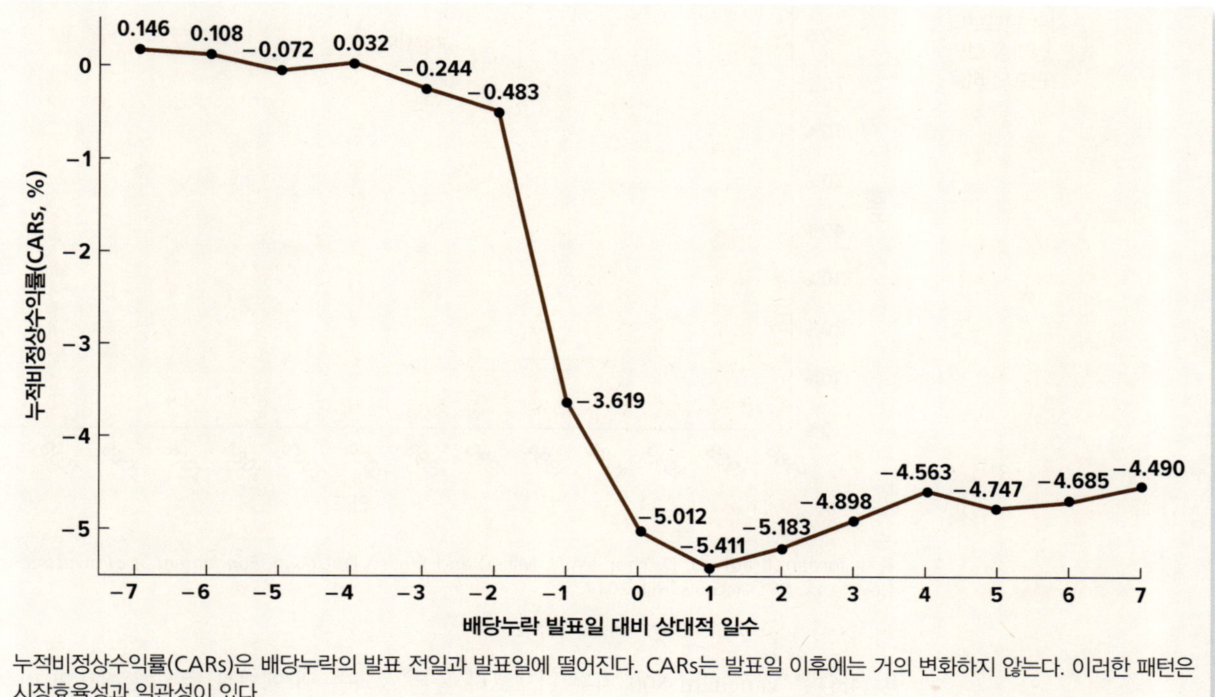

누적비정상수익률(CARs)은 배당누락의 발표 전일과 발표일에 떨어진다. CARs는 발표일 이후에는 거의 변화하지 않는다. 이러한 패턴은 시장효율성과 일관성이 있다.

출처: [그림 2] Szewczyk, Samuel H., George P. Tsetsekos, and Zaher Z. Zantout, "Do Dividend Omissions Signal Future Earnings or Past Earnings?" *Journal of Investing*, Spring 1997.

발표일까지 주가에 완전히 반영된다는 것을 의미하는 시장효율성과 일관성이 있는 결과이다.

오랫동안 이러한 유형의 방법론이 수많은 사건에 적용되어 왔다. 배당금, 이익, 합병, 자본지출, 신주발행 등과 같은 사건의 공시는 이 분야의 방대한 문헌 중 일부이다. 초기 사건연구의 검증은 시장이 준강형 (따라서 또한 약형) 효율적이라는 견해를 일반적으로 지지했다. 그러나 좀 더 최근의 많은 연구들은 시장이 모든 관련 정보를 즉시 반영하지 않는다는 증거를 제시하고 있다. 일부 학자들은 이 결과로부터 시장은 효율적이지 않다고 결론짓는다. 반면에 다른 학자들은 이들 연구의 통계적이고 방법론적 문제점 때문에 그러한 결론은 충분한 근거가 없다고 주장한다. 이 문제는 이번 장의 후반부에서 더 자세히 논의될 것이다.

뮤추얼펀드의 성과 시장이 준강형 효율적이라면 뮤추얼펀드 관리자들이 공개적으로 이용가능한 어떤 정보에 의존하며 종목 선정을 할지라도, 그들의 평균수익률은 시장 전체 평균투자자의 수익률과 같아야 한다. 따라서 이들 액티브(active) 뮤추얼펀드의 성과와 시장지수의 성과를 비교함으로써 효율성을 검증할 수 있다. 액티브 뮤추얼펀드는 공개적으로 이용 가능한 정보를 이용하고 분석능력을 이용하여 시장보다 높은 성과를 거두려고 한다. 지수 펀드(index fund)는 패시브(passive) 펀드로 주식시장 지수의 성과를 모방하려고 한다. Vanguard 500 지수 펀드(Vanguard 500 Index Fund)는 S&P 500 지수를 모방하는 잘 알려진 지수 펀드의 예이다. 〈그

그림 14.6 Vanguard 500 지수 펀드보다 높은 성과를 보인 펀드의 비율

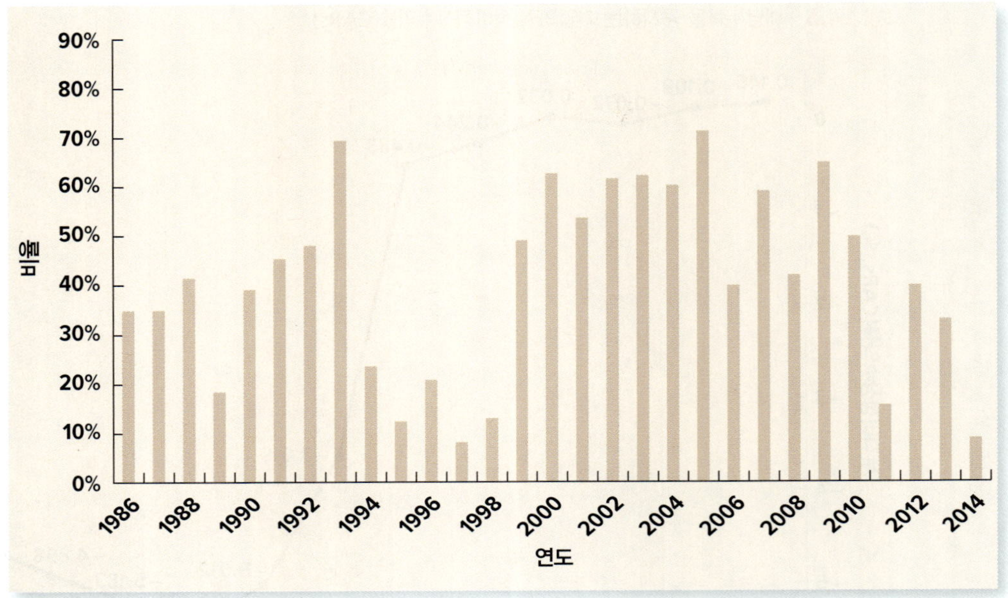

출처: Jordan, Bradford, D. Thomas W. Miller, and Steven D. Dolvin, *Fundamentals of Investments*, 8th ed., New York, NY: McGraw-Hill, 2017.

림 14.6〉은 Vanguard 500 지수 펀드보다 높은 성과를 낸 액티브 주식형 펀드의 비율을 보여주는 막대그래프이다. 그래프는 과거 1986년에서 2014년 사이에 Vanguard 500 지수 펀드보다 성과가 좋은 펀드의 비율을 보여준다. 29년의 투자기간 중에서 단지 9년 동안만 Vanguard 500 지수 펀드보다 전문적인 펀드 관리자가 절반 이상 높은 수익률을 보여주었다.

어떤 교수가 성공적인 주식 투자자에게 그들이 반드시 영리해서가 아니고 단지 운이 좋았을 뿐이라고 말한다면 그것은 아마 투자자의 마음을 상하게 할 것이다. 〈그림 14.6〉은 단지 한 연구의 결과를 보여주지만 뮤추얼펀드에 관한 수많은 논문이 있다. 여기에서도 압도적인 증거는 뮤추얼펀드가 평균적으로 시장지수보다 수익률이 높지 않다는 것이다.

대체로 뮤추얼펀드 관리자는 공개적으로 이용 가능한 정보에 의존한다. 따라서 그들이 시장지수보다 우월하지 않다는 증거는 준강형 및 약형 시장효율성과 일관성이 있다.

그렇지만 이러한 증거는 뮤추얼펀드가 개인에게 그다지 좋지 않은 투자수단이라는 것을 의미하지는 않는다. 이들 펀드는 일부 시장지수보다 더 나은 수익률을 내지는 못하지만 투자자로 하여금 여러 주식으로 구성된 포트폴리오("잘 분산된 포트폴리오"로 종종 언급됨)를 살 수 있도록 해준다. 그들은 또한 모든 주식을 보관하고 기록하는 것처럼 다양한 서비스를 제공할 것이다.

강형

효율적 시장가설에 대한 가장 열렬한 신봉자들조차도 시장이 강형 효율적이 아니라는 데는 놀라지 않을 것이다. 결국 어떤 개인이 다른 사람이 모르는 정보를 가지고 있다면 그 정보로부터 이익을 얻을 수 있을 것이다.

강형 효율성에 대한 연구의 한 부류는 내부자거래(insider trading)를 조사한다. 회사의 내부자는 일반적으로 얻을 수 없는 정보에 접근한다. 그러나 강형 효율적 시장가설이 성립한다면, 내부자는 그들의 정보를 이용하여 거래하여도 이익을 얻을 수 없어야 한다. 정부기관인 증권거래위원회(SEC)는 회사의 내부자로 하여금 자기기업의 주식에 대한 거래내역을 밝히도록 하고 있다. 이러한 거래기록을 조사함으로써 내부자가 비정상이익을 얻었는지를 알 수 있다. 많은 연구는 이들 거래로부터 비정상적으로 이익이 있었다는 견해를 지지한다. 따라서 강형 효율성은 증거에 의해 입증되지 않은 것으로 보인다.

14.5 시장효율성에 대한 행태주의의 도전

14.2절에서 시장효율성에 이르게 하는 Shleifer 교수의 세 가지 조건을 제시했다. 거기에서 이들 조건 중에서 최소한 하나는 현실 세계에서 유효할 것이라고 주장했다. 그러나 분명히 여기에 동의하지 않는 사람들이 있다. (Shleifer 교수를 포함한) 학계의 많은 회원들은 세 가지 조건들 중에서 어느 것도 현실적으로 성립하지 않을 것이라고 주장한다. 이 견해는 **행태재무학**(behavioral finance)에 바탕을 두고 있다. 이제 이들 세 가지 조건에 대해 행태재무학의 견해를 살펴보자.

합리성

사람들이 정말로 합리적(rational)인가? 항상 그렇지는 않다. 사람들이 때로는 큰돈을 가지고 도박을 하는 것을 보려면 Atlantic City나 Las Vegas로 여행을 가기만 하면 된다. 카지노의 이익은 도박꾼에 대한 음(−)의 기대수익률을 의미한다. 도박은 위험하고 음(−)의 기대수익률을 지니므로 이는 결코 합리적인 것이 될 수 없다. 또한 도박꾼은 룰렛 테이블에서 흑색이 연달아 여러 번 나온 다음에 이러한 흐름이 계속될 것으로 생각하면서 종종 다시 흑색에 돈을 걸기도 한다. 그러나 룰렛 테이블은 어떤 것도 기억하지 않으므로 이러한 전략은 잘못된 것이다.

그러나 물론 도박은 재무관리에 있어서 지엽적인 문제이다. 금융시장에서도 비합리성(irrationality)을 발견할 수 있을까? 대답은 매우 그렇다고 할 수 있다. 행태경제학자들은 일반적으로 일어나는 비이성적 투자행동에 대해 이름을 붙이고 있다.

과잉확신 학계의 연구는 사람들이 평균적으로 과잉확신(overconfidence)한다는 것을 보여준다. 예를 들어, 사람들에게 평균적인 운전자에 비해 운전을 잘하느냐는 질문을 하면 80%가 "그렇다"고 답변을 한다. 이러한 과잉확신이 투자성과에 어떻게 영향을 줄까? 연구자들은 과잉확신으로 투자자들은 자신의 주식선택 능력을 과대 평가하게 되고 자주 거래를 하게 된다고 주장한다. 실증연구는 가장 자주 거래하는 투자자들이 가장 적은 투자횟수를 가진 투자자들보다 거래비용 때문에 성과가 유의적으로 나쁘다는 것을 보여준다.

후회/자부심 후회(regret)는 어떤 일이 어긋나고 그 책임이 자신에게 있는 경우에 느끼는 나쁜 감정이다. 심리학자들은 사람들은 후회를 싫어하고 회피하려고 한다고 말한다. 투자 이후에 후회를 느낄 가능성이 있을까? 연구에 따르면, 사람들은 이익이 나는 승자(winner) 주식을 매도하고 손실이 나는 패자(loser) 주식은 그대로 보유하려는 경향이 있다고 한다. 이에 대한 설명은 패자 주식의 매도는 후회를 낳기 때문이다. 즉, 매도 거래를 완성하게 되면 실패를 목격하게 된다. 만일 주식을 그대로 보유하고 있으면 주식이 오를 수도 있기 때문에 자신이 실수했다는 것을 인정할 필요가 없다. 반대로 승자 주식을 매도하게 되면 후회의 반대인 자부심(pride)을 느끼게 된다. 즉, 매도 거래를 통해서 성공을 목격하게 된다.

승자를 매도하고 패자를 보유하는 것을 **디스포지션 효과**(disposition effect)라고 한다. 불행하게도 이러한 거래는 세금에도 영향을 준다. 보유하고 있는 패자로부터는 세금 감면을 받지 못하고, 승자 매도에서 발생한 자본이득에 대해 세금을 내야 한다.

친근성 대부분의 사람들은 왜 멀리 떨어진 축구팀보다는 자신이 살고 있는 지역의 축구팀을 응원할까? 심리학자들은 사람들이 종종 **친근성**(familiarity)의 죄책감을 느낀다고 말한다. 즉, 우리는 친근한 것을 좋아한다. 친근성은 삶에 있어서 대부분 해가 될 것이 없으나 투자에 있어서는 불충분한 분산투자라는 좋지 않은 결과를 낼 수 있다. 예를 들어, 개인들이 주로 자국 주식에 투자하고 국제적 분산투자 수준은 낮게 유지한다는 연구를 볼 수 있다. 투자자들의 태도는 "나는 이 나라에 살고 있다. 나는 이 나라에 대해 속속히 잘 알고 있고, 그래서 이 나라에 투자하겠다."는 것처럼 보인다. 자신이 사는 국가의 주식시장에 과도하게 투자하는 것을 **자국편향**(home bias)이라고 한다. 심지어 자국 내에서도 지역편향이 나타난다. 연구에 따르면 개인은 보통 자신의 고향에 본사가 있는 주식에 투자하곤 한다. 다른 연구는 종업원들도 퇴직연금 투자를 자신이 근무하는 회사의 주식에 과도하게 집중하는 경향이 있음을 보여준다.

대표성(혹은 과잉반응) 이 특성은 앞에서 언급했던 도박의 예에서 볼 수 있다. 연속적으로 흑색이 지속될 것이라고 믿는 도박꾼은 오류를 범하는 것이다. 왜냐하면 흑색이 나올 확률은 여전히 50%이기 때문이다. 이런 식으로 불충분한 자료, 일반적으로 가장 최근의 것에서 결론을 도출하기 때문에 도박꾼은 **대표성**(representativeness)이라는 심리학적 특징을 보여주는 것이다. 다시 말해서 도박꾼은 자신이 관찰한 작은 표본이 실제보다 모집단을 더 대표한다고 믿는다. 예를 들어, 1995년에서 1999년 사이의 대폭 등 시기에 많은 투자자들은 침체시장이 발생할 수 있다는 것을 망각한 채 큰 이득을 주는 강세 시장이 오랫동안 계속될 것이라고 생각했다.

보수주의 대표성이 다른 말로 **과잉반응**(overreaction)이라면, **보수주의**(conservatism)는 다른 말로 **과소반응**(underreaction)이다. 나중에 Western Union으로 바뀐 Telegraph Company의 사례에서처럼 사람들은 가끔 과소반응을 한다. Alexander Graham Bell의 전화 발명에 대하여 이 회사는 1876년에 발표된 다음 발췌문에 보이듯이 걱정하지 않았다.[10]

> 말하는 음성을 전신줄을 통해 전달한다고 "전화"는 주장한다. 우리는 목소리가 아주 약하고 구별하기 어려우며, 수신자와 송신자 사이에 사용하는 선이 길어질수록 더 약해지는 것을 발견했다. … 더군다나 각 지역에 있는 전신국을 이용해서 명확하게 쓴 메시지를 미국의 어느 대도시

[10] R. Levine 교수의 강의 자료 참고, Electrical Engineering Department, Southern Methodist University, EETS8303, "Digital Telephony," Fall 2001.

라도 보낼 수 있는 시대에, 유용하지 않고 비실용적인 도구를 어떤 사람이 사용하기를 원하겠는가?

과소반응이 주식시장에 영향을 미칠까? 연구에 따르면 투자자는 새로운 정보에 대해 대체로 과소반응하는 것으로 보인다. 예를 들어, 많은 연구들은 이익공시에 포함된 정보에 대해 천천히 적응하는 것 같다고 보고하고 있다.[11] 이러한 연구들은 투자자들이 놀랄 만한 높은 이익공시 이후에 주식을 매수하고 놀랄 만한 낮은 이익의 공시 이후에 주식을 매도하는 전략을 통해 큰 이익을 얻을 수 있다고 조언한다. 더 많은 연구결과는 다음 절에서 논의한다.

이익 혹은 손실 뒤의 위험선택

도박장 자금 효과: 이익을 얻은 뒤에 사람들은 위험 성향을 어떻게 조정할까? 많은 수의 연구가 평균적으로 개인들은 이익 뒤에 위험을 증가시킨다는 것을 보여준다. 예를 들어, 라스베이거스 카지노에서 도박꾼들이 카지노에서 돈을 딴 후에는 도박장 자금(house's money)으로 도박을 하는 것이지 더 이상 자신의 돈을 사용하여 도박을 하는 것이 아니기 때문에 더 큰 위험을 선택하려고 한다는 것을 볼 수 있다.

뱀에게 물린 효과와 보복심리: 손실이 일어난 다음에 사람들은 위험 성향을 어떻게 조정할까? 이 경우에는 이중적인 현상이 나타난다. 일부 연구는 사람들이 손실 이후에 위험 수준을 낮춘다는 결과를 보여준다. 다시 말해서 뱀에 물린(snakebite) 것이다. 뱀에 물린 효과는 이해할 만하다. 그런데 당신이 1987년 10월 19일에 주식시장에서 22%의 손실을 경험했다고 가정해보자. 그런 극단적인 폭락은 목격하지 못했을 것이다. 이에 대한 반응은 주식시장에서 완전히 손을 빼지는 않더라도 주식보유를 줄일 것이다. "한 번 물리면 다음엔 피한다."라는 표현처럼 행동할 것이다.

그러나 피하는 것이 손실에 대한 유일한 반응은 아니다. 오히려 본전을 찾으려고 위험 수준을 높인다는 연구가 많이 있다. 다시 말해서 이 경우는 보복심리(get-evenitis)를 보여주는 것이다.[12]

합리성으로부터의 독립적인 이탈

앞에서 설명한 여러 가지 행동 특성은 투자자들이 자주 비이성적일 수 있음을 보여준다. 이러한 합리성으로부터의 이탈이 일반적으로 무작위적이라 대규모의 전체 투자자 집단에서는 서로 상쇄될 수 있을까? 그러나 이와 반대로, 심리학자들은 위에 언급한 비이성적 특성이 개인들 사이에 만연되어 있다고 결론을 내리고 있으며, 행태경제학자들은 합리성으로부터의 이탈이 서로 상쇄되지 않는다고 주장한다.

개인들의 합리성으로부터 이탈이 서로 상쇄되지 않는 경우로 우리가 논의했던 모든 특성을 살펴보기보다는 대표성과 보수주의 두 가지를 살펴보기로 하자. 개인은 정보, 특히 최근 정보에

[11] 예를 들어, Vijay Signal, *Beyond the Random Walk* (New York: Oxford University, 2004) 4장 참조.

[12] Joshua Coval and Tyler Shumway, "Do Behavioral Biases Affect Prices," *Journal of Finance* (2005), pp.1-34.

대해 과잉반응하는 경향이 있다. 일부 학자는 이러한 대표성이 버블을 야기할 수 있다고 주장한다. 예를 들어, 단기간에 매출에서 고성장을 보였던 일부 인터넷 기업의 주식이 고성장을 지속할 것이라는 추정은 주가수익비율과 주가-장부가 배수를 커지게 한다. 그러나 매출 성장이 불가피하게 늦춰지고 투자자들이 배수를 낮추었을 때 주가는 하락할 수밖에 없다.

다른 연구는 시장은 새로운 정보에 과소반응한다는 것을 보여주는데, 이것은 보수주의가 시장을 지배하는 경우를 의미한다. 예를 들어, 앞에서 언급했듯이 이익공시에 대한 정보에 주가는 천천히 반응을 보인다. 이것은 투자자들이 대체로 정보에 대해 과소반응하는 예이고, 새로운 정보에 대한 일부 투자자의 늦은 반응이 동일한 정보에 대해 빠른 반응을 보이는 투자자들에 의해 상쇄되지 않는다는 것을 보여준다.

차익거래

위에서 논의했듯이, 행태경제학자들은 합리성의 이탈이 개인마다 독립적이어야 한다고 믿지는 않는다. 그러나 14.2절에서 우리는 전문적인 투자자는 가격의 오류를 알고 저평가된 주식을 사고 정확하게 가격이 형성된 (혹은 심지어 고평가된) 대체 주식을 팔 수 있다고 하였다. 그렇다면 비전문가에 의해 유발된 모든 가격오류를 원상태로 되돌리게 될 것이다.

그러나 이런 종류의 거래가 생각보다 더 위험할 수 있다. 만일 전문가들이 McDonald's 주식이 저평가되었다고 믿는다고 하자. 그들은 Burger King이나 Wendy's의 주식을 팔면서 이 주식을 살 수 있을 것이다. 그러나 만일 비전문가가 반대 포지션을 택하면 가격은 전문가에 비해 비전문가가 상대적으로 적을 때에만 정확한 수준으로 조정될 것이다. 비전문가가 많은 세상에서 일부 전문가는 가격을 정상화하려면 포지션을 크게 취해야 한다. 심지어 공매도를 해야만 한다. 대량으로 한 종목의 주식을 매입하고 대량의 공매도를 하는 것은 비록 두 종목이 동일 산업에 속했다고 해도 매우 위험하다. McDonald's에 대한 기대하지 못했던 나쁜 소식과 다른 2개 주식에 대하여 기대하지 못했던 좋은 소식이 전문가에게 대량의 손실을 일으킬 수 있다.

추가적으로, 만일 비전문가들이 McDonald's 주식의 가격을 오늘 잘못 평가했다면, 내일 더욱 잘못 평가하지 않으리라는 보장이 있는가? 새로운 정보가 없더라도 추가적인 가격오류의 위험은 전문가로 하여금 또한 차익거래 포지션을 꺼리게 만들 것이다. 하나의 사례로 1998년에 인터넷 주식이 고평가되었다고 믿었던 명민한 전문가를 상상해보자. 당시에 주가 하락에 걸어야 했을까? 그랬다면 그는 단기에 손실을 겪었을 것이다. 가격은 2000년 3월까지 상승하였다. 주가가 나중에 떨어졌기 때문에 그는 결국은 돈을 벌었을 것이다. 그러나 단기의 위험은 차익거래 전략의 규모를 위축시켰을 것이다.

결론적으로 여기서 제시된 주장은 14.2절에서 보여준 효율적 자본시장 가설의 이론적인 한계로 현실에서는 가설이 유지되기 어렵다는 것을 말하고 있다. 즉, 투자자가 비이성적이며 비이성은 투자자 사이에서 상쇄되기보다는 투자자 전반에 나타날 수 있으며, 차익거래가 시장의 비효율성을 제거하기에는 너무 큰 위험을 수반할 수 있다는 것이다.

14.6 시장효율성에 대한 실증결과의 도전

우리는 14.4절에서 실증 증거가 시장효율성을 지지하고 있음을 보여주었다. 이번에는 이 가설에 도전하는 증거를 보여준다. [시장효율성의 지지자들은 일반적으로 이런 증거를 **이례현상**(anomalies)이라고 부른다.]

1. 차익거래의 한계(limits to arbitrage): Royal Dutch Petroleum과 Shell Transport는 모든 현금흐름을 두 기업의 지분에 따라 60%와 40%로 분할하기로 하고 1907년에 합병하였다. 그러나 두 기업은 모두 상장된 상태로 거래되었다. Royal Dutch의 시장가치는 항상 Shell의 1.5배(= 60/40)가 되어야 할 것이다. 그것은 Royal Dutch가 고평가된다면 합리적 투자자는 Royal Dutch 대신에 Shell을 매수할 것이다. 만일 Royal Dutch가 저평가되었다면 투자자는 Royal Dutch를 매수할 것이다. 추가적으로 차익거래자라면 저평가된 주식을 매수하고 동시에 고평가된 주식을 매도할 것이다.

   그러나 〈그림 14.7〉에 보이듯이 Royal Dutch와 Shell은 1962~2005년 동안에 거의 등가(60/40)로 거래되지 않는다. 이러한 격차는 왜 발생하는가? 앞에서 언급했듯이 행태재무학은 차익거래의 한계가 있음을 말하고 있다. 투자자가 고평가된 자산을 매수하고 저평가된 자산을 매도하는 것이 쉬운 일이 아니다. 실제로 단기에 등가에서 벗어나는 것이 심화될 수 있으며 그것은 차익거래자가 손실을 본다는 것을 의미한다. 시장에 잘 알려진 이야기가 하나 있다. "당신이 버틸 수 있는 기간보다 시장은 비이성적으로 더 오래 지속될 수 있다."는 John Maynard Keynes의 말이 여기에 적용된다. 따라서 위험에

그림 14.7
Royal Dutch와 Shell의 시장가치 비율의 등가로부터 이탈

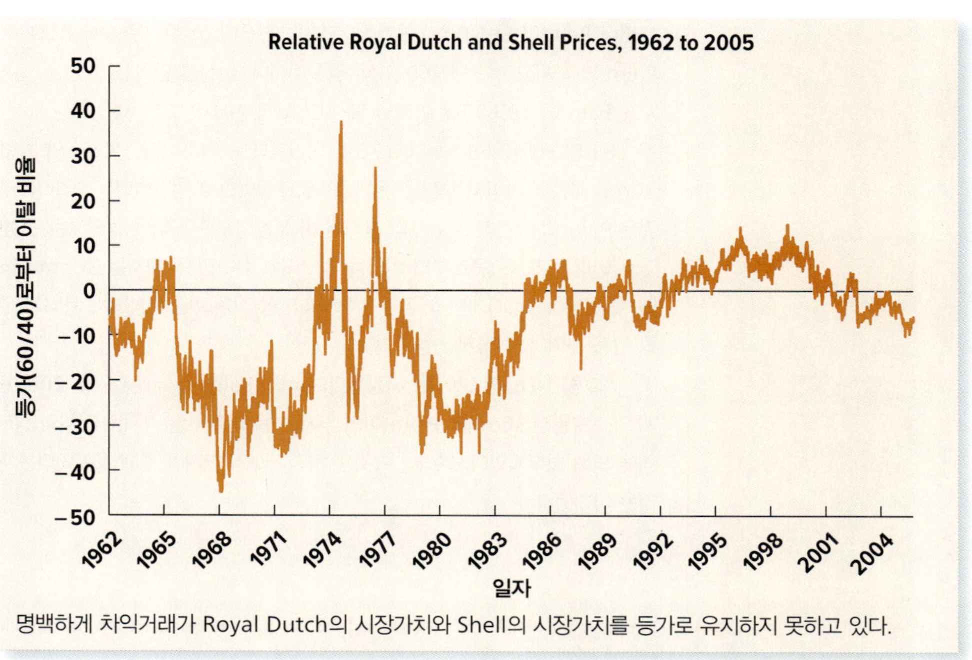

출처: Ross, Stephen, Randolph Westerfield, and Bradford Jordan, *Fundamentals of Corporate Finance*, 11th ed., Alternate ed., New York, NY: McGraw-Hill, 2016, 752.

대한 고려는 차익거래자로 하여금 포지션을 너무 작게 취하게 하여 가격을 등가로 회복시킬 수 없게 할 수 있다.

학계에서는 등가로부터 이러한 가격의 이탈에 대해 많은 연구가 있다. Froot과 Dabora는 Unilever N.V.와 Unilever PLC라는 쌍둥이 회사와 SmithKline Beecham의 두 종류 주식에 관한 연구에서 유사한 결과를 보여준다.[13] Lamont와 Thaler는 3Com과 자회사인 Palm, Inc.에서 (〈예제 14.2〉는 3Com과 Palm에 관한 것임) 같은 결과를 제시한다.[14] 폐쇄형 펀드의 가격 움직임에 대한 연구에서도 등가 가격이탈을 제시하고 있다.

예제 14.2

주식시장 투자자는 가치를 증가시키는가 혹은 감소시키는가? 2000년 3월 2일에 컴퓨터 네트워크 제품과 서비스를 제공하는 3Com은 자회사 중 한 기업, Palm의 5%를 최초공모(IPO)를 통해 공개하였다. 3Com은 나머지 Palm 주식을 3Com 주주에게 추후에 배분할 계획이었다. 이 계획 하에서 만일 당신이 3Com 주식 1주를 가지고 있다면 Palm 주식 1.5주를 받게 될 예정이었다. 3Com이 IPO를 통해 Palm의 일부를 매각한 후에, 투자자는 3Com의 주식을 구매하고 기다림으로써 간접적으로 혹은 시장에서 직접적으로 Palm 주식을 매수할 수 있을 것이다.

이 경우 흥미로운 점은 Palm의 IPO 다음 날에 발생하는 것이다. 만일 3Com 주식을 보유하고 있으면 당신은 궁극적으로 Palm 주식 1.5주를 가질 자격을 가질 것이다. 따라서 3Com 1주는 최소한 Palm 주식 1.5주의 가치를 가져야만 한다. 여기서 최소한이라고 말하는 이유는 3Com의 다른 부서에서 이익이 발생할 것이기 때문이다. 결과적으로 3Com 1주는 Palm 주식 1.5주 이상의 가치를 가져야만 할 것이다. 그러나 당신이 추정하듯이 일은 항상 계획대로 되는 것은 아니다.

Palm IPO 전날에 3Com 주식은 $104.13에 거래되었다. 거래 첫날 이후에, Palm은 주당 $95.06의 종가를 보여주었다. $95.06에 1.5를 곱하면 $142.59이고 이것은 3Com 주식의 최소한의 가치로 추정된다. 그러나 Palm이 $95.06의 종가를 가졌을 때, 3Com 주식은 $81.81로 거래를 마감하였다. 3Com의 가격은 Palm 가격을 고려할 때 $60 이상 낮은 것이다. 이상한 일이다.

Palm이 $95.06에 거래될 때 3Com의 가격이 $81.81이라는 것은 시장이 3Com의 다른 사업(주당)을 $81.81 − 142.59 = −$60.78로 평가했다는 의미이다. 3Com의 발행주식수를 고려하면 이것은 시장이 3Com 사업의 나머지 부분을 음(−)의 $22십억으로 평가한다는 의미이다. 물론 주가는 음수가 될 수 없다. 이것은 Palm의 가격이 3Com의 가격에 비해 상대적으로 너무 높았다는 것이다.

이러한 가격오류로부터 이익을 얻으려고 한다면, 투자자는 3Com 주식을 매수하고 Palm 주식을 매도하면 될 것이다. 이 거래는 아주 쉬운 것이다. 잘 작동하는 시장에서 차익거래자는 가격이 빨리 재정비될 수 있도록 만들 것이다. 어떻게 가능한가?

〈그림 14.8〉에 보이듯, 시장은 3Com과 Palm 주식의 가격을 2000년 3월 2일에서 2000년 5월 8일까지 약 2개월간 3Com의 Palm 이외 부서가 음의 가치를 가지는 것처럼 평가하였다. 따라서 가격오류는 시장의 힘에 의해 회복되었다. 그러나 그것은 차익거래의 한계가 존재하고 있다는 논리와 일치하듯 즉각적으로 발생한 것은 아니었다.

(계속)

[13] Kenneth A. Froot and Emil M. Dabora, "How Are Stock Prices Affected by the Location of Trade?" *Journal of Financial Economics* 53 (August 1999).

[14] Owen Lamont and Richard Thaler, "Can the Market Add and Subtract? Mispricing in Tech Stock Carve-Outs," *Journal of Political Economics* (April 2003).

그림 14.8 3Com 주식 1주와 Palm 주식 1.5주의 비율 차이(2000년 3월 2일~2000년 7월 27일)

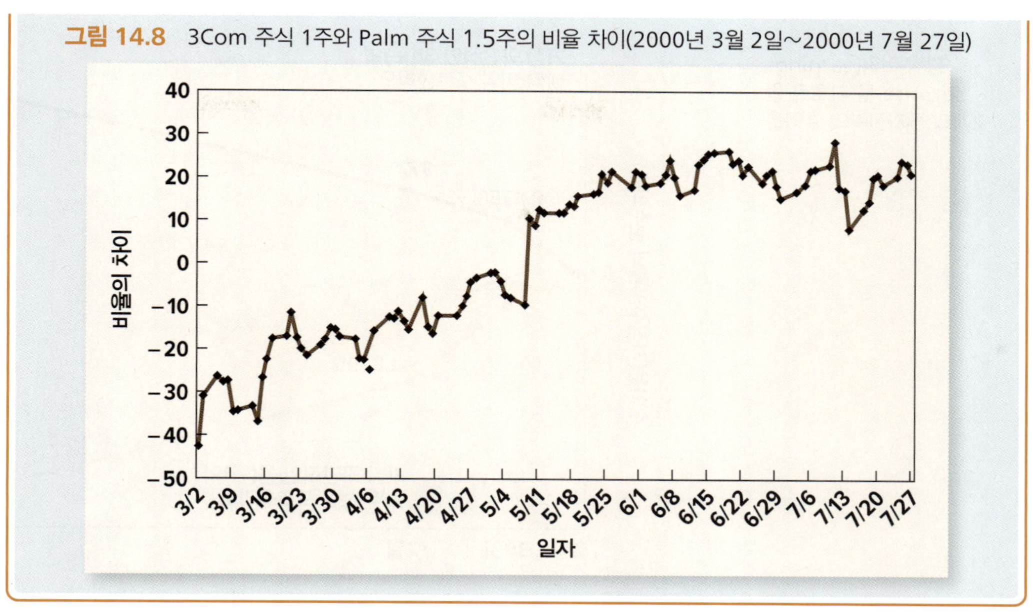

2. 깜짝 이익(earnings surprise): 기대보다 이익이 높게 공시되면 가격이 오르고, 반대의 경우에는 주가가 하락한다는 것은 상식이다. 그러나 시장효율성은 가격이 공시에 대해 즉각 조정될 것이라는 것을 의미한다. 반면에 행태재무학은 다른 패턴을 예측한다. Kolasinski와 Li는 이번 분기 이익과 4분기 이전의 이익의 차이를 현재 주가로 나눈 값을 변수로 깜짝 이익의 정도에 따라 회사의 순위를 정하였다.[15] 그들은 가장 큰 양(+)의 깜짝 이익을 보여주는 포트폴리오와 가장 큰 음(−)의 깜짝 손실을 보여주는 포트폴리오를 구성하였다. 〈그림 14.9〉는 전반적인 시장수익률에 대한 상대적인 두 포트폴리오의 매입에서 나오는 순수익률을 보여준다. 그림에 보이듯이 가격은 이익공시에 따라 천천히 조정된다. 양의 깜짝 이익을 보여준 포트폴리오는 음의 깜짝 손실을 보여준 포트폴리오의 수익률을 공시 다음부터 275일까지 앞선다. 다른 연구에서도 유사한 결과를 얻었다.

   왜 주가는 천천히 조정되는가? 행태재무학은 투자자는 공시에 포함된 정보에 대해 천천히 적응하기 때문에 보수주의를 보인다고 제시하고 있다.

3. 규모(size): 1981년에 2편의 중요한 논문이 미국에서 대부분의 20세기에 걸쳐서 소규모 시가총액을 가지는 주식의 수익률이 대규모 시가총액을 가지는 주식의 수익률보다 크다는 증거로 발표되었다.[16] 그 이후 유사한 연구가 다른 나라와 시기를 대상으로 다시 진행되었다. 예를 들어, 〈그림 14.10〉은 1926~2013년 기간 동안 미국 주식을 규모에 따라 순위를 정해서 10개의 포트폴리오를 구성하고 각 포트폴리오의 평균수익률을 계산한 것

[15] Adam Kolasinski and Xu Li, "Can Rational Learning Explain Underreaction Anomalies? Evidence from Insider Trading after Earnings Announcements," (University of Washington unpublished paper, 2011). 저자들은 기대이익을 계절주기 임의보행 모형(seasonal random walk model)으로 추정했다.

[16] Rolt Banz, "The Relationship between Return and Market Value of Common Stocks," *Journal of Financial Economics* (March 1981), 그리고 Mark Reinganum, "Misspecification of Capital Asset Pricing: Empirical Anomalies Based on Earnings Yields and Market Values," Journal of Financial Economics (March 1981).

그림 14.9
깜짝 이익(earnings surprise)을 기초로 한 2개의 투자전략의 수익률

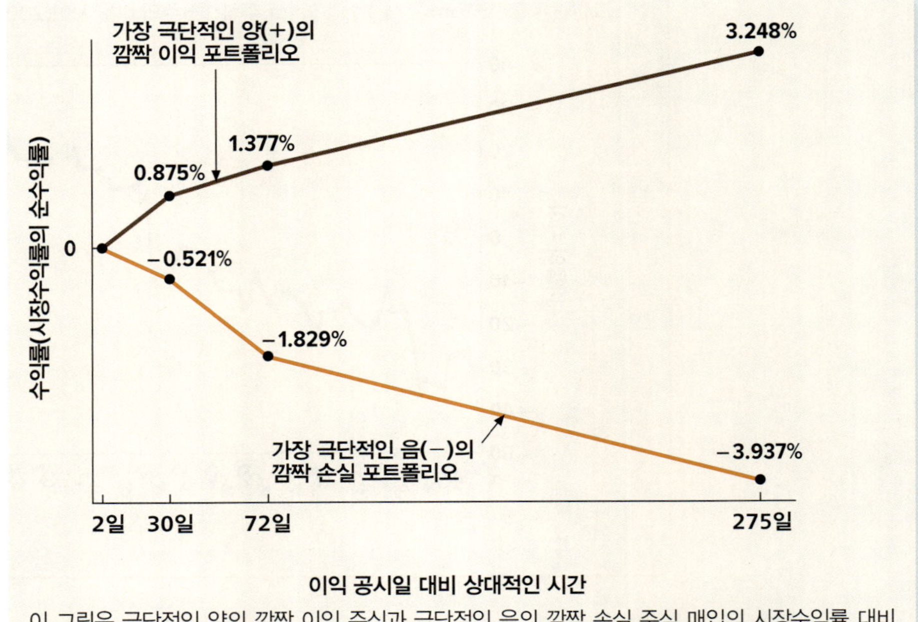

이 그림은 극단적인 양의 깜짝 이익 주식과 극단적인 음의 깜짝 손실 주식 매입의 시장수익률 대비 순수익률을 보여준다(깜짝 이익은 현재 분기 이익과 4분기 전의 분기 이익의 차이를 현재 주가로 나눈 값). 이 전략은 이익공시 2일 뒤에 시작한다. 그래프는 이익공시 정보에 대해 천천히 조정되는 것을 보여준다.

출처: [Table 1] Kolasinski, Adam and Xu Li, "Can Rational Learning Explain Underreaction Anomalies? Evidence from Insider Trading after Earnings Announcements," University of Washington unpublished paper, 2011.

그림 14.10
규모로 순위를 만든 주식 포트폴리오의 연간 수익률 (규모는 시가총액)

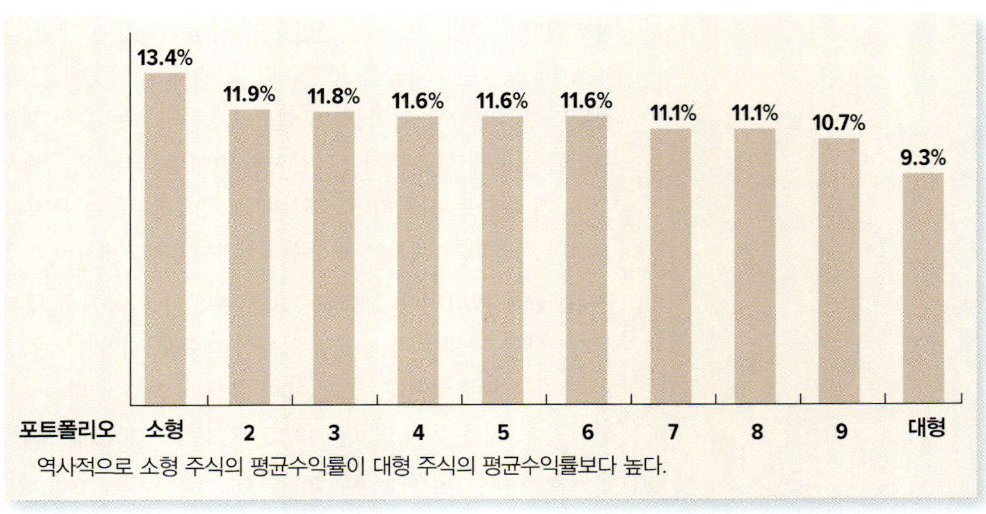

역사적으로 소형 주식의 평균수익률이 대형 주식의 평균수익률보다 높다.

출처: *Ibbotson SBBI 2014 Classic Yearbook* (Chicago: Morningstar, 2014)의 Table 7.3에 제공된 지수 값을 가공.

그림 14.11
지역별 높은 장부가-주가 주식(가치주)과 낮은 장부가-주가 주식(성장주)의 월간 수익률 차이

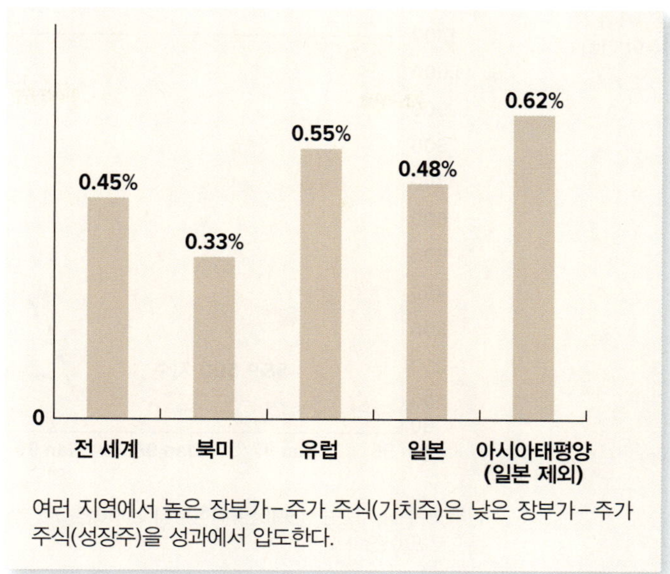

여러 지역에서 높은 장부가-주가 주식(가치주)은 낮은 장부가-주가 주식(성장주)을 성과에서 압도한다.

출처: Fama, Eugene F., and Kenneth R. French, "Size, Value, and Momentum in International Stock Returns," *Journal of Financial Economics*, vol. 105, no. 3, 2012, Table 1.

이다. 표에서 알 수 있듯이, 소형 주식의 평균수익률은 대형 주식의 평균수익률보다 높다. 이러한 차이의 대부분이 소형 주식의 추가적인 위험에 대한 보상이라고 하더라도, 연구자들은 위험의 차이에 모두 기인하는 것은 아니라고 일반적으로 주장한다. 추가적으로, Keim은 수익률 성과의 차이 대부분이 1월에 발생한다는 증거를 제시하였다.[17]

4. 가치주와 성장주(value versus growth): 수많은 논문이 높은 장부가-주가 비율을 가진 주식이 혹은 높은 이익-주가 비율을 가진 주식(가치주: value stock)이 낮은 비율을 가진 주식(성장주: growth stock)보다 높은 수익률 성과를 가진다고 주장하였다. 예를 들어, Fama와 French는 가치주 평균수익률이 성장주 평균수익률보다 전 세계에 걸쳐 더 높다는 것을 발견하였다.[18] 〈그림 14.11〉은 지역별 주식시장에서 가치주와 성장주의 평균수익률 차이를 보여준다.

수익률의 차이가 크고, 또한 이러한 비율은 개별 주식 단위에서 쉽게 얻을 수 있기 때문에, 이러한 결과는 시장효율성에 반하는 강력한 결과로 여겨질 것이다. 그러나 수많은 연구가 이러한 특이한 수익률이 상업적인 데이터의 오류나 위험의 차이에서 오는 것이지 진정한 비효율성을 말하는 것은 아니라고 주장한다.[19] 이 논쟁은 난해한 통계적 이슈와 관련되어 있기 때문에 여기서 더 이상 파고들지 않기로 한다. 그리고 지금까지 어

[17] "1월 효과(January effect)"를 처음으로 언급한 논문은 Donald Keim, "Size-Related Anomalies and Stock Return Seasonality: Further Empirical Evidence," Journal of Financial Economics (June 1983).

[18] Eugene F. Fama and Kenneth R. French, "Size, Value, and Momentum in International Stock Returns," *Journal of Financial Economics* 105, no. 3 (2012)의 Table I에서 발췌.

[19] 예를 들어, Fama and French, "Multifactor Explanation of Asset Pricing Anomalies," *Journal of Finance* 51 (March 1996)와 Hengjie Ai and Dana Kiku, "Growth to Value: Option Excercise and the Cross Section of Equity Returns," *Journal of Financial Economics* 107, no.2 (February 2013) 참고.

그림 14.12
인터넷 주식 지수의 가치

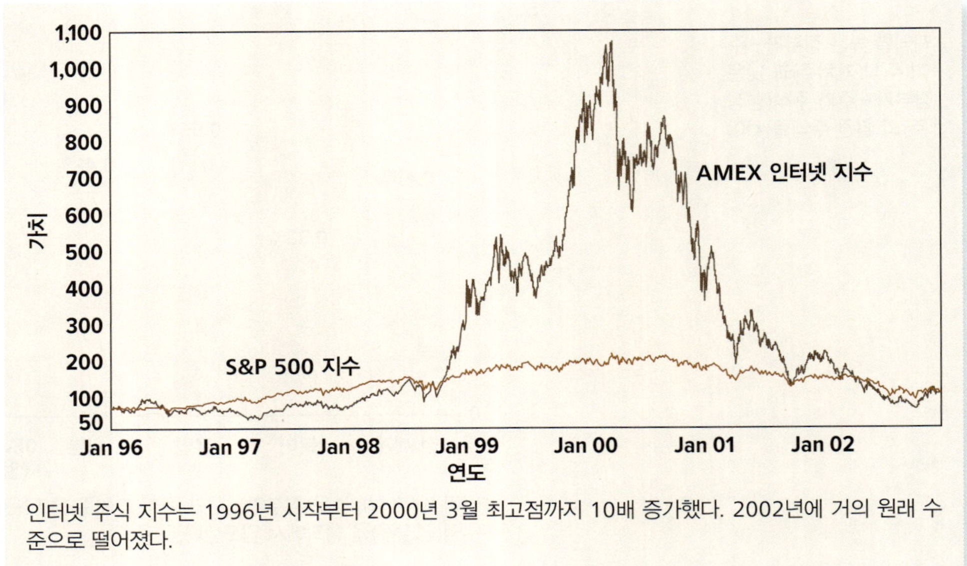

인터넷 주식 지수는 1996년 시작부터 2000년 3월 최고점까지 10배 증가했다. 2002년에 거의 원래 수준으로 떨어졌다.

떤 결론도 나지 않았다고 말하는 것이 안전하다. 재무금융과 경제학의 여러 다른 분야에서 그렇듯이 추후 연구가 더 필요하다.

5. 붕괴와 버블(crashes and bubbles): 1987년 10월 19일의 주식시장 붕괴는 알 수 없는 퍼즐이다. 시장은 특별한 소식이 없는 주말을 지내고 월요일에 20~25%까지 떨어졌다. 뚜렷한 이유가 없는 이 정도의 하락은 시장효율성과 일치되는 현상이 아니다. 1929년의 붕괴는 여전히 수수께끼로 남아 있다. 비교적 최근인 1987년의 붕괴가 곧 설명될 것이라는 것도 의문이며 10장에서 논의했던 2008년의 붕괴는 말할 것도 없다. 뛰어난 역사학자의 설명이 그럴듯하다. 1789년의 프랑스혁명의 영향이 무엇이었냐고 의견을 물었을 때 역사학자의 대답은 답변하기에 너무 이르다는 것이었다.

   주식시장의 붕괴는 투기적 시장의 **버블이론**(bubble theory)에 일치하는 증거일 것이다. 즉, 증권가격이 어떤 때는 본질 가치 이상으로 상승한다. 결과적으로 가격은 원래 수준으로 떨어지고 투자자에게 큰 손실을 가져다준다. 예를 들어, 1990년대 후반의 인터넷 주식을 생각해보자. 〈그림 14.12〉는 1996~2002년 사이의 인터넷 주식 지수의 가치를 보여준다. 지수는 1996년 1월에서 최고점이었던 2000년 3월까지 10배 상승했다. 그림은 S&P 500 지수의 가격 움직임과 비교하고 있다. S&P 500 지수도 같은 기간에 상승했다가 하락했지만 가격 움직임은 인터넷 주식에 비하면 상대적으로 침묵상태였다.

   많은 사람들이 인터넷 주식의 상승과 하락을 버블(bubble)이라고 설명한다. 그렇게 말하는 것이 맞는 것인가? 불행하게도 버블에 대한 정확한 정의는 없다. 일부 학자는 그림에서 볼 수 있는 가격 움직임이 비이성적인 것이라고 주장한다. 그러나 인터넷이 조만간 전 세계 상업의 대부분을 차지할 것처럼 보였기 때문에 가격이 초기에 상승한 것이다. 금방 그런 일이 일어나지는 않을 것이라는 증거가 나중에 나타났기 때문에 가격은 하락했던 것이다. 그러나 일부는 초기의 장밋빛 시나리오가 사실에 근거하지 않았다고 주장한다. 대신에 가격은 단지 "비이성적 열기(irrational exuberance)"에 의해서 상승했다는 것이다.

14.7 시각 차이의 평가

효율적 자본시장에 대한 논쟁이 해결되지 않았다고 말하는 것이 맞다. 더 적절하게 말하자면 재무학계가 3개의 학파(camp)로 나뉘었다고 할 수 있다. 시장효율성에 집착하는 학파, 행태재무학을 신봉하는 학파, 그리고 양쪽의 조합을 믿는 (아마도 대다수의) 학자들로 구분할 수 있다. 이런 상황은 시장효율성이 도전을 받지 않았던 40년 전과는 확실히 달라진 것이다. 실증분석 결과를 보면 대부분의 대규모 자본시장에서 증권가격은 많은 정보를 반영하고 있다고 생각한다. 그러나 때때로 행태적인 영향이 상당히 크다는 것도 명백하다. 어쨌든 이 논쟁은 거의 모든 재무금융 영역 중에서 가장 논란이 많은 것 같다.

행태재무학의 지지자는 14.5절에서 논의했듯이 시장효율성의 세 가지 이론적 근거가 실제 세상에서는 위반되고 있음을 지적한다. 또한 간단히 말해서 너무 많은 이례현상이 있으며 이례현상은 다른 표본에서도 반복적으로 발견된다는 점을 강조한다.[20] 행태재무학에 대한 비판자들은 일반적으로 세 가지 관점에서 반론하고 있다.

1. **파일 서류함 문제(The file drawer problem)**: 학자들은 일반적으로 연구논문을 학술지에 제출하고 독립적인 심사자들이 게재할 만한 연구인지 판단한다. 학술지에 수록이 되어 이 분야에 잠재적인 영향을 남기든지 아니면 거부되어 연구는 연구자의 파일 서류함에 넣어져서 묻힐 것이다. 연구의 수준이 일정하다고 가정하면, 심사자들은 특이하고 흥미로운 결과를 가진 연구논문을 채택할 가능성이 높다. 행태재무학의 비판자들은 시장효율성은 재무의 패러다임이었기 때문에 효율성에 도전하는 연구가 효율성을 지지하는 연구보다 채택될 가능성이 더 높다고 주장한다. 따라서 이러한 출판과정이 행태재무학 연구에 의도하지 않게 우호적으로 작동했을 것이다.
2. **위험**: 11장에서 지적했듯이, 투자자는 단위 위험에 대한 기대수익을 극대화하려고 한다. 그러나 위험은 항상 쉽게 예측되는 것이 아니다. 효율적 시장 지지자들은 일부 이례현상은 좀 더 세밀하게 위험을 조정하면 사라질 것이라고 제안한다. 예를 들어, 앞의 절에서 언급되었던 가치주의 높은 수익률이 높은 위험으로 설명될 수 있다고 주장하는 연구자들이 많이 있다.
3. **행태재무학과 시장가격**: 행태재무학의 비판가들은 자료가 이례현상을 지지한다고 해도 이러한 이례현상이 행태재무학을 지지하는 것인지는 명확하지 않다고 말하기도 한다. 예를 들어, 이번 장의 앞에서 언급했던 2개의 심리학 이론인 대표성과 보수주의를 고려해

[20] 행태재무학에 대한 뛰어난 요약은 Andrei Shleifer, *Inefficient Markets: An Introduction to Behavioral Finance*, (Oxford: Oxford University Press, 2000)와 John Nofsinger, *The Psychology of Investing*, 5th ed. (New York: Prentice Hall, 2014)에서 찾을 수 있음.

보자.

대표성은 룰렛에서 일부 연속적인 검은색 결과를 보고 붉은색보다는 검은색이 다음에 나올 것이라고 판단하는 도박꾼처럼 작은 표본의 결과에 지배받는 것을 의미한다. 재무금융학자는 대표성이 주가수익률에 있어서 과잉반응(overreaction)을 일으킨다고 주장한다. 금융 버블은 뉴스에 대한 과잉반응이다. 인터넷 기업이 1990년대 후반 단기간에 큰 수익 성장을 보여주었는데, 사람들은 이런 성장이 영원할 것이라고 믿었다. 주식가격은 이 시점에 너무 많이 올랐다. 마침내 투자자들이 이런 성장은 지속가능하지 않다는 것을 깨달았고 가격은 폭락했다.

보수주의는 새로운 정보에 개인은 자신의 믿음을 너무 천천히 적응해간다고 말한다. 시장은 주식가격을 선도하는 투자자와 새로운 정보의 출현에 과소반응(underreaction)하는 투자자로 구성된다. 긍정적인 깜짝 이익의 공시 뒤에 주가는 천천히 오른다. 부정적인 공시에 대해서도 마찬가지로 천천히 반응한다.

효율적 시장 지지자들은 대표성과 보수주의가 주식가격에 대해서 서로 반대되는 의미를 가진다는 점을 강조한다. 어느 원칙이 어떤 특정 상황에서 지배적인가? 다시 말해서 왜 투자자들은 인터넷 주식에 대해서는 과잉반응을 하고 이익 공시에 대해서는 과소반응을 하는가? 효율적 시장의 지지자들은 행태주의자들이 이 두 가지 질문에 만족스러운 답변을 하지 못하고 있기 때문에 행태재무학의 편에 서서 시장효율성을 거부해서는 안 된다고 말한다.[21]

이번 절에서 행태재무학을 지지하는 주장보다는 시장효율성을 지지하는 주장에 더 많은 지면을 할애했지만, 이런 차이를 행태재무학의 유용성에 반대하는 증거로 받아들이면 안 된다. 이 문제에 대한 재무금융학계의 판단은 아직 끝나지 않았다. 우리 교재, 혹은 다른 어떤 교재에서도 이러한 관점의 차이를 쉽게 풀기는 어려운 것으로 보인다.

14.8 시장효율성이 기업재무에 주는 의미

이번 장에서 우리는 효율적 시장에 관하여 이론적 논쟁과 실증 증거에 대해 살펴보았다. 이제는 시장효율성이 기업의 재무관리자와 관련이 있는지 혹은 없는지 알아보려고 한다. 정답은 관련이 있다는 것이다. 이제 시장효율성이 경영자에게 주는 4가지 의미를 살펴보려고 한다.

1. 회계처리 선택, 재무 선택, 그리고 시장효율성

회계 전문가는 회계보고 실무에서 기업에게 많은 재량권을 준다. 예를 들어, 회사는 재고자산의 평가에서 후입선출법(LIFO)과 선입선출법(FIFO)을 선택할 수 있다. 건설 프로젝트에서 공사진행 기준으로 하거나 공사완성 기준으로 할 수 있다. 고정자산을 가속상각법과 균등상각법으

[21] 예를 들어, Eugene F. Fama, "Market Efficiency, Long-Term Returns, and Behavioral Finance," *Journal of Financial Economics* 49(1998) 참고.

로 감가상각할 수 있다.

경영자는 확실히 높은 주식가격을 선호한다. 경영자가 가능한 한 이익을 높게 보고하기 위해서 회계처리 방법을 선택하는 재량을 사용해야만 하는가? 반드시 그렇지는 않다. 그것은 두 가지 조건이 유지되면 회계처리 선택은 주식가격에 영향을 미치지 않기 때문이다. 첫째, 충분한 정보가 연차보고서에 제공이 되어서 재무분석가가 다른 회계처리 대안을 이용해서 이익을 계산할 수 있어야만 한다. 이것은 여러 회계처리 선택이 있는 경우에 모두 그렇지는 않지만 해당되는 것으로 보인다. 둘째, 시장이 준강형 효율적이어야 한다. 다시 말해 시장이 시장가격을 결정하는 데 적절하게 모든 회계정보를 사용해야만 한다.

물론 회계처리 선택이 주가에 영향을 미치는지 혹은 아닌지의 문제는 궁극적으로 실증 결과에 달려 있다. 많은 학술연구가 이 문제에 관하여 실행되었다. Kaplan과 Roll은 가속상각법에서 균등상각법으로 감가상각 방법을 변경하는 것이 주가에 영향을 미치지 않는다는 것을 발견하였다.[22] Kaplan과 Roll은 또한 투자세액공제를 위한 회계처리를 이연방법에서 조기인식방법으로 변경하는 경우도 분석하였다.[23] 그들은 변경이 회계이익을 높이지만 주가에는 영향이 없음을 발견했다.

회계처리 과정에 대하여 몇 개의 연구가 더 이루어졌다. Hong, Kaplan, 그리고 Mandelker는 인수합병의 보고에서 매수법(purchase method)이 아니라 지분통합법(pooling method)을 이용해서 이익을 인위적으로 높게 보고하는 것이 주식시장에 영향을 미친다는 증거가 없다는 것을 발견했다.[24] Biddle과 Lindahl은 기업이 재고자산 평가에서 후입선출법(LIFO)으로 변경한 기업이 주가상승을 경험한다는 것을 발견했다.[25] 이것은 인플레이션이 있는 환경에서 예상할 수 있다. 왜냐하면 후입선출법(LIFO)은 선입선출법(FIFO)에 비해 세금을 줄일 수 있기 때문이다. 그들은 후입선출법의 사용으로 인해 세금 감소가 커질수록 주가의 상승이 커진다는 것을 발견했다. 요약해서 말하면, 실증적인 증거는 회계처리 선택이 시장을 속이지 못한다는 것을 시사한다. 따라서 실증 증거는 경영자가 회계처리 실무를 통해서 주가를 올릴 수 있다는 것을 지지하지 않는다. 다시 말해 시장은 여러 가지 회계처리 선택을 꿰뚫어볼 만큼 충분히 효율적인 것으로 보인다.

여기서 한 가지 주의해야 할 점이 있다. 우리는 논의에서 "재무분석가가 다른 회계처리 대안을 이용해서 이익을 계산할 수 있어야만 한다"고 특별히 가정하였다. 그러나 Enron, WorldCom, Global Crossing, 그리고 Xerox와 같은 회사는 과거에 사기성 수치를 보고하였다. 재무분석가들은 보고된 숫자가 어떻게 결정되었는지 알 수 없는 상태였기 때문에 대안적인 이익을 계산할 수 없었다. 따라서 초기에 이들 주식의 가격이 정당한 가격보다 높게 상승했다는 것은 놀랄 일이 아니다. 그렇다. 경영진은 이런 방법으로 가격을 올릴 수 있다. 걸리게 되면 감옥에 갈

[22] Robert Kaplan and R. Roll, "Investor Evaluation of Accounting Information: Some Empirical Evidence," *Journal of Business* 45 (April 1972).

[23] 1987년 이전에 미국의 세법은 대부분의 자본설비 구매에 대하여 10%의 세액공제를 허용하였다.

[24] Harrison Hong, R. S. Kaplan, and G. Mandelker, "Pooling vs. Purchase: The Effects of Accounting for Mergers on Stock Prices," *Accounting Review* 53 (1978). 지분통합법은 일반적으로 인정된 회계원칙(GAAP)에서 더 이상 허용되지 않는다.

[25] Gary Biddle and F. W. Lindahl, "Stock Price Reactions to LIFO Adoptions: The Association between Excess Returns and LIFO Tax Savings," *Journal of Accounting Research* (1982).

준비가 되었다면 말이다!

투자자가 효율적 시장에서 허상을 관통해서 볼 수 있는 다른 경우는 없는가? 주식분할과 주식배당을 살펴보자. 1백만 주의 발행주식을 가진 Amarillo Corporation은 오늘 $10백만의 이익을 발표하였다. 주가를 올리기 위해서 회사의 최고재무담당자(CFO)인 Ms. Green은 이사회로 하여금 2대1 주식분할을 하도록 권고하였다. 그것은 분할 전에 100주를 가진 주주가 분할 후에는 200주를 가지게 된다는 것이다. CFO는 모든 투자자가 주식분할 이후에 더 많은 주식을 가지게 되기 때문에 부자가 되는 기분을 즐길 것이라고 주장한다.

그러나 이런 생각은 시장효율성에 어긋난다. 합리적인 투자자는 주식분할 이전과 마찬가지로 이후에도 회사의 동일한 비율을 소유한다는 것을 안다. 예를 들어, 분할 이전에 100주를 가진 투자자는 Amarillo 주식의 1만 분의 1 (= 100/1,000,000)을 소유한 것이다. 그의 이익에 대한 지분은 $1,000 (= $10백만/10,000)이 된다. 분할 이후에 200주를 가지게 되었지만 이제는 2백만 주의 발행주식이 있다. 따라서 그는 여전히 1만 분의 1의 지분을 가진다. 주식분할은 전체 기업의 이익에 영향을 미치지 않기 때문에 그의 이익에 대한 소유 지분도 여전히 $1,000이다.

2. 시기선택 결정

경영자가 신주 발행시기를 고민하고 있는 회사를 생각해보자. 이 결정은 종종 시기선택(timing) 결정이라고 불린다. 만일 경영자가 주식이 고평가되었다고 믿는다면 주식을 즉시 발행할 것이다. 이 경우 경영자는 실제 가치보다 높은 가격에 주식을 팔 수 있기 때문에 기존 주주에게 부를 창출해주는 것이다. 반면에 주식이 저평가되어 있다고 믿는다면 경영자는 주가가 결국 본질 가치로 궁극적으로 상승하게 되기를 바라면서 기다릴 가능성이 더 크다.

그러나 만일 시장이 효율적이면 증권은 항상 정확하게 가격이 매겨져 있다. 효율성은 주식이 본질 가치로 거래된다는 것을 의미하며 따라서 시기선택 결정은 중요하지 않다는 것이다. 〈그림 14.13〉은 신주 발행에 따라 세 가지의 가능한 주식가격의 조정을 보여준다.

물론 시장효율성은 궁극적으로 실증적인 문제이다. 놀랍게도 최근 연구는 시장효율성에 이의를 제기했다. Jay Ritter 교수의 웹사이트는 최초공모(IPO) 이후 5년간에 걸쳐 발행기업의 연간 주식수익률이 장부가-주가 비율이 유사한, IPO를 행하지 않은 비교기업의 주식수익률보다 1.9%가 낮다는 증거를 제시한다.[26] 유상증자(seasoned equity offering: SEO) 이후 같은 기간 동안의 연간 주식수익률도 유상증자를 하지 않은 비교기업보다 3.4% 낮았다. 기업이 처음으로 행하는 주식공모는 최초공모(IPO)라고 부르며, 그 이후의 주식발행은 유상증자(SEO)라고 부른다. 〈그림 14.14〉의 상단부는 IPO 기업과 그 통제집단의 연간 평균수익률을 보여주며, 하단부는 SEO 기업과 그 통제집단의 연간 평균수익률을 보여준다.

Ritter 논문의 증거는 기업 경영자는 그 기업의 주가가 과대평가되어 있을 때 SEO를 행한다는 것을 말해준다. 다시 말해서 경영자는 성공적으로 시장의 시기를 선택하는 것으로 보인다. 경영자가 IPO의 시기선택을 잘 한다는 증거는 상대적으로 덜 강력하다. 왜냐하면 IPO에 따른 수익률이 통제집단의 수익률과 거의 같기 때문이다.

[26] http://site.warrington.ufl.edu/ritter/

그림 14.13
주식 발행 이후 주식가격의 조정

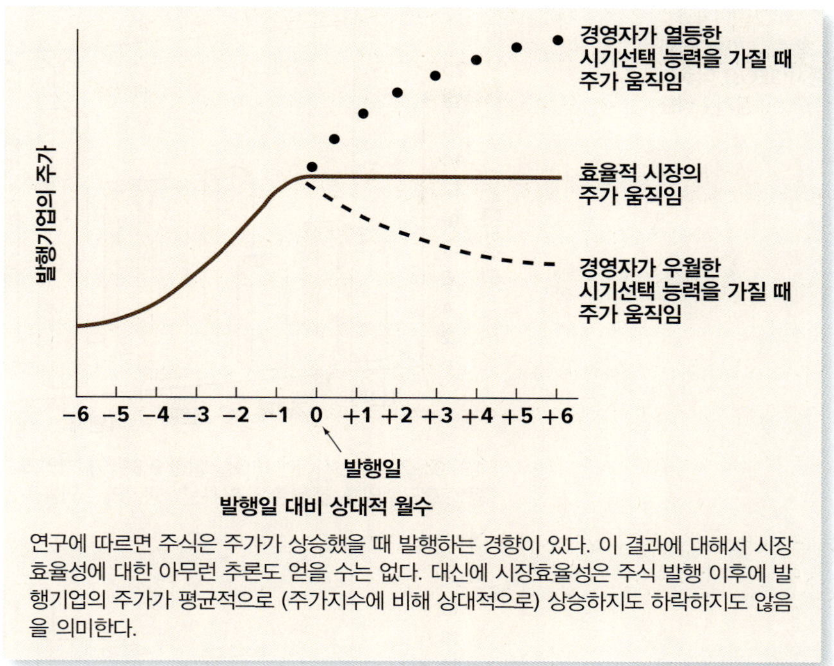

연구에 따르면 주식은 주가가 상승했을 때 발행하는 경향이 있다. 이 결과에 대해서 시장효율성에 대한 아무런 추론도 얻을 수는 없다. 대신에 시장효율성은 주식 발행 이후에 발행기업의 주가가 평균적으로 (주가지수에 비해 상대적으로) 상승하지도 하락하지도 않음을 의미한다.

기업의 경영자가 증권이 과대평가되었을 때 SEO를 행할 수 있다는 사실은 시장이 준강형이나 강형 비효율적임을 나타내는가? 그 대답은 사실 생각보다 더 복잡하다. 한편으로 경영자는 다른 사람이 모르는 특별한 정보를 가지고 있을 수 있으며, 이는 시장이 단지 강형 비효율적일 뿐이라는 것을 암시한다. 다른 한편으로 시장이 정말로 준강형 효율적이라면 가격은 SEO의 발표와 더불어 즉시 완전하게 하락할 것이다. 즉, 합리적인 투자자는 기업 경영자가 주식이 과대평가되어 있다는 특별한 정보를 가지고 있기 때문에 주식을 발행한다고 생각할 것이다. 실제 많은 실증연구들이 공시일에 가격하락을 보고하고 있다. 그러나 〈그림 14.14〉는 발행한 이후의 연도들에서 가격이 더 하락함을 나타내며, 이는 시장이 준강형 비효율적임을 암시한다.

만일 기업이 주식발행의 시기선택을 잘 할 수 있다면 아마 자사주 매입의 시기 또한 잘 선택할 수 있을 것이다. 여기서 회사는 주식이 과소평가되어 있을 때 자사주를 매입하려고 할 것이다. Ikenberry, Lakonishok, 그리고 Vermaelen은 자사주를 매입하는 기업의 주식수익률이 재매입 이후 2년 동안 비정상적으로 높다는 것을 발견하였으며, 이는 시기선택이 효과가 있음을 의미한다.[27]

3. 투기와 효율적 시장

보통 금융시장의 주요 투기자들로 개인과 금융기관을 생각할 수 있다. 그러나 제조기업도 역시 투기를 한다. 예를 들면, 많은 기업이 이자율에 베팅을 한다. 기업의 경영자가 이자율이 오를 것으로 믿는다면 차입할 인센티브를 가진다. 왜냐하면 부채의 현재가치는 이자율이 증가하면 하

[27] David Ikenberry, J. Lakonishok, and T. Vermaelen, "Market Underreaction to Open Market Share Repurchases," *Journal of Financial Economics* (October-November 1995).

그림 14.14
최초공모(IPOs)와 유상증자(SEOs) 이후의 장기수익률

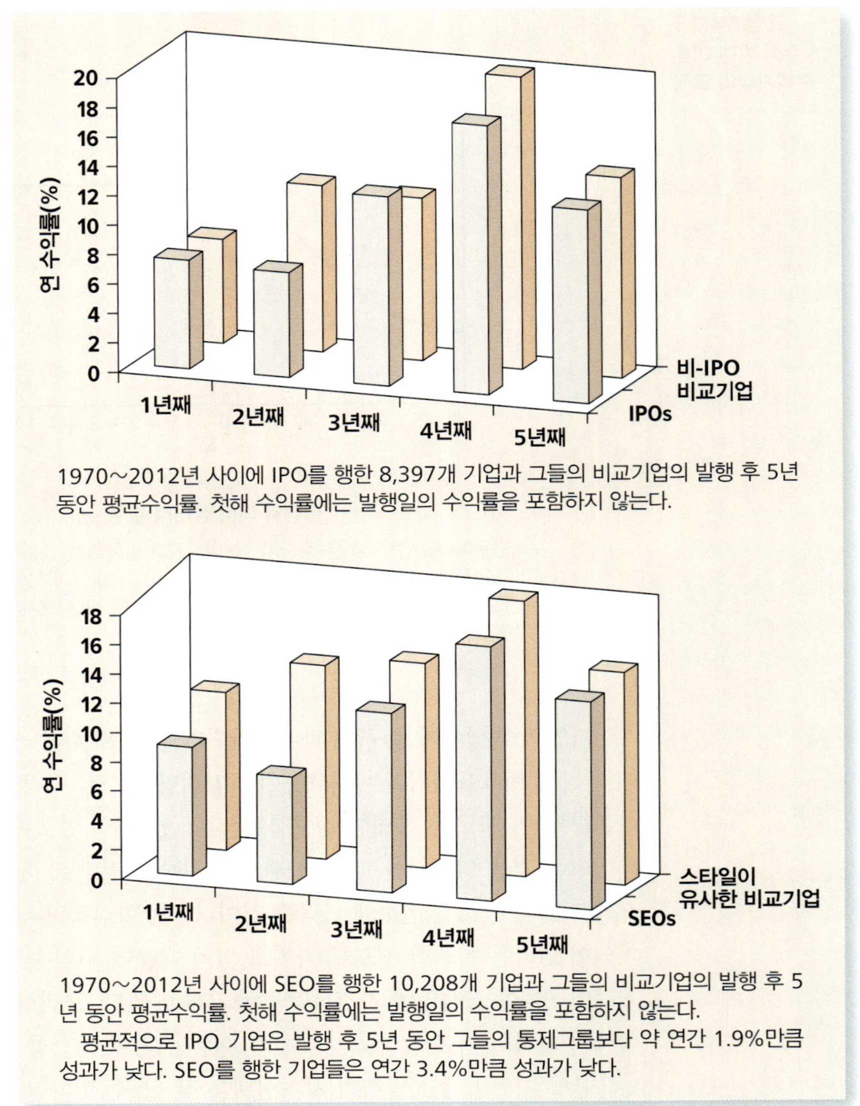

1970~2012년 사이에 IPO를 행한 8,397개 기업과 그들의 비교기업의 발행 후 5년 동안 평균수익률. 첫해 수익률에는 발행일의 수익률을 포함하지 않는다.

1970~2012년 사이에 SEO를 행한 10,208개 기업과 그들의 비교기업의 발행 후 5년 동안 평균수익률. 첫해 수익률에는 발행일의 수익률을 포함하지 않는다.

평균적으로 IPO 기업은 발행 후 5년 동안 그들의 통제그룹보다 약 연간 1.9%만큼 성과가 낮다. SEO를 행한 기업들은 연간 3.4%만큼 성과가 낮다.

출처: Jay Ritter, https://site.warrington.ufl.edu/ritter/.

락하기 때문이다. 게다가 이들 경영자는 장기간 낮은 이자율을 확보하기 위해 단기보다는 장기로 차입할 인센티브를 가질 것이다. 더 복잡하게 생각할 수도 있다. 가령 장기이자율이 단기이자율보다 이미 높다고 하자. 경영자는 이러한 차이가 이자율이 상승할 것이라는 시장의 견해를 반영한다고 주장할지 모른다. 그러나 그는 아마 이자율의 우상향 기간구조에 내포된, 시장이 예상하는 것보다 더 높은 이자율 상승을 예상할 수 있다. 이 경우에 경영자는 단기보다 장기로 차입하려 할 것이다.

또한 기업은 외환에 투기를 한다. 가령 미국에 기반을 두고 있는 한 다국적기업의 CFO가 유로화가 달러화에 비하여 하락할 것이라고 믿는다고 하자. 그는 아마 달러화표시 부채보다 유

로화표시 부채를 발행하려 할 것이다. 왜냐하면 그는 외화부채의 가치가 떨어질 것으로 예상하기 때문이다. 반대로 외환이 달러화에 비해 절상될 것으로 믿는다면 그는 미국에서 부채를 발행하려 할 것이다.

기간구조와 환율은 이번 장이 아니라 뒤에 다른 장에서 다루어질 내용이므로 우리가 다소 앞서나가고 있는 것 같다. 그러나 중요한 문제는 "시장효율성은 이러한 행위에 관하여 무엇이라고 말해야 하는가?"이다. 대답은 아주 명백하다. 만일 금융시장이 효율적이면 경영자는 이자율과 외환의 움직임을 예측하려는 노력에 시간을 낭비해서는 안 된다. 그들의 예측은 아마 우연보다 더 낫지 않을 것이다. 그리고 그들은 귀중한 업무처리 시간을 소모하게 될 것이다. 그러나 이는 기업들이 부채의 만기와 화폐단위를 무작위로 경솔하게 선택해야 한다는 것을 말하는 것이 아니다. 기업은 주의깊게 변수들을 선택해야 한다. 그러나 그 선택은 시장을 이기려는 시도가 아니라 어떤 합리성에 바탕을 두어야 한다. 예를 들면, 5년간 지속되는 프로젝트를 가진 기업은 5년 만기의 부채발행을 결정할 수 있다. 또한 일본으로 대대적 확장을 기대하는 기업은 엔화표시 부채를 발행할 수 있다.

동일한 생각은 기업 인수에도 적용된다. 많은 기업은 인수대상 기업이 저평가되어 있다고 생각하기 때문에 이 기업들을 매입한다. 불행하게도 실증적인 증거는 시장이 너무 효율적이어서 이런 유형의 투기로부터 이익을 낼 수 없음을 말하고 있다. 그리고 인수회사는 현재의 시장가격만을 지불하지 않는다. 인수기업은 대상기업의 주주가 주식을 팔게 하려면 시장가격을 초과하는 프리미엄을 지불해야 한다. 그렇다고 결코 기업을 인수해서는 안 된다고 말하는 것은 아니다. 오히려 기업은 합병으로부터 혜택, 즉 시너지가 있다면 인수를 고려해야 한다. 개선된 마케팅, 생산의 경제성, 무능한 경영진 교체, 심지어 세금절감 등이 전형적인 시너지들이다. 이들 시너지는 피인수기업이 저평가되어 있다는 인식과는 구분되는 것이다.

마지막으로 한 가지를 더 언급할 필요가 있다. 이전에 SEO에서 경영자가 고평가된 주식의 이점을 이용하려고 시기선택을 한다는 실증적인 증거에 관해서 이야기했다. 경영자는 자신의 기업에 관해서 시장보다 더 많이 알고 있을 것이기 때문에 이것은 그럴듯하다. 그러나 경영자가 자신의 기업에 대한 특별한 정보를 가지고 있으나 이자율, 외환, 다른 기업 등에 대한 특별한 정보는 가지고 있을 것 같지 않다. 시장에는 아주 많은 참가자가 있으며 그들 중 많은 이는 대부분의 시간을 예측에 바치고 있다. 경영자는 일반적으로 자신의 기업을 경영하면서 대부분의 시간을 보내며, 금융시장을 연구하는 데에는 단지 약간의 시간을 할애할 뿐이다.

4. 시장가격에 내재된 정보

앞 절에서 미래 시장가격을 예측하는 것은 아주 어렵다고 주장했다. 그러나 어떤 자산의 현재가격과 과거가격은 알려져서 크게 활용되고 있다. 예를 들어, 은행합병에 관한 Becher의 연구를 살펴보자.[28] 저자는 피인수은행의 주가가 합병을 처음 발표한 날에 평균적으로 약 23% 상승한다는 것을 발견한다. 이것은 기업이 일반적으로 현재 주가를 초과하여 프리미엄이 포함된 가

[28] David A. Becher, "The Valuation Effects of Bank Mergers," *Journal of Corporate Finance* 6 (2000).

격에 인수되기 때문에 놀라운 일은 아니다. 그러나 이 연구는 인수은행의 주가는 같은 공시일에 평균적으로 거의 5% 하락하는 것을 보여준다. 이는 은행합병이 인수은행에 혜택이 되지 않고 심지어 손해가 될지 모른다는 꽤 유력한 증거이다. 이러한 결과에 대한 이유는 분명하지 않지만 아마 단순히 인수회사가 인수비용을 과도하게 지급한 결과일 수 있다. 이유에 관계없이 의미하는 바는 분명하다. 은행은 다른 은행을 인수하기 전에 심사숙고해야 한다.

더욱이 당신이 인수합병 공시일에 주가가 5% 이상 하락하는 인수은행의 CFO라고 하자. 시장은 그 합병이 당신의 은행에 아주 나쁘다고 말해주고 있다. 발표 전에 그 합병이 좋은 아이디어라고 생각했더라도, 합병 취소를 심각하게 고려해보아야 한다.

물론 합병은 기업의 많은 사건 중에서 단지 하나의 유형이다. 경영자는 새로운 벤처, 사업분할, 구조조정, 혹은 무엇이든 공시에 따른 주가반응에 주의를 기울여야 한다.

기업이 시장가격에 정보를 반영할 수 있는 유일한 방법이 공시는 아니다. 가령 당신이 현재의 최고경영자(CEO)가 영입된 이후 주가가 가파르게 하락한 기업의 이사라고 가정하자. 추가로 경쟁기업의 주가는 같은 기간에 상승하였다. 정상을 참작할 수 있는 상황이 있을 수 있지만 이는 CEO가 임무를 잘 수행하지 못하고 있다는 증거로 여겨질 수 있다. 아마 그는 해고되어야 할 것이다. 가혹하게 보일지 모르지만 Warner, Watts, 그리고 Wruck은 경영자 교체와 교체 이전 주가 성과 사이의 강한 음(−)의 상관관계를 발견한다.[29] 〈그림 14.15〉는 최고경영자의 강제퇴출 이전 3년에 걸쳐 주가가 평균적으로 (시장 움직임 대비) 약 40% 하락하는 것을 보여준다.

그림 14.15
경영진의 강제퇴출 이전의 주가 성과

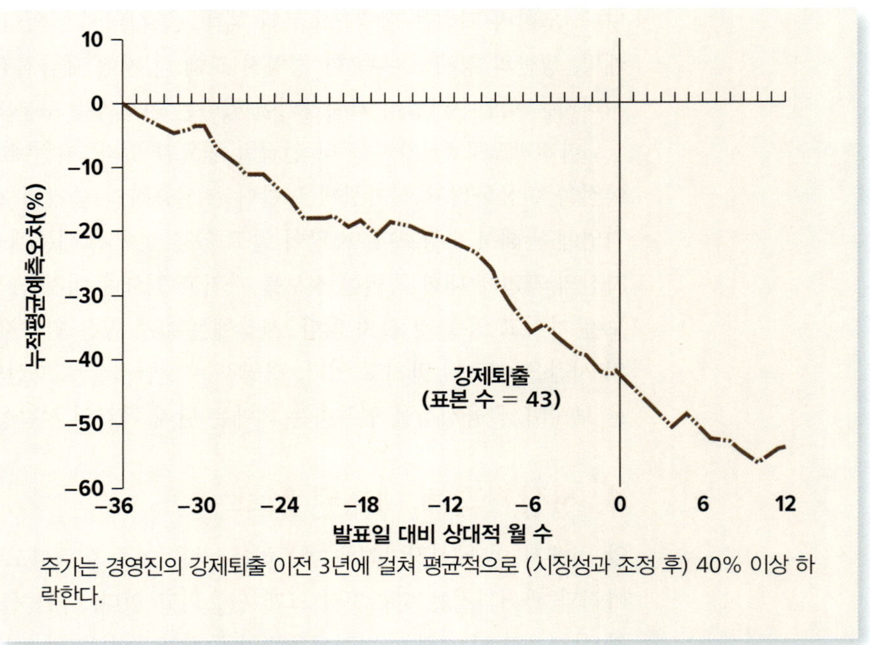

주가는 경영진의 강제퇴출 이전 3년에 걸쳐 평균적으로 (시장성과 조정 후) 40% 이상 하락한다.

출처: Warner, Watts, and Wruck, "Stock Prices and Management Changes," *Journal of Financial Economics* 20(1988). 그림 1에서 수정.

[29] Jerold B. Warner, Ross L. Watts, and Karen H. Wruck, "Stock Prices and Top Management Changes," *Journal of Financial Economics* 20 (1988).

만약 경영자가 주가 성과가 나빠서 해고된다면 그들은 나중에 주가상승으로 보상을 받을지 모른다. Hall과 Liebman은 아래와 같이 말한다.

> 우리의 주된 실증적인 발견은 CEO의 부(wealth)는 기업가치의 전형적인 변화에 대해 종종 수백만 달러가 변한다는 것이다. 예를 들면, CEO에 대한 총보상의 중앙값은 그들의 기업 주식의 연간 수익률이 하위 30%인 −7.0%라면 약 $1백만이고, 연간 수익률이 하위 70%인 20.5%라면 약 $5백만이다. 따라서 평균보다 약간 높은 성과를 달성하는 것은 평균보다 약간 낮은 성과를 달성하는 것에 비해서 약 $4백만의 보상 차이가 있다.[30]

시장효율성은 주가가 모든 이용 가능한 정보를 반영한다는 것을 의미한다. 우리는 기업의 의사결정에서 이러한 정보를 가능하면 많이 사용하도록 권한다. 그리고 최소한 경영자 해고와 경영자 보상에 관해서는 실제 세상에서 기업이 시장가격에 주의를 기울이는 것으로 보인다.

[30] Brian J. Hall and Jeffrey B. Liebman, "Are CEOs Really Paid Like Bureaucrats?" *Quarterly Journal of Economics* (August 1998), p.654.

요약 및 결론 _*Summary and Conclusions*

01. 효율적 자본시장은 해당 증권의 경제적 가치에 관한 이용 가능한 정보를 가공하고 증권의 가격에 반영한다. 시장효율성은 일반적으로 두 가지 의미를 가진다. 첫째, 어느 주어진 시기에 증권의 비정상수익률은 그 기간 동안 시장에 주어진 정보나 뉴스에 의존한다. 둘째, 시장과 동일한 정보를 이용하는 투자자가 비정상수익률을 얻을 것이라 기대할 수 없다. 다시 말해 시장을 속이려는 시스템은 실패할 수밖에 없다.

02. 시장이 가격을 결정하는 데 이용하는 정보는 무엇인가?

- **a.** 약형 효율적 시장가설은 시장은 과거의 주식가격을 이용하고 따라서 시장은 과거 가격에 대하여 효율적이라고 말한다. 이것은 과거 주식가격 움직임을 근거로 하는 주식선택이 무작위로 주식을 선택하는 것보다 낫지 않다는 것을 의미한다.
- **b.** 준강형은 시장이 모든 공적으로 이용 가능한 정보를 가격 설정에 이용한다고 말한다.
- **c.** 강형 효율성은 시장이 누구라도 주식에 대해 알고 있는 정보라면 심지어 내부정보까지 모두 이용한다고 말한다.

03. 행태재무학은 시장이 항상 효율적인 것은 아니라고 말한다. 그들은 아래 내용을 주장한다.

- **a.** 투자자는 이성적이지 않다.
- **b.** 합리성으로부터 이탈은 모든 투자자에게 유사하다.
- **c.** 차익거래는 비용이 들고 비효율성을 없애지 못한다.

04. 행태주의자는 자신의 믿음에 대한 실증적인 확신으로 많은 연구를 이야기하는데, 그러한 연구는 소형 주식이 대형 주식을, 가치주가 성장주를 수익률에서 앞서는 것, 그리고 주식가격이 깜짝 이익에 천천히 조정해나가는 것을 포함한다.

05. 기업의 재무관리자에게 시장효율성은 4가지 의미를 준다.

a. 경영자는 기발한 회계처리 방법으로 시장을 속일 수 없다.

b. 기업은 채권이나 주식 발행에서 성공적인 시기선택을 할 수 없다.

c. 경영자는 외환이나 기타 상품을 이용하는 투기를 통해서 수익을 낼 수 없다.

d. 경영자는 시장 주가에 관심을 가진다고 해서 많은 이익을 얻을 수 없다.

다음 박스에는 효율적 시장의 논쟁에 관한 핵심이슈의 일부가 요약되어 있다.

효율적 시장가설: 요약

말하지 않는다.

- 가격은 무작위적이다.
- 투자자는 어리석고 너무 우둔해서 시장에 있을 수 없다.
- 모든 주식은 같은 기대수익률을 가진다.
- 투자자는 다트를 던져서 종목을 선정하여야 한다.
- 주가에는 어떤 상향추세가 없다.

말하고 있다.

- 가격은 근본적인 가치를 반영한다.
- 재무관리자는 주식과 채권 발행의 시기선택을 잘 할 수 없다.
- 경영자는 외환에 투기하여 이익을 볼 수 없다.
- 경영자는 창조적 회계처리 방법으로 주가를 부양시킬 수 없다.

왜 모든 사람이 그것을 믿지는 않는가?

- 주식시장 수익률의 차트에 착시현상, 신기루, 외견상의 패턴이 있다.
- 진실은 덜 흥미롭다.
- 효율성에 반하는 증거가 있다.
  - 서로 다른 가격에 거래되지만 같은 기업이 발행하여 재무적으로 동일한 두 주식
  - 깜짝 이익
  - 소형 대 대형 주식
  - 가치주 대 성장주
  - 붕괴와 버블

시장의 세 가지 형태

약형: 현재가격은 과거가격을 반영하고 있다. 차트이용(기술적 분석)은 유용하지 않다.

준강형: 가격은 모든 공개적인 정보를 반영하고 있다. 대부분 재무분석은 유용하지 않다.

강형: 가격은 알 수 있는 모든 것을 반영한다. 아무도 일관되게 우월한 이익을 내지 못한다.

개념확인 _*Concept Questions*

01. **기업가치** 자금조달 결정을 할 때 기업이 지켜야 할 규칙은 무엇인가? 기업은 어떻게 가치를 창출하는 자금조달 기회를 만들 수 있는가?

02. 효율적 시장가설 세 가지 유형의 시장효율성을 정의하라.

03. 효율적 시장가설 다음 중 효율적 시장가설에 대해 옳은 설명은 무엇인가?

a. 완전 예측능력을 의미한다.

b. 가격이 모든 이용 가능한 정보를 반영한다는 것을 의미한다.

c. 비이성적 시장을 의미한다.

d. 가격이 변동하지 않는다는 것을 의미한다.

e. 투자자간 강렬한 경쟁의 결과이다.

04. 시장효율성의 의미 효율적 시장의 특성이 영(0)의 NPV를 가지는 시장에 투자하는 것인지를 설명하라.

05. 효율적 시장가설 주식시장 분석가가 60일 평균주가와 10일 평균주가를 비교해서 가격오류를 가진 주식을 찾을 수 있다. 이것이 맞는다면, 시장은 어떤 상태라고 말할 수 있나?

06. 준강형 효율성 만일 시장이 준강형 효율적이라면 당연히 약형 효율적인가? 설명하라.

07. 효율적 시장가설 "시장을 이기겠다(beat the market)"는 심정으로 주식을 거래하는 투자자에게 효율적 시장가설이 주는 의미는 무엇인가?

08. 주식과 도박 다음 문장에 대해 비평하라: 주식시장에 투자하는 것은 도박과 같다. 그런 투기적인 투자는 단지 도박에서 사람들이 얻는 것처럼 사람들을 흥겹게 하는 것뿐이며 그 이상의 사회적 가치는 없다.

09. 효율적 시장가설 경제신문에서 자주 언급되는 유명한 투자자와 주식 컨설턴트는 지난 20년간 커다란 수익률의 기록을 가지고 있다. 이러한 특정 투자자의 성공은 EMH가 틀렸음을 입증하는가? 설명하라.

10. 효율적 시장가설 다음 4가지 조건에서 회사 주식에 투자하여 이익을 얻을 기회가 있는지 세 가지 시나리오별로 논의하라. (1) 시장이 약형 효율적, (2) 시장이 약형 효율적이지만 준강형 효율적이지 않음, (3) 시장이 준강형 효율적이지만 강형 효율적이지 않음, (4) 시장이 강형 효율적.

a. 주가는 지난 30일간 매일 꾸준하게 상승하였다.

b. 회사의 재무제표가 3일 전에 발표되었다. 그리고 당신은 회사의 재고자산과 비용 보고방법에서 기업의 진정한 유동성 능력을 과소평가하는 몇 가지 오류를 발견했다고 생각한다.

c. 당신은 회사의 고위 경영자가 회사의 주식을 지난 몇 주에 걸쳐 공개시장에서 매수한 것을 목격한다.

다음 2개의 질문에 대하여 아래 정보를 사용하라.

기술적 분석은 투자 실무에서 논란이 있다. 기술적 분석은 특정 주식이나 시장의 방향을 예측하려는 시도에 사용되는 너무 많은 기법을 포함하고 있다. 기술적 분석은 두 가지 유형의 정보를 분석한다. 과거 주가와 투자자 감정(sentiment)이다. 기술적 분석가는 두 가지 정보가 특정 주식이나 시장 전체의 미래 방향에 관한 정보를 제공한다고 주장할 것이다.

11. 기술적 분석 기술적 분석은 시장효율성에 대하여 무엇이라고 말하는가?

12. 투자자 감정 때때로 시장의 움직임을 예측하기 위해서 사용되는 기술적 분석의 도구는 투자자 감정지수이다. 미국 개인투자자 협회(American Association of Individual Investors: AAII)는 회원을 설문 조사하여 투자자 감정지수를 발표한다. 다음 표에서 당신은 향후 4주간 상승장, 하락장, 중립장을 예상하는 투자자의 비율을 볼 수 있다.

주	상승장	하락장	중립장
1	37%	25%	38%
2	52	14	34
3	29	35	36
4	43	26	31

투자자 감정지수가 보여주려고 하는 것은 무엇인가? 이것은 기술적 분석에 얼마나 유용한가?

13. **전문가의 성과** 1990년대 후반에 전문가의 투자성과는 일반적으로 나빴다. 주식형 뮤추얼펀드의 90%가 인덱스 펀드보다 성과가 안 좋았다. 이 결과는 어떻게 시장효율성의 이슈를 담고 있는가?

14. **효율적 시장** 100년 전에 회사는 연차보고서를 만들지 않았다. 어떤 회사의 주식을 가지고 있더라도 재무상태표나 손익계산서를 열람할 수 없었다. 시장이 준강형 효율적이라고 가정하면 지금과 비교해서 그때의 시장효율성에 관해 무엇을 말하겠는가?

15. **효율적 시장가설** 우주항공기술 연구기업인 Aerotech는 오늘 아침에 세계에서 가장 유명하고 능력있는 우주과학자를 고용했다고 공시하였다. 오늘 이전에 Aerotech의 주식은 $100에 거래되고 있었다. 만일 다른 정보가 발생하지 않는다면 주식시장은 전체적으로 어떻게 움직일까?
    a. Aerotech의 주식에 무슨 일이 일어나겠는가?
    b. 다음 시나리오를 고려하자.
    i. 주가가 공시일에 $118로 상승한다. 다음 며칠간 $123에서 머물다가 $116으로 하락한다.
    ii. 주가가 $116으로 상승하고 그 수준에 머문다.
    iii. 주가가 향후 몇 주에 걸쳐서 $116으로 지속적으로 상승한다.
    어느 시나리오가 시장효율성을 말하고 있는가? 다른 시나리오는 어떤가? 그 이유는?

16. **효율적 시장가설** Gulf & Western의 설립자가 56세에 심장마비로 사망하자 주가는 $18.00에서 $20.25로 즉시 12.5% 상승했다. 효율적 주식시장은 그의 죽음을 예상할 수 있었고 주가는 그 이전에 조정을 받았기 때문에 이것은 시장의 비효율성의 증거이다. 다른 정보가 없었고 주식시장은 전체적으로 움직이지 않았다고 가정하자. 시장효율성에 대하여 위에서 언급한 것이 사실인가 아닌가? 설명하라.

17. **효율적 시장가설** 오늘 다음과 같은 발표가 있었다. "오늘 아침에 법무부는 Universal Product Care (UPC) 사건의 결론에 도달했다. UPC는 고용차별로 인해 유죄임이 입증되었다. 향후 5년간 UPC는 고용 정책의 피해자에게 매년 $2백만을 지급해야만 한다." 시장이 효율적이라고 가정하면, 소송은 수익률을 낮출 것이기 때문에 투자자는 이 발표 이후에 UPC의 주식을 매수하지 말아야 하는가? 설명하라.

18. **효율적 시장가설** Newtech Corp.는 생산 효율성을 크게 향상시킬 새로운 부품을 채택하려고 한다. 당신은 새로운 부품에 대한 뉴스가 발표되기 전에 엔지니어가 회사의 주식을 매수하여 이익을 볼 수 있다고 생각하는가? 시장이 효율적이라면, 신문에서 공시를 읽은 후에 주식을 매수하여 비정상수익을 얻을 수 있어야 하는가?

19. **효율적 시장가설** TransTrust Corp.는 재고자산 회계처리 방법을 변경하였다. 예전 방법에서 새로운 방법으로 변경되어 보고하는 분기 이익이 20% 높아졌지만 세금은 영향을 받지 않았다고 가정하자. 이익 보고에서 다른 깜짝 소식은 없으며, 회계처리 방법 변경은 공개된 정보이다. 시장이 효율적이면 보고된 이익이 높아졌다는 것을 시장에서 알게 될 때 주가는 어떻게 될 것인가?

20. 효율적 시장가설 Durkin Investing Agency는 지난 20년간 전국 제일의 주식 컨설팅 회사이다. 명성을 쌓기 이전에 Durkin의 간행물 독자는 200명뿐이었다. 독자들은 시장에서 위험과 거래비용을 차감하고도 지속적으로 우월한 성과를 내기 시작했다. 독자는 10,000명으로 증가했다. 이제 Durkin 투자가 주식을 추천하면 가격이 즉각 반응을 한다. 모든 사람이 정보에 따라 행동하기 때문에 이미 오른 가격에 Durkin이 추천한 주식을 사는 독자들은 이제 정상적인 수익률만을 얻게 된다. 이 현상을 간단히 설명하라. Durkin의 주식 추천능력은 시장효율성과 일치하는가?

21. 효율적 시장가설 당신이 거래하는 증권회사 직원은 경영이 잘 되는 기업이 경영이 나쁜 기업보다 좋은 투자처라는 말에 회의적이다. 그는 증거로 8년 전에 가장 잘 경영되는 회사로 소개된 100개의 소형 제조회사를 조사한 최근의 연구를 언급한다. 그때 소개되었던 100개의 회사는 그 이후 8년이 지난 지금 평균적인 시장수익률 이상을 얻지 못하고 있다. 그는 만일 기업이 잘 관리되었다면 평균 이상의 수익률을 만들어야 한다고 주장하고 있다. 만일 시장이 효율적이라면 당신은 그의 주장에 동의하겠는가?

22. 효율적 시장가설 유명한 경제학자가 **월스트리트 저널**에 불황은 끝났고 경제는 다시 확장에 들어갔다고 주장하였다. 시장효율성을 가정하자. 이러한 발표를 읽은 후에 주식시장에 투자하여 이익을 얻을 수 있을까?

23. 효율적 시장가설 시장이 준강형 효율적이라고 가정하자. 다음에 기반하여 투자하면 초과수익률을 얻을 것이라고 기대할 수 있는가?

a. 주식의 보고 이익에 대한 브로커의 정보

b. 기업 합병에 관한 루머

c. 성공적인 신제품 개발에 관한 어제의 발표

24. 효율적 시장가설 당신 회사의 순이익에 영향을 주는 특정한 거시경제변수가 양(+)의 시계열 상관관계를 가지고 있다고 상상해보자. 시장효율성을 가정하자. 당신 주식의 가격변화가 시계열 상관관계를 가질 것으로 기대하는가? 그러한 혹은 그렇지 않은 이유는 무엇인가?

25. 효율적 시장가설 효율적 시장가설은 모든 뮤추얼펀드가 동일한 위험조정수익률을 얻는다는 것을 의미한다. 따라서 우리는 단순히 뮤추얼펀드를 무작위로 선택할 수 있다. 이러한 서술이 진실인가 거짓인가? 설명하라.

26. 효율적 시장가설 시장이 효율적이라고 가정하자. 거래시간 동안 American Golf, Inc.는 대형 골프사업 프로젝트 계약에 실패했다고 발표하였다. 이러한 발표 이전에 이 회사에 문제가 없다는 것으로 널리 알려져 있었다. 시장이 효율적이고 추가적인 정보가 발표되지 않는다면 주가는 이 정보에 대하여 어떻게 반응할까?

27. 효율적 시장가설 Prospectors Inc.은 Alaska에서 금광 탐사를 하는 상장회사이다. 회사의 금광 탐사가 대개 실패하더라도, 회사는 가치가 있는 광석 탄광을 발견한다. 만일 시장이 효율적이면, Prospectors의 누적비정상수익률에서 어떤 패턴을 관찰할 것으로 예상되는가?

28. 시장효율성에 관한 연구 일부에서는 효율적 시장가설이 1987년의 시장붕괴나 1990년대 후반에 있었던 인터넷 주식의 높은 P/E 비율을 설명하지 못한다고 주장한다. 두 가지 현상을 설명하는 데 사용되는 대안이 되는 가설은 무엇인가?

연습문제 _Questions and Problems

기초
(Questions 1~4)

01. 누적비정상수익률 Delta, United, American Airline은 각각 7월 18일(7/18), 2월 12일(2/12), 10월 7일(10/7)에 항공기 구매를 발표하였다. 다음과 같은 정보를 가지고 이러한 주식의 누적비정상수익률(CAR)을 하나의 그룹으로 계산하라. 결과를 그래프로 그리고 설명하라. 모든 주식은 1의 베타를 가지고 있고 다른 공시는 일어나지 않았다.

Delta			United			American		
일자	시장 수익률	회사 수익률	일자	시장 수익률	회사 수익률	일자	시장 수익률	회사 수익률
7/12	−0.3	−0.5	2/8	−0.9	−1.1	10/1	0.5	0.3
7/13	0.0	0.2	2/9	−1.0	−1.1	10/2	0.4	0.6
7/16	0.5	0.7	2/10	0.4	0.2	10/3	1.1	1.1
7/17	−0.5	−0.3	2/11	0.6	0.8	10/6	0.1	−0.3
7/18	−2.2	1.1	2/12	−0.3	−0.1	10/7	−2.2	−0.3
7/19	−0.9	−0.7	2/15	1.1	1.2	10/8	0.5	0.5
7/20	−1.0	−1.1	2/16	0.5	0.5	10/9	−0.3	−0.2
7/23	0.7	0.5	2/17	−0.3	−0.2	10/10	0.3	0.1
7/24	0.2	0.1	2/18	0.3	0.2	10/13	0.0	−0.1

02. 누적비정상수익률 다음 그림은 1950년부터 1980년 동안 유전 발견을 공시한 386개 유전 개발 회사의 누적비정상수익률(CARs)을 보여준다. 0월(Month 0)은 공시가 일어난 달이다. 주식시장에 시장을 움직일 다른 정보가 없다고 가정한다. 이 그림은 시장효율성과 일치하는가? 그 이유는 무엇인가?

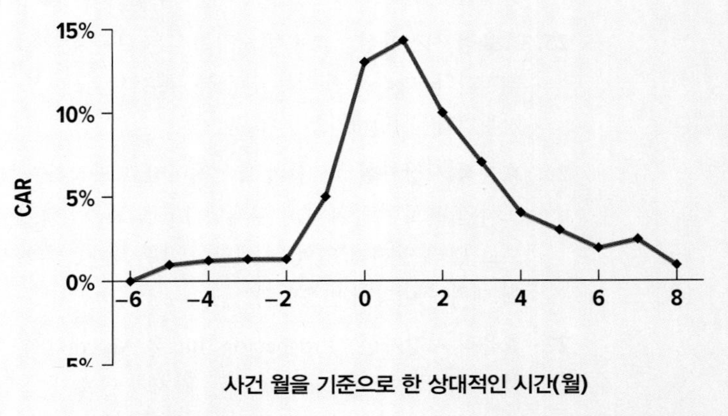

03. 누적비정상수익률 다음 그림은 4개의 누적비정상수익률(CARs) 연구 결과를 보여준다. 각각의 연구 결과에 대해 준강형 효율적 시장가설을 지지하는지, 거부하는지, 혹은 결론을 내릴 수 없는지 제시하라. 각 그림에서 시기 0 (Time 0)은 사건이 발생한 날이다.

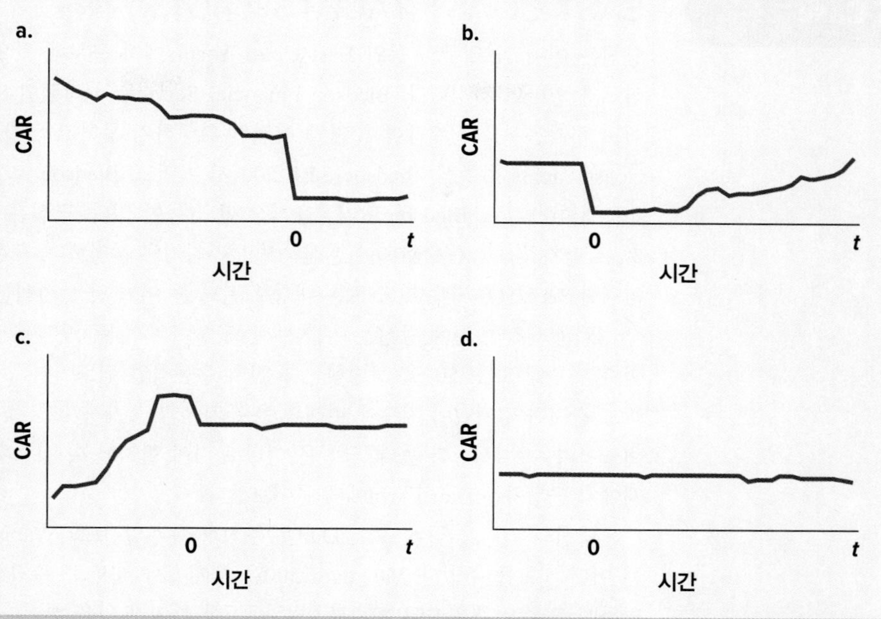

04. 누적비정상수익률 다음 연구는 반독점 소송에서 패소한 기업의 주가 움직임을 분석하고 있다. 나중에 승소를 했더라도, 다음 그림은 최초에 법원 결정에서 패소했던 모든 기업을 보여준다. 시기 0 (Time 0)은 최초의 법원 결정일이다. 다른 정보는 발표되지 않았다고 가정하자. 주식가격은 1의 베타를 가진다. 다음 그림은 시장효율성과 일치하는가? 그 이유는?

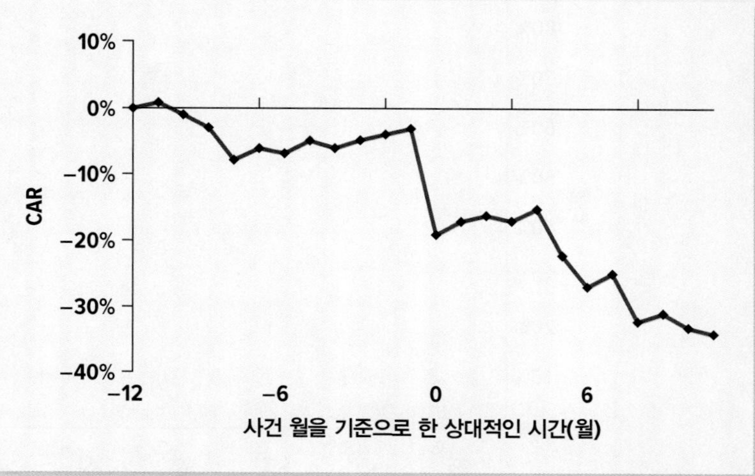

Mini Case

EAST COAST YACHTS의 401(k) 계좌

당신은 이제 약 일주일 동안 East Coast Yachts에서 근무해 왔으며, 이 기업의 401(k) 플랜에 가입할 필요가 있다고 결정했다. Bledsoe Financial Services의 직원인 Sarah Brown과 논의한 후에도 당신은 어느 투자옵션을 선택해야 할지를 여전히 확신하지 못하고 있다. 당신이 이용가능한 옵션으로는 East Coast Yachts의 주식, Bledsoe S&P 500 지수 펀드, Bledsoe 소형주 펀드, Bledsoe 대형주 펀드, Bledsoe 채권형 펀드, Bledsoe 단기금융시장 펀드 등이 있다. 당신은 투자금액의 70%는 주식, 25%는 채권, 5%는 단기금융상품(MMF)에 분산하여 투자하기로 결정했다. 또한 주식투자는 대형주에 집중하기로 하였지만 S&P 500 지수 펀드 또는 대형주 펀드 중 어느 것을 선택할지는 생각 중이다.

오랜 생각한 끝에 당신은 이들 두 펀드 사이의 기본적인 차이를 이해했다. 하나는 널리 이용되는 대형주 지수인 S&P 500을 모방하는 순전히 수동적인 펀드이며 수수료는 저렴하다. 다른 하나는 포트폴리오 관리자의 기술이 지수에 비해 높은 투자성과를 가져다 줄 것이라는 취지에서 적극적으로 운용되는 펀드이며 수수료는 더 높다. 당신은 어디로 가야 할지를 확신할 수 없어서 East Coast Yachts의 재무부서에서 근무하는 Dan Ervin에게 물어보았다.

당신의 걱정을 들은 후에 Dan은 주식형 뮤추얼펀드와 Vanguard 500 지수 펀드의 성과를 비교하는 어떤 정보를 주었다. Vanguard 500은 세계에서 가장 큰 주식형 지수 펀드이다. 이는 S&P 500을 모방하며 그 수익률은 S&P 500과 아주 근소한 차이가 있을 뿐이다. 수수료는 매우 저렴하다. 결과적으로 Vanguard 500은 본질에 있어서 401(k) 플랜이 제공하는 Bledsoe S&P 500 지수 펀드와 동일하지만 훨씬 오랜 기간 동안 존재해 왔으므로 20년 이상에 걸친 성과기록을 검토할 수 있다. 다음에 나오는 그래

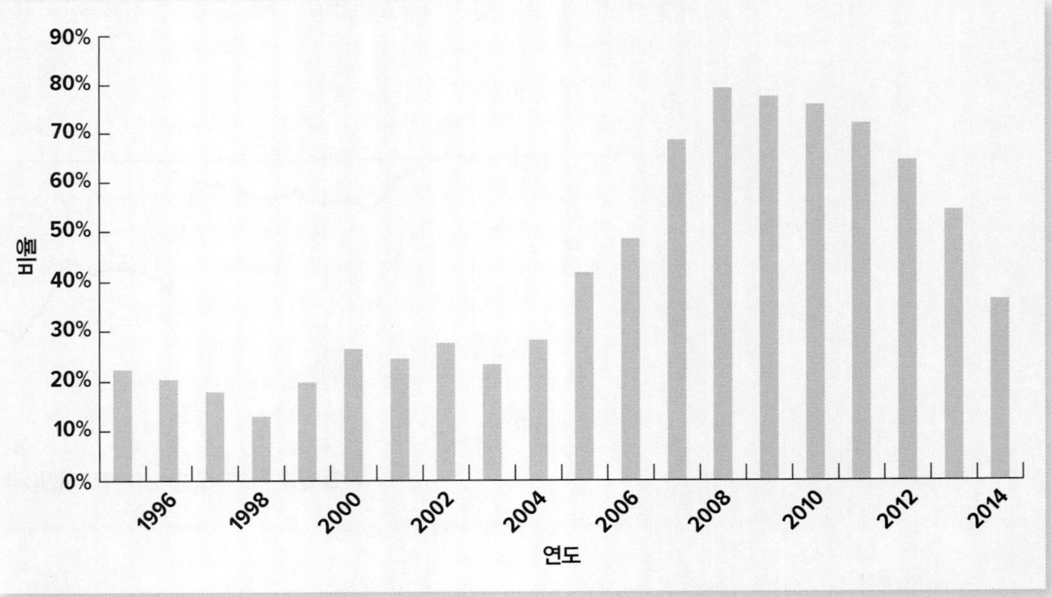

출처: Jordan, Bradford, Thomas Miller, and Steven Dolvin, *Fundamentals of Investments*, 8th ed. New York, NY: McGraw-Hill, 2017.

프는 이전 10년에 걸쳐 Vanguard 500 펀드보다 성과가 우월한 주식형 뮤추얼펀드의 비율을 보여줌으로써 Dan의 의견을 요약한다.[31] 예를 들면, 20개의 투자기간(1986~1995; 2005~2014) 중 단 7개의 기간에서만 뮤추얼펀드 매니저의 50% 이상이 Vanguard 500 인덱스 펀드보다 성과가 우월했다. Dan은 당신이 그래프를 공부한 후에 다음 질문에 답해보라고 권하고 있다.

1. 당신은 뮤추얼펀드 투자자를 위해 이 그래프에서 어떤 의미를 도출할 수 있는가?
2. 이 그래프는 시장효율성과 일치하는가 혹은 일치하지 않는가? 주의깊게 설명하라.
3. 당신은 401(k) 계좌의 주식부분에 대해 어떤 투자결정을 할 것인가? 그 이유는?

[31] 이 그래프는 가상적인 것이 아니며, 잘 분산된 많은 주식형 뮤추얼펀드와 비교한 Vanguard 500 지수 펀드의 실제성과를 반영한다. 국제적인 펀드와 같은 특별한 펀드는 제외된다. 모든 수익률은 관리수수료를 차감한 수익률이지만, "로드(loads)"로 알려진 판매대금이 있다면 이는 차감되어 있지 않다. 결과적으로 운용된 펀드의 성과는 과장되어 있다.

15

장기 자금조달

Long-Term Financing

신용등급이 낮은 기업이 채권을 발행할 때, 그 채권은 하이일드(high yield) 혹은 "정크본드(junk bond)"라 지칭된다. 정크본드는 지급불능의 위험이 높지만 더 높은 수익률을 제공한다. 이자율이 낮았던 2017년에, 투자자들은 수익률 제고를 위해 하이일드 채권을 선호하였다. 실제로, 2017년에 발행된 정크본드는 약 5배의 초과 청약을 받았는데, 이는 투자자가 발행되는 것보다 5배 더 많은 채권을 구매하려는 것을 의미한다. 예를 들어, 2017년 8월 Tesla는 $1.8십억의 정크본드를 발행했는데, 예상보다 $300백만이 더 많았다. 한 달 전, SoftBank Group은 $4.5십억의 정크본드를 발행했다. 심지어 정부조차 시장에 뛰어 들었는데, 아르헨티나는 100년 만기 정크본드를 $2.75십억이나 발행하였고 1년이 채되지 않아 지급불능이 되어 버렸다.

기업재무의 최신 동향: rwjcorporatefinance.blogspot.com

15.1 보통주와 우선주의 특징

이 장에서는 주식과 채권의 구체적인 특징에 대해 검토한다. 먼저, 주식(보통주, 우선주)에 대해 논의를 시작한다. 보통주의 특징에 대한 논의에서, 우리는 주주의 권리와 배당지급에 그 초점을 맞추기로 한다. 우선주에 대하여, 우리는 "우선"의 의미가 무엇인지에 대하여 설명하고, 이 우선주가 실질적으로 부채인지 자기자본인지에 대하여 토론해보도록 한다.

보통주의 특징들

보통주(common stock)의 의미는 여러 사람들에게 여러 가지 의미가 될 수 있지만, 일반적으로 배당금의 지급이나 파산에 있어서 어떤 특별한 우선순위가 없는 주식이라는 의미로 적용된다.

주주의 권리들 기업의 개념적인 구조는 주주들이 그들의 지시를 수행할 경영진들을 고용할 이사진(directors)을 선출하는 것으로 가정한다. 따라서 주주들은 이사진의 선출을 통해서 기업에 대한 지배를 행사한다. 일반적으로 주주들만이 이 권리를 가진다.

이사진은 매년 연차 주주총회에서 선출된다. 예외가 존재하기는 하지만(다음에 논의된다), 일반적인 개념은 "한 주에, 한 표"(한 명의 주주에 한 표가 아님)이다. 따라서 기업의 민주주의는 정치적인 민주주의와는 매우 다르다. 기업의 민주주의에서는 "황금률"이 절대적으로 승리한다.[1]

[1] 황금률: 황금을 가진 자가 법을 만든다.

이사진은 연차 주주총회에서 의결권을 가지고 참석한 주주들에게 다수의 표를 얻어 선출된다. 그러나 이사진을 선출하는 정확한 방식은 회사들마다 다르다. 가장 중요한 차이는 주식에 대한 의결권이 집중투표(cumulatively)로 행사되는지 또는 단일투표(straight)로 행사되는지에 달려 있다.

이러한 투표과정의 두 차이점을 설명하기 위해서, 어떤 기업에 두 명의 주주가 존재한다고 생각해보자. Smith는 20주를 보유하고 있고, Jones는 80주를 보유하고 있다. 둘은 모두 이사가 되기를 원하지만 Jones는 Smith를 원하지 않는다. 우리는 총 4명의 이사가 선출된다고 가정한다.

먼저 **집중투표제**(cumulative voting)의 효과는 소수의 참여를 가능하게 한다는 것이다.[2] 만약 집중투표제가 이루어진다면, 각 주주들이 행사할 수 있는 총 투표수가 먼저 결정된다. 이것은 일반적으로 (보유하고 있거나 행사할 수 있는) 주식의 수에 선출될 이사의 수를 곱하여 계산된다.

집중투표제에서 이사진들은 모두 한 번에 선출된다. 위의 예를 들어보면, 이것은 상위 4번째까지의 득표를 얻은 사람들이 새로운 이사가 되는 것을 의미한다. 주주들은 그들이 원하는 대로 투표를 할 수 있다.

Smith가 이사의 자리에 앉을 수 있을까? 만약 우리가 5명이 동일한 득표를 얻게 될 가능성을 무시한다면, 대답은 '그렇다'이다. Smith는 $20 \times 4 = 80$표의 의결권을 행사할 것이고, Jones는 $80 \times 4 = 320$표의 의결권을 행사할 것이다. 만약 Smith가 그의 모든 표를 그에게 투표한다면, 그는 이사가 될 수 있다. 그 이유는 Jones는 네 명의 후보 모두에게 80표 이상을 얻도록 320표를 분할하여 투표할 수 없으므로, 결국 Smith는 적어도 4번째 최다 득표자로 이사가 되는 것이다.

일반적으로 만약 투표할 N명의 이사가 존재한다면, 주식의 $1/(N + 1)\% + 1$주만큼 이사의 자리를 당신에게 보장한다. 위의 예에서는 $1/(4 + 1) = 20\%$이다. 따라서 한 번에 더 많은 자리를 선출하게 될수록 더 쉽게(더 저렴하게) 이사에 선출될 수 있다.

단일투표제(straight voting)에서는 이사진은 한 번에 한 명씩 선출된다. 각 투표마다, Smith는 20표의 의결권을 Jones는 80표의 의결권을 행사할 수 있다. 따라서 Jones는 후보자들의 모두를 선출할 수 있다. 이사 자리를 확보할 수 있는 유일한 방법은 주식의 50% + 1주를 소유하는 것이다. 이것은 당신이 모든 이사 선출에서 이길 수 있도록 보장해 줄 것이지만, 사실은 "도 아니면 모"의 결과와 같다.

예제 15.1

의결권 매수 JRJ Corporation의 주식은 주당 $20에 거래되고 있으며 집중투표의 방식을 가지고 있다. 현재 10,000주의 발행주식수가 존재한다. 만약, 3명의 이사가 투표에서 선출된다면, 당신이 이사에 선출되기 위해서는 얼마의 비용이 들겠는가?

여기서의 질문은 '이사직을 얻기 위해서 몇 주의 주식이 필요한가?'이다. 대답은 2,501주이며 따라서 그

[2] 여기서 소수의 참여란 상대적으로 적은 양의 주식을 보유한 주주들의 참여를 의미한다.

> 비용은 2,501 × $20 = $50,020이다. 왜 2,501주인가? 그 이유는 남은 7,499의 표에 대하여 세 명의 후보 모두가 2,501의 표 이상을 얻을 수 있도록 분배할 수 없기 때문이다. 예를 들어, 두 명의 사람이 2,502표를 얻어 처음 두 자리를 얻었다고 가정하자. 세 번째 사람은 최대 10,000 − 2,502 − 2,502 − 2,501 = 2,495의 득표를 하게 되므로, 세 번째 이사직은 당신의 것이 된다.

우리가 설명하였듯이, 단일투표제는 소액주주들에게 아무 권리도 행사하지 못하도록 만드는데, 이것이 많은 주(states)들이 집중투표제를 의무화하고 있는 이유이다. 집중투표제를 의무화하고 있는 주에서도, 그 영향을 최소화할 수 있는 제도적 장치들을 마련해 놓고 있다.

그러한 방안 중 하나는 이사진 선출 시 시차를 두고 하는 것이다. 이 시차투표(staggered elections)에서는 특정 시점에 이사직의 일부만을 선출하도록 한다. 따라서 만약 한 시점에 오직 두 명의 이사만이 선출하는 경우라면, 이사직을 보장받기 위해서는 1/(2 + 1) = 33.33% + 주식 1주가 필요하다. 시차 이사진(staggered boards)은 **유별(類別) 이사진**(classified boards)이라고도 불리는데, 시차를 둔 투표로 선출되어 그 임기가 서로 다른 이사로 구성되기 때문이다. 최근에 기업들은 매년 모든 이사를 한꺼번에 선출하라는 압력을 투자자들로부터 받고 있는데, 많은 기업들은 실제로 그렇게 실행하고 있다.

대체로 시차투표제는 두 가지 기본적인 효과를 가진다.

1. 시차투표제는 집중투표제도 아래에서 소액주주들이 이사를 선출하는 것을 더욱 어렵게 하는데, 그것은 한 번에 소수의 이사들이 선출되기 때문이다.
2. 시차투표제는 기업인수 시도의 성공확률을 낮추는데, 그것은 새로운 이사의 대다수를 선출하기 더욱 어렵도록 만들기 때문이다.

그렇지만 시차투표제는 유익한 목적에 사용될 수 있는데 이사진의 연속성을 제공하여 장기적인 계획이나 프로젝트를 추진하는 기업들에게 중요할 수 있다.

위임장 투표 주주들은 개인적으로 투표하거나 권한을 다른 사람에게 위임할 수 있다. **위임장**(proxy)은 주주에게 부여된 권한을 다른 사람에게 양도함으로써 그를 대신하여 투표하도록 하는 증서를 말한다. 편의를 위하여, 대규모 공개기업에서는 실질적으로 위임투표가 많이 이루어진다.

분명히 경영진들은 항상 가능한 많이 위임장을 양도받으려 시도할 것이다. 그러나 "외부"의 주주들도 위임장을 통해 투표로 충분한 이사진을 선출함으로써 경영진들을 교체하기 위한 시도를 할 수 있다. 이러한 경영진과 주주들 간의 싸움을 **위임장 대결**(proxy fight)이라고 부른다.

주식의 종류 기업들은 보통주에 하나 이상의 종류(Class)가 존재하는 경우도 있다. 이 종류들은 종종 동등하지 않은 의결권을 만들어낸다. 예를 들어, Ford Motor Company에는 공개시장에서 거래되지 않는(Ford 일가 신탁재산으로 보유됨) 클래스(Class) B라는 보통주가 있다. 이 주식 수는 비록 전체 발행주식수의 10%에도 못 미치지만 의결권의 40%를 가지고 있다.

여러 종류의 주식을 발행하는 회사들도 많이 존재한다. General Motors는 "GM Classic"

이라는 주식을 처음 발행하였고 추가적으로 Class E (GME) 주식과 Class H (GMH) 주식을 발행하였다. 이런 종류의 주식들은 GM이 Electronic Data Systems와 Hughes Aircraft를 인수하는 데 드는 막대한 자금을 조달하기 위해 만들어진 것이다. 또 다른 예로는 최근에 공개된 웹 검색회사인 Alphabet이다. Alphabet은 Class A와 Class B, 두 개 종류의 주식을 발행하였다. Class A 주식은 공개적으로 보유되며 한 주당 한 표의 의결권을 가진다. Class B 주식은 회사의 내부자들이 보유하며, 한 주당 10표의 의결권을 가진다. 2014년에 Class B 주식을 분할하여 Class C 주식을 만들었는데 의결권이 전혀 없는 주식이었다. 결과적으로, Alphabet의 설립자들과 경영진들은 회사를 지배할 수 있게 되어 있다.

역사적으로, New York Stock Exchange는 기업들이 불평등한 의결권을 가진 주식을 발행하는 것을 허용하지 않았다. 그러나 Ford 같은 예외적인 상황이 나타났으며, NYSE에 상장되어 있지 않은 많은 기업들은 두 종류의 보통주를 발행하고 있다. 두 종류 또는 여러 종류의 주식을 발행하는 가장 주된 이유는 회사의 지배권과 관련이 있다. 만약 그러한 주식이 존재한다면, 회사의 경영진은 의결권이 없거나 또는 의결권이 제한된 주식을 발생하여 회사의 지배권을 유지하면서도 자본을 조달할 수 있다.

이러한 불평등한 의결권에 대한 논제는 "한 주당 한 표의 의결권"이라는 개념이 강하게 지지받고 또 오랜 역사를 가진 미국에서 논란이 되고 있다. 그러나 흥미롭게도 전 세계적으로 이러한 불평등한 의결권을 가진 주식은 상당히 일반적이다.

다른 권리들 기업에서 보통주 주식의 가치는 직접적으로 주주의 일반적인 권리들과 연관이 된다. 이사진 선출에 대한 권리에 더하여, 주주들은 일반적으로 다음의 권리들을 가진다.

1. 주식의 지분에 비례하여 배당금을 지급받을 권리
2. 주식의 지분에 비례하여 회사 청산 시 부채가 상환된 이후의 잔여 자산을 가질 수 있는 권리
3. 합병과 같은 중대한 사안에 대하여 주주들이 투표할 권리. 투표는 보통 연차 주주정기총회나 특별총회에서 진행된다.

이에 더하여, 기업들은 주주에게 신주인수권(preemptive right)을 부여하기도 한다. 신주인수권은 기업이 일반 대중에게 신주를 판매하기에 앞서 기존의 주주들에게 먼저 판매해야 하는 것을 의미한다. 주주들에게 그의 회사에 대한 비례적인 소유권을 보호할 수 있는 기회를 주기 위해서이다.

배당 주식회사는 법에 의해 주주들에게 **배당금**(dividends)을 지급할 수 있다. 배당의 지급은 이사회의 의결사항이다.

다음은 배당과 관련된 중요한 특징이다.

1. 이사회가 배당을 결의하지 않는다면, 기업의 채무가 아니다. 기업은 배당을 선언하지 않는 것에 대하여 채무불이행이 적용될 수 없다. 따라서 기업은 배당금의 미지급으로 파산이 될 수 없다. 배당금액 또는 배당금의 지급 여부는 이사회의 경영적 의사결정이다.

2. 배당금은 기업의 세후이익에서 지급된다. 기업에 의하여 지급되는 배당금은 영업비용이 아니고 기업의 법인세에 대하여 세금감면의 효과가 없다.
3. 주주들 개인이 받는 배당금은 과세대상이다. 그러나 법인이 다른 회사의 주식을 보유하고 있다면, 그들이 받은 배당의 50%(혹은 그 이상)를 과세대상에서 제외하고 나머지 30%에 대해서만 과세가 된다.[3]

우선주의 특징들

우선주(preferred stock)는 배당금의 지급이나 기업 청산 시 기업자산의 분배에서 보통주보다 우선권을 가지기 때문에 보통주와는 다르다. 우선(preferred)이란 말은 우선주의 주주들은 반드시 보통주 주주들에 앞서 배당을(계속기업의 경우) 지급받아야 한다는 의미이다. 우선주에는 만기가 없다.

우선주는 법률과 세금의 관점에서는 자기자본의 형태이다. 그러나 우선주의 주주들은 의결권이 없다는 점에 유의해야 한다.

명시된 가치 우선주는 명시된 청산가치를 가지고 있으며, 일반적으로 주당 $100이다. 현금배당은 주당 몇 달러의 형태로 표시되어 있다. 예를 들어, General Motors의 "$5 우선(preferred)"은 명시된 가치의 5%를 배당수익으로 받는 것으로 쉽게 해석될 수 있다.

누적배당과 비누적배당 우선주의 배당은 채권의 이자와 다르다. 이사진은 우선주에 대하여 배당을 지급하지 않기로 결정할 수 있으며, 그들의 결정은 회사의 최근 순이익과 아무런 관련이 없을 수 있다.

우선주에 대하여 지급해야 할 배당은 누적일 수도 또는 비누적일 수도 있는데, 대부분은 누적이다. 만약 우선주의 배당이 누적이고 특정 연도에 지급되지 않았다면, 그것은 연체(arrearage)로 다음 기로 이월된다. 항상 누적된(과거의) 우선주 배당금과 현재의 우선주 배당금은 보통주 주주들에게 배당되기 이전에 지급되어야만 한다.

지급되지 않은 우선주 배당금은 기업의 부채가 아니다. 우선주의 주주들에 의해 선출된 이사들은 우선주의 배당을 무기한 연기할 수 있다. 그러나 이러한 경우, 보통주의 주주들 또한 배당이 연기되어야 한다. 또한 우선주의 주주들은 때때로 우선주에 대한 배당이 어느 기간 동안 지급되지 않을 때, 의결권이나 다른 권리들이 부여되기도 한다. 예를 들어, 한때 US Airways는 1년 6개월 동안 우선주에 대해서 배당을 지급하지 못했다. 그 결과 우선주를 소유하고 있던 주주들은 자신들의 이익을 대변할 두 명의 이사를 지명할 권리를 얻었다. 지급이 안 되어 누적된 배당금에 대해서 우선주 주주들이 아무런 이자를 받지 못하기 때문에 일부 사람들은 기업이 우선주에 대한 배당을 지연시키려는 인센티브를 갖는다고 주장한다. 그러나 기업이 우선주에 대한 배당을 지연시키는 것은 앞에서 언급했듯이 우선주 주주들에게 의결권을 나누어줘야 한다는

[3] 기업이 50%의 세금면제가 적용되는 것은 이 기업이 다른 기업 주식의 20% 미만을 소유하는 경우이다. 만약 기업이 20% 이상 65% 미만을 소유하고 있다면 배당금의 65%가 세금면제를 받을 수 있다. 만약 65%보다 많은 주식을 보유하고 있다면, 이 기업은 배당금을 하나의 통합된(consolidated) 수익으로 정리하여, 100% 세금면제 혜택을 받을 수 있다.

것을 의미할 수 있다.

우선주는 실질적으로 부채인가? 우선주는 자기자본 채권의 한 종류로 실질적으로는 부채가 주식의 형태로 변장되어 있는 것과 같다. 우선주는 오직 명시된 배당금만을 지급받으며, 만약 기업이 청산되면 우선주의 주주들은 명시된 가치를 얻는다. 우선주는 종종 채권과 같이 신용등급이 존재한다. 이에 더하여, 우선주는 때때로 보통주로 전환되기도 하며 또한 종종 조기상환(callable)이 가능하다. 조기상환이란 발행자에게 명시된 금액의 전부 혹은 일부를 조기상환할 수 있도록 허용하는 것이다. 조기상환에 대한 특징은 다음 절에서 다루기로 한다.

우선주에는 만기가 없지만, 많은 우선주의 발행에는 감채기금(sinking funds)이 의무화되어 있다. 감채기금은 매년 우선주의 일부분을 상환하는 것을 의미하는데, 이러한 감채기금의 존재는 결국 발행된 우선주가 모두 상환되는 것을 의미하므로 최종 만기일을 만들어내는 것과 같게 된다. 감채기금에 대한 특징도 다음 절에서 살펴본다. 이러한 이유로, 우선주는 부채와 유사한 점이 많아 보인다. 그러나 세금상으로는 우선주의 배당금은 보통주의 배당금과 동일하게 취급된다.

1990년대에 회사들은 우선주와 많이 비슷하지만 세금은 부채와 같이 취급받는 증권들을 발행하기 시작하였다. 이 새로운 증권들은 TOPrS (trust-originated preferred securities 또는 toppers), MIPS (monthly income preferred securities), 그리고 QUIPS (quarterly income preferred securities)와 같은 흥미로운 축약어가 주어졌다. 다양한 세부적 특징들 때문에, 이 증권들은 이자 지급으로 세금을 감면시키게 만드는 세금 목적을 위한 부채로 간주된다. 이 증권들의 투자자들에 대한 지급은 이자와 같이 취급되어 개인들에게는 개인소득세로 취급된다. 2003년까지 이자 지불과 배당금에 대하여 동일한 한계세율을 적용하였다. 배당 지급에 대한 세율이 인하되었을 때, 이 증권들은 포함되지 않았기 때문에 개인들은 여전히 이 증권들로부터 받는 배당금에 대하여 높은 소득세를 지불해야만 한다.

15.2 기업의 장기 부채

이 절에서는 전형적인 장기 회사채와 관련된 기본적인 용어들과 특징들에 대하여 자세히 설명함으로써 기업의 부채에 대한 논의를 이어나가기로 한다. 다음 절에서 장기 부채와 관련된 추가적인 이슈들을 논의할 것이다.

기업에 의하여 발행되는 증권들은 아마도 **자기자본증권**(equity securities)과 **부채증권**(debt securities)으로 나누어질 수 있을 것이다. 대략적으로 부채는 반드시 되갚아야 하는 어떤 것을 나타내는데, 이것은 돈을 차입한 것에 대한 결과이다. 기업이 차입을 할 때, 그들은 일반적으로 정기적으로 이자를 지급하고 차입한 원래 금액(즉, 원금)을 상환하기로 약속한다. 대출을 해주는 개인 또는 회사를 **채권자**(creditor) 또는 **대여자**(lender)라고 부른다. 돈을 차입하는 회사를 **채무자**(debtor) 또는 **차입자**(borrower)라고 부른다.

재무적 관점으로부터, 부채와 자기자본의 차이는 다음과 같다.

1. 부채는 회사의 소유권에 대한 이해관계가 없다. 채권자는 일반적으로 의결권이 없다.
2. 기업의 부채에 대한 이자의 지급은 영업활동의 비용으로 고려되어 30%까지 세금의 감면을 받을 수 있다(상한은 Tax Cuts and Jobs Act에 근거함). 주주들에게 지급되는 배당금은 세금감면이 되지 않는다.
3. 상환되지 않은 부채는 기업의 채무와 같다. 만약 부채가 상환되지 않는다면, 채권자들은 법적으로 회사의 자산에 대한 권리를 청구할 수 있다. 이러한 행동은 파산의 두 가지 가능한 결과인 청산(liquidation) 혹은 회생절차(reorganization)를 초래할 수 있다. 따라서 부채발행의 비용 중 하나는 재무적 실패의 가능성이 된다. 이 가능성은 자기자본을 발행할 때에는 나타나지 않는다.

부채인가 또는 자기자본인가?

때때로 특정 증권이 부채인지 또는 자기자본인지 분명하지 않을 때가 있다. 예를 들어, 어떤 기업이 소득이 발생하는 경우에만 이자를 지급하는 영구채권을 발행하였다고 가정해보자. 이것이 부채인지 아닌지를 말하기는 매우 어려우며, 이것은 본질적으로 법적 혹은 의미론적인 문제이다. 법원과 세무서가 이에 대한 최종 결정을 가지고 있을 것이다.

기업들은 자기자본의 특징을 가지고 있으나 부채로 취급되는 이색적이고, 혼합적인 증권들을 만들어내는 것에 전문적이다. 명백하게 부채와 자기자본 간의 구분은 세금 목적을 위하여 매우 중요하다. 따라서 기업들이 실질적으로는 자기자본인 부채증권을 만들어내려는 이유는, 부채의 세금 혜택과 자기자본의 파산과 관련되지 않는다는 혜택을 얻기 위해서라고 할 수 있다.

일반적으로, 원칙에서 자기자본은 기업의 소유권을 나타내며 잔여청구권을 가진다. 이것은 주주들이 채권자들 이후에 지급이 되는 것을 의미한다. 이로 인해 부채와 자기자본에 관련된 위험과 이익은 서로 다르다. 예를 들면, 부채를 소유하는 것에 대한 최대의 보상은 궁극적으로 대출금액만큼으로 고정되어 있는 반면, 자기자본의 보유로부터 오는 잠재적인 보상은 그 제한이 없다.

자기자본 vs. 부채

특징	자기자본	부채
소득	배당금	이자
세금 처리	배당금은 개인의 소득으로 과세되며 현재 미 연방세로는 23.8% 상한선이 있다. 배당금은 영업비용이 아니다.	이자는 개인의 소득으로 과세된다. 이자는 영업비용이고, 기업은 회사의 세금을 계산할 때 EBIT의 30%까지 이자를 차감한다.
통제권	보통주는 항상 의결권을 가진다.	통제권은 대출합의서에서 발효된다.
채무불이행	회사는 배당금의 미지급으로 파산되지는 않는다.	상환되지 않는 부채는 회사의 채무이다. 미상환은 파산을 가져온다.

결론: 세금과 관련해서는 부채가 유리하지만 채무불이행과 관련해서는 자기자본이 더 낫다. 통제권과 관련된 특징에서는 부채와 자기자본이 서로 다르지만 어느 것이 다른 것보다 더 낫다고 할 수 없다.

장기 부채: 기본적인 사항들

궁극적으로 모든 장기 부채증권들은 발행기업에 의해서 만기에 원금이 지급되고 지급되지 않은 잔액에 대해서는 적시에 이자를 지급하도록 약속이 되어 있다. 이것을 넘어 이 증권들을 서로 구분하는 많은 특징들이 존재한다. 다음에서 이 특징들에 대하여 논의한다.

장기 부채의 만기는 미상환된 잔액에 대한 부채가 남아 있는 시간의 길이를 의미한다. 부채증권은 단기(만기가 1년 또는 그 이하) 또는 장기(만기가 1년 이상)가 될 수 있다.[4] 단기 부채는 때때로 **일시차입부채**(unfunded debt)로 불리기도 한다.[5]

부채증권들은 전형적으로 **중기무담보채권**(notes), **장기무담보채권**(debentures), **장기담보채권**(bond)로 불린다. 엄밀히 말하면 채권은 지급보장된 부채이다. 그러나 일반적으로 **채권**이라는 단어는 지급보장 또는 지급보장이 되지 않는 모든 종류의 부채를 말한다. 또한 일반적으로 중기무담보채권과 채권의 차이는 만기와 관련된다. 발행 시 10년 또는 그 이하의 만기를 가지는 것을 중기채권(notes)이라고 부른다. 이보다 더 긴 부채는 장기채권(bonds)으로 불린다.

장기 부채의 두 가지 주요한 형태는 공모채권(public issue)과 사모채권(privately placed)이다. 사모채권은 대중에게 직접 판매되지 않고 대여자에게 직접적으로 발행된다는 점이다. 개인적인 거래이므로, 세부적인 조건들은 거래에 수반되는 당사자들에 달려 있다. 우리는 공모채권에 초점을 두기로 한다. 그러나 우리가 언급하는 대부분은 사모장기채권에도 또한 해당되는 내

Visa 채권의 특징들

용어		설명
발행금액	$750백만	이 회사는 $750백만 가치의 채권을 발행하였다.
발행일	9/11/2017	이 채권은 2017년 9월 11일에 판매되었다.
만기	3/15/2027	이 채권의 만기는 2027년 3월 15일이다.
액면가	$2,000	이 채권의 액면가는 $2,000이다.
연간 표면이자율	2.75%	채권자는 매년 채권당 $55를 받는다(액면가의 2.75%).
매도가	99.255	판매가격은 채권당 액면가 $2,000의 99.255% 또는 $1,985.10을 받는다.
쿠폰지급일	03/04, 09/04	쿠폰은 이 날짜에 $55/2 = $27.50이 지급된다.
지급보장	없음	이 채권은 특정자산에 의한 지급보장이 되어 있지 않다.
감채기금	없음	이 채권은 감채기금이 없다.
콜조항	항시	이 채권은 지연된 콜 조건이 없다.
콜가격	미재정증권 이자율 + 0.125%	이 채권은 "손실보전(make whole)" 콜조항을 가지고 있다.
신용등급	Moday's A1; S&P A+	이 채권은 가능한 좋은 신용등급을 보유하고 있다.

[4] 단기와 장기 부채를 구별하는 보편적으로 인정되는 기준은 존재하지 않는다. 게다가 사람들은 종종 만기가 1년 이상이면서 3년에서 5년 이하, 혹은 심지어 10년 이하까지의 부채를 중기(intermediate-term) 부채라고 부른다.

[5] 펀딩(funding)이라는 말은 재무 분야의 전문용어이다. 이것은 일반적으로 장기를 의미한다. 따라서 어떤 기업이 그들의 부채에 대하여 펀드(fund)를 계획한다는 것은 장기 부채로 단기 부채를 대체하려는 것을 의미한다고 할 수 있다.

용이다.

장기 부채에는 지급보장, 콜조항, 감채기금, 신용등급, 보호조항과 같은 수많은 다른 다양한 측면들이 존재한다. 다음의 표는 Visa에 의하여 발행된 채권의 특징들을 설명한 것이다. 만약 이 용어들이 생소하더라도 두려워할 것은 없다. 이것들에 대하여 곧 논의하게 될 것이다.

이 특징들 중 대부분은 채권약정서(indenture)에 자세히 기록되므로 이에 대해서 먼저 논의하도록 한다.

채권약정서

채권약정서(indenture)는 기업(차입자)과 채권자 간의 명시된 합의서이다. 때때로 이것은 신탁증서(deed of trust)로 언급되기도 한다.[6] 일반적으로 기업은 채권자를 대표할 수탁자(보통은 은행)를 지정한다. 이 수탁회사는 반드시 (1) 채권약정서의 조건대로 이행되도록 확인하고, (2) 감채기금을 관리하며(다음 페이지에서 설명), (3) 기업의 채무불이행 시 채권자들을 대변해야 한다.

채권약정서는 법적 문서이며 이것은 수백 장에 달할 수 있어 일반적으로 읽기에 매우 지루하다. 그러나 이것은 일반적으로 다음의 조항들을 포함하고 있기 때문에 매우 중요한 문서이다.

1. 채권의 기본적인 조건들
2. 지급보장으로 사용되는 자산에 대한 설명
3. 우선변제권
4. 원금상환에 대한 내용
5. 콜조항
6. 보호조항의 세부내용

다음은 위의 특징들에 대하여 논의한다.

채권의 조건들 회사의 채권은 일반적으로 $1,000의 액면가를 가지고 있으나 Visa의 경우와 같이 $2,000의 액면가를 가지고 있는 채권을 발행하는 경우가 보편화되어 가고 있다. 다른 액면가도 물론 존재한다. 예를 들어, 지방채의 경우는 종종 $5,000의 액면가로 발행되고, 미국 국채의 경우는 $10,000 혹은 $100,000의 액면가로 발행되기도 한다. 이것은 원금 가치(principal value)로 불리며 채권증서에 명시되어 있다. 따라서 만약 기업이 $10백만을 차입하기 원한다면, 액면가 $2,000인 채권 5,000장이 발행되어야 한다. 채권의 발행가치(최초의 회계적 가치)는 액면가와 거의 동일하며 따라서 이 두 용어는 서로 같은 의미로 사용된다.

채권은 일반적으로 **등록 형태**(registered form)이다. 예를 들어, 채권약정서는 다음과 같다:

이자는 매년 반기마다 7월 1일과 1월 1일에 지급되며, 지급 대상은 각각 6월 15일과 12월 15일에 채권의 소유자로 등록된 사람에게 지급된다.

[6] 사모채권이나 중장기대출에 대해서는 일반적으로 대출합의서(loan agreement) 또는 대출계약(loan contract)과 같은 용어가 사용된다.

이것은 회사가 채권의 소유권과 소유권의 변화를 기록하는 것을 의미한다. 이 회사는 소유자로 기록된 사람에게 채권의 이자와 원금을 지불한다. 어떤 회사채는 등록 형태에 "쿠폰(coupons)"이 붙어있을 수도 있다. 이자를 받기 위해서 채권소유자는 채권증서로부터 쿠폰을 분리하여 그것을 회사의 담당자에게 보내야 이자를 받을 수 있다.

다른 대안으로, 채권은 **소지인 형태**(bearer form)가 될 수 있다. 이것은 채권증서가 그 자체로 소유권의 기본적인 증거이며, 회사는 이 소지인에게 지불하는 것을 의미한다. 소유권은 별도로 기록되지 않으며, 따라서 쿠폰이 부착된 등록 형태의 채권과 마찬가지로 이 채권증서의 보유자는 쿠폰을 분리하여 회사의 담당자에게 보낸 후 지급을 받을 수 있다.

소지인 형태의 채권은 두 가지 단점을 가진다. 첫째, 만약 채권이 분실 혹은 도난 시에 되찾기가 어렵다는 점이다. 둘째, 회사가 누가 채권을 소유하였는지 알 수 없으므로, 중요한 사안에 대하여 채권자에게 알리기가 어렵다. 소지인 채권은 한때 지배적인 형태였으나, 최근 미국에서는 점차 등록 형태 채권이 일반적이다.

지급보증 부채증권들은 채권자를 보호하기 위한 **부담보**(collateral)나 **저당권**(mortgage)에 따라서 구분될 수 있다.

부담보는 부채의 상환을 위해서 담보물로 설정된 증권들(예를 들어, 채권이나 주식)을 의미하는 일반적인 용어이다. 예를 들어, 부담보신탁채권은 종종 기업이 보유한 보통주를 담보물로 한다. 그러나 **부담보**라는 용어는 부채에 담보물로 설정된 자산을 지칭하는 데 보통 사용된다.

저당증권(mortgage securities)은 차입자의 실물재산에 대한 저당권에 의해서 지급이 보장된다. 여기에 수반되는 재산은 일반적으로, 예를 들어 땅이나 빌딩과 같은 부동산이다. 저당권에 대해 기록되어 있는 법적 문서를 **저당신탁증서**(mortgage trust indenture 또는 trust deed)라고 부른다.

때때로 저당권은 철도 차량과 같은 특정 재산에 대한 것이 될 수도 있다. 하지만 일반적으로 포괄 저당권(blanket mortgage)이 사용된다. 포괄 저당권은 회사에 의해 소유된 모든 자산을 담보물로 한다.[7]

채권은 회사의 무담보채무를 의미하기도 한다. **장기무담보채권**(debenture)은 지급보장을 위해서 특정한 담보물이 없이 발행된 채권을 의미한다. **중기무담보채권**(note)이란 용어는 일반적으로 채권의 발행시점으로부터의 만기가 10년 미만인 지급보장이 되지 않는 채권에 사용된다. 장기무담보채권의 소유자는 담보채권을 소유하고 있는 사람에 대한 권리가 행사된 후에 남는 자산에 대해서만 청구권을 행사할 수 있다.

우리가 이 장에서 사용하는 용어들은 미국에서 사용되는 것들을 기준으로 한다. 미국 밖에서, 이 동일한 용어들은 다른 의미로 사용될 수 있다. 예를 들어, 영국 정부가 발행하는 **국채**(gilts)는 **정부주식**(treasury stock)이라고 불린다. 또한 영국에서 'debenture'는 지급보장이 되어 있다.

최근 미국에서 제조회사나 금융회사들에 의해서 공모로 발행되는 채권은 전형적으로 장기

[7] 실물재산은 토지와 그에 부속된 모든 것들을 포함한다. 현금이나 재고는 포함되지 않는다.

무담보채권이다. 그러나 공공사업체나 철도회사의 채권은 자산을 담보로 지급보장을 하고 있다.

우선변제권 일반적으로 **우선변제권**(seniority)은 다른 대여자보다 우선적인 위치를 의미하며, 채권에 때때로 표시되는 **선순위**(senior) 또는 **후순위**(junior)는 이러한 우선변제권을 의미한다. 후순위 채권 중에는 **후순위 장기무담보채권**(subordinated debenture)도 있다.

채무불이행 시에 후순위 채권의 소유자는 우선순위를 다른 특정 채권자들에게 내주어야 한다. 일반적으로 이것은 후순위 대여자들은 특정 채권자들이 모두 보상을 받은 이후에 지급을 받을 수 있음을 의미한다. 그러나 채권은 주식보다 후순위에 있을 수는 없다.

원금상환 채권은 만기 시점에 상환될 수 있으며 그 시점에 채권자는 명시된 채권의 액면가를 받거나 또는 일부를 만기 이전 시점에 받을 수도 있다. 조기상환은 어떤 형태에서 더 전형적이며 자주 감채기금을 통해서 다루어진다.

감채기금(sinking fund)은 채권의 상환을 목적으로 채권수탁기관에 의하여 관리되는 기금이다. 회사는 매년 이 수탁기관에게 지불을 하고, 수탁자는 이를 통해 조성되는 기금을 채권의 일부를 회수하는 데 사용한다. 수탁기관은 이 기금을 사용하여 시장에서 채권의 일부를 구입하거나, 발행된 채권의 일부를 조기상환조항에 의해 조기상환하기도 한다. 두 번째 옵션에 대해서는 다음의 절에서 살펴볼 것이다.

감채기금의 계약에는 다양한 종류가 존재하는데, 그 세부 사항들은 채권약정서에 표기된다. 예를 들면:

1. 어떤 감채기금은 최초 발행 이후 10년 뒤부터 시작된다.
2. 어떤 감채기금은 채권의 잔존기간 동안 동일한 지급을 하도록 설정된다.
3. 어떤 우량채권은 채권 전체를 상환하기에 충분하지 않은 지급액을 감채기금에 설정하도록 한다. 결과적으로, 만기에 거액의 **일시상환**(balloon payment)을 하도록 한다.

콜조항 **콜조항**(call provision)은 회사가 발행한 채권의 일부 또는 전부를 특정 기간을 지나 명시된 가격에 환매 또는 "콜(call)"하도록 허락하는 것을 의미한다. 회사채는 일반적으로 조기상환이 가능하다.

일반적으로 콜가격은 채권의 명시가격(즉, 액면가)보다 높다. 콜가격과 명시된 가치와의 차이를 **콜 프리미엄**(call premium)이라고 부른다. 콜 프리미엄의 크기는 시간이 지날수록 작아진다. 콜 프리미엄을 초기 계약시점에는 연간 쿠폰과 같도록 설정하고, 콜 시기가 점점 만기에 가까워질수록 0으로 감소하도록 설정한다.

콜조항은 종종 채권 수명의 초창기 기간 동안에는 그 효력이 없다. 이것은 채권자들에게 채권의 초기 연도에 콜조항으로부터 발생할 수 있는 염려를 줄여준다. 예를 들어, 회사는 콜조항에 대한 행사를 처음 10년간 금지할 수 있다. 이것을 **지연된 콜조항**(deferred call provision)이라고 한다. 이 금지기간 동안 채권은 **콜보호**(call protected)된다고 부른다.

최근에 새로운 형태의 콜조항인 "손실보전(make-whole)" 콜이 회사채 시장에서 널리 사용되고 있는데 채권자들은 만약 채권이 조기상환될 경우 채권의 가치만큼을 받는다. 채권자들은 콜의 발생으로부터 오는 손실에 영향을 받지 않으므로 “손실보전되었다(made whole)”라고 한다.

손실보전 콜조항이 있는 경우에 콜가격의 결정을 위해서, 우리는 채권약정서에 명시된 할인율을 사용하여 잔존 이자와 원금의 현재가치를 계산하여야 한다. 예를 들어, Visa 발행의 예에서, 우리는 할인율이 “미재정증권 이자율+0.125%”임을 보았다. 이것은 먼저 동일한 만기를 가진 미재정증권의 만기수익률을 구한 다음 추가로 0.125%를 더하여 할인율로 사용하는 것을 의미한다.

손실보전 콜조항에서 주목할 점은, 콜가격은 이자율이 낮아질 때 높아지고 반대의 경우에도 마찬가지로 성립한다는 점이다(왜 그러한가?). 또한 Visa의 발행에서 손실보전 콜조항이 있는 경우 지연된 콜조항이 없는 것에도 주목하라. 왜 투자자들은 이러한 조항의 부재에 대하여 우려하지 않는가?

예제 15.2

수의 상환사채 콜조항은 기업이 특정 기간 중에 명시된 가격으로 액면가의 전액 혹은 일부를 조기에 상환할 수 있게 허용한 조항이다. 이 조항은 발행자(기업)에게는 유리하지만 채권자에게는 불리하다고 여겨진다. 이자율이 하락하여 채권가격이 상승하게 되면, 이 조항을 행사하려는 옵션의 가치는 커지는데 낮은 콜가격으로 채권을 상환할 수 있기 때문이다. 물론, 투자자들도 이러한 특징을 이해하고 콜조항을 고려할 것이다.

Venture Capital Co.(VCC)는 반기별로 쿠폰을 지급하는 30년 만기 채권을 발행한다고 가정하자. 7% 연표면이자율, $1,000 액면가로 현재 거래되고 있다. 잠재적인 이자율 변화로 인해 연말에 VCC 채권가격은 $700~$1,300이 될 수 있다고 가정하자.

1. 1년 후 VCC 채권의 예상가격은?
   Ans: (0.5 × $700) + (0.5 × $1,300) = $1,000
2. $1,000에 조기상환(callable)이 가능하다면 VCC 채권의 예상가격은?
   Ans: (0.5 × $700) + (0.5 × $1,000) = $850

예제에서 보다시피 콜조항이 있는 채권의 가격은 콜조항이 없는 채권보다 가격이 낮다는 것을 알 수 있다. 실제 채권가격이 콜가격보다 높으면 콜조항을 행사할 것이다. 따라서 채권자는 콜조항이 있는 채권에 대해 그 가치만큼 지불하지 않을 것이다.

보호조항들 **보호조항**(protective covenant)은 대출기간 동안에 회사가 취할 수 있는 특정 행동들을 제한하는 대출약정서 또는 대출합의서의 한 부분이다. 보호조항은 **금지조항**(negative covenant)과 **이행조항**(positive covenant)으로 분류될 수 있다.

금지조항은 “해서는 안 된다”의 방식의 조항이다. 이는 기업이 취할 수 있는 행위를 제한하거나 금지한다. 예를 들어, 회사는 어떤 공식에 따라서 배당금의 액수를 제한해야 한다.

이행조항은 “해야 한다”의 방식의 조항이다. 이것은 회사가 취해야 할 행위나 준수해야 할 조건들을 구체적으로 명시한다. 예를 들어, 회사는 운전자본을 최소한 특정 수준 이상으로 유지해야 한다.

특정한 채권약정서에는 수많은 다른 종류의 부정적 또는 긍정적 조항들이 나타날 수 있다.

15.3 다른 종류의 채권들

지금까지 우리는 "단순한" 회사채를 고려하였다. 이 절에서 우리는 일반적이지 않은 특징을 가진 채권들을 살펴볼 것이다.

변동금리채권

이 장에서 우리가 논의하고 있는 전통적인 채권은 액면가의 고정비율로 표면이자율(coupon rate)이 정해져 있기 때문에 고정금리채권이라 할 수 있다. 유사하게, 원금은 액면가와 동일하게 설정되어 있다. **변동금리채권**(floating rate bonds; floaters)에서 쿠폰의 지급은 조정이 가능하다. 조정은 재무부단기채권 이자율이나 30년 재무부장기채권의 이자율과 같은 지수에 묶여 조정된다.

변동금리채권의 가치는 정확히 표면이자의 지급 조정이 어떻게 정의되느냐에 따라 결정된다. 대부분의 경우 표면이자는 시간차를 두고 기준 이자율에 따라 조정된다. 예를 들어, 표면이자율의 조정이 6월 1일에 있었다고 가정하자. 이 조정은 이전 3개월 동안 나타난 재무부채권 수익률의 단순평균치를 기준으로 이루어질 수 있다. 또한 변동금리채권의 대다수는 다음과 같은 특징들을 가지고 있다.

1. 채권의 소유자는 어떤 특정 기간이 지난 후에 표면이자지급일에 액면가로 채권의 상환을 요구할 수 있는 권리를 가진다. 이것을 **풋조항**(put provision)이라고 부르며, 이에 대해서는 다음 절에서 논의할 것이다.
2. 표면이자율은 하한과 상한을 가지고 있으며 이것은 표면이자의 최소와 최대 지급액을 의미한다. 이러한 경우, 표면이자율이 **제한**(capped)되어 있다고 하며, 상한율과 하한율을 칼라(collar)라고 부른다.

다른 종류의 채권들

많은 채권들은 일반적이지 않거나 이색적인 특징을 가지고 있다. 그러한 특징 중 하나가 **워런트**(warrant)이다. 워런트는 구매자에게 고정된 가격으로 회사의 주식을 매수할 수 있는 권리를 부여한다. 이러한 권리는 만약 주식가격이 상당히 상승하였을 경우(이 주제에 대해서는 뒤의 장에서 심도 있게 다룰 것이다) 매우 가치가 있을 수 있다. 이러한 특징으로 워런트 채권은 낮은 표면이자율에 발행되기도 한다.

채권의 특징들은 오직 거래 당사자들의 상상의 한계에 의해서만 제한된다. 여기서 너무나도 다양한 특징들을 다루기에는 한계가 있다. 따라서 우리는 이 절에서 가장 일반적인 형태의 몇몇 채권에 대해서만 언급하기로 한다.

수익사채(income bonds)는 표면이자의 지급이 회사의 수익에 따라 지급된다는 점을 제외하면 전통적인 채권과 유사하다. 더 구체적으로 말하면, 채권자에게 지급되는 표면이자는 회사의 수익이 충분할 경우에만 지급된다. 이것은 매력적인 특징으로 보이나, 수익사채는 매우 일반적이지 않다.

전환사채(convertible bond)는 채권자의 옵션에 따라서 만기일 이전 어느 시점에 고정된 숫자의 주식으로 전환이 가능한 채권을 의미한다. 전환사채는 최근 들어 그 수가 감소하고 있다.

풋 사채(put bond)는 채권자에게 명시된 가격으로 발행자에게 채권을 환매하도록 강제할 수 있도록 허락한다. 예를 들어, International Paper Co.는 어떤 위험사건이 일어났을 때, 채권자들이 액면가의 100% 가격으로 International Paper에게 채권을 환매할 수 있도록 하는 채권을 발행하고 있다. 이러한 위험사건으로는 Moody's나 S&P에 의해 신용등급이 투자등급에서 강등되는 경우가 있다. 풋조항은 결국 콜조항과는 정반대가 되는 것이다.

어떤 한 채권은 여러 가지 일반적이지 않은 특징들을 많이 가지고 있을 수 있다. 가장 최근의 이색적인 두 채권은 표면이자를 지급하는 CoCo 채권과, 표면이자를 지급하지 않는 채권인 NoNo 채권이 있다. CoCo와 NoNo 채권은 조건부 전환이 가능하며, 발행자에게 되팔거나, 발행자가 되살 수도 있는 후순위 채권이다. 조건부 전환이라는 말은 어떤 조건이 충족되었을 때 전환이 가능한 것을 의미한다. 예를 들어, 조건부 조항은 회사의 주식이 최근 30일 중에서 20일 동안 전환가격의 110%에 거래되는 경우와 같은 것이 될 수 있다. 이런 종류의 채권 가치를 산정하는 것은 매우 복잡하며, 만기수익률에 대한 계산 또한 종종 무의미해진다.

재앙 사채(catastrophe bonds; cat)는 또 다른 예이다. 2017년 8월 세계은행은 열대성 저기압과 지진으로부터 멕시코를 보호하기 위해 $360백만의 재앙 채권을 발행했다. 불행하게도, 멕시코는 2017년 9월에 발생한 진도 8.1의 강력한 지진으로 인해 이 채권의 $150백만을 받았다.

15.4 은행대출

채권발행 이외에도 기업은 은행으로부터 자금을 조달한다. 은행대출과 관련해서 두 가지 중요한 특징이 있는데, 신용한도(line of credit)와 신디케이션(syndication)이다.

신용한도 은행들은 종종 기업에게 신용한도를 제공하는데, 이는 기업이 특정한 금액까지 대출받도록 허용된 계약이다. 신용한도는 일반적으로 회전신용한도(revolving line of credit) 혹은 리볼버(revolver)라고 불리기도 한다. 예를 들면, 3년 약정인 $75백만의 리볼버를 가정해보자. 이는 기업이 3년 기간 동안 언제든 $75백만의 일부 혹은 전액 대출을 받을 수 있다. 약정수수료(commitment fee)는 0.2%이고 $25백만을 대출받았다고 가정하자. 기업은 실제로 대출받은 $25백만에 대해서는 이자율을 지급하고 대출받지 않은 $50백만에 대해서는 $100,000 (= 0.002 × $50백만)의 약정수수료를 지급해야 한다.

신디케이티드 대출 Citigroup과 같은 매우 큰 은행들은 대체로 공급 가능한 규모보다 대출의 수요가 더 크며, 반면 규모가 작은 지역은행들은 수익성 있는 대출 규모보다 많은 자금을 보유하고 있다. 기본적으로 규모가 작은 은행들은 그들에게 가능한 자금으로는 충분히 좋은 대출을 만들어낼 수 없다. 따라서 큰 은행들은 회사 또는 국가들에게 대출을 해주고, 그것의 일부를 신디케이트된 다른 은행에게 판매한다. 신디케이티드 대출에서 각 은행은 차입자에 대하여 별도의 대출약정서를 체결한다.

일반적으로 신디케이트는 주선자(lead arranger)와 참가대여자(participant lender)로 구성된다. 주선자는 대출자(borrower)와 관계를 형성하고 대출조건 관련해서 협상을 한다. 참가대여자는 협상과정에 관여하지 않는다. 주선자는 참여대여자와 대출지분을 결정하고 일반적으로 대출의 상당 부분을 책임진다. 모든 대여자는 이자와 원금을 받지만, 주선자는 추가적인 책임에 대한 보상으로 선불수수료(up-front fee)를 받는다.

신디케이티드 대출은 공개적으로 거래될 수 있다. 이것은 신용한도로 미사용될 수 있으며, 또는 회사에 의해 사용될 수도 있다. 신디케이티드 대출의 신용등급은 항상 투자등급이다. 그러나 레버리지(leveraged) 신디케이티드 대출의 신용등급은 투기등급(즉, "정크")으로 매겨진다.

15.5 해외 채권

유로채권(Eurobond)은 여러 국가들에서 발행되는 채권으로 하나의 통화, 보통은 발행인의 자국통화로 표시된 것이다. 예를 들면, 미국 기업은 달러로 표시된 채권을 해외 여러 국가에서 발행할 수 있다. 많은 국제적 기업이나 정부에게 이와 같은 채권을 통해서 자본을 조달하는 방식이 매우 중요해지고 있다. 유로채권은 국내에 적용되는 규제 밖에서 발행되며, 대개 런던으로부터 인수되고 거래된다. 그러나 거래는 구매자와 판매자가 있는 곳 어디에서나 가능하다. 유로채권은 유로화(유럽단일통화로 1999년에 창출) 이전에는 오랜 기간 동안 거래가 있었다. 하지만 유로와 유로채권 두 용어의 혼동으로 사람들은 유로채권이 유로화로 표시된다고 잘못 생각하고 있다. 이러한 혼동을 방지하기 위해 많은 사람들은 유로채권을 해외채권(international bonds)으로 지칭한다.

외국채권(foreign bonds)은 유로채권과는 달리 어떤 한 국가에서 발행되고 일반적으로 그 해당 국가의 화폐로 표시되는 것을 말한다. 예를 들면, 캐나다 회사는 일본에서 엔(yen)으로 표시된 채권을 발행할 수 있다. 종종 이러한 채권이 발행된 나라에서는 자국의 발행인이 발행한 채권과 다른 세법을 적용하거나, 발행량의 제한을 두거나, 엄격한 공개규정을 적용하는 것과 같은 구별을 두기도 한다.

외국채권은 종종 그것이 발행된 국가에 따라서 이름이 지어지기도 한다: 양키 채권(미국), 사무라이 채권(일본), 렘브란트 채권(네덜란드), 불독 채권(영국), 딤섬 채권(홍콩: 중국 위안화로 발행). 엄격한 규제와 공개 요구로 인해서, 외국채권시장은 유로채권시장에 비하여 비약적인 성장을 하지 못하였다.

15.6 자금조달의 패턴

지금까지 장기 자금조달과 관련된 제도적 사항에 대하여 논의하였다. 이제 장기 자금조달과 투자와의 관계를 알아보자. 기업들은 양(+)의 NPV를 얻을 수 있는 프로젝트에 투자를 원한다. 기

그림 15.1
장기 재무적 적자

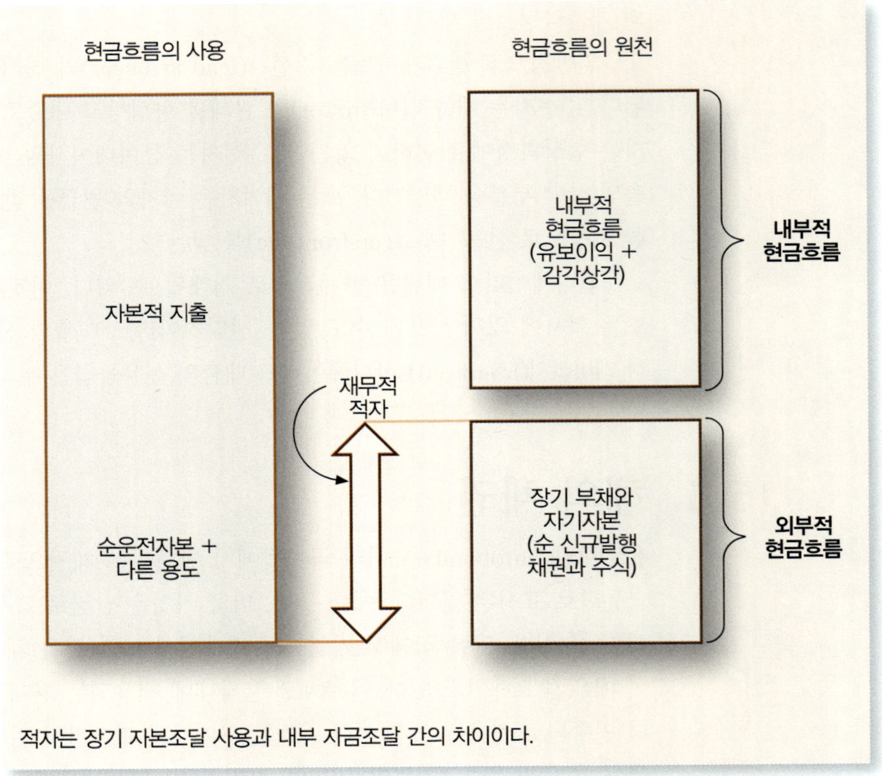

업들은 이러한 투자를 위해 어떻게 자금을 조달할까?

첫째, 양의 현금흐름을 창출하는 기업들은 투자를 위한 자금을 내부현금으로 조달한다. 회계적으로 이 현금흐름은 순이익에 감가상각을 더한 후 배당금을 차감하여 계산한다. 둘째, 기업들은 주식이나 채권을 발행하여 외부에서 투자에 필요한 자금을 조달한다.

투자와 자금조달의 관계는 〈그림 15.1〉에 묘사되어 있다. 〈그림 15.1〉의 왼편은 자본지출과 순운전자본에 대한 투자를 의미하고, 오른편은 현금흐름의 두 원천인 내부조달과 외부조달을 나타낸다. 그림에서 현금의 사용은 내부적인 현금조달을 초과한다. 따라서 이 부족액을 메우기 위해 주식이나 채권을 발행해야 한다.

실제로 내부조달과 외부조달은 어떻게 구분되어 있는가? 〈그림 15.2〉는 1975~2016년 기간 동안 미국의 기업활동을 위한 총 자금조달을 내부조달, 주식발행을 통한 외부조달, 채권발행을 통한 외부조달로 나누어 살펴본다. 2015년을 예로 들면, 미국에서 내부조달은 총 자금조달의 94%를 차지하였고 새로운 부채발행은 37%를 차지하였으나, 주식발행은 총 자금조달의 음(−)의 31%를 보였다. 물론 연도별 합계는 100%가 되어야 한다. 주식발행이 음의 수치로 나타난 이유는 주식발행보다 자사주 매입(repurchase)이 더 많았기 때문이다.

장기 자금조달의 몇 가지 특징들을 그림을 통해 알 수 있다. 첫째, 내부적으로 창출되는 현금흐름이 자금조달원의 대부분을 차지한다. 둘째, 이러한 내부조달의 압도적인 비율은 점차 증가하는데, 특히 2005~2016년 기간 동안 이 비율은 100%를 넘어섰다. 100%를 넘어섰다는 것은

그림 15.2
미국의 비금융회사들의 자금조달 결정

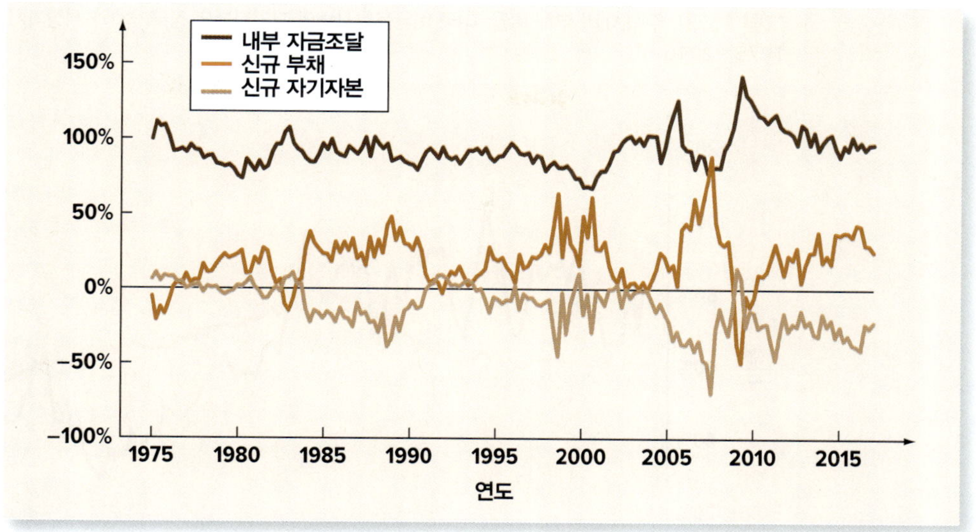

출처: Board of Governors of the Federal Reserve System. "Flow of Funds Accounts of the United States." *Federal Reserve Statistical Release*. September 21, 2017, https://www.federalreserve.gov/releases/Z1/current/default.htm.

외부조달이 음(−)으로 나타난 것을 의미한다. 즉, 기업들은 새로 발행하는 주식이나 채권의 금액보다 더 많이 상환을 하였다는 점이다. 셋째, 채권보다 주식에서 상환이 더 많이 이루어졌다. 1994년 이후, 새로운 주식발행은 줄곧 음(−)의 수치를 나타내는데 이는 자사주 매입이 신주발행을 초과했음을 보여준다. 1975, 1983, 2009년을 제외하고, 채권발행은 양(+)의 수치를 보여주고 있다. 이러한 현상은 자사주 매입을 위한 자금조달을 채권발행으로 마련하고 있다는 해석도 가능하다.

15.7 자본구조의 최근 추세

〈그림 15.2〉는 미국 기업들이 주식을 소각하는 반면에 부채를 발행하는 경향이 있음을 보여주고 있다. 이러한 자금 조달 패턴은 다음과 같은 의문을 제기한다. 이 기간 동안 기업들의 자본구조에 변화가 있었는가? "그렇다"라는 답을 예상할지도 모른다. 왜냐하면 부채발행과 주식소각은 자기자본 대비 부채비율을 증가시키기 때문이다. 하지만 1975~2016년 기간 동안 미국 비금융회사들의 주식의 장부가 대비 부채의 장부가 비율을 연도별로 나타낸 〈그림 15.3〉을 보라. 이 비율은 사실상 1975년보다 2016년에 낮아졌다. 유보이익을 고려하면 놀라운 일은 아니다. 순이익이 배당을 초과하는 한, 유보이익은 양(+)의 수치이고 자기자본의 장부가치는 증가하기 때문이다.

물론 자기자본은 장부가치보다 시장가치로 측정될 수 있다. 또한 〈그림 15.3〉은 자기자본의 시장가치 대비 총부채의 비율을 보여준다. 시장가 대비 부채비율(debt-to-market value ratio)은 1974년보다 2016년에 더 낮아졌는데, 연도별 패턴은 장부가 대비 부채비율(debt-to-book value)

그림 15.3 주식 대비 부채 비율: 미국 비금융회사들의 자기자본의 장부가치와 시장가치에 대한 총 부채의 백분율, 1975~2016

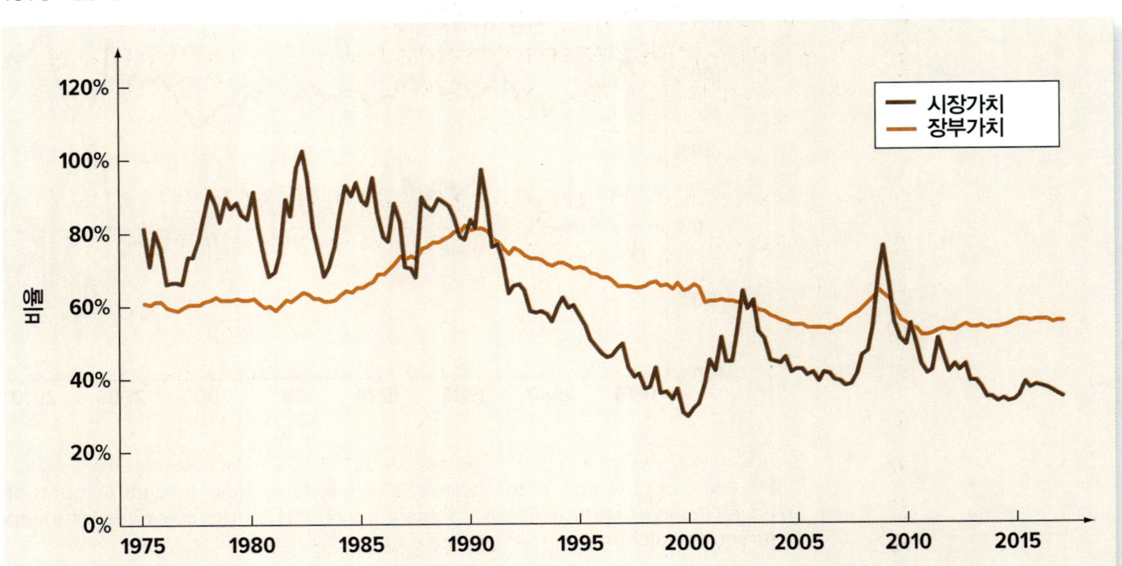

출처: Board of Governors of the Federal Reserve System. "Flow of Funds Accounts of the United States." *Federal Reserve Statistical Release*. September 21, 2017, https://www.federalreserve.gov/releases/Z1/current/default.htm.

패턴과는 다르다. 시장가 대비 부채비율은 1999년부터 2002년까지, 그리고 다시 2008년에 상당히 증가하였는데 이 기간 동안 주가 하락을 반영한다. 반대로, 이 비율은 1990년대 후반과 2008~2016년 사이에 하락하였는데 그 당시 주가 상승을 반영한다. 따라서 〈그림 15.3〉은 자기자본의 장부가치가 아닌 시장가치를 사용할 때, 부채비율은 주가의 움직임에 강하게 영향을 받는다는 점을 보여준다.

어떤 것이 최고인가: 장부 또는 시장가치?

일반적으로 재무경제학자들은 부채비율을 측정할 때 시장가치의 사용을 선호한다. 이것은 시장가치가 현재 정보를 잘 반영하기 때문이다. 그러나 장부가치의 역할을 간과해서는 안 된다.

기업의 재무담당자는 주식시장의 변동성으로 인해 실질적으로는 장부가치의 사용을 더 선호한다고 한다. 주식시장의 내재적 변동성은 시장가치에 근거한 부채비율이 과도하게 움직인다는 주장도 자주 제기된다. 또한 채권 조항(covenant)에 나타난 부채의 제약조건들은 일반적으로 시장가치보다는 장부가치로 표현된다. 게다가 Standard & Poor's나 Moody's와 같은 회사들은 신용도를 평가하기 위해서 장부가치로 표현된 부채비율을 사용한다.

장부 또는 시장가치 사용에 대한 핵심적인 요소는, 미국의 비금융기업들에서 부채비율은 최근에 총 자기자본의 100% 미만으로 형성되었다는 점이다; 즉, 회사들은 일반적으로 자기자본보다 부채를 적게 사용한다.

요약 및 결론 _*Summary and Conclusions*

장기 자금조달의 기본적인 원천은 장기 부채, 우선주, 그리고 보통주가 있다. 이 장에서는 각각의 필수적인 특징에 대하여 살펴보았다.

01. 우리는 다음을 강조했다:

a. 보통주 주주는 기업의 잔여 위험과 수익을 갖는다.

b. 보통주 주주는 의결권을 갖는다.

c. 배당은 사업 비용이 아니며, 기업은 배당의 미지급으로 인해 파산으로 이어지지 않는다.

02. 장기 부채는 채권약정서에 계약적인 의무들에 대한 설정을 수반한다. 수많은 종류의 부채들이 존재하지만 가장 중요한 특징은, 부채는 반드시 상환해야 하는 명시된 금액을 수반한다는 점이다. 부채에 대한 이자 지불은 영업비용으로 고려되며 TCJA에서 정한 한도까지 세금을 감면시킨다.

03. 우선주는 부채의 특징과 보통주 특징을 모두 약간씩 가지고 있다. 우선주를 보유한 주주들은 유동성과 보통주의 주주들과 비교하여 배당금 지급에 대한 더 선호도를 가지고 있다.

04. 기업은 자본적 지출, 운전자본, 그리고 다른 장기적 사용을 위하여 자금조달이 필요하다. 자금조달의 대부분은 내부적으로 생성된 현금흐름으로부터 얻는다.

05. 오랜 기간 동안 미국 기업들은 상당한 양의 주식을 소각시켰다. 이 자사주 매입을 위한 자금은 신규 부채의 발행으로 조달되었다.

개념확인 _*Concept Questions*

01. 채권 특징 채권약정서에 존재할 만한 회사채의 주요 특징들은 무엇인가?

02. 우선주와 부채 우선주와 부채 간의 차이점은 무엇인가?

03. 우선주 우선주는 배당금 지급에 대하여 법인세 감면효과를 제공하지 않는다. 그럼에도 불구하고 우리는 왜 여전히 기업들이 우선주 발행을 하는 것을 관찰할 수 있는가?

04. 우선주와 채권수익률 비전환 우선주에 대한 수익률은 회사채에 대한 수익률보다 낮다. 왜 이러한 차이가 존재하는가? 어떤 투자자들이 우선주의 주된 보유자인가? 왜 그러한가?

05. 기업 자금조달 회사채와 자기자본 간의 주요한 차이점은 무엇인가? 왜 어떠한 기업들은 부채와 같은 외관을 가진 자기자본을 발행하려고 시도하는가?

06. 콜조항 어떤 기업은 장기 채권을 발행하는 것을 고려하고 있다. 콜조항을 포함시킬지 여부는 논쟁의 소지가 있다. 기업이 콜조항을 포함시키는 것으로부터 얻는 이점은 무엇인가? 비용은 무엇인가? 이 대답이 풋조항에 대해서는 어떻게 바뀔 수 있는가?

07. 위임장 위임장(proxy)이란 무엇인가?

08. 우선주 당신은 우선주가 채권과 주식 중 어떠한 것과 더 비슷하다고 생각하는가? 왜 그러한가?

09. 장기 자본조달 이 장에서 우리가 언급했던 것처럼, 신규 주식 발행은 일반적으로 모든 신규 발행에서 작은 부분이다. 동시에 기업들은 신규 부채의 발행을 계속해서 진행한다. 왜 기업들은 신규 주식의 발행은 적게 하고 신규 부채의 발행은 계속해서 진행하는 경향을 보이는가?

10. 내부 자금조달과 외부 자금조달 내부 자금조달과 외부 자금조달 간의 차이점은 무엇인가?

11. **내부 자금조달과 외부 자금조달** 기업의 외부 또는 내부 자기자본 조달에 대한 기업의 선택에 영향을 주는 요인은 무엇인가?

12. **주식의 등급** 몇몇 상장기업들은 한 등급 이상의 주식을 발행한다. 왜 이 기업들은 한 등급 이상의 주식을 발행하는가?

13. **수의상환채권** 당신은 다음의 문장에 동의하는가 동의하지 않는가: 효율적 시장에서, 수의상환채권과 비수의상환채권은 콜조항에 대한 이점이 존재하는지 아닌지에 따라 가격이 결정될 것이다. 왜 그러한가?

14. **채권 가격** 만약 이자율이 하락한다면, 비수의상환채권의 가격은 수의상환채권과 비교하여 더욱 상승할 것인가? 왜 그러한가 또는 왜 그렇지 않은가?

15. **감채기금** 감채기금은 채권 보유자들에게 긍정적 그리고 부정적인 특징들 모두를 가진다. 왜 그러한가?

연습문제 _*Questions and Problems*_

connect FINANCE

기초
(Questions 1~7)

01. **기업 투표** Mango Company의 주주들은 7명의 새로운 이사진을 선출해야 한다. 현재 850,000주가 발행되었으며, 주당 $61에 거래되고 있다. 당신은 이사진이 되기를 원한다. 그러나 불행히도 아무도 당신에게 투표를 하지 않을 것이다. 만약 이 기업이 단일투표제를 실시한다면, 당신이 이사로 선출되기 위해서는 얼마의 비용이 들겠는가? 만약 기업이 집중투표제를 실시한다면 당신은 얼마의 비용이 들겠는가?

02. **집중투표제** 당신이 보유하고 있는 주식의 기업 이사진에서 3명의 자리를 채우기 위한 투표가 진행되었다. 이 기업은 19,600주의 주식이 발행되었다. 만약 투표가 집중투표제로 실시되고 당신이 500주를 보유하고 있다면, 당신이 이사진으로 선출되기 위해서는 몇 주의 주식을 매수해야 하는가?

03. **집중투표제** Solar Power Corp.은 4명의 새로운 이사진을 선출해야 한다. 기업은 14.3백만 보통주를 발행하였고 현재 주가는 $15.25이다. 만약 기업이 집중투표제 절차를 이용 시 얼마의 비용을 지불해야 이사진 자리를 보장받을 수 있는가?

04. **기업 투표** Highway 65, Inc.은 다음 달에 9명의 이사진을 선출할 예정이다. Betty Brown은 총 발행주식의 11.6%를 보유하고 있다. 집중투표제 하에서 그녀의 친구가 당선될 것에 대하여 그녀는 확신할 수 있는가? 만약 투표절차가 단일투표제로 바뀐다면, 한 번에 4명의 이사진을 선출한다고 할 때 그녀의 친구는 확실하게 선출될 수 있는가?

05. **재무레버리지** Away Corp.은 이자부부채(interest-bearing debt)가 시가로 $55백만이 있다. 회사는 1.6백만 주식이 있고 주당 $43에 팔린다. 시가에 근거하여 회사의 부채–자기자본비율은 얼마인가?

06. **재무레버리지** Edgehill Inc.은 325,000 채권이 있다. 채권의 액면가는 $1,000이고, 표면이자율은 6%로 반년마다 지불하며 13년 후 만기이다. 현재 채권만기수익률(YTM)은 5.6%이다. 기업은 10백만 주식을 발행하였고 시가는 주당 $71이다. 기업의 부채–자기자본비율은 얼마인가?

07. **재무레버리지** Harrison Inc.의 장부가액이 적혀 있는 재무상태표는 아래와 같다.

자산		총 부채 및 자본	
유동 자산	$145,000,000	총 부채	$185,000,000
		자본	
		보통주	$ 20,000,000
		자본잉여금	70,000,000
		누적이익잉여금	120,000,000
순고정자산	$250,000,000	총 주주의 자본	$210,000,000
총 자산	$395,000,000	총 부채 및 주주의 자본	$395,000,000

a. 장부가액을 이용한 부채-자기자본비율은 얼마인가?

b. 기업의 부채 시가가 $195백만이고 자본 시가가 $590백만이다. 시가를 이용한 부채-자기자본비율은 얼마인가?

c. 장부가액와 시가를 이용한 부채-자기자본비율 중 어떠한 방법이 더 적절하나? 그 이유는?

중급
(Questions 8~11)

08. 수의상환사채의 가치평가 Assets, Inc.는 7%의 표면이자율에 30년의 만기를 가지는 채권 $5백만을 발행할 계획을 세우고 있다. 현재 이 채권들에 대한 시장의 이자율은 6%이다. 1년 뒤, 채권에 대한 이자율은 동일한 확률로 9% 또는 5%가 될 것이다. 투자자들은 위험에 중립적이라고 가정하자.

a. 만약 이 채권이 조기상환이 불가능하다면, 이 채권의 현재 가격은 얼마인가?

b. 만약 이 채권이 1년 뒤에 $1,080에 조기상환이 가능하다면, 이 채권의 가격은 당신이 (a)에서 계산한 가격보다 크겠는가 작겠는가? 왜 그러한가?

09. 수의상환사채의 가치평가 New Business Ventures, Inc.는 1년 후에 조기상환이 가능한 표면이자율 9%의 영구채권을 발행하고 있다. 1년마다 쿠폰이 지급되고 액면가액은 $1,000이다. 콜 프리미엄은 액면가액에 $150을 더 지급하는 것으로 설정되었다. 1년 후 이자율이 11%가 될 확률이 60%이고, 7%가 될 확률이 40%이다. 현재 이자율이 9%이면 현재 채권의 시가는 얼마인가?

10. 수의상환사채의 가치평가 Bandon Manufacturing은 조기상환 가능하고 1년마다 쿠폰이 지급되며 액면가액이 $1,000인 영구채권을 발행하려 한다. 이 채권은 $1,175에 조기상환 가능하다. 연간 이자율은 9%이다. 오늘로부터 1년 후 장기 이자율이 10%가 될 확률이 60%이고, 8%가 될 확률이 40%이다. 만약 이자율이 하락하면 채권은 상환될 것이라고 가정하자. 이 채권이 액면가에 팔리기 위해서 표면이자율은 얼마가 되어야 하는가?

11. 수의상환사채의 가치평가 William Industries은 표면이자율이 6.5%, 이자를 매년 지급하고 액면가액이 $1,000인 영구채권을 발행하여 자금을 조달하려고 한다. 1년의 이자율은 6.5%이다. 내년에 이자율이 8%로 증가할 확률은 35%이고 5%로 떨어질 확률은 65%이다.

a. 조기상환 조건이 없을 경우 이 채권의 시가는 얼마인가?

b. 만약 기업이 1년 후에 조기상환이 가능할 경우, 채권이 액면가에 거래되려면 채권자는 얼마의 표면이자율을 원할 것인가? 이자율이 떨어지면 채권은 조기상환(call)될 것이고 콜 프리미엄이 표면이자율과 같을 것이라고 가정한다.

c. 기업에게 콜 조항의 가치는 얼마인가?

고급
(Questions 12)

12. 재무부채권 다음의 재무부채권은 2004년 5월 11일에 *The Wall Street Journal*에 나타난 시세이다.

9.125	May 09	100.09375	100.12500	. . .	−2.15

왜 어떤 투자자는 음의 만기수익률(YTM)을 가지는 채권을 매입하려 하는가? 어떻게 이것이 가능한가?

16

자본구조: 기본 개념

Capital Structure: Basic Concepts

2017년 법인세율을 35%에서 21%로 낮추는 것 외에도, 12월에 통과된 2017년 세금감면 및 고용법(Tax Cuts and Jobs Act of 2017)은 이자비용의 세금공제를 제한했다. 이자비용의 공제는 이자 및 법인세 차감 전 소득(EBIT)과 거의 동일한 "조정 과세 소득(adjustable tax income)"의 30%로 제한된다. 2017년 초, 새로운 법이 논의되면서 기업들이 반응하였다. 예를 들어, BHP는 $2.5십억의 채권을 환매할 계획이고 Walmart는 $8.5십억의 부채를 환매했으며 Sprint는 $1.0십억의 부채를 환매했다고 발표하였다. 실제로 2017년 10월 중순까지 미국 기업들은 $178.5십억의 부채를 환매할 계획이라고 발표하였는데, 이 금액은 2016년 같은 기간에 $80십억을 환매한 것보다 2배 이상이고, 2014년에는 $18십억을 환매한 것을 훨씬 상회하는 금액이었다.

왜 이 기업들은 부채를 환매하기로 결정했는가? 기업의 부채 또는 자본 선택은 자본구조 결정으로 알려져 있으며, 이자비용의 공제액은 이 결정의 중요한 부분이다. 이 장에서는 자본구조의 기본적인 개념과 기업의 선택에 대해서 논의한다.

기업재무의 최신 동향: rwjcorporatefinance.blogspot.com

16.1 자본구조 질문과 파이 이론

기업은 부채-자기자본비율을 어떻게 선택해야 하는가? 자본구조 문제에 관한 우리의 접근법을 **파이 모형**(pie model)이라 부른다. 왜 이 이름을 선택했는지 의아해한다면 〈그림 16.1〉을 살펴보자. 문제의 파이는 기업의 재무적 청구권, 즉 부채와 자기자본의 합이다. 기업의 가치는 부채와 자기자본의 합으로 정의되고 따라서 기업가치(V)는 다음과 같다.

$$V \equiv B + S \tag{16.1}$$

여기서 B는 부채의 시장가치이며, S는 자기자본의 시장가치이다. 〈그림 16.1〉은 파이를 잘라서 자기자본과 부채로 나누는 두 가지 가능한 방법을 제시한다. 40%:60% 혹은 60%:40%로 나눈다. 기업경영의 목표가 기업의 가치를 가능한 한 높이는 것이라면 기업은 파이, 즉 기업의 총가치를 가능한 한 크게 만드는 부채-자기자본비율을 선택해야 한다.

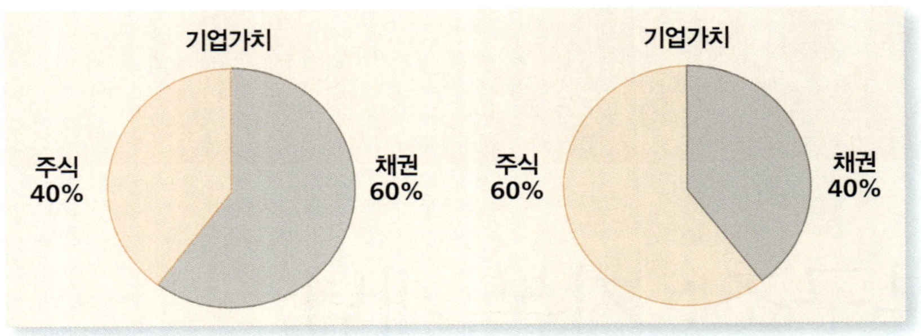

그림 16.1
자본구조에 관한 두 파이 모형

이 논의는 두 가지 중요한 질문을 요구한다.

1. 기업의 주주들은 왜 전체 기업의 가치 극대화에 관심을 가져야 하는가?
2. 주주의 이익을 극대화하는 부채-자기자본비율은 무엇인가?

두 가지 질문을 각각 차례대로 살펴보자.

16.2 기업가치 극대화와 주주이익 극대화

다음의 예제는 주주를 위해서 재무관리자가 선택하는 기업가치를 극대화하는 자본구조를 설명한다.

예제 16.1

부채와 기업가치 J. J. Sprint Company의 시장가치는 $1,000이라고 가정하자. 이 기업은 현재 부채가 없으며, 발행 주식수는 100주로 주당 $10에 거래된다. Sprint와 같이 부채가 없는 기업을 *무차입기업*(unlevered company)이라고 부른다. Sprint는 $500을 빌려서 주주들에게 주당 $5씩 특별현금배당으로 지급하기로 계획한다고 하자. 부채발행 후에는 이 기업은 *차입기업*(levered company)이 된다. 기업의 투자는 이러한 거래의 결과로 변하지 않을 것이다. 기업가치는 제안된 자본구조조정 후에 어떻게 될 것인가?

경영진은 자본구조조정으로부터 세 가지 결과 중에서 단지 한 가지만 일어날 수 있다고 인식한다. 구조조정 후의 기업가치는 (1) $1,000의 원래 기업가치보다 크거나, (2) $1,000과 같거나, (3) $1,000보다 작을 수 있다. 투자은행들로부터 의견을 들은 후에 경영진은 구조조정으로 인해 기업가치가 양방향으로 $250 이상 변화하지 않을 것으로 믿고 있다. 따라서 기업가치의 범위를 $1,250, $1,000, $750으로 보고 있다. 원래 자본구조와 새로운 자본구조 하의 세 가지 가능성이 아래에 주어져 있다.

	부채가 없는 경우 (원래 자본구조)	배당지급 후 부채와 자기자본 가치 (세 가지 가능성)		
		I	II	III
부채	$ 0	$ 500	$ 500	$500
자기자본	1,000	$ 750	500	250
기업가치	$1,000	$1,250	$1,000	$750

자기자본의 가치는 세 가지 가능성 모두에서 $1,000보다 작음을 주목하자. 이는 두 가지 중의 하나로 설

명될 수 있다. 첫째, 위의 표는 특별현금배당이 지급된 후 자기자본의 가치를 보여준다. 현금이 지출되므로, 배당금 지급은 기업의 부분적인 청산을 나타낸다. 그 결과 배당지급 후 주주들에게 귀속되는 기업의 가치는 줄어들게 된다. 둘째, 장래에 기업을 청산할 경우 주주는 채권자에게 채무를 완전히 변제한 후에 잔여분을 받을 것이다. 따라서 부채는 기업에 부담으로 작용하면서 자기자본의 가치를 줄이게 된다.

물론 경영진은 가능한 결과들이 무한하다는 것을 알고 있다. 상기 세 결과는 단지 대표적인 결과들로서 여겨질 수 있다. 이제 세 가지 가능성 하에 주주의 이득을 결정할 수 있다.

	구조조정 이후 주주의 이득		
	I	II	III
자본이득	−$250	−$500	−$750
배당금	500	500	500
주주의 순이득 또는 순손실	$250	$ 0	−$250

아무도 세 가지 결과 중에서 어느 것이 일어날지를 사전에 확신할 수 없다. 그렇지만 경영자가 결과 I이 발생할 가능성이 가장 높을 것으로 믿는다고 가정하자. 주주가 $250의 이득을 볼 것이기 때문에 경영자는 분명히 구조조정을 해야 한다. 즉, 주식의 가격이 $750으로 $250만큼 하락하더라도 주주는 배당금으로 $500을 받는다. 주주의 순이득은 $250 = −$250 + $500이다. 또한 기업가치는 $250 = $1,250 − $1,000만큼 증가할 것이다.

대신에 경영자가 결과 III이 발생할 가능성이 가장 높을 것으로 믿는다고 가정하자. 이 경우에 주주는 $250의 손실을 보게 될 것이기 때문에 기업은 구조조정을 해서는 안된다. 즉, 주가는 $250으로 $750만큼 떨어지고 주주는 배당으로 $500을 받는다. 주주의 순손실은 −$250 = −$750 + $500이다. 또한 기업가치는 −$250 = $750 − $1,000만큼 변할 것이다.

마지막으로 경영자가 결과 II가 발생할 가능성이 가장 높을 것으로 믿는다고 가정하자. 이 경우에 구조조정은 주주의 이익에 영향을 미치지 않을 것이다. 왜냐하면 주주의 순손실이 0이기 때문이다. 또한 결과 II가 일어난다면 기업가치는 변하지 않음에 주목하자.

이 예제는 경영자가 왜 기업가치를 극대화해야 하는지를 설명해준다. 다시 말하면, 이 예제는 16.1절의 질문 (1)에 대하여 대답해준다. 따라서 다음과 같은 사항을 알 수 있다:

경영자들은 기업가치가 가장 높아질 것으로 생각되는 자본구조(capital structure)를 선택해야 한다. 왜냐하면 이러한 자본구조가 기업의 주주들에게 가장 큰 이익이 될 것이기 때문이다.[1]

J. J. Sprint는 결과 I을 예상했다면 $500을 차입했어야 한다. 자본구조를 결정하는 결정적인 문제는 어느 결과가 발생할 것 같은가이다. 그렇지만 이 예제는 세 결과들 중에서 어느 것이 발생할 가능성이 가장 높은지를 말해주고 있지 않다. 따라서 부채가 J. J. Sprint의 자본구조에 추가되어야 하는지를 말해주지 않는다. 다시 말하면, 이 예제는 16.1절의 질문 (2)에 대답을 주지 않는다. 이 두 번째 질문은 다음 절에서 다루어진다.

[1] 이 결과는 부채의 채무불이행 가능성이 높은 복잡한 경우에는 정확하게 성립하지 않을지 모른다. 채무불이행의 이슈는 다음 장에서 다루어진다.

16.3 재무레버리지와 기업가치: 사례

레버리지와 주주의 이익

앞 절에서 가장 높은 기업가치를 산출하는 자본구조가 주주의 부를 극대화하는 자본구조가 된다는 것을 보았다. 이 절에서는 이러한 최적자본구조를 결정하고자 한다. 먼저 주주들의 이익에 미치는 자본구조의 영향을 설명하면서 시작하기로 한다. 세심하게 학습할 수 있도록 구체적인 예를 활용할 것이다. 이 예를 이해한다면 최적자본구조를 결정할 준비가 된 셈이다.

Trans Am Corporation은 현재 자본구조에 부채가 없다. 이 기업은 자기자본의 일부를 재매입하기 위하여 부채발행을 고려하고 있다. 이 기업의 현재 자본구조와 제안된 자본구조는 〈표 16.1〉에 제시되어 있다. 이 기업의 자산은 $8,000이다. 이 순수 자기자본 기업(all-equity firm)의 발행 주식수는 400주이며 따라서 주당 $20이다. 제안된 부채발행은 $4,000이고, 이를 통해 자기자본은 $4,000이 남는다. 이자율은 10%이다. 레버리지가 주가에 미치는 영향에 대하여 이번 장의 후반부에서 논의하겠지만 여기서는 주가가 일정하다고 가정한다.

현재 자본구조(순수 자기자본)하에서 주당이익에 대한 경제상황의 영향이 〈표 16.2〉에 나타나 있다. 먼저 이익이 $1,200으로 기대(expected)되는 중간 열을 살펴보자. 자산이 $8,000이므로 총자산이익률(ROA)은 15%(= $1,200/$8,000)이다. 이 순수 자기자본 기업의 자산은 자기자본과 같기 때문에 자기자본이익률(ROE) 또한 15%이다. 주당이익(EPS)은 $3.00(= $1,200/400)이다. 침체(recession)와 확장(expansion)의 경우에도 EPS가 각각 $1.00과 $5.00로 유사하게 계산된다.

레버리지가 있는 경우는 〈표 16.3〉에 제시된다. 세 가지 경제상황에서의 ROA는 〈표 16.2〉와 〈표 16.3〉에서 동일하다. 왜냐하면 이 비율은 이자가 고려되기 전에 계산되기 때문이다. 부채가 여기서 $4,000이므로 이자는 $400(= 0.10 ×$ 4,000)이다. 따라서 중간(기대) 열에서 이자지급 후 이익은 $800(= $1,200 − $400)이다. 자기자본은 $4,000이므로 ROE는 20%(=

표 16.1 Trans Am Corporation의 재무구조

	현재	제안
자산	$8,000	$8,000
부채	$ 0	$4,000
자기자본(시장가치와 장부가치)	$8,000	$4,000
이자율	10%	10%
주당 시장가치	$ 20	$ 20
발행주식수	400	200

표 16.2 Trans Am의 현재 자본구조: 무차입

	침체	기대	확장
총자산이익률(ROA)	5%	15%	25%
이익	$400	$1,200	$2,000
자기자본이익률(ROE) = 이익/자기자본	5%	15%	25%
주당이익(EPS)	$1.00	$ 3.00	$ 5.00

표 16.3
Trans Am의 제안된 자본구조: 부채 = $4,000

	침체	기대	확장
총자산이익률(ROA)	5%	15%	25%
이자지급 전 이익(EBI)	$400	$1,200	$2,000
이자	−400	−400	−400
이자지급 후 이익	$ 0	$ 800	$1,600
자기자본이익률(ROE) = 이자지급 후 이익/자기자본	0%	20%	40%
주당이익(EPS)	$ 0	$ 4.00	$18.00

$800/$4,000)이다. 주당이익은 $4.00(= $800/200)이다. 침체와 확장의 경우에도 EPS가 각각 $0과 $8.00로 유사하게 계산된다.

〈표 16.2〉와 〈표 16.3〉은 재무레버리지의 영향이 기업의 이자지급 전 이익(earning before interest: EBI)에 달려 있다는 것을 보여준다. 만약 이자지급 전 이익이 $1,200이라면, ROE는 제안된 자본구조 하에서 더 높다. 이자지급 전 이익이 $400이라면, ROE는 현재 자본구조 하에서 더 높다.

이러한 논의는 〈그림 16.2〉에 나타나 있다. 실선은 레버리지가 없는 경우를 나타낸다. 이 선은 원점에서 시작하므로, EBI가 0이면 EPS도 0이라는 것을 나타낸다. EPS는 EBI와 비례하여 증가한다.

점선은 $4,000의 부채가 있는 경우를 나타낸다. 여기서 EBI가 0이라면 EPS는 음(−)의 값

그림 16.2
재무레버리지: Trans Am Corporation의 EPS와 EBI

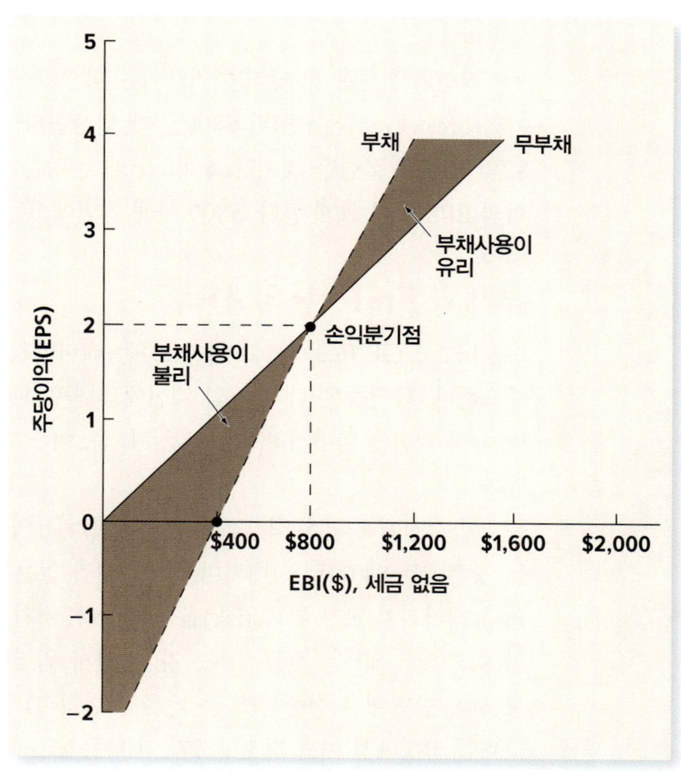

표 16.4 제안된 자본구조와 자가제조 레버리지를 이용한 현재 자본구조하에서 Trans Am 주주의 수익과 비용

	침체	기대	확장
전략 A: 차입기업의 주식 100주 매입			
차입기업 자기자본의 EPS(〈표 16.3〉의 마지막 줄 참조)	$0	$ 4	$ 8
100주당 이익	0	400	800
최초 투자금액 = 100주 @ $20/주 = $2,000			
전략 B: 자가제조 레버리지			
현재 부채가 없는 Trans Am의 200주당 이익	$1 × 200 = 200	$3 × 200 = 600	$5 × 200 = 1,000
$2,000에 대한 10% 이자	−200	−200	−200
순이익	$ 0	$ 400	$ 800
최초 투자금액 = 200주 @ $20/주 − $2,000 = $2,000 (주식의 매입비용, 대출금)			

투자자는 (1) 부채기업의 주식을 매입하거나 (2) 자신 계정으로 대출하여 무차입기업의 주식을 매입하거나 같은 수익을 얻는다. 최초 투자금액도 두 경우에 서로 같다. 따라서 기업은 자본구조에 부채를 추가함으로써 투자자에게 이익을 주거나 손해를 입히지 못한다.

을 가진다. 이는 기업의 이익에 관계없이 $400의 이자가 지급되어야 하기 때문이다.

이제 두 선의 기울기를 살펴보자. 점선의 기울기는 실선의 기울기보다 가파르다. 왜냐하면 차입기업(levered firm)이 무차입기업(unlevered firm)보다 발행 주식수가 적기 때문이다. 즉, 이익증가가 더 적은 수의 주식들에 배분되므로 EBI의 증가로 인한 EPS의 증가는 차입기업의 경우에 더 크다.

점선의 절편은 더 낮지만 기울기는 더 가파르기 때문에 두 선은 서로 교차해야 한다. 손익분기점(break-even)은 EBI가 $800일 때 발생한다. 이자지급 전 이익이 $800이라면, 두 기업 모두 $2의 EPS를 실현할 것이다. $800일 때 손익분기가 되므로 $800을 초과한 이익에서는 차입기업의 EPS가 더 크게 된다. $800 아래 이익에서는 무차입기업의 EPS가 더 크게 된다.

부채와 자기자본의 선택

〈표 16.2〉, 〈표 16.3〉과 〈그림 16.2〉는 레버리지가 주당이익에 미치는 영향을 보여주기 때문에 중요하다. 학생들은 각 수치의 계산에 익숙할 때까지 이들 표와 그림을 공부해야 한다. 그렇지만 아직 핵심을 이야기하지 않고 있다. 즉, 어느 자본구조가 Trans Am에 더 좋은지는 말하지 않았다.

이 시점에서 많은 학생들은 레버리지가 유익하다고 믿는다. 왜냐하면 EPS는 레버리지가 있는 경우에는 $4.00로 기대되며 레버리지가 없는 경우에는 단지 $3.00로 예상되기 때문이다. 그러나 레버리지 또한 위험(risk)을 창조한다. 경기침체의 경우 EPS는 무차입기업에 있어서 더 높다($1.00 vs. $0)는 것을 주목하자. 따라서 위험회피 투자자는 순수 자기자본 기업을 선호할지 모른다. 반면에 위험중립(또는 낮은 위험회피) 투자자는 레버리지를 선호할지 모른다. 이러한 모호한 상황에서 어느 자본구조가 더 나은가?

Modigliani와 Miller (MM 또는 M&M)는 기업은 자본구조의 비율을 바꿈으로써 증권의 총 가치를 변화시킬 수 없다는 설득력 있는 주장을 한다. 다시 말하면, 기업의 가치는 여러 자본구조 하에서 항상 같다. 이는 어떠한 자본구조도 다른 자본구조보다 기업의 주주들에게 더 좋지도 더 나쁘지도 않다는 것을 의미한다. 이러한 다소 비관적인 결과가 그 유명한 **MM 명제 I**이다.[2]

그들의 주장은 단순한 전략(전략 A)과 두 부분으로 구성된 전략(전략 B)을 비교한다. 두 전략이 Trans Am의 주주들에게 미치는 영향은 〈표 16.4〉에 나타나 있다. 첫 번째 전략을 살펴보자.

전략 A: 차입기업의 주식 100주 매입

〈표 16.4〉의 위쪽 패널의 첫째 줄은 세 가지 경제상태에서 부채기업의 자기자본에 대한 EPS를 보여준다. 둘째 줄은 100주를 개인적으로 매입하는 경우 세 가지 경제상황 하에서 이익을 보여준다. 다음 줄은 이들 100주에 대한 비용이 $2,000이라는 것을 나타낸다.

이제 두 부분으로 구성된 두 번째 전략을 살펴보자.

전략 B: 자가제조 레버리지

1. 은행이나 증권회사로부터 $2,000을 빌린다[증권회사로부터 빌린다면, 이러한 차입행위를 신용거래(going on margin)라고 부른다].
2. 이 차입금과 자신의 투자금 $2,000(총 $4,000)을 사용하여 주당 $20인 현재 무차입기업의 주식 200주를 매입한다.

〈표 16.4〉의 아래 패널은 자가제조 레버리지(homemade leverage) 전략이라고 부르는 전략 B 하에서 수익을 보여준다. 먼저 중간 열에서 무차입기업의 주식 200주는 $600의 이익을 창출할 것으로 기대된다. $2,000을 10% 이자율로 빌린다고 가정하면 이자비용은 $200 (= 0.10 × $2,000)이다. 따라서 순이익은 $400으로 예상된다. 침체와 확장의 경우에도 순이익은 각각 $0과 $800으로 유사하게 계산된다.

이제 두 전략을 순이익과 최초비용의 측면에서 비교해보자. 표의 위쪽 패널은 전략 A가 세 가지 상황에서 각각 $0, $400, $800의 이익을 창출하며, 아래 패널은 전략 B가 세 가지 상황에서 똑같은 순이익을 창출한다는 것을 보여준다.

표의 위쪽 패널은 전략 A는 $2,000의 최초비용을 수반한다는 것을 보여준다. 유사하게 아래 패널은 전략 B에 대해 $2,000의 동일한 순비용을 보여준다.

이는 매우 중요한 결과를 보여준다. 두 전략으로부터 비용과 수익이 동일하다. 따라서 Trans Am은 구조조정을 함으로써 주주들에게 이익을 주거나 손해를 입히지 못한다는 것을 의미한다. 다시 말하면, 투자자가 스스로 얻을 수 없는 기업의 레버리지로부터 아무것도 받지 못하는 셈이다.

〈표 16.1〉에 보이는 바와 같이 무차입기업의 자기자본의 가치는 $8,000이다. 차입기업의 자기자본은 $4,000이고 부채는 $4,000이기 때문에 차입기업의 가치 또한 $8,000이다. 이제 어떤

[2] 최초 논문. F. Modigliani and M. Miller, "The Cost of Capital, Corporation Finance and the Theory of Investment," *American Economic Review* (June 1958).

이유 때문에 차입기업의 가치가 무차입기업의 가치보다 실제로 더 크다고 가정하자. 여기서 전략 A는 전략 B보다 비용이 많이 들어갈 것이다. 이 경우에 투자자는 자신 스스로 빌려서 무차입기업의 주식에 투자하려 할 것이다. 그는 차입기업의 주식에 투자했을 때와 같은 순이익을 매년 얻을 것이다. 그러나 여기서 그의 비용은 더 적다. 이 전략은 이 투자자에게만 고유한 것은 아니다. 차입기업의 가치가 더 높다면 합리적인 투자자는 차입기업의 주식에 투자하지 않을 것이다. 차입기업의 주식을 원하는 누구든 무차입기업의 주식을 스스로 빌려서 매입함으로써 같은 수익률을 훨씬 더 저렴하게 얻을 수 있다. 물론 차입기업의 가치가 떨어지고 무차입기업의 가치가 상승하여 그들의 가치가 같아질 때 균형을 이루게 된다. 이 균형점에서 개인들은 전략 A와 전략 B 사이에서 무차별적이 될 것이다.

이 예는 흔히 MM 명제 I (Proposition I)이라고 불리는 Modigliani-Miller (MM)의 기본적 결과를 설명한다. 이 명제는 아래와 같이 다시 쓰일 수 있다.

MM 명제 I (세금 없는 경우): 부채가 있는 기업의 가치는 부채가 없는 기업의 가치와 같다.

이는 기업재무의 모든 분야에서 아마 가장 중요한 결과 중의 하나이다. 사실상 이는 현대 재무학의 출발점으로 간주된다. MM 이전에 기업가치에 대한 레버리지의 영향은 복잡하고 난해하다고 생각되었다. Modigliani와 Miller는 차입기업이 너무 비싸다면 합리적인 투자자들은 무차입기업의 주식을 사기 위해 자신들 스스로 빌릴 것이라는 아주 단순한 결과를 보여주었다. 개인들의 이러한 대체를 종종 **자가제조 레버리지**라 부른다. 개인들이 기업과 같은 조건으로 빌릴(빌려 줄) 수 있는 한 그들은 자신들 힘으로 기업의 레버리지가 지니는 효과를 모방할 수 있다.

Trans Am Corporation의 예는 레버리지가 기업의 가치에 영향을 미치지 않음을 보여준다. 앞서 주주의 부는 기업의 가치와 직접적으로 관련됨을 보았으므로 이 예는 자본구조의 변화는 주주의 부에 영향을 줄 수 없다는 것을 나타낸다.

중요한 가정

MM의 결과는 개인들이 기업들만큼 저렴하게 빌릴 수 있다는 가정에 근거한다. 만약 개인들이 기업보다 높은 이자율로만 차입할 수 있다면, 기업들은 차입을 통해 기업가치를 증가시킬 수 있다는 것을 나타낸다.

이런 동등한 차입비용의 가정은 적절한가? 주식을 매입하고 차입하려는 개인들은 증권회사(브로커)에서 신용계좌를 개설해야 한다. 이러한 약정에 따라 브로커는 개인에게 매입가격의 일부를 빌려준다. 예를 들면, 개인은 $10,000의 주식을 사기 위해 자신의 자금 $6,000과 브로커로부터 차입하는 $4,000을 이용할 수 있다. 주식의 가치가 다음 날 $9,000이라면, 개인계좌의 순가치 또는 순자기자본은 $5,000(= $9,000 − $4,000)이 될 것이다.[3]

브로커는 갑작스러운 가격하락으로 개인계좌의 주식이 음(−)이 되어 대출금을 전액 회수

[3] 대출금에 대한 하루 동안의 이자는 무시한다.

하지 못할 가능성을 우려한다. 이러한 가능성을 막기 위하여 증권거래소는 주가가 하락함에 따라 개인들로 하여금 추가적인 현금납입(신용계좌 보충)을 하도록 한다. (1) 계좌잔고를 다시 채우기 위한 절차는 장기간에 걸쳐 개발되었고, (2) 브로커가 담보로 주식을 잡고 있기 때문에 채무불이행 위험이 거의 없다.[4] 특히 신용납입이 적시에 이루어지지 않는다면 브로커는 주식을 팔아서 대출금을 회수할 수 있다. 이럴 경우 브로커들은 일반적으로 무위험이자율보다 약간 높은 이자율을 부과한다.

반면에 기업들은 종종 비유동적인 자산(예: 설비와 장비)을 담보로 하여 대출을 받기도 한다. 그리고 최초 협상과 지속적인 감독, 재무적 곤경의 경우 워크아웃 협정 관련 비용 등의 대출자에게 전가되는 비용은 상당히 클 수 있다. 따라서 개인들이 기업보다 반드시 높은 이자율로 차입한다고 주장하기는 어렵다.

16.4 Modigliani와 Miller: 명제 II(세금이 없는 경우)

주주의 위험은 레버리지가 높을수록 증가한다

Trans Am의 회의에서 회사의 한 임원은 "음, 레버리지가 발생하는 한, 기업이 차입을 하든지 개인이 차입을 하든지는 아마 중요하지 않을 수도 있다. 레버리지는 투자자들에게 혜택을 준다. 결국 레버리지의 규모가 클수록 투자자의 기대수익률은 증가한다"고 말했다. 그는 앞의 〈표 16.2〉와 〈표 16.3〉에서처럼 차입기업의 자기자본에 대한 기대수익률이 20%인 반면에 무차입기업의 자기자본에 대한 기대수익률은 15%라고 지적했다.

그러나 다른 임원은 "반드시 그렇지는 않다. 비록 기대수익률은 레버리지가 높을수록 증가하지만, 위험 역시 증가한다"고 응대했다. 이러한 점은 〈표 16.2〉와 〈표 16.3〉을 살펴봄으로써 알 수 있다. 이자지급전이익(EBI)이 $400에서 $2,000 사이에서 변하므로 무차입기업의 주주에 대한 EPS는 $1.00과 $5.00 사이에서 변한다. 차입기업의 주주에 대한 EPS는 $0에서 $8.00 사이에서 변한다. 차입기업 EPS의 범위가 더 넓다는 것은 차입기업 주주의 위험이 더 크다는 것을 의미한다. 다시 말하면, 차입기업의 주주는 무차입기업의 주주보다 좋은 때는 더 큰 이익을, 나쁠 때는 더 적은 이익을 얻는다. 두 표는 또한 차입기업의 주주에 대한 ROE의 범위가 더 넓다는 것을 보여준다. 위험에 대한 상기 해석은 여기에도 적용된다.

이와 같은 통찰력은 앞의 〈그림 16.2〉로부터 얻을 수 있다. 차입기업에 대한 직선의 기울기가 무차입기업에 대한 직선의 기울기보다 가파르다. 이는 차입기업의 주주는 무차입기업의 주주보다 좋은 시기에는 더 큰 이익을 거두지만 나쁜 시기에는 더 적은 이익을 거둔다는 것을 의미하며, 레버리지가 높을수록 위험도 더 커짐을 의미한다. 다시 말하면 기업성과인 EBI의 변화

[4] 주가가 단 하루에 20% 이상 하락한 1987년 10월 19일 이전에 이 교재가 출판되었다면, 위험이 "거의 없는(little)" 대신에 "사실상 없는(virtually no)"이란 문구가 사용되었을 것이다.

에 대한 ROE의 반응 정도를 나타내는 직선의 기울기는 주주의 위험을 측정한다.

명제 II: 주주의 요구수익률은 레버리지가 높을수록 증가한다

차입기업의 자기자본은 더 큰 위험을 가지기 때문에 이에 대한 보상으로 차입기업의 자기자본에 대한 기대수익률 또한 더 커야 한다. 앞의 예에서 시장은 무차입기업에 대해서는 단지 15%의 기대수익률을 요구하지만, 차입기업에 대해서는 20%의 기대수익률을 요구한다.

이러한 추론을 통해서 **MM 명제 II** (MM Proposition II)를 전개할 수 있다. 여기서 MM은 자기자본에 대한 기대수익률은 레버리지와 양(+)의 관계가 있다고 주장한다. 왜냐하면 주주의 위험이 레버리지가 높을수록 증가하기 때문이다.

먼저 기업의 가중평균자본비용, WACC는 아래와 같이 표현될 수 있음을 상기하라.[5]

$$\text{WACC} = \frac{S}{B+S} \times R_S + \frac{B}{B+S} \times R_B \tag{16.2}$$

여기서

R_B = 부채비용

R_S = 자기자본 또는 주식에 대한 기대수익률
(자기자본비용 또는 자기자본의 요구수익률)

WACC = 기업의 가중평균자본비용

B = 기업의 부채 또는 채권의 가치

S = 기업의 자기자본 또는 주식의 가치

식 (16.2)는 아주 직관적이다. 이 식은 기업의 가중평균자본비용은 그 기업의 부채비용과 자기자본비용의 가중평균이라는 것을 말한다. 부채에 적용되는 가중치는 자본구조에서 부채가 차지하는 비율이며, 자기자본에 적용되는 가중치는 자본구조에서 자기자본이 차지하는 비율이다. 〈표 16.5〉는 무차입기업과 차입기업 모두에 대해 공식 (16.2)를 이용하여 WACC를 계산한 결과를 보여준다.

MM 명제 I의 의미는 자본구조에 상관없이 어느 기업의 WACC는 일정하다는 것이다.[6] 예를 들어, 〈표 16.5〉는 Trans Am의 WACC가 레버지지가 있든 없든 15%임을 보여준다.

이제 R_0를 **순수 자기자본 기업의 자본비용**(cost of capital for an all-equity firm)으로 정의하자. Trans Am Corp.에 대해 R_0는 아래와 같이 계산된다.

$$R_0 = \frac{\text{무차입기업의 기대이익}}{\text{무차입기업의 자기자본}} = \frac{\$1,200}{\$8,000} = 0.15 \text{ 또는 } 15\%$$

〈표 16.5〉로부터 볼 수 있듯이 WACC는 Trans Am의 경우 R_0와 같다. 사실상 WACC는 법인세가 없는 세계에서는 항상 R_0와 같아야 한다.[7]

명제 II에서는 자기자본의 기대수익률 R_S가 레버리지와 관련하여 표현된다. 정확한 관계는

[5] 여기서는 세금이 없다고 가정하고 있으므로 부채비용은 13장에서 논의된 $R_B(1 - T_C)$이 아니라 R_B이다.
[6] 이 문장은 세금이 없는 경우에 적용된다. 세금이 있는 경우는 〈그림 16.6〉에서 다루게 된다.
[7] 이 문장은 세금이 없는 경우에 적용된다. 세금이 있는 경우는 〈그림 16.6〉에서 다루게 된다.

표 16.5
Trans Am의 자본비용 계산

$$\text{WACC} = \frac{B}{B+S} \times R_B + \frac{B}{B+S} \times R_B$$

$$\text{무부채기업:} \quad 15\% = \frac{0}{\$8{,}000} \times 10\%^{*} + \frac{\$8{,}000}{\$8{,}000} \times 15\%^{\dagger}$$

$$\text{부채기업:} \quad 15\% = \frac{\$4{,}000}{\$8{,}000} \times 10\%^{*} + \frac{\$4{,}000}{\$8{,}000} \times 20\%^{\ddagger}$$

*10%는 부채비용이다.

†〈표 16.2〉의 "기대" 열로부터 무차입기업의 기대이익은 $1,200이다. 〈표 16.1〉로부터 무차입기업의 자기자본은 $8,000이다. 따라서 무차입기업의 R_S는 다음과 같다.

$$\frac{\text{기대이익}}{\text{자기자본}} = \frac{\$1{,}200}{\$8{,}000} = 0.15 \text{ 또는 } 15\%$$

‡〈표 16.3〉의 "기대" 열로부터 차입기업의 이자지급 후 기대이익은 $800이다. 〈표 16.1〉로부터 차입기업의 자기자본은 $4,000이다. 따라서 차입기업의 R_S는 다음과 같다.

$$\frac{\text{이자지급 후 기대이익}}{\text{자기자본}} = \frac{\$800}{\$4{,}000} = 0.20 \text{ 또는 } 20\%$$

공식 (16.2)에서 WACC 대신에 R_0를 대입하여 재정리함으로써 다음과 같이 쓰일 수 있다.[8]

MM 명제 II(세금이 없는 경우):

$$R_S = R_0 + \frac{B}{S}(R_0 - R_B) \qquad (16.3)$$

식 (16.3)은 자기자본의 요구수익률은 부채-자기자본비율의 선형함수이라는 것을 의미한다. 식 (16.3)을 살펴보면 R_0가 부채비용 R_B를 초과한다면, 자기자본비용은 부채-자기자본비율(B/S)이 높을수록 증가한다는 것을 알 수 있다. 통상적으로 R_0는 R_B를 초과해야 한다. 즉, 심지어 무차입기업의 자기자본도 위험하기 때문에 그 기대수익률은 무위험부채의 기대수익률보다 더 커야 한다. 식 (16.3)은 부채가 있는 상태의 Trans Am에 대해 아래와 같이 성립하게 된다:

$$R_S = 0.15 + \frac{\$4{,}000}{\$4{,}000}(0.15 - 0.10) = 0.20 \text{ 또는 } 20\%$$

〈그림 16.3〉은 식 (16.3)을 그래프로 보여준다. 보이는 바와 같이 자기자본비용 R_S와 부채-자기자본비율(B/S)의 관계가 직선으로 나타나 있다. 식 (16.3)에서 입증하고 〈그림 16.3〉에서 그래프로 설명한 것은 자기자본비용에 대한 레버리지의 효과이다. 기업의 부채-자기자본비율이 오름에 따라 자기자본 한 단위당 부채액수는 커지게 된다. 이는 자기자본의 위험을 증가시키며 따라서 자기자본에 대한 요구수익률 R_S를 증가시킨다.

[8] 이 식은 식 (16.2)로부터 도출되는데 WACC $= R_0$라고 한다면 다음과 같다.

$$\frac{B}{B+S}R_B + \frac{S}{B+S}R_S = R_0$$

좌변항과 우변항에 $(B+S)/S$를 곱하면 다음과 같다.

$$\frac{B}{S}R_B + R_S = \frac{B+S}{S}R_0$$

우변항을 다시 재정렬하면 다음과 같다.

$$\frac{B}{S}R_B + R_S = \frac{B}{S}R_0 + R_0$$

$(B/S)R_B$를 우변으로 이항하면 다음과 같다.

$$R_S = R_0 + \frac{B}{S}(R_0 - R_B)$$

그림 16.3
자기자본비용, 부채비용, 가중평균자본비용: 세금이 없는 경우의 MM 명제 II

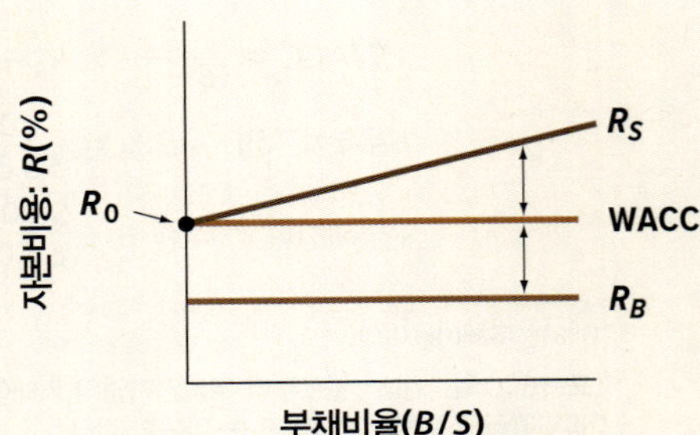

$R_S = R_0 + (R_0 - R_B)B/S$
R_S = 자기자본비용
R_B = 부채비용
R_0 = 순수 자기자본 기업의 자본비용
WACC = 기업의 가중평균자본비용, 세금이 없는 세계에서 차입기업의 WACC는 R_0와 같다.
R_0는 단 하나의 점인 반면에 R_S, R_B, WACC는 모두 선이다.

자기자본비용 R_S는 기업의 부채-자기자본비율과 양(+)의 관계가 있다. 기업의 가중평균자본비용 WACCC는 기업의 부채-자기자본비율에 관계없이 일정하다.

〈그림 16.3〉은 위에서 강조했듯이 WACC는 레버리지에 의해 영향을 받지 않음을 보여준다 (학생들은 순수 자기자본 기업의 자본비용 R_0가 그래프에서 하나의 점으로 나타나 있음을 인지하는 것이 중요하다. 반면에 WACC는 완전한 선으로 표시된다).

예제 16.2

MM 명제 I과 II 순수 자기자본 기업인 Luteran Motors는 연 $10백만의 이익을 영구히 발생할 것으로 예상한다. 이 기업은 이익을 모두 배당금으로 지급하므로 $10백만은 주주들의 기대현금흐름으로 여겨질 수 있다. 발행주식수가 10백만 주이므로, 연간 주당 $1의 현금흐름이 예상된다. 이 무차입기업의 자본비용은 10%이다. 추가로 이 기업은 곧 $4백만을 들여 새로운 공장을 지을 것이다. 이 공장은 연 $1백만의 추가적인 현금흐름을 창출할 것으로 기대된다. 이들 수치는 다음과 같이 나타낼 수 있다.

현재기업	새로운 공장
현금흐름: $10백만	최초 지출: $4백만
발행주식수: 10백만 주	연간 추가적인 현금흐름: $1백만

프로젝트의 할인율이 전체 기업의 할인율과 같다고 가정하면, 이 프로젝트의 순현재가치는 다음과 같다.

$$-\$4\text{백만} + \frac{\$1\text{백만}}{0.1} = \$6\text{백만}$$

시장이 이 프로젝트에 대해 알기 전 이 기업의(시장가치로 표현된) 재무상태표는 아래와 같다.

LUTERAN MOTORS 재무상태표(순수 자기자본)	
기존 자산: $\frac{\$10\text{백만}}{0.1} = \$100\text{백만}$	자기자본: $100백만 (10백만 주)

(계속)

연 $10백만의 현금흐름이 10%로 자본화(할인)되기 때문에 기업의 가치는 $100백만이 된다. 발행주식수가 10백만 주이므로 주당 $10(=$100백만/10백만)에 팔린다.

시장가치 재무상태표는 재무분석의 유용한 도구이다. 핵심은 시장가치 재무상태표는 회계에서 사용하는 재무상태표와 같은 형태를 가진다는 것이다. 즉, 자산은 좌변에 위치하면 반면에 부채와 자기자본은 우변에 놓인다. 추가로 좌변과 우변은 같아야 한다. 시장가치 재무상태표와 회계사의 재무상태표의 차이는 수치들에 있다. 회계에서는 항목들을 역사적 원가(원래 구입가격 − 감가상각비)로 평가하는 반면에 재무분석가는 항목들을 시장가치로 평가한다.

이 기업은 자기자본이나 부채로 $4백만을 조달할 것이다. 자기자본과 부채의 자본조달 효과를 차례로 살펴보자.

주식으로 자본조달 기업이 가까운 장래에 새로운 공장을 짓기 위하여 $4백만의 자기자본 조달을 발표한다고 가정하자. 주가와 기업가치는 공장의 순현재가치가 양(+)이라는 사실을 반영하여 상승할 것이다. 효율적인 시장에 따르면 이러한 상승은 즉시 일어날 것이다. 즉, 이러한 상승은 공장건설 시점이나 향후 주식발행 시점이 아니라 발표일에 일어날 것이다. 시장가치 재무상태표는 아래와 같다.

LUTERAN MOTORS
재무상태표
(공장건설을 위한 주식발행 발표 직후)

기존 자산	$100백만	자기자본	$106백만 (10백만 주)
공장의 NPV: $-\$4\text{백만} + \dfrac{\$1\text{백만}}{0.1} =$	6백만		
총 자산	$106백만		

공장의 NPV는 시장가치 재무상태표에 포함되어 있다는 것을 주목하자. 새로운 주식이 아직 발행되지 않았으므로 발행주식수는 여전히 10백만 주이다. 주당 가격은 공장에 대한 뉴스를 반영하여 이제 $10.60(=$106백만/10백만)으로 올랐다.

그 후 곧바로 $4백만의 주식이 발행된다. 주식은 주당 $10.60에 팔리기 때문에 377,359(= $4백만/$10.60)주가 발행된다. 조달자금은 공장건설을 위해 사용되기 전에 일시적으로 은행에 보관된다고 생각하라. 시장가치 재무상태표는 아래와 같다.

LUTERAN MOTORS
재무상태표
(주식발행 직후, 공장건설 착수 이전)

기존 자산	$100백만	자기자본	$110백만 (10,377,358주)
공장의 NPV	6백만		
주식발행으로부터 조달자금 (현재 은행에 예치되어 있음)	4백만		
총 자산	$110백만		

377,359주의 신주가 발행되었기 때문에 이제 발행주식수는 10,377,359주이다. 주당가격은 $10.60(=$110백만/10,377,359)이다. 가격이 변하지 않았음을 주목하자. 이것은 주식가격이 새로운 정보에만 움직인다는 효율적 자본시장과 일치되는 것이다.

(계속)

물론 자금의 은행 예치는 단지 일시적인 것이다. 신주발행 직후 $4백만이 공장을 건설하는 계약자에게 주어진다. 할인을 피하기 위해서 우리는 공장이 즉시 건설된다고 가정한다. 재무상태표는 아래와 같다.

LUTERAN MOTORS 재무상태표 (공장건설 완성 직후)			
기존 자산	$100백만	자기자본	$110백만 (10,377,358주)
공장의 PV: $\frac{\$1백만}{0.1}$ =	10백만		
총 자산	$110백만		

총자산은 변화하지 않지만 자산의 구성은 변한다. 은행계좌는 계약자에게 지급하여 비어 있다. 공장으로부터 창출되는 연 $1백만 현금흐름의 현재가치는 $10백만의 자산으로서 반영된다. $4백만의 건설비는 이미 지출되었기 때문에 이는 더 이상 미래비용이 아니다. 따라서 이로 인해 공장의 가치는 줄어들지 않는다. 효율적인 자본시장에 따르면 주당 가격은 여전히 $10.60이다.

기업으로부터 예상되는 연간 현금흐름은 $11백만이며, 그중에서 $10백만은 기존 자산으로부터 그리고 $1백만은 새로운 자산으로부터 발생된다. 주주들의 기대수익률은 다음과 같다.

$$R_S = \frac{\$11백만}{\$110백만} = 0.10 \text{ 또는 } 10\%$$

기업은 부채가 없기 때문에, $R_S = R_0 = 0.10$

부채로 자본조달 대신에 기업이 가까운 장래에 새로운 공장을 짓기 위해 6%로 $4백만의 차입을 발표한다고 가정하자. 이는 연 $240,000(= $4,000,000 × 6%)의 이자지급을 의미한다. 다시 주가는 공장의 순현재가치가 양(+)이라는 사실을 반영하여 즉시 오를 것이다. 따라서 시장가치 재무상태표는 다음과 같다.

LUTERAN MOTORS 재무상태표 (공장건설을 위한 부채발행 발표 직후)			
기존 자산	$100백만	자기자본	$106백만 (10백만 주)
공장의 NPV: $-\$4백만 + \frac{\$1백만}{0.1}$ =	6백만		
총 자산	$106백만		

기업의 가치는 주식으로 자본을 조달하는 경우와 같다. 왜냐하면 (1) 같은 공장이 지어질 예정이며, (2) MM은 부채 자본조달이 주식 자본조달보다 더 좋지도 더 나쁘지도 않음을 증명해 보였기 때문이다.

어느 시점에서 $4백만의 부채가 발행된다. 이전처럼 조달자금은 일시적으로 은행에 예치된다. 시장가치 재무상태표는 아래와 같이 된다.

(계속)

LUTERAN MOTORS
재무상태표
(부채발행 직후, 공장건설 착수 이전)

기존 자산	$100백만	부채	$ 4백만
공장의 NPV	6백만	자기자본	106백만 (10백만 주)
부채발행으로부터 조달자금 (현재 은행에 예치되어 있음)	4백만		
총 자산	$110백만	부채+자기자본	$110백만

부채는 재무상태표의 우변에 나타나 있다. 주가는 여전히 $10.60으로 효율적 자본시장에 대한 논의와 부합한다.

마지막에 계약자가 $4백만을 받고 공장을 짓는다. 시장가치 재무상태표는 아래와 같이 된다.

LUTERAN MOTORS
재무상태표
(공장완성 직후)

기존 자산	$100백만	부채	$ 4백만
공장의 PV	10백만	자기자본	106백만 (10백만 주)
총 자산	$110백만	부채+자기자본	$110백만

여기서 유일한 변화는 은행계좌가 계약자에게 지급하기 위하여 사용되었다는 것이다. 주주들이 기대하는 이자 지급 후 연간 현금흐름은 다음과 같다.

$10,000,000 기존 자산에 대한 현금흐름	+	$1,000,000 새로운 자산에 대한 현금흐름	−	$240,000 이자 $4백만 × 6%	=	$10,760,000

주주들은 아래의 수익률을 기대한다.

$$\frac{\$10,760,000}{\$106,000,000} = 0.1015 \text{ 또는 } 10.15\%$$

차입기업의 주주들에 대한 이러한 10.15%의 수익률은 무차입기업의 주주들에 대한 10% 수익률보다 높다. 이 결과는 이전에 논의했듯이 차입기업의 자기자본이 더 위험하기 때문에 합리적이다. 사실상 10.15% 수익률은 MM 명제 II가 예견하는 바로 그 수익률이다. 이는 아래(식 16.3)에 값들을 대입함으로써 검증될 수 있다.

$$R_S = R_0 + \frac{B}{S} \times (R_0 - R_B)$$

우리는 다음의 결과를 얻는다.

$$10\% + \frac{\$4,000,000}{\$106,000,000} \times (10\% - 6\%) = 0.1015 \text{ 또는 } 10.15\%$$

(계속)

이 예는 두 가지 이유로 유용하다. 첫째, 본 교재의 다른 곳에서 유용하게 사용될 시장가치 재무상태표의 개념을 소개하고자 하였다. 특히 이 기법을 이용하여 신주발행일 경우 주당 가격을 계산할 수 있다. 둘째, 이 예는 Modigliani와 Miller의 세 가지 측면을 설명한다.

1. 자본조달을 자기자본으로 하든지 부채로 하든지 기업의 가치는 모두 $110백만이기 때문에 이 예는 MM 명제 I과 일관성이 있다.
2. 학생들은 종종 기업가치보다 주가에 더 관심이 있다. 주가는 자본조달을 부채로 하든 자기자본으로 하든 항상 $10.60이다.
3. 이 예는 MM 명제 II와 일관성이 있다. 주주의 기대수익률은 식 (16.3)이 의미하듯이 10%에서 10.15%로 오른다. 이러한 상승은 차입기업의 주주들이 무차입기업의 주주들보다 더 큰 위험에 직면하기 때문에 일어난다.

MM: 해석

Modigliani-Miller의 결과는 경영자가 기업의 증권을 재포장함으로써 기업의 가치를 변화시킬 수 없음을 나타낸다. 이러한 개념은 1950년 후반 처음으로 제안되었을 때 혁명적인 것으로 간주되었고 그 이후 MM의 접근법과 증거는 널리 호평을 받았다.[9]

MM은 부채가 자기자본보다 더 저렴하게 보일지라도 자기자본을 부채로 대체함으로써 기업의 전반적인 자본조달비용을 줄일 수 없다고 주장한다. 이에 대한 이유는 기업의 부채가 증가함에 따라 잔여 자기자본은 더 위험해지기 때문이다. 그 결과 자기자본비용은 증가한다. 자기자본비용의 증가는 기업에서 차지하는 비중이 상대적으로 커진 부채의 낮은 비용과 상쇄된다. 사실상 MM은 두 효과들이 서로 정확하게 상쇄되어 기업의 가치와 기업의 전반적인 자본비용은 레버리지에 관계없이 일정하다는 것을 증명한다.

MM은 음식을 사용하여 재미있는 비유를 한다. 두 가지 중 하나를 선택할 수 있는 낙농업자를 생각해보자. 한편으로 그는 전유(whole milk)를 팔거나 다른 한편으로 크림을 따로 걷어내어 크림과 저지방 우유를 판매할 수 있다. 크림은 높은 가격을 받을 수 있지만 저지방 우유에 대해서는 낮은 가격을 받으므로 순이득은 얻을 수 없다. 전유 전략으로부터 얻어지는 수익금이 크림-저지방 전략보다 적다고 생각해보자. 차익거래자들은 전유를 매입해서 크림을 분리하여 크림과 저지방 우유를 따로 팔려고 할 것이다. 차익거래자들 사이의 경쟁으로 인하여 전유의 가격은 상승하게 되며 두 전략으로부터의 수익금은 같아지게 될 것이다. 따라서 우유의 가치는 그 우유가 포장되는 방법에 관계없이 일정하다.

앞서 기업을 파이로서 간주하면서 음식을 이 장에서 인용한 바 있다. MM은 파이의 크기를 주주와 채권자들이 그것을 어떻게 나누든 변하지 않는다고 주장한다. MM은 기업의 자본구조는 기업가치와 무관하다고 말한다. 이 이론은 기업의 부채-자기자본비율은 어떤 비율도 가능함을 의미한다. 현재의 부채-자기자본비율은 얼마나 많이 차입을 해야 하는지 그리고 얼마나 많

[9] Merton Miller와 Franco Modigliani는 자본구조에 대한 그들의 업적으로 인하여 각자가 따로 노벨상을 받았다.

밀러 교수의 설명으로…

Modigliani-Miller 결과를 완전히 이해하기는 쉽지 않다. 이 점은 Merton Miller가 했던 이야기와 관련이 있다.*

프랑코 모딜리아니(Franco Modigliani)가 노벨경제학상을 수상한 후, [Modigliani-Miller] 연구를 간단히 요약하는 것이 얼마나 힘든 일인지 새삼 느끼게 되었다. 그날 밤이 되자, 시키고 지역방송의 취재진들이 집으로 몰려왔다. 그중에서 한 기자는 나에게 이런 질문을 던졌다. "박사님께서 몇 년 전부터 모딜리아니 박사와 함께 이 M&M 이론을 연구해 왔다고 알고 있습니다. 이 이론 대해서 시청자들에게 간단한 설명을 해주시겠습니까?"

"얼마나 간단히 말이요?"라고 나는 되물었다.

그러자 기자는 다음과 같은 대답을 했다. "10초 내로 요약해 주시겠습니까?"

10초 내로 내 생애의 업적을 요약하라니! 그것도 30쪽이 넘고 각주가 60개 이상인 두 논문을 10초 내로 설명하라니 당황할 수밖에 없었다. 취재진은 굳어진 내 얼굴을 보고 다음과 같은 말을 던졌다. "자세히 설명하실 필요는 없습니다. 일반적인 상식의 선에서 몇 가지 요점만 짚어주세요."

"'자본비용'에 관한 첫 번째 논문의 요점은 원칙적으로는 간단한 것이었습니다. 이상적인 경제시장에서 기업이 발행한 증권들의 시장가치는 자산의 수익성과 위험성에 따라 달라지며, 기업의 자본구조(부채와 자기자본의 비중)와는 별개의 것입니다. 일부 기업회계 담당자들은 자기자본보다 이자율이 낮고 위험성도 낮은 부채의 비중을 높여서 기업가치를 높일 수 있다고 생각합니다. 그러나 이상적인 시장조건 하에서는 부채의 비중을 높여서 주주들에게 부담되는 위험성이 자기자본에 대한 요구수익률을 높이게 됩니다. 결과적으로 낮은 비용의 부채를 사용해서 얻을 수 있는 이득이 사라지게 되는 것입니다."

이와 같이 짧게 요약할 수도 있었지만, 경제학자들에게 익숙한 용어와 개념을 많이 써서 일반 대중이 쉽게 이해하는 데는 무리가 있었다. 그래서 나는 쉽게 이해할 수 있는 예를 들어 설명하기 시작했다.

"우유를 생산하는 농장이 있다고 가정합시다. 농장의 주인은 우유만을 팔 수도 있습니다. 아니면 우유로부터 크림을 추출해서 보다 높은 가격에 팔 수도 있습니다. 물론, 크림을 추출하고 남은 탈지유(skim milk)는 유지방이 적고 기존의 우유보다 낮은 가격에 팔아야 하겠지요. 이 탈지유가 차입된 자기자본에 해당됩니다. 'M&M 명제'는 우유를 분리하는 데 비용이 안 든다면, 크림과 탈지유를 합친 것이 기존의 우유가격과 같다고 말합니다."

설명이 끝나자 취재진들은 잠시 의논을 나누기 시작했다. 그리고 얼마 뒤에, 설명이 너무 길고 복잡하며 학술적이라고 말했다.

"더 간단한 설명은 없나요?"라고 나에게 질문하였다. 나는 'M&M 명제'를 다르게 설명할 방법을 고민했다. 특히 시장의 완전성을 강조하고 회사의 수익을 자본 공급자들에게 각 상황에 따라 분할하기 위한 장치로서 유가증권의 역할에 중점을 두어 설명하려고 하였다.

"기업을 하나의 큰 피자라고 생각해 보세요. 처음에 4등분을 했다가 다시 각 조각들을 반으로 자르면 피자를 8등분으로 만들 수도 있습니다. 'M&M 명제'에 의하면 피자의 조각 수는 증가하지만, 피자의 전체적인 크기는 변하지 않는다고 말합니다."

다시 카메라 대원들 사이에서 작은 소리로 회의가 있었고 감독은 다시 와서 말했다.

"교수님, 우리는 보도 자료를 통해 두 가지 M&M 명제가 있다고 알고 있습니다. 두 번째 명제를 설명하는 것을 한번 시도해 볼 수 있을까요?"

[밀러 교수는 두 번째 명제를 설명하기 위해 과감하게 노력했지만, 이는 극복하기가 훨씬 더 어려웠다. 그의 시도 후에]

취재진들이 또 다시 의논을 나누기 시작했다. 그러더니 이번에는 조명을 끄고 촬영장비들을 챙기기 시작했다. 그들은 나의 협조에 감사해 하며 다음에 다시 한 번 더 찾아오겠다고 말했다. 하지만 나는 그 순간 시청자들에게 경제지식을 10초라는 짧은 시간에 전할 수 있는 기회를 날려버렸다는 생각이 들었다. 어떤 사람한테는 그게 가능해도 나에게는 그럴 재능이 없었나 보다.

* GSB Chicago, *University of Chicago*, 1986년 가을호에서 발췌.

MM 명제(법인세가 존재하지 않는 경우)의 요약

가정

- 세금이 존재하지 않는다.
- 거래비용이 없다.
- 개인과 기업이 같은 이자율로 차입할 수 있다.

결과

- 명제 I: $V_L = V_U$ (차입기업의 가치는 무차입기업의 가치와 같다)
- 명제 II: $R_S = R_0 + \frac{B}{S}(R_0 - R_B)$

직관

- 명제 I: 자가제조 레버리지를 통하여 개인들은 기업의 레버리지 효과를 모방하거나 원상태로 되돌릴 수 있다.
- 명제 II: 자기자본비용은 레버리지가 높을수록 증가한다. 왜냐하면 자기자본의 위험이 레버리지가 높을수록 증가하기 때문이다.

은 주식을 발행해야 하는지에 관한 종잡을 수 없는 경영의사결정의 결과이다.

학자들은 항상 파급력 있는 이론들에 매료되지만 학생들은 아마 현실세계로의 적용에 더 관심을 가질 것이다. 실제 세상에서 경영자들이 자본구조의 결정을 대수롭지 않게 취급함으로써 MM을 따르고 있는가? 이 이론에 대해서는 불행하게도, 은행업 같은 어떤 산업에 속한 기업들은 높은 부채-자기자본비율을 선택한다. 반대로 제약업 같은 다른 산업에 속한 기업들은 낮은 부채-자기자본비율을 선택한다. 사실상 거의 모든 산업에는 그 산업에 속한 기업들이 고수하려는 고유의 부채-자기자본비율이 있다. 따라서 기업들이 경솔하고 무작위적 방법으로 레버리지의 정도를 택하는 것으로는 보이지 않는다. 이 때문에 (MM을 포함하는) 재무경제학자들은 실제 세계의 요인들은 이론으로부터 벗어나 있을 수 있다고 주장해왔다.

많은 학생들이 개인들은 기업의 차입이자율보다 높은 이자율로만 차입할 수 있다고 주장하지만, 우리는 이 장의 앞부분에서 이 주장에 동의하지 않는다. 그러나 그 이론의 비현실적인 가정들을 그밖에 다른 곳에서 찾는다면 아래의 두 가지를 들 수 있다.[10]

1. 세금이 무시되었다.
2. 파산비용과 대리인비용이 고려되지 않았다.

다음 절에서는 세금이 존재하는 경우를 살펴본다. 파산비용과 대리인비용은 다음 장에서 다루게 될 것이다. 세금이 존재하지 않는 경우 Modigliani-Miller의 주요 결과들은 앞의 박스에 요약되어 있다.

[10] MM은 그들의 원래 논문에서 볼 수 있듯이 이 문제들을 알고 있었다.

그림 16.4
법인세 존재하에서
자본구조의 두 파이모형

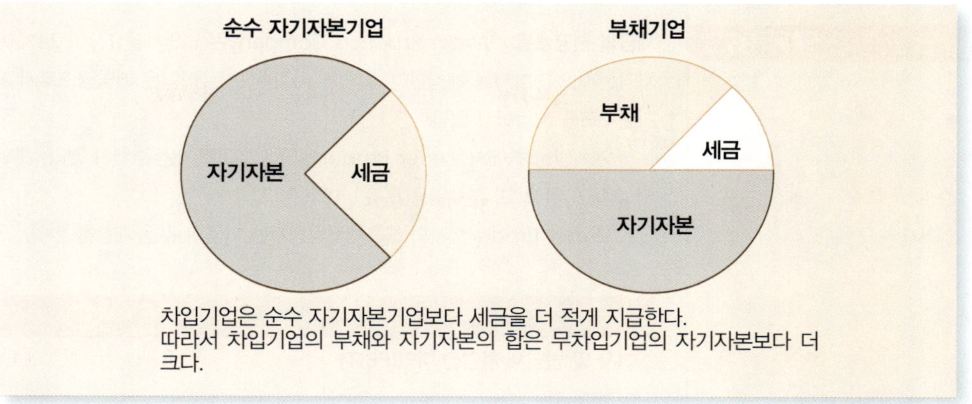

16.5 세금

기본적인 통찰

이 장의 앞부분에서는 세금이 없는 세계에서의 기업가치는 부채와 무관하다는 것을 보았다. 이제 법인세의 존재하에서 기업가치는 부채와 양(+)의 관계가 있다는 것을 살펴보자. 기본적인 직관은 〈그림 16.4〉에 있는 파이차트로부터 얻을 수 있다. 왼편에 있는 순수 자기자본기업을 생각해보자. 여기서 주주와 IRS(국세청) 모두 기업에 대한 청구권을 가지고 있다. 물론 순수 자기자본기업의 가치는 주주가 소유한 파이의 부분이다. 파이의 세금 부분은 단순히 일종의 비용에 해당한다.

오른편에 있는 파이는 차입기업의 주주, 채권자, 세금의 세 가지 청구권을 보여준다. 차입기업의 가치는 부채가치와 자기자본가치의 합이다. 그림에 있는 두 자본구조 사이에서 재무관리자는 더 높은 가치를 갖는 자본구조를 선택해야 한다. 총면적이 양쪽 파이가 같다고 가정하면,[11] 기업가치는 세금을 가장 적게 지급하는 자본구조에서 극대화된다. 다시 말하면, 경영자는 IRS가 가장 싫어하는 자본구조를 선택해야 한다.

여기에서의 논의는 지급된 모든 이자가 세금공제 대상이라고 가정한다. 그러나 실제로는 2017년 세금감면 및 고용법(TCJA)에 따라 공제 가능한 이자 금액이 제한되었다. 특히 2018년부터 2021년까지 순이자 공제는 EBITDA의 최대 30%로 제한된다. 2021년 이후에는 EBIT의 30%로 떨어진다. "순이자"라는 용어는 이자가 덜 지급한 이자를 의미한다(있는 경우). 또한 일부 조정으로 인해 한도가 EBITDA 및 EBIT를 정확히 기반으로 하지는 않지만 대부분의 경우 그 차이는 미미하다. 중요한 점은 특정 연도에 공제할 수 없는 이자를 이월하고 차감할 수 있다는 점이다. 따라서 세금공제액이 손실되지 않는다. 다만 연기된다.

[11] 이전에 전개된 MM 명제들하에서 두 파이의 크기는 같아야 한다.

예제 16.3

세금과 현금흐름 Water Products Company는 법인세율(T_C)이 21%이며, 매년 $1백만의 이자 및 법인세 차감전 이익(EBIT)을 예상한다. 법인세 차감후 모든 이익은 배당금으로서 지급된다. 이 기업은 두 가지 대안의 자본구조를 생각하고 있다.

계획안 I 하에서 Water Products의 자본구조에는 부채가 없다. 계획안 II 하에서는 자본구조에 $4백만의 부채($B$)가 있고, 부채비용($R_B$)은 10%이다.

Water Products사의 최고재무경영자는 다음과 같은 계산을 한다.

	계획안 I	계획안 II
이자 및 법인세 차감전 이익(EBIT)	$1,000,000	$1,000,000
이자(R_BB)	0	400,000
법인세 차감전 이익(EBT) = (EBIT − R_BB)	1,000,000	600,000
법인세(T_C = 21%)	210,000	126,000
법인세 차감후 이익	790,000	474,000
(EAT) = [(EBIT − R_BB) × (1 − T_C)]		
주주와 채권자에 귀속되는 총현금흐름	$ 790,000	$ 874,000
[EBIT × (1 − T_C) + T_CR_BB]		

여기서 가장 관심있게 보아야 할 수치들은 마지막 줄에 있는 두 수치이다. 이 예에서 법인세 차감후 이익에 해당하는 배당금은 주주에게 귀속되는 현금흐름이며, 이자는 채권자에게 귀속되는 현금흐름이다.[12] 계획안 II 하에서 더 많은 현금흐름이 기업의 소유주(주주와 채권자)에게 돌아감을 알 수 있다. 그 차이는 $84,000(= $874,000 − $790,000)이다. 그 차이의 근원을 금방 깨달을 수 있다. IRS는 계획안 I ($210,000)에서보다 계획안 II ($126,000)에서 더 적은 세금을 받는다. 여기서 그 차이는 $84,000(= $210,000 − $126,000)이다.

이러한 차이는 IRS가 이자를 취급하는 방법이 주주에게 돌아가는 이익을 취급하는 방법과 다르기 때문에 발생한다.[13] 이자지급은 법인세로부터 면제를 받는다. 반면에, 세전이익(EBT)에는 21%의 세금이 부과된다.

세금절감액의 현재가치

앞의 논의는 부채의 세금이익(절세효과) 또는 자기자본의 세금불이익을 보여준다. 이제 이 이익의 가치를 측정해보도록 한다. 이자금액은 다음과 같다.

$$\text{이자} = \underbrace{R_B}_{\text{이자율}} \times \underbrace{B}_{\text{차입금액}}$$

이 이자는 Water Products에 대해 $400,000(= 10% × $4,000,000)이다. 이 이자는 모두 세금

[12] 독자들은 이 예제의 "주주와 채권자에게 돌아가는 총 현금흐름"이 우리가 2장과 6장에서 강조했던 감가상각비, 자본지출액, 운전자본의 조정을 포함하고 있지 않는 것을 의아하게 생각할 것이다. 여기서는 감가상각비가 자본지출액과 같다는 암묵적인 가정을 하고 있기 때문이다. 우리는 또한 순운전자본의 변화가 0이라고 가정한다. 이러한 가정은 Water Products Company의 추정된 현금흐름이 영구적이기 때문에 문제는 없다.

[13] 주주들은 실제로 계획안 II ($474,000)에서보다 계획안 I ($790,000)에서 더 많이 받는다는 것을 주목하자. 이는 레버리지가 없는 편이 주주들에게 더 나은 것처럼 보인다. 그러나 계획안 II에서보다 계획안 I에서 발행주식수가 더 많다는 것을 기억하라. 완벽하게 설정된 모형에서는 주당이익이 레버리지가 높을수록 함께 증가하게 될 것이다.

공제가 된다. 즉, 부채가 없는 경우에 Water Products의 과세소득이 얼마가 되었든 간에 부채가 있는 경우에 과세소득은 $400,000이 더 적다.

앞의 예에서 법인세율이 21%이기 때문에 법인세의 감소액은 $84,000(= 0.21 × $400,000)이다. 이 수치는 앞에서 계산한 법인세의 감소액과 동일하다.

대수적으로 법인세의 감소액은 아래와 같이 표현된다.

$$\underbrace{T_C}_{\text{법인세율}} \times \underbrace{R_B \times B}_{\text{이자금액}} \tag{16.4}$$

즉, 기업이 부채가 없는 경우 매년 지급할 세금이 얼마가 되었든지 간에 그 기업이 부채(B)가 있는 경우에는 $T_C R_B B$를 덜 지급하게 될 것이다. 식 (16.4)는 종종 부채사용에 따른 **세금절감액**(tax shield from debt)이라고 불린다. 이 금액은 연간 금액이라는 데에 주의하라.

기업이 세금을 내는 부류에 있을 것으로 예상하는 한, 식 (16.4)의 현금흐름은 부채에 대한 이자와 같은 위험을 지닌다고 가정할 수 있다. 따라서 그 가치는 부채비용(R_B)으로 할인함으로써 결정될 수 있다. 현금흐름이 영구적이라고 가정하면, 세금절감액의 현재가치는 아래와 같다.

$$\frac{T_C R_B B}{R_B} = T_C B$$

차입기업의 가치

앞에서 부채사용에 따른 세금절감액의 현재가치를 계산했다. 다음 단계는 차입기업의 가치를 계산하는 것이다. 무차입기업의 연간 세후 현금흐름은 아래와 같다.

$$\text{EBIT} \times (1 - T_C)$$

여기서 EBIT는 이자 및 법인세 차감전 이익이다. 무차입기업(즉, 부채가 없는 기업)의 가치는 EBIT × (1 − T_C)의 현재가치이므로 아래와 같이 계산된다:

$$V_U = \frac{\text{EBIT} \times (1 - T_C)}{R_0}$$

여기서

V_U = 무차입기업의 현재가치

EBIT × (1 − T_C) = 법인세후 기업의 현금흐름

T_C = 법인세율

R_0 = 순수 자기자본 기업의 자본비용. 공식에서 볼 수 있듯이 R_0는 이제 세후 현금흐름을 할인하기 위해 사용된다.

앞에서 보았듯이 레버리지는 기업의 가치를 세금절감액, 즉 영구사채의 경우에 $T_C B$만큼 증가시킨다. 따라서 차입기업의 가치를 구하기 위해서는 무차입기업의 가치에 이 세금절감액을 단순히 더하면 된다.

이를 아래와 같이 대수적으로 쓸 수 있다.[14]

MM 명제 I(법인세가 있는 경우):

$$V_L = \frac{\text{EBIT} \times (1 - T_C)}{R_0} + \frac{T_C R_B B}{R_B} = V_U + T_C B \qquad (16.5)$$

식 (16.5)는 법인세 존재하의 MM 명제 I이다. 식 (16.5)의 첫 번째 항목은 부채가 없기 때문에 세금절감액이 없는 기업으로부터 발생하는 현금흐름의 가치이다. 다시 말하면 이 항목은 순수 자기자본 기업의 가치(V_U)와 같다. 차입기업의 가치는 순수 자기자본 기업의 가치에 세율과 부채의 곱($T_C B$)을 합한 것이다. $T_C B$는 영구적인 현금흐름의 경우에 세금절감액의 현재가치이다.[15] 세금절감액은 부채금액이 클수록 증가하기 때문에 기업은 자기자본을 부채로 대체함으로써 현금흐름과 가치를 증가시킬 수 있다.

이 논의에서 모든 이자가 세금공제 가능한 것으로 가정한다. 지급된 이자의 일부가 공제 불가능한 경우, 이월되어 나중에 차감될 수 있다. 이러한 지연은 세금절감액의 가치와 부채 조달의 세금이익을 감소시키지만 없애지는 않는다.

예제 16.4

법인세 존재 하의 MM 명제 Divided Airlines은 현재 무차입기업이다. 이 기업은 $126.6의 이자 및 법인세 차감전 이익(EBIT)을 영구히 창출할 것으로 예상한다. 법인세율은 21%이며, 세후 이익이 $100이라는 것을 의미한다. 모든 세후이익은 배당금으로 지급된다.

이 기업은 $200의 부채를 사용하는 자본구조조정을 고려하고 있다. 부채의 자본비용은 10%이다. 같은 산업에 속한 무차입기업의 자기자본비용은 20%이다. Divided Airlines의 새로운 가치는 얼마가 되겠는가?

Divided Airlines의 가치는 다음과 같을 것이다.

$$V_L = \frac{\text{EBIT} \times (1 - T_C)}{R_0} + T_C B = \frac{\$100}{0.20} + (0.21 \times \$200)$$
$$= \$500 + \$42 = \$542$$

차입기업의 가치 $542는 무차입기업의 가치 $500보다 크다. $V_L = B + S$이므로 차입기업의 자기자본가치(S)는 $342 = $542 − $200이다. 레버리지의 함수로서 Divided Airlines의 가치가 〈그림 16.5〉에 설명되어 있다.

[14] 이러한 관계는 부채수준이 시간이 지나도 일정하다는 가정하에 성립한다. 만일 부채-자기자본비율이 시간의 경과에 따라 일정하지 않다면 다른 공식이 적용되어야 한다. 좀 더 상세한 내용은 아래 논문을 참조. J. A. Miles and J. R. Ezzell, "The Weighted Average Cost of Capital, Perfect Capital Markets and Project Life," *Journal of Financial and Quantitative Analysis* (September 1980).

[15] 다음은 만기가 있는 부채의 경우에 현재가치를 구하는 예이다. Maxwell Company는 8%의 표면이자율을 지급하는 $1백만의 부채를 가지고 있다고 가정하자. 만기가 2년이고 부채비용 R_B이 10%라면, 21%의 법인세하에서 세금절감액의 현재가치는 얼마인가? 부채는 2년에 걸쳐 같은 금액으로 상각된다.

연도	대출잔고	이자	세금절감액	세금절감액의 현재가치
0	$1,000,000			
1	500,000	$80,000	0.21 × $80,000	$15,272.73
2	0	40,000	0.21 × $40,000	6,924.15
				$22,214.88

세금절감액의 현재가치는 다음과 같다:

$$\text{PV} = \frac{0.21 \times \$80{,}000}{1.10} + \frac{0.21 \times \$40{,}000}{(1.10)^2} = \$22{,}214.88$$

Maxwell Company의 가치는 비슷한 무차입기업의 가치보다 $22,214.88만큼 더 높다.

그림 16.5 기업가치에 대한 재무레버리지가 미치는 영향: Divided Airlines의 경우 법인세 존재하의 MM

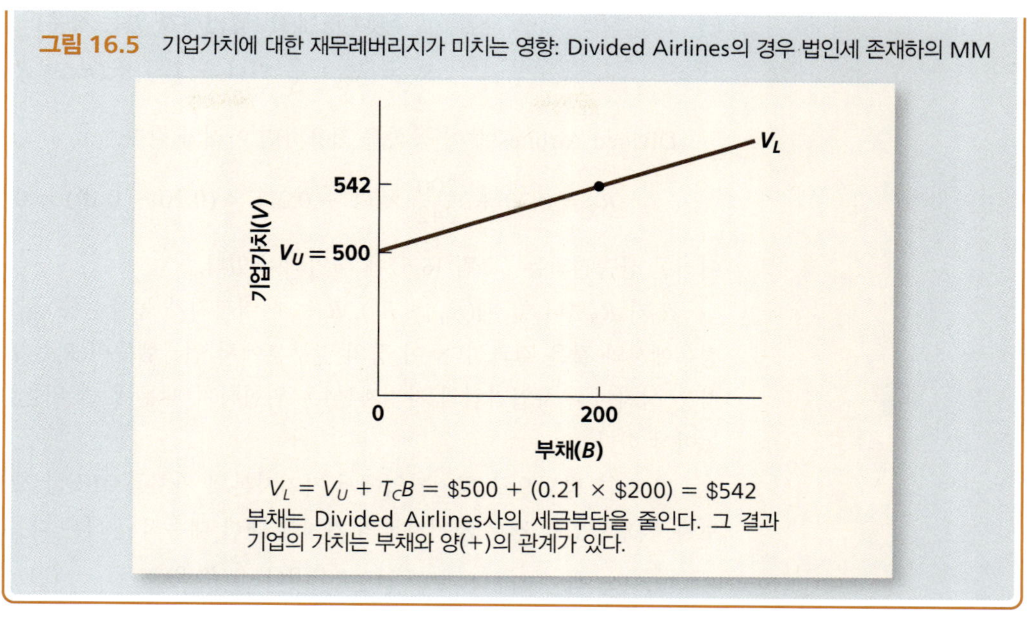

$V_L = V_U + T_C B = \$500 + (0.21 \times \$200) = \$542$
부채는 Divided Airlines사의 세금부담을 줄인다. 그 결과 기업의 가치는 부채와 양(+)의 관계가 있다.

법인세 존재하에서 기대수익률과 레버리지

세금이 없는 경우의 MM 명제 II는 자기자본의 기대수익률과 레버리지 사이의 양(+)의 관계를 단정하고 있다. 이 결과는 자기자본의 위험이 레버리지가 높을수록 증가하기 때문에 일어난다. 이와 같은 직관이 법인세가 존재하는 세계에서도 성립한다. 법인세가 존재하는 세계에서 그 정확한 공식은 다음과 같다.[16]

[16] 이 관계는 다음과 같이 나타난다. 세금이 존재하는 MM I 하에서, 부채가 있는 기업의 시장가치 재무상태표는 다음과 같이 쓰여진다.

$T_C B$ = 세금절감액	S = 자기자본
V_U = 무차입기업의 가치	B = 부채

무차입기업의 가치는 단순히 부채의 세금혜택이 없는 자산의 가치이다. 재무상태표는 부채(B)가 더해질 때, 기업가치는 $T_C B$만큼 증가한다는 것을 보여주고 있다. 재무상태표 좌변으로부터의 기대현금흐름은 다음과 같이 나타난다.

$$V_U R_0 + T_C B R_B \quad \text{(a)}$$

자산의 위험을 감안하여 기대수익률을 R_0라고 하자. 세금절감액은 부채와 같은 위험을 가지고 있기 때문에 기대수익률은 R_B가 된다.
채권자와 주주에게 돌아가는 기대현금은 다음과 같다.

$$S R_S + B R_B \quad \text{(b)}$$

식 (b)는 주식의 기대수익률은 R_S이고 채권의 이자수익률은 R_B임을 반영한다.
제로성장 영구연금 모델에서, 모든 현금흐름은 배당으로 지급되기 때문에 기업으로 들어가는 현금흐름은 주주에게 돌아가는 현금흐름과 같다. 따라서 식 (a)와 (b)는 다음과 같이 일치한다.

$$S R_S + B R_B = V_U R_0 + T_C B R_B \quad \text{(c)}$$

식 (c)의 양변을 S로 나누고, BR_B를 차감하고 난 후, 수익률을 구하면 다음과 같다.

$$R_S = \frac{V_U}{S} \times R_0 - (1 - T_C) \times \frac{B}{S} R_B \quad \text{(d)}$$

차입기업의 가치 V_L은 $V_U + T_C B = B + S$와 일치하고 결국 $V_U = S + (1 - T_C) \times B$가 된다. 따라서 식 (d)는 다음과 같이 표현될 수 있다.

$$R_S = \frac{S + (1 - T_C) \times B}{S} \times R_0 - (1 - T_C) \times \frac{B}{S} R_B \quad \text{(e)}$$

$(1 - T_C) \times (B/S)$항을 기준으로 정리하면 식 (16.6)으로 나타난다.

MM 명제 II (법인세가 있는 경우):

$$R_S = R_0 + \frac{B}{S} \times (1 - T_C) \times (R_0 - R_B) \quad (16.6)$$

Divided Airlines에 이 공식을 적용하면 아래와 같다.

$$R_S = 0.20 + \frac{200}{342} \times (1 - 0.21) \times (0.20 - 0.10) = 0.2462 \text{ 또는 } 24.62\%$$

이러한 산출결과는 〈그림 16.6〉에 설명되어 있다.

R_0가 R_B보다 클 때($R_0 > R_B$), R_S는 레버리지가 높을수록 증가하며 또한 이는 세금이 없는 경우에서와 같은 결과이다. 이 장의 앞부분에서 언급했듯이 R_0는 R_B를 초과해야 한다. 즉, 자기자본(심지어 무차입기업의 자기자본)은 위험하기 때문에 덜 위험한 부채보다 기대수익률이 더 높아야 한다.

또 다른 방법으로 차입기업에서 자기자본의 가치를 결정함으로써 앞의 계산결과를 확인해 보자. 차입기업의 경우 자기자본의 가치에 대한 대수적 공식은 다음과 같다.

$$S = \frac{(\text{EBIT} - R_B B) \times (1 - T_C)}{R_S}$$

분자는 이자 및 법인세 차감후 차입기업의 자기자본(주주)에 귀속되는 기대현금흐름이다. 분모는 주주에게 귀속되는 현금흐름을 할인하는 이자율이다.

Divided Airlines에 있어서 우리는 다음의 계산과정을 얻는데, 이는 앞에서의 결과와 같다(반올림 오차는 무시함).

$$\frac{(\$126.6 - 0.10 \times \$200)(1 - 0.21)}{0.2462} = \$342$$

가중평균자본비용(WACC)과 법인세

13장에서 가중평균자본비용(법인세가 존재하는 경우)을 다음과 같이 정의했다($V_L = S + B$임을 주목하자):

$$\text{WACC} = \frac{S}{V_L} R_S + \frac{B}{V_L} R_B (1 - T_C)$$

타인자본비용(R_B)은 이자가 기업 차원에서 세금이 공제되므로 $(1 - T_C)$를 곱해준다. 그러나 자기자본비용(R_S)은 배당금이 세금공제가 되지 않으므로 이를 곱하지 않아 세금절세효과가 없다. 세금이 없는 경우에 WACC는 레버리지에 영향을 받지 않는다. 이 결과는 이전에 논의한 〈그림 16.3〉에 반영되어 있다. 그러나 자기자본과 비교하여 부채는 세금혜택이 있기 때문에 WACC는 법인세가 존재하는 세계에서 레버리지가 클수록 감소한다. 이 결과는 〈그림 16.6〉에 나타나 있다.

Divided Airlines에 있어서 WACC는 다음과 같다:

$$\text{WACC} = \left(\frac{\$342}{\$542}\right) \times 0.2462 + \left(\frac{\$200}{\$542}\right) \times 0.10 \times 0.79 = 0.1845 \text{ 또는 } 18.45\%$$

Divided Airlines는 부채에 의존함으로써 WACC를 0.20(부채가 없는 경우)에서 0.1845로

그림 16.6
부채비용과 자기자본비용에 대한 재무레버리지의 영향

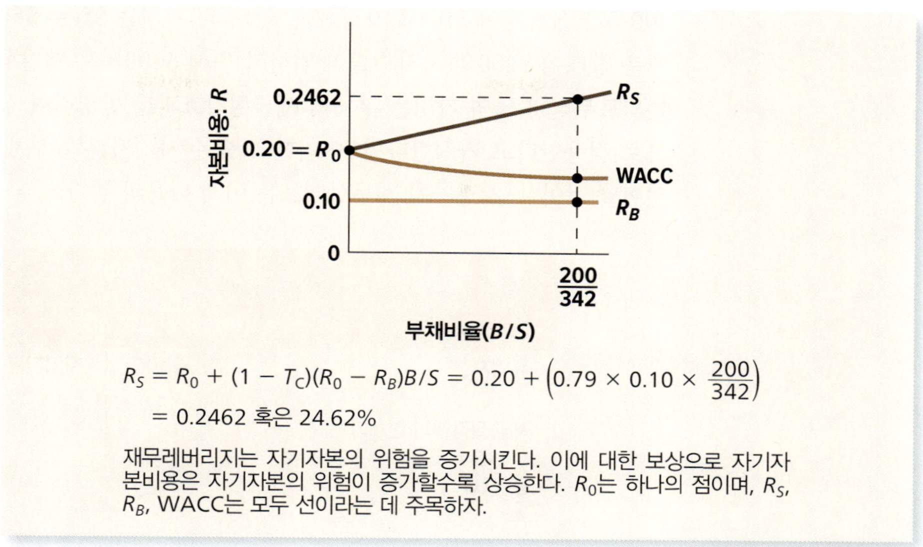

$$R_S = R_0 + (1 - T_C)(R_0 - R_B)B/S = 0.20 + \left(0.79 \times 0.10 \times \frac{200}{342}\right)$$
$$= 0.2462 \text{ 혹은 } 24.62\%$$

재무레버리지는 자기자본의 위험을 증가시킨다. 이에 대한 보상으로 자기자본비용은 자기자본의 위험이 증가할수록 상승한다. R_0는 하나의 점이며, R_S, R_B, WACC는 모두 선이라는 데 주목하자.

줄었다. 이는 직관적으로 호감이 가는 결과이다. 왜냐하면 기업이 WACC를 낮추면 그 가치가 증가할 것임을 암시하기 때문이다. WACC 방법을 사용하면 Divided Airlines의 가치가 $542임을 아래와 같이 확인할 수 있다.

$$V_L = \frac{\text{EBIT} \times (1 - T_C)}{\text{WACC}} = \frac{\$100}{0.1845} = \$542$$

법인세 존재하에서 주가와 레버리지

현 시점에서 학생들은 종종 이 수치들을 믿거나 아니면 이들이 최소한 너무 완벽해서 반박할 수 없다고 생각한다. 그러나 학생들은 가끔 "왜 기업가치를 극대화하려 하고 있는가?", "경영자들이 주주의 이익을 추구하고 있다면, 그들은 왜 주가를 극대화하려고 하지 않는가?"라고 반문할 것이다. 이러한 질문이 떠올랐다면, 당신은 공부를 제대로 하고 있는 셈이다.

그 대답은 두 단계로 주어진다. 첫째, 이 장의 첫 번째 절에서 기업가치를 극대화하는 자본구조는 주주의 이익에 가장 도움이 되는 자본구조임을 보았다.

그러나 일반적인 설명이 학생들에게 항상 설득력이 있는 것은 아니다. 따라서 두 번째 단계로서, 주식을 부채로 대체하기 전후에 Divided Airlines의 주가를 계산한다. 이를 위해 시장가치 재무상태표를 활용한다. 순수 자기자본 형태의 기업에 대한 시장가치 재무상태표는 다음과 같이 나타낼 수 있다:

DIVIDED AIRLINES 재무상태표 (순수 자기자본 기업)			
유형자산 $\frac{\$126.6}{0.20} \times (1 - 0.21) = \$500$		자기자본	$500 (100주)

100주가 상장되어 있다고 가정하면, 한 주의 가치는 $5(= $500/100)이다. 다음으로 기업이 가까운 장래에 $200의 자사주를 매입하기 위해 $200의 부채발행을 발표한다고 가정해보자. 이전 논의로부터 기업의 가치는 부채의 세금절감효과를 반영하여 상승할 것이다. 자본시장이 효율적으로 작용한다고 가정한다면, 이러한 상승은 자기자본과 부채의 교환일이 아닌 발표일에 즉시 일어날 것이다. 시장가치 재무상태표는 이제 다음과 같다:

DIVIDED AIRLINES 재무상태표 (부채발행 발표 직후)			
유형자산	$500	자기자본	$542 (100주)
세금절감액의 현재가치: $T_C B$ = 21% × $200 =	42		
총 자산	$542		

부채가 아직 발행되지 않았다는 데 주목하자. 그러므로 자기자본만이 재무상태표의 우변에 나타난다. 각 주식은 이제 $5.42(= $542/100)의 가치가 있으며, 주주들은 $42의 이익을 보았다. 주주는 재무정책이 개선된 기업의 소유주자이기 때문에 이익을 본다.

학생들은 재무상태표에 세금절감액이 나타나 있는 것을 보고 당황할 수 있다. 유형자산은 형태를 가지고 있지만, 세금절감액이라는 무형의 특성은 학생들을 괴롭힐 수 있기 때문이다. 그러나 가치를 지닌 항목이면 무엇이든 자산이라는 것을 기억하라. 세금절감액은 미래의 세금흐름을 줄이기 때문에 가치를 지닌다. 유형자산을 만질 수 있는 것처럼 세금절감액을 만질 수 없다는 사실은 재무적 고려사항이 아니라 철학적인 고려사항이다.

어느 시점에서 자기자본과 부채의 교환이 발생한다. $200의 부채가 발행되고 그 자금은 자사주를 매입하기 위해 사용된다. 얼마나 많은 주식이 매입되는가? 주식들은 이제 주당 $5.42에 팔리기 때문에 기업이 취득할 수 있는 주식의 수는 36.90(= $200/5.42)주이다. 이로 인해 발행주식수는 63.10(= 100 − 36.90)주가 남게 된다. 시장가치 재무상태표는 이제 다음과 같다:

DIVIDED AIRLINES 재무상태표 (교환이 발생한 이후)			
유형자산	$500	자기자본	$342 (100 − 36.90 = 63.10 주)
세금절감액의 현재가치	42	부채	200
총 자산	$542	부채 + 자기자본	$542

각 주식은 교환 후 $5.42(= $342/63.10)의 가치가 있다. 주가는 교환일에 변하지 않음을 주목하자. 앞에서 언급했듯이 주가는 단지 발표일에 움직인다. 교환에 참여하는 주주들은 주당 시장가격과 같은 금액을 교환 후에 받기 때문에 그들은 주식을 교환할지 말지에 대해 개의치 않는다.

이 예는 두 가지 이유로 제공되었다. 첫째, 부채발행에 따른 기업가치의 증가는 주가의 상승으로 이어짐을 보여준다. 사실상, 주주들이 $42의 세금절감액을 모두 가진다. 둘째, 학생들로 하여금 시장가치 재무상태표를 더 많이 학습할 수 있도록 한다.

법인세가 존재하는 경우 Modigliani-Miller의 주요 결과들이 박스에 요약되어 있다.

MM 명제(법인세가 존재하지 않는 경우)의 요약

가정

- 기업의 이자지급 후 이익은 T_C로 과세된다.
- 거래비용이 없다.
- 개인과 기업이 같은 이자율로 차입할 수 있다.

결과

- 명제 I: $V_L = V_U + T_C B$ (부채가 영구사채인 기업)
- 명제 II: $R_S = R_0 + \frac{B}{S}(1 - T_C)(R_0 - R_B)$

직관

- 명제 I: 기업의 이자는 세금에서 공제되지만 배당금은 공제되지 않으므로 기업의 레버리지는 세금지급을 줄인다.
- 명제 II: 자기자본비용은 레버리지가 높을수록 증가한다. 왜냐하면 자기자본의 위험이 레버리지가 높을수록 증가하기 때문이다.

요약 및 결론 _Summary and Conclusions

01. 기업의 가치를 극대화하는 특정한 자본구조가 주주들에게도 가장 많은 이익을 주는 자본구조이다.

02. 세금이 존재하지 않는 세계에서 Modigliani와 Miller의 유명한 명제 I은 기업의 가치는 부채-자기자본비율에 의해 영향을 받지 않는다는 것이다. 다시 말해, 기업의 자본구조는 그러한 세상에서는 무차별하다. 저자들은 높거나 낮은 부채-자기자본비율이 자가제조 레버리지에 의해 상쇄됨을 보임으로써 그러한 결과를 얻었다. 이는 개인도 기업과 같은 이자율로 차입할 수 있다는 아주 그럴듯한 가정을 전제조건으로 한다.

03. 법인세가 존재하지 않는 세계에서 MM 명제 II는 다음과 같이 이야기한다:

$$R_S = R_0 + \frac{B}{S}(R_0 - R_B)$$

이는 자기자본의 기대수익률(**자기자본비용** 또는 **자기자본의 요구수익률**)이 기업의 레버리지와 양의 상관관계에 있음을 의미한다. 이는 직관적으로 이해가 간다. 왜냐하면 〈그림 16.3〉과 같이 자기자본의 위험은 레버리지가 높을수록 상승하기 때문이다.

04. 위 MM의 업적은 아주 우아하지만 자본구조에 대한 실증적인 조사 결과들을 잘 설명하지 못하고 있다. MM은 자본구조 결정이 무차별하다고 이야기하고 있지만, 현실 세계에서는 자본구조 결정이 상당히 중량감 있게 다루어지고 있다. 현실 세계 적용성을 높이기 위해 다음에는 법인세를 함께 고려하였다.

05. 법인세가 존재하지만 파산비용이 없는 세계에서 기업가치는 레버리지의 증가함수이다. 기업가치에 대한 공식은 아래와 같다:

$$V_L = V_U + T_C B$$

레버리지 기업의 자기자본에 대한 기대수익률은 다음과 같다:

$$R_S = R_0 + (1 - T_C) \times (R_0 - R_B) \times \frac{B}{S}$$

여기서 가치는 레버리지와 양(+)의 관계가 있다. 이 결과는 기업들의 자본구조는 거의 전적으로 부채로 구성되어야 한다는 것을 의미한다. 하지만 실제 세계에서 기업들은 보다 적당한 수준의 부채를 택하고 있기 때문에 다음 장에서는 이러한 결과의 수정에 대해서 생각해 보도록 하겠다.

개념확인 _Concept Questions

01. MM 가정 법인세가 없는 세계에서 Modigliani-Miller 이론의 배경이 되는 세 가지 가정을 나열하라. 이들 가정은 현실 세계에서 합리적이라 할 수 있는가? 설명하라.

02. MM 명제 법인세, 거래비용, 파산비용이 없는 세계에서 다음은 참인가, 거짓인가, 아니면 불확실한가? 만약 어떤 기업이 부채의 일부를 상환하기 위하여 자기자본을 발행하였다면, 그 기업의 주가는 주식이 덜 위험하기 때문에 상승할 것이다. 설명하라.

03. MM 명제 법인세, 거래비용, 파산비용이 없는 세계에서 다음 진술은 참인가, 거짓인가, 아니면 불확실한가? 적정한 차입은 한 기업의 자기자본비용을 높이지 않을 것이다. 설명하라.

04. MM 명제 세금의 어떠한 점이 차입기업을 다른 조건들이 동일한 무차입기업보다 더 가치 있게 하는가?

05. 영업위험과 재무위험 영업위험과 재무위험이 무엇인지 설명하라. 기업 A가 기업 B보다 더 큰 영업위험을 가지고 있다고 가정하자. 기업 A는 자기자본비용이 더 높다고 할 수 있는가? 설명하라.

06. MM 명제 다음 논쟁에 대해 어떻게 생각하는가?

Q: 기업의 자기자본에 대한 위험은 부채사용이 늘어나면 증가한다는 것이 사실인가?

A: 사실이다. 그것이 MM 명제 II의 핵심이다.

Q: 그렇다면, 만약 한 기업이 부채사용을 늘림에 따라 채무불이행의 가능성은 증가하고 따라서 부채의 위험이 증가한다는 것은 사실인가?

A: 사실이다.

Q: 다시 말하면, 늘어난 차입으로 인해 자기자본과 부채의 위험은 모두 증가하는가?

A: 맞다.

Q: 그렇다면, 기업이 부채와 자기자본으로 자금을 조달하며, 양쪽의 위험이 모두 추가적 부채 사용으로 증가한다고 하면, 부채 증가가 한 기업의 전체적 위험을 증가시키고, 따라서 기업의 가치를 하락시킨다고 할 수 있는가?

A: ?

07. 최적자본구조 한 기업의 가치를 극대화하는, 쉽게 확인할 수 있는 특정 부채-자기자본비율이 존재 하는가? 왜 그런가? 혹은 왜 아닌가?

08. 재무 레버리지 부채를 사용하는 것을 왜 재무 "레버리지"라고 부르는가?

09. 자가제조 레버리지 자가제조 레버리지(homemade leverage)란 무엇인가?

10. 자본구조 목표 자본구조에 관한 재무관리의 기본적인 목표는 무엇인가?

연습문제 _*Questions and Problems*

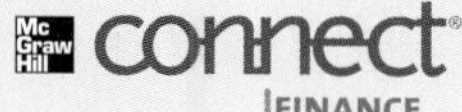

기초
(Questions 1~16)

01. EBIT 및 레버리지 Sunrise, Inc.는 부채가 없으며 총 시장가치는 $245,000이다. 이자 및 법인세 차감전 이익(EBIT)은 만약 경제 상황이 정상적이라면 $19,000으로 추정된다. 만약 경기 확장 시에는 EBIT은 25% 증가할 것이며, 불황기라면 EBIT은 40% 감소할 것이다. 회사는 8%의 이자율로 $58,800의 부채발행을 고려하고 있다. 조달자금은 자사주 매입을 위해 사용될 것이다. 현재 발행주식수는 5,000주이다. 법인세는 무시하라. 주가는 모든 시나리오에서 일정하다고 가정하라.

a. 부채를 발행하기 전 세 가지 경제 시나리오에서 주당이익(EPS)을 계산하라. 또한 경기 확장, 혹은 불황 시 EPS의 변화율을 계산하라.

b. 회사가 자본 재구성에 나선다고 가정하고 문항 (a)를 다시 계산하여 보라. 무엇을 알 수 있는가?

02. EBIT, 세금 및 레버리지 회사의 법인세율이 21%라고 가정하고 문제 1번의 (a)와 (b)를 다시 계산하라.

03. ROE와 레버리지 문제 1의 회사의 장부가치 대비 시장가치 비율이 1.0이라고 가정하자.

a. 부채를 발행하기 전 세 가지 경제 시나리오에서 자기자본이익률(ROE)을 계산하라. 또한 법인세가 없다는 가정하에 경제 확장기, 불황기 각각의 경우에 ROE의 변화율을 계산하라.

b. 제안된 대로 자본이 재구성된다고 가정하면서 문항 (a)에 다시 답하라.

c. 법인세율이 21%라고 가정하면서 문항 (a)와 (b)에 다시 답하라.

04. 손익분기 EBIT Byrd Corporation은 두 가지 자본구조를 비교하고 있다. 순수 자기자본 계획(계획안 1)과 차입 계획(계획안 2)이다. 계획안 1에서 기업은 365,000 발행주식이 있다. 계획안 2에서 기업은 245,000 발행주식과 $4.56백만의 부채가 있다. 부채의 이자율은 10%이고 세금은 없다.

a. EBIT가 $1.25백만일 경우, 어느 계획안의 EPS가 더 높은가?

b. EBIT가 $1.75백만일 경우, 어느 계획안의 EPS가 더 높은가?

c. 손익분기 EBIT는 얼마인가?

05. MM과 주식 가치 문제 4번에서 두 계획안의 주당 가격을 구하기 위해 MM 명제 1을 이용한다. 기업의 가치는 얼마인가?

06. 손익분기 EBIT와 레버리지 Kolby Corp.은 두 가지 자본구조를 비교하고 있다. 계획안 1은 3,500주의 주식과 $37,440의 부채이다. 계획안 2는 2,800주의 주식과 $66,560의 부채이다. 부채에 대한 이율은 10%이다.

a. 법인세를 무시하고, EBIT이 $14,800이라고 가정하여, 이 두 가지 계획안을 순수 자기자본 계획안과 비교하라. 순수 자기자본 계획안에서 총 발행주식수는 4,400주가 될 것이다. 세 계획안 중

에서 어느 계획안에서 EPS가 가장 높고 혹은 가장 낮은가?

b. 문항 (a)에서, 순수 자기자본 계획안의 EBIT와 비교할 때 다른 두 계획의 순익분기 EBIT는 각각 얼마인가? 어느 것이 더 높은가? 왜 그러한가?

c. 세금을 무시하면, EPS는 언제 계획안 1과 계획안 2에서 같아지는가?

d. 법인세율이 21%라고 가정하고 문항 (a), (b), (c)에 다시 답하라. 손익분기 EBIT은 이전과 다른가? 왜 그러한가? 아니라면 왜 아닌가?

07. 레버리지와 주식 가치 문제 6번에서 세금을 무시하고 계획안 1의 주당 가격은 얼마인가? 계획안 2의 주당 가격은 얼마인가? 어떠한 원칙을 바탕으로 대답하였는가?

08. 자가제조 레버리지 FCOJ, Inc.은 유명한 소비자 제품 기업이다. 기업은 순수 자기자본 자본구조에서 35%의 부채 자본구조로 전환할지 논의 중이다. 현재 5,000 발행주식이 있으며 주당 가격은 $49이다. EBIT는 매년 $43,600을 유지될 것으로 예상한다. 신규 부채의 이자율은 7%이고 세금은 없다.

a. Ms. Brown은 100주 주식을 보유하고 있는 주주이다. 기업이 배당성향이 100%라고 한다면, 현재 자본구조에서 Ms. Brown의 현금흐름은 얼마인가?

b. 100주를 계속 보유한다고 가정한다면, 제안된 자본구조에서 Ms. Brown의 현금흐름은 얼마가 될 것인가?

c. 기업이 자본구조를 전환하기로 했다. 하지만 Ms. Brown은 현재의 순수 자기자본 자본구조를 선호한다. 기존의 자본구조를 재창조하기 위해 Ms. Brown이 자신의 주식지분을 어떻게 해야 무차입상태로 만들 수 있을지 설명하라.

d. 문항 (c)에 대한 답변을 이용하여 기업의 자본구조 선택이 상관없는 이유를 설명하라.

09. 자가제조 레버리지와 WACC ABC Co.와 XYZ Co.는 자본구조를 제외하고는 모든 면에서 동일한 기업이다. ABC는 순수 자기자본으로 $540,000을 조달하였다. XYZ는 주식과 영구 부채를 모두 이용하였는데, 주식은 $270,000의 가치가 있고 부채의 이자율은 8%이다. 두 기업의 EBIT는 $61,000으로 예상된다. 세금은 무시한다.

a. Richard은 XYZ의 주식을 $30,000만큼 보유하고 있다. 얼마의 수익률을 예상하는가?

b. Richard가 ABC에 투자하고 자가제조 레버리지를 이용함으로써 어떻게 똑같은 현금흐름과 수익률을 만들어내는지 보여라.

c. ABC의 자기자본비용은 얼마인가? XYZ의 자기자본비용은 얼마인가?

d. ABC의 WACC는 얼마인가? XYZ의 WACC는 얼마인가? 어떠한 원리를 이용했는가?

10. MM Gunnar Corp.은 부채를 사용하지 않는다. 가중평균자본비용(WACC)은 8.6%이다. 만약 현재 자기자본의 시장가치가 $37백만이고, 세금이 없다면 EBIT는 얼마인가?

11. MM과 세금 앞의 문제 10번에서 세율이 23%라고 가정하면, EBIT은 얼마인가? WACC는 얼마인가? 설명하라.

12. WACC 계산 Weston Industries의 부채-자기자본비율은 1.5이다. 이 기업의 WACC는 9.8%이고, 부채비용은 6%이다. 법인세율은 21%이다.

a. Weston의 자기자본비용은 얼마인가?

b. Weston의 무차입 자기자본비용(unlevered cost of equity capital)은 얼마인가?

c. 부채-자기자본비율이 2라면, 자기자본비용은 얼마인가? 부채-자기자본비율이 1이라면 얼마인

가? 부채-자기자본비율이 0이라면 얼마인가??

13. **WACC 계산** Shadow Corp.는 부채는 없지만 5.8%에 빌릴 수 있다. 기업의 WACC는 9.1%이고 세율은 22%이다.
   a. 기업의 자기자본비용은 얼마인가?
   b. 기업이 25%의 부채로 전환할 경우, 자기자본비용은 얼마인가?
   c. 기업이 50%의 부채로 전환할 경우, 자기자본비용은 얼마인가?
   d. 문항 (b)에서 기업의 WACC는 얼마인가? 문항 (c)에서는?

14. **MM과 법인세** Cede & Co.는 회사의 EBIT가 지속적으로 연 $163,000가 될 것이라고 예상한다. 이 기업은 8%로 차입할 수 있다. 현재는 부채가 없으며 자기자본비용은 15%이다. 법인세율이 23%라면 이 기업의 가치는 얼마인가? 만약 이 기업이 $185,000를 차입하여 이를 자사주 매입에 사용한다면, 기업가치는 얼마가 되겠는가?

15. **MM과 법인세** 문제 14번에서 자본 재구성 후 자기자본비용은 얼마인가? WACC는 얼마인가? 기업의 자본구조 결정에 대한 시사점은 무엇인가?

16. **MM 명제 I** Levered, Inc.와 Unlevered, Inc.는 자본구조를 제외한 모든 면에서 동일하다. 각 회사는 영구히 연 $18백만의 이자지급 전 이익을 창출할 것으로 예상되며, 모든 이익을 배당금으로 지급한다. Levered 영구 부채의 시장가치는 $65백만이며 부채비용은 연 8%이다. Levered의 발행주식수는 1.9백만 주이며 현재 주당 $98에 거래되고 있다. Unlevered는 부채가 없으며 발행주식수는 3.8백만 주, 현재 주가는 $71이다. 두 회사는 모두 세금을 내지 않는다. Levered 주식이 Unlevered 주식보다 더 매력적인가?

중급
(Questions 17~25)

17. **MM** Tool Manufacturing은 앞으로 영구히 연 $63,000의 EBIT을 창출할 것으로 예상되며, 법인세율은 21%이다. 현재 이자율 7%인 $115,000의 부채가 있으며, 무차입 자기자본비용은 12%이다. 법인세를 고려한 MM 명제 I에 의하면 이 기업의 가치는 얼마인가? Tool의 목표가 기업가치를 극대화하는 것이라면 부채-자기자본비율을 변경하여야 하는가? 설명하라.

18. **기업가치** Hunter Corporation은 회사의 EBIT가 영구히 연 $31,480가 될 것으로 예상한다. 현재 회사는 부채가 없고 자기자본비용은 14%이다. 세율은 21%이다.
   a. 현재 회사의 가치는 얼마인가?
   b. 회사가 8%에 빌릴 수 있다고 가정하자. 무차입 가치의 50%를 부채로 차입한다면 회사의 가치는 얼마가 될 것인가? 무차입 가치의 100%를 부채로 차입한다면 회사의 가치는?
   c. 차입 가치의 50%를 부채로 차입한다면 회사의 가치는 얼마가 될 것인가? 차입 가치의 100%를 부채로 차입한다면 회사의 가치는?

19. **MM 명제 I(세금이 있는 경우)** Bellwood Company는 순수 자기자본 기업이다. 이 기업은 $3.1백만의 차입을 고려하고 있다. 차입금은 향후 2년에 걸쳐 균등상환될 것이며 이자율은 8%이다. 법인세율은 24%이다. 법인세를 고려한 MM 명제 I에 따르면, 차입 후 기업의 가치는 얼마나 증가하는가?

20. **MM 명제 I(세금이 없는 경우)** Alpha Corporation과 Beta Corporation은 자본구조를 제외하고는 모든 면에서 동일하다. Alpha Corporation은 순수 자기자본 기업이고, 18,000주의 발행주식이 있으며, 현재 주당 $35이다. Beta Corporation은 자본구조에 부채를 사용한다. Beta의 부채의 시장가치는 $85,000이고 부채비용은 9%이다. 각 기업은 영구하게 $93,000의 EBIT를 예상한다. 두 기

업 모두 세금을 내지 않는다. 각 투자자들은 매년 9%에 빌릴 수 있다고 가정하자.

a. Alpha Corporation의 가치는 얼마인가?

b. Beta Corporation의 가치는 얼마인가?

c. Beta Corporation 자기자본의 시장가치는 얼마인가?

d. 각 기업의 지분 20%를 구매하기 위해 얼마의 비용이 드는가?

e. 각 기업이 예상 수입을 달성한다고 가정하면, 문항 (d)에서 매입한 지분의 수익금(dollar return)은 각각 얼마가 될 것인가?

f. 투자자가 Alpha 지분의 20%를 구매하고 Beta 지분의 20%를 구매하는 비용과 수익금(dollar return)을 복제하는 투자전략을 구성하라.

g. Alpha의 자기자본이 더 위험한가? 아님 Beta의 자기자본이 더 위험한가? 설명하라.

21. 자본비용 Harris Inc.은 시가 $18.5백만인 자본이 있고 시가 $7.3백만인 부채가 있다. 1년 안에 만기되는 단기재정증권은 매년 4%의 수익률을 제공하고 시장 포트폴리오의 기대 수익률은 11%이다. 회사 자기자본의 beta는 1.15이다. 회사는 세금을 내지 않는다.

a. 기업의 부채-자기자본비율은 얼마인가?

b. 기업의 가중평균자본비용(WACC)은 얼마인가?

c. 그 외에 동일한 순수 자기자본 기업의 자기자본비용은 얼마인가?

22. 자가제조 레버리지 Veblen Company와 Knight Company는 Veblen이 부채를 사용하지 않는다는 점을 제외하고는 모든 면에서 동일하다. Knight가 발행한 연 6% 채권의 시장가격은 현재 $1.6백만이다. 두 기업의 재무정보는 아래와 같다. 모든 이익 흐름은 영구적이며, 두 기업 모두 법인세를 내지 않는다. 또한 두 기업은 모든 이익을 주주에게 즉시 분배한다.

	Veblen	Knight
추정영업이익	$ 610,000	$ 610,000
부채에 대한 이자	–	96,000
주식의 시장가치	4,400,000	3,550,000
부채의 시장가치	–	1,600,000

a. 연 6%로 차입할 수 있는 한 투자자가 Knight의 지분 5% 매입하기를 원한다. 이 투자자는 초기 순비용이 동일하게 되는 액수만큼 차입하여 5%의 지분을 인수함으로써 추가적인 수익을 올릴 수 있는가?

b. 문항 (a)의 두 가지 전략 중에서 투자자는 어느 전략을 선택하겠는가? 언제 이러한 과정은 멈추겠는가?

23. MM 명제 Refi Corporation은 기업부채무를 발행하여 자사주 일부를 매입 할 예정이다. 그 결과, 기업의 부채-자기자본비율은 35%에서 50%으로 증가할 예정이다. 기업은 현재 $2.7백만의 부채가 있다. 부채비용은 연 6.4%이다. 기업은 영구히 연 $940,000의 EBIT를 예상하고 세금을 내지 않는다.

a. 자사주 매입 발표 전과 후 기업의 시장가치는 얼마인가?

b. 자사주 매입 발표 전에 자기자본에 대한 기대 수익률은 얼마인가?

c. 그 외에 동일한 순수 자기자본 기업의 자기자본에 대한 기대 수익률은 얼마인가?

d. 자사주 매입 발표 후에 자기자본에 대한 기대 수익률은 얼마인가??

24. 주식 가치와 레버리지 Taco Salad Manufacturing, Inc.은 $1.6백만 영구 부채를 발행하여 자사주를 매입할 계획을 발표하려고 한다. 채권은 액면가에 팔리고 표면이자율은 6%이다. 기업은 현재 순수 자기자본 기업이고 $6.1백만 가치의 보통주 280,000주를 발행하고 있다. 채권을 판매한 후, 기업은 새 자본구조를 영원히 유지하려고 한다. 매년 세전 이익은 $1.45백만이고 영구히 유지될 것으로 예상된다. 세율은 21%이다.

a. 기업의 부채발행 발표 전에 자기자본에 대한 기대 수익률은 얼마인가?

b. 기업의 부채발행 발표 전에 기업의 재무상태표를 시장가치 기준으로 구성하라. 자기자본의 주당 가격은 얼마인가?

c. 기업의 부채발행 발표 직후에 기업의 재무상태표를 시장가치 기준으로 구성하라.

d. 자사주 매입 발표 직후에 기업의 주가는 주당 얼마인가?

e. 부채발행으로 기업은 몇 주의 자사주를 매입할 수 있는가? 자사주 매입 후 몇 주의 보통주가 남아있는가?

f. 구조조정 후 기업의 재무상태표를 시장가치 기준으로 구성하라.

g. 구조조정 후 자기자본에 대한 요구 수익률은 얼마인가?

25. 법인세 존재하는 경우의 MM Dickson, Inc.의 부채-자기자본비율은 2.3이다. 이 기업의 가중평균자본비용(WACC)은 10%이며, 세전 부채비용은 6%이다. 법인세율은 24%이다.

a. 이 기업의 자기자본비용은 얼마인가?

b. 이 기업의 무차입 자기자본비용은 얼마인가?

c. 이 기업의의 부채-자기자본비율이 0.75라면 가중평균자본비용(WACC)은 얼마인가? 부채-자기자본비율이 1.3이라면 WACC는 얼마인가?

고급
(Questions 26~30)

26. WACC 법인세만 존재하는 세계에서, WACC $= R_0 \times [1 - T_C(B/V)]$임을 보여라.

27. 자기자본비용과 레버리지 법인세만 존재하는 세계에서 자기자본비용 R_S는 법인세를 고려한 MM 명제 II와 같이 됨을 보여라.

28. 영업위험과 재무위험 어떤 기업의 부채가 무위험이고, 그래서 부채비용이 무위험이자율 R_f와 같다고 가정하자. β_A를 기업의 자산베타, 즉 그 기업 자산의 체계적 위험이라고 정의하자. β_S는 그 회사 자기자본의 베타로 정의하자. CAPM (Capital Asset Pricing Model)과 MM 명제 II를 이용하여, $\beta_S = \beta_A \times (1 + B/S)$임을 보여라. 여기서 B/S는 부채-자기자본비율이다. 세율은 0으로 가정한다.

29. 주주의 위험 기업이 사업운영이 전반적으로 경제의 움직임을 그대로 반영한다고 가정하자. 즉, 기업의 자산베타는 1.0이다. 앞 문제의 결과를 이용해서 기업의 부채-자기자본비율이 0, 1, 5, 20일 때 자기자본의 베타를 구하라. 이것이 자본구조와 주주의 위험 간에 관계에 대하여 무엇을 말하고 있는가? 주주의 요구 수익률에 어떠한 영향을 미치는가? 설명하라.

30. 무차입 자기자본비용 다음의 자본비용 공식으로 시작하여,

$$\text{WACC} = \frac{S}{B+S} R_S + \frac{B}{B+S} R_B$$

차입기업의 자기자본비용이 다음과 같이 표현될 수 있음을 보이라.

$$R_S = R_0 + \frac{B}{S}(R_0 - R_B)$$

Mini Case

STEPHENSON REAL ESTATE의 자본 재구성

Stephenson Real Estate는 25년 전에 현재 CEO인 Robert Stephenson에 의해 설립되었다. 이 기업은 토지와 건물 등의 부동산을 구입하여 이를 임대한다. 이 기업은 과거 18년 동안 매년 이익을 창출했으며 주주들은 경영진에 대해 만족하고 있다. Stephenson Real Estate를 설립하기 전에 Robert는 실패한 알파카 영농 운영의 설립자이며 CEO이었다. 그 파산의 여파로 그는 부채발행을 지극히 회피하게 되었다. 따라서 이 기업은 모두 주식으로 자본을 조달하고 있으며, 발행주식수는 12백만 주이다. 주식은 현재 주당 $53.80에 거래된다.

Stephenson은 미국 남동부에 있는 광대한 토지를 $49백만에 구입하려는 계획안을 검토하고 있다. 그 토지는 차후에 농부들에게 임대될 것이다. 이 토지의 구입으로 Stephenson의 세전 이익은 영구히 연 $11.5백만이 증가할 것으로 예상된다. 이 기업의 새 CFO인 Kim Weyand가 이 프로젝트를 주관할 것이다. Kim은 이 기업의 현재 자본비용을 10.5%로 산정했다. 그녀는 이 기업의 자본구조에 부채를 포함한다면 기업가치가 올라갈 것으로 판단하여, 이 프로젝트의 자본조달을 전부 부채로 해야 하는지를 검토하고 있다. 그녀는 투자은행들과의 상담을 통하여 이 기업이 7% 표면이자율로 액면가에 채권을 발행할 수 있다고 생각한다. 그녀는 또한 분석을 통하여 자기자본이 70%이며 부채가 30%인 자본구조가 최적일 것이라고 믿는다. 이 기업의 부채가 30%를 초과하면, 재무곤경의 가능성과 관련 비용이 급격하게 증가하기 때문에 채권의 신용등급이 하락하여 이자율이 훨씬 높아질 것이다. Stephenson의 법인세율은 21%이다.

01. Stephenson이 기업의 시장가치를 극대화하려 한다면, 당신은 토지구입을 위한 자금조달을 위해 자기자본과 부채 중 어느 안을 추천하겠는가? 설명하라.

02. 토지구입을 발표하기 전 Stephenson의 재무상태표를 시장가치 기준으로 작성하라.

03. Stephenson이 토지구입을 위해 주식을 발행하기로 한다고 가정하자.

- **a.** 이 프로젝트의 순현재가치는 얼마인가?
- **b.** 토지구입이 자기자본으로 이루어질 것이라는 발표 후 이 기업의 재무상태표를 시장가치 기준으로 작성하라. 기업의 새로운 주가는 얼마가 되겠는가? 이 기업은 구입자금의 마련을 위해 몇 주의 주식을 발행할 필요가 있는가?
- **c.** 주식발행 후이지만 토지구입이 이루어지기 전인 이 기업의 재무상태표를 시장가치 기준으로 작성하라. 이 기업의 주식은 몇 주가 발행되어 있는가? 기업의 주가는 얼마인가?
- **d.** 토지구입이 이루어진 후 이 기업의 재무상태표를 시장가치 기준으로 작성하라.

04. Stephenson이 토지구입을 위해 부채를 발행하기로 한다고 가정하라.

- **a.** 부채발행으로 토지구입을 위한 자금을 조달한다면, 이 기업의 시장가치는 얼마가 되겠는가?
- **b.** 부채발행과 토지구입이 이루어진 후 이 기업의 재무상태표를 시장가치 기준으로 작성하라. 기업의 주가는 얼마인가?

05. 어느 자본조달 방법이 Stephenson의 주가를 극대화하는가?

17

자본구조: 부채사용의 한계

Capital Structure: Limits to the Use of Debt

어떻게 보더라도 2017은 소매업자에게 힘든 한 해였다. 1월, 50년 넘게 운영해오던 여성 소매업체인 The Limited는 1월에 파산 신청을 했다고 발표했다. 그런 다음 3월, 전자 제품 소매업체인 RadioShack이 파산 신청을 했다. RadioShack은 2015년의 파산을 벗어난 회사이기 때문에 이번 파산이 독특한 경우이다. 그 파산 이후, 회사는 1,200개의 매장을 남겨두고 Sprint 매장으로 공동 브랜드를 만들었지만 다시 실패했다. 그리고 9월에 Toys R Us는 Chapter 11(회생절차) 파산 신청을 했다. 이 장난감 소매 업체는 파산 신청 당시 재무상태표에서 $4.9십억의 부채를 보유하고 있었다. 2017년에 19개 이상의 상장 소매업체가 파산 신청을 했다.

이러한 상황에서 알 수 있듯이 회사가 사용할 수있는 재무 레버리지에는 한계가 있으며 레버리지가 너무 많으면 파산 위험이 있다. 이 장에서는 파산과 관련된 비용과 회사가 이러한 불행한 결과를 피하는 방법에 대해 논의한다.

이전 장은 "기업이 부채–자기자본비율을 어떻게 선택해야 하는가?"라는 질문으로 시작하였다. 첫 번째로, 세금이 없는 세계에서 차입회사의 가치가 무차입회사의 가치와 같은 Modigliani-Miller (MM) 결과를 제시했다. 다시 말해 부채–자기자본비율의 선택은 중요하지 않다.

다음으로 법인세가 있는 세계에서 기업의 가치가 레버리지와 함께 증가하여 기업이 가능한 한 많은 부채를 져야 한다는 MM 결과를 보여주었다. 그러나 이 결과는 많은 질문을 남긴다. 이것이 이야기의 전부인가? 재무 관리자가 실제로 회사의 부채 대 가치 비율이 100%에 근접하도록 설정해야 하는가? 그렇다면 왜 이 장의 뒷부분에서 보여주듯이 실제 기업이 보통 수준의 부채를 보유하고 있는가?

이번 장은 이론과 실제의 격차를 줄이는 역할을 할 것이다. 세금이 부과되는 세계에서도 실질적으로 자본구조가 저당한 이유가 있음을 보여줄 것이다. 파산 비용의 개념으로 시작한다. 파산 비용은 부채가 늘어나면서 증가하여 레버리지의 세금이익를 상쇄한다.

기업재무의 최신 동향: rwjcorporatefinance.blogspot.com

17.1 재무곤경비용

파산위험인가 파산비용인가?

이전 장에서 언급했듯이 부채는 기업에게 세금혜택을 준다. 그러나 부채는 이자와 원금상환의 의무 때문에 기업에게 압박을 준다. 만일 이러한 의무를 실행하지 못하게 되면 기업은 일종의 재무곤경의 위험을 겪게 된다. 재무곤경의 최종적인 상태는 파산(bankruptcy)이다. 파산이 되면 기업 자산의 소유권이 법적으로 주주에게서 채권자에게로 이전된다. 채무는 근본적으로 주식의 의무와 다르다. 채권자가 이자와 원금상환에 대한 법적 권리가 있는 것과는 달리, 주주가 배당금을 좋아하고 기대한다 하더라도 배당금을 법적으로 받아야 할 권리는 없다.

파산비용 혹은 일반적으로 말해서 재무곤경의 비용은 부채의 장점을 상쇄시킨다는 것을 살펴볼 것이다. 파산의 간단한 예를 통해서 설명을 시작한다. 부채의 비용에만 초점을 맞추기 때문에 여기에서 세금은 무시된다.

예제 17.1

파산비용 Knight Corporation은 1년 동안 사업을 계획하고 있다. 현금흐름은 각각 50%의 확률로 $100 혹은 $50이 될 것으로 추정한다. 회사에 다른 자산은 없다. 이전에 발행했던 채권은 $49의 이자와 원금지급을 요구하고 있다. Day Corporation은 동일한 현금흐름을 전망하고 있는데 $60의 이자와 원금지급 의무를 가지고 있다. 두 기업의 현금흐름은 아래와 같다.

	Knight Corporation		Day Corporation	
	호황 (50% 확률)	불황 (50% 확률)	호황 (50% 확률)	불황 (50% 확률)
현금흐름	$100	$50	$100	$50
부채의 이자와 원금지급액	49	49	60	50
주주에게 배분하는 금액	$ 51	$ 1	$ 40	$ 0

Knight Corporation은 호황이나 불황의 모든 시기에서, Day Corporation은 호황시기에 현금흐름이 이자와 원금지급액을 초과한다. 이러한 상황에 채권자는 완전히 상환을 받고 주주는 잔액을 받게 된다. 그러나 Day Corporation의 불황기인 4번째 열의 상황은 흥미롭다. 채권자에게 $60의 채무가 있는데 회사는 $50만 현금으로 보유하고 있다. 회사에 다른 자산은 없다고 가정했기 때문에 채권자는 완전히 상환을 받을 수 없다. 만일 파산이 일어나면 채권자는 회사의 모든 현금을 받게 되고 주주는 아무것도 받지 못할 것이다. 중요한 것은 주주는 추가적인 $10(= $60 − $50)을 지불하지 않아도 된다. 주식회사는 미국과 대부분의 나라에서 유한책임이며, 따라서 채권자는 주주에게 추가적인 $10의 상환에 대해 소송을 할 수 없다.[1]

불황의 경우에 두 기업을 비교해보자. Knight의 채권자는 $49를 받고 주주는 $1을 받아서 합계액은 $50이다. Day의 채권자는 $50을 받고 주주는 $0을 받아 합계액은 역시 $50이다. 여기에 중요한 차이점이 있다. 두 기업의 투자자는 모두 $50을 받지만 Day는 파산으로 가고 Knight는 아니다. 다시 말해서, 파산이 기업의 현금흐름을 줄이는 것은 아니다. 가끔 파산이 가치나 현금흐름의 감소를 야기한다고 말을 하지만 사실은 그렇지 않다. 예제에 보이듯이 파산이 아니라 불황이 현금흐름을 감소시키는 것이다.

아직 몇 가지 살펴볼 것이 남아 있다. Day의 예제는 현실적이지 않다. 왜냐하면 다음에 논의할 중요한 현금흐름을 무시하고 있기 때문이다. 좀 더 현실적인 수치는 다음과 같다.

	Day Corporation	
	호황 (50% 확률)	불황 (50% 확률)
이익	$100	$50
부채상환액	60	35
주주에게 배분하는 금액	$ 40	$ 0

[1] 주식회사의 유한책임이 "구멍 나는(pierced)" 상황이 있다. 그런 경우는 일반적으로 사기나 허위진술이 있어야만 한다.

채권자는 불황기에 왜 $50이 아니라 단지 $35를 받는가? 현금흐름이 $50이면 채권자는 완전히 상환을 받을 수 없다는 것을 알게 된다. 이러한 채권자는 변호사를 고용하여 협상을 하거나 소송을 할 것이다. 마찬가지로 회사는 변호사를 고용하여 회사를 보호하려고 할 것이다. 이 사건이 파산법정으로 가게 되면 추가적인 비용이 발생할 것이다. 이러한 수수료는 항상 채권자에게 채무금액을 상환하기 이전에 지불된다. 이 예제에서 우리는 파산비용을 $15(= $50 − $35)로 가정한다.

파산비용이 있는 경우와 없는 경우와 있는 경우를 비교해보자. 레버리지가 크기 때문에 Day Corporation은 Knight Corporation과는 달리 파산의 가능성에 직면해 있다. 그럼에도 불구하고 투자자에게 돌아가는 총 현금흐름은 파산비용이 없는 세상에서 두 기업이 동일하다. 그러나 파산비용을 가정하면, 파산기업인 Day의 투자자에게 돌아가는 현금흐름은 더 적어진다. 불황기에 Knight의 채권자는 $49, 주주는 $1을 받아서 합계액은 $50이다. 불황기에 Day의 채권자는 $35를, 주주는 $0을 받아서 합계액은 $35에 불과하다. 따라서 우리는 다음과 같은 결론을 내릴 수 있다.

레버리지 증가는 파산의 가능성을 높인다. 그러나 파산 그 자체가 투자자에게 돌아가는 현금흐름을 줄이는 것은 아니다. 대신에 파산과 관련된 비용이 현금흐름을 줄이는 것이다.

파이 예제에서 설명을 찾아보자. 파산비용이 없는 세상에는 채권자와 주주가 전체 파이를 공유한다. 그러나 현실 세상에서 파산비용이 파이를 일부 먹기 때문에 주주와 채권자에게 적은 양의 파이를 남기게 된다.

17.2 재무곤경비용의 설명

앞의 예제는 파산비용이 기업의 가치를 낮출 수 있다는 것을 보여주었다. 실제로는 법적 파산이 없더라도 같은 결과가 발생할 수 있다. 따라서 **재무곤경비용**(financial distress cost)이 **파산비용**(bankruptcy cost)보다 더 나은 표현일 것이다. 이러한 비용에 대해 좀 더 상세히 살펴보려고 한다.

직접적인 재무곤경비용: 청산이나 재조직을 위한 법적 비용과 행정적 비용

이미 언급했듯이, 변호사는 파산의 모든 단계에 관여한다. 시간당 수백 달러의 수수료로 이러한 비용은 금방 커진다. 피가 상어를 부르는 것처럼 파산은 변호사를 부른다고들 말한다. 또한 파산에는 상당한 행정적 비용과 회계 수수료가 전체 비용에 추가될 수 있다. 일단 재판이 진행되면 전문가의 증언을 잊어서는 안 된다. 양측은 제안된 합의의 공정성에 대해 증언할 많은 전문가를 고용할 것이다. 전문가에 대한 수수료는 쉽게 변호사나 회계사의 수수료에 육박할 것이다. (그러나 이러한 전문가를 종종 재무교수 중에서 뽑아오기 때문에 개인적으로 이들을 존경한다.)

최근 언론에 가장 잘 알려진 파산 중의 하나는 기업이 아니라 지방정부인 캘리포니아의 Orange County이다. 이 파산은 카운티의 투자 포트폴리오에서 채권거래 부분의 대량 손실 뒤에 일어났다. 지역신문인 *Los Angeles Times*는 다음과 같이 표현했다.

Orange County의 납세자는 $1.69십억을 잃었고, 그들의 지방정부는 1년 전 오늘 파산에 들어갔다. 이제 그들은 파산에서 빠져나오기 위해 추가적으로 수백만 달러를 더 지출하고 있다.

회계사들은 시간당 $325를 회계원장에 쏟아붓고 있다. 변호사들은 시간당 $385에 밤까지 늑장을 부리고 있다. 가장 저명한 투자회사에서 온 재무 조언가들은 월 $150,000을 납세자에게 인건비로 요구하고 있다. 복사기를 운용하는 사무원은 $3,000이 넘는 비용을 청구한다.

지금까지 총 비용은 $29백만이다. 그리고 이것이 끝이 아니다.

Orange County를 최악의 지방정부 파산에서 건져내려는 다각적인 노력은 돈 먹는 기계가 되었다. 월 $2.4백만씩 납세자의 돈을 집어삼키고 있다. 하루에 $115,000이다.

카운티 정부는 긴장하지 않고 있다.

그들은 Orange County의 파산은 카운티가 살아나기 위해 납세자의 현금을 균등하게 지출해야 할 대참사라고 말한다. 그들은 비싼 저녁식사, 높은 호텔 비용 등으로 청구된 몇천 달러 비용에 대해서는 지불하기를 거절하면서 시간당 하늘을 찌르는 수수료에 대해서는 묻지 않고 있다. 그들은 비용이 훨씬 더 올라갈 것이라고 추정하고 있다.

실제로 카운티의 투자 풀에 참가한 투자자들은 월스트리트와의 법적 다툼을 수행하는 비용을 지불하기 위해서 별도로 $50백만의 자금을 조성하는 계획에 동의하였다.[2]

물론 Orange County는 Detroit가 파산에서 나오기 위해 지출한 $170백만과 비교하면 싸게 지출한 것이다. 민간부분에서의 파산비용은 종종 Orange County나 Detroit의 비용보다 훨씬 크다. 예를 들어, Enron과 WorldCom의 직접파산비용은 각각 $1십억에서 $600백만을 넘을 것으로 추정되었다. Lehman Brothers의 파산비용은 여전히 가장 크다. 2012년 3월에 자산을 매각하고 채무를 변제하고 청산회사로서 파산에서 회생하였다. 직접파산비용은 엄청나다. Lehman은 미국과 유럽 영업에 대하여 변호사, 회계사, 컨설턴트, 검사관들의 비용으로 $2.2십억 이상을 지출했다. 이 금액은 큰 비용들의 합계이다. 예를 들어, 어느 법률회사는 식대 $200,000, 컴퓨터 시설 및 기타 조사비용 $439,000, 교통비 $115,000, 장당 10센트의 복사비용 $287,000을 청구했다. 파산의 다른 비용은 심지어 더 비쌀 수도 있다. 일부 전문가들은 Lehman이 급히 파산으로 들어갔기 때문에 보유자산을 유리한 계획 아래 매각했었다면 얻을 수 있었던 $75십억을 손해봤다고 추정했다.

학계에서는 재무곤경의 직접비용을 여러 차례 추정하였다. 절대적인 금액에서 크기는 하지만 이러한 비용은 기업가치와 비교하면 실제로는 작다. White, Altman, 그리고 Weiss는 재무곤경의 직접비용을 기업 시장가치의 약 3%로 추정하였다.[3] 20개의 철도운송회사 파산의 직접 재무곤경비용의 연구에서 Warner는 순 재무곤경비용이 평균적으로 파산 7년 전 기업의 시장가치의 1%이고, 파산이 가까워짐에 따라 다소 높아지는 것을 발견했다(예를 들어, 파산 3년 전 기업의 시장가치의 2.5%).[4] Lubben은 파산기업 전체 자산의 약 1.5%가 평균 변호사 비용이라고 추정

[2] "The High Cost of Going Bankruptcy," *Los Angeles Times Orange County Edition*, December 6, 1995.
[3] Michele White, "Bankruptcy Costs and the New Bankruptcy Code," *Journal of Finance* (May 1983). E. I. Altman, "A Further Empirical Investigation of the Bankruptcy Cost Question," *Journal of Finance* (September 1984). Lawrence A. Weiss, "Bankruptcy Resolution: Direct Costs and Violation of Priority of Claims," *Journal of Financial Economics* 27(1990).
[4] Jerrod Warner, "Bankruptcy Costs: Some Evidence," *Journal of Finance* (May 1977).

하였다.[5] Bris, Welch, 그리고 Zhu는 자산가치에 대비한 파산비용이 2~10% 사이에 있음을 발견하였다.[6]

간접적인 재무곤경비용

손상된 사업수행 능력 파산은 고객과 공급업자와의 관계를 훼손한다. 서비스 장애에 대한 우려와 신뢰 상실로 인해 매출은 떨어진다. 예를 들어, 2008년 GM (General Motors)과 Chrysler는 심각한 재무적 위기를 경험하였고 많은 사람들이 결국은 파산을 신청할 것이라고 느꼈다(나중에 두 회사 모두 실제로 파산하였다). 두 회사를 둘러싼 나쁜 뉴스는 그들이 만든 자동차에 대한 신뢰 상실로 나타났다. 보증기간을 지킬 수 없을 것이고 부품을 얻기 어려울 것이기 때문에 미국인의 75%가 파산기업의 자동차를 구매하지 않을 것이라는 연구가 있었다. 이런 우려는 매출의 감소로나타났고 재무곤경을 가중시킬 뿐이었다. Chrysler는 사실 1970년대에 지불불능의 이야기가 있었을 때에도 유사한 상황에 처했다. Chrysler의 충성스런 고객들도 Chrysler가 파산하게 되면 부품과 서비스가 가능할 것인지에 대해 의문을 제기하면서 다른 자동차 회사로 바꾸었다. 또 다른 예를 들면, Atlantic City의 Atlantis 카지노가 일시적인 지불불능이 되자 도박꾼들이 뚝 끊겼다. 도박을 즐기는 사람들은 미신을 믿는 편이다. 많은 사람들이 "만일 카지노가 돈을 벌지 못한다면 어떻게 내가 거기서 돈을 벌겠는가?"라는 생각을 했다고 한다. 특히 뉴욕에는 Mitchells라는 이름의 서로 관련이 없는 상점에 대한 놀라운 이야기가 있다. 하나의 Mitchells가 파산을 선언하자, 고객은 두 상점 모두를 찾지 않았다. 어쩔 수 없이 다른 Mitchells도 파산을 선언하게 되었다.

이러한 비용이 확실히 존재하지만 측정하기는 어렵다. Altman은 재무곤경의 직 · 간접비용이 종종 기업가치의 20% 이상이 된다고 예측한다.[7] Andrade와 Kaplan은 총 곤경비용이 기업가치의 10~20% 사이라고 추정한다.[8] Bar-Or는 건전한 기업의 기대 미래 곤경비용이 운영가치의 8~10%라고 추정한다. 그 예측치는 Altman이나 Andrade와 Kaplan의 추정치보다 낮은 것이다.[9] 그러나 Bar-Or와는 달리 이러한 저자들은 현재 건전한 기업의 기대 곤경비용이 아니라 이미 곤경상태에 있는 기업의 곤경비용을 고려한 것이다.

Cutler와 Summers는 잘 알려진 Texaco의 파산과 관련된 비용을 조사했다.[10] 1984년 1월에 Pennzoil은 Getty Oil의 7분의 3을 인수하기 위하여 구속력이 있다고 믿어지는 계약에 이르렀다. 그러나 일주일도 지나지 않아서 Texaco가 더 높은 가격으로 Getty를 모두 인수하였다. 그

[5] Stephen J. Lubben, "The Direct Costs of Corporate Reorganization: An Empirical Examination of Professional Fees in Large Chapter 11 Cases," *American Bankruptcy Law Journal* (2000).

[6] Arturo Bris, Ivo Welch, and Ning Zhu, "The Cost of Bankruptcy: Chapter 7 Liquidation versus Chapter 11 Reorganization," *Journal of Finance* (June 2006).

[7] Edward Altman, "A Further Empirical Investigation of the Bankruptcy Cost Question," *Journal of Finance* (September 1984).

[8] Gregor Andrade and Steven N. Kaplan, "How Costly Is Financial (Not Economic) Distress? Evidence from Highly Leveraged Transaction That Became Distressed," *Journal of Finance* (October 1998).

[9] Yuval Bar-Or, "An Investigation of Expected Financial Distress Costs," unpublished paper, Wharton School, University of Pennsylvania (March 2000).

[10] David M. Cutler and Lawrence H. Summers, "The Costs of Conflict Resolution and Financial Distress: Evidence from the Texaco-Pennzoil Litigation," *Rand Journal of Economics* (Summer 1988).

러자 Pennzoil은 계약위반으로 Getty를 상대로 소송을 제기하였다. Texaco는 소송으로부터의 Getty의 면책을 사전에 보증하였기 때문에 Texaco가 손해에 대해서 책임을 지게 되었다.

1985년 11월 텍사스 주법원은 나중에 금액은 경감되었지만 $12십억의 손해배상을 Pennzoil에 하도록 결정하였다. 그 결과 Texaco는 파산을 신청하였다. Cutler와 Summers는 그 소송 과정에서 9가지의 중요한 사건들을 알아냈다. 그들은 Texaco의 시장가치(주가와 발행주식수의 곱)가 이들 사건으로부터 누적하여 $4.1십억이 떨어진 반면에 Pennzoil의 가치는 단지 $682백만이 오른 것을 발견했다. 따라서 Pennzoil은 Texaco가 잃었던 가치의 약 1/6을 얻었으며, 두 기업 전체로 볼 때 거의 $3.5십억의 순손실이 초래되었다.

이 순손실을 어떻게 설명할 수 있겠는가? Cutler와 Summers는 이는 소송과 연이은 파산으로부터 Texaco와 Pennzoil에게 초래된 비용일 것이라고 주장한다. 저자들은 파산의 직접비용은 크지 않다고 주장하면서 Texaco의 세후 파산의 법적 비용을 약 $165백만으로 추정하였다. Pennzoil의 대표 변호사인 Joe Jamail은 자신은 미리 정해진 보수를 받는 것이 아니라고 공언했기 때문에, Pennzoil의 법적 비용을 평가하는 것은 더 어렵다. 그러나 그들은 예리한 통계적 분석을 통하여 변호사의 보수가 약 $200백만이 되는 것으로 추산했다. 따라서 비용의 나머지 대부분에 대해서는 다른 출처를 찾아보아야 한다.

재무곤경의 간접비용이 순손실의 장본인일 수 있다. Texaco의 진술서에 따르면, 소송이 발생한 후에 일부 원유 공급자는 현금지급을 요구하였다고 말하였다. 다른 원유 공급자는 원유의 선적을 중지하거나 취소하였다. 어떤 은행은 외환에 대한 선물계약의 사용을 제한하였다. 이 진술서는 이러한 제약으로 인해 Texaco의 영업능력이 저하되어 재무 상태가 악화되었다고 강조했다. 이런 종류의 간접비용이 Texaco의 가치하락분과 Pennzoil의 가치상승분 사이의 차이인 $3.5십억을 설명할 수 있는가? 불행하게도, 간접비용이 큰 작용을 할 가능성은 있지만 간접비용의 적절한 수치를 예측하는 방법은 없다.

대리인비용

기업이 부채를 가지고 있을 때 주주와 채권자 사이에 이해상충이 발생한다. 이 때문에 주주는 이기적인 전략을 추구하려는 욕구를 가진다. 재무적 곤경이 일어났을 때 심화되는 이러한 이해상충은 기업에게 **대리인비용**(agency costs)을 부과한다. 주주는 채권자에게는 손해가 되지만 자신에게는 도움이 되는 다음과 같은 세 가지 이기적인 전략을 사용할 수 있다. 이러한 전략은 전체기업의 시장가치를 낮추기 때문에 비용을 발생시킨다.

이기적인 투자전략 1: 고위험을 택하려는 인센티브 파산에 직면해 있는 기업은 다른 누군가의 돈으로 게임을 하고 있다고 생각하기 때문에 종종 큰 요행을 바란다. 이를 알아보기 위해 저위험과 고위험의 두 가지 상호배타적인(mutually exclusive) 프로젝트를 고려하고 있는 차입기업을 상상해보자. 경기침체와 경기활황의 두 가지 결과가 가능하며, 그 가능성은 서로 같다. 경기침체가 발생한다면, 기업이 저위험의 프로젝트를 택한 경우 거의 파산에 이르게 되고, 고위험의 프로젝트를 택한 경우 실제로 파산하게 되는 심각한 궁지에 처하게 된다. 저위험의 프로젝트를 택하는 경우 전체기업에서 발생하는 현금흐름은 아래와 같다.

저위험 프로젝트를 택하는 경우 전체기업의 가치							
	확률	기업의 가치	=	주식	+	채권
침체	0.5	$100	=	$ 0	+	$100
활황	0.5	200	=	100	+	100

경기침체가 일어난다면 기업의 가치는 $100이 되고, 경기활황이 일어난다면 기업의 가치는 $200이 될 것이다. 기업의 기대가치는 $150(= 0.5 × $100 + 0.5 × $200)이 된다.

기업은 채권자에게 $100을 지급하기로 약속하였다. 그러므로 주주는 총이익에서 채권자에게 지급한 금액을 차감한 차액을 얻게 된다. 다시 말하면, 채권자는 이익에 대해 우선청구권을 가지며 주주는 잔여청구권을 가진다.

이제 저위험 프로젝트 대신에 고위험 프로젝트를 택한다고 가정하자. 수익과 확률은 다음과 같다.

고위험 프로젝트를 택하는 경우 전체기업의 가치						
	확률	기업의 가치	=	주식	+	채권
침체	0.5	$ 50	=	0	+	$ 50
활황	0.5	240	=	140	+	100

기업의 기대가치는 $145(= 0.5 × $50 + 0.5 × $240)로 저위험의 프로젝트를 택하는 경우의 기업의 기대가치보다 작다. 따라서 기업이 완전한 무차입기업이라면 저위험 프로젝트를 택할 것이다. 그러나 주식의 기대가치는 고위험의 프로젝트에서는 $70(= 0.5 × 0 + 0.5 × $140)이지만 저위험의 프로젝트에서는 단지 $50(= 0.5 × 0 + 0.5 × $100)이다. 기업은 현재 부채가 있는 상태이므로, 주주는 고위험 프로젝트의 NPV가 더 낮더라도 고위험의 프로젝트를 택할 것이다.

여기서 핵심은 저위험의 프로젝트에 비해서 고위험의 프로젝트가 경기활황에서는 기업가치를 증가시키지만 경기침체에서는 기업가치를 감소시킨다는 것이다. 경기활황에서 가치 상승은 주주에게 돌아간다. 왜냐하면 채권자는 어느 프로젝트가 선택되든 전액($100) 상환을 받을 수 있기 때문이다. 역으로 경기침체에서 가치의 하락은 채권자가 떠안게 된다. 왜냐하면 채권자는 저위험의 프로젝트에서는 전액을 상환받지만 고위험의 프로젝트에서는 단지 $50을 받기 때문이다. 주주는 고위험의 프로젝트를 택하든 저위험의 프로젝트를 택하든 경기침체의 경우에는 하여튼 아무것도 받지 못할 것이다. 따라서 재무학자들은 주주가 고위험의 프로젝트를 택함으로써 채권자로부터 가치를 빼앗아간다(expropriate)고 주장한다.

출처 미상의 다음 이야기가 이러한 개념을 설명해준다. Federal Express는 사업을 시작한 후 몇 년 지나지 않아 거의 재무적 붕괴에 처하게 되었다. 설립자인 Frederick Smith는 자포자기의 심정으로 $20,000의 기업자금을 가지고 Las Vegas로 갔다. 그는 도박에서 돈을 따서 그의

표 17.1 과소투자의 인센티브를 설명하는 예

	프로젝트를 추진하지 않는 기업		$1,000 비용으로 프로젝트를 추진하는 기업	
	활황	침체	활황	침체
기업의 현금흐름	$5,000	$2,400	$6,700	$4,100
채권자의 청구권	4,000	2,400	4,000	4,000
주주의 청구권	$1,000	$ 0	$2,700	$ 100

프로젝트의 NPV는 양(+)이다. 그러나 그 가치의 많은 부분은 채권자에게 돌아간다. 주주의 이익을 추구하는 합리적인 경영자는 이 프로젝트를 택하지 않을 것이다.

기업이 생존할 수 있을 만큼 충분한 자금을 제공했다. 만일 그가 돈을 잃었다면, 기업이 파산했을 때 채권자인 은행은 $20,000만큼 덜 받게 되었을 것이다.

이기적인 투자전략 2: 과소투자의 인센티브 파산 가능성이 높은 기업의 주주는 새로운 투자가 주주의 비용으로 채권자에게 이익을 주는 경우가 있음을 깨닫는다. 가장 단순한 예로는 임박한 파산의 위험에 처해 있는 부동산 소유자를 들 수 있다. 그가 자신의 자금 $100,000을 들여서 건물을 새로 단장한다면, 건물의 가치는 가령 $150,000 올라간다고 하자. 이러한 투자의 순현재가치는 양(+)이지만, 그는 가치의 증가가 파산을 모면할 만큼 충분히 크지 않다면 이 투자를 하지 않을 것이다. 그는 "내가 채권자인 은행이 곧 소유하게 될 건물의 가치를 높이기 위해 내 자금을 왜 사용해야 하나요?"라고 반문할 것이다.

이 개념은 다음의 간단한 예를 통해서 구체화될 수 있다. 새로운 프로젝트를 선택할 것인지 거부할 것인지를 결정해야만 하는 〈표 17.1〉의 기업을 고려해보자. 처음 2개의 열은 프로젝트가 없을 때의 현금흐름이다. 회사는 경기활황일 때와 침체일 때 각각 $5,000과 $2,400의 현금흐름을 받는다. 회사는 $4,000의 원금과 이자를 지불해야만 하기 때문에 경기침체가 일어나면 파산하게 된다.

반면에 같은 표에 그 다음 2개의 열에 보이듯이, 이 기업은 새로운 프로젝트에 투자하기 위해 주식을 발행하여 자금을 조달할 수 있다. 프로젝트는 어느 상황에서든지 $1,700을 가져다주는데, 활황이면 $6,700(= $5,000 + $1,700)의 현금흐름은 침체일 때는 $4,100(= $2,400 + $1,700)의 현금흐름을 가져다준다. 침체에서도 기업의 현금흐름 $4,100은 채권자의 청구권 $4,000을 초과하기 때문에 파산을 막을 수 있다. $1,700은 프로젝트의 비용인 $1,000보다 아주 크기 때문에 프로젝트는 웬만한 이자율에서는 양의 NPV를 가지고 있다. 따라서 무차입기업은 프로젝트를 채택할 것이다.

그러나 이 프로젝트는 차입기업의 주주에게는 피해를 준다. 이를 확인하기 위해 기존 주주가 자기 스스로 $1,000을 투자한다고 상상해보자.[11] 이 프로젝트를 추진하지 않는 경우 주주의 이익은 $500(= 0.5 × $1,000 + 0.5 × 0)으로 기대된다. 프로젝트를 추진하는 경우 프로젝트의 기대가치는 $1,400(= 0.5 × $2,700 + 0.5 × $100)으로 예상된다. 주주의 이익은 단지

[11] 새로운 주주로부터 $1,000 조달한다고 하더라도 결과는 질적으로 같을 것이다. 그러나 새로운 주식이 몇 주나 발행되는지를 결정해야 하기 때문에 계산이 훨씬 더 복잡하다.

$900(= $1,400 − $500) 증가하는 반면에 비용은 $1,000이 소요된다.

양의 NPV를 가진 프로젝트가 왜 주주에게 손해를 끼치는가? 여기서 핵심은 주주가 $1,000 전부를 투자하지만, 주주와 채권자가 그 혜택을 나누어 갖는다는 것이다. 주주는 경기활황이 일어나면 이익의 전부를 가진다. 반면에 채권자는 경기침체의 경우에 프로젝트에서 발생하는 현금흐름의 대부분을 가져간다.

이기적인 전략 1의 논의는 이기적인 전략 2의 논의와 아주 유사하다. 양쪽 모두의 경우에서 차입기업을 위한 투자전략은 무차입기업을 위한 투자전략과 다르다. 따라서 레버리지의 존재는 왜곡된 투자전략으로 귀착된다. 부채가 없는 기업은 항상 순현재가치가 양(+)인 프로젝트를 택하는 반면에, 부채가 있는 기업은 이러한 원칙을 따르지 않을 수 있다.

이기적인 투자전략 3: 재산도피 또 다른 이기적 투자전략은 재무적 곤경의 시점에 특별 배당금이나 다른 분배금을 지급함으로써 채권자에게 기업의 가치를 더 적게 남겨주는 것이다. 이러한 행위는 부동산 용어로 재산도피(milking the property)로 알려져 있다. 전략 2와 3은 매우 유사하다. 전략 2에서 기업은 새로 자기자본을 조달하지 않는다. 전략 3은 한 걸음 더 나아가서 자기자본이 배당지급을 통해서 사실상 줄어든다.

이기적인 전략의 요약 위와 같은 왜곡은 파산이나 재무적 곤경의 가능성이 있을 때만 일어난다. 따라서 이러한 왜곡은 가령 주(州) 위원회에 의해 규제되는 전기 · 가스(utilities) 기업처럼 재무곤경이 희귀한 경우에는 일어나지 않는다. 반면에 컴퓨터와 같은 모험산업에 속한 소형 기업은 이러한 왜곡의 영향을 받는 재무곤경을 겪을 수 있다.

누가 이기적인 투자전략으로부터 야기되는 비용을 지불해야 하는가? 주주가 궁극적으로 지불하게 된다. 합리적인 채권자는 재무적 곤경이 임박할 때 주주로부터 도움을 기대할 수 없음을 알고 있다. 오히려 주주는 채권의 가치를 감소시키는 투자전략을 택할 것이다. 채권자는 채권에서 요구하는 이자율을 그에 따라 올림으로써 자신을 보호한다. 주주는 높은 이자율을 부담해야 하기 때문에 궁극적으로 이기적인 투자전략의 비용을 감당한다. 이러한 왜곡에 직면한 기업에게 부채는 사용하기 어렵고 힘든 도구이다. 이러한 기업은 낮은 부채비율을 가질 것이다.

주주와 채권자의 관계는 1930년대 영화계 스타이고 친구였던 Errol Flynn과 David Niven의 관계와 매우 유사하다. Niven은 Flynn의 좋은 점에 대해 다음과 같이 말했다고 한다. 그와 함께하면 내가 어디에 서 있는지를 정확히 알 수 있었다. 그의 도움이 필요했을 때, 실망시킬 수 있는 그에게 항상 의존할 수 있었다.

17.3 부채비용은 경감될 수 있는가?

미국 상원의원들은 예산편성에서 “여기 10억 달러, 저기 10억 달러, 그리고 이제 모두 합하면 된다.”고 쉽게 말하곤 한다. 그러나 앞에서 언급한 각각의 재무곤경비용은 그 자체로도 상당히 크다. 그것들의 합계액은 부채를 통한 자금조달에 심각하게 영향을 미친다. 따라서 경영자는 이러한 비용을 줄일 인센티브를 가진다. 이제 그 방법 중 몇 가지를 살펴보자. 그러나 다음의 방법은 기껏해야 부채비용을 줄일 수 있을 뿐이며 이를 완전히 제거할 수 없다는 것을 먼저 말해둔다.

보호조항

주주는 자신의 이기적 전략에 대한 보험으로서 높은 이자율을 지불해야 하기 때문에, 이자율을 낮추기 위해서 주주는 채권자와 협약을 체결한다. 이러한 협약은 주주와 채권자 사이의 대출차입문서(혹은 채권계약서, indenture)의 한 부분으로 포함되며 **보호조항**(protective covenants)이라고 불린다. 보호조항의 파기는 채무불이행으로 갈 수 있기 때문에 보호조항은 신중하게 취급해야만 한다. 보호조항은 금지 보호조항(negative covenant)과 강행 보호조항(positive covenant)의 2가지 유형으로 나눌 수 있다.

금지 보호조항(negative covenant)은 회사가 취할 수 있는 행동을 제한하거나 금지한다. 아래 몇 가지 금지 보호조항의 예가 있다.

1. 회사가 지급하려는 배당금의 총액에 대하여 제한이 가해진다.
2. 회사는 어떤 자산도 다른 채권자에게 담보로 제공할 수 없다.
3. 회사는 다른 기업과 합병을 할 수 없다.
4. 회사는 주요 자산을 채권자의 승인 없이 매각하거나 리스를 줄 수 없다.
5. 회사는 추가적인 장기채권을 발행할 수 없다.

강행 보호조항(positive covenant)은 회사가 지켜야만 하는 조건이나 취하기로 동의한 행동을 정하고 있다. 아래 몇 가지 강행 보호조항의 예가 있다.

1. 회사는 운전자본을 최소수준으로 유지하기로 동의한다.
2. 회사는 정기적으로 재무제표를 채권자에게 제공해야만 한다.

위에 언급한 이러한 보호조항만 있는 것은 아니다. 저자는 30개가 넘는 보호조항을 가진 채권계약서를 본 적이 있다.

Smith와 Warner는 채권의 공모를 연구하여 채권계약서의 91%가 추가적인 채권발행을 금지하고, 23%가 배당금을 제한하고, 39%가 합병 금지를, 그리고 36%가 자산매각을 제약하는 보호조항을 가지고 있음을 발견하였다.[12]

보호조항은 파산비용을 줄이고 궁극적으로 기업의 가치를 증가시킨다. 따라서 주주는 모든 합리적인 보호조항을 찬성할 것이다. 파산비용을 줄이기 위해 주주가 취할 수 있는 세 가지 선택을 살펴보자.

1. 부채를 발행하지 않는다. 부채로 인한 세금 이점이 존재하기 때문에 이는 갈등을 피하려는 매우 값비싼 방법이다.
2. 제한적이고 보호적인 보호조항이 없는 부채를 발행한다. 이 경우에 채권자는 그들의 채권이 보호되지 않은 상태에 놓여 있는 데에 대한 보상으로 높은 이자율을 요구할 것이다.

[12] Clifford W. Smith and J. B. Warner, "On Financial Contracting: An Analysis of Bond Covenants," *Journal of Financial Economics* 7 (1979).

표 17.2 채권의 보호조항

주주의 행위나 기업의 상황	보호조항의 유형	보호조항의 이유
기업이 재무적 곤경에 처하면 주주는 고위험 투자를 하려고 할 것이다.	재무제표의 제약 1. 최소한의 운전자본 2. 최소한의 이자보상비율 3. 최소한의 순자산가치	재무곤경이 실현될 가능성이 있을 때 고위험 투자는 채권자에게서 주주로 부를 이전한다. 보호조항은 재무곤경의 가능성을 낮춘다.
주주는 기업 자산을 자신에게 이전하려 할 것이다.	자산처분의 제한 1. 배당금 제한 2. 자산매각의 제한 3. 담보와 저당	보호조항은 주주가 자산을 이전하고 과소투자하는 능력을 제한한다.
주주는 기업의 위험을 증가시키려고 할 것이다.	자산교환의 제약	기업의 위험증가는 주주에게 도움이 되고 채권자는 손해를 본다.
주주는 동순위 혹은 선순위의 새로운 채권을 발행하려고 할 것이다.	희석 제약 1. 리스 제한 2. 추가적인 차입 제한	보호조항은 기존 채권자의 청구권이 희석되는 것을 제한한다.

3. 대출계약서에 제한적이고 보호적인 보호조항을 기입한다. 보호조항들이 명시적으로 작성된다면, 채권자는 큰 비용을 주주에게 부과하지 않고 보호를 받을 수 있다. 채권자는 낮은 이자율을 기꺼이 받아들일 것이다.

따라서 채권의 보호조항은 유연성을 줄이더라도 기업가치를 증가시킬 수 있다. 이들은 주주와 채권자의 갈등을 해소하기 위한 비용이 가장 적게 드는 해결책일 수 있다. 전형적인 채권의 보호조항과 그 용도는 〈표 17.2〉에 나타나 있다.

부채의 통합

파산비용이 그렇게 높은 이유 중 하나는 많은 채권자(그리고 그들의 변호사)가 서로 경쟁하기 때문이다. 이 문제는 채권자와 주주가 적당히 합의함으로써 완화될 수 있다. 예를 들면, 한 명 혹은 소수의 대출자가 모든 부채를 부담하면, 재무곤경이 발생하는 경우 협상비용이 최소화될 수 있다. 게다가 채권자도 주식을 매입할 수 있다. 이와 같은 방법으로 주주와 채권자는 서로 맞붙어 싸우지 않아도 된다. 왜냐하면 주주와 채권자는 별개의 존재가 아니기 때문이다. 이는 대형은행이 일반적으로 자신이 대출해준 기업의 주식을 상당 부분 보유하는 일본의 접근방법으로 보인다. 일본에서 부채-자기자본비율은 미국에서 부채-자기자본비율보다 훨씬 더 높다.

17.4 세금효과와 재무곤경비용의 통합

Modigliani와 Miller는 법인세의 존재하에서 레버리지가 높을수록 기업의 가치가 증가한다고 주장한다. 이 이론은 모든 기업이 최대한의 부채를 선택해야 함을 의미하기 때문에 현실세계에서 기업의 행태와 부합하지 않는다.

다른 학자들은 파산과 관련한 비용이 부채기업의 가치를 감소시킨다고 주장한다. 세금효과와 곤경비용의 통합이 〈그림 17.1〉에 나타나 있다. 그림 위쪽의 대각선은 파산비용이 없는 세계에서의 기업가치를 나타낸다. ∩모양의 곡선은 이러한 파산비용이 있는 경우 기업의 가치를 나타낸다. 이 곡선은 기업이 순수한 무부채에서 소량의 부채를 사용하기까지는 증가한다. 여기서 곤경비용의 현재가치는 곤경의 발생확률이 작기 때문에 사소하다. 그러나 부채가 점점 더 추가됨에 따라 이들 비용의 현재가치는 상승하는 비율로 증가한다. 어느 지점에 이르러서는 추가 부채금액으로부터 발생하는 비용의 현재가치 증가분이 세금절감액의 현재가치 증가분과 같게 된다. 이 점이 기업의 가치를 극대화하는 부채의 수준이며 〈그림 17.1〉에서 B^*로 표시되어 있다. 다시 말하면 B^*는 최적부채수준이다. 파산비용은 이 지점을 지나면서 세금절감액보다 더 빨리 증가하여, 더 이상의 레버리지는 기업가치를 감소시킨다는 것을 알 수 있다.

〈그림 17.1〉의 아래에 있는 가중평균자본비용(WACC)은 부채가 자본구조에 추가됨에 따라 하락한다. B^*에 도달한 후에 가중평균자본비용은 상승한다. 최적의 부채는 가중평균비용이 가

그림 17.1
최적부채수준과 기업가치

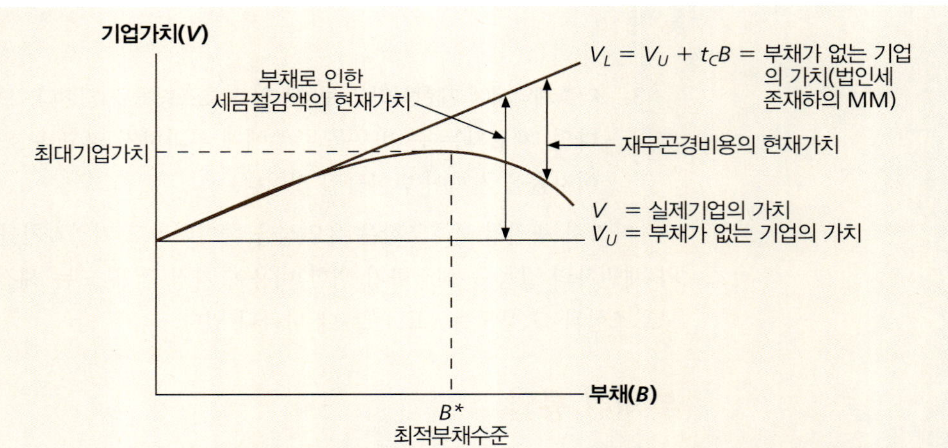

세금절감액은 부채기업의 가치를 증가시킨다. 재무곤경비용은 부채기업의 가치를 감소시킨다. 두 요인이 상쇄되면서 B^*가 최적부채수준이 된다.

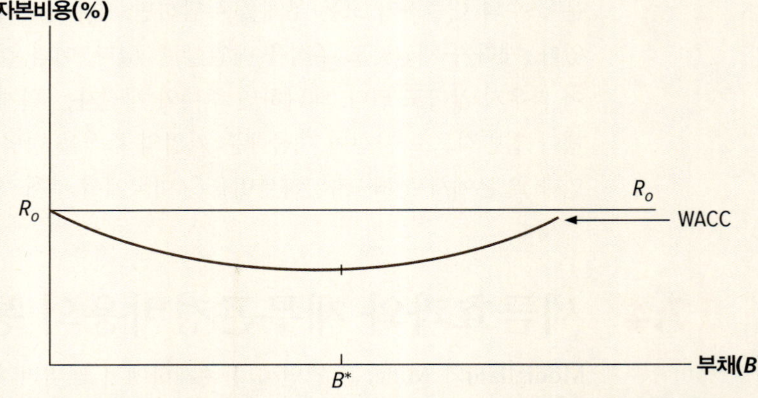

정태적 이론에 따르면, R_{WACC}는 부채로 인한 세금혜택 때문에 처음에는 하락한다. 그러나 B^*를 지나면 재무곤경비용 때문에 자본비용은 다시 상승하기 시작한다.

장 낮다.

최적의 부채 금액은 2017년 세금감면 및 고용법(TCJA 2017)의 영향을 받는다. 다른 곳에서 논의한 이자 공제 한도 때문에 부채의 세금 혜택은 2018년부터 일부 기업의 경우 적을 수 있고, B^*일 때 더 낮은 수준을 의미한다.

우리의 논의는 한 기업의 자본구조가 부채의 세금혜택과 재무곤경비용 사이의 상충관계와 관련되어 있음을 의미한다. 이러한 접근법은 종종 자본구조의 **상충이론**(trade-off theory) 또는 **정태적 상충이론**(static trade-off theory)이라고 한다. 이것은 어떤 개별 기업의 최적부채수준이 존재함을 의미한다. 이러한 부채수준이 기업의 목표부채수준이 된다. 재무곤경비용이 정확하게 표현될 수 없기 때문에 아직 기업의 최적부채수준을 정확하게 결정하기 위해 개발된 공식은 없다. 그러나 이번 장의 마지막 절에서 현실 세계에서 부채-자기자본비율을 결정하는 몇 가지 규칙을 제시한다. 현재의 이런 상황은 John Maynard Keynes가 한 말을 생각나게 한다. 그는 대부분의 역사가가 Elizabeth 1세 여왕이 Victoria 여왕보다 더 나은 군주이지만 불행한 여성이었다는 데 동의하지만, 아직 아무도 이러한 진술을 정확하고 엄격한 공식으로 표현할 수 없었다고 말하였다.

파이모형의 재조명

파산비용을 고려했으므로, 이전 장에서 고려했던 파이 접근법으로 다시 돌아가 보자. 기업의 현금흐름(CF)은 주주, 채권자, 정부(세금 형태로), 그리고 파산과정에서 변호사(및 기타) 등 4가지 청구권자에게 돌아간다. 수식으로 표현하면 아래와 같다.

$$
\begin{aligned}
\text{CF} = \text{주주에게 지급되는 금액}\\
+\\
\text{채권자에게 지급되는 금액}\\
+\\
\text{정부에게 지급되는 금액}\\
+\\
\text{변호사(및 기타)에게 지급되는 금액}
\end{aligned}
$$

이제, 총 기업가치 V_T는 다음 4가지 부분의 합과 같다.

$$V_T = S + B + G + L$$

여기서 S는 자기자본의 가치, B는 채권의 가치, G는 정부가 세금으로 청구하는 가치, 그리고 L은 기업이 재무곤경에 있을 때 변호사와 기타 부분에서 받는 가치를 의미한다. 이러한 관계를 〈그림 17.2〉로 표현할 수 있다.

물론 이것들이 기업의 현금흐름에 대한 재무적 청구권을 전부 나열한 것은 아니다. 이상한 예이긴 하지만, 이 교재를 읽고 있는 모든 독자는 General Motors의 현금흐름에 대한 경제적 청구권을 가질 수도 있다. 만약 당신이 교통사고로 상해를 입는다면 당신은 GM을 고소할 수 있을 것이다. GM은 이기든 지든 이 문제를 처리하는 데 자원을 사용하게 될 것이다. 이것이 억지라

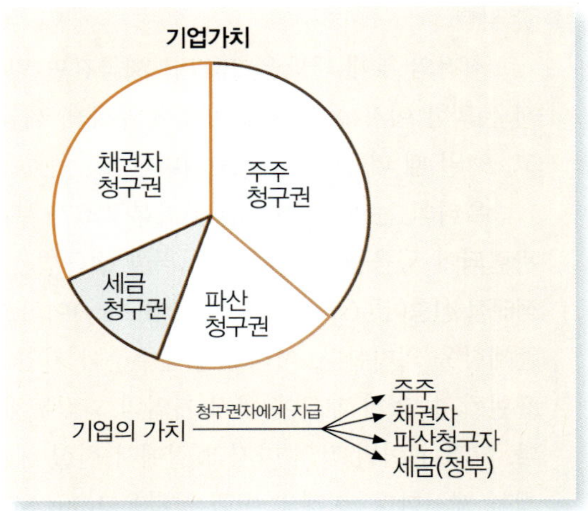

그림 17.2
실제세계 요인을 감안한 파이모형

서 대수롭지 않다고 생각한다면, 어떤 일이 있어도 결코 GM을 고소하지 않겠다고 전국의 모든 국민들이 약속하는 조건으로 GM이 얼마를 지급할 것인지 생각해보라. 법은 이러한 지급을 허용하지 않지만, 그렇다고 해서 이런 모든 잠재적 청구권이 가치가 없다는 것은 아니다. 이들 청구권의 가치는 수십 억 달러에 달할지도 모르며, GM은 물론 모든 다른 기업에도 "잠재적 소송(potential lawsuits)"에 대해 *LS*로 명명된 파이의 한 조각이 있어야 한다.

〈그림 17.2〉는 MM 이론이 가지는 직관의 핵심을 보여준다. 즉, 기업가치 V_T는 기업의 총 현금흐름으로 결정되고 기업의 자본구조는 V_T를 단순히 몇 조각으로 나누는 것이다. 자본구조는 기업의 총 가치 V_T에 영향을 주지 않는다.

그러나 주주와 채권자의 청구권과 정부와 잠재적 소송으로부터의 청구권 사이에는 중요한 차이가 있다. 첫 번째 청구권은 **시장성 청구권**(marketable claims)이며, 두 번째 청구권은 **비시장성 청구권**(nonmarketable claims)이다. 시장성 청구권은 금융시장에서 거래될 수 있지만 비시장성 청구권은 그렇지 못하다. 시장성과 비시장성 청구권의 구분은 중요하다. 주식이 발행되면 주주는 기업에게 차후 받게 될 배당금에 대한 특권의 대가로 현금을 지불한다. 마찬가지로 채권자는 미래의 이자를 받을 권리에 대해 현금을 지불한다. 그러나 국세청은 미래에 세금을 받을 특권에 대하여 아무런 현금을 지불하지 않는다. 마찬가지로 변호사도 미래 수수료에 대하여 아무것도 회사에 지불하지 않는다.

기업의 가치(value of the firm)를 말할 때 우리는 시장성 청구권(V_M)만을 말하고 비시장성 청구권(V_N)을 말하는 것이 아니다. 자본구조는 총가치에 영향을 미치지 않는다는 것을 보여주었다.

$$\begin{aligned} V_T &= S + B + G + L \\ &= V_M + V_N \end{aligned}$$

그러나 앞에서 보았듯이, 시장성 청구권의 가치 V_M은 자본구조가 바뀜에 따라 변할 수 있다.

파이이론에 따르면 V_M의 증가는 V_N의 동일한 감소를 의미해야만 한다. 합리적인 재무관리자는 시장성 청구권(V_M)의 가치를 극대화하는 자본구조를 선택할 것이다. 달리 말해, 합리적인 관리자는 비시장성 청구권의 가치(V_N)를 최소화하려 할 것이다. 이들 비시장성 청구권은 앞의 예에서 세금과 파산비용이지만, *LS* 청구권과 같은 기타 모든 비시장성 청구권도 포함한다.

17.5 신호이론

이전 절에서 기업의 레버리지에 대한 결정은 세금혜택과 재무곤경비용 사이의 상충관계와 관련되었다는 것을 지적하였다. 이러한 개념은 〈그림 17.1〉에서 표현되었으며, 낮은 부채수준에서는 부채의 한계 세금혜택이 부채의 한계 곤경비용을 초과한다. 높은 부채수준에서는 그 반대가 된다. 기업의 자본구조는 부채의 한계 세금혜택이 한계 곤경비용과 같은 점에서 최적화된다.

이 개념을 좀 더 살펴보자. 기업의 수익성은 부채수준과 어떠한 관계가 있는가? 이익이 낮을 것으로 기대되는 기업은 아마 낮은 부채수준을 유지하게 될 것이다. 이 기업은 이자공제액이 크지 않더라도 세전이익을 모두 상쇄할 수 있기 때문이다. 또한 과도한 부채의 사용은 이 기업의 기대 곤경비용을 증가시킬 것이다. 더 성공적인 기업은 아마 더 많은 부채를 사용할 것이다. 이 기업은 더 많은 이익으로부터 발생하는 세금을 낮추기 위해서 추가적인 이자를 사용할 것이다. 재무적으로 좀 더 안정적이라서 이 기업은 추가적인 부채가 파산의 위험을 거의 증가시키지 않을 것이다. 다시 말해 합리적인 기업은 이익이 증가할 것으로 예상될 때 부채수준(수반되는 이자지급)을 올릴 것이다.

투자자는 부채의 증가에 어떻게 반응을 할까? 합리적인 투자자는 부채수준이 높을수록 기업가치가 더 높다고 아마 추론할 것이다. 따라서 이들 투자자는 기업이 가령 자사주를 매입하기 위해 부채를 발행한다면 그 기업의 주가를 아마 더 높게 평가할 것이다. 투자자는 부채를 기업가치에 대한 하나의 신호(signal)로 본다고 할 수 있다.

이제 투자자를 기만하려는 경영자의 인센티브를 살펴보자. 부채수준이 최적인 한 기업을 고려하자. 즉, 부채의 한계 세금혜택이 부채의 한계 곤경비용과 정확하게 같다. 그러나 이 기업의 경영자는 많은 주주가 보유 주식을 곧 팔기 원한다는 것을 알기 때문에 현재주가를 올리려고 하고 있다. 이 경영자는 투자자로 하여금 이 기업이 실제보다 더 가치가 있다고 생각하도록 만들기 위해 부채수준을 증가시키려 할 수 있다. 이 전략이 효과가 있으면 주가는 오를 것이다.

이것은 기업이 약간의 추가적인 레버리지를 취함으로써 투자자를 기만할 수 있음을 의미한다. 이제 다음의 큰 질문을 생각해보자. 어떠한 대가를 치르지 않고, 부채의 추가적인 사용으로부터 혜택을 볼 수 있는가? 그것은 모든 기업이 가능한 많은 부채를 취하게 될 것임을 의미한다. 다행히도 대답은 부채사용에 비용도 존재한다는 것이다. 기업이 투자자를 속이기 위해서 추가 부채를 사용했다고 가정하자. 어느 시점에 시장은 회사가 결국 그렇게 가치가 있는 것이 아님을 알 것이다. 이 시점에서 주가는 부채가 발행되지 않았을 경우의 주가수준보다 더 아래로 떨어져야 한다. 왜 그런가? 기업의 부채수준이 이제 최적수준보다 높기 때문이다. 즉, 부채의 한계 세금혜택이 부채의 한계비용보다 작다. 따라서 현재 주주가 가령 보유 주식의 반은 지금 팔고 나머지 반은 보유하려고 계획한다면, 부채증가로 인하여 현재 주주는 매도한 주식에 대해서는 이익을 보겠지만 나중에 매도할 주식에 대해서는 아마 손해를 볼 것이다.

이제 중요한 요점은 이렇다. 앞에서 언급했듯이 경영자가 투자자를 기만하려고 하지 않는 세계에서는, 더 가치가 있는 기업은 덜 가치가 있는 기업보다 더 많은 부채를 발행한다. 심지어 경영자가 투자자를 기만하려 한다고 하더라도 결국은 더 가치가 있는 기업이 덜 가치가 있는 기업보다 여전히 더 많은 부채를 발행하려 할 것이다. 즉, 모든 기업이 투자자를 기만하기 위하여 부채수준을 얼마간 증가시키겠지만, 추가적인 부채사용으로부터 야기되는 비용 때문에 덜 가치가 있는 기업은 더 가치가 있는 기업보다 더 많은 부채를 발행하지 못하게 된다. 따라서 투자자는 부채수준을 기업가치에 대한 신호로서 여전히 취급할 수 있다. 다시 말하며, 투자자는 부채발행의 공시를 기업에 대한 긍정적인 신호로서 여전히 볼 수 있다.

앞에서 언급한 것은 부채의 신호효과에 대한 단순화한 예라서, 누군가는 너무 단순화되어 있다고 말할 것이다. 예를 들면, 어떤 기업의 주주는 아마 보유 주식의 대부분을 즉시 팔기 원하고 어떤 기업의 주주는 보유 주식의 극히 일부만 팔려고 할 것이다. 가장 많은 부채를 가진 기업이 가치가 가장 높은 기업인지 아니면 단지 주주가 가장 참을성이 없는 기업인지를 분별하는 것은 불가능하다. 다른 반대의견도 역시 제시될 수 있기 때문에, 신호이론(signaling theory)은 실증적 증거를 통해서 그 타당성이 가장 잘 확인될 것이다. 다행히 실증적 증거는 신호이론을 지지하는 경향이 있다.

예를 들면, **교환오퍼**(exchange offers)에 관한 실증연구를 고려해보자. 기업은 종종 교환오퍼를 통해서 그들의 부채수준을 변경한다. 교환오퍼에는 두 유형이 있다. 첫 번째 오퍼는 주주로 하여금 자기 주식의 일부를 부채로 교환하도록 하여 레버리지를 증가시키는 것이다. 두 번째는 채권자로 하여금 자기 부채의 일부를 주식과 교환하도록 하여 레버리지를 감소시키는 오퍼이다. 〈그림 17.3〉은 교환오퍼를 통해서 부채와 주식의 비중을 변화시키는 기업의 주가형태를 보여준다. 그림에서 실선은 레버리지를 증가시키는 교환오퍼의 발표일(발표일은 그림에서 날짜 0으로

그림 17.3
교환오퍼 발표시점의 주가수익률

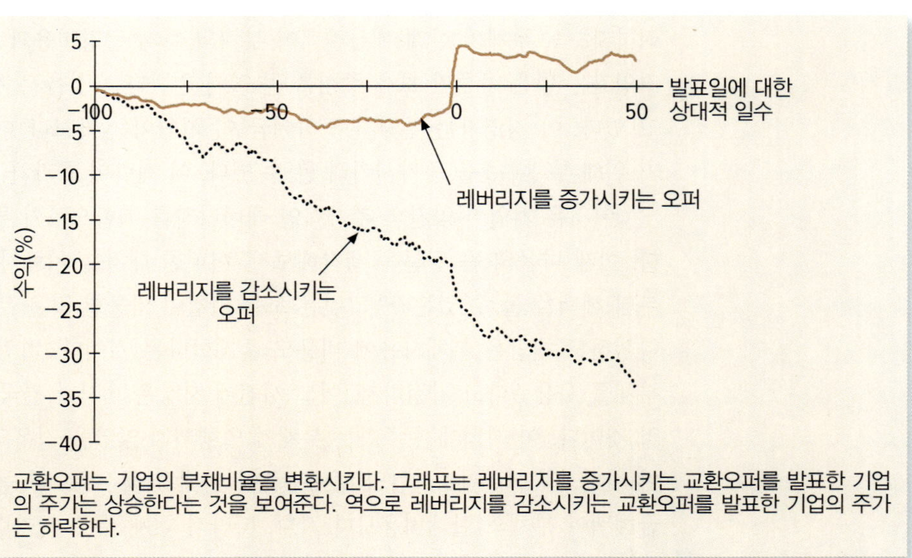

교환오퍼는 기업의 부채비율을 변화시킨다. 그래프는 레버리지를 증가시키는 교환오퍼를 발표한 기업의 주가는 상승한다는 것을 보여준다. 역으로 레버리지를 감소시키는 교환오퍼를 발표한 기업의 주가는 하락한다.

출처: Kshitij, Shah, "The Nature of Information Conveyed by Pure Capital Structure Changes," *Journal of Financial Economics*, vol. 36, August 1994.

표시)에 주가가 상당히 상승하는 것을 나타낸다. 역으로 점선은 레버리지를 감소시키는 오퍼가 발표될 때 주가가 상당히 떨어짐을 보여준다.

시장은 부채의 증가로부터 그 기업이 더 나아졌다고 추론하므로 주가가 상승하게 된다. 역으로 시장은 부채의 감소로부터 반대로 추론하게 되므로 주가는 하락하게 된다. 따라서 경영자가 레버리지를 변경할 때 기업의 정보를 신호로 알린다고 할 수 있다.

17.6 책임회피, 특권, 부적절한 투자: 자기자본의 대리인비용에 대한 의견

이전 절에서 부채의 증가는 세금절감액과 곤경비용을 모두 증가시킨다는 정태적 상충모형을 소개하였다. 이제 중요한 자기자본의 대리인비용을 고려함으로써 상충모형을 확장한다. 자기자본 비용의 논의는 Adam Smith로부터의 잘 알려진 인용문 속에 내포되어 있다.[13]

> 자신의 돈이 아니라 다른 사람들의 돈을 관리하는 합자(주식)회사의 임원이기 때문에 사적 파트너십의 참여자가 자신의 돈을 관리할 때처럼 간절한 경계심을 가지고 지켜준다고 기대할 수는 없다. 그들은 부자의 집사처럼 주인의 명예가 아니라 아주 작은 일에 주의를 기울이기 쉬우며, 이런 행위에 대해 자기 자신에게 아주 쉽게 면죄부를 준다. 그러므로 기업을 경영하는 데는 얼마간의 소홀과 낭비는 항상 만연하기 마련이다.

이 우아한 산문은 현대의 용어로 다시 서술할 수 있다. 개인은 그가 종업원이기보다는 소유자의 일원이라면 기업을 위해 더 열심히 일할 것이다. 나아가서 개인은 자신 기업의 지분을 조금 소유할 때보다 많이 소유할 때 더 열심히 일할 것이다. 이 개념은 자본구조에 대해서 중요한 의미를 지니며 다음 예제를 통해서 설명한다.

예제 17.2

대리인비용 Ms. Pagell은 그 가치가 $1백만인 컴퓨터 서비스업을 하는 기업의 소유주이다. 그녀는 현재 이 기업의 100%를 소유하고 있다. 확장의 필요성 때문에 그녀는 $2백만을 추가로 조달하여야 한다. 그녀는 12%의 이자율로 $2백만의 부채를 발행하거나 아니면 $2백만의 주식을 발행할 수 있다. 두 대안으로부터 발생하는 현금흐름은 아래와 같다.

	부채발행				주식발행			
근무강도	현금흐름	이자지급	주주의 현금흐름	Ms. Pagell의 현금흐름 (100% 지분율)	현금흐름	이자지급	주주의 현금흐름	Ms. Pagell의 현금흐름 (33.33% 지분율)
6시간 근무	$300,000	$240,000	$ 60,000	$ 60,000	$300,000	0	$300,000	$100,000
10시간 근무	400,000	240,000	160,000	160,000	400,000	0	400,000	133,333

[13] Adam Smith, *The Wealth Nations* (1776), Cannon판 (New York: Modern Library, 1937), p. 700. Michael Jensen and W. Meckling의 "Theory of the Firm: Managerial Behavior, Agency Costs, and Ownership Structure," *Journal of Financial Economics* 3 (1976)에서 인용됨.

다른 기업인들과 마찬가지로 Ms. Pagell도 그녀가 일하는 강도를 조정할 수 있다. 예제에서 그녀가 하루에 6시간 또는 10시간을 일할 수 있다고 하자. 부채발행과 함께 초과근무를 함으로써 그녀의 수입은 $100,000(= $160,000 − $60,000) 더 늘어나게 된다. 그러나 주식발행으로 그녀는 자기자본총액의 단지 1/3을 보유하게 된다고 가정하자. 여기서는 초과근무를 함으로써 그녀의 수입은 단지 $33,333(= $133,333 − $100,000) 증가한다. 그녀도 인간이기 때문에 부채를 발행한다면 아마 더 열심히 일할 것이다. 다시 말하면, 그녀가 주식을 발행한다면 책임을 *회피할*(shirk) 인센티브가 커진다.

추가적으로 그녀가 주식을 발행한다면 큰 사무실, 회사차, 식사비용의 경비처리와 같은 아마 더 많은 *특권*(perquisites)을 얻을 것이다. 그녀가 전체주식의 1/3을 보유한다면, 이들 비용의 2/3는 다른 주주들이 부담하게 된다. 그녀가 단독 소유자라면, 어떤 추가적인 특권을 누릴수록 그녀의 자본만 감소하게 된다.

마지막으로 그녀는 아마 순현재가치가 음(−)인 자본예산 프로젝트를 택하려 할지도 모른다. 얼마간의 주식지분을 가진 경영자가 NPV가 음(−)인 프로젝트를 택하는 것은 놀랍게 보일지 모른다. 왜냐하면 이로 인해 주가가 분명히 떨어질 것이기 때문이다. 그러나 경영자의 연봉은 일반적으로 기업규모가 클수록 증가하므로, 경영자는 수익성이 있는 프로젝트가 모두 소진된 후에는 수익성이 없는 프로젝트도 택할 인센티브를 가진다. 즉, 수익성이 없는 프로젝트가 선택될 때 주식지분이 적은 경영자의 주식가치에 있어서 손실분은 연봉의 증가분보다 더 적을 수 있다. 사실은 나쁜 프로젝트를 택함으로써 야기되는 손실이 책임회피나 과도한 특권으로 야기되는 손실보다 훨씬 크다고 생각된다. 엄청나게 수익성이 나쁜 프로젝트는 전체기업을 파산으로 내몰 수 있으나, 개인적으로 아무리 큰 비용을 사용하여도 그렇지는 않을 것이다.

따라서 기업이 주식을 더 많이 발행할수록 기업가는 여가시간, 일과 연관된 특권, 수익성이 없는 투자 등을 늘리기 쉽다. 이들 세 가지 항목은 대리인비용(agency costs)이라고 불린다. 왜냐하면 기업의 경영자는 주주의 대리인이기 때문이다.[14]

이 예제는 대규모 주식발행을 고려하고 있는 소형 기업에 아주 적합하다. 소유경영자는 이 경우에 자신의 지분이 크게 희석될 것이기 때문에 근무강도의 현저한 하락이나 부가적 혜택의 상당한 증가가 일어날 수 있다. 그러나 이 예제는 주주의 수가 많은 대형 기업에는 덜 적합할 수 있다. 예를 들면, General Electric과 같이 횟수를 모를 만큼 자주 주식을 발행하는 대형 기업을 생각해보자. 전형적인 경영자는 거기서 이미 낮은 비율의 지분을 소유하고 있을 것이므로 태만하려는 어떤 유혹은 아마도 예전에 경험했을 것이다. 따라서 추가적인 주식발행이 이러한 유혹을 증가시킬 것으로 기대되지 않는다.

누가 대리인비용을 부담하는가? 새로운 주주는 눈을 부릅뜨고 투자하므로 그들은 아니다. 그들은 Ms. Pagell이 근무시간을 줄일 수 있다는 것을 알고 있기 때문에 그 주식에 대해 낮은 가격을 지불할 것이다. 따라서 대리인비용에 의해 손해를 보는 사람은 다름 아닌 기존의 소유주이다. 그러나 Ms. Pagell은 어느 정도까지는 자신을 보호할 수 있다. 주주가 보호조항을 통해서 파산비용을 줄이듯이, 소유주는 새로운 주주로 하여금 기업을 감시(monitoring)하도록 허용할 수 있다. 그러나 적당한 보고와 감시를 통해서 자기자본의 대리인비용을 줄일 수는 있지만 아마 이를 제거하지는 못할 것이다.

차입매수(leveraged buyouts: LBOs)가 이러한 자기자본의 비용을 현저하게 줄인다고 말한

[14] 앞에서 논의되었듯이, 대리인비용은 일반적으로 주주, 채권자, 경영진 사이의 이해상충에서 초래되는 비용으로 정의된다.

다. LBO에서 매수자(보통 기존의 경영진 팀)는 현재 시장가격보다 높은 가격으로 주식을 사들인다. 다시 말하면, 주식이 몇 사람에 의해 소유되므로 기업은 비공개회사가 된다. 경영자는 이제 기업의 상당 부분은 소유하고 있으므로 그들은 단순히 고용인이었을 때보다 더 열심히 일할 것이다.[15]

자본조달에 대한 자기자본 대리인비용의 영향

자기자본의 대리인비용에 대한 앞의 논의는 정태적 상충모형의 확장으로 볼 수 있다. 즉, 17.4절에서 언급했듯이 부채가 자기자본을 대체했을 때 기업가치의 변화는 (1) 부채의 세금절감액과 (2) 재무곤경비용(부채의 대리인비용을 포함) 증가액의 차이였다. 이제 기업가치의 변화는 (1) 부채의 세금절감액과 (2) 자기자본의 대리인비용 감소액의 합에서 (3) 재무곤경비용(부채의 대리인비용을 포함)의 증가액을 차감한 것이다. 최적 부채-자기자본비율은 자기자본의 대리인비용이 없는 세계에서보다 이들 비용이 존재하는 세계에서 더 높을 것이다. 그러나 재무곤경비용이 매우 크기 때문에 자기자본비용의 존재가 100% 부채조달을 의미하지 않는다.

잉여현금흐름

살인 추리소설의 독자라면 누구든 범인은 반드시 동기와 기회를 모두 가지고 있어야 한다는 것을 안다. 앞의 논의는 동기에 관한 것이었다. 소유지분이 적은 경영자는 낭비적인 행위를 할 인센티브를 가진다. 예를 들면, 이들 경영자는 과도하게 경비를 지출해도 그 비용의 작은 부분만을 떠안으면서 혜택은 모두 누리게 된다.

이제 기회에 관해서 논의해보자. 경영자는 기업의 현금흐름이 충분한 경우에 자신의 지출경비를 처리할 수 있다. 따라서 현금흐름의 창출능력이 작은 기업에서보다 현금흐름의 창출능력이 큰 기업에서 낭비적인 행위가 더 많을 것으로 기대할 수 있다. 이러한 매우 단순한 개념을 **잉여현금흐름가설(free cash flow hypothesis)**이라고 하며, 꽤 많은 학문적인 연구가 이 가정을 지지한다.[16] 예를 들면, 자주 인용되는 한 연구는 잉여현금흐름이 높은 기업은 잉여현금흐름이 낮은 기업보다 나쁜 인수를 하는 경향이 더 높음을 발견했다.[17]

이 가설은 자본구조에 대해 중요한 의미를 지니고 있다. 배당금은 기업으로부터 외부로 현금이 나가기 때문에 잉여현금흐름을 줄인다. 따라서 잉여현금흐름가설에 따르면, 배당금의 증가는 낭비적인 행위를 추구하려는 경영자의 능력을 줄임으로써 주주에게 이익이 되어야 한다. 더욱이 이자지급액과 원금상환액도 기업에서 나가므로 부채 역시 잉여현금흐름을 줄인다. 사실상

[15] 어떤 교수가 학생들에게 다음의 세 가지 질문을 함으로써 LBO 수업을 소개한다.

1. 여러분들 중 몇 명이 지금까지 자신의 차를 소유한 적이 있나요?
2. 여러분들 중 몇 명이 지금까지 차를 렌트한 적이 있나요?
3. 여러분들 중 몇 명이 지금까지 렌트한 차보다 소유한 차를 더 잘 관리했나요?

자신의 차를 더 잘 관리하는 것이 인간의 본성인 것처럼, 당신이 기업의 더 많은 지분을 소유하고 있을 때 열심히 일하는 것도 인간의 본성이다.

[16] Michael C. Jensen, "The Agency Costs of Free Cash Flow: Corporate Finance and Takeovers," *American Economic Review* (May 1986), pp. 323-29. 논문은 이 분야의 핵심적인 이론 연구이다.

[17] Larry Lang, R. Stulz, and R. Walkling, "Managerial Performance, Tobin's Q and the Gains in Tender Offers," *Journal of Financial Economics* (1989).

이자지급액과 원금상환액은 배당금보다 경영자의 낭비적인 소비방식에 더 큰 제동을 건다. 왜냐하면 기업이 미래의 부채를 상환할 수 없다면 파산하게 되기 때문이다. 반면에 기업은 배당금을 지급할 어떠한 법적인 의무가 없으므로, 미래의 배당금 감소는 경영자에게 훨씬 적은 부담을 줄 것이다. 이 때문에 잉여현금흐름가설은 자기자본을 부채로 교체함으로써 기업가치가 상승할 것이라고 주장한다.

요약하면, 잉여현금흐름가설은 기업이 부채를 발행하는 또 다른 이유를 제공한다. 먼저, 자기자본비용을 논의하면서 새로운 주식은 소유경영자의 지분을 희석시켜 자원을 낭비하려는 동기(motive)를 증가시킨다고 하였다. 다음으로, 기업이 이자지급액과 원금상환액을 지급해야 하기 때문에 부채는 잉여현금흐름을 감소시킨다고 하였다. 잉여현금흐름가설은 부채가 존재함으로써 경영자가 자원을 낭비할 기회(opportunity)를 줄이게 됨을 의미한다.

17.7 자본조달 계층이론

상충이론이 오랫동안 기업재무 영역에서 우위를 점해 왔지만, **자본조달 계층이론**(페킹오더이론; pecking-order theory) 또한 주목을 받고 있다.[18] 실제 세계에서 이 견해를 이해하기 위해 당신이 신규자본이 필요한 기업의 재무관리자라고 하자. 경영자는 부채와 주식을 통한 자본조달 중에서 선택을 해야 한다. 앞에서 세금혜택, 곤경비용, 대리인비용 등의 관점에서 이 선택을 평가했다. 그러나 지금까지 소홀해 왔지만 고려해야 할 사항으로 시기선택(timing)을 들 수 있다. 경영자가 아래와 같이 말한다고 가정해보자.

> 나는 주식이 고평가되어 있는 상황에서만 주식을 발행하기 원한다. 기업의 주식이 주당 $50에 팔리지만 실제로 가치는 $60이라고 생각한다면, 나는 주식을 발행하지 않을 것이다. 주식발행으로 인해 새로운 주주는 가치가 $60인 주식을 받지만 단지 $50을 지불할 것이기 때문에 실제로 그들은 선물을 받는 셈이 된다. 더욱 중요한 것은 기존 주주가 화를 낼 것이다. 왜냐하면 기업이 $60의 가치인 주식을 주면서 현금으로 $50을 받기 때문이다. 그래서 나는 주식이 저평가되어 있다고 믿는다면 채권을 발행할 것이다. 특히 채무불이행의 위험이 거의 없는 채권은 아마 적절하게 가격이 형성될 것이다. 채권의 가치는 공개적으로 알려져 있는 시장 전체의 이자율에 의해 주로 결정된다.
>
> 그러나 우리 주식이 $70에 거래되고 있다고 하자. 이제 나는 주식을 발행하고 싶다. 내가 실제 가치가 $60인 주식을 어떤 바보에게 $70에 팔 수 있다면 기존 주주에게 $10을 벌어주는 셈이 될 것이다.

이는 냉소적인 견해로서 들릴지 모르지만 실제 상황과 잘 부합하는 것으로 보인다. 미국에서 내부자거래와 공시에 관한 법률이 채택되기 전에는 많은 경영자가 주식발행 전에 기업의 전망을 불공정하게 떠벌려 왔던 것으로 전해진다. 그리고 오늘날에도 경영자는 기업의 주가가 하락한 후보다 상승한 후에 주식을 더 발행하려는 의도를 가진 것으로 보인다. 따라서 시기선택은

[18] 자본조달 계층이론은 일반적으로 Stewart C. Myers의 업적으로 알려져 있다. "The Capital Structure Puzzle," *Journal of Finance* 39 (July 1984).

주식발행에 있어서 상충모형에서의 동기보다 더 중요한 동기가 될 수 있다. 결국 앞의 예에서 기업은 주식발행의 시기선택을 적절하게 맞춤으로써 $10을 즉시 벌 수 있다. 반면에 $10 정도의 대리인비용과 파산비용을 절감하는 데는 수년이 걸릴지 모른다.

이 예에서의 핵심은 비대칭적 정보(asymmetric information)이다. 경영자는 전형적인 투자자보다 자기 기업의 전망에 대해 더 많이 알고 있을 것이다. 기업의 실제 가치에 대한 경영자의 추정치가 전형적인 투자자의 추정치보다 더 낫지 않다면, 주식발행의 시기선택을 하려는 경영자의 시도는 실패할 것이다. 이러한 비대칭성의 가정은 아주 그럴듯하다. 경영자는 매일 자신의 기업에서 일하기 때문에 외부 투자자보다 자신의 기업에 관해서 더 많이 알아야 한다(일부 경영자는 자신의 기업에 대해 지속적으로 낙관적이라서 올바른 판단을 하지 못할 가능성도 있다).

그러나 이 예는 아직 끝나지 않았다. 우리는 투자자를 고려해야만 한다. 투자자가 아래와 같이 말한다고 가정해보자.

> 나는 열심히 일해서 번 돈으로 투자하기 때문에 신중하게 투자를 한다. 그러나 항상 주식을 공부하는 데 시간을 쏟고 있음에도 불구하고 경영자가 알고 있는 것을 알 방법이 없다. 결국 나는 신경 써야 할 일도 생겼다. 그러므로 나는 경영자가 무엇을 하는지를 주시한다. 기업이 주식을 발행하면, 그 기업은 그 전에 아마 고평가되었을 것이다. 기업이 부채를 발행하면, 그 기업은 아마 저평가되었을 것이다.

발행자와 투자자를 보면, 우리는 양측이 다른 쪽을 이기려는 포커게임을 연상하게 된다. 이 포커게임에서 발행자는 무엇을 해야 할까? 확실히 주식이 저평가되어 있을 때 채권을 발행해야 한다. 그러나 주식이 고평가되었으면 어떻게 해야 하나? 이것은 더 미묘한 선택인데 우선 회사가 주식을 발행해야 한다는 생각이 든다. 그러나 회사가 주식을 발행하면 투자자는 주식이 고평가되었다고 추론하게 된다. 그들은 주식발행의 이점이 없어질 만큼 충분히 주가가 하락할 때까지 주식을 매수하지 않을 것이다. 사실 가장 고평가된 기업만이 주식을 발행할 인센티브를 가지는 것은 아니다. 심지어 적당히 고평가된 기업이 주식을 발행해도 투자자는 그 기업이 가장 고평가된 기업군에 속한다고 추론할 것이므로, 주가는 당연히 받아야 할 가치보다 훨씬 더 떨어질 것이다. 따라서 결국은 어떤 기업도 사실상 주식을 발행하지 않을 것이다.[19]

본질적으로 모든 기업이 부채를 발행해야 한다는 이러한 결과는 확실히 극단적인 것이다. 이는 (1) 법인세가 없는 세계에서 기업의 가치는 자본구조와 무관하다는 Modigliani-Miller (MM)의 결과와 (2) 법인세가 존재하지만 재무곤경비용이 없는 세계에서 모든 기업은 100% 부채로 자본조달을 해야 한다는 MM의 결과만큼이나 극단적이다. 아마 재무관리는 극단적인 모형을 좋아하는 듯하다!

그러나 재무곤경비용과 법인세를 조합함으로써 MM의 결론을 완화시키듯이 순수 자본조달 계층이론도 그럴 수 있다. 순수 계층이론은 시기선택이 재무관리자의 유일한 고려사항이라고 가정한다. 현실에 있어서 경영자는 세금, 재무곤경비용, 대리인비용 등을 고려해야 한다. 따라서

[19] 단순화를 위해서 엄격한 모형으로 우리 결과를 보여주지는 않았다. 깊은 이해를 원하는 독자는 다음 논문을 참조하라. Stewart C. Myers, "The Capital Structure Puzzle," *Journal of Finance* 39 (July 1984).

기업은 어느 정도까지만 부채를 발행할 것이다. 재무곤경비용이 이 한계점을 넘어 실현 가능하게 되면, 기업은 부채 대신에 주식을 발행할 것이다.

자본조달 순서의 규칙

앞의 논의는 자본조달 계층이론의 배경이 되는 기본적인 개념을 제시했다. 재무관리자에게 이 이론은 실제로 무엇을 의미하는가? 이 이론은 현실 세계에 대하여 다음의 두 규칙을 제공한다.

규칙 #1: 내부자본을 사용하라 앞에서는 쉽게 설명하려고 주식을 무위험채권과 비교하는 지나친 단순화를 하였다. 무위험채권의 이자율은 시장에서 모두 같기 때문에, 경영자는 무위험채권이 가격오류를 가지고 있는지를 자기 회사에 관한 특별한 지식을 이용하여 판단할 수 없다. 그러나 현실에서 회사채는 채무불이행의 가능성을 가지고 있다. 따라서 경영자는 주식이 고평가되어 있다고 판단할 때 주식을 발행하는 경향이 있듯이, 채권이 고평가되어 있다고 판단할 때 채권을 발행하는 경향이 있다.

경영자는 언제 자기 회사의 채권이 고평가되어 있다고 볼까? 아마 자기 회사의 주식이 고평가되어 있다고 판단될 때와 유사한 상황일 것이다. 예를 들면, 일반투자자는 기업의 전망을 낙관적으로 생각하는데 경영자가 비관적으로 본다면, 이 경영자는 자기 회사의 주식은 물론 채권도 고평가되어 있는 것으로 보고 있는 셈이다. 즉, 경영자는 채권의 채무불이행 가능성이 크다고 보는 반면에 일반투자자는 채권이 거의 무위험이라고 볼 수 있다.

따라서 투자자는 주식발행의 경우와 마찬가지로 채권발행의 경우에 아마도 똑같은 회의적 시각으로 그 가치를 평가할 것이다. 경영자가 이와 같은 막다른 상황을 벗어날 수 있는 방법은 이익잉여금(내부자본)으로 프로젝트의 자본을 조달하는 것이다. 즉, 처음부터 아예 투자자에게 가는 것을 피한다면 투자자의 회의적 시각에 대해 걱정할 필요가 없다. 따라서 자본조달 계층이론의 첫 번째 규칙은 아래와 같다.

내부자본(internal financing)을 사용하라.

규칙 #2: 안전한 증권을 먼저 발행하라 투자자는 부채와 주식 모두의 가격오류를 염려하지만, 우려의 정도는 주식에 대해서 훨씬 크다. 기업 부채는 재무곤경만 발생하지 않는다면 투자자가 고정된 수익을 얻을 수 있기 때문에 주식에 비해서 여전히 상대적으로 위험이 낮다. 따라서 자본조달 계층이론은 외부금융이 필요하다면 부채를 주식보다 먼저 발행해야 함을 의미한다. 기업의 차입능력이 한계에 도달했을 때에만 기업은 주식발행을 고려해야 한다.

물론 여러 유형의 부채가 있다. 예를 들면, 전환사채는 일반사채보다 더 위험하기 때문에 자본조달 계층이론은 기업이 전환사채를 발행하기 전에 일반사채를 먼저 발행해야 함을 의미한다. 따라서 자본조달 계층이론의 두 번째 규칙은 아래와 같다.

가장 안전한 증권(the safest securities)을 먼저 발행하라.

함축된 의미

자본조달 계층이론에는 상충이론과 맞지 않는 많은 의미가 내포되어 있다.

1. **목표부채수준이 없다.** 상충모형에 따르면 각 기업은 세금절감액과 같은 부채의 혜택을 곤경비용과 같은 부채의 비용과 견주어본다. 최적의 부채수준은 부채의 한계혜택과 부채의 한계비용이 같아지는 곳에서 일어난다.

   반면에 자본조달 계층이론은 목표부채수준에 대해서 특별한 가정을 하지 않는다. 오히려 각 기업은 자금조달의 필요에 따라 부채비율을 택한다. 기업은 프로젝트의 자금을 조달하기 위해 먼저 이익잉여금을 사용한다. 수익성이 있는 내부자금으로 조달된 프로젝트는 자기자본의 장부가치와 시장가치를 모두 증가시키기 때문에, 이익잉여금의 사용은 자본구조에서 부채의 비중을 낮출 것이다. 추가적인 현금수요는 부채로 충당되며, 따라서 부채수준은 올라가게 된다. 그러나 어느 지점에 이르러서 기업의 차입여력이 소진되므로 주식발행이 필요하게 된다. 따라서 부채수준은 이용 가능한 프로젝트의 발생에 의해 결정되며, 기업은 목표부채비율을 추구하지 않는다.

2. **수익성 높은 기업은 부채를 덜 사용한다.** 수익성이 높은 기업은 내부적으로 현금을 창출하므로 외부자본에 대한 필요성이 적을 것이다. 외부자본을 원하는 기업은 먼저 부채를 이용하기 때문에 자본조달 계층이론에서 수익성이 높은 기업은 부채를 덜 사용하게 되는 셈이다. 상충모형은 이러한 의미를 가지지 않는다. 즉, 수익성이 더 높은 기업은 현금흐름이 더 크므로 차입여력은 더 커진다. 따라서 상충모형에서 수익성 높은 기업은 세금절감과 레버리지의 다른 혜택을 누리기 위해 이러한 차입여력을 사용하여 부채를 더 사용할 것이다.

3. **기업은 재무적 여유를 좋아한다.** 자본조달 계층이론은 합리적인 비용으로 자본을 조달하기 어렵다는 데 기초를 두고 있다. 회의적 시각을 지닌 일반투자자는 경영자가 주식을 많이 발행하려 한다면 주식이 고평가되어 있다고 생각하며, 따라서 이는 주가 하락으로 이어진다. 이러한 경향은 채권에 있어서는 그 정도가 덜하기 때문에 경영자는 먼저 채권을 통한 자본조달에 의존한다. 그러나 기업은 재무곤경의 잠재적 비용에 직면하기 전에만 채권발행을 할 수 있다.

   미리 현금을 보유하는 편이 더 쉽지 않을까? 이것이 재무적 여유(financial slack)의 배경이 되는 생각이다. 기업은 미래의 여러 시점에 수익성 있는 프로젝트를 위해서는 자금이 필요하다는 것을 알고 있기 때문에 오늘 현금을 축적한다. 그러면 기업은 프로젝트가 발생할 때 자본시장으로 억지로 나가지 않아도 된다. 그러나 기업이 축적하기를 원하는 현금의 수준에는 한계가 있다. 이번 장의 전반부에서 언급했듯이 너무 많은 잉여현금은 경영자로 하여금 낭비적인 활동을 추구하도록 유혹할 수 있다.

17.8 개인소득세

지금까지는 법인세만을 고려했다. 부채에 대한 이자는 세금 공제가 되고 주식의 배당금에 대해서는 세금 공제가 안 되기 때문에 세금은 채권을 발행하는 이유가 된다고 주장했다. 그러나 회사만 세금을 납부하는 것이 아니다. 개인도 세금을 납부하는데 이자소득뿐만 아니라 배당금에 대해서도 세금을 내야만 한다. 법인세와 개인소득세를 모두 고려하기 전에는 세금이 자본구조에 미치는 영향을 완전히 이해한 것이 아니다.

개인소득세의 기초지식

세전이익으로 $1을 가지는 무차입기업을 고려하자. 만일 법인세율이 T_C이면, 기업이 T_C를 납부하고 세후이익은 $1 - T_C$가 된다. 모든 이익이 주주에게 배당금으로 지급된다고 가정하자. 만일 주식배당금에 대한 개인소득세율이 T_S이면, 주주는 세금으로 $(1 - T_C) \times T_S$를 납부하고 나머지 금액인 $(1 - T_C) \times (1 - T_S)$를 세후에 가지게 된다.

앞의 자본구조와 다르게 회사가 부채를 사용한다고 가정하자. 여기서 $1의 전체 이익은 이자로 지급될 것이다. 이자는 세금혜택을 가지기 때문에 만일 개인소득세율이 T_B이면, 채권자는 세금으로 T_B를 납부하고 나머지 금액인 $1 - T_B$를 세후에 가지게 된다.

개인소득세가 자본구조에 미치는 영향

이제 개인소득세가 자본구조에 미치는 영향을 알아보기 위해서, 다음 세 가지 질문에 대해 생각해보자.

1. 재무곤경비용을 무시하고, 만일 배당금과 이자가 같은 개인소득세율($T_S = T_B$)로 과세된다면 회사의 최적자본구조는 무엇인가?

   투자자의 손에 가장 많은 현금이 돌아가도록 회사는 자본구조를 선택해야만 한다. 이것은 회사와 개인이 납부하는 세금의 합계를 최소화하는 자본구조를 선택하는 것과 마찬가지이다.

   세전 회사의 이익 $1에서 주주는 $(1 - T_C) \times (1 - T_S)$를 받게 되고 채권자는 $1 - T_B$를 받게 된다. 만일 개인소득세율이 $(T_S = T_B)$로 같으면, 채권자는 주주보다 많이 받는다. 따라서 이 경우에 회사는 주식이 아니라 채권을 발행해야 한다. 직관적으로 주주에게 지급이 되는 소득은 기업에게서와 개인에게서 모두 두 번 과세된다. 반면에 채권자에게 지급되는 소득은 개인에게서만 과세된다.

   앞 장에서 다뤘던 개인소득세가 없다는 가정은 이자와 배당금이 같은 세율로 과세된다는 가정의 특별한 경우이다. 개인소득세가 없으면 주주는 $1 - T_C$를 받게 되고 채권자는 $1을 받는다. 따라서 앞 장에서 말했듯이 회사는 개인소득세가 없는 세상에서 채권을 발행해야만 한다.

2. 어떤 조건 아래에서 회사는 주식과 채권발행 사이에 무차별적일까?

주주에게 돌아가는 현금흐름과 채권자에게 돌아가는 현금흐름이 같을 때 회사는 무차별적이 될 것이다. 그것은 아래 수식과 같다.

$$(1 - T_C) \times (1 - T_S) = 1 - T_B \qquad (17.1)$$

3. 회사는 현실 세계에서 어떻게 할까?

   중요한 질문이기는 하지만 불행히도 어려운 질문이다. 아마도 명확하게 답하기는 너무 어려울 것이다. 그럼에도 불구하고 가장 높은 세율을 가지고 분석해보자. 2018년에 법인세율은 21%였다. 최고 세율구간의 투자자에게 이자소득은 37%로 과세되었다. 최고 세율구간의 투자자의 배당금에 대한 세율은 20%였다.

   이러한 세율에서 수식 (17.1)의 좌변은 (1 − 0.21) × (1 − 0.20)이 되어서 0.632가 된다. 수식의 우변은 (1 − 0.37)으로 0.63이므로 개인소득세를 고려하면 차이가 적다.

지금 확인한 내용은 2017년 세금감면 및 고용법이 개인소득세를 고려하면 부채의 세금혜택을 크게 줄인다는 것이다. 2018년 이전의 법인세율은 훨씬 높았으며, 이는 법인 단계에서 세금을 피하고 개인 단계에서 납부할 수 있도록 훨씬 큰 인센티브를 부여했다. 이 법 덕분에 2018년보다 훨씬 낮은 법인세율이 그 인센티브를 줄이거나 없앴다.

이러한 결론은 어떤 개인소득세율을 사용할지 모른다는 사실 때문에 강화된다. 예를 들어, 연금 기금 및 (대부분의) 대학 기부금과 같은 면세 기관은 세금을 납부하지 않는다.[20] 그들의 세율이 중요하다면, 우리는 다시 기업 부채가 큰 세금 이점을 갖는 세계로 돌아간 것이다.

17.9 기업들은 어떻게 자본구조를 설정하는가

자본구조의 이론들은 재무관리의 영역에서 가장 우아하고 정교한 영역에 속한다. 재무학자들은 이 영역에서 이룬 공헌에 대해 스스로 흡족하게 생각해야 한다. 그러나 이론을 실제에 적용하는 데 있어서는 완전히 만족스럽지는 못하다. 순현재가치 분야의 업적이 프로젝트를 평가하기 위한 정확한 공식을 제시했다는 것을 생각해보라. 상충이론이나 자본조달 계층이론에서 자본구조에 대한 처방은 상대적으로 모호하다. 최적 부채−자기자본비율을 선택하기 위한 정확한 공식은 없다. 이 때문에 현실 세계에서 얻은 증거에 의존한다.

자본구조 정책을 수립하는 데 있어 다음과 같은 실증적 규칙을 고려할 필요가 있다.

1. **대부분 비금융기업의 부채−자산비율은 낮다.** 현실 세계에서는 얼마나 많은 부채가 사용되는가? 〈그림 17.4〉는 39개국의 부채/총가치 비율의 중앙값을 보여주는데, 부채의 장부가치를 기업의 시장가치로 나눈 값이다. 표에서 이 비율의 범위는 한국에서 50%를 약간 넘고 호주는 10%에 약간 미달되는 정도이다. 미국 기업의 비율은 4번째로 낮다.

   이러한 비율을 높다고 보아야 하는가 아니면 낮다고 보아야 하는가? 이전에 논의하였듯이, 학계에서는 일반적으로 법인세절감을 부채사용의 주된 동기로 보기 때문에 현

[20] 세금 감면 및 고용법(Tax Cuts and Jobs Act)은 사립 대학이 보유한 몇몇 개의 대규모 기부금의 투자 이익에 적용할 세법을 신설하였다.

그림 17.4 39개 국가의 평균(중앙값) 부채/총가치의 레버지리 비율(1991~2006년)

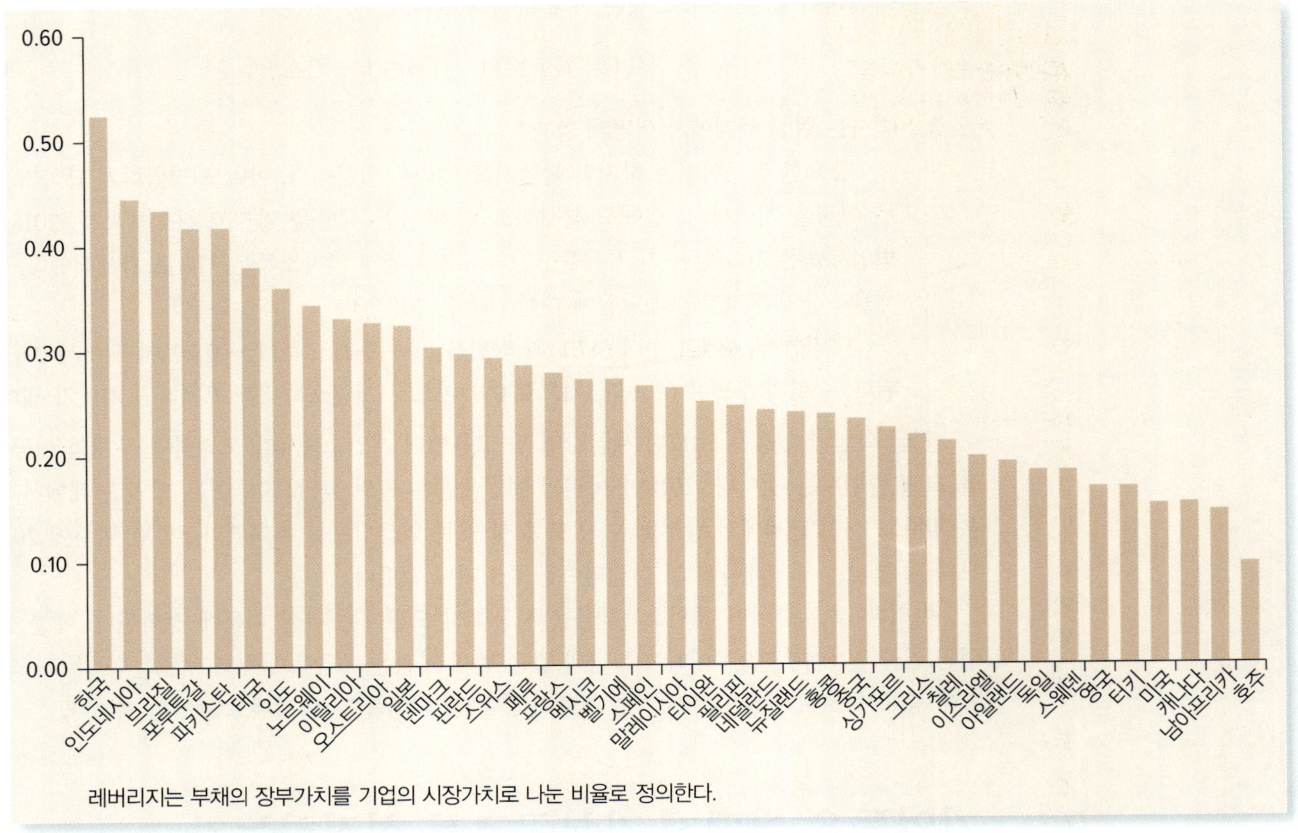

출처: Fan, Joseph P. H., Sheridan Titman, and Garry Twite, "An International Comparison of Capital Structure and Debt Maturity Choices," unpublished paper, University of Texas at Austin (September 2010), Figure 1.

실세계의 기업이 충분한 부채발행을 통해서 법인세를, 완전히 제거하지는 못하지만, 크게 줄이는지 궁금할 것이다. 실증적인 증거는 그렇지 않음을 나타낸다. 예를 들면, 2017년 미국에서 법인세는 $400십억을 상회하였다. 따라서 기업이 세금을 완전히 절감할 수 있는 한도까지 부채를 발행하지 않는다는 것은 명백하다.[21] 기업이 발행할 수 있는 부채의 규모에는 분명히 한도가 있다. 이는 아마 이번 장의 앞에서 논의한 재무곤경비용 때문일 것이다.

2. **많은 기업이 부채를 전혀 사용하지 않는다.** 흥미로운 연구로 Agrawal과 Nagarajan은 장기부채를 사용하지 않는 NYSE에 상장된 약 100개 기업을 조사했다.[22] 그들은 이들 기업이 단기부채는 물론 어떠한 유형의 레버리지도 회피한다는 것을 발견했다. 게다가 이들 기업은 부채가 있는 비교기업에 비해서 현금과 시장성 유가증권을 훨씬 많이 보유한다.

[21] 좀 더 상세한 내용을 원하면 다음 논문을 참조하라. John Graham, "How Big Are the Tax Benefits of Debt?" *Journal of Finance* (2000).
[22] Anup Agrawal and Nandu Nagarajan, "Corporate Capital Structure, Agency Costs, and Ownership Control: The Case of All-Equity Firms," *Journal of Finance* 45 (September 1990).

표 17.3
미국의 일부 비금융산업의 자본구조 비율 (평균)

	자기자본과 부채의 시장가치에 대한 부채비율 (산업 평균, %)
높은 레버리지	
주택건설	66.29
호텔과 숙박	55.28
철강	47.93
건설 자재	42.57
환경 및 폐기물 서비스	38.98
낮은 레버리지	
헬스케어 제품	17.96
제약	14.58
반도체	14.09
온라인 소매업	9.63
인터넷 소프트웨어	4.27

출처: http://pages.stern.nyu.edu/ ~ adamodar/, January 5, 2017.

전형적으로 이들 기업의 경영자는 높은 주식 지분을 가지고 있다. 더욱이 부채가 있는 기업보다 순수 무차입기업에서 가족이 상당히 많이 관련되어 있다.

따라서 다음과 같은 이야기가 가능하다. 부채가 있는 비교기업보다 순수 무차입기업에서 경영권은 덜 분산되어 있다. 이 때문에 상당한 레버리지는 순수 무차입기업의 경영자가 받아들이기 몹시 싫어하는 추가적인 위험에 해당된다.

3. **자본구조는 산업별로 차이가 있다.** 일정기간 동안 지속되는 부채비율의 산업 간 유의적인 차이가 있다. 〈표 17.3〉에 보이듯이 부채비율은 제약, 전자 산업과 같이 풍부한 미래의 투자기회를 가진 고성장 산업에서 꽤 낮은 경향이 있다. 이는 외부자본에 대한 필요성이 큰 경우에도 마찬가지이다. 반면에 건설 산업과 같이 유형자산에 대한 대규모 투자를 하는 산업은 높은 레버리지를 가지는 경향이 있다.

4. **대부분의 기업은 목표 부채-자기자본비율을 사용한다.** Graham과 Harvey는 392명의 최고재무관리자(CFO)에게 기업이 목표 부채-자기자본비율을 사용하는지를 물어보았으며, 그 결과는 〈그림 17.5〉에 제시되어 있다.[23] 보이는 바와 같이 비록 목표의 엄격한 정도가 기업에 따라 다르기는 하지만, 대다수의 기업은 목표를 사용한다. 기업의 단지 19%만이 목표비율을 회피한다. 이 논문의 결과는 또한 대기업이 중소기업보다 이러한 목표비율을 더 사용하는 것 같다고 지적한다. CFO는 유연하거나(flexible) 엄격한(strict) 목표가 무엇을 의미하는지는 명시하지 않고 있다. 그러나 연구에서 응답자는 기업의 주가 변화에 반응하여 대규모로 비율을 재조정하지는 않는다고 하였는데, 이는 목표비율에 대한 어느 정도의 유연성을 의미한다.

기업은 어떻게 목표 부채-자기자본비율을 설정해야 하는가? 목표비율을 설정하기 위한 어떤 수학 공식은 없지만, 우리는 이 비율에 영향을 미치는 세 가지 중요한 요인을

[23] John Graham and Campbell Harvey, "The Theory and Practice of Corporate Finance," *Journal of Financial Economics* (May/June 2001).

그림 17.5
목표 부채-자기자본비율의 사용에 대한 설문조사 결과

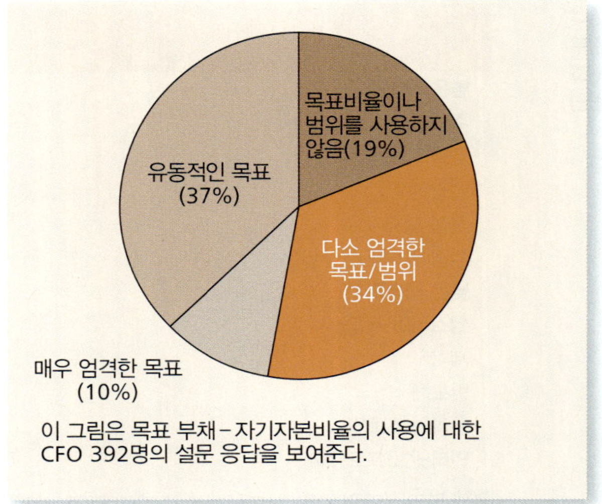

출처: John Graham, and Campbell Harvey, "The Theory and Practice of Corporate Finance," Journal of Financial Economics, (May/June 2001)의 [그림 6] 인용.

제시한다.

- **세금:** 앞서 지적했듯이 기업은 TCJA가 허용하는 한도까지 세금목적으로 이자를 공제할 수 있다. 따라서 이익을 많이 내는 기업은 이익을 덜 내는 기업보다 아마 목표비율이 더 높을 것이다.[24]
- **자산의 유형:** 공식적인 파산진행에 관계없이 재무곤경은 비용을 발생시킨다. 재무곤경비용은 기업이 보유하고 있는 자산의 유형에 따라 다르다. 예를 들면, 토지, 건물, 기타 유형자산 등에 대규모 투자를 하는 기업은 연구개발에 대규모 투자를 하는 기업보다 재무곤경비용이 더 적을 것이다. 연구개발은 일반적으로 토지보다 재매각가치가 더 작으므로, 가치의 대부분은 재무곤경에서 사라진다. 따라서 유형자산에 대규모 투자를 하는 기업은 연구개발에 대규모 투자를 하는 기업보다 더 높은 목표 부채-자기자본비율을 가질 것이다.
- **영업이익의 불확실성:** 영업이익이 불확실한 기업은 부채가 없어도 재무곤경을 겪을

[24] 반면에 자본조달 계층이론은 이익을 많이 내는 기업은 이익잉여금을 사용하여 투자를 할 수 있기 때문에 부채를 덜 사용할 것이라고 주장한다. 그러나 이 이론은 애초부터 목표비율의 사용에 동의하지 않는다.

확률이 높다. 따라서 이러한 기업은 주로 자기자본으로 자금을 조달하여야 한다. 예를 들면, 제약회사는 아무도 오늘의 연구가 수익성 높은 신약개발로 이어질지를 예측할 수 없기 때문에 영업이익이 불확실하다. 결과적으로 이러한 기업은 부채를 거의 발행하지 않는다. 반면에 전기 · 가스와 같이 규제산업에 속한 기업의 영업이익은 일반적으로 변동성이 거의 없다. 따라서 다른 산업에 비해서 전기 · 가스 산업은 많은 부채를 사용한다.

5. **자본구조는 시간의 흐름에 따라 크게 변할 수 있다.** Graham과 Harvey는 대부분의 기업이 목표 레버리지비율을 가지고 있다고 보고하고 있지만, 그럼에도 불구하고 최근의 연구는 개별 기업의 자본구조는 시간의 흐름에 따라 크게 변한다고 결론을 내리고 있다.[25] 예를 들어, 〈그림 17.6〉은 General Motors, IBM, Eastman Kodak의 자본구조를 1926년부터 2008년까지 보여준다. 장부가 레버리지[부채의 장부가치/자산의 장부가치]와 시장가 레버리지[부채의 장부가치/(부채의 장부가치 + 보통주의 시장가치)]를 모두 보여준다. 어떤 수치를 사용해도 모든 3개 기업의 레버리지비율은 시간의 흐름에 따라 크게 변동하고 있다. 이러한 시간의 흐름에 따른 개별 기업의 레버리지비율의 커다란 변동성은 투자기회의 변화 및 자금조달 필요금액이 자본구조의 중요한 결정요인이며 재무적 여유가 중요하다는 증거이다(즉, 기업은 투자할 가치가 있는 프로젝트가 있을 때 자금을 차입한다).

마지막으로 주목해야 할 점이 있다. 위에 지적한 내용은 뒷받침이 되는 어떤 공식이 없기 때문에 재무의사결정을 돕기에 너무 모호하게 보일 것이다. 대신에 많은 실제 기업은 단순히 산업의 평균과 필요한 정해진 재무적 여유에 따라 자본구조결정을 내린다. 이는 소심하게 접근하는 것처럼 여겨지겠지만, 기업으로 하여금 관행에서 최소한 너무 벗어나지 않도록 해준다. 결국 어떤 산업에서 활동하는 기존 기업은 생존한 기업이다. 그러므로 최소한 우리는 그들의 결정에 주의를 기울일 필요가 있다.

[25] Harry DeAngelo and Richard Roll, “How Stable Are Corporate Capital Structures?,” *Journal of Finance* (February 2015). .

그림 17.6
GM, IBM, Kodak의 레버리지비율 변화 추이

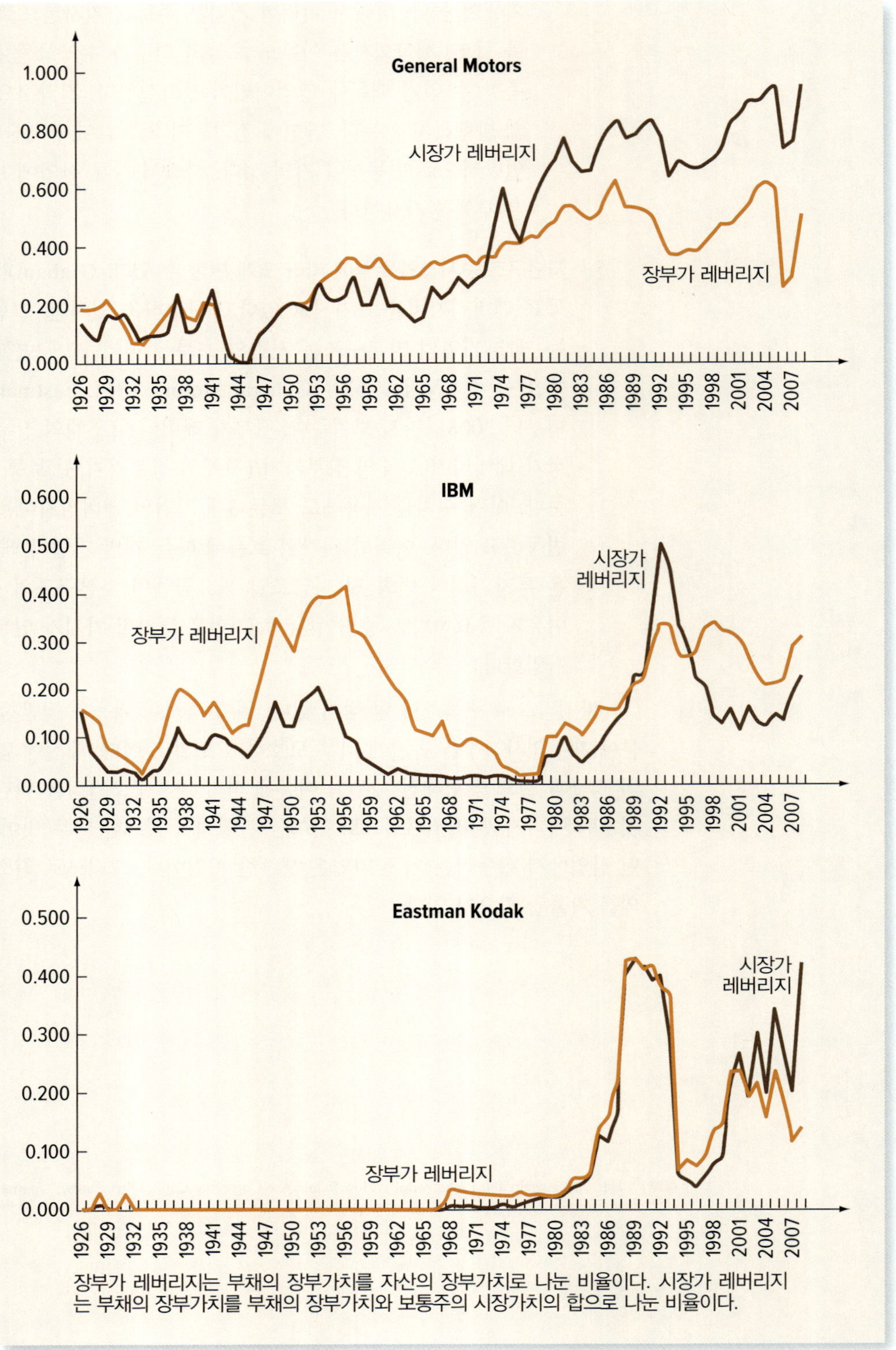

장부가 레버리지는 부채의 장부가치를 자산의 장부가치로 나눈 비율이다. 시장가 레버리지는 부채의 장부가치를 부채의 장부가치와 보통주의 시장가치의 합으로 나눈 비율이다.

출처: Harry DeAngelo and Richard Roll, "How Stable are Corporate Capital Structures?" *Journal of Finance* (February 2015).

요약 및 결론 _*Summary and Conclusions*

01. 이론에 따르면 법인세가 있는 경우에 기업은 부채로만 자본구조를 가져야만 한다고 앞 장에서 말하였다. 기업은 현실 세계에서는 일반적으로 적당한 양의 부채를 가지고 있기 때문에, 이론은 무엇인가 빠뜨리고 있는 것임에 틀림없다. 우리는 이번 장에서 재무곤경비용이 기업의 채권발행을 꺼리게 만든다는 것을 말하였다. 이러한 비용은 직접과 간접 두 종류가 있다. 파산과정에서 발생하는 변호사와 회계사의 수수료는 직접비용의 예이다. 우리는 4가지의 간접비용의 예를 설명하였다.

손상된 사업수행 능력
위험한 프로젝트를 선택하려는 인센티브
과소투자하려는 인센티브
파산 이전에 주주에게 자금을 배분

02. 재무곤경비용은 막대하고 주주가 궁극적으로 책임을 지기 때문에 회사는 비용을 줄이려는 인센티브를 가진다. 보호조항과 부채의 통합이 가장 보편적인 두 가지 비용절감 기법이다.

03. 재무곤경비용은 줄일 수 있지만 없앨 수는 없기 때문에 회사는 완전히 부채로만 자본조달을 할 수는 없다. 〈그림 17.1〉은 기업가치와 부채의 관계를 보여준다. 그림에서 회사는 부채비율을 기업가치가 극대화되도록 선택한다.

04. 신호이론은 이익이 발생하는 회사가 추가적인 이자지급액을 세전이익으로 상쇄할 수 있을 것이기 때문에 레버리지를 증가시킬 것이라는 주장을 한다. 이성적인 주주는 높은 부채수준에서 높은 기업가치를 추론할 것이다. 따라서 투자자는 부채를 기업가치의 신호로 본다.

05. 회사 자기자본의 아주 일부만 소유한 경영자는 많은 지분을 가진 경영자보다 덜 열심히 일하고, 풍족한 지출계정을 유지하고, 음의 NPV를 가진 재미있는 프로젝트를 선택할 가능성이 있다. 신주의 발행은 경영자의 지분율을 희석하기 때문에 회사의 성장이 채권이 아니라 주식발행으로 자금조달이 이루어진다면 이러한 대리인비용이 증가할 것이다.

06. 자본조달 계층이론은 경영자가 내부자금을 외부자금보다 선호한다는 것을 의미한다. 외부자금이 필요하면 경영자는 안전한 부채를 선택하는 경향이 있다. 회사는 주식을 이용한 외부자금을 피하기 위해서 재무적 여유자금을 축적할 것이다.

07. 이제까지 결과는 개인소득세를 무시했다. 만일 주주에게 지급하는 배당금이 이자지급액보다 낮은 유효세율로 과세된다면 기업이 가지는 부채의 세금이익은 부분적으로 상쇄된다.

08. 부채-자기자본비율은 산업별로 다르다. 목표 부채-자기자본비율을 결정하는 세 가지 요인을 제시한다.

a. 세금: 높은 과세이익을 가진 기업은 낮은 과세이익을 가진 기업보다 부채에 더 많이 의존해야 한다.

b. 자산의 유형: 연구개발과 같은 무형자산의 비중이 높은 기업은 낮은 부채-자기자본비율을 가져야 한다. 주로 유형의 자산을 가진 기업은 높은 부채-자기자본비율을 가져야 한다.

c. 영업이익의 불확실성: 영업이익의 불확실성이 높은 기업은 거의 자기자본에 의존해야만 한다.

개념확인 _Concept Questions

01. 파산비용 파산의 직접비용과 간접비용은 무엇인가? 각각을 간략하게 설명하라.

02. 주주의 인센티브 다음 설명에 대해서 동의하는가? 아니면 반대하는가? 회사의 주주는 음(−)의 NPV를 가지는 프로젝트에는 결코 투자하기를 원하지 않는다. 그 이유는?

03. 자본구조 결정 지난 몇 년간 지속적인 손실을 입었기 때문에 회사는 $2십억의 세금손실 이월공제액을 가지고 있다. 이것은 향후 $2십억의 이익에 대해서 법인세가 감면된다는 것을 의미한다. 증권분석가는 $2십억의 이익을 발생시키려면 몇 년이 걸릴 것이라고 추정하고 있다. 회사는 자본구조에 어느 정도의 부채를 가지고 있다. 회사의 CEO는 앞으로의 프로젝트를 위한 자금조달을 위해서 채권과 주식의 발행을 검토하고 있다. 어느 자금조달 방법을 권해야 할까? 그 이유는?

04. 부채의 비용 주주는 부채의 비용을 줄이기 위해 어떤 단계를 밟아야 하는가?

05. M&M과 파산비용 재무곤경비용과 대리인비용의 존재가 법인세가 존재하는 세상에서 Modigliani와 Miller의 이론에 어떤 영향을 미치는가?

06. 주주의 대리인비용 주주의 대리인비용의 원인은 무엇인가?

07. 관찰된 자본구조 교재의 〈표 17.3〉에 주어진 관찰된 자본구조를 참조하자. 산업의 특성과 평균 부채비율 사이에 어떤 관계를 볼 수 있는가? 어떤 종류의 산업에서 높은 부채비율을 가지는 것으로 보이는가? 이러한 산업별 차이에 대한 가능한 설명은 무엇인가? 영업의 결과와 기업에게 부과된 세금이 영향을 주었을까? 미래 이익 전망은 어떨까? 설명하라.

08. 파산과 기업윤리 교재에서 언급했듯이, 일부 기업은 실제 손실이 아니라 소송 관련 손실 때문에 파산을 신청한다. 이것은 파산과정을 합당하게 이용하는 것인가?

09. 파산과 기업윤리 회사는 때로는 채권자에게 재협상조건을 압박하기 위해서 파산신청을 위협으로 이용한다. 그런 경우 회사가 파산법을 "방패가 아니라 칼로 사용한다."고 비판받기도 한다. 이것은 윤리적으로 합당한 전술이라고 할 수 있는가?

10. 파산과 기업윤리 Continental Airlines는 인건비를 줄이기 위한 수단으로 한때 부분적으로라도 파산신청을 하였다. 이러한 움직임은 윤리적인지 혹은 합당한 것인지 논의하라. 찬반 양측의 입장을 제시하라.

연습문제 _Questions and Problems

기초
(Questions 1~4)

01. 기업의 가치 Morrow Corp.는 연간 $775,000의 EBIT를 가지고 있는데 영구적으로 유지될 것으로 예측된다. 무차입 자기자본비용은 12%이고 법인세율은 24%이다. 이 회사는 또한 $1.8백만의 시장가치를 가지는 영구채권을 발행하고 있다.

a. 회사의 가치는 얼마인가?

b. 회사의 CFO는 사장에게 회사의 가치가 $4.6백만이라고 보고하였다. CFO는 정확하다고 할 수 있는가?

02. 대리인비용 Tom Scott은 Scott Manufacturing의 소유자이며 사장이고 최고의 판매사원이다. 그렇기 때문에 회사의 이익은 Tom이 얼마나 일하는가에 달려 있다. 그가 매주 40시간을 일하면 회사

의 EBIT는 연간 $435,000가 된다. 만일 그가 주당 50시간을 일하면 EBIT는 $530,000가 된다. 회사의 현재가치는 $2.7백만이다. 회사는 현재 $1.2백만의 현금이 필요하다. 이 금액은 주식발행이나 8% 이자율의 채권발행을 통해 조달될 수 있다. 법인세는 없다고 가정한다.

a. 각각의 시나리오에 따라 Tom의 현금흐름은 얼마인가?

b. 어떤 형태의 자본조달에서 Tom이 더 열심히 일하겠는가?

c. 각각의 자본조달에서 발생하는 새로운 비용은 무엇인가?

03. 파산비용 Charisma, Inc.은 액면가치 $4.5백만의 채권(B)을 발행하였다. 자기자본으로만 자금을 조달했을 때 기업의 가치(VU)는 $18.3백만일 것이다. 회사는 또한 340,000주의 발행주식수를 가지고 있으며 주식은 주당 $41에 거래되고 있다. 법인세율은 21%이다. 기대 파산비용으로 인한 기업가치의 하락은 얼마인가?

04. 자본구조와 파산비용 앞의 문제에서 회사의 사장이 이자지급액의 세금 혜택 특성 때문에 자본구조에서 부채의 양을 늘려야 한다고 말하였다고 하자. 그의 주장은 이러한 조치가 회사의 가치를 증가시킬 것이라는 것이다. 당신의 의견을 설명하라.

중급
(Questions 5~8)

05. 자본구조와 성장 Edwards Construction은 현재 9%의 비용으로 $95,000의 시장가치를 가지는 채권을 발행하였다. 회사의 EBIT는 $8,550이고 영구히 지속할 것으로 예상된다. 세금은 없다고 가정한다.

a. 회사의 자기자본의 가치는 얼마인가? 부채/자산 비율은 얼마인가?

b. 회사의 성장률이 3%라면, 새로운 자기자본의 가치와 부채/자산 비율은 얼마인가?

c. 회사의 성장률이 7%라면, 새로운 자기자본의 가치와 부채/자산 비율은 얼마인가?

06. 재무적 곤경의 비용 Steinberg Corporation과 Dietrich Corporation은 동일한 기업인데, 단지 Dietrich가 부채를 더 많이 가지고 있다. 두 기업 모두 1년 더 사업을 유지할 것이다. 사내 경제학자들은 내년에 현재의 확장이 유지될 확률이 80%이고, 침체 확률이 20%라고 예측하고 있다. 확장의 경제상황에서는 이자와 법인세전 이익(EBIT)은 $2.7백만이 되고, 침체시기에는 $1.1백만이 될 것이다. Steinberg는 연말에 $900,000의 채무지급 의무가 있으며, Dietrich는 연말에 $1.2백만의 채무지급 의무가 있다. 법인세는 없고 할인율은 13%로 가정한다.

a. Steinberg의 부채와 자기자본의 현재가치는 얼마인가? Dietrich의 경우는 얼마인가?

b. Steinberg의 CEO는 Steinberg가 Dietrich보다 부채가 적으며, 따라서 파산위험이 낮기 때문에 더 높은 가치를 가져야 한다고 말하고 있다. 이러한 발언에 대하여 동의하는가?

07. 대리인비용 Fountain Corporation의 경제학자들은 내년에도 좋은 경영 환경과 나쁜 경영 환경이 똑같이 나타날 것이라고 예상한다. 기업의 경영자들은 두 개의 상호배타적인 프로젝트 중에서 선택해야 한다. 선택된 프로젝트는 기업의 유일한 활동이고 오늘로부터 1년 후 종료한다고 가정한다. 기업은 연말에 채권자들에게 $3,800를 지불할 의무가 있다. 두 프로젝트의 체계적 위험은 같지만 변동성이 다르다. 프로젝트와 관련된 내용은 아래와 같다.

경기상황	확률	낮은-변동성 프로젝트 이익	높은-변동성 프로젝트 이익
나쁨	0.50	$3,800	$3,200
좋음	0.50	4,000	4,600

a. 낮은 변동성 프로젝트를 수행할 경우 기업의 기대 가치는 얼마인가? 높은 변동성 프로젝트를 수

행하면 얼마인가? 두 가지 전략 중 기업의 기대 가치를 극대화하는 것은 무엇인가?

b. 낮은 변동성 프로젝트를 수행할 경우 기업 자본의 기대 가치는 얼마인가? 높은 변동성 프로젝트를 수행하면 얼마인가?

c. 기업의 주주들은 어떤 프로젝트를 선호하는가? 설명하라.

d. 채권자들은 주주들이 전체 기업 가치보다 자본 가치를 극대화하고 변동성이 높은 프로젝트를 선택할 수 있다는 것을 잘 알고 있다. 이러한 대리인비용을 최소화하기 위해서 채권자들은 기업이 높은 변동성 프로젝트를 선택하면 채권자들이 더 높은 지불액을 요구할 수 있도록 채권계약에 규정하기로 결정한다. 채권자들에게 얼마를 지불해야 주주들이 두 프로젝트에 대하여 무차별적인가?

08. 재무적 곤경 Good Time Company는 지방의 백화점이다. 1년 더 사업을 유지하려고 한다. 호황일 확률인 60%이고 불황일 확률은 40%이다. 회사는 호황일 경우 $126백만의 현금흐름을, 불황일 경우 $51백만의 현금흐름을 창출할 것이다. 연말에 채권자에게 지불해야 할 필요 금액은 $75백만이다. 채권의 시장가치는 $58백만이다. 회사는 법인세를 지불하지 않는다.

a. 채권자가 불황에 받게 될 것으로 기대하는 손익은 얼마인가?

b. 채권의 (약속된) 약정 수익률은 얼마인가?

c. 채권의 기대수익률은 얼마인가?

고급
(Questions 9~10)

09. 개인세금, 파산비용, 기업가치 이자소득에 대한 개인세금과 파산비용이 고려될 때, 자기자본의 배분에 대한 세율이 0인 세상에서 차입기업의 가치는 일반적으로 다음과 같다.

$$V_L = V_U + \{1 - [(1 - T_C)/(1 - T_B)]\} \times B - C(B)$$

여기서,

V_L = 부채기업의 가치
V_U = 무부채기업의 가치
B = 기업 부채의 가치
T_C = 법인세율
T_B = 이자소득에 대한 개인세율
$C(B)$ = 재무적 곤경비용의 현재가치

a. 세금이 없는 모형에서, Modigliani와 Miller는 T_C, T_B, $C(B)$를 어떻게 가정하는가? 이러한 가정이 기업의 최적 부채-자기자본비율에 어떤 의미를 주는가?

b. 법인세 모형에서, Modigliani와 Miller는 T_C, T_B, $C(B)$를 어떻게 가정하는가? 이러한 가정이 기업의 최적 부채-자기자본비율에 어떤 의미를 주는가?

c. 법인세를 줄이는 데 이자공제액을 사용할 수 있는 무차입기업을 고려하자. 만일 법인세율이 25%, 이자소득에 대한 개인세율이 20%이고 재무적 곤경비용이 없다면, $1백만의 채권이 발행되고 이 금액으로 자사주를 매입한다면 무차입기업의 가치는 어떻게 변하는가?

d. 전년도의 대규모 손실로 인해 세금공제 이월금을 가지기 때문에 세금을 납부하지 않는 무차입기업을 고려하자. 이자소득에 대한 개인세율은 20%이고 재무적 곤경비용은 없다. $1의 자기자본 대신에 $1의 영구채권을 더하게 되면 기업의 가치는 어떻게 변화하는가?

10. 개인세금, 파산비용, 기업가치 Overnight Publishing Company (OPC)는 초과현금 $2.5백만이 있다. 기업은 현금을 사용하여 발행한 부채를 상환하거나 자사주를 매입할 계획이다. 기업의 부채

는 한 기관이 보유하고 있고, $2.5백만에 OPC에게 다시 팔기 원한다. 기관은 OPC에게 거래비용을 받지 않을 것이다. OPC가 순수 자기자본 기업이 되면, 영원히 무차입을 유지할 것이다. OPC가 부채를 상환하지 않을 경우, 기업은 $2.5백만의 현금으로 자사주를 공개시장에서 매입할 것이다. 자사주 매입도 거래비용이 없다. 기업은 자본구조와 상관없이 영구히 연 $1.3백만의 EBIT를 벌어 들일 것이다. 기업은 모든 수익을 연말에 배당으로 지급한다. OPC의 법인세율은 21%이고 무차입 자본에 대한 요구수익율은 20%이다. 이자수익에 대한 개인세율은 25%이고, 자본 배분에 대해서는 세금이 없다. 파산비용도 없다고 가정한다.

a. 부채를 모두 상환하고 무차입기업이 된다면 OPC의 가치는 얼마인가?

b. 부채의 상환 대신에 자사주를 매입하면 OPC의 가치는 얼마인가? (힌트: 앞 문제에서 이자수익에 대한 개인세금을 고려한 차입기업의 가치 산출 공식을 사용하라)

c. 예상 파산비용이 현재가치 $400,000이라고 가정하자. 이것이 OPC 결정에 어떠한 영향을 미치는가?

Mini Case

McKENZIE CORPORATION의 자본예산편성

Sam McKenzie는 지역에 위치한 McKenzie Restaurants의 설립자이자 CEO이다. Sam은 몇 개의 새로운 식당의 개점을 고려하고 있다. 이 기업의 CFO인 Sally Thornton은 자본예산 분석의 책임을 맡고 있다. 이 기업의 확장에 대한 잠재력을 검토한 결과, 그녀는 새로운 식당의 성공은 향후 몇 년 동안의 경제상태에 달려 있다고 결정하였다.

McKenzie가 발행한 채권은 액면가 $26백만으로 만기까지 1년이 남아 있다. 이 채권발행과 관련된 보호조항은 추가적인 채권의 발행을 금지한다. 이러한 제한은 기업의 확장에 필요한 $5.4백만의 비용을 전적으로 자기자본으로 조달해야 한다는 것을 의미한다. Sally는 확장을 하는 경우와 하지 않는 경우 각 경제상황에 따른 기업의 가치를 분석하여 다음 표로 요약하였다.

경제성장	확률	확장하지 않는 경우	확장하는 경우
낮음	0.30	$22,000,000	$29,000,000
정상	0.50	31,000,000	37,000,000
높음	0.20	48,000,000	54,000,000

01. 확장을 하는 경우와 하지 않는 경우에 1년 후에 예상되는 기업의 가치는 얼마인가? 어느 경우에 주주의 부가 더 나아지겠는가? 그 이유는?

02. 확장을 하는 경우와 하지 않는 경우에 1년 후 예상되는 기업 부채의 가치는 얼마인가?

03. 지금부터 1년 후, 확장으로 인해 얼마나 많은 가치가 창출될 것으로 예상되는가? 주주에게는 얼마나 많은 가치가 예상되는가? 채권자에게는 어떠한가?

04. 기업이 확장하지 않는다고 공시한다면 채권의 가격은 어떻게 될 것으로 생각하는가? 기업이 확장을 한다면 채권의 가격은 어떻게 되겠는가?

05. 기업이 확장하지 않기로 한다면 기업의 미래 차입 필요성에 어떤 의미가 있는가? 기업이 확장한다면 어떤 의미가 있는가?

06. 채권의 보호조항 때문에 확장은 자기자본으로 자금이 조달되어야 할 것이다. 확장이 주식발행 대신에 보유한 현금으로 이루어진다면, 당신의 답변은 어떻게 달라지겠는가?

18

차입기업의 가치평가와 자본예산

Valuation and Capital Budgeting for the Levered Firm

2017년 9월, Apple 공급업체로 가장 잘 알려진 Foxconn은 위스콘신에 $10십억 규모의 LCD 공장을 건설 할 계획이라고 발표했다. 그렇다면 Foxconn은 왜 위스콘신을 선택했을까? 주된 이유는 $3십억의 세금공제 및 기타 비금전적 혜택으로 구성된 패키지 때문이다. Foxconn은 일자리 창출에 대한 주 소득세액 공제 $1.5십억, 자본투자에 대한 주 소득세액 공제 최대 $1.35십억, 판매 및 사용세에 대한 세액 공제 $150백만을 받았다. 이 패키지는 위스콘신에서 지원한 최대 규모였으며 미국에서 가장 큰 패키지 중 하나였다. 계약 조건에 따라 주정부는 일자리 하나당 연간 $15,000에서 $19,000의 세액 공제를 제공하는 것이었다.

기업이 주요 공장을 설립하거나 이전을 고려할 때 지방자치단체는 종종 이러한 지원이 포함된 패키지를 제시한다. 다른 일반적인 지원으로는 채무 보조, 교육 훈련, 도로 및 인프라 건설 등이 있다.

채무 보조를 사용하면 주정부 또는 지방자치단체가 부채를 보장하여 회사가 훨씬 낮은 이자율로 자금을 조달할 수 있다. 부채에 대한 이자율이 회사의 정상적인 부채비용보다 낮다면 회사는 이 지원과 다른 지원의 재무적 편익(financial benefits)을 어떻게 평가할 것인가? 이 장에서는 이 질문과 관련된 질문에 답하기 위하여, 가치평가에 대한 조정현재가치(adjusted PV) 접근법과 자기자본으로의 흐름(flow to equity) 접근법을 사용하여 프로젝트를 평가하는 방법을 살펴보도록 한다.

기업재무의 최신 동향: rwjcorporatefinance.blogspot.com

18.1 조정현재가치 접근법

이 장에서는 차입기업의 가치를 평가하는 세 가지 방법에 대해 설명한다: 조정현재가치 접근법(adjusted present value: APV), 자기자본으로의 흐름 접근법(flow to equity: FTE), 가중평균자본비용 방법(weighted average cost of capital: WACC) 등이다. 이미 이전 장에서 이러한 방법을 다루었다. 이 분석들은 개별 프로젝트뿐만 아니라 전체 회사에 대해서도 적절하게 사용된다. 이 장의 목표는 이 방법들이 논리적으로 일관적이며 동일한 결과를 도출한다는 것을 보여주기 위함이다. 그러나 때때로 어느 한 접근법이 다른 접근법보다 구현하기 쉬울 수 있으므로, 접근법 중에서 선택하는 가이드라인을 제시하기로 하겠다.

조정현재가치(adjusted present value: APV) 방법은 다음의 공식으로 가장 잘 표현된다.

$$\text{APV} = \text{NPV} + \text{NPVF}$$

이를 설명하면 차입기업에 대한 프로젝트의 가치(APV)는 무차입기업의 가치(NPV)에 자금조달의 부수적 효과(financing side effects)들에 대한 순현재가치(NPVF)를 더한 것이다. 우리는 일반적으로 네 가지 면에서의 부수적 효과를 생각해볼 수 있다.

1. **부채에 대한 세금 보조**: 이것에 대해서는 16장에서 논의되었으며, 우리는 영구 부채에 대한 세금 보조금의 가치를 $T_C B$라고 하였다. (T_C는 법인세율이며, B는 부채의 가치이다). 16장에서 법인세 가치평가에 대한 자료는 사실상 APV 접근법의 적용이다.
2. **신규 증권 발행의 비용**: 20장에서 논의할 예정이지만, 투자은행가들은 회사채의 공개발행에 참여한다. 이 은행가들은 그들의 시간과 노력에 대한 보상을 받아야 하고, 이 비용은 프로젝트의 가치를 낮추는 역할을 한다.
3. **재무적 곤경비용**: 특히 파산과 같은 재무적 곤경의 발생가능성은 부채를 사용한 자금조달에서 발생할 수 있다. 앞의 장에서 서술하였듯이, 재무적 곤경은 비용을 부과하여 가치를 낮춘다.
4. **부채 자금조달에 대한 보조**: 주(state)나 지방정부에 의해 발행된 부채에 대한 이자는 투자자들에게 과세되지 않는다. 이로 인해서 면세 부채의 수익률은 일반적으로 과세 부채의 수익률보다 상당히 낮다. 기업들은 자주 지방 당국으로부터 면세이자율로 자금을 조달하는데 지방 당국 또한 그 면세이자율로 차입이 가능하기 때문이다. 어떤 보조든, 이것은 가치를 증가시킨다.

앞의 네 가지 부수적 효과들 각각이 중요함에도 불구하고, 부채에 대한 세금절감은 대부분의 실제 경우에서 확실히 가장 높은 달러 가치를 가진다. 이러한 이유로, 다음의 예제는 다른 세 가지 부수적 효과들이 아닌 세금 보조에 대한 효과를 고려하도록 한다.[1]

다음의 특징을 가진 P. B. Singer Co.의 프로젝트를 고려하라.

현금유입: 영구적으로 연간 $500,000
현금비용: $383,038
초기 투자: $475,000
$T_C = 21\%$
$R_0 = 20\%$, 여기서 R_0는 순수 자기자본 기업의 프로젝트에 대한 자본비용이다.

만약 이 회사와 프로젝트가 오직 자기자본만으로 자금이 조달되었다면, 프로젝트의 현금흐름은 다음과 같다:

현금유입	$500,000
현금비용	−383,038
영업이익	$116,962
법인세(21% 세율)	−24,562
무차입현금흐름(UCF)	$ 92,400

[1] 18.6절에서의 Bicksler Enterprises의 예제는 사채발행비용과 이자 보조금에 대하여 다루고 있다.

현재가치와 순현재가치 간의 구별은 이 예제에서 중요하다. 프로젝트의 현재가치는 0년도에서 초기 투자가 차감되기 전에 결정된다. 초기 투자는 순(net)현재가치의 계산에서 차감된다.

주어진 20%의 할인율에서, 프로젝트의 현재가치는 다음과 같다:

$$\frac{\$92{,}400}{0.20} = \$462{,}000$$

프로젝트의 순현재가치(NPV), 즉 순수 자기자본 기업에 대한 프로젝트의 가치는 다음과 같다:

$$\$462{,}000 - \$475{,}000 = -\$13{,}000$$

NPV가 음수이므로, 순수 자기자본 기업의 이 프로젝트는 기각될 것이다.

이제 정확히 $121,900의 부채로 프로젝트의 자금을 조달하고 남은 $353,100 (= $475,000 − $121,900)의 투자비용을 자기자본으로 조달한 기업을 생각해보자. 부채가 있는 프로젝트의 순현재가치를 우리는 조정현재가치(adjusted present value) 또는 APV라고 부르며 다음과 같다:

$$\text{APV} = \text{NPV} + T_C \times B$$
$$\$12{,}599 = -\$13{,}000 + 0.21 \times \$121{,}900$$

즉, 어느 정도의 부채로 자금을 조달한 프로젝트의 가치는 순수 자기자본으로 자금을 조달하였을 때의 가치에 부채사용으로부터 발생하는 세금절감액을 더한 것과 같다. 여기서 이 숫자는 양수이므로, 이 프로젝트는 채택될 것이다.[2]

아마도 당신은 왜 우리가 이렇게 정확한 부채의 금액을 선택하였는지 궁금할 것이다. 사실 우리는 부채가 있는 프로젝트의 현재가치에 대한 부채의 비율이 0.25 이하가 되도록 선택하였다.[3]

이 예제에서 부채는 초기 투자비용인 $475,000의 고정비율이 아닌, 프로젝트의 현재가치에서의 고정비율이다. 이것은 우리가 현실에서 찾을 수 있는 부채-시장가치(debt-market-value) 비율을 목표로 하는 것과 일치한다. 예를 들어, 상업은행들은 전형적으로 부동산개발업자들에게 초기 투자의 고정비율이 아닌, 프로젝트에 대하여 평가된 시장가치의 고정비율로 자금을 대여해준다.

[2] 이 예제는 부채의 세금 혜택에 대한 잠재적 중요성을 극대화하기 위하여 의도된 것이다. 실제로 기업은 순수 자기자본 기업에 대한 프로젝트의 가치가 양(+)의 NPV를 갖는 것을 발견하게 될 것이다.

[3] 즉, 초기 투자비용 이후의 프로젝트의 현재가치는 $487,599 (= $12,599 + $475,000)로 결정된다. 따라서 이 프로젝트의 부채-가치 비율은 0.25 (= $121,900/$487,599)이다.

이 부채 수준은 직접 계산될 수 있다. 다음을 주목하라.

$$\text{차입 프로젝트의 현재가치} = \text{무차입 프로젝트의 현재가치} + T_C \times B$$
$$V_{\text{With debt}} = \$487{,}599 \qquad + 0.21 \times 0.25 \times V_{\text{With debt}}$$

마지막 줄을 재정리하면, 다음과 같다.

$$V_{\text{With debt}} \times (1 - 0.21 \times 0.25) = \$462{,}000$$
$$V_{\text{With debt}} = \$487{,}599$$

부채는 가치의 0.25이다. $121,900 = 0.25 × $487,599.

18.2 자기자본으로의 흐름 접근법

자기자본으로의 **흐름 접근법**(flow to equity: FTE)은 자본예산 접근법의 대안이다. 이 공식은 단순하게 프로젝트로부터 차입기업의 주주들에게로의 현금흐름을 자기자본비용인 R_S로 할인한 것이다. 영구연금이므로 이 공식은 다음과 같다.

$$\frac{\text{프로젝트로부터 차입기업의 주주들에게로의 현금흐름}}{R_S}$$

FTE 접근법은 세 가지 단계가 존재한다.

1단계: 차입현금흐름(levered cash flow: LCF)의 계산[4]

이자율이 10%라고 가정하고, P. B. Singer Co. 주주들에게로의 영구적인 현금흐름이 다음과 같다고 하자:

현금유입	$500,000
현금비용	−383,038
이자(10% × $121,900)	−12,190
이자 후 이익	104,772
법인세(21% 세율)	−22,002
차입현금흐름(LCF)	$ 82,770

대안으로, 우리는 차입현금흐름(LCF)을 무차입현금흐름(UCF)으로부터 직접적으로 계산할 수 있다. 여기서 핵심은 무차입기업의 주주들이 받는 현금흐름과 차입기업의 주주들이 받는 현금흐름 간의 차이는 세금공제 후 이자이다(이 예제에서는 부채가 영구적이므로 원금 상환은 나타나지 않는다). 우리는 이것을 대수적으로 다음과 같이 쓸 수 있다:

$$\text{UCF} - \text{LCF} = (1 - T_C)R_B B$$

이 식에서 오른쪽의 항들은 세후 이자금액을 의미한다. 따라서 무차입기업의 주주들에 대한 현금흐름(UCF)은 $92,400이고 세후 이자금액은 $9,630 (= 0.79 × 0.10 × $121,900)이므로, 차입기업 주주들에 대한 현금흐름(LCF)은 다음과 같다:

$$\$92,400 - \$9,630 = \$82,770$$

이것은 우리가 앞서 계산한 것과 정확히 일치한다.

2단계: R_S 계산하기

다음 단계는 할인율 R_S를 계산하는 것이다. 우리는 무차입자본에 대한 할인율 R_0를 0.20으로 가

4 우리는 간단함을 위해서 차입현금흐름(levered cash flow: LCF)이란 용어를 사용한다. 좀 더 복잡한 용어로는 프로젝트로부터 차입기업의 주주들에게로 가는 현금흐름이 될 것이다. 유사하게, 무차입현금흐름(unlevered cash flow: UCF)에 대한 복잡한 용어는 프로젝트로부터 무차입기업의 주주들에게로 가는 현금흐름이 될 것이다.

정하였다. 우리가 이전 장에서 보았듯이, R_S를 구하는 공식은 다음과 같다:

$$R_S = R_0 + \frac{B}{S}(1 - T_C)(R_0 - R_B)$$

우리의 목표 부채-가치 비율 0.25는 목표 부채-자기자본 비율 1/3을 의미한다. 앞의 공식을 이 예제에 적용하면, 다음을 얻을 수 있다:

$$R_S = 0.2263 = 0.20 + \frac{1}{3}(0.79)(0.20 - 0.10)$$

3단계: 가치평가

프로젝트의 LCF의 현재가치는 다음과 같다:

$$\frac{\text{LCF}}{R_S} = \frac{\$82,770}{0.2263} = \$365,699$$

초기 투자가 \$475,000이고 \$121,900을 차입하였으므로, 이 회사는 \$353,100 (= \$475,000 − \$121,900)을 보유한 현금 준비금에서 사용하였을 것이다. 이 프로젝트의 순현재가치는 단순하게 프로젝트의 LCF의 현재가치에서 차입하지 않은 투자금과의 차이이다. 따라서 NPV는 다음과 같다:

$$\$365,699 - \$353,100 = \$12,599$$

이것은 APV 접근법에서 얻은 결과와 동일하다.

18.3 가중평균자본비용 방법

마지막으로 우리는 프로젝트의 가치를 **가중평균자본비용**(weighted average cost of capital: WACC) 방법을 사용하여 평가할 수 있다. 이 방법은 앞의 장들에서 이미 논의된 것이지만 여기서 다시 살펴볼 만한 가치가 있다. WACC 방법은 차입기업의 프로젝트가 부채와 자기자본 모두로부터 동시에 자금조달이 되었다는 직관으로부터 시작된다. 자본비용은 부채비용과 자기자본비용의 가중평균이다. 자기자본비용인 R_S는 세금을 고려하지 않은 것이고, 부채비용인 R_B는 단순히 차입이자율이다. 그러나 법인세를 고려하면 적절한 부채비용은 $(1 - T_C)R_B$로 세금공제 후 부채비용이 된다.

가중평균자본비용, WACC를 위한 공식은 다음과 같다:

$$\text{WACC} = R_S \frac{S}{S + B} + R_B(1 - T_C)\frac{B}{S + B}$$

자기자본에 대한 가중치 $S/(S + B)$, 그리고 부채에 대한 가중치 $B/(S + B)$는 목표 비율이다. 목표 비율은 일반적으로 회계적 가치나 장부가치가 아닌 시장가치로 표현된다.

무차입 프로젝트의 현금흐름(UCF)은 가중평균자본비용인 WACC로 할인된다. 이 프로젝트의 순현재가치는 대수적으로 다음과 같이 표현될 수 있다:

$$\sum_{t=1}^{\infty} \frac{\text{UCF}_t}{(1+\text{WACC})^t} - \text{초기 투자}$$

만약 이 프로젝트가 영구적이라면, 순현재가치는 다음과 같다:

$$\frac{\text{UCF}}{\text{WACC}} - \text{초기 투자}$$

우리는 앞서 프로젝트의 목표 부채-가치 비율이 0.25이고 법인세율이 0.21이라고 언급하였다. 이것은 가중평균자본비용이 다음과 같음을 의미한다:

$$\text{WACC} = 0.75 \times 0.2263 + 0.25 \times 0.10 \times 0.79 = 0.1895 \text{ 또는 } 18.95\%$$

여기서 WACC가 0.1895로 순수 자기자본 기업의 자기자본비용 0.20보다 낮다. 이것은 항상 그러한데, 그 이유는 부채를 통한 자본조달은 평균 자본비용을 낮추는 세금 혜택을 제공하기 때문이다.

우리는 앞에서 프로젝트의 UCF를 $92,400이라고 결정하였으며 이것은 프로젝트의 현재가치가 다음과 같음을 의미한다:

$$\frac{\$92{,}400}{0.1895} = \$487{,}599$$

초기 투자는 $475,000이므로 프로젝트의 NPV는 다음과 같다:

$$\$487{,}599 - \$475{,}000 = \$12{,}599$$

세 가지 접근법 모두가 동일한 가치를 얻었음을 주목하라.

18.4 APV, FTE, 그리고 WACC 접근법의 비교

이 장에서 차입기업의 프로젝트 가치평가를 위한 세 가지 접근법을 제시하였다. 조정현재가치(APV) 접근법은 먼저 순수 자기자본을 기본으로 프로젝트를 평가한다. 즉, 순수 자기자본조달하에서의 프로젝트에 대한 세후 현금흐름(무차입현금흐름, 또는 UCF)이 자본예산 공식의 분자가 되는 것이다. 순수 자기자본조달 가정에서 할인율은 분모로 나타난다. 이 관점에서 계산은 교재의 앞 장에서와 동일하게 진행된다. 그 다음에 부채의 순현재가치를 더한다. 우리는 부채의 순현재가치를 세금효과, 사채발행비용, 파산비용, 이자 보조라는 네 가지 변수들을 합한 것으로 언급하였다.

자기자본으로의 흐름 접근법(FTE)은 프로젝트로부터 차입기업의 주주들에게로 가는 세후 현금흐름(LCF)을 할인한다. LCF는 차입현금흐름을 의미하며 이것은 이자가 차감되고 난 이후 주주들에게 돌아가는 잔액이다. 할인율인 R_S는 차입기업의 주주들에 대한 자본비용이다. 차입기업에 대한 R_S는 무차입기업의 자본비용인 R_0보다 클 것이다. 이것은 16장에서 다룬 부채가 주주들에게 위험을 증가시킨다는 것을 보여주는 자료들과 같다.

마지막 접근법은 가중평균자본비용(WACC) 방법이다. 이 기법은 순수 자기자본조달을 가정하여 프로젝트의 세후 현금흐름(UCF)을 계산한다. UCF는 자본예산 공식에서 분자가 된다.

분모인 WACC는 자기자본비용과 부채비용의 가중평균이다. 부채의 세금혜택은 분모에 반영되는데 이것은 부채의 비용은 법인세 후에 결정되기 때문이다. 분자는 부채를 전혀 반영하지 않는다.

세 가지 접근방법 모두 동일한 과제를 수행한다. 부채를 통한 자본조달의 존재에 대한 가치평가 그리고 앞의 예제에서 설명하였듯이, 세 가지 모두 동일한 가치평가 추산치를 제공한다. 그러나 우리가 앞서 보았듯이, 이 접근법들은 기술적으로 현저히 다르다. 이 때문에 학생들은 종종 다음과 같은 질문을 한다. “이것이 어떻게 되나요? 어떻게 세 접근법이 매우 다르게 보이는데 동일한 답을 제시하나요?” 이와 같은 질문을 다루는 가장 좋은 방법은 다음의 두 요점을 살펴보는 것이다.

1. *APV vs. WACC*: 세 가지 접근법 중에서, APV와 WACC는 매우 유사함을 보인다. 결국 두 접근법 모두 무차입현금흐름(UCF)을 분자로 놓는다. 그러나 APV 접근법은 이 흐름을 R_0로 할인하여 무차입 프로젝트의 가치를 구한다. 세금절감액의 현재가치를 더하면 부채가 있는 프로젝트의 가치를 구할 수 있다. WACC 접근법은 UCF를 WACC로 할인하는데, WACC는 R_0보다 낮다.

   따라서 두 접근법 모두 차입기업에 대하여 기본 NPV 공식에 부채로 인한 세금 혜택을 반영하여 조정한 것이다. APV 접근법은 이 조정을 직접적으로 한 것이다. 이것은 단순히 세금절감액의 현재가치를 분리된 항으로 더한 것이다. WACC 접근법은 절묘한 방법으로 조정을 한다. 여기서 할인율은 R_0 아래로 낮아진다. 이 책에서 이에 대한 증명은 따로 하지 않지만, 이 두 조정은 항상 같은 정량적 효과가 있다.

2. 가치평가가 되는 주체: FTE 접근법은 얼핏 보기엔 다른 두 접근법과 상당히 달라보인다. APV와 WACC 접근법 모두, 초기 투자는 마지막 단계에서 차감된다(예제에서 \$475,000). 그러나 FTE 접근법에서는 오직 회사의 초기 투자에 대한 기여분(\$353,100 = \$475,000 − \$121,900)만이 차감된다. 이유는 FTE 접근법하에서는 차입기업의 주주에 대한 미래 현금흐름(LCF)만이 가치평가가 되기 때문이다. 대조적으로, 무차입기업의 주주에 대한 미래 현금흐름(UCF)은 APV와 WACC 접근법에서 평가된다. 따라서 UCF는 그렇지 않은 반면 LCF는 이자지급이 고려된 것이므로, FTE 접근법하에서 초기 투자는 부채 자본조달 정도에 따라서 감소된다. 이러한 방식으로, FTE 접근법은 다른 두 접근법들과 같이 동일한 답을 만들어낸다.

추천되는 가이드라인

프로젝트의 순현재가치는 세 접근법 아래서 모두 정확히 동일하다. 이론적으로 이것은 항상 그러해야 한다.[5] 그러나 한 방법은 항상 다른 것들보다 계산이 쉽고, 많은 경우에 하나 또는 그 이상의 방법들은 사실상 계산이 불가능하다. 먼저 WACC와 FTE 접근법을 사용하는 것이 최선인

[5] I. Inselbag and H. Kaufold, “Two DCF Approaches for Valuing Companies under Alternative Financial Strategies (and How to Choose between Them),” *Journal of Applied Corporate Finance* (Spring 1997)를 참조하라.

상황을 고려해보도록 한다.

만약 프로젝트의 위험이 기간 동안에 일정하다면, R_0를 프로젝트의 기간 동안에 일정하게 유지된다고 가정하는 것이 타당하다. 일정한 위험에 대한 가정은 대부분의 현실 세계 프로젝트에 대하여 합리적으로 보인다. 게다가 만약 부채-가치 비율이 프로젝트의 기간 동안에 일정하다면, R_S와 WACC 또한 일정하게 유지될 것이다. 후자의 가정 하에서 FTE와 WACC 접근법은 모두 적용하기가 쉽다. 그러나 만약 부채-가치 비율이 매년 달라진다면, R_S와 WACC 또한 매년 변화할 것이다. 분모가 매년 변화할 때 FTE 또는 WACC 접근법을 사용하는 것은 계산적으로 상당히 복잡하며, 계산이 복잡해지면 오차율이 높아진다. 따라서 FTE와 WACC 접근법 모두 부채-가치 비율이 시간에 따라서 변화할 때 어려움을 나타낸다.

APV 접근법은 미래 각 기간에서 부채의 수준에 기초한다. 결과적으로, 부채 수준이 미래 기간 동안에 정확하게 명시될 수 있을 경우 APV 접근법은 사용하기가 매우 쉬워진다. 그러나 부채 수준이 불확실할 경우, APV 접근법은 더욱 문제가 된다. 예를 들어, 부채-가치 비율이 일정할 때, 부채 수준은 프로젝트의 가치에 따라서 변화한다. 미래에 프로젝트의 가치는 쉽게 예측할 수 없으므로, 부채의 수준 또한 쉽게 예측할 수 없다.

따라서 우리는 다음의 가이드라인을 제안한다.

만약 기업의 목표 부채-가치 비율이 프로젝트의 기간 동안에 적용이 될 경우 WACC와 FTE를 사용하라. 만약 프로젝트 기간 동안 프로젝트의 부채 수준을 알 수 있다면 APV를 사용하라.

APV 접근법이 선호되는 많은 상황들이 존재한다. 예를 들어, 차입매수(leveraged buyout: LBO)에서 기업은 많은 양의 부채로 시작하지만 몇 년 동안 그 부채를 급속도로 상환한다. LBO가 계획되었을 때 미래의 부채 상환계획은 이미 알려져 있으므로, 미래의 매년 세금절감액은 예측하기가 쉽다. 따라서 여기서 APV 접근법은 사용이 쉽다. 대조적으로 WACC와 FTE 접근법은 실질적으로 적용이 불가능한데, 그것은 부채-자기자본 수치가 시간에 따라 일정하게 예측되지 않기 때문이다. 게다가 이자 보조나 사채발행비용을 수반하는 경우는 APV 접근법이 훨씬 다루기 쉽다(18.6절의 Bicksler Enterprises 예제에서 보조와 사채발행비용에 대하여 APV 접근법을 적용하였다). 마지막으로, APV 접근법은 리스 대 구매(lease-versus-buy) 결정을 FTE 또는 WACC 접근법보다 훨씬 쉽게 다룰 수 있다(리스 대 구매 결정에 관한 것들은 나중의 장에서 나온다).

앞의 예제들은 특별한 경우이다. 전형적인 자본예산 경우에서는 APV 접근법보다 WACC 또는 FTE 접근법이 더욱 적합하다. 재무관리자들은 일반적으로 목표 부채-가치 비율에 대하여 고려한다. 만약 프로젝트가 예상보다 성과가 좋았다면, 그 가치와 차입 능력은 증가한다. 관리자는 이에 따라서 부채를 증가시킬 것이다. 역으로, 만약 프로젝트의 가치가 예상치 못하게 하락하였다면 관리자는 부채를 감소시킬 것이다. 물론 자금 조달은 시간이 소요되는 업무이므로, 이 비율을 매일 또는 매달 조정할 수는 없다. 그보다 이 조정은 장기적으로 이루어질 것으로 예상된다. 앞에서 언급한 것처럼, WACC와 FTE 접근법은 기업이 목표 부채-가치 비율(target debt-value ratio)에 초점을 두었을 경우, APV 접근법보다 더욱 적합하다.

이 때문에 APV 접근법보다는 WACC와 FTE 접근법을 대부분의 실제 상황에서 사용할 것을 추천한다. 게다가 WACC가 현실세계에서 훨씬 더 자주 사용되는 방법이라는 기업체 간부들의 주장은 우리에게 이에 대하여 더 확신할 수 있도록 해준다. 따라서 실무자들은, 앞에서 언급된 특별한 경우들을 제외하고는, APV 접근법이 자본예산에서 그 중요성이 덜한 방법이라는 우리의 의견에 동의하는 것처럼 보인다.

부채가 있는 경우에 세 가지 가치평가 방법

1. 조정현재가치(APV) 방법:

$$\sum_{t=1}^{\infty} \frac{\text{UCF}_t}{(1 + R_0)^t} + \text{부채의 추가적인 효과} - \text{초기 투자}$$

UCF_t = 시점 t에서 프로젝트로부터 무차입기업의 주주들에게로 가는 현금흐름

R_0 = 무차입기업의 프로젝트에 대한 자본비용

2. 자기자본으로의 흐름(FTE) 방법:

$$\sum_{t=1}^{\infty} \frac{\text{LCF}_t}{(1 + R_S)^t} - (\text{초기 투자} - \text{차입금액})$$

LCF_t = 시점 t에서 프로젝트로부터 차입기업의 주주들에게로 가는 현금흐름

R_S = 부채 사용 시 자기자본비용

3. 가중평균자본비용(WACC) 접근법:

$$\sum_{t=1}^{\infty} \frac{\text{UCF}_t}{(1 + \text{WACC})^t} - \text{초기 투자}$$

WACC = 가중평균자본비용

유의점

1. APV 공식에서 중간의 항은 부채를 사용한 프로젝트의 가치가 부채를 사용하지 않은 프로젝트의 가치보다 더 큰 것을 의미한다. 왜냐하면 WACC $< R_0$이므로 WACC 공식은 부채를 사용한 프로젝트의 가치가 부채를 사용하지 않은 프로젝트의 가치보다 더 큰 것을 나타내게 된다.
2. FTE 방법에서는 이자 후의 현금흐름(LCF)이 사용되었다. 초기 투자는 차입금액에 의해서 감소된다.

지침

1. 만약 회사의 목표 부채-가치 비율이 프로젝트의 기간 동안 적용이 된다면 WACC나 FTE를 사용하라.
2. 만약 프로젝트의 기간 동안 프로젝트의 부채 수준이 알려져 있다면 APV를 사용하라.

18.5 할인율이 추정되는 경우의 가치평가

이 장의 앞 절에서는 APV, FTE, WACC—레버리지가 있는 기업의 가치를 평가하는 세 가지 기본적인 접근법—에 대하여 소개하였다. 그러나 한 가지 중요한 세부사항이 남아 있다. 18.1절에서 18.3절까지의 예제들에서는 할인율을 가정하였다. 이제 우리는 앞의 세 가지 접근법들을 적용하여 부채가 있는 기업의 할인율이 어떻게 결정되는지 보이려 한다. 이 절의 예제에서는 9장~13장에서 다룬 차입기업과 무차입기업에 대한 할인율과, 16장에서 다룬 부채가 자본비용에 미치는 효과에 내용이 추가된다.

예제 18.1

자본비용 World-Wide Enterprise (WWE)는 대규모 재벌기업으로 위젯 사업 진출을 고려하고 있으며, 이 프로젝트는 부채-가치 비율을 0.25(또는 부채-자기자본 비율 1/3)로 자금을 조달할 계획이다. 현재 위젯 산업에는 American Widgets (AW)이라는 기업이 있다. 이 회사는 40%의 부채와 60%의 자기자본으로 자본을 조달하였다. AW의 자기자본에 대한 베타는 1.50이다. AW의 차입이자율은 12%이고, WWE는 이 위젯 사업에 10%의 이자율로 차입이 가능할 것으로 예상한다. 법인세율은 두 회사 모두 21%이고, 시장위험 프리미엄은 8.5%이며, 무위험이자율은 8%이다. WWE가 이 위젯 사업에 사용할 수 있는 적절한 할인율은 얼마인가?

18.1~18.3절에서 보였듯이, 기업은 세 가지 자본예산 접근법, APV, FTE, 또는 WACC 중 하나를 사용할 것이다. 이 세 가지 접근법에 대한 적정할인율은 각각 R_0, R_S, WACC이다. AW가 위젯 산업에서 WWE의 유일한 경쟁자이므로, 우리는 WWE의 위젯 벤처 사업에 대한 R_0, R_S, WACC를 계산하기 위하여 AW의 자본비용을 살펴보도록 한다. 다음의 4단계 과정은 세 가지 할인율을 계산할 수 있도록 해준다.

1. **AW의 자기자본비용 결정**: 먼저 우리는 자본시장선(SML)을 사용하여 AW의 자기자본비용을 결정한다.

   AW의 자기자본비용:

$$R_S = R_F + \beta \times [E(R_M) - R_F]$$
$$= 0.08 + 1.5 \times 0.085$$
$$= 0.2075 \text{ 또는 } 20.75\%$$

2. **AW의 가상의 순수 자기자본비용 결정**: 우리는 앞서 구한 숫자를 반드시 어떤 방식으로든 표준화시켜야 하는데, 그것은 AW와 WWE의 위젯 사업은 서로 다른 목표 부채-가치 비율을 가지고 있기 때문이다. 가장 쉬운 접근법은 AW가 순수 자기자본조달이라고 가정하고 AW에 대한 가상의 자기자본비용을 계산하는 것이다. 이것은 세금이 적용되는 MM의 명제 II로부터 결정될 수 있다.

   AW의 순수 자기자본일 경우 자본비용:

$$R_S = R_0 + \frac{B}{S}(1 - T_C)(R_0 - R_B)$$

$$20.75\% = R_0 + \frac{0.4}{0.6}(1 - 0.21)(R_0 - 12\%)$$

   이 공식을 풀면, 우리는 $R_0 = 0.1773$임을 알 수 있다. 물론 R_0는 R_S보다 작은데 이것은 기업이 부채를 사용하지 않을 때 자기자본비용이 더 적기 때문이다.

   이 점에서 현실 세계의 기업들은 일반적으로 그들 벤처 사업의 경영 위험은 이미 그 산업에 존재하는 기업의 경영 위험과 대략 동일할 것이라고 가정한다. 이러한 가정을 우리 문제에 적용하면, 우리는 WWE가 순수 자기자본으로 자금조달을 하였을 경우 WWE의 위젯 사업에 대한 가상의 할인율이

0.1773이라고 할 수 있을 것이다.[6] 이 할인율은 APV 접근법이 부채를 사용하지 않는 기업의 프로젝트의 자본비용인 R_0를 사용하므로, 만약 WWE가 APV 접근법을 사용한다면 적용할 수 있을 것이다.

3. **WWE의 위젯 벤처 사업에 대한 R_S의 결정**: 다른 대안으로, WWE는 FTE 접근법을 사용할 수 있다. 여기서 부채가 사용된 자기자본에 대한 할인율은 다음과 같이 결정된다.

WWE 위젯 사업에 대한 자기자본비용:

$$R_S = R_0 + \frac{B}{S}(1 - T_C)(R_0 - R_B)$$
$$= 0.1733 + \frac{0.2}{0.6}(1 - 21)(0.1733 - 0.10)$$
$$= 0.1977 \text{ 또는 } 19.77\%$$

여기서 WWE의 위젯 벤처 사업에 대한 자기자본비용이 0.1977이고 이것이 AW의 자기자본비용인 0.2075보다 더 적은 것을 주목하라. 이것은 AW가 더 높은 부채-자기자본 비율(debt-equity ratio)을 가지고 있기 때문에 발생한다(이미 언급하였듯이, 두 기업은 같은 경영 위험을 가지고 있다고 가정한다).

4. **WWE의 위젯 벤처 사업에 대한 WACC 결정**: 마지막으로, WWE는 WACC 접근법을 사용할 수 있을 것이다. 다음은 적절한 계산을 나타낸 것이다.

WWE의 위젯 사업에 대한 WACC:

$$\text{WACC} = \frac{B}{S+B} R_B(1 - T_C) + R_S \frac{B}{S+B}$$
$$= \frac{1}{4}(0.10)(1 - 0.21) + \frac{3}{4}(0.1977)$$
$$= 0.1680 \text{ 또는 } 16.80\%$$

앞의 예제는 세 할인율 R_0, R_S, WACC이 어떻게 현실 세계에서 결정되는지를 보여주고 있다. 이들은 각각 APV, FTE, WACC 접근법의 적절한 할인율이다. 여기서 자기자본비용은 기업 주식의 베타로부터 결정될 수 있기 때문에 American Widgets에 대한 R_S가 먼저 결정된다. 앞 장에서 논의되었듯이, 베타는 AW와 같이 공개적으로 거래되는 기업으로부터 쉽게 추정이 가능하다.

18.6 APV 예제

이 장의 초반에 언급하였듯이, 기업들은 일반적으로 목표 부채-자기자본 비율을 설정하므로, 자본예산에서 WACC나 FTE의 사용을 가능하게 한다. APV는 여기서 잘 적용되지 않는다. 그러나 우리가 또한 앞서 언급하였듯이 APV는 부채로 인한 부수적인 이익과 비용이 존재할 때 더 선호되는 접근법이다. 여기에서의 분석은 까다로울 수 있으므로, 이 절에서는 부채에 대한 세금 보조에 더하여 발행비용과 이자 보조가 모두 작용하는 예제를 통하여 분석하는 방법을 살펴보고자 한다.

[6] 다른 대안으로, 기업은 그들의 벤처 사업이 새로운 진입자이므로 어느 정도 더 위험할 것으로 가정할 수 있을 것이다. 따라서 기업은 0.1773보다 조금 더 높은 할인율을 선택할 수 있다. 물론 이 할인율을 위로 조정하기 위한 정확한 공식은 존재하지 않는다.

예제 18.2

APV Bicksler Enterprise는 5년 동안 지속되고, 매년 정액법으로 $2백만씩 감가상각되는 $10백만 규모의 프로젝트를 고려하고 있다. 현금수익에서 현금비용을 차감한 액수는 매년 $3.5백만이다. 법인세율은 21%이다. 무위험이자율은 10%이며, 무차입 자기자본비용은 20%이다.

다음은 매년 현금흐름을 반영한 것이다.

	0년도	1년도	2년도	3년도	4년도	5년도
최초 지출	−$10,000,000					
감가상각 세금공제액		0.21 × $2,000,000 = $420,000	$ 420,000	$ 420,000	$ 420,000	$ 420,000
수익−비용		(1 − 0.21) × $3,500,000 = $2,765,000	$2,765,000	$2,765,000	$2,765,000	$2,765,000

프로젝트의 APV는 순수 자기자본가치와 부채로 인한 추가적인 효과들의 합이므로, 각각에 대해서 차례로 살펴보자.

순수 자기자본가치 프로젝트가 순수 자기자본으로 조달되었다고 가정하면, 프로젝트의 가치는 다음과 같다.

$$-\$10,000,000 + \frac{\$420,000}{0.10} \times \left[1 - \left(\frac{1}{1.10}\right)^5\right] + \frac{\$2,765,000}{0.20} \times \left[1 - \left(\frac{1}{1.20}\right)^5\right] = -\$138,827$$

초기비용 + 감가상각 세금공제액 + (현금수익 − 현금비용)의 현재가치

이 계산은 교재의 앞 장에서 나온 기법들을 사용한다. 감가상각 세금공제액은 10%의 무위험이자율로 할인되는 것에 주의하라(또는 때로는 약간 높은 이자율로 할인됨). 수익과 지출은 더 높은 20%의 할인율로 할인된다.

순수 자기자본 기업은 NPV가 −$138,827이므로 분명히 이 프로젝트를 기각할 것이다. 그리고 자기자본 발행비용은 NPV를 더욱 음수로 만드는 역할을 할 것이다. 그러나 부채를 통한 자금조달은 이 프로젝트에 충분한 가치를 추가할 수 있다. 우리는 부채의 효과에 대하여 다음에서 고려하도록 한다.

부채의 추가적인 효과들 Bicksler Enterprises는 발행비용 이후 10%의 무위험이자율에 5년간 분할상환하지 않는 부채 $7,500,000을 발행하였다. 발행비용은 주식 또는 부채가 발행되었을 때 지불되는 수수료이다. 이 수수료는 특히 인쇄업자, 변호사, 또는 투자은행가들에게 지급될 것이다. Bicksler Enterprises는 발행비용이 대출 총액의 1%가 될 것이라고 통보 받았다. 앞 장에서는 부채 자본조달이 전형적인 프로젝트의 NPV를 변화시킨다고 언급하였다. 이러한 부채의 효과를 다음에서 살펴보도록 한다.

발행비용들 발행비용이 총액의 1%라고 주어졌으므로, 우리는 다음을 얻을 수 있다.

$$\$7,500,000 = (1 - 0.01) \times \text{총액} = 0.99 \times \text{총액}$$

따라서 총액은 다음과 같다.

$$\frac{\$7,500,000}{(1 - 0.01)} = \frac{\$7,500,000}{0.99} = \$7,575,758$$

이것은 발행비용이 $75,758 (= 1% × $7,575,758)임을 의미한다. 계산을 검산해보면, 순 부채액은 $7,500,000 (= $7,575,758 − $75,758)이다. 다른 말로 하면, Bicksler Enterprises는 오직 $7,500,000을 얻게 되는 것이다. $75,758의 발행비용은 투자은행가와 같은 금융중개기관이 받는다.

발행비용은 즉시 지급되지만 대출기간 동안 정액법에 기초한 상각에 의하여 세금으로부터 차감된다. 발행비용으로부터의 현금흐름은 다음과 같다.

	0년도	1년도	2년도	3년도	4년도	5년도
발행비용	**−$75,758**					
차감		$\frac{\$75,758}{5}$ = $15,152	$15,152	$15,152	$15,152	$15,152
발행비용으로부터의 세금공제액		0.21 × $15,152 = **$ 3,182**	**$ 3,182**	**$ 3,182**	**$ 3,182**	**$ 3,182**

앞의 표에서 발행비용으로부터의 관련 현금흐름은 굵은 글씨로 나타나 있다. 우리가 할인율을 10%라 할 때, 세금공제액은 다음의 순현재가치를 가진다.

$$\$3{,}182 \times \text{PVIFA}_{10\%,5} = \$12{,}062$$

이것은 다음과 같은 순발행비용을 의미한다.

$$-\$75{,}758 + \$12{,}062 = -\$63{,}696$$

부채의 발행비용은 고려하였으나 부채의 이익을 고려하기 전의 프로젝트의 순현재가치는 다음과 같다.

$$-\$138{,}827 - \$63{,}696 = -\$202{,}523$$

세금 보조 중개기관이 발행비용을 받았다 하더라도 대출 총액에 대하여 반드시 이자를 지불해야 한다. 대출 총액이 $7,575,758이므로 이에 대한 연간 이자는 $757,576 (= $7,575,758 × 0.10)이다. 세후 이자비용은 $598,485 [= $757,576 × (1 − 0.21)]이다. 이 대출은 분할상환되지 않으므로, $7,575,758의 전체 부채는 5년도에서 상환된다. 이 조건들은 다음에서 나타나 있다.

	0년도	1년도	2년도	3년도	4년도	5년도
대출(총액)	$7,575,758					
이자 지불		10% × $7,575,758 = $757,576	$757,576	$757,576	$757,576	$ 757,576
세후 이자비용		(1 − 0.21) × $757,576 = $598,485	$598,485	$598,485	$598,485	$ 598,485
부채의 상환						$7,575,758

관련된 현금흐름이 앞의 표에서 굵은 글씨로 나타나 있는데 그것은 (1) 대출을 받고, (2) 세후 연간 이자비용과 (3) 부채를 상환하는 것이다. 우리는 발행비용을 앞서 차감하였으므로 대출 총액을 현금유입으로 포함하였다.

16장에서 우리는 자금조달 결정은 순현재가치와 같은 것들로 평가할 수 있다고 언급하였다. 대출의 순현재가치는 단순하게 이 3가지 현금흐름 각각의 순현재가치에 대한 합이다. 이것은 다음과 같이 나타낼 수 있다.

$$\text{NPV(대출)} = +\ \text{차입금액} - \text{세후 이자지불금액의 현재가치} - \text{대출상환의 현재가치} \quad (18.1)$$

이 예제에 대한 계산은 다음과 같다.

$$\$603,080 = \$7,575,758 - \frac{\$598,485}{0.10} \times \left[1 - \left(\frac{1}{1.10}\right)^5\right] - \frac{\$7,575,758}{0.10^5} \quad (18.1')$$

이자로 인한 세금공제액을 반영하였을 때, NPV(대출)는 양수가 된다.[7]

(계속)

[7] NPV(대출)는 세금이 부과되지 않는 곳에서는 이자가 절세효과를 제공하지 못하므로 반드시 0이 되어야 한다. 이 직관을 확인하기 위해서 우리는 다음과 같이 계산할 수 있다.

$$\text{세금이 없는 경우: } 0 = +\$7,575,758 - \frac{\$757,576}{0.10} \times \left[1 - \left(\frac{1}{0.10}\right)^5\right] - \frac{\$7,575,758}{0.10^5}$$

이러한 자금조달을 사용한 프로젝트의 조정현재가치는 다음과 같다.

$$\text{APV} = \text{순수 자기자본가치} - \text{부채의 발행비용} + \text{NPV(대출)} \quad (18.2)$$

$$\$400{,}557 = -\$138{,}827 - \$63{,}696 + 603{,}080 \quad (18.2')$$

우리가 앞에서 순수 자기자본기업은 이 프로젝트를 기각할 것으로 보았지만, 만약 $7.5백만(순)의 대출을 받을 수 있다면 기업은 이 프로젝트를 채택할 것이다.

방금 논의된 대출은 10%의 시장금리가 적용된 것이므로, 여기까지 우리는 세 가지 추가적인 부채의 효과 중 두 가지만을(발행비용과 세금 보조) 고려하였다. 이제 세 번째 효과가 나타나는 또 다른 대출을 살펴보도록 한다.

비시장금리 자금조달 수많은 기업들은 운 좋게도 정부로부터 자금조달에 대한 보조를 충분히 얻을 수 있다. Bicksler Enterprises의 프로젝트가 사회적으로 유익하다고 간주되어 New Jersey 주가 $7.5백만의 대출을 8%의 이자율로 제공하였다고 가정하자. 이에 더하여 이 주에서는 모든 발행비용 또한 주정부가 부담한다. 명백히, 이 회사는 우리가 앞서 계산하였던 것과 같이 이 대출을 선택할 것이다. 여기 이 대출에 대한 현금흐름이 나타나 있다.

	0년도	1년도	2년도	3년도	4년도	5년도
대출받은 금액	$7,500,000					
이자 지불		8% × $7,500,000 = $600,000	$600,000	$600,000	$600,000	$ 600,000
세후 이자		(1 − 0.21) × $600,000 = $474,000	$474,000	$474,000	$474,000	$ 474,000
부채의 상환						$7,500,000

앞의 표에서 관련된 현금흐름이 굵은 글씨로 나타나 있다. 식 (18.1)을 사용하여 NPV(대출)를 구하면 다음과 같다.

$$\$1{,}046{,}257 = \$7{,}500{,}000 - \frac{\$474{,}000}{0.10} \times \left[1 - \left(\frac{1}{1.10}\right)^5\right] - \frac{\$7,500,000}{0.10^5} \quad (18.1'')$$

왜 우리는 식 (18.1″)에서 기업이 8%로 차입을 하였을 때 10%로 현금흐름을 할인하였는가? 우리는 그것이 적정한 또는 시장 이자율이기 때문에 10%로 할인하였다. 즉, 10%는 기업이 보조(지원)의 혜택이 없이 차입할 수 있는 이자율이다. 보조를 받는 대출의 순현재가치는 앞에서 언급한 대출의 순현재가치보다 더 큰데, 이것은 이 회사가 이제 시장금리보다 더 낮은 8%로 차입을 하기 때문이다. 식 (18.1″)에서 NPV(대출) 계산이 세금 효과와 비시장금리 효과 모두를 반영하고 있음에 주목하라.

보조 부채로 자금조달된 프로젝트의 순현재가치는 다음과 같다.

$$\text{APV} = \text{순수 자기자본가치} - \text{부채의 발행비용} + \text{NPV(대출)} \quad (18.2)$$

$$\$907{,}430 = -\$138{,}827 - 0 + \$1{,}046{,}257 \quad (18.2'')$$

앞의 예제는 조정현재가치(APV) 접근법을 설명하고 있다. 이 접근법은 순수 자기자본 기업에 대한 프로젝트의 현재가치로부터 출발한다. 다음으로 부채의 효과가 그것에 추가된다. 이 접근법은 추천하기에 매우 충분한데, 그 이유는 각각의 요소들이 분리되어 계산되고, 간단한 방법으로 서로 합쳐지기 때문에 직관적으로 매력적이기 때문이다. 그리고 만약 프로젝트로부터의 부채가 정확하게 명시될 수 있다면, 부채의 현재가치 또한 정확하게 계산될 수 있다.

18.7 베타와 부채

앞의 장에서는 세금이 없는 경우에서 보통주의 베타와 기업 부채 간의 관계를 공식으로 제공하였다. 우리는 여기서 이 공식을 재현 한다:

세금이 없는 경우:

$$\beta_{\text{Equity}} = \beta_{\text{Asset}} \left(1 + \frac{\text{부채}}{\text{자기자본}}\right) \qquad (18.3)$$

앞에서 지적하였듯이, 이 관계는 부채의 베타가 0이라는 가정하에서 성립된다.

회사들은 실제로 법인세를 반드시 지불해야만 하므로, 법인세가 있는 경우 그 관계를 살펴보는 것은 가치가 있다. 무차입기업의 베타와 차입 자기자본의 베타 간의 관계는 다음과 같이 나타낼 수 있다.[8]

법인세 있는 경우:

$$\beta_{\text{Equity}} = \left(1 + \frac{(1 - T_C)\text{부채}}{\text{자기자본}}\right) \beta_{\text{Unlevered firm}} \qquad (18.4)$$

이때 (1) 기업은 T_C의 세율로 세금이 부과되고, (2) 부채의 베타는 0이다.

$[1 + (1 - T_C)$ 부채/자기자본$]$의 값은 차입기업에서 반드시 1보다 크기 때문에, 이것은 $\beta_{\text{무차입기업}} < \beta_{\text{자기자본}}$를 따른다. 식 (18.4)의 법인세 경우는 식 (18.3)의 법인세가 없는 경우와 상당히 유사한데, 그것은 두 경우 모두에서 차입 자기자본의 베타는 반드시 무차입기업의 베타보다 커야 하기 때문이다. 부채가 자기자본의 위험을 증가시킨다는 직관은 이 두 경우 모두에서

[8] 이 결과는 부채의 베타가 0일 경우에만 성립된다. 이것을 살펴보기 위해서 다음을 주목하라:

$$V_U + T_C B = V_L = B + S \qquad (a)$$

여기서

V_U = 무차입기업의 가치

V_L = 차입기업의 가치

B = 차입기업에서 부채의 가치

S = 차입기업에서 자기자본의 가치

차입기업의 베타는 부채베타와 자기자본베타의 가중평균이다.

$$\frac{B}{B+S} \times \beta_B + \frac{S}{B+S} \times \beta_S$$

여기서 β_B와 β_S는 각각 차입기업의 부채와 자기자본에 대한 베타이다. $V_L = B + S$이므로 우리는 다음을 얻을 수 있다.

$$\frac{B}{V_L} \times \beta_B + \frac{S}{V_L} \times \beta_S \qquad (b)$$

차입기업의 베타는 또한 무차입기업의 베타와 세금공제액의 베타에 대한 가중평균으로도 표현될 수 있다.

$$\frac{V_U}{V_U + T_C B} \times \beta_U + \frac{T_C B}{V_U + T_C B} \times \beta_B$$

여기서 β_U는 무차입기업의 베타이다. 이것은 식 (a)를 따른다. $V_L = V_U + T_C B$이므로 우리는 다음을 얻을 수 있다.

$$\frac{V_U}{V_L} \times \beta_U + \frac{T_C B}{V_L} \times \beta_B \qquad (c)$$

우리는 (b)와 (c)를 같다고 둘 수 있는데 둘 다 차입기업의 베타를 나타내기 때문이다. 식 (a)는 우리에게 $V_U = S + (1 - T_C) \times B$임을 알려준다. $\beta_B = 0$이라는 가정 하에서, 식 (b)와 (c)를 같게 두고 식 (a)를 사용하면 우리는 식 (18.4)를 얻을 수 있다.

부채의 베타에 대한 일반적인 공식(여기서 β_B는 0이 아님)은 다음과 같다.

$$\beta_S = \beta_U + (1 - T_C)(\beta_U - \beta_B)\frac{B}{S}$$

그리고

$$\beta_U = \frac{S}{B(1 - T_C) + S}\beta_S + \frac{B(1 - T_C)}{B(1 - T_C) + S}\beta_B$$

적용된다.

그러나 두 공식이 동일하지는 않다는 점에 유의하라. 법인세 하에서 부채가 자기자본의 베타를 덜 빠르게 증가시킨다. 이것은 세금이 부과될 때, 부채는 무위험(risk-free) 세금공제액을 만들어내므로, 회사 전체의 위험을 낮추어줌으로써 발생한다.

예제 18.3

무차입 베타 C. F. Lee, Incorporated는 회사와 동일한 위험수준의 어떤 프로젝트(scale-enhancing project)를 고려하고 있다. 이 기업 부채의 시장가치는 $100백만이고, 이 기업 자기자본의 시장가치는 $200백만이다. 부채는 무위험으로 고려된다. 법인세율은 21%이다. 회귀분석은 이 기업 자기자본의 베타가 2임을 나타낸다. 무위험이자율은 10%이며, 기대 시장프리미엄은 8.5%이다. C. F. Lee, Inc.가 순수 자기자본이라는 가상의 경우에 이 프로젝트의 할인율은 얼마가 되겠는가?

우리는 2단계로 이 질문에 대답할 수 있다.

1. *가상의 순수 자기자본기업의 베타 결정*: 식 (18.4)를 재정리하여 우리는 다음을 얻을 수 있다.

무차입 베타:

$$\beta_{\text{무차입기업}} = \frac{\text{자기자본}}{\text{자기자본} + (1 - T_C) \times \text{부채}} \times \beta_{\text{자기자본}} \qquad (18.5)$$

$$= \frac{\$200{,}000{,}000}{\$200{,}000{,}000 + (1 - 0.21) \times \$100{,}000{,}000} \times 2 = 1.43$$

2. *할인율 결정*: 우리는 자본시장선(SML)으로부터 다음과 같이 할인율을 계산할 수 있다.

할인율:

$$R_S = R_F + \beta \times [E(R_M) - R_F]$$

$$= 10\% + 1.43 \times 8.5\% = 22.19\%$$

동일한 위험수준이 아닌 프로젝트

앞의 예제에서는 프로젝트가 동일한 위험수준으로 가정하였으므로, 우리는 기업 자기자본의 베타로 시작하였다. 만약 프로젝트가 동일한 위험수준이 아니라면, 프로젝트 산업에 속한 기업들의 자기자본 베타로부터 시작할 수 있다. 각각의 기업에 대하여, 식 (18.5)에 의하여 무차입 자기자본의 가상 베타를 계산할 수 있다. 그리고 나서 SML은 이 베타들의 평균으로부터 프로젝트의 할인율을 결정하기 위하여 사용된다.

예제 18.4

무차입 베타 더 알아보기 현재 스테이플을 제조하는 J. Lowes Corporation은 항공 접착제 산업의 프로젝트에 $1백만 투자를 고려하고 있다. 이 기업은 프로젝트로부터 창출되는 무차입 세후 현금흐름(UCF)이 영구적으로 매년 $300,000이 될 것으로 추산하였다. 이 기업은 0.5의 부채–가치 비율로(또는 동일하게 1.0의 부채–자기자본 비율) 프로젝트에 대한 자금을 조달할 것이다.

이 새로운 산업에 세 경쟁자들이 존재하며, 이들은 무차입기업이고, 베타가 각각 1.2, 1.3, 그리고 1.4이다. 무위험이자율이 5%이고, 시장위험 프리미엄은 9%이며, 법인세율은 21%라고 가정할 때, 이 프로젝트의 순현재가치는 얼마인가?

우리는 5단계로 이 질문에 대하여 답할 수 있다.

1. *산업에서 무차입 베타의 평균 계산*: 항공 접착제 산업에 존재하는 세 경쟁자들 간의 무차입 베타에 대한 평균은 다음과 같다.

$$\frac{1.2 + 1.3 + 1.4}{3} = 1.3$$

2. *J. Lowes의 새로운 프로젝트에 대한 차입 베타 계산*: 이 새로운 프로젝트에 대한 무차입 베타를 기존의 다른 경쟁자들과 동일하다고 가정할 때, 식 (18.4)로부터 다음을 얻을 수 있다.

차입 베타:

$$\begin{aligned}\beta_{\text{자기자본}} &= \left(1 + \frac{(1 - T_C)\text{부채}}{\text{자기자본}}\right) \times \beta_{\text{무차입기업}} \\ &= \left(1 + \frac{0.79 \times 1}{1}\right) \times 1.3 \\ &= 2.33\end{aligned}$$

3. *새로운 프로젝트에 대한 차입 자기자본비용 계산*: 자본시장선(SML)으로부터 다음과 같이 할인율을 계산할 수 있다.

할인율:

$$\begin{aligned}R_S &= R_F + \beta \times [\mathrm{E}(R_M) - R_F] \\ &= 0.05 + 2.33 \times 0.09 \\ &= 0.2594 \text{ 또는 } 25.94\%\end{aligned}$$

4. *새로운 프로젝트에 대한 WACC 계산*: 가중평균자본비용인 WACC를 결정하는 공식은 다음과 같다.

$$\begin{aligned}\text{WACC} &= \frac{B}{V}R_B(1 - T_C) + R_S\frac{S}{V} \\ &= \frac{1}{2} \times 0.05 \times 0.79 + 0.2594 \times \frac{1}{2} \\ &= 0.1495 \text{ 또는 } 14.95\%\end{aligned}$$

5. *프로젝트의 가치 결정*: 현금흐름은 영구적이므로 이 프로젝트의 NPV는 다음과 같다.

$$\begin{aligned}\text{NPV} &= \frac{\text{무차입 현금흐름(UCF)}}{\text{WACC}} - \text{초기 투자} \\ &= \frac{\$300{,}000}{0.1495} - \$1{,}000{,}000 \\ &= \$1{,}007{,}159\end{aligned}$$

요약 및 결론 _Summary and Conclusions

이 교재의 앞선 장에서는 레버리지를 사용하거나 사용하지 않고 프로젝트와 전체 회사를 평가하는 방법을 보여주었다. 앞의 세 장에서 우리는 기업이 자본구조에서 레버리지 양을 결정하는 방법에 대해 논의했다. 세금과 파산비용을 도입하면 기업의 자금조달 결정이 변한다는 점도 다루었다. 이러한 현실에서 합리적인 기업들은 어느 정도의 부채를 사용해야만 한다. 이 장에서는 차입기업의 가치평가에 대한 세 가지 방법에 대하여 논의하였다: 조정현재가치(APV), 자기자본으로의 흐름(FTE), 가중평균자본비용(WACC) 접근법.

개념확인 _Concept Questions

01. APV 프로젝트의 APV는 어떻게 계산되는가?

02. WACC와 APV WACC와 APV 간의 주요 차이점은 무엇인가?

03. FTE FTE 접근법과 다른 두 접근법들 간의 주요한 차이점은 무엇인가?

04. 자본예산 당신의 기업이 새로운 프로젝트를 수행할 것인가의 여부를 결정하려 한다. 회계사 출신의 CFO는 당신이 프로젝트의 현금흐름을 계산할 때 이자 지불을 사용하지 않았음을 지적하며 WACC를 사용하여 프로젝트의 NPV를 계산하였다고 하였다. 당신은 어떻게 스스로를 변호해야 하는가? 만약 그가 당신에게 현금흐름을 계산할 때 이자 지불을 포함해야 한다고 주장하면, 당신은 어떤 방법을 사용할 수 있는가?

05. 베타와 부채 차입 베타에 의하여 측정되는 두 종류의 위험은 무엇인가?

연습문제 _Questions and Problems

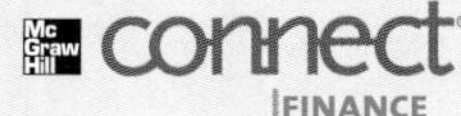

기초
(Questions 1~9)

01. NPV와 APV Benton은 자동차대여 회사로 그들의 회사에 25대의 자동차를 더 추가할 것인가의 여부를 결정하려 한다. 이 기업은 모든 대여용 자동차들을 정액법을 사용하여 5년에 걸쳐 완전히 감가상각한다. 새로운 자동차는 세금과 감가상각을 하기 전에 향후 5년 동안 연간 $245,000의 가치를 창출해낼 것으로 예상된다. 이 기업은 순수 자기자본에 의하여 조달된 기업이며 21%의 법인세율을 가지고 있다. 이 기업의 무차입주식에 대한 요구수익률은 13%이고, 새로운 자동차는 기업의 위험을 변화시키지 않는다.

a. 이 기업이 순수 자기자본 기업으로 유지된다고 할 때, 새로운 자동차를 위하여 지불할 용의가 있는 최대 가격은 얼마가 되는가?

b. 이 기업이 자동차들을 $675,000에 구입할 수 있다고 가정하자. 추가적으로 이 기업은 이 프로젝트를 위하여 5년 만기, 무위험이자율 8% 채권 $450,000을 발행하여 자금을 조달할 수 있다. 모든 원금은 5년 뒤에 일괄적으로 상환될 것이다. 이 프로젝트의 조정현재가치(APV)는 얼마인가?

02. APV Knotts, Inc.는 순수 자기자본 기업으로 4년에 걸쳐 정액법으로 감가상각될 $1.2백만 규모의 투자를 고려하고 있다. 이 프로젝트는 향후 4년간 세금과 감가상각을 하기 전에 연간 $426,000의 수익을 창출해낼 것으로 예상된다. 이 투자는 기업의 위험 수준을 변화시키지 않는다. 이 기업은 지역 은행으로부터 프로젝트에 대한 자금조달로 4년 만기의 9.5% 대출을 받을 수 있다. 모든 원금

은 4년 뒤에 일괄적으로 상환된다. 은행은 이 기업에게 발행수수료로 $45,000을 부과할 것이고, 이것은 대출의 4년 만기 기간에 걸쳐서 상각 될 것이다. 만약 이 기업이 순수 자기자본에 의하여 프로젝트의 자금조달을 했다면, 이 기업의 자본비용은 13%가 될 것이다. 법인세는 25%이다. 조정현재가치 방법을 사용하여, 이 기업이 프로젝트를 투자할 것인지, 말 것인지를 결정하라.

03. 자기자본으로의 흐름 Pompeii Pizza Club은 그들의 특별한 피자들로 유명한 세 개의 동일한 레스토랑을 소유하고 있다. 각 레스토랑은 40%의 부채-자기자본비율을 가지고 있으며 매년 말에 $42,000의 이자를 지불한다. 기업의 차입 자기자본에 대한 비용은 19%이다. 각 상점들은 연 매출이 $1.275백만이 될 것으로 추산한다; 매출원가는 $745,000이 될 것이다; 그리고 연간 일반비용과 관리비용은 $405,000이 될 것이다. 이 현금흐름은 영원히 동일하게 유지될 것으로 예측된다. 법인세율은 22%이다.

a. 자기자본으로의 흐름 접근법을 사용하여 기업 자기자본의 가치를 계산하라.

b. 이 기업의 총 가치는 얼마인가?

04. WACC Wild Widgets Inc.은 순수 자기자본기업이고, 베타는 0.95이었다. 기업의 목표 부채-자기자본비율은 0.40이다. 시장 포트폴리오의 기대 수익율은 11%이고 단기재정증권의 수익률은 3.5%이다. 기업은 15년 만기, 표면이자율 6.5%의 채권을 발행하였다. 채권은 현재 $1,080에 팔린다. 법인세율은 21%이다.

a. 기업의 부채비용은 얼마인가?

b. 기업의 자기자본비용은 얼마인가?

c. 기업의 WACC는 얼마인가?

05. 베타와 부채 North Pole Fishing Equipment Corporation과 South Pole Fishing Equipment Corporation은 만약 두 기업이 모두 순수 자기자본 조달기업이라면 동일하게 1.05의 베타를 가질 것이다. 각 기업에 대한 시장가치 정보가 다음에 나타나 있다.

	North Pole	South Pole
부채	$2,400,000	$4,100,000
자기자본	$4,100,000	$2,400,000

시장 포트폴리오에 대한 기대수익률은 10.90%이고, 무위험이자율은 3.2%이다. 두 기업 모두 21%의 법인세율을 가지고 있다. 부채의 베타는 0이라고 가정하자.

a. 두 기업 각각의 자기자본 베타는 얼마인가?

b. 두 기업 주식의 각각의 자기자본에 대한 요구수익률은 얼마인가?

06. 대출의 NPV Kendrick Enterprises의 CFO인 Daniel Kaffe는 총 금액이 $4.6백만인 10년 만기 6.3% 대출에 대한 가치평가를 진행 중이다. 이 대출의 이자지불은 매년 이루어질 것이다. 발행비용은 총 금액의 2.5%가 될 것으로 추산되며, 이 비용은 대출기간인 10년 동안 정액법을 사용하여 감가상각될 것이다. 이 기업은 21%의 법인세율을 가지고 있으며, 대출은 기업에 대한 재무적 곤경 위험을 증가시키지 않는다.

a. 발행비용을 제외한 대출의 순현재가치를 계산하라.

b. 발행비용을 포함한 대출의 순현재가치를 계산하라.

07. 순수 자기자본기업의 NPV Walker, Inc.은 순수 자기자본기업이다. 기업의 자기자본비용은 현재

11.9%이고 무위험이자율은 3.5%이다. 기업은 현재 $11.4백만의 비용과 6년이 소요되는 프로젝트를 고려 중 이다. 기업은 정액감가상각법을 사용한다. 프로젝트는 수입에서 비용을 뺀 금액이 매년 $3.8백만이다. 기업의 세율이 23%일 경우, 이 프로젝트를 채택해야 하는가?

08. WACC National Electric Company (NEC)는 동력장치 부서에 $53백만짜리 프로젝트를 고려 중이다. 기업의 CFO, Tom Edison은 프로젝트를 평가 후 프로젝트의 무차입 현금흐름은 영구히 연 $4.1백만이라는 것을 밝혀냈다. Mr. Edison은 최초 투자금을 조달할 수 있는 방법 두 가지를 창안하였다: 10년짜리 채권을 발행하거나 혹은 보통주를 발행하는 것이다. 기업의 목표 부채/자산 비율은 60%이다. 프로젝트는 기업의 기존 사업과 같은 위험이 있고 같은 금액의 부채를 지원한다. 세율은 21%이다. NEC은 프로젝트를 채택해야 하는가?

09. WACC Williams, Inc.의 자금조달비용에 대한 자료는 다음과 같다:

자금조달의 유형	장부가치	시장가치	비용
단기채	$12,000,000	$12,500,000	4.1%
장기채	20,000,000	23,000,000	7.2
보통주	9,000,000	54,000,000	13.8
총 합계	$41,000,000	$89,500,000	

이 기업은 21%의 세율을 가지고 있으며 목표 부채-자기자본 비율은 60%이다. 목표 단기채-장기채 비율은 20%이다.

a. 장부가 가중치를 사용할 때 이 기업의 가중평균자본비용은 얼마인가?

b. 시장가 가중치를 사용할 때 이 기업의 가중평균자본비용은 얼마인가?

c. 목표 자본구조 가중치를 사용할 때 이 기업의 가중평균자본비용은 얼마인가?

d. WACC들 간의 차이는 무엇인가? 프로젝트 가치평가를 위해 사용하는 올바른 WACC는 무엇인가?

중급
(Questions 10~14)

10. APV Triad Corporation은 Tobacco Road Construction, Inc.와 함께 North Carolina에 유료도로를 건설하기 위하여 합작회사를 설립하였다. 도로포장 설비에 대한 초기 투자비용은 $125백만이다. 이 설비는 경제적 수명인 5년 동안 정액법을 사용하여 감가상각될 것이다. 유료도로로부터 언게 될 EBIT는 첫해 말로부터 시작하여 20년 동안 연간 $18.4백만이 될 것으로 예측된다. 법인세는 21%이다. 순수 자기자본으로 자금조달을 한 프로젝트에 대한 요구수익률은 13%이다. 합작회사에 대한 부채의 세전비용은 8.5%이다. 국가의 기반시설에 대한 투자를 장려하기 위하여, 미국 정부는 이 프로젝트에 15년 만기 연 5%의 이자율로 $40백만 규모 대출을 지원할 예정이다. 모든 원금은 15년 뒤에 일괄상환될 것이다. 이 프로젝트에 대한 조정현재가치는 얼마인가?

11. APV 앞 문제의 기업에서, 일반적으로 받을 수 있는 조건으로 발행하는 부채 대신 정부가 보조(지원)하는 채권을 발행할 경우 그 가치는 얼마인가? 발행 부채의 액면가와 만기는 동일하다고 가정하자.

12. APV MVP, Inc.은 20년간 로데오 물품을 생산해왔다. 이 기업은 현재 50%의 부채-자기자본 비율을 가지고 있고 21%의 법인세율을 적용받는다. 부채를 사용한 기업 자기자본에 대한 요구수익률은 15%이다. MVP는 생산시설에 대한 확장을 계획하고 있다. 구매될 설비들은 다음의 무차입 현금흐름을 창출할 것으로 예측된다.

연도	현금흐름
0	−$14,700,000
1	5,400,000
2	8,900,000
3	8,600,000

이 기업은 확장을 위한 부분적인 자본조달을 위하여 $9.3백만의 부채를 계획하였다. 이 대출 하에서 이 기업은 매년 말에 총 남아 있는 잔액에 대하여 9%의 이자를 지불할 것이다. 이 기업은 또한 매년 말에 $3.1백만씩의 원금에 대한 상환을 하여, 3번째 연도 말에 완전히 상환을 끝낼 예정이다. 조정현재가치 방법을 사용하여 이 기업의 확장에 대한 비용을 계산하라.

13. WACC First and Ten Corporation의 주식수익률은 시장 포트폴리오에 대하여 0.0415의 공분산을 가진다. 시장 포트폴리오에 대한 표준편차는 20%이고, 기대 시장위험 프리미엄은 6.7%이다. 이 기업은 총 시장가치 $55백만에 6.5%의 YTM을 가진 채권을 가지고 있다. 이 기업은 또한 주당 $35에 거래되고 있는 4.2백만 주의 보통주를 가지고 있다. 이 기업의 CEO는 기업의 현재 부채−자기자본의 최적 비율을 고려하고 있다. 법인세율은 21%이며, 미국단기재정증권의 현재 수익률은 3.4%이다. 이 기업은 추가적인 설비의 구매를 고려하고 있으며 이것은 $49백만의 비용이 들 것이다. 이 설비로부터 나오는 무부채 현금흐름에 대한 예측 값은 5년 동안 매년 $16.4백만씩이다. 이 설비의 구매는 기업의 위험수준을 변화시키지 않는다.

a. 가중평균자본비용 접근법을 사용하여 First and Ten이 이 설비를 구매해야 할지를 결정하라.

b. 이 기업이 설비를 구매하기 위한 자금조달 방법으로 부채를 사용하기로 결정했다고 가정하자. 이 프로젝트에 대한 자본비용은 현재 얼마인가? 설명하라.

14. 베타와 부채 Fitzgerald Industries는 새로운 프로젝트가 있는데 최초 투자비용이 $4.6백만이다. 프로젝트는 20년 동안 매년 무차입 현금흐름 $835,000을 창출할 예정이다. 기업은 부채/자산 비율이 0.35가 되도록 프로젝트의 자금을 조달할 것이다. 기업 채권의 만기수익률은 6.8%이다. 이 프로젝트와 비교될 만한 기업들은 무차입베타 1.15, 1.08, 1.30, 1.25가 있다. 무위험이자율은 3.8%이고 시장 위험프리미엄은 7%이다. 세율은 21%이다. 이 프로젝트의 NPV은 얼마인가?

고급
(Questions 15~18)

15. APV, FTE, 그리고 WACC Summers, Inc.은 무차입기업이고 영구히 연 $23.5백만의 EBIT를 창출할 것으로 예상한다. 현재 기업 자기자본의 요구수익율은 11%이고 기업은 모든 수익을 매년 연말에 배당으로 지급한다. 기업은 1.9백만 주의 보통주가 있고 법인세율은 21%이다. 기업은 이자율 6%의 영구부채 $35백만을 발행하고 발행금액으로 자사주를 매입하여 자본 재구성을 할 계획이다.

a. 자본 재구성을 발표하기 전에 기업의 가치를 계산하라. 발표하기 전에 자기자본의 가치는 얼마인가? 주당 가격은 얼마인가?

b. APV 방법을 사용하여 자본 재구성 발표 후의 기업 가치를 계산하라. 발표 후 자본의 가치는 얼마인가? 주당 금액은?

c. 몇 주의 자사주가 매입되는가? 자사주 매입이 완료된 후 자기자본의 가치는 얼마인가? 주당 가격은 얼마인가?

d. 자기자본으로의 흐름 방법을 사용하여 기업의 자본 재구성 후 자기자본의 가치를 계산하라.

16. APV, FTE, 그리고 WACC Bluegrass Mint Company는 부채−자기자본비율이 0.35이다. 무차입 자기자본에 대한 요구수익율이 12.1%이고 세전 부채비용은 6.3%이다. 기업의 매출은 작년 매출액

인 $18.6백만 수준을 영구히 유지할 것으로 예상된다. 변동비는 매출액의 60%이다. 세율은 21%이고 매년 연말에 모든 수익을 배당으로 지급한다.

a. 기업이 완전히 자기자본으로 자금을 조달할 경우, 얼마의 가치가 될 것인가?

b. 기업의 차입 자기자본에 대한 요구수익율은 얼마인가?

c. WACC 방법을 이용하여 기업의 가치를 계산하라. 기업의 자기자본 가치는 얼마인가? 기업의 부채 가치는 얼마인가?

d. 자기자본으로의 흐름 방법을 사용하여 기업의 자기자본 가치를 계산하라.

17. APV, FTE, 그리고 WACC Bruin Industries는 $325,000 규모의 7% 영구부채를 발행하였으며, 그 자금으로 자사주를 매입하였다. 이 기업은 영구적으로 $146,000의 EBIT를 창출할 것으로 예상된다. 이 기업은 연말에 모든 수익을 배당으로 지급한다. 이 기업의 차입 자본비용은 10.5%이고, 법인세율은 21%이다.

a. 무차입기업으로서 이 기업의 가치는 얼마인가?

b. 부채를 사용하였을 때 이 기업의 가치를 계산하기 위하여 조정현재가치 방법을 사용하라.

c. 이 기업의 차입 자기자본에 대한 요구수익률은 얼마인가?

d. 기업의 자기자본의 가치를 계산하기 위하여 자기자본으로의 흐름 방법을 사용하라.

18. 동일한 위험수준이 아닌 프로젝트들 Blue Angel, Inc.은 명절선물 산업에 속해 있는 개인 회사이고 새로운 프로젝트를 고려 중이다. 기업의 목표 부채-자기자본비율이 0.40이지만 산업의 목표 부채-자기자본비율은 0.35이다. 산업의 평균 베타는 1.2이다. 시장 위험프리미엄은 7%이고 무위험이자율은 5%이다. 이 산업에 속해 있는 모든 기업이 무위험이자율에 부채발행이 가능하다고 가정한다. 프로젝트는 최초 투자비용이 $785,000이고 첫해 말 현금유입은 $93,000으로 예상된다. 프로젝트는 기업의 목표 부채-자기자본비율로 자본조달할 것이다. 프로젝트의 연간 현금흐름은 일정하게 5%씩 5년 동안 증가할 것이고 그 후로는 영원히 일정할 것이다. 기업은 이 프로젝트에 투자해야 하는가?

Mini Case

Cheek Products, Inc.의 차입매수(Leveraged Buyout)

Cheek Products, Inc. (CPI)는 53년 전에 Joe Cheek에 의하여 설립되었으며 본래는 감자칩이나 프레즐과 같은 스낵음식을 판매하였다. 기업인수를 통해서, 이 회사는 스낵음식산업을 주요 사업부로, 가정 보안 시스템, 화장품, 그리고 플라스틱에 이르는 재벌기업으로 성장하였다. 추가적으로 이 회사는 몇 개의 작은 사업부들을 가지고 있다. 최근 이 회사는 성과가 좋지 못하며, 기업의 경영진들은 영업(그리고 주가)을 개선시키기 위하여 공격적인 기회를 추구하지 않는 듯이 보인다.

Meg Whalen은 잠재적 매수 대상을 선별하는 데 전문성을 가진 재무분석가이다. 그녀는 Cheek에 두 가지 주요한 변화가 필요하다고 생각한다. 첫째, 그녀는 이 기업이 만약 몇몇 사업부를 매각하고 스낵음식과 가정 보안 시스템을 핵심 사업부로 집중한다면 이 회사가 더 좋아질 것으로 생각한다. 둘째, 이 기업은 전체적으로 자기자본으로 조달되었다. 회사의 현금흐름이 상대적으로 안정적이므로, Meg는 이 회사의 부채-자기자본 비율이 최소한 0.25는 되어야 한다고 생각한다. 그녀는 이러한 변화는 주주들의 부를 상당히 향상시킬 것으로 생각한다. 그러나 그녀는 또한 현존하는 이사진과 기업의 경영진들이 필요한 행동들을 취하고 있지 않다고 생각한다. 결과적으로 Meg는 이 회사가 차입매수의 좋은 대상이 될 것으로 생각한다.

차입매수(LBO)는 공개 혹은 사기업의 주식투자자들의 작은 집단에 의하여 이루어지는 인수를 의미한다. 일반적으로 LBO는 부채를 우선적으로 자금조달에 사용한다. 새로운 주주들은 영업 그리고/또는 자산 매각을 통해 높은 이자와 원금 상환을 감당해야 한다. 주주들은 일반적으로 3~7년 내에 주식 공모나 또는 다른 기업에 이 회사의 매각을 통하여 역 LBO (reverse LBO)가 되기를 희망한다. 차입매수는 따라서 만약 기업이 초기 연도에 부채를 감당할 수 있을 만한 충분한 현금을 창출해낼 수 있고, 또한 이 기업이 몇 년 뒤에 다른 구매자들에게 매력적으로 보일 수 있다면 성공적일 수 있다.

Meg는 그녀의 파트너인 Ben Feller와 Brenton Flynn에게 잠재적 LBO를 제안하였다. Ben과 Brenton은 Meg에게 이 기업의 현금흐름 추정치를 제공해달라고 요청하였다. Meg는 다음과 같은 추정치를 제공하였다(단위: 백만).

	2019	2020	2021	2022	2023
판매	$3,024	$3,391	$3,654	$3,740	$3,893
비용	804	1,055	1,110	1,200	1,264
감가상각	534	568	591	620	633
EBT	$1,686	$1,768	$1,953	$1,920	$1,996
자본지출	$ 307	$ 266	$ 334	$ 339	$ 334
NWC의 변동	−$ 134	−$ 205	$ 111	$ 105	$ 119
자산 매각	$1,560	$1,131			

5년 뒤에, Meg는 현금흐름의 성장률은 매년 3.5%가 될 것으로 예측하였다. 자본적 지출은 새로운 프로젝트에 대한 것과 노후한 설비의 교체에 대한 것이다. 추가적으로 이 기업은 몇몇 사업부의 매각으로부터 현금흐름을 실현할 것이다. 이 기업이 이러한 사업부들을 매각할 것임에도 불구하고, 회사가 남아 있는 사업부에 더 집중된 노력을 기울일 것이므로 전체적인 판매는 증가할 것이다.

이 기업의 재무적이고 다양한 견적 시나리오를 통해 다져진 이후에, Ben과 Brenton은 5년 뒤에 그들이 이 기업을 제3자에게 매각하거나, 또는 다시 공모를 할 수 있을 것으로 생각하였다. 그들은 또한 그들이 구매가격의 상당한 금액을 차입해야 할 것으로 생각하고 있다. 만약 LBO가 진행된다면 향후 5년간 이들이 매년 부채에 대하여 지불해야 하는 이자금액은 다음과 같다(단위: 백만).

	2019	2020	2021	2022	2023
이자지급액	$2,120	$2,045	$2,851	$2,779	$2,875

이 기업은 최근 자산에 대한 요구수익률이 14%이다. 높은 부채 수준으로 인하여, 부채는 향후 5년간 12.5%의 만기수익률을 가질 것이다. 5년 뒤 이 부채가 차환될 경우, 그들은 새로운 만기수익률은 8%가 될 것으로 생각한다.

CPI는 최근 385백만의 발행주식수를 보유하고 있으며, 주가는 주당 $29이다. 법인세율은 21%이다. 만약 Meg, Ben, 그리고 Brenton이 LBO를 진행하기로 결정하였다면, 이들이 제시해야 하는 가격은 주당 얼마가 되겠는가?

19

배당금과 기타 현금배분

Dividends and Other Payouts

2017년 5월 9일 정보처리 및 서비스 회사 DST Solutions는 회사 사업의 최근 성공에 대하여 주주에게 보상할 광범위한 계획을 발표했다. 계획에 따라 DST는 (1) 연간 배당금을 주당 35 센트에서 36 센트로 3% 인상하고, (2) 보통주 1주가 2주의 새로운 보통주로 대체되는 것을 의미하는 2:1 주식분할을 진행하며, (3) 내년 동안에 약 $300백만의 보통주를 자사주 매입하기로 하였다. 투자자들은 발표 당일(주식 시장 전체는 약간 하락)에 주가를 약 1.3% 상승시키며 환영하였다. 투자자들은 왜 기뻐하였는가? 이를 알아 보기 위해 이 장에서는 이러한 유형의 행위와 주주에게 미치는 영향을 살펴본다.

기업재무의 최신 동향: rwjcorporatefinance.blogspot.com

19.1 현금배분의 유형

배당(dividend)이라는 용어는 이익을 현금으로 배분하는 것을 말한다. 배분이 현재의 이익이나 축적된 이익잉여금 이외의 다른 원천을 사용하여 이루어진다면, 배당 대신에 배분(distribution)이라는 용어가 사용된다. 그러나 이익으로부터의 배분을 배당, 자본으로부터의 배분을 청산배당(liquidating dividend)이라고 부르는 것은 가능하다.

배당의 가장 보편적인 유형은 현금 형태로 이루어진다. 공개기업은 보통 1년에 4번의 **정규현금배당**(regular cash dividends)을 한다. 가끔 기업은 정규현금배당과 함께 특별현금배당(extra cash dividend)을 한다. 청산배당의 경우(납입 자본금이 감소함)를 제외하고, 현금배당을 지불하면 기업의 현금과 이익잉여금이 감소한다.

배당의 또 다른 유형은 주식으로 지급된다. 이러한 배당을 **주식배당**(stock dividend)이라고 한다. 주식배당은 아무 현금도 기업으로부터 나가지 않기 때문에 진정한 배당은 아니다. 오히려 주식배당은 발행주식수를 증가시켜서 주당가치를 감소시킨다. 주식배당은 일반적으로 비율로 표현된다. 예를 들면, 2% 주식배당에서 주주는 현재 소유하고 있는 50주마다 1주의 신주를 받는다.

기업이 **주식분할**(stock split)을 선언하면 발행주식수가 증가한다. 개별 주식은 이제 기업의 현금흐름에 대해 더 적은 비율을 받을 자격이 있기 때문에 주가는 떨어져야 한다. 예를 들면, $90에 거래되는 주식을 가진 기업의 경영자가 3:1로 주식분할을 선언하면 주식의 가격은 약

$30으로 떨어진다. 주식분할은 주식배당보다 보통 훨씬 대규모라는 점을 제외하고는 서로 매우 흡사하다.

현금배당의 대안이 되는 형태은 **자사주 매입**(stock repurchase)이다. 기업이 배당을 지급하기 위해 현금을 사용하는 것처럼, 현금으로 주식을 되사는(buy back) 것에 사용한다. 주식은 회사에 의해 보관되고 자사주(금고주; treasury stock)로 처리된다.

19.2 현금배당의 표준적인 지급방법

배당지급의 결정은 기업의 이사회의 손에 달려 있다. 배당금은 특정한 날에 기록된 주주에게 배분된다. 배당이 일단 선언이 되면, 배당은 기업의 책임이 되고 이를 쉽게 무효로 할 수 없다. 배당금액은 주당 달러 금액(주당배당금, dividend per share), 시장가격의 비율(배당수익률, dividend yield), 혹은 주당이익의 비율(배당성향, dividend payout)로 표현된다.

배당지급의 과정은 〈그림 19.1〉에서 예로 표현하고 있으며, 다음 순서를 따른다.

1. **배당선언일**(declaration date): 1월 15일(배당선언일)에 이사회는 1월 30일의 주주명부에 기재된 모든 주주에게 2월 16일에 주당 $1의 배당금을 지급하는 결의안을 통과한다.
2. **배당기준일**(date of record): 기업은 1월 30일에 이날 현재 주주라고 믿어지는 모든 개인을 대상으로 주주명부를 준비한다. 여기서 "믿어지는(believed)"이란 단어는 중요하다. 1월 30일이 지나고 기업에게 매수 통지를 하는 개인에게는 배당금이 지급되지 않는다.
3. **배당락일**(ex-dividend date): 효율적으로 운영되는 증권회사는 1월 29일에 발생한 거래를 기업에게 1월 30일까지 통지할 수 있지만 덜 효율적인 증권회사에 의해 체결된 같은 거래가 2월 2일에도 통지되지 못한다면, 배당기준일에 대한 절차는 불공평할 것이다. 이러한 문제를 없애기 위해 모든 증권회사는 배당기준일 3영업일 전에 주식을 매입한 주주들에게는 배당을 받을 자격을 준다. 배당기준일 2영업일 전에 매입한 주주는 배당을 받을 수 없으며 우리의 예에서는 1월 28일을 배당락일(ex-dividend date)이라고 한다. 이날 이전에 주식은 배당부(cum dividend)로 거래된다고 한다.

그림 19.1
배당지급 절차의 예

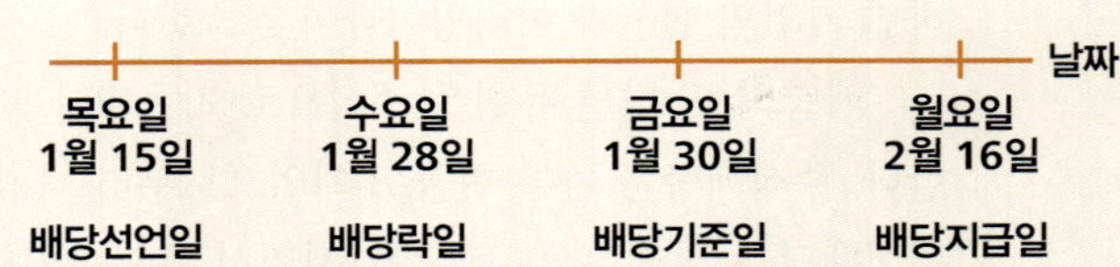

1. *배당선언일*: 이사회가 배당지급을 발표한다.
2. *배당기준일*: 발표된 배당금은 어느 특정한 날에 기록된 주주에게 배분된다.
3. *배당락일*: 주식이 배당락이 되는 날이며, 이날 매도자는 배당금을 받을 권리가 있다. 매수자는 배당금을 받을 권리가 없다. NYSE 규정에 따라 주식은 배당기준일 이전 2영업일과 그 이후부터 배당락으로 거래된다.
4. *배당지급일*: 배당금 수표가 주주명부에 기재된 주주에게 발송된다.

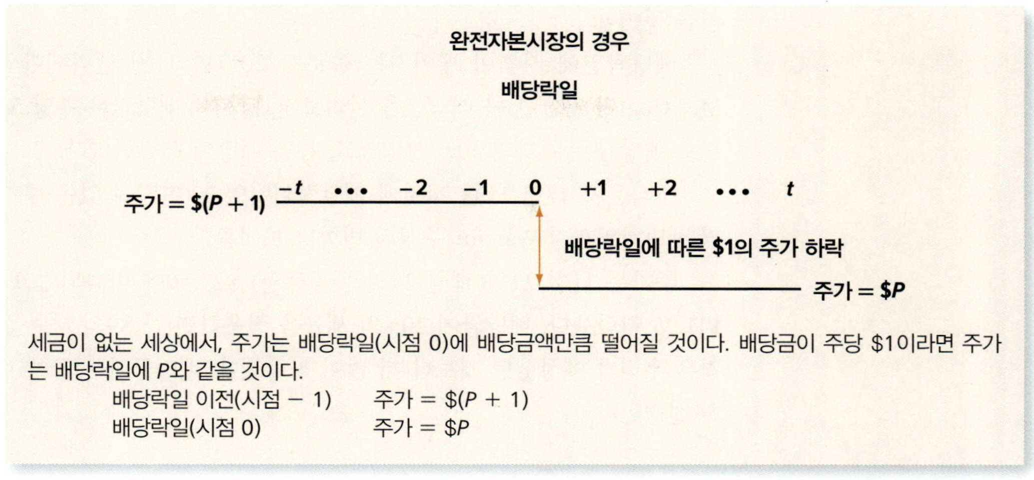

그림 19.2
$1의 현금배당에 대한 배당락일 무렵의 주가 행태

4. **배당지급일**(date of payment): 배당금 수표(dividend checks)가 2월 16일에 주주들에게 우송된다.

분명히 배당락일은 중요하다. 왜냐하면 배당락일 전에 주식을 매입하는 사람은 현재의 배당금을 받을 것이지만, 이날부터는 주식을 매입하는 사람이 배당금을 받지 못하기 때문이다. 그러므로 주가는 배당락일에 떨어질 것이다(어떤 다른 사건이 발생하지 않는다고 가정함). 이러한 주가의 하락은 시장이 현금배당에 합리적으로 가치를 부여하기 때문에 시장 비효율성이 아니라 시장 효율성을 보여주는 것이다. 이는 〈그림 19.2〉에 설명되어 있다.

주가 하락의 정도는 세율에 달려 있다. 예를 들면, 자본이득세가 없는 경우를 생각해 보자. 주식이 배당락이 되기 전에 주식의 매수자는 (1) 주식을 즉시 매수하고 배당금에 대한 세금을 내든지, 혹은 (2) 내일 주식을 매수하고 배당금을 포기해야 하든지를 결정해야 한다. 만일 모든 투자자의 세율구간이 20%이고 분기 배당금이 $1이라면, 주가는 배당락일에 $0.80만큼 떨어져야 한다. 즉, 주가가 배당락일에 이 금액만큼 떨어진다면 매수자는 두 전략으로부터 같은 수익을

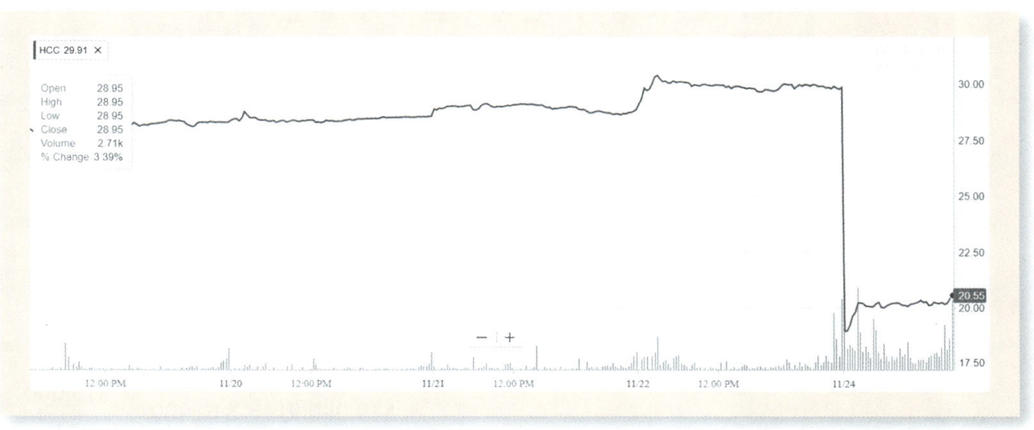

거둘 것이다.

배당락일에 가격이 떨어지는 예로서 2017년 11월 앨라배마의 탄광을 운영하는 Warrior Met Coal이 지급한 큰 배당금을 살펴보자. 당시에 배당금은 주당 $11.21였고 주가는 $30이었으므로 배당금은 주가의 40% 정도였고, 특별 배당에 해당하였다.

주식은 2017년 11월 24일에 배당락일이었다. 여기에 있는 주가 차트는 배당락일 4일 전부터 배당락일까지 Warrior 주식의 변화를 보여준다.

주가는 11월 22일(11월 23일은 공휴일) $29.90에 마감되었고 11월 24일 $18.65에 시가로 $11.25 하락했다. 배당금에 20%의 세율을 적용하면 약 $9의 하락을 예상했을 것이므로 실제 가격은 우리가 예상했던 것보다 더 많이 하락했다. 배당금과 세금에 대해서는 다음 섹션에서 자세히 설명한다.

19.3 벤치마크 사례: 배당정책의 무관련성에 대한 설명

이전 장에서 우리는 기업의 가치가 (잉여)현금흐름을 창출하고 배분할 수 있는 능력에서 나온다고 말했다. 특히, 우리는 주식의 가치가 미래 기대되는 배당지급액(다음 절에서 다룰 자사주 매입금액 포함)의 현재가치와 같다는 생각을 주장했다. 여전히 유효한 말이다. 이번 절에서 우리는 배분가능한 현금흐름의 수준이 정해졌을 때 기업의 배당지급 시기선택으로 정의할 수 있는 배당정책에 대해 논의한다.

현금흐름이 변하지 않을 때 배당의 시기선택은 중요하지 않다는 강력한 주장이 제기될 수 있다. Bristol Corporation의 예를 들어 이 주장을 설명할 것이다. Bristol은 순수 자기자본기업으로 10년 전에 설립되었다. 현재 재무관리자는 오늘(시점 0) 기업이 1년 후(시점 1)에 해체될 것이라는 것을 알고 있다. 시점 0에 관리자는 확실하게 현금흐름을 예상할 수 있다. 그는 Bristol이 지금 당장 $10,000의 현금흐름을 받고, 내년에 또 $10,000을 받는다는 것을 알고 있다. Bristol은 NPV가 양(+)인 프로젝트를 추가로 보유하고 있지 않다.

현재 정책: 현금흐름과 동일한 배당

현재 각 시점의 배당금(D)을 $10,000의 현금흐름과 동일하게 설정한다. 기업의 가치는 이러한 배당금을 할인함으로써 계산될 수 있다. 그 가치는 다음과 같이 표현된다.

$$V_0 = D_0 + \frac{D_1}{1 + R_S}$$

여기서 D_0와 D_1은 배당으로 지급된 현금흐름이다. R_S는 할인율이다. 처음 배당금은 즉시 지급되기 때문에 할인되지 않는다.

R_S = 10%를 가정하면, 기업의 가치는 아래와 같다.

$$\$19{,}090.91 = \$10{,}000 + \frac{\$10{,}000}{1.1}$$

발행주식수가 1,000주라면, 개별 주식의 가치는 아래와 같다.

$$\$19.09 = \$10 + \frac{\$10}{1.1}$$

예를 단순화하기 위해 배당락일과 배당지급일이 같다고 가정한다. 지금 배당금이 지급되면 주가는 즉시 $9.09 (= $19.09 − $10)로 떨어질 것이다. Bristol의 일부 이사회 임원은 현재의 배당정책에 대해 불만족을 표시하면서 대안이 되는 배당정책을 분석하라고 요청했다.

대안 정책: 현금흐름보다 많은 최초배당

다른 배당정책은 주당 $11씩 총 $11,000의 배당금을 즉시 지급하는 것이다. 가용할 수 있는 현금흐름은 $10,000뿐이기 때문에 추가적인 $1,000은 어떤 방법으로도 조달되어야만 한다. 아마 가장 간단한 방법은 지금(시점 0) 채권이나 주식을 $1,000 금액만큼 발행하는 것이다. 주식이 발행되었고 새로운 주주는 시점 0의 투자에 대해 10%의 요구수익률을 보장할 수 있는 충분한 현금흐름이 시점 1에 확보되기를 바란다고 가정하자. 새로운 주주는 시점 1에 $1,100을 요구할 것이므로 기존 주주에게는 단지 $8,900이 남게 될 것이다. 기존 주주에게 지급되는 배당금은 아래와 같이 될 것이다.

	시점 0	시점 1
기존 주주에게 지급되는 배당금 총액	$11,000	$8,900
주당배당금	$ 11.00	$ 8.90

그러므로 주당배당금의 현재가치는 다음과 같다.

$$\$19.09 = \$11 + \frac{\$8.90}{1.1}$$

새로운 주식이 얼마에 발행되는가를 알아보는 것도 종종 유익하다. 새로운 주주는 즉시 지급되는 배당금을 받을 권리가 없기 때문에 주당 $8.09 (= $8.90/1.1)를 지불하려고 할 것이다. 따라서 123.60 (= $1,000/$8.09)주가 새로이 발행된다.

무차별 명제

주식 가치는 두 배당정책에서 동일하다. 이것은 배당정책의 변화가 주식의 가치에 영향을 미치지 않는다는 최초의 놀라운 결론에 이르게 한다. 그러나 돌이켜보면 이 결과는 그럴듯하다. 새로운 주주는 시점 0에 돈을 투자하여 시점 1에 적절한 수익과 함께 되돌려 받는다. 다시 말하면, 그들은 NPV가 0인 투자를 택하고 있다.

홈메이드 배당

우리의 예제에서 투자자는 배당정책에 무차별하다는 것을 설명하기 위해 현재가치 수식을 사용했다. 그러나 아마 좀 더 직관적으로 호소하는 설명이 현금흐름을 할인하는 계산 없이 가능할 수 있다.

개인투자자 X가 시점 0과 시점 1에 모두 주당 $10의 배당금 받기를 선호한다고 가정하자. 기업의 경영진이 대체 배당정책(두 시점에 각각 $11과 $8.90의 배당금 지급)을 채택한다면, 그녀는 실망을 하겠는가? 반드시 그렇지는 않다. 왜냐하면 그녀는 시점 0에 받은 배당금에서 필요하지 않은 $1을 재투자하여 시점 1에 $1.10을 받을 수 있기 때문이다. 따라서 그녀는 자신이 희망한 대로 시점 0에 $10 (= $11 − $1)과 시점 1에 $10 (= $8.90 + $1.10)의 순현금흐름을 받게 될 것이다.

반대로 투자자 Z는 시점 0에 $11의 현금흐름을, 시점 1에 $8.90의 현금흐름을 선호하지만 경영진은 두 시점 각각에 $10의 배당금을 지급한다고 가정하자. 여기서 투자자는 희망하는 현금흐름을 받기 위해 시점 0에서 주식을 매도할 수 있다. 즉, 그가 시점 0에 $1에 상응하는 주식(또는 일부 주식)을 매도한다면, 시점 0에 그의 현금흐름은 $11 (= $10 + $1)이 된다. 시점 0에 $1에 상응하는 주식을 매도함으로써 시점 1에 배당금이 $1.10 감소하게 되며, 따라서 그의 시점 1에서의 순현금흐름은 $8.90 (= $10 − $1.10)이 될 것이다.

이 예는 투자자가 어떻게 **홈메이드 배당**(homemade dividends)을 만들 수 있는지를 설명한다. 홈메이드 배당을 통해서 잠재적으로 불만족한 주주는 기업의 배당정책을 되돌릴 수 있다. 이러한 홈메이드 배당은 〈그림 19.3〉에 설명되어 있다. 여기서 점 A는 기업이 시점 0과 시점 1 모두에서 주당 $10의 현금흐름을 지급하는 것을 나타낸다. 이 점은 또한 최초의 배당지급을 나타낸다. 그러나 방금 보았듯이 기업은 대안으로 시점 0에 $11을 시점 1에 $8.90을 지급할 수 있으며, 이 전략은 점 B로 표시된다. 유사하게 기업은 신주를 발행하거나 기존 주식을 재매입함으로써 대각선상의 어떤 점으로 표현되는 배당이라도 달성할 수 있다.

앞 단락은 기업의 경영자에게 이용 가능한 선택 대안을 설명한다. 같은 대각선은 또한 주주가 이용 가능한 선택이기도 하다. 예를 들면, 주주가 주당 ($11, $8.90)의 배당금을 받는다면, 그 주주는 그래프상에서 우하향으로 이동하기 위해서 일부 배당금을 재투자할 수 있다. 또한 주주가 주당 ($10, $10)의 배당금을 받는다면 좌상향으로 이동하여 일부 주식을 매도할 수 있다.

그래프가 의미하는 것을 아래 두 문장으로 요약할 수 있다.

1. 배당정책을 변경함으로써, 경영자는 〈그림 19.3〉에 있는 대각선을 따라 어떠한 배분이라도 달성할 수 있다.
2. 시점 0에서 초과배당금을 재투자하거나 주식의 일부를 매도함으로써, 개인투자자는 대각선을 따라 어떠한 순현금배분이라도 달성할 수 있다.

따라서 기업과 개인투자자 모두 대각선을 따라서만 이동할 수 있기 때문에 이 모형에서 배당정책은 무관하다. 경영자가 배당정책을 변경하더라도, 개인은 배당금을 재투자하거나 주식을 매도함으로써 대각선상의 원하는 지점으로 이동하여 배당정책을 되돌릴 수 있다.

그림 19.3
홈메이드 배당:
주당 배당금의 시점 0과
시점 1에서의 상충관계

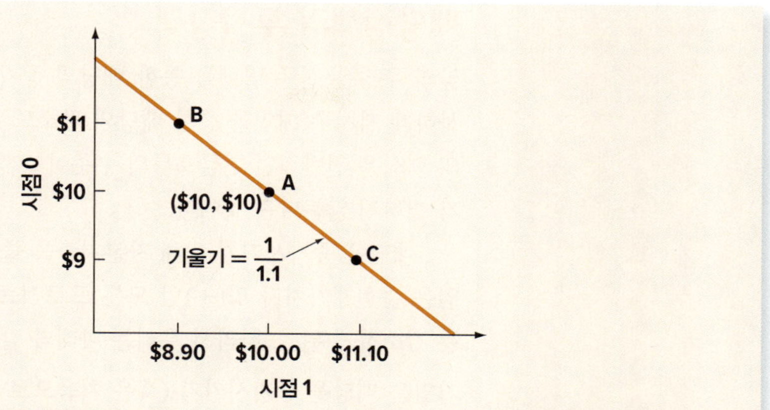

그래프는 (1) 경영자가 어떻게 배당정책을 변경하고, (2) 개인들은 기업의 배당정책을 어떻게 되돌릴 수 있는지를 설명한다.

- **배당정책을 변경하는 경영자**: 모든 현금흐름을 즉시 지급하는 기업은 그래프상의 점 A에 위치한다. 기업은 추가적인 배당금을 지급하기 위해 주식을 발행함으로써 점 B로 이동하거나 현금으로 기존 주식을 재매입함으로써 점 C로 이동할 수 있다.
- **기업의 배당정책을 되돌리는 개인**: 기업이 시점 0에 $11을, 시점 1에 $8.90의 주당 배당금을 지급하는 배당정책인 점 B를 채택한다고 가정하자. 개인은 배당금 중에서 $1을 10%로 재투자하여 점 A로 옮겨갈 수 있다. 대신에 기업이 점 A에서와 같은 배당정책을 채택한다고 가정하자. 개인은 시점 0에 주식 $1을 매도함으로써 점 B로 옮겨갈 수 있다. 기업이 어떠한 배당정책을 설정하더라도 주주는 이를 되돌릴 수 있다.

간단한 점검

아래의 진술을 검증함으로써 앞의 내용에 대한 당신의 이해를 점검할 수 있다.

1. 배당금은 관련이 있다.
2. 배당정책은 무관하다.

첫 번째 진술은 상식으로부터 나온다. 배당금의 수준이 모든 시점에서 일정하게 유지되는 경우, 분명히 투자자는 어떤 특정 시점에서 낮은 배당금보다는 높은 배당금을 선호한다. 다시 말하면, 다른 시점의 주당 배당금은 일정하고 주어진 시점에서만 주당 배당금이 오른다면 주가는 상승할 것이다. 이러한 행위는 생산성을 향상하고, 세금을 절감하며, 상품의 마케팅을 강화하는 경영 의사결정을 통해서 성취될 수 있다. 사실상 회사의 자기자본의 가치는 미래의 모든 배당금의 현재가치라는 9장의 내용을 상기할 것이다.

두 번째 진술은 주당 배당금의 수준을 모든 다른 시점에서는 일정하게 유지하면서 한 특정한 한 시점의 배당금을 배당정책을 통해서 올릴 수 없음을 깨닫는다면 이해하기 쉽다. 오히려 배당정책은 그저 한 시점과 다른 시점 사이의 상충관계를 만들 뿐이다. 〈그림 19.3〉에 보이듯이 시점 0에서 배당금의 증가는 시점 1에서 배당금의 감소를 통해서만 달성될 수 있다. 그 감소의 정도는 모든 배당금의 현재가치가 영향을 받지 않는 선에서 이루어진다.

배당정책과 투자정책

앞의 주장은 신주 발행을 통한 배당의 증가는 주주에게 이익도 손해도 되지 않음을 보였다. 유사하게 자사주 매입을 통한 배당의 감소도 주주에게 이익이나 손해가 되지 않는다. 이러한 결과의 핵심은 전반적인 현금흐름의 수준이 고정되었다고 가정하고 이용가능한 양의 NPV 프로젝트가 변하지 않는다는 것이다.

배당을 증가시키기 위해 자본지출을 줄이면 어떻게 될까? 이전 장에서 논의한 바와 같이 기업은 순현재가치가 양(+)인 모든 프로젝트를 채택해야 한다. 그렇게 하지 않으면 기업의 가치는 감소하게 된다. 따라서 우리는 아래와 같은 중요한 요점을 가지게 된다.

기업은 배당을 증가시키기 (혹은 처음으로 배당을 지급하기) 위해서 양(+)의 NPV 프로젝트를 결코 포기해서는 안 된다.

이러한 생각은 Miller와 Modigliani에 의해 암묵적으로 고려되었다. 배당의 무관련 명제의 기반이 되는 가정 중의 하나는 "기업의 투자정책은 사전에 설정되며 배당정책의 변화에 의해서 변경되지 않는다"는 것이다.[1]

19.4 자사주 매입

기업은 배당금을 지급하는 대신에 자사의 주식을 재매입하기 위해 현금을 사용할 수 있다. 자사주 매입은 최근에 그 중요성이 증가해 왔다. 〈그림 19.4〉는 2004~2017년 기간 동안 미국 대기업의 배당금, 자사주 매입, 그리고 이익의 총액을 보여준다. 보는 바와 같이, 자사주 매입은 2008년까지 배당금을 초과하였다. 그러나 배당금은 2008~2009년 후반 사이에 자사주 매입을 초과하였다. 이런 추세는 2009년 이후에 역전된다. 〈그림 19.4〉에서 자사주 매입과 배당금 지급에 "고착(stickiness)"이 있음을 볼 수 있다. 2008년 후반에 기업의 이익 총액은 음(−)으로 나타났는데, 배당금과 자사주 매입은 크게 변하지 않았다. 좀 더 일반적으로 말하면, 이익 총액의 변동성은 배당금과 자사주 매입금액의 변동성보다 크다.

자사주 매입(share repurchases)은 전형적으로 세 가지 중 한 방법으로 이루어진다. 첫째, 누구든 특정 주식을 살 수 있듯이 기업은 자사의 주식을 단순히 매입할 수 있다. 이러한 **공개시장매입**(open market purchases)에서 기업은 자신을 매수자로 밝히지 않는다. 따라서 매도자는 주식이 기업에게 다시 되팔리는지 혹은 단지 다른 투자자에게 팔리는지를 알지 못한다.

둘째, 기업은 **공개매수**(tender offer)를 할 수 있다. 여기서 기업은 특정 가격으로 특정 숫자의 주식을 기꺼이 매입하겠다고 모든 주주에게 공표를 한다. 예를 들면, Arts and Crafts (A&C), Inc.는 발행주식수가 1백만 주이며, 주가는 $50이다. 회사는 300,000주의 자사주를 주당 $60에 매수하겠다는 공개매수를 제안한다. A&C는 $50보다 높은 가격을 선택하여 주주에게 보

1 최초의 논문은 다음과 같다. Franco Modigliani and Merton Miller, "The Cost of Capital, Corporation Finance and the Theory of Investment," *American Economic Review*, June 1958.

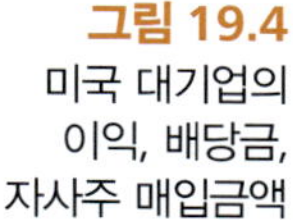

그림 19.4
미국 대기업의 이익, 배당금, 자사주 매입금액

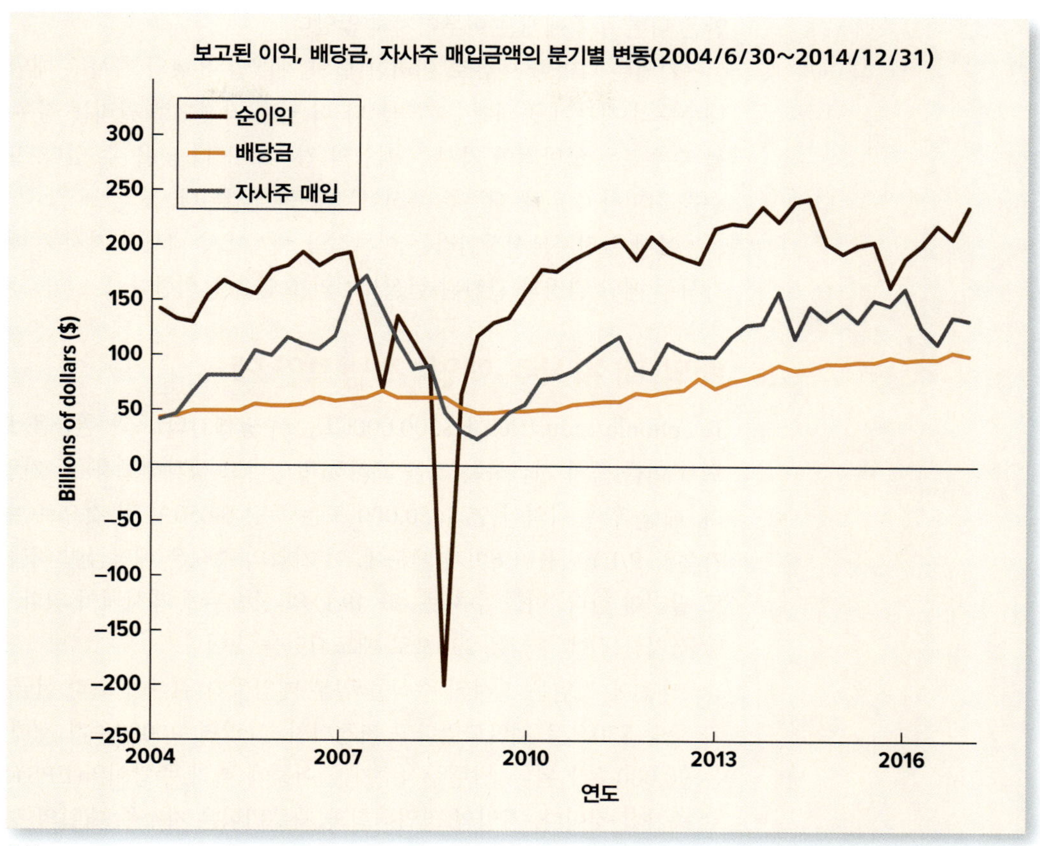

출처: S&P Dow Jones Indices, S&P.

유 주식의 매도를 선택하도록 유인한다. 사실 공개매수가격이 충분히 높게 설정이 되면, 주주는 300,000주 이상을 매도하기 원할 수도 있다. 극단적으로 발행주식이 모두 제안에 응하게 되면 A&C는 각 주주가 보유한 주식 10주당 3주만 되사게 될 것이다. 반면에 만일 주주가 충분한 수의 주식을 제안하지 않으면 공개매수 제안은 취소될 수 있다. 공개매수와 관련된 방법에 네덜란드식 경매(Dutch auction)가 있다. 여기에서 회사는 주식거래를 위한 고정가격을 정하지 않는다. 대신에 회사는 주식에 대한 매수 의사를 경매로 제안하여 부친다. 회사는 다양한 가격별로 재매입할 의사가 있는 주식의 수를 공시한다. 그리고 주주는 가격별로 매도할 의도가 있는 주식을 알려준다. 그리고 회사는 원하는 목표를 달성하기 위해서 최저가격을 지불하게 된다.

마지막으로, 기업은 특정 주주로부터 개별적으로 주식을 매입할 수 있다. 이 절차를 협의 재매입(targeted repurchase)이라고 부른다. 예를 들면, International Biotechnology Corporation이 Prime Robotics Company (P-R Co.) 발행주식의 대략 10%를 4월에 주당 $38에 매입했다고 가정하자. 그 당시에 International Biotechnology는 증권거래위원회(SEC)에 P-R Co.를 궁극적으로 지배(경영권 장악 목적)하려 한다고 공시했다. 5월에 P-R Co.는 International Biotechnology의 보유지분을 그 당시의 시장가격보다 훨씬 높은 $48에 재매입하였다. 이러한 매수 제안은 다른 주주에게는 이루어지지 않았다.

기업은 다양한 이유로 이러한 협의 재매입 유형의 자사주 매입을 시행한다. 드물게는 단일 대주주의 지분이 공개매수 가격보다 더 낮은 가격으로 팔리는 경우도 있다. 협의 재매입에서 법률 수수료는 일반적인 자사주 매입의 경우보다 더 낮을 수 있다. 또한 경영권의 비우호적인 인수를 회피하기 위해 대주주 주식이 종종 재매입된다.

이제 완전자본시장이라는 이론적인 세계에서 제시된 자사주 매입의 예를 살펴본다. 그리고 자사주 매입 결정과 관련된 현실세계의 요인을 논의한다.

배당 대 자사주 매입: 개념적인 예

Telephonic Industries가 $300,000(또는 주당 $3)의 초과 현금을 보유하고 있으며, 특별배당으로서 이를 즉시 지급하는 것을 고려하고 있다고 생각해보자. 이 기업은 발행주식수가 10만 주이며, 배당 후 순이익이 연 $450,000 또는 주당 $4.50이 될 것으로 예상한다. 비교대상 기업의 주가수익(P/E) 비율이 6이기 때문에, 이 기업의 주식은 배당금이 지급된 후에 $27 (= $4.50 × 6)로 팔려야 한다. 이들 수치는 〈표 19.1〉의 상반부에 제시되어 있다. 배당금이 주당 $3이므로, 배당금 지급 전에 주식은 $30으로 매도되었을 것이다.

대신에 기업은 자사의 주식을 일부 매입하기 위하여 초과 현금을 사용할 수 있다. 공개매수가 주당 $30으로 제안되었다고 가정하자. 그러면 10,000주가 재매입되고 남아 있는 주식의 수는 90,000주가 된다. 발행주식수가 줄어듦에 따라 주당이익(EPS)은 $5 (= $450,000/90,000)로 증가할 것이다. 기업의 영업위험과 재무위험은 자사주 매입의 경우나 배당의 경우에 같기 때문에 P/E 비율은 여전히 6이다. 따라서 자사주 매입 이후 주가는 $30 (= $5 × 6)이다. 이들 결과는 〈표 19.1〉의 하반부에 제시되어 있다.

이 예에서 수수료, 세금, 기타 불완전성이 무시된다면, 주주는 배당과 자사주 매입 사이에서 무차별이다. 배당의 경우 각 주주는 $27 가치의 주식을 소유하고 $3을 배당금으로 받으므로 총가치는 $30이 된다. 이 수치는 자사주 매입의 경우에 주식을 매도한 주주가 받은 금액과 같으며 남아 있는 주주가 보유하고 있는 주식의 가치와도 같다.

이 예는 완전시장에서 기업은 배당지급과 자사주 매입 사이에서 무차별하다는 중요한 점을 보여준다. 이러한 결과는 부채발행 대 주식발행 그리고 배당금 대 자본이득에 대해 MM이 입증

표 19.1
Telephonic Industries의 배당 대 자사주매입 예

	전체기업	주당
특별배당금		**(발행주식수: 100,000주)**
제안된 배당금	$ 300,000	$ 3.00
배당 후 연간 예상이익	450,000	4.50
배당 후 주식의 시장가치	2,700,000	27.00
자사주 매입		**(발행주식수: 90,000주)**
자사주 매입 후 연간 예상이익	$ 450,000	$ 5.00
자사주 매입 후 주식의 시장가치	2,700,000	30.00

한 다른 무차별 명제와 아주 유사하다.

자사주 매입계약은 주당이익(EPS)을 증가시키기 때문에 주주에게 유익하다고 경제신문에서 종종 언급하는 것을 보았을 것이다. 자사주 매입이 현금배당을 대체하면, Telephonic Industries의 주당이익은 배당 후 $4.50에서 자사주 매입 후 $5로 오른다. 이 결과는 자사주 매입 후 주식수의 감소로 인하여 EPS 비율의 분모가 감소하기 때문에 발생한다.

그러나 경제신문은 자사주 매입에서 EPS 변화를 지나치게 강조하는 것이다. 앞에서 논의한 바와 같이 무관련 명제하에서 EPS의 증가는 이득이 되지 않는다. 〈표 19.1〉은 완전자본시장에서 주주의 총가치는 자사주 매입이나 배당지급 전략하에서 서로 같다는 것을 보여준다.

배당 대 자사주 매입: 현실세계의 고려사항

앞의 〈그림 19.4〉에서 배당과 관련된 자사주 매입의 성장에 관해서 살펴보았다. 사실 배당금을 지급하는 대부분의 기업은 자사주 매입을 실행한다. 이것은 자사주 매입이 배당금 지급의 대체수단일 뿐만 아니라 보완수단이라는 것을 제시한다. 예를 들어, 최근의 미국 제조기업 조사에서 배당금만 지급한 기업과 자사주 매입만 실행한 기업의 수는 배당금 지급과 자사주 매입을 병행한 기업의 수와 거의 같았다. 어떤 기업은 왜 배당보다 자사주 매입을 선택하는가? 가장 일반적인 이유로 다음 다섯 가지를 들 수 있을 것이다.

1. 유연성 기업은 종종 배당금을 주주에 대한 약속으로 여기기 때문에 기존의 배당금을 줄이는 것을 아주 꺼려한다고 알려져 있다. 자사주 매입은 이러한 약속에 해당되지 않는다. 따라서 현금흐름의 영구적인 증가가 예상되는 기업은 아마 배당을 늘리지만, 현금흐름의 일시적인 증가가 예상되는 기업은 아마 자사주 매입을 실행할 것이다.

2. 경영자보상 경영자에 대한 전반적인 보상의 일부로 스톡옵션이 자주 주어진다. 〈표 19.1〉의 Telephonic Industries의 예로 다시 돌아가 보면, 배당이나 자사주 매입을 고려하고 있을 때 기업의 주식은 $30에 거래되었다. 또한 2년 전에 기업이 1,000주의 주식을 살 수 있는 스톡옵션을 CEO인 Ralph Taylor에게 부여했다고 가정해보자. 그 당시에 주가와 옵션의 행사가격은 모두 $20이었다고 하자. 이것은 Taylor 사장이 옵션이 부여된 시점과 만기 사이에 언제든지 옵션을 행사하는 절차에 따라 주당 $20에 1,000주의 주식을 살 수 있음을 의미한다. 옵션을 행사함으로써 그가 얻게 되는 이득은 주가가 $20을 초과하여 얼마나 많이 오르는가와 직결되어 있다. 이 예로 알 수 있듯이 주가는 배당 후에는 $27로 떨어지지만 자사주 매입 후에는 $30을 유지한다. CEO는 분명히 배당금보다 자사주 매입을 선호할 것이다. 왜냐하면 주가와 행사가격 $20의 차이는 자사주 매입 후에는 $10 (= $30 − $20)이 되지만 배당 후에는 단지 $7 (= $27 − $20)이 되기 때문이다. 주가가 배당 후보다는 자사주 매입 후에 더 높게 형성되므로, 기존 스톡옵션의 가치는 기업이 배당을 지급하기보다는 자사주를 매입할 때 항상 더 커질 것이다.

3. 희석을 상쇄 추가적으로 스톡옵션의 행사는 발행주식수를 증가시킨다. 다시 말해서, 스톡옵션의 행사로 인하여 주식의 희석이 발생한다. 기업은 이러한 희석을 상쇄하기 위하여 빈번하게

자사주를 매입하곤 한다. 그러나 이것이 자사주 매입의 타당한 이유 중 하나로 주장하기는 어렵다. 〈표 19.1〉에서 보았듯이, 자사주 매입은 배당보다 주주들에게 더 유리하지도 더 불리하지도 않다. 이러한 발행주식수의 감소가 주주가치와 무관하다는 우리의 주장은 스톡옵션이 행사되든 아니든 관계없이 유효하다.

4. 저평가 많은 기업은 자사주 매입이 최고의 투자라고 믿기 때문에 자사의 주식을 매수한다. 이것은 주가가 일시적으로 떨어져 있다고 경영자가 믿고 있을 때 더욱 빈번하게 일어난다.

자사의 주식이 저평가되었다고 믿기 때문에 일부 기업에서 자사주를 재매입하는 사실이 회사 경영진의 판단이 옳다는 것을 의미하지는 않는다. 실증분석을 통해서만 이를 확인할 수 있다. 지금까지 결과는 혼재되어 있다. 그러나 자사주 매입 공시에 대한 즉각적인 주식시장의 반응은 일반적으로 긍정적이다.

5. 세금 배당금과 자사주 매입에 대한 세금은 다음 절에서 심도 깊게 다루어지기 때문에, 여기서는 자사주 매입이 배당에 비해 세금이점이 있다는 것만 언급하고 지나간다.

19.5 개인세금, 배당금, 자사주 매입

19.3절에서 세금과 다른 거래제약이 없는 세상에서 배분할 현금흐름이 변경되지 않는다면 배당 지급의 시기선택은 중요하지 않다고 주장하였다. 또한 19.4절에서는 자사주 매입과 배당 사이의 선택은 역시 그런 유형의 세상에서 무관하다는 결론을 내렸다. 이번 절에서는 배당과 자사주 매입에 대한 세금의 효과를 살펴본다. 우리의 논의는 배당금을 지급할 충분한 현금이 없는 기업과 배당금을 지급할 충분한 현금이 있는 기업 등 두 가지 유형으로 구분하면서 시작할 것이다.

배당금을 지급할 충분한 현금이 없는 기업

현금이 없으며 단일 기업주가 소유한 기업을 가정해보자. 만일 이 기업이 $100의 배당금을 지급하려고 한다면 자본을 조달해야 한다. 이 기업은 배당을 지급하기 위해 주식과 채권발행의 대안 중에서 선택을 할 수 있다. 그러나 단순화를 위해 기업주가 자신에게 주식을 발행하여 현금을 조달한다고 가정하자. 이 거래는 〈그림 19.5〉의 왼편에 도식화되어 있으며 세금이 없는 세계에서는 분명히 경제적인 효과가 없이 세탁(wash)될 것이다. $100의 현금은 주식이 발행될 때 기업으로 흘러가서 배당금으로 즉시 지급된다. 따라서 기업주는 배당금이 지급될 때 이익이나 손해를 보지 않으며, 이 결과는 Miller-Modigliani와 일관된다.

이제 소유주의 개인세율인 15%로 배당금이 과세된다고 가정하자. 기업은 주식발행으로 역시 $100을 받는다. 그러나 기업주는 $100 전부를 배당금으로 받지 못한다. 대신에 지급된 배당금은 과세되므로 기업주는 세후 $85만 받게 된다. 따라서 기업주는 $15를 손해 본다.

분명히 이 예는 부자연스럽고 비현실적이지만 있을 법한 상황에서도 유사한 결과가 나올 수 있다. 따라서 재무학자는 개인 세금이 있는 세계에서 기업이 배당을 지급하기 위해서 주식을 발

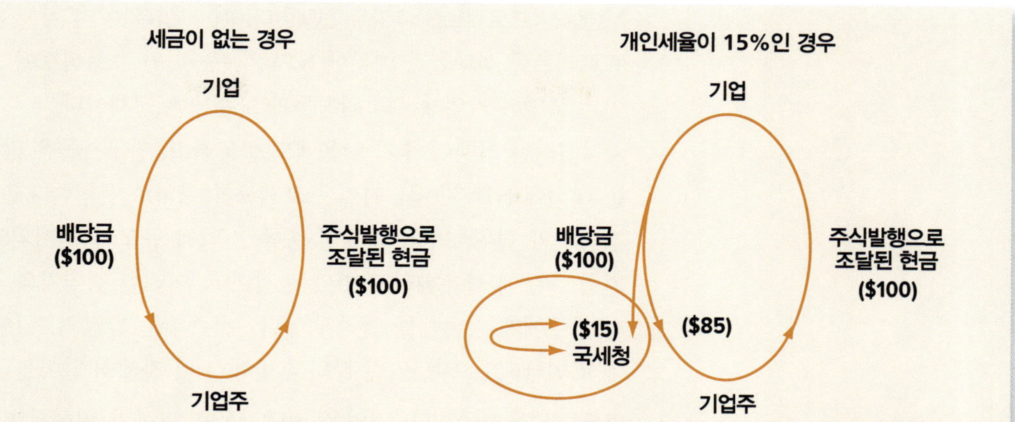

그림 19.5 배당금을 지급하기 위해 주식을 발행하는 기업

세금이 없는 경우에 기업주는 배당금으로 $100을 받으며, 이는 주식을 매입하기 위해 기업주가 지불한 금액이다. 이 과정은 경제적인 효과가 없는 *세탁*(wash)으로 불린다. 세금이 있는 경우에 기업주는 배당으로 여전히 $100을 받겠지만, 국세청(IRS)에 $15의 세금을 내야 한다. 기업이 배당을 지급하기 위해 주식을 발행하면, 기업주는 손해를 보고 국세청은 이득을 본다.

행해서는 안 된다는 데 일반적으로 동의한다.

주식발행의 직접비용은 이 효과를 더 크게 만들 것이다. 새로운 자본을 조달할 때 기업은 투자은행에 수수료를 지불해야 한다. 따라서 신주발행으로부터 기업이 받는 순인수금(net receipts)은 조달된 자본의 100%보다 적을 것이다. 신주발행의 규모가 배당금 감소로 줄어들 수 있기 때문에 이것은 저배당정책을 선호하는 또 다른 이유가 된다.

물론 배당금을 지급하기 위해 신주를 발행하지 말라는 충고는 현실 세계에서 다소 수정될 필요가 있다. 과거 여러 해 동안 대량의 꾸준한 현금흐름을 창출했던 기업이라면 정규배당을 실시해 왔을 것이다. 만일 현금흐름이 어느 해에 갑자기 예상과 달리 고갈되어 버린다면, 기업은 배당금이 지속될 수 있도록 신주를 발행해야 하는가? 비록 지금까지 논의에서 신주를 발행하지 말아야 한다고 했지만, 많은 경영자는 현실적인 이유로 어쨌든 주식을 발행할 것이다. 특히 주주는 배당의 안정성을 선호하는 것 같다. 따라서 경영자는 세금의 불이익을 아주 잘 알고 있지만 이러한 배당의 안정성을 달성하기 위해 주식을 발행할 수도 있다.

배당금을 지급할 충분한 현금이 있는 기업

앞의 논의는 개인 세금이 있는 세계에서 기업은 배당금을 지급하기 위해 주식을 발행해서는 안 된다는 것을 주장하였다. 배당의 세금 불이익은 "개인 세금이 있는 세계에서는 절대로 어떤 상황에서도 배당을 하지 말라"는 강력한 정책을 의미하는가?

이러한 처방이 초과 현금을 보유한 기업에는 반드시 적용되는 것은 아니다. 이를 살펴보기 위해서 **NPV**가 양(+)인 모든 프로젝트를 선택하고 적정 수준의 현금잔고를 확보한 후에도 $1 백만의 초과 현금을 보유한 기업을 상상해보자. 이 기업은 아마 배당 대신에 아래의 대안을 고려할 수 있을 것이다.

1. **자본예산 프로젝트를 추가로 선택한다:** 이 기업은 이미 실행 가능한 NPV가 양(+)인 모든 프로젝트를 선택했기 때문에 NPV가 음(−)인 프로젝트에 초과 현금을 투자해야만 한다. 이는 분명히 기업재무의 원칙들과 모순되는 정책이다.

   이러한 정책이 좋지 않음에도 불구하고, 연구자들은 많은 경영자가 배당금을 지급하는 대신에 NPV가 음(−)인 프로젝트를 고의로 선택한다고 주장해 왔다.[2] 이러한 견해는 경영자의 권위, 보상, 특권이 종종 기업의 규모와 연계되었기 때문에 경영자는 자금을 기업 내부에 보유하려고 한다는 것이다. 이러한 경영자의 행위는 자신에게 이익을 주지만 주주에게는 손해를 입히게 된다. 이 주제는 17장의 "잉여현금흐름(Free Cash Flow)"에서 언급되었으며, 이번 장의 후반에서 더 자세히 알아볼 것이다.

2. **다른 기업을 인수한다:** 기업은 배당지급을 피하기 위해서 다른 회사를 인수하는 데 초과 현금을 사용할 수 있다. 이 전략은 수익성 있는 자산을 획득한다는 이점을 지닌다. 그러나 기업이 인수에 착수하게 될 때 종종 많은 비용이 발생한다. 게다가 인수는 항상 시장가격보다 비싸게 이루어진다. 20~80%의 프리미엄은 드문 경우가 아니다. 이 때문에 많은 연구자들은 기업이 타당한 사업목적으로 합병을 시도하더라도 일반적으로 합병은 인수기업에게 이익이 되지 못한다고 주장해 왔다. 그러므로 단지 배당을 회피하기 위한 목적에서 인수합병을 하는 기업은 성공할 가능성이 낮을 것이다.

3. **금융자산을 구입한다:** 배당금을 지급하는 대신에 금융자산에 투자하는 전략은 다음 예제로 설명할 수 있다.

예제 19.1

배당금과 세금 Regional Electric Company는 $1,000의 초과 현금을 가지고 있다. 회사는 현금을 유보하고 10%의 수익률을 내는 T-bill에 투자하거나 혹은 주주에게 배당금으로 지급할 수 있다. 주주는 같은 수익률에 T-bill에 투자할 수 있다. 법인세율은 21%이고, 개인세율은 28%로 가정하자. 그러나 배당에 대한 최고 세율은 15%이다. 각각의 배당정책에서 5년 뒤 투자자가 가지게 될 현금은 얼마가 되는가?

만일 배당금이 현재 지급되면 주주는 세후 $850을 받게 될 것이다.

$$\$1,000 \times (1 - 0.15) = \$850$$

T-bill에 대한 개인 세금 이후 수익률은 7.2% [= 10% × (1 − 0.28)]이기 때문에 주주는 5년 뒤에 다음 금액을 가지게 될 것이다.

$$\$850 \times (1.072)^5 = \$1,203.35$$

이자수입이 개인 세율인 28%로 과세되었지만 배당금은 그보다 낮은 15%로 과세되었다.

만일 Regional Electric Company가 현금을 유보하여 T-bill에 투자하면 세후 이자율은 7.9% [= 10% × (1 − 0.21)]이 된다. 5년 뒤에 회사는 다음 금액을 가지게 된다.

$$\$1,000 \times (1.079)^5 = \$1,462.54$$

이 금액이 배당금으로 지급된다면 주주는 5년 뒤 개인 세금 후에 다음 금액을 가지게 될 것이다.

[2] Michael C. Jensen, "Agency Costs of Free Cash Flows, Corporate Finance, and Takeovers," *American Economic Review* (May 1986) 등과 같은 논문 참조.

$$\$1,462.54 \times (1 - 0.15) = \$1,243.16$$

기업이 5년 후 배당금을 지급하는 것이 주주에게 더 큰 세금 후 가치가 돌아가게 된다는 것을 의미한다.

이 예제는 초과 현금을 가진 기업의 배당정책 결정이 개인과 기업의 세율에 의존할 것이라는 것을 보여준다. 만일 개인세율이 법인세율보다 높으면 기업은 배당지급을 줄여야 할 인센티브를 가질 것이다. 그러나 만일 개인세율이 법인세율보다 낮으면 기업은 초과 현금을 배당금으로 지급할 인센티브를 가질 것이다.

2018년 미국에서 개인의 최고 세율은 37%이고 법인의 최고 세율은 21%였다. 많은 투자자가 법인세율 이상의 세율에 직면하기 때문에 기업은 현금을 축적할 인센티브를 가지는 것 같다.

그러나 세법의 특이한 점은 상쇄하는(반대되는) 인센티브를 제공한다. 실제로 어떤 회사가 다른 회사로부터 받는 배당금의 50%는 법인세가 면제된다.[3] 개인에게는 이러한 면제가 적용되지 않는다. 이러한 특이점은 기업이 현금을 배당으로 지급하는 대신에 현금을 다른 회사의 배당지급 주식에 투자할 경우 수익이 더 높아질 가능성을 높인다.

기업이 금융자산에 투자하거나 배당금을 지급하는 결정은 복잡한 문제로 기업의 세율, 투자자의 한계세율, 배당 비과세의 적용 등에 달려 있다. 현실 세계에서 금융자산 투자가 유리한 상황이 많이 있을 수 있으나, 제한 없이 그렇게 현금을 쌓아두는 기업은 드물다. 그 이유는 "잉여금의 부당한 축적"을 하는 기업은 미국 세법(Internal Revenue Code) 532항에 의거하여 불이익을 받기 때문이다. 따라서 음(−)의 NPV 프로젝트를 선택하고 다른 기업을 인수하는 것과 마찬가지로, 결국 금융자산의 구입으로 초과 현금을 보유한 기업으로 하여금 배당지급의 필요성을 없애지는 못한다.

4. 자사주를 매입한다: 앞 절의 예에서 투자자는 세금과 거래비용이 없는 세계에서는 자사주 매입과 배당 사이에서 무차별하다는 것을 보았다. 그러나 현재의 세법 하에서 주주는 일반적으로 배당보다는 자사주 매입을 선호한다.

   한 예로서, 주식 100주에 대해 주당 $1의 배당금을 받는 개인을 생각해보자. 세율이 15%인 개인은 배당금에 대해서 $15의 세금을 지급할 것이다. 기업이 $100에 해당하는 기존 주식을 자사주 매입을 실행하는 경우에 주식을 매각하는 주주는 더 적은 세금을 내게 될 것이다. 이는 매각으로부터 이익이 발생한 경우에만 세금이 부과되기 때문이다. 애초에 $60에 주식을 매수했다면 $100에 매도한 경우 매각으로부터 개인의 이득은 단지 $40이 될 것이다. 자본이득세는 $6 (= 0.15 × $40)이 되어 배당소득세 $15보다 적다. 동일한 15%의 세율이 적용되더라도 자사주 매입으로부터 세금은 배당에 대한 세금보다 적음을 알 수 있다.

   이번 절에서 언급한 배당금 지급에 대한 대안 중에서 자사주 매입이 가장 유력하다고 할 수 있다. 사실 학계에서는 자사주 매입 대신에 배당금을 왜 지급하는지 오랫동안

[3] 이 면제는 기업이 다른 회사 주식의 20% 미만을 소유할 때 적용된다. 만일 기업이 다른 회사 주식의 20% 이상을 소유하면 면제는 65%로, 다른 회사 주식의 65% 이상을 소유하면 면제는 100%로 증가한다. 기업이 얻는 채권의 이자소득에 대해서는 법인세 면제가 없다.

의아하게 생각해왔다. 첫째, Grullon과 Michaely는 불법적인 가격 조작으로 자사주 매입 프로그램을 실행했다는 이유로 SEC가 일부 기업을 기소했다는 점을 지적한다.[4] 그러나 이들은 1982년 채택된 SEC Rule 10b-18이 가격 조작의 혐의를 피할 수 있는 가이드라인을 제시하고 있음을 지적한다. 이 가이드라인은 상대적으로 준수하기 쉽기 때문에 오늘날의 기업은 가격 조작의 혐의를 우려할 필요가 없다. 사실, Grullon과 Michaely는 최근의 자사주 매입 대규모 증가가 최소한 부분적으로 10b-18 규정 때문이라고 믿는다. 둘째, 국세청(IRS)은 배당금에 부과되는 세금을 피하기 위한 이유만으로 행했을 때 자사주매입에 불이익을 가하고 있다. 그러나 이러한 위협은 자사주 매입의 증가에 중대한 영향을 주지는 못한다. 따라서 위 두 가지 이유는 자사주 매입을 피하는 정당한 이유는 아닌 것 같다.

개인 세금에 대한 요약

이 절에서 개인 세금 때문에 기업이 배당을 줄일 인센티브를 가질 수 있다고 하였다. 예를 들면, 기업은 자본지출을 늘리고, 다른 기업을 인수하거나, 혹은 금융자산을 구입할 수 있다. 그러나 재무적 고려사항과 법적인 제한 때문에 대량의 초과 현금을 지닌 합리적 기업은 배당을 위해 현금을 남겨두고 이러한 활동에 소진할 가능성이 높다.

기업이 왜 자사주 매입 대신에 배당을 지급하는가를 설명하는 것은 더욱 어렵다. 자사주 매입의 세금절감은 상당할 뿐더러, 증권거래위원회(SEC)나 국세청(IRS)에 대한 우려는 과도하게 보이기 때문이다. 여기에 대하여 학계는 두 부류로 나뉜다. 일부는 기업이 자사주 매입의 혜택을 파악하는 데 단순히 늦었다고 주장한다. 이 주장은 확고하게 인정을 받고 있으므로 자사주 매입이 배당을 대체하는 경향은 지속될 것이다. 심지어 미래에는 배당이 자사주 매입만큼 중요하지 않을 것이라는 추측도 가능하다. 반면에 다른 부류는 기업이 충분히 이유가 있기 때문에 배당을 해왔다고 주장한다. 다음 절에서는 배당의 잠재적 혜택을 살펴본다.

19.6 고배당정책을 지지하는 현실세계의 요인

앞 절에서는 배당금을 받는 개인은 세금을 내야 하기 때문에 재무관리자는 배당금을 줄이는 방법을 찾을 것이라고 지적했다. 자본예산 프로젝트를 더 많이 선택하고, 다른 기업을 인수하고, 현금을 축적하는 문제점들을 논의하면서 자사주 매입은 세금불이익이 적으면서도 배당으로서의 혜택을 많이 가지고 있다고 설명하였다. 이번 절에서는 배당에 대한 개인 세금이 존재하는 경우에도 기업이 주주에게 고배당을 지급하려는 이유를 살펴본다.

[4] Gustavo Grullon and Roni Michaely, "Dividends, Share Repurchases, and the Substitution Hypothesis," *Journal of Finance* (August 2002), p.1677.

현재 소득에 대한 욕구

많은 개인이 현재의 소득을 더 바란다는 주장이 있다. 고전적인 예로는 은퇴한 사람과 고정수입으로 살아가는 사람을 들 수 있다. 이 주장은 나아가서 이러한 개인들로 인해 배당금이 증가한다면 주가가 올라가고 배당금이 감소한다면 주가가 내려갈 것이라고 한다.

현재의 높은 현금흐름을 선호하지만 저배당주식(low-dividend securities)을 보유하고 있는 개인은 주식을 쉽게 매각하여 필요한 자금을 마련할 수 있기 때문에, 이러한 주장은 완전한 자본시장에서 유효하지 않다. 따라서 거래비용이 없는 세계에서 현재의 고배당정책은 주주에게 아무런 가치가 없을 것이다.

그러나 현재의 소득 주장은 현실 세계에서 관련이 있다. 주식을 매도하게 되면 고배당 증권에 투자함으로써 피할 수 있는 직접적인 현금비용인 중개수수료와 기타 거래비용이 발생한다. 추가적으로 주식의 매도는 시간적인 소모가 발생하기 때문에 투자자는 고배당주식(high-dividend securities)을 선택하려고 할 것이다.

이러한 주장을 모두 고려한다고 해도, 뮤추얼펀드와 같은 금융중개기관들은 낮은 비용으로 거래를 만들 수 있다는 점을 기억할 필요가 있다. 이러한 중개기관들은 저배당주식을 매수할 수 있고, 통제된 자본이득 실현 정책에 따라 투자자에게 높은 수익률을 지급할 수 있다.

행태재무학

무배당주식을 매도하면서 발생하는 거래비용이 배당에 대한 투자자의 선호를 설명하지 못한다고 가정하자. 여전히 고배당을 선호하는 이유가 있겠는가? 우리는 14장에서 행태재무학의 내용을 소개하였으며, 행태주의자의 견해가 효율적 자본시장이론에 대한 강한 도전이 되고 있다고 지적했다. 행태재무학 역시 고배당을 선호한다고 주장하고 있는 것으로 밝혀져 있다.

여기서 기본적인 견해는 심리학에서는 아주 중요하지만 재무학에서는 사실상 주목을 받지 않은 개념인 **자제력**(self-control)과 관계된다. 심리학에서 말하는 자제력에 관한 모든 내용을 재검토할 수는 없으므로 체중감량에 관한 예에 초점을 두기로 한다. 가령 대학생인 Al Martin은 크리스마스 휴가에서 지금 막 돌아왔는데 자신이 원하는 것보다 몸무게가 몇 파운드 더 늘어났다고 가정해보자. 다이어트와 운동이 체중을 줄일 수 있는 두 가지 방법이라는 데는 아마 누구나 동의할 것이다. 그러나 Al은 이것을 어떻게 실행에 옮겨야 하는가? (다이어트에도 같은 원리가 적용되지만 운동에 초점을 두기로 한다.) 한 가지 방법—경제학자의 방법이라고 부르자—은 합리적인 결정을 하려고 노력하는 것이다. Al은 매일 운동의 비용과 혜택을 저울질할 것이다. 체중감량이 그에게 중요하기 때문에 그는 아마 대부분 매일 운동을 할 것이다. 그러나 그가 시험 때문에 너무 바쁘면 시간을 낼 수 없기 때문에 운동을 안 하는 합리적인 선택을 할 것이다. 그리고 그는 사회적으로도 활동적인 사람이 되기를 원한다. 그래서 그는 파티와 다른 사회적 약속으로 인해 시간적 소모가 너무 많은 날에는 운동을 피하는 합리적 선택을 할 것이다.

이것은 언뜻 보기에는 현명하게 보인다. 문제는 그는 매일 선택을 해야 하며 자제력이 부족한 경우가 단순히 빈번하게 생길 수 있다는 것이다. 그는 실제로 시간이 없어서가 아니라 단순히 운동이 싫증이 나서 특정한 날에 운동할 시간이 없다고 스스로 말할지 모른다. 오래 안 가서 그는 대부분 매일 운동을 포기하고 운동을 하지 않는 것에 대한 자책감으로 과식을 하게 될 것이다!

다른 대안이 있는가? 한 가지 방법은 엄격한 규칙을 세우는 것이다. 아마도 Al은 무슨 일이 있어도 일주일에 5일은 운동을 하는 것으로 결정할 수 있다. 이것은 모든 사람에게 최선의 방법은 아니지만 (거의) 대부분의 우리는 규칙의 집합 속에서 산다는 것에는 의문의 여지가 없다. 예를 들어, Shefrin과 Statman[5]은 몇 가지 전형적인 규칙을 아래와 같이 제시한다.

- 하루에 최소한 2마일(1.2킬로미터)의 조깅을 한다.
- 하루에 1,200칼로리 이상을 섭취하지 않는다.
- 아내의 월급은 은행에 저축하고 오직 남편의 월급으로 생활한다.
- 최소한 소득의 2%는 자녀의 대학교육을 위해 저축하고 이 자금(fund)은 결코 인출하지 않는다.
- 술은 한 방울도 입에 대지 않는다.

이것이 배당과 무슨 관계가 있는가? 투자자도 역시 자제력을 길러야만 한다. 가령 어느 은퇴자가 사회보장(국민)연금, 개인연금과 저축을 통해서 매년 $20,000을 소비하기를 원한다고 가정하자. 한편으로 그는 배당금으로 $20,000을 감당할 수 있을 만큼 충분히 높은 배당수익률을 가진 주식을 매입할 수 있다. 다른 한편으로는 연금과 저축액을 모두 무배당주식에 투자하고, 소비를 위해서 매년 $20,000씩 주식을 매도할 수 있다. 이 두 가지 접근법이 재무적으로는 동일하지만 두 번째 방법은 너무 많은 자유가 허용되는 것 같다. 자제력이 부족하게 되면, 너무 많이 주식을 매도하게 되어 나중에 주식이 너무 적게 남게 된다. 결코 "원금을 축내지 않겠다"는 확고한 개인적 규칙과 함께 배당을 지급하는 주식에 투자함으로써 이러한 가능성을 피하는 것이 아마 더 나을 것이다. 행태주의자는 위와 같은 접근법이 모두에게 적용된다고 주장하지는 않지만, 언급했듯이 배당이 세금불이익이 있음에도 불구하고 기업이 배당을 지급하는 이유를 설명하기 위해서 이러한 방법으로 생각하는 사람이 충분히 있다고 주장한다.

행태재무학은 배당의 증가뿐만 아니라 동시에 자사주 매입의 증가에도 찬성하는가? 기업이 재매입하는 주식을 투자자는 매도할 것이기 때문에 정답은 '아니다'이다. 위에서 말했듯이 주식의 매도는 투자자에게 너무 많은 자유를 허용한다. 투자자가 주식을 너무 많이 매도하게 되면 나중에 주식이 거의 남지 않을 수 있다. 따라서 행태주의자의 주장은 개인 세금이 존재하는 세계에서 기업이 왜 배당을 하는지를 설명한다.

대리인비용

주주, 채권자, 경영진은 상호 간의 혜택이 되는 이유로 인하여 기업을 형성하지만, 한 상대방이 나중에 다른 상대방을 희생시켜서 이득을 취할 수 있다. 예를 들면, 채권자와 주주 사이의 잠재

[5] Hersh M. Shefrin and Meir Statman, "Explaining Investor Preference for Cash Dividends," *Journal of Financial Economics* 13 (1984).

적인 갈등을 고려해보자. 채권자는 주주가 기업에 가능한 한 많은 현금을 남겨 두어서, 이 현금이 재무적 곤경이 발생하는 경우에 채권자에게 지급될 수 있기를 바랄 것이다. 반면에 주주는 이러한 추가적인 현금을 자신을 위해서 보유하려고 할 것이다. 그 이유에서 배당금이 나온 것이다. 주주의 이익을 위해 행동하는 경영자는 단순히 채권자에게 현금이 가지 않도록 하려고 주주에게 배당을 지급할 것이다. 다시 말하면, 배당은 채권자로부터 주주에게로 부의 이전으로 볼 수 있다. 이러한 관점에 대한 실증적인 증거가 있다. 예를 들어, DeAngelo와 DeAngelo는 재무곤경에 있는 기업이 배당금 감소를 꺼리는 것을 발견하였다.[6] 물론 채권자는 기업 밖으로 돈을 이전하려는 주주의 이런 성향을 알고 있다. 자신을 보호하기 위해서 채권자는 기업이 특정한 수준 이상의 순이익, 현금흐름, 그리고 운전자본을 가지고 있는 경우에만 배당금을 지급할 수 있다고 명시된 대출 계약서를 작성하곤 한다.

경영자는 채권자와의 어떤 갈등에서는 주주의 편에 서겠지만, 다른 상황에서는 주주의 비용으로 자신의 이기적인 목적을 추구할지도 모른다. 예를 들면, 이전 장에 논의한 바와 같이 경영자는 비용계정을 부풀리고 NPV가 음(−)인 낭비적인 프로젝트를 추진하거나 더 단순하게는 열심히 일하지 않을 수 있다. 경영자는 기업이 많은 잉여현금흐름을 보유하고 있을 때 이러한 이기적인 목적을 추구하기가 더 수월함을 알고 있다. 결국 자금이 애초부터 없다면 경영자는 자금을 낭비할 수 없다. 그래서 여기에 배당이 사용될 수 있다. 일부 학자는 이사회가 배당금으로 대리인비용을 줄일 수 있다고 제시하였다.[7] 기업은 "과잉(surplus)" 현금흐름 금액에 해당하는 부분을 배당으로 지급하여 기업의 자원을 낭비하려는 경영자의 능력을 줄일 수 있다.

이 논의는 배당증가에 대한 이유를 제시하지만, 동일한 주장이 자사주 매입에도 역시 적용된다. 주주의 이익을 위해 행동하는 경영자는 배당과 마찬가지로 자사주 매입을 통해서도 현금이 채권자에게 가지 않도록 할 수 있다. 그리고 주주의 이익을 위해 행동하는 이사회는 배당과 마찬가지로 자사주 매입을 통해서도 낭비벽이 있는 경영자가 사용할 수 있는 현금을 줄일 수 있다. 따라서 대리인비용의 존재가 자사주 매입보다 배당에 찬성한다는 주장은 아니다. 대신에 대리인비용은 기업이 대량의 현금을 쌓아두기보다는 배당이나 자사주 매입을 증가시킬 수 있음을 의미한다.

배당의 정보효과와 배당의 신호

배당의 정보효과 배당에 관하여 연구자들이 알지 못하는 많은 것이 있는 반면에 모두가 확실하게 아는 한 가지 사항이 있다. 기업이 배당증가를 발표할 때 주가는 일반적으로 오르며, 배당감소를 발표할 때 주가는 일반적으로 떨어진다는 것이다. 예를 들어, Asquith와 Mullins는 배당개시에 대한 발표 이후에 주가가 약 3% 오른다고 예측한다.[8] Michaely, Thaler, Womack은 배

[6] Harry DeAngelo and Linda DeAngelo, "Dividend Policy and Financial Distress: An Empirical Investigation of Troubled NYSE Firms," *Journal of Finance* 45 (1990).

[7] Michael Rozeff, "How Companies Set Their Dividend Payout Ratios," *The Revolution in Corporate Finance*, Stern and Chew (1986) 편집에 수록. Robert S. Hansen, Raman Kumar, and Dilip K. Shome, "Dividend Policy and Corporate Monitoring: Evidence from the Regulated Electric Utility Industry," *Financial Management* (Spring 1994).

[8] Paul Asquith and Donald Mullins Jr., "The Impact of Initiating Dividend Payments on Shareholder Wealth," *Journal of Business* (January 1983).

당 누락에 대한 발표 이후에 주가가 7% 하락한다는 것을 발견한다.[9]

문제는 이러한 실증적인 증거를 어떻게 해석해야 하는가이다. 배당에 관한 아래의 세 가지 견해를 생각해 보자.

1. MM의 홈메이드 배당 주장에 따르면, 미래의 이익(또는 현금흐름)이 일정하게 유지된다면, 배당정책은 상관이 없다.
2. 세금효과 때문에, 미래의 이익(또는 현금흐름)이 일정하게 유지될 때, 기업의 주가는 현재의 배당금과 음(−)의 관계를 가진다.
3. 현재 소득에 대한 주주의 욕구 때문에, 미래의 이익(또는 현금흐름)이 일정하게 유지되더라도, 기업의 주가는 현재의 배당금과 양(+)의 관계를 가진다.

언뜻 보기에는 배당증가가 발표될 때 주가가 오른다는 실증적인 증거는 세 번째 견해와 일치하고 첫 번째와 두 번째 견해와는 일치하지 않는 것 같다. 실제로 많은 학자가 그렇게 주장해 왔다. 그러나 또 다른 학자들은 배당을 관찰해보면 배당 자체는 세 가지 견해 모두와 일치한다고 반박하였다. 그들은 기업은 배당삭감을 싫어한다고 지적한다. 따라서 기업은 미래의 이익이나 현금흐름 등이 충분히 상승할 것으로 예상되어 배당이 나중에 원래 수준으로 삭감될 것 같지 않을 때만 배당을 올릴 것이다. 배당증가는 기업이 잘 해나갈 것이라고 기대하는 경영자가 시장에 보내는 신호(signal)이다.

주가가 오르는 것은 단지 현재 소득에 대한 주주의 선호 때문이 아니라 좋은 전망에 대한 기대감 때문이다. 배당의 신호에 따른 주가의 상승을 **배당의 정보효과**(information content effect)라고 한다. 지금까지 요약하면, 미래의 이익(또는 현금흐름)이 일정하다면 주가는 배당수준에 의해 영향을 받지 않거나 심지어 부정적 영향을 받을 수 있다. 그렇지만 배당의 증가와 동시에 미래의 이익과 현금흐름에 대한 주주의 기대가 증가한다면 배당의 정보효과는 배당이 오를 때 주가가 오를 수 있다는 것을 의미한다.

배당의 신호 우리는 시장이 배당금의 증가에서 순이익과 현금흐름이 증가하는 것을 추론하여 주가상승을 가져온다고 주장하였다. 반면에 시장은 배당감소에서 현금흐름의 감소를 추론하고 주가하락을 가져온다. 이것은 기업에게 흥미로운 전략을 생각하게 만든다. 즉, 경영진은 현금흐름이 오르지 않을 것이라는 사실을 알면서도 배당을 증가시켜서 현금흐름이 높아질 것이라고 시장이 생각하게 만들 수 있을까?

이러한 전략이 부정직한 것처럼 보이지만, 학계에서는 경영자가 자주 이런 전략을 시도하려고 한다는 입장을 가지고 있다. 학계는 아래의 순수 자기자본기업의 회계 항등식으로 설명하고 있다.

$$\text{현금흐름}^{10} = \text{자본지출} + \text{배당금} \tag{19.1}$$

9 R. Michaely, R. H. Thaler, and K. Womack, "Price Reactions to Dividend Initiations and Omissions: Overreactions or Drift?" *Journal of Finance* 50 (1995).

10 수식 (19.1)에 대한 정확한 표현은 순이익이 아니라 현금흐름이다. 그러나 이해도는 떨어지겠지만, 배당의 신호를 현금흐름이 아니라 순이익을 사용하여 논의할 수도 있다.

수식 (19.1)은 기업이 주식을 발행하거나 자사주 매입을 실행하지 않으면 성립되어야 한다. 즉, 기업이 창출한 현금흐름은 어디엔가 유출되어야만 한다. 만일 배당금으로 지급되지 않으면 다른 지출로 사용되어야 한다. 지출은 자본예산 프로젝트이든 혹은 T-bill 매입과 같이 금융자산 투자이든 모두 지출이다.

우리가 연중 어느 시점에 있고 투자자는 전체 연도에 대한 현금흐름을 예측하려고 한다고 생각해 보자. 이러한 투자자는 현금흐름의 예측에 수식 (19.1)을 이용할 것이다. 예를 들어, 기업이 현재의 배당금이 $50백만이 될 것이라고 공시하고 시장은 자본지출이 $80백만이라고 믿는다고 가정하자. 시장은 현금흐름을 $130백만(= $50 + $80)으로 결정하려고 할 것이다.

이제는 기업이 $50백만 대신에 $70백만의 배당금을 공시하였다고 생각해 보자. 시장이 현금흐름을 $130백만으로 그대로 가정한다면, 자본지출은 $60백만(= $130 − $70)을 의미한다. 여기서 배당의 증가로 인해 가치 있는 자본지출을 없애는 것으로 시장에서 예상되기 때문에 배당증가로 주가는 하락할 것이다. 대신에 시장에서 자본지출이 $80백만으로 유지된다고 가정한다면, 현금흐름은 $150백만(= $70 + $80)으로 예측된다는 것을 의미한다. 현금흐름과 함께 주가는 일반적으로 상승하기 때문에 이 경우에 주가는 상승할 것이다. 일반적으로 학계에서는 투자자가 자본지출이 일정하다고 가정하는 것이 좀 더 현실적이라고 믿는다. 따라서 배당의 증가는 주가를 상승시킨다.

이제 대중을 속이려는 경영자의 인센티브로 가보자. 당신은 개인적으로 보유한 회사 주식을 즉시 매도할 계획을 가지고 있으며 회사 주가를 올리고 싶어 하는 경영자라고 가정해보자. 당신은 배당을 늘려서 시장이 회사의 현금흐름에 대한 예측을 높이게 하고 결국 현재의 주가도 오를 수 있다.

만일 이러한 전략이 매력적이라면, 배당금을 제한 없이 올리려는 당신을 막아주는 것은 없는가? 대답은 있다는 것이다. 왜냐하면 배당을 올리는 비용이 있기 때문이다. 기업은 수익성이 있는 프로젝트의 일부를 포기해야만 할 것이다. 수식 (19.1)에서 현금흐름이 일정하면 배당의 증가는 자본지출의 감소를 통해서만 얻어질 수 있음을 기억하자. 어느 시점에서 시장은 현금흐름이 증가하지 않았으며 대신에 자본지출이 감소했음을 알게 될 것이다. 시장이 이 정보를 흡수하게 되면 주가는 배당이 증가하지 않았을 때 수준보다도 더 아래로 떨어질 것이다. 따라서 당신이 지분의, 말하자면 절반은 남기고 절반만을 매각할 계획이라면, 배당 증가로 당장의 매각에는 도움을 받겠지만 나중에 남아 있는 지분을 매도할 때에는 손실을 보게 될 것이다. 따라서 배당수준은 당신이 개인적으로 보유한 주식의 매도시기에 따라 결정된다.

이것은 경영자가 배당정책을 자신의 이익을 극대화하기 위해 결정한다는 배당 신호에 관한 단순화된 예이다.[11] 대안적으로 이 경영자가 자신의 보유주식을 즉시 매도하려는 의도는 없지만, 어느 시점에 많은 일반 주주가 그렇게 하고 싶어 한다는 것을 알고 있다고 가정하자. 그리고

[11] 완전하게 발전된 신호모형을 검토한 논문들은 다음과 같다. Sudipto Bhattacharya, "Imperfect Information, Dividend Policy, and 'Bird in the Hand' Fallacy," *Bell Journal of Economics* 10 (1979); Sudipto Bhattacharya, "Non-dissipative Signaling Structure and Dividend Policy," *Quarterly Journal of Economics* 95 (1980); S. Ross, "The Determination of Financial Structure: The Incentive Signaling Approach," *Bell Journal of Economics* 8 (1977); Merton Miller and Kevin Rock, "Dividend Policy under Asymmetric Information," *Journal of Finance* (1985).

일반적으로 주주의 이익을 위하는 경영자는 현재와 미래의 주가 사이의 상충관계를 알고 있을 것이다. 그러면 이것이 배당 신호에 대한 핵심이다. 경영자는 기업의 진정한 (혹은 내재) 가치를 극대화하기 위해 배당정책을 정하는 것으로 충분하지 않다. 그는 현재의 주가가 진정한 가치를 반영하지 않더라도 배당정책이 현재의 주가에 미치는 영향을 고려해야만 할 것이다.

신호를 보내려는 동기는 경영자가 자사주 매입 대신에 배당을 증가시킬 것을 의미하는가? 대답은 아니다. 대부분 학계의 모형은 배당과 자사주 매입이 완전한 대체관계임을 보여준다.[12] 대신에 이러한 모형은 경영자가 배당금이나 자사주 매입을 증가시키기 위해서 (양의 NPV를 가진 프로젝트라도) 자본지출을 줄이는 것을 고려할 것임을 보여준다.

19.7 고객효과: 현실 세계 요인의 해결

앞의 두 절에서 개인 세금의 존재는 저배당정책을 선호하게 하는 요인이지만, 반면 고배당정책을 선호하게 만드는 다른 요인들이 있음을 지적했다. 재무 전문가들은 이러한 두 요인들의 집합 중에서 어떤 쪽 요인이 지배적인가를 결정할 수 있기를 기대했었다. 불행하게도 여러 해의 연구 뒤에 아무도 두 요인들의 집합 중에서 어느 쪽 요인이 더 중요한지를 결론지을 수 없었다. 두 요인들의 집합이 서로 완전하게 상쇄될 것이라는 데는 회의적이었기 때문에 이러한 결론은 놀라운 것이다.

그러나 두 방향의 요인들이 결국 서로 상쇄될 것임을 의미하는 **고객효과**(clientele effect)로 알려진 특별한 견해가 있다. 이 견해를 이해하기 위하여 투자자를 고세율구간에 속한 투자자와 저세율구간에 속한 투자자로 구분하자. 고세율구간의 투자자는 무배당이나 저배당을 선호할 것이다. 저세율구간의 투자자는 일반적으로 다음의 세 가지 부류에 속한다. 첫째, 저세율구간의 개인투자자가 있다. 이들이 현재 소득을 원한다면 아마 얼마라도 배당을 선호할 것이다. 둘째, 연기금은 배당이나 자본이득에 대해 세금을 내지 않는다. 이들은 아무런 세금 부담도 없기 때문에, 이들이 현재 소득을 선호한다면 역시 배당을 선호할 것이다. 마지막으로, 기업은 배당소득의 최소한 50%를 면세받을 수 있다. 그러나 자본이득은 전혀 면세받을 수 없다. 따라서 기업은 현재 소득에 대한 욕구가 없더라도 고배당주식을 선호할 것이다.

모든 투자자의 40%는 고배당을 선호하고 60%는 저배당을 선호하지만, 단지 기업의 20%만이 고배당을 지급하고 80%는 저배당을 지급한다고 가정하자. 여기서 고배당기업의 공급이 모자라기 때문에 이들 기업의 주식에 대한 매수가격은 증가하게 되며, 저배당기업의 주식에 대한 매수가격은 하락하게 될 것이다.

그러나 모든 기업의 배당정책이 장기적으로 고정되어 있을 필요는 없다. 이 예에서 저배당기업이 배당을 증가시켜서 기업의 40%가 고배당을 지급하고 60%가 저배당을 지급하게 되는 것을 기대할 수 있다. 이러한 조정이 일어난 후에는 어떤 기업도 배당정책을 변경하여 이득을 얻

[12] 배당과 자사주 매입이 완전한 대체는 아니라는 신호모형은 다음과 같다. Franklin Allen, Antonio Bernardo, and Ivo Welch, "A Theory of Dividends Based on Tax Clienteles," *Journal of Finance* (2000); Kose John and Joseph Williams, "Dividends, Dilution and Taxes: A Signaling Equilibrium," *Journal of Finance* (1985).

지 못할 것이다. 일단 기업의 배당이 주주의 요구에 맞게 되면, 어떠한 기업도 배당정책을 전환함으로써 기업의 시장가치에 영향을 미칠 수 없다.

고객집단(clienteles)은 아마 다음과 같이 형성될 것이다.

고객집단	주식
고세율구간에 속한 개인	무배당~저배당주식
저세율구간에 속한 개인	저배당~중배당주식
면세기관	중배당주식
기업	고배당주식

고객효과를 이해하였는지를 알기 위해 다음의 질문을 생각해 보자. "많은 투자자들이 고배당을 좋아하는 세상에서 기업은 배당성향을 높여서 주가를 더 끌어올릴 수 있는가?" 참인가 아니면 거짓인가?

위 문장은 거짓일 것이다. 배당을 선호하는 투자자를 만족시키는 고배당기업이 이미 충분히 존재하는 한, 기업은 고배당을 지급함으로써 주가를 끌어올릴 수 없을 것이다. 기업은 만족하지 못한 고객이 존재하는 경우에만 주가를 올릴 수 있다.

고객효과에 대한 우리의 논의는 세율구간이 투자자에 따라 다르다는 사실에서 나온다. 만일 주주가 세금을 고려한다면, 주식은 배당수익률에 따라서 고객을 유치해야만 한다. 이러한 경우를 보여주는 증거가 있는가?

〈그림 19.6〉을 고려해보자. 여기에서 John Graham과 Alok Kumar[13]는 보통주를 배당수익률에 따라 순위를 매기고 5개의 포트폴리오인 소위 5분위로 구분하였다. 맨 아래 5분위는 가장 낮은 배당수익률을 가진 20%의 주식을 포함한다. 다음 5분위는 다음으로 낮은 배당수익률을 가진 20%의 주식이 포함되고 계속 그렇게 만들어진다. 그림은 하위-, 중간-, 상위-소득 투자자가 포트폴리오에서 각각의 5분위에 투자한 비중을 보여준다. 그림에서 볼 수 있듯이 하위-소득 투자자에 비해 상대적으로 상위-소득 투자자가 저배당주식에 자산을 더 많은 비중으로 투자하고 있다. 반면에 또한 하위-소득 투자자에 비해 상대적으로 상위-소득 투자자는 고배당주식에 자산을 더 적은 비중으로 투자하고 있다.

19.8 배당정책에 대해 아는 것과 모르는 것

기업의 배당금은 상당히 크다

자본이득은 매도시점까지 세금이 지연되는 반면에 배당은 지급이 될 때 과세가 되기 때문에 배당은 자본이득에 비해 세금불이익이 있다고 이번 장의 전반부에서 지적하였다. 그럼에도 불구하고 미국 경제에서 배당금은 상당히 크다. 예를 들어, 〈그림 19.7〉은 1980~2016년 사이의 미

[13] John Graham and Alok Kumar, "Do Dividend Clienteles Exist? Evidence on Dividend Preferences of Retail Investors," *Journal of Finance* (June 2006).

그림 19.6
배당수익률에 대한 투자자의 선호도

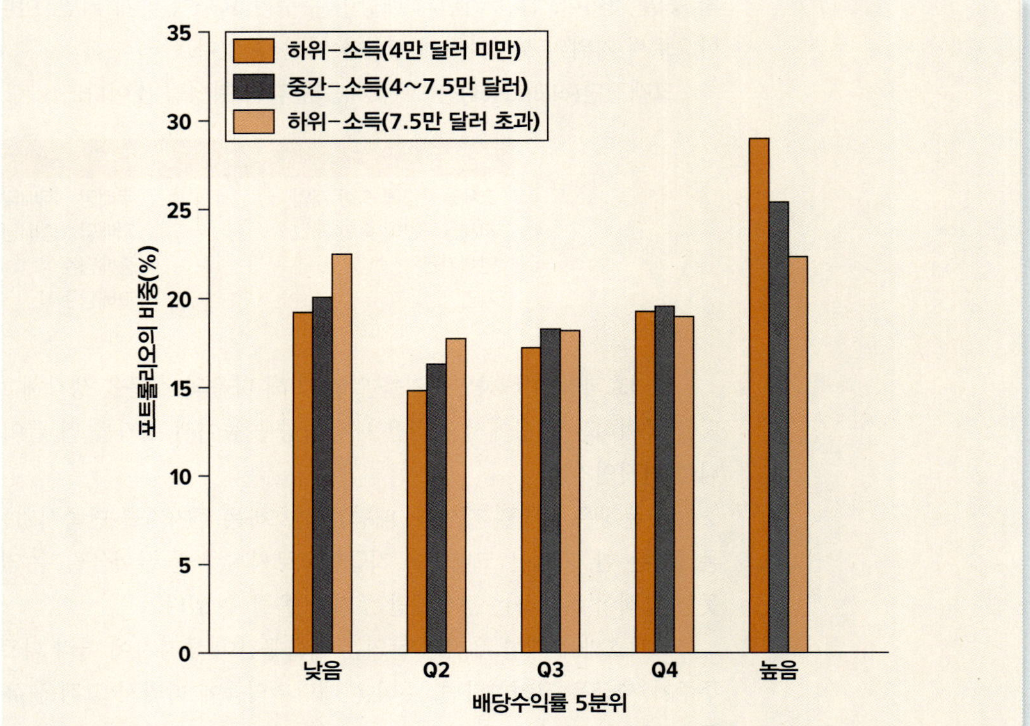

모든 주식은 배당수익률에 따라 순위가 매겨져서 5분위의 포트폴리오로 구분되었다. 그림은 하위-, 중간-, 상위-소득 투자자의 포트폴리오에서 각각의 5분위에 투자한 비중을 보여준다. 하위-소득을 가진 사람에 비해 상대적으로 상위-소득 투자자는 저배당주식에 자산을 더 많은 비중으로 투자하고 고배당주식에 더 적은 비중으로 투자한다.

출처: John Graham and Alok Kumar, "Do Dividend Clienteles Exist? Evidence on Dividend Preferences of Retail Investors," *Journal of Finance*, 61, 2006, 1305–36. 논문의 [그림 2]를 수정

그림 19.7
미국 기업의 순이익 총액에 대한 배당금 총액의 비율, 1980~2016년

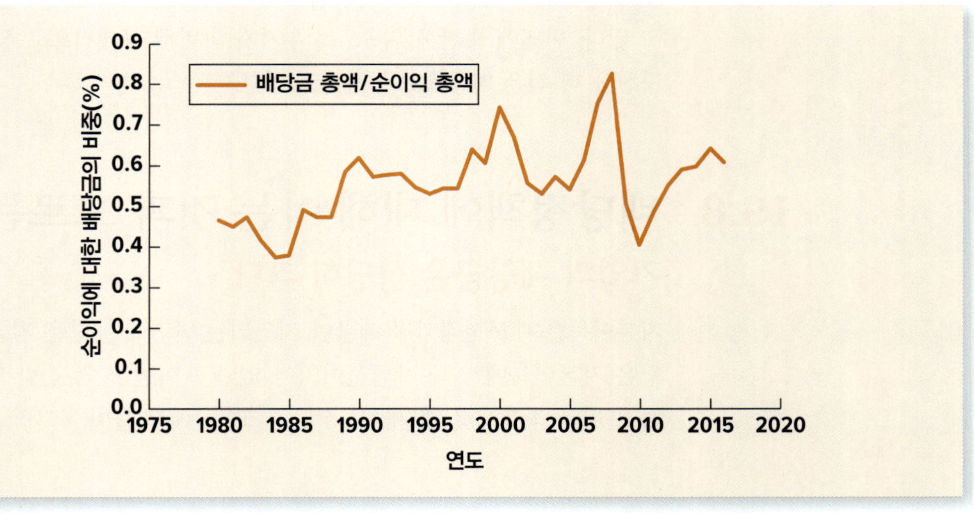

출처: The Bureau of Economic Analysis, November 2017.

국 기업의 순이익 총액에 대한 배당금 총액의 비율을 보여준다. 2016년에 이 비율은 대략 50%이다.

배당금에 대한 세금이 실제로는 미미하다고 주장할 수 있다. 아마도 배당금은 주로 낮은 세율구간에 속한 개인에게 지급되거나 세금을 납부하지 않는 연기금과 같은 기관투자자가 주요 배당수급자이기 때문일 것이다. 그러나 Peterson, Peterson, Ang은 1979년을 대상으로 면밀한 배당금의 연구를 실행하였다.[14] 그들은 배당금의 약 2/3가 개인에게 돌아가고 이들 개인의 평균 한계세율은 약 40%임을 발견하였다. 따라서 우리는 상당한 세금이 있음에도 불구하고 배당금은 큰 금액으로 지급된다고 결론을 내려야 한다.

점차 적은 수의 기업이 배당금을 지급함

배당금액의 총액은 크지만, Fama와 French (FF)는 지난 수십 년간에 걸쳐 배당을 지급하는 기업의 비중이 줄어들어 왔다고 지적한다.[15] FF는 이러한 감소는 주로 최근에 여러 증권거래소에 상장되고 현재에는 수익이 나지 않는 소형기업이 폭발적으로 증가했기 때문이라고 주장한다. 대부분의 경우에 이런 유형의 기업은 배당금을 지급하지 않는다. 〈그림 19.8〉은 미국의 제조기업에서 배당을 지급하는 기업의 비중이 1980~2002년 사이에 급락했음을 보여준다.

그림 19.8
미국의 제조기업 중에서 배당지급 기업이 차지하는 비중, 1980~2015년

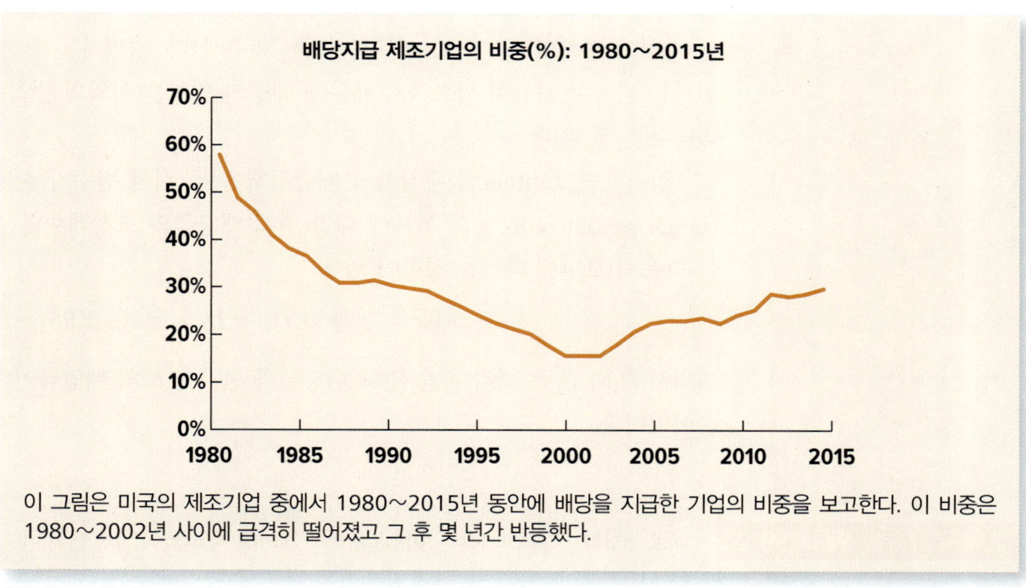

이 그림은 미국의 제조기업 중에서 1980~2015년 동안에 배당을 지급한 기업의 비중을 보고한다. 이 비중은 1980~2002년 사이에 급격히 떨어졌고 그 후 몇 년간 반등했다.

출처: Harry DeAngelo, Linda DeAngelo, and Douglas J. Skinner, "Corporate Payout Policy," in *Foundations and Trends in Finance*, vol. 3, 2008. (논문의 저자가 자료를 업데이트함)

14 P. Peterson, D. Peterson, and J. Ang, "Direct Evidence on the Marginal Rate of Taxation on Dividend Income," *Journal of Financial Economics* 14 (1985).

15 Eugene F. Fama and Kenneth R. French, "Disappearing Dividends: Changing Firm Characteristics or Lower Prospensity to Pay?" *Journal of Financial Economics* (April 2001).

이 그림은 DeAngelo, DeAngelo, Skinner에 의해 제시된 것으로,[16] 2002~2015년 사이에는 배당지급 기업의 비중이 증가하고 있음도 보여준다. 하나의 가능한 설명은 배당에 대한 최고세율이 2003년 5월에 개정된 법률로 15%로 줄어들었기 때문이다.

〈그림 19.8〉이 모든 기업에 걸쳐서 1980~2015년 사이에 배당금이 감소했다는 것을 의미하는 것은 아니다. DeAngelo, DeAngelo, Skinner[17]는 소형기업이 배당금 지급에 소극적이었지만 대형기업은 최근 수십 년간 배당금을 상당히 증가시켰다는 것을 지적한다. 이러한 증가는 배당금에 집중되어 2017년 미국에서 상위 25개 배당지급 기업이 배당금 총액의 약 50% 이상을 차지했다.[18] DeAngelo와 그의 동료들은 "산업 기업이 이중구조를 가지고 있어서 매우 높은 순이익을 가진 소수의 기업이 총합으로 순이익의 대부분을 창출하고 배당금의 공급을 지배하고 있는 반면 대다수의 기업은 다 합쳐도 순이익과 배당금의 총액에 그다지 영향을 주지 못한다"고 결론을 맺고 있다.

기업은 배당금을 평탄화함

1956년에 John Lintner는 배당정책에 관련하여 여전히 사실인 두 가지 중요한 관찰을 하였다.[19] 첫째, 현실 세계의 기업은 전형적으로 순이익에 대한 배당금의 장기 목표비율을 설정한다. 기업이 이용 가능한 현금흐름에 비하여 양(+)의 NPV 프로젝트를 많이 가진 기업은 낮은 목표비율을, 적은 양(+)의 NPV 프로젝트를 가진 기업은 높은 목표비율을 설정할 것이다. 둘째, 경영자는 순이익 변화의 일부만이 영구적이라는 것을 안다. 경영자는 어떤 이익의 증가가 영구적인 것인지를 평가할 시간이 필요하기 때문에 배당의 변화는 이익의 변화 이후 여러 기간이 지난 후에 나타나는 것 같다.

정리하면, Lintner의 관찰에서 배당정책은 두 개의 변수가 설명한다. 그것은 목표배당성향(target payout ratio, t)과 목표에 대한 현재 배당금의 조정계수의 속도(s)이다. 즉, 배당의 변화는 다음의 모형에 따르는 경향이 있다.

$$\text{배당금 변화} \equiv D_1 - D_0 = s \times (t\text{EPS}_1 - D_0) \qquad \textbf{(19.2)}$$

여기서 D_1과 D_0는 각각 다음 연도 배당금과 현재 연도의 배당금이다. EPS_1은 다음 연도의 주당순이익이다.

예제 19.2

배당 평탄화 Calculator Graphics, Inc.(CGI)의 목표배당성향은 0.30이다. CGI의 작년 주당순이익(EPS)은 $10이었으며, CGI는 목표에 따라서 작년에 주당 $3의 배당금을 지급했다. 그러나 올해 주당순이익이 $20

[16] Harry DeAngelo, Linda DeAngelo, and Douglas J. Skinner, "Corporate Payout Policy," in *Foundation and Trends in Finance*, vol. 3 (2008). 논문의 저자가 자료를 업데이트함.

[17] Harry DeAngelo, Linda DeAngelo, and Douglas J. Skinner, "Are Dividends Disappearing? Dividend Concentration and the Consolidation of Earnings," *Journal of Financial Economics* (2004).

[18] 2017년에 미국의 (S&P 500) 500대 기업의 약 80%가 현금배당을 지급했다.

[19] John Lintner, "Distribution and Incomes of Corporations among Dividends, Retained Earnings, and Taxes," *American Economic Review* (May 1956).

으로 뛰어올랐다. 경영자는 이러한 증가가 영구적이 아니라고 믿었으므로 배당금을 $6 (= 0.30 × $20)으로 완전히 올리지 않기로 하였다. 대신에 조정계수 속도(*s*)를 0.5로 하였으며, 따라서 올해 배당금의 *증가*는 아래와 같이 된다.

$$0.5 \times (\$6 - \$3) = \$1.50$$

즉, 배당금의 증가액은 조정계수의 속도 0.50에 완전조정이 이루어진 경우의 배당금 $6 (= 0.30 × $20)과 작년 배당금 $3의 차이를 곱하여 계산된다. 배당금은 $1.50 증가할 것이므로 올해의 배당금은 $4.50 (= $3 + $1.50)이 될 것이다.

이제 이익이 내년에도 $20에 머물 것으로 가정하자. 내년 배당금의 증가액은 아래와 같다.

$$0.5 \times (\$6 - \$4.50) = \$0.75$$

다시 말하면, 올해에서 내년으로 배당금의 증가액은 조정계수의 속도(0.50)에 완전조정이 이루어진 경우의 배당금($6)과 올해의 배당금($4.50)의 차이를 곱하여 계산된다. 배당금은 $0.75 증가할 것이므로 내년의 배당금은 $5.25 (= $4.50 + $0.75)가 될 것이다. 이와 같은 방법으로 배당금은 이익이 미래에 $20으로 계속 유지된다면 매년 천천히 증가할 것이다. 그러나 배당금은 무한대에서 $6으로 수렴할 것이다.

수식 (19.2)의 제한적인 경우는 $s = 1$이거나 $s = 0$일 때 발생한다. 만일 $s = 1$이면, 배당금의 실제 변화는 배당금의 목표변화와 같게 되고, 완전한 조정이 즉시 일어나게 된다. 만일 $s = 0$이면, $D_1 = D_0$이다. 다시 말하면, 배당금의 변화가 전혀 없다. 현실 세계의 기업은 s를 0과 1 사이에서 설정한다고 예상할 수 있다.

Lintner의 모형의 의미는 이익에 대한 배당(배당/이익) 비율은 기업이 어려운 시기를 시작할 때 오르고, 좋은 시기를 시작할 때 떨어진다는 것이다. 따라서 배당금은 이익보다 더 적은 변동성을 보인다. 다시 말하면, 기업은 배당을 평탄화(smooth)한다.

배당금 지급의 장점과 단점

장점	단점
1. 배당금은 안정적인 현금흐름을 원하면서 규칙적인 주식의 매도에서 발생하는 거래비용은 원하지 않는 투자자에게 매력적일 것이다.	1. 배당금은 전통적으로 일반 소득으로 과세된다.
2. 행태재무학은 제한된 자제력을 가진 투자자는 고배당주식으로 원금을 결코 훼손하지 않는 정책을 지키면서 현재의 소비 필요성을 유지할 수 있다고 주장한다.	2. 배당금은 자금조달의 내부원천을 줄일 수 있다. 배당금은 기업에게 양(+)의 NPV를 가진 프로젝트를 포기하거나 외부 자본조달에 의존하게 만들 수 있다.
3. 주주를 위해 행동하는 경영자는 채권자로부터 현금을 보호하기 위해서 배당금을 지급할 수 있다.	3. 배당금이 일단 설정되면, 기업의 주가에 부정적인 영향 없이 배당금을 삭감하기는 어렵다.
4. 주주를 위해 행동하는 이사회는 경영자가 낭비할 수 있는 현금을 줄이는 데 배당금을 사용할 수 있다.	
5. 경영자는 미래 현금흐름에 대한 낙관적인 전망을 신호하기 위해 배당금을 증가시키려고 할 것이다.	

배당에 관한 설문조사 결과

최근의 한 연구는 재무관리자를 대상으로 배당정책에 관해서 설문조사를 했다. 질문들 중의 하나는 "다음 서술이 귀하의 기업 배당정책에 영향을 미치는 요인을 기술한 것으로 적합한가?"이다. 일부 결과는 〈표 19.2〉에 나타나 있다.

〈표 19.2〉에 보이듯이, 재무관리자는 배당금의 삭감을 매우 꺼리는 경향이 있다. 더욱이 이전에 지급한 배당금을 크게 의식하고 있고 비교적 안정적인 배당을 유지하기를 원한다. 반면에 외부의 자본조달비용과 선량한 관리자의 의무를 지닌 "신중한 투자자(prudent man)"의 유치는 덜 중요한 것으로 나타났다.

〈표 19.3〉은 같은 설문조사에서 "귀하의 기업 배당정책에 다음 요인이 얼마나 중요한가?"라는 질문에 대한 반응을 보여준다. 역시 〈표 19.2〉에서의 반응과 이전 논의에서처럼 일관성 있는 배당정책의 유지가 최우선으로 꼽히고 있다. 다른 항목도 이전의 분석과 일관된 결과를 보여준다. 재무관리자는 배당을 결정하는 데 있어 이익의 안정성과 미래 이익의 수준에 대해 매우 염려를 하며 좋은 투자기회의 이용 가능성도 고려한다. 설문조사의 응답자들은 또한 기관투자

표 19.2 배당결정에 관한 설문조사 결과*

배당정책 설명	"동의" 또는 "적극 동의" 응답자의 비중(%)
1. 배당금을 삭감하려 하지 않는다.	93.8%
2. 매년 안정적인(평탄한) 배당을 유지하려 한다.	89.6
3. 최근 분기들에 지급된 배당금의 수준을 고려한다.	88.2
4. 미래에 번복될지 모르는 배당변화를 꺼린다.	77.9
5. 배당의 변화나 성장을 고려한다.	66.7
6. 외부자금조달비용이 배당삭감비용보다 낮다고 생각한다.	42.8
7. 신중한 투자자의 유치를 위해 배당을 지급한다.	41.7

*설문조사 질문은 "다음 설명이 귀하의 기업 배당정책에 영향을 미치는 요인을 기술한 것으로 적합한가?"이다.

출처: A. Brav, J. R. Graham, C. R. Harvey, and R. Michaely, "Payout Policy in the 21st Century," *Journal of Financial Economics* (2005). Table 4를 수정.

표 19.3 배당결정에 관한 설문조사 결과*

배당정책 설명	"중요" 또는 "매우 중요" 응답자의 비중(%)
1. 배당정책의 일관성 유지	84.1%
2. 미래이익의 안정성	71.9
3. 이익변화의 지속가능성	67.1
4. 기관투자자의 유치	52.5
5. 좋은 투자기회의 이용가능성	47.6
6. 개인투자자의 유치	44.5
7. 배당에 대한 개인소득세	21.1
8. 신주의 발행비용	9.3

*설문조사 질문은 "귀하의 기업 배당정책에 다음 요인이 얼마나 중요한가?"이다.

출처: A. Brav, J. R. Graham, C. R. Harvey, and R. Michaely, "Payout Policy in the 21st Century," *Journal of Financial Economics* (2005). Table 5를 수정.

자와 개인투자자를 모두 유치하는 것이 상대적으로 중요하다고 믿는다.

교재의 이번 장 전반부의 세금과 주식발행비용에 대한 논의와 다르게, 재무관리자는 이번 설문조사에서 주주가 배당에 대해 납부하는 개인 세금이 매우 중요하다고는 생각하지 않았다. 또한 주식발행비용이 관련 있다고 생각하는 응답자는 훨씬 적었다.

19.9 배당의 종합정리

이번 장에서 논의한 많은 내용(수십 년의 연구로부터 배당에 관해 알게 된 내용)은 다음의 6가지 요점으로 요약 정리될 수 있다.[20]

1. 배당과 자사주 매입의 총액은 엄청나게 대규모이며, 여러 해에 걸쳐 명목 수치든 실질 수치든 꾸준하게 증가해 왔다.
2. 현금배당과 자사주 매입은 상대적으로 비교적 소수의 대규모 성숙 기업에 심하게 집중되어 있다.
3. 경영자는 배당 삭감을 매우 꺼리는데, 일반적으로 기업 특유의 문제 때문으로만 삭감을 한다.
4. 경영자는 배당금을 평탄화하는데, 그것은 순이익이 증가함에 따라 천천히 점진적으로 배당을 증가시키는 것이다.
5. 주가는 배당의 예기치 않은 변화에 반응한다.
6. 자사주 매입의 규모는 순이익의 일시적인 변화에 따라 변동하는 경향이 있다.

이제 목표는 이러한 배당에 관한 관찰의 조각들을 하나의 일관성이 있는 그림에 합리적으로 맞추는 일이다. 일반적으로 자사주 매입과 현금배당의 조합을 의미하는 현금배분(payout)에 관해서는 단순한 수명주기이론(life cycle theory)이 요점 1과 2에 적합하다. 그 핵심 개념은 간단한다. 첫째, 이용 가능한 현금이 부족한 비교적 신생 기업은 일반적으로 현금배분을 해서는 안 된다. 이들 기업은 양(+)의 NPV 프로젝트에 투자할 현금이 필요하다(그리고 발행비용은 외부 현금의 조달을 억제한다).

그러나 기업이 생존하고 성숙함에 따라 잉여현금흐름(복습한다면, 수익성이 있는 투자활동에 필요한 자금을 초과하여 내부적으로 창출된 현금흐름)을 발생시키기 시작한다. 잉여현금흐름이 많이 축적되어 있고 배분되지 않으면 대리인문제가 발생할 수 있다. 경영자는 제국건설(empire building)을 추구하거나 주주에게 최선의 이익이 아닌 방법으로 초과 현금을 소비하려고 할 것이다. 따라서 기업은 현금을 쌓아두기보다는 배분하라는 압력을 주주에게서 받게 된다. 그리고 우리의 관찰과 일치하듯이, 오랜 기간 동안 수익성을 확보해 온 대기업은 대규모 배분을 할 것으로 예상된다.

[20] 이 내용은 Harry DeAngelo and Linda DeAngelo, "Payout Policy Pedagogy: What Matters and Why," *European Financial Management* 13 (2007)에 실린 좀 더 긴 내용을 정리하였음.

따라서 수명주기이론은 초과 현금의 유보로 인한 대리인문제와 외부자금 조달의 잠재적인 미래 비용 사이에서 기업은 상충관계를 가진다는 것을 말한다. 기업은 현재와 가까운 미래의 투자요구를 충당하기 위한 충분한 내부의 현금흐름을 창출할 수 있을 때 배분을 시작해야만 한다.

더 복잡한 문제는 배분의 유형을 현금배당으로 할 것인지 자사주 매입으로 할 것인지에 따라 발생한다. 자사주 매입을 지지하는 데 세금 주장은 분명히 설득력이 있다. 자사주 매입은 훨씬 더 유연한 옵션이다(경영자들은 재무적 유연성에 큰 가치를 부여한다). 따라서 질문은 다음과 같다. 기업은 왜 현금배당을 선택하는가?

이 질문에 답하려면 다른 질문을 해야 한다. 자사주 매입으로 할 수 없는 어떤 것을 현금배당을 통해 성취할 수 있는가? 하나의 가능한 대답은 기업이 현재와 미래에 현금배당을 약속할 때 시장에 두 가지의 신호를 보낸다는 것이다. 이미 논의한 바와 같이, 하나는 기업이 지속적으로 배당지급을 할 수 있을 만큼 충분한 이익이 예상된다는 신호이다. 기업이 나중에 배당을 지급할 수 없을 때(또는 외부금융을 이용하지 않고 배당을 할 수 없을 때)에는 궁극적으로 처벌을 받기 때문에 이 점에서는 시장을 기만함으로써 이익을 볼 수 없다는 사실에 주목하자. 따라서 현금배당은 기업이 자신을 수익성이 낮은 경쟁기업들과 구별하게 할 수 있다.

두 번째 신호는 좀 더 미묘하며, 잉여현금흐름의 대리인문제로 다시 돌아가야 한다. 현재와 미래에 현금배당을 약속함으로써 기업은 현금(최소한 많은 현금)을 쌓아두지 않을 것이며 따라서 대리인비용을 줄이고 주주의 부를 증가시키겠다는 신호를 보내게 된다.

두 방향의 신호이론은 위 요점 3~5와 일치하지만, 분명한 반대의견도 물론 있다. 기업은 왜 배당으로 지급하는 데 사용할 현금을 떼어서 대신에 자사주 매입에 사용하는 정책을 실행하지 않는가? 결국 어느 방법이든 기업은 주주에게 현금을 배분하는 것이기 때문이다.

그러나 고정된 자사주 매입 전략에는 두 가지 단점이 있다. 첫째는 검증가능성이다. 기업은 공개시장에서 자사주 매입을 발표하고 그냥 실행하지 않을 수도 있다. 적당하게 장부를 날조하면 어느 정도의 시간이 지나야만 그 속임수가 발견될 것이다. 따라서 주주는 감시장치를 개발할 필요가 있다. 즉, 주주는 자사주 매입이 실제로 이루어졌음을 확인할 수 있는 어떤 방법을 개발할 필요가 있다. 이러한 장치는 만들기 어렵지 않겠지만(채권시장에서 관찰할 수 있는 단순한 신탁관계도 가능하다), 현재까지 존재하지는 않는다. 물론 공개매수 형태의 자사주 매입은 검증할 필요성이 적거나 없지만, 그러한 제안에는 비용이 수반된다. 현금배당의 미덕은 어떤 감시도 필요하지 않다는 점이다. 기업은 해마다 네 번 배당금을 수표를 끊어서 발송해주어야 한다.

합리적인 현금배분정책의 특징

- 시간에 걸쳐 모든 잉여현금흐름을 지급한다.
- 배당을 지급하거나 자사주 매입을 위해서 양(+)의 NPV 프로젝트를 포기하지 않는다.
- 기업이 충분한 잉여현금흐름을 창출하기 전까지는 배당을 실행하지 않는다.
- 장기 목표배당성향과 일치하도록 현재의 정규배당금을 정한다.
- 배당금을 미래의 비싼 외부자금조달을 피할 만큼 충분히 낮은 수준으로 정한다.
- 일시적인 현금흐름의 증가를 배분하는 데 자사주 매입을 사용한다.

고정된 자사주 매입에 대한 두 번째 단점은 좀 더 논란의 여지가 있다. 가령 내부자로서 경영자는 기업의 주가가 너무 높거나 너무 낮은지를 주주보다 더 잘 판단할 수 있다고 가정하자(이 개념은 내부자정보가 그 이유라면 준강형 시장효율성과는 배치되지 않는다). 이 경우에 고정된 자사주 매입의 약속은 경영진으로 하여금 주식이 과대평가되어 있는 상황에서조차 자사주를 매입하도록 만든다. 다시 말해서 경영진으로 하여금 음(−)의 NPV 투자를 하도록 한다.

현금배당이냐 자사주 매입이냐의 질문에 대해 더 많은 연구가 필요하지만, 역사적 추세는 배당에 비해 자사주 매입의 지속적인 성장이 유리한 것 같다. 기업의 현금배분금액 총액은 시간에 걸쳐 비교적 안정적으로 보이는데, 자사주 매입의 비중은 더 커지고 있다. 최근에는 자사주 매입 총액이 배당금 총액을 넘어섰다.

많은 관심을 받지는 못했지만 현금배당 총액에는 강력한 대물림효과(legacy effect)가 있을지 모른다. 1982년 이전에는 자사주 매입에 대한 규제 상태가 다소 엉성했기 때문에 심각한 저해요인이 되었다. 다년간의 논쟁 후 1982년에 SEC는 기업이 따라야 하는 분명한 가이드라인을 만들어서 자사주 매입을 더욱 매력적으로 만들었다.

대물림효과는 현재 전체 배당금의 큰 부분을 지급하는 많은 대규모 기업이 1982년 이전에(아마 훨씬 그 이전에) 배당금을 지급하고 있었기 때문에 일어난다. 이러한 기업이 배당금 삭감을 꺼려하는 정도까지는 전통 기업의 "고착효과(lock-in effect)"만으로도 현금배당의 총액은 커질 것이다. 따라서 만일 과거부터 고착되어 대대로 현금배당을 실시해 온 이들 기업이 전체 배당금의 많은 부분을 설명한다면, 우리는 다음 두 가지를 관찰할 것이다. 즉, (1) 성숙 기업이 배당금 지급을 시작하는 경향이 급격하게 감소하고, (2) 시간에 따라 현금배당에 비해 상대적으로 자사주 매입이 커지는 것이다. 실제로 우리는 이러한 두 추세에 대한 증거를 볼 수 있다. 그러나 대물림효과 하나로 모든 현금배당 지급 기업을 설명할 수는 없다.

19.10 주식배당과 주식분할

배당의 또 다른 유형은 주식을 지급하는 것이다. 이러한 유형의 배당을 **주식배당**(stock dividend)이라고 부른다. 주식배당은 현금으로 지급하지 않기 때문에 진정한 배당은 아니다. 주식배당의 효과는 개별 소유자의 보유 주식의 수를 증가시키는 것이다. 발행주식의 수가 증가하기 때문에 개별 주식의 가치는 단순히 하락한다.

주식배당은 보통 퍼센티지(%)로 표시된다. 예를 들면, 20%의 주식배당은 주주가 현재 보유한 5주당 1주의 (20% 증가) 신주를 받는다는 것을 의미한다. 모든 주주가 주식을 20% 추가로 받기 때문에, 총 발행주식수는 20% 증가한다. 곧 보겠지만, 그 결과는 개별 주식의 가치를 20% 하락시킨다.

주식분할(stock split)은 % 대신에 비율(ratio)로 표시된다는 점을 제외하고는 본질적으로 주식배당과 같은 것이다. 주식분할이 선언되면 개별 주식은 분할되어 여러 주식으로 만들어진다. 예를 들면, 3대1 (three-for-one)의 주식분할에서 개별 구주는 분할되어 3개의 신주가 된다.

주식배당과 주식분할의 예

주식분할과 주식배당은 기업과 주주에게 본질적으로 같은 영향을 미친다. 이들 모두 발행 주식수를 증가시키고 주당 가치를 감소시킨다. 그러나 회계처리는 (1) 주식분할인지 주식배당인지에 따라 다르며, (2) 주식배당의 경우도 그 규모에 따라 다르다.

통상적으로 20~25% 미만의 주식배당을 **소규모 주식배당**(small stock dividends)이라고 부른다. 이러한 주식배당에 대한 회계절차는 나중에 논의된다. 20~25% 이상의 주식배당은 **대규모 주식배당**(large stock dividend)이라 불린다. 대규모 주식배당도 드물지는 않다. 예를 들어, 2017년 9월에 사무실 기반 의료진에게 건강관리 제품 및 서비스 제공하는 Henry Schein은 100% 주식배당의 형태로 2대1 주식분할을 발표했다. 이러한 주식배당은 일부 사소한 회계처리상의 차이를 제외하고는 2대1 주식분할과 그 효과가 동일하다.

소규모 주식배당의 예 복잡한 회계처리 컨설팅회사인 Peterson Co.는 발행주식수가 10,000주이며, 주당 $66에 거래되고 있다. 주식의 총 시장가치는 $660,000 (= $66 × 10,000)이다. 10%의 주식배당을 하면 각 주주는 소유한 10주당 추가로 1주를 받게 되며, 주식배당 후에 총 발행주식수는 11,000주가 된다.

주식배당 이전에 Peterson의 재무상태표의 자기자본은 다음과 같다.

보통주(액면가 $1, 발행주식수 10,000주)	$ 10,000
자본잉여금(주식발행초과금)	200,000
이익잉여금	290,000
자기자본 총계	$500,000

소규모 주식배당 후에 재무상태표를 조정하기 위해 겉보기의 임의적인 회계절차가 필요하다. 1,000주의 신주가 발행되기 때문에 보통주 계정은 $1,000(주당 액면가 $1로 1,000주가 발행됨)만큼 증가하여 총 $11,000이 된다. 주당 시장가치 $66은 액면가 $1보다 $65가 높기 때문에, 그 초과분인 $65,000 (= $65 × 1,000주)은 자본잉여금계정(주식발행초과금)에 합해져서 자본잉여금은 이제 총 $265,000이 된다.

주식배당으로 현금이 실제로 유입되거나 유출되지 않기 때문에 총자기자본은 영향을 받지 않는다. 따라서 이익잉여금이 $66,000 감소하여 $224,000이 된다. 배당이 이익잉여금을 감소시킨다는 점을 기억하자. 이들 계산을 모두 반영하면, Peterson의 자기자본계정은 아래와 같이 된다.

보통주(액면가 $1, 발행주식수 11,000주)	$ 11,000
자본잉여금(주식발행초과금)	265,000
이익잉여금	224,000
자기자본 총계	$500,000

주식분할의 예 주식분할은 주식배당과 개념상 유사하지만 보통 비율로 표시된다. 예를 들면, 3

대2 주식분할에서 각 주주는 당초 보유한 2주당 1주의 신주를 추가로 받는다. 따라서 3대2 주식분할은 결국 50%의 주식배당에 해당한다. 여기서도 아무런 현금이 지급되지 않으므로 개별 주주의 지분은 영향을 받지 않는다.

주식분할의 회계처리는 주식배당의 회계처리와 다르다(보다 더 간단하다). Peterson이 2대1 주식분할을 선언한다고 가정하자. 발행주식수가 두 배인 20,000주가 되면, 액면가는 절반으로 줄어 (주식분할을 액면분할이라고도 함) 주당 $0.50이 될 것이다. 분할 후의 자기자본은 아래와 같이 나타난다.

보통주(액면가 $0.50, 발행주식수 20,000주)	$ 10,000
자본잉여금(주식발행초과금)	200,000
이익잉여금	290,000
자기자본 총계	$500,000

분할 후에도 세 계정의 수치가 전혀 변하지 않았음을 주목하자. 단지 주당 액면가와 발행주식수가 변할 뿐이다. 주식수가 2배로 증가하였기 때문에 액면가는 절반으로 줄어들게 된다.

대규모 주식배당의 예 앞의 예에서 만일 100%의 주식배당이 선언된다면, 10,000주의 신주가 배분되어 발행주식수는 20,000주가 될 것이다. 액면가가 주당 $1이므로 보통주계정은 $10,000이 증가하여 총액 $20,000이 될 것이다. 이익잉여금은 $10,000이 감소하여 $280,000이 남게 된다. 그 결과는 다음과 같다.

보통주(액면가 $1, 발행주식수 20,000주)	$ 20,000
자본잉여금(주식발행초과금)	200,000
이익잉여금	280,000
자기자본 총계	$500,000

주식분할과 주식배당의 가치

논리의 규칙에 따른다면 주식분할과 주식배당은 기업의 가치에 다음의 세 가지 경우 중 하나를 일으킬 수 있다. (1) 가치는 영향이 없다, (2) 가치는 증가한다, 그리고 (3) 가치는 감소한다. 불행하게도 이 문제는 복잡해서 세 가지 관계 중에 어느 것이 맞는지 쉽게 결정할 수 없다.

벤치마크 사례 주식배당과 주식분할이 주주의 부나 전체 기업의 부를 변화시키지 않는다는 강력한 예를 만들 수 있다. 앞의 예에서, 자기자본의 총 시장가치는 $660,000이었다. 소규모 주식배당에서 발행주식수는 11,000주로 증가하므로 개별 주식의 가치는 $60 (= $660,000/11,000)이 될 것으로 보인다.

예를 들면, 주식배당 이전에 주당 $66에 100주를 보유한 주주는 배당 이후에 주당 $60에 110주를 보유하게 될 것이다. 주식의 총가치는 어느 쪽이든 $6,600이고, 따라서 주식배당은 실제로 아무런 경제적 효과가 없다.

주식분할 이후에 발행주식수는 20,000주가 되고, 따라서 개별 주식은 $33 (= $660,000/20,000)의 가치를 가져야 한다. 다시 말해서, 발행주식수는 2배가 되며 가격은 절반이 된다. 이러한 계산으로부터 판단할 때, 주식배당과 주식분할은 단지 서류상 거래인 것으로 보인다.

이러한 결과는 비교적 명백하지만, 이러한 행동에는 어떤 이점이 있을 수 있다. 전형적인 재무관리자는 현실 세계의 복잡성을 인식하고 있으며, 그 때문에 주식분할과 주식배당의 결정은 실무에서 가볍게 다루어지지 않는다.

보편적인 거래가격범위 주식배당과 주식분할의 옹호자들은 주식에는 적정 **거래가격범위**(trading range)가 있다고 종종 주장한다. 주식의 가격이 이 수준을 넘어가면, 많은 투자자는 일반적인 거래단위인 100주의 **최소거래단위**(round lot)를 매수하기에 충분한 자금을 가지지 못한다. 주식은 100주보다 적은 **단주**(odd-lot)의 형태로도 매수될 수 있지만 수수료가 훨씬 높다. 따라서 기업은 이러한 거래가격범위 내에 주식의 가격이 위치하도록 주식을 분할할 것이다.

예를 들면, 2003년 초에 Microsoft는 2대1의 주식분할을 발표했다. 이는 이 기업이 1986년에 공개된 이후 9번째 분할이었다. Microsoft는 그동안 3대1의 분할을 2번하고 2대1의 분할을 7번 했다. 따라서 당신이 이 기업이 공개된 해인 1986년에 1주의 주식을 가지고 있었더라면, 이는 2003년 초에 있었던 가장 최근의 분할 이후에 288주를 가지게 되었을 것이다. 유사하게 Walmart는 1970년에 공개 이후 2대1의 주식분할을 9번 했으며, Apple은 1987년 공개 후 7대1의 주식분할을 1번, 2대1의 주식분할을 3번 하였다. 주식분할의 정말 긴 기록은 Procter & Gamble이 가지고 있는데, 1920년 이후 5대1의 주식분할을 2번, 1.5대1 분할을 1번, 2대1 분할을 8번 하였다. 첫 번째 주식분할 이전에 주식을 샀다면 1주당 9,600주가 되었을 것이다.

거래가격범위의 주장은 널리 통용되고 있지만, 그 타당성은 여러 이유로 의문의 여지가 있다. 뮤추얼펀드, 연기금, 기타 기관투자자는 2차 세계대전 이후 거래활동을 꾸준히 증가시켜 왔으며 이제는 전체 거래량에서 큰 비중(예를 들면, NYSE 거래량의 약 80%)을 차지한다. 이러한 기관은 대량으로 매매하기 때문에, 개별 주가는 거의 중요하지 않다.

더욱이 주가가 꽤 높은 주식도 문제를 일으키지 않고 있음을 볼 수 있다. 극단적인 예로서 Swiss chocolatier Lindt를 생각할 수 있다. 2018년 2월에 이 주식은 주당 약 68,000 스위스 프랑(CHF) 또는 약 $71,200에 거래되고 있었다. 최소거래단위에만 깔끔하게 $7.12백만의 비용이 소요되었다. 이는 꽤 비싼 것이지만, 전설적인 투자자인 Warren Buffet이 경영하는 Berkshire-Hathaway를 생각해보자. 2018년 초에 이 회사의 주가는 주당 $307,000이었다.

마지막으로 주식분할로 인해서 주식의 유동성이 실제로 떨어진다는 증거도 있다. 주식분할로 유동성이 증가한다면 2대1 주식분할 이후에 거래량은 2배 이상이 되어야 한다. 그러나 이런 현상은 일어나는 것 같지 않으며, 반대의 경우가 가끔 관찰된다.

주식병합

드물게 보게 되는 재무적인 조치로 **주식병합**(reverse split)이 있다. 예를 들면, 2017년 9월에 진단 및 지원 소프트웨어 회사인 Rennova Health는 1대15의 주식병합을 발표했고, 같은 달에 Towerstream은 1대75의 주식병합을 하였다. 1대75의 주식병합에서 개별 주주는 75주의 구주를 1주의 신주와 교환한다. 액면가치는 이 과정에서 75배가 된다. 역대 최대 주식병합(시가총액 기준) 중 하나는 은행 대기업인 Citigroup이 2011년 3월에 1대10으로 단행한 주식병합이었고, 그 결과 발행주식수가 29십억 주에서 2.9십억 주로 감소하였다. 주식분할과 주식배당에서처럼 주식병합은 아무런 실제 효과를 만들지 않는다.

현실 세계의 불완전성하에서, 주식병합과 관련된 세 가지 이유가 인용된다. 첫째, 주식병합 이후에 주주의 거래비용이 줄어들 것이다. 둘째, 주식의 가격이 보편적인 거래범위로 오르게 되면 주식의 유동성과 시장성이 개선될 것이다. 셋째, 어떤 수준보다 낮은 가격에 주식이 거래되면 바람직스럽지 않게 보인다. 투자자가 기업의 순이익, 현금흐름, 성장성, 안정성에 대해 과소평가한다는 의미이다. 일부 재무분석가는 주식병합이 즉각적인 품위를 성취할 수 있다고 주장한다. 그러나 주식분할의 경우와 마찬가지로 이러한 이유 중 어느 것도 특별한 설득력이 없으며, 특히 세 번째 이유는 더욱 아니다.

주식병합을 하는 2가지 이유가 더 있다. 첫째, 증권거래소는 주식의 최소가격 수준을 규정하고 있다. 주식병합으로 하한 수준을 넘어서 주가를 올릴 수 있을 것이다. 2001~2002년에 약세시장의 각성 속에서 이러한 동기는 점차 중요한 것이 되었다. 2001년에 106개의 회사가 주주들에게 주식병합 승인을 요청하였다. 주식병합은 2002년에 111건, 2003년에 75건이 있었다. 2004년 중반까지에는 14건으로 줄었다. 이러한 주식병합의 가장 보편적인 이유는 NASDAQ은 주가가 30일 동안 $1 이하로 떨어진 기업은 상장을 폐지하기 때문이다. 많은 회사들, 특히 인터넷-관련 기술주는 상장폐지의 위험을 알고 주가를 올리기 위해 주식병합을 사용했다. 둘째, 기업은 일정한 수보다 적은 수의 주식을 보유한 주주로부터 주식을 사들이면서 동시에 주식병합을 실행한다.

예를 들면, 2017년 2월에 Lime Energy는 주식병합/주식분할을 발표했다. 회사는 우선 1대300의 주식병합을 하고 1주 미만을 보유한 주주가 가진 모든 주식을 재매입하여 소액주주를 제거하였다(또한 총발행주식수도 줄였다). 이 주식병합을 통해 주주의 수는 300명 이하로 감소하여 상장폐지가 가능해져서 관리비를 상당히 절감할 수 있었다. 이러한 제안이 특히 독창적인 점은 주식병합 이후에 바로 회사는 300대1의 주식분할을 실행하여 주식을 원래대로 회복시켰다는 것이다!

요약 및 결론 _Summary and Conclusions

01. 기업의 배당정책은 완전자본시장에서 무관하다. 왜냐하면 주주는 효과적으로 기업의 배당전략을 되돌릴 수 있기 때문이다. 만일 주주가 원하는 것보다 많은 배당금을 받게 되면 초과분을 재투자할 수 있다. 반대로 만일 주주가 원하는 것보다 적은 배당금을 받게 되면 초과물량의 주식을 매도할 수 있다. 이러한 주장은 MM에 기인하고 앞 장에서 논의했던 자가제조 레버리지 개념과 유사한다.

02. 주주는 완전자본시장에서 배당금과 자사주 매입 사이에서 무차별하다.

03. 미국에서 배당금은 과세되기 때문에 배당금을 지급하기 위해서 주식을 발행해서는 안 된다.

04. 또한 세금 때문에 기업은 배당금을 줄이려는 인센티브를 가지고 있다. 예를 들어, 자본지출을 늘리거나, 다른 기업을 인수하거나, 혹은 금융자산을 매입하는 것을 고려할 수 있다. 그러나 재무적 고려와 법률적인 제약으로 인해 대규모 현금흐름을 가진 합리적인 기업은 배당을 위한 다량의 현금을 남겨둠으로써 이러한 활동을 힘들게 만들 것이다.

05. 개인세금이 있는 세계에서 배당금을 지급하는 대신에 자사주 매입을 선호하는 강한 예를 만들 수 있다.

06. 그럼에도 불구하고 개인세금이 있는 세계에서도 배당금을 정당화하는 많은 이유가 있다.

a. 무배당주식 투자자가 현재 소비를 위해 주식매도를 할 때 거래비용이 발생한다.

b. 행태재무학은 제한된 자제력을 가진 투자자가 "원금을 축내지 않겠다"는 규칙을 지키면서 현재 소비를 위한 필요를 고배당주식을 통해 충족할 수 있다고 주장한다.

c. 주주를 위해 행동하는 경영자는 채권자에게 현금이 가지 않도록 배당을 지급할 수 있다. 또한 주주를 위해 행동하는 이사회는 낭비하는 경영자에게 이용가능한 현금을 줄이기 위해서 배당을 이용할 수 있다.

07. 주식시장은 배당 증가(혹은 최초 배당)에 대해 긍정적으로, 배당 감소에 대해 부정적으로 반응한다. 이것은 배당지급에 대한 정보효과가 있다는 것을 의미한다.

08. 높은 (낮은) 배당 기업은 배당선호(자본이득 선호) 투자자의 수요를 맞춰주어야만 한다. 이러한 고객층 때문에 기업이 배당정책을 변경하여 가치를 창출할 수 있는지 확실하지 않다.

개념확인 _Concept Questions

01. 배당정책 무관련성 배당이 그렇게 중요하면서 어떻게 동시에 배당정책은 무관하다는 것이 가능한가?

02. 자사주 매입 기업의 부채비율에 자사주 매입이 미치는 영향은 무엇인가? 자사주 매입이 초과 현금의 또 다른 사용방법을 제안하는가?

03. 배당정책 회사는 "잔여" 배당정책을 따라야 한다고 종종 이야기된다. 그러한 정책에서 주된 개념은 기업이 투자 필요금액을 맞추고 바람직한 부채비율을 유지하는 데 초점을 두어야 한다는 것이다. 그렇게 함으로써 기업은 남은(혹은 잔여) 이익을 배당으로 지급한다. 잔여 배당정책의 가장 큰 단점은 무엇이라고 생각하는가?

04. 배당정책의 절차 12월 8일 화요일에 Hometown Power Co.의 이사회는 주당 75센트의 배당금을

1월 3일 수요일에 기록된 주주에게 1월 17일 수요일에 지급하는 것을 선언했다. 배당락일은 언제인가? 만일 어떤 주주가 그날 이전에 주식을 매수한다면 배당금은 누가 받게 되는가? 매도자인가 매수자인가?

05. 배당의 대안 어떤 영국회사가 대주주에게 무료 화장터 사용을 제공했던 것처럼 일부 기업은(시장가격보다 낮은 비용으로 주주에게 서비스를 제공하는) 일종의 배당금을 지급한다. 이러한 종류의 배당금을 지불하는 주식에 뮤추얼펀드는 투자해야만 하는가? (펀드투자자는 서비스를 받을 수 없다.)

06. 배당금과 주식가격 배당금의 증가가 (즉각적인) 주가의 상승을 가져오는 경향이 있다면 어떻게 배당정책이 무관하다고 할 수 있는가?

07. 배당금과 주식가격 핵발전소의 비용이 과다하여 어려움을 겪어 왔던 Central Virginia Power Company는 지난달에 "투자와 관련된 현금압박으로 인해 일시적으로 배당을 연기한다"고 발표하였다. 회사의 주가는 당시 $28.50에서 $25로 하락했다. 이러한 주가의 변화를 어떻게 해석할 수 있는가? 즉, 왜 무슨 이유로 이러한 일이 일어났다고 생각하는가?

08. 배당재투자계획 DRK Corporation은 최근에 배당재투자계획(Dividend Reinvestment Plan: DRIP)을 개발하였다. 이 계획은 투자자로 하여금 현금배당금을 자동적으로 DRK의 신주로 교환하도록 하는 것이다. DRK의 투자자는 배당금으로 추가적인 회사 주식을 구매하는 재투자를 통해 지분을 쌓아갈 수 있을 것이다.

1,000개 이상의 기업이 DRIP를 제공하고 있다. DRIP를 제공하는 대부분의 회사는 중개수수료나 서비스 비용을 무료로 한다. 사실 DRK의 주식은 시장가격보다 10% 할인되어 매수하게 될 것이다.

DRK의 컨설턴트는 주주의 약 75%가 이 프로그램에 참여할 것이라고 예상한다. 이것은 평균보다 다소 높은 수치이다.

DRK의 배당재투자계획을 평가하라. 이 프로그램이 주주의 부를 증가시킬 것인가? 이와 관련된 장점과 단점을 논의하라.

09. 배당정책 보통주 기업공개(IPO)에 있어서 2017년은 단지 $21.2십억이 조달된 상대적으로 저조한 해였다. 이들 중 상대적으로 적은 숫자인 119개 기업이 현금배당을 실행하였다. 대부분의 기업이 현금배당을 지급하지 않은 이유는 무엇이라고 생각하는가?

10. 투자와 배당 Phew Charitable Trust는 자본이득, 배당이익, 이자수입에 대해 세금을 납부하지 않는다. 저배당, 고성장 주식을 포트폴리오에 포함하는 것은 비이성적인가? 지방정부채권(munis)을 포트폴리오에 포함하는 것은 비이성적인가? 설명하라.

아래 정보를 이용하여 다음 두 문제에 답하라.

역사적으로 미국 조세법은 주주에 대한 배당지급을 일반 소득으로 취급했다. 따라서 배당금은 2002년에 38.6%였던 투자자의 한계세율로 과세되었다. 자본이득은 자본이득세율(양도소득세율)로 과세되었다. 2002년에 자본이득세율은 20%였다. 경제 활성화를 위해 George W. Bush 대통령은 배당금과 자본이득의 세율 변화를 포함하여 세제를 점검했다. 2003년 시행되었던 새로운 세제에서 높은 세율구간의 투자자에게 배당금과 자본이득에 대한 최고 세율은 15%가 되었다. 낮은 세율구간의 투자자에게 배당금과 자본이득세율은 2007년까지 5%로, 2008년에는 0으로 감소되었다.

11. 배당락일 주가 이러한 세율의 변화가 배당락일 주가에 어떤 영향을 미치는가?

12. **자사주 매입** 이러한 세율의 변화가 배당금과 비교할 때 자사주 매입의 상대적인 매력도에 어떤 영향을 미치는가?

13. **배당금과 주식가치** 영구성장 모형에서 주식의 가치는 주식으로부터 기대되는 배당금의 현재가치로 표현한다. 이 모형이 타당할 때, 당신은 어떻게 배당정책이 무관련하다고 결론지을 수 있는가?

14. **손안에 든 새 주장** 오늘의 배당금이 내일의 불확실한 자본이득의 전망보다 안전하다는 손안에 든 새 주장은 높은 배당성향을 정당화하는 데 종종 사용된다. 이 주장의 오류에 대해 설명하라.

15. **배당금과 소득 선호** 현재소득에 대한 욕구가 현재의 높은 배당금 정책을 선호하는 타당한 설명이 아니다. 왜냐하면 투자자는 주식의 일부를 매도하는 자가제조(homemade) 배당금을 항상 만들 수 있기 때문이다. 이 설명은 진실인가 거짓인가? 그 이유는?

16. **배당금과 고객효과** Cap Henderson은 지난 몇 년간 주식가격이 꾸준히 상승하고 성과도 지속될 것으로 예상하기 때문에 Neotech 주식을 소유하고 있다. Cap은 Sarah Jones에게 Neotech 주식을 구입하도록 설득하고 있지만, 그녀는 Neotech가 배당금을 지급하지 않기 때문에 꺼리고 있다. 그녀는 꾸준한 배당금이 제공되기를 원하고 있다.

    a. 이러한 2명의 투자자가 각각 선호하는 것은 무엇인가?

    b. Sarah에게 이 주식이 그녀에게 적합하다고 설득하기 위해서 Cap은 어떻게 말해야 하는가?

    c. Cap의 주장이 Sarah를 설득하지 못하는 이유는 무엇인가?

17. **배당금과 세금** 당신의 이모는 고세율구간에 속하기 때문에 투자 포트폴리오에서 세금 부담을 최소화하려고 한다. 그녀는 세후수익률을 최대화하기 위해서 매수와 매도를 하려고 당신의 도움을 요청하였다. 어떻게 제안하겠는가?

18. **배당금과 자본이득** 만일 시장이 $1의 배당금의 가치를 $1의 자본이득과 동일한 가치를 부과한다면, 각기 다른 배당성향을 가진 기업은 각기 다른 고객군에게 인기가 있을 것이다. 한 고객군은 다른 고객군과 마찬가지고, 따라서 기업은 배당정책을 변경하여 가치를 증가시킬 수 없다. 그러나 실증연구는 배당성향과 기업의 여러 특성 사이에 높은 상관관계를 보여준다. 예를 들어 소규모, 최근 공개한 고성장 기업은 거의 대부분 0의 배당성향을 가지고 모든 이익이 사업에 재투자된다. 이런 현상을 배당이 무관하다는 주장과 함께 설명하라.

19. **배당 무관련성** 배당정책이 무관하다는 이론적 주장에도 불구하고 많은 투자자가 고배당을 선호한다. 만일 이러한 선호가 존재한다면 기업은 배당성향을 높임으로써 주가를 올릴 수 있다. 이러한 주장의 오류를 설명하라.

20. **배당금과 주식가격** 실증연구는 (처음으로 기업이 현금배당을 지급하는) 최초의 배당금 지급 발표일에 주가가 유의적으로 증가함을 보여준다. 이러한 발견이 최초 배당의 정보효과에서 의미하는 것은 무엇인가?

연습문제 _*Questions and Problems*_

기초
(Questions 1∼10)

01. **배당금과 세금** Samuel, Inc.은 주당 $7.25의 배당금을 공시하였다. 자본이득은 과세되지 않고 배당금의 세율은 15%라고 가정하자. 새로운 IRS 규정은 배당이 지급되자마자 세금을 원천징수하도록 하고 있다. Samuel, Inc.의 주식은 $67에 거래되는데 배당락일에 주가는 얼마가 될까?

02. 주식배당 Octagon International의 자기자본 계정은 다음과 같다.

보통주(액면가 $1)	$ 25,000
자본잉여금	135,000
이익잉여금	487,600
자기자본 총계	$647,600

a. 만일 Octagon 주식이 현재 주당 $39에 거래되고 10%의 주식배당이 발표되었다면, 얼마나 많은 신주가 배분되는가? 자기자본 계정은 어떻게 변화하는지 보여라.

b. 만일 Octagon이 25%의 주식배당을 선언했다면 계정은 어떻게 변화하는가?

03. 주식분할 문제 2번의 회사에서, 아래 상황에서 자기자본 계정이 어떻게 변화하는지 보여라.

a. Octagon이 4대1의 주식분할을 선언한다. 이제 발행주식수는 얼마인가? 새로운 액면가는 얼마인가?

b. Octagon은 1대5의 주식병합을 선언한다. 이제 발행주식수는 얼마인가? 새로운 액면가는 얼마인가?

04. 주식분할과 주식배당 Roll Corporation (RC)은 현재 385,000의 발행주식수를 가지고 주당 $108에 거래되고 있다. 시장 불완전성이나 세금은 없다고 가정하자. 아래의 사건 이후 주가는 얼마인가?

a. RC는 5대3의 주식분할을 한다.

b. RC는 15%의 주식배당을 한다.

c. RC는 42.5%의 주식배당을 한다.

d. RC는 4대7의 주식병합을 한다.

그리고 (a)~(d)까지 새 주식 수를 계산하라.

05. 정규 배당 Fourth Corp.의 재무상태표는 시장가치로 표현되었다. 발행주식수는 12,000주이다.

시장가치 재무상태표			
현금	$ 58,000	자기자본	$503,000
고정자산	445,000		
합계	$503,000	합계	$503,000

회사는 주당 $1.90의 배당금을 선언하였다. 내일이 주식의 배당락일이다. 세금효과는 무시하고 오늘 주식은 얼마에 거래되었는가? 내일의 가격은 얼마인가? 배당금이 지급된 이후에 재무상태표는 어떻게 될 것인가?

06. 자사주 매입 앞의 문제에서 기업이 $22,800에 해당하는 자사주를 매입하기로 했다고 가정하자. 기업의 자기자본에 이러한 거래는 어떤 영향을 미치는가? 발행주식수는 어떻게 변화하는가? 자사주식 재매입 후에 주당가격은 어떻게 되는가? 세금효과는 무시하고 자사주 매입이 현금배당과 동일한 효과를 갖는다는 것을 보여라.

07. 주식배당 Oracle Manufacturing의 시장가치 재무상태표는 아래와 같다. 이 기업은 25%의 주식배당을 선언하였다. 주식은 내일 배당락일이 될 것이다(주식배당과 현금배당의 절차는 유사하다). 25,000주의 발행주식이 있다. 배당락일의 주가는 얼마인가?

시장가치 재무상태표			
현금	$185,000	부채	$160,000
고정자산	670,000	자기자본	695,000
합계	$855,000	합계	$855,000

08. 주식배당 아래와 같은 자기자본 계정을 가진 회사가 주식의 시장가치가 주당 $74일 때 15%의 주식배당을 선언했다. 주식배당이 배분된 이후에 자기자본 계정은 어떤 영향을 받을 것인가?

보통주(액면가 $1)	$ 305,000
자본잉여금	2,450,000
이익잉여금	6,473,000
자기자본 총계	$9,228,000

09. 주식분할 앞의 문제에서 주식배당 대신에 5대1의 주식분할을 결정했다고 가정하자. (주식분할 이후) 신주에 대한 주당 55센트인 현금배당은 총액으로 분할 이전 작년의 전체 배당금보다 10% 증가했음을 보여준다. 이것은 자기자본 계정에 어떤 영향을 줄까? 작년의 주당 배당금은 얼마였는가?

10. 배당금과 주식가격 Mann Company는 적정할인율 10%를 가지는 위험 분류에 속한다. Mann은 현재 260,000주의 발행주식을 가지고 있고 주당 $107에 거래되고 있다. 회사는 $4의 배당금을 연말에 처음 시작하려고 공시하는 것을 고려하고 있다. 배당에 대한 세금이 없다고 가정하자. 교재에서 논의되었던 Miller와 Modigliani의 모형에 기초하여 아래 질문에 답하라.

a. 만일 배당이 선언되면 주식의 가격은 배당락일에 얼마가 되는가?

b. 만일 배당이 선언되지 않으면 연말에 주식가격은 얼마가 되는가?

c. 만일 Mann이 $3.8백만의 신규 투자를 기초에 실행하여 순이익 $1.75백만을 벌고 연말에 배당금을 지급한다면, 자금조달 수요를 충당하기 위해서 회사는 얼마나 많은 신주를 발행해야 하는가?

d. MM 모형이 현실 세계에서 주식의 가치를 평가하는 데 현실적인가? 그렇다면 혹은 그렇지 않다면 이유는?

중급
(Questions 11~16)

11. 자가제조 배당금 당신은 Avondale의 주식 1,000주를 보유하고 있다. 당신은 주당 $2.90의 배당금을 1년 뒤에 받을 것이다. 2년 뒤에 Avondale은 주당 $59의 청산배당금을 지불할 것이다(세금은 무시). Avondale의 요구수익률은 14%이라고 가정할 때, 당신 주식의 현재 가격은 얼마인가? 대신에 일정한 배당금을 향후 2년 동안 받기를 원한다면 어떻게 자가제조 배당금을 만들어서 달성할 수 있을까? (힌트: 배당금은 연금의 형태가 될 것이다.)

12. 자가제조 배당금 앞의 문제에서, 당신은 첫해의 배당금으로 총 $500을 원한다. 2년 후의 자가제조 배당금은 얼마인가?

13. 자사주 매입 Flychucker Corporation은 특별배당금과 자사주 매입을 평가하고 있다. 어느 경우이든 $6,675을 지출할 것이다. 현재의 주당 순이익은 $2.80이고, 주식은 $67에 거래되고 있다. 1,500주의 주식이 발행되었다. 세금과 기타 불완전성을 무시하고 아래 (a)와 (b)에 답하라.

a. 주식의 가격과 주주의 부에 미치는 영향을 가지고 두 대안을 평가하라.

b. 두 가지 대안이 Flychucker의 EPS와 P/E 비율에 어떤 영향을 미치는가?

c. 현실 세계에서 어느 쪽을 권하겠는가? 그 이유는?

14. 배당금과 기업가치 Zippy Corporation의 순이익은 $135,000이다. 발행주식수는 30,000주이고 100% 배당정책을 가지고 있다. 1년 후 기업의 가치는 $1.985백만으로 예상되고 있다. Zippy Corporation의 적정할인율은 12%이고 배당세율은 0이다.

a. 아직 배당금이 지불되지 않았다고 가정하면 기업의 현재가치는 얼마인가?

b. 만일 이사회가 현재의 정책을 유지한다면 이 기업 주식의 배당락 가격은 얼마인가?

c. 배당결정 회의에서 일부 이사가 배당금이 너무 작아서 주가를 높이지 못한다고 주장하였다. 이 기업이 $6.25의 배당금 자본조달을 위해 신주를 발행해야 한다고 제안하였다.

i. 낮은 배당금이 주가를 낮춘다는 주장에 대해 평하라. 당신의 주장을 지지하기 위해 계산식을 보여라.

ii. 만일 새로운 제안이 채택되면 신주는 얼마에 판매될 것인가? 몇 주가 발행될 것인가?

15. 배당정책 Optimized Co.는 이번 기에 $1.1백만의 현금흐름을 가졌고 배당은 지불하지 않았다. 회사의 미래 현금흐름의 현재가치는 $16.5백만이다. 회사는 완전히 주식으로 조달되었고 525,000주의 발행주식을 가지고 있다. 배당세율은 0으로 가정한다.

a. Optimized Co. 주식의 가격은 얼마인가?

b. 이 기업의 이사회가 현재 현금흐름의 50%를 주주에게 현금배당으로 지급하는 결정을 발표하였다. 이 기업의 주식 1,000주를 보유한 Jeff Miller는 어떻게 무배당정책을 스스로 달성할 수 있을까?

16. 배당 평탄화 Sharpe Co.는 방금 주당 $1.80의 배당금을 지불하였다. 회사의 목표배당성향은 40%이다. 회사는 1년 후에 주당 순이익으로 $5.41을 기대하고 있다.

a. Lintner의 모형에서 조정계수의 속도가 0.3이면 1년 후의 배당금은 얼마인가?

b. 조정계수의 속도가 0.6이면 1년 후 배당금은 얼마인가?

c. 어느 조정계수 속도가 더 보수적인가? 그 이유는?

고급
(Questions 17~20)

17. 기대수익률, 배당금, 세금 Gecko Company와 Gordon Company는 사업위험이 동일하고 배당정책이 다른 두 개의 기업이다. Gecko는 무배당이고 Gordon은 3.9%의 기대 배당수익률을 가진다. 자본이득세율이 0이며, 배당세율은 35%이다. Gecko는 이익이 연간 14%로 성장할 것으로 예상되고 주가의 성장률도 같다. 두 주식의 세후 기대수익률이 같다면(두 기업이 같은 위험에 속하기 때문), Gordon 주식의 세전 요구수익률은 얼마인가?

18. 배당금과 세금 교재에서 논의한 바와 같이, 시장의 결함과 세금효과가 없을 때, 주식이 배당락이 되면 주가가 배당금 지급액만큼 하락한다고 예상한다. 하지만 세금의 역할을 고려하면 항상 그런 것은 아니다. 배당락 가격 결정에 세금효과를 통합하는 한 가지 모형을 제시하였다.[21]

$$(P_0 - P_X)/D = (1 - T_P)/(1 - T_G)$$

모형에서 P_0는 주식이 배당락되기 전 금액이고, P_X는 배당락 주가이고, D는 주당 배당금이고, T_P는 배당의 한계 개인 세율이고, T_G는 실효한계세율이다.

a. $T_P = T_G = 0$일 때, 주식이 배당락이 되면 주가는 얼마나 하락할 것인가?

[21] Edwin Elton and Martin Gruber, "Marginal Stockholder Tax Rates and the Clientele Effect," *Review of Economics and Statistics* 52 (February 1970).

b. $T_P = 15\%$ 그리고 $T_G = 0$일 때, 주가는 얼마나 하락할 것인가?

c. $T_P = 15\%$ 그리고 $T_G = 20\%$일 때, 주가는 얼마나 하락할 것인가?

d. 기업만이 주식의 주인이라고 가정하자. 기업은 배당 수입의 50%는 세금 면제를 받을 수 있지만, 자본이득은 세금 면제가 불가능하다고 했었다. 만약 기업의 수입과 자본이득의 세율이 모두 21%일 때, 주가는 얼마만큼 하락할 것이라고 이 모형은 예상하는가?

e. 이 문제는 실제 세계에서의 세금 고려와 기업의 배당정책에 대해 무엇을 말해 주는가?

19. 배당금과 재투자 National Business Co. (NBM)는 세금을 낸 후 $4.9백만의 초과 현금이 있다. NBM은 현금을 두 가지 방법으로 사용할 수 있다. 첫 번째 방법은 금융자산에 투자하는 것이다. 투자로 인한 투자수익은 3년째 말에 특별한 배당금으로 지급될 것이다. 이 경우, 기업은 3% 단기재정증권에 투자하든지 5% 우선주에 투자할 수 있다. IRS 규정에 따라 회사는 다른 회사 주식에 투자하여 받은 배당금의 70%를 과세 소득에서 제외할 수 있다. 두 번째 방법은 지금 현금을 배당금으로 지급하는 것이다. 이렇게 하면 주주들은 동일한 수익률의 단기재정증권이나 우선주에 스스로 투자할 수 있다. 법인세율은 21%이다. 이자 수입과 우선주 배당에 대한 투자자의 개인소득세율은 31%로 가정한다. 보통주 배당금에 대한 개인 배당세율은 15%이다. 현금은 지금 지급해야 하는가 아니면 3년 뒤에 지급되야 하는가? 두 가지 방법 중 주주들에게 제일 많은 세후 소득을 창출하는 것은 무엇인가?

20. 배당금 대 재투자 Carlson Manufacturing은 자본지출을 완료한 이후에 $1,000의 초과 현금을 가지고 있다. Carlson의 경영진은 이 현금을 7%의 수익률을 제공하는 T-bond에 투자하거나 혹은 스스로 채권에 투자할 수 있도록 투자자에게 현금을 지급하는 선택을 결정해야만 한다.

a. 법인세율이 21%라면, 배당금을 받는 것과 Carlson이 투자하도록 하는 것을 동일하게 만드는 개인소득세율은 얼마인가?

b. 문항 (a)에 대한 답변은 합리적인가? 그 이유는? 아니라면 그 이유는?

c. 유일한 투자안이 12% 수익률의 우선주라고 가정하자. 회사에 대한 50%의 배당금 과세 제외가 적용된다. Carlson의 배당정책을 무차별하게 하는 개인소득세율은 얼마인가?

d. 이것이 낮은 배당성향을 지지하는가? 그 이유는? 아니라면 그 이유는?

Mini Case

ELECTRONIC TIMING, INC.

Electronic Timing, Inc. (ETI)은 전자공학자인 Tom Miller와 Jessica Kerr에 의해 15년 전에 설립된 소규모 기업이다. ETI는 복잡한 혼합신호 디자인기술을 응용하여 통합회로를 제조한다. 최근에 전자시스템의 동기화를 위해 필수적인 타이밍 신호 혹은 "클럭(clocks)"를 제공하는 주파수 타이밍 생성기 또는 실리콘 타이밍장치 시장에 진출했다. 시계제품은 원래 PC 비디오 그래픽에 사용되었으나, 컴퓨터 본체, PC 주변장치, 그리고 디지털 텔레비전박스와 게임콘솔과 같은 기타 디지털 가전제품으로 그 시장이 확대되었다. ETI는 또한 기업 고객을 위해 주문형 응용통합회로(application-specific integrated circuits: ASIC)를 디자인하고 제조한다. ASIC의 설계에는 아날로그와 디지털 또는 혼합신호의 기술이 합쳐진다. Tom과 Jessica 이외에 회사에 자본을 제공한 Nolan Pittman이 제3대 주주이다. 이들은 각각 1백만 주 발행주식수의 25%씩을 소유하고 있다. 나머지 25%는 현재 종업원 등 개인이 소유하고 있다.

최근에 이 기업은 새로운 컴퓨터 본체를 설계했다. 이 기업의 디자인은 사용하면 제조과정이 더 효율적이고 덜 비싸기 때문에, ETI의 설계는 많은 개인용 컴퓨터에서 표준이 될 것으로 예상된다. ETI는 새로운 본체의 제조가능성을 검토한 후에 새로운 공장건설에는 감당할 수 없는 엄청난 비용이 들 것으로 판단했다. 또한 현재 대주주들은 다른 외부의 대주주가 들어오는 것을 꺼려한다. 대신에 ETI는 외부 기업에 본체의 디자인을 팔았다. 본체 설계의 매각은 세후 $30백만을 받는 것으로 마무리되었다.

1. Tom은 초과 현금은 특별배당으로 한 번에 지급해야 한다고 믿는다. 이 제안은 주가에 어떠한 영향을 미치겠는가? 이는 기업의 가치에 어떠한 영향을 미치겠는가?
2. Jessica는 이 초과 현금으로 부채를 상환하고 기존의 제조능력을 개선 확장하는 데 사용해야 한다고 믿는다. Jessica의 제안은 기업에 어떠한 영향을 미치겠는가?
3. Nolan은 자사주 매입에 찬성한다. 그는 자사주 매입은 기업의 P/E 비율, 총자산이익률(ROA), 자기자본이익률(ROE)을 증가시킬 것이라고 주장한다. 그의 주장은 옳은가? 자사주 매입은 기업가치에 어떠한 영향을 미치겠는가?
4. Tom, Jessica, Nolan은 주주에게 정규배당을 지급하는 또 다른 옵션을 논의했다. 이 제안에 대해 어떻게 생각하는가?
5. 주가를 결정하기 위한 한 방법으로 배당성장모형 또는 영구성장모형이 있다. 다음을 생각해보자. "유보율(retention 또는 plowback ratio)"이 b이면, 배당성향은 $(1 - b)$이다. 그래서 다음 해의 배당금은 다음 해의 이익(E_1)에 (1 − 유보율)을 곱한 것이다. 지속가능성장률을 계산하기 위해 가장 흔히 사용되는 식은 ROE 곱하기 유보율이다. 이들 관계를 배당성장모형에 대입하면, 현재주가는 다음과 같은 수식으로 계산될 수 있다.

$$P_0 = \frac{E_1(1 - b)}{R_S - \text{ROE} \times b}$$

   이 결과가 기업이 배당을 지급해야 하는지, 제조능력을 개선하고 확장해야 하는지에 대하여 어떤 의미를 가지는가? 설명하라.
6. 기업이 배당을 지급해야 하는지의 질문은 기업의 형태가 주식회사인지 유한회사(LLC)인지에 따라 다른가?

V

CORPORATE FINANCE

장기 자금조달

Long-Term Financing

20

자본조달

Raising Capital

2017년 3월 2일, 한 해 동안 가장 기대되는 기업공개(IPO) 중 하나인 비디오 메시징 회사 Snap (Snapchat의 운영사)이 상장하였다. Morgan Stanley, Goldman Sachs, J.P. Morgan, 그 외에도 수많은 투자은행들의 지원을 받아 이 회사는 145백만 주를 주당 $17에 공개했다. 뉴욕 증권 거래소(NYSE)의 첫 거래는 주당 $24로 최초 주가에서 41% 상승했다. 주가는 $26.05로 빠르게 상승한 후 $24.48로 마감되었다. Snap의 주식 공개(stock offering)를 특히 독특하게 만든 것은 회사가 IPO에서 의결권이없는 클래스 A 주식을 발행 한 것이다. 이 회사는 또한 주당 1표의 의결권이 있는 클래스 B 주식과 주당 10표의 의결권이 있는 클래스 C 주식을 발행했다. 클래스 C 주식은 모두 회사 설립자가 소유하였다. 이번 장에서는 Snap과 같은 회사가 주식을 대중에게 판매하는 과정, 그에 따른 비용, 그 과정에서 투자은행의 역할을 살펴본다.

크고 작은 기업의 공통점은 장기자본(long-term capital)이 필요하다는 것이다. 이번 장에서는 그들이 어떻게 장기자본을 얻는 방법을 설명한다. 기업의 재무생애주기에서 가장 중요한 단계인 IPO에 특히 관심을 둘 것이다. 이러한 공개(자본모집; offerings)는 기업이 사적 소유에서 공적 소유로 전환되는 과정이다. 많은 사람들에게 회사를 창업하고, 성장시키고, 대중에게 공개(상장)하는 것은 궁극적인 기업가의 꿈이다.

이 장에서는 기업이 현실 세계에서 어떻게 자본에 접근하는지 살펴본다. 자금조달 방법은 일반적으로 회사의 생애주기(수명주기)와 관련이 있다. 신생기업은 종종 벤처캐피탈을 통해 자금을 조달한다. 기업이 성장함에 따라 그들은 "공개(go public)"하기를 원할 수 있다. 기업의 첫 기업공개는 IPO라고 하며, 이는 최초기업공개(최초공개모집; initial public offering)를 의미한다. 이후의 공개(자본모집)는 유상증자(seasoned equity offerings: SEO)라고 한다. 이 장은 기업의 생애주기에 따라서 벤처캐피탈, IPO, SEO를 다룬다. 부채 자금조달은 장 끝 부분에서 논의한다.

기업재무의 최신 동향: rwjcorporatefinance.blogspot.com

20.1 초기단계 자본조달과 벤처캐피탈

어느 날 친구와 당신에게 차세대 통신망을 이용하는 새로운 컴퓨터 소프트웨어 제품에 대한 좋은 아이디어가 떠올랐다고 하자. 사업가의 열정에 사로잡혀서 당신은 그것을 Megacomm이라고 이름 붙이고 시장에 출시하려고 한다.

밤낮 주말까지 일하여 당신은 시제품을 완성할 수 있다. 실제로 작동하지는 않지만 적어도 아이디어를 설명하는 데 사용할 수는 있다. 그러나 실제로 제품을 개발하기 위해서는 프로그래머를 고용하고 컴퓨터를 구매하고 사무실을 빌려야만 한다. 불행하게도 당신들은 MBA 학생이기 때문에 둘이서 자금을 모두 합쳐도 피자 파티에도 부족한 정도여서 창업은 더욱이 불가능하다. 당신에게는 OPM (other people's money)이 필요한 것이다.

당신이 맨 먼저 드는 생각은 은행 대출을 고려해볼 수도 있다. 그러나 과거 실적이 없는 신생기업가들이 경영하는 (아이디어를 제외하고) 자산이 없는 창업기업에게 은행은 대출할 생각이 없다는 것을 아마도 알게 될 것이다. 다른 자본의 원천을 찾는 것이 낫다.

한 집단의 잠재적인 투자자를 **엔젤 투자자**(angel investor, 혹은 angels)라 부른다. 그들은 당신의 제품 산업에 대해 지식이나 창업기업을 지원한 경험이 거의 없는 당신의 친구와 가족일 수 있다. 그러나 일부 엔젤은 이전에 벤처에 몇 차례 투자했던 지식이 풍부한 개인이나 집단일 수 있다.

벤처캐피탈

다른 방법으로 당신은 벤처캐피탈(VC) 시장에서 자금을 찾을 수 있다. **벤처캐피탈**(venture capital)이라는 용어가 정확한 정의를 가지는 것은 아니지만, 일반적으로 신생 고위험 벤처의 자금 조달을 의미한다. 벤처캐피탈리스트는 몇 가지 특성을 공유하는데, 다음 세 가지가 특히 중요하다.[1]

1. **VC는 외부 투자자로부터 자금을 조달하는 금융중개기관이다.** VC 기업은 대체로 합자회사로 조직된다. 다른 합자회사처럼 유한책임 파트너는 의사결정을 하는 무한책임 파트너에 투자한다. 유한책임 파트너는 주로 연기금이나 투자회사와 같은 기관투자자이다. 부유한 개인이나 가족이 유한책임 파트너가 되는 경우도 있다.

   엔젤은 자신의 자금을 직접 투자하기 때문에 이러한 특성이 VC와 엔젤을 구분짓는다. 또한 회사는 신생기업에 자금을 조달하기 위해서 기업 내부에 벤처캐피탈 부서를 설립하기도 한다. 그러나 Metrick과 Yasuda는 이러한 부서들이 다른 기업이나 투자자의 자금을 투자하는 것이 아니라 모기업의 자금을 투자하기 때문에 비록 이름이 VC라고 하더라도 벤처캐피탈리스트는 아니라고 지적한다.

2. **VC는 투자한 회사에 대해 감독, 조언, 감시하는 적극적인 역할을 한다.** 예를 들어, 벤처캐피탈의 사원이 종종 이사회에 참여한다. 벤처캐피탈 기업의 경영자들은 일반적으로 사업 경험을 가지고 있다. 반면에 창업기업의 기업가는 총명하고, 창의적이고, 제품에 대해 알고 있겠지만 사업 경험은 부족하다.

3. **VC는 일반적으로 투자한 회사의 영원한 소유를 원하지 않는다.** 대신에 VC는 기업공개(다음 절에서 논의할 주제)나 다른 회사에 매각하는 출구전략을 찾는다. 회사의 내부 벤처캐피탈은 이런 특성을 가지지 않는다. 내부 VC 부서의 장부에 투자로 영원히 기록되는 것에 만족한다.

마지막 특성이 전형적인 VC 투자의 본질을 결정하는 데 중요하다. 주식을 공개하거나 혹은 쉽게 매각하기 위해서 회사는 특정 규모여야 한다. 투자는 초기에 소규모이기 때문에 훌륭한 성장잠재력을 가지고 있어야 하는데, 많은 기업이 그렇지 않다. 예를 들어, 레스토랑을 열고자 하는 개인을 생각해보자. 주인이 한 장소 이상으로 레스토랑을 확대할 생각이 없는 진정한 "미식

[1] 이러한 특징은 다음 저서에서 깊이 논의되었다. Andrew Metrick, and Ayako Yasuda, *Venture Capital and the Finance of Innovation*, 2nd ed. (Hoboken, New Jersey: John Wiley and Sons, 2011).

그림 20.1 산업별 2016년 벤처캐피탈 투자

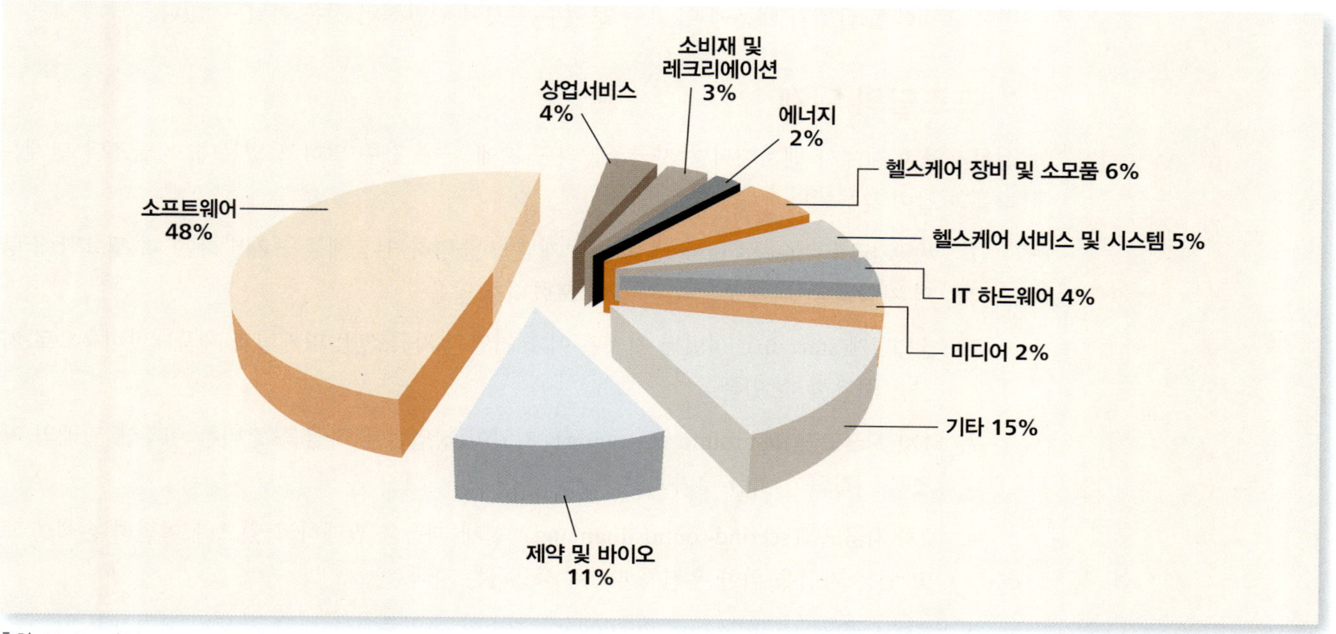

출처: *National Venture Capital Association Yearbook* 2017 (Pitchbook Data, Inc.).

그림 20.2
1991~2000년 사이에 자금조달한 11,686개 기업의 출구통로

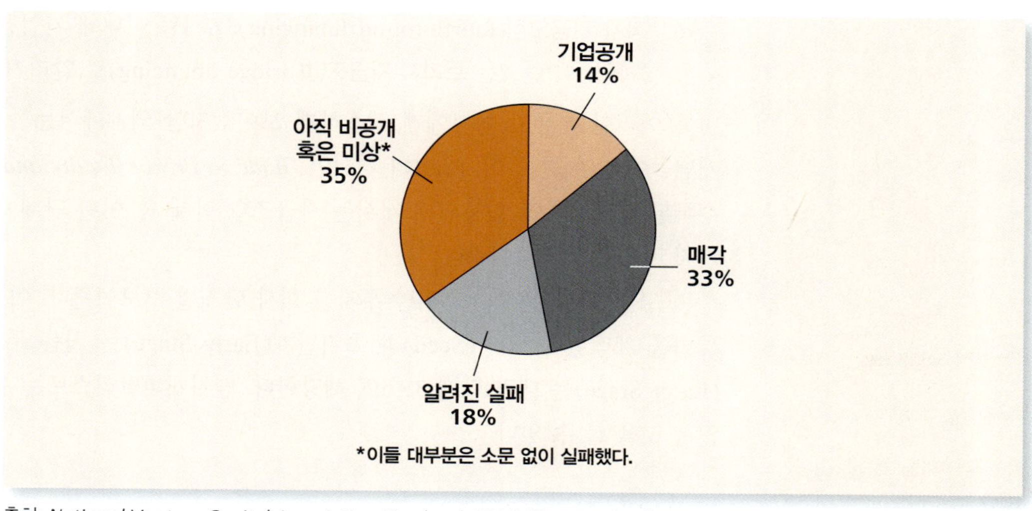

출처: *National Venture Capital Association Yearbook* 2014 (New York: Thomson Reuters).

가"라면 장차 기업공개를 할 정도로 레스토랑의 규모가 성장하지는 않을 것이다. 반면에 하이테크 분야에 있는 기업은 상당한 성장잠재력을 가지고 있고 많은 VC 기업이 이 분야에 전문적이다. 〈그림 20.1〉은 산업별 VC 투자를 보여준다. 그림에 보이듯이 많은 비중이 하이테크 분야에 투자되었다.

얼마나 많은 VC 투자가 성공적으로 출구를 통해 나오는가? 출구에 대한 자료는 얻기 어렵지만 〈그림 20.2〉는 1990년대에 11,000개 이상의 기업에 자금이 조달되었음을 보여준다. 그중

약 50% (= 14% + 33%) 정도가 기업공개 혹은 매각되었다. 그러나 인터넷 버블이 2000년 초반에 정점에 도달했기 때문에 이 표가 보여주는 것이 일반적인 것은 아닐 수 있다.

자금조달의 단계

실무자와 학계에서 벤처캐피탈 자금조달의 단계에 대해 자주 말하고 있는데, 자금조달 단계는 다음과 같이 분류된다.[2]

1. **씨앗자금 단계(seed money stage)**: 개념을 증명하거나 제품을 개발하는 데 필요한 소량의 자금조달. 마케팅은 이 단계에 포함되지 않음.
2. **창업단계(start-up)**: 설립된 지 1년 이내 기업의 자금조달. 마케팅과 제품개발비용으로 자금을 사용할 수 있음.
3. **1차 자금모집(first-round financing)**: 기업이 창업단계 자금을 소비한 이후에 판매와 제조를 시작하기 위한 추가적인 자금.
4. **2차 자금모집(second-round financing)**: 현재 제품을 판매하고 있으나 여전히 손실을 보고 있는 기업을 위한 운전자본으로 사용하는 자금.
5. **3차 자금모집(third-round financing)**: 최소한 손익분기를 넘고 확장을 고려하고 있는 기업을 위한 자금. 이는 **메자닌 자금조달(mezzanine financing)**로 알려져 있음.
6. **4차 자금모집(fourth-round financing)**: 6개월 이내에 기업공개를 할 기업에게 제공되는 자금. 이 단계는 **브리지 자금조달(bridge financing)**로 알려져 있음.

비록 이러한 분류가 독자에게 생소하게 보이겠지만 업계에서는 이러한 용어가 널리 사용되는 개념들이다. 예를 들어, Pratt의 저서인 *Guide to Private Equity and Venture Capital Sources*[3]에 수록된 벤처캐피탈 회사의 소개서는 자금조달 단계 중 어떤 단계에 벤처캐피탈 회사가 관심을 가지고 있는지를 보여준다.

〈그림 20.3〉은 벤처캐피탈 투자를 회사 단계별로 보여준다. 이 그림의 저자는 약간 다른 분류법을 채택했다. 씨앗(Seed)과 초기단계(Early Stage)는 처음 두 단계에 해당한다. 후기단계(Later Stage)는 대략 단계 3~6에 해당한다. 벤처캐피탈리스트는 씨앗단계에 거의 투자를 하지 않는 것을 볼 수 있다.

벤처캐피탈의 현실

벤처캐피탈 시장이 크다고 해도, 현실은 벤처캐피탈에 접근하는 것이 매우 제한되어 있다. 벤처캐피탈 회사는 막대한 수의 원하지 않는 투자제안서를 받지만, 대부분은 읽지도 않고 휴지통으로 보낸다. 벤처캐피탈리스트는 잠재적인 투자처를 확인하기 위해서 법률가, 회계사, 은행가, 그

[2] Albert V. Bruno and Tyzoon T. Tyebjee, "The Entrepreneur's Search for Capital," *Journal of Business Venturing* (Winter 1985); 또한 다음 자료도 참고하라. Paul Gompers and Josh Lerner, The Venture Capital Cycle (Cambridge, MA: MIT Press, 2002).

[3] Shannon Pratt, *Guide to Private Equity and Venture Capital Sources* (New York: Thompson Reuters, 2014), https://www.pehub.com/pratts.

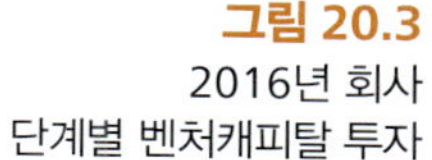

그림 20.3
2016년 회사 단계별 벤처캐피탈 투자

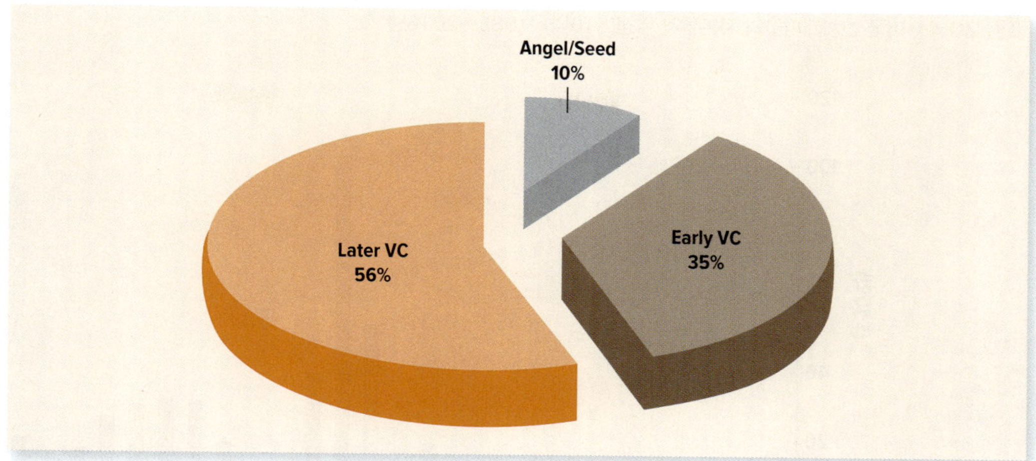

출처: *National Venture Capital Association Yearbook*, 2017 (Pitchbook Data, Inc.).

리고 다른 벤처캐피탈리스트와의 비공식적인 네트워크에 크게 의존한다. 결과적으로 벤처캐피탈 시장에 접근하기 위해서는 개인적인 접촉이 중요하다. 즉, 누군가의 "소개"를 받아야 하는 시장이다.

벤처캐피탈의 또 다른 현실은 매우 비싸다는 점이다. 일반적인 거래에서 벤처캐피탈리스트는 40% 이상의 회사 지분을 요구할 것이다. 벤처캐피탈리스트는 회사가 팔리거나 청산되는 경우에 다양한 우선권을 가지는 투표권 있는 우선주를 종종 원한다. 벤처캐피탈리스트는 이사회에 몇 개의 자리를 요구하고, 심지어 최고경영진에 하나 이상의 자리를 원한다.

벤처캐피탈 투자와 경제상황

벤처캐피탈 투자는 경제상황에 크게 영향을 받는다. 〈그림 20.4〉는 1985~2016년 사이에 미국 벤처캐피탈 회사에 대한 자본 약정을 보여준다. 약정금액은 1985~1993년까지는 거의 일정하지만 1990년대에 빠르게 상승하고, 급격한 하락이 있기 직전인 2000년에는 정점을 찍는다. 크게 보면 이러한 패턴은 인터넷 버블을 반영하여 1990년대 후반에 빠르게 상승하던 하이테크 주식가격이 2000년과 2001년에 훨씬 더 빠르게 급락했다. 벤처캐피탈의 활동과 경제상황의 관계는 그 후에도 계속된다. 자본 약정은 2003~2006년 사이의 강세시장에서 증가했으며, 2007~2010년 사이의 경제위기와 함께 하락했다.

20.2 공모발행

기업이 대규모로 투자자를 유치하려면 공모증권을 발행해야 할 것이다. 공모는 대부분 1930년대에 만들어진 여러 규제를 따라야 한다. 1933년 증권법은 주(州) 경계를 넘는 모든 새로운 증권발행을, 1934년 증권거래법은 이미 발행된 증권을 규제한다. 증권거래위원회(Securities and

그림 20.4 미국 벤처캐피탈의 자본투자 약정($10억): 1985~2016년

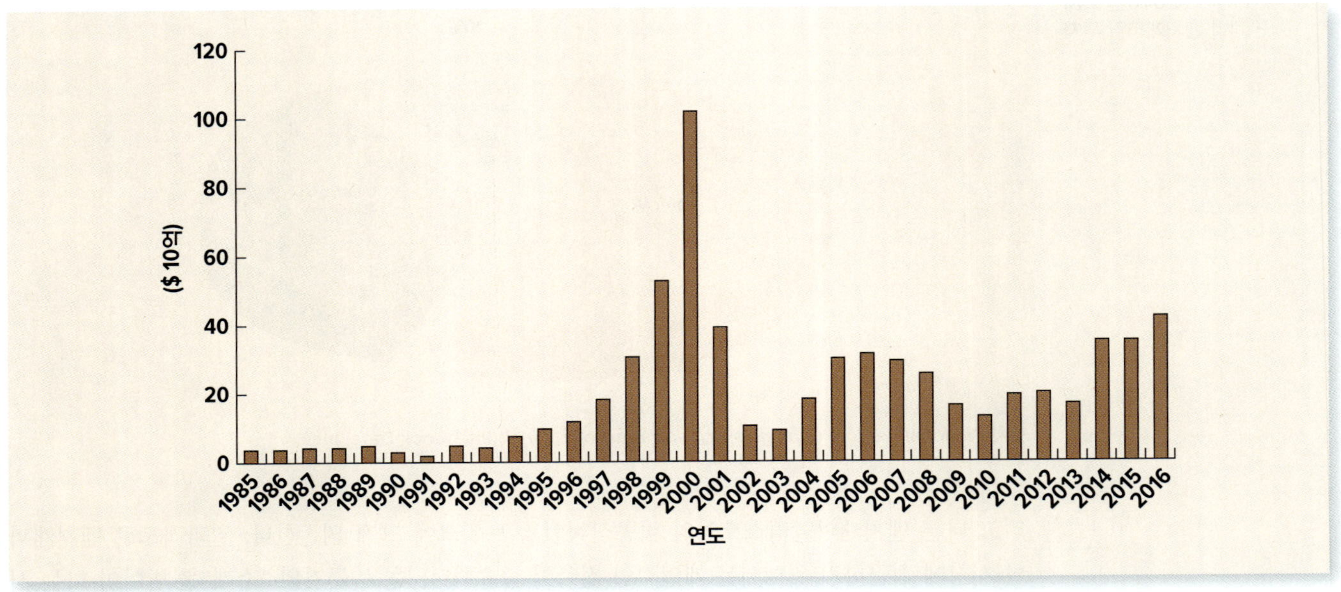

출처: *National Venture Capital Association Yearbooks*, (Pitchbook Data, Inc.), adapted by authors.

Exchange Commission: SEC)는 이 모든 법규를 집행한다.

증권발행의 기본적인 절차는 아래와 같다.

1. 증권을 공모발행하려는 경영진은 우선 이사회의 승인을 받아야 한다.
2. 다음으로 회사는 **유가증권 발행신고서**(registration statement)를 작성하여 SEC에 등록해야 한다. 이 신고서는 과거 재무상황, 기존 사업의 세부사항, 자본조달 계획, 미래 사업계획 등을 포함하여 많은 재무정보를 담고 있다. 발행신고서는 쉽게 50쪽을 넘어간다. 이 서류는 다음 2가지 예외를 제외하고 모든 증권의 공모발행에 필수적이다.

   a. 9개월 이내에 만기가 도래하는 채권

   b. $5백만 미만의 발행

   두 번째 예외는 소규모발행 면제(small-issue exemption)로 알려져 있다. $5백만 미만의 발행은 완전한 발행신고서가 아니라 간단한 모집설명서가 필요하며 이때는 **규정 A** (Regulation A)가 적용된다.
3. SEC는 유가증권 발행신고서를 대기기간(waiting period) 동안 검토한다. 이 기간 동안 회사는 예비 투자설명서(preliminary prospectus)를 배포할 수 있다. 예비 투자설명서는 굵은 글씨체의 붉은 글씨가 표지에 인쇄되어 있기 때문에 **붉은 청어**(red herring)라고 불린다. **투자설명서**는 발행신고서에 담는 내용의 대부분을 기재하고 기업의 잠재적인 투자자에게 배포된다. 회사는 대기기간 동안에 증권을 매도할 수 없다. 그러나 구두로 제안할 수는 있다.

   발행신고서는 SEC가 신고서 수정을 요구하는 심사의견서(letter of comment)를 보

내지 않으면 등록한 이후 20일째 날에 효력이 발생한다. 수정이 이루어진 후에는 20일의 대기기간이 다시 시작된다.

4. 유가증권 발행신고서를 처음 제출할 때에는 새로운 증권의 발행가격은 포함하지 않는다. 발행신고서의 효력이 발생하는 날에 가격은 결정되고 이때부터 자격을 온전히 갖춘 판매 노력이 시작된다. 최종 투자설명서(final prospectus)는 증권의 배포 혹은 판매확정 중먼저 도래한 날에 함께 배부되어야 한다.
5. **묘석광고**(tombstone)가 대기기간 동안에 그리고 그 이후에 사용된다. 묘석광고의 예는 〈그림 20.5〉에 제시되었다.

묘석광고에는 발행자의 이름이 (예에서는 World Wrestling Federation Entertainment) 포함되어 있다. 광고는 발행에 대한 몇 가지 정보를 제공하고 발행증권의 판매에 관련된 투자은행(인수회사)을 보여준다. 증권의 판매에 있어서 투자은행의 역할은 다음 절에서 자세히 설명한다.

묘석광고에 투자은행은 발행 기여도에 따라 **브래킷**(bracket)이라는 그룹으로 나누어지고, 은행의 이름은 브래킷 안에 알파벳 순서로 표시된다. 브래킷은 보통 서열의 일종으로 볼 수 있다. 일반적으로 브래킷이 높을수록 인수회사의 명성이 높아진다. 최근에는 비용절감 대책의 일환으로 인쇄된 묘석광고는 감소하고 있다.

직접 상장

회사는 일반적으로 주식을 공개적으로 거래할 수 있도록 인수회사를 사용하지만 필수는 아니다. 공개적으로 거래하기를 원하고 증권거래소의 요구 사항을 충족하는 경우 회사는 **직접 상장**을 할 수 있다. 이 경우 회사는 인수회사의 마케팅이나 기타 도움 없이 주식이 거래소에 상장되도록 준비한다. 직접 상장은 대기업에게는 흔하지 않지만, 수십억 달러에 달하는 가치가 있는 음악 스트리밍 대기업 Spotify는 2018년 NYSE에서 직접 상장을 완료했다. 무엇보다도 직접 상장은 인수 수수료와 기타 관련 비용이 없기 때문에 훨씬 저렴하다. 이러한 수수료는 상당할 수 있는데 나중의 절에서 자세히 논의한다.

크라우드펀딩(Crowdfunding)

2012년 4월 5일, Jumpstart Our Business Startups (JOBS) 법(Act)이 법률(law)로 제정되었다. 이 법의 규정에 따라 기업은 일반적으로 인터넷을 통해 많은 사람들로부터 소량의 자본을 조달하는 관행인 **크라우드펀딩**을 통해 자금을 조달할 수 있다. 크라우드펀딩은 영국 록밴드 Marillion의 미국투어를 위해 처음 도입되었다. JOBS법은 기업이 크라우드펀딩을 통해 주식을 발행하는 것을 허용한다. 원래 JOBS법은 회사가 12개월 동안 최대 $1백만의 증권을 발행할 수 있도록 허용했지만 나중에는 최대 $50백만으로 상향되었다.

우리는 두 가지 유형의 크라우드펀딩, 즉 프로젝트 크라우드펀딩과 주식 크라우드펀딩에 대해 구분해야 한다. 프로젝트 크라우드펀딩의 예로, 크라우드펀딩 웹사이트 Kickstarter에서 폭발적이어서 약 22만 명의 후원자로부터 $8.8백만을 모집한 카드게임 Exploding Kittens를 고려

그림 20.5
묘석광고의 예

This announcement is neither an offer to sell nor a solicitation of an offer to buy any of these securities.
The offering is made only by the Prospectus.

New Issue

11,500,000 Shares

World Wrestling Federation Entertainment, Inc.

Class A Common Stock

Price $17.00 Per Share

Copies of the Prospectus may be obtained in any State in which this announcement is circulated from only such of the Underwriters, including the undersigned, as may lawfully offer these securities in such State.

U.S. Offering

9,200,000 Shares

This portion of the underwriting is being offered in the United States and Canada.

Bear, Stearns & Co., Inc.
Credit Suisse First Boston
Merrill Lynch & Co.
Wit Capital Corporation

Allen & Company Incorporated   Banc of America Securities LLC   Deutsche Banc Alex. Brown
Donaldson, Lufkin & Jenrette   A.G. Edwards & Sons, Inc.   Hambrecht & Quist   ING Barings
Prudential Securities   SG Cowen   Wassertein Perella Securities, Inc.   Advest, Inc.
Axiom Capital Management, Inc.   Blackford Securities Corp.   J.C. Bradford & Co.
Joseph Charles & Assoc., Inc.   Chatsworth Securities LLC   Gabelli & Company, Inc.
Gaines, Berland, Inc.   Jefferies & Company, Inc.   Josephthal & Co., Inc.   Neuberger Berman, LLC
Raymond James & Associates, Inc.   Sanders Morris Mundy
Tucker Anthony Cleary Gull   Wachovia Securities, Inc.

International Offering

2,300,000 Shares

This portion of the underwriting is being offered outside of the United States and Canada.

Bear, Stearns International Limited
Credit Suisse First Boston
Merrill Lynch International

해 보자. 크라우드펀딩 캠페인 중에 회사는 카드 데크(card deck)를 사전 판매했다. 모든 후원자는 캠페인 종료 후 약 6개월 후부터 게임용 카드 한 벌을 배송받았다. 이 경우 후원자는 투자자가 아니라 구매자였다. 이러한 유형의 크라우드펀딩은 자선 활동을 위한 자금을 모금하는 인기 있는 방법이 되었다. 반대로 주식 크라우드펀딩의 경우 후원자는 회사의 주식을 받는다.

2016년 5월, Regulation CF (Jobs Act의 Title III라고도 함)가 시작되어 소규모 투자자가 새로운 크라우드펀딩 "포털(portal)"에 접근할 수 있게 되었다. 이전에는, 크라우드펀딩의 투자자는 "공인(accredited)"을 받아야 했다. 개인의 경우,이 요건은 과거 3년 중 2년 동안 순자산이 $1백만 이상 또는 소득이 $200,000를 초과하는 것으로 해석된다. Regulation CF는 소득 또는 자산이 $100,000 미만인 투자자가 연간 최소 $2,000, 최대 $5,000까지 투자할 수 있도록 허용한다.

Regulation CF를 통해 증권을 발행하려면 회사는 SEC에 양식을 신고해야 한다. 이 신고를 통해 회사는 금융산업규제기관(Financial Industry Regulatory Authority: FINRA)—채권의 가격 보고에 대하여 교재의 앞 부분에서 언급한 기관—에서 승인한 크라우드펀딩 포털에 증권을 상장할 수 있다. 크라우드펀딩 포털은 이미 전문화되어 있다. 예를 들어 공인 투자자, 모든 투자자 또는 부동산을 전문으로 하는 포털이 있다.

가상화폐공개(Initial Coin Offerings: ICOs)

전통적인 부채 및 주식 발행 외에도 회사는 **토큰**(tokens)을 판매하여 자금을 조달할 수 있다. 이러한 토큰은 종종 보유자에게 향후 회사의 서비스를 사용할 권리를 부여한다. 예를 들어, 철도를 건설하는 회사는 철도가 건설된 후 기차표로 사용할 수있는 토큰을 발행할 수 있다.

토큰 판매는 디지털 통화 플랫폼에서 이루어지며 플랫폼에서 쉽게 이체되거나 전문화된 토큰 거래소를 통해 미국 달러로 전환될 수 있다. 이러한 유동성으로 인해 토큰은 2015년에 도입된 이래로 인기 있는 자금조달 수단이 되었다. 이제 토큰은 고객과 (제공되는 서비스에 토큰을 사용하지 않을 것 같은) 투자자 모두에 의해 구매된다.

디지털 통화 플랫폼에서 토큰의 최초 판매를 종종 가상화폐공개 또는 ICO (IPO처럼 들리기 위해)라고 한다. 많은 신생기업은 이제 전통적인 벤처캐피탈 채널이 아닌 ICO를 통해 자금조달을 선택하고 있다. 새로운 토큰을 발행하는 가장 일반적인 플랫폼은 Ethereum이지만 많은 경쟁자가 있다. 2017년에는 234개의 ICO가 있었고 총 가치가 약 $3.7십억이었다.

토큰 판매는 블록체인 기술을 기반으로 서비스를 구축하는 회사들 사이에서 가장 인기가 있다. 이 기술은 비트코인(bitcoin) 및 기타 암호화폐의 핵심이다. 블록체인은 중앙 집중식 제어 없이 사용자 네트워크 간에 보관되는 거래(transactions)의 시간을 기록하는(time-stamped) 원장이다. 체인에 추가된 데이터를 변경할 수 없도록 암호화를 사용한다는 점을 제외하면 기존 데이터베이스와 유사하다. 금융을 포함한 많은 산업은 이제 블록체인 기술로 문서관리 기반시설을 개편하고 있다.

토큰 판매는 효과적인 마케팅 도구로도 사용할 수 있다. 토큰의 가격상승 가능성이 새로운 고객을 유치하기 때문에 회사가 네트워크 효과로 인해 이익을 얻는 경우 특히 그렇다. 고객의 증가는 서비스의 가치를 증가시키고, 결과적으로 토큰의 가치를 증가시킨다. 예를 들어, Civic은 블록체인 기반 신원 플랫폼(identity platform)을 구축하고 있으며 해당 통화는 신뢰할 수 있는 당사자로부터 신원 확인 서비스를 구매하는 데 사용된다. 이 회사는 2017년 6월 CVC 토큰의 ICO를 통해 $33백만을 모집했다. 2017년 말 토큰의 총 가치는 $224백만이었다.

20.3 대안적인 발행방법

기업이 새로 증권을 발행하기로 결정하면 공모발행(public issue) 혹은 사모발행(private issue)으로 할 수 있다. 공모발행이면 기업은 SEC에 증권발행을 등록해야만 한다. 만일 투자자의 수가 35명 미만이면 사모발행으로 간주된다. 사모발행의 경우에 발행신고서는 필요하지 않다.[4]

공모발행에는 2가지 종류가 있다. **일반공모**(cash offer)와 **주주배정**(rights offer)이다. 일반공모는 관심을 가지는 모든 투자자에게 판매하는 것이고, 주주배정은 기존의 주주에게 판매하는 것이다. 주식은 일반공모와 주주배정 모두가 가능하지만, 채권은 거의 일반공모로 판매한다.

기업이 처음으로 주식을 공모발행하는 것을 **최초공모**(initial public offering: **IPO**)라고 한다. 회사의 기존 주주가 주식을 사려고 한다면 기업이 공모로 주식을 판매할 필요가 없기 때문에 기업공개는 모두 일반공모이다. **유상증자**(seasoned equity offering: **SEO**)는 회사의 증권이 이미 공개된 기업에서 신주를 발행하는 것을 말한다. 보통주의 유상증자는 일반공모와 주주배정으로 이루어질 수 있다.

이러한 새로운 증권의 발행방법은 〈표 20.1〉에 제시되었으며, 다음 절에서 논의한다.

20.4 일반공모

언급했듯이, **일반공모**(cash offer)에서는 관심이 있는 모든 투자자에게 주식이 판매된다. 일반공모에는 **투자은행**(investment bank)이 관련되어 있다. 투자은행은 다양한 서비스를 제공하는 금융중개기관이다. 증권의 판매를 돕고 합병과 기업 구조조정을 가능하게 할 뿐만 아니라 개인과 기관 고객의 브로커로 활동한다. 월스트리트의 대형 투자은행인 Goldman Sachs와 Morgan Stanley에 대해 들어봤을 것이다.

발행회사를 위해 투자은행은 다음과 같은 서비스를 제공한다.

증권 발행에 사용할 방법을 고안함.
새로운 증권의 가격을 결정함.
새로운 증권을 판매함.

일반공모로 증권을 발행하는 데에는 세 가지 기본 방법이 있다.

[4] 그러나 규정은 비등록증권의 매매에 상당한 제한을 둔다. 예를 들어, 구매자는 최소 1년간(혹은 그 이상) 증권을 보유해야만 한다. 많은 제한이 1990년에 대규모 기관투자자의 경우에 상당히 완화되었다. 채권의 사적발행은 나중의 절에서 논의한다.

표 20.1 새로운 증권 발행의 방법

발행방법	유형	정의
공모		
전통적인 협의발행 일반공모	총액인수 일반공모	발행회사는 신주의 인수와 배분을 투자은행과 협의한다. 정해진 숫자의 주식을 인수회사가 매입하고 더 높은 가격에 판매한다.
	모집주선 일반공모	발행회사는 투자은행에게 정한 가격에 가능한 한 많은 신주를 판매하도록 한다. 얼마의 자금이 조달될지는 보장이 없다.
	네덜란드식 경매 일반공모	발행회사는 투자은행에게 주어진 숫자의 주식 판매에서 얻을 수 있는 가장 높은 공모가격에 주식을 경매하도록 한다.
특정자격 청약	직접 주주배정	발행회사는 신주를 기존 주주에게 직접 판매한다.
	잔액인수 주주배정	직접 주주배정처럼 이 방법은 기존 주주의 청약 협의를 포함한다. 순 조달금액은 인수회사가 보장한다.
비전통적 일반공모	일괄등록 일반공모	자격이 되는 발행회사는 2년간 판매할 것으로 예상되는 모든 주식을 승인받고 필요시 판매한다.
	경쟁입찰 총액인수 일반공모	발행회사는 협의 대신에 공개 경매방식으로 인수계약을 맺을 투자은행을 선정할 수 있다.
사모	직접 사모발행	증권은 일반적으로 최근까지 최소 2년 동안 증권을 매도하지 않았던 구매자에게 직접 판매된다.

1. 총액인수(firm commitment): 이 방법에서 투자은행(혹은 투자은행 집단)은 공모가격보다 낮은 가격에 증권을 매입하고 증권 매각이 안 될 위험을 감수한다. 투자은행의 기능이 위험과 관련되어 있기 때문에, 우리는 투자은행이 총액인수로 증권을 인수한다(underwrite)고 말한다. 다시 말해서 총액인수 공모에 참여할 때 투자은행은 인수회사(underwriter)로 활동한다. (총액인수가 주로 활용되기 때문에 이번 장에서 투자은행과 인수회사를 혼용해서 사용한다.)

   위험을 최소화하기 위해서 투자은행은 인수회사의 집단인 **신디케이트**(syndicate)를 구성하여 위험을 나누고 증권 판매를 돕는다. 이 그룹에는 한두 개의 관리회사가 거래를 주선하고 관리하는데, 이들이 대표 주관(회)사로 지정된다. 일반적으로 대표 주관사는 발행과 관련된 모든 일에 책임을 가진다. 신디케이트에 속한 기타 투자은행은 자신의 고객에게 발행증권을 매도하는 서비스를 주로 수행한다.

   인수회사의 매입가격과 공모가격의 차이를 총 스프레드(gross spread) 혹은 인수할인(underwriting discount)이라고 한다. 이것은 인수회사가 받는 기본적인 수입이다. 때때로 스프레드뿐만 아니라 워런트나 주식과 같은 유형의 비현금 보상을 받기도 한다.

   총액인수는 사실 매입-판매의 약속이고 신디케이트의 수수료는 스프레드이다. 발행회사는 스프레드를 차감한 발행금액을 받으며, 모든 위험은 인수회사에게 전가된다. 만일 인수회사가 발행증권 모두를 합의된 공모가격에 판매하지 못하면 미판매 주식물량은 가격을 낮춰서 판매해야 할 것이다. 그러나 공모가격은 시장이 발행증권을 어느 정도 수용할 것인지를 인수회사가 검토하기 전에는 정해지지 않기 때문에 위험은 일반적으로 매우 적다. 특히 유상증가의 경우에 신주의 가격은 증권의 거래가격을 기초로 할 수 있기 때문에 위험은 거의 없다.

공모가격은 판매가 시작되기 직전에 결정되기 때문에 발행사는 그때까지 발행금액이 얼마인지 알지 못한다. 공모가격을 결정하기 위해 인수회사는 잠재적인 매수자들, 즉 뮤추얼펀드와 같은 대형 기관투자자들을 만난다. 인수회사와 발행사 경영진은 여러 도시에서 기업설명회(road show)인 주식을 알리는 발표회를 연다. 잠재적인 매수자들은 자신이 매수할 수 있는 물량과 가격에 대한 정보를 제공한다. 가격과 물량에 대한 수요와 잠재적인 매수자에 대한 정보 수집과정은 **수요예측**(bookbuilding)으로 알려져 있다. 수요예측에도 불구하고 인수회사는 종종 잘못된 가격을 얻는 것으로 보인다.

2. 모집주선(best efforts): 인수회사는 총액인수에서 모든 발행증권을 매입하기 때문에 위험을 감수한다. 반대로 모집주선 아래에 있는 신디케이트는 주식을 매입하지 않기 때문에 이 위험을 회피한다. 대신에 판매하는 개별 주식에 대하여 수수료를 받는 단순한 대리인으로 활동한다. 신디케이트는 합의된 공모가격에 증권을 판매하기 위해 최선의 노력을 다할 법적인 의무가 있다. 이 외에도 인수회사는 발행자에게 특정 발행금액을 보장하지는 않는다. 이 유형의 증권 인수는 상대적으로 드물어지고 있다.

3. 네덜란드식 경매 인수(dutch auction underwriting): **네덜란드식 경매 인수**에서 인수회사는 판매 주식의 가격을 정하지 않는다. 대신에 인수회사는 투자자가 주식의 매입가를 제안하도록 경매를 운영한다. 공모가격은 투자자가 제출한 매입가를 기초로 결정된다. 네덜란드식 경매는 또한 단일가격 경매(uniform price auction)로 알려져 있다. 이 방법은 IPO 시장에서는 상대적으로 새로운 것이고 아직 널리 활용되고 있지는 않지만 채권시장에서는 매우 보편적이다. 예를 들어, 미국 재무부가 엄청난 양의 단기, 중기, 장기 채권을 판매하는 데 사용하는 절차이다.

   네덜란드식 혹은 단일가격 경매를 이해하기 위해 가장 좋은 방법은 간단한 예를 살펴보는 것이다. Rial Company가 400주의 주식을 판매하려고 한다고 가정하자. 회사는 아래와 같은 5건의 매수 입찰을 받았다.

입찰자	매입물량	가격
A	100주	$16
B	100주	14
C	100주	12
D	200주	12
E	200주	10

   이에 따르면, 입찰자 A는 100주를 $16에, 입찰자 B는 100주를 $14에 매입하려는 의사를 가지고 있다. Rial Company는 모든 400주가 팔릴 수 있는 최고가격을 결정하기 위해 입찰을 분석한다. 예를 들어, $14에는 A와 B가 관심있는 유일한 입찰자이므로 200주를 살 것이고 따라서 가격은 너무 높다. 이렇게 가격을 낮춰가다 보면 $12에 이르러서

야 모든 400주가 판매될 것이다. 따라서 $12는 IPO의 공모가격이 될 것이다. 입찰자 A에서 D까지 주식을 받게 되고 E는 받지 못할 것이다.

이 예에서 두 가지 추가적으로 중요한 점이 있다. 첫째, 모든 매입가능 입찰자는 $12를 지불할 것이다. 비록 A와 B는 더 높은 가격을 제출하였지만 같은 가격을 지불한다. 모든 매입가능 입찰자가 같은 가격을 지불하는 것이 "단일가격 경매"라는 이름을 가진 이유이다. 이러한 경매는 입찰가격이 너무 높을 것이라는 우려를 어느 정도 막아주어서 공격적으로 가격을 제시할 수 있도록 해준다.

둘째, $12의 공모가격에 실제 매입물량은 500주로 Rial이 판매하길 원하던 400주를 초과하고 있다. 따라서 일종의 물량배분이 이루어져야 한다. 배분의 방법은 여러 가지가 있지만 IPO 시장에서의 방법은 단순히 공모가격 이상에 입찰한 주식에 대한 공모주식의 비율로 계산하는 것이다. 여기서는 400주/500주 = 0.8이 되고 입찰자에게 이 비율에 따라 배분한다. 다시 말해서 입찰자 A부터 D는 주당 $12의 가격으로 각각 입찰물량의 80%를 받게 될 것이다.

신주가 처음 대중에게 판매된 이후의 기간을 **발행후시장**(aftermarket)이라고 한다. 이 기간 동안 인수회사 신디케이트는 일반적으로 공모가격 아래로 신주를 판매하지 않는다.

대부분의 공모에서, 시장가격이 공모가격 이하로 하락하면 대표 인수회사가 주식을 매수할 수 있다. 시장에서 주식을 매수하는 목적은 시장을 **지지**(support)하고 일시적인 하락 압력으로부터 가격을 **안정화**(stabilize)하려는 것이다. 만일 일정기간 (예를 들어 30일) 이후에도 판매되지 않은 발행주식이 남게 되면 인수집단 멤버는 집단을 떠나 시장에서 거래 가능한 가격에 각자의 할당된 주식을 매도할 수 있다.

많은 경우에 인수계약은 **그린슈 조항**(Green Shoe provision)을 가진다. 이 조항은 인수집단 멤버에게 추가적인 주식을 공모가격에 살 수 있는 옵션을 준다.[5] 그린슈 옵션의 이유는 초과수요와 과청약에 대응하기 위한 것이다. 그린슈 옵션은 약 30일간 지속되고 신주발행 물량의 15%에 해당된다. 그린슈 옵션은 인수 신디케이트에게 이익이 되고 발행회사에는 비용이 된다. 만일 신주의 시장가격이 30일 이내에 공모가격보다 상승하게 되면 인수회사는 발행회사로부터 추가 15% 주식을 매입하고 대중에게 즉시 다시 판매할 수 있다.

거의 모든 인수계약은 **락업**(lockup, **보호예수**)을 포함한다. 이러한 계약은 내부자가 IPO 이후에 자신이 보유한 주식의 일부를 판매할 수 있기 전까지 기다려야만 하는 기간을 정한다. 일반적으로 락업 기간은 180일로 정해진다. 따라서 내부자는 IPO 이후 6개월 동안 회사에 대하여 상당한 경제적 관심을 유지해야 한다. 락업이 된 내부자 주식이 대중이 보유한 주식보다 많은 경우가 특이한 것은 아니기 때문에 락업은 중요하다. 따라서 락업 기간이 끝나면 대량의 주식이 내부자에 의해 매도될 것이고 주가에 부정적인 영향을 줄 것이다.

공모 훨씬 이전에 시작해서 IPO 이후 40일의 달력기간까지, SEC는 발행기업과 주관사가 "**침묵 기간**(quiet period)"을 지킬 것을 요구한다. 이것은 대중과의 모든 의사소통이 일반적인 공

[5] Green Shoe Corp.가 이 조항을 허용한 최초의 기업이다.

시와 기타 순수한 사실 자료로만 제한되어야 한다는 것을 의미한다. SEC의 논리는 모든 관련된 정보는 투자설명서에 포함되어야만 한다는 것이다. 이러한 요구조건의 결과로 인수회사 분석가의 투자자에 대한 권유가 금지된다. 그러나 침묵 기간이 끝나자마자 주관사는 일반적으로 호의적인 "매수" 권유와 함께 연구보고서를 발간한다.

침묵을 지키지 못한 기업의 IPO는 지연된다. 예를 들어, Google의 IPO 직전에 공동창업자인 Sergey Brin과 Larry Page의 인터뷰가 *Playboy* 잡지에 실렸다. 인터뷰로 인해 IPO는 거의 연기되는 위기에 몰렸으나 Google은 적시에 투자설명서를 수정했다. 그러나 2004년 5월에 Salesforce.com의 IPO는 CEO인 Marc Benioff와의 인터뷰가 *The New York Times*에 실리는 바람에 연기되었다. Salesforce.com은 그 후 2개월 뒤에 공개되었다.

투자은행

투자은행은 새로운 증권의 발행에서 핵심적인 역할을 한다. 투자은행은 조언을 하고, (발행증권에 대한 시장의 수용도를 조사한 후에) 증권을 판매하고, 발행금액을 인수한다. 또한 공모가격이 결정된 날과 발행증권이 판매되는 날 사이에 시장가격이 하락하는 위험을 감수한다.

투자은행의 성공은 명성에 달려 있다. 좋은 명성은 투자은행이 고객을 유지하고 새로운 고객을 유치하게 한다. 다시 말해서 재무학자는 개별 투자은행이 **"명성 자본"**을 축적하고 있다고 말한다. 이러한 명성 자본의 측정치로 〈그림 20.5〉의 묘석광고의 브래킷처럼 투자은행 사이의 서열 순서가 있다. MBA 학생은 낮은 순위의 투자은행 입사를 선택하기보다는 좀 더 명성이 널리 알려진 높은 순위의 투자은행 입사를 고려하기 때문에 이러한 순위를 알고 있다.

투자은행은 상대적인 순위에 중요성을 부여하고 순위가 하락하는 것을 매우 불쾌하게 여긴다. 마치 자리를 차지하려는 경쟁은 루이 16세의 법정에서 왕의 호의를 베푸는 것만큼 중요하지 않은 것처럼 보일 수 있다. 그러나 명성이 중요한 산업에 소속된 기업은 최대한의 경계심을 가지고 자신의 명성을 지켜야만 한다.

발행회사가 증권발행을 위해 인수회사를 선택하는 방법에는 두 가지가 있다. **경쟁입찰**(competitive offer)에서 발행회사는 가장 높은 가격을 제시한 인수회사에게 증권을 매도한다. **협의발행**(negotiated offer)에서 발행회사는 하나의 인수회사와 일한다. 발행회사는 일반적으로 여러 인수회사와 동시에 협의하지 않기 때문에 협의발행 거래에서 경쟁은 거의 없다.

경쟁입찰이 다른 분야의 상행위에서는 자주 일어나는 반면에, 대형 발행회사를 제외하고 거의 모든 투자은행 선택은 협의발행을 통하기 때문에 놀라울 수 있다. 투자은행은 발행가격과 수수료 스케줄을 정하기 전에 발행회사를 알기 위해 많은 시간과 노력을 소비해야만 한다고 말한다. 대형 발행을 제외하고 계약의 성사가 거의 확실하지 않다면 인수회사는 이러한 시간과 노력을 소비할 수 없다고 주장한다.

연구는 일반적으로 발행비용이 경쟁입찰보다 협의발행에서 더 높다는 것을 보여준다. 그러나 많은 재무학자는 인수회사가 협의발행을 통해 발행회사에 대한 정보에서 큰 이득을 얻는다고 주장한다. 이러한 많은 정보는 성공적인 공모의 가능성을 높여줄 것이다.

의견 직접 보기

총액인수의 경제적 이유에 대한 Robert S. Hansen의 언급

인수회사는 인증, 감시, 마케팅, 위험 감수의 4가지 주요 기능을 제공한다.

인증(certification)은 투자자에게 공모가격이 공정하다는 것을 보장하는 것이다. 투자자는 공모가격이 주식의 내재가치 이상으로 불공정한 것은 아닌지 우려를 한다. 인증은 공정성에 대한 투자자의 의문을 감소시켜서 발행회사의 가치를 증가시키고 발행회사에게 더 나은 공모가격이 가능하도록 만들어준다.

발행회사 경영진과 성과에 대한 감시(monitoring)는 주주의 일반적인 감시활동에 더해져서 가치를 창출한다. 인수회사는 자본공급자와 기존 주주를 위해서 집단적인 감시를 제공한다. 주주가 모든 비용을 감당해야 하는 개별 주주의 감시는 한계가 있다. 반면에 모든 주주가 지분율에 따라 감시의 비용과 혜택을 집단적으로 나눌 수 있다.

실사(due diligence)와 발행금액에 대한 법적 책임은 투자자에게 확신을 준다. 그러나 인증과 감시를 신뢰할 수 있는 이유는 오랜 시간 동안 훈련해온 경쟁적인 자본시장에서 대표 주관회사의 명성이다. 나쁜 평판이 투자은행의 미래수익에 피해를 준다는 증거는 많다. 자본시장의 참여자는 성과가 저조한 투자은행을 고용하지 않음으로써 처벌한다. 시장 참여자는 스프레드의 "준지대(quasi-rent)"에 대한 증명과 의미 있는 감시를 위해 지불을 하는데, 그것은 인수회사의 명성을 "빌리는" 공정한 비용을 말한다(토지가 아니라서 지대가 아닌 준지대이다).

마케팅은 공모가격에 증권을 매입할 수 있는 장기투자자를 찾는 것이다. 이것은 신주에 대한 수요가 "수평적(horizontal)"일 때는 필요하지 않다. 발행회사와 신디케이트가 반복적으로 투자자의 관심을 찾고 확대하기 위해서 마케팅 업무에 비용을 투자한다는 증거가 많이 있다. 또 다른 마케팅은 동일한 고객을 추구하는 반복을 회피하기 위해서 신디케이트를 구성하는 것이다. 대표 주관사는 공모 후 몇 주 동안 발행회사의 주식에 대한 거래를 지원한다.

인수의 위험은 풋(put) 옵션을 판매하는 위험과 같다. 신디케이트는 모든 신주를 공모가격에 매입하고 공모가격이나 시장가격 중 낮은 가격에 다시 판매하기로 약속한다. 따라서 공모가 시작되면 신디케이트는 판매되지 않은 재고물량에 대해서 시장가격이 공모가격 아래로 떨어지면 발생하는 잠재적 손실에 노출된다. 이 위험은 공모주식이 일반적으로 빨리 판매될 수 있도록 잘 준비되어 있기 때문에 적을 것이다.

Robert S. Hansen은 Tulane University의 재무학과 석좌교수[Francis Martin Chair]이다.

공모가격

정확한 공모가격(offering price)을 결정하는 것은 대표 투자은행이 기업공개에서 직면하는 업무 중 가장 어려운 일이다. 발행회사는 만일 공모가격이 너무 높거나 너무 낮게 형성되면 잠재적인 비용에 직면한다. 발행증권이 너무 높게 가격이 정해지면 공모는 실패하고 취소될 수 있다. 만일 진정한 시장가격보다 낮게 가격이 결정되면 발행회사의 기존 주주는 기회손실을 겪게 될 것이다. 최선의 공모가격을 결정하는 과정을 수요예측(bookbuilding)이라고 한다. 수요예측에서 잠재적인 투자자는 여러 가격에 정해진 물량을 매수하겠다는 약속을 한다.

저가발행(underpricing)은 상당히 일반적인 현상이다. 예를 들어, Ritter는 1960년에서 2017년까지 미국에서 공모를 실행한 13,079개 기업을 분석하였다. 그는 발행 이후 첫날에 IPO 주식의 가격이 평균 16.8% 증가한 것을 발견하였다(〈표 20.2〉 참조). 이러한 수치는 연간 수익률이 아니다!

표 20.2
IPO의 공모건수와 평균 첫날 수익률, 총 발행금액: 1960~2017년

연도	공모건수*	평균 첫날 수익률(%)†	총 발행금액 ($백만)‡
1960–1969	2,661	21.2%	$ 7,998
1970–1979	1,536	7.1	$ 6,663
1980–1989	2,365	6.9	$ 61,271
1990–1999	4,192	21.0	$294,890
2000–2009	1,332	24.5	$294,033
2010–2017	993	15.5	$237,051
1960–2017	**13,079**	**16.8%**	**$901,896**

*공모건수는 $5.00 미만, ADR, 모집주선, units, (1980년대 $1.5백만 이하를 발행한 소규모 공모인) '규정 A' 해당 공모, REITs, 파트너십, 폐쇄형펀드 등의 IPO는 제외한다. 은행, 저축대부조합, CRSP에 상장되지 않은 IPO 등은 포함한다.

†첫날 수익률은 첫날 장종료 시장가격에 대한 공모가격의 비율로 계산하였다.

‡총 발행금액은 Securities Data Co.의 자료이고, 초과배정옵션은 제외하였으나 국제분할발행이 있는 경우는 포함하였다. 인플레이션에 대한 조정은 이루어지지 않았다.

출처: University of Florida, Jay R. Ritter 교수

저가발행은 명백하게 새로운 주주가 매수한 주식에서 높은 수익률을 얻는 것이다. 그러나 발행회사의 기존 주주는 저가발행에서 도움을 얻지 못한다. 그들에게 그것은 새로운 주식을 발행하는 간접비용이다. 예를 들어, 2014년에 중국 온라인 유통회사인 Alibaba의 IPO가 있었다. 주식가격은 IPO에서 $68로 정해졌는데 첫날 $99.70까지 올랐고 종가는 $93.89로 약 38.1%의 이득을 냈다. 이러한 수치를 근거로 하면 Alibaba에게는 주당 약 $25.89 저평가되었다. Alibaba가 320.1백만 주를 발행했기 때문에 회사는 $8.3십억(= $25.89 × 320.1백만)의 추가적인 금액을 잃었다[기록적인 금액을 "테이블 위에 남겨두고 떠났다(left on the table)"]. 이전의 기록은 2008년 Visa의 IPO에서 기록된 $5.1십억이었다.

저가발행: 가능한 설명

저가발행(underpricing)에 대한 몇 가지 설명이 가능하지만, 아직 학자들 사이에 어느 설명이 정확한가에 대한 공통된 견해는 없다. 우리는 저가발행과 관련된 두 가지 잘 알려진 설명을 하려고 한다. 첫 번째 설명은 신주의 가격이 너무 낮을 때, 발행은 종종 **과청약**(oversubscribed)된다는 것에서 시작한다. 이것은 투자자가 원하는 주식 모두를 매입할 수 없을 것이고 인수회사는 투자자에게 주식을 배정한다는 것을 의미한다. 충분한 물량의 주식이 없기 때문에 과청약 공모에서 평균적인 투자자는 주식을 얻는 것이 힘들 것이다. 기업공개가 평균 양(+)의 초기 수익률을 가진다고 하더라도, 그들 중 상당한 비중은 가격이 하락한다. 따라서 모든 신주발행에 주문을 제출한 투자자는 가격이 하락하는 발행에서 더 많은 주식을 배정받는 자신을 발견할 것이다.

두 명의 투자자 이야기를 생각해보자. Ms. Smarts는 기업의 가치와 언제 주식을 공모할지에 대해 정확하게 알고 있다. Mr. Average는 IPO 이후 1달 동안 대개는 주식 가격이 오르는 것만 알고 있다. 이러한 정보를 가지고 Mr. Average는 모든 IPO에 대해 1,000주씩 매입하기로 한다. Mr. Average는 실제로 모든 기업공개에서 비정상적으로 높은 평균 수익률을 얻을 수 있을까?

의견 직접 보기

전 세계 시장에서 관찰되는 IPO 저가발행에 대한 Jay R. Ritter의 언급

모든 국가에서 기업공개(IPO)는 평균적으로 저가발행되지만 이런 현상은 국가와 시간에 따라 다르다.

일반적으로 선진 자본시장을 보유한 국가가 신흥 시장보다 저가발행 정도가 좀 더 완화되어 나타난다. 더욱이 한 국가의 자본시장이 더욱 발전함에 따라 극단적인 저가발행 현상은 사라지는 경향이 있다. 그러나 일반적인 패턴에는 예외가 있다. 일본에서 소규모 기업은 매우 낮게 저가발행 하는 경향이 있다. 일본의 동일 가중평균(equally weighted average) 첫날 수익률은 44.7%이지만 2015~2016년 동안 $20백만 이상을 모금 한 IPO의 평균은 약 10%였고, 더 적은 금액을 모금 한 IPO의 평균은 100% 이상이었다.

일부 국가에서는 회사가 주식을 판매할 수 있는 가격-수익 비율을 제한하기 때문에 정부규제로 인해 심각한 저가발행 현상이 발생한다. 중국에서 판매된 IPO의 높은 평균 초기 수익률은 이러한 규제 때문일 수 있다. 규제 당국이 가격-수익 비율을 23으로 제한 한 후 평균 초기 수익률은 2009~2012년 동안 35%에서 2014~2016년 동안 375%로 급증했다.

다음 표는 많은 국가에서 IPO에 대한 평균 첫날 수익을 요약한 것이다. 상업용 데이터베이스가 널리 사용되지 않았던 초기의 수치는 여러 저자가 수행 한 연구에서 수집한 것이다.

국가	표본크기	연구기간	평균 첫날 수익률 (%)	국가	표본크기	연구기간	평균 첫날 수익률 (%)
Argentina	26	1991–2013	4.2%	Mexico	123	1987–2012	11.6%
Australia	1,562	1976–2011	21.8%	Morocco	33	2000–2011	33.3%
Austria	103	1971–2013	6.4%	Netherlands	181	1982–2006	10.2%
Belgium	114	1984–2006	13.5%	New Zealand	242	1979–2013	18.6%
Brazil	275	1979–2011	33.1%	Nigeria	122	1989–2013	13.1%
Bulgaria	9	2004–2007	36.5%	Norway	209	1984–2013	8.1%
Canada	743	1971–2016	6.5%	Pakistan	80	2000–2013	22.1%
Chile	81	1982–2013	7.4%	Philippines	155	1987–2013	18.1%
China	3,116	1990–2016	145.4%	Poland	309	1991–2014	12.7%
Cyprus	73	1997–2012	20.3%	Portugal	32	1992–2013	11.9%
Denmark	164	1984–2011	7.4%	Russia	64	1999–2013	3.3%
Egypt	62	1990–2010	10.4%	Saudi Arabia	80	2003–2011	239.8%
Finland	168	1971–2013	16.9%	Singapore	609	1973–2013	25.8%
France	697	1983–2010	10.5%	South Africa	316	1980–2013	17.4%
Germany	779	1978–2014	23.0%	South Korea	1,758	1980–2014	58.8%
Greece	373	1976–2013	50.8%	Spain	143	1986–2013	10.3%
Hong Kong	1,486	1980–2013	15.8%	Sri Lanka	105	1987–2008	33.5%
India	2,983	1990–2014	88.0%	Sweden	405	1980–2015	25.9%
Indonesia	464	1990–2014	24.9%	Switzerland	164	1983–2013	27.3%
Iran	279	1991–2004	22.4%	Taiwan	1,620	1980–2013	38.1%
Ireland	38	1991–2013	21.6%	Thailand	500	1987–2012	35.1%
Israel	348	1990–2006	13.8%	Tunisia	38	2001–2014	21.7%
Italy	312	1985–2013	15.2%	Turkey	404	1990–2014	9.6%
Japan	3,488	1970–2016	44.7%	United Arab Emirates	24	2003–2010	270.1%
Jordan	53	1999–2008	149.0%	United Kingdom	4,932	1959–2012	16.0%
Malaysia	474	1980–2013	56.2%	United States	13,001	1960–2017	16.8%
Mauritius	40	1989–2005	15.2%	Vietnam	69	2005–2012	49.1%

정답은 '아니다'이다. 최소한 한 가지 이유는 Ms. Smarts이다. 예를 들어, Company XYZ가 저평가되어 있음을 알면 그녀는 모든 돈을 Company XYZ의 IPO에 투자할 것이다. 발행이 과청약이 되면 인수회사는 Ms. Smarts와 Mr. Average에게 배정해야만 한다. 투자은행은 청약 비율에 따라 두 사람에게 배정을 하게 되는데, Ms. Smarts가 Mr. Average의 2배로 청약을 했다면 2배의 주식을 받게 된다. 결과적으로 주식이 저평가되면 Mr. Average는 그가 원하는 물량만큼 매입을 할 수 없게 된다.

Ms. Smarts는 또한 Company ABC가 고평가되었음을 안다. 이 경우 그녀는 IPO를 완전히 회피한다. 따라서 Mr. Average는 온전히 1,000주를 얻게 된다. 요약하면 Mr. Average는 많은 정보를 가진 투자자들이 매수하려 하는 저평가된 발행에서는 적은 수의 주식을 얻게 되고, 똑똑한 자금이 발행을 회피하는 경우에는 원하는 모든 물량을 받게 된다.

이것을 승자의 저주(winner's curse)라고 부른다. 이것이 왜 IPO가 그렇게 높은 평균 수익률을 가지는지를 설명하는 하나의 가능한 이유이다. 평균 투자자가 승리하고 배정을 받을 때에는 정보 투자자가 공모를 회피했기 때문이다. 승자의 저주에 대응하고 평균 투자자를 유인하기 위해서 인수회사는 공모를 저가발행한다.[6]

저가발행의 또 다른 이유는 위험이다. 평균 IPO가 양(+)의 초기 수익률을 가지는 것이 사실이지만, 상당한 비율로 가격하락이 발생한다. 인수회사는 자신이 보유한 물량에서 가치하락을 경험하게 될 수 있고 고평가주식 판매에 화가 난 고객에게 소송당할 가능성이 있을 것이다. 저가발행은 이러한 문제를 완화시킨다.

저가격에 대한 증거

그림 20.6은 저평가 현상에 대한 보다 일반적인 설명을 제공한다. 표시된 것은 SEC 등록 IPO

그림 20.6 SEC 등록 IPO의 월별 평균 초기 수익률: 1960~2017

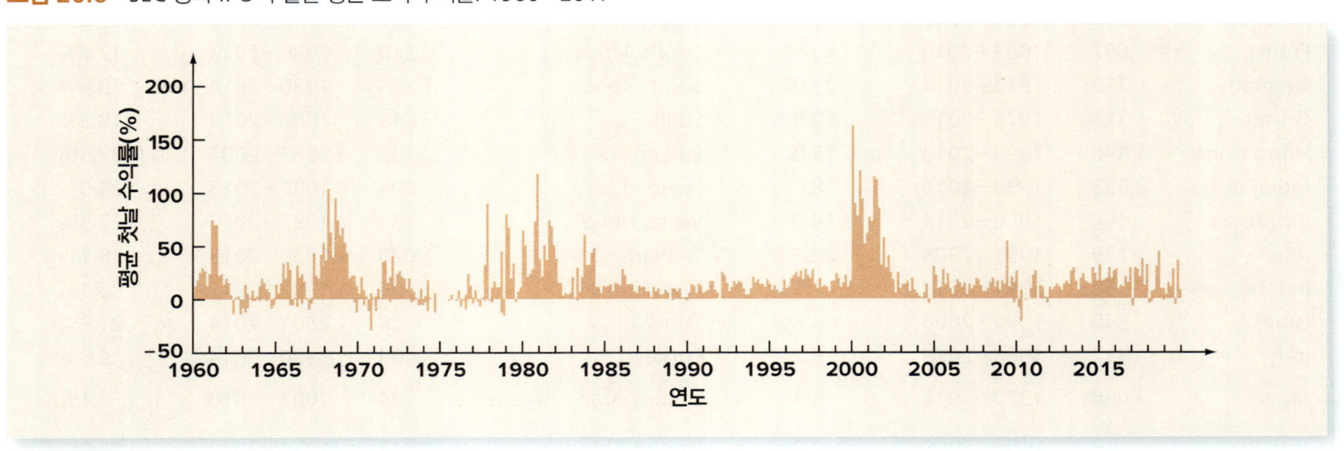

[6] 이러한 설명은 처음으로 Rock에 의해 제기되었다. Kevin Rock, "Why New Issues Are Underpriced," *Journal of Financial Economics* 15 (1986).

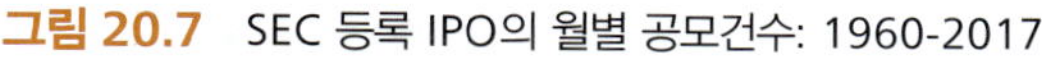

그림 20.7 SEC 등록 IPO의 월별 공모건수: 1960-2017

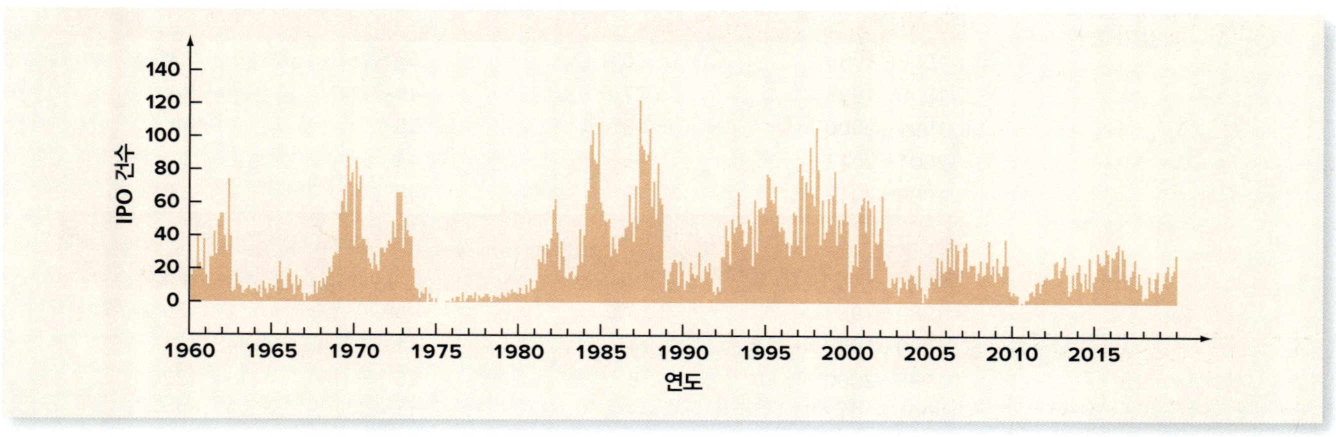

에 대한 저평가의 월별 내역이다.[7] 포함된 기간은 1960년부터 2017년까지이다. 그림 20.7은 같은 기간 동안 매달 공모된 건수를 나타낸다.

그림 20.6은 저가발행이 몇 달에는 100%를 초과하는 매우 극적일 수 있음을 보여준다. 그러한 달에 평균 IPO 가치는 때때로 몇 시간 만에 두 배 이상 증가했다. 또한, 저평가의 정도는 시간에 따라 다르고 심한 저가발행("핫 이슈"시장)의 기간을 약한 저가발행("콜드 이슈"시장)의 기간이 뒤따른다. 예를 들어 1960년대에 IPO는 평균 21.2% 저가발행되었다. 1970년대에 평균 저가발행은 훨씬 더 작았으며(7.1%) 그 기간 동안 저가발행 규모는 실제로 매우 적거나 심지어 음수였다. 1980년대의 저가발행은 약 6.9%였다. IPO는 1990~1999년 동안 21%, 2000~2009년 동안 24.5%, 2010~2017년 동안 15.5%까지 저평가되었다.

그림 20.7에서 IPO의 건수도 시간에 따라 매우 가변적임을 알 수 있다. 또한, 저평가의 정도와 IPO 건수 모두에서 뚜렷한 주기가 있다. 그림 20.6과 20.7을 비교해 보면, 약 6개월 동안 상당히 저가발행된 이후에 신규 공모 건수가 증가하는 경향이 있음을 알 수 있다. 이것은 아마도 시장이 신규 발행을 매우 잘 받아들인다는 것을 기업이 인식할 때 기업공개를 결정했기 때문일 것이다.

부분조정 현상

기업은 SEC에 유가증권 발행신고서를 제출하면 프로세스의 어느 시점에서 주식을 공모할 것으로 예상되는 주가 범위가 표시된다. 이 범위를 "파일 가격범위" 또는 그 효과에 대한 단어라고 한다. $10~12의 파일 가격범위가 일반적이지만 다른 가격범위도 많이 있다. 이번 장의 도입부에서 논의한 Snap IPO가 좋은 사례이다. 기업은 잠정 가격범위를 $14~16로 표시했지만 최종 공모가격은 $17이었고 거래 첫날 주가가 급등했다.

[7] 이번 절의 논의는 다음의 논문에서 발췌하였다. R. G. Ibbotson, J. L. Sindelar, and J. R. Ritter, "The Market's Problems with the Pricing of Initial Public Offerings," *Journal of Applied Corporate Finance* 7, no. 1 (Spring 1994).

표 20.3
IPO 저가발행과 파일 가격범위

A: 파일 가격범위를 기준으로 비교한 IPO의 비율			
	낮음	범위 내	높음
1980−1989	30%	57%	13%
1990−1998	27	49	24
1999−2000	18	38	44
2001−2017	35	44	21
1980−2017	29	48	23
B: 파일 가격범위를 기준으로 비교한 첫날 수익률			
	낮음	**범위 내**	**높음**
1980−1989	0%	6%	20%
1990−1998	4	11	31
1999−2000	8	26	122
2001−2017	3	11	37
1980−2017	3	11	50

기업의 주식이 투자자에게 매각되기 직전에 최종 IPO 공모가격이 결정된다. 표 20.3의 섹션 A에서 볼 수 있듯이 해당 가격은 회사가 원래 표시 한 가격범위보다 높거나 범위 내에 있거나 낮을 수 있다. 1980~2017년 동안 IPO의 48%가 파일 범위 내에 있었으며 29%는 그보다 낮았고 23%는 높았다.

표 20.3의 섹션 B는 흥미롭고 매우 명확한 패턴을 보여준다. IPO 저가발행은 공모가격이 파일 범위를 초과할 때 훨씬 더 심하게 나타난다. 다시 1980~2017년 동안 파일 가격범위를 초과하는 IPO는 평균 50%를 저가발행한 반면, 그보다 낮은 가격을 책정한 기업은 3%만 저가발행했다. 1999~2000년이 다시 눈에 띈다. 파일 가격범위를 초과하여 발행된 경우는 평균 122%까지 저가발행되었다!

이 패턴을 "부분조정(partial adjustment)" 현상이라고 한다. 기업이 IPO 공모가격을 올릴 때 부분적으로만 조정하고 가격을 충분히 높이지 않는다는 사실을 이름에서 알 수 있다. 부분조정 현상이있는 이유는 무엇인가? 답은 알 수 없다.

20.5 신주발행 공시와 기업의 가치

이미 언급한 것처럼 기업이 추가 자금조달을 위해 주식시장으로 돌아오면 유상증자(SEO)를 준비한다. 유상증자를 통한 신주발행의 기본적인 절차는 IPO와 같다. 공시일에 흥미로운 일이 발생한다. 기업의 장기 자금조달이 양(+)의 NPV를 가진 프로젝트를 위한 것이라고 믿는 것이 합리적일 것이다. 결과적으로 외부 자금조달 공시가 일어나면 기업의 시장가치는 상승해야만 한다. 앞 장에서 언급했듯이 신주발행을 통한 자금조달의 경우 정확히 반대되는 현상이 실제로 발생한다. 보통주 신주발행의 공시에 기존 주식의 시장가치가 하락하는 경향이 있다. 이러한 이상한 결과에 대한 가능성 있는 설명은 아래와 같다.

1. **경영자 정보:** 경영자가 기업의 시장가치에 대한 우월한 정보를 가지고 있다면 고평가되었을 시기도 알 것이다. 만일 그렇다면 시장가치가 정확한 가치를 초과할 때 신주를 발행하려고 할 것이다. 이것은 기존 주주에게 이익이 된다. 그러나 잠재적인 신주주가 어리석은 것은 아니다. 그들은 신주발행으로부터 고평가를 추론할 것이고 발행 공시일에 주가를 낮추려고 할 것이다.
2. **차입 능력:** 기업은 부채의 세금혜택과 재무곤경비용이 균형을 유지하는 부채-자기자본 비율을 선택한다고 앞선 장에서 논의했다. 기업의 경영자가 재무곤경의 발생가능성이 증가하는 특별한 정보를 가지고 있으면 기업은 차입보다는 주식을 통해 자본을 조달하려고 할 것이다. 이런 사건의 연속을 시장이 추론하게 되면 주가는 주식발행 공시일에 하락할 것이다.
3. **발행비용:** 다음 절에서 논의하겠지만, 증권 판매와 관련된 비용이 상당히 크다.

어떤 이유에서든 주가하락은 신주발행 이후 증권발행의 간접비용의 예가 된다. 주가하락은 전형적인 제조기업의 경우에 약 3% 정도인데(전기 · 가스 경우에는 다소 작음), 대기업에게는 큰 금액의 하락을 의미한다. 우리는 아래 신주발행의 비용에 대한 논의에서 이런 주가하락을 **비정상수익률**(abnormal return)이라고 부른다.

최근의 두 가지 예를 살펴보자. 2017년 12월 바이오 제약회사인 Cascadian Therapeutics는 2차 공모를 발표했다. 발표 당일 주가는 약 3.4% 하락했다. 2017년 12월 전력시스템 회사인 Digital Power 또한 2차 공모를 발표했다. 발표 당일 주가는 11.1% 하락했다.

20.6 신주발행의 비용

공모로 증권을 발행하는 것은 무료가 아니다. 비용은 6가지 범주로 구분된다.

1. 스프레드(인수회사 할인): 스프레드는 발행회사가 받는 가격과 대중에게 공모되는 가격의 차이이다.
2. 기타 직접비용: 인수회사에 지불하는 것이 아니라 발행회사에 의해 발생하는 비용. 등록 수수료, 법률 비용, 세금 등 모두 투자설명서에 보고된다.
3. 간접비용: 투자설명서에 보고되지 않으며 신주발행에 투입된 경영자의 시간을 포함한다.
4. 비정상수익률: 유상증자에서 가격은 일반적으로 발행 공시일에 약 3% 하락한다. 하락은 새로운 주주가 고평가된 주식을 매입하지 않도록 보호한다.
5. 저가발행: 기업공개(IPO)에서 주식은 발행일 이후 크게 오른다. 이것은 발행기업에게 비용이 된다. 왜냐하면 주식은 공개후시장의 효율적 가격보다 낮은 가격에 판매되었기 때문이다.

6. 그린슈 옵션: 그린슈 옵션은 인수회사에게 초과배정물량을 소화할 수 있도록 추가적인 주식을 공모가격에 매입할 수 있는 권리를 준다. 인수회사는 공모가격이 공개후시장 가격보다 낮을 때에만 추가주식을 매입할 것이기 때문에 발행회사에게는 비용이다.

〈표 20.4〉는 1990~2008년 사이에 미국기업이 발행한 주식(IPO, SEO)과 채권(일반채권, 전환사채)의 총발행금액에서 직접비용이 차지하는 비율을 보여준다. 직접비용은 총 스프레드(항목 1)와 기타 직접비용(항목 2)만 포함한다.

직접비용만으로도 특히 규모가 작은 발행($10백만 미만)에는 큰 비용이 될 수 있다. 소규모

표 20.4 미국 회사의 주식발행(IPO, SEO)과 채권발행(일반채권, 전환사채)에서 총발행금액에 대한 직접비용의 비중: 1990~2008년

주식								
	기업공개(IPO)				유상증자(SEO)			
발행금액 (단위: $백만)	발행건수	총 스프레드	기타 직접비용	총직접비용	발행건수	총 스프레드	기타 직접비용	총직접비용
2.00−9.99	1,007	9.40%	15.82%	25.22%	515	8.11%	26.99%	35.11%
10.00−19.99	810	7.39	7.30	14.69	726	6.11	7.76	13.86
20.00−39.99	1,422	6.96	7.06	14.03	1,393	5.44	4.10	9.54
40.00−59.99	880	6.89	2.87	9.77	1,129	5.03	8.93	13.96
60.00−79.99	522	6.79	2.16	8.94	841	4.88	1.98	6.85
80.00−99.99	327	6.71	1.84	8.55	536	4.67	2.05	6.72
100.00−199.99	702	6.39	1.57	7.96	1,372	4.34	0.89	5.23
200.00−499.99	440	5.81	1.03	6.84	811	3.72	1.22	4.94
500.00 이상	155	5.01	0.49	5.50	264	3.10	0.27	3.37
합계/평균	**6,265**	**7.19%**	**3.18%**	**10.37%**	**7,587**	**5.02%**	**2.68%**	**7.69%**
채권								
	일반채권				전환사채			
발행금액 (단위: $백만)	발행건수	총 스프레드	기타 직접비용	총직접비용	발행건수	총 스프레드	기타 직접비용	총직접비용
2.00−9.99	3,962	1.64%	2.40%	4.03%	14	6.39%	3.43%	9.82%
10.00−19.99	3,400	1.50	1.71	3.20	23	5.52	3.09	8.61
20.00−39.99	2,690	1.25	0.92	2.17	30	4.63	1.67	6.30
40.00−59.99	3,345	0.81	0.79	1.59	35	3.49	1.04	4.54
60.00−79.99	891	1.65	0.80	2.44	60	2.79	0.62	3.41
80.00−99.99	465	1.41	0.57	1.98	16	2.30	0.62	2.92
100.00−199.99	4,949	1.61	0.52	2.14	82	2.66	0.42	3.08
200.00−499.99	3,305	1.38	0.33	1.71	46	2.65	0.33	2.99
500.00 이상	1,261	0.61	0.15	0.76	7	2.16	0.13	2.29
합계/평균	**24,268**	**1.38%**	**0.61%**	**2.00%**	**313**	**3.07%**	**0.85%**	**3.92%**

출처: Lee, Lockhead, Ritter, and Zhao, "The Costs of Raising Capital," *Journal of Financial Research* 19 (Spring 1996), 저자에 의해 보완됨.

표 20.5
주식 IPO의 직접비용과 간접비용의 비중: 1990~2008년

발행금액 (단위: $백만)	발행건수	총 스프레드	기타 직접비용	총직접비용	저가발행
2.00−9.99	1,007	9.40%	15.82%	25.22%	20.42%
10.00−19.99	810	7.39	7.30	14.69	10.33
20.00−39.99	1,422	6.96	7.06	14.03	17.03
40.00−59.99	880	6.89	2.87	9.77	28.26
60.00−79.99	522	6.79	2.16	8.94	28.36
80.00−99.99	327	6.71	1.84	8.55	32.92
100.00−199.99	702	6.39	1.57	7.96	21.55
200.00−499.99	440	5.81	1.03	6.84	6.19
500.00 이상	155	5.01	0.49	5.50	6.64
합계/평균	**6,265**	**7.19%**	**3.18%**	**10.37%**	**19.34%**

출처: Lee, Lockhead, Ritter, and Zhao, "The Costs of Raising Capital," *Journal of Financial Research* 19 (Spring 1996), 저자에 의해 보완됨.

IPO에서 총직접비용은 전체 자금조달의 25.22%가 된다. 이것은 회사가 $10백만을 주식으로 조달하면 약 $7.5백만이 실제로 조달할 수 있다는 것이다. 나머지 $2.5백만은 인수회사 스프레드와 기타 직접비용으로 사용된다.

전반적으로 〈표 20.4〉에서 4가지 뚜렷한 현상을 볼 수 있다. 첫째, (나중에 더 살펴보겠지만) 일반채권의 모집에서 상당한 규모의 경제가 있다. 인수회사 스프레드는 대규모 발행에서 비중이 작고 기타 직접비용은 조달금액의 비율로 볼 때 크게 하락한다. 직접비용이 고정비의 성격을 가지고 있음을 반영한다. 둘째, 채권 매각과 관련된 비용은 주식 매각 비용에 비해 상당히 적다. 셋째, IPO 비용은 SEO에 비해 다소 높다. 마지막으로, 일반채권은 전환사채에 비해 발행비용이 저렴하다.

이미 논의했듯이 IPO의 저가발행은 발행회사에게는 추가적인 비용이다. 공모의 총비용에 대한 이해를 돕기 위해서, 〈표 20.5〉는 저가발행의 자료와 〈표 20.4〉의 IPO의 총직접비용에 대한 정보를 통합하고 있다. 〈표 20.5〉의 총직접비용(5번째 열)과 저가발행(6번째 열)을 비교해보면, 모든 규모의 그룹에서 총직접비용은 발행금액의 약 10%에 해당되고 저가발행 금액은 발행금액의 약 19%이다.

상이한 신용등급을 가지는 채권에 대한 8장의 논의를 상기해보자. 고등급 채권은 투자등급, 저등급 채권은 투기등급이라고 한다. 〈표 20.6〉은 투자등급과 투기등급으로 구분한 다음에 채권의 직접비용을 나누어 보여준다. 대부분의 경우 투자등급의 비용이 낮다. 투기등급의 위험을 고려하면 놀라운 일이 아니다. 그리고 모든 유형의 채권에서 상당한 규모의 경제가 있다.

기업공개의 비용: 사례 연구

2016년 7월 21일 시애틀에 본사를 둔 무선 주파수 식별 회사 Impinj가 IPO를 통해 상장되었다. Impinj는 주당 $14의 가격으로 4.8백만 주를 발행했다. IPO의 대표 인수회사는 RBC Capital Markets였고 다른 투자은행 신디케이트의 지원을 받았다. IPO가 총액 $67.2백만을 모금했지

표 20.6 미국 채권발행의 평균 총 스프레드와 총직접비용: 1990~2008년

전환사채

발행금액 (단위: $백만)	투자등급 발행건수	투자등급 총 스프레드	투자등급 기타 직접비용	투자등급 총직접비용	투기등급 발행건수	투기등급 총 스프레드	투기등급 기타 직접비용	투기등급 총직접비용
2.00−9.99	–	–	–	–	14	6.39%	3.43%	9.82%
10.00−19.99	1	14.12%	1.87%	15.98%	23	5.52	3.09	8.61
20.00−39.99	–	–	–	–	30	4.63	1.67	6.30
40.00−59.99	3	1.92	0.51	2.43	35	3.49	1.04	4.54
60.00−79.99	6	1.65	0.44	2.09	60	2.79	0.62	3.41
80.00−99.99	4	0.89	0.27	1.16	16	2.30	0.62	2.92
100.00−199.99	27	2.22	0.33	2.55	82	2.66	0.42	3.08
200.00−499.99	27	2.03	0.19	2.22	46	2.65	0.33	2.99
500.00 이상	11	1.94	0.13	2.06	7	2.16	0.13	2.29
합계/평균	**79**	**2.15%**	**0.29%**	**2.44%**	**313**	**3.31%**	**0.98%**	**4.29%**

일반채권

발행금액 (단위: $백만)	투자등급 발행건수	투자등급 총 스프레드	투자등급 기타 직접비용	투자등급 총직접비용	투기등급 발행건수	투기등급 총 스프레드	투기등급 기타 직접비용	투기등급 총직접비용
2.00−9.99	2,709	0.62%	1.28%	1.90%	1,253	2.77%	2.50%	5.27%
10.00−19.99	2,564	0.59	1.17	1.76	836	3.15	1.97	5.12
20.00−39.99	2,400	0.63	0.74	1.37	290	3.07	1.13	4.20
40.00−59.99	3,146	0.40	0.52	0.92	199	2.93	1.20	4.14
60.00−79.99	792	0.58	0.38	0.96	99	3.12	1.16	4.28
80.00−99.99	385	0.66	0.29	0.96	80	2.73	0.93	3.66
100.00−199.99	4,427	0.54	0.25	0.79	522	2.73	0.68	3.41
200.00−499.99	3,031	0.52	0.25	0.76	274	2.59	0.39	2.98
500.00 이상	1,207	0.31	0.08	0.39	54	2.38	0.25	2.63
합계/평균	**20,661**	**0.52%**	**0.35%**	**0.87%**	**3,607**	**2.76%**	**0.81%**	**3.57%**

출처: Lee, Lockhead, Ritter, and Zhao, "The Costs of Raising Capital," *Journal of Financial Research* 19 (Spring 1996), 저자에 의해 보완됨.

만 Impinj는 비용을 제한 후 $62.496백만을 받았다. 가장 큰 비용은 7%의 인수회사 스프레드로, 해당 규모의 공모에 대한 일반적인 스프레드이다. Impinj는 4.8백만 주를 주당 $13.02에 인수회사에게 매각했고, 인수회사는 그 주식을 주당 $14에 일반 투자자에게 매각했다.

잠깐—더 있다. Impinj는 SEC 등록 수수료로 $7,458, FINRA 제출 수수료로 $11,609를 지출했다. 이 회사는 또한 거래소 상장 수수료로 $125,000, 법률 수수료로 $1.6백만, 필요한 감사를 받기위한 회계법인에 $417,000, 주식을 물리적으로 이전하고 주주 목록을 유지하기 위한 양도 대리인에게 $5,000, 인쇄 및 판각 비용으로 $255,000, 기타 비용으로 $261,000를 지출했다.

Impinj의 지출에서 알 수 있듯이 IPO는 비용이 많이 소요될 수 있다! 결국 Impinj의 비용은 총 $7.39백만이었으며, 이 중 $4.7백만은 인수회사에게, $2.69백만은 다른 당사자에게 지불되었다. 즉, Impinj에 대한 총 직접비용은 회사가 조달한 발행금액의 11.8%였다.

20.7 신주인수권

보통주 신주가 일반 대중에게 유상증자로 공모가 되면, 기존 주주의 소유권은 비례적으로 감소할 것이다. 그러나 만일 우선적인 신주인수권(preemptive right)이 기업의 정관에 포함되어 있다면 회사는 보통주의 신주발행을 우선 기존 주주에게 제안해야 할 것이다. 이것을 통해 개별 소유자는 비례적인 지분을 유지할 수 있다.

기존 주주에게 보통주를 발행하는 것을 **주주배정**(rights offering)이라고 한다. 여기서 개별 주주에게 신주인수권이 정해진 시간 이내에 정해진 가격에 회사로부터 정해진 숫자의 신주를 살 수 있는 **옵션**(option)이 발행된다. 예를 들어, 주식이 $30에 거래되는 기업은 기존 주주에게 2개월 이내에 주당 $10에 정해진 숫자의 주식을 살 수 있게 할 수 있다. 옵션의 조건은 **워런트**(share warrants)에 의해 보장된다. 신주인수권은 종종 거래소나 장외시장에서 거래되며, 주주배정은 미국에서는 흔하지 않으나 유럽에서는 매우 보편적이다.

주주배정의 역학

National Power Company를 통해서 주주배정의 역학을 살펴보자. National Power는 1백만 주의 발행주식을 가지고 있으며, 주식은 주당 $20에 거래되어 시가총액은 $20백만이다. 회사는 $5백만을 주주배정을 통해 신주발행으로 조달할 계획이다.

주주배정 공모과정은 일반공모를 통해 주식을 발행하는 과정과 다르다. 기존 주주는 보유주식에 대하여 신주인수권을 부여받는다. 주주가 기업의 청약대리인(일반적으로 투자은행)에게 필요한 신주인수권을 제출하고 대금을 지불하면 행사를 실행하는 것이 된다. National Power의 주주는 다음과 같은 선택을 할 수 있다. (1) 자격이 있는 주식을 모두 청약한다. (2) 신주인수권을 매도한다. (3) 신주인수권이 만료될 때까지 내버려둔다.

청약가격

National Power는 우선 주주배정에서 **청약가격**(subscription price)을 정해야 한다. 청약가격은 기존 주주가 주식 1주를 매수하기 위해 지불해야 하는 가격이다. 합리적인 주주는 청약만기일에 주식의 시장가격보다 청약가격이 낮을 때에만 주주배정에 청약을 할 것이다. 예를 들어, 만일 만기일에 주가가 $13이고 청약가격이 $15이면 합리적인 투자자는 아무도 청약을 하지 않을 것이다. 왜 $13의 가치가 있는 것에 $15를 지불하겠는가? National Power는 청약가격을 현재 시장가격인 $20보다 훨씬 낮은 $10으로 정하였다. 만기일 이전에 시장가격이 절반으로 떨어지지 않는 한, 주주배정은 성공할 것이다.

주식매입에 필요한 신주인수권의 수

National Power는 신주로 $5백만을 발행하려고 한다. 청약가격은 $10이고 500,000주의 신주를 발행해야 한다. 필요한 신주의 수는 총발행금액을 청약가격으로 나누면 얻을 수 있다.

$$\text{새로운 주식의 수} = \frac{\text{총발행금액}}{\text{청약가격}} = \frac{\$5,000,000}{\$10} = 500,000\text{주}$$

주주는 일반적으로 보유한 1주의 주식에 대해 1권(right)의 신주인수권을 가지기 때문에 National Power는 1백만의 신주인수권을 발행할 것이다. 주식 1주를 얻기 위해서 얼마나 많은 신주인수권이 행사되어야 하는지를 결정하기 위해서 기존의 발행주식수를 신주의 수로 나누면 된다.

$$\frac{\text{주식 1주를 매수하기 위해}}{\text{필요한 신주인수권의 수}} = \frac{\text{구주(Old)의 수}}{\text{신주(New)의 수}} = \frac{1,000,000}{500,000} = 2\text{권의 신주인수권}$$

따라서 주주는 신주를 받기 위해서는 2권의 신주인수권과 청약가격 $10을 포기해야만 한다. 만일 모든 주주가 이렇게 하게 되면, National Power는 필요한 $5백만을 조달하게 된다.

National Power가 $5백만을 원한다고 할 때, 청약가격에 따라 신주의 수와 신주를 매수하기 위해 필요한 신주인수권의 수는 다음과 같다.

청약가격	신주의 수	주식매수를 위해 필요한 신주인수권의 수
$20	250,000 (= 5,000,000/20)	4 (= 1,000,000/250,000)
10	500,000 (= 5,000,000/10)	2 (= 1,000,000/500,000)
5	1,000,000 (= 5,000,000/5)	1 (= 1,000,000/1,000,000)

위에서 보듯이, 낮은 청약가격에서는 더 많은 신주가 필요하고 1주의 신수를 매수하기 위해 필요한 신주인수권의 수는 적다.

주주배정이 주가에 미치는 영향

신주인수권은 확실히 가치를 가진다. National Power의 경우에 신주인수권은 $20의 가치를 지닌 주식을 $10에 살 수 있는 권리이다.

National Power의 주주가 신주인수권을 통한 주주배정 이전에 2주의 주식을 가지고 있다고 가정하자. 이런 상황은 〈표 20.7〉에 제시되었다. 처음에 National Power의 주식은 주당 $20의 가치를 가지고 이 주주가 가진 총 가치는 2 × $20 = $40이다. 2주를 가진 주주는 2권의 신주인수권을 가진다. National Power의 주주배정은 2권의 신주인수권을 가진 주주에게 1주의 주식을 $10에 살 수 있는 기회를 준다. 이러한 권리를 행사하고 신주를 매수한 주주의 보유주식은 3주가 된다. 주주의 새로운 보유가치는 $40 + $10 = $50(최초 $40 + 회사에 지불한 $10)이 된다. 주주가 가진 주식의 수는 3주이기 때문에 주당가격은 $16.67(= $50/3)로 하락한다(소수점 둘째 자리에서 반올림).

구주의 가격 $20과 신주의 가격 $16.67의 차이는 구주가 신주를 청약할 수 있는 신주인수권을 가지고 있다는 사실을 반영한다. 이 차이 $3.33(= $20 − $16.67)은 1권의 신주인수권 가치와 같아야 한다. 우리는 이 권리의 가치를 다른 방식으로 계산할 수 있다. 주주배정 방식은 주주

표 20.7
National Power의 신주인수권을 보유한 개별 주주의 가치

주주의 최초 포지션	
발행주식수	2
주식가격	$20
보유가치	$40
발행조건	
청약가격	$10
발행된 신주인수권 수	2
주식 1주에 필요한 신주인수권	2
발행 이후 주주의 포지션	
발행주식수	3
주식가격	$16.67
보유가치	$50
신주인수권의 가치	
과거 가격 − 새로운 가격	$20 − $16.67 = $3.33
$\frac{\text{새로운 가격} - \text{청약가격}}{\text{주당 신주인수권의 수}}$	($16.67 − $10)/2 = $3.33

에게 $16.67의 주식을 $10에 살 수 있도록 해주며 $6.67의 이득을 만들어준다. 이 거래를 위해 개인은 2권의 신주인수권이 필요하기 때문에 합리적인 투자자는 1권의 신주인수권에 $3.33(= $6.67/2)을 지불할 의향이 있을 것이다.

앞의 장에서 배당락일을 배웠듯이 신주인수권에 대한 **신주인수권-락일**(ex-rights date)이 있다. 신주인수권-락일 이전에 주식을 매입한 개인은 신주인수권을 받게 될 것이다. 그러나 신주인수권-락일 당일이나 이후에 주식을 매입한 개인은 신주인수권을 받지 못할 것이다. 예를 들어, 권리락일 전에 주가는 $20이다. 그러나 권리락일 당일 혹은 그 이후에 주식을 매수한 개인은 신주인수권을 받을 자격이 없다. 따라서 권리락일 당일 혹은 그 이후의 주가는 $16.67이 된다.

〈표 20.8〉은 National Power에게 일어난 일을 보여준다. 만일 모든 주주가 권리를 행사하면 발행주식수는 1.5백만(= 1백만 + 0.5백만)으로 증가하고 기업가치는 $25백만(= $20백만 + $5백만)이 될 것이다. 주주배정 이후에 개별 주식의 가치는 $16.67(= $25백만/1.5백만)로 하락할 것이다.

National Power의 주식을 보유하지 않은 투자자로 신주 청약을 원하는 경우에는 신주인수권을 매입할 수 있다. 신주인수권 2권을 매입한 외부 투자자는 $3.33 × 2 = $6.67(앞의 계산에서는 반올림 때문임)을 지불해야 할 것이다. 만일 투자자가 신주인수권을 청약비용 $10에 행사한다면, 총 비용은 $10 + $6.67 = $16.67이 될 것이다. 이러한 지출의 대가로 투자자는 $16.67의 가치를 가지는 신주 1주를 받게 될 것이다.

물론 외부 투자자는 주당 $16.67에 직접 National Power의 주식을 매수할 수도 있다. 효율적 주식시장에서 신주인수권을 통하든 직접 매입을 통하든 주식을 매수하는 것에는 차이가 없다.

표 20.8
National Power의 신주인수권 주주배정 발행

최초 포지션	
발행주식수	1백만
주식가격	$20
보유가치	$20백만
발행조건	
청약가격	$10
발행된 신주인수권 수	1백만
주식 1주에 필요한 신주인수권	2
발행 이후	
발행주식수	1.5백만
기업가치	$25백만
주식가격	$16.67

주주에게 미치는 영향

주주는 신주인수권을 행사하거나 권리를 매도할 수 있으며, 어떤 경우든 차이는 없다. 이를 확인하기 위해 주식 2주를 보유한 주주를 생각해보자. 그녀는 2권의 신주인수권을 받을 것이다. 그녀는 신주인수권을 권당 $3.33에 매도하여 현금으로 $6.67 (= $3.33 × 2)을 얻을 수 있다. 2주의 주식은 각각 $16.67의 가치를 가지기 때문에 그녀가 보유한 가치는 아래와 같다.

주식	= 2 × $16.67	=	$33.33
신주인수권 매도	= 2 × $ 3.33	=	$ 6.67
합계		=	$40.00

반면에, 주주로서 보유한 신주인수권을 행사하면 총액으로 $50(= $16.67 × 3)을 얻게 된다. 다시 말해서, 신주인수권 매도와 주식 보유에서 얻는 $40보다 $10이 많은 금액인데 신주인수권 행사에 $10을 지출하기 때문에 두 대안의 가치는 정확하게 일치한다. 따라서 주주는 신주인수권 행사와 신주인수권 매도 사이에 무차별적이다.

기업 주식의 새로운 시장가격이 주주배정 이후에 그 이전보다 낮아지는 것은 명확하다. 그러나 주주는 주주배정으로 인해 손해를 겪지는 않는다. 따라서 이런 주가의 하락은 19장에서 보았던 주식분할 이후 하락과 유사하다. 청약가격이 낮을수록 주주배정으로 인한 가격하락은 더 커진다. 주주는 가격하락의 가치와 동일한 신주인수권을 받기 때문에 주주배정은 주주에게 해를 끼치지 않는다.

마지막으로 고려할 것이 있다. 주주배정에서 청약가격을 어떻게 정할 것인가? 곰곰이 생각해보면, 청약가격이 사실은 중요하지 않다는 것을 알게 될 것이다. 신주인수권이 가치를 가지려면 청약가격은 주식의 시장가격보다 낮아야만 한다. 그 조건 외에 가격은 임의적이다. 원칙적으로 0 (zero)이 아니라면 어떤 낮은 가격을 가져도 상관이 없다.

인수협의

만일 투자자가 신주인수권을 포기하거나 부정적인 뉴스가 발생하여 시장가격이 청약가격 아래로 하락하게 되면 청약부족(undersubscription)이 발생할 수 있다. 이러한 가능성에 대비하기 위해서 주주배정은 일반적으로 **잔액인수방식**(standby underwriting)으로 협의가 진행된다. 여기서 인수회사는 청약가격에서 착수 비용을 차감한 금액으로 청약부족분을 구입하는 총액인수를 하게 되고, 인수회사는 이러한 위험부담 기능에 대한 보상으로 **잔액인수 수수료**(standby fee)를 받는다.

실무적으로 청약가격은 일반적으로 현재 시장가격 아래로 정해져서 주주배정이 실패할 가능성은 매우 적다. 소액주주(10% 미만)가 이러한 가치 있는 신주인수권을 행사하지 않더라도, 주주는 일반적으로 청약가격에 청약부족분 주식을 매입할 수 있다. 이러한 주주의 **과청약 특권**(oversubscription privilege)으로 인해 발행회사는 인수회사에게 잔액인수의 도움을 요청하지 않을 수 있다.

20.8 신주인수권 주주배정 퍼즐

Smith는 총액인수를 통한 주식발행 방식, 잔액인수 방식의 주주배정, 순수한 주주배정 방식의 세 가지 대안적인 방법을 가지고 발행비용을 계산하였다.[8] 그의 연구결과는 각각의 방법에 대해 발행금액에 대한 총비용의 비율이 6.17%, 6.05%, 2.45%로 순수한 주주배정 방식이 가장 저렴한 방법임을 보여준다.

만일 기업의 경영자가 합리적이라면 가장 저렴한 방법으로 자본을 조달할 것이다. 따라서 연구결과는 순수한 주주배정 방식의 발행이 지배적이어야 한다는 것을 보여준다. 그러나 놀랍게도 거의 모든 미국의 발행이 신주인수권 없이 발행이 진행된다. 반면에 주주배정은 미국 이외에 전 세계적으로 매우 많이 발생한다. 일반적으로 금융 전문가들 사이에 이러한 현상은 몇 가지 설명이 있지만 일반적으로 이례현상으로 알려져 있다.

1. 인수회사는 매도 노력이나 대중의 확신 제고를 통해 주가를 상승시킨다. 그러나 Smith는 52개 주주배정과 344개 인수발행을 대상으로 한 연구에서 이러한 설명의 증거를 발견하지 못했다.
2. 인수회사는 약정가격에 주식을 매입하기 때문에 발행회사에게 보험을 제공한다. 즉, 인수회사는 모든 주식을 대중에게 판매하지 못하게 되면 손실을 얻는다. 그러나 잠재적인 경제적 손실은 그렇게 크지는 않을 것이다. 대부분의 경우에 공모가격은 공모 24시간 전에 결정하는데, 인수회사는 일반적으로 그 시간이면 발행시장에 대하여 세심한 평가를 할 수 있다.

[8] Clifford W. Smith Jr., "Alternative Methods for Raising Capital: Rights versus Underwriting Offerings," *Journal of Financial Economics* 5 (December 1977). 동일한 결과가 영국의 표본에서도 발견되었다. Myron Slovin, Marie Sushka, and Kam Wah Lai, "Alternative Flotation Methods, Adverse Selection, and Ownership Structure: Evidence from Seasoned Equity Issuance in the UK," *Journal of Financial Economics* 57 (2000).

3. 인수회사는 투자자가 편하게 주식을 매입할 수 있도록 공모가격이 발행주식의 진정한 가치와 일치한다는 일종의 인증을 제공한다.[9] 이런 인증은 인수회사가 기업의 내부정보에 특별한 접근이 가능하고 정확한 가격을 책정하는 것에 인수회사의 명성을 걸기 때문에 가능하다.
4. 다른 주장으로는 (a) 인수발행 과정을 통한 발행금액이 주주배정으로 얻는 발행금액보다 빨리 사용가능하다, (b) 인수회사는 주주배정보다 폭넓은 소유권의 배분을 제공한다, (c) 투자은행의 컨설팅 조언의 혜택을 얻을 수 있다, (d) 주주에게 신주인수권을 행사하는 것은 성가신 일이다, (e) 시장가격이 청약가격보다 아래로 하락할 위험이 크다는 것이다.

앞의 주장은 모두 퍼즐의 조각이지만 설득력 있는 것은 없다. 이 주제에 대해 더 많은 연구가 필요하다.

20.9 희석

주식의 발행과 관련된 상당히 많이 논의되는 주제로 볼 수 있는 것은 **희석**(dilution)이다. 희석은 기존 주주의 가치 손실을 의미한다. 몇 가지 종류가 있다.

1. 소유비율의 희석
2. 주식가격의 희석
3. 주당이익의 희석
4. 주당 장부가치의 희석

희석은 나쁠까? 현실에서 "희석"이 가지는 부정적인 의미가 있지만 우리는 오직 주식가격의 희석만이 명백하게 나쁘다는 것을 살펴볼 것이다.

소유권 비율의 희석

첫 번째 유형의 희석은 기업이 일반 대중에게 주식을 매도할 때마다 일어날 수 있다. 예를 들어, Joe Smith는 Merit Shoe Company의 5,000주를 보유하고 있다. Merit Shoe는 발행주식수가 50,000주이며 1주당 하나의 투표권을 가진다. 따라서 Joe는 10%(= 5,000/50,000)의 지배권을 가지고 배당에 대해서도 10%의 권리를 가진다.

만일 Merit Shoe가 보통주 50,000주의 신주를 일반공모로 발행하면, Joe의 Merit Shoe에 대한 소유권은 희석될 것이다. 만일 Joe가 신주발행에 참여하지 않으면 그의 소유권은 5%(= 5,000/100,000)로 하락하게 된다. 만일 주식의 공모를 양의 NPV 프로젝트에 사용한다면 Joe의 지분가치는 상승할 것이다. 그러나 이 경우 그의 지분율은 줄어든다.

[9] James Booth and R. Smith, "The Certification Role of the Investment Banker in New Issue Pricing," *Midland Corporate Finance Journal* (Spring 1986).

신주인수권을 이용한 주주배정은 Joe Smith에게 10% 지분율을 유지할 수 있는 기회를 보장할 것이기 때문에, 기존 주주의 소유권 희석은 주주배정을 통해 피할 수 있다.

주식가격의 희석

주가 희석을 살펴보기 위해서 1백만 주의 발행주식을 가지고 있으며 이익은 영구연금으로 매년 $1,000,000(주당 $1)을 창출하는 Upper States Manufacturing (USM)이라는 순수 자기자본 기업을 고려해보자. 할인율이 20%인 경우, 주당 가격은 $5(= $1/0.20)이다. 주식의 시장가치는 $5백만(= $5 × 1백만)이다. 단순화를 위해 세금은 무시한다.

이제 USM이 $2백만의 비용이 예상되면서 연간 $600,000의 이익을 영구연금으로 얻는 프로젝트를 고려하고 있다고 하자. 이 프로젝트의 현재가치는 다음과 같다.

$$-\$2,000,000 + \$600,000/0.20 = \$1,000,000$$

만일 프로젝트가 채택되면, 기업의 이익은 $1,600,000으로 증가하게 된다. 따라서 회사가 이 프로젝트를 공시하면 기업의 할인된 현금흐름은 다음과 같이 증가한다.

$$\$1,600,000/0.20 - \$2,000,000 = \$6,000,000$$

물론 $2백만의 자금을 조달하기 위해서는 신주가 발행되어야 한다. 주가는 $6이기 때문에 회사는 333,333(= $2,000,000/6)주를 추가로 발행해야만 한다. 우리는 $6의 주식가격을 다른 방식으로 얻을 수 있다. 일단 $2백만이 조달되어 투자되면 기업의 현재가치는 $8,000,000(= $1,600,000/0.20)이 된다. 주당 가격은 $8,000,000/1,333,333으로 $6으로 계산된다. 이 예제의 초기상태와 투자의 기본적인 결과는 〈표 20.9〉의 처음 두 개의 열에 제시되고 있다.

이 경우에 주가는 왜 상승하는가? 단순히 프로젝트의 순현재가치가 양수이기 때문이다. 이제 프로젝트의 비용은 여전히 $2백만인데 연간 $200,000을 이익으로 창출한다고 가정해보자. 이때 프로젝트는 음의 NPV를 가지고 주식가격은 하락한다. 관련된 숫자는 〈표 20.9〉의 세 번째 열에 제시되어 있다.

주식가격의 희석에 대한 원리는 단순하다. 양의 NPV 프로젝트에 자금을 조달하기 위해 주식을 발행하면 주가는 상승한다. 반면에 음의 NPV를 가진 프로젝트라면 주가는 하락한다. 이러

표 20.9 신주발행과 희석: Upper States Manufacturing 사례

	초기상태	양의 NPV 프로젝트	음의 NPV 프로젝트	0의 NPV 프로젝트
발행주식수	1,000,000	1,333,333	1,500,000	1,400,000
연간 이익	$1,000,000	$1,600,000	$1,200,000	$1,400,000
공시시점 시장가치	$5,000,000	$6,000,000	$4,000,000	$5,000,000
자금조달 후 시장가치		$8,000,000	$6,000,000	$7,000,000
주당 가격	$5	$6	$4	$5
장부가치	$10,000,000	$12,000,000	$12,000,000	$12,000,000
주당 장부가치	$10	$9	$8	$8.57

한 결론은 〈표 20.9〉의 다섯째 행의 주당 가격에 일관되게 나타나 있다.

장부가치의 희석

이 예제에서 장부가치에 대해서는 아직 논의하지 않았다. 이제 기업이 초기상태에 장부가치로 $10백만을 그리고 주당 장부가치로는 $10을 가지고 있다고 가정하자. 어떻게 시장가치 $5백만보다 높은 장부가치를 가질 수 있을까? 아마도 경영진의 잘못이나 부정적인 산업 전망과 같이 기업이 잘 운영되지 않기 때문일 것이다.

우선 NPV가 0 (zero)이 되는 기본상황을 보면 매년 $400,000의 이익을 영구연금으로 창출하는 경우가 된다.

$$-\$2,000,000 + \$400,000/0.20 = 0$$

주가는 $5에 머무르고, 기업은 400,000(= 2,000,000/5)주의 신주를 발행해야만 한다. 프로젝트의 장부가치는 비용인 $2,000,000과 같기 때문에 기업의 장부가치는 $12백만으로 상승한다. 400,000주의 발행으로 주당 장부가치는 $8.57(= $12백만/1.4백만)로 떨어진다. 관련 숫자는 〈표 20.9〉의 마지막 열에 나타나 있다.

주당 장부가치는 왜 하락하는가? 원래 주당 장부가치 $10은 $5인 시장가치보다 훨씬 높았다. 프로젝트가 0의 NPV를 가졌기 때문에 프로젝트를 통한 현금흐름의 시장가치는 프로젝트의 비용이며 장부가치인 $2백만과 같다. 기존의 장부–시장가치 비율인 2에 새로운 프로젝트의 장부–시장가치 비율인 1을 합치게 되면, 즉 새로운 프로젝트가 조달되면 장부–시장가치 비율이 하락하게 된다. 주당 시장가치는 $5로 일정하기 때문에 주당 장부가치는 하락해야만 한다.

경영진은 주당 장부가치의 하락에 화가 날 수 있다. 그러나 이것은 정말 우려해야 할 일인가? 아니다. 주당 가격이 $5로 일정하기 때문에 주주는 영향을 받지 않은 것이다. 경영자가 지켜야 하는 일반적인 규칙은 주가를 올리는 양의 NPV를 가진 프로젝트는 채택해야 하며 음의 NPV를 가진 프로젝트는 거부해야 한다는 것이다. 장부가치가 어떻게 되든 그것은 대체로 무관하다.

사실 우리는 0 (zero) NPV의 프로젝트라는 특별한 경우를 검토했다. 만일 프로젝트가 양의 NPV를 가진다면 필요한 발행주식수가 적기 때문에 주당 장부가치는 $8.57보다는 더 높아질 것이다. 반대로 만일 프로젝트가 음의 NPV를 가지면, 주당 장부가치는 더 낮아질 것이다. 우리는 〈표 20.9〉에서 양의 NPV와 음의 NPV의 주당 장부가치가 $9와 $8이라는 것을 볼 수 있다. 그러나 다시 말하지만 장부가치의 변화는 주주에게는 무관하다.

주당이익(EPS)의 희석

EPS는 주가의 변화에 따라 오르고 내리는가? 반드시 그런 것은 아니며, 예제를 통해 쉽게 살펴볼 수 있다. USM의 최초 EPS는 $1임을 고려하자. 그리고 앞에서와 같이 기업이 $2백만의 비용이 드는 프로젝트를 채택했다고 하자. 차이점은 이제 프로젝트가 3년 뒤에 $5,184,000의 현금흐름을 한 차례만 창출한다고 가정하자. 프로젝트의 순현재가치는 아래와 같다.

$$-\$2,000,000 + \$5,184,000/(1.20)^3 = \$1,000,000$$

기업의 가치는 \$6백만(= \$5백만 + \$1백만)으로 상승하고 주당 가격은 \$6이 된다. 그러나 주당이익은 첫해에 \$1 아래로 하락한다. 왜 그런가? 프로젝트를 위해 발행해야만 하는 신주는 첫해에 아무런 이익도 창출하지 못하기 때문이다. NPV가 양수라고 하더라도 시간이 지나면서 이익에 큰 성장을 가져올 프로젝트라도 초기에 EPS를 낮출 수 있다. 경영자 보상이 EPS에 기반을 두는 경우가 많기 때문에 이것은 중요한 요점이다. EPS에 따라 보상을 받는 경영자는 양의 NPV를 가지더라도 초기 이익이 낮은 프로젝트를 의도하지 않더라도 회피하려는 인센티브를 가지게 된다. 그러나 이것은 주주에게 좋지 않다. 주주의 관점에서 경영자는 양의 NPV를 가진 프로젝트를 선택하고 음의 NPV를 가진 프로젝트를 거부해야 한다. 주당 장부가치에 주는 영향처럼 EPS에 주는 즉각적인 영향은 중요하지 않다.

결론

이 예제를 통해서 신주 발행이 희석에 미치는 영향에 중점을 두고 살펴보았다. 소유권 비율, 주식가격, 주당 장부가치, 주당이익의 희석을 분석했다. 우리는 주식가격에 미치는 신주의 영향만이 주주에게 관련된다고 본다.[10] 다른 변수의 희석은 주주와는 무관하다.

20.10 일괄등록

증권발행의 절차를 단순화하기 위해서 SEC는 현재 **일괄등록**(shelf registration)을 허용하고 있다. 일괄등록은 향후 2년 내에 증권 판매가 합리적으로 예상되는 기업에게 증권의 등록을 허용한다. 주된 유가증권 발행신고서는 일괄등록 시점에 등록된다. 발행회사는 짧은 모집설명서를 배포하고 2년에 걸쳐 원하는 때에 언제든 증권을 판매할 수 있다. 예를 들어, 2017년 9월 장난감 제조업체 Hasbro는 미확정 부채 금액에 대한 일괄등록을 발표했다.

모든 기업에게 일괄등록이 허용되는 것은 아니다. 주요 자격요건은 다음과 같다.

1. 회사는 **투자등급**(investment grade)을 받아야만 한다.
2. 회사는 지난 3년 동안 채권의 채무불이행이 없어야 한다.
3. 회사의 발행주식 시장가치는 \$150백만 이상이어야 한다.
4. 회사는 지난 3년 동안 1934년 증권거래법을 위반하지 않았어야 한다.

발행회사는 때때로 신주발행에 **드리블(dribble) 방법**을 사용하기도 한다. 드리블링을 통해 발행회사는 증권을 등록하고 판매대리인으로 인수회사를 고용한다. 회사는 거래소를 통해서 증권을 시기별로 조금씩 판매한다. 드리블링 프로그램을 사용했던 기업에는 Wells Fargo & Company, Pacific Gas and Electric, Southern Company가 포함된다.

[10] 주주배정 방법에서 주가에 미치는 영향은 권리락일 이전에 고려해야만 한다.

이 제도에 대해서는 몇 가지 논란이 있다. 일괄등록에 관한 논란은 다음과 같다.

1. 주된 발행신고서는 실제 발행이 일어나기 2년 전에 준비된 것일 수 있기 때문에 일괄등록에서는 공시의 적시성이 감소한다.
2. 일부 투자은행은 일괄등록이 미래의 발행시장에 대한 정보를 주기 때문에 시장에서 대기물량을 야기할 것이라고 주장하고 있다. 이러한 대기물량이 시장가격을 하락시킬 것이라고 말하고 있다.

20.11 장기채권의 발행

채권의 일반적인 공모절차는 주식과 같다. 발행은 SEC에 등록을 해야만 하고 투자설명서(prospectus)도 갖추어야만 한다. 그러나 채권의 공모를 위한 유가증권 발행신고서(registration statement)는 주식과 다르다. 채권의 경우에 발행신고서는 약정서(indenture)를 표기해야만 한다.

또 다른 중요한 차이점은 모든 채권의 50% 이상이 사모로 발행된다. 직접 사적발행 장기부채에는 장기대출과 사모발행의 2가지 유형이 있다.

장기대출(term loan)은 직접적인 사업체 대출이다. 이러한 대출은 1~5년의 만기를 가진다. 대부분의 장기대출은 대출기간 동안 상환할 수 있다. 대출자는 일반상업은행, 보험회사, 기업대출에 전문성을 가진 기타 기관이다. **사모발행**(private placement)은 만기가 길다는 점을 제외하고 장기대출과 유사하다.

직접 사모 장기부채와 공모발행 채권의 주요 차이점은 다음과 같다.

1. 직접 장기대출은 증권거래위원회 규제비용을 피할 수 있다.
2. 직접 사모발행은 더 많은 제한적인 보호조항을 가질 수 있다.
3. 채무불이행의 경우에 장기대출이나 사모발행은 재협상이 쉽다. 공모발행의 경우 수많은 채권자가 있기 때문에 재협상이 어렵다.
4. 생명보험이나 연금펀드는 채권시장의 사모부문을 지배한다. 일반상업은행은 장기대출 시장의 활발한 참여자이다.
5. 채권의 배분비용은 사적발행시장에서 낮다.

장기대출과 사모발행의 이자율은 일반적으로 유사한 공모발행보다 높다. 이러한 이자율의 차이는 높은 이자율과 사모발행이 가지는 장점(재무적 곤경 시 더 유연한 해결과 낮은 비용) 사이의 상충관계를 반영한다.

추가적이며 중요한 고려사항은 채권을 매도할 때 발생하는 발행비용이 주식의 매도에 비해 훨씬 낮다는 것이다.

요약 및 결론 _*Summary and Conclusions*

01. 벤처캐피탈은 창업이나 사적 기업의 중요한 자금조달처이다. 벤처캐피탈은 특히 하이테크 기업의 자금조달에서 중요하다. 벤처캐피탈 자금조달은 20세기 전환기 인터넷 버블 시기에 최고조에 달했다.

02. 기업의 최초 주식 공모발행을 IPO (initial public offering)라고 부른다. IPO는 일반적으로 저가발행된다. 즉, 공모 후 주식가격이 일반적으로 발행가격 이상으로 오른다.

03. 유상증자(SEO)는 주식이 이미 공개적으로 거래되고 있는 기업의 신주 발행을 말한다. 평균적으로 발행회사의 주식가격은 SEO 공시시점에 하락한다.

04. 인수회사는 총액인수에서 모든 발행증권을 매수하기 때문에 위험을 감수한다. 반면에 투자은행은 모집주선에서 주식을 매수하지 않기 때문에 위험을 회피할 수 있다. 대규모 발행에서 총액인수 방법은 모집주선 방법보다 훨씬 더 보편적이다.

05. 신주인수권 발행은 일반공모보다 비용이 덜 들고 저가발행의 문제를 없앨 수 있다. 그러나 미국에서 대부분의 신주 발행은 일반공모로 인수가 이루어진다.

06. 주식가격의 희석은 주주에게 피해가 되지만, 소유비율, 주당 장부가치, 주당이익(EPS)에서는 희석이 일어나지 않는다.

07. 일괄등록은 향후 2년 내에 증권 판매가 합리적으로 예상되는 기업에게 증권의 등록을 허용한다.

개념확인 _*Concept Questions*

01. 채권과 주식발행 규모 총액으로 채권 발행이 보통주 발행보다 일반적으로 많으며 금액도 크다. 그 이유는?

02. 채권과 주식의 발행비용 주식을 판매하는 비용이 채권을 판매하는 비용보다 많이 드는 이유는 무엇인가?

03. 채권 등급과 발행비용 비투자등급의 채권이 투자등급 채권에 비해 높은 직접비용을 가지는 이유는 무엇인가?

04. 채권 발행의 저가발행 채권 발행에서 저가발행은 왜 문제가 되지 않는가?

아래 정보를 이용하여 다음 3개의 질문에 답하라. 카 쉐어링(car sharing) 기업인 Zipcar는 2011년 4월에 공개되었다. 투자은행인 Goldman Sachs의 도움을 받아 Zipcar는 주당 $18에 9.68백만 주를 발행하여 총 $174.24백만을 조달했다. 거래 첫날 최고가는 주당 $31.50까지 상승했다가 $28로 마감했다. Zipcar의 주식은 확실히 주당 $10 저가발행되었으며 회사는 추가적으로 $96.8백만을 조달할 수 있는 기회를 놓친 것이다.

05. IPO 가격결정 Zipcar IPO는 약 56% 저가발행되었다. Zipcar는 저가발행에 대해서 Goldman Sachs에게 항의를 해야만 하는가?

06. IPO 가격결정 회사는 설립된 지 10년도 안 되었고, 2010년에는 단지 $186백만의 매출을 기록했고 이익을 낸 적이 없다고 하면 당신이 답했던 앞의 문제에 대한 생각에 영향을 줄 것인가? 또한 회사의 사업모델의 전망은 아직 불투명하다.

07. IPO 가격결정 IPO를 통해서 9.68백만 주를 발행한 것에 추가적으로 이미 Zipcar가 30백만 주를 가지고 있다면 앞의 두 문제에 대한 당신의 생각에 어떤 영향을 미치겠는가? 30백만 주 중에서 14.1백만 주는 4개의 벤처캐피탈 회사가 보유 중이고, 15.5백만 주는 12명의 이사와 임원이 보유하고 있다.

08. 일반공모와 주주배정 Ren-Stimpy International은 보통주 발행을 통해 자기자본을 조달할 계획을 가지고 있다. Ren-Stimpy는 공개기업이며 일반공모와 기존 주주에 대한 주주배정 방식 중에서 선택을 하려고 한다. Ren-Stimpy의 경영진은 판매가격을 최소화하려고 하며, 어느 방식을 사용해야 하는지 당신에게 조언을 구하고 있다. 당신의 조언은 무엇이고 그 이유는?

09. IPO 저가발행 1980년에 어느 재무전공 교수는 12개의 IPO 주식을 매수하였다. 그는 개별 종목을 약 1개월간 보유하고 매도하였다. 그가 따랐던 투자원칙은 원유 · 가스 개발 기업의 총액인수 IPO에 청약을 하는 것이었다. 해당되는 IPO는 모두 22개 종목이 있었고 그는 개별 기업에 약 $1,000씩 청약을 하였다. 이들 중 10개 종목에서 그는 전혀 배정을 받지 못했고, 12개 공모 중에서 5개 종목을 매수할 수 있었지만 원하는 물량보다는 적게 배정을 받았다.

1980년은 원유 · 가스 개발 기업의 주주에게 매우 좋은 시기였다. 공개된 22개 기업의 평균 주식가격은 공모가격 대비 1개월 뒤에 80% 높게 거래되었다. 이 교수는 자신의 투자 성과를 검토하면서 12개 기업에 $8,400이 투자되었는데 $10,000이 되어 단지 20% 수익률을 (수수료는 미미함) 거둔 것을 알게 되었다. 그는 운이 나빴던 것일까? 혹은 평균적인 IPO 투자자보다 낮은 성과를 기대했어야 할까? 설명하라.

10. IPO 가격결정 아래 자료는 Pest Investigation Control Corporation (PICC)의 IPO를 위한 사업설명서의 표지와 요약이다. PICC는 투자은행인 Erlanger and Ritter의 총액인수로 내일 공개된다. 질문은 다음과 같다:

a. 사업설명서에 포함된 정보 이외에 PICC에 대해서 아는 바가 없다고 가정하자. 재무이론에 근거해서 당신은 내일 PICC의 주가를 어떻게 예측하는가? 그렇게 생각하는 이유를 간단하게 설명하라.

b. 당신이 몇천 달러의 투자자금을 가지고 있다고 가정하자. 오늘 수업이 끝나고 집으로 돌아간 뒤에 며칠간 연락이 없었던 증권회사 직원이 전화를 했음을 알게 되었다. 그녀는 PICC가 내일 IPO를 하게 되었으며 공모주식 중 몇백 주를 공모가격에 살 수 있을 것이니 내일 아침에 전화를 달라는 메시지를 남겼다. 이런 기회가 주는 장점에 대해 논의하라.

사업설명서 **PICC**

200,000주

Pest Investigation Control Corporation

여기 공모되는 주식인 모든 20만 주는 Pest Investigation Control Corporation(이하 "회사")에 의해 판매되고 있다. 공모하기 전에 PICC의 주식에 대한 공개 시장은 없었으며 그러한 시장이 발전할 것이라는 보장도 없다.

이들 증권은 SEC에 의해 승인 또는 비승인되지 않았으며 사업설명서의 정확성 또는 적절성에 대한 위원회의 판단을 통과하지 않았다. 이에 반대되는 어떠한 표현도 형사 범죄이다.

	공모가격	인수할인액	회사의 조달금액*
주당	$11.00	$1.10	$9.90
총액	$2,200,000	$220,000	$1,980,000

*회사가 지불해야 하는 $27,000으로 추정되는 비용을 차감하기 이전의 금액

이 발행은 최초기업공모(IPO)이다. 보통주는 인수회사에 인도되어 수리되었을 경우 사전 매각을 조건으로, 또한 인수회사의 변호사 및 당사의 변호사의 특정 법적 사항의 승인을 조건으로 발행되고 있다. 인수회사는 그러한 발행을 철회, 취소 또는 변경하고 발행의 전부 또는 일부를 거부할 권리를 유보한다.

Erlanger and Ritter, Investment Bankers

2019년 7월 13일

사업설명서 요약

회사	Pest Investigation Control Corporation (PICC)는 PICC는 생태학적으로 안전한 곤충 방제 메커니즘으로 두꺼비와 청개구리를 번식하여 판매하고 있다.
발행	200,000주의 보통주, 액면가 없음.
상장	회사는 NASDAQ에 상장을 추진하고 있으며 장외시장에서 거래될 것이다.
발행주식수	2019년 6월 30일 기준으로 400,000주의 보통주가 발행되었다. 이번 공모 이후에 600,000주의 보통주가 발행되어 있을 것이다.
조달금액의 사용	재고자산, 매출채권, 그리고 이란 운전자본의 확충에 자금을 조달하고 재무 교수들을 위한 컨트리 클럽 회원의 비용을 지불하기 위해서이다.

주요 재무 정보
(금액은 주당자료를 제외하고 1,000)

	6월 30일 회계연도말				2019년 6월 30일 기준	
	2017	2018	2019		실제	이번 공모를 위해 조정함
매출액	$60.00	$120.00	$240.00	운전자본	$ 8	$1,961
순이익	3.80	15.90	36.10	총자산	511	2,464
주당이익	0.01	0.04	0.09	총자기자본	423	2,376

11. 경쟁입찰과 협의발행 경쟁입찰과 협의발행의 상대적인 장점은 각각 무엇인가?

12. 유상증자 주식가격이 일반적으로 유상증자 신주발행 공시에 하락하는 이유는 무엇인가?

13. 자본조달 Megabucks Industries는 보통주 신주를 대량으로 판매하여 신규 자기자본을 조달할 계획이다. Megabucks는 상장기업이고 일반공모와 기존 주주에 대한 주주배정 방식 사이에서 선택을 하려고 한다. Megabucks의 경영진은 기존 주주 부의 극대화에 관심이 있고 당신에게 발행방법에 대해 조언을 구하고 있다. 당신의 권고는 무엇인가? 그 이유는?

14. 일괄등록 일괄등록이 신디케이트 대신에 많은 기업에서 사용되는 이유는 무엇인지 설명하라.

15. IPO 모든 IPO는 저마다 특별하지만, IPO에서 나타나는 기본적인 실증적 규칙은 무엇인가?

연습문제 _Questions and Problems

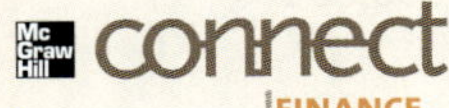

기초
(Questions 1~9)

01. 주주배정 Hyde, Inc.은 주주배정을 계획 중이다. 현재 585,000주의 발행주식이 있고 주당 $87이다. 주당 $78에 95,000주를 발행할 것이다.

a. 회사의 새로운 시장가격은 얼마인가?

b. 신주 1주에 얼마나 많은 신주인수권이 연관되는가?

c. 신주인수권 권리락(ex-rights) 주가는 얼마인가?

d. 신주인수권의 가치는 얼마인가?

e. 일반적인 일반공모 대신에 주주배정을 선택하는 이유는 무엇인가?

02. 주주배정 Clifford Corporation은 새로운 학술잡지인 *Journal of Financial Excess*를 위해 $26백만을 조달하기 위해서 주주배정을 공시하였다. 이 학술잡지에 논문을 싣기 위해서 저자는 페이지당 $5,000의 수수료를 지불해야 할 것이다. 주식은 현재 주당 $34이고 2.7백만의 발행주식이 있다.

a. 최대 청약가격은 얼마인가? 최소 청약가격은?

b. 청약가격이 주당 $27로 정해진다면 몇 주가 판매되어야 하는가? 1주당 몇 권의 신주인수권이 필요한가?

c. 신주인수권 권리락 가격은 얼마인가? 신수인수권의 가치는 얼마인가?

d. 공모 이전에 1,000주를 가지고 추가적인 주식을 매입할 의사가(혹은 돈이) 없는 주주는 주주배정에서 해를 입지 않는다는 것을 보여라.

03. 신주인수권 Jekyll Co.는 운영을 확대시키기 위해 추가적인 자본 조달이 필요하고 필요한 자금은 주주배정을 통해 가장 잘 확보될 것이라고 결론을 내렸다. 주주배정으로 인해 주가가 $73에서 $68.95으로 하락할 것이라고 정확하게 판단했다[$73은 권리포함(rights-on) 가격; $68.95은 권리락(ex-rights) 가격 또는 발행일(when-issued) 가격이라고도 한다]. 회사는 주당 청약금 $45 정도로 $16백만의 추가 자금을 구하고 있다. 현재 공모 전에 몇 주의 주식이 있는가? (자자본의 시장 가치 증가가 공모의 총 수익과 같다고 가정한다.)

04. IPO 저가발행 Speith Co.와 Reed Co.는 주당 $30에 IPO를 공지했다. 그중 하나는 $13만큼 저평가 되었고 다른 하나는 $4만큼 과대평가되었지만 어느 것이 저평가되고 과대평가됐는지 알 수 없다. 당신은 1,000주를 발행할 때마다 매수할 예정이다. 저가발행이 되면, 할당이 될 것이고 주문한 양의 반만 받게 될 것이다. 당신이 만약 Speith의 1000주와 Reed의 1000주를 매수할 수 있다면 수익은 얼마인가? 당신은 실제로 얼마의 수익을 예상하는가? 어떠한 논리로 설명하였는가?

05. 발행비용의 계산 Scandrick Corporation은 신시장 확장을 위해서 $65백만을 조달할 필요가 있다. 회사는 신주를 일반공모로 발행하여 조달할 것이다. 공모가격이 주당 $35이고 인수회사는 7%의 스프레드를 부과한다면 얼마나 많은 주식이 판매되어야 하는가?

06. 발행비용의 계산 앞의 문제에서 만일 SEC의 등록비와 공모와 관련된 행정비용이 $1,900,000이라면, 얼마나 많은 주식이 판매되어야 하는가?

07. 발행비용의 계산 Bellevue Co.은 방금 상장되었다. 총액인수에 따라서, 기업은 7.5백만 주를 매각하면서 주당 $36.27를 받았다. 최초 공모가격(initial offering price)은 주당 $39이고 주가는 거래 첫 몇 분만에 주당 $43.82로 상승했다. 기업은 법률 및 기타 직접비용으로 $2.25백만을 지불했고

간접비용으로 $475,000를 지불했다. 조달한 자금의 비율로 계산한 발행비용은 얼마인가?

08. 가격 희석 Crawford, Inc.은 155,000주의 발행주식을 가지고 있다. 개별 주식은 $77이고, 따라서 회사 자기자본의 시장가치는 $11,935,000이다. 회사가 30,000주의 신주를 $77, $70, $65의 가격으로 발행한다고 가정하자. 각각의 공모가격 대안이 기존 주식의 가격에 미치는 영향은 무엇인가?

09. 주식 공모 Heath Company는 60,000주의 발행주식을 가지고 있고, 주당 $45에 거래된다. 회사는 9,000주의 신주를 $45, $25, $15의 가격으로 발행한다고 가정하자. 각각의 공모가격 대안이 기존 주식의 가격에 미치는 영향은 무엇인가?

중급
(Questions 10~18)

10. 희석 Cheer Inc.은 시설을 확장하려고 한다. 현재 기업은 6.8백만 주를 발행하였고 부채는 없다. 주식은 주당 $65에 거래되지만 주당 장부가치는 $20이다. Teardrop의 순이익은 현재 $11.5백만이다. 새로운 시설은 $30백만의 비용이 들고 순이익은 $675,000만큼 증가한다. 주식의 액면가는 주당 $1이다.

a. 주가수익비율이 일정하다고 가정하자. 자금조달을 위해 신규 자본을 발행하면 어떠한 영향이 있는가? 답변하기 위해서 주당 장부가치, 총이익, EPS, 주가, 시가-장부가비율을 새로운 값으로 다시 계산해라. 어떤 현상이 일어나고 있는가?

b. 기업의 새로운 순이익이 얼마여야 주가가 변하지 않는가?

11. 희석 순수 자기자본 기업인 Metallica Heavy Metal Mining (MHMM) Corporation은 사업을 다각화하려고 한다. 최근의 재무정보는 아래와 같다.

주가	$75
발행주식수	65,000
총자산	$9,400,000
총부채	$4,100,000
순이익	$980,000

MHMM은 회사와 동일한 P/E 비율을 가지는 투자를 고려하고 있다. 투자비용은 $1,500,000이고 신주발행으로 자금을 조달할 것이다. 투자수익률은 MHMM의 현재 ROE와 같을 것이다. 주당 장부가치, 주당 시장가치, EPS에는 어떤 현상이 일어나는가? 투자의 NPV는 무엇인가? 희석은 발생하는가?

12. 희석 앞의 질문에서, 공모 이후 가격이 주당 $75가 되기를 원한다면 투자의 ROE는 얼마가 되어야 하는가?(P/E 비율은 동일하다고 가정) 투자의 NPV는 얼마인가? 희석은 발생하는가?

13. 신주인수권 회사의 주식이 현재 주당 $87에 판매되고 있다. 지난주에 회사는 신주를 통한 자금조달을 위해 신주인수권을 발행하였다. 신주를 매입하기 위해서, 주주는 3권의 신주인수권과 $20를 납입해야 한다.

a. 신주인수권 권리락 주가는 얼마인가?

b. 신주인수권 1권의 가격은 얼마인가?

c. 가격하락은 언제 일어나는가? 왜 일어나는가?

14. 신주인수권 Valley Corp.의 주식은 현재 주당 $43에 판매되고 있다. 발행주식수는 1.3백만 주이고, 회사는 새로운 프로젝트에 필요한 $2.9백만을 조달하려고 한다. 아래의 상황에서 권리락 가격, 신주인수권 가격, 적절한 청약가격은 얼마인가?

a. 발행주식 2주에 신주 1주를 매입할 수 있는 권리가 있다.

b. 발행주식 4주에 신주 1주를 매입할 수 있는 권리가 있다.

c. 문항 (a)에서 문항 (b)로 변경될 때 주주의 부는 어떻게 되는가?

15. 신주인수권 Barrett Mfg.는 신주인수권을 이용한 주주배정을 고려 중이다. 회사는 권리락 가격이 $53이 되도록 결정하였다. 현재의 주가는 $58이고 9.2백만의 발행주식이 있다. 주주배정으로 총 $45백만의 자금을 조달할 것이다. 청약가격은 얼마인가?

16. 신주인수권의 가치 신주인수권의 가치가 아래 식으로 표현될 수 있음을 보여라.

$$\text{신주인수권의 가치} = P_{RO} - P_X = (P_{RO} - P_S)/(N + 1)$$

여기서 P_{RO}, P_S, P_X는 각각 "권리포함(rights-on)" 가격, 청약(subscription) 가격, 권리락(ex-rights) 가격을 말하고, N은 청약가격에 1주의 신주를 매입하는 데 필요한 신주인수권의 숫자를 말한다.

17. 신주인수권의 판매 Wuttke Corp.은 주주배정을 통해 $5,375,000의 자금을 조달하기 원한다. 기업은 현재 950,000주 보통주를 발행하고 있고 주당 $55에 거래된다. 인수자는 청약가격을 주당 $30으로 결정하고 Wuttke에게 6%의 스프레드(spread)를 부과할 것이다. 당신이 현재 이 기업의 주식 6,000주를 소유하고 있고 주주배정에 참여하지 않기로 결정했다면, 신주인수권 판매를 통해 얼마를 받을 수 있는가?

18. 신주인수권의 가치 Mitsi Inventory System, Inc.은 주주배정을 발표했다. 기업은 신주 1주당 신주인수권 4권이 필요하고 청약가격은 $30이라고 발표했다. 권리락 전날 영업이 종료될 때, 기업의 주식은 주당 $60에 거래된다. 다음 날 아침, 당신은 주식이 주당 $54에 거래되고 신주인수권은 권당 $5에 판매되는 것을 알았다. 권리락일에 주식 및 신주인수권의 가격은 적절한가? 이 가격들을 이용해서 즉시 이익을 얻을 수 있는 거래를 설명하라.

Mini Case

EAST COAST YACHTS의 기업공개

Larissa Warren과 Dan Ervin은 East Coast Yachts의 미래에 대해 논의하였다. 회사는 빠른 성장을 경험하였고 미래는 맑은 항해처럼 보인다. 그러나 빠른 성장은 회사의 성장이 더 이상 내부자본에 의해서만 조달될 수 없다는 것을 의미했고, 따라서 Larissa와 Dan은 이제 기업을 공개할 시간이 되었다고 결정하였다. 결국 그들은 투자은행인 Crowe & Mallard와 논의에 들어갔다. 회사의 이전에 있었던 채권발행을 도와주었던 인수업무 담당자인 Robin Perry와 관계를 맺고 있다. Crowe & Mallard는 IPO 과정에서 많은 소형 회사를 도왔기 때문에 Larissa와 Dan은 이번 선택에 확신을 느끼고 있다.

Robin은 Larissa와 Dan에게 IPO 과정에 대하여 설명하기 시작한다. 비록 Crowe & Mallard가 채권발행에서 4%의 인수수수료를 청구했지만 East Coast Yachts의 기업공개와 같은 규모의 기업공개에는 7%의 인수수수료가 부과된다. Robin은 Larissa와 Dan에게 법률수수료와 비용으로 $2.2백만, SEC의 등록비용으로 $15,000, 기타 서류작업에 $20,000을 지불해야 할 것이라고 말한다. 추가로 NASDAQ에 상장하기 위해서 회사는 $100,000을 지불해야만 한다. 또한 상장에는 $8,500의 소유권이전 대리인 수수료와 $525,000의 인쇄출판 비용이 추가된다. 회사는 또한 IPO와 관련된 기타 비용으로 $75,000을 지불해야 할 것으로 추정된다.

최종적으로 Robin은 Larissa와 Dan에게 SEC에 등록하기 위해서 회사는 3년간 회계감사를 받은 재무제표를 제공해야만 한다고 말한다. 회계감사 비용에 대해서 확실히 모르겠다고 말한다. Dan은

Robin에게 회사는 채권계약서의 일부로 감사받은 재무제표를 제공했고 외부 회계감사 비용으로 연간 $325,000을 지불했다고 말한다.

1. 논의가 끝날 무렵 Dan은 Robin에게 네덜란드식(Dutch) 경매 IPO 과정에 대해 물었다. East Coast Yachts가 네덜란드식 경매 IPO와 전통적인 IPO를 사용할 때 비용의 차이는 무엇인가? 회사는 어떤 방식으로 기업공개를 해야 하는가?
2. 잠재적인 IPO와 East Coast Yachts의 미래를 논의하면서 Dan은 회사가 $75백만을 조달해야 할 것 같다고 말한다. 그러나 Larrisa는 회사가 현금이 더 필요하면 IPO 이후에 바로 유상증자를 하는 것은 잠재적으로 문제가 있다고 지적한다. 대신에 그녀는 회사가 IPO에서 $100백만을 조달해야만 한다고 제안한다. IPO의 최적 규모를 얼마로 계산할 수 있는가? IPO 규모를 $100백만으로 증가시키는 장점과 단점은 무엇인가?
3. 숙고 끝에 Larrisa와 Dan은 Crowe & Mallard를 대표주관사(lead manager)로 하여 총액인수(firm commitment) 공모를 하기로 결정했다. IPO는 $90백만이 될 것이다. 저가발행을 무시하고, 회사가 조달하는 자금의 비율로 IPO 비용은 얼마가 될까?
4. East Coast Yachts의 많은 종업원이 종업원지주제도에 따라서 회사의 지분을 보유하고 있다. 주식을 매도하기 위해서 종업원은 IPO 당시에 공모가격으로 주식을 매도할 수 있다. 혹은 주식을 보유하였다가 회사가 기업공개를 한 후에(180일의 보호예수 락업 기간이 만료되면) 유통시장에서 매도할 수 있다. Larrisa는 종업원에게 어떤 선택이 최선인지 묻고 있다. 당신은 종업원에게 어떤 방안을 권유하겠는가?

VI

CORPORATE FINANCE

옵션, 선물 및 기업재무

Options, Futures, and Corporate Finance

22

옵션과 기업재무

Options and Corporate Finance

2017년 11월 27일, 수도 및 전기장비 제조업체 Pentair, 의료정보 기술회사 Cerner, Roomba의 제조업체 iRobot의 종가는 각각 $69.11, $69.52, $69.60이었다. 각 회사의 주식에 대해 행사가격이 $70이고 만기일이 2018년 1월 19일(53일 남음)인 콜옵션이 시카고옵션거래소(Chicago Board Options Exchange: CBOE)에서 거래되고 있었다. 이러한 콜옵션의 가격이 비슷할 것이라고 예상할 수도 있지만 그렇지 않다. Pentair의 옵션은 $1.50에, Cerner의 옵션은 $2.52에, iRobot의 옵션은 $4.60에 거래되었다. 행사가격과 만기일이 정확히 같을 때 주가가 서로 비슷한 세 주식에 대한 옵션의 가격이 다르게 책정되는 이유는 무엇인가? 큰 이유는 기초 주식(기초자산)의 변동성이 옵션의 내재가치를 결정하는 중요한 요인이며 세 주식의 변동성은 매우 달랐기 때문이다. 이번 장에서는 노벨상을 수상한 Black-Scholes 옵션가격결정모형을 사용하여 이러한 내용을 비롯하여 여러 가지 내용을 살펴본다.

기업재무의 최신 동향: rwjcorporatefinance.blogspot.com

22.1 옵션

옵션(option)은 소유자에게 주어진 날짜나 그 이전에 고정된 가격으로 어떤 자산을 사거나 팔 수 있는 권리를 부여하는 계약이다. 예를 들어, 빌딩에 대한 옵션은 매수자에게 2023년 1월 셋째 수요일 이전의 토요일 전에 언제든지 $1백만에 건물을 살 수 있는 권리를 주는 것일 수 있다. 옵션은 매수자에게 어떤 것을 하는 의무(obligation)가 아니라 권리(right)를 주기 때문에 재무계약의 특수한 형태이다. 매수자는 옵션의 사용이 유리한 경우에만 그 옵션을 사용하며, 그렇지 않은 경우에는 그 옵션은 폐기될 수 있다.

옵션과 관련된 특별한 용어들이 있으며, 이들에 대한 중요한 정의는 다음과 같다.

1. 옵션의 행사(exercising the option): 옵션계약을 통하여 기초자산(underlying asset)을 사거나 파는 행위.
2. 행사가격(strike 또는 exercise price): 옵션 소지자가 기초자산을 사거나 팔 수 있는 고정된 가격.
3. 만기일(expiration date): 옵션을 이용하여 기초자산을 사거나 팔 수 있는 최종일. 이날 이후에 옵션은 쓸모가 없게 된다.
4. 미국형 옵션과 유럽형 옵션(American option과 European option): 미국형 옵션은 만기일 또는 그 이전에 언제든지 행사할 수 있다. 유럽형 옵션은 만기일에만 행사할 수 있다.

22.2 콜옵션

가장 흔한 유형의 옵션은 **콜옵션**(call option)이다. 콜옵션은 소유자에게 특정 기간 동안 고정된 가격으로 자산을 살 수 있는 권리를 준다. 자산의 종류에는 제한이 없지만, 거래소에서 거래되는 가장 흔한 옵션은 주식과 채권에 대한 옵션이다.

예를 들면, IBM 주식에 대한 콜옵션은 CBOE에서 매수할 수 있다. IBM은 자사 보통주에 대한 콜옵션을 발행(매도)하지 않는다. 대신에 개인투자자가 IBM 보통주에 대한 콜옵션의 최초 매수자와 매도자이다. 예를 들어, 4월 1일이라고 가정하자. 대표적인 IBM 주식에 대한 콜옵션은 투자자로 하여금 $100의 행사가격으로 9월 19일 또는 그 이전에 IBM 주식 100주를 살 수 있게 만든다(옵션은 세 번째 금요일 이후 토요일에 만료된다). 이것은 IBM 보통주가 9월 19일 또는 그 이전에 $100을 넘을 가능성이 있다면 가치 있는 옵션이다.

만기일의 콜옵션 가치

만기에 주식에 대한 콜옵션의 가치는 얼마인가? 해답은 만기에 기초자산 주식의 가치에 달려 있다.

IBM의 예를 계속해보자. 주가가 만기에 $130이라고 가정하자. 콜옵션의 매수자[1]는 $100의 행사가격으로 기초자산인 주식을 사는 권리를 가진다. 다시 말하면, 그는 콜을 행사할 권리를 가진다. $130의 가치가 있는 것을 $100으로 살 수 있는 권리를 가지는 것은 분명히 좋은 것이다. 이 권리의 가치는 만기일에 $30 (= $130 − $100)이 된다.[2]

만기일에 주가가 더 높으면 콜은 훨씬 더 많은 가치를 가질 것이다. 예를 들어, IBM 주식이 만기일에 $150으로 거래되면, 콜은 그때 $50 (= $150 − $100)의 가치가 있을 것이다. 사실 주가가 $1 오를 때마다 콜의 가치도 $1 증가한다.

주가가 행사가격보다 높다면 콜이 **내가격**(in the money)이라고 말한다. 물론 주식의 가치가 행사가격보다 낮을 수도 있다. 이 경우에 콜은 **외가격**(out of the money)이라고 말한다. 소지자는 이 경우에 콜을 행사하지 않을 것이다. 예를 들어, 주가가 만기에 $90이라면 합리적인 투자자는 콜을 행사하지 않을 것이다. 단지 $90 가치의 주식에 왜 $100을 지불하겠는가? 옵션 소지자는 콜을 행사할 의무가 없기 때문에 옵션으로부터 떠나버릴(walk away) 수 있다. 결과적으로, IBM의 주식이 만기에 $100보다 낮다면 콜옵션의 가치는 $0이 될 것이다. 이 경우에 콜옵션의 가치는 IBM의 주가와 $100 사이의 차이, 즉 콜옵션 소지가가 콜을 행사할 의무를 가진 것처럼 계산된 가치가 아니다.

만기에 콜옵션의 손익(payoff)은 아래와 같다.

	만기일의 손익	
	주가가 $100보다 낮을 때	주가가 $100보다 높을 때
콜옵션의 가치	$0	주가 − $100

1 매수자(buyer), 소유자(owner), 소지자(holder)의 용어를 혼용하여 사용할 것이다.

2 이 예에서 콜의 소지자는 $100에 주식 한 주를 살 수 있다고 가정한다. 실제로는 콜옵션 1계약으로 소지자는 100주를 살 수 있다. 그러면 이익은 $3,000 [= ($130 − $100) × 100]이 될 것이다.

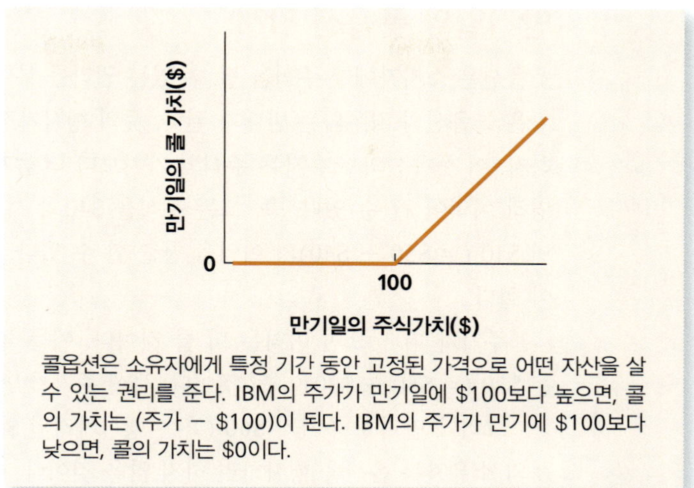

그림 22.1
만기일의 콜옵션 가치

콜옵션은 소유자에게 특정 기간 동안 고정된 가격으로 어떤 자산을 살 수 있는 권리를 준다. IBM의 주가가 만기일에 $100보다 높으면, 콜의 가치는 (주가 − $100)이 된다. IBM의 주가가 만기에 $100보다 낮으면, 콜의 가치는 $0이다.

〈그림 22.1〉은 IBM의 주식 가격에 대비한 만기의 콜옵션 가치를 보여준다. 이 그래프는 콜옵션 가치의 하키스틱 도표(hockey stick diagram)라고 불린다. 주가가 $100보다 낮으면 콜은 외가격이 되어 가치가 없다. 주가가 $100보다 크면 콜은 내가격이 되며 그 가치는 주가의 증가와 함께 1대1로 오른다. 콜은 결코 음(−)의 가치를 가질 수 없음을 유의하자. 콜은 유한책임상품(limited liability instrument)이고 그것은 소지자가 잃을 수 있는 모든 것이 옵션에 대하여 처음에 지불한 금액이다.

예제 22.1

콜옵션의 손익 Mr. Optimist는 TIX 보통주에 대한 1년 만기 콜옵션을 소지하고 있다고 하자. 이 옵션은 유럽형 콜옵션이며 행사가격은 $150이다. 만기가 도래했다고 가정하자. 만기일에 TIX 콜옵션의 가치는 얼마인가? 만일 TIX가 주당 $200에 거래되고 있으면, Mr. Optimist는 $50 (= $200 − $150)을 벌 것이다. 따라서 이 콜옵션의 가격은 만기일에 $50이 되어야 한다.

대신에, TIX가 만기일에 주당 $100에 팔리고 있다고 가정하자. Mr. Optimist가 콜옵션을 여전히 보유하고 있다면, 그는 콜옵션을 버릴 것이다. 만기일에 TIX 콜옵션의 가치는 이 경우에 $0이 될 것이다.

22.3 풋옵션

풋옵션(put option)은 콜옵션의 반대라고 볼 수 있다. 콜이 소지자에게 고정된 가격으로 주식을 살 수 있는 권리를 부여하는 것처럼, 풋은 소지자에게 고정된 행사가격으로 주식을 팔 수 있는 권리를 부여한다.

만기일의 풋옵션 가치

풋옵션은 소지자에게 주식을 팔 수 있는 권리를 부여하기 때문에, 풋옵션의 가치를 결정하는 상황은 콜옵션의 경우와는 반대가 된다. 풋의 행사가격이 $50이고 만기에 주가가 $40이라고 가정하자. 이 풋옵션의 소유자는 주식의 가치보다 더 높게 주식을 팔 수 있는 권리를 가지면, 이는 분명히 이익이 될 수 있다. 즉, 그는 주식을 $40의 시장가격에 사서 $50의 행사가격으로 즉시 팔면 $10 (= $50 − $40)의 이익을 창출 할 수 있다. 따라서 만기일에 옵션의 가치는 $10이 되어야 한다.

주가가 더 낮으면 이익은 더 클 것이다. 예를 들어, 주가가 단지 $30이었다면, 옵션의 가치는 $20 (= $50 − $30)이 될 것이다. 사실 주가가 만기에 $1 하락하면 풋의 가치는 $1씩 오른다.

그러나 만기에 주가가 $60 (혹은 행사가격인 $50 이상) 가격에 거래된다고 가정하자. 이제 풋의 소유자는 옵션을 행사하려 하지 않을 것이다. 주가가 공개시장에서 $60에 거래되는데 $50에 팔면 손해를 보게 된다. 대신에 풋의 소유자는 옵션으로부터 떠나버릴 수 있다. 즉, 그는 풋옵션이 만료되도록 내버려둘 것이다.

풋옵션의 손익은 다음과 같다.

	만기일의 손익	
	주가가 $50보다 낮을 때	주가가 $50보다 높을 때
콜옵션의 가치	$50 − 주가	$0

앞의 〈그림 22.2〉는 기초주식의 모든 가능한 가치에 대비한 풋옵션의 가치를 보여준다. 〈그림 22.2〉와 콜옵션에 대한 〈그림 22.1〉을 비교해볼 필요가 있다. 콜옵션은 주가가 행사가격보다 높을 때 가치가 있으며, 풋옵션은 주가가 행사가격보다 낮을 때 가치가 있다.

그림 22.2
만기일의
풋옵션 가치

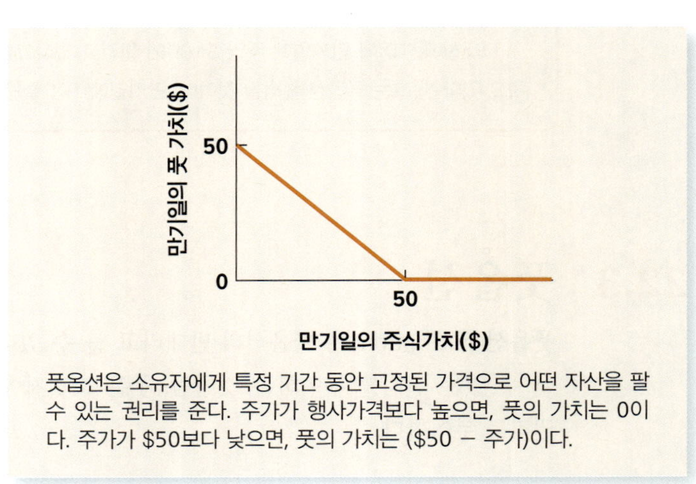

풋옵션은 소유자에게 특정 기간 동안 고정된 가격으로 어떤 자산을 팔 수 있는 권리를 준다. 주가가 행사가격보다 높으면, 풋의 가치는 0이다. 주가가 $50보다 낮으면, 풋의 가치는 ($50 − 주가)이다.

예제 22.2

풋옵션의 손익 Ms. Pessimist는 BMI의 주가가 현재 주당 $160에서 떨어질 것으로 믿고 있다. 그녀는 풋옵션을 산다. 그녀의 풋옵션 계약은 1년 후 BMI의 주식을 $150에 팔 수 있는 권리를 준다. BMI의 주가가 만기일에 $200이면, 풋옵션의 가치가 없기 때문에 그녀는 풋옵션 계약서를 찢어버릴 것이다. 즉, 그녀는 $200의 가치가 있는 주식을 $150의 행사가격에 팔려고 하지 않을 것이다.

반면에 만일 BMI가 만기일에 $100에 거래된다면, 그녀는 옵션을 행사할 것이다. 이 경우에 그녀는 주당 $100으로 시장에서 BMI 1주를 매수하고 $150의 행사가격에 바로 팔 수 있다. 그녀의 이익은 $50 (= $150 − $100)이 될 것이다. 그러므로 만기일에 풋옵션의 가치는 $50이 될 것이다.

22.4 옵션의 매도

주식에 대한 콜을 매도하는(또는 발행하는) 투자자는 콜옵션의 소지자가 요구하면 주식을 전달해야만 한다. 매도자는 그렇게 할 의무가 있음을 주목하자.

만약 만기일에 주가가 행사가격보다 높으면, 소지자는 콜을 행사할 것이며 매도자는 소지자에게 행사가격과 교환하여 주식을 소지자에게 주어야만 한다. 매도자는 주가와 행사가격의 차이를 손해 보게 된다. 예를 들어, 주가가 $60이고 행사가격이 $50이라고 가정하자. 행사가 즉각 발생함을 아는 옵션 매도자는 시장에서 주식을 $60에 산다. 그는 $50에 매도해야만 하는 의무가 있기 때문에, $10 (= $50 − $60)의 손실을 본다. 반면에 만기일에 주가가 행사가격보다 낮으면, 콜옵션은 행사되지 않을 것이며 매도자의 책임은 0이된다.

콜의 매도자는 왜 이러한 불안한 포지션을 감수하려 하는가? 결국 매도자는 주가가 행사가격보다 높게 끝나면 손실을 보며, 주가가 행사가격보다 낮게 끝나면 단지 손실을 피하게 된다. 해답은 매도자가 이러한 위험을 선택하는 대가를 받는다는 것이다. 옵션거래가 발생한 날에 매도자는 매수자가 지불하는 옵션가격을 받는다.

이제 풋의 매도자를 보자. 주식에 풋을 매도하는 투자자는 풋 소지자가 요구하면 주식을 매수하기로 동의한다. 풋옵션 매도자는 주가가 행사가격 아래로 떨어지면 이러한 거래로 손실을 본다. 예를 들어, 주가가 $40이고, 행사가격은 $50라고 가정하자. 풋의 소지자는 이 경우에 풋을 행사할 것이다. 다시 말하면, 그는 $50의 행사가격에 기초주식을 매도할 것이다. 이는 풋의 매도자가 $50의 행사가격으로 기초주식을 반드시 매수해야 함을 의미한다. 주식은 단지 $40의 가치가 있기 때문에 여기서 손실은 $10 (= $40 − $50)이 된다.

"콜 매도(sell-a-call)"와 "풋 매도(sell-a-put)" 포지션의 가치는 〈그림 22.3〉에 그려져 있다. 그림의 왼편에 있는 그래프에서 콜의 매도자는 주가가 만기에 $50보다 낮을 때 아무 손실도 보지 않음을 보여준다. 그러나 주가가 $50보다 높을 때 $1마다 $1의 손실을 본다. 그림의 중간에 있는 그래프에서 풋의 매도자는 주가가 만기일에 $50보다 높으면 아무 손실도 보지 않음을 보여준다. 그러나 주가가 $50 아래로 떨어질 때 $1마다 $1의 손실을 본다.

〈그림 22.3〉의 그래프를 〈그림 22.1〉과 〈그림 22.2〉의 그래프와 잠깐 비교해볼 필요가 있

그림 22.3 콜과 풋 매도자와 주식 매수자의 손익

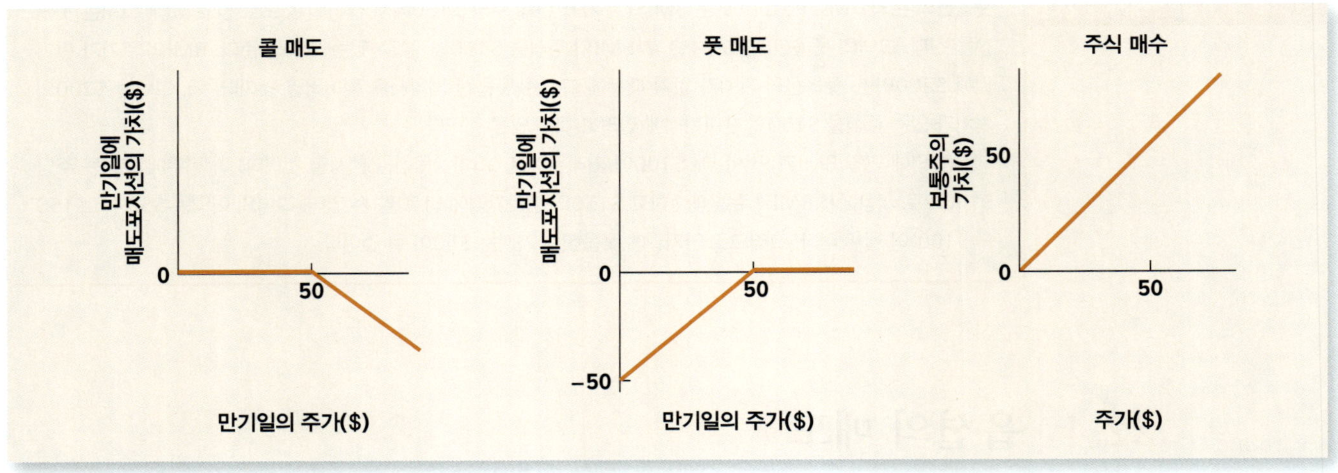

다. 콜 매도의 그래프(〈그림 22.3〉의 왼편에 있는 그래프)는 콜 매수의 그래프(〈그림 22.1〉)의 거울 속 모습(mirror image)이다.[3] 이는 옵션이 제로-섬(zero-sum) 게임이기 때문에 발생한다. 콜의 매도자는 매수자의 이익만큼 손실을 본다. 유사하게 풋 매도의 그래프(〈그림 22.3〉의 중간 그래프)는 풋 매수의 그래프(그림 22.2)의 거울 속 모습이다. 여기서도 풋의 매도자는 매수자의 이익만큼 손실을 본다.

〈그림 22.3〉은 또한 단순히 주식을 매수하는 경우에 만기일의 가치를 보여준다. 주식을 매수하는 것은 $0의 행사가격으로 주식에 대한 콜옵션을 매수하는 것과 같다. 이는 놀랍지 않다. 행사가격이 $0이면 콜의 소지자는 무료로 주식을 매입할 수 있으며, 이는 주식을 소유하는 것과 실제로 같다.

22.5 옵션 시세표

이제 우리는 콜과 풋의 정의를 이해하였고, 이들 옵션이 어떻게 호가되는지를 살펴보자. 〈표 22.1〉은 finance.yahoo.com에서 얻은 United States Steel의 2020년 1월에 만기인 옵션에 대한 정보를 보여준다. 시세표를 얻을 당시에 United States Steel은 $28.90에 팔리고 있었다.

표의 상반부에는 콜옵션의 시세, 하반부에는 풋옵션의 시세가 나타나 있다. 첫 번째 열에는 계약명(Contract Name)이 있는데, 이것은 기초주식을 독특하게 표시하는 티커 심벌(Ticker Symbol), 만기일(Expiration Date), 옵션 유형(Type of Option), 행사가격(Strike Price)이 포함된 조합이다. 최근 거래 시간 다음에는 이용 가능한 행사가격(Strike Price)이 있다. 다음에는 옵션의 가장 최근 가격("Last")과 매수(Bid)와 매도(Ask) 가격이 제시되어 있다. 그리고 전날로부

[3] 실제에 있어서는 행사가격이 다르기 때문에 두 그래프가 서로 정확하게 거울 속 모습은 아니다. 〈그림 22.1〉에서 행사가격은 $100이며, 〈그림 22.3〉에서 행사가격은 $50이다.

표 22.1 United States Steel의 옵션에 대한 정보

Calls for January 17, 2020

Contract Name	Last Trade Date	Strike	Last Price	Bid	Ask	Change	% Change	Volume	Open Interest	Implied Volatility
X200117C00015000	2017-11-27 1:07PM EST	15.00	15.65	14.00	16.80	+2.00	+14.65%	10	43	50.93%
X200117C00018000	2017-09-22 10:48PM EST	18.00	9.55	12.75	13.40	0.00	-	1	1	50.35%
X200117C00020000	2017-11-10 9:43AM EST	20.00	11.15	10.65	11.65	+0.26	+2.39%	3	69	45.19%
X200117C00023000	2017-11-08 9:30AM EST	23.00	9.18	8.70	10.30	0.00	-	1	20	47.33%
X200117C00025000	2017-11-27 9:35AM EST	25.00	9.50	8.45	10.90	+1.00	+11.76%	10	132	58.07%
X200117C00027000	2017-11-27 9:30AM EST	27.00	7.60	8.45	8.90	-1.65	-17.84%	13	170	49.83%
X200117C00030000	2017-11-27 2:30PM EST	30.00	7.54	7.20	7.70	-0.46	-5.75%	3	104	49.16%
X200117C00032000	2017-11-21 10:27AM EST	32.00	6.20	6.00	7.90	0.00	-	2	24	54.32%
X200117C00035000	2017-11-24 12:58PM EST	35.00	6.00	4.95	6.70	+0.32	+5.63%	22	105	52.15%
X200117C00037000	2017-11-21 1:35PM EST	37.00	4.90	4.85	6.15	0.00	-	5	127	51.87%
X200117C00040000	2017-11-27 10:16AM EST	40.00	4.40	4.30	4.65	-0.40	-8.33%	4	194	46.92%

Puts for January 17, 2020

Contract Name	Last Trade Date	Strike	Last Price	Bid	Ask	Change	% Change	Volume	Open Interest	Implied Volatility
X200117P00013000	2017-11-22 1:33PM EST	13.00	1.10	0.87	1.10	0.00	-	2	3,456	50.59%
X200117P00015000	2017-11-22 1:45PM EST	15.00	1.50	1.20	2.01	0.00	-	1	223	51.56%
X200117P00018000	2017-11-24 12:54PM EST	18.00	2.00	1.82	2.49	-0.33	-14.16%	3	133	49.71%
X200117P00020000	2017-11-27 1:35PM EST	20.00	2.70	2.61	3.05	-0.20	-6.90%	10	120	47.33%
X200117P00023000	2017-11-07 3:30PM EST	23.00	4.45	4.25	4.50	0.00	-	13	178	47.66%
X200117P00025000	2017-11-22 3:22PM EST	25.00	5.20	4.75	5.15	0.00	-	3	89	44.78%
X200117P00027000	2017-11-22 1:24PM EST	27.00	6.15	5.75	6.70	0.00	-	9	87	47.50%
X200117P00030000	2017-11-10 11:40AM EST	30.00	8.14	8.10	8.35	-0.20	-2.40%	10	66	46.03%
X200117P00032000	2017-10-20 10:55PM EST	32.00	9.36	8.80	9.25	0.00	-	1	1	43.37%
X200117P00035000	2017-10-25 11:19AM EST	35.00	11.20	11.45	12.50	0.00	-	7	97	50.05%

터 변동("Change")이 다음에 위치하고 있다. 옵션가격은 옵션당 기준으로 호가되지만, 거래는 실제 표준화된 계약단위로 이루어진다. 각 계약은 100주의 매수(콜의 경우)와 매도(풋의 경우)를 요구한다. 따라서 행사가격인 $30인 콜옵션은 옵션당 $7.54 또는 계약당 $754에 마지막으로 거래되었다. 그 다음 두 열은 거래된 계약의 수(Volume)와 현재 발행되어 있는 계약의 수를 나타내는 미결제 거래잔고(Open Interest)를 보여준다. 그리고 마지막 열은 내재변동성(Implied Volatility)을 나타낸다.

그림 22.4 풋 매수와 기초주식 매수 합성의 손익

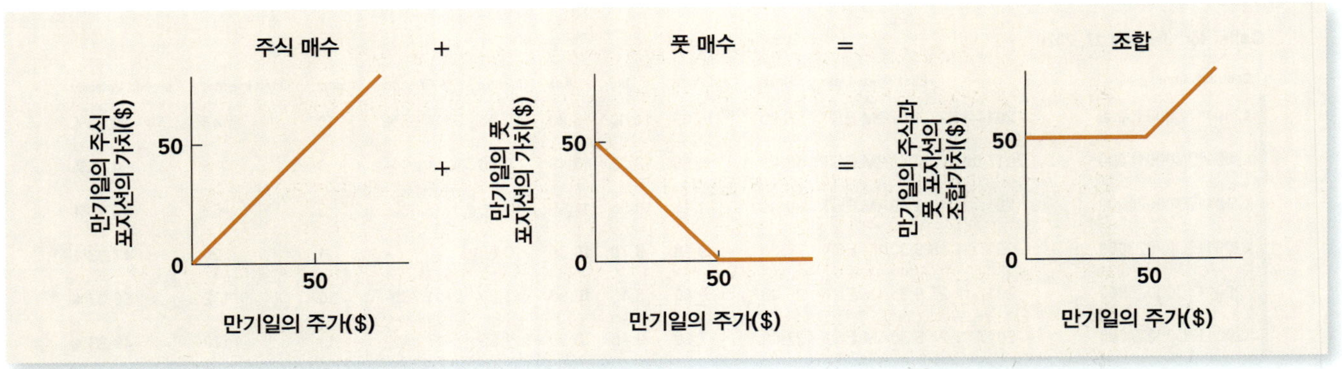

22.6 옵션의 조합

풋과 콜은 더 복잡한 옵션계약을 구성하기 위한 건설자재가 될 수 있다. 예를 들면, 〈그림 22.4〉는 주식에 대한 풋옵션을 매입하고 동시에 그 주식을 매수하는 포지션의 손익을 나타낸다.

주가가 행사가격보다 높으면 풋옵션은 가치가 없으며 조합된 포지션의 가치는 주식의 가치와 같다. 대신에 행사가격이 주가보다 높으면, 주식가치의 하락은 풋 가격의 상승으로 정확하게 상쇄될 것이다.

풋을 매수하고 기초주식을 사는 전략을 **보호적 풋**(protective put)이라고 한다. 이는 주식에 대한 보험을 사는 것과 유사하다. 주식가격이 얼마나 떨어지든 관계없이 주식은 행사가격으로 항상 판매될 수 있다.

〈그림 22.4〉에서 풋 매수와 기초주식 매수의 조합은 〈그림 22.1〉에서 콜 매수와 같은 모양을 가지고 있다. 이 점을 추적하기 위해 〈그림 22.5〉의 맨 왼쪽에 보이는 콜 매수의 그래프를 고려해보자. 이 그래프는 행사가격이 $50라는 것을 제외하고는 〈그림 22.1〉과 같다. 이제 다음의 전략을 구사해보자.

그림 22.5 콜 매수와 무이표채 매수 합성의 손익

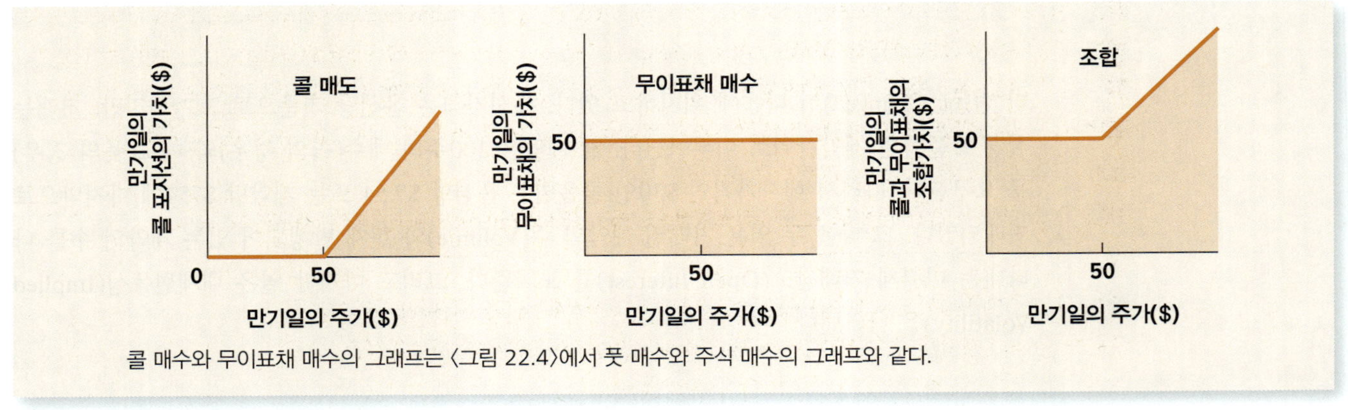

콜 매수와 무이표채 매수의 그래프는 〈그림 22.4〉에서 풋 매수와 주식 매수의 그래프와 같다.

(거래 A) 콜의 매수

(거래 B) 옵션만기일과 만기가 같은 액면가 $50의 무위험 무이표채(즉, T-bill)의 매수

이 전략에서 거래 A의 그래프는 〈그림 22.5〉의 맨 왼쪽에 나타나 있다. 거래 B의 그래프는 어떻게 될까? 이는 그림의 중간 그래프와 같다. 즉, 이 무이표채를 매수하는 사람은 누구든 만기에 주가와 관계없이 $50의 수령을 보장받을 것이다.

거래 A와 거래 B를 **동시**에 매수하는 전략의 그래프는 어떻게 될까? 이는 〈그림 22.5〉의 맨 오른쪽 그래프와 같다. 즉, 투자자는 주가와 상관없이 채권으로부터 보장된 $50을 받는다. 추가적으로 투자자는 주가가 $50의 행사가격을 초과하는 $1마다 콜에서 $1의 이익을 받는다.

〈그림 22.5〉의 맨 오른쪽 그래프는 〈그림 22.4〉의 맨 오른쪽 그래프와 정확하게 같아 보인다. 따라서 투자자는 기초주식의 가격이 얼마가 되든 상관없이 〈그림 22.4〉의 전략과 〈그림 22.5〉의 전략으로부터 같은 손익을 얻는다. 다시 말하면, 투자자는 다음의 두 전략으로부터 같은 손익을 얻는다.

1. 풋 매수와 기초주식 매수
2. 콜 매수와 무위험 무이표채 매수

투자자가 두 전략으로부터 같은 손익을 가진다면, 두 전략의 비용도 같아야 한다. 그렇지 않으면 모든 투자자가 낮은 비용의 전략을 택하고 높은 비용의 전략은 피할 것이다. 이는 다음과 같은 흥미로운 결과에 이르게 한다.

기초주식의 가격 + 풋의 가격 = 콜의 가격 + 행사가격의 현재가치 **(22.1)**
첫 번째 전략의 비용 = 두 번째 전략의 비용

이 관계는 **풋-콜 패러티**(put-call parity)로 알려져 있으며 옵션에 있어서 가장 기본적인 관계 중 하나이다. 이는 보호적 풋을 사는 두 가지 방법이 있음을 말해준다. 풋을 매수하고 동시에 기초주식을 매입할 수 있다. 이때의 총 비용은 기초주식의 가격과 풋의 가격의 합이다. 또는 콜과 무이표채를 구매할 수 있다. 여기서 총 비용은 콜의 가격과 무이표채의 가격의 합이다. 무이표채의 가격은 행사가격의 현재가치로 여기서는 $50의 현재가치와 같다.

수식 (22.1)은 매우 정확한 관계이다. 이 관계는 풋과 콜의 행사가격과 만기일이 서로 같아야만 성립한다. 또한 무이표채의 만기일은 옵션의 만기일과 같아야 한다.

풋-콜 패러티가 얼마나 중요한지를 보기 위해 공식을 아래와 같이 재정리해보자.

기초주식의 가격 = 콜의 가격 − 풋의 가격 + 행사가격의 현재가치

이제 이 관계는 콜을 매수하고 풋을 매도하며 무이표채를 매수함으로써 주식의 매수를 모방할(replicate) 수 있음을 말해준다. 빼기 부호가 "풋의 가격" 앞에 있기 때문에 풋 매수가 아니라 풋 매도라는 데 주의하라. 이들 세 거래로 이루어진 전략을 통해서 투자자는 **합성된**(synthetic) 주식을 매입했다고 말할 수 있다.

다시 수식을 다시 이항해보자.

기초주식의 가격 − 콜의 가격 = − 풋의 가격 + 행사가격의 현재가치

그림 22.6 주식 매수와 콜 매도의 합성의 손익

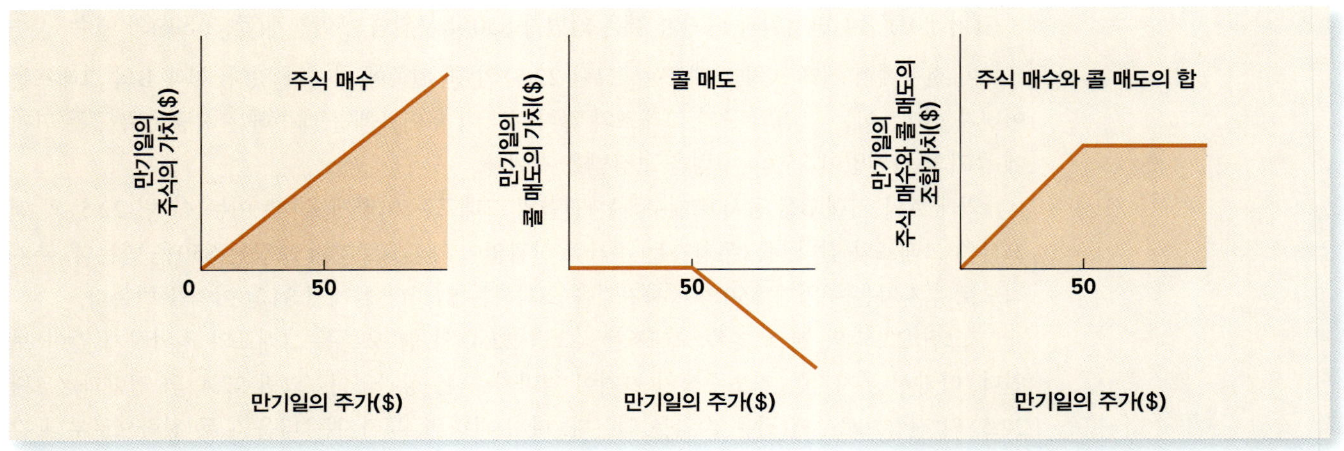

많은 투자자가 주식을 사고 동시에 주식에 대한 콜을 매도한다. 이는 **보호적-콜의 매도(selling a covered call)**라고 알려진 보수적인 전략이다. 앞의 풋-콜 패러티 관계는 이 전략이 풋을 매도하고 무이표채를 매수하는 것과 동일함을 말해준다. 〈그림 22.6〉은 보호적-콜에 대한 그래프를 나타낸다. 보호적-콜은 풋을 매도하고 동시에 무이표채를 매수하여 모방할 수 있다.

물론 기본적인 풋-콜 관계를 재정렬하는 다른 방법이 있다. 모든 수식의 재정렬에서 왼편의 전략은 오른편의 전략과 동일하다. 풋-콜 패러티의 훌륭한 점은 옵션에서의 어떤 전략이 두 개의 다른 방법을 통해 어떻게 달성될 수 있는지를 보여준다는 데 있다.

풋-콜 패러티를 잘 이해하고 있는지를 알아보기 위해 $80에 거래되고 있는 Joseph-Belmont의 주식을 고려해보자. 행사가격이 $85이고 만기가 3개월에 남은 콜옵션이 $6에 팔린다. 무위험이자율은 월 0.5%이다. 행사가격이 $85이고 만기가 3개월 남은 풋옵션의 가치는 얼마인가?

풋의 가격에 대해 풀기 위해 풋-콜 패러티 관계를 다음과 같이 재정렬할 수 있다.

$$\begin{aligned}\text{풋의 가격} &= -\ \text{기초주식의 가격} + \text{콜의 가격} + \text{행사가격의 현재가치}\\ &= -\ \$80 + \$6 + \$85/1.005^3\\ &= \$9.74\end{aligned}$$

풋의 가치는 $9.74임을 알 수 있다.

예제 22.3

T-bill의 합성 Smolira Corp.의 주식이 $110에 팔리고 있다고 가정하자. 만기가 1년 남았고 행사가격이 $110인 Smolira에 대한 콜옵션이 $15에 팔린다. 같은 조건을 가진 풋옵션은 $5에 팔린다. 무위험이자율은 얼마인가?

이에 답하기 위해서 풋-콜 패러티를 아래와 같이 이용할 필요가 있다.

$$\text{기초주식의 가격} + \text{풋의 가격} - \text{콜의 가격} = \text{행사가격의 현재가치}$$

수치를 대입하면 다음과 같다.

$$\$110 + \$5 - \$15 = \$100$$

행사가격인 $110의 현재가치는 $100이기 때문에 내재된 무위험이자율이 10%임을 쉽게 알 수 있다.

22.7 옵션의 가치결정

앞 절에서 만기일에 옵션의 가치가 얼마인가를 결정했다. 이제 만기일 이전에 옵션을 매수할 때 옵션의 가치가 얼마인지를 결정하려고 한다.[4] 먼저 콜의 가치에 대한 하한과 상한을 살펴보도록 하자.

콜 가치의 범위

하한(lower bound) 만기 전에 내가격에 있는 미국형 콜을 고려해보자. 예를 들어, 주가가 $60이고 행사가격이 $50이라고 가정하자. 이 경우에 옵션은 $10보다 낮게는 팔릴 수 없다. 이를 보기 위해 콜옵션이 가령 $9에 팔린다면 아래의 단순한 전략을 구사할 수 있다.

날짜		거래	
오늘	(1)	콜을 매입한다.	−$ 9
오늘	(2)	콜을 행사한다. 즉, 행사가격에 주식을 매수한다.	−$50
오늘	(3)	현재 시장가격에 주식을 매도한다.	+$60
		차익거래 이익	+$ 1

이 거래에서 기술된 이익의 유형을 차익거래(arbitrage) 이익이라고 한다. 차익거래 이익은 아무런 위험이나 비용이 없는 거래에서 발생하며 정상적으로 잘 작동하는 금융시장에서는 규칙적으로 발생하지 않는다. 이러한 옵션에 대한 초과수요로 인해 옵션가격은 최소한 $10 (= $60 − $50)로 빠르게 오를 것이다.

물론 옵션의 가격은 아마 $10보다 높게 형성될 것이다. 주식이 만기 전에 $60 이상으로 오를 가능성 때문에 합리적인 투자자들이라면 $10 이상 지불할 것이다. 예를 들어, 콜은 실제로 $12에 팔릴 수 있다. 이 경우에 옵션의 내재가치(intrinsic value)는 $10이라고 말하며, 이는 옵션이 최소한 이만큼의 가치가 항상 있어야 함을 의미한다. 나머지 $2 (= $12 − $10)는 때때로 시간 프리미엄(time premium)이라고 불리는데, 이는 옵션이 만료되기 이전에 주가가 오를 수 있는

[4] 미국형 옵션이 현실 세계에서 보다 일반적으로 거래되기 때문에, 이번 절에서 논의되는 옵션은 미국형 옵션이다. 필요에 따라서 유럽형 옵션과의 차이를 명시할 것이다.

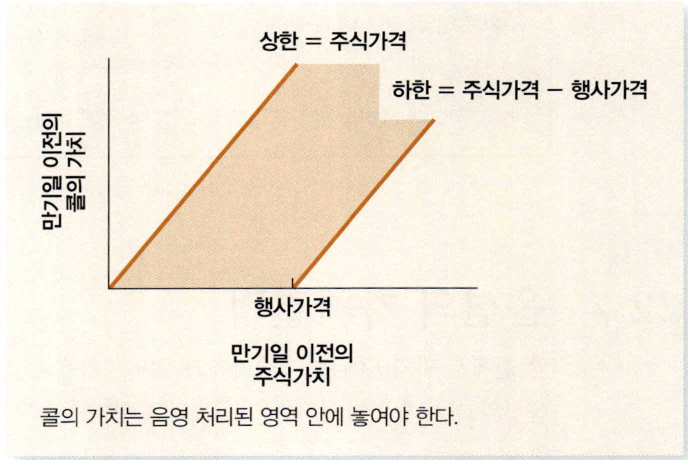

그림 22.7
콜옵션 가치의 상한과 하한

가능성 때문에 투자자가 기꺼이 지불하려는 초과 금액을 나타낸다.

상한(upper bound) 옵션 가격에 대한 상한 역시 존재하는가? 상한은 기초주식의 가격이 된다. 즉, 주식을 사려는 옵션은 주식 그 자체보다 높은 값을 가질 수 없다. 콜옵션은 행사가격을 지불하고 주식을 사는 데 이용될 수 있다. 주식을 더 낮은 가격으로 구입할 수 있다면 이러한 방법으로 주식을 매수하는 어리석은 행동은 하지 않을 것이다. 상한과 하한은 〈그림 22.7〉에 표현되어 있다.

콜옵션 가치의 결정요인

이전의 논의에서 콜옵션의 가격은 〈그림 22.7〉의 음영 처리된 영역의 어딘가에 속해야 한다고 지적하였다. 이제 그 영역의 어디에 있어야 하는지를 더 정확하게 결정할 것이다. 콜의 가치를 결정하는 요인은 두 개의 그룹으로 나눌 수 있다. 첫 번째 그룹은 옵션계약의 특징을 나타낸다. 여기에는 두 가지 기본적인 계약상 특징이 있는데 행사가격과 만기일이다. 콜 가격에 영향을 주는 요인의 두 번째 그룹은 주식과 시장의 특성에 관련된다.

행사가격 행사가격의 증가는 콜의 가치를 낮춘다. 예를 들어, $60에 팔리는 주식에 대하여 두 개의 콜이 있다고 상상하자. 첫 번째 콜의 행사가격은 $50이며, 두 번째 콜의 행사가격은 $40이다. 당신이라면 어느 콜을 가지겠는가? 확실히 행사가격이 $40인 콜을 원할 것이다. 왜냐하면 이 콜은 $20 (= $60 − $40) 내가격에 있기 때문이다. 다시 말해서, 행사가격이 $40인 콜은 다른 조건은 동일하고 행사가격이 $50인 콜보다 비싸게 팔려야 한다.

만기일 미국형 콜옵션의 가치는 만기까지의 기간이 짧은 다른 동일한 옵션의 가치만큼 커야 한다. 두 개의 미국형 콜을 생각해보자. 하나는 9개월 후에, 다른 하나는 6개월 후에 만기가 도래한다. 만기가 9개월인 콜은 만기가 6개월 남은 콜과 분명히 같은 권리를 지니며 또한 권리의 행사를 위한 기간으로 3개월을 추가적으로 가진다. 따라서 9개월 만기의 옵션의 가치가 더 작을

그림 22.8
주가의 함수로서 미국형 콜의 가치

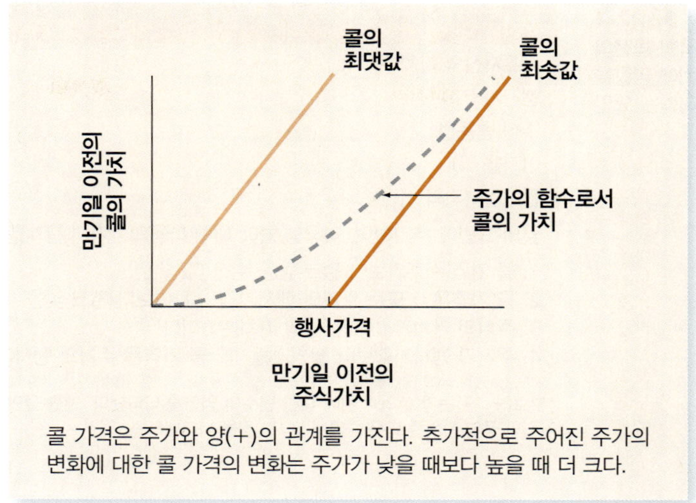

콜 가격은 주가와 양(+)의 관계를 가진다. 추가적으로 주어진 주가의 변화에 대한 콜 가격의 변화는 주가가 낮을 때보다 높을 때 더 크다.

수 없으며 일반적으로 좀 더 가치가 높을 것이다.[5]

주식가격 다른 조건이 동일하다면, 주가가 높을수록 콜옵션의 가치는 증가한다. 예를 들어 주가가 $80이라면, 행사가격이 $100인 콜의 가치는 그다지 크지 않다. 주가가 $120으로 치솟는다면, 콜의 가치는 훨씬 증가하게 된다.

이제 만기 이전의 콜옵션 가격과 주가와의 관계를 보여주는 〈그림 22.8〉을 고려해보자. 그림에서 곡선은 주가가 증가함에 따라 콜 가격이 증가하는 것을 나타낸다. 더욱이 이러한 관계는 직선이 아니라 볼록한(convex) 곡선으로 나타남을 알 수 있다. 즉, 주가의 주어진 변화에 대한 콜 가격의 증가는 주가가 낮을 때보다 주가가 높을 때 더 크다.

〈그림 22.8〉의 곡선을 살펴보면 특별한 두 지점을 찾을 수 있다.

1. 주식가치가 없는 지점: 기초주식의 가치가 없으면, 콜 역시 가치가 없어야 한다. 즉, 주식이 어떤 가치에 도달할 가망성이 없다면, 그 주식을 획득하기 위해 행사가격을 지불할 이유가 없다.

2. 주식가치가 행사가격에 비하여 매우 높은 지점: 이러한 상황에서는 콜의 소유자는 콜을 거의 행사하게 될 것이라고 생각한다. 그는 만기에 행사가격을 지불해야 한다는 점을 제외하고는 이제 자신을 주식의 소유자라고 볼 수 있다.

따라서 그의 포지션의 가치인 콜의 가치는 다음과 같다.

$$\text{콜의 가치} = \text{주가} - \text{행사가격의 현재가치}$$

[5] 이 관계는 유럽형 콜옵션에 대해서는 성립할 필요가 없다. 어떤 기업의 주식에 대한 두 개의 유럽형 옵션이 있다고 생각해보자. 하나는 5월에 만기일이 도래하며, 다른 하나는 그 후 몇 달 지나서 만료된다. 나아가서 대량의 배당금이 6월 초에 지급된다고 가정하자. 첫 번째 콜이 5월 말에 행사된다면, 콜의 소지자는 기초주식을 받을 것이다. 그가 그 주식을 팔지 않는다면 곧바로 큰 배당금을 받을 것이다. 그러나 두 번째 옵션의 소지자는 배당금이 지급된 후에 옵션행사를 통해서 주식을 받을 것이다. 시장은 이 옵션의 소지자는 배당금을 놓치게 된다는 사실을 알기 때문에, 두 번째 콜옵션의 가치는 첫 번째 콜옵션의 가치보다 작을 것이다.

표 22.2
미국형 옵션의 가치에 영향을 미치는 요인

증가	콜옵션*	풋옵션*
기초자산의 가치 (주가)	+	−
행사가격	−	+
주식 변동성	+	+
이자율	+	−
만기일까지의 기간	+	+

앞의 요인에 추가하여, 미국형 콜에 대해 다음의 4가지 관계를 제시한다.

1. 콜 가격은 주가보다 결코 높을 수 없다(*상한*).
2. 콜 가격은 0 또는 주가와 행사가격의 차이보다 결코 낮을 수 없다(*하한*).
3. 주식의 가치가 0이면, 콜의 가치는 0이다.
4. 주가가 행사가격보다 훨씬 높을 때, 콜 가격은 주가와 행사가격의 현재가치와의 차이에 가까워진다.

*부호(+, −)는 옵션의 가치에 대한 변수의 영향을 나타낸다. 예를 들면, 주가 변동성에 대한 2개의 + 부호는 변동성의 증가가 콜의 가치와 풋의 가치를 모두 증가시킨다는 것을 나타낸다.

이러한 곡선의 두 지점은 〈표 22.2〉의 하반부의 3, 4에 요약되어 있다.

핵심요인: 기초자산의 변동성 기초자산의 변동성이 클수록 콜옵션의 가치는 증가할 것이다. 다음의 예를 생각해보자. 콜이 만료되기 직전에 주가가 \$100이 될 확률이 50%이고 \$80이 될 확률이 50%라고 가정하자. 행사가격이 \$110인 콜의 가치는 얼마가 될까? 분명히 주가가 어떻게 되든 행사가격보다 낮을 것이기 때문에 이 옵션은 가치가 없을 것이다.

이제 주식이 더 변동적이면 어떻게 되는지 보도록 하자. 최선의 경우에 \$20을 더하고 최악의 경우에 \$20을 차감한다고 가정하자. 이제 주가가 \$60이 될 가능성이 1/2이고 \$120이 될 가능성이 1/2이다. 주가수익률을 좀 더 펼쳐 놓았지만, 주식에 대한 기댓값은 아래에서와 같이 변하지 않는다.

$$(1/2 \times \$80) + (1/2 \times \$100) = \$90 = (1/2 \times \$60) + (1/2 \times \$120)$$

주가가 \$120이 될 가능성, 즉 \$110의 행사가격보다 \$10 높을 가능성이 절반이기 때문에 콜옵션은 이제 가치를 가진다. 이는 매우 중요한 점을 보여준다. 기초자산에 대한 옵션을 보유하는 것과 기초자산을 보유하는 것 사이에 근본적인 차이가 있다는 것이다. 시장에서 투자자가 위험회피적이라면 주식의 변동성이 증가하는 것은 주식의 시장가치를 감소시킬 것이다. 그러나 콜 소지자는 확률분포에서 양(+)의 꼬리(positive tail)에 해당하는 부분으로부터 이익을 얻는다. 결과적으로 기초주식의 변동성 증가는 콜의 시장가치를 증가시킨다.

이 결과는 또한 〈그림 22.9〉에서 볼 수 있다. 주가의 분포가 정규분포를 이루는 두 주식 A와 B를 생각해보자. 각 주식에 대하여 그림은 만기일에 다른 주가를 가질 확률을 보여준다. 그림에서 볼 수 있듯이, 주식 B는 주식 A보다 변동성이 더 크다. 이는 주식 B가 비정상으로 높은 수익률과 비정상으로 낮은 수익률의 확률이 더 크다는 것을 의미한다. 두 주식에 대한 각각의 옵션의 행사가격이 같다고 가정하자. 옵션 소지자에게 있어서 주식 B의 수익률이 평균보다 훨씬 낮은 것이 주식 A의 수익률이 평균보다 적당하게 낮은 것보다 더 나쁘지는 않다. 두 상황에서 옵션은 외가격으로 가치 없이 만료된다. 그러나 옵션 소지자에게 주식 B의 수익률이 평균보다

그림 22.9
주식 A와 주식 B의 만기일에 주가분포: 두 주식에 대한 옵션의 행사가격은 같음

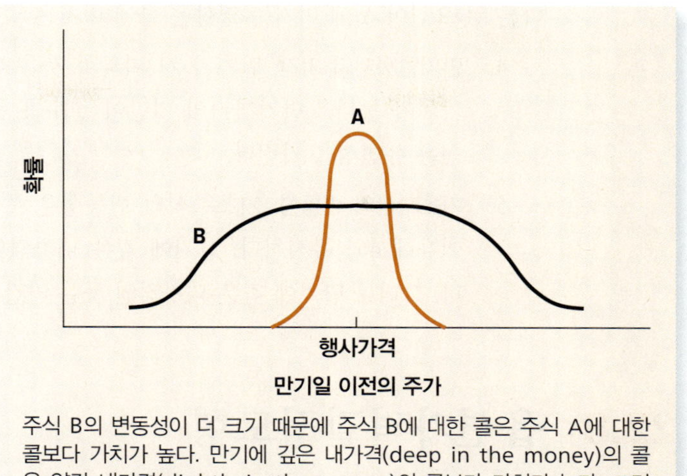

주식 B의 변동성이 더 크기 때문에 주식 B에 대한 콜은 주식 A에 대한 콜보다 가치가 높다. 만기에 깊은 내가격(deep in the money)의 콜은 약간 내가격(slightly in the money)의 콜보다 가치가 높다. 그러나 만기에 깊은 외가격(way out of the money)의 콜은 약간 외가격(slightly out of the money)의 콜과 마찬가지로 가치가 0이다.

훨씬 높은 것은 주식 A의 수익률이 평균보다 적당하게 높은 것보다 더 낫다. 만기일에 콜의 가격은 주가와 행사가격의 차이이기 때문에, 만기에 주식 B에 대한 콜의 가치는 이 경우에 더 높을 것이다.

이자율 콜 가격은 또한 이자율 수준의 함수이다. 콜의 매수자는 옵션을 행사하기 전까지는 행사가격을 지불하지 않는다. 콜의 소지자가 이자율이 높을 때 지불을 미룰 수 있으면 더 가치가 있으며, 이자율이 낮을 때에는 가치가 떨어진다. 따라서 콜의 가치는 이자율과 양(+)의 상관관계가 있다.

풋옵션 가치의 결정요인에 대한 간단한 논의

콜의 가치에 영향을 미치는 요인에 대한 논의를 연장함으로써 풋에 대한 이들 요인의 영향을 매우 쉽게 알 수 있다. 〈표 22.2〉에는 미국형 콜과 미국형 풋의 가격에 영향을 미치는 5가지 요인이 요약되어 있다. 다음의 3가지 요인이 풋에 미치는 영향은 콜에 미치는 영향과 반대이다.

1. 기초자산의 가치: 주가가 행사가격보다 낮을 때 풋은 내가격이기 때문에 주가가 증가함에 따라 풋의 시장가치는 감소한다.
2. 행사가격: 행사가격이 높은 풋은 (1)에서 언급된 이유로 다른 조건이 동일하다면 행사가격이 낮은 풋보다 가치가 높다.
3. 이자율: 높은 이자율은 풋의 가치에 불리한 영향을 미친다. 높은 이자율은 행사가격의 현재가치를 줄이게 되며, 미래에 언젠가 고정된 행사가격으로 주식을 팔 수 있는 권리인 풋의 현재가치는 떨어진다.

다른 두 요인이 풋에 미치는 영향은 콜에 미치는 영향과 같다.

4. **만기일까지의 기간**: 만기가 긴 미국형 풋은 다른 조건이 동일하다면 만기가 짧은 풋보다 가치가 높다.[6] 만기까지의 기간이 길수록 풋 보유자는 콜의 경우에서와 마찬가지로 더 높은 유연성을 가진다.
5. **기초자산의 변동성**: 기초주식의 변동성은 풋의 가치를 증가시킨다. 그 이유는 콜에 대한 이유에서와 유사하다. 만기에 깊은 내가격인 풋은 약간 내가격인 풋보다 가치가 더 높다. 그러나 만기에 깊은 외가격인 풋은 약간 외가격인 풋과 마찬가지로 가치가 0이다.

22.8 옵션가격결정모형

콜옵션의 가치는 아래의 5가지 변수의 함수라고 정성적으로(qualitatively) 설명하였다.

1. 기초자산의 현재가격, 즉 주식 옵션에 있어서는 보통주의 가격
2. 행사가격
3. 만기까지의 기간
4. 기초자산의 변동성
5. 무위험이자율

이제 정성적 모형을 정확한 옵션가격결정모형으로 대체해보는 시점이 되었다. 선택한 모형은 널리 알려진 Black-Scholes 옵션가격결정모형이다. Black-Scholes 모형에 수치를 대입하면 옵션가치를 얻을 수 있다.

Black-Scholes 모형은 다소 인상적인 공식으로 표현된다. 공식을 유도하는 과정을 많은 학생이 배우고 싶어 하지만, 쉽게 말하면 이 교재에서는 불가능하다. 그러나 이에 대한 직관적인 이해는 물론 모형의 업적에 대한 감탄은 어느 정도 해야 한다.

이 교재의 앞 장에서 순현재가치 공식을 사용하여 자본예산 프로젝트를 어떻게 할인하는지를 보았다. 또한 주식과 채권의 가치를 평가하기 위하여 NPV 접근법을 사용했다. 학생들은 풋과 콜의 가치를 결정하기 위해 왜 동일한 NPV 공식을 사용할 수 없는지 가끔 질문한다. 이것은 좋은 질문이다. 옵션의 가치를 결정하기 위해 초기의 시도에서 NPV를 사용하였다. 그러나 불행히도 적절한 할인율을 결정할 수 없었기 때문에 그 시도는 성공하지 못했다. 옵션은 일반적으로 기초자산보다 더 위험하지만, 아무도 정확하게 얼마나 더 위험한지 알지 못했다.

Black과 Scholes는 주식매입의 자금을 조달하기 위해 차입하는 전략이 콜의 위험을 복제한다고 지적함으로써 그 문제를 공략하였다. 그러면 주식의 가격은 이미 알려져 있으므로, 콜의 수익률을 '차입을 통한 주식매수의 대안에서 발생하는 수익률'과 같아지도록 하여 콜의 가격을 결정할 수 있다.

[6] 이 결과는 미국형 풋의 경우에 반드시 유효하지만 유럽형 풋에 대해서는 유효할 필요가 없다.

콜과 주식의 조합으로 모든 위험을 제거할 수 있는 단순한 예를 통해서 Black-Scholes 접근법의 배경에 있는 통찰력을 살펴보자. 이 예는 미래의 주가는 오직 두 가지 가치 중 하나가 된다고 가정하기 때문에 작용한다. 따라서 이 예를 **이항옵션모형**(two-state or binomial option model)이라고 부른다. 주가가 다른 값을 취할 수 있다는 가능성을 배제함으로써, 콜을 정확하게 복제할 수 있다.

이항옵션모형

다음의 예를 고려해 보자. 주식의 현재 시장가격은 $50이며 연말에 $60이나 $40이 된다고 가정하자. 또한 이 주식에 대한 콜옵션은 만기가 1년이며 행사가격이 $50이라고 하자. 투자자는 10%로 차입할 수 있다. 우리의 목표는 콜의 가치를 결정하는 것이다.

콜의 가치를 정확하게 결정하기 위해서 두 전략을 살펴볼 필요가 있다. 첫째는 콜을 단순히 매입하는 것이다. 둘째는 다음과 같다.

1. 주식 1/2주를 매수한다.
2. $18.18을 차입하는데 그것은 연말에 원금과 이자를 합하여 $20 (= $18.18 × 1.10)을 지불하는 것을 의미한다.

곧 알겠지만, 두 번째 전략으로부터 발생하는 현금흐름은 콜을 매입함으로써 발생하는 현금흐름과 일치한다. (잠시 후 매수해야 할 주식의 정확한 수량과 차입해야 할 정확한 금액을 어떻게 산출했는지 보여줄 것이다.) 현금흐름이 서로 일치하기 때문에, 두 번째 전략은 콜을 복제(duplication)한다고 말한다.

연말의 미래 손익은 다음과 같이 산출된다.

초기 거래	미래 손익: 주가가 $60인 경우		미래 손익: 주가가 $40인 경우	
1. 콜 매입	$60 − $50 =	$10		$ 0
2. 주식 1/2주 매수	$\frac{1}{2}$ × $60 =	$30	$\frac{1}{2}$ × $40 =	$20
10%로 $18.18을 차입	−($18.18 × 1.10) =	−$20		−$20
주식매수와 차입전략의 합계		$10		$ 0

"콜 매입(buy-a-call)" 전략의 손익구조는 "주식매수와 차입(buy stock and borrow)"에 의해 복제된다. 즉, 어느 전략에서도 투자자는 주가가 오르면 $10을, 주가가 떨어지면 $0을 받게 될 것이다. 따라서 두 전략에 대해 거래자가 고려하는 바는 동일하다.

이제 두 전략이 연말에 항상 같은 현금흐름을 가진다면, 이들 최초비용은 어떤 관련이 있어야 하는가? 이 두 전략은 동일한 최초비용을 가져야 한다. 그렇지 않다면 차익거래 가능성이 생길 것이다. 우리는 주식매수와 차입의 전략에 대한 비용을 쉽게 계산할 수 있다.

주식 $\frac{1}{2}$주 매수	$\frac{1}{2}$ × \$50 =	\$25.00
\$18.18 차입		−\$18.18
		\$ 6.82

콜옵션은 만기일에 주식매수와 차입전략과 동일한 손익을 제공하기 때문에, 콜의 가격은 \$6.82가 되어야 한다. 이는 차익거래 이익이 없는 시장에서의 콜옵션의 가치이다.

앞의 예에서 아직 우리는 두 가지 문제를 설명하지 않고 남겨두고 있다.

델타의 결정 복제전략에서 주식의 1/2주를 사야 하는 것을 우리는 어떻게 알았을까? 사실 해답은 보기보다 쉽다. 연말에 주가는 \$60 또는 \$40이 되는 반면에 콜 가격은 \$10 또는 \$0이 될 것이다. 따라서 주가의 잠재적 변동은 \$20 (= \$60 − \$40)인 반면에, 콜 가격의 잠재적 변동은 \$10 (= \$10 − \$0)이다. 이를 아래와 같이 비율로 나타낼 수 있다.

$$\text{델타}(\Delta) = \frac{\text{콜의 변동}}{\text{주식의 변동}} = \frac{\$10 - \$0}{\$60 - \$40} = \frac{1}{2}$$

이 비율을 콜의 델타(delta)라고 부른다. 다시 말하면, 주가에서 \$1의 변동은 콜의 가격에서 \$0.50의 변동을 일으킨다. 주식으로 콜을 복제하기 때문에 콜을 하나 사는 것 대신에 주식을 1/2주 사는 것은 이치에 맞아 보인다. 다시 말해서, 주식 1/2주를 매수하는 위험은 콜 하나를 매입하는 위험과 같아야 한다.

차입금액의 결정 얼마나 많은 금액을 차입해야 하는지를 어떻게 알 수 있는가? 주식 1/2주의 매수는 만기에 \$30 또는 \$20을 주기 때문에, 이것은 각각 콜에서 얻을 수 있는 \$10 또는 \$0의 이익보다 정확하게 \$20이 더 많다. 주식의 매수를 통하여 콜을 복제하기 위하여 이자와 원금을 합하여 \$20을 정확하게 갚을 수 있도록 충분한 돈을 빌려야 한다. 차입금액은 단순히 \$20의 현재가치인 \$18.18 (= \$20/1.10)이다.

이제 우리는 델타와 차입금액이 얼마인지 알았고, 콜의 가치를 아래와 같이 쓸 수 있다.

$$\text{콜의 가치} = \text{주가} \times \text{델타} - \text{차입금액} \tag{22.2}$$

$$\$6.82 = \$50 \times \frac{1}{2} - \$18.18$$

Black-Scholes 모형을 설명하는 데 있어 이 직관이 매우 유용함을 알게 될 것이다.

위험중립 가치평가 이 단순한 예를 마무리하기 전에, 주목할 만한 한 가지 특징에 대해 언급하려고 한다. 우리는 놀랍게도 주식이 상승하거나 하락할 확률을 모르면서도 옵션의 정확한 가치를 발견하였다. 낙관자는 주식이 오를 확률이 높다고 생각하고 비관자는 그 확률이 낮다고 생각하여도, 그들은 여전히 옵션가치에 동의할 것이다. 어떻게 해서 그런가? 해답은 현재의 주가 \$50에 낙관자와 비관자의 견해가 이미 균형을 이루고 있다는 것이다. 옵션 가치는 주가에 의존하기 때문에 옵션은 이러한 균형을 반영한다.

이런 통찰력은 콜을 가치평가하는 또 다른 접근법을 우리에게 제공한다. 콜의 가치를 결정하는 데 미래의 두 가지 상태에 대한 확률이 필요 없다면, 아마 어떠한 확률을 택하더라도 우리는 여전히 옳은 답을 낼 수 있을 것이다. 가령 주식의 기대수익률이 무위험이자율 10%와 같도록 확률을 선택했다고 가정하자. 우리는 상승하는 경우 주가수익률은 20% (= $60/$50 − 1)이고 하락하는 경우의 주가수익률은 −20% (= $40/$50 − 1)임을 알고 있다. 따라서 10%의 기대수익률을 달성하기 위해 필요한 상승확률은 아래 식을 이용하여 구할 수 있다.

$$10\% = \text{상승확률} \times 20\% + (1 - \text{상승확률}) \times -20\%$$

이 수식을 풀면, 상승확률이 0.75이고 하락확률이 0.25임을 알 수 있다. 이 확률을 콜에 적용하면, 콜의 가치는 아래와 같다.

$$\text{콜의 가치} = \$6.82 = \frac{0.75 \times \$10 + 0.25 \times \$0}{1.10}$$

이 가치는 복제 접근법을 사용하여 얻은 가치와 같다.

왜 주식의 기대수익률이 10%가 되도록 하는 확률을 선택했는가? 우리는 투자자가 **위험중립적인**(risk-neutral) 특별한 경우를 대상으로 하려고 했다. 이 경우는 모든 자산(주식과 콜을 포함)에 대한 기대수익률이 무위험이자율과 같을 때 발생한다. 다시 말하면, 이 경우는 투자자가 자산의 위험에 관계없이 무위험이자율을 넘어 어떠한 추가적인 보상을 요구하지 않을 때 발생한다.

만일 주식에 대한 기대수익률이 무위험이자율보다 높다고 가정했더라면 어떻게 되었을까? 콜의 가치는 여전히 $6.82가 되었을 것이다. 그러나 계산이 어려울 것이다. 예를 들어, 주식에 대한 기대수익률을 가령 11%라고 가정했다면, 콜에 대한 기대수익률을 유도해야만 했을 것이다. 콜에 대한 기대수익률은 11%보다 더 높겠지만, 정확하게 이를 결정하기 위해서는 많은 작업이 필요할 것이다. 필요 이상의 작업을 할 이유가 있는가? 어떠한 타당한 이유도 없다고 생각되기 때문에, 우리는 (대부분의 재무학자처럼) 위험중립을 가정하는 것으로 선택한다.

따라서 앞의 내용으로부터 콜의 가치는 다음과 같은 두 가지 방법으로 결정될 수 있다.

1. 콜을 복제하는 전략의 비용을 결정한다. 이 전략은 부분적인 차입을 통해 주식에 부분적(fractional share)으로 투자하는 것이다.
2. 위험중립의 가정으로 주가 상승과 주가 하락의 확률을 계산한다. 무위험이자율과 함께 이들 확률을 사용하여 만기에 콜의 손익을 할인한다.

Black-Scholes 모형

앞의 예는 복제전략을 설명한다. 불행하게도 이 같은 전략은 현실 세계에서는 작동할 수 없을 것이다. 왜냐하면 내년의 주가에 대하여 두 가지 이상의 여러 가능성이 존재하기 때문이다. 그러나 기간을 짧게 줄이면 가능성의 수는 줄어든다. 주식 가격이 오직 두 가지 결과만을 가질 수 있는 기간이 있을까? 지극히 짧은 순간 동안에는 주가가 단지 두 가지 가능성만 가진다는 가정이

꽤 그럴듯하다고 학계에서는 주장한다.[7]

Black과 Scholes의 근본적인 통찰력은 기간을 짧게 줄이는 데 있다고 생각한다. 그들은 주식과 차입의 특수한 조합으로 지극히 짧은 순간에 걸쳐 콜을 정말로 복제할 수 있음을 보여준다. 주가는 처음 순간에 변할 것이기 때문에, 다음 순간에 대하여 콜을 복제하기 위해서는 주식과 차입의 또 다른 조합이 필요하다. 매 순간 조합을 조정함으로써, 콜을 연속적으로 복제할 수 있다. 하나의 공식으로 (1) 매 순간 이러한 복제의 조합을 결정하고, (2) 이 복제전략에 기초하여 옵션의 가격을 결정할 수 있다는 사실은 놀라운 일이다. 그들의 이러한 동적인 전략으로 인해 앞의 이항모형에서 콜의 가치를 어떻게 결정하는지를 본 것처럼 현실 세계에서 콜의 가치를 평가할 수 있게 되었다고 말하면 충분하다.

이는 Black-Scholes (BS) 모형의 배경에 있는 기본적인 직관이다. 그들의 공식을 실제로 유도하는 것은 이 교재의 범위를 훨씬 벗어나기 때문에, 우리는 단순히 공식 그 자체만 제시하기로 한다.

Black-Scholes 모형:

$$C = S\mathrm{N}(d_1) - Ee^{-Rt}\,\mathrm{N}(d_2)$$

여기서

$$d_1 = [\ln(S/E) + (R + \sigma^2/2)t]/\sqrt{\sigma^2 t}$$
$$d_2 = d_1 - \sqrt{\sigma^2 t}$$

콜(C)의 가치를 평가하는 공식은 재무에서 가장 복잡한 공식 중 하나이다. 그러나 이 공식은 아래와 같은 5개의 변수만 관련되어 있다.

1. S = 현재 주가
2. E = 콜의 행사가격
3. R = 연속복리의 연간 무위험이자율
4. σ^2 = 주식에 대한 연속 수익률의 (연간) 분산
5. t = 만기까지의 시간 (연단위 기준)

추가적으로, 다음과 같은 통계적 개념이 포함되어 있다.

$\mathrm{N}(d)$ = 표준정규분포를 따르는 확률변수가 d 이하일 확률

산술적인 형태로 공식 자체를 논의하기보다는 예제를 이용해서 공식을 설명한다.

예제 22.4

Black-Scholes 모형 Private Equipment Company (PEC)를 생각해보자. 4월 19일에 PEC April 49 콜옵션의 가격은 \$4로 마감했다. 주식은 \$50에 거래되고 있다. 4월 19일에 이 옵션은 만기까지 199일을 남겨두고 있다(만기일 = 11월 4일). 무위험이자율은 연속복리로 연간 7%이다.

이 정보로부터 다음 3가지 변수를 직접 결정할 수 있다.

[7] 이 가정에 대한 상세한 내용을 위해 다음의 책을 참조하라. John C. Hull, *Options, Futures and Other Derivatives*, 10th ed. (Upper Saddle River, NJ: Prentice Hall, 2017).

1. 주가(S)는 \$50이다.
2. 행사가격(E)은 \$49이다.
3. 무위험이자율(R)은 0.07이다.

또한 만기까지 시간(t)도 바로 계산될 수 있다. 공식에서 t는 연간 단위로 표시된다.

4. 199일을 연간 단위로 표시하면 $t = 199/365$이다.

현실 세계에서 옵션 거래자는 S와 E를 정확하게 알 것이다. 거래자는 일반적으로 미국 T-bill을 위험이 없는 증권으로 간주하면, *The Wall Street Journal*이나 기타 출처에서 이자율을 얻을 수 있을 것이다. 거래자는 또한 만기까지 남은 일수를 정확하게 알 수 있을 (혹은 계산할 수 있을) 것이다. 만기까지 남은 기간(t)은 연간 기준으로 빠르게 계산될 수 있다.

문제는 주식수익률의 분산을 결정하는 데에서 나타난다. 공식에서 변동성은 옵션 매수일인 4월 19일과 만기일 사이의 분산을 의미한다. 불행하게도 이는 미래를 나타내기 때문에 변동성의 정확한 값은 구할 수 없다. 대신에 앞의 장에서 분산을 계산한 것처럼 거래자는 과거 자료로부터 분산을 추정하곤 한다. 또한, 일부 거래자는 직관을 이용하여 자신의 추정치를 조정하기도 한다. 예를 들어, 다가올 사건에 대한 기대로 인해 주식의 변동성이 증가할 것 같으면, 거래자는 이를 반영하기 위해 자신의 추정치를 상향 조정할 수 있다. (이 문제는 2008년 경기침체 기간과 이후에 심가했다. 주식시장은 그 여파로 아주 위험했으며, 경기침체 이전 자료를 사용한 추정치는 너무 낮았다.)

앞의 논의는 해답을 제시하려는 것이 아니라 단지 분산 추정의 어려움을 언급하려는 의도였다. 우리의 목적을 위해서 우리는 거래자가 분산을 추정했다고 가정한다.

5. PEC의 분산은 연간 0.09로 추정되었다.

이러한 5개의 변수를 사용하여 PEC 콜옵션의 Black-Scholes 가치를 다음 3단계로 계산한다.

1단계: d_1과 d_2를 **계산한다**. 이들 값은 비록 과정은 지루하지만 기본 공식에 우리의 변수를 직접 대입하여 구할 수 있다.

$$d_1 = \left[\ln\left(\frac{S}{E}\right) + (R + \sigma^2/2)t\right] / \sqrt{\sigma^2 t}$$

$$= \left[\ln\left(\frac{50}{49}\right) + (0.07 + 0.09/2) \times \frac{199}{365}\right] / \sqrt{0.09 \times \frac{199}{365}}$$

$$= [0.0202 + 0.0627]/0.2215 = 0.3742$$

$$d^2 = d_1 - \sqrt{\sigma^2 t}$$

$$= 0.1527$$

2단계: $N(d_1)$과 $N(d_2)$를 **계산한다**. $N(d_1)$과 $N(d_2)$는 〈그림 22.10〉을 살펴봄으로써 가장 잘 이해할 수 있다. 이 그림은 기댓값이 0이고 표준편차가 1인 정규분포를 보여준다. 이는 종종 **표준정규분포**(standard normal distribution)라고 불린다. 앞의 장에서 언급했듯이, 이 분포로부터 추출한 값이 −1과 +1 사이(다시 말해, 평균의 1 표준편차 이내)에 있을 확률은 68.26%이다.

이제 다른 질문을 해보자. 표준정규분포로부터 추출한 값이 특정한 값보다 **작을** 확률은 얼마인가? 예를 들어, 추출한 값이 0보다 작을 확률은 정규분포는 좌우대칭이기 때문에 확실히 50%이다. 통계적 용어를 사용하면, 0의 **누적확률**(cumulative probability)은 50%라고 말한다. 통계학자는 또한 N(0) = 50%라고 말한다. 다음의 예를 살펴보자.

그림 22.10 누적확률의 그래프

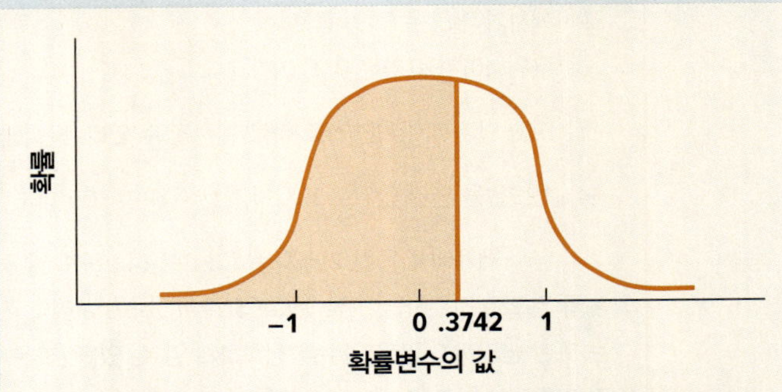

음영 처리된 부분은 누적확률을 나타낸다. 표준정규분포로부터 추출한 확률변수가 0.3742보다 작을 확률이 0.6459이기 때문에 N(0.3742) = 0.6459. 즉, 0.3742의 누적확률은 0.6459이다.

$$N(d_1) = N(0.3742) = 0.6459$$
$$N(d_2) = N(0.1527) = 0.5607$$

첫 번째 값은 표준정규분포로부터 추출한 값이 0.3742보다 작을 확률이 64.59%임을 의미한다. 두 번째 값은 표준정규분포로부터 추출한 값이 0.1527보다 작을 확률이 56.07%임을 의미한다. 좀 더 일반적으로 말하면, N(d)는 표준정규분포를 따르는 확률변수가 d보다 작을 확률이다. 다시 말해서, N(d)는 d의 누적확률이다. 예에서 d_1과 d_2가 0보다 다소 크므로, N(d_1)과 N(d_2)는 0.50보다 다소 크다는 데 주의해야 한다.

N(d_1)과 N(d_2)를 결정하기 위한 어쩌면 가장 쉬운 방법은 엑셀의 함수에서 NORMSDIST를 이용하는 것이다. 우리의 예에서, NORMSDIST(0.3742)와 NORMSDIST(0.1527)은 각각 0.6459와 0.5607이다.

또한 〈표 22.3〉을 이용하여 누적확률을 결정할 수 있다. 예를 들면, d = 0.37을 생각해보자. 이는 표에서 수직으로 0.3과 수평으로 0.07을 찾으면 된다. d = 0.37에 해당하는 값은 0.1443이다. 이 값은 0.37의 누적확률이 **아니다**. 누적확률을 결정하기 위해서는 아래와 같은 조정을 해야 한다. d가 양수(+)이면 0.5를 더해주고, d가 음수(−)이면 0.5에서 N(d)를 차감한다.

$$N(0.37) = 0.50 + 0.1443 = 0.6443$$
$$N(-0.37) = 0.50 - 0.1443 = 0.3557$$

불행하게도 0.3742는 네 자릿수인 반면에 주어진 표는 단지 두 자릿수만 다룬다. 그러므로 N(0.3742)를 찾기 위해서 보간법으로 추정(interpolate)해야 한다. 0.3742는 0.37과 0.38 사이에 존재한다. 우선 N(0.37) = 0.6443과 N(0.38) = 0.6480을 찾고 둘 지점 사이에 위치한 N(0.3742)를 추정한다. 두 값의 차이는 0.0037 (= 0.6480 − 0.6443)이다. 0.3742는 0.37과 0.38 사이 구간에서 0.37로부터 42%에 위치하기 때문에 다음과 같이 보간법으로 추정한다.[8]

$$N(0.3742) = 0.6443 + 0.42 \times 0.0037 = 0.6459$$

3단계: 공식을 이용하여 C를 **계산한다**.

[8] 이 방법은 **선형보간법**(linear interpolation)이라 불린다. 이는 많은 보간법 중의 단지 하나이다.

표 22.3 표준정규분포 함수의 누적확률

d	0.00	0.01	0.02	0.03	0.04	0.05	0.06	0.07	0.08	0.09
0.0	0.0000	0.0040	0.0080	0.0120	0.0160	0.0199	0.0239	0.0279	0.0319	0.0359
0.1	0.0398	0.0438	0.0478	0.0517	0.0557	0.0596	0.0636	0.0675	0.0714	0.0753
0.2	0.0793	0.0832	0.0871	0.0910	0.0948	0.0987	0.1026	0.1064	0.1103	0.1141
0.3	0.1179	0.1217	0.1255	0.1293	0.1331	0.1368	0.1406	0.1443	0.1480	0.1517
0.4	0.1554	0.1591	0.1628	0.1664	0.1700	0.1736	0.1772	0.1808	0.1844	0.1879
0.5	0.1915	0.1950	0.1985	0.2019	0.2054	0.2088	0.2123	0.2157	0.2190	0.2224
0.6	0.2257	0.2291	0.2324	0.2357	0.2389	0.2422	0.2454	0.2486	0.2517	0.2549
0.7	0.2580	0.2611	0.2642	0.2673	0.2704	0.2734	0.2764	0.2794	0.2823	0.2852
0.8	0.2881	0.2910	0.2939	0.2967	0.2995	0.3023	0.3051	0.3078	0.3106	0.3133
0.9	0.3159	0.3186	0.3212	0.3238	0.3264	0.3289	0.3315	0.3340	0.3365	0.3389
1.0	0.3413	0.3438	0.3461	0.3485	0.3508	0.3531	0.3554	0.3577	0.3599	0.3621
1.1	0.3643	0.3665	0.3686	0.3708	0.3729	0.3749	0.3770	0.3790	0.3810	0.3830
1.2	0.3849	0.3869	0.3888	0.3907	0.3925	0.3944	0.3962	0.3980	0.3997	0.4015
1.3	0.4032	0.4049	0.4066	0.4082	0.4099	0.4115	0.4131	0.4147	0.4162	0.4177
1.4	0.4192	0.4207	0.4222	0.4236	0.4251	0.4265	0.4279	0.4292	0.4306	0.4319
1.5	0.4332	0.4345	0.4357	0.4370	0.4382	0.4394	0.4406	0.4418	0.4429	0.4441
1.6	0.4452	0.4463	0.4474	0.4484	0.4495	0.4505	0.4515	0.4525	0.4535	0.4545
1.7	0.4554	0.4564	0.4573	0.4582	0.4591	0.4599	0.4608	0.4616	0.4625	0.4633
1.8	0.4641	0.4649	0.4656	0.4664	0.4671	0.4678	0.4686	0.4693	0.4699	0.4706
1.9	0.4713	0.4719	0.4726	0.4732	0.4738	0.4744	0.4750	0.4756	0.4761	0.4767
2.0	0.4773	0.4778	0.4783	0.4788	0.4793	0.4798	0.4803	0.4808	0.4812	0.4817
2.1	0.4821	0.4826	0.4830	0.4834	0.4838	0.4842	0.4846	0.4850	0.4854	0.4857
2.2	0.4861	0.4866	0.4868	0.4871	0.4875	0.4878	0.4881	0.4884	0.4887	0.4890
2.3	0.4893	0.4896	0.4898	0.4901	0.4904	0.4906	0.4909	0.4911	0.4913	0.4916
2.4	0.4918	0.4920	0.4922	0.4925	0.4927	0.4929	0.4931	0.4932	0.4934	0.4936
2.5	0.4938	0.4940	0.4941	0.4943	0.4945	0.4946	0.4948	0.4949	0.4951	0.4952
2.6	0.4953	0.4955	0.4956	0.4957	0.4959	0.4960	0.4961	0.4962	0.4963	0.4964
2.7	0.4965	0.4966	0.4967	0.4968	0.4969	0.4970	0.4971	0.4972	0.4973	0.4974
2.8	0.4974	0.4975	0.4976	0.4977	0.4977	0.4978	0.4979	0.4979	0.4980	0.4981
2.9	0.4981	0.4982	0.4982	0.4982	0.4984	0.4984	0.4985	0.4985	0.4986	0.4986
3.0	0.4987	0.4987	0.4987	0.4988	0.4988	0.4989	0.4989	0.4989	0.4990	0.4990

N(d)는 표준정규분포함수 아래의 면적을 나타낸다. 가령 d_1 = 0.24를 생각해보자. 이 표는 누적확률이 0.5948 (= 0.5000 + 0.0948)이라는 것을 의미한다. d_1가 0.2452이라면, N(0.25)와 N(0.24) 사이를 보간법으로 추정함으로써 확률을 추정해야 한다.

$$
\begin{aligned}
C &= S \times [\mathrm{N}(d_1)] - Ee^{-Rt} \times [\mathrm{N}(d_2)] \\
&= \$50 \times [\mathrm{N}(d_1)] - \$49 \times [e^{-0.07 \times (199/365)}] \times \mathrm{N}(d_2) \\
&= (\$50 \times 0.6459) - (\$49 \times 0.9626 \times 0.5607) \\
&= \$32.295 - \$26.445 \\
&= \$5.85
\end{aligned}
$$

추정된 가격 $5.85는 실제 가격 $4보다 크므로, 콜옵션이 저평가되어 있음을 의미한다. Black-Scholes 모형을 신뢰하는 거래자는 콜을 매입하려 할 것이다. 물론 Black-Scholes 모형에 실수가 있을 수 있다. 모형의 추정치와 시장가격 사이의 불일치는 아마 거래자의 분산 추정에 존재하는 오류를 반영한 것일 수 있다.

앞 예에서 Black-Scholes 공식의 사용과 관련된 계산을 강조하였다. 그러면 이 공식의 배경에는 어떤 직관이 있는가? 이 직관은 이전의 이항모형에서 주식매수와 차입의 전략으로부터 나온다. Black-Scholes 수식의 첫째 줄은 다음과 같다.

$$C = S \times \mathrm{N}(d_1) - Ee^{-Rt}\mathrm{N}(d_2)$$

이것은 이항옵션모형의 예에서 제시된 식 (22.2)와 아주 유사하다.

$$\text{콜의 가치} = \text{주가} \times \text{델타} - \text{차입금액} \tag{22.2}$$

우리는 이 수식을 이항모형의 예에서 제시하였다. $\mathrm{N}(d_1)$은 Black-Scholes 모형에서 델타로 판명된다. $\mathrm{N}(d_1)$은 앞의 예에서 0.6459이다. 추가적으로, $Ee^{-Rt}\mathrm{N}(d_2)$는 투자자가 콜을 복제하기 위해 차입해야 하는 금액이다. 앞 예에서 이 값은 \$26.45 (= \$49 × 0.9626 × 0.5607)이다. 따라서 모형은 우리가 앞선 예의 콜을 다음 전략으로 복제할 수 있음을 말해준다.

1. 주식을 0.6459주 매수한다.
2. \$26.45를 차입한다.

Black-Scholes 공식이 재무에서 가장 중요한 공헌 중의 하나라고 해도 과언이 아니다. 이 공식을 이용하면 누구든 몇 개의 변수만 알면 옵션의 가치를 계산할 수 있다. 이 공식의 매력은 4개의 변수인 현재 주가(S), 행사가격(E), 이자율(R), 만기까지의 기간(t)이 관찰 가능하다는 데 있다. 변수 중 단지 1개인 수익률의 분산(σ^2)은 추정되어야 한다.

이 공식이 얼마나 매력적인지를 보기 위해, 어떤 변수를 필요로 하지 않는지를 보자. 첫째, 투자자의 위험 회피는 콜의 가치에 영향을 주지 않는다. 이 공식은 위험선호에 관계없이 누구든 사용할 수 있다. 둘째, 이 공식은 주식의 기대수익률에 의존하지 않는다! 주식의 기대수익률에 대한 상이한 평가를 가진 투자자도 콜 가격에는 동의할 것이다. 이항옵션모형의 예에서처럼, 콜은 주가에 의존하며 주가는 투자자의 상이한 견해를 반영하여 이미 균형을 이루고 있기 때문이다.

22.9 옵션으로서 주식과 채권

이번 장에서 이전까지의 내용은 상장되어 거래되는 옵션을 기술하고, 설명하고, 그리고 그 가치를 평가하였다. 상장된 옵션에서 많은 거래가 일어나기 때문에 모든 재무전공 학생에게 이것은 중요한 내용이다. 기업재무를 공부하는 학생이 옵션을 공부하는 또 다른 목적이 있다.

일생 동안 딱딱한 산문체로 말하면서 살아온 것을 스스로 깨닫고 놀라는 노신사에 관한 짤막한 이야기를 들어 봤을 것이다. 기업재무 학생과 옵션에 대해서도 같은 이야기가 적용될 수 있다. 옵션을 이번 장에서 처음 공식적으로 정의했지만, 이미 이전에도 교재에서는 다른 모습이지만 실제로는 옵션이었던 많은 기업의 정책이 논의되었다. 모든 기업재무를 다시 옵션으로 재구성하는 것은 이번 장의 범위를 넘어서는 것이지만, 이번 장의 나머지 부분에서는 다음 세 가지 암묵적 옵션의 예를 고려한다.

1. 옵션으로서 주식과 채권
2. 옵션으로서 자본구조 결정
3. 옵션으로서 자본예산 결정

먼저 간단한 예를 통해서 주식과 채권에서 암묵적 옵션을 설명하기로 한다.

예제 22.5

옵션으로서 주식과 채권 Popov Company는 내년 Antarctica 올림픽게임에서 사업권을 획득하였다. 회사의 주요 임원진이 Antarctica에 살고 있으며 그 대륙에는 다른 사업권이 필요 없기 때문에, 올림픽게임 후에 기업은 해체될 것이다. 회사는 이 벤처사업의 자금조달을 위해 채권을 발행했다. 내년에 갚아야 할 이자와 원금은 $800이며, 그때 부채는 모두 청산될 것이다. 이 기업의 내년도 현금흐름은 아래와 같이 예측된다.

	Popov의 예상 현금흐름			
	매우 성공적인 게임	약간 성공적인 게임	약간 실패한 게임	완전 실패한 게임
이자와 원금 지급 전 현금흐름	$1,000	$850	$700	$550
− 이자와 원금	−800	−800	−700	−550
주주에게 귀속되는 현금흐름	$ 200	$ 50	$ 0	$ 0

보이는 바와 같이, 임원진은 발생 가능성이 동일한 4가지 시나리오를 예상한다. 처음 두 시나리오가 발생하면, 채권자는 채권을 완전히 상환받을 것이다. 초과 현금흐름은 주주에게 돌아간다. 그러나 마지막 두 시나리오가 발생하면, 채권자는 부채를 전부 상환받지 못할 것이다. 대신에 그들은 기업의 현금흐름을 모두 받기 때문에, 주주는 아무것도 받지 못한다.

이 예는 자본구조에 관한 장에서 제시되었던 파산의 여러 예제와 유사하다. 우리의 새로운 통찰력은 보통주와 기업 사이의 관계가 옵션의 용어로 표현될 수 있다는 것이다. 직관적으로 더 쉬운 콜옵션을 먼저 고려한다. 풋옵션 시나리오는 다음에 다룬다.

콜옵션으로 표현된 기업

주주 주식은 기업에 대한 콜옵션으로 볼 수 있음을 이제 살펴보자. 이를 설명하기 위해 주주에게 귀속되는 현금흐름을 기업의 현금흐름의 함수로서 〈그림 22.11〉에서 그리고 있다. 기업의 현금흐름이 $800보다 작으면, 모든 현금흐름이 채권자에게 돌아가기 때문에 주주는 아무것도 받지 못한다. 그러나 기업의 현금흐름이 $800을 초과하면, 주주는 그 초과분에 대해 $1마다 $1을 받는다. 이 그래프는 이번 장의 전반부에서 논의한 콜옵션의 그래프와 정확하게 같아 보인다.

그러나 주식이 콜옵션이면 기초자산은 무엇인가? 그 기초자산은 기업 자체이다. 즉, 우리는 채권자가 기업을 소유하고 있는 것으로 볼 수 있다. 그러나 주주는 행사가격이 $800인 기업에 대한 콜옵션을 보유한다.

만일 기업의 현금흐름이 $800을 초과한다면 주주는 이 옵션을 행사할 것이다. 다시 말해서,

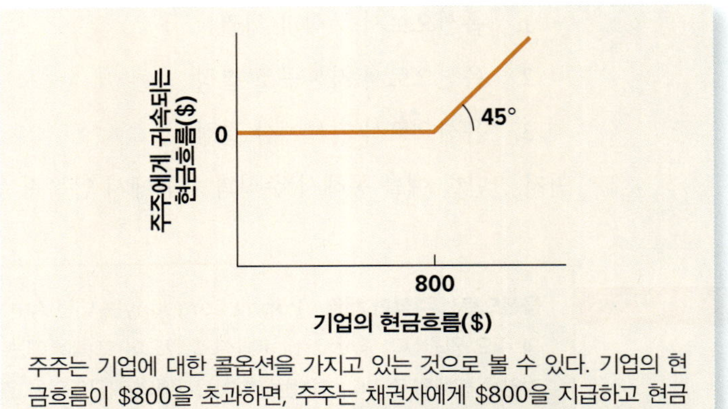

그림 22.11
기업의 현금흐름 함수로서 Popov 주주에게 귀속되는 현금흐름

주주는 기업에 대한 콜옵션을 가지고 있는 것으로 볼 수 있다. 기업의 현금흐름이 $800을 초과하면, 주주는 채권자에게 $800을 지급하고 현금흐름을 받는다. 기업의 현금흐름이 $800보다 작으면, 주주는 옵션을 행사하지 않는다. 주주는 아무것도 받지 않고 기업으로부터 떠나버린다.

주주는 $800을 주고 채권자에게서 기업을 매입할 것이다. 주주의 순현금흐름은 기업의 현금흐름과 주주가 지급한 $800의 차이이다. 이는 게임이 매우 성공적이면 $200 (= $1,000 − $800)이 되고, 약간 성공적이면 $50 (= $850 − $800)이 될 것이다.

기업의 현금흐름이 $800보다 작으면, 주주는 자신의 옵션을 행사하지 않을 것이다. 대신에 다른 콜옵션 보유자가 그렇듯이, 주주는 부담 없이 기업으로부터 떠나버릴 것이다. 그러면 채권자가 기업의 전체 현금흐름을 받을 것이다.

이러한 기업에 대한 시각은 신선한 것이지만, 처음 접하는 학생에게는 괴로운 것일 수 있다. 그러나 이러한 시각이 익숙해질 때까지 학생들이 기업을 이런 방식으로 계속 볼 것을 권장한다.

채권자 채권자는 어떠한가? 앞의 현금흐름 스케줄은 만일 기업이 $800보다 작은 현금흐름을 창출하면 채권자는 기업의 전체 현금흐름을 갖게 될 것임을 보여준다. 기업이 $800 이상을 번다면, 채권자는 단지 $800을 받을 것이다. 즉, 채권자는 단지 이자와 원금만 받을 자격이 있다. 이는 〈그림 22.12〉에 그려져 있다.

주주가 기업에 대한 콜옵션을 갖는다는 우리의 시각을 유지하면, 채권자의 포지션은 무엇으로 구성되는가? 채권자의 포지션은 다음의 두 청구권으로 기술할 수 있다.

1. 채권자는 기업을 소유한다.
2. 채권자는 행사가격이 $800인 기업에 대한 콜옵션을 매도하였다.

앞에서 언급했듯이 현금흐름이 $800보다 작으면 주주는 기업을 떠나버린다. 따라서 이 경우에 채권자는 기업의 소유권을 유지한다. 그러나 현금흐름이 $800보다 크면, 주주는 자신의 옵션을 행사한다. 주주는 채권자에게 $800을 주고 기업을 넘겨받는다.

풋옵션으로 표현된 기업

앞의 분석에서 주주와 채권자의 포지션을 콜옵션으로 표현한다. 이제 이 상황을 풋옵션의 용어로 표현해 보도록 하자.

그림 22.12
기업의 현금흐름 함수로서 Popov 채권자에게 귀속되는 현금흐름

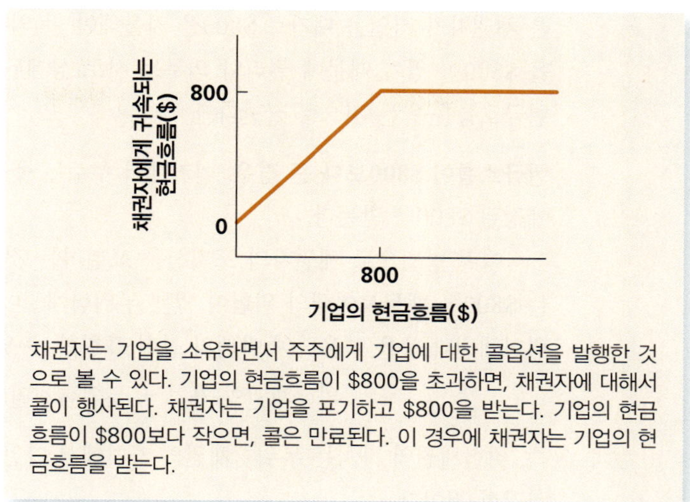

채권자는 기업을 소유하면서 주주에게 기업에 대한 콜옵션을 발행한 것으로 볼 수 있다. 기업의 현금흐름이 $800을 초과하면, 채권자에 대해서 콜이 행사된다. 채권자는 기업을 포기하고 $800을 받는다. 기업의 현금흐름이 $800보다 작으면, 콜은 만료된다. 이 경우에 채권자는 기업의 현금흐름을 받는다.

주주 주주의 포지션은 다음의 세 가지 청구권에 의해 표현될 수 있다.

1. 주주는 기업을 소유하고 있다.
2. 주주는 채권자에게 이자와 원금을 합하여 $800을 빚지고 있다.

채권이 무위험이라면, 이들 두 청구권이 주주의 상황을 완전히 묘사한다. 그러나 채무불이행의 가능성 때문에 세 번째 청구권도 필요하다.

3. 주주는 기업에 대한 행사가격이 $800인 풋옵션을 소유한다. 채권자는 풋의 매도자이다.

이제 두 가지 가능성을 생각해보자.

현금흐름이 $800보다 작은 경우: 풋의 행사가격이 $800이기 때문에 풋은 내가격이다. 주주는 풋을 행사하는데, 즉 기업을 채권자에게 판다. 일반적으로 풋의 소지자는 자산을 팔릴 때 행사가격을 받는다. 그러나 주주는 이미 채권자에게 $800을 빚지고 있다. 따라서 $800의 부채는 단순히 상계되며, 주식이 채권자에게 전달될 때 금전의 교환은 발생하지 않는다. 주주는 자신의 부채를 소멸시켜주는 대가로 주식을 포기하기 때문에, 현금흐름이 $800보다 작으면 주주는 아무것도 받지 못하는 셈이 된다.

현금흐름이 $800보다 큰 경우: 여기서는 풋이 외가격이기 때문에 주주는 풋옵션을 행사하지 않는다. 따라서 주주는 기업의 소유권을 유지하지만 채권자에게 이자와 원금으로 $800을 지불한다.

채권자 채권자의 포지션은 다음의 두 개의 청구권으로 묘사될 수 있다.

1. 채권자는 주주에게 대여한 $800을 받을 게 있다.
2. 채권자는 주주에게 행사가격이 $800인, 기업에 대한 풋옵션을 매도하였다.

현금흐름이 $800보다 작은 경우: 앞서 언급했듯이 이 경우에 주주는 풋을 행사할 것이다. 이것

은 채권자가 기업을 대가로 $800을 지불해야 할 의무가 있음을 의미한다. 채권자는 주주에게 받을 $800이 있기 때문에 권리와 의무는 서로 상계된다. 따라서 이 경우에 채권자는 기업의 모든 현금흐름을 받는 것으로 끝난다.

현금흐름이 $800보다 큰 경우: 여기에서 주주는 풋을 행사하지 않는다. 따라서 채권자는 받기로 예정된 $800을 받는다.

이런 방법으로 채권자의 포지션을 표현하는 것은 이해를 돕는다. 채권자가 받기로 되어 있는 $800은 채무불이행의 위험이 없는 무위험채권이 아니다. 따라서 위험채권(risky bond)을 무위험채권과 풋을 사용하여 아래와 같이 표현할 수 있다.

위험채권의 가치 = 무위험채권의 가치 − 풋옵션의 가치

즉, 위험채권의 가치는 무위험채권의 가치에서 기업을 $800에 팔 수 있는 주주의 풋옵션 가치를 차감한 것이다.

콜옵션과 풋옵션 관점의 조화

앞에서 주주와 채권자의 포지션은 콜이나 풋의 관점에서 표현될 수 있다고 주장했다. 이들 두 관점은 〈표 22.4〉로 요약되어 있다.

경험에 따르면, 일반적으로 학생들은 기업을 콜보다는 풋의 관점에서 생각하는 것을 더 어려워한다. 따라서 두 관점이 동일하다는 것을 보여주는 방법이 도움이 될 것이다. 다행스럽게 풋–콜 패러티가 있다. 앞 절의 수식 (22.1)에서 제시했던 풋–콜 패러티 관계는 다음과 같다.

기초주식의 가격 + 풋의 가격 = 콜의 가격 + 행사가격의 현재가치 **(22.1)**

이번 절의 결과를 이용하면, 수식 (22.1)을 아래와 같이 다시 쓸 수 있다.

기업에 대한 콜의 가치 = 기업의 가치 + 기업에 대한 풋의 가치 − 무위험채권의 가치 **(22.3)**

콜옵션으로 표현된 주주의 포지션 = 풋옵션으로 표현된 주주의 포지션

수식 (22.1)에서 수식 (22.3)으로 이동하는 데는 몇 단계를 필요로 한다. 첫째, 이번 절에서 우리

표 22.4
콜과 풋으로 표현된 Popov Company의 주주와 채권자의 포지션

주주	채권자
콜옵션 관점으로 본 포지션	
1. 주주는 행사가격 $800인 기업에 대한 콜옵션을 소유한다.	1. 채권자는 기업을 소유한다. 2. 채권자는 주주에게 기업에 대한 콜옵션을 매도했다.
풋옵션 관점으로 본 포지션	
1. 주주는 기업을 소유한다. 2. 주주는 채권자에게 이자와 원금을 합하여 $800을 빚지고 있다. 3. 주주는 행사가격이 $800인 기업에 대한 풋옵션을 소유한다.	1. 채권자는 이자와 원금을 합하여 $800을 받을 것이 있다. 2. 채권자는 주주에게 기업에 대한 풋옵션을 매도했다.

는 주식이 아니라 기업을 기초자산으로 다룬다(일반적인 관례대로 기업의 가치와 주식의 가격을 말한다). 둘째, 행사가격은 이제 기업의 부채에 대한 이자와 원금의 합계인 $800이다. 이 금액을 무위험이자율로 할인한 현재가치는 채무불이행 위험이 없는 채권의 가치이다. 셋째, 수식 (22.1)의 항의 순서는 수식 (22.3)에서 재배열된다.

수식 (22.3)의 왼쪽은 〈표 22.4〉에서처럼 콜옵션으로 표현된 주주의 포지션이다. 수식 (22.3)의 오른쪽은 같은 표에서처럼 풋옵션으로 표현된 주주의 포지션이다. 따라서 풋-콜 패러티는 콜옵션으로 주주의 포지션을 보는 관점은 풋옵션으로 주주의 포지션을 보는 관점과 동일하다는 것을 보여준다.

이제 수식 (22.3)의 항을 다시 정리하면 아래와 같다.

기업의 가치 − 기업에 대한 콜의 가치 = 무위험채권의 가치 − 기업에 대한 풋의 가치 **(22.4)**

콜옵션으로 표현된 채권자의 포지션 = 풋옵션으로 표현된 채권자의 포지션

수식 (22.4)의 왼쪽은 〈표 22.4〉에서처럼 콜옵션으로 표현된 채권자의 포지션이다(수식 왼쪽의 빼기 부호는 채권자가 콜을 매도했다는 것을 의미한다). 이 수식의 오른쪽은 〈표 22.4〉에서처럼 풋옵션으로 표현된 채권자의 포지션이다. 따라서 풋-콜 패러티를 통해 콜옵션으로 채권자의 포지션을 보는 관점은 풋옵션으로 채권자의 포지션을 보는 관점과 동일하다는 것을 볼 수 있다.

대출보증에 대한 설명

앞의 Popov의 예에서 채권자는 채무불이행의 위험을 감수했다. 물론 채권자는 일반적으로 위험 감수에 대하여 충분히 보상할 수 있는 높은 이자율을 요구한다. 재무적 곤경에 놓인 기업은 더 이상 적당한 이자율로 신규 부채를 끌어올 수 없다. 따라서 곤경을 겪고 있는 기업은 흔히 정부로부터 대출보증(loan guarantees)을 받으려고 한다. 우리의 틀은 이러한 대출보증을 이해하는 데 사용될 수 있다.

기업이 보증된 대출을 불이행하게 되면 정부가 그 차이를 보충해주어야 한다. 다시 말해서, 정부의 보증이 위험채권을 무위험채권으로 전환시킨다. 이러한 보증의 가치는 얼마인가?

아래의 옵션 식을 상기해보자.

무위험채권의 가치 = 위험채권의 가치 + 풋옵션의 가치

이 식은 정부가 풋옵션의 가치와 동일한 비용을 가지는 의무를 가정한다는 것을 보여준다.

이러한 분석은 정치인이나 회사 대변인의 분석과 다르다. 그들은 일반적으로 보증은 기업이 부채를 끌어올 수 있고 따라서 지불능력 상태를 유지하도록 해주기 때문에, 납세자에게는 아무런 비용을 일으키지 않을 것이라고 말한다. 그러나 지불능력 상태를 유지하는 가능성이 크지만 결코 확실하지는 않다는 것을 지적해야만 한다. 따라서 보증이 이루어질 때 정부의 의무는 현재가치로 환산한 비용이다. 정부보증이 정부에게는 아무런 비용도 아니라고 말하는 것은 Microsoft의 주가가 오를 것 같기 때문에 이 주식에 대한 풋은 가치가 없다고 말하는 것과 같다.

실제로 미국정부는 대출보증에서 운이 좋았다. 2008년 금융위기 이전에 가장 큰 두 건은 1971년의 Lockheed Corporation과 1980년의 Chrysler Corporation에 대한 보증이었다. 두 기업 모두 현금이 거의 바닥이 났고 대출금은 지불불능의 상태였다. 미국 정부는 신규대출을 보증해줌으로써 구조에 나섰다. 보증에 따르면, Lockheed와 Chrysler가 신규대출에 대해 지불불능이 되면, 채권자는 미국 정부로부터 청구권에 대한 완전한 변제를 받을 수 있었다. 채권자의 관점에서 보면 이 대출은 미국 재무부증권과 같은 무위험대출이 되었다. 이러한 보증으로 인해 Lockheed와 Chrysler는 거액의 현금을 빌려 어려운 시기를 극복할 수 있었다. 어느 기업에서도 채무불이행이 일어나지는 않았다.

이러한 전형적인 대출보증에서 누가 혜택을 얻는가?

1. 기존의 위험채권을 보증한다면, 모든 이득은 기존의 채권자에게 돌아간다. 회사에 대한 유한책임으로 파산 시 주주의 어떠한 의무도 면제되기 때문에, 주주는 보증으로 아무런 혜택을 얻지 못한다.
2. 신규 부채가 발행되고 보증된다면, 새로운 채권자는 이득을 얻지 못한다. 오히려 채권의 위험이 낮기 때문에 그들은 경쟁시장에서 낮은 이자율을 받아들여야 한다. 주주는 낮은 이자율로 부채를 발행할 수 있기 때문에 이 경우 보증에서 이득을 본다. 추가적으로 기업의 가치가 보증이 없었을 때보다 더 커지기 때문에 이익의 일부는 기존의 채권자에게 돌아간다. 그러므로 주주가 대출보증으로부터 모든 이득을 얻고자 한다면, 보증이 이루어지기 전에 기존의 채권을 상환하거나 재협상하여야 한다. 이것이 바로 Chrysler의 경우에 일어났다.

22.10 옵션과 기업의 의사결정: 응용

이번 절에서 두 가지 중요한 영역인 자본예산과 합병에서 옵션 분석이 어떻게 응용되는지를 살펴본다. 먼저 합병에서 매우 놀라운 결과를 보게 될 것이다. 그리고 계속해서 순현재가치법이 부채가 있는 차입기업에서 중요한 약점이 있음을 보여준다.

합병과 다각화

이 교재의 다른 곳에서 인수합병이 논의된다. 거기에서 다각화(diversification)는 두 기업이 합병하는 이유로 자주 인용된다. 다각화는 합병을 위한 좋은 이유가 되는가? 그럴지 모른다. 앞의 장에서 많은 시간을 할애하여 다각화는 비체계적인 위험을 제거할 수 있기 때문에 투자자에게 포트폴리오 관리를 위해 가치가 있는 이유를 설명하였다.

이 문제를 검토하기 위해 두 기업 Sunshine Swimwear (SS)와 Polar Winterwear (PW)를 고려하자. 명백한 이유로 두 기업은 높은 계절적 현금흐름을 가지고 있고, 두 기업은 비수기의 현금흐름에 대해 걱정하고 있다. 두 기업이 합병을 한다면, 합쳐진 기업은 훨씬 안정적인 현금흐름을 유지할 것이다. 다시 말해서, 합병은 현금흐름의 계절적인 변동을 분산시켜 사실상 파산의 가능성을 줄여줄 것이다.

두 기업의 영업이 매우 다르기 때문에 제안된 합병은 순수하게 "재무적(financial)" 합병이라는 데 주의하자. 이는 위험감소로부터 발생하는 이득 이외에 "시너지(synergies)"나 다른 가치 창출의 가능성이 없음을 의미한다. 합병 전 정보는 다음과 같다.

	Sunshine Swimwear	Polar Winterwear
자산의 시장가치	$30백만	$10백만
순수할인채의 액면가	$12백만	$ 4백만
부채의 만기	3년	3년
자산수익률의 표준편차	50%	60%

무위험이자율은 연속복리로 5%이다. 각 기업의 자기자본을 콜옵션으로 보고, Black-Scholes를 이용하여 다음과 같이 주식가치를 계산할 수 있다(연습을 위해 아래 수치를 확인하자).

	Sunshine Swimwear	Polar Winterwear
자기자본의 시장가치	$20.424백만	$7.001백만
부채의 시장가치	$ 9.576백만	$2.999백만

실제 계산을 해보면, 이들 값은 (우리는 스프레드시트를 이용했다) 〈표 22.3〉을 사용하여 계산한 값과 다소 다를 수 있다. 부채의 시장가치는 재무상태표 항등식을 사용하여 계산하였다.

합병 후 합쳐진 기업의 자산은 단순히 합병 전 가치의 합인 $40백만(= $30 + $10)이 될 것이다. 왜냐하면 어떠한 가치도 만들어지거나 사라지지 않았기 때문이다. 마찬가지로 부채의 총액면가는 이제 $16백만이다. 그러나 합쳐진 기업의 자산수익률 표준편차는 40%라고 가정하자. 이것은 다각화의 효과 때문에 개별 기업의 표준편차보다 더 낮은 것이다.

그러면 이 합병은 어떤 영향을 미치겠는가? 이를 알아보기 위해 합병 후 자기자본의 가치를 계산해보자. 우리의 논의를 바탕으로 합쳐진 기업의 관련 정보는 아래와 같다.

	합쳐진 기업
자산의 시장가치	$40백만
순수할인채의 액면가	$16백만
부채의 만기	3년
자산수익률의 표준편차	40%

다시 한 번 자기자본과 부채의 가치를 계산하면 아래와 같다.

	합쳐진 기업
자기자본의 시장가치	$26.646백만
부채의 시장가치	$13.354백만

이 합병은 최소한 주주에게는 끔찍한 생각임을 알 수 있다! 합병 전 두 개별 기업의 자기자본의 합은 $27.425백만(= $20.424 + 7.001)인 데 비하여, 합병 후 합쳐진 기업의 자기자본의 가치는 단지 $26.646백만이다. 즉, 합병으로 인해서 $0.779백만(= $27.425 − 26.646)의 거의 $800,000의 자기자본이 증발해버린 셈이다.

거의 $800,000에 해당하는 자기자본은 어디로 가버렸는가? 이는 채권자에게로 갔다. 채권의 가치는 합병 전에 $12.575백만(= $9.576 + 2.999)이었으나, 합병 후에 $13.354백만으로 정확하게 $0.779가 증가했다. 따라서 이 합병은 가치를 만들지도 없애지도 않았지만 주주로부터 채권자에게로 가치를 이전시켰다.

우리의 예는 순수한 재무적 합병이 나쁜 생각이라는 것과 그 이유를 보여준다. 다각화는 기업의 자산수익률의 변동성을 줄인다는 의미에서는 효과가 있다. 이러한 위험감소는 채무불이행의 가능성을 줄임으로써 채권자에게 혜택을 준다. 이것은 가끔 "**공동보험**(coinsurance)" 효과라고 불린다. 본질적으로 기업은 합병을 통해서 서로의 채권을 보험해주는 것이다. 따라서 채권의 위험은 감소하고 가치는 상승한다. 채권의 가치가 증가하고 자산의 순가치가 변하지 않는다면, 자기자본의 가치는 감소해야 한다. 따라서 순수한 재무적 합병은 채권자에게는 좋지만 주주에게는 그렇지 않다.

이것을 다른 방식으로 생각해 볼 수 있다. 자기자본은 콜옵션이기 때문에 기초자산에 대한 수익률 분산의 감소는 자기자본의 가치를 줄이게 된다. 순수한 재무적 합병의 경우에 발생하는 가치의 감소는 흥미 있는 해석을 가질 수 있다. 합병은 채무불이행(따라서 파산)의 가능성을 줄인다. 이것은 채권자의 관점에서는 확실히 좋은 것이지만, 주주의 관점에서는 왜 나쁜 것인가? 대답은 간단하다. 파산할 수 있는 권리는 주주에게 가치 있는 옵션이다. 순수한 재무적 합병은 이 옵션의 가치를 감소시킨다.

옵션과 자본예산

이제 자본예산에 관한 두 가지 문제를 살펴보자. 먼저 부채가 있는 차입기업에서 주주는 NPV가 높은 프로젝트보다 NPV가 낮은 프로젝트를 선호할 수 있음을 보게 될 것이다. 그리고 심지어 주주는 NPV가 양(+)인 프로젝트보다 음(−)인 프로젝트를 선호할 수도 있음을 보게 될 것이다.

평소처럼 예를 가지고 이러한 논점을 설명하도록 한다. 기업에 대한 기본적인 정보는 다음과 같다.

자산의 시장가치	$20백만
순수할인채의 액면가	$40백만
부채의 만기	5년
자산수익률의 표준편차	50%

무위험이자율은 4%이다. 이미 여러 차례했듯이, 자기자본과 부채의 가치를 계산하면 아래와 같다.

자기자본의 시장가치	$ 5.744백만
부채의 시장가치	$14.256백만

이 기업은 꽤 높은 수준의 부채를 가지고 있다. 시장가치에 근거한 부채-자기자본 비율은 2.48 (= $14.256/5.744) 혹은 248%이다. 이 수치는 높지만 전례가 없을 정도는 아니다. 또한 여기서 주주의 콜옵션은 외가격이며, 그 결과 델타는 0.547이다.

이 기업은 상호배타적인 두 가지 투자를 고려하고 있다. 프로젝트는 기업자산의 시장가치와 자산수익률의 표준편차에 아래와 같은 영향을 미친다.

	프로젝트 A	프로젝트 B
NPV	$ 4백만	$ 2백만
자산의 시장가치($20백만 + NPV)	$24백만	$22백만
자산수익률의 표준편차	40%	60%

어느 프로젝트가 더 좋은가? 프로젝트 A의 NPV가 명백히 더 높지만, 여기서 기업의 자산수익률 표준편차의 변화에 주의를 기울여보자. 한 프로젝트는 표준편차를 줄이고, 다른 프로젝트는 그것을 증가시킨다. 주주가 어느 프로젝트를 더 좋아하는지 보기 위해서, 우리는 이제 익숙해진 계산을 통해 다시 살펴봐야 한다.

	프로젝트 A	프로젝트 B
자기자본의 시장가치	$ 5.965	$ 8.751
부채의 시장가치	$18.035	$13.249

두 프로젝트 사이에 극적인 차이가 있다. 프로젝트 A는 주주와 채권자 모두에게 이득이 되지만, 대부분의 이득은 채권자에게 돌아간다. 프로젝트 B는 자기자본의 가치에 큰 영향을 주지만, 부채의 가치를 감소시킨다. 확실히 주주는 프로젝트 B를 선호한다.

우리의 분석은 무엇을 의미하는가? 기본적으로, 우리는 두 가지를 발견하였다. 첫째, 자기자본의 델타가 1.0보다 훨씬 작을 때, 창출된 가치의 일부는 채권자에게 돌아간다. 둘째, 주주는 회사의 자산수익률 분산을 증가시키려는 강한 인센티브를 가진다. 좀 더 구체적으로 말하면, 주주는 분산감소 프로젝트보다는 NPV가 더 낮더라도 분산증가 프로젝트에 강한 선호를 가질 것이다.

마지막으로 한 가지 예를 더 살펴보자. 기업에 대한 정보는 아래와 같다.

자산의 시장가치	$20백만
순수할인채의 액면가	$100백만
부채의 만기	5년
자산수익률의 표준편차	50%

무위험이자율은 4%이다. 따라서 자기자본과 부채의 시장가치는 다음과 같다.

자기자본의 시장가치	$ 2.012백만
부채의 시장가치	$17.988백만

이전 예에 비해서 달라진 것은 부채의 액면가치가 이제 $100백만이라서 콜옵션은 자산가치($20백만)가 크게 못 미치는 깊은 외가격이라는 점이다. 델타는 단지 0.24이므로 창출된 가치의 대부분은 채권자에게 돌아갈 것이다.

이 기업은 지금 고려 중인 어떤 프로젝트를 택해야 하는지 말아야 하는지를 결정해야 한다. 이 프로젝트가 기업자산의 시장가치와 자산수익률의 표준편차에 미치는 영향은 다음과 같다.

프로젝트 NPV	−$ 1백만
자산의 시장가치($20백만 + NPV)	$19백만
자산수익률의 표준편차	70%

따라서 이 프로젝트는 음(−)의 NPV를 가지지만 기업의 자산수익률의 표준편차를 증가시킨다. 기업이 프로젝트를 택한다면 그 결과는 아래와 같다.

자기자본의 시장가치	$ 4.834백만
부채의 시장가치	$14.166백만

이 프로젝트는 자기자본의 가치를 2배 이상 증가시킨다! 따라서 주주는 변동성을 증가시키려는 강한 인센티브를 가지는 것을 볼 수 있다. 특히 옵션이 깊은 외가격일 때 더욱 그렇다. 이러한 상황이 발생하는 이유는 기업의 파산할 가능성이 높기 때문에 주주는 상대적으로 잃을 것이 거의 없기 때문이다. 결과적으로, 승산 없는 도박이 음(−)의 NPV를 가지더라도 이를 추구하려는 강한 인센티브가 있는 것이다. 이것은 마지막 남은 돈을 로또복권에 사용하는 것과 비슷하다. 이것은 나쁜 투자이지만, 다른 옵션은 거의 남아 있지 않은 것이다!

22.11 실물 프로젝트의 투자와 옵션

교재의 앞에서 제시되었던 자본예산에 관한 내용을 간단하게 복습해보자. 먼저 프로젝트의 미래 현금흐름에 대한 추정을 0년도에서 이루어진다고 고려하였다. 각 미래 기간에 예상된 현금흐름을 적절한 위험조정 이자율로 할인하여 NPV 값을 계산하였다. 독립적인 프로젝트에 대해 양(+)의 NPV는 채택을, 음(−)의 NPV는 기각을 의미하였다. 이 접근법에서 할인율을 통해서 위험을 다루었다.

그 이후에 더 정교한 방법으로 위험을 처리하는 접근법인 의사결정트리 분석을 고려하였다. 기업은 생존기간 동안 프로젝트에 대한 투자와 영업 의사결정을 할 것이라고 지적하였다. 미래에 대한 결정이 최적일 것이라고 가정하면서 오늘의 프로젝트를 평가한다. 그러나 많은 정보가 아직 밝혀지지 않은 채 남아 있기 때문에 이러한 결정이 어떻게 될지는 아직 모른다. 정보가 발표될 때까지 투자와 영업 의사결정을 지연할 수 있는 기업의 능력은 하나의 옵션이다. 아래 예를 통하여 이제 이 옵션을 설명한다.

예제 22.6

옵션과 자본예산 Exoff Oil Corporation은 Alaska의 외딴 지역에 있는 유전지대 매입을 고려하고 있다. 매도자는 이 토지를 $10,000에 내놓았으며, 즉시 매각하고 싶어 한다. 최초의 시추비용은 $500,000이다. Exoff는 매년 10,000배럴의 원유를 수십 년 동안 추출할 수 있다고 예상한다. 종료시점이 너무 먼 미래이고 추정하기 어렵기 때문에, 회사는 원유로부터 현금흐름이 영구적이라고 가정한다. 이 기업은 배럴당 $50의 원유가격과 $46의 추출비용을 고려하여 배럴당 $4의 순마진을 예상한다. 원유가격의 상승은 인플레이션에 따를 것으로 예상되기 때문에 배럴당 현금흐름은 항상 $4의 실질가치로 가정한다. 적절한 실질 할인율은 10%이다. 이 기업은 과거 수년간의 손실로 인해 충분한 세금공제를 받을 수 있기 때문에 유전지대에서 발생하는 이익에 대해 세금을 낼 필요가 없다. Exoff는 이 유전지대를 매입해야 하는가?

Exoff에게 유전지대의 NPV는 아래와 같다.

$$-\$110,000 = -\$10,000 - \$500,000 + \frac{\$4 \times 10,000}{0.10}$$

이러한 분석에 따르면, Exoff는 토지를 매입하지 말아야 한다.

이 접근법은 다른 교재에서도 사용되는 표준적 자본예산기법이지만, 이 상황에서는 실질적으로 부적합하다. 이유를 보기 위해 Exoff의 컨설턴트인 Kirtley Thornton의 분석을 고려해보자. 그는 원유가격이 인플레이션 비율로 오를 것이라는 **예측에** 동의한다. 그러나 그는 내년에는 원유가격이 아주 위험하다고 지적한다. 한편으로는 OPEC가 미래에 실질가치로 배럴당 $65로 원유가격을 올리기 위한 장기협약을 고려하고 있다. 다른 한편으로 National Motors가 자동차의 연료로 모래와 물의 혼합물을 사용하는 차를 현재 시험 중에 있다고 최근에 발표하였다. Thornton은 이러한 개발이 성공한다면, 원유가격은 오랫동안 실질가치로 배럴당 $35로 책정될 것이라고 주장한다. 이러한 개발에 대한 충분한 정보는 정확하게 1년 후에 발표될 것이다.

원유가격이 배럴당 $65로 오른다면, 이 프로젝트의 NPV는 다음과 같다.

$$\$1,390,000 = -\$10,000 - \$500,000 + \frac{(\$65 - \$46) \times 10,000}{0.10}$$

그러나 원유가격이 배럴당 $35로 떨어진다면, 유전지대의 NPV는 지금보다 심지어 오늘보다 더 악화될 것이다.

Mr. Thornton은 Exoff의 이사회에 아래의 두 가지 권고를 한다.

1. 토지는 매입되어야 한다.
2. 시추 결정은 OPEC의 새로운 협약과 National Motors의 신차에 대한 정보가 나올 때까지 연기되어야 한다.

Mr. Thornton은 그 토지가 이미 매입되었다고 우선 가정하면서 자신의 권고안을 이사회에 설명한다. 그는 이 가정하에 시추 결정이 연기되어야 한다고 주장한다. 두 번째로, 그는 먼저 그 토지가 매입되었어야만 한다는 자신의 가정을 조사한다. 첫 번째 결정(토지매입 결정)이 이루어졌다고 가정한 후에 두 번째 결정(시추 여부 결정)을 검토하는 이러한 접근법은 이전의 의사결정트리에서 제시되었다. 이제 Mr. Thornton의 분석을 분석해 보자.

토지가 이미 매입되었다고 가정한다. 토지가 이미 매입되었다면 즉시 시추를 시작해야 하는가? 시추를 즉시 시작한다면, NPV는 −$110,000이다. 새로운 정보가 1년 후에 발표될 때까지 시추결정이 연기된다면, 최적의 선택은 그때 가서 할 수 있다.

만일 원유가격이 배럴당 $35로 떨어진다면, Exoff는 시추하지 말아야 한다. 대신에 회사는 프로젝트로부터 떠나버리고 토지의 매입비용인 $10,000 이상의 손실을 보지 않는다. 원유가격이 $65로 오른다면, 시추를 시작해야 한다.

Mr. Thornton은 결정을 연기함으로써 회사는 원유가격이 오르는 경우에만 $500,000의 시추비용을 투자하게 된다고 말한다. 따라서 결정을 연기함으로써 회사는 원유가격이 떨어지는 경우에 $500,000을 절약한다. Kirtley는 일단 토지가 매입되면 시추 결정은 연기되어야 한다는 결론을 내린다.[9]

토지는 먼저 매입되어야만 하는가? 만일 토지가 매입되었더라면 정보의 발표 때까지 시추 결정을 연기하는 것이 최적임을 이제 알고 있다. 시추에 관련된 최적은 결정을 알고 있다고 할 때, 토지는 먼저 매입되어야 하는가? 원유가격이 상승할 확률을 정확히 알지 못함에도 불구하고, Mr. Thornton은 토지가 매입되어야 한다고 확신한다. 배럴당 $65의 원유가격에서 토지의 비용은 단지 $10,000인 반면에 이 프로젝트의 NPV는 $1,390,000이다. Mr. Thornton은 원유가격의 상승이 가능하지만 반드시 일어나지는 않다고 믿는다. 그렇다고 하더라도, 높은 잠재적 수익은 확실히 위험을 택할 만한 가치가 있다고 주장한다.

이 예는 앞 장에서 다룬 Solar Equipment Comapny의 의사결정트리 분석과 유사한 접근법을 제시한다. 이번 절에서 우리의 목적은 옵션의 틀에서 이런 유형의 의사결정을 논의하는 것이다. Exoff가 토지를 매입할 때, 회사는 실제로는 콜옵션을 구매하는 것이다. 즉, 일단 토지를 매입했다면, 회사는 $500,000의 행사가격으로 유전지대를 개발하는 옵션을 가지게 된다. 일반적으로 콜옵션은 즉시 행사해서는 안 된다고 알려져 있다.[10] 이 예에서 기업이 미래 원유가격에 관련된 정보가 발표될 때까지 행사를 미루어야 한다.

이번 절은 고전적인 자본예산의 심각한 결함을 지적한다. 순현재가치의 계산은 현실 세계의 기업이 지니고 있는 유연성을 전형적으로 무시한다. 우리의 예에서 표준적인 기법은 토지 매입에 있어서 음(−)의 NPV를 만들었다. 그러나 기업에게 새로운 정보에 따라 회사의 투자정책을 바꿀 수 있는 옵션을 허용함으로써, 토지의 매입은 쉽게 정당화될 수 있다.

우리는 독자가 프로젝트에 숨겨진 옵션을 찾아보기를 권한다. 옵션은 유익하기 때문에, 자본예산의 계산이 유연성을 무시한다면 경영자는 회사의 프로젝트를 잘못 계산하는 것이다.

[9] 실제로는 여기에 세 가지 별개의 효과가 있다. 첫째, 회사는 의사결정을 늦추어 원유가격이 떨어지는 경우 시추비용을 절약한다. 이는 Mr. Thornton이 논의한 효과이다. 둘째, 결국 시추를 한다고 하더라도 $500,000 지불금의 현재가치는 결정이 연기되면 줄어든다. 셋째, 회사는 연기로 인해 1년의 현금유입을 손해를 본다.

처음 두 효과는 의사결정의 연기를 지지한다. 세 번째 효과는 즉각적인 시추를 지지한다. 이 예에서, 첫 번째 효과가 다른 두 효과를 크게 압도한다. 따라서 Mr. Thornton은 두 번째와 세 번째 효과를 제시하지 않았다.

[10] 실제로는 배당을 하지 않는 주식에 대한 콜옵션은 만기 전에 결코 행사되어서는 안 된다는 것을 볼 수 있다. 그러나 배당지급 주식에 대해서는 배당락일 전에 행사하는 것이 최적일 수 있다. 이것은 우리의 실물자산에 대한 옵션에도 동일하게 적용될 수 있다.

회사는 시추를 즉시 시작하면 원유로부터 현금흐름을 더 일찍 받을 것이다. 이는 배당을 받기 위해 주식에 대한 콜옵션을 성급하게 행사하여 얻는 이득에 상응한다. 그러나 우리의 예에서 이러한 배당의 효과는 기다림으로 인한 혜택보다 훨씬 적다.

요약 및 결론 _Summary and Conclusions

이번 장의 내용은 옵션을 소개하는 것이다.

01. 가장 익숙한 옵션은 풋과 콜이다. 이러한 옵션은 소지자에게 주어진 행사가격에 보통주의 주식을 팔거나 살 수 있는 권리를 준다. 미국형 옵션은 만기일을 포함하여 그 시점까지 어느 때나 행사될 수 있다. 유럽형 옵션은 만기일에만 행사될 수 있다.

02. 우리는 주식을 매수하고 풋을 매수하는 전략이 콜을 매수하고 무이표채권을 매입하는 전략과 동일하다는 것을 보였다. 이로부터 풋-콜 패러티 관계가 성립된다.

$$\text{주식의 가치} + \text{풋의 가치} - \text{콜의 가치} = \text{행사가격의 현재가치}$$

03. 옵션의 가치는 5가지 요인에 의해 결정된다.

a. 기초자산의 가격

b. 행사가격

c. 만기일

d. 기초자산의 변동성

e. 무위험채권의 이자율

Black-Scholes 모형은 이러한 5가지 요인으로부터 옵션의 내재가치를 결정할 수 있다.

04. 기업 재무이론의 많은 부분이 옵션의 용어로 표현될 수 있다. 이번 장에서 우리는 다음과 같은 내용을 지적했다.

a. 보통주는 기업에 대한 콜옵션으로 표현될 수 있다.

b. 주주는 기업의 위험을 증가시킴으로써 보유한 콜의 가치를 증진한다.

c. 실제 프로젝트는 가치를 증가시키는 숨겨진 옵션을 가진다.

개념확인 _Concept Questions

01. 옵션 콜옵션은 무엇인가? 풋옵션은? 어떤 상황에서 당신은 이러한 옵션을 매입하겠는가? 어느 쪽이 더 큰 잠재적 이익을 가지는가? 그 이유는?

02. 옵션 다음의 각 투자자에 대하여 아래 문장을 완성하라.

a. 콜옵션의 매수자

b. 풋옵션의 매수자

c. 콜옵션의 매도자(발행자)

d. 풋옵션의 매도자(발행자)

"(풋/콜)옵션의 (매수자/매도자)는 정해진 시간 동안 고정된 가격에 특정한 자산을 (살 수/팔 수) 있는 (권리/의무)에 대하여 돈을 (지불한다/받는다)."

03. 미국형 옵션과 유럽형 옵션 미국형 옵션과 유럽형 옵션의 차이는 무엇인가?

04. 내재가치 콜옵션의 내재가치는 무엇인가? 풋옵션은? 이러한 가치를 어떻게 해석하는가?

05. 옵션의 가격결정 Patel Corporation의 주식이 주당 $50이라는 것을 알았다. 행사가격이 $35인 콜옵션이 $10에 거래되고 있다. 무엇이 잘못되었는가? 만일 옵션이 오늘 만료된다면 이러한 가격오류

를 이용하여 어떻게 이득을 볼 것인지 설명하라.

06. **옵션과 주식위험** 주식의 위험이 증가하면 주식에 대한 콜옵션의 가격은 어떻게 되는가? 풋옵션의 가격은? 그 이유는?

07. **옵션 위험** 다음은 참인가 혹은 거짓인가? 주식의 비체계적 위험은 주식의 가치평가에 무관련하다. 왜냐하면 분산되어 사라지기 때문이다. 따라서 주식의 콜옵션의 가치를 평가할 때 역시 무관하다. 설명하라.

08. **옵션의 가격결정** 어떤 주식이 현재 주당 $30에 거래되고 있다. 만일 행사가격 $30인 풋옵션과 콜옵션이 있다면 어느 것의 가격이 더 높게 거래될까? 설명하라.

09. **옵션가격과 이자율** 무위험이자율인 T-bill의 이자율이 갑자기 예상치 못하게 증가하였다고 가정하자. 그 외 다른 것은 일정하다고 할 때, 콜옵션의 가치에 어떤 영향이 있는가? 풋옵션의 가치에는?

10. **우발채무** 당신이 학생일반대출을 받을 때, 대출은 일반적으로 정부로부터 보증을 받는다. 그것은 정부가 당신이 건너뛴 지불금을 메워줄 것이라는 의미이다. 이것은 정부가 행하는 여러 종류의 대출보증 중 하나의 예이다. 이러한 보증은 정부지출의 계산이나 공식적인 정부의 재정통계표에 나오지 않는다. 왜 빠지는가? 공식적으로 표현되어야만 하는가?

11. **옵션과 만기일** 만기까지의 기간을 늘리게 되면 옵션의 가치에 어떤 영향을 주는가? 설명하라.

12. **옵션과 주식의 변동성** 기초자산이 주식수익률의 변동성이 증가하면 옵션의 가치에 어떤 영향을 주는가? 설명하라.

13. **옵션으로서 보험** 보험정책은 옵션과 유사하다고 간주된다. 보험정책자의 관점에서 어떤 종류의 옵션이 보험정책과 유사한가? 그 이유는?

14. **콜옵션으로서 주식** 차입기업의 주주는 기업의 자산에 대한 콜옵션을 소지하고 있는 것으로 생각될 수 있다. 이러한 서술이 의미하는 것은 무엇인지 설명하라.

15. **옵션 가치평가와 NPV** 당신과 Titan Industries의 CEO는 방금 대규모 종업원 스톡옵션을 받았다. 회사는 두 개의 상호배타적인 프로젝트를 고려 중이다. 첫 번째 프로젝트는 대규모 NPV를 가지고 있고 회사의 총위험을 줄일 것이다. 두 번째 프로젝트는 소규모 NPV를 가지고 있고 회사의 총위험을 증가시킬 것이다. 보유하고 있는 종업원 스톡옵션을 기억할 때 첫 번째 프로젝트를 선택하기로 결정했다. 스톡옵션은 당신의 결정에 어떻게 영향을 주었을까?

16. **풋-콜 패러티** 당신은 동일한 행사가격과 만기일을 가지는 풋과 콜을 발견했다. 풋과 콜의 상대적인 가격에 대해 무엇을 알 수 있나? 당신의 해답을 증명하고 직관적인 설명을 하라.

17. **풋-콜 패러티** 동일한 만기와 행사가격을 가지는 풋과 콜이 있다. 만일 두 옵션의 가격이 같다면 어느 쪽이 내가격인가? 당신의 해답을 증명하고 직관적인 설명을 하라.

18. **풋-콜 패러티** 풋-콜 패러티는 우리에게 주식, 콜, 풋, T-bill 중 세 가지가 주어지면 나머지 하나를 세 가지를 이용해서 합성하거나 복제할 수 있다고 말하고 있다. 예를 들어, 우리에게 콜, 풋, T-bill이 주어지면 어떻게 주식을 복제할 수 있는가?

연습문제 _Questions and Problems

기초
(Questions 1~17)

01. 옵션가격결정 모형 T-bill은 현재 3.4%의 수익률을 가진다. Danotos Manufacturing의 주식은 현재 주당 $74이다. 1년 뒤에 주식이 $71 아래로 내려갈 가능성은 없다.

a. 행사가격이 $70일 때 콜옵션의 가치는 얼마인가? 내재가치는 얼마인가?

b. 행사가격이 $60일 때 콜옵션의 가치는 얼마인가? 내재가치는 얼마인가?

c. 행사가격이 $70일 때 풋옵션의 가치는 얼마인가? 내재가치는 얼마인가?

02. 옵션시세표 이해 아래의 옵션시세표를 이용하여 문제들을 답하라. 주식은 현재 $83에 거래되도 있다.

			콜		풋	
옵션과 NY Close	만기	행사가격	거래량	마지막 거래가격	거래량	마지막 거래가격
RWJ						
	3월	80	230	2.80	160	0.80
	4월	80	170	6	127	1.40
	7월	80	139	8.05	43	3.90
	10월	80	60	10.20	11	3.65

a. 콜옵션이 내가격(in the money)인가? RWJ Corp. 콜옵션의 내재가치은 얼마인가?

b. 풋옵션이 내가격(in the money)인가? RWJ Corp. 풋옵션의 내재가치은 얼마인가?

c. 두 옵션의 가격이 잘못 책정되었다. 어떤 옵션들이 그런가? 잘못 매겨진 옵션들은 최소한 얼마에 거래되어야 하는가? 각각의 상황에서 잘못 매겨진 가격으로부터 어떻게 이익을 얻을 수 있는지 설명하라.

03. 이익 계산 옵션시세표 정보를 이용하여 아래 문제들에 답하라. 주식은 현재 $114에 거래되고 있다.

			콜		풋	
옵션과 NY Close	만기	행사가격	거래량	마지막 거래가격	거래량	마지막 거래가격
Macrosoft						
	2월	110	85	7.60	40	0.60
	3월	110	61	8.80	22	1.50
	5월	110	22	10.25	11	2.85
	8월	110	3	10.20	3	4.70

a. 당신이 2월물 110 콜옵션 10계약을 매수한다고 하자. 수수료를 무시한다면 당신은 얼마를 지불할 것인가?

b. 문항 (a)에서, Macrosoft 주식이 만기일에 주당 $140에 거래된다고 가정하자. 당신의 옵션 투자 가치는 얼마인가? 최종 주가가 $125이라면? 설명하라.

c. 당신이 8월물 110 풋옵션 10계약을 매수한다고 하자. 최대 이익은 얼마인가? 만기일에 Macrosoft의 주식은 주당 $104에 거래된다. 당신의 옵션 투자 가치는 얼마인가? 순이익은 얼마인가?

d. 문항 (c)에서, 당신이 8월물 110 풋옵션 10계약을 매도한다고 하자. Macrosoft의 주식이 만기일에 주당 $103에 거래된다면 당신의 순손익은 얼마인가? $132에 거래된다면? 손익분기 가격(수익이 0이 되는 최종 주식가격)은 얼마인가?

04. 이항옵션가격결정 모형 Ervin Corp.의 주식가격은 연말에 $63이거나 $77가 될 것이다. 만기 1년인 콜옵션이 있으며 T-bill은 4% 수익률을 가진다.

a. 현재 주가는 $68이라고 가정한다. 행사가격이 $60이면 콜옵션의 가치는 얼마인가?

b. 문항 (a)에서 행사가격이 $70라고 가정하자. 콜옵션의 가치는 얼마인가?

05. 이항옵션가격결정 모형 Profile, Inc.의 주식가격은 연말에 $55이거나 $75가 될 것이다. 만기 1년인 콜옵션이 있으며 T-bill은 5% 수익률을 가진다.

a. 현재 주가는 $66이라고 가정한다. 행사가격이 $40이면 콜옵션의 가치는 얼마인가?

b. 문항 (a)에서 행사가격이 $65이라고 가정하자. 콜옵션의 가치는 얼마인가?

06. 풋-콜 패러티 주식의 현재 가격은 $52이다. $50의 행사가격을 가지는 3개월 만기의 콜옵션은 $3.40이다. 무위험이자율은 연속복리로 연간 2.6%이다. 동일한 행사가격을 가지는 풋옵션의 가격은 얼마인가?

07. 풋-콜 패러티 $65의 행사가격을 가지는 6개월 만기의 풋옵션은 $5.12이다. 주식의 현재가격은 $66이고 무위험이자율은 연속복리로 연간 3.6%이다. 동일한 행사가격을 가지는 콜옵션의 가격은 얼마인가?

08. 풋-콜 패러티 행사가격이 $105이고 만기까지 3개월이 남은 콜옵션과 풋옵션이 각각 $4.89와 $5.32로 거래된다. 무위험이자율이 연속복리로 연간 4.8%이면, 이 주식의 가격은 얼마인가?

09. 풋-콜 패러티 행사가격이 $55이고 만기까지 2개월이 남은 콜옵션과 풋옵션이 각각 $2.65와 $5.32로 거래된다. 주식의 현재가격이 $57.30이라면 연속복리 이자율은 얼마인가?

10. Black-Scholes 다음과 같은 특성을 가질 때, 콜옵션과 풋옵션의 가격은 얼마인가?

주식가격	=	$86
행사가격	=	$90
무위험이자율	=	연속복리로 연간 5%
만기	=	4개월
표준편차	=	연간 48%

11. Black-Scholes 다음과 같은 특성을 가질 때, 콜옵션과 풋옵션의 가격은 얼마인가?

주식가격	=	$58
행사가격	=	$55
무위험이자율	=	연속복리로 연간 4%
만기	=	5개월
표준편차	=	연간 53%

12. 델타 다음과 같은 특성을 가질 때, 콜옵션과 풋옵션의 델타는 얼마인가? 옵션의 델타는 무엇을 말하고 있는가?

주식가격	= $76
행사가격	= $70
무위험이자율	= 연속복리로 연간 5%
만기	= 9개월
표준편차	= 연간 49%

13. Black-Scholes와 자산가치 당신은 Florida 주의 Key West에 사용하지 않는 토지를 가지고 있다. 유사한 토지가 최근에 $1.1백만에 판매되었다. 지난 5년 동안 이 지역 토지의 가격은 연간 11%로 상승했고 연간 표준편차는 30%였다. 매입자는 12개월 뒤에 $1.325백만에 토지를 매입하는 옵션을 원하고 있다. 무위험이자율은 연속복리로 연간 5%이다. 이 옵션에 대해 당신을 얼마를 요구할 것인가?

14. Black-Scholes와 자산가치 앞의 문제에서 이제 당신이 매입자에게 12개월 뒤에 토지를 매도하는 옵션을 원하고 있다. 모든 정보는 앞과 같고, 거래는 오늘 발생한다고 가정하자. 이 거래의 가격은 얼마인가?

15. 옵션의 시간가치 어떤 주식의 옵션에 대하여 다음과 같은 정보가 있다.

주식가격	= $62
행사가격	= $60
무위험이자율	= 연속복리로 연간 6%
만기	= 6개월
표준편차	= 연간 47%

a. 콜옵션의 내재가치는 얼마인가? 풋옵션은?

b. 콜옵션의 시간가치는 얼마인가? 풋옵션은?

c. 더 큰 시간가치를 가지는 것은 콜옵션인가 풋옵션인가? 이것이 일반적으로 참이라고 예상하는가?

16. 위험중립 가치평가 주식의 현재가치는 $77이다. 내년에 주식은 16%를 상승하든지 하락할 것이다. 1년 만기의 행사가격 $75의 콜옵션이 있다. 무위험이자율이 8%라면, 콜옵션의 위험중립 가치는 얼마인가?

17. 위험중립 가치평가 앞의 문제에서 무위험이자율을 5%로 가정하자. 이제 옵션의 위험중립 가치는 얼마인가? 주식가격의 상승과 하락의 위험중립 확률에 어떤 일이 발생하였는가?

중급
(Questions 18~29)

18. Black-Scholes 콜옵션이 6개월 뒤에 종료된다. 기초주식의 가격은 $75이고 주식수익률의 표준편차는 연간 30%이다. 무위험이자율은 연속복리로 연간 4%이다. 행사가격이 $0이라면 콜옵션의 가격은 얼마인가?

19. Black-Scholes 콜옵션이 6개월 만기에 행사가격은 $70이다. 현재 주식의 가격은 $73이고, 무위험이자율은 연속복리로 연간 5%이다. 주식수익률의 표준편차가 연간 0%이면 콜옵션의 가격은 얼마인가?

20. Black-Scholes 주식의 현재가치는 $35이다. 1년 만기에 행사가격 $50인 콜옵션이 있다. 무위험이자율은 연속복리로 연간 7%이고 주식수익률의 표준편차는 무한대로 크다. 콜옵션의 가격은 얼마인가?

21. 옵션으로서 주식 Sunburn Sunscreen은 1년 만기의 액면가치 $10,000의 무이표채권을 가지고 있다. 회사 자산의 현재 시장가치는 $11,200이다. 회사 자산의 수익률 표준편차는 연간 38%이고 연간 무위험이자율은 연속복리로 5%이다. Black-Scholes 모형에 근거해서 회사의 자기자본과 부채의 시장가치는 얼마인가?

22. 옵션으로서 주식과 NPV 앞의 문제에서 두 개의 상호배타적인 투자를 고려해보자. 프로젝트 A는 $1,200의 NPV를, 프로젝트 B는 $1,600의 NPV를 가진다. 프로젝트 A를 택하면 회사 자산수익률의 표준편차는 연간 55%로 증가하게 된다. 프로젝트 B를 택하면 표준편차는 연간 34%로 줄어들 것이다.

a. 프로젝트 A가 선택된다면, 회사의 자기자본과 부채의 가치는 얼마인가? 프로젝트 B가 선택된다면 그 결과는?

b. 주주는 어느 프로젝트를 선호할 것인가? NPV 규칙에 따라 설명할 수 있는가?

c. 주주와 채권자를 같은 그룹의 투자자라고 가정하면 문항 (b)의 답변에 변화가 있는가?

d. 이 문제를 통해서 볼 때 주주의 인센티브를 어떻게 말할 수 있는가?

23. 옵션으로서 주식 Frostbite Thermalwear는 1년 만기의 액면가치 $15,000의 무이표채권을 가지고 있다. 회사 자산의 현재 시장가치는 $16,900이다. 회사 자산의 수익률 표준편차는 연간 53%이고 연간 무위험이자율은 연속복리로 5%이다. Black-Scholes 모형에 근거해서 회사의 자기자본과 부채의 시장가치는 얼마인가? 이 회사의 부채비용은 연속복리로 얼마인가?

24. 합병과 옵션으로서 주식 앞의 문제들에서 Sunburn Sunscreen과 Frostbite Thermalwear은 합병하기로 결정했다고 하자. 두 기업은 계절적 매출이 있기 때문에 합쳐진 기업의 총자산수익률의 표준편차는 연 29%가 될 것이다.

a. 두 기존 기업의 자본 가치의 합은 얼마인가? 부채 가치의 합은?

b. 신규 기업의 자본 가치는 얼마인가? 부채 가치는?

c. 주주의 손익은 얼마인가? 채권자의 손익은?

d. 주주의 가치에 어떤 변화가 발생하였는가?

25. 옵션으로서 주식과 NPV 한 기업은 10년 만기의 액면가치 $8백만의 무이표채권을 발행하고 있다. 기업의 현재 자산 가치는 $7.1백만이고 자산수익률의 표준편차는 연 $39%이다. 무위험이자율은 연속복리로 연 6%이다.

a. 자기자본의 현재 시장가치는 얼마인가?

b. 부채의 현재 시장가치는 얼마인가?

c. 연속복리 부채비용은 얼마인가?

d. 이 기업은 새로운 프로젝트에 투자할 수 있다. 프로젝트의 NPV는 $1.1백만이다. 만약 기업이 프로젝트를 실행한다면, 자본의 새로운 시장가치는 얼마인가? 변동성은 변하지 않는다고 가정하라.

e. 기업이 더 이상 돈을 빌리지 않고 프로젝트를 실행한다고 가정하면, 연속복리 부채비용은 얼마인가? 어떤 현상이 발행하는 것인가?

26. 이항옵션가격결정 모형 Ken은 Southeastern Airline, Inc. 주식에 대한 유럽형 콜옵션을 매입하려고 한다. 콜옵션은 행사가격이 $60이고 만기는 1년 남았으며 회사는 무배당기업이다. 현재 주식가격은 $62이다. Ken은 1년 뒤에 Southeastern 주식이 $73나 $49가 될 것이라고 생각한다. Ken은 EAR 2.5%의 무위험이자율로 돈을 빌리거나 빌려줄 수 있다.

a. 현재 콜옵션의 가격은 얼마여야 하는가?

b. 주식에 대한 옵션이 존재하지 않는다면, 콜옵션과 동일한 손익을 가져다주는 합성 콜옵션을 만들 수 있는가? 할 수 있다면 그 방법은 무엇인가?

c. 합성 콜옵션의 비용은 얼마인가? 이 비용은 콜옵션의 실제 가격에 비해 클 것인가, 작을 것인가, 아니면 같을 것인가? 이러한 생각은 합당한가?

27. 이항옵션가격결정 모형 Rob은 Biolab, Inc. 주식에 대한 유럽형 풋옵션을 매수하려고 한다. 풋옵션은 행사가격이 $60이고 만기는 6개월 남았으며 회사는 무배당기업이다. 현재 주식가격은 $57이다. Rob은 6개월 뒤에 Biolab 주식이 $67나 $48가 될 것이라고 예상한다. Rob은 EAR 5%의 무위험이자율로 돈을 빌리거나 빌려줄 수 있다.

a. 현재 풋옵션의 가격은 얼마여야 하는가?

b. 주식에 대한 옵션이 존재하지 않는다면, 풋옵션과 동일한 손익을 가져다주는 합성 풋옵션을 만들 수 있는가? 할 수 있다면 그 방법은 무엇인가?

c. 합성 풋옵션의 비용은 얼마인가? 이 비용은 풋옵션의 실제 가격에 비해 클 것인가, 작을 것인가, 아니면 같을 것인가? 이러한 생각은 합당한가?

28. 이항옵션가격결정 모형 Maverick Manufacturing, Inc.은 운영을 위해 3개월 안에 꼭 금을 구매해야 한다. Maverick의 경영진은 금 가격이 온스당 $1,380 이상으로 오르면 기업은 파산할 것이라고 예상했다. 현재 금 가격은 온스당 $1,280이다. 기업의 CFO은 다음 3개월 동안 금 가격이 온스당 $1,445로 상승하든지 온스당 $1,130로 하락할 것이라고 믿는다. 경영진은 기업의 파산 위험을 제거하기를 원한다. Maverick은 EAR 6.50%의 무위험이자율로 돈을 빌리거나 빌려줄 수 있다.

a. 기업은 금에 대한 콜옵션 혹은 풋옵션을 매수해야 하는가? 행사가격과 만기가 얼마여야 기업은 파산을 피할 수 있는가?

b. 공개시장에서 옵션을 얼마에 거래되어야 하는가?

c. 금에 대한 옵션이 거래되지 않는다면, 콜옵션과 동일한 수익을 가져다주는 합성 옵션을 만들 수 있는가? 할 수 있다면 그 방법은 무엇인가?

d. 합성 옵션비용은 얼마인가? 실제 옵션비용보다 큰 것인가, 작은 것인가, 혹은 같은 것인가? 이것은 타당한가?

29. Black-Scholes와 Collar 비용 투자자는 자산을 매입하고, 자산에 대한 외가격 풋옵션을 매수하고, 자산에 대한 외가격 콜옵션을 매도하면 "칼라(collar)"라는 포지션을 취한고 한다. 두 가지 옵션의 만기일은 같다. Marie가 배당금을 지급하지 않는 보통주 Riggs, Inc.의 6개월 만기인 칼라를 매입하려고 한다고 가정해 보자. Marie는 풋 행사가격을 $55로 하고 콜 행사가격을 $80에 하려고 한다. 현재 주가는 주당 $68이다. Marie는 연속복리 연 7%의 무위험이자율로 빌리거나 빌려줄 수 있고, 주식 수익율의 표준편차는 연 50%이다. Black-Scholes 모델을 이용하여 Marie가 관심 있어 하는 칼라의 총비용을 계산하라. 칼라의 효과는 무엇인가?

고급
(Questions 30~38)

30. 부채평가와 만기 Murtaugh Industries는 2년 후에 만기가 되는 액면가치 $90,000의 무이표채권을 발행하고 있다. 기업 현재 자산 가치는 $59,000이고 자산수익률의 표준편차는 연 $60%이다.

a. 무위험이자율은 연속복리로 연 5%라고 가정하자. 기업의 채권과 액면가와 만기가 같은 무위험채권의 가치는 얼마인가?

b. 채권자는 부채의 액면가와 동일한 행사가격을 가지는 기업 자산에 대한 풋옵션에 대해 얼마를

지불해야 하는가?

c. 문항 (a)와 문항 (d)의 답변들을 이용하여 기업 부채의 가치를 구하면 얼마인가? 기업 부채의 연속복리 수익률(yield)은 얼마인가?

d. 기업의 자산 가치와 부채가 2년 안에 상환되어야 한다는 사실을 살펴보면, 기업은 부채에 대하여 채무불이행 가능성이 높다. 경영진은 채권자를 찾아가 기업이 동일한 부채 액면가를 상환할 계획를 제안했지만 상환은 5년 동안 이행되지 않았다. 제안된 계획에 따른 부채의 가치는 얼마인가? 부채에 대한 새로운 연속복리 수익률은 얼마인가? 이것이 발생하는 이유를 설명하라.

31. 부채평가와 자산변동 Handler Corp.은 5년 후에 만기이고 액면가치 $40,000의 무이표채권을 발행하고 있다. 기업 현재 자산 가치는 $38,000이고 자산수익률의 표준편차는 연 $50%이다. 무위험 이자율은 연속복리로 연 6%이다.

a. 액면가와 만기일이 현재 채권과 동일한 무위험 채권의 가치는 얼마인가?

b. 부채 액면가와 동일한 행사가격을 가지는 기업 자산에 대한 풋옵션 가치는 얼마인가?

c. 문항 (a)와 문항 (b)의 답을 이용한 기업의 부채 가치는 얼마인가? 기업 부채의 연속복리 수익률은 얼마인가?

d. 자산수익률의 표준편차가 연 60%로 증가할 수 있게 기업이 자산을 재구성 한다고 가정하자. 부채의 가치는 어떻게 되는가? 부채의 새로운 연속복리 수익률은 얼마인가? 문항 (c)와 문항 (d)의 답변들을 조정하라.

e. 기업이 자산 재구성을 할 경우 채권자는 어떻게 되는가? 주주는 어떻게 되는가? 이것이 대리인 문제를 어떻게 유발하는가?

32. 이항옵션가격결정 모형과 기업평가 부채와 자본으로 자금을 조달하는 건설회사인 Strudler Real Estate, Inc.은 새로운 프로젝트를 수행하고 있다. 만약 프로젝트가 성공할 경우, 1년 후의 기업 가치는 $198백만이지만, 실패할 경우 기업 가치는 $120백만이다. 현재 기업의 가치는 $163백만이고, 이 수치는 새로운 프로젝트의 예상을 포함하고 있다. 기업은 1년 만기, 액면가치 $150백만의 무이표채권을 발행하고 있다. 1년 만기인 단기재정증권의 EAR은 7%이다. 기업은 배당금을 지급하지 않는다.

a. 이항옵션가격결정 모형을 이용하여 기업의 현재 부채와 자본 가치를 구하라.

b. 기업이 500,000주의 보통주를 발행했다고 하자. 기업 주식의 주당 가격은 얼마인가?

c. 기업 부채의 시장가치를 만기까지 1년 동안 무위험인 같은 금액의 부채의 현재가치와 비교하라. 기업 부채의 가치가 무위험 부채에 비하여 큰 것인가, 적은 것인가, 같은 것인가? 이것은 타당한가? 두 가치의 차이는 어떠한 이유로 발생하는가?

d. 이전의 프로젝트 대신 기업의 경영진은 위험성이 더 높은 프로젝트를 수행하기로 결정했다고 가정하자. 기업의 가치는 연말까지 $217백만으로 증가하거나 $105백만으로 하락할 것이다. 놀랍게도, 경영진은 위험한 프로젝트를 덜 위험한 프로젝트로 대체하면, 오늘의 기업 가치가 정확히 $163백만으로 유지된다고 결론을 내렸다. 새로운 프로젝트를 수행할 계획인 경우, 이항옵션가격결정 모형을 이용하여 기업의 부채와 자본 가치를 계산하라. 채권자는 어떠한 프로젝트를 선호하는가?

33. Black-Scholes와 배당 22장에 나온 5가지 요소들 외에 배당금도 옵션 가격에 영향을 미친다. 배당금이 있는 Black-Scholes 옵션가격 모형은 다음과 같다.

$$C = S \times e^{-dt} \times \mathrm{N}(d_1) - E \times e^{-Rt} \times \mathrm{N}(d_2)$$
$$d_1 = [\ln(S/E) + (R - d + \sigma^2/2) \times t]/(\sigma \times \sqrt{t})$$
$$d_2 = d_1 - \sigma \times \sqrt{t}$$

모든 변수들은 주식의 연속복리 배당수익률, d를 제외하고는 배당금이 없는 Black-Scholes 모형과 같다.

a. 배당수익률이 콜옵션 가격에 어떠한 영향을 미칠 것이라고 생각하는가? 설명하라.

b. 현재 주식은 주당 $108이고, 주가수익률의 표준편차는 연 35%이며 연속복리 무위험이자율은 5%이다. 배당수익률이 연 2%인 경우, 행사가격이 $105이고 6개월 만기인 주식에 대한 콜옵션의 가격은 얼마인가?

34. 풋-콜 패러티와 배당금 풋-콜 패러티 조건은 배당금이 지급되면 바뀐다. 배당금-조정 풋-콜 패러티 공식은 다음과 같다.

$$S \times e^{-dt} - P = E \times e^{-Rt} + C$$

여기서 d는 연속복리의 배당수익률이다.

a. 배당수익률이 풋옵션의 가격에 어떤 영향을 주는가? 설명하라.

b. 앞의 문제에서, 콜옵션과 동일한 행사가격과 만기를 가진 풋옵션의 가격은 얼마인가?

35. 풋 델타 이번 장에서 우리는 풋옵션의 델타가 $\mathrm{N}(d_1) - 1$이라고 하였다. 이것은 $-\mathrm{N}(-d_1)$과 같은가? (힌트: 같다. 그런데 이유는?)

36. Black-Scholes 풋 가격결정 모형 콜의 가치평가를 위한 Black-Scholes 모형, 풋-콜 패러티, 그리고 앞의 문제를 이용하여 풋옵션의 가치평가를 위한 Black-Scholes 모형이 다음과 같음을 보여라.

$$P = E \times e^{-Rt} \times \mathrm{N}(-d_2) - S \times \mathrm{N}(-d_1)$$

37. Black-Scholes 주식의 현재가격은 $50이다. 주식은 배당을 지급하지 않는다. 무위험 연속복리 이자율은 12%이고 주식수익률의 표준편차는 60%이다. 주식의 유럽 콜옵션은 행사가격 $100이고 만기는 없다. 즉 영구적이다. Black-Scholes에 의하면, 콜옵션의 가치는 얼마인가? 역설이 보이는가? 이 역설에서 벗어나는 방법이 보이는가?

38. 델타 동일한 행사가격과 만기일을 가지는 콜옵션 하나를 매입하고 풋옵션 하나를 매도하였다. 당신이 가진 포트폴리오의 델타는 얼마인가? 그 이유는?

Mini Case

CLISSOLD INDUSTRIES OPTIONS

당신은 현재 Clissold Industries를 위해 일하고 있다. 5년 전에 기업공개를 한 이 회사는 조명기구를 설계, 생산, 판매하고 있고 특수제품을 전 세계에 수출하고 있다. 최근의 사건으로 인해 회사의 사장인 Mal Clissold는 회사의 위험을 우려하고 있고 당신의 조언을 구하고 있다.

Mal과의 논의 중에 당신은 회사 주식의 시장위험이 기대수익률을 결정한다는 CAPM 이론을 설명하였다. 비록 Mal이 이것에 동의하더라도, 그는 자신의 모든 투자 포트폴리오를 Clissold Industries의 주식과 옵션으로만 구성하기 때문에 총위험인 회사 주식의 표준편차를 고려하고 있다고 주장한다. 더구나 그는 지난 5년간의 자료로 회사 주식의 표준편차를 계산해 왔지만 주식의 향후 변동성을 예측하고 싫어 할 것이다.

Mal은 당신이 회사 주식에 대한 옵션계약으로부터 내재적 변동성(implied volatility)을 계산하여 미래 기간을 위해서 주식의 변동성을 예측할 수 있을 것이라고 말한다. 옵션의 가격에 영향을 주는 요인을 검토하면, 주식의 표준편차를 제외한 모든 다른 요인은 시장에서 직접 관찰할 수 있다. Mal은 당신이 표준편차를 제외한 모든 다른 요인을 관찰할 수 있기 때문에 단순히 Black-Scholes 모형을 적용해서 내재적 표준편차를 찾을 수 있을 것이라고 말한다.

회사 주식의 내재적 표준편차를 찾기 위해서 Mal은 당신에게 6개월 뒤에 만료되는 4개의 콜옵션에 대한 옵션가격을 제공하였다. 무위험이자율은 4%이고 현재 주식가격은 $53이다.

행사가격	옵션가격
$50	$12.78
55	10.14
60	7.99
65	5.81

1. 주식에 대한 얼마나 많이 다른 변동성을 볼 수 있을 것으로 예상하는가?
2. 불행하게도, 내재적 표준편차를 구하는 것은 Mal의 제안처럼 쉽지는 않다. 사실 Black-Scholes 모형의 다른 모든 변수를 알고 있다고 해도 주식의 표준편차를 직접 풀 수는 없다. Mal은 여전히 당신이 주식의 내재적 표준편차를 구하기를 원하고 있다. 그러기 위해서 엑셀의 풀이 기능을 이용해서 각 옵션에 대한 내재적 변동성을 계산할 수 있도록 스프레드시트를 설정하라.
3. 옵션의 내재적 변동성이 모두 같은가? (힌트: 아니다.) 옵션별로 다른 변동성을 발생시킬 수 있는 가능한 이유는 무엇인가?
4. 옵션가격의 변동성에 대한 중요성을 논의한 후에 당신의 상사는 VIX에 대해 들었다고 말한다. VIX는 무엇이며, 그것은 무엇을 의미하는가? 시카고옵션거래소(CBOE)의 웹사이트(www.cboe.com)에서 해답에 대한 도움을 얻을 수 있을 것이다.
5. CBOE 웹사이트에서 VIX를 위한 옵션 시세표를 찾아보자. VIX 옵션의 내재적 변동성은 무엇을 나타내는가?

23

옵션과 기업재무: 확장과 응용

Options and Corporate Finance: Extensions and Applications

종업원 스톡옵션에 대한 이야기를 들을 때는 대부분 직원에게 큰 이득이 있기 때문이다. 그러나 2017년 Chipotle 경영진은 주식평가차액청구권(stock appreciation rights: SARs)의 큰 손실 때문에 뉴스에 보도되었다. Chipotle 주식은 2015년 8월 주당 약 $756로 정점에 도달했다. 당시 4명의 최고 경영진은 약 $225백만 상당의 SARs를 보유했다. 다음 2년 동안 다양한 실수와 건강 문제로 인해 Chipotle 주식은 60% 이상 하락하여 $225백만을 완전히 날려버렸다. 전 공동 CEO인 Montgomery Moran은 약 $142백만 정도의 가장 큰 손실을 입었다. 이번 장에서는 종업원 스톡옵션과 자본예산에서 볼 수있는 옵션에 대해 논의한다.

기업재무의 최신 동향: rwjcorporatefinance.blogspot.com

23.1 경영자 스톡옵션

왜 옵션인가?

경영자 보상은 기본 급여(salary)에 다음의 일부 혹은 전부 합쳐져서 만들어진다.

1. 장기 보상
2. 연간 보너스
3. 퇴직금
4. 옵션

마지막 보상의 요소는 옵션으로 많은 수의 최고경영자에게서 총 보상 중 대략 가장 큰 부분을 차지한다. 〈표 23.1〉은 2014~2015년에 가장 많은 스톡옵션을 부여받은 5대 CEO의 명단을 보여준다. 순위는 부여된 옵션의 액면가(face value)로 정리되었다. 그것은 옵션의 수에 현재 주가를 곱한 것이다.

옵션의 액면가를 아는 것으로 자동적으로 옵션의 시장가를 결정할 수는 없다. 우리는 Black-Scholes 모형이나 이항모형을 이용하여 옵션의 가치를 평가하기 전에 행사가격을 알 필요가 있다. 그러나 행사가격은 일반적으로 경영자가 옵션을 받는 시점에 주식의 시장가격으로 정해진다. 다음 절에서 우리는 행사가격이 시장가격과 같다는 가정하에 옵션의 가치를 평가한다.

회사 주식에 대한 옵션은 기본 급여를 증가시키는 대안으로 경영자에게 주어지는 경우가 증

표 23.1 2014~2015년 상위 5대 옵션부여 기업

회사명[1]	CEO	부여된 옵션의 수	가중평균 행사가격	부여된 옵션의 승인가치[2]
Oracle Corporation	J. Ellison	3,000,000	$ 40.47	$121,410,000
The Coca Cola Company	M. Kent	2,382,134	37.21	88,639,206
JPMorgan Chase & Co.	J. Dimon	2,000,000	39.83	79,660,000
Chevron Corp.	J. Watson	662,000	103.71	68,656,020
Honeywell International, Inc.	D. Cote	600,000	93.97	56,382,000

[1] 200개의 대형 미국 제조회사와 서비스회사로 Fortune 500 시가총액(2015/02/08)을 기초로 함.
[2] 부여된 옵션의 승인가치는 옵션의 수에 주식가격을 곱한 것이다.

출처: Pearl Meyer & Partners.

가하고 있다. 옵션을 사용하는 몇 가지 이유는 다음과 같다.

1. 옵션은 경영자에게 주주와 같은 이해관계를 공유하게 한다. 이해관계를 맞춤으로써 경영자는 주주의 이익을 위해 의사결정을 할 가능성이 더 높다.
2. 옵션을 통해 회사는 경영자의 기본 급여를 낮출 수 있다. 경영자의 급여와 다른 종업원의 급여 간의 불일치에서 발생하는 사기에 미치는 압력을 제거한다.
3. 옵션은 경영자의 보상을 경영성과에 관계없이 보장하기보다는 위험에 놓이게 한다.
4. 옵션은 종업원에게 지불하는 세금 효율적인 방법이다. 현행 세법에서, 만일 경영자에게 회사 주식을 매입할 수 있는 옵션이 주어지고 옵션이 "등가격(at the money)"이라면 그것은 종업원에 대한 과세소득의 일부로 간주되지 않는다. 옵션은 결과적으로 행사되었을 때에만 과세가 된다.

예제 23.1

Starbucks의 옵션 스톡옵션은 항상 최상위 경영자에게만 국한되는 것은 아니다. 커피 체인인 Starbucks는 하위 종업원에게도 옵션을 부여했다. 설립자 Howard Schultz의 말을 인용해보자. "비록 우리 회사가 비공개 회사이지만 우리는 최고경영자부터 바리스타까지 회사의 모든 종업원에게 기본 급여에 비례하여 스톡옵션을 부여하려고 한다. 그러면 그들은 노력을 통해서 Starbucks가 매년 좀 더 성공적이 되도록 도울 것이다. 만일 Starbucks가 언젠가 공개기업이 되면 그들의 옵션은 결과적으로 상당한 액수의 돈이 될 수 있을 것이다."

경영자 보상의 가치평가

이번 절에서 우리는 경영자 스톡옵션의 가치를 평가한다. 당연히 총 보상패키지의 복잡성은 종종 가치평가를 어렵게 만든다. 옵션의 경제적 가치는 기초주식의 변동성과 옵션이 부여된 정확한 조건과 같은 요인에 달려 있다.

우리는 〈표 23.1〉에 실린 경영자가 보유한 옵션의 경제적 가치를 평가하려고 한다. 그러기 위해서, 우리는 22장의 Black-Scholes 옵션가격결정 공식을 사용한다. 물론, 특정 플랜의 경우

표 23.2 상위 5대 옵션부여 기업의 2014~2015년 옵션 가치

회사명[1]	CEO	부여된 옵션의 승인가치[2]	연간 주식변동성(%)	Black-Scholes 옵션가치[3]
Oracle Corporation	J. Ellison	$121,410,000	23.0%	$24,784,947
JPMorgan Chase & Co.	J. Dimon	79,660,000	28.0	16,481,929
Chevron Corp.	J. Watson	68,656,020	31.3	14,391,664
Honeywell International, Inc.	D. Cote	56,382,000	23.1	9,783,302
The Coca Cola Company	M. Kent	88,639,206	17.0	8,727,893

[1] 200개의 대형 미국 제조회사와 서비스회사로 Fortune 500 시가총액(2015/02/08)을 기초로 함.
[2] 부여된 옵션가치는 옵션의 수에 주식가격을 곱한 것이다.
[3] FASB ASC Topic 718을 반영하여 Black-Scholes 옵션부여 가치로 평가한다.
출처: Pearl Meyer & Partners.

에 많은 특징 자료가 빠진 것이 있겠지만, 가능한 한 최대한 대략적이나마 예측하려고 한다. 경영자에게 행사 전에 고정된 기간 동안 보유하도록 요구하는 동결기간과 같은 단순한 요건이 표준적인 옵션의 가치를 상당히 떨어뜨릴 수 있다. 또한 주식이 배당을 지급하는 경우에는 Black-Scholes 공식을 수정해야만 하고, 시간의 경과에 따라 주식의 변동성이 무작위로 변화하는 경우 더 이상 모형을 사용할 수 없다. 직관적으로, 배당지급 주식의 콜옵션은 무배당 주식의 콜보다 가치가 떨어진다. 다른 것이 일정하다면 배당금은 주가를 낮출 것이다. 그럼에도 불구하고 무엇을 할 수 있는지 살펴보자.

〈표 23.2〉는 옵션부여의 가치와 개별 회사에 의해 실제 보고된 옵션가치를 보여준다. 대부분의 기업은 Black-Scholes 모형으로 옵션가치를 구하는 데 사용하지만, 배당을 지급하는지 안 하는지 등과 같이 회사의 계획과 주식의 특성까지 고려한다. 일반적인 표준에 의해 계산된 가치보다 크지만 보고된 가치는 부여가치보다 훨씬 작다.

〈표 23.2〉에서 계산된 가치는 시장에서 거래된다면 받게 되는 옵션의 경제적 가치이다. 그런데 진짜 궁금한 질문은 다음과 같다. 누구의 가치를 말하고 있는가? 이러한 옵션의 비용은 회사가 부담하는가? 경영자에게 옵션의 가치가 돌아가는가?

회사가 〈표 23.2〉에 보이는 것처럼 옵션의 정당한 시장가치를 계산한다고 가정하자. 설명을 위해서 옵션은 내가격이고 $25라고 가정하자. 또한 CEO는 1백만의 옵션을 가지고 있어서 총 $25백만의 가치를 가진다고 하자. 이것은 옵션이 금융시장에서 거래된다면 받는 금액이고, 거래자와 투자자가 이 옵션에 대해 지불하려고 하는 금액이다.[1] 만일 매우 큰 기업이라면 CEO에게 옵션을 부여하는 것을 비용으로 보는 것이 비합리적인 것은 아닐 것이다. 물론 그 대가로 회사는 CEO가 이 금액보다 더 크게 주주에게 돌아가는 기업의 가치를 개선할 것이라고 기대할 수 있다. 이전에 보았듯이, 옵션의 주된 목적은 기업 주주의 이해와 경영자의 이해를 일치시키는 것이다. 그러나 CEO에게 옵션의 공정한 가치가 반드시 $25백만이 라고는 할 수 없다.

설명을 위해서, 현재 ABC의 주식가격은 주당 $50인데 ABC의 CEO가 행사가격이 주당 $30인 1백만의 옵션을 가지고 있다고 가정하자. 만일 옵션이 오늘 행사된다면, 옵션은 (옵션의

[1] 우리는 이 예에서 워런트의 희석은 무시한다. 워런트 희석에 대한 논의는 24장을 참조하라.

시장가치를 과소평가한) $20백만의 가치를 가질 것이다. 또한 CEO가 회사주식을 $5백만 소유하고 있고 기타 자산을 $5백만 가진다고 가정하자. 현대 포트폴리오 이론의 기준에 의하면 개인 재산의 25/30 혹은 83%를 하나의 주식과 옵션에 투자한 것은 불필요하게 위험한 것이다.

CEO가 모든 기준에서 부자라고 해도, 주가의 변화는 CEO의 경제적 부유함에 영향을 준다. 만일 주가가 $50에서 $30으로 하락하면, 현재의 1백만의 옵션의 행사가치는 $20백만에서 0으로 떨어진다. 만일 옵션의 만기까지 기간이 더 남아 있어서 옵션의 모든 가치를 잃게 되지는 않을 것이라는 사실을 무시하면, CEO가 가진 순가치는 $30백만에서 $8백만으로($5백만의 기타 자산과 $3백만의 주식) 다소 놀라운 하락을 보여준다. 그러나 이것이 옵션과 주식 소유권을 CEO에게 부여하는 목적이다. 즉, CEO 재산의 증가와 하락을 회사와 같이 하도록 만드는 것이다. 이것이 회사가 경영자에게 옵션의 가치를 실현하려고 매도하지 못하도록 하는 동결기간 동안에 최소한 옵션을 보유하도록 요구하는 이유이다.

옵션이 경영자의 순자산에서 큰 부분을 차지할 때 경영자 포지션의 총가치가 시장가치보다는 작다. 순수한 금전적 문제로 볼 때, 경영자는 $20백만의 옵션보다 $5백만의 현금을 더 선호할 것이다. 최소한 경영자는 자신의 개인적 포트폴리오를 분산할 수 있기 때문이다.

예제 23.2

United Express Corporation의 옵션 2015년 회계연도 주총안내서에 따르면 United Express Corporation의 CEO인 Rich Pettit는 1.662백만의 스톡옵션을 부여받았다. 옵션의 평균 행사가격은 $50.99이고, 모든 옵션은 등가격(at the money)으로 가정할 것이다. 또한 옵션이 5년 뒤에 만기가 도래하고 무위험이자율은 5%로 가정한다. 이러한 정보를 적용하면 아래와 같다.

1. 주가(S)는 행사가격(E)과 같이 $50.99이다.
2. 무위험이자율(R)은 0.05이다.
3. 시간의 기간(t)은 5이다.

추가적으로, 보고된 주식의 변동성(σ)은 표준편차로 연간 37.46%이고, 이것은 분산(σ^2)이 $0.1403 = (0.3746)^2$이라는 것을 의미한다.

이제 Rich Pettit의 옵션을 Black-Scholes 모형을 이용하여 예측할 수 있는 충분한 정보를 가진다.

$$C = S\text{N}(d_1) - Ee^{-Rt}\text{N}(d_2)$$

$$d_1 = \frac{(R + \frac{1}{2}\sigma^2)t}{\sqrt{\sigma^2 t}} = 0.7173$$

$$d_2 = d_1 - \sqrt{\sigma^2 t} = -0.1204$$

$$\text{N}(d_1) = 0.7634$$

$$\text{N}(d_2) = 0.4521$$

$$e^{-Rt} = 0.7788$$

$$C = \$50.99 \times 0.7634 - \$50.99 \times 0.7788 \times 0.4521$$

$$C = \$20.97$$

Mr. Pettit에게 1.662백만 주의 옵션이 부여되었고 각 옵션의 가치가 $20.97이기 때문에, 그가 보유한 옵션의 시장가치는 1.662백만 × $20.97 = $34.9백만으로 계산된다.

23.2 창업기업의 가치평가

Ralph Simmons는 전형적인 MBA 학생은 아니었다. 어린 시절부터 그는 야망을 가지고 있었다. 악어고기를 파는 식당을 여는 것이다. 그는 악어 요리에 대해서는 기초부터 알았지만 식당을 경영하는 데 필요한 사업 수단을 가지고 있지 않았기 때문에 경영대학원에 진학했다. 그는 열심히 공부했고 경영대학원에서 배우는 모든 수업이 그에게는 단지 내용에서가 아니라 미래의 꿈을 위해서 중요했다.

창업에 관련된 학교 수업을 수강하면서 그는 지금은 Alligator Alley라고 불리는 식당의 사업계획을 개발하기 시작했다. 그는 마케팅, 자금조달, 미래의 종업원을 다루는 것에 대해 생각하였다. 그는 심지어 식당의 구조를 구상하기 위해서 많은 시간을 보내기도 했다. 창업 수업의 교수의 조언에도 불구하고 그는 식당을 악어 모양으로 설계했다. 식당 입구가 악어의 입속으로 들어가는 형태였다. 물론 그의 사업계획은 재무적인 추정 없이는 완성될 수 없었을 것이다. 오랜 고민 끝에 그는 〈표 23.3〉의 예측에 도달했다.

표는 매출액의 추정에서 시작한다. 매출액은 첫해의 $300,000에서 꾸준히 증가하여 연간 $1백만에 이른다. (1)에서 (2)까지 가는 데 필요한 중간 계산을 생략하지만, 영업활동에서 발생한 현금흐름은 두 번째 줄에 있다. 운전자본을 차감한 후에, 표는 순현금흐름을 (4)에서 보여준다. 순현금흐름은 창업기업의 일반적인 모습으로 초기에는 음수(−)이지만 연도 3부터 양수(+)로 바뀐다. 그러나 표의 나머지는 불행한 진실을 제시하고 있다. 식당으로부터 현금흐름은 20%의 할인율을 가정하면 $582,562의 현재가치를 나타낸다. 불행히도 건축비용이 $700,000으로 크기 때문에 −$117,438의 음(−)의 순현재가치를 의미한다.

추정은 Ralph의 꿈이 실현될 수 없을 수도 있다는 것을 보여준다. 그는 식당을 열기 위해 필요한 자본을 조달할 수 없을 것이다. 그리고 만일 자본을 얻는다 하여도 식당은 어차피 파산할 가능성이 크다. Ralph는 계산상 오류가 있는지 혹은 자신의 사업을 적자에서 흑자로 바꿀 수 있는 비용을 절감할 수 있는 방법이 누락되었는지 기대하면서 숫자를 확인하고 재확인했다. 오

표 23.3 Alligator Alley의 재무 예측

	연도 1	연도 2	연도 3	연도 4	모든 미래연도
(1) 매출액	$300,000	$600,000	$900,000	$1,000,000	$1,000,000
(2) 영업활동에서 발생한 현금흐름	−100,000	−50,000	+75,000	+250,000	+250,000
(3) 운전자본의 증가	50,000	20,000	10,000	10,000	0
(4) 순현금흐름 [(2) − (3)]	−$150,000	−$ 70,000	$ 65,000	$ 240,000	$ 250,000
연도 1~4의 순현금흐름의 현재가치(할인율 20%)			−$ 20,255		
잔존가치의 현재가치	$\left[\frac{\$250{,}000}{0.20} \times \frac{1}{(1.20)^4}\right] =$		+$602,816		
식당의 현재가치			$582,562		
− 건축비용			− 700,000		
식당의 순현재가치(NPV)			−$117,438		

히려 Ralph는 자신의 추정이 너무 관대하다는 것을 발견했다. 20%의 할인율과 영구히 사용할 수 있는 건물은 너무 낙관적인 편이다.

Ralph는 기업전략 수업을 수강하기 전까지 사업의 숨겨진 가치를 알지 못했다. 그 수업에서 교수는 새로운 기회를 선택하는 기업에 있어서 포지션의 중요성에 대해 반복해서 강조했다. 비록 Ralph가 처음에는 관련성을 보지 못했지만 결국 그는 Alligator Alley와 관련된 의미를 깨달았다. 그의 재무 추정치는 예상(expectation)에 근거하였다. 악어고기가 생각보다 인기가 있어서 실제 현금흐름이 예상을 뛰어넘을 확률이 50%였다. 그리고 악어고기가 인기가 없어서 실제 현금흐름이 예상에 못미칠 확률이 50%였다.

식당이 잘 안되면, 영구적으로 계속해서 손실을 겪을 이유가 없기 때문에 몇 년 뒤에 식당 문을 닫을 것이다. 그러나 만일 식당이 성공적이면 확장할 위치에 서게 될 것이다. 악어고기가 한 지역에서 성공적이면 다른 지역에서도 인기가 있을 것이다. 따라서 그는 두 가지 옵션을 알게 되었다. 나쁜 상황에서 포기할 수 있는 옵션과 좋은 상황에서 확장할 수 있는 옵션이다. 두 옵션 모두 앞의 장에서 배운 원칙에 따라 평가할 수 있지만, 여기서 우리는 좀 더 가치가 있는 확장할 수 있는 옵션에 초점을 맞춘다.

Ralph는 자신이 악어고기를 좋아하는 만큼 어떤 지역의 소비자는 저항감이 있어 Alligator Alley를 망하게 할 것이라고 생각했다. 그는 악어고기가 이미 어느 정도 인기 있는 지역에서 악어요리 시식을 제공하는 전략을 개발했다. 그는 첫 번째 식당이 성공한다면 빠르게 확장할 수 있지만 시장은 최대한 추가적으로 30개의 식당까지 확장이 가능할 것이라고 예측한다.

Ralph는 확장이 지금부터 4년 뒤에 가능할 것이라고 믿는다. 그는 (1) 초기 식당이 원활하게 운영되고, (2) 식당의 정확한 가치를 평가하기에 충분한 정보를 얻기 위해서 첫 번째 식당을 3년은 운영해 봐야 한다고 생각한다. 만일 첫 번째 식당이 충분히 성공적이면 그는 외부 자본을 조달하기 위해 1년이 더 필요할 것이다. 따라서 30개의 추가적인 식당을 설립할 준비가 되는 데 약 4년이 필요하게 될 것이다.

Ralph는 자신의 회사를 Black-Scholes 모형에 따라 확장할 수 있는 옵션을 포함해서 가치평가할 것이다. 〈표 23.3〉에서 우리는 개별 식당의 비용이 $700,000이라는 것을 아는데, 그것은 추가적인 30개 식당의 총비용이 $21,000,000 (= 30 × $700,000)이라는 것을 의미한다. 이러한 30개 지점의 현금유입의 현재가치는 표에 따르면 $17,476,852 (= 30 × $582,562)이다. 그러나 확장은 4년째쯤에 일어날 것이기 때문에, 현재가치 계산은 미래의 4년에서의 관점으로부터 할인되어서 제공된다. 할인율이 연간 20%라고 가정하면, 이 금액의 오늘 현재가치는 $8,428,266 [= $17,476,852/(1.20)^4]이다. 따라서 Ralph는 잠재적인 식당사업을 행사가격이 $21,000,000이고 기초자산의 가치는 $8,428,266인 옵션으로 볼 수 있다. 옵션은 현재 외가격인데, 이것은 〈표 23.3〉에서 계산한 전형적인 식당의 가치가 음수(−)라는 결과에서 온다. 물론 Ralph는 옵션이 4년 내에 내가격으로 이동하기를 기대하고 있다.

Ralph는 Black-Scholes 모형을 사용하기 위해서 세 가지 추가적인 매개 변수가 필요하다. 연속복리 이자율(R), 만기까지의 기간(t), 기초자산의 표준편차(σ)이다. Ralph는 무위험이자율의 추정치로 4년 만기 무이표채의 수익률인 3.5%를 이용한다. 만기까지의 기간은 4년이다. 표준편차의 추정은 악어 식당의 과거자료가 없기 때문에 얻기가 약간 곤란하다. Ralph는 상장된 식당업체의 연간 평균 수익률 표준편차가 35%라는 것을 발견한다. Alligator Alley는 새로운 벤처이기 때문에 위험이 다소 클 것이라고 생각한다. 지난 몇 년 동안 상장된 식당의 연간 평균 표준편차가 45%라는 것을 알게 되었다. 따라서 그는 표준편차로 50%을 사용한다.

이제 Ralph의 사업을 평가할 충분한 자료가 있다. Black-Scholes 모형에 따라 콜옵션의 가치를 평가하면 $1,454,274이다. 실제 계산과정은 〈표 23.4〉에서 보여준다. 물론 Ralph는 이 옵션을 이용하기 전에 시험적으로 식당을 시작해야만 한다. 따라서 콜옵션의 순가치와 첫 번째 식당의 음(−)의 현재가치를 더하면 $1,336,836 (= $1,454,274 − $117,438)이 된다. 이 가치는 크고 양수이기 때문에 Ralph는 Alligator Alley의 꿈을 지속할 계획이다. 그는 식당이 망할 확률

표 23.4
옵션으로 창업기업(Alligator Alley)의 가치평가하기

사실

1. 〈표 23.3〉의 순현재가치 계산에서 지적하듯이 단일 식당의 가치는 −$117,438로 음수(−)이다. 따라서 식당은 확장의 가능성이 없다면 자금조달이 되지 않을 것이다.

2. 시험적인 식당이 성공하게 되면 Ralph Simmons는 약 4년 뒤에 30개의 추가적인 식당 지점을 설립할 계획이다. 다음과 같은 관찰결과를 얻는다.
   a. 30개 지점의 총비용은 $21,000,000 (= 30 × $700,000)이다.
   b. 미래 현금흐름의 4년 시점에서의 가치는 $17,476,852 (= 30 × $582,562)이다.
   c. 이러한 현금흐름의 현재 시점에서의 현재가치는 $8,428,266 [= $17,476,852/(1.20)^4]이다.

여기서 우리는 프로젝트의 현금흐름이 연간 20%로 할인된다고 가정한다.
따라서 사업은 본질적으로 행사가격이 $21,000,000이고 기초자산 가치는 $8,428,266인 콜옵션이다.

3. Ralph Simmons는 Alligator Alley 주식의 연간 수익률의 표준편차를 0.50으로 추정한다.
   Black-Scholes 모형에 필요한 변수는 아래와 같다.

$$
\begin{aligned}
S\ (\text{주식가격}) &= \$8{,}428{,}266 \\
E\ (\text{행사가격}) &= \$21{,}000{,}000 \\
t\ (\text{만기까지의 시간}) &= 4\text{년} \\
\sigma\ (\text{표준편차}) &= 50\% \\
R\ (\text{연속복리 이자율}) &= 3.5\%
\end{aligned}
$$

Black-Scholes 모형에 따라 계산하면 아래와 같다.

$$C = SN(d_1) - Ee^{-Rt}N(d_2)$$

$$d_1 = \left[\ln(S/E) + \left(R + \frac{1}{2}\sigma^2\right)t\right] / \sqrt{\sigma^2 t}$$

$$d_2 = d_1 - \sqrt{\sigma^2 t}$$

$$d_1 = \left[\ln\frac{8{,}428{,}266}{21{,}000{,}000} + \left(0.035 + \frac{0.50^2}{2}\right)4\right] / \sqrt{0.50^2 \times 2} = -0.27293$$

$$d_2 = -0.27293 - \sqrt{0.50^2 \times 2} = -1.27293$$

$$N(d_1) = N(-0.27293) = 0.3925$$

$$N(d^2) = N(-1.27293) = 0.1015$$

$$
\begin{aligned}
C &= \$8{,}428{,}266 \times 0.3925 - \$21{,}000{,}000 \times e^{-0.035 \times 4} \times 0.1015 \\
&= \$1{,}454{,}274
\end{aligned}
$$

초기 식당의 비용을 포함한 사업의 가치는 = $1,454,274 − $117,438
= $1,336,836이다.

이 50% 이상이라는 것을 알고 있다. 그럼에도 불구하고 확장할 수 있는 옵션은 그의 식당사업이 가치 있음을 충분히 보여준다. 그리고 만일 외부자본이 필요하다면 그는 필요한 투자자를 유치할 수 있을 것이다.

이 결과는 역설 혹은 모순의 존재를 보여준다. 만일 Ralph가 확장 가능성이 없는 단일 식당에 투자하라고 투자자에게 접근하면 자본을 유치할 수 없을 것이다. 결국 〈표 23.3〉은 −$117,438의 순현재가치를 보여준다. 그러나 Ralph가 더 크게 생각하면, 그는 모든 필요 자금을 조달할 수 있을 것이다. 이것은 전혀 모순이 아니다. 더 크게 생각함으로써, Ralph는 투자자에게 확장할 수 있는 의무가 아니라 옵션을 제공하는 것이다.

선택한 예제가 시시해 보일지 모르지만, 우리는 확실히 흥미를 위한 색다른 특징을 첨가해 주었다. 그러나 만일 당신이 옵션이 관련된 사업환경이 특이한 것이고 중요하지 않다고 생각한다면, 더 이상 진실에 가까이 갈 수 없다고 단호하게 당신에게 말해줄 수 있다. 내재된(embedded) 옵션의 개념은 사업의 핵심에 있다. 거의 모든 사업 아이디어에 두 가지의 가능한 결과가 있다. 한편으로는 사업이 실패하는 것으로 이 경우 경영자는 가장 비용 효율적인 방법으로 사업을 정리하려고 노력할 것이다. 다른 한편으로는 사업이 번성하는 경우로 경영자는 확장하려고 노력할 것이다. 따라서 거의 모든 사업은 포기할 수 있는 옵션과 확장할 수 있는 옵션을 동시에 가지고 있다. 자본예산을 위한 NPV 방법이 잘못되었다거나 불완전하다는 전문가의 주장을 보았을 것이다. 이런 유형의 비판은 재무의 성취를 성가시게 자극하는 것이지만, 전문가는 확실한 요점을 말하고 있다. 거의 모든 프로젝트가 내재된 옵션을 가지고 있다면, 지금 보여준 방법만이 적절할 것이다. 옵션을 무시하는 것은 심각한 과소평가로 이어질 가능성이 있다.

23.3 이항모형의 추가학습

이번 장의 전반부에서 우리는 옵션의 두 가지 적용을 검토했다. 그것은 경영자 보상과 창업기업의 의사결정이다. 두 경우에서 Black-Scholes 모형을 이용하여 옵션을 평가하였다. 이 모형은 유명한 것으로 합리화될 수는 있지만, 옵션의 가치평가를 위한 유일한 방법은 아니다. 앞의 장에서 언급했듯이 이항모형(two-state or binomial model)은 가치평가의 대안이 될 수 있으며 어떤 경우에는 우월한 방법일 수도 있다. 이제 이항모형의 두 가지 적용사례를 검토한다.

난방연료

2기의 예제 도매상에서 난방연료를 구입해서 가정에 약간 높은 가격에 판매하는 것을 주요 사업으로 하는 전형적인 난방연료 배급업자인 Anthony Meyer를 고려해보자. 대부분의 수익이 겨울 동안의 매출에서 나온다. 9월 1일인 오늘 난방연료는 갤런(약 3.78리터)당 $2에 거래되고 있다. 물론 가격은 고정된 것이 아니다. 대신에 연료가격은 9월 1일부터 고객이 난방연료에 대한 대량의 겨울 구매를 하게 될 시기인 12월 1일이 될 때까지 변동할 것이다. Mr. Meyer가 12월 1일에 연료가격이 $2.74가 되거나 $1.46이 될 것이라고 믿는다. 〈그림 23.1〉은 이런 가격변동 가

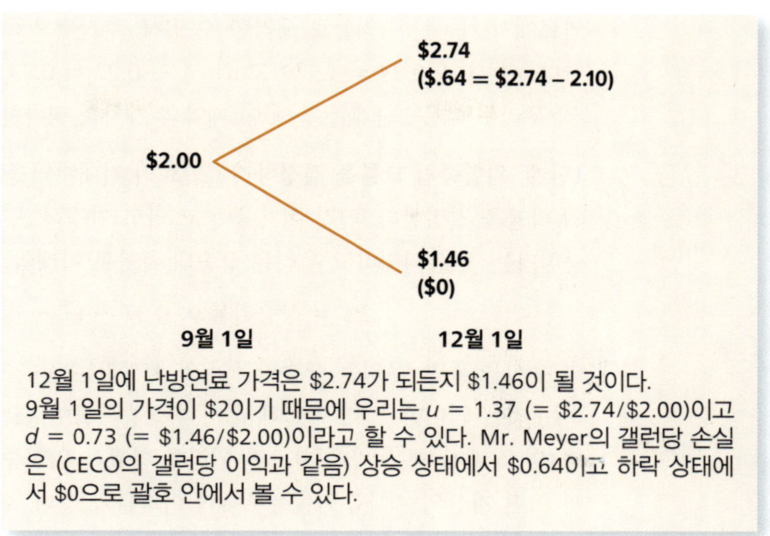

12월 1일에 난방연료 가격은 $2.74가 되든지 $1.46이 될 것이다. 9월 1일의 가격이 $2이기 때문에 우리는 u = 1.37 (= $2.74/$2.00)이고 d = 0.73 (= $1.46/$2.00)이라고 할 수 있다. Mr. Meyer의 갤런당 손실은 (CECO의 갤런당 이익과 같음) 상승 상태에서 $0.64이고 하락 상태에서 $0으로 괄호 안에서 볼 수 있다.

그림 23.1 2기의 예제에서 9월 1일부터 12월 1일까지 난방연료 가격의 움직임

능성을 보여준다. Mr. Meyer는 실제 두 가지 가능한 가격이 어떻게 일어날 것인지에 대해 알지 못하기 때문에, 잠재적 가격의 범위는 많은 불확실성을 보여준다. 그러나 그는 가격의 변화를 고객에게 떠넘기기 때문에 가격의 변동성은 그에게 큰 위험이 되지는 않는다. 즉, 그는 가격이 갤런당 $1.46일 때보다 갤런당 $2.74일 때 고객에게 더 많은 요금을 청구할 것이다.

물론 Mr. Meyer는 위험을 고객에게 전가함으로써 자신의 위험을 회피하고 있다. 아마도 협상할 만큼 큰 금액이 아니기 때문인지 그의 고객은 위험을 감수할 것이다. 그러나 이 지역의 대규모 전기회사인 CECO와의 거래에서는 그렇지 않다. CECO는 다음과 같은 제안을 가지고 Mr. Meyer에게 접근한다. CECO는 12월 1일에 갤런당 $2.10에 6백만 갤런까지(up to) 연료를 매입할 수 있게 되기를 원한다.

이러한 조건이 대량의 연료구매를 말하지만, Mr. Meyer와 CECO는 모두 Mr. Meyer가 손실을 보게 될 것이라는 것을 안다. 만일 가격이 갤런당 $2.74로 오르면 CECO는 갤런당 $2.10에 6백만 갤런을 기쁘게 구입하여 배급업자에게 손실을 줄 것이다. 그러나 만일 연료가격이 갤런당 $1.46으로 하락하면 CECO는 연료를 구입하지 않을 것이다. 결국 시장에서 갤런당 $1.46에 살 수 있는 연료를 왜 Mr. Meyer에게서 $2.10에 구매하겠는가? 다시 말해서 CECO는 난방연료에 대하여 콜옵션을 요구하는 것이다. Mr. Meyer가 겪을 손실의 위험을 보상하기 위해서 양자는 CECO가 갤런당 $2.10에 6백만 갤런까지 살 수 있는 권리에 대해 $1,000,000을 사전에 지불할 것에 동의한다.

이 거래는 공정한 것인가? 소규모 배급업자는 이 같은 거래를 직감으로 평가할는지 모르지만, 우리는 앞 장에서 배운 이항모형을 이용하여 좀 더 계량적으로 평가할 수 있다. 앞 장에서 우리는 옵션문제가 위험중립 가격결정을 가정하여 가장 쉽게 해결될 수 있다고 지적하였다. 이 방법에서 우리는 먼저 연료가 9월 1일에서 12월 1일까지 37% (= $2.74/$2.00 − 1) 상승하거나 −27% (= $1.46/$2.00 − 1)로 하락할 것이라는 것을 알 수 있다. 이러한 2개의 숫자를 난방

연료에서 가능한 수익률로 생각할 수 있다. 추가적으로 우리는 2개의 새로운 용어, u와 d를 소개한다. u는 $1 + 0.37 = 1.37$이고 d는 $1 - 0.27 = 0.73$으로 정의한다.[2] 앞 장의 방법론을 사용해서, 우리는 다음 2단계를 통해 이 계약의 가치를 평가한다.

1단계: 위험중립 확률을 결정하기 연료의 기대수익률이 무위험이자율과 같아지도록 가격 상승의 확률을 결정한다. 연간 이자율이 8%라고 가정하면, 다음 (1년의 1/4인) 3개월 동안 2%가 상승한다는 것을 의미하고 우리는 상승의 확률로 아래와 같이 풀 수 있다.[3]

$$2\% = \text{상승확률} \times 0.37 + (1 - \text{상승확률}) \times (-0.27)$$

이 수식을 풀면, 우리는 상승확률이 약 45%라는 것을 발견하게 되는데 그것은 하락확률이 55%라는 것을 의미한다. 다시 말해서 가격 상승확률이 45%이면 난방연료의 기대수익률은 2%가 된다. 앞 장에서 배운 바에 따르면 이러한 확률은 위험중립의 세상과 일치한다. 즉, 위험중립하에서 어떤 자산의 기대수익률은 무위험이자율과 같다. 어느 누구도 이러한 무위험이자율 이상을 요구하지 않는다. 왜냐하면 위험중립적인 개인은 위험을 감수하는 데 따르는 보상을 요구하지 않기 때문이다.

2단계: 계약의 가치평가 만일 연료가격이 12월 1일에 $2.74로 상승하면 CECO는 Mr. Meyer에게서 갤런당 $2.10에 연료를 구입하려고 할 것이다. Mr. Meyer는 연료를 공개시장에서 갤런당 $2.74에 매입하고 CECO에게 갤런당 $2.10에 재판매하기 때문에 갤런당 $0.64의 손실을 본다. 이러한 $0.64의 손실은 〈그림 23.1〉의 괄호 안에서 볼 수 있다. 반면에 만일 난방연료의 가격이 갤런당 $1.46으로 하락하면 CECO는 Mr. Meyer에게서 연료를 구입하지 않을 것이다. 즉, CECO는 공개시장에서 갤런당 $1.46에 살 수 있는 연료 구입에 Mr. Meyer에게 갤런당 $2.10을 지불하기를 원하지 않을 것이다. 따라서 우리는 가격이 $1.46으로 하락하게 되면 Mr. Meyer는 이익도 손해도 보지 않는다고 말할 수 있다. 이익이나 손해가 0이라는 것은 〈그림 23.1〉에서 $1.46의 가격일 때 괄호 안에 있다. 추가적으로 앞서 언급했듯이, Mr. Meyer는 사전에 $1,000,000을 받는다.

이러한 수치가 주어지면, Mr. Meyer에게 있어서 계약의 가치는 다음과 같이 계산될 수 있다.

$$\underbrace{[0.45 \times (\$2.10 - \$2.74) \times 6\text{백만} + 0.55 \times 0]/1.02}_{\text{콜옵션의 가치}} + \$1{,}000{,}000 = -\$694{,}118 \qquad (23.1)$$

이번 장에서처럼, 우리는 위험중립 가격결정을 이용하여 옵션의 가치를 평가한다. 갤런당 −$0.64 (= $2.10 − $2.74)의 현금흐름과 $0에 위험중립 확률을 곱한다. 수식 (23.1)의 전체 첫 번째 항목의 현금흐름은 12월 1일에 발생하기 때문에 1.02로 할인된다. $1,000,000은 Mr. Meyer가 오늘 9월 1일에 받기 때문에 할인하지 않는다. 계약의 현재가치가 음수(−)이기 때문에 Mr. Meyer는 이 계약을 거절하는 것이 현명할 것이다.

앞서 말했듯이, 연료 배급업자는 콜옵션을 CECO에게 판매한다. 앞의 수식에서 첫 번째 항

[2] 나중에 보겠지만 u와 d는 연간 난방연료 수익률의 표준편차인 63%와 일관성이 있다.
[3] 단순화를 위해서 우리는 보관비용과 편의시설 비용을 무시한다.

목인 −\$1,694,118은 콜옵션의 가치로 볼 수 있다. 수식은 Mr. Meyer의 관점에서 옵션을 보는 것이라서 음수(−)이다. 따라서 CECO에게 콜옵션의 가치는 +\$1,694,118일 것이다. 갤런당 기준으로 CECO에게 주어진 옵션의 가치는 아래와 같다.

$$[0.45(\$2.74 - \$2.10) + 0.55 \times 0]/1.02 = \$0.282 \quad (23.2)$$

수식 (23.2)는 상승 상태에서 CECO는 \$2.74인 난방연료를 계약에 의해 \$2.10에 구입할 수 있기 때문에 CECO가 갤런당 \$0.64 (= \$2.74 − \$2.10)를 상승 상태에서 얻을 것임을 보여준다. 반면에 계약은 하락 상태에서 CECO는 공개시장에서 \$1.46에 파는 연료에 \$2.10을 지불하지 않을 것이기 때문에 계약은 아무런 가치가 없다. 위험중립 가치평가를 이용하면, 난방연료 1갤런에 대한 콜옵션의 가치는 공식에 의해 \$0.282가 된다.

3기의 예제 앞의 예제가 현실 세계의 여러 측면을 고려하고 있지만 여전히 부족한 점이 있다. 즉, 난방연료의 가격이 12월 1일에 단지 두 개의 가치를 가질 수 있다고 가정한다. 이것은 확실히 일어날 수 없는 일이다. 연료는 현실에서 본질적으로 어떤 값이라도 가질 수 있다. 비록 이런 결함이 첫눈에 확연히 보이지만 사실은 쉽게 수정할 수 있다. 우리가 해야 할 일은 예제의 3개월 동안에 좀 더 많은 간격을 도입하는 것이다.

예를 들어, 〈그림 23.2〉에서는 기간당 1.5개월의 2기간 동안의 난방연료의 가격 움직임을

그림 23.2
3기의 모형에서 난방연료 가격의 움직임

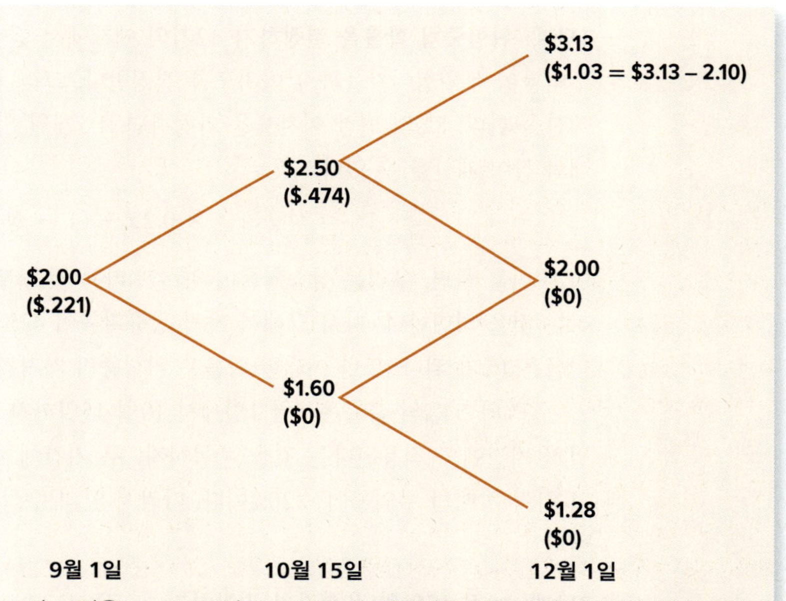

이 그림은 u = 1.25와 d = 0.80이 주어졌을 때 3기 예제에서 난방연료의 갤런당 가격을 보여준다. 12월 1일에 세 가지 가능한 난방연료 가격이 있다. 세 가지 가격의 각각에 대해서 우리는 난방연료 1갤런에 대한 행사가격 \$2.10인 12월 1일의 콜옵션의 가격을 계산한다. 이러한 숫자는 괄호 안에 있다. 이전 날짜의 콜 가격은 이항모형에 의해 결정되고 역시 괄호 안에 있다.

보여준다.[4] 그림에 보이듯이 가격은 10월 15일에 $2.50 혹은 $1.60이 될 것이다. 우리는 $2.50을 상승 상태(up state) 가격으로 $1.60을 하락 상태(down state) 가격이라고 한다. 따라서 난방연료는 두 상태에서 25% (= $2.50/$2.00 − 1)의 수익률과 −20% (= $1.60/$2.00 − 1)의 수익률을 가진다.

우리는 동일한 변동성을 10월 15일에서 12월 1일로 넘어가는 동안에도 가정한다. 즉, 10월 15일의 $2.50의 가격이 주어진다면, 12월 1일의 가격은 $3.13 (= $2.50 × 1.25)이거나 혹은 $2 (= $2.50 × 0.80)가 될 것이다. 마찬가지로 10월 15일에 가격이 $1.60으로 주어진다면, 12월 1일의 가격은 $2 (= $1.60 × 1.25)이거나 혹은 $1.28 (= $1.60 × 0.80)이 될 것이다. 새로운 정보가 난방연료에 (혹은 대부분의 상품이나 자산에) 미치는 영향의 비율은 월마다 유사할 것이기 때문에 이러한 일정한 변동성의 가정은 제법 수긍할 만하다.

12월 1일에 세 가지 가능한 가격이 있으나, 10월 15일에서는 두 가지 가능한 가격이 있음을 주의하라. 또한 12월 1일에는 $2의 가격으로 가는 두 개의 경로(path)가 있음을 기억하라. 12월 1일에 $2로 다시 하락하기 전에 10월 15일에 $2.50으로 가격이 상승했을 수 있다. 또한 12월 1일에 $2로 다시 상승하기 전에 10월 15일에 $1.60으로 가격이 떨어졌을 수 있다. 다시 말해서 상승 후 하락하는 움직임과 하락 후 상승하는 움직임은 12월 1일에 동일한 가격을 만들기 때문에 모형은 대칭성을 가진다.

3기의 예제에서 어떻게 CECO의 옵션가치를 평가할까? 비록 추가된 기간 때문에 추가 단계가 필요하지만, 우리는 2기의 예제와 동일한 절차를 사용한다.

1단계: 위험중립 확률을 결정하기 2기의 예제에서 했듯이, 가격 상승의 확률을 난방연료 기대수익률이 무위험이자율과 같아지도록 결정한다. 그러나 이 경우에 우리는 1.5개월의 기간으로 계산을 한다. 8%의 연간 이자율을 가정하면, 1.5개월 기간에는 1%를 의미한다.[5] 상승확률은 아래와 같이 계산할 수 있다.

$$1\% = \text{상승확률} \times 0.25 + (1 - \text{상승확률}) \times (-0.20)$$

이 수식을 풀면, 우리는 상승확률이 약 47%라는 것을 발견하게 되는데 그것은 하락확률이 53%라는 것을 의미한다. 다시 말해서 가격 상승확률이 47%이면 난방연료의 1.5개월 기간의 기대수익률은 1%가 된다. 또한 이러한 확률은 위험중립 가격결정의 가정에서 결정된다.

47%와 53%의 확률은 9월 1일에서 10월 15일까지 기간에 적용되고 10월 15일에서 12월 1일의 기간에도 적용된다는 것을 주목하자. 두 기간에 대해 각각 상승 상태의 수익률이 25%이고 하락 상태의 수익률이 −20%이다. 따라서 앞의 수식은 각 기간을 별개로 하여 적용하여야만 한다.

2단계: 10월 15일의 옵션가치 평가하기 〈그림 23.2〉에 보이듯이, 12월 1일에 만일 난방연료 가격이 $3.13로 오르면 CECO의 옵션은 갤런당 $1.03의 가치를 가질 것이다. 즉, CECO는 공

4 처음에는 명백히 보이지 않겠지만, 〈그림 23.2〉의 가격 움직임은 〈그림 23.1〉의 가격 움직임과 일관성이 있다는 것을 추후에 보게 될 것이다.
5 단순화를 위해서 이자율 복리는 무시한다.

개시장에서 $3.13를 지불하는 대신에 Mr. Meyer에게서 $2.10에 연료를 구입할 수 있다. 그러나 만일 난방연료 가격이 12월 1일에 $2나 $1.28이 되면 옵션은 가치가 없을 것이다. 여기서 옵션의 행사가격 $2.10이 $2나 $1.28보다 높기 때문에 외가격이다.

12월 1일의 옵션가격을 이용하여 우리는 10월 15일의 옵션가치를 계산할 수 있다. 10월 15일에 난방연료의 가격이 갤런당 $2.50이면, 〈그림 23.2〉에 보이듯이 콜옵션은 12월 1일에 $1.03나 혹은 $0의 가치를 가지게 될 것이다. 따라서 만일 10월 15일에 난방연료의 가격이 $2.50이면, 10월 15일의 난방연료 1갤런에 대한 옵션의 가치는 아래와 같다.

$$[0.47 \times \$1.03 + 0.53 \times 0]/1.01 = \$0.474$$

여기서 앞의 2기 예제에서 사용된 것과 같은 위험중립 가격결정 접근법을 이용하여 옵션의 가치를 평가한다. $0.474의 가치는 〈그림 23.2〉의 괄호 안에서 볼 수 있다.

우리는 또한 가격이 $1.60일 때 10월 15일의 옵션의 가치평가를 원한다. 그러나 이 가치는 확실히 0이다.

$$[0.47 \times \$0 + 0.53 \times \$0]/1.01 = 0$$

〈그림 23.2〉를 보면 이것은 명확하게 알 수 있다. 그림에서 10월 15일에 난방연료 가격이 $1.60이 되면, 콜은 12월 1일에 외가격이 되는 것을 볼 수 있다. 따라서 콜은 10월 15일에 난방연료의 가격이 $1.60이 되면 0의 가치를 가져야만 한다.

3단계: 9월 1일의 옵션가치 평가하기 앞의 단계에서 우리는 10월 15일에 만일 난방연료의 가격이 $2.50이 되면 콜 가격이 $0.474가 될 것임을 보았다. 마찬가지로 10월 15일에 만일 연료가 $1.60에 거래되면 옵션가격은 $0이 될 것이다. 이러한 가치를 가지고 우리는 9월 1일의 콜옵션 가치를 계산할 수 있다.

$$[0.47 \times \$0.474 + 0.53 \times \$0]/1.01 = \$0.219$$

이 계산이 앞 단계의 옵션가치 계산뿐만 아니라 앞서 보여준 2기의 예제에서 옵션가치 계산과도 완전히 유사하다. 다시 말해서 동일한 접근법이 기간의 수에 관계없이 적용된다. 나중에 보겠지만, 우리는 현실성이 더 뛰어난 더 많은 수의 기간으로 확장할 수 있다. 그러나 기본적인 방법론은 동일하게 유지한다.

앞의 계산은 CECO의 1갤런의 난방연료에 대한 옵션가치를 알려준다. 이제 우리는 Mr. Meyer가 가진 계약의 가치를 계산할 준비가 되었다. 이전 수식에서의 계산이 주어진 상태에서 계약의 가치는 다음과 같다.

$$-\$0.219 \times 6{,}000{,}000 + \$1{,}000{,}000 = -\$312{,}943$$

이것은 Mr. Meyer가 6백만 갤런의 난방연료에 대하여 갤런당 옵션가치로 $0.219를 포기하는 것이다. 그 대가로 그는 사전에 단지 $1,000,000을 받는다. 전반적으로 그는 $312,943을 잃는다. 물론 CECO에게 계약의 가치는 반대이므로 회사는 $312,943의 가치를 가진다.

다기간으로 확장 2기와 3기의 예제를 통해서 CECO와 Mr. Meyer 간의 계약을 살펴보았다. 3

기의 경우가 가격변동에 좀 더 많은 가능성을 허용하기 때문에 좀 더 현실적이다. 그러나 단지 3기의 기간으로 멈출 이유가 있는가? 4기, 5기, 50기, 500기 그리고 그 이상으로 확장하면 좀 더 현실적이 되지 않을까? 3개월(9월 1일에서 12월 1일)이라는 전체 시간을 늘리지 않고 단지 기간 사이의 간격을 줄여서 확장할 수 있다. 이제 더 긴 기간으로 이동할 수 있음을 주목하자.

예를 들어, 3개월 사이에 90일을 가지는 모형을 생각해보자. 이제 기 사이의 간격은 3개월 동안에 90일이기 때문에 하루이다. 이항모형에서 두 가지 가능한 결과가 3개월 기간은 말할 것도 없고 1.5개월 기간보다 하루의 기간에 걸쳐 일어난다는 가정은 좀 더 그럴듯하다. 물론 우리는 기간을, 예를 들어 1시간이나 1분으로 한다면 좀 더 현실적으로 만들 수 있을 것이다.

기간의 수를 증가시키는 것을 이항모형에 수용하려면 어떻게 모형을 조정할 수 있을까? 기초자산에 대한 수익률의 표준편차에 대해 u와 d가 관련된 2개의 간단한 공식으로 나타낸다.[6]

$$u = e^{\sigma/\sqrt{n}} \text{ 그리고 } d = 1/u$$

여기서 σ는 기초자산(이 경우는 난방연료)의 연간 수익률의 표준편차이고 n은 1년 동안에 걸친 기간의 수이다.

난방연료 예제를 만들었을 때, 우리는 난방연료에 대한 수익률의 연간 표준편차를 0.63(혹은 63%)으로 가정하였다. 1년에 4분기가 있기 때문에, 〈그림 23.1〉의 2기의 예제에 보이듯이, $u = e^{0.63/\sqrt{4}} = 1.37$이고 $d = 1/1.37 = 0.73$이다. 〈그림 23.3〉의 3기의 예제에서는 기간의 길이가 1.5개월이다. 이때 $u = e^{0.63/\sqrt{8}} = 1.25$이고 $d = 1/1.25 = 0.80$이다. 따라서 이항모형은 기초자산의 수익률의 표준편차가 추정된다면 실무에서 적용할 수 있다.

우리는 이전에 난방연료 1갤런에 대한 콜옵션의 가치를 2기의 모형에서는 $0.284이고 3기의 모형에서는 $0.219로 추정하였다. 옵션만기까지의 기간을 9월 1일에서 12월 1일의 3개월로 일정하게 유지하면서 연간 기간의 수가 증가함에 따라 옵션의 가치는 어떻게 변하는가? 우리는 〈표 23.5〉에서 다양한 기간의 수에 따른 콜의 가치를 계산하였다.[7] 기간의 수가 커질수록 현실성이 커진다. 왜냐하면 단지 2개의 가능한 결과의 제약이 장기간보다는 단기간에 좀 더 그럴듯하기 때문이다. 따라서 콜의 가치는 기간의 수가 99 혹은 그 이상으로 커지면 기간의 수가 1이나 2일 때의 가치보다 훨씬 현실적으로 될 것이다.

그러나 매우 흥미로운 현상이 표에서 관찰된다. 콜의 가치가 기간의 수가 증가하면서 변동하지만 수렴이 꽤 빠르게 일어난다. 콜의 가치는 4개의 기간에서 99개 기간의 값과 거의 동일하다. 따라서 작은 수의 기간으로도 이항모형은 사용할 만한 것 같다. 3개월 동안 6개의 기간은 2주일의 기간을 의미한다. 물론 난방연료가 2주일 동안 단지 하나의 가격을 유지한다는 가정은 단순히 현실적이지 않다. 역설은 이러한 비현실적인 가정이 여전히 현실적인 콜 가격을 산출한다는 것이다.

기간의 수가 무한대로 가게 되면, 즉 기간의 길이가 0으로 가게 되면 어떻게 될까? 결과적

[6] 이 공식의 유도를 위해서는 John C. Hull, *Options, Futures, and Other Derivatives*, 10th ed. (Upper Saddle River, NJ: Prentice Hall, 2017)를 참조하라.

[7] 논의에서 우리는 기간(interval)과 기(date)를 사용하였다. 용어를 확실하게 정리하자면 기간의 수는 항상 기(date)의 수보다 1이 작다. 예를 들어, 모형이 2기의 모형이면 기간은 하나이다.

표 23.5 난방연료의 1갤런에 대한 콜의 가치

기간의 수*	콜 가치
1	$0.284
2	0.219
3	0.244
4	0.226
6	0.223
10	0.229
20	0.228
30	0.228
40	0.227
50	0.227
99	0.226
Black-Scholes의 무한대	0.226

이 예에서, 이항모형에 의한 콜의 가치는 기간의 수가 증가하면서 변동한다. 그러나 콜의 가치는 Black-Scholes의 가치로 급격히 수렴한다. 따라서 이항모형은 단지 몇 개의 기간으로도 Black-Scholes의 훌륭한 근사치가 되는 것 같다.

*기간(interval)의 숫자는 항상 기(date)의 숫자보다 하나 작다.

으로 Black-Scholes 모형의 가치가 된다는 것은 수학적으로 증명되었다. 이럴 때의 가치는 〈표 23.5〉에서 제시되었다. 따라서 우리는 Black-Scholes 모형이 난방연료 옵션에 대한 최선의 접근법이라고 주장할 수 있다. 또한 적용하기가 상당히 간단하다. 우리는 계산기를 사용해서 Black-Scholes를 가지고 옵션의 가치를 평가할 수 있다. 반면에 이항모형을 사용하려면 일반적으로 컴퓨터 프로그램을 이용해야만 한다. 그러나 〈표 23.5〉에 보이듯이, 이항모형의 가치는 기간의 수가 상대적으로 작더라도 Black-Scholes의 가치와 아주 가깝다. 따라서 비록 Black-Scholes가 시간을 절약해주지만, 이항모형은 가치에 대한 우리의 예측에 심각한 영향을 주지 않는다.

이 시점에 Black-Scholes 모형이 이항모형보다 선호되는 것처럼 보인다. 시간을 절약하면서 좀 더 정확한 가치를 얻는 것을 누가 바라지 않겠는가? 그러나 항상 그런 것은 아니다. 이항모형이 Black-Scholes 모형에 비해 선호되는 상황이 많이 있다. 그러한 한 가지 경우가 다음 절에서 제시된다.

23.4 폐쇄와 재개의 의사결정

실물옵션(real options)의 초기 그리고 가장 중요한 사례 중의 일부가 천연자원과 광산업에서 발생하였다.

금광 가치평가

Woe Is Me (WOE) 금광은 1882년에 설립되었고 서부에서 가장 부유한 금광 중 하나이다. 30년 후인 1912년 광산은 거의 수명을 다했고 때때로 금값이 오르면 영업이 재개되었다. 현재 금은 WOE의 활발한 주력 사업은 아니지만 주식은 여전히 거래소에서 WOE로 거래되고 있다.

WOE는 부채가 없고 발행주식수는 20백만 주이고 주가에 발행주식수를 곱한 시장가치는 $6십억을 넘는다. WOE는 광산을 둘러싼 160에이커의 토지를 소유하고 거기에 있는 금광에 대한 채굴권의 100년 임대를 정부로부터 받았다. 그러나 사막의 땅은 시장가치가 고작 수천 달러이다. WOE는 현금과 기타 자산으로 $30백만을 보유하고 있다. 자산으로 $30백만과 폐쇄된 금광을 가지고 있으며 현금흐름이 없는 회사인 WOE가 가진 시장가치를 어떻게 설명할 수 있을까?

해답은 WOE가 금광의 형태로 암묵적으로 소유한 옵션에 있다. 금의 현재가치가 온스당 $1,300이고 추출비용과 가공비용이 온스당 $1,400이라고 가정하자. 따라서 금광이 폐쇄된 것이 놀라운 일이 아니다. 금의 채굴에 들어가는 비용은 온스당 $1,400이고, 금은 고작 $1,300에 팔리기 때문에 온스당 $100의 손실을 입는다. 아마도 금 가격이 오르면 광산은 다시 재개될 것이다. 금광을 다시 여는 데 $20백만의 비용이 들고 광산이 열리면 연간 50,000온스의 금을 생산하게 된다. 지질학자는 광산이 보유한 금의 양이 거의 무한하다고 믿고 있고 WOE는 향후 100년의 채굴권을 가지고 있다. 임대조건에 따라 WOE는 채굴한 금을 쌓아둘 수 없으며, 매년 채굴한 모든 금을 같은 해에 판매해야만 한다. 광산을 폐쇄하는 데 장비 보관과 기타 환경 예방조치를 위한 비용은 $10백만이다. 우리는 광산을 재개하는 $20백만의 비용을 진입비용 혹은 투자로, $10백만의 비용은 폐쇄 혹은 포기비용으로 부를 것이다. (광산을 열고 운영하지 않은 채 그냥 내버려두는 방식으로 포기비용을 피할 수는 없다.)

재무적 관점에서 WOE는 회사와 광산으로 포장된 실제로는 금 가격에 대한 옵션의 묶음이다. 기본 옵션은 행사가격은 $1,400의 추출비용인 금 가격에 대한 콜옵션이다. 옵션을 행사할 때마다 광산의 재개비용으로 $20백만의 행사비용을 가지고 포기할 때 $10백만의 폐쇄비용을 가지기 때문에 이 옵션은 복잡하다. 또한 만기일이 없는 영구적인 옵션이라는 사실도 복잡하다.

포기와 재개 결정

WOE의 암묵적인 옵션의 가치를 평가하기 전에 단지 상식을 적용하여 무엇을 말할 수 있는지 보는 것도 유용하다. 우선 광산은 금 가격이 온스당 $1,400의 추출비용을 충분히 초과하는 경우에만 재개되어야만 한다. 광산의 재개비용이 $20백만이기 때문에 광산은 금 가격이 $1,400보다 약간 높을 때마다 재개되어서는 안 된다. 예를 들어, 금 가격이 $1,401이면 온스당 1달러의 이익이며 연간 $50,000 (= 50,000온스 × $1/온스)의 이익이기 때문에 광산을 재개해서는 안 된다. $20백만의 재개비용을 감당할 수 있을 때 광산을 열어야 한다. 그러나 좀 더 심각하게 보면 비록 온스당 $1,450으로 가격이 상승하여 온스당 $50의 이익(연간 $2,500,000의 이익)이 적절한 할인율에 $20백만의 재개비용을 지불할지라도 광산은 열면 안 될 것이다. 그 이유는 옵션의 문제에서처럼 변동성이 (여기서는 금 가격의 변동성이) 중요한 역할을 하기 때문이다. 금 가격은 변동성이 있기 때문에 광산의 재개비용을 감당하기 위해서 가격은 온스당 $1,400보다 충분히 높게 올라야만 한다. 만일 광산을 재개했을 때 금 가격이 온스당 $1,400과 너무 가까우면, 예를 들어 온스당 $1,450이면 우리는 가격이 $1,450 이상으로 올라가면 매번 광산을 열어야 할 것이다. 불행하게도, 가격이 (단지 3%인) 온스당 $50 떨어져서 $1,400으로 돌아갈 때마다 우리는 손실을 보면서 영업을 하거나 광산의 폐쇄 결정에 직면하게 될 것이다.

추정된 금 수익률의 변동성은 연간 약 25%이다. 이것은 금 가격의 단일 연간 표준편차가 $1,300의 25%인 연간 $325라는 것을 의미한다. 확실히 이러한 금 가격이 무작위 움직임의 금액인, 예를 들어 금광 재개의 문턱인 $1,405는 광산을 재개하기에는 너무 낮은 금액이다. 유사한 논리가 폐쇄 결정에도 적용된다. 만일 광산이 열리면 우리는 금 가격이 온스당 $1,400 이상에 있는 한 채굴된 금에서 온스당 이익을 보게 되기 때문에 확실히 계속 금광을 운영을 하게 될 것이다. 그러나 금 가격이 온스당 $1,400 아래로 떨어지게 된다고 단순하게 광산을 폐쇄하지는 않을 것이다. 우리는 손실을 감내할 것이다. 왜냐하면 금은 후에 다시 $1,400 이상으로 올라갈 수 있기 때문이다. 대신에 만일 우리가 광산을 폐쇄하면 우리는 포기비용으로 $10백만을 지불해야 할 것이다. 그리고 금 가격이 다시 오르게 되어 광산을 재개하려면 다시 $20백만을 지불해야 한다.

요약하면, 광산이 현재 폐쇄되어 있다면 금 가격이 추출비용인 온스당 $1,400 이상으로 충분히 오를 때면 $20백만의 비용을 들여서 재개할 것이다. 만일 광산이 현재 운영 중이라면, 금 가격이 추출비용인 온스당 $1,400 아래로 충분히 하락할 때면 $10백만의 비용을 들여서 폐쇄할 것이다. WOE의 문제는 폐쇄된 광산을 재개하고 운영 중인 광산을 폐쇄하는 이러한 2개의 문턱(threshold) 가격을 발견하는 것이다. 우리는 이러한 가격을 각각 p_{open}과 p_{close}라고 부르고 아래와 같은 관계를 가진다.

$$p_{open} > \$1,400/\text{온스} > p_{close}$$

다시 말해 WOE는 금 가격 옵션이 충분히 내가격일 때 광산을 열고, 옵션이 충분히 외가격일 때 광산을 폐쇄할 것이다.

우리는 금 가격이 더 유동적일수록 p_{open}과 p_{close}는 온스당 $1,400에서 더 멀어질 것임을 안다. 우리는 또한 광산의 재개비용이 더 클수록 p_{open}이 더 높을 것이고, 광산의 폐쇄비용이 더 클수록 p_{close}가 더 낮을 것임을 안다. 흥미롭게도, 우리는 또한 폐쇄비용이 증가한다면 p_{open}이 더 높아질 것을 기대해야 한다. 결국 광산을 폐쇄하는 데 비용이 더 든다면, WOE에게는 광산을 여는 결정을 할 때 금 가격이 추출비용 이상에 머물러야 하는 것을 확인할 필요가 있을 것이다. 반면에 WOE는 금 가격이 온스당 $1,400 아래로 떨어진다면 폐쇄와 손실 운영 사이의 선택에 직면할 것이다. 마찬가지로 광산의 재개비용 증가는 WOE로 하여금 운영 중인 광산의 폐쇄를 더 꺼리게 할 것이다. 결과적으로 p_{close}는 더 낮아질 것이다.

앞에서의 주장으로 우리는 WOE를 가치평가하는 문제를 2단계로 줄일 수 있다. 첫째, 문턱 가격인 p_{open}과 p_{close}를 결정해야 한다. 둘째, 이러한 최선의 문턱 가격이 주어지면 금 가격이 p_{open} 이상으로 상승할 때 $20백만의 비용으로 행사할 수 있고, 금 가격이 p_{close} 아래로 하락할 때면 $10백만의 비용에 폐쇄할 수 있는 금 옵션의 가치를 결정해야만 한다.

광산을 재개할 때, 즉 옵션이 행사될 때 연간 현금흐름은 금 가격과 온스당 $1,400의 추출비용에 50,000온스를 곱한 금액의 차이와 같다. 광산이 폐쇄될 때 광산은 현금흐름을 창출하지 않는다.

아래 도표는 각 시점에서 할 수 있는 의사결정을 보여준다.

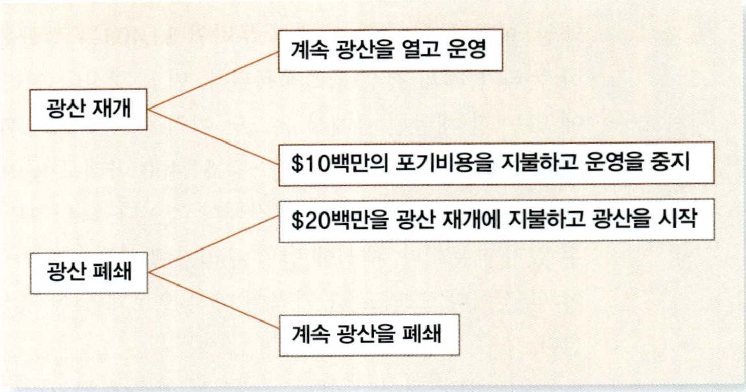

광산 재개
- 계속 광산을 열고 운영
- $10백만의 포기비용을 지불하고 운영을 중지

광산 폐쇄
- $20백만을 광산 재개에 지불하고 광산을 시작
- 계속 광산을 폐쇄

p_{open}과 p_{close}의 임곗값과 광산의 가치를 어떻게 결정해야 할까? 우리가 이제까지 개발한 도구를 이용하여 근삿값을 구할 수 있다.

단순한 금광 가치평가

p_{open}과 p_{close}의 임곗값과 광산의 가치를 결정하기 위해 다음과 같은 절차를 진행한다.

1단계: 무위험이자율과 변동성을 구한다. 반기(6개월) 이자율은 3.4%이고 금의 연간 변동성은 25%이다.

2단계: 이항트리를 만들고 금 가격을 기입한다. 예를 들어, 6개월 간격으로 트리의 단계를 설정한다고 가정하자. 만일 연간 변동성이 25%이면 u는 $e^{0.25/\sqrt{2}}$이고 근삿값은 1.19가 된다. 다른 변수 d는 0.84 (= 1/1.19)이다. 〈그림 23.3〉은 트리를 보여준다. 현재 가격 $1,300에서 시작에서 처음 19% 증가한 가격은 6개월 뒤에 $1,551이다. 처음 16% 감소하면 가격은 $1,089로 떨어진다. 다음 단계들은 이전 가격에서 19% 상승과 16% 하락한다. 트리는 임대기간 100년 혹은 200번의 6개월 기간에 걸쳐 확장된다.

앞 절의 분석을 이용해서 각 단계의 위험중립 확률을 계산한다. 반기 이자율이 3.4%이므로 아래와 같은 관계를 얻는다.

$$3.4\% = \text{상승확률} \times 0.19 + (1 - \text{상승확률}) \times (-0.16)$$

이 수식을 풀면, 상승확률이 0.55이고 그것은 하락확률 0.45를 의미한다. 이러한 확률은 모든 6개월 기간에 걸쳐서 동일하다. 다시 말해서 만일 상승확률이 0.55이면 금의 기대수익률은 매 6개월 기간마다 3.4%이다. 이러한 확률은 위험중립 가격결정의 가정 아래에서 결정된다. 다시 말해서 만일 투자자가 위험중립이면 기대수익률이 무위험이자율과 같으면 만족할 것이다. 왜냐하면 금의 추가적인 위험은 그들에게 고려대상이 아니기 때문이다.

3단계: 이제 컴퓨터를 켜고 트리를 거쳐가는 말하자면 5,000개의 가능한 경로를 시뮬레이션한

그림 23.3
금 가격의 이항트리

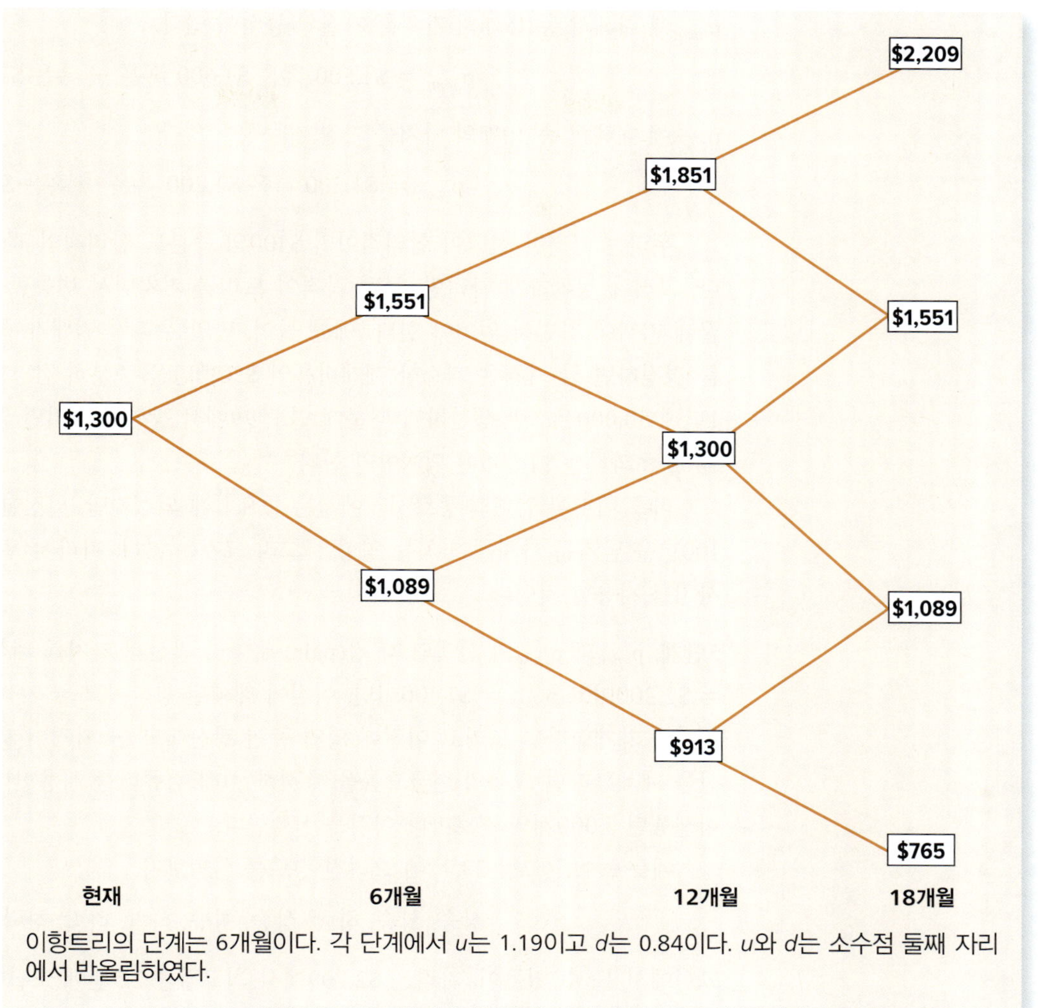

이항트리의 단계는 6개월이다. 각 단계에서 u는 1.190이고 d는 0.840이다. u와 d는 소수점 둘째 자리에서 반올림하였다.

다. 각 분기점(node)에서 컴퓨터는 0.55 확률의 가격 "상승" 움직임과 0.45 확률의 가격 "하락" 움직임을 선택한다. 전형적인 경로는 100년 동안에 걸쳐 가격이 상승 혹은 하락이 6개월 간격으로 일어나는 것을 표현하는데, 하나의 예는 아래와 같다.

상승, 상승, 하락, 상승, 하락, 하락, …, 하락

여기서 처음 "상승"은 가격이 처음 6개월 $1,300에서 $1,551로 오른 것을 의미하고, 그 다음 "상승"은 두 번째 6개월에 $1,551에서 $1,851로 다시 상승한 것을 의미한다. 이런 방식으로 100년까지 6개월마다 상승과 하락을 하지만 여기서 마지막 6개월은 하락한 것으로 보인다.

5,000개의 위와 같은 경로를 가지면, 우리는 금 가격의 움직임에 대한 모든 미래의 가능성에 대한 하나의 표본을 가질 것이다.

4단계: 다음으로, 우리는 문턱 가격인 p_{open}과 p_{open}로서 가능한 선택을 고려한다.

p_{open}에 대해서 총 15개의 가치를 가질 가능성이 있다.

$$p_{open} = \$1,500 \text{ 혹은 } \$1,600 \text{ 혹은 } \cdots \text{ 혹은 } \$2,900$$

p_{close}에 대해서 총 10개의 가치를 가질 가능성이 있다.

$$p_{open} = \$1,300 \text{ 혹은 } \$1,200 \text{ 혹은 } \cdots \text{ 혹은 } \$400$$

우리는 이러한 선택이 합리적이며 $100의 증분도 합리적인 것 같기 때문에 이렇게 정하였다. 그러나 정확하게 하려면, 문턱 가격이 트리를 거치면서 변동할 수 있게 해야 하며 100년의 끝에 가까이 가면서 얻어야 한다. 예를 들어, 만일 우리가 임대가 끝나기 1년 전에 광산의 재개를 결정하면 금 가격은 최소한 재개비용인 $20백만을 충분히 감당할 만큼 올라야 한다. 광산은 1년에 50,000온스만 생산하기 때문에 연도 99에서 광산을 열려면 금 가격이 추출비용을 최소한 $400 초과하는 $1,800이 되어야만 한다.

비록 이것이 임대의 종료시점에서는 중요하게 되겠지만, 일정한 문턱 가격을 사용하는 것이 100년을 남겨둔 가치에 미치는 영향은 그리 크지는 않다. 따라서 우리는 일정한 문턱 가격의 근사치를 사용할 것이다.

5단계: p_{open}과 p_{close}의 선택의 각 쌍(pair)에 따라 광산의 가치를 계산한다. 예를 들어, 만일 p_{open} = $2,200이고 p_{close} = $1,100이면, 이전에 폐쇄된 광산이고 금 가격이 $2,200으로 오를 때마다 광산을 재개한다면 그리고 이전에 영업 중인 광산이고 금 가격이 $1,100으로 떨어질 때마다 광산을 폐쇄한다면 그때의 현금흐름을 추적하는 데 컴퓨터를 사용한다. 우리는 3단계에서 시뮬레이션했던 5,000개의 경로마다 이것을 실행한다.

예를 들어, 〈그림 23.4〉에 그려진 경로를 살펴보자.

상승, 상승, 하락, 상승, 상승, 하락, 하락, 하락, 하락

그림에서 볼 수 있듯이, 가격은 $2,209에서 최고점을 2.5년에 도달하고 4번의 6개월 기간 동안 $1,089로 하락했다. 만일 p_{open} = $2,200이고 p_{close} = $1,100이면 광산은 가격이 $2,209에 도달했을 때 재개될 것이고 $20백만의 비용이 필요할 것이다. 그러나 기업은 이 시기에 온스당 $2,209에 25,000의 금을 판매할 수 있고 $20.234백만[= 25,000 × ($2,209 − $1,400)]의 현금흐름을 창출한다. 가격이 6개월 뒤에 $1,851로 떨어질 때 회사는 다시 25,000온스를 판매하고 현금흐름 $11.284백만[= 25,000 × ($1,851 − $1,400)]을 얻는다. 가격은 계속 하락하여 1년 뒤에 $1,300에 도달한다. 생산비용이 온스당 $1,400이기 때문에 이제 회사는 현금유출을 경험한다. 그 다음 가격이 $1,089로 떨어진다. 이 가격은 $1,100의 p_{close}보다 낮기 때문에 광산은 폐쇄되고 $10백만의 비용이 발생한다. 물론 금 가격은 그 이후에도 변동을 할 것이고 광산이 재개되고 폐쇄되는 가능성은 여전히 남아 있다.

이러한 경로는 단지 하나의 가능성이다. 5,000번의 경로에서 나올 수도 있고 나오지 않을 수도 있다. 컴퓨터로 시뮬레이션한 각각의 5,000개 경로에 대해, 우리는 $2,200의 p_{open}과 $1,100의 p_{close}를 사용하여 6개월마다 현금흐름의 순서를 만들 수 있다. 이러한 현금흐름에 대하여 3.4%의 이자율로 할인하여 개별 현금흐름의 현재가치를 계산한다. 모든 현금흐름을 합산하

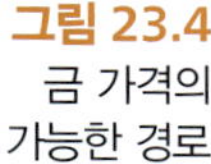

그림 23.4
금 가격의 가능한 경로

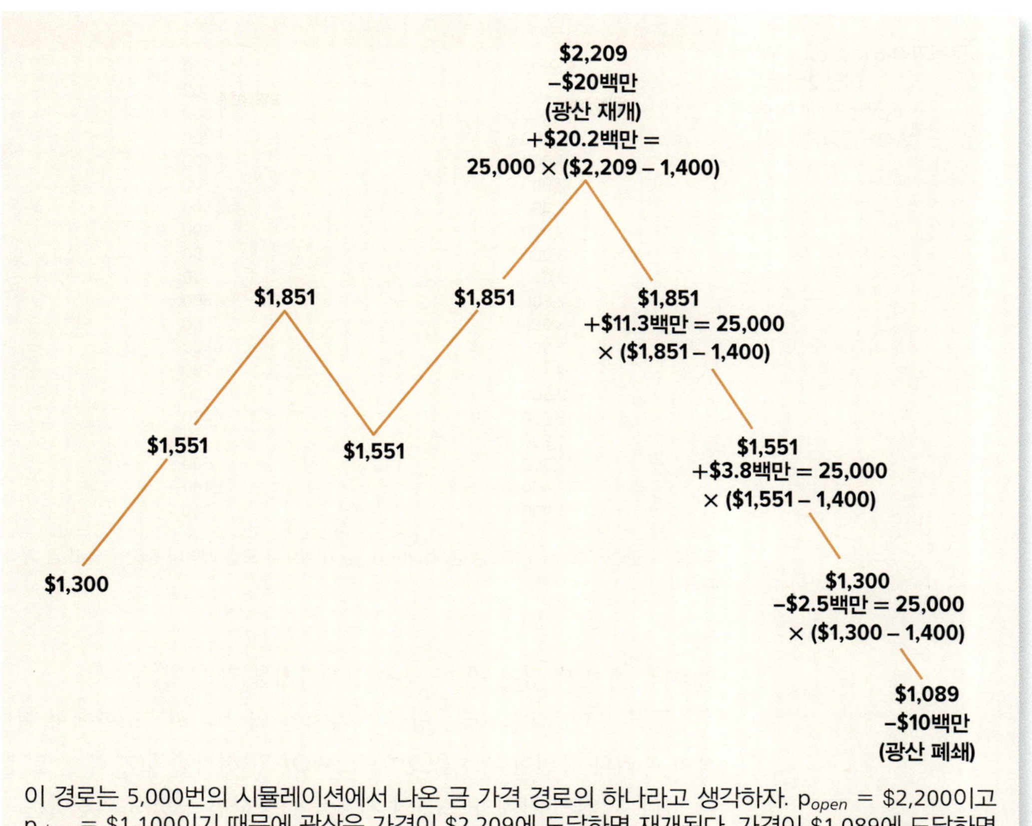

이 경로는 5,000번의 시뮬레이션에서 나온 금 가격 경로의 하나라고 생각하자. p_{open} = $2,200이고 p_{close} = $1,100이기 때문에 광산은 가격이 $2,209에 도달하면 재개된다. 가격이 $1,089에 도달하면 광산은 폐쇄된다.

면 우리는 하나의 경로에 대한 금광의 현재가치를 얻게 된다.

그리고 우리는 모든 5,000개의 시뮬레이션 경로에 대하여 금광의 평균 현재가치를 구한다. 이 수치는 금 가격이 $2,200에 도달하면 금광을 열고 $1,100에 도달하면 폐쇄하는 정책에서 나오는 광산의 기대가치가 된다.

6단계: 마지막 단계는 p_{open}과 p_{close}의 가능한 선택의 범위에 따라 5단계를 통해 계산한 할인된 기대 현금흐름의 차이를 비교하여 가장 높은 값을 고르는 것이다. 이것은 광산의 최대 기대가치의 추정치이다. 이 예측에 관련된 p_{open}과 p_{close}의 값이 폐쇄 광산을 열고 운영 중인 광산을 폐쇄하는 지점이 된다.

4단계에서 언급했듯이, 15개의 p_{open}과 10개의 p_{close}의 값이 가능하기 때문에 총 150개(= 15 × 10)의 각기 다른 쌍을 볼 수 있다. 〈표 23.6〉은 20개의 최상이 되는 쌍의 현재가치를 보여준다. 표는 현재가치 $6.629십억을 가지는 최상의 쌍이 p_{open} = $2,900, p_{close} = $1,200이라는 것을 보여준다. 이 수치는 5,000번의 시뮬레이션에 걸친 평균 현재가치를 보여준다. 두 번째로 높은 현재가치를 보여주는 쌍은 p_{open} = $2,200, p_{close} = $1,300으로 $6.557십억의 현재가치를

표 23.6 문턱가격(p_{open}, p_{close})에 대한 20개의 최상 선택에 대한 WOE 금광의 가치

p_{open}	p_{close}	금광의 추정가치($백만)
$2,900	$1,200	$6,629
2,200	1,300	6,557
2,000	1,000	6,428
2,000	1,200	6,288
1,800	1,400	6,168
2,900	500	6,140
2,800	500	6,103
2,900	900	6,055
3,000	1,100	6,054
2,600	900	6,050
2,600	600	6,038
3,000	500	6,033
1,900	1,400	5,958
2,100	700	5,939
2,300	500	5,934
2,200	1,400	5,928
1,800	800	5,895
2,300	600	5,892
2,400	1,100	5,862
1,900	500	5,855

우리의 시뮬레이션에서 WOE는 금 가격이 p_{open} 이상으로 오를 때마다 광산을 열고 금 가격이 p_{close} 아래로 내릴 때마다 광산을 폐쇄한다.

가진다. 세 번째 쌍은 좀 더 낮은 현재가치를 가진다.

물론 우리가 예측하는 광산의 가치는 최상의 선택조합에서 현재가치인 $6.629십억이다. 시장이 우리와 동일한 가정을 한다면, WOE의 시가총액(가격 × 발행주식수)은 이 가치에 도달해야 한다. 기업의 가치가 옵션의 체계를 이용하면 상당히 커진다는 것을 알 수 있다. 그러나 이전에 언급했듯이 정규적인 현금흐름 할인을 이용하면 WOE는 가치가 없는 것처럼 보일 것이다. 이것은 초기에 $1,300인 금 가격이 추출비용인 $1,400보다 낮기 때문에 발생한다.

이 예제는 개념이든 실행이든 쉽지 않다. 그러나 이 예제를 완전히 습득하는 데 필요한 추가적인 학습은 가치가 있다. 왜냐하면 예제는 실제로 현실 세계의 기업재무 부서에서 발생하는 모형화의 유형을 보여주기 때문이다.

더군다나 이 예제는 이항모형의 장점을 보여준다. 단순히 수많은 개별 시뮬레이션의 경우에 관련된 현금흐름을 계산하고, 각 시뮬레이션의 현금흐름을 할인하여, 시뮬레이션의 평균 현재가치를 구하였다. Black-Scholes 모형이 시뮬레이션을 처리할 수 없기 때문에 이런 유형의 문제에는 사용할 수 없다. 또한 Black-Scholes 모형보다 이항모형이 좀 더 적합한 수많은 상황이 있다. 예를 들어, Black-Scholes 모형은 만기일 이전에 배당금을 지불하는 옵션을 적절하게 다룰 수 없다는 것은 잘 알려져 있다. 또한 미국형 풋의 가치평가를 다룰 때 적합하지 않다. 반면에 이항모형은 이러한 상황 모두를 쉽게 다룰 수 있다.

따라서 기업재무를 전공하는 모든 학생은 두 모형 모두에 정통해야한다. Black-Scholes 모형은 이항모형보다 사용하기가 더 간단하므로 적절할 때마다 사용해야한다. 그러나 Black-Scholes 모형이 실패하는 복잡한 상황에서는 이항모형이 필수 도구가 된다.

요약 및 결론 _Summary and Conclusions

사업에 만연되어 있는 실물옵션은 순현재가치 분석으로 처리할 수 없다. 7장에서 의사결정트리를 이용하여 실물옵션의 가치를 평가하였다. 앞의 장에서 배운 옵션에 대한 내용을 가지고 Black-Scholes 모형과 이항모형에 따라 실물옵션의 가치를 평가할 수 있다.

이번 장에서 우리는 옵션의 4가지 유형을 설명하고 가치를 평가하였다.

1. 기술적으로 실물옵션이 아닌 경영자 스톡옵션
2. 창업기업의 내장된(embedded) 옵션
3. 단순한 사업계약의 옵션
4. 프로젝트의 폐쇄와 재개의 옵션

우리는 수학적 관점에서 단순하고 간단하게 풀이를 하려고 하였다. 22장의 옵션의 이항모형 접근법은 다기간으로 확장되었다. 기간 말에 단지 2개의 가격을 가진다는 가정은 기간이 짧아질 때 좀 더 현실적으로 되기 때문에 이러한 조정으로 실물옵션에 대해 좀 더 근접하게 되었다.

개념확인 _Concept Questions

01. 종업원 스톡옵션 옵션의 비용이 경영자에게 주어진 가치보다 크다면 기업은 왜 경영자에게 옵션을 발행하는가? 왜 단순히 현금을 주거나 차액을 나누지 않는가? 현금의 지급이 회사와 경영자 모두를 부유하게 만들지 않는가?

02. 실물옵션 대부분의 사업이 가지고 있는 두 가지 옵션은 무엇인가?

03. 프로젝트 분석 엄격한 NPV 계산이 전형적으로 회사나 프로젝트의 가치를 과소평가하는 이유는 무엇인가?

04. 실물옵션 전기 · 가스 회사는 종종 새로운 석탄, 원유 등을 태우는 공장을 건립하는 결정에 직면한다. 만일 석탄과 원유의 가격이 매우 유동적이라면 이러한 원료를 태울 수 있는 공장을 건립하는 결정의 가치는 어떻게 평가하는가? 만일 석탄과 원유 가격의 상관관계가 증가하게 되면 이 옵션의 가치는 어떻게 되는가?

05. 실물옵션 당신의 기업은 교외에 빈 토지를 가지고 있다. 토지를 개발하는 것을 기다리는 이점은 무엇인가?

06. 실물옵션 Star Mining은 금광을 매입한다. 그러나 추출비용이 현재 너무 높아서 광산의 수익성이 없다. 옵션의 용어를 사용하여 이 광산에 대해 기업이 가지고 있는 옵션의 유형은 무엇인가?

07. 실물옵션 당신은 동료와 실물옵션에 대해 논의하고 있다. 논의 중에 당신의 동료는 다음과 같이 말하고 있다. "실물옵션 분석은 말이 되지 않는다. 왜냐하면 위험한 벤처에 투자하는 실물옵션이 안전한 벤처에 투자하는 실물옵션보다 가치가 높다고 하기 때문이다." 이러한 의견에 당신은 어떻게 반응하겠는가?

08. 실물옵션과 자본예산 당신 회사는 현재 순현재가치법과 같은 전통적인 자본예산 기법을 사용한다. 실물옵션 분석에 대하여 들은 후에 당신의 상사는 회사가 순현재가치법 대신에 실물옵션 분석을 사용해야 한다고 결정한다. 당신은 이 결정을 어떻게 평가하는가?

09. **옵션으로서 보험** 가입자가 회사든 개인이든 보험은 본질적으로 옵션이다. 보험정책이 가지고 있는 옵션의 형태는 무엇인가?

10. **실물옵션** 회사에게 경쟁자가 있다면 실물옵션의 분석은 어떻게 바뀌어야 할까?

연습문제 _*Questions and Problems*_

connect FINANCE

기초
(Questions 1~5)

01. **종업원 주식옵션** Gary Levin은 Mountainbrook Trading Company의 CEO이다. 이사회는 Mr. Levin에게 주당 $45에 거래가 되고 이 기업의 주식에 대하여 등가격 유럽 콜옵션 35,000개를 부여했다. 주식은 배당이 없다. 옵션은 5년 후에 만기이고 수익률 표준편차는 58%이다. 5년 만기인 단기재정증권은 현재 연속복리 이자율 6%를 제공한다.
   a. Black-Scholes 모형을 이용하여 주식 옵션의 가치를 계산하라.
   b. 당신은 Mr. Levin의 재정 고문이다. Mr. Levin은 앞서 언급한 주식옵션 패키지와 $750,000 보너스 중 한 가지를 선택해야 한다. Mr. Levin이 위험 중립적이라면, 어떤 것을 추천할 것인가?
   c. Mr. Levine이 위험 회피적이고 만기 전에 옵션을 매도할 수 없다면 문항 (b)의 답변이 어떻게 달라질 것인가?

02. **종업원 주식옵션** Jared Lazarus는 BluBell Fitness Centers, Inc.의 새로운 CEO로 지명되었다. 3년 계약으로 연봉 $425,000에 회사 주식에 대한 3년 만기의 등가격 유럽형 콜옵션 25,000개를 포함한다. 현재의 주가는 $47이고 주식수익률의 표준편차는 52%이다. 회사는 배당금을 지급하지 않는다. 3년 만기의 T-bill의 수익률은 5%이다. Mr. Lazarus의 연봉은 연말에 발생하고 이 현금흐름은 7%로 할인되어야 한다. Black-Scholes 모형으로 주식옵션을 계산하고, 보상 패키지의 총 가치를 결정하라.

03. **이항모형** Gasworks, Inc.은 갤런당 $1.95에 3개월 뒤에 5백만 갤런의 휘발유를 살 수도 있다는 제안을 받았다. 휘발유는 현재 갤런당 $1.76의 시장가격이고 표준편차는 58%이다. 무위험이자율이 6%이면, 이 옵션의 가치는 얼마인가?

04. **실물옵션** J&R Construction Company는 국제 복합기업으로 내년에 새크라멘토 시내의 한 구획에 사무실 건물을 지을 권리를 보유한 부동산 부문을 가지고 있다. 이 건물의 건축비용은 $65백만이다. 도심 지역의 사무실 공간에 대한 수요가 적기 때문에 이러한 건물의 가치는 오늘날 약 $58.7백만이다. 수요가 증가하면 건물의 가치는 오늘로부터 1년 후에 $70.4백만이 될 것이다. 수요가 감소하면 사무실 건물의 가치는 1년 후에 단지 $55.2백만에 불과할 것이다. 회사는 연간 무위험 유효이자율 4.8%로 대출하거나 대출받을 수 있다. 부동산 사업의 한 지역 경쟁자는 최근 토지에 사무실 건물을 지을 권리에 대해 $1.8백만을 제안했다. 회사가 이 제안을 수락해야 하는가? 이항모형을 사용하여 실물옵션을 평가하라.

05. **실물옵션** Jet Black은 정유 관련 다국적 복합기업으로 1년 뒤 대형 부지의 원유시추 권한을 얻기 위한 경매에서 경쟁 중이다. 원유의 현재 시장가격은 배럴당 $60이고, 부지에는 495,000배럴의 원유가 매장되었다고 추정된다. 원유가 발견되면 채굴에는 $70백만의 비용이 소요될 것이다. 연속복리 1년 만기 T-bill의 수익률은 4%이고, 원유가격의 수익률 표준편차는 50%이다. Black-Scholes 모형을 이용하여 경매에서 제시할 수 있는 최대 금액을 계산하라.

중급
(Questions 6~8)

06. 실물옵션 Sardano Sons는 대형 공개기업으로 창고를 리스하는 것을 고려 중이다. 철근 제조 사업부에게 이 창고는 사업에 적합한 인근에 있는 유일한 시설이다. 현재 철강가격은 톤당 $3,700이다. 만일 철강가격이 6개월 뒤에 하락하면, 회사는 500톤의 철강을 매입하여 175,000개의 철근을 제조할 것이다. 철근 하나의 제조비용은 $21이고 회사는 개당 $34에 판매할 계획이다. 철근의 제조와 판매에는 며칠 걸리지 않는다. 만일 철강가격이 상승하거나 유지되면, 프로젝트는 수익성이 없어서 철근 생산 없이 리스를 종료할 것이다. 6개월 만기 T-bill의 연속복리의 연간 수익률은 4.5%이고 철강 수익률의 표준편차는 38%이다. Black-Scholes 모형을 이용하여 리스를 위해 지불할 최대 금액을 결정하라.

07. 실물옵션 Wet for the Summer, Inc.은 수영장의 필터를 제조한다. 기업은 필터를 위해 새로운 기술 시행 여부를 결정하려고 한다. 오늘부터 1년 뒤, 기업은 새로운 기술이 시장에서 수용되는지 여부를 알게 될 것이다. 만약 새 필터의 수요가 높으면, 1년 동안 현금흐름의 현재가치는 $17.8백만이다. 만약 새 필터의 수요가 낮으면, 1년 동안 현금흐름의 현재가치는 $9.4백만이다. 이러한 가정에 따라 프로젝트의 가치는 현재 $14.3백만이고 무위험이자율은 6%이다. 1년 뒤, 새 기술에 대한 수요가 낮으면, 기업은 기술을 $11.8백만에 팔 수 있다고 가정하자. 포기 옵션의 가치는 얼마인가?

08. 이항모형 2개월 뒤에 만기인 유럽형 풋옵션이 있다. 주식가격은 $82이고 주식수익률의 표준편차는 70%이다. 옵션의 행사가격은 $90이고, 무위험이자율은 연간 5%이다. 1개월 단계를 이용한 풋옵션의 가치는 얼마인가?

고급
(Questions 9~10)

09. 이항모형 앞의 문제에서 유럽형이 아니라 만기 이전인 조기에 행사가 가능한 미국형이라고 가정하자. 현재 옵션의 가격은 얼마인가? (**힌트**: 옵션이 조기에 행사될 수 있으면 어떻게 옵션의 가치를 구할 수 있는가? 언제 옵션을 조기에 행사할 것인가?)

10. 실물옵션 행사가격이 $63백만인 사무실 건물을 매입하는 옵션을 논의하려고 한다. 건물은 현재 $60백만의 가치를 가진다. 옵션으로 6개월 뒤에 혹은 1년 뒤에 건물을 매입할 수 있다. 6개월 뒤에 건물의 임대료는 $900,000이 될 것이다. 만일 옵션을 6개월 뒤에 행사하면 임대료를 받게 된다. 행사하지 않으면 현재의 소유자에게 임대료가 지급된다. 두 번째 임대료인 $900,000 역시 1년 뒤에 동일한 조건으로 지급될 것이다. 건물 가치의 표준편차는 30%이고 무위험이자율은 연간 6%이다. 6개월 단계를 이용한 옵션의 가격은 얼마인가? (**힌트**: 6개월 뒤 건물의 가치는 옵션이 행사되지 않으면 임대료 지급액만큼 감소할 것이다.)

Mini Case

EXOTIC CUISINES사의 종업원 스톡옵션

새내기 MBA로서 당신은 작년에 공개된 음식점 체인인 Exotic Cuisines, Inc.의 경영진에 합류했다. 이 회사의 음식점은 악어, 물소, 타조 등과 같은 재료를 사용하여 이색적인 요리를 전문으로 다룬다. 한 가지 당신이 고려했던 점은 음식점 사업이 매우 위험하다는 것이다. 그러나 실사(due diligence)를 해 본 결과, 음식점 산업에 대해 일반적인 오해가 있음을 알았다. 새로운 음식점의 90%가 3년 이내에 문을 닫는 것으로 널리 알려져 있다. 그러나 최근의 증거에 의하면, 이러한 실패율은 3년 동안 약 60%에 가깝다고 한다. 따라서 음식점 사업이 처음 생각한 것만큼은 아니지만 위험한 사업이긴 하다.

채용면접 과정에서 언급되었던 혜택 중 하나는 종업원 주식옵션(employee stock options)이다. 고용계약에 서명을 함으로써, 당신은 행사가격이 $40인 주식옵션을 10,000주 받았다. 일반적인 경우처럼,

주식옵션의 권리확정기간(vesting period)은 3년이며 만기는 10년이다. 이는 3년 동안은 옵션을 행사할 수 없으며, 그 기간 전에 회사를 떠나면 그 옵션은 무효가 된다는 것을 의미한다. 3년의 확정기간 후에는 언제든지 옵션을 행사할 수 있다. 따라서 종업원 주식옵션은 처음 3년간은 유럽형 (그리고 권리상실 가능한) 옵션이며, 그 이후에는 미국형 옵션이다. 물론 당신은 이 옵션을 팔거나 어떤 유형의 헷징 계약(hedging agreement)에도 사용할 수 없다. 옵션의 권리가 확정된 후에 회사를 떠나면 90일 이내에 옵션을 행사해야 하며 그렇지 않으면 권리는 상실된다.

Exotic Cuisines의 주식은 현재 주당 $27.15로 작년 최초 공모가격보다 다소 상승한 가격에 거래되고 있다. 이 기업의 주식에 대하여 시장에서 거래되는 주식 옵션은 없다. 회사는 상장하여 거래된 지 1년 밖에 되지 않으므로, 주식수익률의 표준편차 추정에 과거수익률을 사용하는 것은 적절해 보이지 않는다. 대신에 당신은 식당업 회사의 주식수익률의 평균 표준편차를 연간 약 55%로 추정했다. Exotic Cuisines은 새로운 식당 체인이기 때문에, 당신의 계산에 60%의 표준편차를 사용하기로 결정했다. 이 기업은 비교적 신생기업이기 때문에 모든 이익은 당분간 기업에 재투자될 것으로 예상된다. 그러므로 최소한 향후 10년간은 배당이 없을 것이라고 예상한다. 3년 만기 T-note는 현재 3.8%의 수익률을 가지고, 10년 만기 T-note는 4.4%의 수익률을 가지고 있다.

1. 당신은 옵션의 가치를 계산하고자 한다. 당신이 생각하는 최소한의 가치(하한)는 얼마인가? 당신이 생각하는 최대한의 가치(상한)는 얼마인가?
2. 3년 후에 이 기업의 주식은 $60에 거래될 것이라고 가정하자. 그때 당신은 옵션을 계속 보유해야 하는가 아니면 즉시 행사해야 하는가? 이러한 의사결정에서 중요한 결정요인으로는 무엇이 있는가?
3. 대부분의 종업원 주식옵션과 같이 당신의 옵션도 양도나 거래를 할 수 없다. 이는 옵션의 가치에 중대한 영향을 미치는가? 그 이유는?
4. 종업원 주식옵션에는 왜 보통 권리확정조항이 있다고 생각하는가? 권리가 확정된 이후에도, 회사를 떠나면 왜 옵션을 바로 행사하도록 되어 있는가?
5. 종업원 주식옵션에서 논란이 되는 관행은 재가격결정(repricing)이다. 이는 주가가 크게 하락하여 종업원 주식옵션이 깊은 외가격(far out of the money) 또는 "수중상태(underwater)"가 될 때 발생한다. 이런 경우에 많은 기업은 옵션을 "재가격(repriced)" 혹은 "재발행(restruck)"한다. 이것은 당초 옵션의 조건은 그대로 놔두고 행사가격만 낮추는 것을 의미한다. 재가격결정의 옹호자는 주가하락으로 인하여 옵션이 내가격이 될 가능성이 낮아지면 동기부여의 효과가 사라지기 때문이라고 주장한다. 반대자는 재가격결정은 본질적으로 실패에 대한 보상이라고 주장한다. 당신은 이와 같은 주장을 어떻게 생각하는가? 재가격결정의 가능성은 부여시점에서 종업원 스톡옵션의 가치에 어떠한 영향을 미치는가?
6. 이전에 보았듯이, 회사 주식가격의 변동성의 많은 부분은 체계적 위험 또는 시장 전체의 위험에 기인한다. 이러한 위험은 기업과 종업원의 통제를 벗어나 있다. 이 같은 사실은 종업원 스톡옵션에 어떤 의미를 주는가? 당신의 해답에 비추어 볼 때, 당신은 전통적인 종업원 스톡옵션에 대한 개선방안을 권유할 수 있는가?

24

워런트와 전환사채

Warrants and Convertibles

2017년 3월, 케이블TV 제공업체인 Dish Network는 새로운 채권 발행을 발표했다. 이 회사는 2024년 만기 예정인 2.375% 이표채권을 $1십억 정도 발행했다. 이 채권은 액면가에 가깝게 발행했으므로 특히 회사의 B–의 신용등급을 고려할 때 만기수익률이 놀랍도록 낮아 보였다. 그렇다면 Dish Network는 어떻게 그렇게 낮은 약정수익률로 채권을 발행할 수 있었을까?

해답은 이 채권이 주당 $82.22에 회사의 보통주 주식으로 전환될 수 있다는 것이다. Dish Network 주식은 채권이 발행되었을 때 $61.98에 거래되었기 때문에 전환은 당장 이익을 얻지 못했지만, 주가가 상승한다면 언젠가는 매우 수익성이 있을 수 있다. 따라서 본질적으로 이러한 전환사채는 채권 보유자가 보유한 콜옵션이 첨부된 저이표채권이다.

채권과 콜옵션이 결합된 금융상품의 가치를 어떻게 평가할 것인가? 이번 장에서는 이 문제와 관련된 문제들을 알아본다.

기업재무의 최신 동향: rwjcorporatefinance.blogspot.com

24.1 워런트

워런트(warrant)는 소지자에게 주어진 기간 동안에 고정된 가격으로 회사로부터 직접 보통주 주식을 매입할 수 있는 의무가 아니라, 권리를 주는 증권이다. 개별 워런트는 소지자가 살 수 있는 주식의 수, 행사가격, 만기일을 정하고 있다.

워런트에 대한 위 내용을 보면 워런트는 콜옵션과 유사하다는 것이 명확하다. 워런트와 시카고옵션거래소(Chicago Board Options Exchange: CBOE)에서 거래되는 콜옵션의 계약상 차이점은 적다. 예를 들어, 차이점은 워런트는 만기가 더 길다.[1] 일부 워런트는 실제로 영구적이라서 만기가 없다.

워런트는 일반적으로 사모발행하는 채권과 함께 발행되기 때문에 **주식 첨가제(equity kicker)**로 언급된다.[2] 대부분의 경우에 워런트는 채권 발행 시에 첨부된다. 워런트가 채권에서 분리될 수 있는지, 즉 별개로 거래될 수 있는지 여부가 대출계약에 명시된다. 일반적으로 워런트는 발행 즉시 분리될 수 있다.

예를 들어, AIG International은 2011년 1월 19일에 워런트를 발행했다. 모든 주주는 주당

1 워런트는 일반적으로 콜옵션과 마찬가지 방법으로 주식분할이나 주식배당에서 보호된다.
2 워런트는 또한 공모 채권이나 보통주 신주발행과 함께 발행된다.

그림 24.1
2017년 12월 1일의 AIG의 워런트

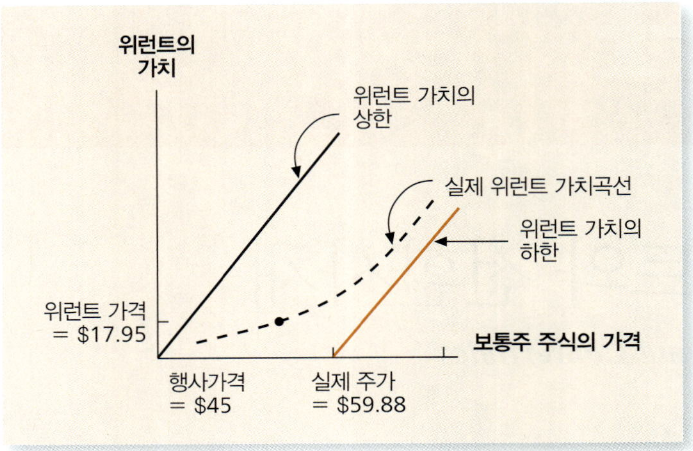

0.533933의 워런트를 받았고, 모든 워런트는 소지자에게 $45의 행사가격에 주식 1주를 매수할 수 있는 권리를 주었다. 워런트는 2021년 1월 19일에 만료된다. 2017년 12월 1일 AIG International의 주식은 $59.88에 마감되었고 워런트의 가격은 $17.95였다.

AIG의 워런트와 주가의 관계는 앞 장에서 언급된 콜옵션과 주가의 관계와 유사하다고 볼 수 있다. 〈그림 24.1〉은 AIG의 워런트의 관계를 보여준다. 워런트 가치의 하한은 AIG의 주가가 주당 $45 아래로 떨어질 때 0이 된다. 만일 AIG 주식이 주당 $45 위로 상승하게 되면 하한은 주가에서 $45를 차감한 것이다. 워런트의 상한은 AIG 주식의 가격이다. 주식 1주를 살 수 있는 워런트는 기초주식의 가격보다 높게 거래될 수 없다.

2017년 12월 1일에 AIG 워런트의 가격은 하한보다 높았다. 하한보다 높이 있는 워런트 가격의 높이는 다음 요인에 따라 결정될 것이다.

1. AIG 주식수익률의 분산
2. 만기일까지의 시간
3. 무위험이자율
4. AIG의 주식가격
5. 행사가격

이러한 요인은 콜옵션의 가치를 결정한 요인과 같다.

24.2 워런트와 콜옵션의 차이

소지자의 관점에서 워런트는 보통주의 콜옵션과 유사하다. 콜옵션과 마찬가지로 워런트는 소지자에게 고정된 가격에 보통주를 살 수 있는 권리를 준다. 워런트는 콜옵션에 비해 대부분 오래 거래될 수 있게 발행되지만 일반적으로 정해진 만기일이 있다. 그러나 기업의 입장에서 워런트가 기업의 보통주에 미치는 영향이 콜옵션과는 매우 다르다.

콜옵션과 워런트의 가장 중요한 차이점은 콜옵션이 개인에 의해 발행되는 반면에 워런트는 기업이 발행한다는 점이다. 워런트가 행사될 때, 기업은 신주를 발행해야만 한다. 따라서 워런트가 행사될 때마다 발행주식수는 증가한다.

설명을 위해서 Endrun Company가 소지자에게 $25에 주식 1주를 살 수 있는 권리를 주는 워런트를 발행했다고 가정하자. 또한 워런트는 행사되었다고 가정한다. Endrun은 신주 증서를 발행해야 한다. 신주 증서에 대한 교환으로 소지자로부터 $25를 받는다.

반면에 콜옵션이 행사되면 발행주식수에는 변화가 없다. Ms. Eager가 Endrun Company의 보통주에 대한 콜옵션을 가지고 있다고 가정하자. 콜옵션은 Ms. Eager에게 $25에 Endrun Company의 주식을 1주 살 수 있는 권리를 준다. 만일 Ms. Eager가 콜옵션을 행사한다면, 옵션 매도자인 Mr. Swift는 $25에 대한 교환으로 Endrun Company의 주식 1주를 그녀에게 주어야만 한다. 만일 Mr. Swift가 이미 주식을 1주 가지고 있지 않다면 그는 주식시장에서 매수를 해야 한다. 콜옵션은 Endrun Company의 보통주 가치에 대한 매수자와 매도자 사이의 내기인 것이다. 콜옵션이 행사되면 한쪽 투자자는 이익을 보고 다른 쪽 투자자는 손실은 본다. Endrun Company의 총 발행주식수는 일정하게 남아 있고 회사에 새로운 자금으로 돌아가는 것은 없다.

예제 24.1

워런트와 기업가치 워런트가 어떻게 기업가치에 영향을 미치는지를 알아보기 위해서, Mr. Gould와 Ms. Rockefeller가 함께 6온스의 platinum을 구매하는 투자자라고 생각해보자. 그들이 platinum을 매입했을 때, Mr. Gould와 Ms. Rockefeller는 각각 비용의 절반을 부담했다. 즉, 온스당 $500으로 6온스에 총 $3,000이라 (각각 $1,500을 공헌) 가정하자. 이들은 회사를 설립하여 2주의 주식 증서를 발행하고 회사 이름을 GR Company로 지었다. 각각의 주식 증서는 platinum의 1/2을 의미한다. Mr. Gould와 Ms. Rockefeller는 각각 1주의 증서를 가진다. 회사는 platinum을 유일한 자산으로 하여 설립되었다.

콜옵션의 발행 Mr. Gould가 자신의 주식에 대한 콜옵션을 Ms. Fiske에게 매도하기로 결정했다고 가정하자. 콜옵션은 Ms. Fiske에게 1년 안에 Mr. Gould의 주식을 $1,800에 살 수 있는 권리를 준다. 만일 platinum의 가격이 온스당 $600 이상으로 오른다면 회사는 $3,600보다 큰 가치를 가지고 개별 주식은 $1,800보다 큰 가치를 가지게 될 것이다. Ms. Fiske가 옵션을 행사하기로 결정하면 Mr. Gould는 자신의 주식 증서를 $1,800을 받고 넘겨주어야 한다.

옵션의 행사에 의해 회사는 어떻게 될까? 주식의 수는 동일하게 유지될 것이다. 여전히 2명의 주주가 있을 것인데, 이제는 Ms. Rockefeller와 Ms. Fiske가 주주이다. 만일 platinum의 가격이 온스당 $700으로 오르면 개별 주식은 $2,100 (= $4,200/2)의 가치를 가질 것이다. Ms. Fiske가 그녀의 옵션을 행사하게 되면 그녀는 $300의 이득을 얻게 될 것이다.

옵션 대신에 워런트 발행 만일 워런트가 발행되면 이야기는 달라진다. Mr. Gould가 Ms. Fiske에게 콜옵션을 매도하지 않는다고 가정하자. 대신에 Mr. Gould와 Ms. Rockefeller가 주주회의를 가진다. 그들은 GR Company가 워런트를 발행하는 것과 Ms. Fiske에게 판매하는 것을 승인한다. 워런트는 Ms. Fiske에게 $1,800의 행사가격에 회사의 주식을 살 수 있는 권리를 준다.[3] 만일 Ms. Fiske가 워런트를 행사하려고 하면,

[3] 워런트의 판매는 기업에게 현금을 가져다준다. 판매대금은 즉시 현금배당을 통해서 Mr. Gould와 Ms. Rockefeller에게 배분된다고 가정한다. 이것은 워런트를 가진 기업과 워런트를 가지지 않은 기업이 같은 총 가치를 가지게 하므로 분석을 단순화한다.

회사는 새로 주식 증서를 발행하고 Ms. Fiske에게 $1,800에 교환하여 줄 것이다.

Ms. Fiske의 관점에서 콜옵션과 워런트는 같은 것처럼 보인다. 워런트와 콜옵션의 행사가격은 $1,800으로 같다. platinum의 가격이 온스당 $600을 초과하면 Ms. Fiske는 워런트를 행사하는 것이 여전히 유리하다. 그러나 Ms. Fiske는 사실 희석으로 인해 워런트 상황에서는 이익이 덜 발생한다.

GR Company는 희석을 고려해야만 한다. Platinum의 가격이 온스당 $700으로 증가하면 Ms. Fiske는 그녀의 워런트를 행사한다. 2가지 일이 일어날 것이다.

1. Ms. Fiske는 회사에 $1,800을 지불한다.
2. 회사는 Ms. Fiske에게 주식을 발행할 것이다. 주식은 회사 platinum에 대한 1/3의 청구권을 대표할 것이다.

Ms. Fiske는 회사에 $1,800을 공헌하기 때문에 기업의 가치는 증가한다. 이제 기업가치는 아래와 같다.

$$
\begin{aligned}
\text{새로운 기업의 가치} &= \text{platinum의 가치} + \text{Ms. Fiske의 회사에 대한 공헌} \\
&= \$4,200 \qquad + \qquad \$1,800 \\
&= \$6,000
\end{aligned}
$$

Ms. Fiske가 기업가치에 대해 1/3의 청구권을 가지기 때문에 그녀의 지분 가치는 $2,000 (= $6,000/3)이다. Ms. Fiske는 워런트의 행사를 통해서 $2,000 − $1,800 = $200의 이득을 얻는다. 이것은 〈표 24.1〉에 설명되어 있다.

표 24.1 GR 주식회사의 콜옵션과 워런트의 영향*

	주당 Platinum의 가격	
기업의 가치	$700	$600
워런트 없음		
Mr. Gould의 주식	$2,100	$1,800
Ms. Rockefeller의 주식	2,100	1,800
기업	$4,200	$3,600
콜옵션		
Mr. Gould의 주식	$ 0	$1,800
Ms. Rockefeller의 주식	2,100	1,800
Ms. Fiske의 청구권	2,100	0
기업	$4,200	$3,600
워런트		
Mr. Gould의 주식	$2,000	$1,800
Ms. Rockefeller의 주식	2,000	1,800
Ms. Fiske의 청구권	2,000	0
기업	$6,000	$3,600

*Platinum의 가격이 $700이면 기업의 가치는 platinum 6온스의 가치와 Ms. Fiske가 기업에 지불한 초과 금액의 합이 된다. 이 금액은 $4,200 + $1,800 = $6,000이다.

희석 Ms. Fiske는 콜옵션의 경우에 $300을 얻는 반면에 워런트의 경우에는 왜 단지 $200만을 얻게 되는 것일까? 핵심은 또 다른 주식이 만들어지면서 발생하는 희석이다. 콜옵션의 경우에 그녀는 $1,800을 공헌하고 2주의 발행주식 중 1주를 받았다. 즉, 그녀는 $2,100 (= 1/2 × $4,200)의 가치가 있는 주식을 받는다. 그녀의 이득은 $300 (= $2,100 − $1,800)이다. 우리는 이러한 이득을 다음과 같이 다시 쓸 수 있다.

콜옵션 행사의 이득:

$$\frac{\$4,200}{2} - \$1,800 = \$300 \tag{24.1}$$

워런트의 경우, 그녀는 $1,800을 공헌하고 새로 만들어진 주식을 받는다. 그녀는 이제 발행주식의 3분의 1만을 보유한다. 회사 내에 $1,800이 남기 때문에, 그녀의 주식은 $2,000 [= ($4,200 + $1,800)/3]이 된다. 그녀의 이득은 $200 (= $2,000 − $1,800)이다. 이러한 이득을 다시 쓰면 아래와 같다.

워런트 행사의 이득:

$$\frac{\$4,200 + \$1,800}{2 + 1} - \$1,800 = \$200 \tag{24.2}$$

워런트는 또한 회계 수치에 영향을 미친다. 워런트와 (뒤에 보게 될) 전환사채는 발행주식수를 증가시킨다. 따라서 회사의 순이익이 좀 더 많은 지분으로 나뉘게 되고 주당이익은 감소한다. 워런트와 전환사채 발행량이 상당히 많은 기업은 순이익을 **기본적인**(primary) 기준과 **완전히 희석된**(fully diluted) 기준으로 보고해야 한다.

기업은 워런트 보유자에게 어떻게 손해를 끼칠 수 있는가?

Mr. Gould와 Ms. Rockefeller가 소유한 platinum 회사가 Ms. Fiske에게 이제 곧 만기가 도래하는 내가격(in the money)의 워런트를 발행했다고 가정하자. Mr. Gould와 Ms. Rockefeller가 Ms. Fiske에게 손해를 끼칠 수 있는 하나의 방법은 스스로에게 대규모 배당금을 지급하는 것이다. 필요한 자금을 상당한 양의 platinum을 매각해서 마련하여 배당을 할 수 있다. 기업의 가치는 하락하고 워런트는 가치를 잃게 된다.

24.3 워런트의 가치평가와 Black-Scholes 모형

이제 콜과 워런트를 행사함으로써 얻는 이득을 좀 더 일반적인 수식으로 표현하려고 한다. 콜에서 얻는 이득은 아래와 같이 쓸 수 있다.

단일 콜을 행사하여 얻는 이득:

$$\frac{\text{부채를 제외한 기업가치}}{N} - \text{행사가격} \tag{24.3}$$

수식 (24.3)은 수식 (24.1)을 일반화한다. 우리는 **부채를 제외한 기업가치**(firm's value net of debt)를 총 기업가치에서 부채의 가치를 차감한 것으로 정의한다. 총 기업가치는 우리 예제에서 $4,200이고 부채는 없다. N은 발행주식수로 우리 예제에서는 2이다. 왼쪽 항의 비율은 주식 1주의 가치이다. 워런트로부터 얻는 이득은 다음과 같이 쓸 수 있다.

단일 워런트를 행사하여 얻는 이득:

$$\frac{\text{부채를 제외한 기업가치} + \text{행사가격} \times N_w}{N + N_w} - \text{행사가격} \tag{24.4}$$

수식 (24.4)는 수식 (24.2)를 일반화한다. 왼쪽 항의 분자는 워런트가 행사된 이후 부채를 제외한 기업가치이다. 워런트 행사 이전 부채를 제외한 기업가치에 워런트 행사를 통해 기업이 받게 되는 금액을 더한 것이다. 조달금액은 행사가격과 워런트 수의 곱과 같다. 워런트의 수는 N_w로 표현된다. (우리의 분석은 모든 내가격 워런트가 행사된다는 합리적인 가정을 사용한다.) 우리 예제에서 $N_w = 1$임을 기억하자. 분모인 $N + N_w$는 워런트가 행사된 이후 발행주식수이다. 왼쪽 항의 비율은 행사 이후 주식 1주의 가치이다. 수식 (24.4)를 정리하면 우리는 아래와 같은 식을 얻는다.[4]

단일 워런트를 행사하여 얻는 이득:

$$\frac{N}{N + N_w} \times \left(\frac{\text{부채를 제외한 기업가치}}{N} - \text{행사가격}\right) \tag{24.5}$$

수식 (24.5)는 워런트의 이득과 콜의 이득을 연결하고 있다. 괄호 안의 식을 확인해 보면 바로 수식 (24.3)이다. 따라서 워런트를 행사하여 얻은 이득은 워런트가 없는 기업에 대한 콜을 행사하여 얻은 이득과 비례관계에 있다. 비율은 $N/(N + N_w)$로 모든 워런트가 행사된 이후 발행주식수에 대한 워런트가 없는 기업의 발행주식수의 비율이다. 이 비율은 항상 1보다 작다. 따라서 워런트의 이득은 워런트가 없는 기업에 대한 동일한 조건의 콜의 이득보다 작아야 한다. 우리 예제에서 $N/(N + N_w) = 2/3$이었는데, 이것은 Ms. Fiske가 콜에서는 $300의 이득을 얻는 반면에 워런트에서는 단지 $200을 이득으로 얻는 이유를 설명한다.

앞의 결과는 Black-Scholes 모형이 워런트에는 조정되어야만 한다는 것을 의미한다. Ms. Fiske에게 콜옵션이 발행되었을 때 행사가격이 $1,800이고 만기까지 시간이 1년이라는 것을 안다. 주식의 가격, 주식의 분산, 혹은 이자율을 제시하지는 않았지만 이들 자료는 실제 상황에서 쉽게 구할 수 있다. 따라서 우리는 Ms. Fiske의 콜을 평가하는 데 Black-Scholes를 사용할 수 있을 것이다.

워런트가 Ms. Fiske에게 내일 발행된다고 가정하자. 우리는 발행되는 워런트 수, 만기일, 행사가격을 안다. 워런트로 인한 조달금액은 배당금으로 바로 지급한다는 가정을 사용하여 워런트의 가치평가에 Black-Scholes 모형을 이용할 수 있다. 우선 동일한 조건의 콜의 가치를 계산할 것이다. 워런트의 가격은 콜 가격에 $N/(N + N_w)$ 비율을 곱한다. 앞에서 언급했듯이 이 비율은 우리 예제에서 ⅔이다.

24.4 전환사채

전환사채(convertible bond)는 워런트를 가진 채권(bond with warrant: BW)과 유사하다. 워

4 수식 (24.5)를 도출하기 위해서, 우리는 수식 (24.4)의 "행사가격"을 분리하여 다음 식을 얻었다.

$$\frac{\text{부채를 제외한 기업가치}}{N + N_w} - \frac{N}{N + N_w} \times \text{행사가격}$$

위 식을 정리하면 수식 (24.5)를 얻을 수 있다.

런트를 가진 채권과 가장 큰 차이점은 워런트를 가진 채권은 채권과 워런트, 뚜렷하게 구분되는 두 개 증권으로 분리가 되는데 전환사채는 분리할 수 없다는 것이다. 전환사채는 소지자에게 채권의 만기일을 포함해서 만기일까지 어느 때든 정해진 주식의 숫자로 교환할 수 있는 권리를 준다.

우선주는 종종 보통주로 전환된다. 전환우선주는 만기일이 무한대라는 점을 제외하고 전환사채와 같다.

예제 24.2

전환사채 Dish Network 전환사채로 돌아가서, Dish는 2024년에 2.375% 이자율로 후순위 무담보 전환사채(convertible subordinated debenture)를 발행하여 $1십억을 조달했다. 각 채권은 만기 전 언제든지 Dish Network 보통주 12.1625주로 전환이 가능했다. 각 채권에 대해 받을 수 있는 주식 수를 **전환비율**(이 예에서는 12.1625주)이라고 한다.

채권 거래자들은 채권의 **전환가격**(conversion price)에 대해서도 이야기한다. 이 가격은 전환비율에 대한 채권 액면가의 비율로 계산된다. 각 Dish Network 채권의 액면가가 $1,000이므로 전환가격은 $ 82.22(= $ 1,000/12.1625)였다. 채권자가 전환을 선택하면 액면가 $1,000인 채권을 포기하고 그 대가로 Dish Network 보통주 12.1625주를 받게된다. 전환은 받은 Dish Network 보통주 1주당 $82.22를 지불하는 것과 같다.

Dish Network가 전환사채를 발행했을 때 보통주는 주당 $61.98에 거래되었다. $82.22의 전환가격은 실제 보통주 가격보다 33% 높았다. 이 33%를 **전환 프리미엄**(conversion premium)이라고 한다. 이는 Dish Network 전환사채의 전환 옵션이 행사되면 이익이 없는 외가격(out of the money)이라는 사실을 반영한다. 이 전환 프리미엄은 전형적이다.

전환사채는 거의 항상 주식분할 및 주식배당으로부터 보호받는다. Dish Network의 보통주가 2대1 분할을 하게 되면 전환비율이 12.1625에서 24.3250으로 증가한다.

전환비율(conversion ratio), 전환가격(conversion price), 전환 프리미엄(conversion premium)은 현실 세계에서 잘 알려진 용어들이다. 그런 이유만으로도 학생들은 개념을 완전히 이해해야 한다. 그러나 전환가격과 전환 프리미엄은 암묵적으로 채권이 액면가에 팔린다는 가정을 한다. 만일 채권이 다른 가격으로 팔린다면 이 용어들은 거의 무의미하다. 반면에 전환비율은 채권의 가격에 상관없이 의미 있는 해석을 가질 수 있다.

이러한 용어들에 대한 예로서 해외 굴착기업 Transocean 전환사채를 고려하자. 이 채권은 2007년에 12월에 발행되었고 2037년에 만기이다. 채권의 전환비율은 5.931이다. 이것은 전환가격이 $1,000/5.931 = $168.61이라는 것을 의미한다. 2018년 2월에 Transocean의 주식은 $9에 거래되었고 이것은 전환 프리미엄이 1,773%라는 것을 나타낸다. 전환사채가 발행된 2007년에는 전환 프리미엄이 훨씬 낮았다.

24.5 전환사채의 가치

전환사채의 가치는 일반채권의 가치, 전환가치, 그리고 옵션의 가치라는 세 가지 요소로 설명할 수 있다. 이제 세 가지 요소를 살펴보도록 한다.

일반채권의 가치

일반채권의 가치(straight bond value)는 전환사채가 보통주로 전환되지 못한다면 판매될 가격이다. 이것은 일반적인 이자율 수준과 채무불이행 위험에 의존할 것이다. Dish Network가 발행한 전환사채는 B− 등급을 받았고, B− 등급 채권은 6개월에 3.3%의 수익률로 평가된다고 가정하자. 또한 반년 액면이자가 $11.875이고 원금은 $1,000이며, 만기는 7년이라고 하자. Dish Network의 전환사채가 가지는 일반채권의 가치는 $11.875의 반기 액면이자 지급액과 원금을 3.3%로 할인함으로써 결정할 수 있다.

$$\begin{aligned}\text{일반채권의 가치} &= \$11.875 \times \text{PVIFA}_{3.3\%,14} + \frac{\$1,000}{1.033^{14}} \\ &= \$131.44 + 634.74 \\ &= \$766.18\end{aligned}$$

전환사채의 일반채권 가치는 최저 가치이다. Dish Network 전환사채의 가격은 일반채권의 가치보다 낮을 수는 없다.

〈그림 24.2〉는 일반채권의 가치와 주가의 관계를 보여준다. 〈그림 24.2〉에서 우리는 전환사채가 채무불이행 위험이 없다는 다소 극적이면서 암묵적인 가정을 하였다. 이 경우에 일반채

그림 24.2
주어진 이자율에서 전환사채의 최저가치와 주식가격

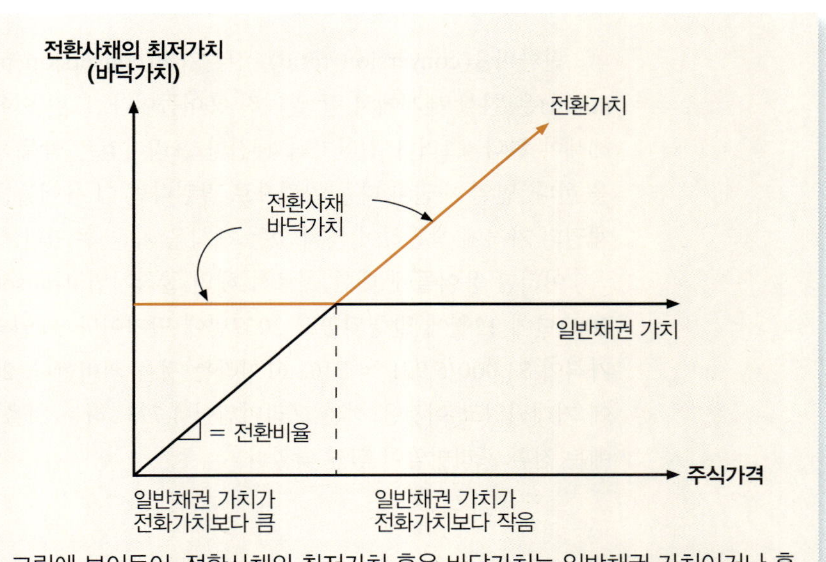

그림에 보이듯이, 전환사채의 최저가치 혹은 바닥가치는 일반채권 가치이거나 혹은 전환가치 중 큰 것이다.

권의 가치는 주식가격에 의존하지 않는다. 따라서 직선으로 그려진다.

전환가치

전환사채의 가치는 전환가치에 의존한다. **전환가치**(conversion value)는 채권이 주식의 현재가격으로 주식으로 즉시 전환되면 가지게 되는 가치이다. 전형적으로 우리는 전환가치를 전환사채가 전환되면 받게 될 보통주의 수에 현재 보통주의 가격을 곱하여 계산한다.

채권이 발행될 때, Dish Network 전환사채는 12.1625주의 보통주로 전환될 수 있었다. Dish Network 보통주는 \$61.98에 거래되고 있었다. 따라서 전환가치는 12.1625 × \$61.98 = \$753.83이었다. 전환사채는 전환가치보다 낮은 가격으로 판매할 수 없다. 차익거래는 이런 상황이 발생하는 것을 방지한다. Dish Network의 전환사채가 \$753.83 이하로 팔리게 되면, 투자자는 채권을 매입하여 보통주로 전환하고 주식을 매도한다. 이익은 주식 매도가치와 채권의 전환가치의 차이가 될 것이다.

따라서 전환사채는 일반채권 가치와 전환가치라는 두 개의 최저가치를 가진다. 전환가치는 기업의 기초자산인 보통주의 가치에 의해 결정된다. 이것은 〈그림 24.2〉에서 볼 수 있다. 보통주의 가격이 상승하고 하락함에 따라 전환가치는 이와 함께 오르고 내린다. Dish Network의 보통주 가격이 \$1 상승하면 전환사채의 전환가치는 \$12.1625 상승한다.

옵션의 가치

전환사채의 가치는 일반적으로 일반채권의 가치와 전환가치를 초과할 것이다.[5] 이것은 전환사채의 소지자가 즉시 전환할 필요가 없기 때문에 발생한다. 대신에 기다림으로써 소지자는 미래에 일반채권 가치와 전환가치 중에 더 가치가 큰 쪽을 택할 수 있다.

기업의 가치가 낮으면 전환사채의 가치는 일반채권의 가치에 의해서 가장 크게 영향을 받는다. 그러나 기업의 가치가 높으면 전환사채의 가치는 대부분 전환가치에 의해 결정된다. 이것은 〈그림 24.3〉에서 볼 수 있다.

그림의 아랫부분은 전환사채의 가치가 일반채권의 가치와 전환가치의 최대값에 옵션가치를 더한 것을 의미한다.

$$\text{전환사채의 가치} = (\text{일반채권 가치, 전환가치 중에서})\ \text{더 큰 가치} + \text{옵션의 가치}$$

예제 24.3

전환 Moulton Company는 1,000주의 보통주 발행주식과 100단위의 채권을 가지고 있다고 가정하자. 개별 채권은 만기에 액면가 \$1,000을 가진다. 채권은 할인채로 액면이자는 지급하지 않는다. 만기에 개별 채권은 보통주 신주 10주로 전환될 수 있다.

어떤 상황에서 Moulton의 전환사채 소지자는 만기에 채권을 보통주로 전환하는 것이 이득을 볼까?

[5] 가장 가능성이 있는 예외는 전환 전에 얻을 수 있는 이자보다 전환이 더 큰 배당금을 투자자에게 제공할 때이다. 최적의 전략은 즉시 전환하는 것이 될 것이다. 이것은 채권의 시장가치가 정확하게 전환가치가 되는 것을 의미한다. 다른 예외는 기업이 채무불이행이 되거나 채권자가 강제로 전환을 할 수밖에 없는 경우이다.

그림 24.3
주어진 이자율에서 전환사채의 가치와 주식가격

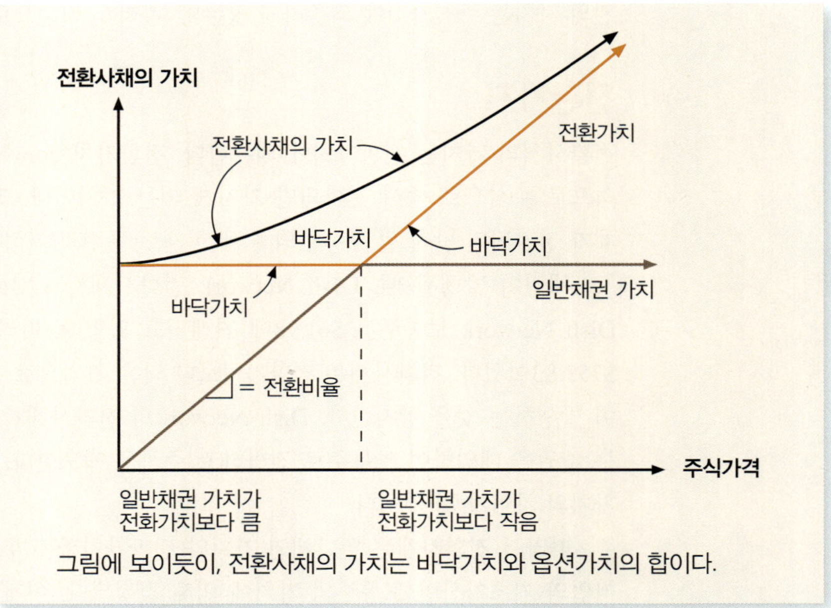

그림에 보이듯이, 전환사채의 가치는 바닥가치와 옵션가치의 합이다.

만일 전환사채의 소지자가 전환을 하면, 그들은 100 × 10 = 1,000주의 주식을 받게 될 것이다. 이미 1,000주의 주식이 있기 때문에 총 발행주식수는 전환으로 인해 2,000주가 된다. 따라서 전환한 채권자는 기업가치 V의 50%를 소유한다. 만일 전환하지 않으면, 그들은 $100,000 혹은 V 중에서 낮은 것을 받을 것이다. Moulton 채권 소지자의 선택은 명확하다. 그들은 V의 50%가 $100,000보다 크다면 전환을 해야 한다. 이것은 V가 $200,000보다 클 때에도 성립한다. 이것은 아래와 같이 표현된다.

Moulton Company의 전환사채 채권자와 주주의 손익

	(1) $V \le \$100,000$	(2) $\$100,000 < V \le \$200,000$	(3) $V > \$200,000$
의사결정:	채권자 전환 않음	채권자 전환 않음	채권자 전환
전환사채 채권자	V	$100,000	$0.5V$
주주	$0	$V - \$100,000$	$0.5V$

24.6 워런트와 전환사채 발행의 이유

현실 세계의 실무자가 전환사채 발행에 대한 이유에 대해 혼동하는 것만큼 혼동하고 있는 기업재무의 다른 분야는 아마도 없을 것이다. 사실과 환상을 구분하기 위해서 우리는 다소 체계적인 주장을 제시한다. 우선 전환사채와 일반채권을 비교한다. 그리고 전환사채와 주식을 비교한다. 각각의 비교에서 우리는 기업이 전환사채로 이롭게 되는 상황과 불리하게 되는 상황을 찾을 것이다.

전환사채와 일반채권

전환사채는 동일한 일반채권에 비해서 낮은 이자를 지불한다. 예를 들어, 일반채권의 이자율이 10%라면 전환사채의 이자율은 9%일 것이다. 투자자는 잠재적인 전환의 이득 때문에 전환사채의 낮은 이자율을 받아들일 것이다.

기업이 전환사채와 일반채권의 발행을 모두 고민하고 있다고 생각해보자. 그리고 마침내 전환사채를 발행하기로 결정하였다. 어느 경우에 기업은 이 결정으로 이득을 보고 어느 경우에 손해를 보게 될까? 두 가지 상황을 고려해보자.

전환이 제시될 수 있도록 주가가 나중에 오른다 기업은 확실히 주가가 오르는 것을 좋아한다. 그러나 전환사채 대신에 애초에 일반채권을 발행하였다면 더 이득이 되었을 것이다. 기업이 일반채권을 가졌을 때보다 낮은 이자율을 지불한다고 해도 전환사채 소지자에게 다량의 주식을 시장가격 아래로 팔아야만 한다.

주가가 나중에 내리거나 전환을 정당화할 만큼 충분히 오르지 않는다 기업은 주가가 떨어지는 것을 싫어한다. 그러나 주식가격이 떨어지는 한, 기업은 일반채권 대신에 애초에 전환사채를 발행하였다면 좋았을 것이다. 이것은 전환사채의 이자율이 낮기 때문이다. 전환이 일어나지 않기 때문에 이자율 비교가 필요한 모든 것이다.

요약 일반채권과 비교할 때, 기업은 기초주식의 가격이 차후에 오르게 되면 전환사채 발행에서 손해를 입는다. 만일 차후에 기초주식이 성과가 나쁘면 전환사채 발행은 기업에게 이득이 된다. 효율적 시장에서 우리는 미래의 주식가격을 예측할 수 없다. 따라서 전환사채는 일반채권을 지배한다거나 일반채권에 지배당한다고 주장할 수 없다.

전환사채와 보통주

다음으로 기업이 전환사채와 보통주 발행을 모두 심각하게 고려하고 있다고 생각해보자. 그리고 결국 전환사채를 발행하기로 결정했다. 어느 경우에 기업은 이 결정으로 이득을 보고 어느 경우에 손해를 보게 될까? 두 가지 상황을 고려해보자.

전환이 제시될 수 있도록 주가가 나중에 오른다 기업이 주식 대신에 전환사채를 발행하여 이득을 볼 수 있다. 이것을 확인하기 위해 Dish Network 예제를 고려하자. 회사는 주식을 $61.98에 발행할 수 있었다. 그 대신에 전환사채를 발행하여 회사는 전환을 통해 주식에 대해 실제로 더 많은 금액을 받을 수 있다.

주가가 나중에 내리거나 전환을 정당화할 만큼 충분히 오르지 않는다 어떤 기업도 주가가 하락하기를 원하지 않는다. 그러나 가격이 하락한다면 기업은 전환사채 대신에 이전에 주식을 발행하였다면 이득이 되었을 것이다. 회사는 차후의 시장가격보다 높은 가격에 주식을 발행하여 이득을 얻을 것이다. 즉, 회사는 차후의 주식가치보다 많은 것을 얻게 될 것이다. 그러나 주식가격의 하락은 전환사채의 가치에 크게 영향을 주지 않는다. 왜냐하면 일반채권의 가치가 바닥 역할을 하기 때문이다.

표 24.2
전환사채(CB)에 대한 장단점의 예

		회사가 차후에 좋지 않음	회사가 차후에 성공적
전환사채(CB)		낮은 주가 때문에 전환하지 않음	높은 주가 때문에 전환
비교	일반채권	CB는 표면이자율이 낮아서 저렴한 자본조달을 제공	CB는 비싼 자본조달을 제공. 채권이 전환되면 기존 주식을 희석하기 때문임
	보통주	CB는 비싼 자본조달을 제공. 회사는 이전에 높은 가격에 보통주를 발행할 수 있었을 것이기 때문임	CB는 저렴한 자본조달을 제공. 채권이 전환되는 높은 가격으로 회사는 주식을 발행하기 때문임

요약 주식과 비교할 때, 기업은 기초주식의 가격이 차후에 오르게 되면 전환사채 발행에서 이득을 얻게 된다. 기업은 기초주식의 가격이 차후에 나쁘면 전환사채 발행에서 손해를 입는다. 효율적 시장에서 우리는 미래의 주식가격을 예측할 수 없다. 따라서 전환사채는 주식을 발행하는 것보다 이득이나 혹은 손실이 된다고 주장할 수 없다. 이러한 분석은 〈표 24.2〉에 요약되어 있다.

Modigliani-Miller (MM)는 세금과 파산비용이 없다면 기업은 주식을 발행하든 채권을 발행하든 무차별적이라고 지적하였다. 그들의 교훈은 기업이 전환사채를 발행하든 기타 증권을 발행하든 무차별적이라는 것을 보여주는 데 적용될 수 있다. 지면을 (그리고 학생들의 인내심을) 절약하기 위해서 전환사채의 세계에 MM의 완전한 증명은 생략하였다. 그러나 우리의 결과는 MM과 완벽하게 일치한다. 이제 전환사채에 대한 현실 세계의 관점으로 넘어간다.

"공짜 점심" 이야기

앞의 논의는 전환사채를 발행하는 것이 다른 증권을 발행하는 것에 비해 이득도 손실도 아니라는 것을 제시한다. 그러나 불행하게도, 기업의 많은 경영자가 전환사채 발행이 실제로 다른 증권의 발행보다 이득이 된다고 주장하는 덫에 빠져 있다. 이것은 꽤 중요한 "공짜 점심" 유형의 설명이다.

예제 24.4

전환사채는 항상 이득인가? RW Company의 주가는 $20이다. 이 회사가 10%에 후순위 무담보채권(subordinated debenture)을 발행할 수 있다고 가정하자. 또한 6%에 전환가치가 $800인 전환사채를 발행할 수 있다. 이 전환가치는 소지자가 전환사채를 보통주 40 (= $800/$20)주로 전환할 수 있다는 것을 의미한다.

공짜 점심을 믿고 있는 회사의 재무관리자는 전환사채가 채권이나 보통주보다 저렴한 자금원이기 때문에 전환사채를 발행해야 한다고 주장할는지 모른다. 이 관리자는 회사의 성과가 나쁘면 주식 가격이 $20 이상으로 오르지 않아서 전환사채 채권자는 채권을 보통주로 전환하지 않을 것임을 지적할 것이다. 이 경우에 회사는 가치가 없는 주식 첨가제를 붙여서 시장이자율보다 낮게 채권의 자금조달을 얻었던 것이 될 것이다. 반면에 만일 회사의 성과가 좋아서 주가가 $25 이상으로 오르면 전환사채 소지자는 전환할 것이다. 회사는 40주의 주식을 발행할 것이다. 회사는 40주의 보통주를 발행하고 대신에 액면가 $1,000의 채권을 받을 것이다. 그것은 전환가격이 $25임을 의미한다. 회사는 주당 $25에 혹은 전환사채가 발행되던 시점의 보통주 가격인 $20보다 20% 비싼 가격에 보통주를 발행한 것이 될 것이다. 이것은 자기자본비용을 낮출 수 있다. (같은 주식을 더 비싸게 판 것이라 회사에 이득이 된다.) 따라서 앞으로 회사가 잘되든 못되든 간에 재무관리자는 전환사채는 자금조달의 가장 저렴한 형태라고 반기고 있다.

이러한 주장이 언뜻 보기에는 그럴듯하지만 오류가 있다. 재무관리자는 차후에 주가가 하락할 때에는 전환사채를 일반채권과 비교하였다. 그러나 차후에 주가가 상승할 때에는 전환사채를 보통주 주식과 비교하였다. 이것은 불공정한 비교의 조합이다. 반면에 〈표 24.2〉에 우리의 분석은 주가가 오르고 내릴 때 전환사채와 각각의 증권을 검토하고 있기 때문에 공정하다. 우리는 어떠한 증권도 시장의 상승과 하락 모든 상황에서 전환사채를 지배하지 않는다는 것을 발견하였다.

"비싼 점심" 이야기

재무관리자의 주장을 (1) 주식이 오를 때 전환사채를 일반채권에, (2) 주식이 떨어질 때 전환사채를 주식에 비교함으로써 완전히 뒤집는 것을 가정하자.

〈표 24.2〉에서 우리는 주식이 차후에 오를 때 전환사채가 일반채권에 비해 좀 더 비싸다는 것을 본다. 시장가격 아래로 대량의 주식을 전환사채 소지자에게 팔아야 하는 의무가 전환사채의 낮은 이자율을 상쇄하는 것보다 더 크다.

또한 〈표 24.2〉에서 우리는 주식이 차후에 떨어질 때 전환사채가 주식에 비해 좀 더 비싸다는 것을 본다. 회사가 주식을 발행했었다면, 차후에 가치보다 더 높은 가격을 받았을 것이다. 따라서 비싼 점심 이야기는 전환사채가 다른 형태의 자금조달보다 열등하다는 것을 의미한다. 물론 우리는 공짜 점심과 비싼 점심 주장 모두를 무시한다.

통합

효율적 자본시장에서 공짜 점심이나 비싼 점심은 없다. 전환사채는 다른 증권에 비해 저렴하지도 비싸지도 않다. 전환사채는 일반채권과 보통주를 살 수 있는 옵션의 결합이다. 전환사채의 시장가치와 일반채권의 가치의 차이는 투자자가 콜옵션 특성에 대해 지불하는 것이다. 효율적 시장에서 이것은 정당한 가격이다.

일반적으로 회사가 잘 되면 전환사채를 발행하는 것이 일반채권을 발행하는 것보다 손해가 되고 주식을 발행하는 것보다 이득이 될 것이다. 반면에 회사가 나쁘게 되면 전환사채는 일반채권보다는 이득이 되고 보통주 발행보다는 손실이 될 것이다.

24.7 워런트와 전환사채가 발행되는 이유는?

연구에 따르면 전환사채를 발행하는 회사는 다른 회사와 차이가 있다고 알려져 있다. 여기 몇 가지 차이점을 소개한다.

1. 전환사채를 발행하는 회사의 채권등급은 다른 기업의 등급보다 낮다.[6]

[6] Eugene F. Brigham, "An Analysis of Convertible Debentures," *Journal of Finance* 21 (1966).

표 24.3
전환사채 수익률의 가상적인 예*

	기업의 위험	
	낮음	높음
일반채권 수익률	10%	15%
전환사채 수익률	6	7

*일반채권의 수익률은 채무불이행 위험을 반영한다. 전환사채의 수익률은 채무불이행 위험에 민감하지 않다.

2. 전환사채는 높은 성장률과 많은 재무 레버리지를 가지는 소규모 기업에서 사용하는 경향이 있다.[7]
3. 전환사채는 일반적으로 후순위이고 무담보채권이다.

전환사채를 사용하는 회사의 유형은 전환사채가 발행되는 단서를 알려준다. 몇 가지 합당한 설명이 다음에서 제시된다.

현금흐름의 일치

자금조달의 비용이 크다면, 증권의 현금흐름과 기업이 창출하는 현금흐름이 일치하는 증권을 발행하는 것이 합당하다. 신생, 고위험, 성장형 기업은 초기 이자비용을 낮추기 위해서 전환사채나 워런트가 있는 채권 발행을 선호할 것이다. 기업이 성공적이 되면 전환사채(또는 워런트)가 전환될 것이다. 이것은 값비싼 희석을 유발하지만, 기업이 대부분 감당할 수 있을 때 발생한다.

위험의 시너지 효과

전환사채(CB)와 워런트를 가진 채권(BW)에 대한 또 다른 주장은 발행회사의 위험을 평가하는 비용이 매우 클 때 유용하다는 것이다. 당신이 창업회사의 신제품을 평가하고 있다고 가정하자. 신제품은 유전공학 바이러스로 북부지역의 옥수수 수확량을 높일 수 있을 것이다. 또한 암을 유발할 수도 있다. 이런 유형의 상품은 가치를 적절하게 평가하기 어렵다. 따라서 회사의 위험을 결정하기 어렵다. 높을 수도 있고 낮을 수도 있다. 회사의 위험이 크다고 확신한다면 채권은 높은 수익률, 예를 들어 15%로 가격을 매길 것이다. 만일 위험이 낮을 것으로 판단하면 낮은 수익률인 10%로 가격을 책정할 것이다.

전환사채와 워런트를 가진 채권은 위험을 평가할 때 발생하는 실수를 다소 보호해준다. 전환사채와 워런트를 가진 채권은 두 가지 요소를 가지고 있다. 일반채권 부분과 회사의 기초주식에 대한 콜옵션 부분이다. 만일 회사가 저위험 기업으로 알려지면, 일반채권 부분은 (낮은 이자율과) 높은 가치를 가지고 콜옵션은 (위험이 낮으면) 낮은 가치를 가질 것이다. 그러나 만일 기업이 고위험 기업으로 알려지면, 일반채권 부분은 (높은 이자율과) 낮은 가치를 가지고 콜옵션은 (위험이 높으면) 높은 가치를 가질 것이다. 이것은 〈표 24.3〉에서 보여준다.

그러나 전환사채나 워런트를 가진 채권의 가치에 영향을 미치는 위험이 서로 상쇄된다고 하

[7] Wayne H. Mikkelson, "Convertible Calls and Security Returns," *Journal of Financial Economics* 9 (September 1981), p.3.

더라도, 시장과 구매자는 증권의 가치를 평가하기 위해 기업의 잠재성을 평가해야만 하고 이러한 노력이 일반채권의 평가에 필요한 노력보다 훨씬 덜 필요한지는 명확하지 않다.

대리인비용

전환사채는 자금조달과 관련된 대리인문제를 해결할 수 있다. 앞의 장에서 우리는 일반채권이 무위험채권에서 기업 자산에 대한 풋옵션을 차감한 것과 같다는 것을 보여주었다. 이것은 채권자가 기업에게 저위험 행위를 하도록 만드는 인센티브를 준다. 반면에 보통주의 소유자는 고위험 프로젝트를 채택하는 인센티브를 가진다. 음(−)의 NPV를 가진 고위험 프로젝트는 채권자로부터 주주에게로 부를 이전한다. 만일 이러한 갈등이 해결되지 않으면, 회사는 수익성 있는 투자기회를 포기해야만 할지도 모른다. 그러나 전환사채는 주식의 부분을 가지고 있기 때문에 일반채권 대신에 전환사채가 발행될 때 부의 착취(expropriation of wealth)가 덜 일어날 수 있다.[8] 다시 말해서 전환사채는 대리인비용을 완화한다. 현실 세계에서 일반채권보다 전환사채가 덜 제한적인 채권의 보호조항을 가지는 이유이다. 간단한 실증 증거에서 이러한 사실이 입증되는 것 같다.

주식 우회발행

전환사채에 대한 일반적인 이론 중에서 전환사채를 주식의 **우회발행**(backdoor equity)으로 보는 이론이 있다.[9] 기본적인 이야기는 신생, 소형, 고성장 기업은 일반적으로 높은 재무적 곤경 비용 때문에 적당한 조건으로 채권을 발행할 수 없다는 것이다. 그러나 기업의 소유자는 현재의 주식 가격이 너무 낮기 때문에 주식을 발행하고 싶지 않을 것이다.

Lewis, Rogalski, Seward는 전환사채의 위험 전가와 주식 우회발행 이론을 연구하였다.[10] 그들은 두 이론의 증거를 발견하였다.

24.8 전환정책

전환사채에는 우리가 지금까지 논의하지 않은 하나의 측면이 있다. 발행회사는 종종 채권에 대한 콜옵션(수의상환청구권)을 가진다. 전환사채에 대한 콜의 행사(상환청구)에 관한 일반적인 계약은 단순하다. 전환사채가 상환청구되면, 채권의 소지자는 약 30일 안에 다음 중 하나를 선택해야 한다.

1. 채권을 전환비율에 따라 보통주로 전환하는 것

[8] Amir Barnea, Robert A. Haugen, and Lemma Senbet, *Agency Problems and Financial Contracting*, Prentice Hall Foundation of Science Series (NY: Prentice Hall, 1985), Chapter VI.

[9] Jeremy Stein, "Convertible Bonds as Backdoor Equity Financing," *Journal of Financial Economics* 32 (1992). Craig M. Lewis, Richard J. Rogalski, and James K. Seward, "Understanding the Design of Convertible Debt," *The Journal of Applied Corporate Finance* (Spring 1998).

[10] Craig M. Lewis, Richard J. Rogalski, and James K. Seward, "Is Convertible Debt a Substitute for Straight Debt or for Common Equity?," *Financial Management* 28 (1999).

2. 채권을 포기하고 현금으로 콜 가격을 받는 것

채권자는 어떻게 해야 하는가? 만일 채권의 전환가치가 콜 가격보다 크다면 확실히 전환이 포기보다 이득이다. 그리고 전환가치가 콜 가격보다 낮으면 포기가 전환보다 이득이다. 만일 전환가치가 콜 가격보다 크다면 콜은 **강제전환**(force conversion)이라고 불린다.

재무관리자는 어떻게 해야 하는가? 채권을 상환청구하는 것은 전체적으로 기업의 가치를 바꾸지 않는다. 그러나 최적의 콜 정책은 채권자의 비용으로 주주에게 이득을 줄 수 있다. 일정한 규모의 파이를 나누는 것이기 때문에 최적의 콜 정책은 단순하다. 채권자가 원하지 않는 것을 당신은 해야 한다.

채권자는 채권의 시장가치가 콜 가격보다 낮을 때 주주가 채권의 상환을 청구해주기를 바랄 것이다. 주주는 채권자에게 추가적인 가치를 주게 될 것이다. 대안적으로 채권의 가치가 콜 가격 이상으로 상승한다면, 채권자는 가치 있는 자산을 계속 보유하고자 원하기 때문에 채권자는 채권의 상환을 주주가 청구하지 않기를 바랄 것이다.

이제 한 가지 정책만 남는다. 이것이 주주의 가치를 최대화하고 채권자의 가치를 최소화하는 정책이며 그것은 아래와 같다.

채권의 가치가 콜 가격과 같을 때 채권의 상환을 청구한다.

기업이 전환가치가 콜 가격에 이르면 전환사채를 항상 상환청구(콜)하지는 않는다는 것은 퍼즐이다. Ingersoll은 1968~1975년 사이 124개 기업의 콜 정책에 대해 연구하였다.[11] 대부분의 경우에서 그는 기업이 전환가치가 콜 가격보다 훨씬 높을 때까지 채권의 상환을 청구하는 것을 기다린다는 것을 발견하였다. 중간에 속하는 기업은 콜 가격보다 채권의 전환가치가 44% 높을 때까지 기다렸다. 이것은 우리의 최적 전략의 근처에도 가지 않는 결과이다. 왜 그런가?

한 가지 이유는 기업이 최적 전략을 실행한다면 진정한 최적이 아닐 수 있기 때문이다. 채권자가 채권을 보통주로 전환하거나 콜 가격을 현금으로 받기 위해 채권을 포기하는 결정을 하는데 30일을 가지고 있다는 점을 기억하자. 30일 동안에 주가는 하락할 수 있고 따라서 전환가치는 콜 가격 아래가 될 수 있다. 만일 그렇다면 전환사채는 "외가격"이고 기업은 돈을 쉽게 내줘야 한다. 기업은 가치가 훨씬 작은 보통주를 위해 현금을 내줄 것이다. 이런 가능성 때문에 기업은 현실세계에서 콜을 행사하기 전에 일반적으로 전환가치가 콜 가격보다 현저하게 높을 때까지 기다릴 것이다.[12] 이것이 합리적이다.

[11] J. Ingersoll, "An Examination of Corporate Call Policies on Convertible Bonds," *Journal of Finance* (May 1977). Milton Harris and A. Raviv, "A Sequential Signaling Model of Convertible Debt Call Policy," *Journal of Finance* (December 1985). Harris와 Raviv는 Ingersoll의 결론과 일치하는 신호 균형을 설명한다. 그들은 호의적인 정보를 보유한 경영자는 주가 하락을 피하기 위해서 콜을 지연할 것임을 보였다.

[12] Paul Asquith, "Convertible Bonds Are Not Called Late," *Journal of Finance* (September 1995). 반면에 주식시장은 일반적으로 콜의 행사에 대해 부정적으로 반응한다. 예를 들어, 아래 논문을 참조하라. Ajai K. Singh, Arnold R. Cowan, and Nandkumar Nayar, "Underwritten Calls of Convertible Bonds," *Journal of Financial Economics* (March 1991); M. A. Mazzeo and W. T. Moore, "Liquidity Costs and Stock Price Response to Convertible Security Calls," *Journal of Business* (July 1992).

Ederington, Caton, 그리고 Campbell은 전환사채를 언제 콜하는 것이 최적인지에 대해 다양한 이론을 분석했다. 그들은 이전 30일의 "safety margin" 이론과 일치되는 결과를 발견하였다. 그들은 또한 내가격 전환사채의 콜이 (전환 이후) 받게 되는 배당금이 회사의 이자지급액을 초과하면 거의 일어나지 않는다는 것을 발견하였다. Louis H. Ederington, Gary L. Caton, and Cynthia J. Campbell, "To Call or Not to Call Convertible Debt," *Financial Manage-ment* (Spring 1997).

요약 및 결론 _Summary and Conclusions

01. 워런트는 소지자에게 주어진 기간 동안 행사가격에 보통주 주식을 살 수 있는 권리를 준다. 일반적으로 워런트는 사모발행되는 채권과 한 묶음으로 발행된다. 그 이후에 워런트는 분리되어 별개로 거래된다.

02. 전환사채는 일반채권과 콜옵션의 결합이다. 소지자는 주식에 대한 교환으로 채권을 포기할 수 있다.

03. 전환사채와 워런트는 콜옵션과 비슷하다. 그러나 몇 가지 중요한 차이점이 있다.

a. 워런트와 전환사채는 회사가 발행한다. 콜옵션은 개인투자자 사이에서 거래된다.

i. 워런트는 일반적으로 사모발행되고 채권과 결합된다. 대부분의 경우에 워런트는 발행 직후 분리될 수 있다. 일부의 경우에 워런트는 우선주, 보통주, 혹은 경영자 보상 프로그램과 함께 발행된다.

ii. 전환사채는 일반적으로 보통주로 전환될 수 있는 채권이다.

iii. 콜옵션은 (콜옵션의 매도자 혹은 발행자라 불리는) 개인투자자에 의해 개별적으로 판매된다.

b. 워런트와 콜옵션은 현금으로 행사된다. 워런트의 소지자는 회사에 현금을 지불하고 회사 주식의 신주를 받는다. 콜옵션의 소지자는 주식에 대한 교환으로 다른 개인에게 현금을 지불한다. 만일 전환사채를 전환하면 채권이 주식과 교환된다. 결과적으로 워런트를 가진 채권과 전환사채는 기업의 현금흐름과 자본구조에 다른 영향을 준다.

c. 워런트와 전환사채는 기존 주주에게 희석을 일으킨다. 워런트가 행사되고 전환사채가 전환되면 회사는 보통주 신주를 발행해야 한다. 기존 주주의 소유권 비율은 감소할 것이다. 그러나 콜옵션이 행사될 때 신주는 발행되지 않는다.

04. 많은 사람들이 전환사채와 워런트가 있는 채권의 발행에 대해 합리적인 주장과 비합리적인 주장을 한다. 그러한 채권에 대한 하나의 합리적인 논리는 위험에 관한 것이다. 전환사채와 워런트가 있는 채권은 위험한 기업과 관련된다. 채권자는 고위험 기업으로부터 다음과 같은 방법으로 자신을 보호할 수 있다.

a. 그들은 높은 수익률을 요구할 수 있다.

b. 그들은 위험 평가가 어려운 기업에게는 빌려주지 않거나 아주 조금 빌려줄 수 있다.

c. 그들은 그러한 채권에 심각한 제약을 부과할 수 있다.

위험으로부터 보호하는 또 다른 유용한 방법은 주식 첨가제를 가진 채권을 발행하는 것이다. 이것은 채권자에게 위험으로부터 이득을 얻을 수 있는 기회를 주고, 채권자와 주주 사이의 위험에 관련된 갈등을 줄인다.

05. 어떤 퍼즐은 특히 재무연구자를 짜증나게 한다. 전환사채는 일반적으로 수의상환 조항(콜 조항)을 가진다. 기업은 전환가치가 콜 가격을 크게 초과할 때까지 전환사채의 상환청구를 지연하는 것 같다. 주주의 관점에서 보면, 전환사채에 대한 최적의 콜 정책은 전환가치가 콜 가격과 같을 때 콜을 하는 (상환을 청구하는) 것이다.

개념확인 _Concept Questions

01. 워런트와 옵션 워런트와 시장에서 거래되는 콜옵션의 주요 차이는 무엇인가?

02. 워런트 워런트에 대한 다음의 가격 한계에 관해 설명하라.

a. 만일 주가가 워런트의 행사가격보다 낮으면, 워런트 가격의 하한은 0이다.

b. 만일 주가가 워런트의 행사가격보다 높으면, 워런트 가격의 하한은 주가와 행사가격의 차이이다.

c. 어떤 워런트의 상한은 기업 주식의 현재가치이다.

03. 전환사채와 주식의 변동성 수의상환형(callable) 전환사채를 평가하고 있다고 하자. 만일 주가 변동성이 증가하면 채권가격에 어떤 영향을 주는가?

04. 전환사채의 가치 만일 이자율이 오르면 전환사채의 가격은 어떻게 되는가?

05. 희석 희석은 무엇이고 워런트가 행사될 때 왜 발생하는가?

06. 워런트와 전환사채 워런트를 가진 채권이나 전환사채를 발행하는 것이 표면이자가 낮기 때문에 저렴하다는 단순한 관점에는 어떤 오류가 있는가?

07. 워런트와 전환사채 기업은 왜 전환사채(CB)와 워런트를 가진 채권(BW)을 발행하는가?

08. 전환사채 왜 전환사채는 만기 이전에 자발적으로 주식으로 전환되지 않는가?

09. 전환사채 언제 회사는 전환사채를 강제로 전환하도록 하는가? 그 이유는?

10. 워런트 가치평가 만기까지 6개월 남은 워런트는 소지자에게 주당 $31의 행사가격으로 보통주를 10주 살 수 있는 자격을 준다. 만일 현재 주식가격이 주당 $15이면 워런트는 가치가 없는가?

연습문제 _Questions and Problems

기초
(Questions 1~9)

01. 전환가격 액면가가 $1,000인 전환사채의 전환비율이 16.4이다. 전환가격은 얼마인가?

02. 전환비율 액면가가 $1,000인 전환사채의 전환가격이 $42.18이다. 전환비율은 얼마인가?

03. 전환 프리미엄 Eckely, Inc.은 최근에 13.8의 전환비율을 가진 채권을 발행하였다. 만일 채권발행일에 주가가 $49.12이면 전환 프리미엄은 얼마인가?

04. 전환사채 Denise Home Products, Inc.은 최근에 3% 전환사채 $2백만을 발행했다. 각 전환사채는 액면가 $1,000이다. 각 전환사채는 만기 전에 아무때나 21.5주의 보통주로 전환이 가능하다. 주가는 $32.15이고 각 채권의 시가는 $980이다.

a. 전환비율은 얼마인가?

b. 전환가격은 얼마인가?

c. 전환 프리미엄은 얼마인가?

d. 전환가치는 얼마인가?

e. 주가가 $2만큼 증가하면, 새로운 전환가치는 얼마인가?

05. 워런트 가치 워런트가 소유자에게 주당 $58의 행사가격에 보통주 3주를 살 수 있는 권리를 준다. 현재 주식가격은 $63이다. 워런트의 최소 가치는 얼마인가?

06. 전환사채의 가치 최근에 회사의 전환사채 발행에 대해 다음과 같은 두 가지 정보를 알게 되었다.

	시나리오 A	시나리오 B
채권의 액면가	$1,000	$1,000
전환사채의 일반채권 가치	900	950
전환사채의 시장가치	1,000	900

채권은 즉시 전환이 가능하다고 가정하자. 두 개의 시나리오 중에 어느 쪽이 더 믿을 만하다고 생각하는가? 그 이유는?

07. 전환사채의 가치 Muscles Fitness Center, Inc.은 전환가격이 $75인 전환사채를 발행했다. 채권은 즉시 전환이 가능하다. 현재 기업의 보통주는 주당 $67이다. 전환사채의 시가는 $975이다. 전환사채의 정액가치는 모른다.

a. 전환사채의 최소 가격은 얼마인가?

b. 현재 각 전환사채의 시장가치와 즉시 전환이 가능한 보통주 가치의 차이를 설명하라.

08. 전환사채 당신은 전환비율이 23.17인 수의상환 전환사채를 가지고 있다. 주식은 현재 주당 $54이다. 채권의 발생회사는 $110의 상환가격에 채권을 상환 매입하려고 한다. 당신의 옵션은 무엇인가? 당신은 어떻게 해야만 할까?

09. 워런트 가치 General Modems의 5년 만기의 워런트가 거래되고 있다. 개별 워런트 소지자는 행사가격 $65에 보통주 1주를 매입할 수 있는 권리를 가진다.

a. 주식이 현재 주당 $62에 거래되고 있다고 하자. 워런트의 하한가격은 얼마인가? 상한가격은?

b. 주식이 현재 주당 $73에 거래되고 있다고 하자. 워런트의 하한가격은 얼마인가? 상한가격은?

중급
(Questions 10~13)

10. 전환사채 Vital Silence Corp.는 30년 만기에 5%의 표면이자율을 가지는 수의상환 전환사채를 발행하였다. 채권의 전환가격은 $89이다. 회사의 주식은 주당 $26에 거래되고 있다. 채권의 소유자는 전환가치가 $1,100 이상이 되면 강제로 전환하여야 한다. 동일한 비전환 채권의 요구수익률은 7%이다.

a. 채권의 최소 가치는 얼마인가?

b. 만일 주식가격이 연간 10%로 영구히 증가한다면 채권의 전환가치가 $1,100을 초과하는 데 얼마나 걸릴까?

11. 전환사채 Rob Stevens는 Isner Construction, Inc.의 CEO이고 기업의 주식을 750,000주 소유하고 있다. 현재 기업은 4.8백만 주의 주식과 액면가 $40백만인 전환사채를 발행하고 있다. 전환사채의 전환가격이 $36이고, 주식의 현재 주가가 $44이다.

a. Mr. Stevens는 몇 %의 보통주를 소유하고 있는가?

b. 만약 기업이 전환사채를 수의상환(call)하고 전환을 강제하면, Mr. Stevens는 몇 %의 보통주를 소유하게 되는가? Mr. Stevens는 전환사채를 소유하고 있지 않다.

12. 워런트 순수 자기자본 기업인 Through Fire, Inc.은 12주의 주식을 발행하고 있다. 어제 기업의 자산은 13온스의 백금으로 구성되었고, 현재의 가치는 온스당 $890이다. 오늘 기업은 Ms. Wu에게 워런트를 공정가치 $890에 발행했다. 워런트는 Ms. Wu에게 기업의 주식 1주를 $1,000에 매수할 수 있는 권리를 부여하고 오늘부터 1년 뒤인 만기일에만 행사가 가능하다. 기업은 발행을 통해 얻은 수익금으로 다른 백금을 추가로 구입했다.

a. 워런트 발행 전에 1주의 주식가격은 얼마인가?

b. 워런트 발행 직후에 1주의 주식가격은 얼마인가?

c. 백금이 오늘로부터 1년 뒤 만기일에 온스당 $950에 팔린다고 가정하자. 워런트 만기일에 1주의 주식 가치는 얼마인가?

13. **워런트** Ricketti Enterprises, Inc.의 자본구조는 27백만 주의 보통주식과 1.8백만의 워런트로 구성된다. 개별 워런트는 $27의 행사가격에 1주의 보통주를 매입할 수 있는 권리를 준다. 현재의 주식가격은 $32이고 개별 워런트의 가격은 $7이다. 모든 워런트 소유자들이 오늘 워런트를 행사한다면 주가는 어떻게 되겠는가?

고급
(Questions 14~16)

14. **전환사채 계산** 당신은 20년 만기의 수의상환 전환사채의 가치평가를 위해 고용되었다. 채권은 연간 4.9%의 표면이자율을 가지고 있으며 이자는 연간 지급된다. 전환가격은 $125이고 주식은 현재 $36.45이다. 주식가격은 매년 12%로 증가할 것으로 예상된다. 채권은 $1,150에 수의상환될 것이다. 그러나 이전의 경험에 따르면 전환가치가 $1,250이 되어야 수의상환이 일어날 것이다. 채권의 요구수익률은 9%이다. 이 채권의 가치를 얼마로 계산할 것인가?

15. **워런트 가치** Superior Clamps, Inc.의 자본구조는 7백만 주의 보통주식과 900,000개의 워런트로 구성되어 있다. 개별 워런트는 $25의 행사가격에 1주의 신규 발행 보통주를 매입할 수 있는 권리를 준다. 워런트는 유럽형이고 1년 뒤에 만기이다. 자산의 시장가치는 $165백만이고 자산수익률의 연간 분산은 0.20이다. 1년 만기 T-bill의 수익률은 7%이다. 회사는 배당금을 지급하지 않는다. Black-Scholes 모형을 이용하여 워런트의 가치를 결정하라.

16. **워런트 가치** Omega Airline의 자본구조는 2.7백만의 보통주와 6개월 만기, 액면가 $18백만인 무이표채로 구성되어 있다. 기업은 만기가 도래하는 부채를 상환하기 위하여 6개월 만기, 행사가격 $95인 워런트를 발행할 것이라고 발표했다. 각 워런트는 만기일에만 행사가 가능하고 소유자에게 새로 발행된 보통주를 구매할 수 있는 권리를 준다. 기업은 워런트를 발행하여 얻은 수익금을 즉시 단기재정증권에 투자할 것이다. 시장가치 재무상태표에 의하면 기업은 발표 후 $240백만의 자산을 보유하게 된다. 기업은 배당금을 지급하지 않는다. 기업 자산수익률의 표준편차는 50%이고 6개월 만기 단기재정증권의 수익률은 6%이다. 기업의 부채를 6개월 동안 상환하기 위해 오늘 몇 개의 워런트를 발행해야 하는가?

Mini Case

S&S Air의 전환사채

Chris Guthrie는 최근에 S&S Air, Inc.에 고용되어 회사의 단기 재무계획을 돕고 회사의 성과를 평가하게 되었다. Chris는 5년 전 재무 전공으로 대학을 졸업하였다. 그는 그 이후에 Fortune 500 기업의 재무부서에서 일해 왔다.

S&S Air는 10년 전 2명의 친구인 Mark Sexton과 Todd Story가 설립했다. 회사는 경량 비행기를 제조하고 판매하는데, 회사의 제품은 안정성과 신뢰성에서 높은 평가를 받아왔다. 회사는 스스로 비행하고자 하는 주로 개인용 비행기 제품에 주력하여 왔다. 회사는 $53,000에 팔리는 Birdie와 $78,000에 판매되는 Eagle, 두 종류의 모델을 가지고 있다.

S&S Air는 공개된 상장기업이 아니며 투자기회를 위해서 새로운 자금이 필요하다. 투자은행인 Raines and Warren의 Tonisha Jones와의 상담 끝에 Chris는 20년 만기의 전환사채를 발행하는 것이

가야 할 길이라고 결정했다. 그는 소유주인 Mark와 Todd를 만나서 전환사채 발행에 대한 그의 분석을 설명하였다. 회사가 공개기업이 아니기 때문에 Chris는 비교 대상 상장기업을 찾아서 산업의 평균 P/E 비율이 17.5라고 결정했다. 회사의 주당이익(EPS)은 $1.75이다. 이것을 기억하고 Chris는 전환가격이 주당 $45가 되어야 한다고 결론지었다.

며칠 뒤에 Todd, Mark, 그리고 Chris는 다시 모여서 잠재적인 채권발행에 대해 논의했다. Todd와 Mark는 모두 전환사채를 연구했고 Chris에게 질문을 가지고 있었다. Todd는 Chris에게 전환사채 발행이 전환 특성이 없는 채권에 비해 낮은 표면이자율을 가질 것인지 묻기 시작한다. Chris는 액면가격에 채권을 판매할 때, 일반채권은 8%의 표면이자율을 가지는데 비해서 $680.56의 전환가치를 가지는 전환사채 발행은 5%의 표면이자율이 요구될 것이라고 답변한다. Todd는 긍정의 동의를 하면서, 전환사채가 win-win 형태의 자금조달이라고 설명한다. 그는 회사 주식의 가치가 전환가격 이상으로 오르지 않으면 회사는 시장이자율보다 낮은 (8% 대신에 5%) 비용으로 채권을 발행할 수 있다고 말한다. 만일 회사 주식이 전환가치까지 오르게 되면, 회사는 실질적으로 현재가치 이상으로 주식을 발행한 것이다.

Mark는 즉시 전환사채가 좋은 자본조달이 아니라고 주장하면서 반대를 한다. 그는 회사 주식의 가치가 $45까지 오르면 회사는 주식을 전환가격에 매도해야만 한다고 주장한다. 이것은 (전환사채를 매입했던) 새로운 주주가 저가의 혜택을 얻는 것을 의미한다. 또 다른 문제는 만일 회사가 성공하면 이득을 나눌 필요가 없는 일반적인 채권을 발행하는 것이 나을 것이다.

Chris는 Tonisha에게 도움을 청하러 갔다. Tonisha의 연구원으로 당신은 다음과 같은 질문에 답하는 메모를 준비하도록 업무를 부여받았다.

1. Chris가 $45의 전환가격을 제시한 이유는 무엇인가? 회사가 비공개인 상태에서 전환가격에 대해 언급하는 것이 의미가 있는가?
2. S&S Air 전환사채의 바닥가격은 얼마인가?
3. 채권의 전환비율은 얼마인가?
4. 채권의 전환 프리미엄은 얼마인가?
5. 옵션의 가치는 얼마인가?
6. 요구되는 표면이자가 낮기 때문에 전환 특성을 지닌 채권을 발행하는 것이 싸다는 Todd의 주장에 잘못된 것은 없는가?
7. 새로운 주주가 회사가 만들어내는 이득에 참여하기 때문에 전환사채는 나쁘다는 Mark의 주장에 잘못된 것은 없는가?
8. Todd와 Mark의 주장을 어떻게 조화시킬 것인가?
9. 논의 중에 전환사채가 일반적인 콜(수의상환) 조항을 가져야 하는지에 고려해보자는 질문이 나왔다. Chris는 "수의상환 조항은 S&S Air가 강제 전환하도록 해준다. 따라서 Mark가 제기한 문제를 최소화한다"고 말하면서 사람들을 혼란스럽게 한다. 이것은 무슨 이야기인가? 일리가 있는 말인가?

VIII

CORPORATE FINANCE

특별 주제

Special Topics

29 인수합병과 기업분할

30 재무적 곤경

31 국제 기업재무

29

인수합병과 기업분할

Mergers, Acquisitions, and Divestitures

2017년 말, Walt Disney Company는 부채를 포함하여 20th Century Fox의 상당 부분을 $66십억에 매입하기로 합의하면서 세상을 놀라게 했다. Disney의 거래 발표는 20th Century Fox의 영화제작 스튜디오가 디즈니 스튜디오와 합쳐지거나 온라인 배포용 영화제작에 집중하게 될 것임을 시사했다. 인수(acquisition)는 영화산업을 지배할 수 있는 영화 스튜디오를 만들 것이다. 실제로 2017년 12월 한 주말 동안 두 스튜디오의 영화가 그 주말 흥행 수익의 90%를 차지했다. 물론, 이 거래는 여전히 최근 AT&T-Time Warner 사이의 합병을 막고 있었던 미국 법무부의 승인을 받아야 했다.

Disney와 같은 회사는 인수가 좋은 아이디어인지 어떻게 판단할까? 이번 장에서는 합병이 발생해야 하는 이유와 합병이 발생해서는 안 되는 중요한 이유를 살펴본다.

기업재무의 최신 동향: rwjcorporatefinance.blogspot.com

29.1 기업인수의 기본 형태

기업인수(acquisitions)는 세 가지 형태 중 하나를 따른다. 그것은 (1) 합병 혹은 통합(merger or consolidation), (2) 주식의 인수(acquisition of stock), (3) 자산의 인수(acquisition of assets)이다.

합병 혹은 통합

합병(merger)은 한 기업이 다른 기업을 흡수하는 것을 말한다. 인수기업(acquiring firm)은 이름과 정체성을 유지하고 피인수기업(acquired firm)의 모든 자산과 부채를 인수한다. 합병 이후에 피인수기업은 독립적인 사업 주체로서의 존재를 중단한다.

통합(consolidation, 혹은 **신설합병**)은 완전히 새로운 기업이 만들어진다는 점을 제외하고 합병과 같다. 통합에서 인수기업과 피인수기업은 모두 이전의 법적 존재가 종료되고 새로 만들어진 기업의 일부가 된다.

예제 29.1

합병의 기초 기업 A가 기업 B를 합병으로 인수한다고 가정하자. 또한 기업 B의 주주는 기업 B의 주식 2주에 대한 교환으로 기업 A의 주식 1주를 받게 된다고 가정하자. 법적인 관점에서 기업 A의 주주는 합병으로 직접적인 영향을 받지 않는다. 그러나 기업 B의 주식은 더 이상 존재하지 않는다. 통합(신설합병)에서 기업 A와 기업 B의 주주는 새로운 기업(예를 들어, 기업 C)의 주식으로 자신의 주식을 교환한다.

합병과 통합의 유사성 때문에, 우리는 두 가지 형태의 기업 재조직화(reorganization)를 합병으로 부를 것이다. 합병과 통합에 대한 두 가지의 중요한 사항이 있다.

1. 합병은 법적으로 간단하며 다른 형태의 기업인수만큼 많은 비용이 들지 않는다. 합병에서 피인수기업의 개별 자산의 소유권을 인수기업으로 이전할 필요가 없다.
2. 각 기업의 주주는 합병을 승인해야만 한다.[1] 일반적으로 승인을 받기 위해서는 주주의 2/3가 찬성해야 한다. 추가적으로 피인수기업의 주주는 **주식매수청구권**(appraisal rights)을 가진다. 이것은 피인수기업 주주가 인수기업에게 공정가격으로 자신이 소유한 주식을 매수하도록 요구할 수 있는 것을 의미한다. 종종 인수기업과 합병에 반대의견을 표명한 피인수기업의 주주가 공정가격에 동의하지 못하여 비용이 많이 드는 법적 절차가 발생할 수 있다.

주식의 인수

다른 기업을 인수하는 두 번째 방법은 현금, 주식, 기타 증권 등을 제공하고 기업의 의결권 주식을 매입하는 것이다. 이 과정은 어떤 기업의 경영자가 다른 기업의 경영자에게 사적으로 제안을 함으로써 시작할 수 있다. 어느 시점에서는 제안이 기업의 주주에게 직접 매도하도록 하는 공개매수로 진행된다. **공개매수**(tender offer)는 표적기업(target firm)의 주식을 사겠다는 공개적인 제안이다. 이것은 어떤 기업이 다른 기업의 주주에게 직접적으로 행한다. 이 제안은 표적기업의 주주에게 신문광고와 같은 공개적인 발표로 전달된다. 때로는 일반 우편이 공개매수에 사용된다. 그러나 주주명부의 주주 이름과 주소가 대체로 이용 가능하지 않기 때문에 일반 우편은 어렵다.

주식의 인수 방법과 합병 방법 사이의 선택에는 아래의 요소들이 관련되어 있다.

1. 주식의 인수에서 주주총회는 열릴 필요가 없고 결의도 필수적이지 않다. 표적기업의 주주가 제안을 좋아하지 않으면 그것을 받아들일 필요도 공개매수에 응할 필요도 없다.
2. 주식의 인수에서 제안기업은 공개매수를 통해 표적기업의 주주와 직접 상대할 수 있다. 표적기업의 경영자와 이사회를 우회하는 것이다.
3. 표적기업 경영자는 종종 기업인수에 저항한다. 그런 경우에 주식의 인수는 표적기업의 경영자를 우회한다. 표적기업 경영자의 저항 때문에 종종 합병 비용보다 주식 인수의 비용이 더 높게 형성된다.
4. 종종 소액주주는 공개매수에 응하지 않고 주식을 보유한다. 따라서 표적기업은 완전히 흡수될 수 없다.

[1] 기업 간의 합병은 주정부 법률을 따라야 한다. 거의 모든 주에서, 개별 기업의 주주가 동의를 해야만 한다.

5. 한 기업이 다른 기업을 완전히 흡수하는 데에는 합병이 필요하다. 주식 인수의 많은 경우가 공식적인 합병으로 끝난다.

자산의 인수

기업은 다른 기업의 모든 자산을 매입하여 그 기업을 인수할 수 있다. 매도기업의 "외형"은 남아 있을 수 있기 때문에 표적기업이 반드시 소멸하는 것은 아니다. 자산의 인수에는 표적기업 주주의 공식적인 투표가 필요하다. 주식의 인수에서 인수기업은 종종 소액주주를 남겨두는 데 비해 자산의 인수에서는 그런 일이 발생하지 않는다는 장점이 있다. 소액주주는 종종 주식을 매도하지 않아서 문제를 일으키지만, 자산의 인수는 개별 자산의 소유권을 이전하는 것과 관련이 있다. 그러나 비용이 많이 발생할 수 있다.

분류체계

재무분석가는 기업인수를 보통 세 가지 형태로 나눈다.

1. 수평적 인수(horizontal acquisition): 이것은 인수기업과 피인수기업이 모두 동일한 산업에 있는 경우이다. 이번 장 시작에서 살펴본 Disney의 20th Century Fox 인수는 수평적 인수의 예이다.
2. 수직적 인수(vertical acquisition): 수직적 인수는 생산과정에서 다른 단계에 있는 기업과 관련이 있다. 태양광 산업에서 대규모 수직적 인수가 있었다. 예를 들어, 2017년 10월 General Motors는 센서회사인 Strobe를 인수한다고 발표했는데, 이 회사의 센서는 자율주행에서 사용될 가능성이 있었다. 또 다른 수직인수는 Amazon의 2017년 Whole Foods 인수였다. 이번 인수로 Amazon은 식료품 배달 서비스를 확장할 수 있는 더 큰 물리적 공간을 확보했다.
3. 복합적 인수(conglomerate acquisition): 인수기업과 피인수기업은 서로 관련이 없다. 복합적 인수는 기술 분야에서 널리 유행한다. 예를 들어, 2018년 초까지 Alphabet은 2003년부터 215개 이상의 기업을 인수했다. 당신이 Google의 Android OS를 가진 스마트폰에는 익숙하겠지만 Google이 2005년에 Android를 인수했다는 것은 알지 못할 수도 있다.

기업장악에 관한 견해

기업장악(takeover)은 회사의 통제권이 한 주주집단에게서 다른 주주집단으로 이전되는 것을 말하는 일반적이지만 부정확한 용어이다.[2] 다른 기업을 장악하기로 결정한 기업은 일반적으로 **제안회사**(bidder)로 불린다. 제안회사는 다른 회사의 주식이나 자산을 취득하기 위해 현금이나 증권을 지불하겠다고 제안한다. 제안이 받아들여지면, **표적기업**(target firm)은 대가(consider-

[2] 통제권(control)은 일반적으로 이사회에서 다수 의결권을 가지는 것으로 정의할 수 있다.

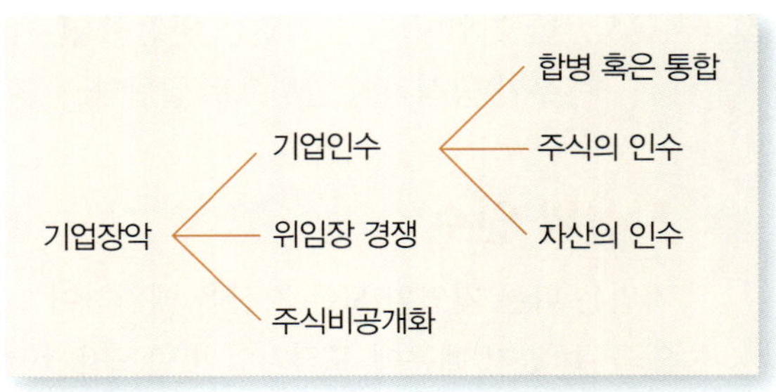

그림 29.1
기업장악(takeover)의 다양한 형태

ation, 주식, 채권, 현금)에 대한 교환으로 주식이나 자산의 통제권을 제안회사에게 넘길 것이다.[3]

기업장악은 기업인수, 위임장대결, 주식비공개화 거래로 일어날 수 있다. 따라서 기업장악은 〈그림 29.1〉에 보이듯이 기업인수 활동보다 넓은 의미를 가진다.

기업장악이 기업인수에 의해 이루어지면 그것은 합병, 주식의 공개매수, 자산의 매입에 의한 것이 될 것이다. 합병과 공개매수 제안에서 인수기업은 피인수기업의 의결권 보통주를 매수한다.

위임장 경쟁(proxy contest) 역시 기업장악을 결과로 만들 수 있다. 위임장 경쟁은 이사회에 의석을 얻으려는 주주집단이 있을 때 발생한다. 위임장(proxy)은 주주가 다른 주주의 주식으로 투표할 수 있도록 권한이 부여된 서면이다. 위임장 경쟁에서는, 반란을 일으킨 주주집단이 다른 주주로부터 위임장을 얻기 위해 간청한다.

주식비공개화 거래(going-private transaction)에서 공개기업의 모든 주식을 소규모 투자자 집단이 매입한다. 이 집단은 일반적으로 재임 중인 경영진과 일부 외부 투자자를 포함한다. 기업의 주식은 증권거래소에서 상장이 폐지되고 더 이상 공개시장에서 매수할 수 없게 된다.

29.2 시너지 효과

앞 절에서 우리는 기업인수의 기본적인 유형에 대해 논의했다. 이제 우리는 왜 기업이 인수되는지를 살펴본다. (앞 절에서 기업인수와 합병은 다른 정의를 가진다고 지적하였다. 이러한 차이점은 여기서 그리고 다음 절에서도 중요하지 않다. 따라서 다른 표현이 없다면 기업인수와 합병을 구분하지 않는다.)

여기의 논의는 아래 네 가지 질문을 중심으로 구성할 수 있다.

1. 합병의 합리적인 이유가 있나? 그렇다. 한 마디로 **시너지**(synergy)이다.

   기업 A가 기업 B를 인수하고자 한다고 가정하자. 기업 A의 가치는 V_A이고 기업 B의 가치는 V_B이다. (공개기업인 경우 V_A와 V_B는 발행한 증권의 시장가격을 관찰하면 결정할 수 있다고 가정하는 것이 합리적이다.) 합쳐진 기업의 가치(V_{AB})와 분리된 개별 기

[3] Audra L. Boone and J. Harold Mulherin, "How Are Firms Sold?" *Journal of Finance* (April 2007)에서 기업장악 과정과 협상, 경쟁입찰 등을 자세히 볼 수 있다.

업의 가치의 합과의 차이가 기업인수의 시너지이다.

$$\text{시너지} = V_{AB} - (V_A + V_B)$$

다시 말해서 시너지는 합병 이후 합쳐진 기업의 가치가 합병 이전 인수기업의 가치와 피인수기업의 가치의 합보다 클 경우 발생한다.

2. 이런 시너지는 어디에서 오는가?

현금흐름의 증가는 가치를 창출한다. 합쳐진 기업의 시기 t의 현금흐름과 두 개의 개별 기업의 현금흐름의 합의 차이를 ΔCF_t라고 정의한다. 자본예산에 관한 장으로부터 우리는 어느 기간 t의 현금흐름이 아래와 같다는 것을 안다.

$$\Delta CF_t = \Delta Rev_t - \Delta Costs_t - \Delta Taxes_t - \Delta Capital\ Requirements_t$$

여기서 ΔRev_t는 기업인수로 인한 증분적 수익, $\Delta Costs_t$는 기업인수로 인한 증분적 비용, $\Delta Taxes_t$는 기업인수로 인한 증분적인 세금, 그리고 $\Delta Capital\ Requirements_t$는 운전자본과 고정자산에 필요한 증분적 신규 투자액을 말한다.

시너지의 가능한 원천은 네 가지 기본 범주에 들어가는 증분적 현금흐름에 대한 우리의 분류를 따른다. 현금흐름 증가의 네 가지 범주는 수익의 증대, 비용절감, 세금절약, 필요자본의 감소이다.[4] 최소한 이러한 네 가지 범주 중 하나에서의 개선이 시너지를 창출한다. 이러한 범주에 대해서는 다음 절에서 상세히 논의될 것이다.

또한 이와 같은 네 가지 범주 어디에서도 개선이 기대되지 않는 합병의 이유가 종종 제시된다. 이러한 "적절하지 않은" 합병의 이유는 29.4절에서 논의될 것이다.

3. 이러한 시너지 이득을 어떻게 나누는가? 일반적으로 인수기업은 피인수기업 혹은 표적기업에게 프리미엄을 지불한다. 예를 들어, 표적기업의 주식이 $50에 거래되면 인수기업은 주당 $60을 지불해야 할지 모르는데, 이것은 $10 혹은 20%의 프리미엄을 의미한다. 이 예에서 표적기업이 얻는 것은 $10이다. 합병의 시너지가 $30이라고 가정하자. 인수기업 혹은 제안기업이 얻는 것은 $20 (= $30 − $10)이다. 제안기업은 시너지가 프리미엄인 $10보다 작으면 실질적으로 손실을 볼 것이다. 이러한 이득이나 손실에 대해서는 29.6절에서 좀 더 자세하게 다루어질 것이다.

4. 시너지 이외에 합병의 다른 동기는 있는가? 있다.

이미 말했듯이, 시너지는 주주에게 돌아가는 혜택의 원천이다. 그러나 **경영자는** 잠재적인 합병을 다르게 보기 쉽다. 합병으로 인한 시너지가 표적기업에게 지불하는 프리미엄보다 작아도 인수기업의 경영자는 여전히 혜택을 받을 수 있다. 예를 들어, 합병 이

[4] 기업인수와 합병을 정당화하는 많은 이유가 제시되었다. 두 기업이 합병을 할 때, 두 기업의 이사회는 **합병동의서**(agreement of merger)를 채택한다. U.S. Steel과 Marathon Oil의 합병동의서가 전형적이다. 그것은 합병으로부터의 기대할 수 있는 주주에 대한 경제적 이득을 보여준다. (핵심 단어는 기울임꼴로 표기) "U.S. Steel은 Marathon의 기업인수가 U.S. Steel에게 에너지 사업으로 *다각화하*는 매력적인 기회를 제공한다고 믿는다. 합병의 이유는 다음과 같지만 이에 한정된 것은 아니다. 합병의 완성은 U.S. Steel이 Marathon을 U.S. Steel의 연방 소득*세로* 통합하는 것을 가능하게 하고, *효율성을 증진하는 데* 공헌하고, U.S. Steel과 Marathon 사이의 현금 이동을 가능하게 해서 자본을 관리하는 능력을 향상시킬 것이다. 추가적으로 합병은 소액주주와 대주주 간 이해상충의 가능성을 제거할 것이고 경영 유연성을 증대할 것이다. 기업인수는 Marathon 주주에게 과거 시장가격에 비해 상당한 프리미엄을 제공할 것이다. 그러나 주주는 회사의 미래 전망을 계속 공유하지는 않을 것이다."

후 합쳐진 기업의 수익이 합병 이전 인수기업의 수익보다 거의 확실히 커질 것이다. 경영자는 일단 더 큰 기업을 경영하면 더 큰 보상을 받을 것이다. 보상의 증가뿐만 아니라 경영자는 더 큰 기업을 경영할 때 일반적으로 더 큰 명성과 권력을 경험한다. 반면에 표적기업의 경영자는 기업인수 이후 직업을 잃게 될 수 있다. 그들은 프리미엄으로 주주가 혜택을 얻을지라도 기업장악에 아주 많이 반대할 수 있다. 이러한 문제는 29.9절에서 좀 더 상세하게 논의할 것이다.

29.3 시너지 효과의 원천

이번 절에서 우리는 시너지의 원천에 대해 논의한다.[5]

수익의 증대

합쳐진 기업은 두 개의 별도 기업보다 더 큰 수익(매출)을 발생시킬 수 있다. 증가된 수익은 마케팅 이득, 전략적 혜택, 시장지배력 등에서 올 수 있다.

마케팅 이득 개선된 마케팅으로 인해 합병과 기업인수는 영업수익을 증가시킬 수 있다고 자주 주장된다. 개선은 다음 영역에서 발생할 수 있다.

1. 비효율적인 미디어 프로그램과 광고 노력
2. 취약한 유통 네트워크
3. 불균형적인 제품 구성

전략적 혜택 일부 기업인수는 **전략적인** 혜택을 약속한다. 그것은 정상적인 투자기회라기보다는 옵션에 좀 더 가깝다. 예를 들어, 재봉틀 회사가 컴퓨터 회사를 인수한다고 가정하자. 만일 기술적 진보가 미래에 컴퓨터작동 재봉틀을 가능하게 한다면 회사는 유리한 위치에 있게 될 것이다.

Michael Porter는 새로운 산업에 진입하는 전략적 혜택을 표현하는 데 **교두보**(beach-head)를 사용했다.[6] 그는 Procter & Gamble이 일회용 기저귀, 종이 타월, 생리대, 화장지 등 고도로 상호연관된 종이제품을 개발하기 위한 교두보로서 Charmin Paper Company를 인수한 예를 보여준다.

시장지배력 혹은 독점력 어떤 회사는 경쟁을 줄이기 위해 다른 회사를 인수할 수도 있다. 만일 그렇다면 가격은 오를 수 있고, 독점적 이익을 창출할 수 있다. 그러나 경쟁을 줄이는 합병은 사회에 도움이 되지 않으며, 미국 법무부(U.S. Department of Justice)나 연방거래위원회(Federal Trade Commission)의 제재를 받을 수 있다.

[5] Matthew Rhodes-Kropf and David Robinson, "The Market for Mergers and the Boundaries of the Firm," *Journal of Finance* (June 2008)은 누가 누구를 매입하는지에 관련된 질문을 설명한다. 전통적인 생각과는 달리, 그들은 상대적으로 높은 시장가치를 가지는 기업이 상대적으로 낮은 가치를 가진 기업을 매입하는 경향이 있는 것 같지는 않다고 주장한다. 대신에 그들은 유사한 비율을 가지는 기업이 짝이 되는 경향이 있다는 것을 보여준다.

[6] Michael Porter, *Competitive Advantage* (New York: Free Press, 1998)

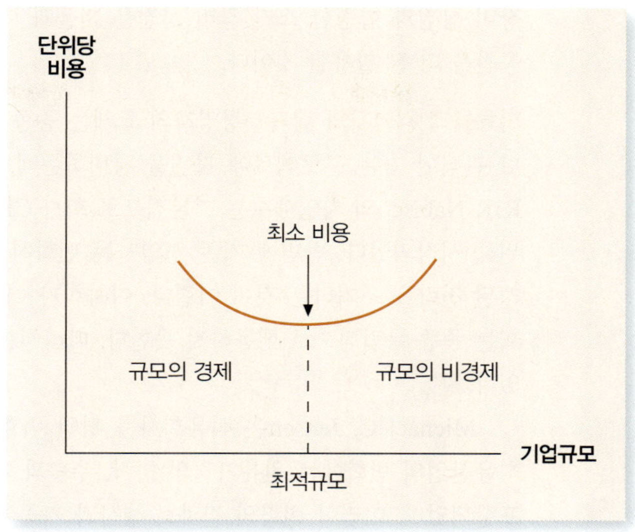

그림 29.2
규모의 경제와 기업의 최적규모

비용절감

합쳐진 회사는 두 개의 별개 회사보다 좀 더 효율적으로 운영될 수 있다. 종종 비용절감이 합병의 주요 이유로 언급된다. 합병은 운영 효율성을 다음과 같은 방법으로 증대시킬 수 있다.

규모의 경제 규모의 경제는 생산량 수준이 증가하면서 평균 생산비용이 하락하는 것을 의미한다. 〈그림 29.2〉는 전형적인 기업의 단위당 비용과 규모의 관계를 보여준다. 그림에 보이듯이 평균비용은 처음에는 떨어지고 그 후 증가한다. 다시 말해서 기업은 최적의 기업규모에 도달할 때까지 규모의 경제를 경험한다. 그 이후 규모의 비경제가 발생한다.

비록 규모의 경제에 대한 정확한 본질은 알 수 없지만, 수평적 합병의 혜택이라는 것은 명백하다. 간접비의 분담(spreading overhead)이라는 표현은 규모의 경제와 자주 연결되어 사용된다. 이 표현은 기업의 본사, 최고경영자, 컴퓨터 시스템과 같이 중앙설비를 공유하는 것을 말한다.

수직적 통합의 경제 수평적 결합뿐만 아니라 수직적 결합에서도 영업의 경제적 이득이 발생할 수 있다. 수직적 인수의 주된 목적은 밀접하게 관련된 영업활동의 조화를 쉽게 만든다는 것이다. 이것은 어쩌면 목재를 벌목하는 대부분의 산림업체가 제재소와 수송장비를 소유하는 이유이다. 석유는 플라스틱이나 기타 화학제품을 만드는 데 사용되기 때문에 DuPont과 Conoco 합병은 안정적인 석유 공급에 대한 DuPont의 필요성에 의해서 추진되었다. 수직적 통합의 경제는 대부분의 항공회사가 항공기를 소유하고 있는 이유를 설명한다. 또한 일부 항공회사가 호텔과 자동차 렌탈 회사를 가지고 있는 이유일 것이다.

기술이전 기술이전은 합병의 또 다른 이유이다. 자동차 제조업자는 항공기술이 자동차의 질을 개선할 수 있다면 항공기 회사를 인수할 수 있다. 이러한 기술이전은 Google과 Android 간 합병의 배후에 있는 동기였다.

보완적 자원 일부 기업은 기존 자원의 활용도를 개선하기 위해 다른 기업을 인수한다. 테니스

장비 상점과 합병한 스키 장비 상점은 겨울과 여름 시즌에 평탄한 매출액을 가질 것이고 상점 공간을 더 잘 활용할 것이다.

비효율적 경영자의 제거 경영자의 교체는 종종 기업가치를 증가시킨다. 일부 경영자는 특권이나 관심이 가는 프로젝트에 자원을 낭비하는데, 이것은 기업장악을 불러오게 한다. 예를 들어, RJR Nabisco의 차입매수는 기본적으로 회사 CEO인 Ross Johnson의 낭비 행위를 중지시키기 위해 시작되었다. 반면에 기존 경영자는 변화하는 시장상황이나 신기술을 이해하지 못하고 오래된 전략을 포기하는 것이 어렵다. 이사회가 이러한 경영자를 교체해야 함에도 불구하고 이사회는 종종 독립적으로 행동하지 못한다. 따라서 합병은 필요한 교체를 만들기 위해서 필요할 수 있다.

Michael C. Jensen은 석유회사를 경영 비효율성의 사례로 언급하였다.[7] 1970년대 후반에 석유산업의 변화에는 원유가격의 하락, 추출과 가공비용 증가, 실질이자율 상승에 대한 기대가 포함되었다. 이러한 변화의 결과로 생산과 가공에 상당한 감축이 요구되고 있었다. 그러나 많은 석유회사 경영자들은 기업의 규모를 축소할 수 없었다. 투자 수준을 줄이기 위해서 인수기업이 석유회사를 찾기 시작했다. 예를 들어, Mesa Petroleum의 T. Boone Pickens는 비용 감축 경영을 실행하기 위해서 석유회사인 Unocal, Phillips, Getty 3사를 매입하려고 하였다. 인수에 성공할 수 없었지만 그런 노력은 기존 경영진에게 추출과 가공비용을 줄이는 노력을 하도록 박차를 가하였고 결과적으로 자신을 포함해서 회사의 주주에게 큰 이득을 창출하였다.

합병과 기업인수를 최고경영자를 위한 노동시장의 일부로 볼 수 있다. Michael Jensen과 Richard Ruback은 대안적인 경영팀들이 기업활동을 관리하는 권리를 두고 경쟁하는 "기업 경영권 시장(market for corporate control)"이라는 용어를 사용했다.[8]

세금이득

세금절감(tax reduction)이 일부 기업인수의 강력한 동기가 될 수 있다. 이러한 세금절감은 다음에서 나온다.

1. 세금 손실의 이용
2. 미사용 차입능력의 이용
3. 잉여자금의 이용

순영업손실 수익성 있는 사업부와 수익성 없는 사업부를 가진 기업은 한 부서의 손실이 다른 부서의 이익을 상쇄하기 때문에 낮은 세금고지서를 받을 것이다. 그러나 만일 두 부서가 실제로 독립된 기업이라면 수익성 있는 기업은 수익성 없는 기업의 손실로 이익을 상쇄하는 데 사용할 수 없다. 따라서 이러한 상황에서는 합병이 세금을 낮출 수 있다.

[7] Michael C. Jensen, "Agency Costs of Free Cash Flow, Corporate Finance, and Takeovers," *American Economic Review* (1986).
[8] Michael C. Jensen and R. S. Ruback, "The Market for Corporate Control: The Scientific Evidence," *Journal of Financial Economics* 11(1983).

표 29.1
기업 A와 B의 합병에 의한 세금 효과

	합병 이전				합병 이후	
	기업 A		기업 B		기업 AB	
	상황 1	상황 2	상황 1	상황 2	상황 1	상황 2
과세이익	$200	−$100	−$100	$200	$100	$100
세금	42	0	0	42	21	21
순이익	$158	−$100	−$100	$158	$ 79	$ 79

어느 기업도 합병 이전에 손실로 감면받을 수 없다. 합병으로 인해 기업 A의 손실로 기업 B의 과세이익을 상쇄할 수 있으며 역의 경우도 가능하다.

기업 A와 B의 세전이익, 세금, 세후이익을 보여주는 〈표 29.1〉을 살펴보자. 기업 A는 상황 1에서 $200을 얻지만 상황 2에서는 손실을 본다. 이 기업은 상황 1에서 세금을 납부하고 상황 2에서는 세금을 환불받을 수는 없다. 반면에 기업 B는 상황 2에서 이득을 내고 상황 1에서는 아니다. 이 기업은 상황 2에서만 세금을 납부한다. 이 표는 두 기업이 독립적일 때 합쳐진 세금은 어떤 상황에서도 $42임을 보여준다.

그러나 표의 마지막 두 열은 합병 이후를 보여준다. 합쳐진 기업은 세금으로 단지 $21을 납부할 것이다. 세금은 합병 이후에 줄어든다. 왜냐하면 한 부서의 손실이 다른 부서의 이득을 상쇄하기 때문이다.

이러한 사례가 이야기하는 바는 기업은 과세이익에 잠재적인 손실을 이용할 필요가 있다는 것이다. 이러한 손실을 종종 **순영업손실**(net operating losses) 혹은 NOL이라고 부른다. 합병은 때때로 손실과 이익을 함께 가져온다. 그러나 이러한 세금절감의 사례가 되려면 아래 두 가지 자격조건이 있어야 한다.

1. 연방 세법은 이익과 손실이 교대로 발생하는 시기를 경험한 기업이 전기환급금(carry-back)이나 차기이월금(carryforward) 조항으로 세금을 고르게 하는 것을 허용한다. 회계규칙은 복잡하지만, 일반적으로 과거에는 이익을 냈지만 현재 연도에 손실을 본 기업은 지난 2년 동안에 지불했던 소득 세금을 환급받고 손실을 향후 20년 동안 이월할 수 있다. 따라서 미사용된 세금절감액을 활용하려는 합병이라면 이월에 의해 기업이 얻을 수 있는 세금절감액 이상을 합병에서 얻을 수 있어야 한다.[9]
2. 미국 국세청(IRS)은 인수의 주요 목적이 연방 세금을 회피하려는 것이라면 기업인수를 허용하지 않는다. 이것은 국세청 규정에서 진퇴양난 조항(catch-22s) 중 하나이다.

차입능력 합병이 부채를 늘리고 더 큰 세금효과를 얻게 할 수 있다는 최소한 두 가지의 경우가 있다. 첫 번째 경우는, 표적기업의 부채가 너무 작은 경우로 인수기업은 표적기업에게 미사용 부채를 늘려줄 수 있다. 둘째 경우는 표적기업과 인수기업 모두 최적의 부채수준을 가지고 있다. 이때 합병은 위험을 줄여주기 때문에 더 큰 차입능력과 더 큰 세금효과를 만들어 준다. 각각의 경우를 살펴보자.

[9] 1986년 세제개혁법(Tax Reform Act)에 따르면 순영업손실(혹은 기타 세금공제)을 이월하려는 회사의 능력은 주식의 50% 이상이 3년 동안 주인이 바뀔 때 제한된다.

사례 1: 미사용 차입능력 17장에서 우리는 모든 기업이 정해진 차입능력을 가지고 있다는 것을 지적하였다. 차입이 커지면 세금절감액도 커지기 때문에 차입능력은 좋은 것이다. 좀 더 공식적으로 말하면 모든 기업은 재무적 곤경의 한계비용이 한계 세금절감액과 같아지기 전까지 정해진 금액을 빌릴 수 있다. 이러한 차입능력은 여러 요인의 함수인데, 아마 가장 중요한 것은 기업의 위험일 것이다. 고위험 기업은 일반적으로 저위험 기업만큼 차입할 수 없다. 예를 들어, 전기 · 가스회사나 슈퍼마켓은 저위험을 가지고 기술주 기업보다 높은 부채비율을 가질 수 있다.

어떤 이유에서든 일부 기업은 최적수준보다 적게 부채를 사용한다. 아마도 경영자가 위험회피적이든 혹은 단지 차입능력을 제대로 평가하지 못했을 수 있다. 너무 적게 빌리는 것은 나쁜 것인가? 대답은 '그렇다'이다. 부채의 최적수준은 재무적 곤경의 한계비용이 한계 세금절감액과 같을 때 발생한다. 너무 적은 부채는 기업가치를 감소시킨다.

여기에 합병이 관여할 수 있다. 너무 적은 부채 혹은 무차입 기업은 매력적인 표적이 된다. 인수기업은 합병 이후 표적기업의 부채수준을 올려서 더 큰 세금공제를 만들 수 있다.

사례 2: 차입능력의 증가 11장에서 배운 현대 포트폴리오 이론의 원리로 돌아가보자. 다른 산업에 속하지만 같은 위험 혹은 표준편차를 가진 두 주식을 고려해보자. 이러한 두 주식으로 구성된 포트폴리오는 각각의 주식을 가졌을 때보다 낮은 위험을 가진다. 다시 말해서 각각의 개별 주식으로는 위험이 완전히 분산되지 않은 반면에, 두 주식의 포트폴리오는 위험이 다소 분산된다.[10]

이제 개별 주식을 매입하기보다는 두 기업이 합병하는 경우를 고려해보자. 합쳐진 기업의 위험은 별개로 존재하는 경우보다 작기 때문에, 은행은 두 기업에게 별도로 대출하던 총액보다 더 많은 자금을 합쳐진 기업에게 대출해주려고 할 것이다. 다시 말해서 합병이 창출한 위험 감소는 부채능력을 향상시키게 된다.

예를 들어, 개별 기업이 합병 이전에 각각 $100을 빌릴 수 있다고 가정하자. 합병 이후에 합쳐진 기업은 아마 $250을 빌릴 수 있을 것이다. 차입능력은 $50 (= $250 − $200)만큼 증가하였다.

부채는 세금절감을 만든다는 것을 기억하자. 만일 합병 이후에 부채가 증가하면 세금은 줄어든다. 즉, 합병 이후에 이자지급액이 증가하기 때문에 합쳐진 기업의 세금은 합병 이전의 개별 기업이 납부하던 세금의 합계보다 작아질 것이다. 다시 말해서 합병으로 인해 증가한 차입능력은 세금을 줄일 수 있다.

요약하면, 처음에 우리는 너무 작은 레버리지를 가졌던 표적기업의 예를 고려하였다. 인수기업은 표적기업에 더 많은 부채를 주입할 수 있고, 더 큰 세금절감을 만들어낸다. 다음으로 우리는 표적기업과 인수기업이 최적 부채수준을 가졌던 경우를 고려했다. 합병은 이 경우에도 더 많은 부채를 만들어낸다. 즉, 합병으로 인한 위험감소는 차입능력을 크게 만들고 더 큰 세금절감으로 이끈다.

[10] 분산투자가 다른 산업에 속한 주식을 고려할 때 쉽게 설명이 가능하지만, 핵심은 두 주식의 수익률이 완전한 상관관계보다는 작은 상관관계를 가지는 것이다. 비록 같은 산업에 속한 주식이라도 이러한 관계는 발생할 수 있다.

의견 직접 보기

합병과 기업인수에 대한 Michael C. Jensen의 언급

경제적인 분석과 증거는 기업장악, 차입매수(LBO), 기업의 구조조정이 지난 20여 년간 있었던 경쟁적 변화에 경제가 적응하도록 돕는 중요한 역할을 하고 있다는 것을 보여준다. 대안이 되는 경영진 사이의 그리고 기업자산의 통제권을 위한 조직구조 사이의 경쟁으로 인해 경제적 자원은 가장 가치 있는 사용처로 좀 더 빠르게 이동할 수 있게 되었다. 이 과정에서 전체적으로 상당한 경제적 혜택이 주주를 위해 그리고 경제를 위해 창출되었다. 합병, 기업인수, 차입매수, 기타 기업 구조조정으로 인한 매도기업 주주의 전반적인 이득은 1988년 구매력 기준으로 1977~1988년 사이 12년 동안 총 $500십억에 이른다. 나는 매수기업 주주의 이득이 같은 기간에 최소한 $50십억이 된다고 추정한다. 이러한 이득은 같은 기간 동안 전체 기업부문에서 투자자에게 지급한 총 현금배당액(1988년 구매력 기준)의 53%와 같다.

합병과 기업인수는 기업의 방향에 대한 전략적 변화와 새로운 자원의 활용을 요구하는 새로운 기술 혹은 시장상황에 대한 대응이다. 현재의 경영진과 비교해서 새로운 소유자는 종종 기존 조직구조에 중대한 변화를 성취할 수 있다. 대안적으로 차입매수는 경영진에게 기업가정신을 창출하면서 동시에 대규모 공개기업의 타고난 중앙집권적인 관료주의적 운영의 장애물을 제거함으로써 조직의 변화를 가져온다.

경영자가 조직의 상당한 지분이익을 가지면 회사의 잉여현금흐름의 배분정책에 관한 경영자와 주주 사이의 이해상충은 감소한다. 경영자의 인센티브는 주주의 가치와는 상관없이 다각화 인수를 통해 제국을 건설하는 것이 아니라 회사의 가치 극대화에 초점을 맞추게 된다. 마지막으로 채권상환에 필요한 금액은 배당금 지급에 있어서의 경영자의 재량권과 현금을 과도하게 보유하려는 경향을 대체한다. 따라서 상당한 효율성의 증가가 창출된다.

Michael C. Jensen은 Harvard University의 경영대학의 명예 석좌교수이다. 뛰어난 학자이며 연구자인 그는 현대 기업과 주주와의 관계에 대한 개척자적 분석으로 유명하다.

잉여자금 세법에서 또 다른 특이한 점은 잉여자금과 관련이 있다. 잉여현금흐름(free cash flow)을 가진 기업을 고려하자. 즉, 모든 세금을 납부하고 모든 양(+)의 NPV 프로젝트에 자금조달이 끝난 후에 사용가능한 현금흐름을 가지고 있다. 이 상황에서 유가증권을 매입하는 것 외에도, 기업은 배당금을 지급하거나 자사주를 매입할 수 있다.

우리는 이미 배당정책에 대한 이전 논의에서 추가 배당금이 일부 투자자가 지불하는 소득세를 증가시킨다는 것을 보았다. 투자자는 자사주 매입에서 낮은 세금을 지불한다.[11] 그러나 배당에 대한 세금을 회피하기 위한 것만이 목적일 때에는 자사주 매입은 법적인 선택안이 아니다.

대신에 기업은 잉여자금으로 기업인수를 할 수 있다. 여기서 인수기업의 주주는 배당금에 대하여 납부하던 세금을 피할 수 있다.[12] 그리고 피인수기업으로부터 받은 배당금에 대해서는 세금이 없다.

[11] 배당금은 세금을 납부하는 모든 투자자에게 과세된다. 자사주 매입은 주식을 매도하는 것을 선택한 (그래서 이익을 얻은) 투자자에게만 세금납부 의무를 만든다.

[12] 이러한 상황은 실제로는 조금 복잡하다. 표적기업의 주주는 자본이득에 대해서는 세금을 내야 한다. 이러한 주주들은 이런 세금을 상쇄하기 위해 인수기업으로부터 프리미엄을 요구할 것이다.

자본수요의 감소

이번 장의 전반부에서 우리는 규모의 경제로 인해 합병이 운영비용을 줄일 수 있다고 하였다. 합병은 또한 자본지출을 줄일 수 있다. 회계사는 일반적으로 자본을 두 부분으로 나눈다. 고정자본과 운전자본이다.

두 기업이 합병을 하면 경영자는 중복된 시설을 발견하게 될 것이다. 예를 들어, 양 기업은 각기 본사를 가지고 있는데 모든 경영자가 합병된 본사 건물로 옮기게 되면 다른 본사는 매각할 수 있다. 일부 공장도 중복적일 수 있다. 혹은 같은 산업에 속한 두 기업은 연구개발부서를 통합하여 일부 연구개발시설을 매각할 수 있다.

운전자본에도 동일한 현상이 있을 수 있다. 재고자산–매출액 비율과 현금–매출액 비율은 기업의 규모가 증가하면서 종종 감소한다. 합병은 이러한 규모의 경제를 가능하게 하고 운전자본의 감소를 가능하게 한다.

29.4 기업인수의 두 가지 재무적 효과

이익의 증가

기업인수는 외견상 이익의 증가를 가져올 수 있는데, 이로 인해 투자자들은 기업이 실제보다 더 가치가 있다는 착각에 빠질 수 있다. 〈표 29.2〉의 2개의 열에 표현된 Global Resources, Ltd.와 Regional Enterprises라는 두 개의 회사를 고려해보자. 표에 보이듯이 주당이익(EPS)은 모두 $1이다. 그러나 Global은 주당 가격이 $25로 P/E 비율은 25 (= $25/$1)이다. 반면에 Regional은 주당 $10에 거래되고 P/E 비율은 10이다. Global의 투자자는 $1의 이익에 $25를 지불한다는 것이고 Regional의 투자자는 동일한 $1의 이익에 단지 $10을 투자한다. 투자자에게 Regional은 더 좋은 거래인가? 반드시 그런 것은 아니다. 어쩌면 Global의 이익이 Regional의 이익보다 더 빨리 성장할 것으로 예측되고 있을 것이다. 만일 그렇다면 Global의 투자자는 미래에 더 많은 이익을 받을 것이고 단기의 낮은 이익을 보상받을 것이다. 사실 9장에서 기업 P/E 비율의 주요 결정요인이 회사의 이익성장률에 대한 시장의 예측이라고 주장하였다.

표 29.2 Global Resources와 Regional Enterprises의 재무상태

	합병 이전 Global Res.	합병 이전 Regional Ent.	합병 이후 Global Resources 시장이 "Smart"	합병 이후 Global Resources 시장이 "Fooled"
주당이익	$ 1.00	$ 1.00	$ 1.43	$ 1.43
주가	$ 25.00	$ 10.00	$ 25.00	$ 35.71
주가수익률(P/E)	25	10	17.5	25
발행주식수	100	100	140	140
총 이익	$ 100	$ 100	$ 200	$ 200
총 가치	$2,500	$1,000	$3,500	$5,000

교환비율: Regional 2.5주에 대해 Global 1주

이제 Global이 Regional을 인수한다고 가정하자. 또한 합병이 아무런 시너지 가치를 만들지는 못한다고 하자. 만일 시장이 영리한(smart) 경우라면 합쳐진 기업은 개별 기업가치의 합과 같은 가치를 가질 것이다. 이 경우에 합쳐진 기업의 시장가치는 $3,500으로 합병 이전의 개별 기업가치의 합과 같을 것이다.

이러한 가치에서, Global은 Regional의 주식 100주에 대해 자사의 주식 40주를 교환하여 Regional을 인수하고 합병 이후에 Global은 140주의 발행주식수를 가지게 될 것이다.[13] Global의 주식가격은 $25 (= $3,500/140)로 유지된다. 합병 이후에 발행주식수는 140주가 되고 이익은 $200이 된다. Global은 합병 이후에 주당 $1.43 (= $200/140)의 이익을 얻는다. 따라서 P/E 비율은 합병 이전의 25에서 17.5 (= $25/$1.43)로 떨어진다. 이러한 시나리오는 〈표 29.2〉의 3번째 열에 표현되어 있다. 왜 P/E 비율은 하락하는가? 합쳐진 기업의 P/E는 합병 이전 Global의 높은 P/E와 합병 이전 Regional의 낮은 P/E의 평균이 될 것이다. 이것은 생각해보면 상식적이다. Global의 P/E는 낮은 성장률을 가진 새로운 부서를 가지면 하락해야 할 것이다.

이제 시장이 속는(fooled) 경우를 고려해보자. 방금 보았듯이 기업인수를 통해 Global은 주당이익을 $1에서 $1.43으로 올릴 수 있다. 시장이 속는다면 시장은 주당이익의 43% 증가를 실제 성장률로 오해할 수 있다. 이 경우 Global의 P/E 비율은 합병 이후에 하락하지 않는다. Global의 P/E 비율이 합병 이후에 25로 유지된다고 가정하자. 합쳐진 기업의 총 가치는 $5,000 (= $25 × $200)이 될 것이고, Global의 주가는 $35.71 (= $5,000/140)이 될 것이다. 이것은 표의 마지막 열에 반영되어 있다.

이것이 이익 성장의 마법이다. 이 마법이 현실세계에서도 작용할 수 있을 것이라고 기대하는가? 시장은 이렇게 쉽게 속이기에는 너무 영리한 것 같다.

다각화

다각화(diversification)는 종종 한 기업이 다른 기업을 인수하는 혜택으로 언급된다. 이번 장의 앞부분에서 U.S. Steel이 Marathon Oil과 합병 혜택으로 다각화를 포함한 것을 보았다. 합병시점에 U.S. Steel은 자산의 약 20%가 현금 및 유가증권으로 구성된 현금이 풍부한 기업이었다. 풍부한 현금을 가진 기업에게 다각화의 필요성을 말하는 것은 특이한 것은 아니다.

그러나 다각화 그 자체가 가치를 증가시킬 수는 없을 수도 있다. 이것을 보기 위해 수익률의 변동성이 사업에 특정한 비체계적(unsystematic)인 위험으로 불리는 것에 기인할 수 있다는 것을 기억하자.

11장의 CAPM에서 논의한 것을 기억해보면, 개념적으로 비체계적인 위험은 합병을 통하여 분산되어 사라질 수 있다. 그러나 투자자에게는 General Electric처럼 비체계적 위험을 없애기 위해 널리 다각화된 기업이 필요한 것은 아니다. 주주는 단순히 다른 회사의 주식을 매입함으로써 기업보다는 쉽게 다각화를 통한 분산투자를 할 수 있다. 예를 들어, U.S. Steel의 주주는 다각화의 이득이 있다고 믿는다면 Marathon의 주식을 매입할 수 있다. 따라서 다각화 합병을 통한

[13] 이 비율은 공정한 교환을 의미한다. 왜냐하면 Regional의 주식은 Global 주식가격의 40% (= $10/$25)에 거래된 것이기 때문이다.

분산은 주주에게 이득이 되지 않을 수 있다.[14]

다각화는 다음 세 가지 중 하나가 진실일 때에만 인수회사에 이득을 가져다 줄 수 있다.

1. 다각화는 투자자의 개인 포트폴리오의 조정보다 낮은 가격으로 비체계적인 위험을 줄인다. 이것은 쉽게 일어날 것으로 보이지는 않는다.
2. 다각화가 위험을 줄이고 따라서 차입능력을 증가시킨다. 이 가능성은 이번 장의 전반부에서 논의되었다.
3. 내부 자본이나 노동력의 배분이 다각화된 기업인 경우에 그렇지 않은 기업보다 더 낫다.

그렇지 않다면 합병이나 기업인수의 이득으로 다각화를 받아들이는 데 주의해야만 한다.

29.5 위험감소로 인한 주주의 비용

앞 절에서 우리는 합병의 두 가지 재무적 부작용을 고려하였다. 이러한 두 가지 이유로 인한 합병이 반드시 가치를 훼손하는 것은 아니다. 그렇다고 이러한 두 가지 이유의 합병이 가치를 증가시키는 것도 아니다. 이번 절에서 우리는 최소한 주주의 관점에서 기업인수의 부산물이 실제로 가치를 훼손하는지를 검토한다. 우리가 보게 될 것은 합병이 채권의 안정성을 높이고 따라서 채권의 가치를 증가시키고 주주에게 손해를 끼치는 것이다.

11장에서 개인이 포트폴리오에 모두 같은 위험을 가진 증권을 하나씩 더해 나가는 것을 고려하였다. 증권이 서로 완전하게 양의 상관관계를 가지지 않는 한, 증권의 수가 늘어날수록 포트폴리오의 위험은 떨어졌음을 보았다. 즉, 이러한 위험 감소는 분산투자(diversification)를 반영하였다. 분산투자는 또한 합병에서도 발생한다. 두 기업이 합병을 하면 합쳐진 가치의 변동성은 일반적으로 별개로 존재할 때 변동성보다 작다.

그러나 여기 놀라운 결과가 있다. 개인이 포트폴리오 분산투자에서 이득을 얻는 반면에, 합병을 통한 분산투자는 실제로 주주에게 손해를 줄 수 있다. 그 이유는 채권자가 단지 하나가 아니라 이제 두 개의 기업에 의해 "보험(insured)" 되었으므로 합병으로부터 이득을 얻을 것이기 때문이다. 채권자에 대한 이러한 이득은 주주에게 비용이 된다.

기본적인 경우

기업 A가 기업 B를 인수하는 예를 고려하자. 〈표 29.3〉의 Panel I은 합병 이전 두 가지 가능한 경제 상태에서의 기업 A와 기업 B의 순현재가치를 보여준다. 각 상태가 발생할 확률은 0.50이기 때문에 각 기업의 시장가치는 두 경제 상태의 가치의 평균이다. 예를 들어, 기업 A의 시장가치는 아래와 같다.

$$0.5 \times \$80 + 0.5 \times \$20 = \$50$$

[14] 사실 많은 연구자가 다각화는 사업에 집중하는 것을 약화시키기 때문에 기업의 가치를 감소시킨다고 주장하곤 한다. 이 관점은 이번 장의 마지막에서 제시될 것이다.

표 29.3
주식교환 합병

NPV	상태 1	상태 2	시장가치
확률	0.5	0.5	
I. 기본적인 경우(양 기업의 자본구조에 부채가 없음)			
합병 이전 가치:			
기업 A	$80	$20	$50.00
기업 B	10	40	25
합병 이후 가치:*			
기업 AB	$90	$60	$75
II. 기업 A의 자본구조에 $30 액면가의 부채 기업 B의 자본구조에 $15 액면가의 부채			
합병 이전 가치:			
기업 A	$80	$20	$50
부채	30	20	25
주식	50	0	25
기업 B	$10	$40	$25
부채	10	15	12.50
주식	0	25	12.50
합병 이후 가치:†			
기업 AB	$90	$60	$75
부채	45	45	45
주식	45	15	30

기업 A와 기업 B의 부채가치는 모두 합병 이후 증가한다. 기업 A와 기업 B의 주식가치는 모두 합병 이후에 감소한다.
*기업 A의 주주는 기업 AB 주식으로 $50을 받는다. 기업 B의 주주는 기업 AB 주식으로 $25를 받는다. 따라서 양 기업의 주주는 합병에 대해 무차별적이다.
†기업 A의 주주는 $20 가치의 기업 AB 주식을 받는다. 기업 B의 주주는 $10 가치의 기업 AB의 주식을 받는다. 합병으로부터의 이득과 손실은 다음과 같다.

기업 A 주주의 손실 : $20 − $25 = −$5
기업 B 주주의 손실 : $10 − $12.50 = −$2.50
양 기업 채권자의 합쳐진 이득 : $45.00 − $37.50 = $7.50

이제 두 기업의 합병이 아무런 시너지를 창출하지 못한다고 생각해보자. 합쳐진 기업 AB는 기업 A와 기업 B의 가치의 합인 $75 (= $50 + $25)의 시장가치를 가질 것이다. 또한 기업 B의 주주가 기업 B의 독립적인 시장가치인 $25와 동일한 AB의 주식을 받는다고 가정하자. 다시 말해서 기업 B는 아무런 프리미엄을 받지 않는다. AB의 가치가 $75이기 때문에 기업 A의 주주는 합병 이후에 합병 이전에 가졌던 것과 같은 $50 (= $75 − $25)의 가치를 가진다. 따라서 기업 A와 기업 B의 주주는 합병에 대해 무차별적이다.

양 기업이 부채를 보유

반면에 기업 A가 〈표 29.3〉의 Panel II에 보이듯이 자본구조에 액면가 $30의 부채를 가진다고 가정하자. 합병이 없으면, 경제 상태 2에서 기업 A의 가치가 $20이라서 부채의 액면가 $30보다 작기 때문에 기업 A는 채무불이행을 할 것이다. 결과적으로 기업 A는 부채 청구의 가치를 완전히 상환하지 못할 것이다. 채권자는 상태 2에서 단지 \$20을 받는다. 채권자는 채무불이행의 가능성을 고려하여 부채를 \$25 (= 0.5 × \$30 + 0.5 × \$20)로 평가한다.

기업 B의 부채는 액면가 \$15를 가진다. 경제 상태 1에서 기업의 가치가 \$10으로 \$15의 부채 액면가보다 작기 때문에 기업 B는 채무불이행을 할 것이다. 기업 B의 부채는 \$12.50 (= 0.5 × \$10 + 0.5 × \$15)을 가치로 가진다. 따라서 기업 A의 부채와 기업 B의 부채 가치의 합은 \$37.50 (= \$25 + \$12.50)이다.

이제 합병 이후에 무슨 일이 일어나는지 살펴보자. 기업 AB는 상태 1에서 \$90의 가치를 상태 2에서 \$60의 가치를 가지기 때문에 시장가치로 \$75 (= 0.5 × \$90 + 0.5 × \$60)를 가진다. 합쳐진 기업에서 부채의 액면가는 \$45 (= \$30 + \$15)이다. 기업의 가치가 어느 경우에도 \$45보다 크기 때문에 채권자는 언제나 완전 상환을 받는다. 따라서 부채의 가치는 액면가인 \$45이다. 이 가치는 합병 이전에 두 채권의 가치의 합이었던 \$37.50보다 \$7.50이 더 크다. 따라서 합병은 채권자에게 이득이 된다.

주주는 어떠한가? 합병 이전에 기업 A의 주식은 \$25의 가치가 있고 기업 B의 주식은 \$12.50의 가치가 있었기 때문에, 기업 AB가 기업 B의 주주에게 발행한 주식 1주에 대해서 기업 A의 주주에게 2주를 발행한다고 가정하자. 기업 AB의 주식은 \$30이고 따라서 기업 A의 주주는 \$20 가치의 주식을, 기업 B의 주주는 \$10 가치의 주식을 갖는다. 합병으로 인해서 기업 A의 주주는 \$5 (= \$20 − \$25)를, 기업 B의 주주는 \$2.50 (= \$10 − \$12.50)의 손해를 본다. 양 기업의 주주가 입은 총 손실은 \$7.50으로 이것은 채권자가 합병에서 얻은 이득과 같다.

이 사례에는 많은 숫자가 나온다. 요점은 합병으로 인해 채권자가 \$7.50의 이득을 얻고 주주는 \$7.50의 손실을 본다는 것이다. 왜 이런 가치의 이전이 발생할까? 이것을 이해하기 위해서 두 기업이 별개로 존재할 때 기업 B는 기업 A의 부채를 보증하지 않았다. 즉 기업 A가 채무불이행을 한다면 기업 B는 기업 A의 채권자를 돕지 않는다. 그러나 합병 이후에 채권자는 양쪽 기업 A와 B로부터 현금을 받을 수 있다. 합쳐진 기업의 한쪽 부서가 실패하면 채권자는 다른 부서의 이익으로부터 상환을 받을 수 있다. 이러한 상호 보증을 **공동보험효과**(coinsurance effect)라고 부르며, 채권을 이전보다 덜 위험하고 더 가치 있게 만든다.

기업 전체에는 순이득을 가져오지 않는다. 채권자는 공동보험효과의 이득을 얻고 주주는 공동보험효과의 손실을 본다. 상기의 분석에서 일반적인 몇 가지 결론을 얻을 수 있다.

1. 합병은 일반적으로 채권자에게 도움이 된다. 채권자에게 돌아가는 이득의 크기는 결합 이후 파산 가능성의 감소에 달려 있다. 즉, 합쳐진 기업이 덜 위험해질수록 채권자의 이득은 더 커진다.
2. 주주는 채권자의 이득만큼 손해를 본다.
3. 결론 2는 시너지가 없는 합병에 적용된다. 실제로 합병이 주주에게 주는 영향은 시너지의 규모에 달려 있다.

어떻게 주주는 공동보험효과의 손실을 줄일 수 있을까?

공동보험효과는 채권자의 가치를 올리고 주주 가치를 낮춘다. 그러나 주주가 공동보험효과를 줄이거나 없앨 수 있는 최소한 두 가지 방법이 있다. 첫째, 기업 A의 주주는 합병 공시일 이전에 채권을 상환하고 동일 금액의 채권을 합병 이후에 재발행할 수 있다. 채권이 합병 전의 낮은 가격으로 상환되기 때문에, 이런 유형의 채권 재발행 거래는 채권자의 공동보험효과를 중립화시킬 수 있다.

또한 기업인수가 재무곤경의 확률을 줄이기 때문에 합쳐진 기업의 차입역량이 증가될 수 있을 것임을 주목하자. 따라서 주주의 두 번째 대안은 단순하게 합병 이후에 더 많은 채권을 발행하는 것이다. 합병 이후 채권의 증가는 채권의 조기 상환이 없더라도 두 가지 효과를 줄 것이다. 새로운 회사채로 인한 이자의 세금절감은 이 장의 앞부분에서 논의한 것처럼 기업가치를 올린다. 추가적으로 합병 이후 채권의 증가는 재무곤경의 확률을 올려서 공동보험효과에서 얻어지는 채권자의 이득을 줄이거나 없앨 것이다.

29.6 합병의 NPV

기업은 기업인수를 결정할 때 전형적으로 NPV 분석을 사용한다. 이 분석은 인수합병의 대가로 현금을 고려할 때는 상대적으로 단순하다. 그러나 고려하는 대가가 주식일 때는 분석이 다소 복잡해진다.

현금인수

기업 A와 기업 B가 별개의 존재로 각각 $500과 $100의 가치를 가진다고 가정하자. 모두 순수 자기자본 기업이다. 만일 기업 A가 기업 B를 인수하여 합병된 기업 AB에게 $100의 시너지가 있으면 합쳐진 가치로 $700을 가질 것이다. 기업 B의 이사회는 인수제안 금액이 $150의 현금이라면 기업 B를 매각할 것이라고 제시해왔다.

기업 A는 기업 B를 인수해야만 할까? 기업 A가 자사의 이익잉여금에서 인수자금을 조달하고 인수 이후 가치가 다음과 같다고 가정하자.[15]

$$\begin{aligned}\text{기업인수 이후 기업 A의 가치} &= \text{합쳐진 기업의 가치} - \text{현금 지급액}\\ &= \$700 - \$150\\ &= \$550\end{aligned}$$

기업인수 이전에 기업 A의 가치가 $500이기 때문에 기업 A 주주의 NPV는 아래와 같다.

$$\$50 = \$550 - \$500 \tag{29.1}$$

기업 A의 주식이 25주가 있고 주식의 가치는 합병 이전에 $20 (= $500/25), 합병 이후에 $22

[15] 이 분석은 본질적으로 신주발행과 동일할 것이다. 그러나 이 분석은 만일 인수를 위해 새로운 부채가 발행된다면 다를 것이다. 왜냐하면 부채의 세금절감 때문이다. 조정된 현재가치(APV) 접근법이 여기에 필요할 것이다.

표 29.4 기업인수의 비용: 현금인수 대 주식인수

	인수 이전		인수 이후: 기업 A		
	(1)	(2)	(3)	(4)	(5)
	기업 A	기업 B	현금*	주식교환비율[†] (0.75:1)	주식교환비율[†] (0.6818:1)
시장가치(V_A, V_B)	$500	$100	$550	$700	$700
발행주식수	25	10	25	32.5	31.818
주가	$ 20	$ 10	$ 22	$ 21.54	$ 22

*인수 이후 기업 A의 가치: 현금인수

$V_A = V_{AB}$ − 현금

$550 = $700 − $150

[†]인수 이후 기업 A의 가치: 주식인수

$V_A = V_{AB}$

$700 = $700

(= $550/25)라고 가정하자. 이러한 계산은 〈표 29.4〉의 첫째와 셋째 열에 나와 있다. 주가의 상승을 보면, 기업 A가 기업인수를 실행해야 한다는 결론을 얻는다.

합병의 시너지와 프리미엄에 대해서는 앞에서 논의했다. 아래처럼 인수기업에게 돌아가는 합병의 NPV를 또한 평가할 수 있다.

$$\text{인수기업에게 돌아가는 합병의 NPV} = \text{시너지} - \text{프리미엄}$$

합쳐진 기업의 가치가 $700이고 A와 B의 합병 이전 가치가 각각 $500과 $100이기 때문에 시너지는 $100 [= $700 − ($500 + $100)]이다. 프리미엄은 $50 (= $150 − $100)이다. 따라서 기업 A에게 돌아가는 합병의 NPV는 아래와 같다.

$$\text{기업 A에게 돌아가는 합병의 NPV} = \$100 - \$50 = \$50$$

한 가지 주의해야 할 점을 설명하려 한다. 이 교재는 기업의 시장가치가 진정한 가치의 가장 좋은 예측이라고 일관되게 주장해 왔다. 그러나 합병을 논의할 때는 우리의 분석을 조정해야 한다. 만일 합병이 없을 때 기업 A의 진정한 가격이 $500이라면, 합병 협상이 시작되면 기업 A의 시장가치는 $500 이상이 될 것이다. 시장가격은 합병이 일어날 가능성을 반영하기 때문이다. 예를 들어, 만일 합병이 일어날 가능성이 60%라면 기업 A의 합병 이전의 시장가격은 다음과 같을 것이다.

$$\begin{array}{lccccccccc} & \text{합병 시 기업 A의 시장가치} & \times & \text{합병확률} & + & \text{합병이 없을 때 기업 A의 시장가치} & \times & \text{합병이 없을 확률} \\ \$530 = & \$550 & \times & 0.60 & + & \$500 & \times & 0.40 \end{array}$$

만일 기업 A의 시장가격이 사용된다면, 경영자는 수식 (29.1)에서 합병으로부터의 NPV를 과소평가하게 될 것이다. 따라서 경영자는 기업인수가 없을 때의 자사 가치를 평가해야 하는 어려움에 처하게 된다.

주식인수

물론 기업 A는 현금 대신에 보통주로 기업 B를 매입할 수 있다. 불행히도 이 분석은 간단하지 않다. 이 시나리오를 다루기 위해서 우리는 기업 B의 발행주식수를 알아야 한다. 〈표 29.4〉의 2열에 있는 것처럼 10주의 발행주식이 있다고 가정하자.

기업 A가 기업 B의 10주 전체를 7.5주로 교환한다고 가정하자. 이때 교환비율은 0.75:1이 된다. 기업 A의 주식 1주의 가치는 인수 이전에 \$20이다. 따라서 $7.5 \times \$20 = \$150$이고 이 교환은 기업 B를 현금 \$150으로 매입하는 것과 같아 보인다.

그러나 이것은 정확하지 않다. 기업 A의 진짜 비용은 \$150보다 크다. 이것을 보기 위해서, 기업 A가 합병 이후에 총 32.5주(= 25 + 7.5)의 발행주식수를 가진다는 점에 주의해야 한다. 기업 B의 주주는 합쳐진 기업의 23% (= 7.5/32.5)를 소유한다. 이들의 지분은 \$161.54 (= 23% × \$700)의 가치를 가진다. 이들 주주가 기업 A 주식 \$161.54의 가치를 가지기 때문에, 기업 A의 합병 비용은 \$150이 아니라 \$161.54이 되어야 한다.

이 결과는 〈표 29.4〉의 4열에서 볼 수 있다. 주식을 주식으로 교환하는 거래 이후에 기업 A의 주식의 가치는 단지 \$21.54 (= \$700/32.5)이다. 앞에서 우리는 주식을 현금으로 교환하는 거래 이후에 주식의 가치가 \$22임을 보았다. 이러한 차이는 주식을 주식으로 교환하는 거래가 기업 A에게는 비용이 더 크기 때문이다.

기업 B의 주식 10주에 대한 기업 A의 주식 7.5주의 교환비율이 두 기업의 **합병 이전**(premerger) 가격에 근거하기 때문에 이러한 결과가 발생한다. 기업 A의 주식이 합병 이후 오르기 때문에 기업 B의 주주는 기업 A의 주식으로 \$150보다 더 받는다.

기업 B의 주주가 기업 A의 주식으로 단지 \$150을 받게 하려면 교환비율은 얼마여야 하는가? 우선 '기업 B 주주가 보유한 합쳐진 기업의 주식 비율'을 α라고 정의하자. 합쳐진 기업의 가치가 \$700이기 때문에, 합병 이후에 기업 B 주주의 가치는 아래와 같다.

합병 이후 기업 B 주주의 가치:

$$\alpha \times \$700$$

여기서 $\alpha \times \$700 = \$150$으로 놓으면, $\alpha = 21.43\%$가 된다. 다시 말해서 기업 B 주주는 합병 이후 기업의 21.43%를 받게 되면 \$150 가치의 주식을 받게 될 것이다.

이제 기업 B 주주에게 발행되는 주식의 수를 결정한다. 기업 B 주주는 아래와 같이 표현될 수 있는 합쳐진 기업에 대한 비율 α를 가진다.

$$\alpha = \frac{\text{발행된 신주}}{\text{구주의 수} + \text{발행된 신주}} = \frac{\text{발행된 신주}}{25 + \text{발행된 신주}}$$

α를 수식에 대입하면 아래 관계를 얻는다.

$$0.2143 = \frac{\text{발행된 신주}}{25 + \text{발행된 신주}}$$

미지수에 대해 풀면 다음 결과를 얻게 된다.

발행된 신주 = 6.818주

합병 이후 총 발행주식수는 31.818 (= 25 + 6.818)이다. 기업 A의 6.818주는 기업 B의 10주와 교환되기 때문에 교환비율은 0.6818:1이다.

〈표 29.4〉의 5열에 0.6818:1의 교환비율의 결과를 볼 수 있다. 이제 31.818주가 있기 때문에, 보통주 1주의 가치는 $22 (= $700/31.818)가 되고 이것은 현금인수 거래의 가치와 같다. 따라서 기업 B의 이사회가 $150에 기업을 매각하기로 한다면 공정한 교환비율은 앞에서 언급한 0.75:1이 아니라 0.6818:1이다.

현금인수 대 주식인수

이번 절에서 우리는 현금거래와 주식인수 거래를 검토하였다. 우리의 분석은 다음과 같은 질문을 낳는다. 인수회사는 언제 현금으로 그리고 언제 주식으로 지불하려고 할까? 쉬운 공식은 없다. 의사결정이 여러 변수에 달려 있는데 아마도 가장 중요한 것은 인수회사 주식의 가격일 것이다.

〈표 29.4〉의 예에서 합병 이전 기업 A주식의 시장가격은 $20이었다. 이제는 당시에 기업 A의 경영자는 '진정한' 가격이 $15였다고 믿었다고 가정하자. 다시 말해서 경영자는 주식이 고평가되었다고 믿는다. 경영자가 시장과는 다른 관점을 가질 수 있는가? 그렇다. 경영자는 종종 시장이 가지지 못한 정보를 가진다. 결국 경영자는 고객, 공급자, 종업원과 매일 접하며 사적인 정보를 얻기 쉬울 것이다.

기업 A의 경영자가 기업 B를 현금이나 주식으로 인수하는 것을 고려한다고 가정하자. 고평가는 현금으로 하는 합병조건에 영향을 주지 않을 것이고 기업 B는 $150을 현금으로 받을 것이다. 그러나 고평가는 주식인수에 큰 영향을 주게 될 것이다. 기업 B가 기업 A의 주식을 시장가격으로 계산하여 $150 가치를 받았다고 하지만 기업 A의 경영자는 주식의 진정한 가치가 $150보다 작다는 것을 안다.

기업 A는 기업인수에서 어떻게 지불할 것인가? 확실히 기업 A는 주식으로 지불하려는 동기를 가진다. 왜냐하면 $150의 가치보다 적게 포기하는 것이 되기 때문이다. 이러한 결론은 어떤 면에서는 기업 A가 기업 B의 주주를 속이려 하는 것이기 때문에 다소 비난받을 만할지 모른다. 그러나 이론과 실증 증거는 모두 기업이 자사 주가가 고평가되었을 때 주식으로 인수할 가능성이 크다고 제시한다.[16]

현실은 이렇게 간단하지는 않다. 기업 A의 경영자가 전략적이듯이 기업 B의 경영자도 역시 전략적으로 생각할 것이다. 합병 협상에서 기업 A의 경영자가 주식인수를 주장한다고 가정하자. 이것은 기업 B의 경영자에게 기업 A의 주식이 고평가되었다는 것을 알려줄 것이다. 아마도 기업 B의 경영자는 기업 A가 현재 제안하는 것보다 더 유리한 조건을 요구할 것이다. 아니면 기업 B는 현금인수를 원하거나 매각을 중단하려고 할 것이다.

[16] 기본적인 이론적 개념은 아래 논문에서 제시된다. S. Myers and N. Majluf, "Corporate Financing and Investment Decisions When Firms Have Information That Investors Do Not Have," *Journal of Financial Economics* (1984).

기업 B가 협상에서 알 수 있는 것처럼 시장도 알 수 있다. 실증 증거는 인수회사의 주가는 일반적으로 주식인수의 거래 공시에 대해 하락함을 보여준다.[17]

그러나 이러한 논의가 실수가 전혀 일어나지 않는다는 것을 의미하지는 않는다. 예를 들어, 2001년 1월에 있었던 인터넷 서비스 제공업자인 AOL과 미디어 회사인 Time Warner (TW)의 주식인수 합병을 고려해보자. 비록 동등한 합병이었고 결합된 회사가 현재 Time Warner라 불리지만, 돌이켜보면 AOL이 인수회사였던 것으로 보인다. 이 합병은 역사상 가장 큰 합병 중 하나로 두 기업으로 합쳐진 기업의 시가총액은 2000년 1월의 합병발표 시기에 약 $350십억이었다. (합병 공시와 합병 완료 사이의 약 1년의 지연은 법률적인 검토로 인한 것이었다.) Time Warner가 2015년 초반에 약 $68십억의 시가총액을 가졌다는 것을 생각해보면 이것은 또한 역사상 최악의 거래 중 하나로 간주된다. 흥미롭게도 AOL은 2015년에 Verizon에게 매각되었다.

AOL은 고객이 광대역 서비스를 원하던 시기에 협소한 대역으로 인터넷 서비스를 제공하고 있었기 때문에 합병 당시에 위태로운 상태였다. 또한 회고해보면 인터넷 주식은 당시 고평가되었던 시기다. 기술주 산업에 있지 않으며 실제 고평가되지 않았던 기업에 대한 대가로 AOL은 부풀려진 자사 주식으로 인수제안 할 수 있었다. TW가 거래를 이런 식으로 보았다면 아마 간단하게 거래를 취소했을 것이다. (AOL이 현금으로 지불할 재무 자원이 없었을 것 같지만, 주식 대신에 TW는 현금을 요구했을 것이다.)

TW의 경영자가 합병의 모든 의미를 제대로 이해하지 못했던 것처럼 시장도 이해하지 못했던 것 같다. TW의 주식은 합병 공시가 있었던 다음 주에 시장에 비해 상대적으로 25% 넘게 상승했었다.

29.7 우호적 대 적대적 기업인수

합병은 일반적으로 피인수기업이 아니라 인수기업에 의해 시작된다. 따라서 인수기업은 합병에 영향을 주는 전술을 선택하고, 지불할 의향이 있는 최고 가격을 결정하고, 초기 입찰가격을 정하고 피인수기업과 접촉을 시작하는 등 다른 기업을 매입하는 결정을 해야만 한다. 때때로 인수기업의 CEO는 단순히 표적기업의 CEO를 만나서 합병을 제안한다. 표적기업이 받아들이면 합병은 일어난다. 물론 가격협상, 지불조건, 기타 결정 등을 위한 여러 차례의 회의가 있을 것이다. 표적기업의 이사회가 일반적으로 인수를 승인해야 한다. 때로는 제안회사의 이사회의 승인도 필요하다. 마지막으로 주주의 승인 투표가 필요하다. 이제까지 말한 모든 것이 이루어지면, 이런 방식으로 진행되는 기업인수를 우호적(friendly)이라고 한다.

물론 모든 기업인수가 우호적이지는 않다. 표적기업의 경영자는 합병에 저항할 수도 있다. 이 경우에 인수기업은 합병을 추진해야 할지 아닐지 그리고 진행한다면 어떤 전술을 사용할지 결정해야만 한다. 저항에 직면하면 인수회사는 표적기업의 일부 주식을 비밀리에 매입하는 것

[17] 예를 들어, 다음 논문을 참조하라. G. Andrade, M. Mitchell, and E. Stafford, "New Evidence and Perspectives on Merger," *Journal of Economic Perspectives* (Spring 2001); R. Heron and E. Lie, "Operating Performance and the Method of Payment in Takeovers," *Journal of Financial and Quantitative Analysis* (2002).

으로 시작할 수도 있다. 이러한 방법은 종종 **사전 매집주**(toehold)라고 부른다. 1968년에 통과된 Williams Act는 입법의 역사에 남는 걸작 중 하나로, 인수회사가 표적기업의 주식 5% 이상을 취득하면 10일 이내에 SEC에 Schedule 13D를 제출하도록 요구한다. 인수회사는 스케줄에 맞춰서 지분취득의 의도와 지분상태를 포함한 상세한 정보를 제공해야 한다. 인수회사는 표적기업을 인수하려는 계획을 언급해야만 하기 때문에 여기에서 비밀은 끝난다. 새로운 주식 가격은 표적기업이 프리미엄에 매입될 가능성을 반영하기 때문에, 표적기업의 주가는 아마도 서류제출(filing) 이후에 상승할 것이다. 그러나 인수회사는 최대한 10일간의 기간을 모두 지연하고, 이 기간 동안 가능한 많은 주식을 서류제출 이전 가격에 매입할 것이다.

비록 인수회사가 공개시장에서 계속 주식을 매입할 수 있다고 해도, 기업인수는 공개시장 매입에 의해 영향을 받지는 않을 것이다. 대신에 인수기업은 어느 시점에 **공개매수**(tender offer)를 제안할 것이다(공개매수는 현재 시장가격보다 높은 프리미엄에 주식을 매수하겠다고 주주에게 직접 하는 제안). 공개매수는 인수회사의 제안에 응하는, 즉 인수회사에게 제출하는 모든 주식을 인수회사가 매수할 것이라고 명시할 수 있다. 혹은 공개매수 제안은 인수회사가 발행주식의 말하자면 50%까지 매수할 것이라고 말할 수도 있다. 예정보다 더 많은 주식이 제안에 응하게 되면 비례에 따른 매수를 할 것이다. 예를 들어, 만일 극단적으로 50% 공개매수에서 모든 주식이 제안에 응하면 개별 주주는 2주당 오직 1주를 매도할 수 있게 될 것이다. 인수회사는 또한 최소한의 주식이 공개매수에 응할 때에만 매수를 하게 될 것이라고 말할 수 있다.

Williams Act에 따르면 공개매수는 최소한 20일간 열려야만 한다. 이것은 표적기업이 대응할 수 있도록 시간을 주는 것이다. 예를 들어, 표적기업은 주주에게 공개매수에 응하지 말라고 공지하려고 할 수 있다. 공개매수를 비난하는 내용을 언론에 발표할 수도 있다. 표적기업은 또한 인수제안 과정에 다른 회사가 참여하도록 부추길 수도 있다.

어느 시점에 공개매수가 끝나면 인수회사는 얼마나 많은 주식이 제안에 응했는지 알게 된다. 인수회사가 표적기업을 통제하기 위해 100%의 지분이 필요한 것은 아니다. 어느 경우에는 20% 정도 보유로도 충분히 통제할 수도 있다. 반면에 이보다 훨씬 높은 지분율이 필요한 경우도 있다. 통제(control)는 애매한 용어이지만, 실제 운용 측면에서 이사회에 대한 통제로 생각할 수 있다. 주주는 이사회의 구성원을 선출하고 이사회는 경영자를 임명한다. 만일 인수회사가 이사회 구성원의 대다수를 선출할 만한 충분한 주식을 가진다면, 이들 이사는 인수회사가 원하는 경영자를 임명할 수 있다. 실질적인 통제는 종종 과반수보다 작아도 성취될 수 있다. 기존의 이사회 구성원의 일부가 인수회사를 위해 투표를 한다면, 적은 수의 새로운 이사회 구성원으로도 인수회사는 과반수를 얻을 수 있다.

때때로 일단 인수회사가 운영 통제권을 획득하면, 아직 보유하지 않은 일부 지분을 얻기 위해 합병을 제안한다. 이사회가 합병을 승인하기 때문에 이 거래는 이제 우호적이다. 이런 유형의 합병은 **정리**(cleanup) 합병이라고 한다.

공개매수만이 **적대적**(hostile) 표적기업의 통제권을 얻기 위한 유일한 방법은 아니다. 대신에 인수회사는 통제권을 얻을 때까지 공개시장에서 계속해서 주식을 매수할 수 있다. **거리청소**(street sweep)라고 하는 이런 전략은 경영권을 얻기 위해 충분한 주식을 매수하기 어렵기 때문에 드물게 사용된다. 또한 앞에서 언급했듯이 공개매수에서 종종 인수회사가 원하는 물량보다 적은 수의 주식이 공개매수 제안에 응하면 제안에 응했던 주식을 반환할 수 있다. 그러나 공개시장에서 매수한 주식은 반환 할 수 없다.

통제권을 얻기 위한 또 다른 방법은 **위임장 대결(proxy fight)**인데, 이것은 주식회사의 투표와 관련된 절차이다. 이사회 의석의 선출은 일반적으로 기업의 회계연도 이후 4~5개월 뒤인 연례 정기 주주총회에서 열린다. 표적기업의 주식을 매수한 이후에 인수회사는 기존의 이사들에게 대항하여 출마할 후보자를 지명한다. 인수회사는 일반적으로 주주총회 이전에 주주를 접촉하고 공격집단의 후보명단을 알리는 위임장 권유자를 고용한다. 인수회사의 후보자들이 이사회 의석의 다수를 차지해야만 인수회사는 기업을 통제할 것이다. 그리고 공개매수에서처럼 효과적인 통제는 과반수 이하에서도 성취될 수 있다. 인수회사는 기업의 자본예산 프로그램이나 다각화 계획과 같은 단지 특정 정책을 바꾸려고 할 수도 있다. 혹은 인수회사는 단순히 경영자를 교체하기를 원할는지 모른다. 만일 원래 이사회의 일부가 인수회사의 계획에 동감한다면, 어느 정도 새로운 이사회 구성원으로도 인수회사를 위해 행동하는 과반수를 얻을 수 있다.

예를 들어, 2017년에 Procter & Gamble은 투자회사이며 Nelson Peltz가 운영하는 Trian Fund Management와 위임장 경쟁의 한 가운데 있었다. Trian은 P&G의 10개 사업부를 3개로 축소해야 한다고 주장했다. 이 위임장 경쟁은 특히 씁쓸하고 비용이 많이 발생했다. 한 소식통은 지출 금액을 $125백만 가까이 기록하기도 하였지만, 양측은 거의 $60백만을 지출하였다고 보고되었다.

합병은 인수회사가 모든 표적기업의 주식을 소유하는 것으로 끝나지만, 위임장 경쟁의 승리자는 추가적인 주식을 얻지 않는다. 위임장 경쟁 승자의 정책이 효과적임을 보여준다면 승자에 대한 보상은 단순히 주가의 상승이다. 경영자가 경쟁에 앞서기 위해 운영을 개선할 가능성이 있기 때문에, 사실 위임장 경쟁의 위협만으로도 주가가 오를 수 있다. 물론 위임장 경쟁은 행동주의자(activist)의 행동을 부정적으로 볼 경우 가치가 하락할 수도 있다. 예를 들어, 2017년 4월 Innoviva는 Elliott의 이사회 후보자 중 두 명을 지원하는 데 동의함으로써 행동주의 투자자 Elliott Management와의 위임장 경쟁을 피했다. Innoviva의 주가는 발표 당일 약 10% 하락했다.

29.8 경영권 방어전술

표적기업 경영자는 기업장악 시도에 대해 자주 저항한다. 기업장악을 물리치려는 행동은 인수제안기업으로 하여금 제안가격을 올리게 하거나 다른 기업의 인수제안을 유발한다면 표적기업 주주에게 혜택이 될 수 있다. 혹은 그 대신 저항이 주주의 비용으로 단순히 자신의 이익을 반영하는 것일 수 있다. 즉 표적기업 경영자가 자신의 지위를 지키기 위해 기업인수에 반대할 수 있다. 때때로 경영자는 기업 정책을 개선하면서 동시에 저항을 한다. 주주는 이 경우 기업인수가 실패로 돌아가더라도 혜택을 볼 수 있다.

이번 절에서 표적기업의 경영자가 기업장악에 대항하는 다양한 방법을 기술한다. 만일 하나 이상의 인수희망 기업이 기업인수에 관심을 가진다면 회사는 "경기 중(in play)"이라고 불린다.

기업의 '경기 중' 이후의 방어전술과 '경기 중' 이전의 방어전술을 구분하는 것이 유용하다.

기업장악이 시작되기 전에 미리 저지

회사정관 회사정관(corporate charter)은 회사를 지배하는 설립규약(article of incorporation)과 기업 내규(corporate bylaws)를 말한다.[18] 여러 조항들 중에서 회사정관은 기업장악을 허용하는 조건을 세우고 있다. 기업은 기업인수를 더 어렵게 만들기 위해서 빈번하게 정관을 개정한다. 예를 들어, 아래 두 가지 개정을 살펴보자.

1. 교차 이사회(classified board): 비교차(unclassified) 이사회에서 주주는 모든 이사를 매년 선출한다. 교차 혹은 분류(classified or staggered) 이사회에서는 수년의 임기를 가진 이사회의 일부만이 매년 선출된다. 예를 들어, 임기가 3년인 이사회의 3분의 1이 매년 선출될 수 있다. 교차 이사회는 인수기업이 이사회 의석의 다수를 얻기 위해서 필요한 시간을 늘려준다. 앞의 예에서 인수기업은 인수 이후 첫해에 단지 이사회의 3분의 1에 해당하는 통제권을 얻을 수 있다. 인수기업이 이사회 의석의 3분의 2를 얻기 위해서는 1년이 더 필요하다. 따라서 인수기업은 교체할 수 있으리라 생각하는 것만큼 빠르게 경영진을 교체할 수 없을 것이다. 그러나 일부에서는 이전 이사들이 종종 인수기업을 위해 투표하는 것을 선택하기 때문에 교차 이사회가 반드시 효과적이지는 않다고 주장한다. 교차 이사회는 최근 줄어들고 있다. 2005년에 S&P 500 기업의 약 53%가 교차 이사회를 가지고 있었다. 2015년에 그 비중은 15% 미만으로 감소했다.
2. 초다수 조항(supermajority provision): 회사정관은 합병과 같이 중요한 거래를 승인하기 위해 필요한 주식 투표의 비율을 정한다. 회사정관의 초다수 조항은 50% 이상의 비율을 의미한다. 숫자는 매우 높을 수 있지만 3분의 2의 다수가 일반적이다. 초다수 조항은 확실히 적대적 경영진의 기업인수를 좀 더 어렵게 한다. 초다수 조항을 가진 회사정관은 이사회 권한(board out) 규정을 가지고 있다. 만일 이사회가 합병을 승인하면 초다수 조항이 적용되지 않는다. 이 규정은 초다수 조항이 적대적 기업장악만을 막으려는 것임을 확인해 준다.

황금 낙하산 이 화려한 용어는 기업장악의 사건에서 경영자에게 제공되는 관대한 해고 보상패키지이다. 황금 낙하산(golden parachutes)이 인수비용을 늘림으로써 기업인수를 저지한다는 주장이다. 그러나 관대한 해고 보상패키지도 기업인수 비용에서 아마 작은 부분일 것이기 때문에 저지효과는 중요하지 않을 것이라는 주장도 있다. 또한 일부에서는 황금 낙하산이 기업인수의 가능성을 실제로 **증가시킨다**고 주장한다. 이러한 이유는 경영진이 지위를 잃을 가능성 때문에 어떠한 기업인수에 대해서도 자연스럽게 저항하는 경향을 가진다는 것이다. 대규모의 해고 보상패키지는 기업장악의 쇼크를 완화시키고 따라서 경영자의 저항 성향을 줄인다.

[18] Ronald Masulis, Cong Wang, and Fei Xie, "Corporate Governance and Acquirer Returns," *Journal of Finance* (August 2007)에서 반-기업장악(anti-takeover) 조항을 더 많이 가진 기업은 더 낮은 주식시장 수익률을 가진다는 것을 볼 수 있다.

포이즌 필 포이즌 필(poison pill)은 뉴욕의 유명한 변호사인 Martin Lipton이 1980년대 초반에 개발한 교묘한 방어 전술이다. 그 이후 수많은 변형이 개발되어서 포이즌 필의 통일된 정의는 없다. 예를 들어, 2013년 10월에 유명한 경매회사인 Sotheby는 적극적 투자자인 Dan Loeb가 운영하던 헤지펀드 Third Point의 공격을 막기 위해서 포이즌 필을 만들었다. Sotherby의 포이즌 필은 적극적 투자자가 회사주식의 10% 이상을 혹은 소극적 투자자가 20% 이상을 취득하면 작동하는 특성을 가졌다. 이러한 사건이 발생하면, 포이즌 필을 야기한 주주를 제외한 모든 주주가 신주(new stock)를 반값에 살 수 있는 권리를 가지게 된다. 당시에 Sotherby는 69백만 주의 발행주식을 가지고 있었다. 만일 Third Point가 주식의 10%(6.9백만 주)를 매입하게 되면 Third Point를 제외한 모든 주주는 신주를 살 수 있게 된다. 만일 모든 주주가 옵션을 행사하게 되면 Sotherby는 62.1백만(= 0.90 × 69백만)의 신주를 발행하게 되어 총 131.1백만 주를 발행주식으로 가지게 된다. 회사가 반값에 주식을 매도하기 때문에 주가는 급락하게 될 것이다. 인수하려는 제안회사의 회사지분은 10%에서 5.3% (= 6.9백만/131.1백만)로 하락할 것이다. 이러한 규모의 희석으로 인해 일부 비평가들은 포이즌 필을 극복할 수 없다고 주장하기도 한다.

기업장악이 실행된 이후에 저지

그린메일과 정지협약 경영자는 기업인수 시도를 미연에 방지하기 위해서 **목표 자사주 매입**(targeted repurchase)을 할 수도 있다. 목표 자사주 매입에서 일정기간 동안 회사를 인수하려 하지 않겠다고 약속하는 조건으로 잠재적인 인수기업으로부터 일반적으로 상당한 프리미엄에 자사주식을 재매입한다. 잠재적 매수자에게 지불한 금액에 대해 비평가들은 **그린메일**(greenmail)이라고 부른다.

인수회사가 수수료를 받고 표적기업의 지분소유에 제한을 가하는 계약에 합의할 때 **정지협약**(standstill agreement)이 발생한다. 협약의 일부로, 인수회사는 종종 인수회사가 주식을 매도하는 경우에는 표적기업이 우선 거부할 수 있는 권리를 제공하는 약속을 한다. 이 약속은 또 다른 잠재적 인수회사의 손으로 대규모 주식이 들어가는 것을 방지한다.

그린메일은 1970년대 후반에 처음 이용된 이래로 다채로운 재무 용어의 하나가 되었다. 그때부터 전문가들은 여러 차례 그린메일의 윤리적 혹은 비윤리적 본질에 대해 비판하였다. 그린메일은 최근에는 철회되었는데, 아마도 다음의 두 가지 이유가 있을 것이다. 첫째, 의회가 그린메일의 이익에 대해 세금을 부과하였다. 둘째, 그린메일에 대한 법률이 현재 합의되지 않아서 그린메일의 수혜자들은 잠재적인 소송을 걱정하고 있다.

백기사와 백지주 적대적 합병에 직면한 기업은 일반적으로 **백기사**(white knight)로 알려진 우호적인 인수희망 기업에 의해 인수되도록 준비할지는 모른다. 백기사가 더 높은 가격에 매입하려 하기 때문에 단순히 선호될 수도 있다. 혹은 종업원을 줄이거나 경영자를 해고하거나 부서를 매각하는 등을 하지 않겠다는 약속을 할 수도 있다. 백기사는 표적기업에 대한 지불금액을 높일 수 있다. 예를 들어, 2017년 호주에 본사를 둔 Macmahon은 이미 Macmahon의 최대 주주인 CIMIC로부터 주당 A$0.145의 인수제안을 받았다. 이에 Macmahon은 백기사로서 Amman

Mineral Nusa Tenggara (AMNT)를 찾아냈는데, AMNT는 Macmahon의 지분 44.4%를 주당 A$0.203에 매입하고 AMNT의 금 및 구리 광산 채굴기간 동안 서비스 계약에 동의해 주었다.

경영자는 어떤 기업인수라도 피하기를 원할 것이다. 경영진을 위해 투표하고 더 이상 주식을 매수하지 않는 조건에서 **백지주(white squire)**라고 불리는 제3의 세력에게 회사에 상당한 투자를 하도록 요청할 수 있다.

예제 29.2

기업장악 방어 2018년 4월 2일에 대규모 독립 정유회사인 Torrance Oil, Inc.가 28백만 주의 발행주식을 가지고 있었고 주식가격은 NYSE에서 전날 종가로 주당 $49.25였다. 추가적으로 4월 2일에 Torrance의 이사회는 두 가지 결정을 내렸다.

1. 이사회는 캐나다의 Strauss 가족으로부터 주당 $51에 Strauss가 보유한 Torrance의 주식 2.6백만 주를 매입하는 것을 승인하였다. 이것은 그린메일 협약의 일부로 Strauss 가족의 Torrance 통제권 획득 시도를 종식시키는 것이다.
2. 이사회는 7.5백만 주(발행주식의 27%)의 자사주를 매입하는 것을 승인하였다. 이사회는 동시에 Torrance 주식 4.9백만 주로 종업원지주 프로그램을 만들었다.

이러한 두 가지 결정은 Torrance를 적대적인 기업인수 시도에 대해 강하게 만들었다. 사실 회사는 주식의 20%를 종업원지주 프로그램에 매도하였다. 그 전에 Torrance는 주주의 80%가 기업인수를 승인해야만 한다는 조항을 정관에 넣었다. Torrance의 주가는 이후 이틀에 걸쳐 $0.25 하락했다. 이러한 주가 움직임은 무작위 변동으로 설명될 수 있기 때문에, Torrance의 결정이 주주가치를 감소시켰다는 증거는 없다.

자본재조정과 자사주 매입 표적기업 경영진은 종종 배당을 지급하기 위해 채권을 발행하는데 이러한 거래를 차입 **자본재조정(leveraged recapitalization)**이라고 한다. 자사 주식을 재매입하기 위해 채권을 발행하는 **자사주 매입(share repurchase)**도 유사한 거래이다. 이 두 가지 거래는 여러 면에서 기업인수로부터 회사를 보호한다. 첫째, 부채 증가로 인한 세금절감 때문에 주가는 오를 것이다. 주가 상승은 인수기업에게 기업인수를 덜 매력적으로 만든다. 그러나 자본재조정 이전의 부채수준이 최적수준보다 낮을 때에만 주가가 상승하기 때문에 차입 자본재조정을 모든 표적기업에 추천할 수 있는 것은 아니다. 전문가들은 낮은 부채와 안정적인 현금흐름을 가진 기업이 "자본재조정(recap)"의 이상적인 후보라고 지적한다. 둘째, 자본재조정의 일부로 경영자는 자본재조정 이전보다 더 큰 의결권을 경영자에게 주기 위해 신주를 발행할 수 있다. 통제권의 증가는 적대적 인수를 더 어렵게 만든다. 셋째, 재무상태표에 현금이 풍부한 기업은 종종 매력적인 표적이 되기 쉽다. 자본재조정의 일부로 표적기업은 현금을 배당금이나 자사주 매입 자금으로 사용할 수 있다. 이를 통해 기업은 인수대상 후보로서 매력을 줄일 수 있다.

배타적 자사주 공개매수 **배타적 자사주 공개매수(exclusionary self-tender)**는 목표 자사주매입과는 반대이다. 여기에 기업은 목표 주주를 제외하고 자사 주식에 대해 정해진 물량만큼 공개매수를 한다.

특히 유명한 사례가 있는데, 대형 종합석유회사인 Unocal은 최대 주주인 Mesa Partners II

(T. Boone Pickens가 이끌고 있음)를 제외하고 자사주의 29%를 공개매수하였다. Unocal의 자사주 공개매수는 시장가격보다 $16 비싼 주당 $72였다. 이것은 실제로 Mesa에게서 Unocal의 다른 주주에게로 부를 이전하여 Mesa의 Unocal 인수시도를 무산시키기 위해 설계되었다.

자산재조정 자본구조의 변경에 추가하여 기업은 기업인수를 회피하기 위해서 기존 자산을 매각하거나 새로운 자산을 매입할 수 있다. 표적기업은 일반적으로 두 가지 이유에서 자산을 매각 혹은 처분한다. 첫째, 표적기업은 다양한 부문이 함께 잘 어울리지 않는 여러 사업을 가진 자산의 잡동사니 조합일 수 있다. 이러한 부문들을 별개의 기업으로 만들면 가치가 증가할 수 있을 것이다. 학계는 종종 기업집중(corporate focus)의 개념을 강조한다. 이 개념은 기업이 진정으로 잘 아는 일부 사업에 집중함으로써 가장 잘 기능한다는 것이다. 기업 분할 뒤의 주가상승은 인수기업에서 표적기업의 매력을 줄일 것이다.

두 번째 이유는 인수제안 기업이 표적기업의 특정 부문에 관심을 가질 수 있기 때문이다. 표적기업은 이 부문을 매각함으로써 인수기업의 관심을 줄일 수 있다. 이러한 전략으로 합병으로부터 방어할 수 있다 해도, 매각 부문이 매입기업보다 표적기업에게 더 가치가 있다면 표적기업 주주에게 손해를 끼칠 수 있다. 전문가들은 이러한 매각을 왕관 보석(crown jewel) 혹은 초토화 정책(scorched earth policy)이라고 부른다.

일부 표적기업이 기존 자산을 매각하는 반면에, 일부 기업은 신규 자산을 매입한다. 일반적으로 두 가지 이유가 있다. 첫째, 제안기업은 표적기업의 현재 상태를 좋아할 수 있다. 비관련 사업을 추가하는 것은 표적기업의 매력도를 떨어뜨린다. 그러나 제안기업은 언제든지 신규 사업을 매각할 수 있기 때문에 매입은 강한 방어책은 아닐 것이다. 둘째, 반독점 법률이 경쟁을 줄이는 합병을 금지하도록 마련되었다. 법무부(Department of Justice: DOJ)와 연방거래위원회(Federal Trade Commission: FTC)는 반독점 법률을 집행한다. 표적기업은 새로운 부문이 인수회사에게 반독점 문제를 일으킬 것을 알면서 새로운 회사(부문)를 매입할 수 있다. 그러나 인수회사가 DOJ와 FTC에 등록을 통해서 비관련 사업을 매각할 의사가 있다는 것을 선언할 수 있기 때문에, 이 전략은 효과가 없을 수 있다.

29.9 합병은 가치를 추가하는가?

29.2절에서 우리는 합병 이후의 합쳐진 회사의 가치가 합병 이전의 인수기업의 가치와 피인수기업의 가치의 합계보다 크다면 시너지가 발생한 것이라고 말하였다. 29.3절에서 합병이 가치를 창출할 수 있다는 것을 의미하는 합병에서 발생하는 시너지의 여러 원천에 대해 설명하였다. 이제 여기에서 합병이 실제로 현실에서 가치를 창출하는지 여부를 알고 싶다. 이것은 실증적인 문제이고 실증 증거를 통해 확인되어야 한다.

가치 창출을 측정하는 방법은 많이 있지만, 많은 학자들은 사건연구(event studies)를 선호한다. 사건연구는 합병발표일과 발표일 부근에서의 비정상 주식수익률을 추정한다. 비정상수익률(abnormal return)은 일반적으로 실제 주식수익률과 시장지수수익률 혹은 통제집단의 주식수

표 29.5
합병에 대한 수익률과 총 손익금액

기간	합병에 대한 손익 (인수기업과 피인수기업의 합)		인수기업의 손익	
	비정상수익률	총 손익금액	비정상수익률	총 손익금액
1980–2001	1.35%	−$ 79십억	1.10%	−$220십억
1980–1990	2.41	$ 12십억	0.64	−$ 4십억
1991–2001	1.04	−$ 90십억	1.20	−$216십억
1998–2001	0.29	−$134십억	0.69	−$240십억

출처: Sara Moeller, Frederik Schlingemann, and René Stulz, "Wealth Destruction on a Massive Scale? A Study of Acquiring-Firm Returns in the Recent Merger Wave," *Journal of Finance* (April 2005), Table 1을 수정함.

익률 간의 차이로 정의된다. 이 통제집단은 시장 전반 혹은 산업 전반의 영향을 제외하기 위해 사용되곤 한다.

합병발표일 부근의 수익률이 기록된 〈표 29.5〉를 살펴보자. 1980~2001년의 모든 합병에 대한 평균 비정상수익률은 1.35%이다. 이 수치는 인수기업과 피인수기업 모두에 대해 합쳐진 수익률이다. 비정상수익률 1.35%가 양수이기 때문에, 시장은 합병이 평균적으로 가치를 창출한다고 믿는다. 첫 번째 열의 나머지 세 가지 수익률도 양수이며, 따라서 가치 창출은 다른 시기에서도 발생했다는 의미이다. 많은 다른 학술 연구도 유사한 결과를 제공한다. 따라서 29.3절에서 언급한 시너지가 현실 세계에 나타나고 있다는 것을 보여주는 것이다.

그러나 그 다음 열은 약간 다른 것을 말해 준다. 1980~2001년의 모든 합병에서 합병발표일 부근 동안에 총 손익금액의 변화는 −$79십억이다. 이것은 평균적으로 합병발표일 부근 동안 주식시장이 인수기업과 피인수기업의 합쳐진 주식가치를 낮추고 있었음을 의미한다. 서로 다른 두 열의 결과가 서로 혼란스러워 보이지만 하나의 설명이 가능하다. 비정상수익률은 모든 합병의 수익률을 가중평균하지 않고 동일하게 취급한 것이다. 여기서 양의 수익률은 가치를 창출한 모든 소형 합병을 반영한다. 그러나 대형 합병에서의 손실이 총 손익금액 변화를 음수(−)로 만든다.

그러나 다른 내용이 더 있다. 두 번째 열의 나머지를 보면 총 금액 손실이 1998~2001년 기간에만 발생한다. 이 기간에 손실은 −$134십억이고, 1980~1990년에서는 $12십억의 이득이 발생했다. 표를 통해 계산해보면 1991~1997년에는 $44십억(= $134 − $90)의 이득이 발생했음을 알 수 있다. 따라서 1998~2001년 사이에 일부 대규모 합병에서 큰 가치의 손실이 있었을 것으로 보인다.

〈표 29.5〉와 같은 결과는 공공정책에서 중요한 의미를 준다. 왜냐하면 의회는 합병을 장려해야 할지 억제해야 할지 항상 혼란스러워 하고 있기 때문이다. 그러나 불행히도 이 표의 결과는 애매하다. 한편으로 보면 합병이 평균적으로 가치를 창출한다는 첫 번째 열에 관심을 둘 수 있다. 이런 관점에 찬성하는 사람은 일부 대형 합병의 대규모 손실은 우연이며 다시 일어날 가능성이 없을 것이라고 주장할 것이다. 반면에 다른 한편으로 보면, 전체 기간에 걸쳐서 합병이 가치를 창출하기보다는 가치를 훼손한다는 사실을 쉽게 무시할 수 없다. 이런 관점의 지지자는 오랜 격언을 인용할 것이다. "1차 세계대전과 2차 세계대전을 제외하고 20세기는 평화로웠다."

다른 주제로 넘어가기 전에, 마지막으로 몇 가지를 언급하고자 한다. 독자는 기업인수의 모든 영향이 확인되기 훨씬 전인 기업인수 발표일 부근에서만 비정상수익률을 구한다는 것에 의아할 수 있을 것이다. 학계에서 장기 수익률을 검토하기는 하지만 단기 수익률에 특별한 관심을 둔다. 만일 시장이 효율적이면 단기 수익률이 합병의 전체 효과에 대한 불편추정치(unbiased estimate)를 제공한다. 장기 수익률은 합병에 대해 더 많은 정보를 포함하겠지만, 그 이외에도 수많은 다른 무관련 사건을 반영한다.

인수기업의 수익률

앞의 결과는 인수기업과 표적기업의 합쳐진 수익에 관한 것이다. 투자자는 표적기업과 인수기업을 분리하기를 원한다. 〈표 29.5〉의 3열과 4열은 인수기업의 수익만 제공한다. 3열은 인수기업의 비정상수익률이 전체 표본기간과 세분된 연구기간 동안 모두 양수임을 보여준다. 이것은 합쳐진 기업의 결과와 유사하다. 4열은 금액으로 총 손실이 있음을 보여준다. 이것은 대형 합병이 소형 합병보다 나쁘다는 것을 의미한다. 이러한 인수제안기업의 총 금액손실은 〈그림 29.3〉에 제시되었다. 역시 1998~2001년 사이에 대규모 손실이 발생했다. 특히 2000년에는 가장 손실이 컸다.

시간을 수십 년 뒤 미래로 가서 당신이 어느 회사의 CEO라고 가정하자. CEO로서 당신은

그림 29.3
인수기업 주주의 연간 총 금액손익

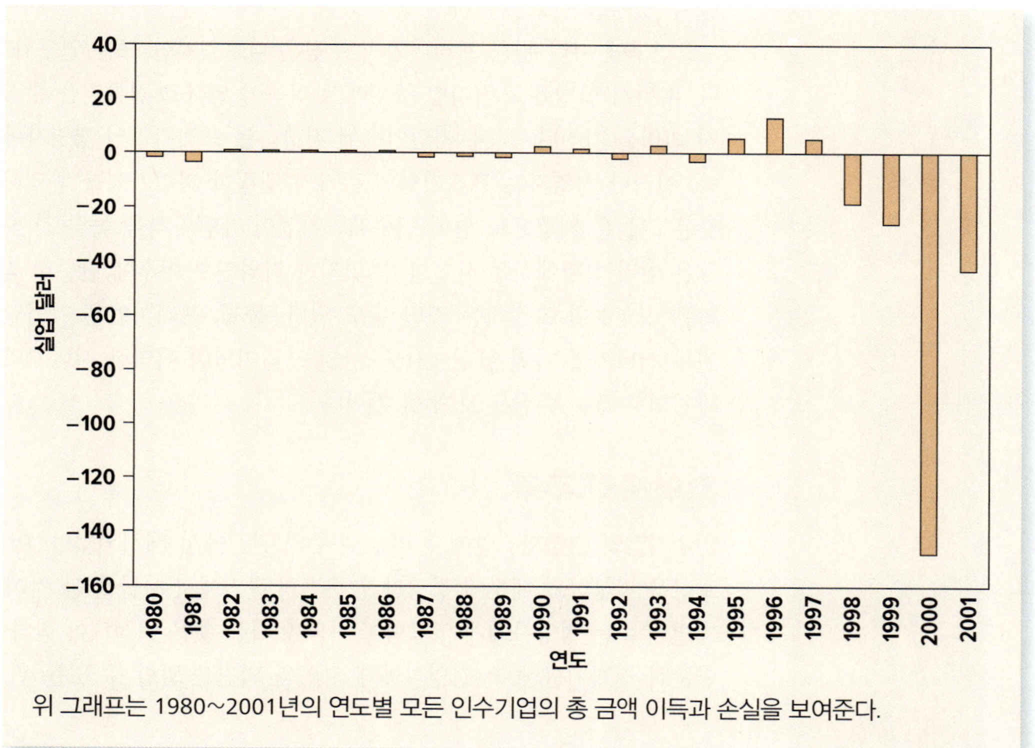

위 그래프는 1980~2001년의 연도별 모든 인수기업의 총 금액 이득과 손실을 보여준다.

출처: Sara Moeller, Frederik Schlingemann, and René Stulz, "Wealth Destruction on a Massive Scale? A Study of Acquiring-Firm Returns in the Recent Merger Wave," *Journal of Finance* (April 2005), Figure 1

확실히 잠재적인 기업인수를 앞에 두고 있을 것이다. 〈표 29.5〉와 〈그림 29.3〉의 증거가 당신의 기업인수 결정에 영향을 줄 것인가? 다시 말하지만, 증거는 애매하다. 한편으로는 당신은 표의 3열에 있는 평균에 관심을 가지고 기업인수를 추진할 수도 있다. 다른 한편으로 당신은 표의 4열과 그림 때문에 인수를 멈출 수도 있다.

표적기업

합쳐진 기업과 인수기업에 대한 제시된 증거는 애매하지만, 표적기업에 대한 증거는 아주 명확하다. 기업인수는 표적기업의 주주에게 혜택이 된다. 미국에서 기간별 합병 프리미엄의 중앙값을 보여주는 다음 표를 보자.[19]

기간	1973~1998	1973~1979	1980~1989	1990~1998
프리미엄	37.9%	47.2%	37.7%	34.5%

프리미엄은 표적기업의 인수 이전 주식가격과 인수가격의 차이를 표적기업의 인수 이전 주식가격으로 나눈 것이다. 전체 표본기간 동안 그리고 다양한 기간별로 평균 프리미엄은 상당히 높다. 예를 들어, 인수 이전에 주당 $100으로 거래되던 표적기업은 나중에 $137.9로 인수되어 37.9%의 프리미엄을 만든다. 확실히 $100에 거래되는 기업의 주주는 보유주식을 주당 $137.9에 매도할 수 있기를 원할 것이다.

연구에 따라 평균 프리미엄의 추정은 다르겠지만 모든 연구가 양(+)의 프리미엄을 보여준다. 따라서 합병은 표적기업 주주에게 이득이 된다고 결론지을 수 있다. 이 결론은 최소한 두 가지 의미를 가진다. 첫째, 기업인수에 저항하는 표적기업의 경영자에 대해 다소 회의적이어야 한다. 이러한 경영자는 표적기업의 주가가 진정한 기업가치를 반영하지 않는다고 주장할 것이다. 혹은 그들은 저항으로 인해 인수제안기업이 제안가격을 높일 것이라고 말할 것이다. 이러한 주장은 어떤 상황에서는 사실일 수 있지만 기업인수 이후에 단순히 직업을 잃게 되는 것을 두려워하는 경영자를 포장하는 것일 수도 있다. 둘째, 프리미엄은 기업인수 시도에 장애물을 만든다. 진짜 시너지를 가진 합병에서도, 만일 프리미엄이 이러한 시너지의 가치를 초과하게 되면 인수기업의 주주는 손실을 보게 될 것이다.

경영자와 주주

인수기업의 경영자 앞에 논의는 주주의 관점에서 제시되었다. 이론적으로 주주는 경영자에게 보상을 지불하기 때문에 경영자가 주주의 관점에서 사물을 볼 것이라고 생각할 수 있다. 그러나 개별 주주는 경영자에게 영향력이 거의 없다는 것을 인식해야 한다. 예를 들어, 전형적인 주주가 단순히 전화기를 들고 경영자에게 자신의 의견을 말할 수 있는 위치에 있는 것이 아니다. 주주

[19] Gregor Andrade, Mark Mitchell, and Erik Stafford, "New Evidence and Perspectives on Mergers," *Journal of Economic Perspectives* (Spring 2001), 표 1.

는 이사회를 선출하고 이사회가 경영자를 감시하는 것은 사실이다. 그러나 선출된 이사가 개별 주주와 직접 접촉하는 것은 아니다.

따라서 경영자에게 자신의 행동에 대한 완전한 책임을 지느냐를 묻는 것이 옳다. 이 질문은 학자들이 말하는 **대리인 이론**(agency theory)의 핵심이다. 이 분야의 연구자는 주주가 더 통제를 가할 때 경영자들이 하던 것보다 종종 경영자가 덜 열심히 일하고, 더 많이 받으며, 더 나쁜 결정을 내린다고 주장한다. 그리고 합병에 대한 특별한 대리인 이론이 있다. 경영자는 다른 기업을 인수하는 것에 대해 보너스를 받기도 한다. 또한 경영자의 보상은 종종 기업의 규모와 양의 상관관계를 가진다. 마지막으로 경영자의 명성은 또한 기업규모와 연결되어 있다. 기업의 규모는 기업인수에 의해 증가하기 때문에 경영자는 기업인수에 대해 심지어 음(−)의 NPV를 가진 기업인수에 대해 긍정적으로 치우치는 경향이 있다.

보상패키지의 일부로 회사의 주식에 대한 스톡옵션을 받은 경영자와 그렇지 않은 경영자가 운영하는 기업을 비교한 흥미로운 연구가 있다.[20] 옵션의 가치는 기업의 주가에 따라 오르고 내리기 때문에 옵션을 받은 경영자는 음의 NPV를 가진 합병을 포기하는 인센티브를 가진다. 스톡옵션(논문에서는 **주식기반 보상**, equity-based compensation)을 많이 받은 경영자의 기업인수는 옵션을 조금 받거나 받지 않은 경영자의 기업인수보다 가치를 더 많이 창출한다고 연구는 보고한다.

대리인 이론은 또한 대규모 합병의 실패가 대기업과 관련되는 이유를 설명할 수 있다. 회사 주식의 작은 지분을 소유한 경영자는 대부분의 손실이 다른 주주에게 전가되기 때문에 책임감 있게 행동할 인센티브가 적다. 대기업의 경영자는 소규모 기업의 경영자가 보유한 지분보다 적은 지분을 보유할 가능성이 크다(대기업의 대량 지분은 취득하기에 비용이 많이 든다). 따라서 대기업의 합병 실패는 경영자의 소수 지분 때문일 수 있다.

이 교재의 앞선 장에서 잉여현금흐름 가설을 논의하였다. 여기에서 이 개념은 경영자가 가진 것을 소비할 수 있다는 것이다. 낮은 현금흐름을 가진 기업의 경영자에게 (양의 NPV인) 좋은 투자 프로젝트가 다 없어지기 전에 현금이 떨어질 수 있다. 반면에 높은 현금흐름을 가진 기업의 경영자에게는 모든 좋은 투자 프로젝트를 다 선택한 이후에도 현금이 남을 수 있다. 경영자는 성장에 대해 보상을 받기 때문에 좋은 프로젝트에 필요한 것보다 많은 현금흐름을 가진 경영자는 나머지를 (음의 NPV인) 나쁜 프로젝트에 지출할 인센티브를 가진다. 이러한 추측을 검증한 연구는 "현금이 풍부한 기업은 다른 기업보다 더 많이 기업인수를 시도하는 것 같으며… 현금이 풍부한 인수기업은 현금보유금액 $1당 $0.07의 손해를 보는데… 이것은 주식수익률의 증거와 일치한다. 현금이 풍부한 인수기업의 합병은 영업성과의 비정상적인 하락으로 이어진다"는 것을 발견하였다.[21]

앞의 논의는 일부 경영자가 주주의 복지보다는 자기 자신의 복지에 더 관심을 가지는 정직하지 못할 가능성을 고려하였다. 그러나 최근의 연구는 일부 경영자가 정직하지 못하기보다는

[20] Sudip Datta, Mai Iskandar-Datta, and Kartik Raman, "Executive Compensation and Corporate Acquisition Decisions," *Journal of Finance* (December 2001).

[21] Jarrad Harford, "Corporate Cash Reserves and Acquisitions," *Journal of Finance* (December 1999).

어리석다는 것을 보여준다. Malmendier와 Tate[22]는 CEO를 과잉확신에 따라 분류하였다. 즉 스톡옵션을 행사하는 것이 합리적일 때 주가가 상승할 것으로 판단하여 옵션 행사를 거절하거나 언론에서 경영자를 자신감이 있거나 낙관적이라고 표현하면 과잉확신으로 판단하였다. 저자들은 이러한 과잉확신 경영자가 그렇지 않은 경영자보다 기업인수를 더 많이 하는 것을 발견하였다. 또한 주식시장은 인수기업의 CEO가 과잉확신을 할 때 인수합병 공시에 더 부정적으로 반응한다.

표적기업의 경영자 지금까지 논의는 인수기업의 경영자에 집중되었고 이러한 경영자가 때때로 기업인수를 필요 이상으로 많이 한다는 것을 발견하였다. 그러나 이것은 전체 이야기의 절반만 살펴본 것이다. 표적기업의 주주 역시 경영자를 통제하기 위해 힘든 시간을 가질 것이다. 표적기업의 경영자가 주주에 우선하는 여러 방법이 있지만 아래 두 가지가 뚜렷한 것 같다. 첫째, 우리는 앞에서 인수 프리미엄이 양수이기 때문에 기업인수는 표적기업의 주주에게 이롭다는 것을 언급하였다. 그러나 만일 경영자가 인수 이후에 해고된다면 그들은 기업인수에 저항할 것이다.[23] 기업인수에 저항하기 위해 채택된 전술은 일반적으로 이번 장의 앞 절에서 논의했듯이 방어전술이라고 불린다. 둘째, 기업인수를 피할 수 없는 경영자는 주주의 비용으로 자신들에게 유리한 거래를 얻기 위해서 제안기업과 협상을 할지도 모른다.

평등의 합병(mergers of equals: MOE)이라는 Wulf의 흥미로운 연구를 고려해보자.[24] 일부 거래는 MOE로 공시되는데, 양 기업이 합병된 기업에서 평등한 소유권과 평등한 이사회 대표를 가진다. AOL과 Time Warner, Daimler-Benz와 Chrysler, Morgan Stanley와 Dean Witter, Fleet Financial Group과 BankBoston은 일반적으로 MOE의 사례가 된다. 그럼에도 불구하고, 전문가들은 어떤 거래라도 한 기업이 다른 기업보다 "좀 더 평등"하다고 지적한다. 즉, 표적기업과 인수기업은 일반적으로 실무에서 구분이 될 수 있다. 예를 들어, 합병에서 보통 Daimler-Benz는 인수회사로 Chrysler는 피인수회사로 분류된다.

Wulf는 발표일 주변 비정상수익률로 측정할 때 표적기업의 합병이득이 일반 합병보다 MOE에서 낮다는 것을 발견하였다. 그리고 표적기업에게 돌아가는 이득은 합병 이후 기업의 이사회에 합류한 표적기업의 임원이나 이사와 음(−)의 관계가 있다. 이러한 결과를 통해 Wulf는 "이 논문의 발견은 CEO가 평등한 거래의 합병에서 프리미엄과 권력을 교환하고 있음을 제시한다"라고 결론을 내린다.

29.10 기업인수와 세금

한 회사가 다른 회사를 매입하면 거래는 과세되거나 비과세 대상이 될 것이다. 과세인수(taxable

[22] Ulrike Malmendier and Geoffrey Tate, "Who Makes Acquisitions? CEO Overconfidence and the Market's Reaction," *Journal of Financial Economics* (2008).
[23] 그러나 앞에서 언급했듯이, 표적기업 경영자는 합병을 막으려는 것이 아니라 인수제안 가격을 올리기 위해 저항할 수 있다.
[24] Julie Wulf, "Do CEOs in Mergers Trade Power for Premium? Evidence From 'Mergers of Equals,'" *Journal of Law, Economics, and Organization* (Spring 2004).

acquisition)에서는 표적기업의 주주가 자신의 주식을 매도한 것으로 간주되어 실현된 자본이득이나 손실이 과세된다. 과세인수에서 매각기업 자산의 **평가가치**(appraised value)는 다음에 설명하듯이 재평가될 것이다.

비과세인수(tax-free acquisition)에서는 매각기업의 주주는 구주식을 동일한 가치의 신주식으로 교환한 것으로 간주되어, 아무런 자본이득이나 손실을 경험하지 않는다. 비과세인수에서 자산은 재평가되지 않는다.

예제 29.3

세금 15년 전에 Bill Evans는 공장 설비를 $80,000의 비용으로 구매하여 Samurai Machinery (SM) Corp.을 시작하였다고 가정하자. 이것은 SM이 가진 유일한 자산이고 회사는 부채가 없다. Bill은 SM의 개인 소유주로 모든 지분을 가지고 있다. SM의 자산은 세금 목적에서 10년에 걸쳐 균등상각법으로 감가상각이 되었고 잔존가치는 없다. 연간 감가상각비용은 $8,000 (= $80,000/10)이었다. 기계는 오늘날 아무런 회계상 가치가 없다(장부에서 완전 상각되었다). 그러나 인플레이션으로 인해 기계의 공정한 시장가치는 $200,000이다. 기업인수를 위해, S.A. Steel Company는 Samurai의 모든 발행주식에 대해 $200,000을 제안한다.

비과세거래 만일 Bill Evans가 S. A. Steel의 주식으로 $200,000 가치를 받으면, IRS는 매각을 비과세거래로 처리할 것이다. 따라서 Bill은 주식으로 얻게 되는 어떤 것에도 세금을 지불할 필요가 없다. 또한 S. A. Steel은 Samurai에게 허용되었던 동일한 감가상각 세금혜택이 허용될 것이다. 이미 자산이 완전히 상각되었기 때문에 S. A. Steel은 아무런 감가상각 세금혜택을 받지 못할 것이다.

과세거래 만일 S. A. Steel이 Samurai에게 현금으로 $200,000을 지불한다면, 이 거래는 다음과 같은 세금계산에 따라 과세될 것이다.

1. 합병연도에 Bill Evans는 $200,000의 합병가격과 $80,000의 최초 비용의 차액에 대한 세금을 지불해야만 한다. 따라서 과세소득은 $120,000 (= $200,000 − $80,000)이다.

2. S. A. Steel은 기계가치의 **재평가**를 선택할 수 있다. 이 경우에 S. A. Steel은 $200,000을 최초 세금기반으로 하여 이 기계를 감가상각할 수 있을 것이다. 만일 S. A. Steel이 10년에 걸쳐 균등상각법으로 감가상각을 한다면 감가상각비는 매년 $20,000 (= $200,000/10)이 될 것이다.

   만일 S. A. Steel이 기계의 재평가를 선택한다면, S. A. Steel은 $200,000의 재평가를 과세소득으로 즉시 처리해야만 한다.[25]

3. S. A. Steel은 감가상각비의 증가가 없기 때문에 재평가를 선택해서는 안 된다. 따라서 감가상각비는 이 예제에서 0으로 남는다. 또한 재평가는 없기 때문에 S. A. Steel은 어떠한 추가적인 과세소득도 인식할 필요가 없다.

[25] 기술적으로 Samurai가 이 세금을 지불한다. 그러나 Samurai가 현재 S. A. Steel의 자회사이기 때문에 S. A. Steel이 실질적인 납세기관이다.

표 29.6 S. A. Steel Company의 Samurai Machinery 인수에 대한 세금계산

매각자와 매수자	기업인수의 유형: 과세인수	기업인수의 유형: 비과세인수
Bill Evans(매도자)	$120,000 ($200,000 − $80,000)에 대해 즉시 과세.	Evans가 S. A. Steel의 주식을 매도하기 전에는 자본이득 세금은 지불하지 않음.
S. A. Steel(매수자)	S. A. Steel은 자산재평가를 선택할 수 있음. 1. Samurai의 자산은 $200,000으로 재평가됨(내용연수 10년). 연간 감가상각비는 $20,000. 2. 자산의 재평가액 $200,000에 대해 즉시 과세. 대신에 S. A. Steel은 재평가를 선택하지 않을 수 있음. 이 경우에 추가적인 감가상각이나 즉각적인 세금은 없음. 전형적으로 인수기업은 자산재평가를 선택하지 않음.	추가적인 감가상각은 없음.

S. A. Steel은 Samurai Machinery를 Samurai의 설비의 시장가격인 $200,000에 인수한다. 설비의 장부가치는 $0이다. Bill Evans는 15년 전에 $80,000으로 Samurai를 시작했다.

비과세인수에서 세금계산은 과세인수에서 세금계산보다 유리하다. 왜냐하면 매도자는 비과세인수에서 즉시 세금을 지불하지 않기 때문이다.

감가상각으로 인한 세금절감은 천천히 발생하고 과세소득은 즉시 인식되기 때문에, 인수기업은 일반적으로 과세인수에서 기계가치의 재평가를 선택하지 않는다.

재평가는 비과세거래에서는 허용되지 않고 과세거래에서는 일반적으로 선택되지 않기 때문에, 두 유형의 인수에서 실제 세금차이는 매도 주주의 과세에 관한 것이다. 이러한 개인은 비과세 상황에서 세금을 지연할 수 있지만 과세 상황에서는 즉시 세금을 납부해야만 한다. 따라서 비과세거래는 유리한 세금계산을 가진다. 거래 유형에 따른 세금의 의미는 〈표 29.6〉에 기술되었다.

29.11 기업인수에 대한 회계

이 교재의 앞부분에서 우리는 기업이 주주용 장부와 세무용 장부의 두 가지 구분되는 장부를 기입한다고 언급하였다. 앞의 절은 기업인수가 세무용 장부에 미치는 영향을 고려하였다. 이제 주주용 장부에 대해 고려하려고 한다. 어느 기업이 다른 기업을 인수하면, 매입기업은 기업인수에 매수법의 회계방법을 사용한다.

매수법(purchase accounting method)은 피인수기업의 자산이 공정한 시장가치로 인수기업의 장부에 보고되도록 요구한다. 이것은 인수기업으로 하여금 인수된 자산에 대한 새로운 비용기준을 설정할 수 있도록 한다.

매수법에서 **영업권**(goodwill)이라 불리는 회계 항목이 만들어진다. 영업권은 인수된 개별자산의 공정한 시장가치의 합을 넘는 매수가격의 초과분이다.

예제 29.4

기업인수와 회계 기업 A가 기업 B를 인수하여 새로운 기업 AB가 설립된다고 가정하자. 기업 A와 기업 B의 합병시점의 재무상태는 아래 〈표 29.7〉에 나타나 있다. 기업 B의 장부가치는 $10백만이다. 이것은 $8백만의

건물과 $2백만의 현금의 합이다. 그러나 재평가는 건물의 공정한 시장가치를 $14백만으로 말한다. 기업 B의 $2백만 현금과 자산의 시장가치의 합은 $16백만이다. 이것은 기업이 개별 자산을 모두 별도로 매각하고 청산한다면 받을 수 있을 가치를 말한다. 그러나 전체는 부분의 합보다 가치가 크다는 것이 비즈니스 업계에서는 종종 있다. 기업 A는 기업 B에게 $19백만을 지불한다. 차액 $3백만(= $19백만 − $16백만)은 영업권이다. 이것은 기업이 지속적으로 비즈니스를 유지함으로써 얻는 가치의 상승을 말한다. 기업 A는 기업인수에 필요한 자금을 위해 새로운 채권을 $19백만 발행하였다.

기업 AB의 총 자산은 $39백만으로 증가한다. 기업 B의 건물은 현재의 시장가치로 재무상태표에 기재된다. 즉, 피인수기업 자산의 시장가치가 새로운 기업 장부가치의 일부가 된다. 그러나 인수기업(기업 A)의 자산은 합병 이전의 장부가치로 남는다. 새로운 기업이 만들어질 때 재평가는 일어나지 않는다.

개별 자산의 공정한 시장가격의 합이 매입가격을 초과하는 금액은 $3백만이다. 이 금액은 영업권으로 보고된다. 재무분석가는 일반적으로 영업권을 무시한다. 왜냐하면 영업권은 결국 현금흐름을 가지지 않기 때문이다. 매년 기업은 영업권의 가치를 평가해야만 한다. 만일 가치가 떨어지면[손상(impairment)이라고 한다], 재무상태표의 영업권 금액은 그것에 맞춰 감소해야만 한다. 그렇지 않으면 무형고정자산상각(amortization)이 필요하다.

표 29.7 기업인수에 대한 회계: 매수법(단위: $백만)

기업 A				기업 B				기업 AB			
현금	$ 4	자기자본	$20	현금	$ 2	자기자본	$10	현금	$ 6	부채	$19
토지	16			토지	0			토지	16	자기자본	20
건물	0			건물	8			건물	14		
								영업권	3		
합계	$20		$20	합계	$10		$10	합계	$39		$39

매수법이 사용되면, 피인수기업(기업 B)의 자산은 합쳐진 기업의 장부에 공정한 시장가치로 나타난다.

29.12 비공개화와 차입매수

비공개화 거래와 차입매수는 합병과 많은 공통점을 가지기 때문에, 이번 장에서 논의할 필요가 있다. 공개기업은 일반적으로 기존 경영진으로 구성된 사적 집단이 주식을 매입할 때 **비공개화(going private)**된다. 결과적으로 기업의 주식은 시장에서 철회되고 (거래소 상장주식이면 상장이 폐지되고), 더 이상 거래되지 않는다. 따라서 비공개화 거래에서 공개기업의 주주는 주식의 대가로 현금을 받게 된다.

비공개화 거래는 빈번하게 **차입매수(leveraged buyout: LBO)**이다. 차입매수에서 현금 제안가격은 대량의 부채로 조달된다. LBO의 매력 중 일부는 이 거래에서 자기자본이 거의 필요하지 않다는 것이다. 자기자본은 일반적으로 소규모 투자자 집단에서 공급되는데, 이들 중 일부는 매수되는 기업의 경영자인 경우가 많다.

매도 주주는 예외 없이 LBO에서 합병에서처럼 시장가격 이상의 프리미엄을 받는다. 합병처럼 인수자는 시너지가 프리미엄보다 큰 경우에만 이익을 본다. 두 기업의 합병에서 시너지는 상당히 있을 만하며, 이번 장의 전반부에서 시너지의 다양한 유형에 대해 기술했다. 그러나 LBO는 한 기업만 관련되기 때문에 LBO의 시너지를 설명하는 것은 어렵다.

LBO의 가치창출에는 두 가지 이유가 일반적으로 거론된다. 첫째, 추가적인 부채는 앞에서 지적했듯이 세금절감을 제공하고 기업의 가치를 증가시킨다. 대부분의 LBO는 안정적인 이익과 낮거나 중간 정도의 부채를 가진 기업들에 집중된다. LBO는 단순히 기업의 부채를 최적수준으로 증가시킬 수 있다.

두 번째 가치의 원천은 증가된 효율성으로부터 발생하고 종종 "당근과 채찍"이라는 용어로 설명된다. 경영자는 LBO하에서 소유자가 되고 열심히 일할 인센티브를 가지게 된다. 이런 인센티브는 보통 당근으로 불리고 일부 LBO에서 당근은 매우 크다. 예를 들어, Nashville에 본사를 둔 병원기업 HCA의 LBO를 고려해보자. 1968년에 HCA를 공동 설립한 Thomas Frist 박사, KKR, Bain Capital LLC가 주도한 투자 콘소시엄이 2007년에 HCA를 $33십억에 매입했다. 거래의 레버리지 특성으로 인하여 투자자 그룹은 단지 $5.3십억만 투자하고 나머지는 차입을 하였다. 2010년에 HCA는 LBO 투자자들에게 배당으로 $4.3십억을 지불했다. 그리고 2011년에 다시 공개(상장)되었고 약 $3.79십억을 신주발행으로 조달했다. IPO에서 LBO 투자자 그룹은 $1십억을 받았는데, 이것은 투자자 그룹이 HCA에 투자했던 자본을 모두 회수했다는 것을 의미했다. 물론 이것이 투자자 그룹이 받은 전부는 아니다. IPO 이후에 그들은 $11십억의 HCA 주식을 여전히 보유하고 있었다. 그리고 이것이 HCA의 최초 LBO가 아니었다. 1989년에 Frist 박사의 아들을 포함한 투자자 그룹이 HCA를 $5.1십억의 가치로 비공개화하였다. 1992년에 공개(상장)했을 때 그들은 800%의 수익을 올렸다.

대규모 차입으로 인한 이자지급액은 채찍이 된다. 대규모 이자지급액은 LBO 이전에 수익성 있는 기업을 LBO 이후에 수익성 없는 기업으로 쉽게 바꾸어 놓는다. 경영자는 기업을 흑자로 유지하기 위해서 수익을 늘리든지 비용을 절감하는 변화를 만들어야 한다. 이번 장의 앞에서 이야기했던 대리인 이론은 경영자가 대규모 잉여현금흐름을 가질 때 낭비할 수 있다는 것을 주장한다. 이자지급액은 이런 현금흐름을 줄이고 경영자로 하여금 낭비를 제한하도록 한다.

LBO로 인한 추가적인 세금절감을 측정하는 것은 쉽지만 효율성 증가는 측정하기 어렵다. 그럼에도 불구하고 LBO 현상을 설명하는 데 있어서 효율성 증가는 세금절감만큼 중요하다고 간주된다.

학계의 연구는 LBO가 평균적으로 가치를 창출하여 왔다고 주장한다. 첫째, 프리미엄은 합병에서처럼 양수이다. 그것은 매도 주주가 이익을 얻는다는 것을 의미한다. 둘째, 연구는 LBO가 궁극적으로 기업공개로 경영자 그룹에게 높은 수익을 창출한다는 것을 보여준다. 마지막으로, 일부 연구는 LBO 이후에 영업성과가 증가한다는 것을 보여준다. 그러나 기업공개를 하지 않은 LBO에 대한 자료를 구하기 어렵기 때문에 가치를 창출한다고 완전히 확신할 수는 없다. 만일 기업공개를 하지 않은 LBO가 일반적으로 가치를 훼손한다면 기업공개를 행한 표본은 왜곡된 자료일 수 있다. LBO를 실행한 기업의 평균 성과에 상관없이, 우리는 한 가지를 확신할 수 있다. 대규모 차입으로 인해 위험은 매우 크다.

29.13 사업분할

이번 장은 주로 기업인수에 관한 것이지만 그 반대되는 **사업분할**(divestiture)을 고려하는 것도 가치가 있다. 사업분할은 여러 형태가 있지만 가장 중요한 것을 이제 논의한다.

매각

가장 기본적인 유형의 사업분할은 부서, 영업단위, 부문, 혹은 자산의 집합을 다른 회사에 매각(sale)하는 것이다. 구매자는 항상 그런 것은 아니지만 일반적으로 현금을 지불한다. 매각에는 많은 이유가 있다. 첫째, 이번 장의 앞에서 우리는 적대적 기업인수에 대항하기 위한 자산의 매각을 살펴보았다. 그때 매각이 회사를 집중하게 만들고 따라서 전반적으로 더 큰 가치를 가져다 줄 수 있다는 점을 지적했다. 동일한 논리가 적용될 수 있다. 둘째, 자산 매각은 유동성 부족 기업에게 필요한 현금을 제공한다. 셋째, 개별 사업부문에 대한 자료의 부족 때문에 대규모의 다각화된 회사를 평가하기 어렵다는 주장이 있다. 투명성 부족으로 인해 투자자는 기업의 전반적인 가치를 평가절하할 수도 있다. 대량매각(sell-off)은 회사를 간소화하고 가치평가를 쉽게 만들어 준다. 그러나 이러한 주장은 대규모의 다각화된 기업이 진정한 가치 아래로 팔린다는 것이기 때문에 시장 효율성과 일관되지 않는다. 넷째, 회사는 단순하게 수익성이 나쁜 부문을 팔기를 원할 수 있다. 그러나 수익성 없는 부문은 다른 사람에게도 낮은 가치를 줄 것이다. 어떤 부문이 매각되려면 그 가치가 판매자보다 구매자에게 더 커야만 할 것이다.

대량매각에 대한 많은 연구가 있으며, 학계는 두 가지 결론을 얻었다. 첫째, 사건연구는 매각 주식의 수익률이 매각 공시시점 시기에 양(+)의 반응을 보이기 때문에 대량매각이 매각 기업에게 가치를 창출한다는 것을 제시한다. 둘째, 기업인수는 종종 미래에 매각으로 이어진다. 예를 들어, Kaplan과 Weisbach는 기업인수의 40% 이상이 나중에 사업분할을 하고 결과적으로 합병이 성공적이지 않음을 반영한다는 것을 발견하였다.[26] 기업인수와 사업분할 사이에는 평균적으로 약 7년의 시간이 걸렸다.

분리설립

분리설립(spin-off)에서 모기업은 하나의 부문을 별개의 법인으로 만들고 이 법인의 주식을 모기업 주주에게 배분한다. 분리설립은 최소한 두 가지 점에서 매각과 다르다. 첫째, 모기업은 분리설립에서 현금을 받지 않는다. 주식은 주주에게 무료로 배분된다. 둘째, 분리설립된 부문의 최초 주주는 모기업의 주주와 같다. 반면에 대량매각의 매입자는 다른 기업일 가능성이 크다. 그러나 분리설립 이후에 분리된 부문의 주식이 공개적으로 거래되기 때문에 주주의 동질성은 시간이 흐르면서 변할 것이다.

분리설립에는 일반적으로 최소한 4가지 이유가 있다. 첫째, 대량매각에서처럼 분리설립은 기업집중을 증진시킬 수 있다. 둘째, 분리설립된 부문은 이제 공개되어 거래되기 때문에 SEC는

[26] Steven Kaplan and Michael Weisbach, "The Success of Acquisitions: Evidence from Divestitures," *Journal of Finance* (March 1992).

추가적인 정보가 배포되는 것을 요구할 것이고, 분리설립 이후에 투자자들은 모기업과 자회사를 좀 더 쉽게 가치평가할 수 있을 것이다. 셋째, 회사는 경영자에게 현금과 더불어 종종 주식으로 보상을 한다. 주식이 인센티브로 작용할 수 있다. 즉 경영자의 좋은 성과는 주가상승을 만든다. 그러나 분리설립 이전에 경영자는 오직 모기업의 주식만 받을 수 있었다. 만일 그 부문이 전체 기업보다 작으면 모기업 주식의 움직임은 경영자의 성과보다는 나머지 다른 부문의 성과에 더 관련될 것이다. 따라서 부문 관리자는 자신의 노력과 주가상승 사이에 관련성을 찾기 어려울 것이다. 그러나 분리설립 이후에 경영자는 자회사의 주식을 받을 수 있다. 경여자의 노력이 자회사 주식의 가격 변동에 직접적인 영향을 미치게 된다. 넷째, 모기업이 분리설립에서 현금을 받지 않기 때문에 결과적으로 매각보다 분리설립에서 세금 측면에서 일반적으로 더 유리하다.

분리공모

분리공모(carve-out)에서 회사는 한 부문을 독립적인 법인으로 만들고 그 부문의 주식을 공모한다. 일반적으로 모기업은 그 부문에 많은 관심을 가지고 있다. 이 거래는 분리설립과 유사하여 분리설립의 처음 세 가지 장점이 분리공모에도 적용된다. 그러나 가장 큰 차이점은 분리설립과는 달리 기업이 분리공모에서 현금을 받는다는 것이다. 현금의 수령은 좋은 점도 있고 나쁜 점도 있다. 한편에서 보면 많은 기업이 현금을 필요로 한다. Michaely와 Shaw는 대형의 수익성 있는 기업은 분리공모를, 소형의 수익성 없는 기업은 분리설립을 하는 경향이 있음을 발견하였다.[27] 한 가지 해석은 기업이 일반적으로 분리공모에서 나오는 현금을 선호한다는 것이다. 그러나 소형의 수익성 없는 기업은 주식발행에 어려움을 가진다. 따라서 자회사의 주식을 단순히 주주에게 나누어주는 분리설립으로 갈 수밖에 없는 것이다.

불행하게도 잉여현금흐름 가설에서 언급하듯이 현금의 어두운 면이 또한 있다. 즉 수익성 있는 자본예산 프로젝트에 필요한 만큼을 초과하는 현금이 수익성 없는 곳에 소비될 수 있다. Allen과 McConnell은 현금이 부채를 줄이는 데 사용되면 분리공모 공시에 주식시장이 긍정적으로 반응하는 것을 발견했다.[28] 시장은 현금이 프로젝트의 투자에 사용되는 경우에는 중립적으로 반응한다.

추적주식

모기업은 회사의 특정한 부문의 성과를 "추적(tract)"하기 위해서 추적주식(tracking-stock)을 발행한다. 예를 들어, 만일 추적주식이 배당금을 지불하면 배당금의 규모는 그 부문의 성과에 달려 있다. 그러나 "추적주식(tracker)"이 모회사 주식과 별개로 거래되더라도, 부서는 모회사 내에 속해 있다. 이와 반대로 자회사는 분리설립으로 모회사로부터 분리된다.

첫 번째 추적주식은 GM의 자회사인 EDS의 성과와 연계되었다. 나중에 Walt Disney와 Sony와 같은 대형 회사가 추적주식을 발행하였다. 그러나 최근에 추적주식을 발행하는 회사는

27 Roni Michaely and Wayne Shaw, "The Choice of Going Public: Spin-offs vs. Carve-outs," *Financial Management* (Autumn 1995).
28 Jeffrey Allen and John McConnell, "Equity Carve-outs and Managerial Discretion," *Journal of Finance* (February 1998).

드물고 모회사는 이전에 발행했던 대부분의 추적주식을 거둬들였다.

아마 추적주식의 가장 큰 문제는 명확하게 정의된 재산권이 없기 때문일 것이다. 낙관적인 회계사는 특정 부문의 이익을 올리고 대형 배당금을 지불할 수 있다. 비관적인 회계사는 반대의 효과를 만들 수도 있다. 그러나 회계사가 정규적인 회사의 이익에 영향을 주기는 하지만, 이익의 변화가 배당금에 직접적으로 영향을 주지는 않을 것이다.

요약 및 결론 _*Summary and Conclusions*

01. 기업은 다른 기업을 여러 가지 방법으로 인수할 수 있다. 기업인수의 세 가지 법적 형태는 합병과 통합, 주식의 인수, 자산의 인수이다. 합병과 통합은 법적 관점에서 가장 비용이 적지만, 주주의 승인표결이 필요하다. 주식의 인수는 주주표결이 필요 없으며 일반적으로 공개매수를 통해 이루어진다. 그러나 공개매수로 100% 통제권을 얻는 것은 어렵다. 자산의 인수는 자산 소유권 이전이 좀 더 복잡하기 때문에 비교적 비용이 많이 든다.

02. 기업인수에서 발생하는 시너지는 합쳐진 기업의 가치(V_{AB})에서 개별적인 두 기업가치(V_A와 V_B)를 차감한 것으로 정의한다.

$$\text{시너지} = V_{AB} - (V_A + V_B)$$

합병으로부터 시너지가 프리미엄보다 크다면 인수기업의 주주는 이득을 얻을 것이다.

03. 기업인수의 잠재적인 이득은 다음과 같다.

a. 수익 증대

b. 비용 절감

c. 세금 감소

d. 자본수요의 감소

04. 단지 다각화를 성취하기 위해서 혹은 이익을 증가시키기 위해 이루어지는 합병에서 주주는 이득을 얻지 못할 수 있다. 그리고 합병으로 인한 위험감소는 실제로 채권자에게 도움이 되고 주주에게 피해를 줄 수 있다.

05. 표적기업의 경영자가 지지하는 합병은 우호적이라고 한다. 표적기업의 경영자가 지지하지 않는 합병은 적대적이라고 한다. 재무관리에서 가장 화려한 일부의 용어는 적대적 기업인수 전투의 방어전술로부터 나왔다. **포이즌 필**(poison pills), **황금 낙하산**(golden parachutes), **왕관 보석**(crown jewels), 그리고 **그린메일**(greenmail)은 다양한 반-기업장악(antitakeover) 전술을 설명한다.

06. 인수합병에 관한 실증연구는 많이 있다. 평균적으로 피인수기업의 주주는 매우 성공적이다. 인수기업의 주주에 대한 합병의 영향은 명확하지 않다.

07. 인수합병은 복잡한 세금 및 회계 규칙과 관련이 있다. 인수합병은 과세거래 혹은 비과세거래가 될 수 있다. 과세거래에서 개별 매도 주주는 주식의 가치상승에 대해 세금을 지불해야만 한다. 인수기업이 자산재평가를 선택하면, 추가적인 세금문제가 발생한다. 그러나 인수기업은 세금 목적에서 일반적으로 자산재평가를 선택하지 않는다. 매도 주주는 비과세거래에서 세금을 납부하지 않는다. 매수법은 인수합병의 회계에서 사용된다.

08. **비공개화**(going-private) 거래에서 일반적으로 기업의 경영자를 포함하는 차입매수 그룹은 다른 주주가 보유한 모든 주식을 매입한다. 주식은 더 이상 공개되어 거래되지 않는다. **차입매수**(leveraged buyout)는 대규모 레버리지로 자금을 조달한 비공개화 거래이다.

개념확인 _*Concept Questions*

01. **합병회계** 합병회계에서 매수법과 지분통합법의 차이를 설명하라. 회계처리 방법의 선택에 따라 현금흐름에 어떤 영향을 미치는가? 주당이익(EPS)에는?

02. **합병의 개념** 기업장악에 대한 다음 주장이 진실 혹은 거짓 중 무엇이라고 생각하는지 말하라. 각각의 경우에 당신의 답변에 대한 간단한 설명을 제시하라.

 a. 경쟁자 합병에 의해, 기업장악은 제품 가격상승, 생산량 감소, 소비자 피해를 유발하는 독점을 만들어낸다.

 b. 경영자는 때때로 자신의 이익을 위해 행동하며 현실적으로 주주를 인식하지 않기도 한다. 기업장악은 멋대로 행동하는 경영자를 반영하는 것일 수 있다.

 c. 효율적 시장에서 시장가격이 회사의 진정한 가치를 반영하기 때문에 기업장악은 일어나지 않을 것이다. 따라서 제안기업이 표적기업에게 시장가격보다 높은 프리미엄을 지불하는 것은 정당화될 수 없을 것이다.

 d. 극단적으로 짧은 투자기간을 가진 거래자와 기관투자자는 다른 시장 거래자가 주식의 전망에 대해 어떻게 생각하는지에 영향을 받으며, 그들 스스로 기본적인 요인을 근거로 기업장악의 가치를 평가하지 않는다. 따라서 그들은 기업의 진정한 가치에도 불구하고 표적기업의 주식을 매도할 것이다.

 e. 합병은 인수기업이 피인수기업의 자산의 가치를 새로 평가할 수 있기 때문에 세금을 회피하는 하나의 방법이다.

 f. 기업인수의 분석은 관련된 회사들의 총 가치에 자주 초점을 맞춘다. 그러나 기업인수는 총 가치뿐만 아니라 일반적으로 주식과 채권의 상대적 가치에도 영향을 미칠 것이다.

03. **합병의 이유** 다각화 **그 자체로**(per se) 합병의 좋은 이유가 될 수는 없는지 설명하라.

04. **기업분할** 어떻게 보더라도 Dow Chemical은 2014년과 2015년에 바쁜 시기를 보냈다. 2014년에 Dow는 자회사인 Angus Chemical, Sodium Borohydride, 그리고 AgroFresh를 매각할 계획이라고 공시했다. Dow는 또한 최근에 북미 철도수송단 부문의 매각을 완료했다. 그리고 더불어서 Dow는 2015년에 완료되는 미국 걸프만 해안 염화알카리/염화비닐, 글로벌 염화유기물 및 엑폭시 사업의 예정된 분리공모(carve-out) 과정에 있다. 기업은 왜 이 사업부문을 매각하려고 하는가? 역-시너지(reverse synergy)의 가능성은 없는가?

05. **포이즌 필** 포이즌 필(poison pills)은 주주에게 이득인가 손실인가? 인수기업은 포이즌 필을 우회

할 수 있다고 생각하는가?

06. 합병과 세금 비과세 교환에 대비하여 과세 합병의 장단점을 기술하라. 합병에서 세금의 기본적인 결정요인은 무엇인가? LBO는 과세인가 비과세인가? 설명하라.

07. 규모의 경제 제안된 합병이 잠재적인 규모의 경제의 혜택을 본다는 것은 무슨 의미인가? Eastern Power Co.와 Western Power Co.는 다른 지역에 위치하여 시차가 있다고 가정하자. 양 기업은 100% 용량을 가동하는 최대전력 시기를 제외하고 60%의 용량을 가동한다. 최대전력 시기는 현지 시간으로 오전 9시와 오후 5시에 시작하여 45분간 지속된다. Eastern과 Western의 합병이 합리적일 수 있음을 설명하라.

08. 적대적 기업장악 원하지 않는 인수기업의 적대적 인수제안에 대항하는 기업의 경영자가 취할 수 있는 행동의 유형은 무엇인가? 표적기업의 주주는 경영진의 방어전술에서 어떻게 혜택을 볼 수 있나? 표적기업의 주주는 방어전술에서 어떻게 피해를 입을 수 있는가? 설명하라.

09. 합병제안 당신이 주식을 보유하고 있는 회사가 두 개의 기업 인수제안 공격을 받았다고 가정하자. 당신 회사의 경영진이 낮은 제안가격에 호의를 가지는 것이 이치에 맞는다고 생각할 수 있는가? 지불방법이 위 대답에 어떤 영향을 미치는가?

10. 합병의 이익 인수기업의 주주는 기업인수에서 이득이 없는 것 같다. 이러한 결과는 왜 퍼즐인가? 이득이 없는 기업인수를 제안하는 이유는 무엇인가?

연습문제 _Questions and Problems_

기초
(Questions 1~8)

01. 시너지 계산 Holmes, Inc.은 Watson Corporation의 보통주 전체에 대해서 $215백만을 제안하였다. 최근의 시장정보에 따르면 독립적인 Watson의 가치는 $193백만이다. 만일 합병이 Holmes에게 경제적으로 이득이 되는 것이라면 이러한 합병에서 발생하는 시너지 혜택의 최소 가치는 얼마로 추정되는가?

02. 합병의 회계 기업 X와 Y에 대한 아래와 같은 정보가 있다.

	기업 X	기업 Y
총이익	$95,000	$43,200
발행주식수	41,800	26,500
주당가치:		
시장	$ 53	$ 19
장부	$ 21	$ 9

기업 X가 주당 $5의 합병 프리미엄으로 기업 Y의 주식 전체를 현금으로 인수하려고 한다. 어느 기업도 부채를 가지고 있지 않다고 가정하자. 합병 이후 매수법(purchase accounting method)으로 기업 A의 재무상태표를 작성하라.

03. 합병의 회계 다음과 같은 장부가치 재무상태표를 고려해보자. Jurion Co.가 James Inc.를 인수하는 경우에 James의 고정자산의 공정 시장가치는 $24,500, 장부가치는 $14,600이라고 가정해보자. Jurion은 James에게 $32,800을 지급하고 필요자금을 조달하기 위해서 장기 채권을 발행하였다. 매수법(purchase method)으로 합병 이후 재무상태표를 작성하라.

Jurion Co.			
유동자산	$29,000	유동부채	$ 7,900
순고정자산	52,000	장기부채	14,100
		자기자본	59,000
합계	$81,000	합계	$81,000

James, Inc.			
유동자산	$ 4,500	유동부채	$ 3,400
순고정자산	14,600	장기부채	2,200
		자기자본	13,500
합계	$19,100	합계	$19,100

04. 영업권 Silver Enterprises는 All Gold Mining을 합병하였다. 새로운 회사의 재무상태표를 매수법(purchase method)을 이용하여 작성하라. All Gold Mining 고정자산의 시장가치는 $6,700이고 유동자산과 기타자산은 장부가치와 같다. Silver Enterprises는 기업인수에 필요한 자금을 조달하기 위해서 $12,500의 장기 채권을 발행하였다고 가정하자. 아래 재무상태표는 합병 이전의 각 기업의 장부가치를 보여준다.

Silver Enterprises			
유동자산	$ 9,100	유동부채	$ 4,600
기타자산	2,200	장기부채	4,300
순고정자산	16,400	자기자본	18,800
합계	$27,700	합계	$27,700

All Gold Mining			
유동자산	$ 2,200	유동부채	$ 1,900
기타자산	750	장기부채	0
순고정자산	5,300	자기자본	6,350
합계	$ 8,250	합계	$ 8,250

05. 현금인수 대 주식인수 Penn Corp.는 Teller Company의 인수를 고려 중이다. 두 기업은 부채가 없다. Penn은 기업인수가 기업의 세후 연간 현금흐름을 $1.15백만만큼 영구적으로 증가시킬 것으로 믿고 있다. 현재 Teller의 시장가치는 $24백만이고 Penn은 $67백만이다. 증분현금흐름에 적절한 할인율은 11%이다. Penn은 Teller의 주주에게 $33백만의 현금을 지불할 것인지 주식의 32%를 제안할 것인지 결정하려고 한다.

a. 각 대안의 비용은 얼마인가?

b. 각 대안의 NPV는 얼마인가?

c. Penn은 어느 대안을 선택해야 하는가?

06. EPS, PE와 합병 Flannery Company의 주주는 Stultz Corporation으로부터의 인수제안에 동의하였다. 아래 주어진 정보는 각 기업 정보이다.

	Flannery	Stultz
주가수익비율(PE 비율)	6.35	12.70
발행주식수	73,000	146,000
순이익	$230,000	$690,000

Flannery의 주주들은 기존 주식 3주당 Stultz 주식 1주를 받게 될 예정이다.

a. 합병 후의 Stultz의 주당순이익(EPS)은 얼마가 될까? 인수의 NPV가 0이라고 가정할 경우에 P/E 비율은 얼마가 될까?

b. Stultz가 두 기업 사이에서 시너지의 가치는 무엇이라고 생각하겠는가? 인수를 진행시키는 의사결정방식으로 양측 입장을 조정하여서 설명해보라.

07. 합병의 이유 Cholern Electric Company (CEC)는 Colorado 중심 지역에 전기를 제공하는 공공기업이다. 최근 들어 Mile-High Nuclear Station에서 발생한 사건은 실망스러웠다. 몇몇 주주들은 작년 재무제표에 대하여 우려를 표명했다.

손익계산서 작년 ($ 백만)		재무상태표 연말 ($ 백만)	
매출	$110	자산	$400
연료	50	부채	300
기타 비용	30	자본	100
이자	30		
순이익	$ 0		

최근에 부유한 사람들이 CEC 자산의 절반을 공정 시장가격으로 구매하겠다고 제안하였다. 경영진은 이 제안을 수락할 것을 추천하였다. 그 이유는 "전기 발전 및 송전 자산을 매각하고 통신사업에 진출하면 우리의 에너지 산업 관련 전문성이 CEC에 의해 더 잘 활용될 수 있다고 믿기 때문이다. 통신은 공공 기업으로서 전기를 공급하는 것보다 위험하지만 잠재적으로 수익성이 매우 높다."

경영진은 이 거래를 승인해야 하는가? 왜 그런가? 왜 그렇지 않은가?

08. 현금인수와 주식인수 제안기업(기업 B)과 표적기업(기업 T)에 관한 아래와 같은 합병 이전의 정보를 고려하자. 두 기업은 부채가 없다고 가정한다.

	기업 B	기업 T
발행주식수	8,700	3,600
주당가격	$47	$19

기업 B는 기업 T의 인수를 통해서 시너지 혜택으로 $16,700의 가치를 추정하였다.

a. 만일 기업 T가 주당 $21의 현금으로 인수된다면, 합병의 NPV는 얼마인가?

b. 문항 (a)의 조건을 가정한다면 합병된 기업의 주당가격은 얼마가 될 것인가?

c. 문항 (a)에서 합병 프리미엄은 얼마인가?

d. 기업 T가 주식교환을 통한 합병에 동의한다고 가정하자. 만일 T의 주식 2주에 대해 B의 주식 1주를 제안한다면 합병된 기업의 주당가격은 얼마인가?

e. 문항 (d)의 조건을 가정한다면 합병의 NPV는 얼마인가?

중급
(Questions 9~14)

09. 현금인수와 주식인수 앞의 문제에서, 기업 T의 주주는 현금제안과 주식제안 중에서 어떤 경우에 더 이득을 보게 되는가? T의 주주가 두 대안에 대해 무차별적이 되는 T 주식에 대한 B 주식의 교환 비율은 얼마인가?

10. 주식교환의 효과 기업 A와 기업 B에 대한 아래와 같은 합병 전 정보를 고려해보자.

	기업 A	기업 B
순이익	$2,100	$750
발행주식수	900	300
주당가격	$ 60	$ 12

기업 A가 기업 B의 주식 1주에 대해 $13의 가격을 지불하여 기업 B를 인수한다고 가정하자. 두 기업은 부채가 없다.

a. 합병 이후 기업 A의 주당순이익(EPS)은 얼마인가?

b. 만일 시장이 보고된 이익 성장을 부정확하게 분석한다면(즉, P/E 비율이 변하지 않는다면), 합병 이후 기업 A의 주가는 얼마인가?

c. 만일 시장이 정확하게 거래를 분석한다면 합병 이후 P/E 비율은 얼마가 되는가?

d. 만일 시너지 이득이 없다면 합병 이후 기업 A의 주가는 어떻게 되는가? P/E 비율은? A가 B에게 제안하는 금액에 대해 무엇이라고 할 수 있는가? 너무 높은가? 너무 낮은가? 설명하라.

11. 합병의 NPV 합병의 NPV가 시너지 혜택의 가치(ΔV)에서 합병 프리미엄을 차감한 것으로 표현될 수 있다는 것을 보여라.

12. 합병의 NPV Fly-By-Night (FBN) Couriers는 Flash-in-the-Pan (FIP) Restaurants을 인수하는 것을 분석하고 있다. 두 기업 모두 부채는 없다. 인수결과 FBN의 세후 현금흐름은 연간 $445,000 영구적으로 증가할 것으로 예상된다. FIP의 현재 시장가치는 $7.8백만이고 FBN의 시장가치는 $29백만이다. 증분현금흐름에 대한 적절한 할인율은 8%이다. FBN은 FIP에게 25%의 주식을 제안할 것인지 혹은 $11.4백만의 현금을 제안할 것인지를 고민하고 있다.

a. 합병의 시너지는 얼마인가?

b. FBN에게 FIP의 가치는 얼마인가?

c. 각 대안에서 FBN의 비용은 얼마인가?

d. 각 대안에서 FBN의 NPV는 얼마인가?

e. FBN은 어떤 대안을 선택해야 할까?

13. 합병의 NPV Harrods PLC는 시장가치가 £310백만이고 11백만 주를 발행하고 있다. Selfridge Department Store는 시장가치가 £121백만이고 6백만 주를 발행하고 있다. Harrods은 Selfridge 인수를 고려 중이다. Harrods의 CFO는 합쳐진 회사의 시너지가 대략 £475백만이고, Selfridge는 £13백만 프리미엄으로 인수가 가능하다고 결론을 내렸다.

a. 만약에 Harrods가 8.5백만 주식을 Selfridge의 6백만 주식과 교환하면 인수(acquisition) 후 Harrods의 주가는 얼마인가?

b. 어떤 주식 교환비율이 주식인수의 가치와 £134백만의 현금인수의 가치가 같아지도록 하는가?

14. 합병과 주주의 가치 Bentley Corp.와 Rolls Manufacturings는 합병을 고려하고 있다. 발생이 가능한 경제상황에 따라 각 기업의 가치는 아래와 같다:

경제상황	확률	Bentley	Rolls
호황	0.65	$348,000	$312,000
불황	0.35	132,000	95,000

현재 Bentley는 액면가 $150,000의 채권을 발행하고 있다. Rolls는 순수 자기자본 기업이다.

a. 합병 전 각 기업의 가치는?

b. 합병 전 각 기업의 부채 및 자본의 가치는?

c. 만약에 기업이 계속 따로 운영한다면, 기업의 총 가치는 얼마인가, 자본의 총 가치, 부채의 총 가치는?

d. 합병한 기업의 가치는 얼마인가? 합병한 기업의 부채 및 자본의 가치는?

e. 이 상황에서 부의 이전이 있는가? 그 이유는?

f. Bentley 부채의 액면가가 $90,000이라고 할 경우부의 이전에 영향을 미칠 것인가?

고급
(Questions 15~16)

15. NPV 계산 Plant, Inc.은 Palmer Corp. 관련 구매 제의를 할 생각이다. Plant의 재무 부사장이 아래 내용을 수집했다:

	Plant	Palmer
주가수익비율	14.5	10
발행주식수	1,500,000	750,000
수입	$4,200,000	$960,000
배당	1,050,000	470,000

Plant는 증권 분석가가 Palmer의 수익과 배당이 매년 4%씩 증가할 것을 예상하고 있다는 것을 알고 있다. Plant 경영진은 Palmer를 인수하면 기업에게 규모의 경제를 제공하여 매년 성장률이 6%로 증가할 것이라고 믿는다.

a. Plant에게 Palmer의 가치는 얼마인가?

b. 인수로 인한 Plant의 이익은?

c. Plant가 Palmer의 주식 한 주당 현금 $20을 제안하면, 인수의 NPV은 얼마인가?

d. Plant는 Palmer의 주식 한 주당 현금을 최대 얼마나 지불하려 할 것인가?

e. Plant가 Palmer의 발행주식과 교환의 대가로 225,000주를 제공한다면 NPV는 얼마인가?

f. 인수를 시도해야 하는가? 시도한다면 (c)와 (e) 중 어느 방법으로 해야 하는가?

g. Plant의 외부 재무 컨설턴트는 6%의 성장률은 너무 낙관적이고 5%가 더 현실적이라고 생각한다. 이것이 위 답변에 어떠한 영향을 미치는가?

16. 합병과 주주의 가치 아이스크림 회사인 Chocolate Ice Cream Company와 Vanilla Ice Cream Company는 합병하여 Fudge Swirl Consolidated를 만들기로 합의하였다. 양사는 다른 지역에 위치한 것을 제외하고는 정확하게 닮아 있다. 기말에 각 회사의 가치는 다음과 같이 날씨에 의해 결정된다. 합병의 시너지는 없다.

상태	확률	가치
우천(Rainy)	0.1	$230,000
온화(Warm)	0.4	450,000
폭염(Hot)	0.5	905,000

날씨의 상황은 지역 간 관련성이 없으며 독립적이다. 또한 각 회사는 $450,000의 부채를 가지고 있다. 합병에서 프리미엄은 없다고 가정한다.

a. 합쳐진 회사의 가치는 얼마가 될 것으로 예상되는가?

b. 합병 이후에 부채와 주식의 기말가치는 얼마가 될 것으로 예상되는가?

c. 별개의 회사로 존재하는 경우보다 합쳐진 회사에서 채권자는 이득을 보고 주주는 손실을 보게 된다는 것을 보여라.

Mini Case

BIRDIE GOLF와 HYBRID GOLF의 합병

Birdie Golf, Inc.는 Hybrid Golf Company와 지난 6개월간 합병을 논의해 왔다. 몇 차례의 협상 뒤에 Hybrid Golf에게 $352백만의 현금을 지급하는 제안이 고려 중이다. 양 기업은 모두 골프채 산업에서 틈새시장을 가지고 있고 합병으로 인해 생산과 마케팅의 규모의 경제에 따르는 막대한 시너지 효과와 일반관리 비용의 절감을 가져올 것이라 믿는다.

Birdie의 재무관리자인 Bryce Bichon은 합병 협상을 지휘하고 있다. Bryce는 합병이 이루어졌을 때를 가정하여 다음과 같은 Hybrid Golf의 추정재무제표를 준비하였다. 재무제표는 합병으로부터 발생하는 모든 시너지 효익을 포함한다.

	2019	2020	2021	2022	2023
매출액	$409,600,000	$460,800,000	$512,000,000	$576,000,000	$640,000,000
제조비용	287,400,000	332,500,000	358,400,000	404,500,000	451,200,000
감가상각비	38,400,000	40,900,000	42,300,000	42,500,000	43,900,000
기타 비용	40,900,000	46,100,000	51,200,000	57,900,000	63,100,000
EBIT	$ 42,900,000	$ 51,300,000	$ 60,100,000	$ 71,100,000	$ 81,800,000
이자지급액	9,730,000	11,260,000	12,300,000	12,800,000	13,800,000
세전이익	$ 33,170,000	$ 40,040,000	$ 47,800,000	$ 58,300,000	$ 68,000,000
세금(25%)	8,292,500	10,010,000	11,950,000	14,575,000	17,000,000
순이익	$ 24,877,500	$ 30,030,000	$ 35,850,000	$ 43,725,000	$ 51,000,000

Bryce는 또한 Hybrid Golf 사업부가 영업을 지속하기 위해서 매년 투자금액과 그러한 자금의 원천이 필요할 것이라는 것을 인식한다. 다음 표는 필요한 투자금액과 자금의 원천을 요약하여 보여준다.

	2019	2020	2021	2022	2023
투자금액:					
순운전자본	$10,200,000	$12,800,000	$12,800,000	$15,400,000	$15,400,000
고정자산	7,700,000	13,800,000	9,300,000	31,400,000	3,900,000
합계	$17,900,000	$26,600,000	$22,100,000	$46,800,000	$19,300,000
자금의 원천:					
신규 부채	$17,900,000	$9,200,000	$8,200,000	$15,000,000	$ 6,100,000
이익잉여금	0	17,400,000	13,900,000	31,800,000	13,200,000
합계	$17,900,000	$26,600,000	$22,100,000	$46,800,000	$19,300,000

Birdie Golf의 경영진은 Hybrid Golf의 자본구조가 최적이 아니라고 생각한다. 만일 합병이 일어나면, Hybrid Golf는 즉시 $57백만의 채권을 발행하여 레버리지를 증가시키고 $76백만을 Birdie Golf에게 배당금으로 지급할 것이다. 이것은 Hybrid의 부채-자기자본 비율을 0.50에서 1.00으로 증가시킬 것이다. Birdie Golf는 또한 2019년과 2020년에 Hybrid Golf로부터 결손금 차기이월금(loss carryforward) $12.8백만을 사용할 수 있을 것이다. Hybrid Golf의 총 가치는 5년 뒤에 $460.8백만이 될 것이며, 회사는 그때 $153.6백만의 부채를 가질 것으로 예상된다.

Birdie Golf의 주식은 현재 주당 $94에 거래되고 회사는 총 11.6백만의 발행주식수를 가지고 있다. Hybrid Golf는 5.2백만의 발행주식수를 가지고 있다. 양 기업은 8% 이자율로 차입할 수 있다. 무위험이자율은 6%이고 시장의 기대수익률은 13%이다. Bryce는 Birdie Golf의 현재 자본비용이 11%라고 믿는다. Hybrid Golf 주식의 베타는 현재의 자본구조에서 1.30이다.

Bryce는 잠재적인 합병의 재무적 측면을 분석하도록 요청받았다. 구체적으로 그는 다음과 같은 질문에 답하여야 한다.

1. Hybrid 주주가 주당 $63.25의 합병가격에 동의할 것이라고 가정하자. Birdie는 계속 합병을 진행해야 하는가?
2. Birdie가 Hybrid에게 지불할 의향이 있는 최대 주식가격은 얼마인가?
3. Birdie가 현금지급이 아니라 주식교환을 고려한다고 가정하자. 주당 $63.25의 최초 합병가격과 동일한 합병조건을 만드는 교환비율은 얼마인가?
4. Birdie가 합병을 계속 추진하며 지불할 수 있는 최고가의 교환비율은 무엇인가?

30

재무적 곤경

Financial Distress

2017년 9월, 해양 시추기 Seadrill은 구조조정 파산신청(Chapter 11 bankruptcy)을 했다. 제안된 개편에 따라 선임 대출기관은 추가로 $1십억의 새로운 부채에 대한 조건에 동의했다. 현재의 선순위 부채는 만기가 연장되고 2020년까지 상각상환이 이루어지지 않을 것이다. 하위 채권자들이 동의하면 $2.3십억의 채권이 회사의 지분 15%로 전환된다. 현재 주주는 주당 3~4센트를 받게 될 것이다. 회사는 6~9개월 내에 파산에서 벗어날 것으로 기대하였다. 그리고 2017년 11월, J.G. Wentworth(금융기관)는 "지금 현금이 필요하다"라는 자신들의 광고처럼 현금이 필요했고 구조조정 파산신청을 했다. 제안된 합의조건에 따라 대출기관은 선순위 부채 $449.5백만을 회사 지분 95.5%와 교환할 것이었다.

이러한 파산은 이번 장의 주제인 심각한 재무적 곤경을 겪은 기업의 사례이다. 이자지급액과 같이 계약상 필요한 재무적 의무를 이행하기에 현금흐름이 불충분한 기업은 재무적 곤경에 처한다. 필수 지불금에 채무불이행한 기업은 자산을 청산해야 할 수 있지만, 더 자주 재무구조를 재조정한다. 금융구조개선(재무 구조조정, financial restructuring)에는 오래된 재무 청구권을 새로운 청구권으로 대체하는 것을 포함하고, 사적인 워크아웃(private workout)이나 법적인 파산이 발생하는 것이다. 사적인 워크아웃은 지불 연기 또는 지불 규모 축소와 같이 회사의 부채를 재조정하기 위한 자발적인 협의이다. 사적인 워크아웃이 불가능한 경우 일반적으로 공식적인 파산이 요구된다.

기업재무의 최신 동향: rwjcorporatefinance.blogspot.com

30.1 재무적 곤경이란 무엇인가?

재무적 곤경(financial distress)은 놀랍게도 정확하게 정의하기가 어렵다. 재무적 곤경에 있는 기업에게 닥치는 사건이 다양한 것도 일부 이유가 된다. 사건을 나열한다면 거의 끝이 없지만 일부 예를 보면 다음과 같다.

- 배당의 감소
- 공장의 폐쇄
- 손실
- 감원
- CEO 사퇴
- 주가 폭락

재무적 곤경은 기업의 영업현금흐름이 현재의 의무(거래신용이나 이자비용)를 만족시키기에 충분하지 않고 기업이 시정조치를 취해야만 하는 상황이다.[1] 재무적 곤경은 기업에게 계약의 채무불이행을 야기할 수 있다. 그리고 재무적 곤경은 기업, 채권자, 주식 투자자 사이의 재무 구조조정과 관련될 수 있다. 대개 기업은 충분한 현금흐름이 있다면 취하지 않았을 행동을 취해야만 한다.

재무적 곤경에 대한 정의는 지불불능(insolvency)과 관련되어 확장될 수 있다. 지불불능은 Black의 법률사전(Black's Law Dictionary)에 다음과 같이 정의된다.[2]

> 부채를 지불할 수 없는 능력; 부채를 지불하는 수단의 부족. 즉시 이용 가능한 자산으로 부채를 해결하기에 불충분한 개인의 자산이나 부채의 상태.

이러한 정의는 두 가지 일반적인 부제목을 가지고 있다. 축적(stock)과 흐름(flow)이다.[3] 지불불능에 대해 생각하는 이러한 두 가지 방법은 〈그림 30.1〉에 그려져 있다. 축적-기반의 지불불능은 기업이 음(−)의 순자산을 가질 때, 즉 자산의 가치가 부채의 가치보다 적을 때 발생한다. 흐름-기반의 지불불능은 영업현금흐름이 현재의 의무를 감당하기에 불충분할 때 발생한다. 흐름-기반의 지불불능은 부채를 지불할 능력이 없는 것을 말한다. 지불불능은 파산으로 이끌 수도 있다. 미국의 대형 파산은 〈표 30.1〉에 나타나 있다.

30.2 재무적 곤경에서는 무엇이 발생하는가?

2008년 6월에 General Motors (GM)는 2분기에 $15백만의 음(−)의 순이익을 보고했다. 회사는 2005년과 2007년에도 손실이었고, Toyota, BMW, Honda와 같은 경쟁사에게 꾸준하게 시장점유율을 빼앗겼다. 회계장부에서 주주의 지분은 2006년에 음수로 변했고, 주가는 2003년 말에 $50에서 2009년에 약 $1로 떨어졌다. 자동차 소비자가 GM으로부터 자동차를 구매하는 것을 우려할 만한 이유가 있었다. GM은 매출을 늘리고, 비용을 줄이고, (Hummer와 같은) 자산을 매각하고, 은행 부채를 줄이고 장기 자본을 마련하려고 노력했다. GM은 분명히 재무적 곤경을 겪고 있는 회사였다. GM은 2009년 6월 1일에 파산신청을 했다. GM은 6주 뒤에 파산에서 회복되었고 GM 주식도 2010년 11월에 (당시) 세계에서 제일 큰 IPO로 판매되었다. 대부분의 주식은 미국 재무부가 매수하였는데 미국 재무부가 사적 기업에 행한 가장 큰 "구제(bail out)"이었다. GM은 2014년에 현금배당을 시작했고 5년 연속 양의 현금흐름을 기록했다. 물론 재무적 곤경과 파산을 경험한 많은 기업들이 GM과 같이 회복되지는 못한다.

기업들은 아래와 같은 여러 가지 방법으로 재무적 곤경에 대처한다.

1. 주요 자산의 매각
2. 다른 기업과 합병

[1] 이 정의는 Wruck이 사용한 것과 가깝다. Karen Wruck, "Financial Distress: Reorganization and Organizational Efficiency," *Journal of Financial Economics* 27(1990), p.425.

[2] *Black's Law Dictionary*, 5th ed. (St. Paul, MN: West Publishing Company), p.716에서 발췌.

[3] Edward Altman은 축적-기반의 지불불능과 흐름-기반의 지불불능을 처음 구분하였다. Edward Altman, *Corporate Financial Distress: A Complete Guide to Predicting, Avoiding, and Dealing with Bankruptcy*, 2nd ed. (New York: John Wiley & Sons, 1993).

그림 30.1
지불불능(insolvency)

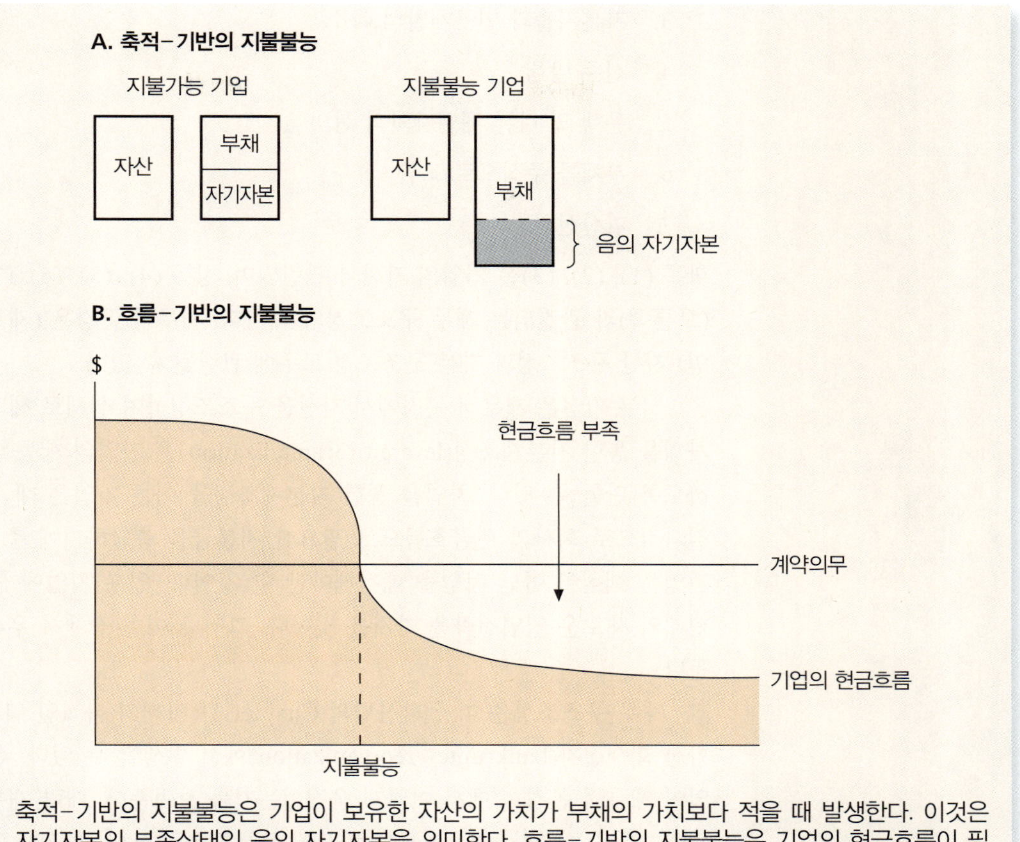

축적-기반의 지불불능은 기업이 보유한 자산의 가치가 부채의 가치보다 적을 때 발생한다. 이것은 자기자본의 부족상태인 음의 자기자본을 의미한다. 흐름-기반의 지불불능은 기업의 현금흐름이 필요한 계약의 지불금을 충당하기에 불충분할 때 발생한다.

표 30.1
미국의 대형 파산 (2008년부터 2018년 2사분기까지)

기업	부채 (단위: $백만)	파산일
1 Lehman Brothers Holdings, Inc.	$613,000	2008-Sep-15
2 General Motors Corp.	172,810	2009-Jun-01
3 CIT Group, Inc.	64,901	2009-Nov-01
4 Chrysler, LLC	55,200	2009-Apr-30
5 Energy Futures Holdings Corp.	49,701	2014-Apr-29
6 MF Global Holdings Ltd.	39,684	2011-Oct-31
7 AMR Corp.	29,552	2011-Nov-29
8 General Growth Properties	27,294	2009-Apr-22
9 Thornburg Mortgage, Inc.	24,700	2009-May-01
10 Charter Communications, Inc.	24,186	2009-Mar-27

출처: Edward I. Altman의 NYU Salomon Center (Stern School of Business) 제공

3. 자본지출과 연구개발의 축소
4. 신주 발행
5. 은행 및 다른 채권자와의 협의
6. 부채를 주식으로 교환
7. 파산신청

항목 (1), (2), (3)은 기업의 자산과 관련되며, 항목 (4), (5), (6), (7)은 기업 재무상태표의 대변(오른쪽)과 관련되는 재무 구조조정의 예이다. 재무적 곤경은 (재무상태표의 양쪽 모두의 변화인) 자산 구조조정과 자본 구조조정 모두에 관련될 수 있다.

일부 기업은 재무적 곤경에서 자산을 구조조정하여 실제로 혜택을 얻을 수 있다. 예를 들어, 차입을 통한 자본재조정(levered recapitalization)은 기업의 행동을 바꾸고 무관련 사업을 처분하도록 만들 수 있다. 차입을 통한 자본재조정을 이룬 기업은 대규모로 부채를 추가할 것이고, 결과적으로 회사의 현금흐름으로 필요한 지불금을 충당하기에 충분하지 못할 수 있다. 그리고 기업은 핵심이 아닌 사업을 매각해야만 할 것이다. 일부 기업에게 재무적 곤경은 새로운 조직 형태와 새로운 영업전략을 가져올 것이다. 그러나 이번 장에서 우리는 재무 구조조정에 초점을 둔다.

재무 구조조정은 미국 파산법의 Chapter 11 아래의 사적인 워크아웃(private workout)이나 파산 회생절차(bankruptcy reorganization)에서 발생할 수 있다. 〈그림 30.2〉는 대규모 공개기업이 재무적 곤경 속에서 어떻게 움직이는지를 보여준다. 대략 재무 구조조정의 절반이 사적인 워크아웃을 행한다. Chapter 11 파산에 등록한 대부분의 대규모 공개기업(약 83%)은 회생절차를 하고 사업을 지속할 수 있다.[4]

재무적 곤경은 기업의 위기에 대한 "조기 경보(early warning)" 시스템으로 작동할 수 있다. 부채가 많은 기업은 부채가 적은 기업보다 빨리 재무적 곤경을 경험할 것이다. 그러나 재무적 곤경을 일찍 경험한 기업은 사적인 워크아웃이나 회생절차를 위한 시간을 더 많이 가질 것이다. 낮은 부채를 가진 기업은 재무적 곤경을 나중에 경험할 것이며, 많은 경우 청산된다.

30.3 파산 청산과 회생절차

채권자에게 계약상 필요한 지불을 하지 못하거나 하지 않기로 선택한 기업은 두 가지 선택을 할 수 있다. 청산과 회생절차(구조조정)이다. 이번 절에서 파산 청산과 회생절차를 논의한다.[5]

[4] 그러나 Chapter 11 파산을 거쳐간 모든 기업(공개기업 혹은 비공개기업)의 20% 이하만이 성공적으로 회생한다.

[5] 파산기업이 해야만 하는 가장 중요한 선택 중 하나는 청산이냐 회생절차냐이다. 이 선택에 대해 다음 논문이 상세히 연구하였다. Arturo Bris, Ivo Welch, and Ning Zhu, "The Costs of Bankruptcy: Chapter 7 Liquidation versus Chapter 11 Reorganization," *Journal of Finance* (June 2006). 그들은 다음과 같은 내용을 발견하였다.

- 매우 작은 기업(자산이 $100,000 미만)은 대형 기업에 비해 회생절차보다는 청산을 하는 것 같다.
- 담보채권자가 많은 기업은 회생절차를 시도하는 것 같다.
- 특히 은행 같은 무담보채권자가 많은 기업은 청산을 선택하는 것 같다.
- 대규모 음(−)의 자기자본을 가진 기업은 회생절차를 시도하는 것 같다.

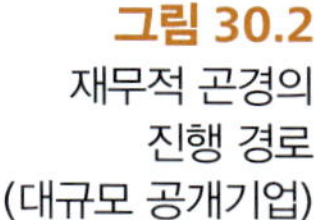

그림 30.2
재무적 곤경의
진행 경로
(대규모 공개기업)

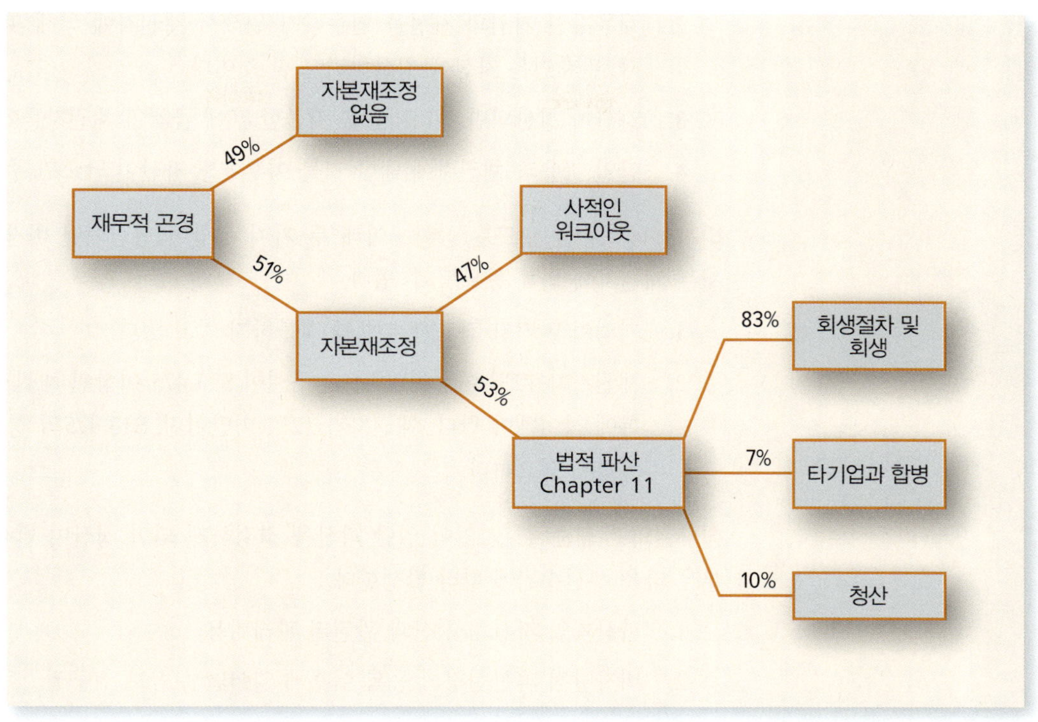

출처: Wruck, Karen H., "Financial Distress, Reorganization, and Organizational Efficiency," *Journal of Financial Economics*, vol. 27, 1990의 [그림 2]. Gilson, Stuart C., John, Kose, and Lang, Larry H. P., "Troubled Debt Restructurings: An Empirical Study of Private Reorganization of Firms in Default," *Journal of Financial Economics*, vol. 27, 1990; Weiss, Lawrence A., "Bankruptcy Resolution: Direct Costs and Violation of Priority of Claims," *Journal of Financial Economics*, vol. 27, 1990. 등 참조

청산(liquidation)은 계속기업으로서 기업의 종결을 의미한다. 청산은 잔존가치를 위해 기업 자산 매각을 수반한다. 매각대금은 채권자에게 확정된 우선순위에 따라 거래비용을 차감하고 배분된다.

회생절차(**구조조정**, reorganization)는 계속기업으로 기업을 유지하는 선택이다. 회생절차는 때때로 기존 증권을 대체하기 위한 새로운 증권의 발행을 수반한다.

청산과 공식적인 회생절차는 파산에 의해 이루어질 수 있다. 파산(bankruptcy)은 법적인 절차이며 회사가 신청서(petition)를 등록하여 자발적으로 실행되거나 채권자가 신청서를 등록하여 비자발적으로 실행된다.

파산 청산(Bankruptcy Liquidation)

1978년의 연방파산개혁법(Federal Bankruptcy Reform Act of 1978)의 Chapter 7은 "일반적(straight)" 청산을 다룬다. 다음에 보는 사건의 순서가 전형적이다.

1. 연방법원에 신청서가 등록된다. 기업이 자발적으로 신청서를 등록하거나 비자발적 신청이 기업에 대항하여 등록될 수 있다.

2. 채무자인 기업의 자산을 인수하기 위해서 채권자에 의해 파산관재인(trustee)이 선출된다. 관재인은 자산을 청산하려고 할 것이다.
3. 자산이 청산되면 관리비용을 지불한 후에 금액이 채권자들에게 배분된다.
4. 만일 비용과 채권자에 대한 지불 이후에도 자산이 남으면 주주에게 배분된다.

비자발적 파산을 만드는 상황 아래 두 가지 상황이 성립되면 비자발적(involuntary) 파산신청서는 채권자에 의해 등록될 수 있다.

1. 기업이 만기가 경과한 부채를 지불하지 않고 있다.
2. 채권자가 12명 이상이면, 총 청구권이 $13,475 이상인 채권자 최소한 3명이 합동으로 등록에 참여해야 한다. 채권자가 12명 미만이면, $13,475의 청구권을 가진 1명의 채권자만 등록에 필요하다.

청구권의 우선순위 기업이 일단 파산을 결정하게 되면 청산이 발생할 수 있다. 청산금액의 배분은 다음 우선순위에 따라 발생한다.

1. 파산기업 자산의 청산과 관련된 관리비용
2. 비자발적 파산신청의 등록 이후에 일어난 무담보 청구권
3. 임금, 봉급 및 수수료
4. 등록일 이전 180일 이내에 발생한 종업원 복리 후생 제도에 대한 회사부담금
5. 소비자 청구권
6. 세금 청구권
7. 담보 및 무담보채권자의 청구권
8. 우선주주의 청구권
9. 보통주주의 청구권

청산에 있어서 우선권의 규칙은 **절대우선의 원칙**(absolute priority rule: **APR**)이다.

이러한 명단에서 주의해야 할 것은 담보채권자이다. 재산에 대한 담보는 APR 순위에서 제외된다. 그러나 만일 담보재산이 청산되고 현금이 채무를 충당하기에 불충분하다면 담보채권자는 남아 있는 청산가치에 대한 배분에 무담보채권자에 함께 합류한다. 반면에 청산된 담보재산이 담보 청구권보다 크다면, 순 청산금액은 무담보채권자와 기타 청구권자에게 지불하는 데 사용된다.

예제 30.1

절대우선의 원칙(APR) B.O. Drug Company는 청산을 할 것이다. 청산가치는 $2.7백만이다. 채권의 가치는 $1.5백만이며 $1백만으로 매각된 B.O. Drug의 본사 건물에 대한 모기지로 보장되어 있다. $200,000은 관리비용, 기타 청구권(체불임금, 연금, 소비자 청구권, 세금)으로 사용된다. $200,000을 우선적으로 관리비용에 지불한 이후에, 담보채권자와 무담보채권자에게 지불가능한 금액은 $2.5백만이다. 이것은 지불되지 못한 채

무금액 $4백만보다 작은 것이다.

APR에 따라 모든 채권자는 주주보다 먼저 지불금액을 받아야 하고, 모기지 채권자는 본사 건물 매각으로 받은 $1백만에 대한 청구권을 가지고 있다.

관재인은 다음과 같은 배분안을 제안했다.

청구원의 유형	우선 청구권	청산 시 받는 현금
채권(모기지 담보)	$ 1,500,000	$1,500,000
후순위 무담보채권	2,500,000	1,000,000
보통주주	10,000,000	0
합계	$14,000,000	$2,500,000
배분금의 계산		
자산매각으로 받는 현금으로 배분 가능 금액		$2,500,000
모기지 재산의 매각으로 선순위 채권자에게 지불 가능 현금		1,000,000
채권자와 무담보채권자에게 배분 가능 금액		$1,500,000
남은 청구권 총액(전체 미지급액 $4,000,000에서 담보채권자에게 배분한 금액 $1,000,000을 제외한 금액)		$3,000,000
남은 청구권 총액 $3,000,000을 남은 금액 $1,500,000으로 배분		
남은 청구권의 유형	**청산금액에 대한 청구권**	**받는 현금**
채권	$ 500,000	$ 500,000
무담보채권	2,500,000	1,000,000
합계	$ 3,000,000	$1,500,000

파산 회생절차

기업의 회생절차는 2005년의 파산남용방지 및 소비자보호법(Bankruptcy Abuse Prevention and Consumer Protection Act of 2005)에 의해 수정된 1978년의 연방파산개혁법의 Chapter 11에 따라서 진행된다.[6] Chapter 11에 따라서 절차의 일반적인 목적은 채권자에게 다시 지급하기 위한 조항으로 회사를 회생시키는 계획이다. 일반적인 절차는 다음과 같다.

1. 자발적 신청은 회사에 의해 등록될 수 있고, 비자발적 신청은 3명 이상의 채권자(혹은 전체 채권자가 12명 미만이면 1명의 채권자)에 의해 등록될 수 있다. 비자발적 신청은 회사가 부채를 상환하지 않고 있다는 것을 주장해야만 한다.
2. 대개 연방법원은 신청을 승인한다. 그리고 등록 시점에 채권자와 주주 청구권의 증거 제출 시간이 설정된다.
3. 대부분의 경우에 ["재산관리 채무자(DIP)"로서] 회사는 사업을 계속한다.[7]

[6] 파산법은 중요한가? 대답은 '그렇다'이다. 아래 연구에 따르면, 프랑스, 독일, 영국의 서로 다른 파산법은 채권자의 우호적 혹은 비우호적인 법에 대한 반응을 은행이 조정을 하더라도 재무적 곤경 상태에 서로 다른 결과를 가져온다고 한다. Sergei A. Davydenko and Julian R. Franks, "Do Bankruptcy Codes Matter? A Study of Defaults in France, Germany, and the U.K.," *Journal of Finance* (April 2008).

[7] Chapter 11 파산에서, (이제는 "재산관리 채무자", DIP로 불리는) 기업은 영업을 지속한다. 많은 경우에 기업은 새로운 자금을 차입하여 담보채권자에게 차입금을 지불하고 회생절차계획이 승인될 때까지 영업을 지속하려고 한다.

기업의 재무적 곤경과 파산에 대한 Edward I. Altman*의 언급

전 세계적으로 비공개 혹은 공개기업의 재무적 곤경은 많은 이해관계자에게 중요한 영향을 미치며 자주 발생한다. 기업파산법이 일시적인 유동성 문제를 가진 기업에게 구조조정을 하고 계속기업으로 성공적으로 회생하는 법적 절차를 제공하거나 혹은 자산가치가 소멸되기 전에 채권자의 이익을 위해 자산을 청산하는 질서 있는 절차를 제공한다는 점에서 그 역할이 명확하지만, 파산법은 나라별로 뚜렷하게 다르다. 다른 나라에서 채권자의 이익을 위해 자산의 청산과 매각이 좀 더 일반적인 결과인데 비해서, 1978년 파산개혁법(Bankruptcy Reform Act of 1978)에 의거한 미국의 Chapter 11 조항이 파산기업의 자산을 가장 많이 보호하여 결과적으로 성공적인 회생절차가 가능할 것이라는 데 일반적으로 동의한다. 그러나 미국의 법률 절차는 대개 오래 걸리고(Chapter 11의 프리패키지를 통해 사전에 충분히 채권자들이 동의하는 경우를 제외하고 평균 2년), 비용이 많이 발생하며, 구조조정된 기업이 후속적인 곤경을 항상 성공적으로 피하는 것은 아니다. 만일 회생절차가 성공하지 못하면 대개 Chapter 7의 청산이 진행될 것이다.

미국 이외의 산업화된 세계에서 파산 절차는 기업의 경영권을 획득하고 채권계약에 강화하려는 선순위 채권자에게 매우 유리하다. 예를 들어, 영국에서의 파산 절차는 빠르고 비용이 적게 발생하지만, 비용의 절감은 바람직하지 못한 청산, 실업, 과소투자를 초래할 수 있다. 독일의 새로운 파산법은 담보채권자의 상당한 영향력을 줄이려고 하지만 여전히 영국 시스템에 더 가깝다. 미국에서 채권자와 주주는 "절대우선의 원칙"을 "위반"하는 것을 협상할 수 있다. 이 "원칙"은 조금 더 후순위인 채권자나 주주에게 어떤 지급이 이루어지기 전에, 조금 더 선순위인 채권자가 완전히 지급을 받아야 하는 것을 규정한다. (그러나 절대우선에 대한 소위 "위반"은 상대적으로 작다—실증결과 기업가치의 10%보다 미만—는 것을 보여준다.) 마지막으로, 미국 시스템은 법원에 기존 청구권보다 대개 초선순위(superpriority) 지위를 가진 채권을 통한 자금조달의 사후신청을 승인할 수 있는 권리를 준다. 따라서 기업의 지속적인 영업을 활성화할 수 있다. 최근에 프랑스는 유사한 성공적인 경험을 가졌다.

미국 파산 시스템의 성과는 회생에 성공한 기업의 비율로 측정한다. 최근 미국의 결과는 다소 혼재한다. 대규모 기업의 83%가 회생하였지만 소형기업은 약 20% 미만이 회생하였다. 그리고 통계적으로 유의한 수준의 기업이 차후에 다시 곤경을 겪고 (Chapter 22로) 파산신청을 하는 것 같다.

지역에 관계없이 파산과 기타 곤경을 벗어나기 위한 절차의 목적 중 하나는 채권자와 자본의 공급자가 곤경의 상황에서 자신의 권리와 예상되는 회수를 명확히 알고 있다는 것이다. 이러한 과정이 투명하지 않거나 구식의 제멋대로 과정과 어쩌면 부패한 결과에 기반 할 때, 전체 경제 시스템은 고통을 겪고 성장은 저해된다. 이것이 일부 신흥시장국가(emerging market countries)에서 일어나는 모습이다. 이러한 구식 시스템의 개선이 무엇보다 우선되어야 한다.

다양한 국가별 구조조정 시스템의 상대적 이득뿐만 아니라, 재무적 곤경기업에 대한 다양하고 흥미로운 이론적 · 실증적 주제가 있다. 이러한 주제는 기업의 차입능력, 경영자-채권자-주주의 인센티브, 곤경의 예측력, 채무불이행 예측확률의 자료와 계산, 곤경기업 증권에 대한 투자, 회생절차(구조조정) 이후 성과의 평가 등이다.

기업의 곤경은 채권자-채무자 관계에 중요한 영향을 주고, 사업 위험 및 세금 고려사항과 합쳐져서 기업의 자본구조에 영향을 준다. 한 가지 핵심 질문은 레버리지의 사용으로 인한 기대 곤경 비용이 기대 세금혜택에 비해 얼마나 큰가 하는 소위 상쇄이론이다. 대부분의 분석가는 직접비용(예, 법률 수수료)과 간접비용의 합이 기업가치의 10~20% 범위라는 데 동의한다.

과도한 위험을 취하고 과잉투자를 하는 것이 경영자와 채권자 사이의 대리인 갈등의 사례인가 아닌가는 기존 주주 혹은 회생절차에 있는 기업의 새로운 소유자에 가까운 채권자 중 누구를 곤경에 빠진 기업의 진정한 잔여청구권 소유자로서 보는가에 달려 있다. 기존 경영자는 120일 내에 회생절차 초기 계획을 신청할 수 있는 배타적 권리를 가진다. 그러나 그들의 인센티브와 영향력은 왜곡될 수 있고, 다른 이해관계자, 주로 채권자와 이해관계가 반드시 일치하는 것은 아니다. 이런 배타성을 제한하는 것은 파산과정을 신속하게 하고 경영자의 남용을 막는 바람직한 것으로 보인다.

곤경 예측 모형은 50년 이상 연구자와 실무자의 관심을 끌었다. 모형은 일 변량 재무제표 비율에서 다 변량 통계 분석모형, 상태의존 모형, 시장가치-기반 접근법으로 발전해왔고 이제는 인공지능기법을 활용하고 있다. 대부분 대형 금융기관은 한두 개의 이런 유형의 모형을 복잡한 신용위험 관리에 도입하고 때때로 신용자산 포트폴리오 전략에 결합하여 활용한다. 점차적으로 사적 신용자산이 이들 가치에 대한 중요한 자료인 채무불이행 및 주어진 채무불이행의 회복 예측과 함께 증권으로 취급되고 있다.

아마도 기업 곤경의 가장 흥미로운 부산물은 벌처(vulture)라고 불리는 상대적으로 새로운 유형의 투자자의 발전일 것이다. 이들 자금관리자들은 곤경 및 채무불이행 기업의 증권에 전문성을 가진다.

*Edward I. Altman은 뉴욕대학교 경영대학(NYU Stern School of Business)의 석좌교수이다. 그는 파산과 신용분석, 부실채권과 고수익채권 시장에서 세계적인 전문가로 알려져 있다.

4. 120일 이내에 채무자인 회사만이 회생계획안을 제출할 수 있다. 회생계획안을 등록하면, 회사는 등록일로부터 계획을 승인받는 기간으로 180일이 주어진다.
5. 채권자와 주주는 권리의 종류에 따라 분류되어 그룹(class)으로 편성된다. 분류된 각 그룹 내에서 승인을 받기 위해서는 최소한 과반수의 채권(수 기준)과 채권액의 2/3를 초과하는 채권(금액 기준) 보유자가 계획안을 승인해야 한다.[8]
6. 채권자의 승인 후에 계획안은 법원에서 확정된다.
7. 현금, 재산, 기타 증권으로 채권자와 주주에게 지불된다. 계획안은 새로운 증권의 발행을 제공할 수 있다.

최근에 파산규정 363조가 뉴스거리가 된 적이 있다. 전통적으로 Chapter 11에서 파산계획은 채권자와 주주에게 사업설명서(prospectus) 수준으로 설명을 하였다. 파산계획은 관심 있는 관련자의 투표로 승인을 얻어야만 했다. 그런데 363조에서 파산은 경매와 유사하다. "stalking horse"로 알려진 최초 제안자가 파산기업의 자산 일부 혹은 전부에 대해 제안을 한다. 가능한 가장 높은 제안을 만들어내기 위해서 다른 관련자들이 이 과정에 초대된다. 363조의 주된 장점은 파산이 신속하다는 것이다. 전통적인 파산은 관련자들의 승인을 필요로 해서 몇 년이 걸리는 것도 비정상은 아니었다. 363조에서 파산은 일반적으로 훨씬 빠르다. 예를 들어, 2009년 중반에 GM과 Chrysler는 모두 363조 경매로 45일 이내에 파산절차를 끝냈다.

예제 30.2

Chapter 11 (파산법 제11장) B.O. Drug Co.은 Chapter 11에 의해 회생절차를 밟기로 하였다. 일반적으로 선순위 청구권은 다른 청구권에 앞서 지불금을 받을 수 있다. B.O. Drug Co.의 *"계속기업"* 가치가 $3백만이라고 가정하자. 재무상태표는 아래와 같다.

[8] 파산의 회생절차의 표준적인 내용을 설명한다. 신청서는 거의 항상 받아들여진다. 그리고 일반적인 규칙은 모든 채권자 분류 그룹이 회생계획을 승인하면 회생계획이 법원에서 승인될 것이고, 채권자 그룹이 거절하면 법원도 거절할 것이라는 것이다. 그러나 채권자 그룹의 하나 이상(모두는 아니지만)이 승인하면 계획은 "강제 적용(cram down)" 절차의 자격을 가지게 될 수 있다. 파산법원이 회생계획을 공정하고 공평하다고 판단하고 모든 채권자를 위해 승인한다면 강제 적용이 일어난다.

자산	$3,000,000
부채	
모기지 채권	1,500,000
후순위 무담보채권	2,500,000
주주의 자기자본	−1,000,000

회사는 다음과 같은 회생계획안을 제안하였다.

구 증권	구 청구권	회생계획안에 따른 신 청구권
모기지 채권	$1,500,000	$1,500,000
후순위 무담보채권	2,500,000	1,500,000

회사는 또한 회생계획안에 따라 새로운 청구권 구조에서 새로운 증권을 배분하는 것을 제안하였다.

구 증권	제안된 회생계획안에 따라 받게 되는 것	
모기지 채권	9% 선순위 무담보채권	$1,000,000
	11% 후순위 무담보채권	$ 500,000
후순위 무담보채권	8% 우선주	$1,000,000
	보통주	$ 500,000

그러나 회사는 담보채권자(모기지 채권자)가 같은 액면가를 가진 무담보채권을 승인할 것인지 확신하기 어렵다. 또한 회사는 구 주주로 하여금 기업에 일부 참여를 유지하도록 하는 것을 원한다. 말할 것도 없이 이것은 절대우선의 원칙을 위반하는 것이다. 그리고 무담보채권의 소지자는 반가워하지 않을 것이다.

30.4 사적인 워크아웃 혹은 파산: 어느 쪽이 최선인가?

채무지급액을 불이행한 기업은 재무적 청구권을 재조정할 필요가 있을 것이다. 회사는 두 가지 선택을 할 수 있다. 공식적인 파산 혹은 **사적인 워크아웃**(private workout)이 그것이다. 앞의 절에서 공식적인 파산의 두 가지 형태인 청산과 회생절차에 대해 살펴보았다. 이번 절에서는 사적인 워크아웃과 회생절차를 비교하려고 한다. 두 유형의 재무 구조조정은 모두 새로운 청구권으로 과거의 청구권을 교환하는 것과 관련이 있다. 대개 선순위 채권은 후순위 채권으로, 후순위 채권은 주식으로 대체된다. 사적인 워크아웃과 공식적인 파산에서 어떤 일이 일어나는지에 대한 학계의 연구가 최근 많이 있다.[9]

- 역사적으로 재무 구조조정의 절반은 사적인 것이었지만, 최근에 공식적인 파산이 지배적이다.

[9] 예를 들어, Stuart Gilson, "Managing Default: Some Evidence on How Firms Choose between Workouts and Chapter 11," *Journal of Applied Corporate Finance* (Summer 1991): Stuart C. Gilson, Kose John, and Larry H. P. Lang, "Troubled Debt Restructurings: An Empirical Study of Private Reorganization of Firms in Default," *Journal of Financial Economics* 27 (1990).

- 사적인 워크아웃에서 회생한 기업은 공식적인 파산에서 회생한 기업보다 주식가격의 증가가 훨씬 크다.
- 사적인 워크아웃의 직접 비용은 공식적인 파산의 비용보다 훨씬 작다.
- 사적인 워크아웃과 공식적인 파산 모두에서, 최고경영자는 대개 보상이 줄어들고 때로는 직위를 잃기도 한다.

통합해서 살펴보면, 이러한 사실은 사적인 워크아웃이 공식적인 파산보다 훨씬 좋다는 것을 보여준다. 그렇다면 이제 우리는 왜 기업은 구조조정을 위해 공식적인 파산을 사용하는가를 물어야 한다.

절대우선의 원칙(Absolute Priority Rule: APR)

절대우선의 원칙은 후순위 청구권이 무엇을 받기 전에 선순위 청구권이 완전히 만족되어야 한다는 것을 말한다.

원칙의 이탈

주주	예상: 지급액 없음
	현실: 81% 사례에서 지급
무담보채권자	예상: 담보채권자 이후에 완전 지급
	현실: 78% 사례에서 위반
담보채권자	예상: 완전 지급
	현실: 92% 사례에서 완전 지급

위반의 이유

- 채권자는 소송의 비용을 회피하기를 원한다. 채무자에게는 지연을 야기하고 가치를 훼손할 수 있는 120일의 기회가 주어진다.
- 경영자는 종종 주식을 소유하고 있고 보상받을 것을 요구한다.
- 파산 판사는 합의된 계획을 좋아하고 당사자들이 절충하도록 압력을 행사한다.

출처: Lawrence A. Weiss, "Bankruptcy: Direct Costs and Violation of Priority of Claims," *Journal of Financial Economics* 27(1990).

한계기업

평균적인 기업에게 공식적인 파산은 사적인 워크아웃보다 비용이 더 들지만, 일부 기업에게는 공식적인 파산이 더 나을 수 있다. 공식적인 파산에서 기업은 이전에 발행했던 모든 채권보다 앞서는 선순위의 채권을 발행할 수 있다. 이런 새로운 채권은 "**재산관리 채무자**(debtor in possession: DIP)" 채권이다. 일시적인 현금 주입이 필요한 기업에게 DIP 채권은 파산 회생절차를 사적인 워크아웃보다 매력적인 대안으로 만든다. 파산에는 세금혜택이 있다. 파산에서 기업은 세금의 이월공제를 잃지 않으며, 채무변제에 대한 세금처리는 파산에서 더 유리하다. 또한 파산 전 무담보채권에 대한 이자는 공식적인 파산에서 지급이 중단된다.

저항

파산은 대개 채권자보다는 주식 투자자에게 유리한다. DIP 부채를 이용하고 무담보채권에 발생하는 파산 전 이자지급을 중단하는 것은 주주는 돕고 채권자에게 피해를 끼칠 수 있다. 결과적으로 주식 투자자는 대개 파산 시에 유리한 거래를 위해서 거부할 수도 있다. 절대우선의 원칙은 채권자가 주주보다 유리하지만 공식적인 파산에서는 흔히 위반된다. 최근의 연구는 주주가 일부 보상을 받은 경우가 근래에 있었던 파산의 81%라는 것을 발견했다.[10] Chapter 11에서 채권자는 주주가 동의하는 관리를 얻어 내기 위해서 종종 자신의 우선권을 포기해야만 한다.

복잡성

복잡한 자본구조를 가진 기업은 사적인 워크아웃을 하는 데 더 많은 어려움을 겪을 것이다. 거래신용자와 담보채권자를 가진 기업은 여러 유형의 채권자들과 하나의 합의에 도달하기가 너무 어렵기 때문에 보통 공식적인 파산을 사용할 것이다.

정보의 결여

주주와 채권자 사이에는 본질적인 이해상충이 있다. 그리고 이 이해상충은 양측이 재무적 곤경의 상황에 대해 불완전한 정보를 가질 때 심화된다. 기업이 초기에 현금흐름 부족을 경험하면 이러한 부족이 일시적인지 영구적인지를 알 수 없을 것이다. 만일 부족이 영구적이면 채권자는 공식적인 회생절차나 청산을 요구할 것이다. 그러나 현금흐름의 부족이 일시적이면 공식적인 회생절차나 청산은 불필요할 것이다. 주주는 이런 관점을 주장할 것이다. 이런 이해상충은 쉽게 해결될 수 없다.

이상에서 마지막 두 가지 사항은 특히 중요하다. 즉 복잡성의 정도가 높으면(낮으면), 그리고 정보가 불완전하면(완전하면), 재무적 곤경의 비용이 좀 더 비싸다는(싸다는) 것이다. 복잡성과 정보의 부족 때문에 워크아웃의 비용이 줄어들 가능성도 감소한다.

30.5 프리패키지 파산

2016년 12월 21일 사무실 트레일어와 모바일 사무실 회사인 Modular Space는 미국 파산법의 Chapter 11에 따라 회생절차에 들어갔다. 신청 당시 회사의 부채는 $1십억을 넘은 상태였다. 이런 상황의 회사는 파산에 1년 이상이 소요될 것으로 기대하는 것이 합리적이었다. 그러나 Modular Space는 아니었다. 회생절차 계획은 신청 후 불과 3개월 만인 2017년 3월 6일에 파산법정

[10] Lawrence A. Weiss, "Bankruptcy Resolution: Direct Costs and Violation of Priority of Claims," *Journal of Financial Economics* 27(1990). 그러나 파산의 33.8%에서 주주에게 아무것도 남겨주지 않는다는 아래의 연구도 있다. W. Beranek, R. Boehmer, and B. Smith, "Much Ado about Nothing: Absolute Priority Deviations in Chapter 11," *Financial Management* (Autumn 1996). 이들은 또한 채권자 스스로 최선의 이익을 포기하려고 하면, 파산법은 채권자가 자신의 권리를 포기하는 것을 허용하기 때문에 절대우선의 원칙에서의 이탈이 예상된다고 지적한다. 이러한 견해에 다시 동참하는 연구는 Allan C. Eberhart and Lawrence A. Weiss, "The Importance of Deviations from the Absolute Priority Rule in Chapter 11 Bankruptcy Proceedings," *Financial Management* 27(1998)이 있다.

에서 승인을 받았던 것이다!

기업은 현재의 구조 그대로는 채무를 감당할 수 없다는 것을 본질적으로 인정하면서 전형적으로 채권자로부터 보호를 받으려고 파산을 신청한다. 일단 파산에서는 기업은 생존할 수 있도록 재무구조를 조정하려고 한다. 이 과정의 핵심은 채권자가 궁극적으로 이러한 구조조정(회생절차) 계획을 승인하는 것이다. Chapter 11에서 보내는 시간은 여러 가지에 달려 있지만, 일반적으로 채권자가 회생절차 계획에 동의하도록 하는 데 걸리는 시간에 주로 달려 있다.

프리패키지 파산(prepackaged bankruptcy)[11]은 사적인 워크아웃과 법적인 파산의 결합이다. 파산신청 이전에 기업은 채권자에게 회생절차 계획안을 가지고 접근한다. 양측은 합의를 위해 협상하고 어떻게 기업의 재무구조를 파산 시에 구조조정할 것인가에 대해 상세히 합의한다. 그리고 회사는 파산을 신청하기 전에 파산법정에 필요한 서류를 준비한다. 기업이 법정으로 들어감과 동시에 회생절차 계획의 신청이 채권자의 승인 서류와 함께 완료되면 신청은 사전준비계획(prepack)이며, Modular Space가 그렇게 한 것이다. 이를 프리패키지(사전에 준비된, pre-packaged) 파산이라고 한다.

프리패키지 회생절차의 핵심은 양측이 무엇인가 이득과 손실을 함께 얻을 수 있어야 한다는 것이다. 만일 파산이 임박하면 채권자가 구조조정에서 재무적 손실을 얻게 되더라도 이 과정을 신속하게 처리하려는 것이 상식적일 것이다. Modular Space의 파산은 주주와 채권자 모두에게 고통스러웠다. 합의 조건에 따라서 주주는 모든 권리를 잃었고 대출기관은 $400백만의 부채를 회사의 주식 9.1백만 주로 교환하였다.

프리패키지 파산의 다른 사례인 Atlantic City의 카지노 Revel은 2013년 2월 19일에 프리패키지 파산에 등록을 하였다. 2011년 2월에 $1.155십억을 투자했던 채권자들은 파산에서 벗어날 때 회사 주식의 82%를 소유하게 되었다. 2013년 5월 21일 회사는 공식적으로 Chapter 11의 파산에서 벗어났다. 한편, 2010년에 투자은행인 Morgan Stanley는 $932백만의 투자금액 전부를 포기했다. 따라서 전체적으로 Revel은 값비싼 도박이었다. 2014년 9월에 카지노가 문을 닫았기 때문에 파산은 궁극적으로 실패한 것으로 판명되었다.

프리패키지 파산 협의는 대부분의 채권자가 사적인 동의에 도달하는 것이 필요하다. 프리패키지 파산은 수많은 주저하는 거래신용자가 있으면 성공하기 어려울 수 있다.[12]

프리패키지 파산의 주요 장점은 불필요하게 버티는 사람에게도 파산 회생절차를 받아들이도록 한다는 것이다. 만일 기업의 채권자의 대다수가 사전에 회생계획에 동의할 수 있다면 불필요한 저항의 문제도 피할 수 있을 것이다. 프리패키지 파산은 공식적인 파산의 회생계획을 보다 쉽게 진행할 수 있도록 해준다.[13]

McConnell, Lease, Tashjian의 연구는 프리패키지 파산이 좀 더 효율적이며 공식적인 파산

[11] John McConnell and Henri Servaes, "The Economics of Prepackaged Bankruptcy," *Journal of Applied Corporate Finance* (Summer 1991)에서 프리패키지 파산을 설명한다.

[12] Sris Chatterjee, Upinder S. Dhillon, and Gabriel G. Ramirez, "Resolution of Financial Distress: Debt Restructurings via Chapter 11, Prepackaged Bankruptcies and Workouts," *Financial Management* (Spring 1996). 이 논문은 프리패키지 파산을 사용한 기업은 워크아웃이나 Chapter 11을 사용한 기업보다 소규모이고, 더 나은 재무상태를 가지고, 단기적인 유동성 문제를 겪는 것을 발견했다.

[13] 파산 동안에 회생계획은 채권자의 분류에 따라 "강제 적용"이 될 수 있다. 회생계획이 "공정하고 공평할 만한" 계획으로 볼 수 있다면, 파산비용은 채권자로 하여금 회생절차에 참여하도록 만든다.

에 많은 장점을 제안한다고 보고한다. 그들의 결과는 재무적 곤경의 해결과 관련된 시간 소비와 직접적인 비용이 공식적인 파산보다 프리패키지 파산에서 더 적다는 것을 시사한다.[14]

30.6 기업 파산의 예측: Z-Score 모형

많은 잠재적 채권자는 신용등급 모형으로 잠재적인 대출자의 신용도를 평가한다. 일반적인 개념은 대출기관이 좋은 신용위험과 나쁜 신용위험을 구분할 수 있는 요인을 찾는 것이다. 좀 더 정확하게 이야기하면, 대출기관은 채무불이행이나 파산을 예측할 수 있는 대출자의 특질을 확인하려고 한다.

뉴욕대학교(NYU)의 Edward Altman은 재무제표 비율과 배수를 이용하여 상장된 제조기업의 파산을 예측하는 판별분석의 모형을 개발하였다. 그 결과로 만들어진 모형은 다음과 같다.

$$
\begin{aligned}
Z = 3.3\frac{\text{EBIT}}{\text{총자산}} &+ 1.2\frac{\text{순운전자본}}{\text{총자산}} \\
&+ 1.0\frac{\text{매출액}}{\text{총자산}} + 0.6\frac{\text{자기자본의 시장가치}}{\text{부채의 장부가치}} \\
&+ 1.4\frac{\text{누적된 이익잉여금}}{\text{총자산}}
\end{aligned}
$$

여기서 Z는 파산의 지수이다.

Z의 값이 2.675 미만이면 기업은 1년 내에 파산할 가능성이 95%이다. 그러나 Altman의 결과에 의하면 실무에서 1.81에서 2.99는 회색지대로 생각해야만 한다. 실제 사용에서 $Z \le 1.81$이면 파산이 예측되고 $Z \ge 2.99$이면 파산하지 않는 것으로 예측될 것이다. Altman은 파산기업과 비파산기업이 파산 1년 전에 매우 다른 재무 프로파일을 가진다는 것을 보여준다.[15] 이러한 재무비율의 차이는 Z-score 모형의 배경이 되는 핵심적인 직관이며 〈표 30.2〉에 묘사되어 있다.

Altman의 원래 Z-score 모형은 상장기업이면서 제조업 기업을 요구한다. 비상장기업이고 비제조업인 경우에는 수정된 모형을 사용한다. 그 결과로 만들어진 모형은 아래와 같다.

$$
\begin{aligned}
Z = 6.56\frac{\text{순운전자본}}{\text{총자산}} &+ 3.26\frac{\text{누적된 이익잉여금}}{\text{총자산}} \\
&+ 1.05\frac{\text{EBIT}}{\text{총자산}} + 6.72\frac{\text{자기자본의 장부가치}}{\text{총부채}}
\end{aligned}
$$

여기서 $Z < 1.23$은 파산예측을 가리키고,

$1.23 \le Z \le 2.90$은 회색지대를,

$Z > 2.90$이면 비파산을 가리킨다.

[14] John J. McConnell, Ronald Lease, and Elizabeth Tashjian, "Prepacks as a Mechanism for Resolving Financial Distress: The Evidence," *Journal of Applied Corporate Finance* 8 (1996).

[15] 비록 이러한 기준이 Altman이 원래 제시한 수치이기는 하지만, 최근의 인터뷰에서 그는 음의 Z-score가 잠재적인 파산을 가리킨다고 말했다. www.stern.nyu.edu/experience-stern/news-events/professor-edward-altman-discusses-his-z-score-research-and-today-s-credit-markets.

표 30.2
파산 1년 전의 재무제표 비율: 제조기업

	파산 1년 전의 평균 비율	
	파산기업	비파산기업
$\frac{\text{순운전자본}}{\text{총자산}}$	−6.1%	41.4%
$\frac{\text{누적된 이익잉여금}}{\text{총자산}}$	−62.6%	35.5%
$\frac{\text{EBIT}}{\text{총자산}}$	−311.8%	15.4%
$\frac{\text{자기자본의 시장가치}}{\text{총부채}}$	40.1%	247.7%
$\frac{\text{매출액}}{\text{총자산}}$	150%	190%

출처: Edward I. Altman, *Corporate Financial Distress and Bankruptcy* (New York: John Wiley & Sons, 1993), Table 3.1, p.109.

예제 30.3

U.S. Composite Corporation은 First National State Bank의 신용한도(line of credit)를 늘리려고 한다. First National State Bank의 신용관리 부장은 신용도를 결정하는 데 Z-score 모형을 사용한다. U.S. Composite Corporation은 활발하게 거래되는 회사가 아니며 시장가격이 항상 신뢰할 수 있는 것은 아니므로, 수정된 Z-score 모형이 사용될 수 있다.

U.S. Composite Corporatoin의 재무상태표와 손익계산서는 〈표 2.1〉과 〈표 2.2〉(2장 참조)에 있다. 첫 번째 단계는 재무제표 변수의 가치를 찾고 수정된 Z-score 모형에 적용한다.

(단위: $백만)

$$\frac{\text{순운전자본}}{\text{총자산}} = \frac{\$271}{\$1,879} = 0.144$$

$$\frac{\text{누적된 이익잉여금}}{\text{총자산}} = \frac{\$159}{\$1,879} = 0.085$$

$$\frac{\text{EBIT}}{\text{총자산}} = \frac{\$219}{\$1,879} = 0.117$$

$$\frac{\text{자기자본 장부가치}}{\text{총부채}} = \frac{\$805}{\$584} = 1.378$$

다음 단계는 수정된 Z-score를 계산한다.

$$Z = 6.56 \times 0.144 + 3.26 \times 0.085 + 1.05 \times 0.117 + 6.72 \times 1.378$$
$$= 10.61$$

마지막으로 Z-score가 2.9 이상이기 때문에, 우리는 U.S. Composite가 좋은 신용위험을 가진다고 결정할 수 있다.

요약 및 결론 _Summary and Conclusions

이번 장에서 기업이 재무적 곤경을 경험할 때 어떤 일이 발생하는지를 살펴보았다.

01. 재무적 곤경은 기업의 영업현금흐름이 계약상의 의무를 감당하기에 충분하지 않는 상황이다. 재무적으로 곤경에 있는 기업은 종종 시정조치를 취하거나 재무적 재조정에 들어가야만 한다. 재무적 재조정은 새로운 재무적 청구권으로 예전의 청구권을 교환하는 것과 관련이 있다.

02. 재무적 재조정은 사적인 워크아웃이나 공식적인 파산을 통해 이룰 수 있다. 재무적 재조정은 청산이나 회생절차와 관련될 수 있다. 그러나 청산은 일반적이지 않다.

03. 기업 파산은 Chapter 7의 청산이나 Chapter 11의 회생절차와 관련되어 있다. 미국 파산법의 본질적인 특성은 절대우선의 원칙이다. 절대우선의 원칙은 후순위 채권자가 어떤 것을 받기 전에 선순위 채권자에게 완전히 지불되어야 한다는 것을 말한다. 그러나 실무에서 절대우선의 원칙은 종종 위반된다.

04. 새로운 형태의 재무적 재조정은 프리패키지 파산이다. 이것은 사적인 워크아웃과 공식적인 파산의 합성이다.

05. 재무적 곤경을 경험하는 기업은 다르게-보이는 재무제표로 구별할 수 있다. Z-score 모형은 이러한 차이의 일부를 잡아낸다.

개념확인 _Concept Questions

01. 재무적 곤경 축적-기반의 접근법과 흐름-기반의 접근법을 이용하여 재무적 곤경(financial distress)을 정의하라.

02. 재무적 곤경 재무적 곤경의 일부 이득으로는 무엇이 있는가?

03. 프리패키지 파산 프리패키지(prepackaged) 파산은 무엇인가? 프리패키지 파산의 주요 이점은 무엇인가?

04. 재무적 곤경 재무적 곤경이 기업을 항상 소멸하도록 하지 않는 이유는 무엇인가?

05. 청산 및 회생절차 청산과 회생절차의 차이는 무엇인가?

06. 절대우선의 원칙(APR) 절대우선의 원칙은 무엇인가?

07. DIP 대출 DIP 대출은 무엇인가? DIP 대출은 APR에서 어디에 해당하는가?

08. 파산 윤리 기업은 때때로 채권자에게 재협상을 요구하면서 파산신청의 위협을 사용한다. 이런 경우에 어떤 이는 기업이 파산법을 "방패가 아니라 칼로" 사용한다고 비난한다. 이것은 윤리적인 전술인가?

09. 파산 윤리 일부 기업은 최소한 노동비용을 줄이는 하나의 수단으로 파산에 들어가거나 들어가겠다고 위협한다. 이런 움직임이 윤리적인가 혹은 적절한가에 대해 논쟁이 뜨겁다. 파산은 윤리적인 도구인가?

10. 파산과 사적인 워크아웃 사적인 워크아웃이 훨씬 더 비용이 덜 드는데, 왜 그렇게 많은 기업이 법적인 파산을 신청하는가?

연습문제 _Questions and Problems

기초
(Questions 1~2)

01. Chapter 7 Beacon Computer Company가 미국 파산법의 Chapter 7에 따라서 파산을 등록했을 때, 다음 재무상태표 정보를 가지고 있었다.

청산가치		청구권	
		거래신용	$ 4,900
		모기지 담보채권	7,600
		선순위 무담보채권	13,000
		후순위 무담보채권	16,000
총자산	$35,600	자기자본	−5,900

파산과 관련된 법률 수수료는 없다고 가정하자. 파산관재인(trustee)으로서, 당신은 청산가치를 어떻게 배분하는 것을 제안하겠는가?

02. Chapter 11 Master Printing Company가 파산을 등록했을 때, 회사는 미국 파산법의 Chapter 11에 등록하였다. 핵심 정보는 아래와 같다.

자산		청구권	
		모기지 채권	$27,000
		선순위 무담보채권	12,100
		후순위 무담보채권	8,500
계속기업 가치	$37,500	자기자본 장부가치	−10,100

파산관재인(trustee)으로서, 당신은 어떤 회생절차(reorganization) 계획을 받아들이겠는가?

중급
(Questions 3~4)

03. Z-Score Fair-to-Midland Manufacturing, Inc. (FMM)은 True Credit Bank에게 대출을 신청하였다. 은행의 신용분석가인 Jon Fulkerson는 회사의 재무제표에서 다음 정보를 수집하였다.

총자산	$115,000
EBIT	7,900
순운전자본	4,100
자기자본의 장부가치	23,000
누적된 이익잉여금	19,600
매출액	112,000

FMM의 주가는 주당 $31이고 총 발행주식수는 7,800주이다. 이 기업의 Z-score는 얼마인가?

04. Z-Score Jon Fulkerson은 또한 비공개기업인 Seether, LLC의 신용 신청을 받았다. 기업이 제공한 요약된 재무정보는 아래와 같다.

총자산	$78,000
EBIT	8,600
순운전자본	3,200
자기자본의 장부가치	15,000
누적된 이익잉여금	26,000
총부채	55,000

이 기업의 Z-score는 얼마인가?

부록 A

가치계산을 위한 계산표

표 A.1
일정 기간 t 이후에 받게 될 \$1의 현재가치 $= 1/(1 + r)^t$

표 A.2
일정 기간 t 동안 기간당 \$1인 연금의 현재가치 $= [1 - 1/(+ r)^t]/r$

표 A.3
일정 기간 t 말에 \$1의 미래가치 $= (1 + r)^t$

표 A.4
일정 기간 t 동안 기간당 \$1인 연금의 미래가치 $= (1 + r)^t - 1]/r$

표 A.5
기간 t 동안 r의 이자율로 연속 복리 계산하는 \$1의 미래가치: e^{rt}의 가치

표 A.6
기간 t 동안 r의 이자율로 연속 할인 계산하는 \$1의 현재가치: e^{-rt}의 가치

표 A.1 일정 기간 t 이후에 받게 될 \$1의 현재가치 = $1/(1 + r)^t$

	이자율								
기간	1%	2%	3%	4%	5%	6%	7%	8%	9%
1	0.9901	0.9804	0.9709	0.9615	0.9524	0.9434	0.9346	0.9259	0.9174
2	0.9803	0.9612	0.9426	0.9246	0.9070	0.8900	0.8734	0.8573	0.8417
3	0.9706	0.9423	0.9151	0.8890	0.8638	0.8396	0.8163	0.7938	0.7722
4	0.9610	0.9238	0.8885	0.8548	0.8227	0.7921	0.7629	0.7350	0.7084
5	0.9515	0.9057	0.8626	0.8219	0.7835	0.7473	0.7130	0.6806	0.6499
6	0.9420	0.8880	0.8375	0.7903	0.7462	0.7050	0.6663	0.6302	0.5963
7	0.9327	0.8706	0.8131	0.7599	0.7107	0.6651	0.6227	0.5835	0.5470
8	0.9235	0.8535	0.7894	0.7307	0.6768	0.6274	0.5820	0.5403	0.5019
9	0.9143	0.8368	0.7664	0.7026	0.6446	0.5919	0.5439	0.5002	0.4604
10	0.9053	0.8203	0.7441	0.6756	0.6139	0.5584	0.5083	0.4632	0.4224
11	0.8963	0.8043	0.7224	0.6496	0.5847	0.5268	0.4751	0.4289	0.3875
12	0.8874	0.7885	0.7014	0.6246	0.5568	0.4970	0.4440	0.3971	0.3555
13	0.8787	0.7730	0.6810	0.6006	0.5303	0.4688	0.4150	0.3677	0.3262
14	0.8700	0.7579	0.6611	0.5775	0.5051	0.4423	0.3878	0.3405	0.2992
15	0.8613	0.7430	0.6419	0.5553	0.4810	0.4173	0.3624	0.3152	0.2745
16	0.8528	0.7284	0.6232	0.5339	0.4581	0.3936	0.3387	0.2919	0.2519
17	0.8444	0.7142	0.6050	0.5134	0.4363	0.3714	0.3166	0.2703	0.2311
18	0.8360	0.7002	0.5874	0.4936	0.4155	0.3503	0.2959	0.2502	0.2120
19	0.8277	0.6864	0.5703	0.4746	0.3957	0.3305	0.2765	0.2317	0.1945
20	0.8195	0.6730	0.5537	0.4564	0.3769	0.3118	0.2584	0.2145	0.1784
21	0.8114	0.6598	0.5375	0.4388	0.3589	0.2942	0.2415	0.1987	0.1637
22	0.8034	0.6468	0.5219	0.4220	0.3418	0.2775	0.2257	0.1839	0.1502
23	0.7954	0.6342	0.5067	0.4057	0.3256	0.2618	0.2109	0.1703	0.1378
24	0.7876	0.6217	0.4919	0.3901	0.3101	0.2470	0.1971	0.1577	0.1264
25	0.7798	0.6095	0.4776	0.3751	0.2953	0.2330	0.1842	0.1460	0.1160
30	0.7419	0.5521	0.4120	0.3083	0.2314	0.1741	0.1314	0.0994	0.0754
40	0.6717	0.4529	0.3066	0.2083	0.1420	0.0972	0.0668	0.0460	0.0318
50	0.6080	0.3715	0.2281	0.1407	0.0872	0.0543	0.0339	0.0213	0.0134

기간	10%	12%	14%	15%	16%	18%	20%	24%	28%	32%	36%
1	0.9091	0.8929	0.8772	0.8696	0.8621	0.8475	0.8333	0.8065	0.7813	0.7576	0.7353
2	0.8264	0.7972	0.7695	0.7561	0.7432	0.7182	0.6944	0.6504	0.6104	0.5739	0.5407
3	0.7513	0.7118	0.6750	0.6575	0.6407	0.6086	0.5787	0.5245	0.4768	0.4348	0.3975
4	0.6830	0.6355	0.5921	0.5718	0.5523	0.5158	0.4823	0.4230	0.3725	0.3294	0.2923
5	0.6209	0.5674	0.5194	0.4972	0.4761	0.4371	0.4019	0.3411	0.2910	0.2495	0.2149
6	0.5645	0.5066	0.4556	0.4323	0.4104	0.3704	0.3349	0.2751	0.2274	0.1890	0.1580
7	0.5132	0.4523	0.3996	0.3759	0.3538	0.3139	0.2791	0.2218	0.1776	0.1432	0.1162
8	0.4665	0.4039	0.3506	0.3269	0.3050	0.2660	0.2326	0.1789	0.1388	0.1085	0.0854
9	0.4241	0.3606	0.3075	0.2843	0.2630	0.2255	0.1938	0.1443	0.1084	0.0822	0.0628
10	0.3855	0.3220	0.2697	0.2472	0.2267	0.1911	0.1615	0.1164	0.0847	0.0623	0.0462
11	0.3505	0.2875	0.2366	0.2149	0.1954	0.1619	0.1346	0.0938	0.0662	0.0472	0.0340
12	0.3186	0.2567	0.2076	0.1869	0.1685	0.1372	0.1122	0.0757	0.0517	0.0357	0.0250
13	0.2897	0.2292	0.1821	0.1625	0.1452	0.1163	0.0935	0.0610	0.0404	0.0271	0.0184
14	0.2633	0.2046	0.1597	0.1413	0.1252	0.0985	0.0779	0.0492	0.0316	0.0205	0.0135
15	0.2394	0.1827	0.1401	0.1229	0.1079	0.0835	0.0649	0.0397	0.0247	0.0155	0.0099
16	0.2176	0.1631	0.1229	0.1069	0.0930	0.0708	0.0541	0.0320	0.0193	0.0118	0.0073
17	0.1978	0.1456	0.1078	0.0929	0.0802	0.0600	0.0451	0.0258	0.0150	0.0089	0.0054
18	0.1799	0.1300	0.0946	0.0808	0.0691	0.0508	0.0376	0.0208	0.0118	0.0068	0.0039
19	0.1635	0.1161	0.0829	0.0703	0.0596	0.0431	0.0313	0.0168	0.0092	0.0051	0.0029
20	0.1486	0.1037	0.0728	0.0611	0.0514	0.0365	0.0261	0.0135	0.0072	0.0039	0.0021
21	0.1351	0.0926	0.0638	0.0531	0.0443	0.0309	0.0217	0.0109	0.0056	0.0029	0.0016
22	0.1228	0.0826	0.0560	0.0462	0.0382	0.0262	0.0181	0.0088	0.0044	0.0022	0.0012
23	0.1117	0.0738	0.0491	0.0402	0.0329	0.0222	0.0151	0.0071	0.0034	0.0017	0.0008
24	0.1015	0.0659	0.0431	0.0349	0.0284	0.0188	0.0126	0.0057	0.0027	0.0013	0.0006
25	0.0923	0.0588	0.0378	0.0304	0.0245	0.0160	0.0105	0.0046	0.0021	0.0010	0.0005
30	0.0573	0.0334	0.0196	0.0151	0.0116	0.0070	0.0042	0.0016	0.0006	0.0002	0.0001
40	0.0221	0.0107	0.0053	0.0037	0.0026	0.0013	0.0007	0.0002	0.0001	*	*
50	0.0085	0.0035	0.0014	0.0009	0.0006	0.0003	0.0001	*	*	*	*

*소수점 넷째 자리까지 0임.

표 A.2 일정 기간 t 동안 기간당 $1인 연금의 현재가치 = $[1 - 1/(1 + r)^t]/r$

	이자율								
기간의 수	1%	2%	3%	4%	5%	6%	7%	8%	9%
1	0.9901	0.9804	0.9709	0.9615	0.9524	0.9434	0.9346	0.9259	0.9174
2	1.9704	1.9416	1.9135	1.8861	1.8594	1.8334	1.8080	1.7833	1.7591
3	2.9410	2.8839	2.8286	2.7751	2.7232	2.6730	2.6243	2.5771	2.5313
4	3.9020	3.8077	3.7171	3.6299	3.5460	3.4651	3.3872	3.3121	3.2397
5	4.8534	4.7135	4.5797	4.4518	4.3295	4.2124	4.1002	3.9927	3.8897
6	5.7955	5.6014	5.4172	5.2421	5.0757	4.9173	4.7665	4.6229	4.4859
7	6.7282	6.4720	6.2303	6.0021	5.7864	5.5824	5.3893	5.2064	5.0330
8	7.6517	7.3255	7.0197	6.7327	6.4632	6.2098	5.9713	5.7466	5.5348
9	8.5660	8.1622	7.7861	7.4353	7.1078	6.8017	6.5152	6.2469	5.9952
10	9.4713	8.9826	8.5302	8.1109	7.7217	7.3601	7.0236	6.7101	6.4177
11	10.3676	9.7868	9.2526	8.7605	8.3064	7.8869	7.4987	7.1390	6.8052
12	11.2551	10.5753	9.9540	9.3851	8.8633	8.3838	7.9427	7.5361	7.1607
13	12.1337	11.3484	10.6350	9.9856	9.3936	8.8527	8.3577	7.9038	7.4869
14	13.0037	12.1062	11.2961	10.5631	9.8986	9.2950	8.7455	8.2442	7.7862
15	13.8651	12.8493	11.9379	11.1184	10.3797	9.7122	9.1079	8.5595	8.0607
16	14.7179	13.5777	12.5611	11.6523	10.8378	10.1059	9.4466	8.8514	8.3126
17	15.5623	14.2919	13.1661	12.1657	11.2741	10.4773	9.7632	9.1216	8.5436
18	16.3983	14.9920	13.7535	12.6593	11.6896	10.8276	10.0591	9.3719	8.7556
19	17.2260	15.6785	14.3238	13.1339	12.0853	11.1581	10.3356	9.6036	8.9501
20	18.0456	16.3514	14.8775	13.5903	12.4622	11.4699	10.5940	9.8181	9.1285
21	18.8570	17.0112	15.4150	14.0292	12.8212	11.7641	10.8355	10.0168	9.2922
22	19.6604	17.6580	15.9369	14.4511	13.1630	12.0416	11.0612	10.2007	9.4424
23	20.4558	18.2922	16.4436	14.8568	13.4886	12.3034	11.2722	10.3741	9.5802
24	21.2434	18.9139	16.9355	15.2470	13.7986	12.5504	11.4693	10.5288	9.7066
25	22.0232	19.5235	17.4131	15.6221	14.0939	12.7834	11.6536	10.6748	9.8226
30	25.8077	22.3965	19.6004	17.2920	15.3725	13.7648	12.4090	11.2578	10.2737
40	32.8347	27.3555	23.1148	19.7928	17.1591	15.0463	13.3317	11.9246	10.7574
50	39.1961	31.4236	25.7298	21.4822	18.2559	15.7619	13.8007	12.2335	10.9617

기간의 수	10%	12%	14%	15%	16%	18%	20%	24%	28%	32%
1	0.9091	0.8929	0.8772	0.8696	0.8621	0.8475	0.8333	0.8065	0.7813	0.7576
2	1.7355	1.6901	1.6467	1.6257	1.6052	1.5656	1.5278	1.4568	1.3916	1.3315
3	2.4869	2.4018	2.3216	2.2832	2.2459	2.1743	2.1065	1.9813	1.8684	1.7663
4	3.1699	3.0373	2.9137	2.8550	2.7982	2.6901	2.5887	2.4043	2.2410	2.0957
5	3.7908	3.6048	3.4331	3.3522	3.2743	3.1272	2.9906	2.7454	2.5320	2.3452
6	4.3553	4.1114	3.8887	3.7845	3.6847	3.4976	3.3255	3.0205	2.7594	2.5342
7	4.8684	4.5638	4.2883	4.1604	4.0386	3.8115	3.6046	3.2423	2.9370	2.6775
8	5.3349	4.9676	4.6389	4.4873	4.3436	4.0776	3.8372	3.4212	3.0758	2.7860
9	5.7590	5.3282	4.9464	4.7716	4.6065	4.3030	4.0310	3.5655	3.1842	2.8681
10	6.1446	5.6502	5.2161	5.0188	4.8332	4.4941	4.1925	3.6819	3.2689	2.9304
11	6.4951	5.9377	5.4527	5.2337	5.0286	4.6560	4.3271	3.7757	3.3351	2.9776
12	6.8137	6.1944	5.6603	5.4206	5.1971	4.7932	4.4392	3.8514	3.3868	3.0133
13	7.1034	6.4235	5.8424	5.5831	5.3423	4.9095	4.5327	3.9124	3.4272	3.0404
14	7.3667	6.6282	6.0021	5.7245	5.4675	5.0081	4.6106	3.9616	3.4587	3.0609
15	7.6061	6.8109	6.1422	5.8474	5.5755	5.0916	4.6755	4.0013	3.4834	3.0764
16	7.8237	6.9740	6.2651	5.9542	5.6685	5.1624	4.7296	4.0333	3.5026	3.0882
17	8.0216	7.1196	6.3729	6.0472	5.7487	5.2223	4.7746	4.0591	3.5177	3.0971
18	8.2014	7.2497	6.4674	6.1280	5.8178	5.2732	4.8122	4.0799	3.5294	3.1039
19	8.3649	7.3658	6.5504	6.1982	5.8775	5.3162	4.8435	4.0967	3.5386	3.1090
20	8.5136	7.4694	6.6231	6.2593	5.9288	5.3527	4.8696	4.1103	3.5458	3.1129
21	8.6487	7.5620	6.6870	6.3125	5.9731	5.3837	4.8913	4.1212	3.5514	3.1158
22	8.7715	7.6446	6.7429	6.3587	6.0113	5.4099	4.9094	4.1300	3.5558	3.1180
23	8.8832	7.7184	6.7921	6.3988	6.0442	5.4321	4.9245	4.1371	3.5592	3.1197
24	8.9847	7.7843	6.8351	6.4338	6.0726	5.4509	4.9371	4.1428	3.5619	3.1210
25	9.0770	7.8431	6.8729	6.4641	6.0971	5.4669	4.9476	4.1474	3.5640	3.1220
30	9.4269	8.0552	7.0027	6.5660	6.1772	5.5168	4.9789	4.1601	3.5693	3.1242
40	9.7791	8.2438	7.1050	6.6418	6.2335	5.5482	4.9966	4.1659	3.5712	3.1250
50	9.9148	8.3045	7.1327	6.6605	6.2463	5.5541	4.9995	4.1666	3.5714	3.1250

표 A.3 일정 기간 t 말에 $1의 미래가치 = $(1 + r)^t$

	이자율								
기간	1%	2%	3%	4%	5%	6%	7%	8%	9%
1	1.0100	1.0200	1.0300	1.0400	1.0500	1.0600	1.0700	1.0800	1.0900
2	1.0201	1.0404	1.0609	1.0816	1.1025	1.1236	1.1449	1.1664	1.1881
3	1.0303	1.0612	1.0927	1.1249	1.1576	1.1910	1.2250	1.2597	1.2950
4	1.0406	1.0824	1.1255	1.1699	1.2155	1.2625	1.3108	1.3605	1.4116
5	1.0510	1.1041	1.1593	1.2167	1.2763	1.3382	1.4026	1.4693	1.5386
6	1.0615	1.1262	1.1941	1.2653	1.3401	1.4185	1.5007	1.5869	1.6771
7	1.0721	1.1487	1.2299	1.3159	1.4071	1.5036	1.6058	1.7138	1.8280
8	1.0829	1.1717	1.2668	1.3686	1.4775	1.5938	1.7182	1.8509	1.9926
9	1.0937	1.1951	1.3048	1.4233	1.5513	1.6895	1.8385	1.9990	2.1719
10	1.1046	1.2190	1.3439	1.4802	1.6289	1.7908	1.9672	2.1589	2.3674
11	1.1157	1.2434	1.3842	1.5395	1.7103	1.8983	2.1049	2.3316	2.5804
12	1.1268	1.2682	1.4258	1.6010	1.7959	2.0122	2.2522	2.5182	2.8127
13	1.1381	1.2936	1.4685	1.6651	1.8856	2.1329	2.4098	2.7196	3.0658
14	1.1495	1.3195	1.5126	1.7317	1.9799	2.2609	2.5785	2.9372	3.3417
15	1.1610	1.3459	1.5580	1.8009	2.0789	2.3966	2.7590	3.1722	3.6425
16	1.1726	1.3728	1.6047	1.8730	2.1829	2.5404	2.9522	3.4259	3.9703
17	1.1843	1.4002	1.6528	1.9479	2.2920	2.6928	3.1588	3.7000	4.3276
18	1.1961	1.4282	1.7024	2.0258	2.4066	2.8543	3.3799	3.9960	4.7171
19	1.2081	1.4568	1.7535	2.1068	2.5270	3.0256	3.6165	4.3157	5.1417
20	1.2202	1.4859	1.8061	2.1911	2.6533	3.2071	3.8697	4.6610	5.6044
21	1.2324	1.5157	1.8603	2.2788	2.7860	3.3996	4.1406	5.0338	6.1088
22	1.2447	1.5460	1.9161	2.3699	2.9253	3.6035	4.4304	5.4365	6.6586
23	1.2572	1.5769	1.9736	2.4647	3.0715	3.8197	4.7405	5.8715	7.2579
24	1.2697	1.6084	2.0328	2.5633	3.2251	4.0489	5.0724	6.3412	7.9111
25	1.2824	1.6406	2.0938	2.6658	3.3864	4.2919	5.4274	6.8485	8.6231
30	1.3478	1.8114	2.4273	3.2434	4.3219	5.7435	7.6123	10.063	13.268
40	1.4889	2.2080	3.2620	4.8010	7.0400	10.286	14.974	21.725	31.409
50	1.6446	2.6916	4.3839	7.1067	11.467	18.420	29.457	46.902	74.358
60	1.8167	3.2810	5.8916	10.520	18.679	32.988	57.946	101.26	176.03

기간	10%	12%	14%	15%	16%	18%	20%	24%	28%	32%	36%
1	1.1000	1.1200	1.1400	1.1500	1.1600	1.1800	1.2000	1.2400	1.2800	1.3200	1.3600
2	1.2100	1.2544	1.2996	1.3225	1.3456	1.3924	1.4400	1.5376	1.6384	1.7424	1.8496
3	1.3310	1.4049	1.4815	1.5209	1.5609	1.6430	1.7280	1.9066	2.0972	2.3000	2.5155
4	1.4641	1.5735	1.6890	1.7490	1.8106	1.9388	2.0736	2.3642	2.6844	3.0360	3.4210
5	1.6105	1.7623	1.9254	2.0114	2.1003	2.2878	2.4883	2.9316	3.4360	4.0075	4.6526
6	1.7716	1.9738	2.1950	2.3131	2.4364	2.6996	2.9860	3.6352	4.3980	5.2899	6.3275
7	1.9487	2.2107	2.5023	2.6600	2.8262	3.1855	3.5832	4.5077	5.6295	6.9826	8.6054
8	2.1436	2.4760	2.8526	3.0590	3.2784	3.7589	4.2998	5.5895	7.2058	9.2170	11.703
9	2.3579	2.7731	3.2519	3.5179	3.8030	4.4355	5.1598	6.9310	9.2234	12.166	15.917
10	2.5937	3.1058	3.7072	4.0456	4.4114	5.2338	6.1917	8.5944	11.806	16.060	21.647
11	2.8531	3.4785	4.2262	4.6524	5.1173	6.1759	7.4301	10.657	15.112	21.199	29.439
12	3.1384	3.8960	4.8179	5.3503	5.9360	7.2876	8.9161	13.215	19.343	27.983	40.037
13	3.4523	4.3635	5.4924	6.1528	6.8858	8.5994	10.699	16.386	24.759	36.937	54.451
14	3.7975	4.8871	6.2613	7.0757	7.9875	10.147	12.839	20.319	31.691	48.757	74.053
15	4.1772	5.4736	7.1379	8.1371	9.2655	11.974	15.407	25.196	40.565	64.359	100.71
16	4.5950	6.1304	8.1372	9.3576	10.748	14.129	18.488	31.243	51.923	84.954	136.97
17	5.0545	6.8660	9.2765	10.761	12.468	16.672	22.186	38.741	66.461	112.14	186.28
18	5.5599	7.6900	10.575	12.375	14.463	19.673	26.623	48.039	86.071	148.02	253.34
19	6.1159	8.6128	12.056	14.232	16.777	23.214	31.948	59.568	108.89	195.39	344.54
20	6.7275	9.6463	13.743	16.367	19.461	27.393	38.338	73.864	139.38	257.92	468.57
21	7.4002	10.804	15.668	18.822	22.574	32.324	46.005	91.592	178.41	340.45	637.26
22	8.1403	12.100	17.861	21.645	26.186	38.142	55.206	113.57	228.36	449.39	866.67
23	8.9543	13.552	20.362	24.891	30.376	45.008	66.247	140.83	292.30	593.20	1178.7
24	9.8497	15.179	23.212	28.625	35.236	53.109	79.497	174.63	374.14	783.02	1603.0
25	10.835	17.000	26.462	32.919	40.874	62.669	95.396	216.54	478.90	1033.6	2180.1
30	17.449	29.960	50.950	66.212	85.850	143.37	237.38	634.82	1645.5	4142.1	10143.
40	45.259	93.051	188.88	267.86	378.72	750.38	1469.8	5455.9	19427.	66521.	*
50	117.39	289.00	700.23	1083.7	1670.7	3927.4	9100.4	46890.	*	*	*
60	304.48	897.60	2595.9	4384.0	7370.2	20555.	56348.	*	*	*	*

*FVIV > 99,999.

표 A.4 일정 기간 t 동안 기간당 \$1인 연금의 미래가치 = $[(1+r)^t - 1]/r$

이자율									
기간의 수	1%	2%	3%	4%	5%	6%	7%	8%	9%
1	1.0000	1.0000	1.0000	1.0000	1.0000	1.0000	1.0000	1.0000	1.0000
2	2.0100	2.0200	2.0300	2.0400	2.0500	2.0600	2.0700	2.0800	2.0900
3	3.0301	3.0604	3.0909	3.1216	3.1525	3.1836	3.2149	3.2464	3.2781
4	4.0604	4.1216	4.1836	4.2465	4.3101	4.3746	4.4399	4.5061	4.5731
5	5.1010	5.2040	5.3091	5.4163	5.5256	5.6371	5.7507	5.8666	5.9847
6	6.1520	6.3081	6.4684	6.6330	6.8019	6.9753	7.1533	7.3359	7.5233
7	7.2135	7.4343	7.6625	7.8983	8.1420	8.3938	8.6540	8.9228	9.2004
8	8.2857	8.5830	8.8932	9.2142	9.5491	9.8975	10.260	10.637	11.028
9	9.3685	9.7546	10.159	10.583	11.027	11.491	11.978	12.488	13.021
10	10.462	10.950	11.464	12.006	12.578	13.181	13.816	14.487	15.193
11	11.567	12.169	12.808	13.486	14.207	14.972	15.784	16.645	17.560
12	12.683	13.412	14.192	15.026	15.917	16.870	17.888	18.977	20.141
13	13.809	14.680	15.618	16.627	17.713	18.882	20.141	21.495	22.953
14	14.947	15.974	17.086	18.292	19.599	21.015	22.550	24.215	26.019
15	16.097	17.293	18.599	20.024	21.579	23.276	25.129	27.152	29.361
16	17.258	18.639	20.157	21.825	23.657	25.673	27.888	30.324	33.003
17	18.430	20.012	21.762	23.698	25.840	28.213	30.840	33.750	36.974
18	19.615	21.412	23.414	25.645	28.132	30.906	33.999	37.450	41.301
19	20.811	22.841	25.117	27.671	30.539	33.760	37.379	41.446	46.018
20	22.019	24.297	26.870	29.778	33.066	36.786	40.995	45.762	51.160
21	23.239	25.783	28.676	31.969	35.719	39.993	44.865	50.423	56.765
22	24.472	27.299	30.537	34.248	38.505	43.392	49.006	55.457	62.873
23	25.716	28.845	32.453	36.618	41.430	46.996	53.436	60.893	69.532
24	26.973	30.422	34.426	39.083	44.502	50.816	58.177	66.765	76.790
25	28.243	32.030	36.459	41.646	47.727	54.865	63.249	73.106	84.701
30	34.785	40.568	47.575	56.085	66.439	79.058	94.461	113.28	136.31
40	48.886	60.402	75.401	95.026	120.80	154.76	199.64	259.06	337.88
50	64.463	84.579	112.80	152.67	209.35	290.34	406.53	573.77	815.08
60	81.670	114.05	163.05	237.99	353.58	533.13	813.52	1253.2	1944.8

기간의 수	10%	12%	14%	15%	16%	18%	20%	24%	28%	32%	36%
1	1.0000	1.0000	1.0000	1.0000	1.0000	1.0000	1.0000	1.0000	1.0000	1.0000	1.0000
2	2.1000	2.1200	2.1400	2.1500	2.1600	2.1800	2.2000	2.2400	2.2800	2.3200	2.3600
3	3.3100	3.3744	3.4396	3.4725	3.5056	3.5724	3.6400	3.7776	3.9184	4.0624	4.2096
4	4.6410	4.7793	4.9211	4.9934	5.0665	5.2154	5.3680	5.6842	6.0156	6.3624	6.7251
5	6.1051	6.3528	6.6101	6.7424	6.8771	7.1542	7.4416	8.0484	8.6999	9.3983	10.146
6	7.7156	8.1152	8.5355	8.7537	8.9775	9.4420	9.9299	10.980	12.136	13.406	14.799
7	9.4872	10.089	10.730	11.067	11.414	12.142	12.916	14.615	16.534	18.696	21.126
8	11.436	12.300	13.233	13.727	14.240	15.327	16.499	19.123	22.163	25.678	29.732
9	13.579	14.776	16.085	16.786	17.519	19.086	20.799	24.712	29.369	34.895	41.435
10	15.937	17.549	19.337	20.304	21.321	23.521	25.959	31.643	38.593	47.062	57.352
11	18.531	20.655	23.045	24.349	25.733	28.755	32.150	40.238	50.398	63.122	78.998
12	21.384	24.133	27.271	29.002	30.850	34.931	39.581	50.895	65.510	84.320	108.44
13	24.523	28.029	32.089	34.352	36.786	42.219	48.497	64.110	84.853	112.30	148.47
14	27.975	32.393	37.581	40.505	43.672	50.818	59.196	80.496	109.61	149.24	202.93
15	31.772	37.280	43.842	47.580	51.660	60.965	72.035	100.82	141.30	198.00	276.98
16	35.950	42.753	50.980	55.717	60.925	72.939	87.442	126.01	181.87	262.36	377.69
17	40.545	48.884	59.118	65.075	71.673	87.068	105.93	157.25	233.79	347.31	514.66
18	45.599	55.750	68.394	75.836	84.141	103.74	128.12	195.99	300.25	459.45	700.94
19	51.159	64.440	78.969	88.212	98.603	123.41	154.74	244.03	385.32	607.47	954.28
20	57.275	72.052	91.025	102.44	115.38	146.63	186.69	303.60	494.21	802.86	1298.8
21	64.002	81.699	104.77	118.81	134.84	174.02	225.03	377.46	633.59	1060.8	1767.4
22	71.403	92.503	120.44	137.63	157.41	206.34	271.03	469.06	812.00	1401.2	2404.7
23	79.543	104.60	138.30	159.28	183.60	244.49	326.24	582.63	1040.4	1850.6	3271.3
24	88.497	118.16	158.66	184.17	213.98	289.49	392.48	723.46	1332.7	2443.8	4450.0
25	98.347	133.33	181.87	212.79	249.21	342.60	471.98	898.09	1706.8	3226.8	6053.0
30	164.49	241.33	356.79	434.75	530.31	790.95	1181.9	2640.9	5873.2	12941.	28172.3
40	442.59	767.09	1342.0	1779.1	2360.8	4163.2	7343.9	22729.	69377.	*	*
50	1163.9	2400.0	4994.5	7217.7	10436.	21813.	45497.	*	*	*	*
60	3034.8	7471.6	18535.	29220.	46058.	*	*	*	*	*	*

*FVIFA > 99,999.

표 A.5 기간 t 동안 r의 이자율로 연속 복리 계산하는 $1의 미래가치: e^{rt}의 가치

기간 (t)	연속 복리 이자율 (r)													
	1%	2%	3%	4%	5%	6%	7%	8%	9%	10%	11%	12%	13%	14%
1	1.0101	1.0202	1.0305	1.0408	1.0513	1.0618	1.0725	1.0833	1.0942	1.1052	1.1163	1.1275	1.1388	1.1503
2	1.0202	1.0408	1.0618	1.0833	1.1052	1.1275	1.1503	1.1735	1.1972	1.2214	1.2461	1.2712	1.2969	1.3231
3	1.0305	1.0618	1.0942	1.1275	1.1618	1.1972	1.2337	1.2712	1.3100	1.3499	1.3910	1.4333	1.4770	1.5220
4	1.0408	1.0833	1.1275	1.1735	1.2214	1.2712	1.3231	1.3771	1.4333	1.4918	1.5527	1.6161	1.6820	1.7507
5	1.0513	1.1052	1.1618	1.2214	1.2840	1.3499	1.4191	1.4918	1.5683	1.6487	1.7333	1.8221	1.9155	2.0138
6	1.0618	1.1275	1.1972	1.2712	1.3499	1.4333	1.5220	1.6161	1.7160	1.8221	1.9348	2.0544	2.1815	2.3164
7	1.0725	1.1503	1.2337	1.3231	1.4191	1.5220	1.6323	1.7507	1.8776	2.0138	2.1598	2.3164	2.4843	2.6645
8	1.0833	1.1735	1.2712	1.3771	1.4918	1.6161	1.7507	1.8965	2.0544	2.2255	2.4109	2.6117	2.8292	3.0649
9	1.0942	1.1972	1.3100	1.4333	1.5683	1.7160	1.8776	2.0544	2.2479	2.4596	2.6912	2.9447	3.2220	3.5254
10	1.1052	1.2214	1.3499	1.4918	1.6487	1.8221	2.0138	2.2255	2.4596	2.7183	3.0042	3.3201	3.6693	4.0552
11	1.1163	1.2461	1.3910	1.5527	1.7333	1.9348	2.1598	2.4109	2.6912	3.0042	3.3535	3.7434	4.1787	4.6646
12	1.1275	1.2712	1.4333	1.6161	1.8221	2.0544	2.3164	2.6117	2.9447	3.3201	3.7434	4.2207	4.7588	5.3656
13	1.1388	1.2969	1.4770	1.6820	1.9155	2.1815	2.4843	2.8292	3.2220	3.6693	4.1787	4.7588	5.4195	6.1719
14	1.1503	1.3231	1.5220	1.7507	2.0138	2.3164	2.6645	3.0649	3.5254	4.0552	4.6646	5.3656	6.1719	7.0993
15	1.1618	1.3499	1.5683	1.8221	2.1170	2.4596	2.8577	3.3201	3.8574	4.4817	5.2070	6.0496	7.0287	8.1662
16	1.1735	1.3771	1.6161	1.8965	2.2255	2.6117	3.0649	3.5966	4.2207	4.9530	5.8124	6.8210	8.0045	9.3933
17	1.1853	1.4049	1.6653	1.9739	2.3396	2.7732	3.2871	3.8962	4.6182	5.4739	6.4883	7.6906	9.1157	10.8049
18	1.1972	1.4333	1.7160	2.0544	2.4596	2.9447	3.5254	4.2207	5.0531	6.0496	7.2427	8.6711	10.3812	12.4286
19	1.2092	1.4623	1.7683	2.1383	2.5857	3.1268	3.7810	4.5722	5.5290	6.6859	8.0849	9.7767	11.8224	14.2963
20	1.2214	1.4918	1.8221	2.2255	2.7183	3.3201	4.0552	4.9530	6.0496	7.3891	9.0250	11.0232	13.4637	16.4446
21	1.2337	1.5220	1.8776	2.3164	2.8577	3.5254	4.3492	5.3656	6.6194	8.1662	10.0744	12.4286	15.3329	18.9158
22	1.2461	1.5527	1.9348	2.4109	3.0042	3.7434	4.6646	5.8124	7.2427	9.0250	11.2459	14.0132	17.4615	21.7584
23	1.2586	1.5841	1.9937	2.5093	3.1582	3.9749	5.0028	6.2965	7.9248	9.9742	12.5535	15.7998	19.8857	25.0281
24	1.2712	1.6161	2.0544	2.6117	3.3201	4.2207	5.3656	6.8210	8.6711	11.0232	14.0132	17.8143	22.6464	28.7892
25	1.2840	1.6487	2.1170	2.7183	3.4903	4.4817	5.7546	7.3891	9.4877	12.1825	15.6426	20.0855	25.7903	33.1155
30	1.3499	1.8221	2.4596	3.3204	4.4817	6.0496	8.1662	11.0232	14.8797	20.0855	27.1126	36.5982	49.4024	66.6863
35	1.4191	2.0138	2.8577	4.0552	5.7546	8.1662	11.5883	16.4446	23.3361	33.1155	46.9931	66.6863	94.6324	134.2898
40	1.4918	2.2255	3.3201	4.9530	7.3891	11.0232	16.4446	24.5235	36.5982	54.5982	81.4509	121.5104	181.2722	270.4264
45	1.5683	2.4596	3.8574	6.0496	9.4877	14.8797	23.3361	36.5982	57.3975	90.0171	141.1750	221.4064	347.2344	544.5719
50	1.6487	2.7183	4.4817	7.3891	12.1825	20.0855	33.1155	54.5982	90.0171	148.4132	244.6919	403.4288	665.1416	1096.633
55	1.7333	3.0042	5.2070	9.0250	15.6426	27.1126	46.9931	81.4509	141.1750	244.6919	424.1130	735.0952	1274.106	2208.348
60	1.8221	3.3201	6.0496	11.0232	20.0855	36.5982	66.6863	121.5104	221.4064	403.4288	735.0952	1339.431	2440.602	4447.067

기간 (*t*)	연속 복리 이자율 (r)													
	15%	16%	17%	18%	19%	20%	21%	22%	23%	24%	25%	26%	27%	28%
1	1.1618	1.1735	1.1853	1.1972	1.2092	1.2214	1.2337	1.2461	1.2586	1.2712	1.2840	1.2969	1.3100	1.3231
2	1.3499	1.3771	1.4049	1.4333	1.4623	1.4918	1.5220	1.5527	1.5841	1.6161	1.6487	1.6820	1.7160	1.7507
3	1.5683	1.6161	1.6653	1.7160	1.7683	1.8221	1.8776	1.9348	1.9937	2.0544	2.1170	2.1815	2.2479	2.3164
4	1.8221	1.8965	1.9739	2.0544	2.1383	2.2255	2.3164	2.4109	2.5093	2.6117	2.7183	2.8292	2.9447	3.0649
5	2.1170	2.2255	2.3396	2.4596	2.5857	2.7183	2.8577	3.0042	3.1582	3.3201	3.4903	3.6693	3.8574	4.0552
6	2.4596	2.6117	2.7732	2.9447	3.1268	3.3201	3.5254	3.7434	3.9749	4.2207	4.4817	4.7588	5.0351	5.3656
7	2.8577	3.0649	3.2871	3.5254	3.7810	4.0552	4.3492	4.6646	5.0028	5.3656	5.7546	6.1719	6.6194	7.0993
8	3.3201	3.5966	3.8962	4.2207	4.5722	4.9530	5.3656	5.8124	6.2965	6.8210	7.3891	8.0045	8.6711	9.3933
9	3.8574	4.2207	4.6182	5.0531	5.5290	6.0496	6.6194	7.2427	7.9248	8.6711	9.4877	10.3812	11.3589	12.4286
10	4.4817	4.9530	5.4739	6.0496	6.6859	7.3891	8.1662	9.0250	9.9742	11.0232	12.1825	13.4637	14.8797	16.4446
11	5.2070	5.8124	6.4883	7.2427	8.0849	9.0250	10.0744	11.2459	12.5535	14.0132	15.6426	17.4615	19.4919	21.7584
12	6.0496	6.8210	7.6906	8.6711	9.7767	11.0232	12.4286	14.0132	15.7998	17.8143	20.0855	22.6464	25.5337	28.7892
13	7.0287	8.0045	9.1157	10.3812	11.8224	13.4637	15.3329	17.4615	19.8857	22.6464	25.7903	29.3708	33.4483	38.0918
14	8.1662	9.3933	10.8049	12.4286	14.2963	16.4446	18.9158	21.7584	25.0281	28.7892	33.1155	38.0918	43.8160	50.4004
15	9.4877	11.0232	12.0871	14.8797	17.2878	20.0855	23.3361	27.1126	31.5004	36.5982	42.5211	49.4024	57.3975	66.6863
16	11.0232	12.9358	15.1803	17.8143	20.9052	24.5325	28.7892	33.7844	39.6464	46.5255	54.5982	64.0715	75.1886	88.2347
17	12.8071	15.1803	17.9933	21.3276	25.2797	29.9641	35.5166	42.0980	49.8990	59.1455	70.1054	83.0963	98.4944	116.7459
18	14.8797	17.8143	21.3276	25.5337	30.5694	36.5982	43.8160	52.4573	62.8028	75.1886	90.0171	107.7701	129.0242	154.4700
19	17.2878	20.9052	25.2797	30.5694	36.9661	44.7012	54.0549	65.3659	79.0436	95.5835	115.5843	139.7702	169.0171	204.3839
20	20.0855	24.5325	29.9641	36.5982	44.7012	54.5982	66.6863	81.4509	99.4843	121.5104	148.4132	181.2722	221.4064	270.4264
21	23.3361	28.7892	35.5166	43.8160	54.0549	66.6863	82.2695	101.4940	125.2110	154.4700	190.5663	235.0974	290.0345	357.8092
22	27.1126	33.7844	42.0980	52.4573	65.3659	81.4509	101.4940	126.4694	157.5905	196.3699	244.6919	304.9049	379.9349	473.4281
23	31.5004	39.6464	49.8990	62.8028	79.0436	99.4843	125.2110	157.5905	198.3434	249.6350	314.1907	395.4404	497.7013	626.4068
24	36.5982	46.5255	59.1455	75.1886	95.5835	121.5104	154.4700	196.3699	249.6350	317.3483	403.4288	512.8585	651.9709	828.8175
25	42.5211	54.5982	70.1054	90.0171	115.5843	148.4132	190.5663	244.6919	314.1907	403.4288	518.0128	665.1416	854.0588	1096.633
30	90.0171	121.5104	164.0219	221.4064	298.8674	403.4288	544.5719	735.0952	992.2747	1339.431	1808.042	2440.602	3294.468	4447.067
35	190.5663	270.4264	383.7533	544.5719	772.7843	1096.633	1556.197	2208.348	3133.795	4447.067	6310.688	8955.293	12708.17	18033.74
40	403.4288	601.8450	897.8473	1339.431	1998.196	2980.958	4447.067	6634.244	9897.129	14764.78	22026.47	32859.63	49020.80	73130.44
45	854.0588	1339.431	2100.646	3294.468	5166.754	8103.084	12708.17	19930.37	31257.04	49020.80	76879.92	120571.7	189094.1	296558.6
50	1808.042	2980.958	4914.769	8103.084	13359.73	22026.47	36315.50	59874.14	98715.77	162754.8	268337.3	442413.4	729416.4	1202604.
55	3827.626	6634.244	11498.82	19930.37	34544.37	59874.14	103777.0	179871.9	311763.4	540364.9	936589.2	1623346.	2813669.	4876801.
60	8103.084	14764.78	26903.19	49020.80	89321.72	162754.8	296558.6	540364.9	984609.1	1794075.	3269017.	5956538.	10853520.	19776403.

표 A.6 기간 t 동안 r의 이자율로 연속 할인 계산하는 \$1의 현재가치: e^{-rt}의 가치

기간 (t)	연속 할인 이자율 (r)																
	1%	2%	3%	4%	5%	6%	7%	8%	9%	10%	11%	12%	13%	14%	15%	16%	17%
1	0.9900	0.9802	0.9704	0.9608	0.9512	0.9418	0.9324	0.9231	0.9139	0.9048	0.8958	0.8869	0.8781	0.8694	0.8607	0.8521	0.8437
2	0.9802	0.9608	0.9418	0.9231	0.9048	0.8869	0.8694	0.8521	0.8353	0.8187	0.8025	0.7866	0.7711	0.7558	0.7408	0.7261	0.7118
3	0.9704	0.9418	0.9139	0.8869	0.8607	0.8353	0.8106	0.7866	0.7634	0.7408	0.7189	0.6977	0.6771	0.6570	0.6376	0.6188	0.6005
4	0.9608	0.9231	0.8869	0.8521	0.8187	0.7866	0.7558	0.7261	0.6977	0.6703	0.6440	0.6188	0.5945	0.5712	0.5488	0.5273	0.5066
5	0.9512	0.9048	0.8607	0.8187	0.7788	0.7408	0.7047	0.6703	0.6376	0.6065	0.5769	0.5488	0.5220	0.4966	0.4724	0.4493	0.4274
6	0.9418	0.8869	0.8353	0.7866	0.7408	0.6977	0.6570	0.6188	0.5827	0.5488	0.5169	0.4868	0.4584	0.4317	0.4066	0.3829	0.3606
7	0.9324	0.8694	0.8106	0.7558	0.7047	0.6570	0.6126	0.5712	0.5326	0.4966	0.4630	0.4317	0.4025	0.3753	0.3499	0.3263	0.3042
8	0.9231	0.8521	0.7866	0.7261	0.6703	0.6188	0.5712	0.5273	0.4868	0.4493	0.4148	0.3829	0.3535	0.3263	0.3012	0.2780	0.2576
9	0.9139	0.8353	0.7634	0.6977	0.6376	0.5827	0.5326	0.4868	0.4449	0.4066	0.3716	0.3396	0.3104	0.2837	0.2592	0.2369	0.2165
10	0.9048	0.8187	0.7408	0.6703	0.6065	0.5488	0.4966	0.4493	0.4066	0.3679	0.3329	0.3012	0.2725	0.2466	0.2231	0.2019	0.1827
11	0.8958	0.8025	0.7189	0.6440	0.5769	0.5169	0.4630	0.4148	0.3716	0.3329	0.2982	0.2671	0.2393	0.2144	0.1920	0.1720	0.1541
12	0.8869	0.7866	0.6977	0.6188	0.5488	0.4868	0.4317	0.3829	0.3396	0.3012	0.2671	0.2369	0.2101	0.1864	0.1653	0.1466	0.1300
13	0.8781	0.7711	0.6771	0.5945	0.5220	0.4584	0.4025	0.3535	0.3104	0.2725	0.2393	0.2101	0.1845	0.1620	0.1423	0.1249	0.1097
14	0.8694	0.7558	0.6570	0.5712	0.4966	0.4317	0.3753	0.3263	0.2837	0.2466	0.2144	0.1864	0.1620	0.1409	0.1225	0.1065	0.0926
15	0.8607	0.7408	0.6376	0.5488	0.4724	0.4066	0.3499	0.3012	0.2592	0.2231	0.1920	0.1653	0.1423	0.1225	0.1054	0.0907	0.0781
16	0.8521	0.7261	0.6188	0.5273	0.4493	0.3829	0.3263	0.2780	0.2369	0.2019	0.1720	0.1466	0.1249	0.1065	0.0907	0.0773	0.0659
17	0.8437	0.7118	0.6005	0.5066	0.4274	0.3606	0.3042	0.2567	0.2165	0.1827	0.1541	0.1300	0.1097	0.0926	0.0781	0.0659	0.0556
18	0.8353	0.6977	0.5827	0.4868	0.4066	0.3396	0.2837	0.2369	0.1979	0.1653	0.1381	0.1153	0.0963	0.0805	0.0672	0.0561	0.0469
19	0.8270	0.6839	0.5655	0.4677	0.3867	0.3198	0.2645	0.2187	0.1809	0.1496	0.1237	0.1023	0.0846	0.0699	0.0578	0.0478	0.0396
20	0.8187	0.6703	0.5488	0.4493	0.3679	0.3012	0.2466	0.2019	0.1653	0.1353	0.1108	0.0907	0.0743	0.0608	0.0498	0.0408	0.0334
21	0.8106	0.6570	0.5326	0.4317	0.3499	0.2837	0.2299	0.1864	0.1511	0.1225	0.0993	0.0805	0.0652	0.0529	0.0429	0.0347	0.0282
22	0.8025	0.6440	0.5169	0.4148	0.3329	0.2671	0.2144	0.1720	0.1381	0.1108	0.0889	0.0714	0.0573	0.0460	0.0369	0.0296	0.0238
23	0.7945	0.6313	0.5016	0.3985	0.3166	0.2516	0.1999	0.1588	0.1262	0.1003	0.0797	0.0633	0.0503	0.0400	0.0317	0.0252	0.0200
24	0.7866	0.6188	0.4868	0.3829	0.3012	0.2369	0.1864	0.1466	0.1153	0.0907	0.0714	0.0561	0.0442	0.0347	0.0273	0.0215	0.0169
25	0.7788	0.6065	0.4724	0.3679	0.2865	0.2231	0.1738	0.1353	0.1054	0.0821	0.0639	0.0498	0.0388	0.0302	0.0235	0.0183	0.0143
30	0.7408	0.5488	0.4066	0.3012	0.2231	0.1653	0.1225	0.0907	0.0672	0.0498	0.0369	0.0273	0.0202	0.0150	0.0111	0.0082	0.0061
35	0.7047	0.4966	0.3499	0.2466	0.1738	0.1225	0.0863	0.0608	0.0429	0.0302	0.0213	0.0150	0.0106	0.0074	0.0052	0.0037	0.0026
40	0.6703	0.4493	0.3012	0.2019	0.1353	0.0907	0.0608	0.0408	0.0273	0.0183	0.0123	0.0082	0.0055	0.0037	0.0025	0.0017	0.0011
45	0.6376	0.4066	0.2592	0.1653	0.1054	0.0672	0.0429	0.0273	0.0174	0.0111	0.0071	0.0045	0.0029	0.0018	0.0012	0.0007	0.0005
50	0.6065	0.3679	0.2231	0.1353	0.0821	0.0498	0.0302	0.0183	0.0111	0.0067	0.0041	0.0025	0.0015	0.0009	0.0006	0.0003	0.0002
55	0.5769	0.3329	0.1920	0.1108	0.0639	0.0369	0.0213	0.0123	0.0071	0.0041	0.0024	0.0014	0.0008	0.0005	0.0003	0.0002	0.0001
60	0.5488	0.3012	0.1653	0.0907	0.0498	0.0273	0.0150	0.0082	0.0045	0.0025	0.0014	0.0007	0.0004	0.0002	0.0001	0.0001	0.0000

	연속 할인 이자율 (r)																	
기간 (t)	18%	19%	20%	21%	22%	23%	24%	25%	26%	27%	28%	29%	30%	31%	32%	33%	34%	35%
1	0.8353	0.8270	0.8187	0.8106	0.8025	0.7945	0.7866	0.7788	0.7711	0.7634	0.7558	0.7483	0.7408	0.7334	0.7261	0.7189	0.7118	0.7047
2	0.6977	0.6839	0.6703	0.6570	0.6440	0.6313	0.6188	0.6065	0.5945	0.5827	0.5712	0.5599	0.5488	0.5379	0.5273	0.5169	0.5066	0.4966
3	0.5827	0.5655	0.5488	0.5326	0.5169	0.5016	0.4868	0.4724	0.4584	0.4449	0.4317	0.4190	0.4066	0.3946	0.3829	0.3716	0.3606	0.3499
4	0.4868	0.4677	0.4493	0.4317	0.4148	0.3985	0.3829	0.3679	0.3535	0.3396	0.3263	0.3135	0.3012	0.2894	0.2780	0.2671	0.2567	0.2466
5	0.4066	0.3867	0.3679	0.3499	0.3329	0.3166	0.3012	0.2865	0.2725	0.2592	0.2466	0.2346	0.2231	0.2122	0.2019	0.1920	0.1827	0.1738
6	0.3396	0.3198	0.3012	0.2837	0.2671	0.2516	0.2369	0.2231	0.2101	0.1979	0.1864	0.1755	0.1653	0.1557	0.1466	0.1381	0.1300	0.1225
7	0.2837	0.2645	0.2466	0.2299	0.2144	0.1999	0.1864	0.1738	0.1620	0.1511	0.1409	0.1313	0.1225	0.1142	0.1065	0.0993	0.0926	0.0863
8	0.2369	0.2187	0.2019	0.1864	0.1720	0.1588	0.1466	0.1353	0.1249	0.1153	0.1065	0.0983	0.0907	0.0837	0.0773	0.0714	0.0659	0.0608
9	0.1979	0.1809	0.1653	0.1511	0.1381	0.1262	0.1153	0.1054	0.0963	0.0880	0.0805	0.0735	0.0672	0.0614	0.0561	0.0513	0.0469	0.0429
10	0.1653	0.1496	0.1353	0.1225	0.1108	0.1003	0.0907	0.0821	0.0743	0.0672	0.0608	0.0550	0.0498	0.0450	0.0408	0.0369	0.0334	0.0302
11	0.1381	0.1237	0.1108	0.0993	0.0889	0.0797	0.0714	0.0639	0.0573	0.0513	0.0460	0.0412	0.0369	0.0330	0.0296	0.0265	0.0238	0.0213
12	0.1154	0.1023	0.0907	0.0805	0.0714	0.0633	0.0561	0.0498	0.0442	0.0392	0.0347	0.0308	0.0273	0.0242	0.0215	0.0191	0.0169	0.0150
13	0.0963	0.0846	0.0743	0.0652	0.0573	0.0503	0.0442	0.0388	0.0340	0.0299	0.0263	0.0231	0.0202	0.0178	0.0156	0.0137	0.0120	0.0106
14	0.0805	0.0699	0.0608	0.0529	0.0460	0.0400	0.0347	0.0302	0.0263	0.0228	0.0198	0.0172	0.0150	0.0130	0.0113	0.0099	0.0086	0.0074
15	0.0672	0.0578	0.0498	0.0429	0.0369	0.0317	0.0273	0.0235	0.0202	0.0174	0.0150	0.0129	0.0111	0.0096	0.0082	0.0071	0.0061	0.0052
16	0.0561	0.0478	0.0408	0.0347	0.0296	0.0252	0.0215	0.0183	0.0156	0.0133	0.0113	0.0097	0.0082	0.0070	0.0060	0.0051	0.0043	0.0037
17	0.0469	0.0396	0.0334	0.0282	0.0238	0.0200	0.0169	0.0143	0.0120	0.0102	0.0086	0.0072	0.0061	0.0051	0.0043	0.0037	0.0031	0.0026
18	0.0392	0.0327	0.0273	0.0228	0.0191	0.0159	0.0133	0.0111	0.0093	0.0078	0.0065	0.0054	0.0045	0.0038	0.0032	0.0026	0.0022	0.0018
19	0.0327	0.0271	0.0224	0.0185	0.0153	0.0127	0.0105	0.0087	0.0072	0.0059	0.0049	0.0040	0.0033	0.0028	0.0023	0.0019	0.0016	0.0013
20	0.0273	0.0224	0.0183	0.0150	0.0123	0.0101	0.0082	0.0067	0.0055	0.0045	0.0037	0.0030	0.0025	0.0020	0.0017	0.0014	0.0011	0.0009
21	0.0228	0.0185	0.0150	0.0122	0.0099	0.0080	0.0065	0.0052	0.0043	0.0034	0.0028	0.0023	0.0018	0.0015	0.0012	0.0010	0.0008	0.0006
22	0.0191	0.0153	0.0123	0.0099	0.0079	0.0063	0.0051	0.0041	0.0033	0.0026	0.0021	0.0017	0.0014	0.0011	0.0009	0.0007	0.0006	0.0005
23	0.0159	0.0127	0.0101	0.0080	0.0063	0.0050	0.0040	0.0032	0.0025	0.0020	0.0016	0.0013	0.0010	0.0008	0.0006	0.0005	0.0004	0.0003
24	0.0133	0.0105	0.0082	0.0065	0.0051	0.0040	0.0032	0.0025	0.0019	0.0015	0.0012	0.0009	0.0007	0.0006	0.0005	0.0004	0.0003	0.0002
25	0.0111	0.0087	0.0067	0.0052	0.0041	0.0032	0.0025	0.0019	0.0015	0.0012	0.0009	0.0007	0.0006	0.0004	0.0003	0.0003	0.0002	0.0002
30	0.0045	0.0033	0.0025	0.0018	0.0014	0.0010	0.0007	0.0006	0.0004	0.0003	0.0002	0.0002	0.0001	0.0001	0.0001	0.0001	0.0000	0.0000
35	0.0018	0.0013	0.0009	0.0006	0.0005	0.0003	0.0002	0.0002	0.0001	0.0001	0.0001	0.0000	0.0000	0.0000	0.0000	0.0000	0.0000	0.0000
40	0.0007	0.0005	0.0003	0.0002	0.0002	0.0001	0.0001	0.0000	0.0000	0.0000	0.0000	0.0000	0.0000	0.0000	0.0000	0.0000	0.0000	0.0000
45	0.0003	0.0002	0.0001	0.0001	0.0001	0.0000	0.0000	0.0000	0.0000	0.0000	0.0000	0.0000	0.0000	0.0000	0.0000	0.0000	0.0000	0.0000
50	0.0001	0.0001	0.0000	0.0000	0.0000	0.0000	0.0000	0.0000	0.0000	0.0000	0.0000	0.0000	0.0000	0.0000	0.0000	0.0000	0.0000	0.0000
55	0.0001	0.0000	0.0000	0.0000	0.0000	0.0000	0.0000	0.0000	0.0000	0.0000	0.0000	0.0000	0.0000	0.0000	0.0000	0.0000	0.0000	0.0000
60	0.0000	0.0000	0.0000	0.0000	0.0000	0.0000	0.0000	0.0000	0.0000	0.0000	0.0000	0.0000	0.0000	0.0000	0.0000	0.0000	0.0000	0.0000

부록 B

선택된 각 장의 문제 해답

CHAPTER 2

2.2 $105,070; $80,070
2.6 $296,000
2.10 $679,000
2.14 a. $85,024
b. $16,800
c. $1,900
d. $5,324
2.16 $1,200; $0

CHAPTER 3

3.2 1.85 times; 13.51%; $122,895.50
3.6 9.65%
3.10 9.98%
3.14 19.45 days
3.16 7.27 times

CHAPTER 4

4.2 a. $2,036.12
b. $3,242.18
c. $3,316.62
4.4 11.01%; 10.13%; 8.02%; 12.69%
4.10 a. $6,516.74
b. $3,452.92
c. $5,386.24
d. $5,563.30
4.14 $394,736.84; 4.62%
4.18 EAR = 176.68%
4.22 4.34%
4.26 $2,703,830.17
4.30 $502,540.87
4.34 $2,174,612.53
4.38 $335,161.06
4.42 $11,353.28; 17.01%
4.44 $181,893.99
4.52 $17,793.68
4.56 $9,821.87
4.60 EAR = 19.62%
4.64 APR = 36.54%; EAR = 43.32%

CHAPTER 5

5.2 4.22 years; 6.09 years; Never
5.6 18.24%; 19.31%
5.10 a. 11.21%
d. −$199.60; $1,237.04
5.14 a. 1.35 years; 1.53 years
b. $248.20; $364.61
c. 30.86%; 24.96%
d. 19.29%
5.18 a. 1.86 years; 1.54 years
b. $508,998.88; $443,907.18
c. 26.84%; 42.16%
d. 12.68%
5.22 48.18%; −41.51%

CHAPTER 6

6.2 $4,376.86
6.6 NPV = $55,536.11
6.10 $1,381,789
6.14 $122,417.01
6.17 $74,560.70
6.22 $4,928,571.43
6.28 $764,124.06
6.32 $9,673,430.24; 36.39%

CHAPTER 7

7.2 NPV_{Best} = $2,493,322.07
NPV_{Worst} = −$799,968.06
7.6 Go to market NPV = $16,250,000
Test market NPV = $17,628,828.83
7.10 7,809.39 units
7.14 Payback = 2.96 years
NPV = $15,165,779.21
IRR = 28.18%
7.20 a. 610.17
b. 893.26

CHAPTER 8

8.2 a. $1,000
b. $837.11
c. $1,209.30
8.6 2.37%
8.10 1.45%; 1.41%
8.12 4.67%
8.20 5.67%; 5.47%; 5.54%

CHAPTER 9

9.2 10.36%
9.6 $3.49
9.8 4.63%
9.13 $86.40

9.18 \$4.65
9.22 \$4.57
9.26 a. \$65.93
b. \$69.89
c. 6.00%

CHAPTER 10

10.2 2.57%; 10.53%
10.6 2.91%; 3.30%
10.10 a. 7.72%
b. 7.50%
10.14 5.76%
10.20 Arithmetic average = 12.17%
Geometric average = 10.67%

CHAPTER 11

11.2 11.53%
11.6 E(R) = 9.48%
σ_A = 13.60%
11.10 1.33
11.14 11.28%
11.19 7.58%

CHAPTER 12

12.2 a. 1.97% b. 12.02%
12.5 F_1 = 6.49%
F_2 = 5.64%

CHAPTER 13

13.2 6.49%; 5.13%
13.6 9.90%
13.10 a. 6.80%
b. 11.51%
13.14 b. 4.42%
c. \$44,990,488
13.18 .3531
13.22 \$24,315,425

CHAPTER 15

15.2 4,401
15.6 .47
15.9 \$954.96

CHAPTER 16

16.2 a. \$1.80; \$3.00; \$3.75
b. \$1.39; \$2.97; \$3.96
16.6 a. \$3.16; \$2.91; \$3.36
b. \$18,304
c. \$18,304
d. \$2.50; \$2.30; \$2.66
Break-even = \$18,304
16.10 \$3,182,000
16.14 V_U = \$836,733.33
V = \$879,283.33

CHAPTER 17

17.3 \$805,000
17.8 a. \$51,000,000
b. 29.31%
c. 12.76%

CHAPTER 18

18.2 \$46,019.99
18.6 a. \$441,621.98
b. \$344,146.66
18.10 \$12,913,870.42
18.13 \$14,904,676.75

CHAPTER 19

19.2 a. New shares issued = 2,500
b. New shares issued = 6,250
19.6 11,456; \$41.92
19.10 a. \$103
b. \$107
c. \$35,514
19.14 a. \$1,907,321.43
b. \$59.08
c. \$1,907,321.43
d. 915.79

CHAPTER 20

20.2 a. \$34
b. 962,963; 2.80
c. \$32.16; \$1.84
d. 34,000; 34,000
20.6 2,055,300
20.12 20.10%
20.15 \$26.21

CHAPTER 21

21.2 –\$157,501.46
21.6 \$126,962.79
21.10 \$2,105,982.25
21.14 a. –\$49,356.13
b. \$692,119.45

CHAPTER 22

22.4 a. \$10.31
b. \$3.71
22.6 \$1.08
22.10 Call = \$8.41; Put = \$10.92
22.14 \$235,014.41
22.18 \$75.00
22.22 Project A: Equity = \$4,079.78; Debt = \$8,320.22
Project B: Equity = \$3,679.96; Debt = \$9,120.04
22.26 a. \$7.69
b. .54; Borrow \$25.89
c. \$7.69
22.34 \$8.20

CHAPTER 23

23.2 $1,581,975.36
23.6 $453,741.90
23.10 $6,961,860

CHAPTER 24

24.2 23.71
24.5 $15
24.10 a. $751.82
b. 13.91 years
24.14 $777.71

CHAPTER 25

25.2 −$1,725; $2,775
25.6 2.831 years
25.9 $42,400
25.14 a. $498.85
b. $602.22

CHAPTER 26

26.2 Cash = $830
Current assets = $5,240
26.6 Operating cycle = 59.31 days
Cash cycle = 26.12 days
26.10 Ending cash balance = $315,304; $402,517; $597,376

CHAPTER 27

27.2 a. Disbursement float = $52,800
Collection float = −$47,600
Net float = $5,200
b. Disbursement float = $52,800
Collection float = −$23,800
Net float = $29,000
27.6 a. $26,813
b. 2.39 days
c. $26,813
d. $4.97
e. $16,819
27.10 $2,665,000; $133,250

CHAPTER 28

28.2 $2,032,876.71
28.6 11.0606 times; $717,833.33
28.10 $433,860.53
28.14 $294,453.33
28.18 $93.86

CHAPTER 29

29.2 Assets = $1,513,800
29.6 EPS = $5.40; PE = 11.11
29.10 a. $2.95
b. $75.94
c. $20.32
d. $59.69; 20.21

CHAPTER 30

30.4 3.363

CHAPTER 31

31.2 £ = $132.58
SF/£ = 1.3145
£/SF = .7607
31.6 Great Britian = 1.39%
Japan = 1.30%
Switzerland = .71%
31.10 Kr/$ = 7.9483
31.14 $1,076,842.88

부록 C

HP-10B와 TI BA II Plus 재무계산기 사용

이 부록은 휴렛패커드(Hewlett-Packard) HP-10B나 텍사스 인스트루먼트(Texas Instruments) BA II Plus 재무계산기를 이용해 기초 재무과정에서의 문제를 푸는 것을 돕기 위한 것이다. 다양한 계산기 설정을 설명하고 교재에서 선정된 9개 문제를 푸는 방법을 보여준다. 더 복잡한 설명은 사용자 설명서를 보라. 더 많은 예제와 문제풀이 기법은 *Financial Analysis with an Electronic Calculator*, 7th edition, by Mark A. White (New York: The McGraw-Hill, 2007) 참조.

계산기 설정

기초 재무과정에서 대부분의 계산기 오류는 부적절한 설정 때문이다. 계산기를 시작하기 전에 다음과 같은 질문을 스스로 던져야 한다.

1. 재무 레지스터스(registers)를 지우고 새로 설정했는가?
2. 복리기간을 기간당 1회로 설정했는가?
3. 계산기가 END 모드로 되어 있는가?
4. +/− 키를 이용해 음수를 입력했는가?

기재사항 삭제하기

모든 계산기에는 레지스터스(registers)라고 하는 메모리가 있어 변수나 중간 결과가 저장된다. 두 가지의 재무 레지스터스가 있는데 하나는 화폐의 시간가치(TVM) 레지스터이고 다른 하나는 현금흐름(CF) 레지스터이다. 새로운 계산을 시작하기 전에 이것들을 삭제해야 한다. 휴렛패커드 HP-10B에서는 ▭ {CLEAR ALL}을 누르면 TVM과 CF 레지스터스 모두 삭제된다.[1] TI BA II Plus에 있는 TVM 레지스터를 삭제하기 위해서는 **2nd** {CLR TVM}를 누른다. CF 레지스터를 삭제하기 위해서는 현금흐름 워크시트 내에서 **2nd** {CLR Work}를 누른다.

복리계산기간

HP-10B와 TI BA II-Plus 모두 월별복리로 배선되어 있어 기간당 12번 복리계산한다. 기초 재무과정에서 극소수의 문제들만이 이러한 가정을 하므로 자동설정된 것을 기간당 한 번으로 변경해야 한다. HP-10B에서는 1 ▭ {P/YR}를 누른다. 자동설정이 변경되었는지 확인하기 위해 ▭키를 누르고 **INPUT** 키를 잠시 누르고 있는다.[2] 화면에 "1P_Yr"가 떠야 한다.

TI BA II Plus에서는 지급빈도와 복리계산빈도가 보통은 동일한 숫자로 설정되어야 하지만 따로 지정할 수도 있다. 기간당 한 번으로 모두를 설정하려면 키의 순서는 **2nd** {P/Y} 1 **ENTER**를 누르고, ↓ **ENTER**를 누른다. **2nd** {QUIT}를 누르면 표준 계산모드로 돌아온다.

END 모드와 기초불연금

대부분의 문제에서 지급은 기간 말에 이루어지고, 이것이 HP-10B와 TI BA II Plus에서 (end 모드)로 미리 설정되어 있다. **기초불연금**은 지급이 매 **기초**(begin 모드)에 이루어진다고 가정한다. HP-10B에서는 ▭ {BEG/END}를 눌러 begin 모드와 end 모드 중 고정시킨다. TI BA II Plus에서는 동일한 작업을 위해 **2nd** {BGN} **2nd** {SET} **2nd** {QUIT}의 순서대로 키를 누른다. 두 계산기 모두 계산기가 begin 모드로 설정된 것으로 화면에 표시할 것이다.

부호변경

부호변경은 현금유입과 현금유출의 방향을 정하기 위해 사용한다. 일반적으로 현금유입은 양의 부호로 입력하고 현금유출은 음의 부호로 입력한다. HP-10B나 TI BA II Plus에 음의 숫자를 입력하기 위해서는 먼저 적절한 숫자 키를 누르고 부호변경 키 +/−를 누른다. 그 결과를 예측하기 매우 어려우므로 마이너스 부호 키 −는 사용하지 않는다.

예제

여기서는 교재에서 선정된 문제에 대해 키를 표시해 해답을 제시함으로써 9가지의 기본적인 재무계산기 사용기법을 소개한다.

1. 단일금액의 미래가치나 현재가치

연이율 17%에 $2,250의 30년 후 미래가치를 계산한다.

[1] ▭키는 오렌지 색으로 { } 안에 있는 기능을 위해 시프트(Shift) 키의 역할을 한다.

[2] 이는 모든 레지스터스를 제거하기 위해 사용하는 키이다.

HP-10B		TI BA II PLUS	
−2,250.00	PV	−2,250.00	PV
30.00	N	30.00	N
17.00	I/YR	17.00	I/Y
FV	249,895.46	CPT FV	249,895.46

미래가치는 $249,895.46이다.

2. 정규연금의 미래가치나 현재가치

베티스은행(Betty's Bank)은 $20,000을 연이율 11%에 7년간 대출했다. 연간지급액은 얼마가 되겠는가?

HP-10B		TI BA II PLUS	
−20,000.00	PV	−20,000.00	PV
7.00	N	7.00	N
11.00	I/YR	11.00	I/Y
PMT	4,244.31	CPT PMT	4,244.31

연간 대출상환액은 $4,244.31이다.

3. 미지의 이자율 계산

당신의 자녀가 18세에 대학에 들어갈 때 대학교육비의 총액이 75,000달러일 것이라고 가정하자. 현재 7,000달러를 투자할 수 있다. 당신의 자녀가 대학교육을 받는 데 드는 비용을 충당하기 위해서는 투자에 얼마의 이자율이 적용되어야 하는가?

HP-10B		TI BA II PLUS	
−7,000.00	PV	−7,000.00	PV
18.00	N	18.00	N
75,000.00	FV	75,000.00	FV
I/YR	14.08	CPT I/Y	14.08

당신 자녀에게 예상되는 비용을 충당하기 위해서는 최소한 14.08%의 이자를 벌어야 한다.

4. 미지의 기간 수 계산

고객 중 한 명이 지급어음 잔액을 체납했다. 매월 $374을 지급하는 계획에 합의했다. 연체된 금액에 대해서는 월 1.4%의 이자를 부과한다. 현재 잔액이 $12,000이라면 외상을 모두 갚는 데 얼마나 걸리겠는가?

HP-10B		TI BA II PLUS	
−12,000.00	PV	−12,000.00	PV
1.40	I/YR	1.40	I/Y
374.00	PMT	374.00	PMT
N	42.90	CPT N	42.90

대출금은 42.90개월 만에 완불될 것이다.

5. 단순 채권가격산정

멀리노(Mullineaux Co.)는 1년 전 8.25%의 쿠폰율에 11년 만기 채권을 발행했다. 채권은 반년마다 이자를 지급한다. 채권의 만기수익률이 7.10%라면 현재 채권의 가격은 얼마인가? (액면가 천 달러)

HP-10B		TI BA II PLUS	
41.25	PMT	41.25	PMT
1,000.00	FV	1,000.00	FV
20.00	N	20.00	N
3.55	I/YR	3.55	I/Y
PV	−1,081.35	CPT PV	−1,081.35

채권이 반년마다 이자를 지급하기에 쿠폰지급액을 반으로 해야 하고(8.25 ÷ 2 = 4.125 ⇒ 41.25), YTM도 반으로 해야 하며(7.10 ÷ 2 ⇒ 3.55), 기간 수는 두 배로 해야 한다(10년 × 2 = 20기간). 그러므로 현재 채권가격은 1,081.35달러이다.

6. 단순 채권만기수익률

배식(Vasicek Co.)의 만기가 8년 남은 12.5% 쿠폰채가 시장에서 거래되고 있다. 이 채권은 이자를 1년에 한 번 지급한다. 이들 채권 중 하나가 현재 1,145.68달러(액면가 천 달러)에 거래되고 있으면 YTM은 얼마인가?

HP-10B		TI BA II PLUS	
−1,145.68	PV	−1,145.68	PV
125.00	PMT	125.00	PMT
1,000.00	FV	1,000.00	FV
8.00	FV	8.00	FV
I/YR	9.79	CPT I/Y	9.79

채권의 만기수익률은 9.79%이다.

7. 현금흐름 분석

다음 일련의 현금흐름의 IRR과 NPV는 얼마인가? 할인율은 10%로 가정한다.

연도	현금흐름
0	−$1,300
1	400
2	300
3	1,200

HP-10B	TI BA II PLUS
−1,300.00 **CFj**	**CF**
400.00 **CFj**	**2nd** {CLR Work}
1.00 {Nj}	−1,300.00 **ENTER** ↓
300.00 **CFj**	400.00 **ENTER** ↓
1.00 {Nj}	1.00 **ENTER** ↓
1,200.00 **CFj**	300.00 **ENTER** ↓
1.00 {Nj}	1.00 **ENTER** ↓
{IRR/YR} 17.40	1,200.00 **ENTER** ↓
10.00 **I/YR**	1.00 **ENTER** ↓
{NPV} 213.15	**IRR** **CPT** 17.40
	NPV
	10.00 **ENTER**
	↓ **CPT** 213.15

이 프로젝트의 IRR은 17.40%이고 NPV는 213.15달러이다.

8. 대출금 분할상환

$24,000을 차입해 3년간 원리금 분할상환하는 경우의 상환표를 작성하라. 이자율은 16%이고, 매년 동일한 금액을 지급한다. 3년째에 얼마가 이자로 지급되는가? 대출기간 동안 총 얼마의 이자가 지급되는가?

분할상환계획표를 완성하기 위해서는 매 지급액을 한 번에 상환해야 한다.

HP-10B	TI BA II PLUS
−24,000.00 **PV**	−24,000.00 **PV**
16.00 **I/YR**	16.00 **I/Y**
3.00 **N**	3.00 **N**
PMT 10,686.19	**CPT** **PMT** 10,686.19
1.00 **INPUT** {AMORT} = 3,840.00 <== Interest	**2nd** {AMORT} **2nd** {CLR Work}
= 6,846.19 <== Principal	
= −17,153.81 <== Balance	1.00 **ENTER** ↓
2.00 **INPUT** {AMORT} = 2,744.61 <== Interest	1.00 **ENTER** ↓ −17,153.81 <== Balance
= 7,941.58 <== Principal	↓ 6,846.19 <== Principal
= −9,212.23 <== Balance	↓ 3,840.00 <== Interest
3.00 **INPUT** {AMORT} = 1,473.96 <== Interest	↓
= 9,212.23 <== Principal	2.00 ENTER ↓
= 0.00 <== Balance	2.00 ENTER ↓ −9,212.23 <== Balance
	↓ 7,941.58 <== Principal
	↓ 2,744.61 <== Interest
	↓
	3.00 ENTER ↓
	3.00 ENTER ↓ 0.00 <== Balance

(계속)

HP-10B	TI BA II PLUS
	↓ 9,212.23 <== Principal
	↓ 1,473.96 <== Interest
	↓

3년째의 이자는 $1,473.96이다.

특정기간 동안 지급한 이자나 원금 총액을 계산하기 위해서는 시작하는 기간과 끝나는 기간 모두를 입력한다.

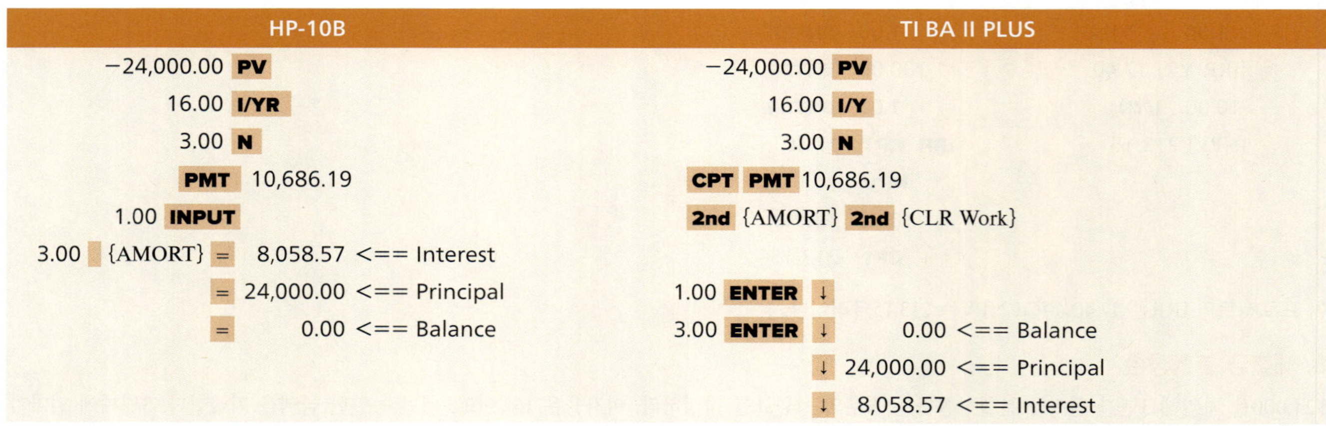

HP-10B	TI BA II PLUS
−24,000.00 PV	−24,000.00 PV
16.00 I/YR	16.00 I/Y
3.00 N	3.00 N
PMT 10,686.19	CPT PMT 10,686.19
1.00 INPUT	2nd {AMORT} 2nd {CLR Work}
3.00 {AMORT} = 8,058.57 <== Interest	
= 24,000.00 <== Principal	1.00 ENTER ↓
= 0.00 <== Balance	3.00 ENTER ↓ 0.00 <== Balance
	↓ 24,000.00 <== Principal
	↓ 8,058.57 <== Interest

대출기간 중 지급한 이자총액은 $8,058.57이다.

9. 이자율 전환

분기마다 복리계산하는 7% 연간표시이자율(APR)의 실효연이율(EAR)은 얼마인가?

HP-10B	TI BA II PLUS
4.00 {P/YR}	2nd {IConv}
7.00 {NOM%}	7.00 ENTER
{EFF%} 7.19	↓ ↓
	4.00 ENTER
	↑ CPT 7.19

실효연이율은 7.19%이다.

찾아보기

ㅅ

ㅇ

ㅈ

ㅊ

ㅋ

ㅌ

ㅍ

ㅎ

기타

일반적으로 사용되는 표기

AR	비정상수익률
APT	차익거래가격결정이론
CAPM	자본자산가격결정모형
CAR	누적 비정상수익률
$\mathbf{C}_t$	t기간의 현금흐름
$\mathbf{Corr}(x, y)$ 혹은 ρ_{xy}	x와 y의 상관계수
$\mathbf{Cov}(x, y)$ 혹은 σ_{xy}	x와 y의 공분산
d	배당성향
Dep	감가상각
$\mathbf{Div}_t$	배당금 지급액
e	2.71828(밑수는 자연로그)
E	옵션의 행사가격
EBIT	이자와 법인세 전 이익
EPS	주당이익
g	성장률
IRR	내부수익률
L_t	t년의 리스 지불액
NPV	순현재가치
P_t	t시점의 주식가격
PV	현재가치
R_m	시장포트폴리오의 수익률
R_p	포트폴리오 P의 수익률
R_B	부채의 자본비용
$R_B(1-t_C)$	세후 부채의 자본비용
R_F	무위험이자율
R	명목이자율
r	실질이자율
R_S	자기자본비용
$\overline{R}$ 혹은 $E(R)$	기대수익률
R^2	R 스퀘어
RP	위험프리미엄
$S_{£}(t)$	t시점의 영국 파운드와 미국 달러의 현물환율
SML	증권시장선
t_C	법인세율
V_L	부채기업의 가치($V_L = B + S$)
V_U	무부채기업의 가치($V_U = S$)
r_{WACC}	가중평균 자본비용
β	베타: 시장모형의 기울기: 위험 측정치
β_{asset}	자산 베타 혹은 기업 베타
β_{equity}	자기자본 베타
σ	표준편차
σ^2	분산
π	인플레이션율
Σ	~의 합계

몇 가지 유용한 공식

1 현재가치 (4장)

미래 T기간 동안의 현금흐름의 할인된 가치

$$PV = \frac{C_1}{1+r} + \frac{C_2}{(1+r)^2} + \cdots + \frac{C_T}{(1+r)^T} = \sum_{t=1}^{T} \frac{C_t}{(1+r)^t}$$

2 순현재가치 (4장)

현재가치에서 초기비용을 차감

$$NPV = PV - 비용$$

$$C_0 = -비용$$

$$NPV = -C_0 + \sum_{t=1}^{T} \frac{C_t}{(1+r)^t}$$

3 영구연금 (4장)

매년 C를 영원히 받는 것의 가치

$$PV = \frac{C}{r}$$

4 연금 (4장)

매년 C를 T기간 동안 받는 것의 가치

$$PV = C\left[\frac{1 - \frac{1}{(1+r)^T}}{r}\right]$$

5 성장영구연금 (4장)

처음 지불금 C가 g의 비율로 성장하는 영구연금의 가치

$$PV = \frac{C}{r-g}$$

6 성장연금 (4장)

처음 지불금 C가 g의 비율로 T기간 동안 성장하는 연금의 가치

$$PV = C\left[\frac{1}{r-g} - \frac{1}{r-g} \times \left(\frac{1+g}{1+r}\right)^T\right]$$

7 개별 자산의 위험 측정 (11장)

$$Var(R_A) = \sigma_A^2 = (R_A - \overline{R}_A)^2 \text{ 의 기댓값}$$

$$SD(R_A) = \sigma_A = \sqrt{Var(R_A)}$$

$$Cov(R_A, R_B) = \sigma_{AB} = \left[(R_A - \overline{R}_A)(R_B - \overline{R}_B)\right]\text{의 기댓값}$$

$$Corr(R_A, R_B) = \rho_{AB} = Cov(R_A R_B)/\sigma_A\sigma_B$$

8 두 자산을 가진 포트폴리오의 기대수익률 (11장)

$$\overline{R}_p = X_A\overline{R}_A + X_B\overline{R}_B$$

9 두 자산의 포트폴리오의 분산 (11장)

$$\sigma_p^2 = X_A^2 \times \sigma_A^2 + 2X_AX_B \times \sigma_{AB} + X_B^2 \times \sigma_B^2$$

10 증권의 베타 (11장)

$$\beta_A = \frac{Cov(R_A, R_M)}{\sigma^2(R_M)}$$

11 자본자산가격결정모형(CAPM) (11장)

$$\overline{R}_A = R_F + \beta_A \times (\overline{R}_M - R_F)$$

12 k-요인 모형 (12장)

$$R_i = R_F + B_{i1}F_1 + \beta_{i2}F_2 + \cdots + \beta_{ik}F_k + \epsilon_j$$

13 레버리지와 자기자본 비용 (16장)

세전: $R_S = R_0 + \frac{B}{S}(R_0 - R_B)$

세후: $R_S = R_0 + \frac{B}{S}(1 - T_C)(R_0 - R_B)$

14 법인세율 있는 기업의 가치 (16장)

$$V_L = V_U + t_C B$$

15 가중평균 자본비용 (16장)

$$\left(\frac{S}{S+B}\right)R_S + \left(\frac{B}{S+B}\right)R_B(1 - t_C)$$

16 자기자본 베타 (18장)

세금이 없는 경우:

$$\beta_{자기자본} = \beta_{자산}\left(1 + \frac{부채}{자기자본}\right)$$

법인세 경우:

$$\beta_{자기자본} = \left(1 + \frac{(1 - t_C)부채}{자기자본}\right)\beta_{무차입기업}$$

17 Black-Scholes 모형 (22장)

$$C = SN(d_1) - Ee^{-Rt}N(d_2)$$

여기서 $d_1 = \left[\ln(S/E) + (R + o^2/2)t\right]/\sqrt{\sigma^2 t}$

$$d_2 = d_1 - \sqrt{\sigma^2 t}$$